GERHART HAUPTMANN

SÄMTLICHE WERKE

HERAUSGEGEBEN
VON HANS-EGON HASS

BAND IX
NACHGELASSENE WERKE
FRAGMENTE

PROPYLÄEN VERLAG

CENTENAR–AUSGABE

ZUM HUNDERTSTEN GEBURTSTAG
DES DICHTERS

15. NOVEMBER 1962

INHALT

NACHLESE ZUM DRAMATISCHEN WERK

Kleinere dramatische Fragmente
  Ansätze zu einem »Anna«-Drama 11
  Der eingebildete Kranke 59
  Frühling 66
  Christus-Dramen 70
  Sittulhassan 107
  Bahnhofsdramen 132
  Peter Hollmann 148
  Antonius und Kleopatra 184
  Peter Kruse 188
  Kynast 191
  Die Nibelungen 222
  Das verwunschene Schloß 236
  Musikdrama 240
  Gudrun 247
  Familientag. Das Gastmahl 263
  Die Somnambule 292
  Mutterschaft 297
  Apollonius von Tyrus 325
  Die Baßgeige 331
  Jacobsohn-Komödie 341
  Equus 348
  Auf Bertramshöhe 354
  Das Pegnitzweibchen 362
  Neue Tragikomödie 380
  Dorfschulmeister Hendel 385
  Heimweh 388
  Rom 391
  Bismarckhaar 413
  Rautenkranz 424
  Cand. rer. nat. Eugen Schaffheitlin 446
  In der Wirtschaft »Zum kühlen Morgen« 448
  Till Eulenspiegel 451
  Dachrödenshof 468
  Partei 485
  Professor Fleming 489

Die Wünsche 508
Der General 515
Bei den alten Hartmanns 537
Die Bürgerin 541
Kosmus 552
Im Landhaus der Brüder Carstens 554
Kain und Abel 562
Adolf Grieshauer 583
Erasmus Mann 586
Dis Manibus 597
Alexander Hettenbach 600
Der Lumpensammler 602
Raoul Markuse 616
Bauern-Drama 627
Lykophron 644
Nireus 672
Der Flieger 696
Wenn der Hirsch schreit 720
Perikles 729
Das Richtfest 734

Paralipomena zu:

Hanneles Himmelfahrt 741
Florian Geyer 769
Die versunkene Glocke 891
Fuhrmann Henschel 911
Michael Kramer 937
Der rote Hahn 947
Der arme Heinrich 985
Rose Bernd 1031
Und Pippa tanzt! 1063
Griselda 1105
Peter Brauer 1145
Die Ratten 1149
Festspiel in deutschen Reimen 1203
Magnus Garbe 1239
Vor Sonnenuntergang 1297
Hamlet in Wittenberg 1401
Iphigenie in Delphi 1421
Iphigenie in Aulis 1483

KLEINERE DRAMATISCHE FRAGMENTE

[ANSÄTZE ZU EINEM »ANNA«-DRAMA]

I. ANNA

II. DIE ROSE VON DROMSDORF
(DROMSDORF)

III. HILDE
(JUBILATE)

[I, 1—3]
ANNA
Liebes- und Lustspiel

[Entstehungszeit: vermutlich Frühjahr 1890.]

[1]

ERSTER AKT

Nachmittagskaffeetisch.
Frau [Marie] Ritter.
Linchen, Minchen.
Oberamtmann Ritter, Zeitung lesend.

LINCHEN, *die jüngere.* Sieh mal, Marie, du glaubst nicht, was bei einem Hause wie der Mathildenhof die jährlichen Reparaturen kosten.

MINCHEN. Dreihundert Mark langen diesmal nicht. O Gott bewahre, die langen nicht.

LINCHEN. Ich begreif' dich nicht, Minchen. Dreihundert Mark! Was das für Unsinn ist! Sechshundert sag — was du bloß immer zusammenredst!

MINCHEN. Na du, entschuldige gütigst — hähä! Ich werd' eben schon zu alt, Mieze. Das Gedächtnis läßt nach.

MARIE. I warum och goar!

LINCHEN. Sag doch mal, Wilhelm, hältst du's für möglich, daß wir die viertausend Mark wiederbekommen?

RITTER. Wenn Gott will, ja, Linchen. *Er lächelt sie bezeichnend an.*

MINCHEN. Sieh mal, lieber Wilhelm, für uns ist doch das

immer ein großer Gegenstand. Alleinstehende Mädchen wie wir!

RITTER. Sehet die Vögel unter dem Himmel an: sie säen nicht, sie ernten nicht. Niemand steht allein, der sich an Jesum Christum hält.

MINCHEN. Ach ja — das muß man sich immer sagen. Aber sieh mal, ich werde älter und älter... ich... wenn es mal nicht mehr langt...

RITTER. Na, Minchen, da habt ihr doch immer noch Freunde und Verwandte, zum Beispiel uns. Sieh mal — es ist ja auch ganz gut möglich, daß Schwager Kurz sich wieder heraufrappelt. Na, 's neue Restaurant soll ja ganz hübsch gehen.

LINCHEN. Das ist ja alles ganz schön und gut. Wenn er's nur zusammenhalten möchte! Aber Robert ist immer oben hinaus, hat immer große Rosinen im Kopfe.

MINCHEN. Sieh mal, wer weiß, ob es soweit gekommen wär' — bis zur Subhastation des Hotels —, aber da mußten Pferd und Wagen gehalten werden, da wurde auf großem Fuße gelebt, da wurden Freitische bewilligt — na ja, und so geht's eben nicht.

LINCHEN. Wie bist du denn mit Georg zufrieden?

RITTER. 's ist 'n herzensguter Junge.

FRAU RITTER. Jawohl — freilich — aber du hast doch auch gesagt, daß er viel vom Vater hat.

RITTER. Na ja — das macht ja nichts.

MARIE RITTER. Na, Wilhelm, das seh' ich aber wirklich nicht ein. Weshalb soll man denn nicht ehrlich sein? Du hast mir doch gesagt, daß du nicht gerade besonders mit ihm zufrieden bist.

RITTER. Man muß eben abwarten.

LINCHEN. Ich begreife den Jungen nicht. So ein freier, herrlicher Beruf, die Landwirtschaft, so einen lieben Verwandten als Lehrherrn. Er müßte doch eigentlich Tag und Nacht drauf denken, wie er und wo er dich nur zufriedenstellt.

FRAU MARIE, *herausplatzend*. I Gott bewahre!

MINCHEN. Er müßte sich doch sagen: Dem Vater geht's schlecht, dem darf ich nicht zur Last fallen. Der Onkel und die Tante haben mich aus Gnade und Barmherzigkeit zu sich genommen. Nun will ich aber auch, was an mir liegt...

LINCHEN. Er müßte doch — er ist doch wahrhaftig schon

groß genug —, er müßte doch auch dran denken, daß sein
Vater Verpflichtungen hat, die er vor allem...
RITTER. Kinder, ihr müßt nicht so scharf urteilen. Georg ist
achtzehn Jahr. Aus dem kann noch alles werden. —Augenblicklich muß man nicht zu heftig mit ihm umspringen.
Er steht in einem gefährlichen Alter. — Na, nun müßt ihr
mich schon entschuldigen. Ich hab' hundert Leute beim
Rübenhacken.
FRITZ WEIGELT *kommt mit Schlüsseln.* Guten Tag —
FRAU MARIE. Schön, daß du kommst. — *Ruft.* Ännchen —
wärmen Sie den Kaffee für meinen Bruder, bitte schön!
*Ännchen kommt langsam, ernst, nimmt die Kanne, geht
hinaus.*
FRAU MARIE. Ich weiß nicht — das Mädel hat so etwas
Schweres, Ziehiges, ich weiß gar nicht — als ich so'n junges,
kräftiges Ding war — da bin ich geflogen — geflogen bin ich,
wenn jemand...
*Ännchen kommt wieder, setzt den Kaffee auf den Tisch und
geht wieder, ohne eine Miene zu verziehen.*
LINCHEN. Ja freilich — unsre Mutter, wenn sie mit der Wimper
zuckte, da mußten wir springen. Die hätte uns gestenzt.
MINCHEN. Du bist wirklich zu gut, Marie.
RITTER, *der ins Nebenzimmer gegangen war, kommt mit Hut
und Stock.* Sag mal, Schwager — seid ihr fertig mit dem
großen Gewände?
FRITZ. Zu Feierabend sind wir fertig.
RITTER. Ist Georg bei den Anspannern?
FRITZ. Ja — ich werde schnell trinken, und dann kann er
reinkommen vespern.
Anna bringt Butter.
FRAU MARIE. Nee, Kinder — da hört ja das Vespern nicht auf.
Habt ihr nich 'n Boten, daß man ihm den Kaffee nausschickt?
RITTER. O Gott — kommt mir nicht mit Boten! — Keinen
Pferdejungen können wir entbehren.
ANNA. Ich könnte ja gehen.
FRAU MARIE. Ach, wenn Sie wollten, Ännchen — es ist bald
hier hinterm Dorf.
FRITZ. Na, es ist doch ziemlich weit.
ANNA. Das macht mir nichts. *Sie geht ab.*
RITTER. Adieu, Kinder!
FRAU RITTER. Adieu! Adieu!

LINCHEN \} Adieu, Schwager!
MINCHEN /

FRAU RITTER. Kinder, ich falle aus den Wolken! Das ist ja das erste Mal, daß sich Ännchen zu so etwas freiwillig erbietet.

MINCHEN. Nein, Mieze, wirklich — an deiner Stelle würd' ich strenger verfahren. Du hast ja schließlich die Verantwortung.

MARIE. Ja, ja — du warst ja dabei, Fritz, als ihr Vater mir sagte: »Machen Sie mit ihr, was Sie wollen, tragen Sie ihr jede Arbeit auf, die Sie wollen — sie hat Ihnen zu gehorchen.«

LINCHEN. Und er hat ja auch recht. Sie ist die Älteste von zehn Geschwistern. Sie ist darauf angewiesen, sich ihr Brot selbst zu verdienen. Da darf sie vor keiner Arbeit zurückschrecken.

MARIE. Wirklich — die drei Wochen, die sie nun bei uns ist — ich komme aus den Sorgen nicht heraus. In vier Wochen will ihr Vater kommen und sich erkundigen, wie ich mit ihr zufrieden bin und so. Das ist recht peinlich für mich. Was soll ich ihm sagen?

FRITZ. Na, sie ist doch fleißig.

MARIE. Na ja, aber das ewig launische Wesen! Na, hoffen wir's Beste! — Entschuldigt mich, Schwestern, die Hühner wollen Futter haben. *Ab.*

    ([Am Rand] Motiv: Ach, ich weiß nicht, wo mir der Kopf steht.)

Onkel Fritz trinkt Kaffee.

    ([Am Rand] Der Vater kommt mit einem Freier. Einem Schullehrer. — Die Großmutter. — Ihre rauhen Hände.)

LINCHEN. Na, Fritz — siehst du — du fühlst dich doch viel wohler.

MINCHEN. Es muß ja nicht immer Bier getrunken sein.

FRITZ. Ach, tut mir die Liebe, Schwestern, und hört mir davon auf!

MINCHEN. Immer bist du gleich unleidlich!

LINCHEN. Das ist nicht die rechte Fassung und Geduld, die dem Christen ziemt.

FRITZ. Na ja — ihr redet von Christentum, dabei — wenn man einen Fehler gemacht hat — das ist nicht christlich, einem das fortwährend vorzuhalten. Ich liege dem Schwager ja nicht zur Last. Er spart einen Wirtschaftsschreiber — gut, dafür esse und trinke ich hier — mehr ist's nicht.

MINCHEN. Fritz, Fritz — das ist nicht die rechte Dankbarkeit.

Du bist dem guten Schwager mehr Dank schuldig. Denke, du hast immer bei ihm eine Zuflucht gefunden.

FRITZ. Zuflucht gefunden, Zuflucht gefunden! Was kümmert ihr euch denn um mich! Laßt mich doch machen!

LINCHEN. — Ja — du bist gut — sollen wir zusehen — sollen wir dich völlig zugrunde gehen lassen?

FRITZ. Laßt mich doch zugrunde gehen, was geht's euch denn an? Laßt mich doch!

LINCHEN. Und die Familie? Der Familienname? Soll's vielleicht heißen, der jüngste Weidlich ist am Trunke zugrunde gegangen?

([Am Rand] Der Herr, bei dem Fritz früher war, wird mit ihm konfrontiert. — Er schwelgt von seinem Harem dem Georg gegenüber.)

FRITZ. Zugrunde gehen, zugrunde gehen! — Dummheit, verfluchte!

MINCHEN. Fritz, aber Fritz — wenn das nun bloß der Schwager hörte!

FRITZ. Ach, der Schwager — der is och kee Engel. Der heißt bloß immer der gute Schwager, der liebe Schwager, der engelsmilde Schwager, hinten und vorn — das ist einfach Götzendienst. Das sag' ich euch gradezu.

LINCHEN. Fritz, Fritz — du wirst dich noch sehr ändern müssen, auf dem rechten Wege bist du noch nicht, Gott steh dir bei!

FRITZ. Aber ihr seid fromm und weise und sündlos. Ach, laßt mich in Frieden! Ihr verderbt mir das bißchen Vesper. — Adje — ich gehe.

LINCHEN. — Komm, Minchen — dann kannst du gut allein bleiben. *Beide ab. Georg kommt.*

FRITZ. Na, da kommst du ja doch — du blondgelockter Knabe.

GEORG. Wie denn, was meinst du denn? Soll ich nicht vespern kommen?

FRITZ. Na ja, ja — vespere nur — bißchen kalt ist der Kaffee.

GEORG. Ist denn niemand in der Küche?

FRITZ. Fräulein Anna ist fort — ich weiß nicht, wohin.

GEORG. Was lachst du da so?

FRITZ. Ich lache — na, weil's mir Spaß macht.

Pause.

FRITZ. Sie sah wieder sehr ungnädig aus.

GEORG. Wer?

FRITZ. Ännchen Weißbach.

GEORG. Na ja, Kunststück.
FRITZ. Na du, sie hat auch Schrullen.
GEORG. Ach, Schrullen — dabei soll einer nicht Schrullen bekommen. Abrackern muß sie sich — und dabei zahlt sie Pension.
FRITZ. Ach nee, du, Mieze ist gut zu ihr — sie ist wirklich bißchen langsam und launisch — überhaupt alles in allem, ich muß doch Mieze beistimmen.
GEORG. Na ja, Onkel, das ist ja Geschmacksache. Wir brauchen ja nicht weiter davon reden.
FRITZ. Na, ich kann dich versichern. Ich bin 'n alter, erfahrner Kerl. Die hat einen Zug im Gesicht — darauf versteh' ich mich. Die erobr' ich dir im ersten Anlauf.
GEORG. Erobre doch — immer zu!
FRITZ. Sollte mir einfallen — dazu bin ich zu alt. Das macht mir keinen Spaß mehr. — Aber das muß ich ja sagen: Hübsche Hüften und eine stramme Oberpartie hat sie...
GEORG. Du, Onkel — wahrhaftig — das interessiert mich nicht.
FRITZ. Das ist och's Beste für dich.
GEORG. Ach du, was für mich gut oder nicht gut ist — das — wirklich — ich bin jetzt schon alt genug.

[2]

ERSTER AKT

Juni. Inneres eines gutbürgerlich eingerichteten Zimmers. Um den Kaffeetisch sitzen Frau Vockerat, Herr Vockerat, Käthe Vockerat, Bruder Balzer, Georg Kurz, Linchen und Minchen. Anna Weißbach geht ab und zu. Im Zimmer Harmonium und Flügel.

[3]

Der alte Vockerat und Pastor Cousin.
VOCKERAT. Schön, lieber Herr Pastor, daß Sie bei uns abgestiegen sind, das ist uns eine große, große Freude.
PASTOR COUSIN. Ich bin auf dem Wege zur Rettungsanstalt. Unsre Rettungsanstalt feiert in vierzehn Tagen das dreijährige Stiftungsfest.
VOCKERAT. Ach! — Nun, das wird gewiß prächtig werden.
PASTOR COUSIN. Ich lade Sie ein, Herr Vockerat. — Auch Sie sind eingeladen, Herr Stenzel. Ich hoffe, Sie auch zu sehen.

VOCKERAT. Jawohl, Fritz kommt, natürlich kommt Fritz. Es ist dir doch eine besondere Freude, Fritz!

FRITZ. Gewiß, Schwager, gewiß, Herr Pastor. Ich habe leider — die Pflicht ruft. *Ab.*

PASTOR. Gott grüß' Sie, junger angehender Landwirt! *Georg verneigt sich, geht.*

VOCKERAT. Nehmen Sie Platz, Herr Pastor.

PASTOR. Sie haben da Pflanzen und Pflänzchen, die einer großen Sorgfalt bedürfen. Wie geht es jetzt mit Ihrem Schwager?

VOCKERAT. Ich danke. Ich hoffe zu Gott, wir haben das schlimme Laster nunmehr erstickt. Er geht gern und unaufgefordert in die Kirche und ist ernstlich bemüht, seinen Frieden mit Gott zu machen.

PASTOR. Nun, das freut mich zu hören.

VOCKERAT. Nur mit seinen Launen hat der arme Mensch zu kämpfen. Seit kurzem wieder. Es ist schwer, mit ihm auszukommen. Jedes dritte Wörtchen verletzt ihn.

PASTOR. Der Teufel hat Macht in den Menschen. Sagen Sie, Herr Vockerat, wie steht es mit Ihrem Neffen im Punkte der Umwandlung?

VOCKERAT. Ja, das ist merkwürdig. Er hat gewisse freie und verderbliche Ideen zu überwinden von der Schule her nur. Vor einigen Wochen, da hatte ich das Gefühl, Jesus habe in ihm den Sieg erlangt. Er bat mich um ein Neues Testamentchen, und das trug er wochenlang bei sich und las darin mit Eifer und zu allen Tageszeiten. Dabei war er ernst und feierlich gestimmt, sprach gern und forschend über religiöse Dinge, aber nun — nun erscheint's mir doch, als habe der edle Eifer wieder nachgelassen.

DER PASTOR. Nun, Gott ist in den Schwachen mächtig. Guten Tag, Frau Vockerat.

FRAU VOCKERAT. Willkommen, willkommen, Herr Pastor!

PASTOR. Ich danke, ich danke. — Wo haben Sie Ihr Fräulein? Fräulein Ännchen?

FRAU VOCKERAT. Sie ist auf dem Felde mit Kaffee für meinen Neffen.

PASTOR. Nun — erleben Sie Freude an dem Mädchen?

FRAU VOCKERAT. Na — man muß zufrieden sein. Es kann ja alles noch werden.

PASTOR. Haben Sie nur Geduld, mit mir. Ihr Vater hat mir sie ans Herz gelegt. Sie wissen ja — der Mann hat acht

Kinder aus erster Ehe, davon ist sie die Älteste, und nun
hat er sich neuerdings verheiratet. Da ist natürlich kein
Frieden möglich: die Tochter achtzehn, die Stiefmutter
einundzwanzig. Und das Mädchen hat ihren Kopf für sich.
FRAU VOCKERAT. O ja, das hat sie.

[II, 1–4]
DIE ROSE VON DROMSDORF
(DROMSDORF)

[Entstehungszeit: Ende Mai 1891 (nur Teile?).]

[1]

[I.]
Abendstimmung. Der Abendsegen ist vorüber.
Herr, Frau Vockerat. Fritz Stenzel. Georg. Wachsmann.
Karl Bock, Ingenieur (macht ihnen elektrische Klingeln und
Telefon).
Sie kommen. Kanzleidirektor Bruchmann, Beate Bruchmann.
([Am Rand] Georg Pflegesohn. — Georg ist da? Anna
du! Wachsmann gekommen? — Maler. — Thorwaldsen
Christus.)
Hast du für die Großmutter gesorgt? Sie will nicht 'runter-
kommen.
Die jungen Leute und der alte Onkel machen Witze. Schach-
spiel.
II. Das Erlebnis.
Bock: »Lieber, du bist verrückt.« — Georg: »Ja, ich bin ver-
rückt. Ich weiß nicht, mag sie mich oder dich oder dich oder
mich oder den Onkel oder den Pastor, der sie immer anschielt.
Zu dem Missionsfest geh' ich nicht mit.« — Der Pastor holt ab.
Georg: »Ich gehe nicht mit.« — »Fräulein Ännchen, Sie haben
in meinem Wagen Platz.« — Ännchen: »Ich werde nicht mit-
fahren.« — »Die Laune! Die Laune!« — Allein. Die alte Greisin.
Die rauhen Hände. Die alleinige Vesper. Schwanken der
Stimmung. Vor der Entscheidung der alte Onkel, grätig,
unfreundlich. Die andern Gäste. Schimpfen zu Bock. —
Nebenzimmer Gäste.

III.

Der Pastor mit dem Vater, der um sie anhält. Sie ist ernst und lacht immer heraus.-Ist ernst und lacht heraus. Überlegen. Vockerat geht seine neuen Felder zeigen. Lachen, Liebesspiel mit Jagen im Zimmer. Sie ist mein, sie ist ganz mein!
([Am Rand] Aufbrechen des Glücks.)

Frau Vockerat, geb. Stenzel ⎫
Linchen Stenzel   ⎬ Geschwister
Minchen Stenzel   ⎪
Fritz Stenzel   ⎭
Oberamtmann Vockerat
Beate

Abend. Eine Hochzeit ist gewesen. Der arbeitsreiche Tag zu Ende. Tante Minchen, Linchen.

IV.

Bock: »Es gibt ein gesundes und starkes Glück, aber es ist nicht wahr, daß alle Schichten dieses Glücks teilhaftig werden.« — »Wenn ich nur etwas wäre, mein Lieber.« — »Du, es ist flüchtig, bild dir nicht ein, daß es nicht flüchtig ist.«
([Am Rand] Die Rose von Dromsdorf.)
Sie riecht ein bißchen nach Kuhstall, mein Lieber. Die heitere Melkerin.

IV.

Nochmals IV. Er ist verrückt vor Seligkeit. Toll. Riesenideen, Riesenpläne.

[2]
[Notizen]

Streit: Sie weiß, daß sie hübsch ist. — Sie weiß es nicht. Ein Streit über eine Form. Das sind Kuchenform[en]. — Das ist keine Kuchenform. Bis aufs Blut geführt.

[3]
[Erster und zweiter Akt]

[ERSTER AKT]
([Am Rand] Plan des zweiten auf Grund dieses ersten Aktes.)
Abend.
⟨*Vockerat und Georg beim Schach. Onkel Fritz Zeitung lesend. Frau Vockerat am Klavier. — Bock.*⟩

Wirtschaftsinspektor Adolph Menzel auf Lohnig (47) und Georg Weißbach (19) am Schachbrett. Onkel Fritz, Wirtschaftsschreiber, liest Zeitung. Josephine Menzel am Klavier.

JOSEPHINE, *Schluß mit Klavierspiel.* Wir haben wieder den Abendsegen vergessen.
Adolph, auf das Brett starrend, grunzt bedauernd.
JOSEPHINE *macht's ihm nach.* Km — nu ja — nu ist die Sache wieder abgetan.
([Am Rand] Das verkehrte Gebet.)
ADOLPH. Sephchen — sieh mal — das ist hier ein sehr kritischer Punkt. Ich muß tüchtig aufpassen. Schach!
GEORG, *schnell.* Ach Onkel, das muß ich noch mal zurücknehmen.
ADOLPH. Was steht, steht! Haha!
GEORG. Nee, Onkel, ich hab' wirklich nicht recht aufgepaßt. Tante sang so hübsch, da hab' ich hauptsächlich hingehört. Das darf nicht gelten, Onkel.
ADOLPH. Was gezogen ist, ist gezogen.
JOSEPHINE, *lachend.* So'n alter Kerl und so happig aufs Spiel. Nee, schäm dich ock!
Adolph lacht belustigt, blickt triumphierend auf Georg.
GEORG. Ja, nu bin ich natürlich im Nachteil.
JOSEPHINE, *Schal umgeschlungen.* Gehst du noch mal mit?
ADOLPH. Auf den Kirchhof? Du, ich bin wirklich sehr müde. Die Heuernte ist mit die schlimmste Zeit.
GEORG. Ich geb's auf.
JOSEPHINE. Na, da kommt mir nur wenigstens entgegen. — Beate!
TANTE LINCHEN. Sie ging im Garten spazieren — vorhin.
JOSEPHINE. Ein wahres Leiden ist das mit dem Mädchen.
Adolph grunzt begütigend. Natürlich, ihr paßt zusammen. Ihr habt beide ein Temperament — ziehig wie die Schnekken. Kommst de heut nicht, kommst de morgen.
ADOLPH. Na, Josephinchen...!
JOSEPHINE. Und ich habe die Verantwortung! Die Paveln wundert sich überhaupt, daß ich mit ihr auskomme. Beate! — Na, da seht ihr's. Wenn nu ihr Vater in vierzehn Tagen kommt und mich fragt: was soll ich sagen? Soll ich vielleicht sagen: Ja — sie ist sehr flink, sehr willig, sehr freundlich, gar nicht launisch?
ADOLPH. Na, sie ist doch immerhin — sie bemüht sich doch.
JOSEPHINE. Sie bemüht sich. Was nutzt das? Sie soll die

II. DIE ROSE VON DROMSDORF

Wirtschaft führen lernen. Sie soll sich später damit ihr Brot verdienen. Was soll ich antworten, wenn der Vater mich fragt? Soll ich sagen: Nun kann sie gehen und so alleine fortkommen? — Oder soll ich sagen: Lieber Mann, Sie haben das Lehrgeld hinausgeworfen? — Beate!

BEATE *kommt langsam, ohne eine Miene zu verziehen.* Ja.

JOSEPHINE. Beate, ich habe Sie schon mehrmals gerufen. Wo waren Sie denn?

BEATE. Was soll ich denn?

JOSEPHINE. Ich gehe nach dem Kirchhof. Sie möchten indessen auf die Wirtschaft achtgeben. — Ist Herr Bock auf seinem Zimmer?

BEATE. Ich weiß nicht.

JOSEPHINE. Es muß noch ein Bett überzogen werden. Bitte, sorgen Sie dafür, daß es geschieht.

BEATE. Schön... *Ab.*

JOSEPHINE. Nu sag mal, Linchen! — Kaum, daß man ein Wort aus ihr herauszieht — als ob ihr das Sprechen die größte Mühe machte. Zum Aus-der-Haut-Fahren ist das manchmal. — Ich gehe also.

ADOLPH, *aus dem Schlaf erwachend.* Wie, Sephchen, wie?

JOSEPHINE. Du schläfst ja schon halb. *Ab.*

ADOLPH, *sich erhebend.* Ja, wirklich, ich bin sehr müde. *Er erhebt sich, geht ins Hinterzimmer.*

LINCHEN. An deiner Stelle wär' ich doch mitgegangen, Fritz.

FRITZ. — Ich hab' den ganzen Tag auf dem Felde rumgeturnt — ich bin wie zerschlagen.

LINCHEN. Du könnt'st doch Sephchen auch mal was zuliebe tun. Sie haben doch wirklich soviel Gutes an dir getan.

FRITZ. Das brauchst du mir nich vorzuhalten.

MINCHEN. Fritz! Fritz!

FRITZ. Außerdem arbeit' ich hier so gut wie jeder andre. Ich falle dem Schwager nicht zur Last. Er spart einen Wirtschaftsschreiber. — Das ewige Hofmeistern — ich hab's wirklich dicke.

MINCHEN, *lachend.* Wie lange werd' ich dich noch hofmeistern, Fritz — du wirst mich ja bald genug los sein. Mich alte Vogelscheuche! *Sie erhebt sich.*

LINCHEN. Wer soviel gutzumachen hat wie du, Fritz — der sollte anders mit seinen Schwestern sprechen.

MINCHEN. Gut' Nacht, Fritz — Gott behüte dich! Gott behüte dich, Georg! Gut' Nacht!

LINCHEN, *sie abführend.* Gut' Nacht! *Ab.*
Georg und Onkel Fritz.
ONKEL FRITZ. Alte Jumpfer bleibt alte Jumpfer! 's sind meine Schwestern, aber sie können einen quälen bis aufs Blut.
GEORG. Onkel, du mußt dir nichts draus machen.
ONKEL *holt Pfeife heraus.* Sag mal, kommst du noch'n Stückchen mit?
GEORG. Wohin denn?
ONKEL. — Na, im Dorfe rauf — übrigens, ich hab' riesigen Durscht uf e Glas Bier. — *Als er sieht, d[aß] G[eorg] ein bedenkliches Gesicht macht.* Ach, ich seh' nich ein!
GEORG. Sieh mal, Onkel, ich geh' ja gern mit, aber . . .
ONKEL. . . . Ich übernehme die Verantwortung — Dummheit — Korn, ja, Korn ist gefährlich. Das ist ein verfluchtes Gift. Aber Bier —
Ach, das ist überhaupt nich so einfach. Ich habe getrunken — na ja — 'n klener Inspektor — 'ne gute Stelle hatt' ich nich — zum Krepieren langweilig ist so'n Leben uf'm Dorfe — und übrigens — alle Landwirte saufen. — Na ja, Adolph nich — Adolph zählt nicht — Adolph is eben 'ne Ausnahme. 'n Engel Gottes ist Adolph. — Nu — hast du ken Mut? ([Am Rand] Der Harem)
GEORG. Ach, Mut hätt' ich schon . . .
ONKEL. Kee Geld? — Hier. — Das langt für zwei. — Eine Mark, zwanzig Pfennig und ein Heckpfennig —
GEORG. Ach, Geld hätt' ich schon . . .
ONKEL. — Na, was denn? — Also da komm doch! Ich erzähl' dir wieder. Ich sag' dir, ich weiß Geschichten — kleftig —
GEORG. Offen gesagt, Onkel: Ich möchte bißchen mit Bock zusammensein. Seit heut morgen hat ihn Onkel nich losgelassen. Nu schreibt er'n Brief; er muß jeden Augenblick fertig sein. Dann wollten wir noch bißchen bummeln.
ONKEL. Seit heut morgen is er da — vor drei Wochen geht er nich wieder. Da habt ihr lange Zeit zum Papeln.
GEORG. Ich hab's ihm aber . . .
ONKEL. — Ach — mit euch is nischt anzufangen. *Beate kommt.* Fräulein Beate, Sie machen ein Gesicht — so böse! Wie sieben Meilen schlechter Weg.
BEATE. So, meinen Sie?
ONKEL FRITZ. Fräulein Beate, Sie müssen unbedingt ein anderes Gesicht machen, nicht so furchtbar ernst. Das schickt sich gar nicht. Dazu sind Sie noch viel zu jung. *Beate lächelt*

II. DIE ROSE VON DROMSDORF

verächtlich, setzt sich ans Klavier. Ach ja, spielen Sie mal 'n recht nettes Walzerchen! »Liebet die Jungfraun.« Da da da da da dala — kennen Sie das nicht? *Beate schüttelt den Kopf.* Oder das? *Er tanzt mit ausgestreckten Armen, als ob er jemand darin hielte.* Herzliebchen mein unterm... drallaa, daa di di di ratata — Herzliebchen — ah, ich bin doch schon alt geworden! Früher: am Tage auf dem Felde — die Nacht durchgetanzt. Heidi! Donnerwetter! *Hält sich den Mund zu.* O verflucht — hier darf man nicht fluchen!

([Am Rand] Sie lacht kaum. Später: »Ihr Onkel ist so lustig.« — »Ach ja, dem gefällt alles.«)

Beate lächelt. Sie spielt sehr anfängerhaft etwas aus Schumanns »Kinderszenen«.

STIMME LINCHENS. Fräulein Beate!

BEATE. Ja! *Ab.*

GEORG. Na, ich weiß nicht — nicht einen Augenblick lassen sie ihr Ruhe. Sie ist doch kein Dienstmädel.

ONKEL. — Na, du — sie hat's wirklich nich zu schlimm.

GEORG. Tante Linchen und Minchen sind doch och bloß hier zum Besuch. Die tun aber, als ob Fräulein Beate nur da wäre, um sie zu bedienen.

ONKEL. Na — die Pimperei da — ich bin froh, daß sie uns damit verschonen muß.

GEORG. Ach, sie spielt ganz niedlich. Das find' ich sogar sehr nett, daß sie sich da so ungeniert hinsetzt.

ONKEL. Ach ja — ganz nett — überhaupt nettes Mädel. Strammes Mädel. Wer die kriegt! Donnerwetter! Die verlangt was.

GEORG. Onkel — offen gestanden — das lieb' ich nicht.

ONKEL *lacht.* Na was denn? Was sag' ich denn weiter? Das is doch nichts Böses. — Herrgott, du bist ja die reine alte Jumpfer. Schlimmer wie Minchen.

([Am Rand] Er macht 'ne Wette, sie zum Lachen zu bringen.)

GEORG. Is mir gleichgültig; ich bin, der ich bin.

ONKEL. Du, uf die Weise wirscht de nich viel Glück machen bei'n Weibern. Da muß man forsch draufgehen, da muß man Ulk machen — und Blödsinn — das gefällt den Weibern. So wie ich — vorhin — das haben sie gern.

GEORG. Du, daß du dich nur nich täuschst!

ONKEL. Nee, darin nich — darin täusch' ich mich sicher nich. — Verlaß dich drauf! Eher im Pferdehandel. Darin

hab' ich Erfahrung. Komm erscht in meine Jahre! Ich hab'
schon manch eine unter den Händen gehabt.
GEORG. 's kommt ganz drauf an, was für welche.
ONKEL. Nee, du — du, belehr mich nich! Nach dem ersten
Dutzend, du — da kennt man seine Leute — da täuscht
man sich nicht mehr.

[Vorläufige Fortsetzung siehe unten Nr. 4a]

GEORG. Na, daß du dich nich doch mal täuschst! —
ADOLPH MENZEL, *gähnend in der Tür*. Kinder, ich geh' schlafen. — Ich bin zu müde — morgen muß ich wieder früh auf. — Von was sprecht ihr denn so eifrig?
  ([Am Rand] Er hat alles gehört, läßt nichts merken.)
ONKEL. Ach, nichts.
GEORG. Ach, nur so.
MENZEL. — Ihr wart doch so lebhaft. Sag mal, Fritz — möchtst du noch ein Stück aus der Bibel lesen?
FRITZ. Bei Licht seh' ich nur zu schlecht, und so ist's schon zu dunkel.
MENZEL. Na, dann will ich's tun — ich hole die Bibel. Georg, ruf mal die Leute! *Georg geht.*
FRITZ. Siehst du, was kommst du nich mit!
Fräulein Beate bringt die Lampe. Zwei Dienstmädchen und ein Kutscher kommen und setzen sich.
MENZEL, *sitzt*. Na, Georg, du hast die jüngsten Augen, eigentlich kannst du lesen. — Schlag auf — und was du aufschlägst, lies.
GEORG *liest*. (Adam zeugte Eva. Eva zeugte... etc. etc.)
MENZEL *steht auf*. Wir danken dir, o Herr, für alles Gute, das [du] uns diesen Tag hast widerfahren lassen. Amen. Gut' Nacht,

[Vorläufige Fortsetzung siehe unten Nr. 4b]

Kinder, — und wenn Sephchen kommt: ich bin zu müde. Ich mußte schlafen gehen. — Wenn sich nur's Wetter hält morgen! *Ab.*
  ([Am Rand] Die Gegensätze der Frauen. Die Beichte Josephinens. Tante Sephchen überlegen.)
ONKEL FRITZ. Na also — dann leg' ich mich auch aufs Ohr. Gute Nacht — du blondgelockter, idealer Knabe! Ha ha! *Ab.*
GEORG. Gute Nacht, schlaf gut! — *Er rückt sich die Lampe zurecht und will mit Lesen beginnen, da kommt Bock.*
KARL BOCK. Ich bin nu fertig, Georg.

GEORG. Ich bin allein, Apache [?]. Onkel schläft schon — Tante
Sephchen ist auf den Kirchhof.

[Ursprüngliche Fortsetzung siehe unten Nr. 4c. In der an ihre Stelle
getretenen folgenden Fassung erscheint Karl Bock als Georgs Bruder
Karl, Beate heißt auch Anna.]

BRUDER. Gehn wir ihr Stückchen entgegen vielleicht?
GEORG. Na ja, wenn du willst.
BRUDER. Oder willst du nicht?
GEORG. Ach ja — schon — aber dann können wir wieder nichts
Gescheit's reden.
KARL. Na ja, du hast recht. *Vor dem Bild.* Armer Kerl —
armer Junge. — Nu sag mal, Georg, wie denkst du denn
über Vaters Vorschlag? — Er hat sich so gefreut, als er mir's
sagte. »Sage nur Georg« — mit den Worten hat er mir's auf-
getragen — »er soll sich nur nochmals fragen, ob ihm der
Beruf auch zusagt. Ihm stehen noch alle Wege offen — und
selbst wenn er noch amal die Schule besuchen will — es wird
sich nun schon ermöglichen lassen.«
([Am Rand] Sie gebärdet sich — oder Georg scheint es —
als ob sie in den andern verliebt wäre.)
GEORG. Das gute Vaterle.
KARL. 'n seltsamer Kerl bist du doch. Offen gestanden, ich
hab' mir eingebildet, ich bringe dir eine wer weiß wie große
Freudenbotschaft. Und Vater hat sich's auch eingebildet.
Aber du bist so lau — so — ich weiß gar nicht —
GEORG. Ja, sieh mal: Ich falle doch Vater dadurch wieder
sehr zur Last. Jetzt weiß ich — ich bin ihm aus der Tasche.
Ich lebe hier bei Onkel und Tante — später nehm' ich einen
kleinen Posten an —
KARL. Ich weiß gar nich, Georg, was in dich gefahren ist.
Du hast mir vor drei Wochen ganz andere Briefe geschrieben. Du hast geklagt, du wärest unbefriedigt. Dein Beruf
fülle dich nicht aus, du stimmtest mit den Verwandten
nicht gut, und so weiter und so weiter.
GEORG. 's is ja wahr: mir is manches peinlich und schwer zu
ertragen gewesen. Aber im Grunde sind ja Onkel und
Tante wirklich herzensgute Menschen. Sieh mal: sie verloren Erwin. Na, nu suchten sie Ersatz. Ich war sein Gespiele.
Nu gut. Ich kam also her. — Erwin war 'ne Art Wunder-
kind — na, nu wurde verglichen — 's is ja ganz natürlich —
ich fühlte förmlich bei jedem Blick der Tante, wie sie ver-
glich — na, aber — ich hab' ja gelitten drunter — aber schließlich... — Ja, nu weiß ich nich mehr, was ich sagen wollte.

KARL. Du wolltest motivieren, weshalb du deine Meinung gewechselt.

GEORG. Ja, so geht mir's oft. Ein Sieb ist mein Gedächtnis. Also ja — ich möchte doch nun wenigstens meine regelrechte Lehrzeit hinter mich bringen.

KARL. Du denkst also nicht daran — etwa zu Michaeli nach Breslau zu kommen?

GEORG. Ja, was soll ich in Breslau?

KARL. Ja, wenn ich nur das Gefühl hätte, daß du dich wirklich wohlfühlst! Aber — du machst mir wahrhaftig keinen sehr zufriedenen Eindruck. Und gesund siehst du auch nich aus trotz des Landlebens.

GEORG. Gesund bin ich och nicht. — Ich hab' immer solche — weißt du, solche Schwindelanfälle — und allerhand Beschwerden.

KARL. Aber das darfst du nich anstehn lassen, da mußt du unbedingt was tun, Georg! Sieh mal, in deinen Jahren...

GEORG. Ach was, stirbt man, da stirbt man. *Lächelt ihn an.*

KARL. Sieh mal, du hast doch was — du bist doch nich ehrlich, nich?

GEORG. Ach was — ich bin mir zum Ekel.

KARL. Ja — das muß doch 'n Grund haben, Georg! Du kannst mir doch... ich bin doch dein Bruder!

GEORG. 's is mir gräßlich. Ich bin dir in einem Zustand! Wenn ich einen anständig gekleideten Menschen sehe — da verkriech' ich mich in den äußersten Winkeln. — Ich bin nich imstande, einen Fuß über die Schwelle zu setzen, wenn hier Besuch im Zimmer ist. Wenn sie mich hereinschleifen, dann möchte ich vergehen. Dann stottre ich, dann bring' ich kein Wort heraus — das ist alles so gräßlich unwürdig.

KARL. Ach, tu mir die Liebe, Georg. Das is einfach Gewohnheitssache, der Umgang mit Menschen ist einfach Gewohnheit. Mir ging's gradeso, solange ich auf der Schule war. Nu ich in Jena bin, is alles total anders. Jetzt steig' ich auf die Kneipe, verkehre mit dreißig, vierzig Menschen zu gleicher Zeit. Mit Doktoren und Dozenten. — Ich turne zu Professoren — werde eingeladen. — Das macht mir alles nichts. Gar nichts. Nich das mindeste. Sieh mal, du bist eben hier nich am rechten Platze.

GEORG. Schön muß es schon sein, freilich. Zu lernen nach

II. DIE ROSE VON DROMSDORF   27

Herzenslust. Und ich hab' auch manchmal 'n wirklichen Heißhunger, was Tüchtiges zu wissen. — Aber schließlich. — Ich kann aber doch nich hier fortgehen...

KARL. Ja, warum kannst du denn nich? Vater hat ausdrücklich gesagt: »Es wird sich schon ermöglichen lassen.« Also so greif doch zu! Wer hindert dich denn, von hier fortzugehen?

GEORG. Die Welt ist voll Gefahren.

KARL. Wie — was meinst du?

GEORG. Vor vierzehn Tagen war 'n Herrnhuter Bruder hier. 'n Wanderprediger. Bruder Schwarz. Den hätt'st du hören müssen!

KARL. Ach du — die Wanderprediger! ([Am Rand] Onkel Anton: »Deine Kraft für das Christentum!« — zu Karl.)

GEORG. Aber der hat nich bloß gepredigt! Er hat, wahrhaftigen Gott, Menschen geheilt durch Handauflegen — und Gebet — drummen in der Schule.

KARL. Du, daran glaub' ich nich. Sieh mal, ich bin Naturwissenschaftler. Wunder geschehen nich. Alles vollzieht sich nach bestimmten Gesetzen. In Widerspruch zu diesen Gesetzen kann nichts geschehen. Wer das behauptet, ist in meinen Augen dumm oder ein Betrüger.

GEORG. Aber du, der Mann betrügt nich. Der Mann ist von einem heiligen Eifer beseelt. Er redet überwältigend.

KARL. Dann ist er dumm, Georg.

GEORG. Nee du, dumm is er wahrhaftig nich. — Sie haben an mir herumbekehrt zwei Jahre, Onkel und Tante: Christus sei Gottes Sohn und so weiter. — Ich hab's doch nich glauben können. Aber nach der Predigt von Bruder Schwarz, wahrhaftig, da, da fühlt' ich mich verwandelt. Das war vielleicht die »Gnade«. Es heißt doch: man muß begnadet werden.

KARL *lacht.* Aber Georg! Georg! — Nee, weißt du — nu sag' ich dir allen Ernstes: Mach, daß du fortkommst! — Das is wirklich und wahrhaftig 'ne große Gefahr für dich. Sieh mal, das ist ja alles dummes Zeug! Naturwidriges, dummes Zeug, drauf angelegt, die Vernunft in uns zu erwürgen, die Menschen wahnsinnig zu machen.

GEORG. Aber wenn's nu die Wahrheit is? Wenn ihr nu doch dem Verderben verfallt? Du und Vater und Mutter, denn ihr glaubt doch alle nich viel.

KARL. Aber hör mal an! Bist du wirklich schon so weit! — Nein, nun ist es meine Pflicht: Du mußt auf jeden Fall hier fort, auf jeden Fall, Georg! Ich werde dafür sorgen.
GEORG. Versuch's nur — ich gehe doch nicht.
KARL. Ja, willst du dich denn mit aller Gewalt zugrunde richten?
ANNA *in der Tür.* Störe ich, wenn ich hier drin bin?
KARL. Durchaus nicht, Fräulein. *Er schaut auf Georg, der ganz bleich ist und zittert.* Du, was is dir denn, Georg?
GEORG. Nichts, nichts — ich bin müde —
KARL. Ach so — müde bist du. *Er blickt nach der Tür, wo Beate sitzt, dann Georg nach. Er nickt wie jemand, dem etwas klar wird. Ihm nach ab.*
⟨*Frau Josephine kommt wieder. Sie tritt vor das Bild ihres Knaben, bekränzt es, starrt es lange an, nimmt es herab, starrt es weiter an, küßt es inbrünstig und sinkt, leise und heftig weinend, auf den Sessel vor dem Klavier, immer das Bild am Munde. Es schlägt Mitternacht.*⟩

ZWEITER AKT

Im Hinterzimmer steht man von Tische auf. Es wird still, man hört beten. Abermaliges Stühlerücken und »Mahlzeit«-Sagen. Georg und Onkel Fritz kommen nach vorn.

ONKEL FRITZ. Das sollt' ich nur mal machen!
GEORG. Er war eben so ins Gespräch vertieft, als Tante ihm winkte.
ONKEL. Nu, aber das Anfangsgebet zum Schluß runterleiern — runterleiern, wenn wir gegessen haben: »Komm, Herr Jesus, sei unser Gast!« — ist doch eigentlich etwas stark.
GEORG. Pst! Onkel kommt.
Tante Josefa, Onkel Adolph, Karl kommen.
JOSEFA. Aber Adolph, Adolph —
ONKEL ADOLPH. Na, Sefchen — es soll nich wieder vorkommen. Ich war so eingenommen... Es ist unrecht, ich geb's zu.
JOSEFCHEN, *halb belustigt.* »Komm, Herr Jesus, sei unser Gast!« zu beten, wenn wir fertig sind!
ONKEL ADOLPH. Sieh mal, Karl... um noch mal auf unser Gespräch zu kommen. Ich bin fest überzeugt: die vielen

II. DIE ROSE VON DROMSDORF

und schönen Gaben, die dir Gott gegeben hat — du wirst sie einstmals schon zu seiner Ehre anwenden. Sieh mal, da war ein alter Medizinprofessor, der hatte sein Leben lang von Gott nichts wissen wollen — auf einmal, schon im hohen Alter, erreichte ihn die Gnade, und er wurde ein gläubiger Christ, ein rechter Diener des Herrn.

KARL. Sieh mal, Onkel, wenn ich jetzt, indem ich mich bemühe, die Natur zu ergründen, meinen Geist zum All zu erweitern, meine Seele unendlich zu erniedrigen und zugleich unendlich zu erheben im Anschauen des ewig wunderbaren Naturganzen, wenn ich so Gott nicht diene, dann, Onkel, werde ich ihm wohl im Alter nicht dienen. Natürlicherweise kann ich für das nicht einstehen, was ich einmal im Fieberparoxysmus tue. Da wird man schwach — und zuweilen kindisch.

([Am Rand] Josefa hat viele Anfechtungen.)

TANTE SEFCHEN. Es sind auch junge Leute erweckt worden. Junge, kluge, tüchtige Menschen. Pavels Sohn war Philosoph. —

KARL. Sieh mal, Tante — es liegt mir ja absolut fern, euch euren Glauben rauben zu wollen.

ONKEL ADOLPH. Wenn Erwin... als wir Erwin, unsern lieben Jungen, begruben, da predigte der Pastor am Grabe über das Thema: Aber der Gerechte, ob er gleich zeitlich stirbt, so ist er doch in der Ruhe. Sieh mal, eh mein Sohn ein Atheist geworden wäre, einer der Gott und Christum nicht kennt — viel besser so: viel besser, daß ihn Gott abgerufen und gesichert hat. Denn nun — nun — mit jedem Tage kommt man dem Tode und dem Wiedersehen näher. Was ist das bißchen Leben?

Tante Linchen und Minchen kommen.

TANTE SEFCHEN. Was sind alle Beweise der Wissenschaft, Karl, gegen unsre Sehnsucht? Wer möchte leben ohne die bestimmte Hoffnung auf das Wiedersehen nach dem Tode? Ich würde wahnsinnig ohne den Gedanken des Fortlebens.

LINCHEN. Sieh mal, bei euch, Karl, haben die Eltern eine große Schuld. Deine Mutter hat schon als Mädchen nicht an eine Hölle glauben können und nicht an Jesu Göttlichkeit.

KARL. Und da hat sie recht. Die Hölle mit ihren Qualen hat Rache ersonnen. Jesus war nur Liebe. Jesus ist auch nur als Mensch göttlich. Macht man ihn zum Gott, so streift man alles Göttliche von ihm ab.

TANTE LINCHEN. Das ist mir zu hoch, das verstehe ich nich.
KARL. Das tut mir leid. Ich kann da nur wie Christus sagen: Wer es fassen mag, der fasse es.
ONKEL ADOLPH. Lieber Georg! Reimann soll anspannen. Kinder, ihr müßt euch anziehen; um vier Uhr beginnt das Fest, in einer halben Stunde müssen wir fahren!
MINCHEN. Schön! Siehst du, Linchen, ich hab' dir's gesagt. Aber du sprichst immer: Wir haben Zeit, wir haben Zeit! Nun muß man sich wieder beeilen wer weiß wie sehr.
([Am Rand] Zauberschächtelchen.)
LINCHEN. Na, Minchen — ach, Minchen — wir haben lange Zeit! *Ab mit ihr.*
([Am Rand] Suggestionswert des Gebets.)
ONKEL ADOLPH. Fährst du mit, Karl, zum Missionsfest?
KARL. Ja, Onkel, gern.
TANTE. Da wirst du sehen, was Menschen leiden und dulden können für diesen Glauben. Das kann kein Wahn sein, der seinen Bekennern solche Stärke und Kraft gibt.
ONKEL. Vor vierzehn Tagen hättest du hier sein sollen, da war auch so ein Streiter Gottes hier bei uns, Bruder Schwarz aus Herrnhut. In dem war die Kraft Gottes. Dieser Mann hat mit Zungen geredet. Auch auf deinen Bruder Georg hat er eine tiefe Wirkung ausgeübt. Er hat lange gebraucht, eh er Gott nahe kam. Er wird auch noch manche Anfechtungen erdulden — aber nun haben wir doch Hoffnung. Hast du schon mit ihm darüber geredet?
KARL. N-nein. Aber Georg gefällt mir nicht sehr.
ONKEL. O doch, Karl, doch — es ist eine tiefe Zerknirschung über ihn gekommen. Das ist ein Segen Gottes.
KARL. Ja, siehst du, Onkel. Darüber denk' ich anders. Ich bin für das Fröhliche, Gesunde, Starke.
ONKEL. Das kommt dann, das kommt später. Die Erweckten sind fröhlich und stark in Gott.
KARL. Ist Fräulein Beate fromm?
TANTE. Sie ist aus einer frommen Familie. Pastor Cousin, den du heut wirst kennenlernen —
ONKEL. Kinder, er kann jeden Augenblick vorfahren, er will uns ja abholen. Ich bin noch nicht angezogen. Kinder, entschuldigt.
TANTE. Ja, Pastor Cousin hat sie in unser Haus gebracht. Er ist sehr befreundet mit ihrer Familie.
KARL. Eine fromme Familie, sagtest du.

TANTE. Sehr fromm — aber wie's mit ihr steht? Ich weiß überhaupt nicht, sie redet ja fast gar nicht. Jedenfalls hat sie keinen milden, geduldigen Geist. Das mag wohl auch die Hauptursache sein, daß ihr Vater sie aus dem Hause gegeben hat.
KARL. Ich denke, er hat kürzlich wieder geheiratet, ihr Vater.
TANTE. Jawohl — ihre neue Mutter ist vier Jahre älter als sie.
ONKEL FRITZ. Ach, Sefchen, mir ist das ganz begreiflich. Als Älteste von zehn Geschwistern! Da ist sie eben die Mutter gewesen bisher und hat das Hauswesen geleitet — nun, nun kommt 'ne junge, fremde Person und stellt sich zwischen sie und den Vater.
KARL. Und auch zwischen sie und die Geschwister.
TANTE. Ja, ja — aber sie ist auch herrisch und unverträglich gewesen. Was Gott schickt, hat der Christ zu ertragen. — Du fährst doch mit, Fritz?
FRITZ. Na ja, ja, ich fahr mit. — Laßt mich nur noch die Pfeife wenigstens ausrauchen.
TANTE. Wenn du nicht herzlich daran beteiligt bist, Fritz, dann bleib in Gottes Namen lieber zu Hause. *Ab.*
FRITZ. Na — der übertriebne Eifer — das is Unsinn. Immer Feste und Feste und Feste. Das is Hoffart und Vergnügungssucht. A schreckliches Dasein. Die ganze Woche hat ma sich abgerackt und Sonntag: kann man nich mal seine Pfeife ruhig ausrauchen.
KARL. Muß man sich da noch besonders feinmachen?
FRITZ. I wo'n, ich bleib', wie ich bin. Übertreibung, dumme! *Ab. Linchen und Minchen, angezogen.*
LINCHEN. Karl, 's ist Zeit — bist du fertig?
KARL. Ich hab' nichts andres mit, Tante.
LINCHEN. Sag doch mal, Karl. Ist's wahr, daß der Vater Georg von hier wegnehmen will?
KARL. Ja, Tante — er stellt es Georg frei.
LINCHEN. Was soll er denn dann beginnen?
KARL. Was er will. Vielleicht die Schule noch mal besuchen — studieren — das Einjährigen-Zeugnis erwerben.
LINCHEN. Ja, aber Georg is doch so unbegabt — das . . .
([Am Rand] Linchen dumm.)
KARL. Das glaub' ich nicht.
LINCHEN. Aber er lernt doch so schwer, und Onkel is auch nicht sehr zufrieden.

KARL. Das beweist doch nichts.

MINCHEN. Da wird er sich wohl um Freitische bewerben? Es gibt doch in Breslau so viel Familien, die Freitische vergeben.

KARL. Nee, Tante — Schnorrer sind wir nich — wir eignen uns nich für Freitische.

LINCHEN. Immer der Hochmut — immer der Hochmut! Ihr wolltet immer oben hinaus. Dein Vater hat immer über seine Verhältnisse gelebt . . . immer uf großem Fuß.

MINCHEN. Was is denn da weiter? Unser Vetter hat als Junge Freitische gehabt bei Familien.

KARL. Ja, eher will ich trocken Brot essen — und Georg och.

LINCHEN. Hä hä! Trocken Brot eßt ihr nicht. Ihr lebt halt von fremdem Gelde!

KARL. Wieso, Tante?

LINCHEN. — Na ja, dein Vater hat uns die viertausend Mark och noch nich wiedergegeben!

KARL. Ihr bekommt ja die Zinsen.

LINCHEN. Ja — kaum drei Prozent — vor anderthalb Jahren schon hätten wir's zurückbekommen müssen. Das hätte doch Vaters erste Pflicht sein müssen, uns zu befriedigen. Aber nein — sobald was da ist, oben hinaus — da studierst du in Jena — da soll Georg wieder auf die Schule kommen, und wir können sehen, wo wir bleiben.

MINCHEN. Jeder muß sich doch immer nach seiner Decke strecken.

KARL. Oder er muß die Decke länger machen, wenn sie zu kurz ist.

Beate, nicht angezogen.

LINCHEN, *pikiert* [?]. Gehen Sie denn nicht mit, Fräulein?

BEATE. Ich hab' mich noch nicht entschlossen.

MINCHEN. Sie können sich doch eigentlich gar nicht ausschließen, Fräulein.

LINCHEN. Ach — warum denn nicht?

MINCHEN. Na, und Herr Pastor Cousin würde sich doch sehr wundern.

LINCHEN. Komm, Minchen, komm! Das Ei will wieder mal klüger sein als die Henne! *Ab.*

KARL. Christlich milde Seelen, Fräulein Beate!

BEATE, *ernst.* Ach, es sind alte Damen. *Nach Pause.* Will denn Ihr Bruder von hier fortgehen?

KARL. Er will und will nicht.

II. DIE ROSE VON DROMSDORF

BEATE. Er ist immer so trüb gestimmt. Es wäre doch vielleicht gut für ihn.
KARL. Freilich wär's gut. — Er macht mir Sorgen, der Georg.
BEATE. Er ist so unzugänglich, so —
KARL. Sie machen ihn einfach verrückt, Fräulein. Er läuft herum mit dem Neuen Testament in der Tasche und spricht von himmlischen Freuden und meint, die Welt wäre voll Gefahren, die Welt würde nächstens untergehen, und solchen Unsinn.
BEATE. Ja, solche Sachen werden hier viel besprochen, Prophezeiungen des Schäfers Thomas und solche Dinge. Ich glaube ja auch nicht dran, aber es macht einen doch melancholisch — wenn man's immer und immer wieder hört.
Georg kommt, erschrickt.
BEATE. Ich will nicht stören — ich gehe schon. *Ab.*
KARL. Ja, dummer Kerl, was bist du denn so komisch? Du beleidigst ja Fräulein Beate — kommst rein — erschrickst, wie wenn der Teufel hier gestanden hätte!
GEORG. Na, hätte ich gewußt, daß ihr hier zu sprechen habt, wär' ich nich gekommen.
KARL. Na, geniert dich das?
GEORG. Nee, nicht mich. Aber ich seh's doch. 's is ihr doch peinlich, wenn ich dabei bin.
KARL. Nee, lieber Sohn — umgekehrt, hab' ich den Eindruck. Du fährst zurück, tust, als ob hier . . .
GEORG. Na, wenn ihr Geheimnisse habt! Was gehen mich denn eure Geheimnisse an!
KARL. Geheimnisse, wir — Schaf — Geheimnisse haben wir nich!
GEORG. Na, man sieht euch doch immer zusammen.
KARL. Na, hör mal, blamier dich nich! Du bist ja konfus vor Verliebtheit! Du bist ja verliebt bis über beide Ohren!
GEORG. Ach, red keinen Stuß!
KARL. Red du keinen Stuß! —
GEORG. Ach, Karle, ich bin ein unglücklicher Mensch.
KARL. Weshalb denn so unglücklich?
GEORG. Ich bin verdammt, immer gerade das Gegenteil von dem zu machen, was ich gern machen möchte.
KARL. Na ja, da — wenn ich dir raten soll: uf diese Weise gibst du dich Fräulein Beate gegenüber nicht sehr liebenswürdig.
GEORG. — Ja, da is was in mir — da sag' ich mir — und eh

ich's versehe, ist mir wieder der Teufel ins Genick gesprungen — glaubst du, daß es sie geschmerzt hat?
KARL. Ja, das glaub' ich.
GEORG. Aber sie kann doch an mir ke Interesse haben. Der Leutnant Winter mit dem großen Rittergut ... Übrigens, der Pastor, das is ein widerlicher, ekelhafter Fuchs. Der hat's auf sie abgesehen ... Ich möchte doch wetten.
KARL. Natürlich, das glob' ich och.
GEORG. Mir is scheußlich zumute. Wie zerschlagen in allen Gliedern. Ich glaub', ich krieg' eine schwere Krankheit.
KARL. Das is schon möglich, Georg.
GEORG. Hast du gefragt, ob sie mitfährt?
KARL. Sie weiß noch nicht, sie fragte, ob du mitfährst.
GEORG. Ich fahre nicht mit.
KARL. Und was wird Onkel sagen, du Neuerweckter?
GEORG. Mir gleichgültig, ich fahre nich mit.
KARL. Nu — vielleicht bleibt sie dann och zu Hause.
GEORG. Glaubst du wirklich?
KARL. Ich halt's für möglich.
GEORG. Sieh mal, Karl: ich bin ja noch nischt — ich kann ja noch nischt und weiß nischt — aber wenn so was über mich reinbräche — so ein rasendes Glück — ich sag' dir: da solltet ihr sehen, was noch für'n Kerl aus mir würde. — Aber Unsinn, Unsinn — sieh mal, ich bin verrückt — ich hasse, ich verachte mich, ich stehe so niedrig — ich weiß, daß du lachst. Ich weiß, daß ich reif bin für's Irrenhaus, aber ich lieb' sie, wahrhaftig, ich liebe sie, Gott helfe mir — Amen. *Er schluchzt.*
 ([Am Rand] »Sie is doch reizend.« — »Ach nee.« — »Diese Augen.« etc. etc.)
KARL. Du, warum denn nich? So bist du mir hundertmal lieber, als wenn du Bekehrungsversuche machst, mir vom höllischen Feuer vorerzählst.
GEORG. Ach, höllisches Feuer und himmlisches Feuer, das kann mir jetzt alles gestohlen bleiben! Aber Unsinn, Unsinn, sie denkt nich an mich! — Sie hat gestern einen Brief geschrieben — und dann hat ihr der Briefträger einen gebracht. Und ich Jammerfigur! *Ab.*
Beate.
KARL. So reisefertig, Fräulein?
BEATE, *kalt.* Ich fahre mit.
KARL. Mein Bruder fährt nicht mit.

II. DIE ROSE VON DROMSDORF

BEATE. Na ja, dann hab' ich ja um so besser Platz.
KARL. Da haben Sie recht. — Der Pastor fährt vor.
BEATE. Der Pastor Cousin? — Den mag ich nicht sehen. *Ab*.

Pastor Cousin, umringt von allen.

PASTOR. Ich habe den zweisitzigen Wagen. Neben mir ist noch ein Platz frei. Ich kann gut Fräulein Beate mitnehmen.
TANTE JOSEPHINE. Beate, Beate, der Herr Pastor ist da! *Beate kommt, unangezogen.*
PASTOR. Guten Tag, liebes Kind. — Nun — willst du nicht mit uns fahren? Ich könnte dich gut mit in meinen Wagen nehmen.
BEATE. Ich habe zu tun, Herr Pastor.
JOSEPHCHEN. Aber Beate — das kann doch gut morgen früh noch erledigt werden. Georg will ja dableiben und die Milch abnehmen.
BEATE. Nein, nein, Frau Menzel, ich bleibe.
PASTOR. Aber Kind, heut ist Sonntag!
ONKEL ADOLPH. Heut ist Sonntag — da muß die Arbeit ruhen. Ich dächte doch.
BEATE. Soll ich Kaffee bringen?
JOSEPHINE. Ja, ja, für Herrn Pastor!
PASTOR COUSIN. Ich muß vielmals danken. *Beate ab*.
JOSEPHINE. Sehn Sie, Herr Pastor — so ist sie. Launisch, launisch!
PASTOR. Sie hat ihren eignen Kopf — man muß sie zu nehmen wissen.
JOSEPHINE. Man muß sie gehen lassen, man richtet nichts aus.
PASTOR. Sie kommt schon selber, sie kommt schon selber.

[4, a—d]

[Paralipomena zum vorigen]

[a]

[Verworfenes Blatt, vgl. oben Seite 24]

([Am Rand] Hast du noch nié mit ihr gesprochen?)
GEORG. Na, daß du dich nich doch mal täuschst!

ONKEL. Nee, mach dir keine Schmerzen, mein Lieber.
([Am Rand] Das sind jugendliche Ansichten.)
Und das kannst du mir globen — so als schmachtender, schüchterner Knabe wie du — der sich nich getraut, 'n Wort zu reden, wenn 'ne junge Dame zugegen ist. — Nu, hast du vielleicht — Fräulein Beate ist vierzehn Tage hier — hast du in den vierzehn Tagen auch nur ein kleines Wörtel an sie gerichtet? Na, siehst du! Und das will klug reden! — Na, Spaß muß sein — nu geh' ich schlafen.

[b]
[Verworfenes Blatt, vgl. oben Seite 24]

[MENZEL. ...] Kinder, und wenn Sephchen kommt: ich bin zu müde — ich bin schlafen gegangen. *Ab.*
Alle, auch Josephine, ab.
[Darunter am Rand, als Notizen für die Fortsetzung]
Onkel Fritz geht auch schlafen. Bock und Georg. Georg schüttet sein Herz aus. Druck, elend, nicht aufkommen. Angst Weltuntergang — Elend — ich bin schlecht — nun bin ich verliebt: ich gehe zugrunde —
Der Tante soll ich den Sohn ersetzen, das kann ich nicht. Das macht sie mir zum Vorwurf (auch im Blick): da ist der Sohn, da seht ihr's.
Bock: Befreie dich! — Sie hätten an ihrem Sohne mehr erlebt... Ich werde aufpassen. Wart ab, gedulde dich! — 's ist 'n prächtiges Mädel etc. etc. — *Ab.*
Tante. — Sind alle schlafen? — Ja. — Gute Nacht, Herr Bock, schlafen Sie die erste Nacht gut in unserm Hause. — Die Frau sitzt vor dem Bilde des Kindes, nimmt es herab und weint darüber.
II. Der Bruder Klein mit der Heilung.

[c]
[Verworfene Fortsetzung im ersten Akt, vgl. oben Seite 25]

KARL BOCK. Morgen früh geh' ich auch hin. *Vor dem Bild.* Der liebe, prächtige Kerl.
GEORG. Seit Erwinchen tot ist — ich kann dich versichern, Karl — na, du weißt's ja, du bist ja nachher auch schon hiergewesen.
KARL. Na, Onkel macht doch einen ziemlich lebenslustigen Eindruck.
GEORG. Ach ja — schon, — übrigens: gehen wir noch 'n Stückchen?

II. DIE ROSE VON DROMSDORF

KARL. Ja, gehen wir. Guter, alter Kerl, ich hab' mich riesig auf dich gefreut. Offen gestanden: sehr blühend siehst du nich aus, trotz des gesunden Berufs. Es gefällt dir doch noch?

GEORG. Ach ja — 's gefällt mir schon.

KARL. Das is doch was ganz anderes, so in freier, frischer Luft. Ein scheußliches Dasein in der Stube. Ich sag' dir — ich war buchstäblich wie besoffen — als ich in Striegau ausgestiegen war und nu so ins grüne weite Land hineinzog. Herrlich — einfach herrlich.

([Am Rand] a[us] d[en] Laboratorien.)

GEORG. Manchmal möcht' ich doch lieber in der Stadt sein. Man verbauert doch.

([Am Rand] Die Tante investiert all ihre Hoffnung auf das Wiedersehen und verteidigt deshalb den Glauben und die Religion mit Verzweiflungsmut. — Tantes Gespräche mit Georg, der ihr unbehaglich.)

KARL. Was hast du da gelesen?

GEORG *steckt's ein*. Ach, nichts!

KARL. Du, dies war wohl'n Neues Testamentel?

GEORG. Tante hat mir's geschenkt.

KARL. Du bist wohl ein sehr frommes Haupt geworden?

GEORG. Ach sieh mal... Ich hab' viel mit Tante drüber gestritten. Da war neulich so'n Herrnhuter Bruder da: Bruder Schwarz. Der hat in der Schule drummen gepredigt. Den hätt'st du wirklich hören müssen.

KARL. Hm.

GEORG. Das Merkwürdige ist: Er heilt Kranke. Wahrhaftig. Bei Gott, du — er hat hier mehrere Leute geheilt. Durch Handauflegen.

KARL. Du, nimm mersch nich übel, das halt' ich doch für Unsinn.

([Am Rand] Sag mal, glaubst du denn das?)

GEORG. Aber wahrhaftig, du! Du kannst dich selbst überzeugen.

KARL. Sieh mal, Georg, du mußt wirklich mal raus aus der Atmosphäre hier. 's ist ja ganz natürlich — zwei Jahre bist du jetzt hier, nicht? Wenn man zwei Jahre mit orthodoxen Leuten umgeht — besonders in deinem Alter...

GEORG. Wärst du vor vier Wochen gekommen! Da wollt' ich auch immer fort, immer fort. Da war ich todsunglücklich. Jetzt bleibe ich, jetzt bleibe ich unbedingt.

KARL. Du mußt doch aber auch mal irgend 'ne landwirtschaftliche Schule oder so was besuchen.

GEORG. Mag sein. Später vielleicht mal. Jetzt vorläufig bleibe ich hier, und zwar so lange als möglich.

KARL. Ach, du bist verrückt, Kerl. Neulich war ich nämlich bei deinem Vater einen Tag.

GEORG. Na und?

KARL. Na — das wird er dir wohl geschrieben haben. Noch ein Vierteljahr so fortverdienen — die Restauration geht doch so vorzüglich — dann, sagt er, könnte er dir wieder mit bescheidenen Mitteln unter die Arme greifen.

GEORG, *ziehig*. Ja, ja, er schrieb mir's auch. Ich sollte mir's überlegen. Ich sollte noch einmal frei und ungezwungen meinen Beruf wählen.

KARL. Na, und du willst nicht? Du willst hier verklosen, Schaf?

GEORG. Mag ich verklosen! Ich bleibe hier! *Sieht ihn an, halbverlegen.*

KARL. Erkläre mir, Graf Örindur...

GEORG. Verloren is doch nischt an mir. Talente hab' ich nich, ich bin Mittelgut, weniger als Mittelgut. Geh' ich zugrunde, geh' ich zugrunde. Basta — dann ist die Geschichte zu Ende. —

KARL *hebt an.* Kerl, Schlappjeh — neunzehn Jahr alt! Donnerwetter — na, [...?] hört alles auf. Du bist ja nicht mehr zum Wiedererkennen! Du bist ja ein Frömmler ärgster Sorte! — Sieh in die Welt, da ist Jubel, Leben, Kraft, auf den Feldern, in der Luft — wer hat dir denn zum Donnerwetter die Sache so verekelt? Keine Talente — Mittelgut — Herrjeses nee — dieses horrible Blech — Kerl, du wirfst dein bestes Teil in eine Pfütze. Du bist ja — ich sag' dir: Fort von hier, gleich mit mir, morgen, heut, je eher, je besser!

GEORG. Ich kann nich fort, ich will nich fort — und wenn ich zehnmal zugrunde gehe! *Weint fast.*

KARL. Du, Mensch — mit dir ist was vorgegangen. Eine Veränderung — ja, sag bloß!

([Am Rand] Tot am [?] Grabe Georgs.)

GEORG. Für mich am besten ist's wohl doch, wo Erwin ist — draußen auf dem Kirchhof.

KARL. Affenschwanz — nu hör aber wirklich auf damit und paß lieber mal auf, was ich dir sagen werde. Ich kann mir nicht helfen, und wenn ich dich damit noch mehr deppe: Du bist ein Jammermensch. Laß ab zu jammern und laß

dir mal deine ganze Jämmerlichkeit ins Bewußtsein kommen. Und dann — verstanden — wird abgerieben jeden Morgen. — Zeig mal das Testament — so — und nun lies Busch, »Die fromme Helene«, wenn du was lesen willst. Damit hört's auf, solange ich hier bin.
[Notizen am Rand]
Aber Liebe erst im zweiten Akt.
Daß er den Erwin ersetzen soll, zu Beate.
Geheime Sünden.
[Notizen zur Fortführung: zweiter Akt (?)]
Georg und Karl. »Du, ich bin verrückt, ich bin von Sinnen, ich glaub', sie liebt mich, sie hat mich unterm Tisch berührt, sie — ach, es war himmlisch! Aber heut ist sie wieder ganz kalt und abstoßend.« Vesper. Droschke. Pastor und Vater, der sie hingebracht. Tischgespräch, Schluß: Antrag. Dadurch wird Liebe herausgetrieben. »Sie liebt mich, ich hab' sie, sie liebt mich. Wir [?] brechen [?] mit [?] Himmel und Erde, ich bin verrückt! Ich brauche kein Paradies und keine Eltern« etc. etc. — »Ja, ihr könnt euch aber doch nicht heiraten!« — »Aber, wir haben den Moment, den Moment!«

[d]

[Titelblatt] Die Rose von Dromsdorf [mit Notizen]
Sie zieht ihn aus dem Elend. Sie ermutigt ihn. Sie gibt ihm. Der schnelle Umschwung.
Der Pastor ist da, besuchen gekommen. Anna zeigt sich nicht.

[III, 1–3]

HILDE

(JUBILATE)

[Entstehungszeit: 1892]

[1]

[Tagebuch Ende Mai 1892]

Bei Pastors. V[ockerath] mit Wirtschafterin. Es ist ein alter Onkel da. Es ist eine Verwandte der Wirtschafterin da. Es ist auch ein junger Student da, ein Verwandter des Pastors. Der Pastor, Witwer, der alte Onkel, der Student — alle sind verliebt in die Wirtschafternichte.

Es ist auch eine alte Frau, die Mutter des Pastors, da. Ganz
Güte und Kindheit ist sie. Vernarrt und verliebt in den Sohn.
Die Wirtschafternichte, Anna, 18 Jahr, stark entwickelt, eine
heidnische Kraftgestalt. Still, unberechenbar, verhalten glü-
hend. Bruder Bleich, ein Herrnhuter, kommt mit dem Lehrer.
Der ⟨Lehrer⟩ Bruder soll mit des Pastors Bruder beten. Der
alte Onkel ulkt darüber.
Von der Liebschaft weiß niemand etwas. Annas Derbheit und
Launen werden falsch und lächerlich gedeutet.
Es kommt auch Annas Vater, sie zu rüffeln.
Aus dem Onkel, der in seinem Leben gescheitert ist, mache
ich einen passionierten Jäger. Die Auerhahnbalze. Trieb.
Ein Kanon. Wie sie alle die Jugendliebesmelodie singen.
Vielerlei des Frühlings. Biene, Wespe.
Maikäferscherz, Froschscherz mit der Wirtschafterin.
Das Blumenwerfen.
Wie sich alle drei nacheinander ans Klavier setzen und
spielen.
Apfelblütenzweige.
Der Pastor – klar – will sie schließlich heiraten. Der Bruder
des Pastors – klar – Haß gegen Wirtschafterin.
Wird alles verbumfideln.

Anna ⎫
Bruder Bleich ⎬ klar
Der Lehrer ⎭

Wirtschafterin? Robustes grobes Frauenzimmer. Eifersüchtig
auf den Pastor, deshalb übelgestimmt gegen Anna.
Junger Student? Komisch. Schwärmend. Rittner.
Vater?
Vielleicht: während der Alte sich mit der Wirtschafterin
zankt über seine eigne Heirat mit Anna, ist Anna mit dem
Studenten auf und davon.
Selbsttäuschungen: Der Alte über sein Alter, der Junge über
seine Jugend, der Onkel über seine Stellung und sein
Äußeres.
Der alte Onkel bekommt alles von dem Pastor. Sein »Ab-
heben«.

[2]

Mai oder: Blüten-, Triebmonat, – etwas, ausdrückend:
Mücken, welche im Sonnenschein buhlen. Es muß durchaus

III. HILDE

ein sehr hoher Standpunkt eingenommen werden. Man beobachtet Mücken...

I.

Eine Morgenandacht: der Pastor (emeritus?) am Harmonium. Im Halbkreis: des Pastors Bruder, beider Neffe, die Wirtschafterin, Anna, der Kutscher (und zugleich Knecht). Nachher: Wetterbetrachtung. Nach dem Morgensegen ist alles wie verwandelt. Sie[h], wie weich, wie süß die Vögel singen. Hört mal: sogar der Kuckuck. (Zum Neffen) Willst du nicht dies und jenes mal ansehn, bist du schon dort gewesen? Bruder und Neffe ab. Pastor empfängt ein Pfarrkind (?). Dann kommt die Wirtschafterin. Klagt über Anna. Hätte liebe Not. Ihr Vater hätte noch etc. etc. Mache soviel Sorge. Vater hat sich wieder verheiratet, deshalb Tochter aus dem Hause. Pastor beschwichtigt. Pastor will nicht.
Die is wie ein Turm, die is kalt wie Eis.
Wie einer den andern zum Missionsfest zu bugsieren sucht. Onkel. Er hat einen alten Jagdhund, den er sehr liebt. Zieht mit dem Hund. Kämpft um den Hund.

Frau Matz erhält vom Pastor den ersten Tanz. Heulen und Grobheit.
Der Onkel macht im vierten Akt eine Liebeserklärung. Beginnt mit dem Spielen des Liedes:
»Ach, wie ist's möglich dann,
daß ich dich lassen kann . . .«

[3]

[ERSTER AKT]

Morgen eines Wochentages, Mitte Mai. Wohnzimmer im Pfarrhaus zu Lederose. Offene Flügeltür in der Hinterwand führt in eine Glasveranda. Rechts und links inmitten der Wand ebenfalls Türen.
Pastor Besser junior, Inhaber der Pfarrei, sitzt am Harmonium, einen Choral zur Frühandacht spielend. Das Instrument steht an der Hinterwand links der Tür. Der Pastor junior, ein achtundsechzig Jahre alter, rüstiger Greis, hat weißes, langes Haar

und trägt ein Käppchen. Gekleidet ist er in eine Art Rockelor, der bis zu den Füßen herabreicht.

([Am Rand] Scherze mit dem Käppchen. Scherze mit den Zähnen.)

Rechts von Besser junior, der den Rücken gegen den Zuschauer kehrt, neben dem Harmonium, sitzt Besser senior, sein Vater: ein Greis von dreiundneunzig Jahren und emeritierter Pastor. Auch er trägt ein Käppchen und einen quasi Rockelor, und auch sein Haar ist weiß und lang.

Links vom Harmonium sitzt Frau Besser, Besser seniors dritte Frau, dreiundsechzig Jahre alt.

([Am Rand] Einfache Person, Schullehrerstochter.)

Hart an der Tür in der linken Wand hat Frau Matz, die Wirtschafterin Besser juniors, Platz genommen: Schürze, Schlüssel, Häubchen. Eine sinnliche, robuste Person in einer überaus andächtigen Stellung. Alter vierzig Jahr.

An der gleichen Wand, von der Tür aus nach vorn, sitzen Auguste, die Magd, Pauline, das Dienstmädchen, und Schwarzer, der Kutscher und Knecht, in einer Reihe.

Rechts vorn Sofa, Tisch mit Frühstücksgeschirr und Stühle darum. In einer Sofaecke, ziemlich leger, sitzt der Student der Medizin, Gotthold Wurst, neunzehn Jahre alt.

Ein wenig vom Tisch ab, nach links, mit dem Rücken in halber Wendung gegen das Harmonium, hat sich Karl Siebenhaar niedergelassen. Karl Siebenhaar, Schwestersohn der ersten Frau Pastor Besser junior, eine rundliche, vierzigjährige verfehlte Existenz. Aus »Gnade« von Pastor Besser junior aufgenommen, in dessen Landwirtschaft er sich nützlich macht. Er trägt sich jägermäßig. Jagdjoppe mit Hirschhornknöpfen. Uhrkette mit Sauzähnen etc.

([Am Rand] Hat Hirschfänger [?] bei sich.)

»Nun danket alle Gott«, spielt der Pastor. Besser senior und seine Frau singen mit näselnden, zittrigen Stimmen, vollkommen versunken. Frau Matz singt ostentativ und schickt grimmige Blicke auf den Studenten und Siebenhaar, die nicht mitsingen. Wenn sie die Dienstleute streng und auffordernd anschaut, singen diese oder versuchen zu singen, geben es aber sogleich wieder auf. Der Student kämpft tapfer mit dem Lachen, das ihm die Wirtschafterin verursacht. Siebenhaar macht drohende Faxen dem Lächelnden ins Gesicht, ohne zu wissen, worüber dieser lacht.

Schwarzer und die Magd fingern miteinander, der Kutscher

III. HILDE

sucht die Hand der Magd. Sie schlägt nach ihm, ohne im Gesicht von ihrem frommen Ausdruck etwas aufzugeben. Auch Schwarzer bewahrt seinen andächtigen Ernst.
In den frommen Gesang klingt ununterbrochen die laute, nahe Stimme eines Kuckucks durch die offene Verandatür.
Man singt:

»... *an uns und allen Enden.*
Der uns von Mutterleib
und Kindesbeinen an ...«

An dieser Stelle kommt Eveline aus dem Garten durch die Veranda, erschrickt, da sie die Andacht bemerkt und den Gesang hört, und läßt vor Verlegenheit die Tür offen, so daß das Kuckuckrufen nun sehr störend ist. Abwechselnd rot und blaß, setzt sie sich an den Stuhl rechts von der Tür, unweit des Ofens, nur so auf die Kante, und verhält sich still, einen Strauß Frühlingsblumen in dem Schoß. Zornige Blicke der Frau Matz treffen sie. Siebenhaar wird unruhig und wendet sich. Wurst wird ernst und befangen.

». . . *unzählig viel zu gut*
und noch jetzund getan«.

BESSER JUNIOR, *aufstehend.* Wir erheben uns zu einem stillen Vaterunser.

([Am Rand] Hanna Wiesner.)

Alle erheben sich und nehmen die demütige Stellung von Betenden ein. Stille. Nur der Kuckuck schreit. Besser junior bewegt sich. In alle kommt sogleich Bewegung. Frau Matz eilt als erste auf den Frühstückstisch zu, den sie abzuräumen beginnt.

([Am Rand] Keusch wie Eis, nur heiraten. Einmal weint sie: als sie sieht, daß ihre Voraussicht gefährdet wird. Arbeits[...?] wie Frau Heinze. Hier ist's Pastorhaus, ihres gibt's nicht.)

SIEBENHAAR, *an den sie streift im Vorüberschießen.* Hurrrrr!
FRAU MATZ. Attent, attent, Kinder! Immer zugreifen! Zur Magd. Du wirst doch nich leer gehen, Madel! Hier, nimm die Tassen! — Schwarzer, Ihr könnt Euch auch nützlich machen! Dahier — is Brot! *Übergibt ihm Brot.* So! — *Ihm nachrufend.* Und hert mich mal an: Auf'n Heuboden wird nich gegangen! Eure Ferde verhungern nich. Dafier wird gesorgt. Was ich rausgebe, das kriegen se. Wenn ich's 'm Paster recht mache, dann wird's Euch woll och recht sein

missen. Verstanden? *Indem sie die Tischdecke überm Koh[len]kasten ausschüttet, nebenhin.* Immer zu rechter Zeit kommen, Eveline! Das gehört sich! Bißchen mit zugreifen! ([Am Rand] Einmal kommen Herrnhuter. Es wird ihnen — obgleich der Pastor es möchte, doch nichts vorgesetzt. Die Wirtschafterin bringt einfach nichts. Nachher erklärt sie: Diese Menschen brauchen nichts — die fräßen sich iberall rum. — Es gibt immer nich genug zu essen. Student und Onkel schimpfen. Machen Vorschläge. Stückchen Zucker am Rande. — Vielleicht fördert sie das Verhältnis, als sie die Gefahr für den Pastor und für sich merkt. Feindlich den Alten.)

Eveline bewegt sich sehr langsam. Braunes einfaches Morgenkleid; rundes, ernstes Madonnengesicht; volle, große Gestalt.

BESSER JUNIOR *ist aufgestanden, hat Vater und Mutter die Hand gegeben und beide auf den Mund geküßt.* Wie hast Du geruht die erste Nacht, lieber Papa?

BESSER SENIOR. Gut, recht gut, lieber Paul — ja ja, recht gut. Nicht, Mamachen? Gut haben wir geruht.

FRAU BESSER SENIOR. Bis auf das Aufstehen, Papachen.

BESSER [SENIOR]. Aufstehen — was — Aufstehen? I was denn! Ach so — na ja. *Zum Pastor.* Durst bekam ich nämlich.

SIEBENHAAR *zum Dienstmädchen.* Ja ja, Pauline, Sie haben dem Herrn Pastor kein Wasser raufgestellt.

Pauline zuckt mit den Achseln.

FRAU PASTOR. Aber Herr Siebenhaar war ja so freundlich.

SIEBENHAAR. I nein, das is ja nicht der . . .

BESSER SENIOR. Lieber Herr Siebenhaar, ich danke Ihnen herzlich. Gott vergelt's Ihnen, lieber Herr Siebenhaar! Er hat mir Wasser geholt, der liebe Herr Siebenhaar. Ich hatte — ja, ich hatte wirklich — hatte wirklich einen gesegneten Durst. Weißt du, Fritz, so eine Art wirklichen Heißdurst — so — ich weiß nicht, Mama, was ich gestern doch gleich — was hatt' ich doch gleich gegessen gestern? ([Am Rand] Die alten Herrn sind so.)

FRAU [BESSER] SENIOR. Ein kleines Stückchen Salzfleisch.

BESSER [SENIOR]. Salzfleisch! Richtig, ganz richtig! Ihr hattet mir etwas Salzfleisch vorgesetzt. Salzfleisch, und siehst du, Paul, da muß ich — muß ich so überaus vorsichtig sein. Wenn man vierundneunzig Jahre alt ist, da muß man leben mit der Uhr in der Hand! Ja ja, meine Herrn, —

([Am Rand] Der Alte hat Methoden, wie man essen

III. HILDE

muß. Alte Leute essen gern so was Schlieriges, Weiches, Manschiges.)

FRAU [BESSER] SENIOR. Ja, Papachen muß wirklich ganz in seiner Gewohnheit bleiben. Er hat gestern auch noch einen kleinen Diätfehler gemacht: statt Kamillentee russischen Tee.

BESSER [SENIOR]. Ja — ja — so wenig — wie — wie — Mamas Fingerhut — aber es ist doch — ist mir doch nicht angeschlagen. Nein, Paul — nein, meine Herren: Kamillentee, schwachen Kamillen-, schwachen, heißen Kamillentee, morgens und abends, das erhält Leib und Seele, kannst du mir glauben.

PASTOR JUNIOR. Kamillen muß doch zu bekommen sein, Frau Matz.

BESSER SENIOR, *heftig abwehrend.* Nur keine Umstände, lieber Paul, mein lieber, lieber Paul, nur keine Umstände! Ich habe alles, ich bin so gut versorgt, daß . . .

FRAU MATZ. Der Krämer hatte doch schon zu, wie gestern der Herr Vater ankam.

BESSER JUNIOR. Nun, dann ist doch heut morgen gleich... ?

WURST. Hier liegt ja ein Paket. Das ist ja so was Teeartiges.

SIEBENHAAR. Jawohl, das ist Tee. *Riecht.* Ist Kamille. *Es entfährt ihm launig.* Camilla etc. *(lateinisch).* Das kenn ich noch von der Forstakademie. *Beißt sich auf die Zunge. Niemand lacht und beachtet das außer Gotthold.*

FRAU PASTOR, *der Siebenhaar das Paket gibt.* Waren Sie vielleicht gar so liebenswert?

GOTTHOLD. Ich glaube, das Fräulein hat es hingelegt.

Eveline kommt gleichgültig wieder herein.

PASTOR JUNIOR. Haben Sie die Tüte hingelegt, Eveline?

EVELINE, *gleichgültig.* Ja.

FRAU PASTOR. Ich danke schön, Fräulein.

EVELINE. Bitt' schön. *Sie lächelt gezwungen. Dann ab.*

Kleine Pause.

([Am Rand] ⟨Der Onkel bläst einmal alle Signale durch im Zimmer mit Klavier⟩ — ⟨Pastor, als sich Frau Matz bei ihm beklagt: Ja, liebe Frau Matz, Sie haben es ja so gewollt, daß das Mädchen ins Haus kam. Jetzt kann ich nicht so ohne weiteres⟩)

PASTOR [JUNIOR], *mit den Achseln zuckend.* Sie hat Launen, Mutterchen.

FRAU MATZ. Ja, das weiß der liebe Herrgott!
([Am Rand] Mensch, dich nehm' ich auf meinen Rücken, für dich wasche, backe und arbeite ich. Neue Lagen (Weiber) [?] Meine Hände sind hart.)

FRAU PASTOR. Aber sie ist mir doch sehr angenehm.

FRAU MATZ. Frau Pastor, das sagen Sie so. Aber wirtschaften Sie mal mit dem Mädchen!

PASTORIN. Ist sie, ist sie nicht wirtschaftlich?
([Am Rand] HILDE vielleicht?)

FRAU MATZ. I, wirtschaftlich! Blumen pflücken und den Kopp voll Mucken!

PASTORIN. Na, sie is jung, Frau Matz.
([Am Rand] Er teilt es dem Onkel mit: ich bin verliebt. Der Onkel: Kunststück. Alle sind wir's.)

FRAU MATZ, *etwas gedämpft.* Sehn Se, Frau Pastern, über das Mädchen kann mich niemand belehren. Die kenn' ich — ich mechte sprechen, seit se de erste Milch in a Mund genommen. Die ganze Familie kenn' ich. Das Mädchen hat sieben kleine Geschwister. 's kleinste war ein halbes Jahr, als die Mutter starb. Die hat immer schaffen und tätig sein müssen, und hier mecht sie Prinzessin spielen.

Eveline kommt wieder. Ein Anflug bittrer Ironie um den Mund. Kleine Pause.

FRAU PASTOR. Nu, Papachen, wie denkst du?

DER ALTE PASTOR, *schalkhaft den Finger erhebend, hörend und zugleich Stille gebietend.* Der Gukuk schreit. *Er macht ihm nach.* Gukuk, Gukuk — wie lange leb' ich noch, Schwerenöter — Gukuuk! Gukuuk! Was, schon alle? — Zehn Jahre will ich noch leben, zehn Jahre. Es gefällt mir, es gefällt mir recht gut, recht gut in Gottes Welt, liebe Kinder. Vier Amtsnachfolger hab' ich schon überlebt mit Gottes Beistand. Den fünften will ich auch noch überleben. — Sie wollten mir — alle wollten sie mir den Himmel gönnen. Im Himmel sorgt Gott, da sorgt der liebe Gott. Mein irdischer Wandel kostete dagegen viel Geld. — Die armen, kurzlebigen Herren Amtsbrüder auf meiner Pfarre müssen mir alle Jahre vierhundert Taler bar abgeben, solange ich lebe. Das ist nicht leicht, jemand das Leben zu wünschen, das einen jährlich vierhundert Taler kostet, vierhundert Taler, solange ich lebe, und ich lebe lange, lebe lange durch Gottes Ratschluß. Gukuk, Gukkuk, Gukuk!

III. HILDE

Frau Pastor legt ihm ein Plaid um und führt ihn ab in den Garten.
([Am Rand] Überleitung.)
PASTOR, *die Blumen aufnehmend.* Was haben Sie denn da gebracht, Eveline? Wie?
EVELINE. Apfelblüten.
PASTOR. Ach ja, es ist ein rechter, wundervoller Maimorgen. Eigentlich der erste schöne.
FRAU MATZ. Hast du sie etwa von dem großen Baum vorn genommen? *Eveline schüttelt den Kopf.* Denn das sind die großen Kaiser Alexander, wo jeder Apfel zwanzig Pfennige bringt. *Eveline geht ab.* Nu wird se wieder beleidigt sein. *Ihr nach, ab.*
PASTOR. Die gute Frau Matz hat ihre Eigenheiten. Sonst aber ist sie eine durchaus ehrliche, prächtige Frau. Tüchtig und gottesfürchtig. Ich habe sehr viel an ihr. — Nun, lieber Junge? — 's is hübsch, daß du wieder mal hier bist. *Er gibt ihm die Hand.* Es freut mich, mein Junge. Gefällt dir's wieder bei uns, Gotthold?
GOTTHOLD. Ganz famos, Onkel, prächtig, ganz famos ist's bei euch auf dem Lande. Die Luft — der Vogelgesang überall, überhaupt dieser Morgen! Wenn man so drei Monate lang den verfluchten — pardon, den verdammten... ich meine, den wirklich scheußlichen Anatomiegestank eingeschluckt hat! Nee, Onkel, du kannst dir gar keinen Begriff machen. — Onkel Siebenhaar und ich waren schon auf dem Felde mitnander. Nein... *Im Enthusiasmus unterbrochen.*
PASTOR. So? Sag doch mal, Karl, wie weit seid ihr mit dem Hafer?
SIEBENHAAR *zuckt die Achseln.* Der Mensch denkt, und Frau Matz lenkt. Die Frau Matz hat die Arbeiter zum Kartoffellegen geschickt. Übrigens, ich versteh' ja nischt von der Landwirtschaft.
([Am Rand] Karl: Im Vertrauen: sie versteht's viel besser als ich.)
PASTOR. Sieh mal, Karl, du warst eben immer auf großen Gütern. Du bist nicht an kleine Verhältnisse gewöhnt. Weißt du schon, Gotthold? Ich hab' vermessen lassen. Ich besitze jetzt 65¾ Morgen. *(In Ar und Hektar noch ausgedrückt.)*
GOTTHOLD. Ja, Onkel, du hast ja riesig gekauft. Ich staune ja nur so: die vielen Gebäude!

PASTOR. Es machte sich so mit Gottes Hülfe. Es geht auch ganz gut mit der Bewirtschaftung. Frau Matz ist eine sehr tüchtige Kraft. Ich weiß, es geht mir da nicht ein Salzkörnchen verloren. Sie ist ganz auf meinen Vorteil bedacht. Außerordentlich, überall hat sie die Augen. — Horch mal, wie die Vögel jubilieren — *horchend* — zur Ehre Gottes. Es wird ein gesegneter Mai, wie's scheint.

([Am Rand] ⟨Ein Knecht kündigt des Essens wegen. Sie hat so ein Gebräu zusammengemacht, die Frau Matz. Aufzählung der Rezepte.⟩ — Er hat sein Geld bei einem Gottlosen, der aber sehr zuverlässig ist und sehr gut mit allem Bescheid weiß.)

GOTTHOLD, *im Enthusiasmus fortfahrend*. Ja, es ist ein wahrhaft himmlischer Jubel draußen. Und so viel Licht. Und von den Bäumen trieft noch förmlich das klare, kalte Wasser vom Nachtregen her. Und diese Baumblüte. Und wenn man nah kommt, Onkel, da summt es, da tanzt es so, als wenn der Baum selbst Musik machte. Und tritt man ganz nah, da sind's Bienen. Tausende, Hunderttausende, die so bis an das Birzelchen hinten in die Blütenkelche hineinkriechen und schwelgen. Herrlich! Nee, wirklich herrlich!

PASTOR. Aber! Aber! — Aber! Aber! — Ich bin doch der Ansicht, daß auch darin speziell der Christ — ich meine bei einem anscheinend so harmlosen Naturgenuß — wie soll ich sagen? — Vorsicht walten lassen soll. Wie leicht kann man den Schöpfer über dem Geschöpf vergessen! Es ist und bleibt weltliche Freude. Und die Welt ist des bösen Geistes Tummelplatz. Seine Verführungen lauern mitunter noch unter dem harmlosesten Vergnügen. Die Welt ist eben voller Schlingen und Fußangeln des Teufels. *Beide stehen geduckt.* — Willst du mit mir nach Baudiß fahren, Gotthold? Ich muß hinüber den Morgen. In acht Tagen ist das Missionsfest drüben. Da haben wir noch einiges zu beraten.

GOTTHOLD. Darf ich ehrlich sein, Onkel?

([Am Rand] Der Student kann sich mancherlei erlauben.)

PASTOR. Willst du mich belügen?

GOTTHOLD. — Dann möchte ich lieber hierbleiben.

([Am Rand] Pastor stutzt: »Hier? Was hast du denn hier?«)

III. HILDE

— Onkel Siebenhaar will mir nämlich zeigen, wo ein Auerhahn steht.

SIEBENHAAR. — Ach deswegen — deshalb — des Auerhahns wegen?

PASTOR. Bist du denn hier schon auf Jagd gewesen, Karl?

SIEBENHAAR. Nein. Das heißt — ich habe nicht geschossen. Ich bin gut bekannt mit Stolle.

PASTOR. Ist das der Inspektor oder der Förster vom Grafen? ([Am Rand] In der Bekneiptheit schwärmt er den orthodoxen Pastoren von der Jagd vor.)

SIEBENHAAR. Der Inspektor. Aber des dummen Auerhahns wegen — deshalb, Gotthold... Überhaupt ist das viel, viel zu spät. Da mußt du um zwei Uhr nachts aus dem Bett, Mensch.

DAS MÄDCHEN. Schwarzer ist vorgefahren, Herr Paster.

PASTOR. Nun, Gott behüte euch! — *Im Gehen sich zu Onkel wendend.* Ich weiß nicht, ob Jagdgehen gerade die geeignete Beschäftigung für dich ist, Karl! *Ab.*

SIEBENHAAR, *sich die Pfeife anbrennend.* Hab' ich wieder mei Fett. — Ich wünschte, ich wär' sonstwo. Diese Gnadenbrotwirgerei paßt mer nicht mehr. Kannst globen, Gotthold. Wenn so'n alter Kerl wie ich dahin kommt, dann is Essig. *Plötzlich pfiffig und heiter.* Aber auf die Auerhahnbalze, Junge, gehn wir doch, bloß nich heute. Morgen früh aber. Nu gerade. Ja ja, Frömmigkeit, alles recht schön, bloß nicht zu doll, alles mit Maßen. Nich uff de Spitze treiben. ([Am Rand] Nach dem Missionsfest kommen eine kleine Gesellschaft, die hungrig ist und immer von dem Pastor durch die Zimmer geführt wird, während die Wirtschafterin streikt. Einer nach dem anderen von der Familie entfernt sich. Eveline ist nicht da. Der Pastor hatte Mißtrauen gefaßt zu dem Studenten und war deshalb nach Hause gekommen. Die Wirtschafterin hatte Privatbesuch gemacht, um die beiden Leutchen allein zu lassen.)

GOTTHOLD. Sag mal, was is denn mit dem Onkel eigentlich? Hat er irgendwas? Er kommt mir so merkwürdig vor.

SIEBENHAAR. Ach nö.

GOTTHOLD. Früher hat er sich immer so herzlich gefreut, wenn ich kam, hat er uns immer alles mögliche erzählt und gezeigt.

SIEBENHAAR. Ja, sieh mal, 's kommt'n jetz 'n bißchen viel

uf eemal uf de Pelle gerickt. Seine Eltern — ich bin gerade wieder mal außer Stellung — du — und nu haben se noch die Eveline im Hause. Pst — wart mal — so — nu is er naus. Aber jetzt, Junge, kommst du mit zum Inspekter. Dort hab' ich meine zwei Schießprügel und meinen Hund, und da gehn wir auf Schnepfen, Jungchen, Schnepfen — prrrr!

GOTTHOLD. 'n Hund hast du auch?

SIEBENHAAR. Psst — um Gotteswillen! Ich konnte doch meinen Alfred nich wegschenken. Der Inspektor hier war so freundlich, ihn in Pension zu nehmen.

GOTTHOLD. Alfred heißt das Vieh? Warum nicht gar Gotthold.

SIEBENHAAR. Ach, was verstehst du — aber ich sag' dir, ein Kapitalkerl. Englisch Setter. Wunderbar abgeführt, nur einen Fehler hat das Vieh.

GOTTHOLD. Nu, und?

SIEBENHAAR. Gänse, bloß Gänse kann er nich leiden. Bloß Gänse. Auf Gänse is er wie toll, alle acht Tage hat der Kerl eine gewürgt in meinem Hofe. Was hab' ich den Hund geprügelt! Alles umsonst. Aber nu komm, Junge!

GOTTHOLD. Onkel, soll ich die Wahrheit sagen?

SIEBENHAAR. Die Wahrheit, was für ne Wahrheit. Willst du mir vielleicht die Wahrheit sagen. Du auch noch. Hier sagen sie mir immer abwechselnd die Wahrheit, bald die Köchin, bald die Matz, bald der Alte, bald du. Nu, schieß los, mein Buckel is breit. Ich handle wohl unrecht, keuscher Josef, den Onkel zu hintergehen?

GOTTHOLD. Ach Unsinn, Onkel. Ich wollte dir bloß sagen, daß ich nicht mitkommen möchte.

ONKEL. Aber du warst doch wie närrisch vorhin?

GOTTHOLD. — Du wahrhaftig, ich hab' mich bloß so gestellt. Ich möchte gern heut den ersten Morgen hier im Hause bleiben. Ich geh' höchstens dann bißchen in Garten. Rufe mir die alten Erinnerungen zurück.

[SIEBENHAAR] *hebt ihn bei den Schultern.* Mensch! *Starrt ihn an.* Na, das ist heiter, das ist wirklich heiter.

GOTTHOLD. Heiter ist doch dabei eigentlich nichts, Onkel.

SIEBENHAAR, *ernst.* Lieber Neffe, es ist in der Tat heiter! Ich hatte nämlich in den ersten Tagen meines Hierseins auch die Tendenz, viel im Hause zu sein. Das hat mir aber der Onkel gründlich verekelt.

([Am Rand] Die Balzgeschichte macht er bei der Pastorengesellschaft, als er bekneipt ist.)

III. HILDE

GOTTHOLD. Aber wieso denn, Onkel?

SIEBENHAAR. Ja — wieso — sieh mal, wer den Onkel genau kennt, der weiß: es is wieder was im Anzuge. Jetzt ist nu noch dazu Mai. Der Liebesmond — und 's ist doch nu mal mit Onkel immer so gewesen. Wo alles liebt, kann Onkel allein nicht hassen.

GOTTHOLD. Wie meinst du denn, Onkel?

SIEBENHAAR. Er hat einfach wieder Feuer gefangen. Weiß der Himmel, wo er's hernimmt, aber er brennt wieder lichterloh.

GOTTHOLD. Er hat ne Flamme! Na, wen denn da?

SIEBENHAAR. Na, Frau Matz doch sicher nich? Natürlich Eveline! Ach was, ihr seid verrückte Kerle, die nie klug werden. Mir passiert so was nich mehr. Na, dir ja — dir trau ich's zu, du Jüngling, jung an Jahren. Bei dir wär's auch gut, wenn du klüger wärst. — Wenn ich lieber was Orntliches zu essen kriegte. Die Matz is'n Drache, ein Satan, der einen verhungern läßt. Bist du etwa satt — nö — na, siehst du. Ach was, sei vernünftig! Gib's auf!

GOTTHOLD. Ja, was soll ich denn aufgeben?

ONKEL. Tu doch nich so! Tu doch bloß nich so! Der Schweiß steigt dir ja ins Gesicht.

GOTTHOLD. Der Schweiß — na, hör mal an.

ONKEL. Du weißt nicht, was Schweiß ist, das heißt, in der Jägersprache. —

GOTTHOLD, *lachend*. Na, freilich, das weiß ich ja. Schweiß heißt Blut, Ohren sind Löffel, Hintern heißt Spiegel, Augen heißen Lichter.

ONKEL. Übrigens — na, sprich nur weiter — na, sprich doch — na, ich wollte nur sagen: die Eveline hat ein paar wunderschöne Lichter!

GOTTHOLD. Wer?

ONKEL. Na, Eveline — und verdenken kann ich's dem Alten nicht. Wenn man's haben kann.

GOTTHOLD. Nee, sag mal im Ernst: fängt Onkel wirklich leicht Feuer?

ONKEL. Aber lieber Sohn. Ne alte Geschichte. Das weiß ich schon — na, wart mal — mit sechsunddreißig Jahren starb meine Mutter. Ich war sechzehn Jahr, als sie starb. Meiner Mutter Schwester war Onkels erste Frau. Da hat mir meine Mutter schon erzählt, wie ihre Schwester so manche Nacht durch geweint hätte — na,˙etcetera etcetera. Alte

Geschichte. Es is mal so seine Naturanlage. Abgemacht. Streusand drauf.

GOTTHOLD. Aber er urteilt doch so streng über diese Dinge.

ONKEL. Im Talar, mein Junge — und er ist ja auch entweder im Talar oder ganz nackt. 'n Mittelding von Bekleidung gibt's bei ihm nicht.

GOTTHOLD. Onkel, du hältst mich zum Narren, was? 'n Mann von siebzig — 'n Mädchen von achtzehn Jahren!

ONKEL. Trau dem Onkel nich, der hat Mut. Der ißt auch lieber Weintrauben als Rosinen. Kannst glauben.

([Am Rand] Glaubst du, der Onkel hat mir was zum Anfange meiner Ehe gegeben, als ich heiraten wollte? Danach war mir alles schnuppe, mein Leben langweilig. Ich ging auf die Jagd, und — einmal hab' ich schon auf mich geschossen. Ich kann nich anders, ich muß mich zum Narren machen. Vater is so gewesen: der Matschker is da.)

GOTTHOLD. Du, sag mal im Ernst: glaubst du wirklich, daß Onkel — na, wie soll ich sagen — ein Auge auf dem Fräulein hat?

ONKEL. Alle beide.

GOTTHOLD. Ja aber, woraus siehst du denn das?

ONKEL. Na erstens an Frau Matz. Frau Matz ist doch Gift und Galle an Eveline. Das ist doch schon Beweis genug. Diesen Drachen soll man nicht durchschauen? Das Weib spielt ja buchstäblich mit offnen Karten. Die will Onkels Geld, und wenn sie den Onkel mitnehmen soll.

([Am Rand] In einem Augenblick der höchsten Spannung, wo Gotthold sich erklären will und alles oder nichts erwartet, kommt der Ältere und reitet ihm seine Hypochondrie vor. Er muß alles über sich ergehen lassen.)

GOTTHOLD. Glaubst du das wirklich?

ONKEL. Junge, Junge, ich sag' dir: setz dich dahinter — sonst besiehst du keinen roten Heller. Laß dich adoptieren vom Alten, oder 's geht dir wie mir. Wie lange studierst du denn noch?

([Am Rand] Liebeserklärung des Pastors an Eveline.)

GOTTHOLD. Lieber Gott, im dritten Semester bin ich.

([Am Rand] Frau Matz weint. »Ich bin gewiß uneigennützig, ich hab' gearbeit« (immer aufs Arbeiten sich zurückziehend).)

III. HILDE

ONKEL. Was gibt er dir denn?
GOTTHOLD. Ach, zum Verhungern. Ich muß täglich vier Stunden geben.
ONKEL. Wenn die Matz den Onkel nimmt, kriegst du gar nichts mehr und hast noch weniger jemals zu hoffen. Da is schon besser, er macht die Dummheit und läßt sich mit der Eveline ein.
GOTTHOLD. Das wäre eine Gemeinheit, einfach eine Nichtswürdigkeit! Dann würde ich dem Onkel aber auf der Stelle seine elenden Gnadenbrocken vor die Füße schmeißen! Dann könnte ich ihn, so alt er ist, ganz einfach nur noch verachten!
ONKEL. Du gehst zu weit, Gotthold, viel zu weit. Onkel is 'n Mensch. Eveline ist auch nur 'n Mensch. Wenn sie klug ist, ist sie versorgt. Ach, und ich kann dir sagen: ich versteh' mich auf Weiber. Das ist eine sinnliche, egoistische Natur. Sie ist keineswegs etwa fehlerlos und so unantastbar makellos, mein Junge.
GOTTHOLD. Ich kenne sie nicht, Onkel. Mich interessiert's auch nicht, was sie für eine Natur ist. Sie ist mir vollständig gleichgültig.
ONKEL. Brav, mein Junge. Also gehen wir auf den Schnepfenstrich.
GOTTHOLD. — Nein, Onkel. Dazu hab' ich eben keine Lust. Ich möchte zu Hause bleiben. Aber du laß dich nur durchaus nicht stören.
ONKEL. Wie — ich soll mich nicht stören lassen — du willst mich raushaben. Oho, mein Junge, nicht um die Welt. Daß du hier Torheiten begehst. Ich werd' mich hüten, dich jetzt im Frühling unbewacht zu lassen. Nein, nein. Ich bleibe den Morgen zu Hause. Ich habe so noch etwas zu schreiben. Höchstens geh' ich dann bißchen in Garten und rufe mir alte Erinnerungen wach.
GOTTHOLD. Wie du willst, Onkel!
SIEBENHAAR. Psst!

Eveline, mit einem Korb voll Spargel von rechts nach der Veranda.

ONKEL. Was haben Sie denn da Schönes, Fräulein Eveline?
EVELINE. Spargel!
ONKEL. Frisch?
EVELINE. Ja, frisch.
ONKEL. Darf ich mal sehn?

EVELINE. Bitt' schön.

ONKEL. Ah — der wird meinem Onkel heut mittag prächtig schmecken!

EVELINE. Es ist für zwei. Die alten Herren brauchen leichte Gemüse.

ONKEL. Und wir jungen Herren sind ohnehin leicht genug? *Eveline zuckt geringschätzig, aber schwach die Achseln und geht auf die Veranda, wo sie Platz nimmt und Spargel putzt.*

ONKEL. Siehst du, das ist das Unpassende. Ich bin vierzig Jahr, sie ist achtzehn. Wenn ich einen Spaß mit ihr mache, hat sie höflich zu sein. Das ist unliebenswürdig. So was is unhöflich, so was is geradezu grob.

GOTTHOLD. Aber Onkel!

ONKEL. Du lieber ... Belehr mich nich! Ich bin alt genug geworden. Das kann se mit Gymnasiasten und Studenten probieren, mit mir nich. Sucht mich! *Ruft.* Fräulein, ich geh' aus. Ich komme zu Mittag nicht wieder. *Er pfeift.* Allons, komm, Alfred! Vorwärts! *Er bemerkt, daß er keinen Hund mithat, erschrickt.* Ach was, Kram. 's ist mir alles einerlei. *Ab.*

EVELINE *kommt aus der Veranda herein.* Herr Siebenhaar ist fortgegangen?

GOTTHOLD. Er ist manchmal etwas merkwürdig, der gute Onkel.

EVELINE, *kalt.* Ach, wieso?

GOTTHOLD. Ich meine nur, so aufgeregt. *Pause.* Gefällt es Ihnen hier, Fräulein?

EVELINE. Wie, gefallen?

GOTTHOLD. Ich meine, wie es Ihnen im Hause hier gefällt?

EVELINE. Sind Sie nicht früher auch hier gewesen?

GOTTHOLD. Gewiß, von meinem zehnten bis fünfzehnten Jahr. Mir ist es förmlich wie mein Vaterhaus. Jedenfalls hab' ich kein anderes.

EVELINE. Sind Sie eigentlich verwandt mit Herrn Pastor?

GOTTHOLD. Er ist mein Großonkel. Meine übrige Verwandtschaft kenne ich überhaupt nicht. Ich bin so eine Art Überzähliger — so was wie... Aber ich halte Sie auf.

EVELINE. Ach nein, nein. — Ich muß nur eben meinen Spargel putzen. *Sie geht hinaus und setzt sich.*

GOTTHOLD *geht ans Klavier, spielt. Im gleichen Moment hört man Hornblasen. Jagdsignale, aber mit Mißtönen. Gotthold springt auf, hält sich die Ohren zu.* Um Gottes willen, um

III. HILDE

Gottes willen! Der Himmel sei uns gnädig! Was ist denn da los?

EVELINE. Herr Siebenhaar übt sich im Hornblasen.

ONKEL, *durch die Tür*. Gotthold, Junge, komm doch mal raus! 's is wundervoll im Freien. Da, sieh mal! Ich wer dir bißchen Signale beibringen.

GOTTHOLD. Nee, Onkel, bitte. — Ich kann gar nicht Horn blasen.

ONKEL. Das lernt sich schnell, das bring' ich dir bei. Oder wart! Du kannst mir mal — hier is 'n kleines Signalbüchel. Du kannst mir mal 'n Hirschtod angeben.

GOTTHOLD. Hier im Zimmer willst du blasen?

ONKEL. Na, Onkel is ja nicht zu Hause. Wen stört's denn?

GOTTHOLD. Vielleicht Fräulein Eveline.

EVELINE. Mich stört es nicht.

ONKEL. Du, bitte, keine Anzüglichkeiten. Wenn ich Horn blase, dann blase ich derart, daß auch die Menschen durchaus dadurch nicht gestört werden. Sieh mal, das is das vorschriftsmäßige Horn. Das haben die Kaiserlichen Jäger bei den Hofjagden. — Ft! Ft! Ft! Na, nu mach mal!

GOTTHOLD *spielt mit einem Finger den Hirschtod*. Also: es — fertig? — also —

ONKEL. Also —

Gotthold gibt an, Onkel bläst einen Mißton.

ONKEL, } *sich gleichzeitig anschreiend*. Falsch!
GOTTHOLD, }

ONKEL. Gotthold, das is nich richtig. Du mußt tiefer anfangen.

GOTTHOLD. Noch tiefer?

ONKEL. Natürlich noch tiefer. Also... *Onkel bringt einen Mißton heraus. Er und Gotthold*. Falsch! Au!

ONKEL. Nu, was nu? Du wirst mich blasen lehren! Ich hab' bei einem Königlichen Jäger in Potsdam gelernt, lieber So[hn?]. Mich kannst du nich lehren, wie geblasen wird.

GOTTHOLD *lacht*. Onkel, du bist köstlich.

ONKEL. Lache nur, lieber Sohn! Ich habe bei den Königlichen Jagden im Grunewald und Hubertusstock mitgeblasen. Ich sag' dir, die ältesten Hornisten haben mir gesagt: Siebenhaar, Sie blasen, als wenn Se mit dem Horne geboren wärn.

([Am Rand] Die Geschichte mit dem Auerwild.)

GOTTHOLD. Aber Onkel, Onkel!

ONKEL, *wütend.* Ich Schafskopf! — Na also. — Spiel mal den Hasentod!
Gotthold spielt.
Onkel bläst Mißtöne unentwegt.
GOTTHOLD. Au — Au!!
FRAU MATZ, *in der Tür.* Nein, Herr Siebenhaar, das geht denn doch wirklich nicht. Hier sind wir in einem Pastorhause, Herr Siebenhaar. Wenn auch der Herr Paster nicht zu Hause ist, deswegen —. Drüben im Hof ist eine Kuh übergeplankt. Es gibt alle Hände voll zu tun, und Sie stehen hier und machen das ganze Haus verrückt.
ONKEL. Regen Sie sich nicht auf, Frau Matz. Davon bekommt man die Gelbsucht.
FRAU MATZ. Freilich — an Stelle vom Herr Paster, da hätt' ich — da hätt' ich ieber gewisse Leute schon lange die Gelbsucht bekommen. Unsereins arbeitet, um alles zusammenzuhalten. Man sinnt früh und spät und ruht nicht, und dafür [?] hat man das ganze Haus voll Mitesser.
PASTOR BESSER [JUNIOR] *kommt.* Grüß Gott, Kinder — was habt ihr denn? Was haben Sie denn, Frau Matz? *Frau Matz weinend ab.* Karl, geh jetzt aufs Feld zu den Arbeitern! Und du, Gotthold, wirst woll den Morgen etwas zu studieren haben. Repetitio es[t] mater studiorum. *Beide ab. Eveline ab durch den Garten.*
Der Pastor zieht sich aus, Frau Matz kommt herein. Sie ist ihm bei allem behülflich.
PASTOR. Ich habe mir's unterwegs anders überlegt, Frau Matz. Ich werde lieber zu Hause bleiben und meine Predigt memorieren.
FRAU MATZ. Herr Paster, ich muß nu endlich mal . . . Meine Geduld is aber wirklich zu Ende. Entweder ich geh' aus dem Hause . . .
PASTOR. Um was handelt sich's denn?
FRAU MATZ. Herr Siebenhaar geht mich nichts an. Und die andern ieberhaupt, das is Ihre Sache. Wir brauchen jetz täglich zwei Pfund Butter —. Aber mit Eveline, da geb' ich's auf. Sie mechten an ihren Vater schreiben, daß er das Madel wieder abholt.
PASTOR. Ja, Frau Matz. Auf Ihre Veranlassung ist Eveline ins Haus gekommen. Sie ist vierzehn Tage bei uns. Was soll ich denn dem Vater als Grund angeben? Jetzt ist sie noch unmöglich schon eine perfekte Wirtin geworden.

III. HILDE

FRAU MATZ. Das wird se ieberhaupt niemals.

PASTOR. Ach, Frau Matz, wenn unser himmlischer Vater so wenig Geduld mit uns hätt'...

FRAU MATZ. Herr Paster, ich weiß, was ich sage. Niemals wird das Madel 'ne Wirtin. Sie ist störrisch, sie ist langsam, sie ist launisch. Sie hat die Gedanken auf allem möglichen. Sie . . .

PASTOR. Ich will lieber mal mit ihr reden, Frau Matz. Ihr ernstlich zusprechen.

FRAU MATZ. Das nutzt ja doch nichts, Herr Paster, das nutzt ja nichts.

PASTOR. Das wird wohl nutzen, Frau Matz, und sollte es nichts nutzen, dann ist ja immer noch Zeit, ihrem Vater zu schreiben. Wir dürfen nicht zu lieblos sein, Frau Matz. Ich als Priester nun gar! — Aber wenn es sich wirklich nicht bessern sollte — dann allerdings — dann bleibt nur noch eins übrig — und zwar gleich auf der Stelle. Nicht wahr, Frau Matz?

FRAU MATZ. Dann aber, Herr Paster — wenn das nich hilft... Ich hab' so Last genug mit dem vielen Besuch.

PASTOR. Na, lassen Sie gut sein. Ich hoffe, daß Karl in acht Tagen fort ist. Die Eltern, die halten es so nicht lange aus, und Gotthold muß wieder zurück in die Arbeit. Nu also, Frau Matz, ich möchte sie sprechen. *Matz ab.*

([Am Rand] Er heuchelt Krankheit.)

Der alte Pastor [Besser junior] nimmt eine Bibel und liest darin. Eveline kommt, bleich.

DER ALTE. Komm, Eveline, setze dich, Eveline. — Fürchte dich nicht, Eveline. — Dein Vater, Eveline, hat, wie du weißt, dich uns übergeben, und wir tragen eine große Verantwortung für dich. Nicht wahr, Eveline? Und sieh mal, nun sagt mir Frau Matz — ja, ich muß dir mitteilen, daß Frau Matz über dich Klage führt. *Eveline mit großen Augen voll Tränen.* Weine nicht, weine nicht, meine Tochter. *Er nimmt ihre Hand in die Linke, legt die Rechte begütigend auf ihre Schulter.* Betrachte mich, wie man einen Vater betrachtet. Ich will dein Bestes, und mit Gottes Hülfe wirst du deiner Leidenschaften auch Sieger werden. Sieh mal, Frau Matz ist eine ältere Person, und das Alter soll man ehren. Der Christ muß Herrschaft über sich haben durch Jesum Christum, und wenn du auch glaubst, daß dir manchmal Unrecht geschieht. Demütig wollen wir sein und uns nicht auflehnen, selbst wenn uns wirklich Unrecht geschieht. Du hast Neigung zum Trotz, Eveline. Du hast es deinem Vater verübelt, daß er dir eine neue Mutter zuführte. Es ist aber Gottes Wille, daß der Mann den Kindern, die ihre Mutter verloren haben, eine neue Mutter gebe. Und denk an deine sieben kleinen Geschwister. Du hast ihm getrotzt und deiner Stiefmutter getrotzt, so lange, bis du es durchsetztest, dein Elternhaus zu verlassen. Nun bist du hier, und nun — ich muß dir sagen, daß ich manchmal schon im stillen diesen gleichen Trotz an dir hier noch beobachtet und mißbilligt habe. — Also, Eveline, versprich mir — versprich mir, anzukämpfen gegen das Böse in dir. Tu es mit Hülfe Gottes, durch das Gebet erfleht. Es kann dir nicht fehlen, du wirst deiner bösen Triebe Herr werden. Versprichst du mir das? *Sie ist aufgestanden, läßt ihm ihre Hand. Dann geht sie stumm und starrblickend hinaus.*

Der Pastor nimmt ein Taschentuch, welches sie verliert, auf und küßt es unbemerkt und heiß.

([Am Rand] Er gibt ihr etwas. Er schenkt ihr sein goldenes Kreuz.)

[Notiz auf dem Titelblatt] Der Onkel stellt sich krank.)

DER EINGEBILDETE KRANKE
(DER HYPOCHONDER)

[I, 1—8]

[Notizen und Entwürfe]

[1]

1

Er ist von Naturärzten, Schmarotzern, Dilettanten etc. umgeben, die ihn ausnutzen, und wird durch sie halb verrückt gemacht. So trifft ihn ein alter Freund, ein Arzt.
Dresden, die Stadt der kleinen Bleibeklistiere.
In tiefer Trauer.

[2]

Dr. Friedheimer kommt. Mittelgroßer achtunddreißigjähriger Mensch. Junggeselle mit einer schon ziemlich umfangreichen Glatze. Er schlurft in Pantoffeln und Hemdärmeln, Gesicht und Hände eingeseift, ein Buch unterm Arm, nach dem Spiegelschrank, in den er, sein Gesicht dicht an die Scheibe drückend, hineinstiert. Unachtsam und mechanisch macht er mit den Händen Waschbewegungen, so daß Seife hie und da in Flocken auf die Diele fällt.
Das Mädchen: Na, na, Herr Doktor. etc.
Doktor Friedheimer (das Schelten übergehend): Ist der Masseur dagewesen?

Hunyadi Janos.

Personen
Dr. Friedheimer, Bankier
Frau Friedheimer
Salomon Schlesinger, Makler; Geschäftsfreund der Friedheimers
Goldstein, Kolonialwaren en gros
Frau Goldstein
Sara Goldstein

Doktor

[3]

DER HYPOCHONDER

1.

Verzärtelung in der Familie. Die Freunde. Kampf der Familie und der Freunde. Die besprochene Ehe.

2.

Die Freunde wollen ihm ein Liebesverhältnis aufschwatzen.

3.

Die Familie inszeniert eine Verlobung.

4.

Der Naturarzt.
Die Pistolengeschichte.

[4]

Die Aversionen: Blut. Sahnhaut. Das Entsetzen bei Krankheitsschilderungen.
Der eingeteilte Tag. Alle zwei Stunden etwas essen, von früh acht bis die Nacht um zwölf.

[5]
ERSTER AKT

Zeit: Frühjahr. Ort: Berlin. Lokal: ein Berliner Zimmer, als gutbürgerliches Speisezimmer möbliert. Rechts vorn Tür, rechts im Winkel Fenster. Links an der Hinterwand ebenfalls Tür. Links Seitenwand desgleichen. Buffet. Frühstückstisch.

Von Schmarotzern umgeben. Szene a. d. Hotel Central.

ZWEITER AKT

Der Hypochonder ist mit seiner Familie bei Verwandten, zurückgezerrt. Nun wird ihm durch Mutter, Vater und Verwandte die Sache aufgedrängt, derart, daß man sie als etwas Beschlossenes behandelt. Er wird geneckt und gehänselt. Das Mädchen und ihr Anhang kommt. Man plänkelt der Verlobung immer näher. Da drückt der Doktor sich englisch oder französisch.
Tableau.

DER EINGEBILDETE KRANKE (DER HYPOCHONDER)

DRITTER AKT

Der Doktor wieder in Berlin. Die verschiedenen Ärztekategorien: Allopathen, Homöopathen, Naturärzte um ihn. Gegenseitige Verachtung der Maßnahmen. Er fragt alle aus über das Heiraten. Die Freunde wollen ihn durch ein Liebesverhältnis heilen. Die beiden Väter. Beide umarmen ihn, er kann sich nicht erwehren: muß mit.

VIERTER AKT

Es soll die Verlobung sein, er liegt aber zu Bett. Vater und Schwiegervater kommen. Er heuchelt schwere Leiden. Die beiden Väter ziehen ihn an. Er fleht. Er muß aber schließlich daran glauben.
Die Verlobung findet statt.

[6]

Zimmer des Doktor phil. Friedheimer.
Hübsch ausgestatteter Salon einer Chambre-garnie-Wohnung. Bücher, Handtücher, orthopädische Apparate. Einer zum Rudern etc. Der Doktor in Hemdsärmeln. Dr. med. Falke, ein junger Arzt, in Hemdsärmeln am Tisch.
Falke: Na, gut geschlafen, Herr Doktor!
Friedheimer: Schlecht.

Der Arzt und die Wirtin.

Unerwarteter Besuch des Alten.
Des Alten und des Doktors Gespräch. Des Alten Enthüllung eines Heiratsprojektes.
Die Wirtin, welche gelauscht hat, verrät es an den Hypochonder. Tableau. Er sträubt sich.

Der junge Arzt auf alles eingehend, sein Leiden ernstlich nehmend, ausführliche wissenschaftliche Erklärungen gebend.

Wissen Sie, Sie haben alle eine verfluchte feige Todesfurcht ohnegleichen.
Die Laurafurcht.

[7]

24. August 92. St. Gallen.

Die Hypnose bei ihm angewandt.
Das Einreden gewisser Dinge. Zum Beispiel: Wenn es heller Tag, daß es dunkel. Wenn er gesund ist, daß er krank, und dergleichen.
Kantzens Erzählung: Der B. ist von der Wirtin hinausgeworfen, kommt einfach zu Kantz und quartiert sich ein, ißt, trinkt, lebt mit ihm. Bringt ein Mädel mit etc. Benutzt seine Sachen, Bücher, Kleider und Geld.

Gewandt ist er beim Bücherdurchsehen etc.

Er fährt in feiner Equipage. Er hat Angst vor der sozialen Revolution. Er schämt sich seines Saulochs.

Er hat eine geschlossene Lebensweisheit. Zu fürchten sind: Weiber, Cholera, Schwindsucht, Paralyse.
Ist er nicht allzu passiv?
Er ist störrisch; passiv widerstehend.

»Kerls, denen die Würmer bei lebendigem Leibe aus Nase und Mund kriechen. Tote, lebendig Verwesende. Sie reden von dem Weib und dem Mann schlechthin, und wenn sie Weib sagen, denken sie an ihre Xanthippe, wenn sie Mann sagen, an sich selbst, ihre Impotenz und Schwachheit.«

Die rechthaberische Braut. Der Streit über den Kuchenuntersatz.

Ein Bekannter von ihm macht sich ohne weiteres in seinem Zimmer breit und nistet sich ein.

Metterlingk.

Personen.

[8]

Der Darm saugt das kalte Wasser mit einer Gier auf. Der Darm, müssen Sie wissen, ist etwa achtmal so lang wie unser ganzer Körper. Fast alle Menschen sind krank. Sie leiden fast alle an Hartleibigkeit. Stuhlgang.

DER EINGEBILDETE KRANKE (DER HYPOCHONDER) 63

»Auf welche Weise begegnen Sie Hämorrhoiden?« Vegetarisches Leben. Eigentlich sollte man Trauben mitsamt den Kernen essen.

Arzt außer sich: ich habe bei Blinddarmentzündung Trauben gegessen.

Der Naturarzt (und dieser Narr ist für Tausende Autorität). Das erste, wenn ich in ein Hotel komme, ist, daß ich das Bett untersuche.

»Sollen wir auf einen Abgrund zu — gut! —, so werden wir hineinstürzen. Wachsen wir in die Höhe und Breite — gut —, so werden wir die Sonne sehen. Die stürzende Lawine kann niemand halten. Am wenigsten ihr Schwächlinge. Der Starke darf schwärmen, ohne lächerlich zu werden, der geistig Starke.«

Der Mann, der den Kirchturm umbauen läßt.

Die Väter bringen einen Arzt, der dem Sohne einredet, heiraten sei für seine Gesundheit notwendig.

Auf eigene Erfahrung, auf Erlebtes zurückgreifen.

Sie haben von Kunst keine Ahnung. Kunst ist Herzenssache, und sie haben keine Herzen. Kunst ist Könnenssache, und sie können nichts. Es sind Schwätzer, sie geben Brei von sich, anstatt zu bilden, zu formen, zu beleben.

[II]

[Bruchstück einer Ausführung]

DER EINGEBILDETE KRANKE

ERSTER AKT

Zeit: kurz vor Pfingsten. Ort: Berlin C. Eine komfortabel eingerichtete sogenannte möblierte Wohnung. Man hat vor sich das Speisezimmer, ein Berliner Zimmer mit nur einem Fenster links an der Hinterwand. Rechts in der Hinterwand führt eine Tür in den Korridor. In der linken Wand vorn eine zweite Tür. Sie verbindet das Speisezimmer mit dem Arbeitszimmer des Bewohners. Die rechte Wand schmückt ein eichenes Buffet, die Hinterwand eine Chaiselongue, die linke Wand ein Kredenztisch. Die Mitte des Raumes nimmt ein großer eichener Tisch ein, über welchem eine Hängelampe schwebt. Auf der Diele ein Ruderapparat. An der Tür links Gummischläuche mit Handgriffen. Fräulein Rommel und ein Zimmermädchen servieren den Frühstückstisch für eine Person.

FRÄULEIN ROMMEL, *alleinstehende Jungfrau von sechsunddreißig Jahren, eigentliche Inhaberin und Vermieterin der Wohnung, spricht, da sie, in der Hand die Kaffeekanne, beinahe über den Ruderapparat gestolpert ist.* Herr Jesus! Der Kram da!

AUGUSTE, *das Dienstmädchen, lacht kurz auf, dann, indem sie Löffel auflegt.* Wenn ick man bloß det Geld hätte!

FRÄULEIN ROMMEL, *an die Tür links klopfend.* Herr Doktor! Herr Doktor! Der Kaffee steht auf dem Tisch! *Sie und das Mädchen nach hinten ab.*

Dr. *Max Friedheimer, Junggeselle von siebenunddreißig Jahren und Mieter der Wohnung, kommt in Hemdsärmeln und Pantoffeln von links hereingeschlürft. Gesicht und Hände sind eingeseift. So, mechanisch die Hände umeinanderreibend, schlürft er vor einen Spiegelschrank und stiert, den Kopf dicht an die Scheibe bringend, in den Spiegel hinein. Darauf, an seine schlechte Haltung denkend, rückt er sich soldatisch zusammen, und in dem Bestreben, Bauch und Kopf zurück-, die Brust aber stark herauszubringen, wirft er den Kopf unmäßig weit nach hinten und drückt den Bauch statt der Brust heraus. Hierauf ergreift er mit den seifigen Händen die*

Bügel der Gummischläuche an der linken Tür und macht einige gymnastische Übungen damit. Dabei überrascht ihn das Dienstmädchen.

AUGUSTE. Nu sagen Se bloß, Herr Doktor! Nu hab' ick den janzen Morjen jescheuert und jewischt, und nu jeht die Ferkelei schon widder los. Sie haben ja det janze Gesicht und die janzen Hände voll Seife. *Mit dem Wischtuch herumhausend.* Wie oft soll ick denn die ollen Steigbigel bereenigen! *Verschiedene Seifenflecken bemerkend.* Ach du meine Jütte! Natirlich! — Det Se's man wissen. *Am Spiegelschrank wischend.* Den Spiegel, den seif' ick mir schon alleene ab.

Dr. Friedheimer, ohne auf das Mädchen zu hören oder überhaupt zu achten, macht, ganz in sich vertieft, die heilgymnastische Übung des »Kopfkreisens«.

AUGUSTE. Hier sin och Briefe anjekommen, und en Mensch is dajewesen.

DR. FRIEDHEIMER *zählt.* Zwei!

AUGUSTE. Eener hab' ick gesagt, und nich zwee.

DR. FRIEDHEIMER *zählt.* Drei!

AUGUSTE. Na, meinetwegen och drei, wenn Se's besser wissen wollen. Ick hab' nu zufällig bloß eenen jesehn. Stobig sah der Bruder aus vor dreie genug, det kann ich Ihnen sagen — ja, wat rollen Se denn so mit Ihrem Kopp, Herr Doktor?

DR. FRIEDHEIMER *zählt.* Sechs, sieben!

AUGUSTE *stößt einen Schrei aus und rennt davon.* Der Herr Doktor hat'n Vogel, der Herr Doktor hat'n Vogel!

FRÜHLING

Meriden, den 20. Februar 94.

[I, 1—3]

[1]

Vor dem Fernrohr: Das ist die Schneekoppe. Siehst du! Auf der Schneekoppe sitzt eine Fliege. Siehst du! etc. etc.

Zur Liebe gehört Genie.

Du, die Liebesbriefe sind mir nicht närrisch genug.

Der Kuckuck.

[2]

Als sie erscheint, ist das Leben da. Die Männer sind um sie — sie sind geweiht. Sie ist überall wie ein Glanz, eine Heiterkeit, ein Frühling.

Sie ist kokett.
So?
Die ist flach.
O eine süße, glückselige Oberfläche.

Das ganze Stück muß ein Duft von Flieder und Jasmin durchziehen. Schmetterlinge müssen es durchgaukeln, Bienen durchsummen. Sonne muß es durchscheinen.

Ja, mein Jung'. Die Frösche paaren sich.

DAS MÄDCHEN
Ihr wißt nicht, wie mich der Frühling quält und drückt. Meine Sehnsucht will mich zersprengen. Mitten im Sonnenschein, auf dem grünen Plane unterm wolkenlosen Himmel — mitten im Duft muß ich ächzen und seufzen. Ich sehe etwas, etwas, das alle Vögelchen haben, die ich beneide. Die neue Liebe. Das ist der Jubelrausch, der so namenlos selig ist, daß

der Frühling ohne ihn ist — was das Wasser und die goldenen Äpfel dem Tantalus.

[3]

NOTIZEN. Sehen Sie, sie freut sich, wenn ich Unrecht bekomme, wenn die Welt mich verurteilt. Ist das Liebe? Und ich, ehrlich gestanden, fühle mich auch im Recht und möchte mein Recht nicht aufgeben. Wenn ich mich im Innersten behorche, so finde ich, daß es mir wohler tun würde, die Schuld auf sie gehäuft zu sehen.

24. Juni: Johannisfeuertag.

Siehst du — es ist am Ende nichts als ein Versuch, das Verlorene wiederaufzubauen. Ich will es noch einmal genießen. Da hast du die Kapelle, da sind Plätze und Wege etc. etc.

Siehst du, ich habe jetzt ein Stück geschrieben. Ein armes Kind träumt sich in den Himmel. Da ist etwas von meiner inbrünstigen Schönheitssehnsucht mit hineingekommen. Das Stück mußte in dieser Zeit und konnte in keiner anderen entstehen.

[II]

1.

Georg Büchner, Max Hauschild sitzen auf der Veranda eines Landhauses an einem Tischchen, das die Überreste eines zweiten Frühstücks trägt, einander gegenüber. Sie plaudern und rauchen.

GEORG BÜCHNER. Also, wie gesagt!
MAX HAUSCHILD. Also, wie gesagt. *Sie rauchen beide eine Weile stumm und nachdenklich.*
GEORG BÜCHNER. Und ein Leben ohne das, ich kann dich versichern, ist trockener und reizloser wie ein vierzehn Tage altes Roggenbrot.
MAX HAUSCHILD *legt die Zigarette fort.* Ja, du hast's eben gut. Du weißt gar nicht, wie gut.
GEORG BÜCHNER. Hm. *Raucht heftig.*

MAX HAUSCHILD. Du hast eine famose Frau, Kinder, ein Haus, Geld. — *Als Georg ihn schwach lächelnd ansieht.* Na ja — etwa nicht?
GEORG BÜCHNER *nickt.* Freilich.
MAX HAUSCHILD. Du bist noch nicht einunddreißig Jahr und hast dir bereits einen Namen gemacht. —
GEORG BÜCHNER. So?!
MAX HAUSCHILD. Na, du bist doch tatsächlich berühmt.
GEORG BÜCHNER. Freut mich.
MAX HAUSCHILD. Etwan nicht?
GEORG BÜCHNER, *sich erweckend.* Nee, nee, bis zu einem gewissen Grade kannst du vielleicht recht haben. Aber was hab' ich davon? Mein gesunder Magen ist mir doch zwanzigmal so wertvoll.
MAX HAUSCHILD. Na ja, man kann ja beides haben.
GEORG BÜCHNER. Ich will dir was sagen. Die Berühmtheit, das ist im besten Falle eine hübsche Feder, die man sich auf den Hut steckt.

[a]

MAX HAUSCHILD. Schon mehr'n Pfauenschweif.
GEORG BÜCHNER. Bei mir nicht.
MAX. Das hab' ich auch nicht sagen wollen. Du bist mir im Gegenteil zu bescheiden.
GEORG BÜCHNER. Stimmt wieder nich.
MAX. Äußerlich wenigstens.
GEORG BÜCHNER. Mag sein, äußerlich. — Aber wir sind abgekommen.
MAX. Ich wollte nur sagen, wie gut du dran bist im Verhältnis zu mir.
GEORG BÜCHNER. Hm — *Pfiffig lachend.* Was macht Agneschen? *Er lacht, Max lacht.*
MAX. Lieber Gott, das ist eben das einzige bißchen Trost, was man noch hat.
GEORG. Hat die schöne Amerikanerin noch nicht wieder geschrieben?
MAX *greift in die Tasche.* Willst du lesen?
GEORG. »Mein süßer kleiner Liebling!« Schöner süßer kleiner Liebling von hundertsechzig Pfund mit einem Barte wie'n preußischer Wachtmeister.
MAX. C'est l'amour. — Ich weiß selber nicht, was die Mädels in mich hineinsehen.

GEORG *lüpft den Hut.* — Aber Max! *Beide lachen.* Übrigens, Liebesbriefe, wenn [sie] echt sind, müssen auf Nüchterne den Eindruck machen, als ob sie von Leuten geschrieben wären, die sehr viel Wein getrunken haben. *Pause.*
MAX. Ein famoses Mädel!
GEORG. Heirate sie doch.
MAX *pfeift »Fischerin, du kleine...«.* Was bemerkten Sie eben so treffend?
GEORG. Wenn ich dir so furchtbar glücklich erscheine, dann heirate doch auch.

[b]

MAX HAUSCHILD. Schon mehr'n Pfauenschweif.
GEORG BÜCHNER. Bei mir nicht.
MAX HAUSCHILD. Das hab' ich auch nicht gemeint. Du bist mir im Gegenteil eher zu bescheiden.
GEORG BÜCHNER. Stimmt wieder nicht.
MAX. Äußerlich wenigstens.
GEORG BÜCHNER. Äußerlich vielleicht. — Aber wir sind abgekommen, du warst mitten im Zuge.
MAX. Ja, ich wollte bloß sagen ... oder vielmehr: ich hab's ja schon gesagt. Mit dir hat's keine Not — aber mit mir.
GEORG BÜCHNER. So?!
MAX. Na, bist du etwa nicht glücklich dran?
GEORG BÜCHNER. Schön, schön, weiter!
MAX. Weiter wollt' ich nichts sagen.
GEORG. Gut. Nu hör mal auf mich! — Nimm mal eine Ehe an, die auf leidenschaftliche Liebe gegründet wurde. Wie lange, denkst du, hält — unter günstigsten Bedingungen — die anfängliche Liebe und Leidenschaft vor?
MAX. Sagen wir mal, zwei Jahr.
GEORG. Hm. — — Famoser Morgen heut. Was?
MAX. Schön.
GEORG. Sieh mal, wie der Hochwald dampft. — Herrlicher Sommer. — Weißt du, beiläufig, wie lange ich verheiratet bin? — Neun Jahr. Neun Jahr verheiratet, drei verlobt, macht zwölf Jahr. Meine Frau und ich kennen uns zwölf Jahre.

[CHRISTUS-DRAMEN]

[A]
[ENTWURF ZU EINEM LEBEN-JESU-DRAMA]

[Entstanden nach 1882, vielleicht 1885/86.]

I.

1.

Johannes' Predigt.
Jesus einer seiner Zuhörer.
Gespräch der beiden.
Jesus geht in Zweifeln.
Ein Jünger tritt zu Johannes und fragt, wer jener (Jesus) sei.
Johannes: Siehe, das ist Gottes Lamm, welches der Welt Sünde trägt.

2.

Jesus allein in der Wüste.
Monolog der Zweifel:
1.) ob er den Armen Brot geben,
2.) ob er sich vom Tempel herunterwerfen, das heißt glauben solle,
3.) ob er Reichtum oder Armut und Treue dem Ideal wählen sollte; er wählt das letzte.

3.

Joseph und Maria mit drei Söhnen.
Sie arbeiten im Schweiße ihres Angesichtes für ihr Brot.
Jesus wird vermißt. Die Brüder schelten ihn, Joseph tadelt ihn.
Da kommt er.
Ihr Gespräch: Ein Bruder nennt ihn Bastard, oder die Mutter hat ihm seine Geburt geoffenbart. Seine Eigenschaften müssen in den Eltern vorgebildet sein.
Ein Bruder erzählt ihm, daß Johannes gefangen sei.
Da geht Jesus alsbald und nimmt Abschied von seinen Lieben, zum Werk entschlossen.

II.

1.

Am Galiläischen Meer:
Simon und Andreas fischen.
Jesus kommt. (Gespräch mit ihnen.)
Jakobus und Johannes (dito), Zebedäi Söhne (es sind auch Tagelöhner und Schiffer).
Sie sind rauh. Seine Worte sind ihnen unverständlich. Demnach behandelt er sie. Schon hier fragen sie nach dem Reich. Jesus antwortet als Menschenkenner: indem er zunächst auf ihre rohen Instinkte baut, wird er feiner und feiner in seinen Einwirkungen auf sie im Gange der Handlung.

2.

Levi sitzt am Zoll, und herein tritt Jesus.
Gastmahl bei Levi dem Zöllner, Sohnes Alphäi, mit Zöllnern und Sündern. (Großartige Ausführung der hier vorhandenen realistischen Gegensätze.) (Marci 2,14.)
Bei dem Gastmahl hält er die Bergpredigt. (Matthäi 5.)
Der Sabbat ist um des Menschen willen. (Marci 2,27.)
(Die Feinde müssen beim Gastmahl schon angedeutet werden.)
    ([Am Rand] Salbung des sündigen Weibes: Lucä 7,44.47 — Judas' Groll. — Maria Magdalena: Lucä 8,2.)
Wahl der Zwölfe und Namengebung: »Donnerskinder« (Marci 3,17); Andreas, Philippus, Bartholomäus, Philippus, Matthäus, Thomas, Jacobus, Thaddäus, Simon von Kana, Judas Ischariot. Die Pharisäer und Schriftgelehrten sprechen: Er zieht die Leute an sich durch den Teufel.
Christus aber zieht gegen diesen zu Felde.
»Wenn ein Reich mit sich selbst uneins ist« (Marci 3,24). Er verwahrt sich gegen die Antastung seines lauteren (des Heiligen) Geistes (Marci 3,28.29).
    ([Am Rand] Matth. 9,37.38: Die Ernte ist groß.)
Sie benachrichtigen Christus von der Ankunft seiner Mutter (die ihn zurückholen will). (Marc. 3,34.35) Wer ist meine Mutter?

3.

Vor dem Hause der Eltern in Nazareth.
Die Aussendung der Jünger (Matth. 10).
Der Kampf. Nicht Frieden, sondern das Schwert. Judas

Ischariot ist glücklich über die Aussendung; er glaubt Christus verstanden zu haben (Sozialist, der nur das Materielle im Auge hat).
Gleichnisse Jesu vom »Reich«: Säemann (Matth. 13); Perle, Schatz (Matth. 13,44—46).
Jesus geht in das Haus (ab).
Die Jünger in ihrem Mißverstehen; Judas allein. Das Volk brüllt vom Gottessohn etc.
Reden der Pharisäer.
Volk verläuft sich.
Joseph, Maria, Jesus; seine Brüder Jakob, Joses, Simon, Judas; und seine Schwestern.
Ein Prophet gilt nirgend weniger (Matth. 13,57).
Es dunkelt. Jesus und die Jünger Johannis treffen sich. Erzählung von Johannis Enthauptung. Jesus Furcht, Zweifel, Schrecken. Er flieht.

III.

1.

⟨Jesus. In der Wüste bei Bethsaida. Kampf und Entschluß. Monolog des Todes und der Liebe.⟩
Die Jünger kommen zurück.
Jesus prüft sie in bezug auf ihr Verständnis.
([Am Rand] Frage, wer der Größte sei.)
»Wer sagt denn ihr, daß ich sei?« (Lucä 9,20.) 23: Selbstverleugnung. 44: Überantwortungsgedanken.
Menschensohn Menschenhände.
Überführung der materiellen in die ideelle Mission.
9,46: Es kam ein Gedanke unter sie, welcher der Größte wäre.
Die Vorstellung des Kindes.
9,56; 9,58; 9,62.
Aussendung der siebzig Propagandisten.
(Das Wort »Friede sei mit euch«.)
Er bedarf des Begriffes »Vater« ([Luk.] 10).
Monolog des Todes und der Liebe.

2.

Im Hause Marthas und Marias.
Jesus tritt herein.

A. ENTWURF ZU EINEM LEBEN-JESU-DRAMA

Jesus' Liebe zu Maria menschlich.
Zweifel. Überwindung. Abschied.

3.

Erzählung des Einzuges.
Im Tempel zu Jerusalem.
Umwerfen der Wechslertische etc.
Wehe euch Schriftgelehrten etc. (Lucä 11,39.52.)
Angriffe. Die Jünger wehren ab.
Hütet euch vor dem Sauerteige etc. (12,1.) 4: Leibestod.
22: Sorge um das Leben.
Der Leib ist mehr denn Kleidung, das Leben mehr denn Speise.
Schatz im Himmel. Wo der Schatz, dort das Herz.
Die Verkündigung des Reiches (12,32). 56: Erdgestalt etc.
Schluß Motto vom Feuer.

IV.

[1.]

Jerusalem, freier Platz.
Die Mutter Zebedäi; ihre Söhne; mögen zur Rechten und Linken sitzen in seinem Reich.
Judas grollt über Christi Umwandlung.
Jesus fragt, ob sie den Kelch trinken könnten (Matth. 20,22.)
Die andern zehn werden unwillig.
Jesus (V. 25.26.27.28.) Sein Leben zu einer Erlösung für viele.
Gleichnisse vom Himmelreich.
Das Volk sammelt sich.
Spion mit den Zinsgroschen.
Der Pharisäer:
Das vornehmste Gebot? (Matth. 22,37.39.40.)
Man bringt die Ehebrecherin (Johannes 8,1—11.)
Bemerkung über den Gotteskasten.
Die arme Witwe und der Pharisäer.
8,25: Wer bist du? — Erstlich der, der ich mit euch rede.
8,32: Und werdet die Wahrheit...
Steinigung.

2.

Das Osterlamm resp. Abendmahl.
Noch immer Spruchwort (Joh. 16,25.)
Joh. 14,22: Was ist es, daß du dich nur uns willst offenbaren?
Spricht zu ihm Philippus: Herr, zeige uns den Vater. — Ihr
kennt mich nicht? (Joh. 14,8.9.)
Schluß Friedenspredigt.
Schluß: Joh. 14,31.

3.

Christus auf dem Ölberg. Der Geist ist willig, aber das Fleisch
ist schwach. Gefangennahme. Judas.

V.

Christus und Pilatus. (Joh. 18,33.)
Du sagst es: ich bin ein König der Wahrheit.
Was ist Wahrheit?
Kreuztragung und Erhöhung.
Maria Magdalena.
Mein Gott, mein Gott.
Es ist vollbracht.

[B]
JESUS VON NAZARETH
Soziales Drama

Motti

Und die Juden verwunderten sich und sprachen: Wie kann
dieser die Schrift, so er sie doch nicht gelernet hat? (Ev. Johannis 7,15.)
Ich bin gekommen, daß ich ein Feuer anzünde auf Erden;
was wollte ich lieber, denn es brennte schon? (Ev. Lucä
12,49.)
Das Reich Gottes kommt nicht mit äußerlichen Gebärden.
(Ev. Lucä 17,20.)

[I]
[NOTIZEN]

Meriden, 2. April [1894].

JESUS
Das eigene Leben hinein verquicken.

[Sorrent, Albergo] Cocumella, 6. März 97.

Mohammed nimmt, mit vielen christlichen Sekten, an: Jesus sei gen Himmel gefahren und ein ihm ähnlicher Mensch von den Juden an das Kreuz geschlagen.

Die gemeinen Verdächtigungen.
Der Psychiater.

Szene, wo ein Kind seine Eltern zu bekehren sucht.

Johannes vor dem Berliner Schlosse.

Johannes.
Jesus.
Petrus   ⎫ Simons [richtig: Jonas'] Söhne sind bei Mat-
Andreas   ⎭ thäus 4, Vers 18 seine ersten Jünger. Jesus trifft
               sie, wie sie im Galiläischen Meere fischen.
Jakobus   ⎫ mit Zebedäus, ihrem Vater, fischend im Schiff.
Johannes   ⎭ Sie verlassen das Schiff und ihren Vater, Mat-
               thäus 4, Vers 21.
Matthäus.   Matthäus 9, Vers 9. — Jesus sprach zu ihm, der
               am Zoll saß: Folge mir! Er sitzt dann (Vers 10)
               mit ihm und vielen Zöllnern und Sündern zu
               Tisch in seinem Hause.

Mein Plan ist: Erstlich die Szenenauszüge nach der Reihe der Evangelien. Alsdann, auf Grund dieser Auszüge, meine Anordnung.

Matthäus

Szene. Bergpredigt (4. bis 7. Kapitel)
und Entsetzen der Leute.
Szene. Jesus im Hause des Petrus, dessen Schwieger im Fieber liegt. 8, Vers 15.

Und es trat zu ihm ein Schriftgelehrter, der sprach zu ihm:
Meister, ich will dir folgen, wo du hingehest.
Jesus weist ihn ab. 8, Vers 20.
Ein Jünger, Vers 20[21]: »Ich will zuerst meinen Vater
begraben«.
Laß die Toten ihre Toten begraben!
Szene. Jesus und die zwei Besessenen, die ihm entgegenliefen;
»sie kamen aus den Totengräbern und waren sehr grimmig«.
Auf freier Straße. 8,28.
Szene. Haus des Matthäus.
Jesus speist mit Zöllnern und Sündern (9, Vers 9).
Pharisäer schauen zu und fragen die Jünger.
Die Jünger Johannis kommen zu ihm und fragen: Warum
fasten wir, und deine Jünger nicht? (Vers 14). Antwort:
Niemand flicket ein altes Kleid mit einem Lappen von
neuem Tuch, denn der Lappen reißt doch wieder vom
Kleide, und der Riß wird ärger (meine Lehre ist ganz neu).
Beweis auch (Vers 17) die neuen (alten) Schläuche.
Szene. Jairi Töchterlein. Weib mit Blutgang. 9, Vers 18—25.
Szene. Die Aussendung der Zwölfe. Kap. 10.
Szene. Johannes' Jünger kommen mit des Meisters Frage
(Kap. 11): Bist du, der da kommen soll? oder sollen wir
eines andern warten?
11, Vers 11: Keiner, der vom Weibe geboren, ist größer als
Johannes.
Szene. Mutter und Brüder (12, Vers 46) wollen mit ihm reden.
Predigt vorher gegen Pharisäer, die einen Rat machten, ihn
umzubringen.

Kap. 13

Szene. Predigt aus dem Schiffe.
Gleichnis vom Säemann.
10. Vers Jüngerfrage: Warum Gleichnisse?
Antwort: 11.12.13.
Der andre Säemann und die Teufelssaat des Unkrauts.
Sauerteig.

Kap. 14

[Text bricht hier ab.]

[II]
[SZENEN]

[1]

6. März 97. Cocumella.

ERSTE [SZENE]

Weber Heiber.
Starke, große Figur.
Er steht auf einem Steinhaufen.
Etwa dreißig bis vierzig Menschen, äußerste Armut, um ihn.
Hochgebirge.

HEIBER

Tut Buße, Brüder, nahe ist das Reich.
Das Himmelreich ist nah herbeigekommen.
Tut Buße, Buße, denn noch ist es Zeit,
bevor der Vater aus den Wolken donnert
und die Posaune vor Gericht euch ruft.
Tut Buße, werfet euch aufs Angesicht,
schlagt an die Brust! Tut Buße! Hört mein Wort!
Das Maß ist voll: so kündigt Gott euch an
durch meinen Mund. Mich hat er hergesandt
in diese Wüste, daß ich Buße pred'ge:
der Herr Herr Gott. Geheiligt sei der Name.
Der Herr Herr Gott!

ERSTE FRAU
's geht einem sehr zu Herzen.

ZWEITE FRAU
Nu freilich, freilich! und es ist auch wahr.

ERSTER JUNGER KERL
Der muß ins Irrenhaus! der ist verwirrt.
Laut
He, August! haste Grund?
Gelächter.

ERSTE FRAU
Halt du dein Maul,
gottloser Lästerbube, der du bist!
Dein letztes Stündlein wird dich kirre machen.

JUNGER KERL

Verlier bloß deinen Zahn nicht, alte Hexe!

HEIBER

Sperrt auf die Ohren und sperrt auf die Herzen!
Benutzt die Gnadenfrist! Der Herr... Herr Gott —
hört, wie es furchtbar in den Bergen hallt —
der Herr Gott spricht zu euch, heut, diesen Tag,
und morgen nicht mehr. Hört ihr! morgen nicht!
Nur heut, zum letzten Mal. Eh ihr euch wendet,
eh ihr nur denkt, nur sagt: Ich will's beschlafen,
ist er schon da, und Luft und Erde dröhnen
von seinem Grimm. Ja, schluchzet auf und wimmert,
erweichet eure Seelen, daß die Saat
des Worts auf guten Acker sich verbreite
und euch zum Heil ersprieße, eh im Sturm
der letzte Richter selber sich verkündigt,
denn dann — dann ist's zu spät.

DRITTE FRAU

Mir scheint, es tröpfelt.

KIND
ängstlich

Ich will zu Hause, Mutter!

ERSTE FRAU

Seht bloß, seht!

ZWEITE FRAU

Was machen die denn?

DRITTE FRAU

Wer?

ERSTE FRAU

Sie fallen nieder.

ERSTER MANN

Sie flennen, schreien, küssen ihm die Hände.

ERSTE FRAU
Du, Mann, die Muhme Kahlen ist dabei:
ich kenn's am Kopftuch.

ERSTER MANN
Wer?

ERSTE FRAU
Die Muhme Kahlen.

KIND
Ich will zu Hause, 's fängt schon an zu regnen.

ERSTE FRAU
schüttelt Kind am Arm
Bis stille, Dare!

ERSTER MANN
besser
Bis ock stille, Marthla!

JUNGER KERL
pfeift auf einem Schlüssel und lacht wüst
Nu aber hört's doch auf! Ihr Jungens, kommt!
Wir wollen den Propheten mal besehn,
und wenn's so weitergeht, 'ne Handvoll Moos
stopf' ich dem Heil'gen heilig noch ins Maul!

ZWEITER JUNGER KERL
Laß du die Dummheit!

ERSTER JUNGER KERL
Gustav, hast du Angst?

ZWEITER KERL
Angst? ich? wovor denn?

ERSTER KERL
Na, vorm Jingsten Tage.

ZWEITER KERL
Du sollst nicht spotten.

HEIBER
laut
So bereut ihr denn?

DIE KNIENDEN
Ja, wir bereuen!
HEIBER
Alle eure Sünden?

DIE KNIENDEN
Ja, alle unsre Sünden.
HEIBER
Und ihr glaubt?
Glaubt, daß der Heiland in der Wolke kommt,
wie es verheißen ist von Anbeginn,
als Richter und Erlöser, tausend Jahre
von Zion aus die Erde zu beherrschen?

DIE KNIENDEN
Wir glauben es.
HEIBER
So tauf' ich euch mit Wasser
zum letzten Mal. Der aber nach mir kommt,
wird mit dem Heil'gen Geist euch taufen. Sela!

KIND
's blitzt.
ERSTER MANN
Gewitter!
ERSTE FRAU
Förmlich schauerlich.

ZWEITE FRAU
Ich geh' nach Hause.
DRITTE FRAU
Ja, wer alles wüßte!
Man weiß halt nicht.
ZWEITE FRAU
Gehst du den Breitenweg?

DRITTE FRAU
Ich muß noch Garn abliefern, gute Nacht!

[2]

ZWEITE SZENE

7. März 97.

Eine natürliche Höhle. Roher Steinbau davor; endlich Stangen mit Brettern gedeckt, eine Laube bildend.
Auf einem kleinen gesäuberten Platz davor knien einfache Leute: acht Jünger des Heiber.
Die untergehende Sonne beleuchtet blutrot den Himmel; dunkles Gewölk.
Martin, der Schreiner, kommt; dreiundzwanzigjährig.
Philippus.

PHILIPPUS

Gelobt sei Gott!

ERSTER JÜNGER

In alle Ewigkeit.

PHILIPPUS
zu Martin

Nimm in der Laube Platz! Der Meister betet.

MARTIN

Nennt ihr ihn Meister?

PHILIPPUS

Ja.

ERSTER JÜNGER

Und keiner lebt,
der höher ist denn er.

PHILIPPUS

Es sei denn jener,
der kommen wird. Von dem er selber spricht,
die Riemen seiner Schuhe ihm zu lösen,
sei er so wenig wert, als einst Johannes.
Auf diesem Stein nimm Platz!

MARTIN

Ich danke dir.

Er tut es.

ERSTER JÜNGER

Wen bringst du da?

PHILIPPUS

Des Schreiner Joseph Sohn
aus Herischdorf.

ZWEITER JÜNGER
Hat Gott ihn auferweckt?

ERSTER JÜNGER
Wird er die Taufe nehmen?

PHILIPPUS
Lieben Brüder,
ich sage euch: an diesem ist kein Fehl,
er wird, was recht ist, tun.

HEIBER
in der Tiefe
Grüß Gott, Philippus!

PHILIPPUS
Gelobt sei Gott!

HEIBER
Was bringst du?

PHILIPPUS
Zweeen Brode,
ein Säckchen Mehl — und eine fromme Seele.

HEIBER
Ist das die fromme Seele? — Gott willkommen!
Wie sieht es unten in den Dörfern aus?

PHILIPPUS
Obwohl die Sonne heiß vom Himmel brannte,
so dunkel wie in tiefer Mitternacht.

HEIBER
sitzend
Ich weiß, ich weiß. Es hat der ew'ge Vater
die Herzen dieses Volkes so versiegelt,
daß sie die Zeichen dieser Zeit nicht merken.
Doch wehe, furchtbar wird er sie erwecken
aus diesem Sündenschlaf! — Wie heißest du?
Er nimmt Martins Hand.

MARTIN
Ich heiße Martin!

HEIBER
Und du bist gekommen,
weil Gottes Finger fühlbar dich berührte?

MARTIN
Mich trieb der Geist.

HEIBER
Dich trieb der Geist zu mir.
Du sahst, wie alles sich in Lastern wälzt,
wie Fürst und Pfaff und Pöbel sich vereinen,
um Christum täglich neu ans Kreuz zu nageln.

MARTIN
Ich sah es, ja.

HEIBER
Und sahst die Christenvölker
wie nie zuvor furchtbar von Waffen starren,
bereit zu unerhörtem Brudermord.
Im Namen Jesu gießen sie Kanonen.
Im Namen Jesu wetzen sie die Säbel.
Im Namen Jesu flehen ihre Priester
des Brudervolkes Untergang von Gott.

MARTIN
Es ist so, wie du sagst.

HEIBER
So gib mir Antwort:
Willst du dem kleinen Häuflein dich gesellen,
das jener Heerschar, die wie Sand am Meer
der böse Feind auf Erden sich erweckt, —
das jener Heerschar sich entgegenstellt,
auf Gott vertrauend und sein heilig Wort?

MARTIN
Ich will.

HEIBER
Und hast du dich auch recht bedacht?
Komm her! Erhebe dich! Schau dort hinab!
Sofern du Adleraugen hast, jetzt spanne
die Sehkraft an, ermiß die weite Tiefe
bis zur entfernten Grenze des Bereichs!
Schon eingedämmert siehst du Wald und Felder,

der Flüsse Bänder blitzen hie und da,
und ihren Lauf umsäumen Dörfer, Flecken,
Städte und Villen, zahllos ausgestreut.
Siehst du dies alles?

MARTIN

Ja.

HEIBER

Und jetzt, hör an:
Hätt'st du zum Adlerauge Adlerflügel
und flögest du ob allem diesem Raum
zur fernsten Spitze jenes festen Berges,
was sähst du wohl von dort?

MARTIN

Das gleiche Bild.

HEIBER

Und flögst du wiederum mit Adlerflügeln,
soweit das Auge blickt, du sähst das gleiche.
Sähst Städte, riesenhaft, auf Meilenweite
der Erde Flächen wie ein Schorf bedecken.
Du sähst das Meer, und flögst du übers Meer,
so träfest du noch immer Städte, Flecken,
Paläste, Kirchen und ein sündig Volk.

MARTIN

Ich weiß, ich weiß.

HEIBER

Und all dies sünd'ge Volk
ist wider dich. Der Fürst auf seinem Thron
droht dir mit Kett' und Kerker. Kett' und Kerker
droht dir der Richter, und von seiner Kanzel
verflucht der Priester dich im Namen dessen,
den du viel mehr als dich und alles liebst,
zu dessen Ehre du doch kämpfst und leidest.
Und überdies ein Meer von Schmach und Hohn
der Afterweisheit dieser armen Welt
wird über deine Einfalt sich ergießen.
Du wirst vergehn vor Scham ob soviel Witz,
der Stacheln gleich, an Satans Höllenfeuer
geglüht, ins Fleisch dir dringt. Bedenk es wohl:
Des Teufels Weisheit steht im höchsten Flor.

Der Höllenfunke ward des Menschen Diener.
Das Höllenfeuer trägt ihn um die Welt.
Die Stern' am Himmel hat der Mensch gezählt,
und alle seine Teufelsmacht und -kraft
ist wider dich, sofern du zu mir stehst
und Jesu Namen öffentlich bekennest.

MARTIN

Ich weiß! Ich weiß! Doch will ich dem gehorchen,
was mir der Geist gebietet. Taufe mich!

HEIBER

Wohlan! und sprich: Glaubst du, daß meine Taufe
dich, der als Kind von eines Priesters Hand
getauft, noch heiligt?

MARTIN

Ja.

HEIBER

Und glaubst du auch,
daß dir das Brot, von meiner Hand gebrochen,
zum Heil gereicht, nicht aber zum Gericht?

MARTIN

Ich glaube es.

HEIBER

Und glaubst du, sage mir,
daß Jesus, wie im Buch geschrieben steht,
wird wiederkehren, die Geschlechter richten
und über auserwählte Kinder herrschen
eintausend Jahr?

MARTIN

Ich glaube, was du predigst.

HEIBER

So tauf' ich dich aus diesem klaren Bach
des Heils, der frisch entsprungen allen quillt,
die nicht verstockt auf eitlem Trug verharren,
und sage dir: Gott ist ein starker Gott,
und wenn der Teufel Legionen sind,
so sind der Engel Gottes Myriaden.
Er geht. Im Gehen zu den Jüngern

[3]

9. März [1897]. Cocumella.

Kretscham. Volksversammlung.

ERSTER REDNER
...und deshalb: nieder mit der Bourgeoisie!
Die Bourgeoisie ist abgelebt und tot,
und die Parole heißt: der Klassenkampf.
Arbeiter, hört mich! Euer ist die Zukunft,
die ihr in Gruben schwitzt, am Webstuhl stöhnt,
im Kerker der Fabriken eure Tage
in mörderischer Sklaverei verbringt.
Arbeiter, hört mich! Euer ist die Macht.
Ihr wollt, und alle Räder stehen still.
Die Schiffe liegen tot in allen Häfen,
entvölkert ist der Kai. Der Bourgeois
hat keine Kleider, wenn ihr keine schafft,
hat keine Eisenbahn, ihr treibt sie denn,
er hat kein Haus, wenn ihr es nicht erbaut,
er kann nicht essen, trinken ohne euch.
Und deshalb wachet auf, ermannet euch,
ihr seid die Herrscher, seid die Herrn der Welt!

VIELE STIMMEN
Hoch lebe Bebel! Auer! Singer! Hoch!
Die Internationale: hoch! hoch! hoch!

ZWEITER REDNER
Hört mich, ihr Leute! Hört mich!

ERSTER REDNER
Schmeißt ihn raus!
Er ist verrückt! er ist ein Anarchist!

ERSTE STIMME
Der Anarchist soll reden!

ZWEITER REDNER
Liebe Brüder!
Zwei Worte nur: die Bebel, Auer, Singer!
Das sind die schlimmsten aller Bourgeois,
und bei lebend'gem Leibe ziehn sie euch,

wenn ihr nach ihrer Vogelstellerpfeife
nur wacker tanzt — glaubt mir, sie ziehen euch
das Fell noch vollends über beide Ohren.
Furchtbarer Skandal. Johlen. Pfeifen.

STIMMEN

Der Bombenschmeißer raus! der Anarchist!

ZWEITER REDNER
schreiend

Im Reichstag sitzen sie bei Sekt und Bier,
indes ihr darbt und hungert. Sie verprassen
den letzten Groschen, den ihr abgespart,
und sagen euch nur immer: Stille! stille!
Seid uns fein stille! kuscht euch, sagen sie,
damit wir unser Schaf in Ruhe scheren.
Und ihr? Ihr merkt den Braten nicht. Ihr kuscht,
statt aufzustehn in aller eurer Kraft
und sie wie Läus' im Pelze zu zerdrücken.
Ich sag' euch, wenn ihr dies nicht endlich tut,
so seid ihr heut, wie jemals, die Betrognen.
Die fetten Kälber, die sie euch versprechen,
ihr seht in hundert Jahren nichts davon,
und all ihr hochgelobter Zukunftsstaat
ist 'ne Galeere, die sie kommandieren.
Dem ist geholfen, der sich selber hilft.
Drum sag' ich euch: Steht auf und helft euch selbst!
Nehmt euch, so habt ihr! macht den Schrecken herrschen,
daß allen blut'gen Metzgern, Skorpionen,
Schindern und Saugern des gemeinen Volkes
vor Not und Angst das Herz zu Gallert werde!
Schlagt tot! Schlagt tot! Das ist die rechte Losung!
Tumult. Keilerei.

ERSTER REDNER

Ihr Leute, dieser Kerl ist reif für Leubus!
Ich denke, das sagt alles. Wollten wir
nach dem Rezepte handeln, das er gibt,
uns wäre besser, Kinder, Gift zu trinken.
Der König hat Soldaten und Gewehre;
ein Wink von ihm, und hundert Schloßenwetter
auf einmal prasseln nieder: dann ist's aus.

Das heißt die Freiheit an das Messer liefern.
Tumult.

STIMMEN

Hoch, hoch die Anarchie!

ERSTER REDNER

Hinaus mit ihm!

STIMME

Der Bombenwerfer raus! Hinaus, du Schuft!
Der Anarchist wird hinausgeworfen.
Der Ortspastor tritt auf die Rednerbühne. Dick, rund, jovial.

PFARRER

Ihr guten Leute!

STIMMEN

Stille! Ruhe! Stille!

PFARRER

Ihr guten Leute!

STIMME

Stille für den Pfaffen!

PFARRER

Im Namen Gottes, des allmächt'gen Vaters...

STIMMEN

So fängt sich die Nachmittagspredigt an.

PFARRER

Im Namen Gottes...

BURSCHE

Lirum larum schrum.

EIN LANDWIRT

Du unverschämter Bursch! jetzt halt dein Maul!

BURSCHE

Ich hab' kein Maul. Hast du eins, magst du's halten.

PFARRER

Ihr seid recht zu bedauern, guten Leute,
wenn ich's bedenke.

ERSTER REDNER
Hört! Ein Pfaff', der denkt.

Ein Wundertier.

PFARRER

Ich bin kein Wundertier,
ich bin vielmehr ein schlichter Diener Gottes,
der schlechtsten einer. Aber meine Seele
ist tief betrübt um euch. Was muß ich sehen!
Wo seid ihr Ärmsten itzund hingeraten!
Den Schafen gleicht ihr, drein die Wölfe fallen.

ERSTER REDNER

Und somit schickt den Klingelbeutel um.
Gelächter.

PFARRER

Du Volksverderber! Gottverlaßner Bube!
Wolf du im Schafspelz! Ihr verlockt die Schafe,
um sie hernach in Stücke zu zerreißen.
Was wirst du, wenn am Letzten Tage Gott
von dir die Tausende verlorner Seelen
sich wiederfordert, sagen? — Spotte nicht!
Weh jedem, der sich wider Gott empört
und Gottes Obrigkeit! Denn Obrigkeit,
wer sie auch sei, sie ist von Gott verordnet.

HEIBER
der mit Jüngern, darunter Martin, im Saal erschienen ist, schreit

Schweig still, du Lügengeist!!

PFARRER
blaß
Wer sagt das? Wer?

HEIBER

Ich, ich, du Lügengeist! Ich zeihe dich
und deinesgleichen öffentlich der Lüge.

PFARRER

Du bist besessen.

HEIBER

Ja, vom Heil'gen Geist!

Gelächter.

ERSTER REDNER

Still, Leute, laßt ihn, denn nun wird es heiter.

PFARRER

Geh deines Weges, Mensch, laß mich mit Frieden!
Wir sind hier ernste Männer, Narren nicht.
Such anderswo für deine Tollheit Raum.
Hier ist für sie kein Platz.

HEIBER

Du Lügengeist!

PFARRER

Beweise, daß ich's bin.

HEIBER

Wie nennst du dich?
Du nennst dich den berufnen Knecht des Herrn,
Pfleger am Worte und Nachfolger Jesu.
Von allem diesem, Pfarrer, bist du nichts.

PFARRER

Ei, wie denn das?
Lächelnd.
Er ist voll süßen Weins.

HEIBER

Ich höre, was du sagst, so leis du sprichst.
Ich sei voll süßen Weines: nun, wohlan,
so sagte zu Jerusalem das Volk,
als die Apostel, von dem Geist erfüllt,
mit Zungen sprachen, als auf ihren Häuptern
die Flämmchen der Beschattung sichtbar glühten.
Als Gott aus ihnen sprach — da rief das Volk:
Sie sind voll süßen Weines. Höre denn
die Antwort fallen, wie sie damals fiel!
Ihr Männer, lieben Brüder, glaubt ihm nicht!
Ich bin nicht trunken, außer von dem Geist.
Der aber treibt mich, Wahrheit zu bekennen —
frei öffentlich zu zeugen, was ich weiß
von meinem Herrn: daß dieser Jesus Christ,
gemartert und gekreuzigt und gestorben,
begraben, auferstanden, aufgefahren

gen Himmel, wo er sitzt zur Rechten Gottes,
wird wiederkehren, wie geschrieben steht,
auf diese Welt, als Retter und als Richter.

DER EINBERUFER
klingelt
Zur Tagesordnung steht, soviel ich weiß,
nicht Bibelstunde, sondern Politik,
und insbesondre der Achtstundentag.
Der letzte Redner ist nicht angemeldet,
und so entzieh' ich ihm hiermit das Wort.

PASTOR
Bezeug nur immer, wenn der Geist dich treibt;
zu gleichem Zeugnis findest du mich willig.

HEIBER
Wer bist du, Wurm, der du mich schweigen heißest,
wo Gott der Herr zu reden mir befiehlt?
Wo ich nicht spräche, würden Steine schreien.

EINBERUFER
seufzend
Das hoff' ich nicht.
Gelächter. Tumult.

HEIBER
Ihr alle insgesamt
die ihr den Namen Jesu kennt und nennt,
mißleitet seid ihr, ihm im Herzen fremd,
von euren Hirten: blinde Blindenleiter.
Du, Pfarrer, wärst ein Hirte dieser Schafe?
Hier sieh: in welchen Pfuhl sind sie verführt!?
Das macht: du streckst den Leib in weichen Daunen,
wo unsern Heiland harte Steine drückten,
du hast ein Haus, hast weiche Sessel, Kissen —
der Heiland wußte nicht sein Haupt zu betten.
Schämst du dich nicht, daß du bei Tafel prassest,
wo Gottes hehrer Sohn ein Bettler ward?
Daß du dir Schätze häufst, auf Zinsen leihst,
statt, wie der Herr verlangt, in Armut wandelst —
hast du vergessen, wie sein klares Wort
dem reichen Jüngling, der ihm folgen wollte,

erging: Verkaufe alle deine Güter
und gib das Geld den Armen? Und noch mehr:
Der Jüngling ging betrübt, und Jesus sprach:
Eh wandert ein Kamel durchs Nadelöhr,
denn solch ein Reicher in das Himmelreich.
So steht's geschrieben, und was tust denn du?
Mit jenem Reichtum, der des Teufels ist,
bist du verbündet wider Gottes Volk,
das schwerste Not und bittrer Jammer knechtet.

STIMMEN
komisch
Hoch der Prophet! Hoch der Apostel, hoch!

DER EINBERUFER
Hört, guter Mann: so unrecht habt Ihr nicht.
Doch jedes Ding, nicht wahr, zu seiner Zeit.
Ich denke, Ihr verschiebt den Rest auf morgen.
Herr Pastor, Sie verzichten wohl aufs Wort,
und somit: nächster Redner, Hasenklever.

HEIBER
Weh denen, die ein Haus ans andre bauen
und einen Acker an den andren ziehen,
daß sie allein das weite Land besitzen!
So sagt Jesaja. Weh den Schriftgelehrten,
die unrecht Urteil schreiben und Gesetze
nach ihrem Vorteil machen, daß die Sache
der Armut hin und tot und sich Gewalt
anstelle Rechtens setzt; daß alle Witwen
ihr Raub, die Waisen ihre Beute werden.
Der Herr Herr Zebaoth wird niederfahren,
die Darre wird er in die Fetten senden
und wird verächtlich machen alle Herrscher
und wird zerbrechen der Gottlosen Rute.
Denn du bist der Geringen Stärke, Herr!

Während des Vorherigen ist Lachen, Pfeifen, Pst-Rufen in einem wachsenden Tumult vereinigt. Der Einberufer klingelt vergeblich. Der Gendarm erhebt sich und setzt den Helm auf.

GENDARM
Hiermit ist die Versammlung aufgelöst!

Lärm. Die Marseillaise singend, entfernen sich die Anwesenden.

STIMMEN

Hoch der Kohlrabiheil'ge!

STIMME

Hoch, hoch Bebel!

STIMME

Die Internationale hoch! hoch! hoch!

[4]

Auf einer Bergwiese zwischen Knieholz. Philipp. Erster, zweiter, dritter Jünger Johannis. Später Judas. Martin auf einem Stein, das Bibelbuch auf den Knien. Sonnenschein.

ERSTER JÜNGER

Wie lange fastest du?

ZWEITER JÜNGER

Ich? Zweeen Tage!

DRITTER JÜNGER

Wie stark, im Meister, ist die Kraft des Worts!
Er nimmt ein kärglich Mahl von Brot und Wurzeln,
ein wenig Wasser aus dem Quell, sonst nichts.
Kaum, daß er nachts ein halbes Stündlein ruht;
nur immer wachen, beten — beten, wachen.
Er spricht: Soll mich der Heiland schlafend finden?

ERSTER JÜNGER

Und nie, daß ihn die Zuversicht verließe.
Heut gegen Mittag rief er mich hinan
und sagte: Wachet, haltet euch bereit!
Der Bräutigam ist nahe. Schon vielleicht
indes wir sprechen, steht er vor der Tür.
Ein Bettler scheinbar, auch vielleicht ein Gärtner,
wie er den zween Marien sich offenbarte.
Wer weiß, schon ist er bei euch, unerkannt,
lebt, wandelt unter euch. Drum sprecht und tut
nur, was vor seinem Antlitz kann bestehen.

PHILIPP
Du bist im Fasten säumig und im Beten.

MARTIN
Sprachst du zu mir?

PHILIPP
Ja, Martin.

MARTIN
Was denn war's?

ERSTER JÜNGER
Du betest nicht und fastest nicht wie wir.

MARTIN
Gott ist ein Geist. Im Geist und in der Wahrheit
bet' ich zu ihm.

ERSTER JÜNGER
Ich kann dich nicht verstehn.
Dein Wort ist dunkel.

MARTIN
Nichts ist dunkel, Brüder,
es wird einst offenbar, und nichts ist heimlich,
es wird euch kund dereinst.
Er vertieft sich in die Schrift.

ERSTER JÜNGER
Seltsame Rede!

ZWEITER JÜNGER
Er redet wunderlich. Was mag er meinen?

PHILIPP
»Es wird einst offenbar, und nicht[s] ist heimlich,
es wird euch kund dereinst.«

DRITTER JÜNGER
Wir wollen morgen
den Meister drob befragen.
Weib (und Kind) kommt.

ERSTER JÜNGER
Gutes Weib,
wen suchst du hier?

WEIB
Frag jenen, der dort sitzt.

MARTIN
Du, Mutter, bist es?! Kommst bis hier herauf!

WEIB
Ich muß wohl, da du uns so ganz vergißt.
Es ward mir sauer, glaube mir, genung
der steile Weg, auf kantigem Gerölle,
barfüßig wie ich bin.

PHILIPP
's ist seine Mutter.

MARTIN
Hier, ruh dich aus im warmen Sonnenschein!
Was macht ihr mitein[an]der? Vater? Brüder?

WEIB
Du lieber Gott! als ob du das nicht wüßtest!
Vom ersten Hahnenschrei bis in die Nacht
ist unser Leben Mühsal, Not und Angst,
und aller harter Arbeit Müh und Schweiß
treibt doch den Mangel nicht von unsrer Schwelle.
Es ist nicht recht, daß du jetzt von uns gehst,
wo du, zur Arbeit endlich nun erstarkt,
den Fron des Tages uns erleichtern könntest.
Du fehlst uns sehr. Der Vater schilt mich aus,
daß ich zum Tagedieb dich großgezogen.
Er hat gehört, daß du im Kretscham warst
jüngst bei dem großen Lärm und daß du dich
dem lungernden »Propheten« beigesellt,
den alle Welt den ärgsten Narren schilt.

MARTIN
Laß, Mutterchen! und ruh zuvörderst! komm,
hier aus dem Bache kühl' ich dir die Füße.
Leg nur das Schwesterchen hierher ins Gras —
gib her! —, ins Warme, Trockne. Sie erwacht nicht.

Seht, lieben Brüder! dies ist meine Mutter.
Da ihr, ich weiß es, Diener Jesu seid —
nicht Pharisäer —, hört: Sie ist mir alles,
denn meinen Vater — hab' ich nicht gekannt.
Und doch empfing sie rein das Gotteskind,
nährt' es an ihrer Brust, lief sich die Füße
bergauf, bergab um seine Notdurft wund
bis diesen Tag, ganz ohne Klag', in Liebe:
wofür ich ihr, durch Gott soweit erstarkt,
die rauhen beiden treuen Füße küsse.

[5]

Abend. Vor einer Schmiede.
Philipp steht bei Andreas, der einen Radreifen festnagelt.

HERMANN
in der Schmiede
Die Mucker sind eine saubre Zunft.
Allewalle, allewalle, muck, muck, muck.

ANDREAS
Laß ihn! beacht ihn nicht! erzähle weiter!

PHILIPP
Nun ja: ich träume viel in diesen Nächten.

ANDREAS
Und oft von ihm.

PHILIPP
Sag lieber: Nacht für Nacht.

ANDREAS
Und siehst ihn immer so?

PHILIPP
Wie meinst du?

ANDREAS
Ei,
ich meine, wie du sagst, in der Gestalt
und Bildung unsres lieben Heilands.

PHILIPP

Ja,
Gott ist mein Zeuge: stets in der Gestalt.
Vergangne Nacht geschah's zum dritten Mal,
daß er im Traum als Heiland mir erschien.

ANDREAS

Du sahst, es war der Heiland.

PHILIPP

Ja, ich sah's.

ANDREAS

Und war doch auch der Bruder Martin wieder.

PHILIPP

Der Bruder Martin war's und auch der Heiland.

ANDREAS

Und was denn sprach er?

PHILIPP

Werd' ich hundert Jahr,
so kann ich nimmer doch den Klang vergessen
der Worte, die er ernst und traurig sprach,
mit einem Blicke, tief und schmerzensvoll.
»Philippus«, sprach er, »kennst du mich denn nicht?«

ANDREAS

Und du?

PHILIPP

Ich sagte: Ja, Herr! und erwachte.

ANDREAS

Da stand er vor dir?

PHILIPP

Stand und sah mich an.

ANDREAS

Und als du näher zusiehst: ist es Martin?

PHILIPP

Er war's und war es nicht. Obgleich ich wachte,
wußt' ich den Traum vom Wachen nicht zu scheiden,
und noch in dieser Stunde weiß ich's nicht.
Ich seh' ihn an, will zu ihm sprechen, stocke —
ich zittre, Tränen würgen mir die Kehle,
ich muß, um meines Schluchzens Herr zu sein,
mich wenden, mich entfernen, mich verstecken.

ANDREAS

O Philipp! — 's ist unfaßlich! — Wenn wir zwei...
Gott, sei uns armen Sündern... sei uns gnädig!
Was wären wir — was hätten wir getan,
daß du uns solltest würdigen, zuerst
vor allen ihn, den Höchsten, zu erkennen
bei seiner Wiederkehr in diese Welt! —
Auch ich — ich träume, Philipp! Jede Nacht.
So deuchte mir, es kamen Vögel, fremde,
auch Dohlen, Krähen, Fasanen, Tauben, Häher,
dann wieder Falken, riesengroße Adler,
schneeweiße, schrei'nde Pfauen, kurz und gut:
in einer einz'gen Riesenwimmelwolke
schob sich's herauf, verfinsterte den Himmel
und floh — vor was? — wohin? Ich wußt' es nicht
und wußt' es doch. Ein innres Graun, ein Bangen
sprach: Dies sind arme, gottverdammte Seelen,
die vor dem letzten aller Tage her,
der irgendwo an einem Ort der Welt
sich schon verkündet, fliehn.

HERMANN

Was muckert ihr?
Dahier, sauft Schnaps! stärkt eure arme Seele!

PHILIPP

Ich trinke niemals Branntwein.

HERMANN

Niemals?

PHILIPP

Nein.

HERMANN
Du willst nicht trinken?
PHILIPP
Nein.

HERMANN
's is gut. Schon gut!
Er geht pfeifend in die Schmiede und arbeitet.

ANDREAS
Philipp! Ich muß ihn sehn.

PHILIPP
Du sollst's, Andreas.
Er kommt mit andren Brüdern hier vorbei.
Sie haben Brot beim Müller eingekauft
und gehn ins Niederdorf; der Kantor Gottwald
hat uns zur Abendmahlzeit eingeladen.
Da hebt sich Staub, mir scheint: sie sind es schon.

ANDREAS
Wo?
PHILIPP
Dort!
ANDREAS
Das ist ein Wagen!

PHILIPP
Rechts davon!

ANDREAS
Ein Menschenschwarm. Ein Haufe Weiber, Kinder!

PHILIPP
Das ist der Anhang, der uns niemals fehlt,
wenn wir durch Dörfer wandern.

ANDREAS
Ist es der?

PHILIPP
Der erste ist es.

ANDREAS
Der mit blondem Haar?

PHILIPP
Mit blondem Haar, in grauer Kutte, barfuß.

ANDREAS
Er führt, mir scheint, ein Mädchen an der Hand,
ein kleines Ding, vom Gastwirt Tietze, glaub' ich.

PHILIPP
Ja, der das Kind führt, ist es!

ANDREAS
Ahnst du wohl,
wie du gesegnet bist, du Sonntagskind? —
Er steht, er beugt sich nieder, hockt sich hin,
er bindet ihr — wer weiß, was für ein Bändchen! —
und streicht ihr übers Haar. — — — — —
— — — — — — — — — — — Philipp! — Er ist es!!

PHILIPP
So geht es mir: wenn ich ihn sehe, wenn
ich seiner Stimme sanfte Laute höre,
ruft alles in mir auf: Er ist's, er ist's!

HERMANN
herzugetr[eten]
Verflucht und zugenäht! was kommt denn da?

ANDREAS
Mensch! wenn du noch vom Himmel etwas hoffst —
du weißt nicht, was du tust.

HERMANN
Nu! nu!! nu!!! — nu!!!
Wo brennt's denn? —
Schreit
He! wo geht die Walze hin
du dufter Kunde?

ANDREAS
Hermann, komm zu Sinnen.
Wenn du nicht stille bist, vergess' ich mich.

PHILIPP

Andres, laß ab!

HERMANN

Schnapsbruder! wo denn hin?
Der kommt und trinkt, und was nicht mit mir trinkt,
den schlag ich nieder.
Martin geht vorüber, Hermann springt vor ihn.
Hast du mich verstanden?

ANDREAS

Philipp, laß los, ich muß ihm an die Gurgel —

PHILIPP

Laß, Andres, laß!

HERMANN

He! hast du mich verstanden?

MARTIN

Was willst du, daß ich tue?

HERMANN

Hier! trink Schnaps!

MARTIN

Mein lieber Bruder, dien' ich dir damit?
Geschieht dir eine Liebe, wenn ich's tue?
Ich will ja nichts, als dir von Herzen dienen.

HERMANN

Hä! Hä! — — ach was! — Was liegt denn mir daran,
ob du aus meiner Flasche trinks[t]. Vor mir
trink oder trink du nich! — Mir ist das gleich. —
Martin und die anderen Jünger vorüber.

PHILIPP

Sahst du das?

ANDREAS

Ja.

PHILIPP

Und wahrlich, dieser ist es.

[6]

[a]

In der Schule.
Der Schullehrer (künftiger Jünger Johannes). Die Frau.
Zwei Kinder. Die Magd. Der Kandidat.
Einfaches Eßzimmer.

ANDREAS
schnell zu Johannes

Gott grüß dich!

JOHANNES L[EHRER]
So in Eile? Gott zum Gruß!
Was bringst du, lieber Bruder?

ANDREAS
Was ich bringe?
O wüßtes[t] du, wie du gesegnest bist,
dein Haus, dein Tisch, dein Brot, du Auserwählter!

JOHANNES
Gesegnet, ich?

ANDREAS
Laß mich nur Atem schöpfen,
und dann — Sieh ich umklammre deine Hand,
ich blicke auf zu dir. O stoße mich
nicht fort von deiner Schwelle! heute nicht!
Laß mich mit ihm an deiner Tafel sitzen!

JOHANNES
Mit ihm? mit wem?

ANDREAS
Mit ihm, der kommen wird;
von dem geschrieben steht.

JOHANNES
Laß gut sein, Bruder!
Du bist von Kräften, ruh zuvörderst aus!
Geh, Magdalena, bring ihm Milch! Im Ernst,
du machst mir bange. Freilich bleibst du hier.
Was mein ist, was mein Haus dir bieten kann,
sei dein. Es kommen Brüder: hier zu beten.
Es ist ein weniges herbeigeschafft,

um uns zu stärken. Stärke dich mit uns,
nach Himmelsbrot und Himmelswein zumal,
an ird'scher Speise und an ird'schem Trank.

ANDREAS

Ich danke dir! Laß gut sein! Seltsam ist —
ich weiß es —, wie ich scheine, wie ich bin.
Doch was ich fühle oder glaube — ja,
was ich mit Augen sah — noch eben sah
und also glauben muß —, das ist [Text bricht hier ab.]

[b]

1

Kantor. Frau auf dem Sofa.

KANTOR

Willst du nicht lieber dich zu Bette legen?

FRAU

Ich weiß nicht recht, ich hab ein wenig Schmerz
hier in der Brust und auch im Rücken, da —
doch möcht ich euren Reden gerne lauschen.

KANTOR

Geh lieber... geh zu Bette, gutes Kind!
Dein Kopf ist heiß, du fieberst! Geh zu Bett!
Vielleicht bringt alles nur das Wetter mit:
das schwüle, feuchte.

FRAU

Ach, das glaub' ich nicht.
Es ist mein altes Übel! Horch, es donnert.

KANTOR

Wenn nur ein ordentlicher Regen käme!

FRAU

Ich höre Schritte. Willst du denn nicht gehn
und sie empfangen?

KANTOR

Gott zum Gruß, Andreas —
Es ist Andreas, aus der Lindenschmiede.
Was bringst du denn?

ANDREAS
Herr Kantor!

KANTOR
Ja, was gibt's?
Du bist ja förmlich außer Atem, Andres!
Komm doch herein! Was ist denn vorgefallen?
Er winkt nur mit der Hand. Er kann nicht sprechen.

FRAU
Ums Himmels willen!

KANTOR
Still! erschrick dich nicht!
Andreas tritt ein.
Was gibt's?

ANDREAS
Ich komme betteln!

KANTOR
Betteln, du?
Du spaßest, Andres.

ANDREAS
Nein, ich spaße nicht.

KANTOR
So sprich denn! Was in meinen Kräften steht,
das soll dir werden.

ANDREAS
Laßt mich heut zur Nacht
an eurem Tische essen!

KANTOR
Weiter nichts?
Willkommen tausendmal uns, Gott willkommen!

FRAU
Ach lieber Andres, herzlich, herzlich gern.
Es ist ein weniges herbeigeschafft,
sogar ein Fäßchen guter Apfelwein:
so kommst du just zur auserwählten Stunde.

ANDREAS
Zur auserwählten Stunde! wahrlich, ja!

KANTOR

Willkommen nochmals. Jeden Augenblick
erwarten wir die Brüder aus den Bergen.

ANDREAS

Ich weiß, ich weiß! Doch was ihr nicht erwartet,
das naht euch, ihr Begnadeten des Himmels.

KANTOR

Was denn, Andres, meinst du?

ANDREAS

Fragt mich nicht!

Tremezzo, d. 21. April 98.

Martin, gefolgt von Philipp und anderen.

ANDREAS

Gelobt sei, der da kommt! gebenedeiet!
Hosianna dem, der kommt in Gottes Namen!

MARTIN
bleich

Erhebe dich, Andreas!

---

15. Juni 98.

Lukas 3 und 4 nächste Szenen.

ANDREAS

Gelobt sei, der da kommt! Gebenedeiet
bist du! Hosianna dir, dem Sohne Davids!

PHILIPP

Amen!

MARTIN

Was tust du?

PHILIPP

Herr, was recht ist!

ANDREAS

Amen!

MARTIN

Ihr wißt nicht, was ihr tut! Steht auf!

DER LEHRER
O Herr!
wer bist du?
MARTIN
errötend
Ich? Des Schreiners Joseph Sohn.
Kennst du mich nicht? Doch daß ich Wahrheit rede:
Ich kenne meinen Vater nicht. Ich bin
Marias, Weib des Joseph, Sohn, nicht seiner.

ANDREAS
Herr, du bist Christus, der da kommen soll,
Sohn des lebend'gen Gottes!

MARTIN
Lieben Brüder!
Gott ist ein Geist und unser aller Vater,
und beten heißt: durch ihn zur Wahrheit dringen.
Steht auf! Ich bin des Menschen Sohn, wie ihr.
Und saget niemand, bitt' ich euch, ihr Lieben,
was hier geschehn.

LEHRER
Beliebt es dir, o Herr,
so nimm an deines Knechtes Tische Platz,
sei unser Gast und segne unsre Speise!
*Alle nehmen Platz.
Das Gewitter kommt näher, und unter schwachen Blitzen
bricht Martin das Brot.*

LEHRER
Er bricht das Brot.
MARTIN
Der Herr ist unter uns,
weil wir versammelt sind in seinem Namen.
So trinket denn von seinem Blute, das
für euch vergossen ist, und esset dies
sein Fleisch, um euch gemartert, hingegeben
ans Kreuz für euch, auf daß ihr Frieden hättet.

DER LEHRER
([Am Rand] O Herr, erbaue uns.)

SITTULHASSAN
(DER KALIF)

[I]

[Auszüge aus dem Tagebuch der italienischen Reise 1897]

Wien, 25. 1. 1897.
Der falsche Kalif.

Zum Königsmärchen.
Die Jesusgestalt könnte neben dem König herschreiten, ungenannt: der König müßte sie lieben, aber in gewissem Sinne befehden und schließlich besiegen. Er könnte z.B. der Geringste seiner Untertanen, der Letzte, Verachtetste, sein.

Ein verachteter Christ muß dem Kalifen entgegentreten.

Die Pest.

Graz, 28. 1. 1897.

Zum Tausendundeine-Nacht-Drama.
Die Liebesnächte und ihre reine Poesie.
Die Träume der Geliebten und des Geliebten.
Das Aufschrecken, im Halbschlaf erzählen und wieder einschlafen.
»Mit deinem Haar, in deinem Haar wasche ich meine Hände«.
Wie gemein hat das Christentum die reichen und reinen Beziehungen zwischen Leib und Leib gemacht: eine Wahrheit, die mir förmlich eingeboren worden ist, und von der ich schon mit sechzehn Jahren durchdrungen war.

Venedig [31. 1. 1897.]

Drama.
Wie der Schlaf die Geliebte aus den Armen des Geliebten nimmt, der deshalb sich sträubt gegen ihn.

Venedig, Mittag [1. 2. 1897.]
Das Schicksal hat mich richtig geleitet.
Nur so, fast zufällig, kam ich nach Venedig und wenig erwarten[d]. Nun ist es mir in San Marco aufgegangen.

Seltsam, auch im Hinblick auf meinen augenblicklichen Plan:
das Drama »Sittulhassan«.
Aber was sind mir jetzt Dramen? — oder ...?
Jedenfalls durfte ich nirgend anders hingehen wie hierher,
wo ich alles finde, was ich suche und was mir nottut.
Die Orientpracht der Kirche San Marco hat mir Venedig er-
schlossen.
[...]
Die Scala santa jedes Künstlers.

Venedig, 4. 2. 1897. Nachmittag.
[...]
Sittulhassan lustwandelte mit mir auf dem Lido. Er ist ein
Baumeister, ein Sklave, der sich als Sklave gebärdet: er ist
aber auch ein heimlicher Kalif und liebt Sittulhassan: das
erzählte sie mir. Eine Lerche trillerte dazu über den Wiesen.
»Ich liebe in dir nicht den Kalifen, den alle kennen, er lebt
auch nicht für mich: den ich liebe, das ist mein Kalif.«
»Wie wird mein Grabmal sein?«
Der Kalif schildert es ihr. »Und du wirst es bauen, Hassan!«

[Venedig,] 6. 2. 1897.

Der Kalif spricht über Kulturheldentum. Redet nicht immer
von Helden als von Bramarbassen. Ein Raufbold ist kein
Held. Christus ist einer, Mahomed ist einer. Auch macht der
Sieg nicht zum Helden: dieser gibt sich nicht immer dem
Werk. Nicht daß einer unterliegt, nimmt ihm das Heldentum, sondern wie einer unterliegt. Es ist so offenkundig, das
hier Gesagte, sollte es wenigstens sein, und doch hört man
nicht auf, nach dem Helden des Kolportage-Romans zu rufen.
Heldentum ist nicht leicht erkennbar, nicht leicht begreiflich.

Venedig, 10. 2. 1897.
Sittulhassan.
Wunsch des Bucintoro. Fahrt auf ihm.

Die Pest.

Gewiß spuke ich noch in seinen Träumen.

[II]

[Einzelnes Titelblatt mit teilweise späteren Notizen]

Sittulhassan. Heft 1. Angelegt zu Florenz am 21. Februar 1897.

Es soll sein wie ein Wandel zwischen Zypressen.

Die drei Frauen.

Der falsche Kalif.
Wie er im Symbol Höhe und Tiefe ermißt, beim Festweintrunk.
Was Sittulhassan ihm besonders entfaltete.
Musik!
Sternschnuppe.
Die Handvoll Sterne.
Siehst [?] du das Blau über der Konturlinie der Schneeberge
und in diesem Blau die klaren Diamanten der Nacht?

Der Sultan opfert ihr.

König Nal kommt um all sein Glück, weil er auf urinnassen
Boden tritt.

[III, 1—2]

[Einzelnes Blatt]

[1]

[Vorderseite]

4. März [1897]. »Glocke« in Wien.

Personen. Gestalten. Übersicht.

Der Kalif Alaeddin.	Hält Hunde. Assem.	Sonnenanbeter.
Sittulhassan.		
Der Baumeister.	Djafar.	
Der Dichter.	Kalif.	»Lache über dich!«
Der Gärtner.		
Der Großwesir.	Fares.	
Der Derwisch.		
Der Muezzin.		
Der Bruder.	Said.	
Der Leibsklave (schwarz).	Kafur.	63.

Der Leibarzt.   Duban.
⟨Der Jesus — Apostel.⟩ (vom Kalifen hereingebeten)
Schiffer.
Fischer.
Sklaven.   — Willkommne Helle,
Bettler (tanzende).   innerstes Gesicht! —
Der Bettler, ungenannter Heiland, neben dem Kalifen her-
 schreitend, in gewissem Sinne von ihm geliebt und doch
 befehdet. Immer geheimnisvoll.

Ein Mamluk — weißer Sklave.

Harut und Marut (Seite 11 Koran), Magier oder gefallene
 Engel, in Babel.

Harun Arraschid.
Djafar, Großwesir.

[Notizbuch Margarete Marschalk: »Sorrento, 4.3.97. Vollständiges Per-
sonenverzeichnis. Kalif – und der Bettler (Jesus?): die beiden äußersten
Pole in einem Menschen. Der Titel heißt nunmehr: ›Der Kalif‹, und
nicht wie früher ›Sittulhassan‹. Der Dichter namens ›Kalif‹; der Baumeister, ein Krüppel mit großen, gewaltigen Schöpferideen (der K.
bespricht am Anfang des 1. Aktes sein Grabmal mit ihm: alte Sitte). –
Dieser B. baut die Lustschlösser der S.; liebt sie, (was nur ganz versteckt
angedeutet werden soll): groß und würdevoll beide, B. und K., bis zum
Schluß: Der B. stirbt, S. stirbt. K. bleibt der K.«]

[2]
[Rückseite]

Es ist, wenn du die Augen schließt,
als ob sich gar nichts mehr ergießt,
als ob erstarrt das Ganze steht.

[IV]

Der Plan des Baumeisters für das Lustschloß.
Der Marmor.
Die Löwen.

Horch, wie den frühen Tag der Vogel schmückt.

[V]

[Sorrent, Albergo Cocumella, 5. 3. 1897.]

ERSTER AKT

Der Kalif hat einen Zwillingsbruder.
Keiner der beiden tut etwas ohne den andern.
Der Kalif, nach seinem Regierungsantritt, lebt zurückgezogen in einsamen Kämpfen.
Nun, in Szene Eins, wird von diesem gesprochen, und daß der Kalif einen ersten Befehl gegeben habe, er fahre aus. Wohin? — auf dem Kahne nach der Gräberinsel, der Baumeister sei bestellt.

Der Kalif kommt, spricht mit dem Baumeister. Beredet mit ihm die Grabkapelle. Läßt seinen Zwillingsbruder rufen. Ab.

Der Zwillingsbruder kommt, der Großwesir mit ihm. Klagen des Zwillingsbruders. Zurückhaltung des Wesirs.

Der Kalif kommt.
BRUDER: Ich habe mit dir zu reden.
KALIF: Rede.
BRUDER: Heiß den Wesir gehen.
KALIF: Nein.
Bruder: Anklagen.
Kalif ruhig, dann Antwort: Er gibt ihm einen Teil des Reiches. »Dort sei du du! hier bin ich — ich.« Er ist gütig und warm. Entrüstet geht der Bruder fort.
Er befiehlt Musik und Tänze.
Sittulhassan im Tanz.
Kalif unterbricht.
Kurze Szene zwischen Sittulhassan und ihm.

ZWEITER AKT

Große Pracht und Liebesfest. Berichte des Wesirs über die Volksaufwiegeleien eines vermeintlichen Propheten. »Laß ihn vor mich führen.« Es geschieht.
»Etwas ist in deinem Auge, was mich dich schonen läßt.«
Todesdrohung. Gleichmütig.

Wesir [?]: »Das Feuer durchrast mich, aber ich verbrenne
nicht.« Wesir warnt. Ohne es noch zu ahnen, liebt der
Bruder Sittulhassan.
»Was meinst du wohl, was einer trägt, der herrscht.«

Sittulhassan, das Wilde, Ungefesselte und Ungebundene.
Hingabe [des] Königs daran.
Sie kommt.
Ihr Wunsch.
Das Schloß am Meer.

DRITTER [AKT]

Wildes großes Genußleben. Der verkleidete Bruder kommt.
Sie horcht ihm zu. Der Bruder hat gegen seine Liebe anzukämpfen und weist sie wie den Satan von sich. Da bekommt
sie Potiphargelüste und greift nach ihm. Der Kalif erscheint.

Vorgängige Szene Kalif, Wesir und Arzt. Die Pest und der
Prophet werden berührt.
                      Sittulhassan.
                      1. Äußere[s].
                      2. Das ihm Offenbarte.
                      3. »Du hast keine große
                         Leidenschaft«.

VIERTER [AKT]

Vielleicht durch Stadt wandeln.

[Notizbuch Margarete Marschalk: »5.3.97. Der Bettler ist der Bruder des
K. geworden! Der Zwillingsbruder, der sich trotzig zurückzieht, als der
andere K. wird. Vor dem K. erklärt dieser ihm, daß er ¹/₃ seines Reiches
für sich haben solle –: der Bruder geht, scheinbar um in seinem Reich
zu leben, in Wirklichkeit aber lebt er als Bettler unter dem Volke. (Zwei
sich anziehende, liebende, sich ewig doch abstoßende Naturen!)
Der Z. ist fort: K. klatscht in die Hände, Musik – unter den Sklavinnen
tanzt S.
K. zeichnet sie aus: keimende Liebe im Gespräch angedeutet ... Ende. –

K. wird durch eine rätselhafte Verwandtschaft im Blick des Bettlers, die
ihn stutzig macht, von jeder Strafe, von Todesurteil, zurückgehalten.
Z. gibt sich in der Not, herbeigeführt durch S.s Prunkliebe, zu erkennen,
geht zu ihr – verliebt sich und fällt in ihre Netze, die sie nicht aus Liebe,
sondern aus Reiz ›den Asketen zu verführen‹ stellt.«]

[VI]

Vielleicht ist Alaeddin verschollen, als der alte Kalif stirbt. Der Bruder will gerade Besitz ergreifen, als der neue Kalif erscheint.
Folgendes zu bedenken: Erste Szene. Alte Kalif stirbt, setzt den unberechtigten ein. Der wahre Kalif, aus dem Volk, erhebt sich zur Macht: das würde aber etwas wie der Beweis einer Meinung sein.

[VII]

SITTULHASSAN

NOTIZEN [UND EXZERPTE]

24. März, Cocumella, 97.
[teilweise später (vgl. Blatt 13),
vielleicht auch teilweise früher]

[Notizbuch Margarete Marschalk: »Es sind gestern, d. 24.3.97, Vorarbeiten, das heißt Auszüge etc., geschehen: zum Kalifen.«]

[Blatt 1]

[Adolf Friedrich Graf von] Schack: »Ein halbes Jahrhundert«, III. Band [Stuttgart 1894], Seite 107 etc.; Cordova, März 61.

Sykomore Korkeiche.
Zauberschloß Azzahra.
Azulejo (?)
Terrassenförmig in drei Abteilungen.
15000 Türen.
Leibwache von Slavoniern.
Torflügel juwelenübersäete Pfosten.
Große quecksilbergefüllte Zisterne.
Die Statue von Abdurrahmans Lieblingssklavin Azzahra: auf ihren Wunsch der Kalif Stadt und Schloß erbaut.
8000 Laibe Brot Fischfütterung.
Blühende Mandelbäume.

[Blatt 2]

Der Scheich. Die Schlangenfresser.

[Blatt 3]

Auszüge

[Im folgenden – bis Blatt 10 – aus: Tausendundeine Nacht. Arabische Erzählungen. Übersetzt von Gustav Weil. Dritte Auflage. 4 Bde. – Stuttgart 1866-67. (3. Abdruck 1889).]

Du suchst Vorwand, wie jener Ifrit, ein Kaufmann, der eine Dattel gegessen und den Kern weggeworfen hatte, sollte, behauptete er, seinen Sohn damit erschlagen haben.

Dinar Goldmünze, etwa 10 Mark.

20—25 Dirhem ein Dinar.

Du hast ein[en] toten Esel in deinem Netze gefangen, wie jener Fischer.

Sein Speichel vertrocknete, und der Weg verschwand ihm vor den Augen.

Salomo. Herrscher über Menschen und Geister: Salomo hat deinen Geist in eine Flasche gesperrt, und sie ruht auf dem Grunde des Meeres.

Ich verspare meine Tränen für mein Unglück.

Stärke dein Herz, festige deine Seele und tritt ein.

Der Springbrunnen: vier Löwen aus Gold speien.

Die Pfauen.

Die Pferde.

[Blatt 4]

Asaf der berühmte Minister Salomos, Inbegriff der Weisheit, noch jetzt Minister seinen Namen.

Dem König zerbrach der Lanzenschaft beim ersten Kriegszug.

Stamm Aad, riesige Gestalt, ausgerottet von Gott, wei[l] sie den] Proph[eten Hud] nicht wollten hören.

Salomos Ring.

Er frißt wie ein Kalender! (1001 [Nacht] Seite 56 I)

Die Nacht deiner Haare hat mein Leben verdüstert, meine Pein macht mich zum Märtyrer. Wer vor Liebe stirbt, gilt b[ei] d[en] Orientalen als Märtyrer.

Koran vom Engel Gabriel dem M[ohammed] offenbart.
Schmiegsamer als die Zweige des Ban.
Gepriesen sei der, der nie schläft!
Jemen: das glückliche Arabien —
Sittulhassans Namen mit Goldbuchstaben und Azurfarben
a[n] d[en] Wände[n].
Muallem — Lehrer — Koptischer Schreiber in Ägypten. Auch
Ehrentitel f[ür] L[eute,] d[ie] nicht lehren.
Semsem: ein heiliger Brunnen in Mekka.
Der dreimalige Gebetsruf am Freitag.
Schenke es Gott!
Dem Koran zufolge werden böse Geister, die an den Pforten
des Himmels lauschen, durch Sterne verjagt.
Die Braut wird i[n] d[er] Hochzeitsnacht 7mal anders ge-
kleidet dem Bräutigam vorgeführt.
Ich bin ein Muselmann wie Moses.
Schön wie der Garten Irem, den der gottlose König Schedad
im glücklichen Arabien erbaute.

[Blatt 5]

Freundschaft ohne Geld leichter als Körnchen.
Mossuler Tamburin, Iraker Laute, Persische Harfe.
Ich bin ein Hadschi (in Mekka gewesen).
»Legte ein Tuch aus Goldbrokat vor ihn, stellte eine Por-
zellanschüssel darauf, goß Weidenblütenwasser hinein,
schmolz etwas Schnee darin und vermischte es mit Zucker.
Der Kalif bedankte sich und trank.«
»Gott mache dich angenehm!«
Solch ein Unglück zerschneidet einem das Rückgrat, Herr!
7 schwarze Sklaven mit bloßen Schwertern. ⎫
Stampfen. ⎬ Schluß
Du kannst mir ebensogut deinen Finger ins Auge stoßen.
Wessen Geschick für Bagdad verhängt ist, der stirbt nicht in
Mossul.
Es ist keine Macht und keine Kraft außer bei Gott, dem
Hohen und Erhabenen: das Wort, welches den vor Furcht
bewahrt, der es ausspricht.
⟨Die Welt soll⟩

[Blatt 6]

Der Schlaftrunk. Bendsch. Aus Hanf gewonnen.

[Blatt 7]
Der Kalif.
Ist gereist: auf Basis der Resignation bauend, fest.
War mit Vater entzweit.
Was wißt ihr, deren Gesichtskreis eng ist.

Da ward das Licht vor meinem Angesicht Finsternis.
Die Aasgruben. Tierkadaver.
Die aus Lehm gewölbte Kuppel des alten Kastells.
Sklave auf dem Rohrbündel mit den Lippen Sand auflesend vom Boden.
Frucht meines Herzens!
Hört S[ittulhassan] mit schöner, sanfter Stimme den Koran lesen.
Moslems, Christen, Juden und Magier (Feueranbeter — Perser Zoroaster).
»Ich höre und gehorche«.
»Sehr gern«. Ach mein Herr »auf meinen Kopf und mein Auge!«
O König, wenn du schläfst, so erwache.
Erde küssen.
Verleihung des Ehrenkleides.
Deine Stirn gleicht dem leuchtenden Halbmond.
Babylonische (Zauberaugen). B...n [?] harrte [?] der Zauberei.
Ein Minarett braucht vier Grundmauern.
Du verstehst 170 (hundert und siebzig) Zauber.
Wir werden doch alle, Moslem und Magier, in Fische verwandelt.
Der »Rufer« — wohlmeinender Dämon — sprach zu mir im Traum.
Er wurde gelb, als er mich erblickte.
Ach, wenn es doch nicht so vergänglich wäre.

»Ach mein Bruder!«

Bei der Wahrheit dessen, was auf dem Siegelringe Salomos steht, ich komme und mache dich diesen Hündinnen gleich.
Pferd: schwarz wie die Nacht, mit Zaumzeug und goldenem Sattel; geschrotener Sesam Nahrung.
Ich möchte, wie ein Magier, bei dem Feuer, dem Lichte, der Wärme, dem Schatten und den kreisenden Himmelssphären schwören.

Tausend flüchtige Maultiere lenkt sie mit einem Spinnenfaden.
Es war ein Lachen, wie von den Flügeln der Taube, die schnell auffliegt.

[Blatt 8]

Sittulhassan.
Sie legt das Schwert um, wenn sie zu dem Geliebten geht.
⟨Die Aasgruben⟩

Bringt syrische Äpfel, osmanische Quitten, Pfirsiche von Oman, Jasmin von Aleppo, Wasserlilien von Damaskus, Wassermelonen vom Nil, ägyptische Limonen, Sultanszitronen, duftige Myrten, Henna, Kamillen, Bergtulpen, Veilchen, Granatblüten und Jerichorosen.

Zehnerlei Wasser: Rosenwasser, Orangenblütenwasser, Weidenblütenwasser. Flasche Rosenwasser mit Moschus zum Besprengen. Wacholderharz, Aloeholz, Ambra, Moschus, alexandrinische Kerzen.

[Blatt 9]

Baumeister.
Türen. Aloe und Teakholz-Sandel. Bau. Goldplatten.
Vor Lust aufatmend wirst du wandeln zwischen den Bäumen.

Die Quitte schmeckt wie Wein, sie riecht wie Moschus, wie Gold die Farbe, Vollmond ihre Form.

Käfige aus Sandelholz. Nachtigallen, Ringeltauben, Holztauben, Amseln, Turteltauben.
Ich bin der König meiner Zeit (kann frei verfügen).

Wachskerzen, mit Ambra und Aloestückchen besteckt. Lampen, mit kostbaren Ölen gefüllt. Große Räucherbecher. Düfte wirbeln dort auf von Safran, Aloe, Ambra, Moschus.

Wie im Koran steht: ich will aus Ton die Gestalt eines Vogels nachmachen und ihn anhauchen, und er soll, mit dem Willen Gottes, ein lebendiger Vogel werden.

[Blatt 10]

Der Wesir.

Trink es zum Wohlsein in die Kanäle der Gesundheit.
Da nahm er den Becher, küßte ihr die Hand und sang:
Eigenes.
Die Welt soll sich von den Hufen deiner Rosse mit Staubwolken erfüllen.
Der König hat den Koran in 7 Überlieferungen gelesen.
Zehn Kamele mit Geschenken beladen.
... bis ich ein Mädchen, schön wie eine köstliche Perle, gewahrte, deren Anblick mir alle Sorge, Schmerzen, Mißgeschick aus dem Herzen scheuchte, so daß ich mich vor ihrem Schöpfer niederwarf.
Füßekneten. Weihmittel.
Heut in der Frühe, als der Muezzin zum Gebet rief.
Wenig Verstand und Religion besitzet das Weib.
Du hast mit den Augen gebuhlt.
Der Kadi und vier Zeugen setzen den Ehekontrakt auf.
Bei der Wahrheit dessen, was den Himmel hochgewölbt.
Schön wie zwei Monde (Knaben).

[Blatt 11]

Der Kalif.

Großgeartet, mit allen Anlagen, entschieden in seinen Zielen. Es wird ihm ein Messias gegenübergestellt. Näher sind wir uns, als du meinst, sagt er zu ihm. Die Herrlichkeiten der Welt sind keine im Grunde.

Akzise wurde eingeführt, die Steuern, beruhend auf einem umfassenden Kataster und auf muhammedanischer Routine, wurde beigetrieben. Mit jener quälerischen und grausamen Art, ohne welche man den Orientalen freilich kein Geld aus den Händen bringt.
Die fatimidischen Kalifen mit ihrer Geheimlehre des Unglaubens. (Burckhardt, Renaissance I. Seite 5.)
Der »Vatikanische Torso« an sich und in der Auffassung Winckelmanns kann in gewissem Sinne zum Muster meines Kalifen werden.

Oh, Sohn meiner Mutter!! Timon.

Dieses Glück trägt nicht mehr: es läßt nach; es wird matt.

SITTULHASSAN · VII

[Blatt 12]

Kalif sagt: Bin ich nicht so weit von der Selbstsucht wie du? Du besitzest nichts. Was besitze ich denn? Ich bin da und dort in meinen Schlössern zu Gast. Sie sind soviel mein wie der Stein, auf den du dein Haupt zur Ruhe legst.

Der Kalif ist über den Koran.
Es ist euch nötig, daß welche leben, die königlich über dem Gesetze wandeln. Verwechselt sie nicht mit denen, die unter das Gesetz sinken (Ego).

[Blatt 13]

Szene, vielleicht erste.
»Ich wähle mir hier mein Grab.« Du, Djafar, baue es, für mich und die Meinen. Zu diesem ersten Gange ließ ich dich rufen — zu diesem ersten Geschäft.
»Schließ aus den rauhen Odem der Wirklichkeit, und nur dem Duft der Träume gib Dach und Fach!«
Die Bäche fasse in Marmor, die Wege diele damit, der Tempel sei aus weißem Marmor, weich seine Kuppel, schwellend wie eine Frucht, alles sei Wachstum, nirgend ein Richtmaß zu fühlen. Und heiter und groß sei das Feierliche.

DER BILDNER, *verkrüppelt*. Ich will dir eine Kapelle erbauen, ich will Tag und Nacht dareinsetzen, Morgen und Abend. Zypressen etc.

Zum Dichter.
Blähe dich nicht! Mache dich nicht zum Titanen. Sei ehrlich und suche zu scheinen, was du bist, beileibe nicht mehr!

Baum: Du erinnerst mich an meiner Mutter Fleckelkasten.

Menschenhasser (18. April Rovio). Schatten der Zypresse.
Szene.
Sieh, die Zypresse wirft anbetenden Schatten. Ich kenne meine Stufe. Ich stehe weder höher, noch niedriger, als Gott mich gestellt, der Schatten diene uns. Betest du, Zypresse! nimm mich auf in dein Gebet! *Er betritt den Schatten.*
([Am Rand] Gott baut!, es ist nichts vollendet. Gott baut.)

[VIII, 1–2]

[1]

SITTULHASSAN

Südliche Terrasse mit Zypressen, nach rechts ansteigend. Über die Balustrade der Terrasse im Hintergrund sind die Minarette und Kuppeln von Moscheen einer im Tal liegenden Stadt sichtbar. Jenseit der Stadt Hügel und Berghänge, mit Villen geschmückt, von Gärten überzogen, Himmel und Landschaft von paradiesischer Klarheit und Schönheit. Alaeddin steigt die Terrasse von rechts herab. Der Meister der Bauten mit gekreuzten Armen neben ihm.

ALAEDDIN. Du sollst mit hier auf diesen Weihrauchterrassen mein Grab bauen, deshalb ließ ich dich rufen, Djafar. Hier, wo ich mit leichten Sohlen unter den Augen der Liebe Gottes wandle, will ich das Merkmal meines Lebens zurücklassen. Zwei Grabkammern magst du hineinbauen, und sorge mir, daß sie die Herzen denen heiter machen, die in sie eintreten. Weißer Marmor und Gold. Spare das Gold nicht. Spare mir ganz besonders das Gold in der Kuppel nicht. Weich sei die Kuppel von außen anzuschauen, schwellend und lebendig wie eine Frucht. Alles sei Wachstum in deinem Bau; nirgend ein Richtmaß zu spüren.

DJAFAR. Ich will dir einen Tempel machen, o Herr der Zeit, in dem der Geist Gottes wohnen soll.

([Randnotiz] Der Tempel ist Gott!)

ALAEDDIN. Ich kenne dich. Aber überwinde deine Schwere. Könntest du durch die Welt meiner Träume wandeln! Merke dir aber, daß meine Träume im Einklang sind. Keine Bitterkeit! Kein Groll! Kein Hadern, kein Rechten mit dem Tode! Gleich einem duftigen Weihrauch quelle dein Werk in den klaren, göttlichen Raum. Und sorge, daß ringsumher Stille sei, weit und breit keines Menschen Fuß.

DJAFAR. Ich will die Bäche in weißem Marmor fassen, damit sie lautlos auf blanker Fläche gleiten. Wir wollen den ganzen Zypressenhain in eine Mauer von schwarzen Marmor schließen.

ALAEDDIN. Ja, tu das, Djafar. Schließ aus den rauhen Odem der Wirklichkeit, und nur dem Dufte der Träume gib Dach und Fach: Du magst diese Worte in eine metallene

Tafel graben und über dem Eingang befestigen. Du sollst
mir auch Bildwerke aus Stein anfertigen, obgleich es der
Koran verbietet. Der Kalif ist über dem Koran. Verstehst du mich?

DJAFAR. O Herr der Zeit! Ich höre und gehorche.

[2]

[Perugia, 7. April 97.]

KALIF. Mache mir Brunnen, aber fasse die Flut, als ob es das
heilige Wasser wäre, das Aaron mit seinem Stab aus dem
Felsen schlug. Fasse das Element, wie es der freundlichen
Gottheit geziemt, die uns tränkt, kühlt und reinigt. Mache
ihm einen Lustplatz, daß es sich uns in seiner erquickenden
Schöne dankbar entfalte. Dann soll es in allen Höfen und
Hallen klangreich strömen, steigen und rauschen, und der
Regenbogen soll wohnen in seinem Perlengestäube.

MEISTER. Ich höre und gehorche! — Ich will Euch etc.

[IX, 1–3]

[1]

*Eine hohe Terrasse (Zypressen, Lorbeer, Taxus) über dem
Meer. Alaeddin. — Fares zu ihm.*

FARES

Was für Belustigung, o Herr der Zeit,
wünschest du heut?

ALAEDDIN

Keine! Ich wünsche keine.
Vergeßt mich! Laßt auch mich mich selbst vergessen.
Ich gehe hier umher. Ich sinne still
in Himmel, Meer und Gärten mich hinein.
Sag, Fares, alles scheint mir düstrer heut
als wie vorzeiten. Schloß und Gärten sprechen
mich ernster an. In meiner Seele wird
ein Bild verdrängt, das lichter ist als dieses.

FARES

Herr, Schloß und Gärten sind dieselben noch,
die Ihr verlassen vor acht Jahren.

ALAEDDIN

Freilich!
Nur ich, ich bin ein andrer.

FARES

Weiser König,
Gott möge dir ein langes Leben schenken!

[2]

Terrasse über dem Meer.
Alaeddin. Der Spaßmacher.

DER SPASSMACHER
hinter Gesträuch

Pst! He!

ALAEDDIN

Wer ruft da?

DER SPASSMACHER
Ich.

ALAEDDIN

Was willst du, Narr?

DER SPASSMACHER

Ach, Herr der Zeit! ich laufe in meiner Angst vom Boden bis in den Keller, vom Meeresstrande bis auf den höchsten Punkt meines Gartens. Ich werde meinen Tiefsinn nicht los. Ich bin nämlich tiefsinnig.

ALAEDDIN

So.

DER SPASSMACHER

Ja, Herr! Ich spreche schon ganz weinerlich. Meine Augen träufeln in einem fort, meine Nase ist sogar schon in Mitleidenschaft gezogen. *Er schneuzt sich.*

ALAEDDIN

Nun! und der Grund?

DER SPASSMACHER

[Text bricht hier ab.]

[3]

[a]

Terrasse überm Meer.
Ferne Musik und Tamburins. Pauken.
Alaeddin.
Der Muallem.
Ibrahim al Mossuli.

ALAEDDIN. Ibrahim!
IBRAHIM. Ja, Herr!
ALAEDDIN. Ich trage deine Musik noch in meiner Seele. Einen flüchtigen Reichtum von deinen Gnaden. Ich danke dir! — Es ist niemand größer unter den Musikern als Ibrahim al Mossuli. Daß aber Ibrahim al Mossuli nicht verschmäht, mein Freund zu sein, gibt meinen Tagen das letzte Licht.
IBRAHIM. Herr, du beschämst mich!
ALAEDDIN. Freund, du hast mir von jenen urmächtigen Rhythmen und Harmonien zu kosten gegeben, wahrhaftigen Sinaiklängen! Wessen Ohr nicht versiegelt ist oder wer nicht zerbricht, der muß ins Erhabene, in Gott wachsen bei deiner Musik! *Er erfaßt seine Hand.* Mann! Wie hast du dich vor uns aufgerichtet! Wo ruht dieser furchtbare Zauber in dir? — Einfach wandelst du unter uns. Nennst mich den Herrn! Issest an meiner Tafel, schläfst unter meinem Dach, und auf einmal umarmst du den Donner, spielst mit dem Blitz, türmst eine Welt vor uns auf, lässest das Meer kochen und brausen, führst uns im Eissturm durch ungeheure Felsengebirge, zerbrichst Forsten, lässest den Schnee flammen. Und machst eine Stille um uns, plötzlich, daß unser Blut gefriert. Du hast mir den Tod gezeigt, Ibrahim, wie ich ihn niemals empfand. Dann ließest du Leben quillen, einen heißen Saft in alles steigen, drängen und bilden, du ließest blühen. Blüte entzündetest du an Blüte. Leise Flügel und reine Hände überall, überall am Werk: das Meer zu glätten, die Wiesen ins flaumige Grün zu locken. — Mädchen tanzten in Schleiern, einsame Flöten spielten, Nachtigallen quollen Wohllaut um Wohllaut, Sehnsucht, Liebe und heiße Wollust. Du bist ein Herr über Leben und Tod, Ibrahim. ([Quer darüber spätere Notiz] d'Alberts Spiel)
IBRAHIM. Ich wollte, du hättest recht, Herr! Ich wollte, mein Frühling gewänne Macht über dich.

ALAEDDIN: Was liegt an mir!
MUALLEM. Alles!
ALAEDDIN. Und nichts. Geh! ich klatsche in die Hände, wenn ich deiner bedarf. *Der Muallem verschwindet.*
IBRAHIM. Bist du krank, Herr?
ALAEDDIN. Nein — Ibrahim!
IBRAHIM. Hast du Sorgen? Und willst du sie mir vertrauen?
ALAEDDIN. Es fehlt mir an Sorgen. Ich habe keine!
IBRAHIM. Herr, blick um dich! Wenn dein Herz ohne Sorgen ist, dann genieße das Paradies, das dein ist! — Weshalb trauerst du denn?
ALAEDDIN. Traure ich? Über wen? O Ibrahim, wenn du redest, so gleichest du dem Adler im Käfig, der zu fliegen versucht. Soll man da lachen, oder soll man weinen? — Vergib! Sieh! Dies alles, was mich umgibt, ist schön.

[b]

[IBRAHIM]

Herr, bist du krank?

ALAEDDIN

Nein, Ibrahim.

IBRAHIM

So scheint's,
dich quälen Sorgen.

ALAEDDIN

Sorgen hab' ich nicht.

[X]

[Aus dem Tagebuch der italienischen Reise]

Rovio, 18. 4. 1897.

Heut bin ich im Drama vorwärtsgeschritten. Die Idee des »Menschenhassers« hat sich mir aufgetan und zum vorhandenen Stoff gesellt. Die Amalgamierung kann wertvoll werden.

[XI, 1–2]

[1]

Anfang der Ausführung.
Rovio, Ostermontag, den 19. April 97.

Ein viereckiger Platz, wird von einem orientalischen Kreuzgang aus schwarzem Marmor umgeben.
Links eine eiserne Tür.
Über dem flachen Dache des Wandelganges blauer Himmel, Zypressen, Kuppeln von Moscheen, Minarette in heller Pracht. Die Rückwand ist nur zur Hälfte vorhanden. Zwischen den Säulen der anderen Hälfte sieht man in einem zauberhaften Garten die Baulichkeiten eines orientalischen Palastes schimmern: ein liegender goldner Löwe, im Garten, speit Wasser in ein schwarzes Marmorbecken.
Abendröte hinter den Zypressen und Kuppeln.

Klopfen mit dem Türklopfer gegen die eiserne Tür.
Der Alte, ein weißbärtiger, kostbar in Rot gekleideter Orientale mit mächtigem, blauen Turban kommt langsam durch den Garten heran. Er trägt einen großen, goldenen Schlüssel am Gürtel.
Es klopft wieder.

DER ALTE
murmelnd

He! ho! Geduld, Geduld! man sah euch längst;
trotz eures Pochens sollt ihr Einlaß haben.
So voller Ungeduld wie ein Kalif! He! ho! ihr Männer.
He! ho, ihr Männer, oder was ihr seid:
wenn ihr nicht lernt, euch in Geduld zu fassen,
blüht dieser Stätte Segen euch nicht auf.
Er hat aufgeschlossen.
Herein denn! Bettler!
Kalif und Djafar, als Bettler gekleidet.

DJAFAR
Pilger!

DER ALTE
Gut, schon gut.
Unkund des Landes, fremd. Ihr wollt ein Obdach,

ein Lager für die Nacht, wollt Speis' und Trank.
Dies alles soll euch werden: dies und mehr.
Nehmt Platz, verziehet eine Weile hier.
Ich schließe erst das Tor, dann meld' ich euch.
Doch eh ich, Pilger, Bettler, was ihr seid!
euch diene, nach dem Willen meines Herrn,
sprecht: Gott! — und seid als Moslims mir willkommen!

DJAFAR

Gott!

DER ALTE

Habe Dank!

KALIF

Und nochmals: Gott!

DER ALTE

Wohlan!

Er geht nach hinten und verschwindet.

KALIF

Und keine Macht und Kraft ist, außer Gott.
Beide setzen sich und wischen den Schweiß von den Stirnen.
Was dünkt dich nun, Wesir?

DJAFAR

Mich dünkt, o Herr,
daß wir kein kleines Wagnis unternommen.
Doch du befiehlst: ich höre und gehorche.

KALIF

An sieben Riegel schob der Alte vor.
Sahst du den goldnen Schlüssel, den er führte?

DJAFAR

Ich sah's, und ich erwog noch, da er schloß
und uns im Schließen seinen Rücken wandte,
ob ich mit meinem Damaszener Dolch
nicht lieber sollte offnen Rückzug sichern.
Nun ist's zu spät.

KALIF

gedankenvoll umherschauend
Gut, daß du dich besannst.

Voreilig ist der Mensch, sagt der Koran,
und so bestätigt sich's, wohin wir blicken.
Wo diese Pforte jetzt uns offenstünde,
erst recht auf ewig wäre sie verrammelt,
und was mein Herz voll Ungeduld ersehnt,
in das Geheimnis dieses Orts zu dringen,
es bliebe recht auf ewig mir verwehrt.
⟨*Musik erklingt.*
Musik! — —

DJAFAR

— Die gleiche, die wir damals hörten,
als wir am Gangesufer, so verkleidet
wie jetzt, zur Nacht, den feierlichen Zug
erblickten und vor Staunen ganz erstarrten.
Denn du erinnerst dich: Du, der Kalif⟩

DJAFAR

König der Zeit, betrachte diese Tafel!

KALIF

Seltsame Inschrift! Gold in Gold gegraben:
und alles fest versenkt, genau verklammert
im schwarzen Marmor dieser ernsten Wand.
Sprich aus, was du erkennst.

DJAFAR
der entziffert hat
»Ins Haus der Träume
tritt ein, der du mich liesest, unbeschuht.
Gereinigt sei dein Fuß vom Staub der Straße.
Und wenn du auch ein König bist der Zeit:
Küsse die Erde: hier ist Ewigkeit.«

KALIF
nachsprechend
»Und wenn du auch ein König bist der Zeit...
Küsse die Erde...« — Nun, gemach, mein Freund,
mit deinen Lettern wirfst du mich nicht nieder.
Ich bin Kalif und suche den Kalifen.
Tritt im Gewande du des Bettlers her:
bist du Kalif, so will ich dich erkennen;
laß sehn, ob du auch mich darin erkennst.
⟨*Alaeddin erscheint.* [...]⟩

[Berlin-Grunewald,] 19. August [1897]. Boothstr.
Alaeddin erscheint, wandelt langsam nach vorn.

DJAFAR

O Herr der Zeit! der, den wir suchen, sieh,
er schreitet langsam gegen uns heran.

KALIF

Sprich du ihn an, zuerst.

DJAFAR

Ich wag' es nicht.

KALIF

Tu's!

DJAFAR

Wir sind Pilger, Moslims.

ALAEDDIN

Seid willkommen!
He, Ali! Hassan! Kalad! *Er schlägt in die Hände.* Bringt
Rosenwasser mit Moschus, Orangenblütenwasser zum Besprengen, und alsdann tragt auf, was Gott gibt: syrische
Äpfel, osmanische Quitten, Fleisch und Wein. — Setzet euch!
ihr müßt ermüdet sein. Setzet euch! Ruht aus, meine Gäste.
Seid mir willkommen und ruht aus. *Der Kalif und Djafar
setzen sich. Sklaven kommen und waschen in goldnen Schüsseln
ihre Füße. Alaeddin klatscht in die Hände.* Duban!

DER ALTE
kommt

Herr! er ist im Hause der Brunnen.

ALAEDDIN

Geh ins Haus der Brunnen und rufe mir Duban.

DER ALTE

Ich höre und gehorche. *Langsam ab.*
Alaeddin steht und blickt über den Strom.

DER MUEZZIN
ruft zum Gebet

Es ist kein Gott außer Gott!

DUBAN
kommt, bleibt stehn mit gekreuzten Armen. Pause.
Hier bin ich, Beherrscher der Gläubigen!

DJAFAR
Er lügt, so wahr ich lebe! Herr, befiehl,
so mach ich seine Lästerzunge stumm.

KALIF
Laß ruhn dein Schwert. — Mir ist zu Sinne, Djafar,
als säh' ich Träume, Schatten, und als müßte,
schlügst du nach ihm, dein Schwert durchs Leere fahren.
Sei still! Gedulde dich.

DUBAN
Hier bin ich, Herr!

ALAEDDIN
Tritt näher. Und auch ihr! was flüstert ihr?
Zu Djafar.
Scheel blickt dein Auge, Fremder, hüte dich
vor Blindheit. Des Kalifen Macht ist Spreu
vor allen tiefen Zaubern dieses Orts,
um wieviel mehr doch deine.

DJAFAR
Der Kalif
Harun al Raschid, den Gott segnen möge!
er ist Kalif und keiner außer ihm,
und keines Zaubers Macht krümmt ihm ein Haar.

[2]

ERSTER AKT
ERSTE SZENE

([Skizze der im vorigen beschriebenen Szenerie. Darin:]
Goldene Löwen [im Hintergrund]; *Tür* [links vorne].)
Klopfer.

DER ALTE
Was wollt ihr? Leise! Eures Pochens Hall
zerbricht die Feier des geweihten Raums.
Was wollt ihr?

DER KALIF
Wir sind fremd, unkund des Landes.

DER ALTE
Unkund des Landes! fremd — und wollt ein Obdach.
Wißt: beides sollt ihr haben: Obdach, Speise,
zuallererst ein Bad, den Staub zu spülen.
Doch leise! hört ihr! zieht die Schuh' euch ab
und folgt mir! so! nein, wartet! wartet hier,
bis ich euch rufe. Beides sollt ihr haben:
ein Obdach, Speise, und noch mehr, viel mehr —
was der Kalif nicht hat, das sollt ihr haben.
Ich geh' und meld' euch meinem lieben Herrn.

DER KALIF
Wie heißt dein Herr?

DER ALTE
Ich nenn' ihn Alaeddin.
Adel der Religion! sein Gruß ist Friede!
Gebetruf.
Doch horch! der Mueczzin ruft zum Gebet.
Die Pforte schließ' ich erst. So! sieben Riegel
von Erz — und alle sieben fest geschlossen.
Kafur! Kafur!
Er schlägt in die Hände.
Ein schwarzer Sklave kommt, mit einem silbernen Waschbecken auf dem Kopf.

DJAFAR
leise zum Kalifen
O Herr, ich fürchte mich...

KALIF
Sprich: Gott! befreie deine Brust von Furcht,
denn außer ihm ist keine Macht und Kraft.

DJAFAR
Beherrscher aller Gläubigen: um dich
bin ich besorgt: wir sind gefangen.

KALIF
Schweig!
Dein Herr, du sagst es, ist ein echter Moslim.

DER ALTE

Sitz auf die Steinbank, daß ich dir die Füße
mit Rosen- und Orangenwasser wasche.
Mein Herr ein Moslim. Ja, bei Gott, mein Herr!
Mein Herr, mein lieber Herr, das ist ein Moslim.
Lob sei und Preis dem ew'gen Allerbarmer.

KALIF

Was tust du einem Bettler, alter Mann?

[Darunter am Rand]

Sie lesen die Tafel vom Reich der Träume.
Der bewußte Kulturheld.

[Notiz]

Hier herrscht die Wahrheit, denn hier gibt sich der Traum
als Traum.

[BAHNHOFSDRAMEN]

[A]
BAHNHOFSTRAGÖDIE · BAHNHOFSKOMÖDIE

[I]
[Notizen]

Dresden, den 22. September 97.

Die Bahnhofstragödie. Rietzsch.

Personen:
Rietzsch
Frau
Söhne
Fischer, Lokomotivführer
Postsekretär
Güterexpedient
Bahnmeister
Restaurateur
Frau
Fräulein am Buffet, alt
Kellner
Pfefferminzmädel
1 ⎫
2 ⎬ Söhne des Restaurateurs
3 ⎭
1 ⎫
2 ⎬ fremde Vögel, Mädchen
Das Fräulein mit den Locken
Der Verbrecher
Der Slowake
Der arme Wächter aus dem Hochofen

Winter bis Frühling.

Schluß   Abfahrt mit Marien.

Zwei Linien.
Abwärts von Rietzsch, aufwärts von G.

Kolonie Grunewald, Boothstr. 9.
Sonntag, den 26. [9. 1897.]

Bahnhofskomödie. Vater neidisch, will Kamerad der Jugend sein.
Meine Landwirtsbedrückung.
Die Zarte und Ploetzlich.

Bahnhofskomödie. Milieu Sorgau: Vater, Mutter. Nutzen die Dienstleute. Pauline Kunze. Morave. Frau. Die Königsbergerinnen. Die Witwe Laske. Die kleine Laske. Die Gepäckexpedienten. Der Betriebskontrolleur. Inspektor Rietzsch. Postsekretär Vetter. Der Zugführer Fischer. Die Schaffner. Die Fräulein Rausch. Die kleine Ernstine. Ernstinchen und der Junge. Onkel Gustav und Ernstinchen. (Reiter.) [...?] Der Postvorsteher und seine geizige Frau von nach der Heirat. Telegraphist und Bimmelmann Hofmann. Die Reisetypen. Der Verbrecher. Der Selbstmörder. Die Slowaken. Der Schlachter Keller. Oberamtmann Rote. Gitschmann und Frau.

»Oh, ich hab' ja mein Billet!«

[II]
[Bruchstück einer Ausführung]

ERSTE SZENE

FRÄULEIN RAUSCH, *hinterm Buffet.* Zug kommt!
HERR HENNIG *ruft hinunter.* Zug kommt!
FRAU HENNIG, *an der Seitentür.* Der Zug kommt?
HERR HENNIG. Na ja. Was denn? was willst du denn?
FRAU HENNIG. Ich denke, Julius kommt mit.
HERR HENNIG. Ach wo! jetzt doch nicht. *Viele Passagiere kommen hastig.* Bier!

DIE REISENDEN. Bier! bitte Bier, schnell! einen Kognak! *etc.*
Julius herein.
LOKOMOTIVFÜHRER FISCHER, *ihm entgegen.* Potzdonnerwetter! wo kommen denn Sie her?
JULIUS. Pssst, nichts verraten.
LOKOMOTIVFÜHRER. Ach du Herr meiniges! — Na, denn man sachtchen. Wie jeht's denn nu? hm? Jeht's jut?
JULIUS. Danke, leidlich! und Ihnen?
LOKOMOTIVFÜHRER. Dank schön. Eben wieder hundert Kilometer runtergerissen. Habe den Schnellzug jebracht von Jörlitz.
JULIUS. 's ist kalt heut.
LOKOMOTIVFÜHRER. Mächtig durchgefroren. *Es klingelt, alle rennen hinaus.* Heidi, was haste, was kannste. Na, Mutterchen! schnell, schnell, schnell! wenn Sie noch mitwollen. Immer fix.
DIE ALTE. Ich hoa ju mei Billet.
JULIUS. Deswegen bleiben Sie doch sitzen, wenn Sie nicht fix machen.
Das Buffet ist leer geworden. Dreie nacheinander fragen nach der Klingel.
FISCHER. Vater Hennig! wen hab' ich hier? *Verdeckt Julius mit ausgebreiteten Händen.*
HENNIG. Guten Abend, Herr Fischer!
FISCHER. Eins, zwei, drei: eine Flasche Rotwein wach' ich dran.
FRAU HENNIG. Junge! *Küsse.* Nu sag mer nur! — Biste doch jekommen! Na, da siste wieder mal, Vater, wer recht hat.
HENNIG. Ach wo! is woll nich möglich! — Na du! *Er wischt sich den Bart zum Kusse, geht auf den Sohn zu und küßt ihn.* Hübsch, daß du kommst.
FRAU HENNIG. Na, Junge, wo kommst'n her?
JULIUS. Von Striegau. Woher denn sonst? Onkel und Tante lassen grüßen. Sie haben mich beide bis Striegau gebracht. Onkel wollte Weizen verkaufen. Vierzig Sack. Ich bring' auch vorzügliche Kartoffeln mit. Skiubiner. Ausgezeichnet.
FISCHER. Eigengebaut?
JULIUS. Freilich. Wenigstens hab' ich dabeigestanden im Frühjahr, wie die Weiber sie gelegt haben.
HERR HENNIG. Na, da heißt's ja auch wieder mal: die tümmsten Pauern und so weiter.
FISCHER. Haben die größten Kartoffeln?! — Ha ha ha ha *etc*

JULIUS. Na hör mal, ich bitt' mir's aus, Vater.
Hennig wischt sich die Augen unter der Brille.
FRÄULEIN RAUSCH. Hier, ein Glas Glühwein, Herr Fischer!
HENNIG. Heiß wie die Hölle.
FISCHER. Weiß Jott, man kühlt durch uf de olle Maschine.
Vorn immer heiß, hinten kalt.
FRAU HENNIG. Nu freilich. —
Der Saalheizer kommt und legt geräuschvoll an.
FISCHER. Ja, ja, kachelt man in, Jungs, 's tut not.
Julius mit der Mutter hinters Buffet ab.
HEIZER. Inkacheln kost' Geld, Herr Fischer.
FISCHER. I nee, nee, nee, so meen' ich es nich. Na, denn komm
Se man her. Freilein, 'n Kognak — na, sach'n wer jleich
zweee. Hübscher Kerl, alles was wahr is.
Kacheln.
HENNIG. Das will beim Mann nichts heißen: gesund, nich
uf'm Kopp gefallen, das is de Hauptsache.
HEIZER. Prost, Herr Fischer!
FISCHER. Prost! *Beide trinken.*
FISCHER. Na, nu aber raus. Ich komm' noch mal wieder.
Adjüs. Bißchen rangieren. Ich brenne nich durch. *Ab, auch der Heizer.*
Der Inspektor [Rietzsch].
RIETZSCH, *müde.* Guten Abend.
HENNIG. Guten Abend! wie geht's, Herr Inspektor?
RIETZSCH. Danke! Glas Bier werd' ich bitten.
FRÄULEIN RAUSCH. Fritze, Glas Bier für'n Herrn Inspektor!
([Notiz] Szene des Lokomotivführers, der ihn erfahren hat.)
INSPEKTOR, *zum Ofen gehend.* Besuch bekommen?
RESTAURATEUR [HENNIG]. Ja. Den jüngsten der Mohikaner.
INSPEKTOR. Das Nesthäckel?
RESTAURATEUR. Ha ha — — — *Trinkt einen Schnaps.*
INSPEKTOR. Ich wünschte, ich hätte mein Nesthäckel erst
so weit.
RESTAURATEUR. M-hm.
INSPEKTOR, *zum Kellner, der ihm Grog bringt.* Na, was fehlt
Ihnen denn?
KELLNER. Ich dürfte mich erkältet haben, Herr Inspektor!
INSPEKTOR. Das ist auf diesem verfluchten Hundebahnhof
nichts Neues. Meine Frau hat sich auch gelegt.
RESTAURATEUR. Ach wo! na da! da seien Sie um Gottes
willen vorsichtig. Worüber klagt sie denn?

INSPEKTOR. Kopfweh, Halsweh, Bauchweh, Zahnweh, alle Wehs miteinander.

RESTAURATEUR. 'n tücht'ges Glas Grog und schwitzen!

INSPEKTOR. Nutzt nichts. Hab' heute schon's fünfte Glas — *Restaurateur und Kellner lachen. Mutter und Julius kommen.*

INSPEKTOR. Was, Mama Hennig, nu sind wir vergnügt.

MUTTER. Freilich! gut'n Tag, Herr Inspektor! Nu hab' ich sie wieder mal beisammen.

JULIUS. Wie geht's, Herr Inspektor?

INSPEKTOR. Danke, Herr Oberamtmann! wie soll's gehen? Verdammt zackig. Und Ihnen?

JULIUS. Danke, famos. Aber zum Oberamtmann kann ich's vor Ostern schwerlich noch bringen.

INSPEKTOR. I, Sie haben ja Zeit. — Mehr Zeit wie ich.

JULIUS. Schon wieder ein Zug gemeldet.

INSPEKTOR. Zug von Breslau. Personenzug. *Ab.*

MUTTER. Nu setz dich, Junge! willste was essen oder trinken?

JULIUS. Dank schön, vorläufig. Wo ist der Vater?

MUTTER. Vater, der is in seinen Fuchsbau gekrochen und schreibt.

JULIUS. Geht's Geschäft gut?

MUTTER. Ach ja, Junge, leidlich! Wenn nur ni gar soviel alte Schulden wären! Weißte, wer da war neulich?

JULIUS. Na?

MUTTER. Der Gerichtsvollzieher.

JULIUS. Na ja, was is denn da weiter. Laß das ock gut sein, Muttel. Mit uns is's noch lange nich zu Ende. Mit uns geht's noch lange nich abwärts. Im Gegenteil! aufwärts geht's. Solange wir den alten »Anker« auf'm Buckel hatten, da haben wir nur immer vergebens gearbeitet. Nun sind wir'n los, nu geht's vorwärts.

MUTTER. Gott sei Dank, daß wir'n los sind, den alten Folterkasten. Wahrhaftigen Gott, Junge, ich danke meinem Schöpfer, daß wir den los sind, sooft ich mich niederlege und sooft ich morgens aufstehe. Wenn ich dran denke, was mich das Haus gekostet hat. — Ich hab' ock nich die Spur Anhänglichkeit dran. Nicht die Spur.

JULIUS. Na, wenn man so dran vorübergeht . . . Leid tut's ein doch a bissel.

MUTTER. Nicht um die Welt ging' ich wieder da nein. Um keinen Preis. Ich hasse das Gasthausleben. Ich hab's immer gehaßt und hab's doch müssen durchmachen dreißig Jahre.

JULIUS. Na, Muttelchen, reg dich nicht auf und denk nicht dran.

MUTTER. Das Kochen und Braten und Bettmachen und Rumärgern mit den Dienstleuten. Das Lauern auf die Gäste im Frühjahr, und schließlich kommt einer: da is'n nischt recht, da möchte das sein und jens sein — nee, siste: hier kommen die Züge, da weeß man schon ungefähr, was drinsitzt, da macht man die Schnitten, da kommt Geld ein. Das is'n klares Geschäft. — Wenn bloß nich gar soviel alte Schulden wären! Und Vater is manchmal zu schlecht zu mir.

RESTAURATEUR. Na, Kinder, habt ihr nu immer noch nich ausgeschwatzt?

MUTTER, *verändert.* Der Julius erzählt mir eben, daß Onkel Heinz hier beim Oberamtmann ⟨Grün⟩ Henschel eine Stellung bekommt.

RESTAURATEUR, *wegwerfend.* Ach so! is woll nich möglich. Ich habe mit Oberamtmann Grün gesprochen, und wenn dein Bruder die Stellung hat, so ist das auf meine Veranlassung.

JULIUS. Ja, es ist fest, Vater! am Ersten tritt er schon an. Jetzt war er bei uns in Lederose.

MUTTER. Walt's Gott!

RESTAURATEUR. Na ja! das is hübsch! Nu mag er sich mal zusammenraffen. — Fräulein Plaschke wollte doch heut noch kommen!

JULIUS. Mit Liese?

RESTAURATEUR. Ich denke doch.

[B]

BAHNHOF

[Entstanden zwischen 1905 und 1907.]

ERSTER AKT

Bahnhof. Maimorgen. Wartesaal.

Hinter den Fenstern fährt der Zug vor. Passagiere strömen von rechts und links herein. Fallen wie Heuschrecken über die Brötchen her, die auf dem Buffet aufgestellt sind.

Der Bahnhofsportier kommt, schellt und ruft ab.
Die Passagiere eilen hinaus.
An einem Tisch vorn links am Ofen hat der junge Rudolph Treutler, der mit den Passagieren hereingekommen ist, abwartend Platz genommen. Nun steht er auf, der alte Treutler bemerkt ihn, nickt, hinterm Buffet aufrecht wie ein Major stehend, läßt ihn herankommen und empfängt einen Kuß.

TREUTLER. Nanu! —
RUDOLPH. Der Sonntagmorgen war so schön, Vater, da hab' ich mich auf die Bahn gesetzt.
TREUTLER. Na geh nur zur Mutter runter.

Die Begrüßung von Vater und Sohn hat hinterm Buffet stattgefunden, nun begibt sich Rudolph zur Tür links.

FRÄULEIN RAUCH, *älteres, rothaariges Buffetfräulein.* Guten Morgen, Herr Rudolph.
RUDOLPH. Guten Morgen, Fräulein Rauch.
FRÄULEIN RAUCH, *über und über lachend.* Na, da wird sich die Frau Mama freuen.

Die beiden nicken einander freundlich zu, und Rudolph entfernt sich durch die Tür links, die hinter dem Buffet zu den Wirtschaftsräumlichkeiten führt.

Langsam tritt nun der Bahnhofsinspektor Matuschke herein: ein langer, ernster, etwas gebeugter Mann mit sehr abgemessenen, fast schleppenden Bewegungen; er hat eine zusammengefaltete Zeitung in der Hand. Er tritt ans Buffet, Herrn Treutler gegenüber, der dahinter steht.

MATUSCHKE. Na, ich sage Ihnen ja: »Wir Deutschen fürchten Gott und sonst nichts in der Welt.«
TREUTLER. Geht's los?
MATUSCHKE. Bismarck hat eine fulminante Rede gehalten.
TREUTLER. Hat er unsern guten Freunden an der Seine die Faust mal gezeigt?
MATUSCHKE, *mit schwachem Humor.* Guten Morgen, Herr Treutler! Jawohl! Da! — Na, ich hätte durchaus nichts gegen den Krieg. So'n bißchen Einberufungsordre wäre jetzt noch die einzige Rettung für mich. — Ihr Nesthäkchen ist ja gekommen.
TREUTLER, *achselzuckend.* Na ja! — Die Jungen fangen an und machen, was sie wollen. So geht's in der Welt.
MATUSCHKE *schwach humor[voll], fragend.* Muttersöhnchen?
TREUTLER. Das hat er ja mit uns allen gemein.

B. BAHNHOF

MATUSCHKE. Ich möchte gern einen Kognak trinken.
Fräulein Rauch gießt den Kognak ein und schiebt ihn dem Inspektor zu, dieser zündet seine Zigarre an.
MATUSCHKE, *seufzend.* Vater werden ist nicht schwer. Vater sein dagegen sehr.
TREUTLER. Ich wüßte mich nicht zu erinnern, daß ich mich jemals darüber beklagt habe.
MATUSCHKE, *ruhig.* Ich hab' mich schon manchmal darüber beklagt. *Er zählt an den Fingern.* Ein, zwei, drei, vier unmündige Bälger!
TREUTLER *lacht, danach.* Nein. — Es ist richtig, daß es einem viel Sorge und Kummer macht, wie man die Kinder mitunter soll durchbringen, aber — vorausgesetzt, daß man es mit gutgearteten Menschen zu tun hat — wofür lohnt sich's zu sorgen, wenn nicht für das?! —
([Notiz] Hier wird das Gespräch über den abgebrannten Möbelwaggon eingefügt zwischen Treutler und Matuscheck.)
MATUSCHECK *kippt den Kognak, schiebt danach Treutler die Zeitung zu.* Lesen Sie mal das Angestrichne — ja, Sie! — Ich hab' so den Eindruck, daß das bei Ihnen alles was andres ist. Ich bin, das sagt alles, Bahnhofsinspektor.
Postsekretär Krautvetter tritt ein, rundlich, Bärtchen, dunkel, pfiffige Äugelchen.
KRAUTVETTER, *mit Emphase.* Der Wirt ein alter Militär.
MATUSCHECK. Ich hab's ihm grade zu lesen gegeben.
KRAUTVETTER *wiederholt.* Der Wirt ein alter Militär.
TREUTLER, *lachend.* Und der Herr Krautvetter ist ein manchmal etwas überheizter Herr Postsekretär.
KRAUTVETTER *tritt näher.* Zu dienen: Jetzt sind Sie berühmt, Herr Treutler.
Die Herren lachen gemeinschaftlich. Krautvetter verbeugt sich mit leichter Selbstironie vor Fräulein Rauch wie vor einer Königin.
TREUTLER. Wissen Sie, wer den Artikel geschrieben hat?
KRAUTVETTER. Nein. Es müßte denn sein, mein Postschaffner. Ich habe den Kerl immer in Verdacht, daß er dichtet. Er säuft nämlich heimlich während der Fahrt fast immer die Hälfte von meinem fein fein Treutlerschen Kognak weg.
MATUSCHECK. Ein Jude hat den Artikel geschrieben. *Mauschelnd.* Der Jude ist gekommen zu mir und hat gesagt, er wird bringen in Aufnahme unsere landschaftlich herrliche Bahnstation. Auch hat er gefressen ein koscheres Bretchen

hier am Buffet und war zufrieden und hat gesagt: Es war gut: werd' ich's auch setzen in die Zeitungen.

TREUTLER. Ich will Ihnen sagen, meine Herren, ein Jude kann schließlich auch mal recht haben. Soldat war ich allerdings zeit meines Lebens nicht.

KRAUTVETTER, *zu Fräulein Rauch.* Mein schönstes Fräulein, darf ich fragen nach etwas Pikantem für meinen Magen. Ich bin gefahren neun Stunden im Wagen und spüre im...
Er reibt mit der flachen Hand die Gegend seines Magens.
... im ... im Herzen natürlich ein verdächtiges Nagen.

Das ältliche Fräulein Rauch wendet sich, teils belustigt, teils beschämt, wagt aber nicht zu erwidern. Die Herren lachen.

MATUSCHECK. Hat wieder mal zuviel Briefmarken abgeleckt unterwegs.

KRAUTVETTER. Sagen Sie mal, ist das wirklich wahr?

MATUSCHECK. Was?

KRAUTVETTER. Daß wir Deutschen den lieben Gott fürchten?

TREUTLER, *fest, aber nicht ohne Humor.* Sogar den lieben Gott und sonst nichts in der Welt.

KRAUTVETTER. So'n Bismarckschwärmer wie Sie glaubt natürlich alles, was Bismarck sagt. Ich bin aber auch'n Deutscher, und ich kann Ihnen sagen, so wie meine Olle fürcht' ich den lieben Gott lange nicht.

Frau Treutler und Rudolph erscheinen von links hinter dem Buffet.

Ah! ganz gehorsamer Diener, Frau Treutler!

Lachen, dann kurzes Stillschweigen.

MATUSCHECK. Na, nu ist wieder mal Feiertag, gelt, Frau Treutler?

FRAU TREUTLER. Dafür is man Mutter, das kann schon sein.

MATUSCHKE. Und der Jüngste ist immer der Beste, Frau Treutler.

FRAU TREUTLER. Ich habe meine vier Kinder alle gleich gern, Herr Inspektor. *Sie kommt, an den Herren vorüber, mit Rudolph nach vorn und nimmt am Tisch neben dem Ofen Platz.*

MATUSCHKE. Das wollen die Mütter immer nicht Wort haben ...

Die Herren fahren fort, sich zu unterhalten. Krautvetter erzählt halblaut gepfefferte Witze, und die Herren brechen von Zeit zu Zeit in Lachen aus.

B. BAHNHOF

Frau Treutler und Rudolph am Tische sitzend.

RUDOLPH. Schön ist's bei euch, Mutter.

FRAU TREUTLER. So, findest du? Wie kommst du denn aber so plötzlich mir nichts, dir nichts angereist, Junge?

RUDOLPH. Das Wetter war doch so sträflich schön, und ich hatte so furchtbare Sehnsucht nach euch, Mutter.

FRAU TREUTLER. So früh am Tage.

RUDOLPH. Ja, ich bin die Nacht über gar nicht schlafen gegangen, Mutter.

FRAU TREUTLER. Was? Du bist gar nicht schlafen gegangen?

RUDOLPH. Nein. Ich habe den größten Teil der Nacht auf einer Promenadenbank gesessen, am Stadtgraben unter der Liebigshöhe.

FRAU TREUTLER. Junge, das sage bloß Vater nicht!
[Textlücke]

RUDOLPH. Sie sehen wohl aus, Pauline.

PAULINE. Sie sahen letztes Mal wohler aus, Herr Rudolph.
Sie geht nach dem Buffet hin zurück; als sie in die Nähe der Herren kommt, ruft ihr Krautvetter zu.

KRAUTVETTER. Wohin so eilig, schöne Pauline? *Er intoniert.*
»Lieblicher Schmetterling,
reizendes kleines Ding!«
Pauline geht ohne Schüchternheit offenen Blicks vorüber.

RUDOLPH, *essend.* Äh! widerwärtig! was sich so'n schutzloses Mädel alles gefallen lassen muß, für die paar Pfennige!

FRAU TREUTLER, *erstaunt.* Was denn? wieso denn? ich weiß gar nicht, was ihr mit dieser Pauline alle für Umstände macht? — Was ist denn da so Besondres dran an der Pauline? Es ist'n Dienstmädchen wie alle andern, weiter nichts.

RUDOLPH. Nee, Mutter, da verstehst du dich eben ganz einfach auf Menschen nicht.

FRAU TREUTLER. Nee? Was is sie denn sonst als'n Dienstmädchen? Aber der Conrad is ja rein närrsch auf sie, und sogar die Lisa, die tut ja reinwegs, als wenn der Kehrwisch von Fürsten und Grafen abstammte.

RUDOLPH. Mutter, du kennst die Welt einfach nicht.
Lokomotivführer Müller tritt ein, schwerer Mann mit schwerem Schritt.

MÜLLER. Moin, die Herrn! Moin, Frau Treutler! Sieh da, was seh' ich! Seine Gnaden der Erbprinz sind angelangt.

FRAU TREUTLER. Zu erben gibt's bei uns nichts, Herr Müller.

MÜLLER, *langsam behäbig sich dem Tisch nähernd, an dem Frau Treutler und Rudolph sitzen, tippt mit seiner von Öl und Ruß nicht ganz zu säubernden Hand an seine Stirn.* Mutterchen, Mutterchen! sagen Se das nich! Darf man Platz nehmen?

FRAU TREUTLER. Bitte.

Müller gibt Frau Treutler und Rudolph, der sich erhoben hat, jedem eine seiner Hände.

MÜLLER *zu Rudolph.* Na, was macht die Kunst?

FRAU TREUTLER. Einstweilen kämpft er mit dem Einjährigen.

RUDOLPH. Ich möchte mal einen Lokomotivführer malen und den Heizer dabei, der grade anlegt, in schnellster Fahrt, bei Nacht, Schneegestöber womöglich. Wenn das Heizloch offensteht, oben der Dampf so beleuchtet ... so wie man's abends immer sieht, wenn Ihr Zug von Salzbrunn herüberkommt.

MÜLLER. Mit einem Wort, mich! malen Sie mich, Herr Rudolph. Lokomotivführer Müller in voller Fahrt. Ich halte still. Jawoll, haben wir alles durchgemacht 70 und 71. Ich war bis Verdun und weiter mit meiner Maschine, manch liebe höllisch verdeubelte Nacht. Da können Se och noch Gewehrsalven zumalen.

MATUSCHECK, *der gehört hat, was der etwas laut gewordene Müller sagt.* Na, na, Müller kommt sachtchen wieder ins Flunkern.

MÜLLER, *sich langsamen Schritts der Herrengruppe anschließend.* Eisernes Kreuz erschter Jüte, wenn Sie erlauben. Dagegen kann sogar mancher Bahnhofsinspektor nich an. — Herr Treutler, hab'n Sie schon in der Zeitung gelesen?

TREUTLER, *lakonisch.* Ja.

MÜLLER. Dat Sie'n alter Militär sind? Da steht's drin, da kenn Sie's lesen.

[Der erhaltene Text bricht hier ab.]

[C]
[BAHNHOF GNADENFELD]

ERSTER AKT

Im Wartesaal dritter und vierter Klasse des Bahnhofs Gnadenfeld. Der große Raum ist ohne Gäste. Die Hinterwand besteht aus drei gewaltigen Bogenfenstern. Vor diesen befindet sich das Buffet mit schwarzer Marmorplatte.
Hinter dem Buffet steht der Wirt, Herr Borngräber, sechzig Jahr alt, dem Aussehen nach etwa ein abgedankter Major. Es ist kurz vor Weihnachten, mittags gegen vier Uhr, beginnende Dämmerung.

[ERSTE SZENE]

Ein gewisses Dröhnen und die Verdunkelung der Fenster durch Qualm verrät die Ankunft eines Zuges. Gleich darauf stürmen zwei Reisende in den Saal, die ihr Gepäck selbst tragen; es sind Hubert Borngräber, neunzehnjährig, Primaner, und Peter Borngräber, siebzehnjährig. Die beiden hübschen jungen Leute eilen hinter das Buffet und begrüßen dort ihren Vater durch Umarmung und Kuß.

HUBERT BORNGRÄBER. Tag, Vater.
PETER BORNGRÄBER. Tag, Vater.
DER ALTE BORNGRÄBER. Tag, Kinder. — Na, geht nur zu Mutter. *Zu einem ältlichen Buffetfräulein, Fräulein Rausch, die erscheint.* Führen Sie meine Söhne zu meiner Frau, bitte.
Das Buffetfräulein nickt höflich mit dem Kopf. Die beiden Brüder Borngräber gehen mit ihr durch eine Seitentür hinter dem Buffet ab.
Es erscheinen nun, winterlich vermummt, Bahnhofsinspektor Rüscher und Postsekretär Kühlewein. Sie treten ans Buffet.
INSPEKTOR RÜSCHER. Schlechtes Weihnachtsgeschäft, was? Keine Katze im ganzen Zug.
POSTSEKRETÄR KÜHLEWEIN, *da Borngräber nur mit den Achseln zuckt.* Herr Borngräber ist Philosoph. Guten Abend, Herr Borngräber. In Anbetracht der herrschenden allgemeinen geschäftlichen Depression und des schlechten

Wetters haben wir den reiflich überlegten Beschluß gefaßt, einen steifen Grog zu trinken.
Das Buffetfräulein ist inzwischen wiedergekommen und führt die Bestellung aus.

INSPEKTOR RÜSCHER. Weihnachtsbesuch bekommen, was?
DER ALTE BORNGRÄBER. Ja, meine Herren, meine beiden Söhne.
INSPEKTOR RÜSCHER. Rechtschaffne, hübsche Kerle, die zwei.
DER ALTE BORNGRÄBER. Daß sie rechtschaffen sind, ist ohne Frage.
POSTSEKRETÄR KÜHLEWEIN. Ist das der eine mit langem Haar? Ideale Köpfe, Herr Borngräber.
DER ALTE BORNGRÄBER. Gute Köpfe, Herr Kühlewein. Ich liebe besonders gute Köpfe. Ich glaube, die Zeiten, denen die Welt entgegengeht, weiß nur mit guten was anzufangen.
POSTSEKRETÄR KÜHLEWEIN. Die alte Geschichte. Ein Vater ist nie mit den Söhnen zufrieden. Ich war nun tatsächlich ein Muster von Sohn. Aber ich bin nicht Postsekretär Kühlewein, ich will keine kräkliche Frau, will nicht zwei schreiende Bälger haben, wenn der Alte jemals mit mir zufrieden war.

Die Herren lachen, der Kellner Albert, in Begleitung von Fräulein Rausch, bringt den Grog.

POSTSEKRETÄR KÜHLEWEIN. Und was hab' ich mir nicht für Mühe gegeben. Kaum in der Prima, hab' ich gedacht, wie machst du bloß deinen Vater zum Großvater? — Ja, da lachen Sie, meine Herren. Bei Gott, das sind keine idealen Phrasen. Tatsache ist, daß es mir einen Tag vor dem Maturitätsexamen wirklich gelungen ist.
DER ALTE BORNGRÄBER, *lachend*. Ein Schwerenotskerl.
POSTSEKRETÄR KÜHLEWEIN. Amen. Lasset uns Grog trinken.
Kühlewein und Rüscher erheben die Gläser und trinken. Als sie absetzen, tritt Frau Borngräber mit Hubert und Peter aus der Tür hinter dem Buffet.
POSTSEKRETÄR KÜHLEWEIN. Die stolze Mutter.
INSPEKTOR RÜSCHER. Heut sind Sie zufrieden, Mama Borngräber?
FRAU BORNGRÄBER, *dreiundfünfzig Jahr alt*. Auch noch bin ich stolz. Auch noch bin ich glücklich. Ich vergesse ja sonst, daß ich Kinder habe, wenn ich sie nicht wenigstens zwei-, dreimal im Jahre ein bißchen hätscheln kann.
POSTSEKRETÄR KÜHLEWEIN. Primaner?

HUBERT. Student der Philosophie. Mein besonderes Fach sind Naturwissenschaften.

POSTSEKRETÄR KÜHLEWEIN. In Breslau?

HUBERT. Vorläufig ja. Doch ich möchte nach Jena gehen. *Zum alten Borngräber.* Im Frühjahr mußt du mich wirklich hinschicken.

DER ALTE BORNGRÄBER. Ich bin der Meinung, daß für jemand, der die Augen aufmacht und fleißig ist, ganz gleich wo, überall etwas zu lernen ist.

FRAU BORNGRÄBER. Das ist mein Kleinster, das ist mein Nesthäckel.

PETER. Du sagst das mit einem so kummervollen Blicke, Mutter. Ich finde das ganz natürlich, wenn einer von vieren der Jüngste ist.

FRAU BORNGRÄBER. Aber du wächst doch der Mutter davon. Als du klein warst, warst du viel niedlicher.

PETER. Ich habe aber durchaus keine Lust, wieder ein oder zwei Jahre zu sein.

INSPEKTOR RÜSCHER. Noch auf der Schule?

FRAU BORNGRÄBER, *etwas betreten.* Halb und halb sozusagen.

DER ALTE BORNGRÄBER. Peters Entwicklungsgang hat unter der Veränderung unsrer Existenz am meisten zu leiden gehabt. Er wurde früh von der Schule genommen.

HUBERT. Ach, Vater, Peter bringt alles ein.

POSTSEKRETÄR KÜHLEWEIN. Ein bißchen Verspätung. Etwas mehr Dampf geben.

HUBERT. Es wird auf dem regulären Wege so ungeheuer viel absolut nutzlos Zeit vertan. Ich bin überzeugt, Peter kommt schneller ans Ziel durch seine Privatstunden, als ich durch die Schule gekommen bin.

INSPEKTOR RÜSCHER. Was wollen Sie werden?

PETER. Das weiß ich noch nicht.

FRAU BORNGRÄBER. Junge, du willst doch allerlei werden.

PETER. Allerlei, worüber aber vorläufig schwer zu reden ist.

POSTSEKRETÄR KÜHLEWEIN. Na, junger Mann, wir werden es abwarten. Keinesfalls sehe ich in Ihnen einen künftigen Königlich Preußischen Postsekretär.

PETER. Nein, da haben Sie recht.

POSTSEKRETÄR KÜHLEWEIN. Da lachen Sie. Die Postkarriere hat auch ihr Gutes. Verfallen Sie nur nicht etwa darauf, lenkbare Luftballons oder gar Flugmaschinen zu erfinden.

FRAU BORNGRÄBER *lacht vorwurfsvoll.* Wenn auch nicht das.

Bis zu solchen Hirngespinsten versteigen sich ja meine Söhne nun freilich nicht.

INSPEKTOR RÜSCHER *blickt nach der Uhr.* Donnerwetter! — Gehorsamster Diener, Herrschaften. *Er hat den Grog ausgetrunken und entfernt sich mit mäßiger Beschleunigung.*

DER ALTE BORNGRÄBER. Guten Abend.

Es entsteht eine kleine Pause. Hierauf

POSTSEKRETÄR KÜHLEWEIN. Ja, ja, Berufswahl ist die kitzligste Frage. Ich wüßte keinen, dem sie besonders leicht geworden ist. Hat man richtig gewählt? Man kommt nie ins klare. — Jedenfalls wird man sogar als wohlbestallter Postsekretär den Gedanken nicht los, man war vielleicht auch zu was Beßrem berufen.

DER ALTE BORNGRÄBER *lacht kurz auf.* Wer zuviel will, will nichts, pflegte mein Vater zu sagen.

FRAU BORNGRÄBER. Der Beamte hat keine Nahrungssorgen. Ich stamme aus einer Beamtenfamilie und wäre glücklich, wenn meine Söhne Beamten würden. Aber keiner will etwas wissen davon.

POSTSEKRETÄR KÜHLEWEIN. Sehen Sie den Inspektor an. Er ist doch eigentlich vorwärtsgekommen. Schließlich möchte er auch lieber Bankdirektor oder Majoratsherr sein. Er sieht übrigens nicht gut aus, der Inspektor.

FRAU BORNGRÄBER. Man weiß, was man hat und kann sich's einteilen.

POSTSEKRETÄR KÜHLEWEIN. Sie meinen, wenn man Beamter ist?

FRAU BORNGRÄBER. Ich meine, das höchste Erdenglück ist Zufriedenheit. Wer sein Auskommen hat, keine Nahrungssorgen, redlich und still seine Pflicht erfüllt.

POSTSEKRETÄR KÜHLEWEIN. Das Leben ist heut sehr teuer, Frau Borngräber. Und einen Beamten, der heute nicht mehr verbraucht, als er hat, den würden Sie mit der Laterne am hellen Tage vergeblich suchen. — Glauben Sie, daß der Inspektor mit seinen vier hungrigen Mäulern etwa nicht Sorgen hat? *Er hat ausgetrunken, lüftet den Hut.* Gehorsamster Diener, meine Herrschaften.

DER ALTE BORNGRÄBER. Gehorsamster Diener, Herr Postsekretär.

ZWEITE SZENE

Frau Borngräber kommt mit ihren Söhnen vor das Buffet und schreitet durch den Saal, sich einem Tisch nähernd, der für die Familie des Wirts nahe dem Ofen reserviert ist.

FRAU BORNGRÄBER. Wie gefällt's euch denn?
HUBERT. Ausgezeichnet, Mutter.
FRAU BORNGRÄBER. Einstweilen kann man zufrieden sein. Und es ist ja vielleicht nur vorübergehend. Denkt mal, jahraus, jahrein fünfundvierzig Personenzüge am Tag. Aufenthalt fünf bis fünfzehn Minuten. Jeder Wochentag, im Sommer mehr, im Winter weniger, bringt etwa denselben Reinverdienst. Feiertage den doppelt- und dreifachen. Ich danke dem lieben Herrgott jeden Tag, daß er uns diese Nahrungsquelle geöffnet hat. Was hätten wir ohne das sollen anfangen?
HUBERT. Ach, Mutterle, so schlimm war das noch lange nicht.
FRAU BORNGRÄBER. Vater ist aus dem »Rautenkranz« nach dreißigjähriger schwerer Arbeit als vollständig armer Mann herausgegangen. Wenn der Geheimrat Schwabe nicht war und uns diese Zuflucht nicht eröffnete, wir hätten nicht aus noch ein gewußt.
PETER. Na, nun ist es ja aber gut, liebes Mutterle. Wir können doch froh sein, daß diese ganze Sorgenzeit mit dem »Rautenkranz« nun vorüber ist. War das Haus nicht zu halten, weg damit.
FRAU BORNGRÄBER. Ich hab' Gott gedankt, ich hab' aufgeatmet, als ich die Tür zum letztenmal hinter mir zumachte. Weil dieses ganze Hotelleben dreißig Jahre wie ein Alp über mir gelegen hat. Ihr wißt ja, wie oft ich das Haus verflucht habe.
PETER. Na, Mutter, wir sind ja doch drin geboren und haben ja unsre ganze Jugend drin zugebracht. Von uns wär' es ja freilich nicht schön ... verfluchen können wir freilich unmöglich das Elternhaus. — Aber jetzt war es mal gut, herauszukommen.

PETER HOLLMANN

[I]

Den 21. Oktober 1897.
Boothstr. 9.

ERSTER AKT

Im Hintergrunde ein kleines Blockhaus, rechts und links vom Eingang je ein Fenster. Unter dem Fenster rechts ein langer Tisch. Unweit des Tisches Peter Hollmann in einem alten ledernen Lehnstuhl. Hollmann ist dick, asthmatisch, etwa siebenundvierzig Jahre alt. Sein Auge ist blau, sein Kopf spärlich behaart. Der rote Spitzbart ist von vielen grauen Fäden durchzogen. Seine Stirne ist phänomenal, hoch und ausgearbeitet. Er trägt einen weiten blauen Cheviotanzug, Jackett und Weste stehen offen. Ein Flanellhemd ohne Kragen ist sichtbar. Helene Hollmann, frisches, energisches Weib von fünfunddreißig Jahren, läuft ab und zu. Sie bestellt den Tisch mit sieben Gedecken.

HOLLMANN. Was hast du denn heut zum Dinner?
FRAU HOLLMANN. Reis!
HOLLMANN. Weiter nichts als Reis?
FRAU HOLLMANN. Ich hab' dir ja schon gesagt, daß in der Speisekammer Matthäi am letzten ist.
HOLLMANN. Na, also! Kulis sind wir nu mal: — fressen wir also Reis.
FRAU HOLLMANN, *wieder aus dem Hause kommend, in das sie verschwunden war.* Mehr Brot ist nicht da, Peter, daß du's weißt. *Sie zeigt ihm einen Brotranft.*
HOLLMANN. Geh doch zu Hinsch hinunter.
FRAU HOLLMANN. Ich werd' mich schön hüten, da kannst du dich drauf verlassen. Sollen die Kinder hungern, meinswegen!
HOLLMANN. Hm!
FRAU HOLLMANN. Natürlich, du sitzt ganz ruhig hier und machst dir nichts draus. Ich kann mich beleidigen lassen von dem Kerl.
HOLLMANN. Hm!

FRAU HOLLMANN. »Hm«! Mit deinem ewigen »Hm«! Damit kriegen wir lange kein Brot ins Haus.

HOLLMANN. Du bist sehr freundlich, Helene.

FRAU HOLLMANN. Dann verlange du doch nicht immer solche Sachen von mir! Ich habe mich doch, weiß Gott, an manches gewöhnen müssen. An die unglaublichsten Dinge, von denen ich nicht mal geträumt hab' früher. Soll ich mich nun noch den frechen Zudringlichkeiten dieses schmierigen Budikers aussetzen?!

HOLLMANN, *mit erzwungener Sachlichkeit.* Ich würde selbst gehen, Helene, aber ich fühle mich leider gerade heut absolut außerstande, den Weg zu machen. Ich verstehe durchaus, daß der Gang für dich kein Vergnügen sein kann. Er ist ein Opfer, natürlicherweise, aber du weißt ja auch, wem du es bringst. Hinsch ist kein böser Mensch. Der Truthahn, der uns zu Weihnachten ins Haus schneite, war auch von ihm, ich weiß es genau; daß er dreist werden kann und sich zuweilen glaubt etwas herausnehmen zu dürfen gegen Leute, die hie und da von ihm abhängen, das hat er gemeinsam mit den meisten Exemplaren der Spezies Homo sapiens. Hau ihm eine runter, wenn er zudringlich wird, das ist der einzige Rat, den ich dir geben kann.

FRAU HOLLMANN. Pfui Teufel! — Das ganze Volks ist mir ja so im Grunde widerlich und verhaßt. Ich kann gar nicht sagen, wie sehr.

HOLLMANN *lacht kurz und bitter.* Das kannst du wohl sagen, helfen tut's uns ja nichts. Friß, Vogel, oder verrecke! so heißt ja das nette Sprichwort. Wählerisch dürfen wir nicht mehr sein, Helene. Die Zeiten sind längst vorüber. Ich habe keinen Pence in der Tasche. Du hast das von mir schon einmal gehört. Wir werden das Faktum nicht hinwegdeuteln, und wenn wir noch einmal soviel Stunden darum herumreden, als wir die Nacht und den Morgen über leider Gottes schon getan haben. Morgen hoffe ich eine Kleinigkeit hereinzubekommen, aber bis dahin müssen die Kinder mehrmals sattgemacht werden, nicht wahr?! Und deshalb wirst du wohl in den sauren Apfel beißen müssen.

Frau Hollmann verschwindet ins Haus, erscheint gleich darauf wieder mit einem Arm voll alter Kleider, welche sie auf die Gartenbank links vom Eingang wirft.

HOLLMANN. Was bringst du denn da?·

Frau Hollmann beginnt mit großem Eifer aus Jacketts und Beinkleidern die Taschenfutter hervorzuziehen.

HOLLMANN *beobachtet sie eine Weile und lacht dann laut auf.* Viel Glück, Frau Hollmann, was herausfällt, ist Ihre!

Frau Hollmann fängt an, wütend die Kleider zu schütteln. Hollmann lacht heftiger.

FRAU HOLLMANN, *immer schüttelnd und lachend.* Verwünschter Kram.

HOLLMANN, *plötzlich aufhorchend.* Oho, Achtung!

FRAU HOLLMANN. Mach keinen Stuß, Peter!

HOLLMANN. Es ist was herausgefallen — pst! Ich hab's ganz genau gehört — pst! Mund halten! Suchen! *Er läßt sich vom Stuhl auf die Erde gleiten und sucht unterm Tisch herum.*

FRAU HOLLMANN. Peter, der Doktor kommt!

Dr. Pfister-Welti kommt von rechts.

DR. PFISTER-WELTI. Morning, Herr Hollmann.

HOLLMANN, *unterm Tisch.* How are you, Doktor!

DR. PFISTER-WELTI. Danke! Was machen Sie da unterm Tisch?

HOLLMANN *erhebt sich und gibt dem Doktor die Hand.* Gold graben, Doktor! Ich habe mich auf die Goldgräberei verlegt.

DR. PFISTER-WELTI. Guten Morgen, Frau Hollmann.

FRAU HOLLMANN. Guten Morgen, Herr Doktor! Wie geht's Ihrer Frau?

DR. PFISTER-WELTI. Danke, es geht ihr so schlecht wie möglich. Das weiß der Teufel, wo das noch hin soll.

HOLLMANN. Kein Klima für uns, Doktor! Der Teufel holt uns noch alle, wenn wir nicht machen, daß wir fortkommen.

DR. PFISTER-WELTI. Das Bücken und Auf-der-Erde-Herumkriechen, das müssen Sie aber hübsch sein lassen, Hollmann! das ist durchaus nicht für Sie. *Zu Frau Hollmann, die ein Tuch umgenommen und einen Hut aufgesetzt hat.* Gehen Sie in die Stadt, Frau Hollmann?

FRAU HOLLMANN. Tja!

DR. PFISTER-WELTI. Haben Sie große Eile?

FRAU HOLLMANN. Warum? Ich wollte nur eben mal nach Apotheker Stübing hin.

DR. PFISTER-WELTI. Sonst möcht' ich Sie bitten, gehen Sie doch mal auf einen Sprung zu meiner Frau hinein. Wissen Sie, ich möchte ja ganz und gar aus der Haut fahren. Tränen und Tränen und wieder Tränen! Sorgen und Sorgen

ERSTER AKT

und abermals Sorgen! Das Unglück wird einst eintreten, jene Not wird hereinbrechen, der Vater wird krank werden, die Mutter wird sich sehnen ... Du guter himmlischer Vater! Tun Sie mir den Gefallen, waschen Sie ihr mal wieder bißchen den Kopf.

FRAU HOLLMANN. Ich will sie schon wieder zurechtbringen, warten Sie nur. Freilich, auf lange wird es nicht helfen. Es fehlt Ihrer Frau an Beschäftigung. Sie langweilt sich; sie muß Kinder haben.

DR. PFISTER-WELTI. Ich habe wahrhaftig nichts dagegen. Was soll ich machen. Die Schweizer Störche fliegen, scheint's, nicht übers Meer.

HOLLMANN. Wissen Sie was, kabeln Sie! »Zahl' Kajüte erster Klasse hin und zurück, beliebige Linie.«

FRAU HOLLMANN. Scherz beiseite: Ich habe so viel zu tun mit all meinem Kleinzeug, daß ich beim besten Willen keine Zeit hätte, Trübsal zu blasen.

HOLLMANN. Na, na, junge Frau!

FRAU HOLLMANN. I, spotte du man, das läßt mich gleichgültig. Adieu, Herr Doktor! Seh' ich Sie noch, wenn ich wiederkomme?

DR. PFISTER-WELTI. Ich glaube kaum.

FRAU HOLLMANN. Adieu also nochmals!

HOLLMANN. Bekomm' ich denn keine Patschhand zum Abschied, schöne Frau?

FRAU HOLLMANN. Ach du, du Schafskopf, was du dir draus machst! Du laß man gut sein. *Ab.*

HOLLMANN. Ganz nach Ihrem Belieben. — Kommen Sie, Doktor, setzen Sie sich.

DR. PFISTER-WELTI. Wie steht's, alle Vorschriften innegehalten?

HOLLMANN. Machen wir alles, bis auf den I-Punkt. Gewöhne mir Essen und Trinken ab. Was tut man nicht alles, um sich das bißchen vertrackten Daseins zu fristen. Manchmal weiß man wahrhaftig nicht, warum man darauf so erpicht ist. *Er zündet sich einen Zigarrenstummel an.* Es ist die erste und bleibt die einzige heut. *Er wirft das Streichholz weg.* Ach was! Schiete! Haben Sie Zeit? Machen wir eine Partie Schach!

DR. PFISTER-WELTI. Es ischt zwar kein gutes Zeichen für einen Arzt, wenn er Zeit hat, aber leugnen will ich's deshalb doch nit. Gut, ich spiel' mit.

HOLLMANN, *ein Schachbrett heranziehend.* Da, Handwerkszeug ist gleich bei der Hand. Wissen Sie was, Doktor, Schach ist beinah so gut wie Morphium. *Er schüttet die Figuren aus, der Doktor hat sich gesetzt.*

DR. PFISTER-WELTI. Ja, beinah. Fangen Sie an?

HOLLMANN, *nachdem er den Arzt mit einer Handbewegung anzufangen genötigt.* Wissen Sie was, Doktor, wir beide sind zu gut für die Welt. Für Europa sind wir zu gut gewesen, für Amerika sind wir erst recht zu gut. Ich habe bis jetzt keine Seide gesponnen, Sie werden wahrscheinlich auch kein Henneberg werden. Wir sind eben keine Hamsternaturen. Wenn ich wüßte, wie es zu machen wäre, ich würde nochmals auswandern, und zwar nach dem Mars. Dort können die Leute wahrscheinlich fliegen, haben einen ewig wolkenlosen Himmel, werden steinalt und sind hoffentlich nicht darauf angewiesen, einander den Bissen Brot vom Munde wegzureißen.

DR. PFISTER-WELTI. Hoffentlich nicht, aber wer weiß?!

HOLLMANN. Na, warten Sie nur noch'n paar Monate, dann kann ich Ihnen vielleicht ganz genaue Auskunft geben. Mir ist nämlich so zumute, als würde ich doch nächstens auf irgendeine Weise nach dem Mars versetzt. Wollen mal abwarten!

DR. PFISTER-WELTI. Tun Sie mir den Gefallen und fangen Sie auch noch auf die Weise an!

Hollmann lacht lustig und verlegen zugleich auf.

DR. PFISTER-WELTI. Denken Sie lieber dran, was Sie jetzt ziehen werden.

HOLLMANN. Indeed! Ist schon geschehen. *Er zieht.* — Übrigens müssen wir ja doch alle mal abkratzen. Wenn schon, denn schon! Allzuviel kann so nicht mehr werden mit mir altem Knackstiefel. Ich würde wahrhaftig kein großes Brimborium deswegen machen, bloß daß die Geschichte für mich noch'n andern Haken hat.

DR. PFISTER-WELTI. Hollmann, reden Sie nicht, Sie können noch zwanzig Jahre leben.

HOLLMANN. Doktor, Sie schwindeln! Lassen Sie's gut sein! Spielen Sie ruhig weiter! *Er nimmt, auf des Doktors Zug wartend, ein Zeitungsblatt, tut einen Blick hinein und liest beiläufig.* »Hands across the sea.«

DR. PFISTER-WELTI. Sie sind doch sonst immer obenauf, Hollmann! Was haben Sie denn heut eigentlich?

ERSTER AKT

HOLLMANN. Nothing! Pst! Ich brauche mein bißchen Verstand. Wollen Sie wohl still sein! Das muß man sich reiflich überlegen. — *Während er seinen Zug überlegt, in Gedanken.* Hands across the sea! Hands across the sea! — So! *Er zieht.*
DR. PFISTER-WELTI. Was dudeln Sie denn da immerfort?
HOLLMANN. Ich dudle was? Was dudl' ich denn?
DR. PFISTER-WELTI. Sie sprechen doch immer was vor sich hin.
HOLLMANN. Doktor, ich laß mich hängen, ich weiß von nischt.
DR. PFISTER-WELTI. Ich versteh' immer: »Hands across the sea.«
HOLLMANN. Ach so! Das müssen Sie doch gelesen haben, Doktor. Die Zettel kleben ja doch an allen Bauzäunen, Zementfässern und Häuserwänden. Eine riesige Reklame wird ja gemacht für das Stück. »Hands across the sea«: eine brillante Spekulation. Das trifft die Mehrzahl der Amerikaner, darauf müssen die allermeisten anbeißen.
DR. PFISTER-WELTI. Die See ist aber verdammt breit, und das Händereichen über die See ist immerhin etwas schwierig.
HOLLMANN. Für manche ja. Zum Beispiel für mich. Pausieren wir mal'n Moment. Ich muß ganz ehrlich gestehen, daß für mich nun der Augenblick gekommen ist, wo ich mal wieder mit einigen einen Händedruck wechseln möchte, die ich in der Alten Welt drüben zurücklassen mußte. Aber ich werd's wohl nicht mehr ermachen. Wenn man erst angeschwollene Beine hat und einem die Puste aller Augenblick ausgeht wie mir, wie soll man da über den großen Mühlgraben zurück? Herüber bin ich mit Leichtigkeit gesprungen, inzwischen hab' ich das Springen total verlernt. Zurück geht's nicht mehr. Ja, wenn man noch Dollars im Portemonnaie hätte! Mit Dollars kann man sich schon 'ne Brücke baun! Aber wo du nicht bist, Herr Organist, da schweigen eben die sämtlichen Flöten. — Heimisch wird man in diesem Lande nicht.
DR. PFISTER-WELTI. Wenn man kein Großkotz ist, dann schwerlich.
HOLLMANN. Sehn Sie mal, Doktor, in diesem Häuschen lebte ein altes deutsches Ehepaar. Der Mann war Gärtner. Erst starb die Frau, und vier Wochen danach starb er. Die Leute hatten nun fünfzig Jahre hier gelebt, hatten ganz gut und reichlich gelebt, und wie sie's wahrscheinlich gar nicht besser wollten. Aber als sie so dalagen in ihren Betten,

da phantasierten sie von nichts anderem wie nur vom Schwarzwald. Von ihrem Dörfchen im Schwarzwald, von den Anwesen ihrer Eltern, von diesem Nachbar und von jenem Pfarrer, und kurz: sie wollten das alles noch einmal sehn, sie wollten nach Hause, sie wollten heim. Doktor, wie lange leb' ich noch?

DR. PFISTER-WELTI. Ich hab's Ihnen ja vorhin schon gesagt.

HOLLMANN. Wir wollen mal ganz im Ernste reden. Es gibt Seevögel, hab' ich bei Brehm gelesen, die sich meist mitten im Ozean herumtreiben, aber dann kommt ein Tag, da merken sie plötzlich, daß inwendig bei ihnen nicht alles mehr so recht in Ordnung ist. Die Feder ist schwach, das Uhrwerk tickt nicht mehr gleichmäßig. Von Stund an streben sie heimwärts, die Seevögel, und fliegen und fliegen und fliegen viele tausend und tausend von Meilen, bis sie den Strand ihrer Heimat wiedersehen. Dort kommt dann die Ruhe über sie, dort können sie sterben. Sterben und sterben ist zweierlei, Doktor.

DR. PFISTER-WELTI. Reden Sie doch nicht immer vom Sterben! Wer das nicht nötig hat, soll es in Gottes Namen sein lassen. Bei uns ist's Beruf, bei Ihnen ist's Unfug. Ich sehne mich auch nach der Schweiz zurück. Meine Frau, die ist förmlich krank vor Heimweh. Es fällt uns aber nicht ein, das für ein Anzeichen des Todes zu nehmen, wir wollen noch lange nicht sterben.

HOLLMANN. Pfister, ich muß nun klar sehen, sage ich Ihnen. Ich verlange von Ihnen, bei unserer vierjährigen guten Kameradschaft, daß Sie mich nicht mit einem riesigen Bären auf dem Rücken ins Jenseits abtanzen lassen. Bedenken Sie, daß ich Familie habe, und zwar eine ziemlich beträchtliche. Halten Sie mich für ein altes Weib? Glauben Sie, ich werde zu heulen anfangen, daß man's bis rein in den Klub hört!? Ich denke nicht dran. Ich verlange die Wahrheit. Ich habe an meinen Bruder in München geschrieben. Sie wissen, wir stehen nicht gut. Sechs Wochen sind jetzt vergangen, er hat mir noch nicht geantwortet. Ich würde mir lieber den Finger abbeißen, als noch mal schreiben, wenn ich nicht müßte. Ist es jedoch so, wie es mir manchmal vorkommt, dann müßte ich nicht nur schreiben, dann müßte ich kabeln, so sauer es mir auch ankommen würde. Ich müßte es aber tun, der Kinder wegen. Begreifen Sie, Doktor!? Ich hätte dann keine Wahl.

ERSTER AKT

Träfe es mich unvorbereitet, so wäre das wirklich kein
großer Spaß für mich. Wenn Sie sich irgendwie ein bißchen
tiefer mit meiner Lage befassen wollen, so müssen Sie zu
dem Schluß kommen, unbedingt, daß Sie mich jetzt nicht
täuschen dürfen.

DR. PFISTER-WELTI *erhebt sich.* Schreiben Sie, kabeln Sie unbedingt. Schon deshalb müssen Sie's tun, weil Sie dadurch
beruhigt werden.

HOLLMANN. Ready! Weiter wollt' ich ja nichts. Die Sache
ist also in schönster Ordnung.

DR. PFISTER-WELTI, *im Begriff zu gehen.* Im übrigen bleib' ich
bei meinem früheren Ausspruch. Schonen Sie sich! Leben
Sie vorsichtig! Machen Sie keine großen Dummheiten,
dann können Sie Großpapa werden.

HOLLMANN. Well! thank you! All right!

DR. PFISTER-WELTI. Ich muß leider fort. Mit unserer Partie
wird ja doch nichts mehr. Hier draußen wohnt ein Patient
von mir, den möcht' ich vor Tisch noch schnell mal aufsuchen.

HOLLMANN. Never mind. Good bye, Doktor.

DR. PFISTER-WELTI. Auf Wiedersehen. Bessern Sie sich. *Ab.*

HOLLMANN. Allright! Good bye!

Hollmann läßt sich am Tisch nieder, nimmt Feder, Tinte,
Papier vom äußeren Fensterbrett und beginnt zu schreiben.

Frau Hollmann kommt langsam und sich auf die Lippen
beißend von rechts und schreitet ohne Gruß an Peter vorüber
ins Haus.

HOLLMANN. Nanu!!? *Er blickt ihr nach, bis sie verschwunden*
ist, legt die Feder weg und beginnt die Melodie eines Nigger-
tanzes zu pfeifen.

Frau Hollmann kommt wiederum aus dem Hause und nimmt
links vom Eingang auf der Bank Platz. Sie kann nicht ganz
verbergen, daß sie geweint hat.

HOLLMANN *hält plötzlich inne mit Pfeifen und sagt mit einem*
fragenden Blick auf Frau Hollmann. Was fehlt dir denn,
Lenematz?

FRAU HOLLMANN. — — — Ach was! Mir ist jetzt schon alles
einerlei, mag's werden, wie's will.

HOLLMANN. — — — Was ist denn nun eigentlich wieder passiert? sag mir mal!

FRAU HOLLMANN. Nusch! Kram verfluchter! Pack verdammtes, alle miteinander!

HOLLMANN. Bist du denn unten bei Hinsch gewesen?
FRAU HOLLMANN. — Leider!
HOLLMANN. So rück doch mal raus mit der Sprache, Helene. —
FRAU HOLLMANN. Der soll mich noch kennenlernen, der
Schuft! Wir werden schon satt werden, ohne den
Schuft. — —
HOLLMANN. Ist er denn unverschämt geworden?
FRAU HOLLMANN. — Na, unverschämt —! Unverschämt, das
ist gar kein Wort! Blamiert und beleidigt hat er mich vor
allen Leuten und dich dazu. Und Apotheker Stübing, der
war natürlicherweise auch im Laden und hat die ganze
Geschichte mit angehört. Der glatte, geschniegelte Affe,
der! Hat nichts zu tun in Gottes weiter Welt als sich rumtreiben und seine arme kontrakte Frau betrügen. Eine
feine Gesellschaft, das weiß Gott!
HOLLMANN. Stübing ist ja hier Nebensache. Ich möchte
wissen, was Hinsch gesagt hat. Ich gehe hin, so schwer es
mir wird. Der Bursche kennt mich. Er kriegt eins in die
⟨Hausknechtsvisage⟩ Ohren — was mach' ich mir daraus! —,
daß ihm Hören und Sehen vergeht.
FRAU HOLLMANN. Ignorieren, das ist das Beste.
HOLLMANN. Ignorieren! hat sich was! wenn man das alles
ignorieren wollte, so wäre man bald genug ignoriert. Soll
mir nur einer mit Absicht auf die kleine Zehe treten, der
lernt meinen Absatz dermaßen kennen, daß ihm keine
Gräte im Leibe mehr heil bleibt. — Lene, was hat er gesagt?
FRAU HOLLMANN. Ich sollte mal erst die alte Rechnung bezahlen, dann könnte ich auch wieder Ware haben.
HOLLMANN. Na, und...?
FRAU HOLLMANN. Wir brauchten durchaus keine Not leiden.
Es läge an dir, wenn wir Not litten. Du wärst bloß zu hochmütig, sonst könntest du für drei Familien Brot schaffen,
mit Leichtigkeit. Du hättest deinen Hochmut drüben
zurücklassen müssen; hier in Amerika wäre für den Artikel
kein Feld. Dein Vater wäre auch ebenso stolz gewesen und
wäre damit sogar drüben auch nicht recht vorwärtsgekommen. Du hättest bloß brauchen zugreifen. Er, Hinsch,
habe dir ja bei sich eine einträgliche Stellung angeboten.
Hunderte von Bewerbern hätten sich die Schuhsohlen
danach abgelaufen. Du freilich... du hättest ihm ins Gesicht gelacht. Na, und so weiter. Ich habe mir von dem
Stuß nicht die Hälfte gemerkt.

HOLLMANN, *auflachend.* Aha! Das hat mir die Hausknechtsseele nicht verziehen. Da kann er nun freilich warten, bis einer von uns schwarz wird, eh ich bei meines Vaters dereinstigem Stiefelputzer eine Stellung als Stiefelputzer annehme. — Komm, Helene, mein Weib! Denk nicht weiter an die Schmutzerei! Das Leben ist eben manchmal kein Spaß. Abwechselnd muß eben einer von uns ins Feuer. Und was für'n Feuer! 'n verdammt wohlriechendes Bombardement: Rüben und faule Äppel. Laß gut sein, morgen geh' ich wieder hinaus — aber ich haue wieder. Ich pule dem Kerl einen bei, daß er dran denken soll.

FRAU HOLLMANN. Ja, Peter, tu das man. Ordentlich was auf die Nase muß er kriegen. Wisch ihm mal einen.

HOLLMANN. Oho! Pedd di man nich up'n Slips, Tjung. Din Schacht sast woll krigen, Hannes.

FRAU HOLLMANN. Wir werden der Bande schon noch mal heimleuchten, vielleicht stehn wir noch mal ganz anders da.

HOLLMANN *zieht Helene an der Hand zu sich.* Weißt du was, Lene, du kriegst'n Orden. Manchmal bist du ja freilich die reinste Megäre... die reinste Furie. Aber wenn's dann drauf ankommt, stehst du doch immer brav deinen Mann.

([Am Rand] Seine Projekte.)

FRAU HOLLMANN. Manchmal bist du auch zu verdreht, Peter. *Beiläufig seine Briefschaften überblickend.* Schreibst du noch mal an Paul?

HOLLMANN, *rasch ein Papier zerknüllend.* Pst! Weg da! Geschäftsgeheimnis.

FRAU HOLLMANN. Ich würde das nun und nimmer tun, Peter.

HOLLMANN. Bekümmre dich nicht um ungelegte Eier, Helenchen.

FRAU HOLLMANN. Unter keiner Bedingung würd' ich das tun.

HOLLMANN. Wer sagt dir denn, daß ich gesonnen bin...

FRAU HOLLMANN. Ich weiß ja doch, daß du schreiben willst! Mir kannst du doch nichts mehr weismachen, Freundchen. Da wär' ich nun wirklich zu stolz dazu.

HOLLMANN. Helene, laß nach, das verstehst du nicht.

FRAU HOLLMANN. Nein wirklich, Peter. Wieso du auf einmal so erpicht bist auf eine Nachricht von Paul, das versteh' ich auch wirklich nicht.

HOLLMANN. Wieso erpicht? Was soll denn das heißen?

FRAU HOLLMANN. Du denkst wohl, ich merke nicht, wie du zu gewissen Zeiten, wenn wieder ein deutsches Schiff in

New York eingelaufen ist, auf den Postboten lauerst? Du denkst, ich merke deine Unruhe nicht. Ich glaube gar, du bildst dir wer weiß was für Torheiten ein: Paul wird uns besuchen oder was Ähnliches? Ja, hat sich was! Das Wasser hat keine Balken. Nich mal'n Brief kann er schreiben. Er wird sich hüten, die weite Reise machen.

HOLLMANN. Wenn ich jetzt eine Flöte hätte, ich würde drauf spielen, Helene.

FRAU HOLLMANN. Das ist bequemer als widerlegen. Die Leute haben schon recht. Du bist und bleibst in bezug auf Menschen ein Illusionist. Hat er dich denn nicht schmählich steckenlassen, als es dir an den Kragen ging damals? Er hat doch von je bloß an sich gedacht.

HOLLMANN. Würdest du dich vielleicht erinnern, Helene, daß Paul durch mich zu damaliger Zeit sein ganzes Vermögen verlor?

FRAU HOLLMANN. Es war aber doch nicht deine Schuld. Ihr hattet gemeinsam spekuliert und verlort nun gemeinsam.

HOLLMANN. Du bist im Irrtum. Paul hatte nie die geringste Neigung zu spekulieren. Er gab mir sein Geld ganz ausschließlich als Bruder. Jetzt bitte, Helene, tu mir die Liebe! Du wirst mich nicht ändern in diesem Punkt. Was Paul anbelangt, so kennst du ihn nicht, und wenn es mir irgend gelänge — das leugne ich gar nicht —, von den Mißverständnissen einige wegzuräumen, die das Leben als Barrieren zwischen uns geschoben hat —: es würde mich herzlich freuen, und zwar aufrichtig.

FRAU HOLLMANN. Da bilde du dir keine Schwachheiten ein.

HOLLMANN. Allright und Schluß. Ein ander Bild!

FRAU HOLLMANN. Was machen wir nu mit dem Mittagbrot? In zwanzig Minuten kommen die Kinder.

HOLLMANN. Hast du denn nachgesehen im Hühnerstall? Hat denn die Henne heute kein Ei gelegt?

FRAU HOLLMANN. Ich hab' keins gefunden! Gestern ja, das hat Fritzel gegessen.

HOLLMANN. Zu was hat man denn so'n verdammtes Biest? Schlachten und essen, wenn sie nich legen will.

FRAU HOLLMANN. Wie soll sie das machen alle Tage?

HOLLMANN. Das geht mich nichts an, das ist ihre Sache. Heut abend wird ihr der Hals umgedreht. Ich werde die Sache selbst in die Hand nehmen.

ERSTER AKT

FRAU HOLLMANN. Und morgen? — Sieh mal, Peter, ist das nicht Stübing?
HOLLMANN. Der kann mich von rückwärts betrachten. *Er geht langsam ins Haus.*
FRAU HOLLMANN. Peter, er hat uns ja schon gesehen. *Apotheker Stübing kommt. Er bringt ein Paket.*
STÜBING. Morning, Frau Hollmann.
FRAU HOLLMANN, *steif.* Guten Morgen. Was verschafft uns die Ehre, Herr Stübing?
STÜBING. Oh! Hoffentlich bin ich nicht unwillkommen.
FRAU HOLLMANN. Durchaus nicht. Es war mir nur überraschend.
STÜBING. Bin ich denn ein so seltener Gast?
FRAU HOLLMANN. Nicht deshalb, Herr Stübing. Die Stunde ist bloß so ungewöhnlich. Sie kamen sonst immer gegen Abend.
STÜBING. O ja, ganz recht. Das hat aber heut seinen guten Grund, daß ich früher komm'.
FRAU HOLLMANN. Es handelt sich wohl um geschäftliche Dinge? Soll ich vielleicht meinen Mann rufen?
STÜBING *nimmt etwas ungeniert Platz.* O bitte, lassen S' nur den armen Herrn Hollmann gefälligst in seiner Ruh'. Die Kinderchen sind heut morgen bei mir gewesen.
FRAU HOLLMANN. So!? Dann haben sie wieder gegen meine ausdrückliche Vorschrift gehandelt.
STÜBING. Ach, lassen Sie doch, es macht mir ja Spaß.
FRAU HOLLMANN. Es ist aber eine ungezogene Bettelei, die ich eben schon wiederholt und strengstens verboten habe.
STÜBING. Aber nein, ich bitt' Sie.
FRAU HOLLMANN. Herr Stübing, Sie sollten mir lieber helfen, als daß Sie die Kinder immer entschuldigen. Die Kinder haben in Ihrer Apotheke nichts zu suchen. Weisen Sie ihnen die Tür, ganz einfach.
STÜBING. O no, mit Kindern muß man nicht gar so streng sein. Warum sollen s' denn nicht beim Apotheker ihre Morgenvisit' machen? Auf'm Schulweg hin muß ein Trost sein, z'ruck muß erst recht ein Trost sein. Eine Reglis' auf dem Hinweg, eine Stange Malzzucker auf'n Heimweg. Heut haben's aber keine Reglis' nit g'mocht. Heut haben s' was ganz was anderes g'schnabeliert. Heut haben s' einen Wolfshunger g'habt.
FRAU HOLLMANN. Herr Stübing, die Kinder bekommen in unserem Hause einstweilen noch ausreichend zu essen.

STÜBING. Aber natürlich, Frau Hollmann, ganz g'wiß. Ich kenne ja doch Ihren G'mahl seine G'schäfte. Wenn er nur noch ane Weil' durchhalt' mit der G'sundheit, mein' ich, so wär's gar net so arg schlimm. Aber die Ärzt', wissen S', schütteln halt schon bedenklich die Köpf'. Freilich, die Ärzt', was verstehen denn die? Quacksalber sein s'. Heut sag'n s': Der Hollmann lebt keine acht Wochen mehr. — Kann sein in acht Jahren, daß er noch lebt. Herrje, ein Apotheker, der auf die Ärzt' schimpft! das reimt sich net. Wo blieben denn wir ohne die Herren Ärzt'! Schaun S', das Paket hätt' ich auch net könn'n z'sammenkaufen, wenn mir d' Ärzt' kein G'schäft net machten. Nehm'n S' halt ein Messer und schneid'n S' die Schnur auf. Meine Frau darf's net wisse, sonst wird s' eifersüchtig. Meine Frau meint, ich tät' alleweil z'viel hinauslauf'n zu der Frau Hollmann.

FRAU HOLLMANN. Darf man wissen, was in dem Paket ist, Herr Stübing?

STÜBING. Würst' sind drin, Schinken is drin, und Brot hab' i einkauft. Meinen S' denn, daß ein'n so was net nahgeht, wenn so ein elendiger Schnapswirt . . .

FRAU HOLLMANN. Bitte, Herr Stübing, ich muß Ihnen für die gute Absicht dankbar sein. Im Augenblick sind wir ein bißchen knapp. Es handelt sich nur um ein, zwei Tage; ich erwarte jede Minute Geld von meinen Verwandten in Berlin. Die ganze Sache hat gar nichts auf sich, und Hinsch ist eben ein roher Mensch. Ich hätte nicht sollen zu ihm gehn.

STÜBING. Das hätte Ihr Mann auch net solln zugeben.

FRAU HOLLMANN. Haben Sie Dank für die gute Absicht, doch wie gesagt: Sie werden schon Ihr Paket wieder mitnehmen müssen.

STÜBING *erhebt sich.* Fallt mir net ein.

FRAU HOLLMANN. Herr Stübing, Sie müssen es tun.

STÜBING. Nich um die Präsidentschaft, schöne Frau.

Es kommen vier Kinder gesprungen, zwei Jungens und zwei Mädels. Das jüngste ist sieben, das älteste zwölf Jahr.

DIE KINDER *gemeinsam durcheinander.* Onkel Stübing ist da, Onkel Stübing ist da!

STÜBING. Onkel Stübing läuft fort, Onkel Stübing läuft fort!

Die Kinder stellen ihn an der Gartentür rechts, wo er hinauswill.

ERSTER AKT

STÜBING. Platz da!
DIE KINDER. Kein Durchgang!
STÜBING. Warum nicht?
DIE KINDER. Darum nicht!
STÜBING. Achtung! Eins, zwei, drei, los! *Er durchbricht die Kette, ein Junge, ein Mädchen klettern an ihm hinauf, die andern ziehn er an den Rockschößen mit sich. Ab.*
Frau Hollmann nimmt die herumliegenden Schultaschen auf.
HOLLMANN *tritt in die Tür.* Ist er fort?
FRAU HOLLMANN. Ja.
HOLLMANN. Was, du bekommst Geld aus Berlin von deinen Verwandten?
FRAU HOLLMANN. Weiß Gott, wie mir das auf die Zunge gekommen ist. Ich war selbst erstaunt.
HOLLMANN. So lernt man schwindeln, man weiß nicht wie. Was hat er denn nun gewollt? Mich sprechen vielleicht? — Oder hat er dir wieder bloß ein galantes Sträußchen überreicht?
FRAU HOLLMANN *zeigt auf das Paket.* Da liegt das galante Sträußchen. Allerlei Würste, Käse und Brot.
HOLLMANN *nähert sich ruhig dem Paket, riecht daran und schneidet es auf.* Na siehst du wohl! Da hat er doch mal 'n ganz guten Gedanken gehabt.
FRAU HOLLMANN. Ich hab's durchaus nicht annehmen wollen.
HOLLMANN. Nanu?!
FRAU HOLLMANN. Ich weiß nicht, es geht mir überhaupt gegen den Strich, von Stübing was anzunehmen.
HOLLMANN. Da laß du dir keine grauen Haare wachsen, ⟨Helene, das hier ist das Tuch, an vier Zipfeln gebunden, das Gott ich weiß nicht welchem Propheten vom Himmel heruntergereicht hat. Der hatte da auch irgendwelche Skrupel, das Essen schien ihm nicht sauber genug:⟩ was Gott gereinigt hat, mache du gefälligst nicht unrein. Und wenn der Mann Gottes nun gar noch Kinder gehabt hätte! Nimm, Petre! Schlachte und iß!
Frau Hollmann betrachtet ihren Gatten unbemerkt mit einem forschenden, neuen und kummervollen Blick. Man hört in der Ferne das Lachen der sich wieder nähernden Kinder.

ZWEITER AKT

Der Garten wie im ersten Akt. Unter einer kleinen Laube vorn rechts sitzt Hollmann im Lehnstuhl und nickt. Ein kleiner Tisch, Schreibzeug und Ledermappe voller Papiere, steht ein wenig seitwärts von ihm.
Frau Hollmann, im Hauskleid, schneidet Bohnen, unter der Haustür sitzend. Am Tisch rechts von der Haustür hat Apotheker Stübing sich niedergelassen. Er ist hell, leger und sommerlich kostümiert, den Strohhut hat er abgelegt.

⟨STÜBING⟩ SPITZER. Zu Anfang April, und schon so eine Hitz'! Und was die Frösch' schon lebendig sind! Wie aan ewig's Schlitteng'läut klingt das. In Wien ham mer keine so Frösch' g'habt. Auch keine Kolibris ham mir in Wien net g'habt. I tät' aber schon gern verzichten auf d' Frösch' und auf d' Kolibris, wann i mein' Apotheken in Wien auf der Ringstraßen hätt', statts hier in dem Nest elendigen.

FRAU HOLLMANN. Warum sind Sie denn eigentlich fortgegangen aus Wien?

STÜBING. Desertiert bin i halt, weil s' mich z'sehr g'schurigelt hab'n bei die Soldaten. Wissen S', Frau Hollmann, i war halt schon a bissel aan leichtsinniger Hund. Immer aan Karzer auf'n andern hab'n s' mir aufbrummt, bis mir d' Geschicht' do z'dumm worden is. Na, und da hab' i halt mein G'schick in die Hand g'nomm'n und mei Pack'n auf'n Rücken — groß is er net g'west, der Pack'n! — und hab' halt aan neuen Schauplatz g'sucht für mein' Heldentaten. Bereut hab' i mein' Schulbubenstreich oft g'nug seitdem. Damals hab' i g'meint: raus mußt halt aus dem Sumpf. Na, und da hab' i halt große Anstalten g'macht und bin in ein andern Sumpf 'neinpatscht, mit oalle vier Gliedmaßen. Oan bissel eine andre Stimm' hab'n d' Frösch' in der amerikanischen Lach'n. Frösch' sind's halt a, und Ochsenfrösch', wie der Hinsch einer ist, ham mir in Östreich a g'nug.

FRAU HOLLMANN. Das ist doch der ekelhafteste Kerl, den ich kenne.

STÜBING. Da ham S' aber ganz auf'n Kopf das Richtige troffen.

FRAU HOLLMANN. Wie er schon aussieht! Wie so ein Metzger. Ich weiß gar nicht, was er hier draußen jetzt immer will?!

Bald ist er vorne am Gartenzaun, bald kuckt er hinten über die Hecke.

STÜBING. Er will halt zum Rechten schaun, der Herr Hinsch.

FRAU HOLLMANN. Wieso zum Rechten?

STÜBING. Business! Einen so zweiten wie der als G'schäftsmann gibt's net. Ein Handel kann gar net so schmutzig sein, daß der net die Fuhrmannspratzen im Spiel haben tät'. Jessas, was hat der net oalls ausg'wuchert, der Lump der! Das is so ein richt'ges amerikanisches Raubtier, wie es justament reinpaßt in d' Neue Welt. Ieberall hat der a Geld stehn...

FRAU HOLLMANN. Ach, weil er auf unserem Grundstück etwas Geld stehen hat, meinen Sie? Deshalb kuckt er uns über die Zäune? Denkt er denn etwa, wir werden ihm die Bretter oder die Balken fortschleppen?

STÜBING. Na, na, schöne Frau, das wohl net. Das wohl am End' net. Bloß, schaun S', daß er den richt'gen Moment net verpassen tut. Ob S' schon mürb g'nug sein, will er sich halt verg'wissern.

FRAU HOLLMANN. So weit sind wir noch lange nicht, Gott sei Dank. Peter hat immer gesagt, das erste muß sein, daß wir dem Kerl die Interessen pünktlich bezahlen. Es ist auch immer geschehen, wir schulden ihm keinen Pfennig. Gekündigt hat er das Kapital am ersten April. Aber wir haben ja Zeit, wir werden es schon woanders herkriegen. In einem Jahre kann viel geschehen.

STÜBING. Und dann bin ich ja auch noch da, Frau Hollmann. Sie werden mich doch net vergessen, wenn's amal Not am Mann is. Wegen die lumpigten achthundert Dollars lassen S' sich gefälligst keine grauen Haare net wachsen. *Er legt seine Hand zudringlich auf ihre, sie entzieht sich ihm unauffällig.*

FRAU HOLLMANN. Wir haben Ihnen schon viel zu verdanken, Herr Stübing. Hoffentlich werden wir doch mal in der Lage sein, Ihnen das alles zu vergelten. Peter sagt immer, es kann mal ganz plötzlich bei uns ein Umschlag kommen. Er hat doch wirklich gute Patente in Händen. Nehmen Sie mal die Masutheizung zum Beispiel, das kann uns Millionen bringen auf einen Schlag.

STÜBING. Wenn er's bloß aushalt't, schöne Frau! mit der G'sundheit. Ich bin g'wiß immer Ihrem G'mahl sein Freund g'wesen. Ich weiß auch B'scheid um den Herrn

Hollmann sein Kopf. Der Herr G'mahl, der steckt uns alle miteinander in d'n Sack und den Herrn Hinsch dazu. Aber er hat bis jetzt keine glickliche Hand net g'habt, und wo es itzt langsam aufwärtsgeht, ist er halt siech und hinfällig worden. Wenn er net siech und net hinfällig wär', der Herr G'mahl, ich tät' mich net wundern, aus dem könnt' a Vanderbilt werden. Kommen net alle zu ihm g'laufen von wegen seine Ideen, die er in sein'n Kopf hat—?

FRAU HOLLMANN. Ja, und was hat er davon? Andere nutzen sie aus.

STÜBING. Warum halt' er net hinterm Berg mit seine Ideen?

FRAU HOLLMANN. Wissen Sie, was mich in letzter Zeit so sehr beunruhigt? — Früher war Peter immer so voller Hoffnung und Zuversicht. Das hat jetzt so nachgelassen. Früher, da sagte er immer: »Wenn ich mal wieder rübergehe, dann nehm' ich mir einen Extrazug von Cuxhaven bis Berlin. Solange ich das nicht kann, bleib' ich hier.« Und jetzt ... er sagt es ja nicht direkt, aber ich weiß es ganz genau, er möchte aufs Schiff lieber heut wie morgen und nach Europa um jeden Preis. Und wissen Sie was, Herr Stübing, früher — er brauchte nur auf Paul, seinen Bruder, zu sprechen kommen, da gab es immer nur höhnische, beißende Worte, jetzt ist er wie umgewandelt. Ich glaube, er bildet sich ganz unsinnige Dinge ein. Nicht mal geantwortet hat er bis jetzt, und doch hat Peter sich förmlich hineingefressen, von Paul müßte die Hülfe kommen aus aller Not. Manchmal ist mir zumut, als wenn die Not gar nicht so groß wär'! Dann freilich ... dann krieg' ich auf einmal wieder so eine Angst vor der Zukunft, daß ... wenn Peter mal nicht mehr wäre, was sollt' ich dann anfangen? Ich allein mit den Kindern.

STÜBING. No, no, da tät' wohl am Ende auch noch Rat werden. Deswegen brauchen S' den Mut noch net sinken z' lassen. Schaun S', mir zwei, Frau Hollmann, mir haben doch sozusagen ein ähnlich G'schick. Sie haben an kranken G'mahl, i hab' eine kranke Frau daheim lieg'n. Und sonst geht's a nit schlecht z'sammen. Sie ham sechs Kinder, i hab' net amal ein einzig's ...

([Am Rand] Sie sind noch ein junges, fesches Weiberl.)

HOLLMANN, *noch mit geschlossenen Augen.* Helene!

STÜBING. I glaub', der G'mahl hat g'ruf'n.

HOLLMANN. Helene!
FRAU HOLLMANN. Ja, Peter.
HOLLMANN. War der Briefträger da?
FRAU HOLLMANN. Noch nicht, Peter.
HOLLMANN *wendet sich, noch verschlafen.* How are you, Stübing? Sind Sie doch da?! Ich hab' von Ihnen geträumt.
STÜBING. Darf man's z'wissen krieg'n?
HOLLMANN. Warten Sie mal, ich will mir's mal überlegen. *Er dreht sich mit dem ganzen Großvaterstuhl herum.* Oho! das hat aber gründlich geknackst. Jetzt haben wir beide einen Knacks weg, der Großstuhl und ich. Ein gemütliches Ding, was! Auf dem ist mein Vater als kleiner Junge schon immer herumgetrampelt.
FRAU HOLLMANN. Es war aber auch keine schlechte Quälerei bei der Überfahrt.
HOLLMANN. Ja, was ich von Ihnen geträumt habe, wollten Sie wissen. — Bring mir'n Glas frisches Wasser, Helene.
FRAU HOLLMANN. Du sollst nicht soviel trinken, hat doch der Doktor gesagt.
STÜBING. Ihre Frau hat recht. Das Trinken ist Ihnen net gut.
HOLLMANN. Laßt mich in Frieden, ihr Menschenschinder. Was wollt ihr denn überhaupt? Seid doch froh, wenn ich abzieh'!
FRAU HOLLMANN. Was heißt denn das, Peter?
HOLLMANN. Gar nichts, geliebtes Weib. Aber du mußt doch begreifen, daß man in diesem gesegneten Lande und in dieser lieblichen Waschküchentemperatur verschmachten muß, wenn einem niemand zu trinken gibt. — War denn der Briefträger nicht da?
FRAU HOLLMANN. Das hast du mich ja schon mal gefragt.
HOLLMANN. Ja so! Entschuldige gütigst, ich bin, wie's scheint, noch'n bißchen im Tran. Ich träume noch halb. Wissen Sie, wo ich mal wieder im Traume war, Spitzer? Auf den Kanarischen Inseln. Die »Spree« vom Lloyd, die hatte doch voriges Jahr einen Schraubenbruch, da wurde sie doch eine Woche lang zirka herumgetrieben auf dem Ozean, bis sie glücklicherweise an den Kanarischen Inseln einen Hafen bekam. Seitdem träum' ich immer von den Kanarischen Inseln. Wissen Sie, wo die Kanarienvögelchen her sind. Die Harzer Schläger und Roller. »Wo sind denn die her?« hat man doch oft als Kind gefragt. »Von den Kanarischen Inseln.« Das muß wohl das Paradies sein, dachte

man sich. Stellen Sie sich mal vor: erst werden die Leute steuerlos umgetrieben, sterben zehn Tode täglich vor Angst, und dann sind sie plötzlich dort, wo die Kanarienvögelchen wild wachsen. Das ist doch 'ne Sache, was? Der liebe Gott macht doch manchmal ganz gute Späße. — Ob ich auch noch mal hin verschlagen werde, nach den Kanarischen Inseln? Dann wär's aber, glaub' ich, die höchste Zeit. — Das schnellste Schiff hat die White Star Line?

SPITZER. Woll'n S' denn einen Platz belegen, Herr Hollmann?

HOLLMANN. Helene, der Briefträger kommt. Nimm mal die Sachen und bring sie her. *Frau Hollmann nach rechts ab.* Das Warten, das hat der Teufel erfunden.

SPITZER. Auf was warten S' denn eigentlich gar so pressiert?

HOLLMANN. Ich wart' auf ein Wunder.

Hinsch kommt.

SPITZER. Na schaun S', das Wunder wär' fertig, Herr Hollmann.

HINSCH. Good bye, Mister Hollmann.

HOLLMANN. Morning, Mister Hinsch.

HINSCH. Haben Sie ein Kalt geketscht, Mister?

HOLLMANN. Erkältet, oder was weiß ich. Es geht mir schon wieder bedeutend besser.

HINSCH *setzt sich.* Hab' auch Kopfschmerz. War gestern wieder 'ne dolle spree. Oh, Mister Spitzer, morning!

SPITZER. Morning, Mister Hinsch. Waren S' gestern im Klub?

HINSCH. O ja.

SPITZER. Is that so?! Wissen S', das ewige Turkey-Essen hab' i halt arg über.

HINSCH. I don't wonder. Ohne mir geht's nu man nich. Hinsch muß dabei sein, wissen Se ja, wo was los is. Ohne dem machen sie's nich.

HOLLMANN. Kommen Sie sich entschuldigen, Mister Hinsch?

HINSCH. Ganz ohne Spaß, Mister Hollmann: Ihre Frau hat mich ganz falsch verstanden, Mister, und außerdem hatt' ich gerade im Augenblick soviel um die Ohren. By George, wie's bei mir geht, wissen Sie ja. Die ganze Office war voll Menschen. Der ganze Laden: der eine wollte ein Steamerbillett, der andere schrie nach Petroleum, der dritte wollte die neusten Papers. By George, wie es bei Josef Hinsch manchmal gehn tut, wissen Sie ja. Well! da kam Ihre Frau. Ganz ohne Spaß, Mister, es hat mich leid getan. Zu gerad' bin ich, zu ehrlich und gerad' 'naus bin ich. Upon my word: das bricht mir noch mal den Hals. Goddam!

HOLLMANN. Allright! Was wünschen Sie nun von mir?

HINSCH. Geben S' mich doch Ihre Hand, Mister Hollmann. Warum ich kommen tu? Well! By George! Es heißt in der City, Sie sein krank, Mister. Take care, old fellow!

HOLLMANN. Ich danke; lassen wir das, werter Herr Zeitgenosse! Haben Sie Bange, daß ich mit fünfzehn Dollars ins Jenseit durchbrenne?

HINSCH. O dear me, Mister! Sie denken nicht gut von mich. Never mind, tun Sie die Frau schicken, sooft Sie wollen, alles kann sie haben, was im Laden ist.

HOLLMANN. Kommen Sie bloß deswegen her, Mister?

HINSCH. ⟨Quite alone.⟩ — Das heißt, ich möchte Ihr Haus kaufen. By George! Wie hoch halten Sie die Cottage?

HOLLMANN. Hunderttausend Dollars.

HINSCH. Oh! Wouldn't it be fun, oh! — Aber ernstlich gesprochen . . .

SPITZER. Haben S' schon g'hört, Mister Hinsch? von der Revolverfabrik, die s' wollen errichten hier draußen?

HINSCH. What's the matter with the factory?

SPITZER. Na wissen S', in Ihrem Laden, das is doch die reine Börs', da hör'n S' doch das Gras wachsen. Da müssen S' das doch schon längst erfahr'n hab'n, daß die Revolver Company hier draußen aan Terrain suchen tut.

HINSCH. By George, Mister Spitzer, Ihre Ohren sein länger. Sie hören das Gras noch besser wachsen. Sie hören die Fliegen niesen, Mister. Indeed!

SPITZER. Kann leicht möglich sein, Mister.

HINSCH. Überall weiß Mister Spitzer Bescheid. Am wenigsten in der Pharmazie, am meisten um die Schürzen von die verheirateten Frauen. Sein S' auf der Hut, Mister Hollmann.

HOLLMANN. Schnabel gehalten, verstanden! Bei der Stange geblieben! Wollen Sie mir ein Gebot.machen, schießen Sie los gefälligst, los! Das übrige interessiert mich nicht. Das Häuschen verkauf' ich nur sehr teuer, weil ich von der Fabrik auch schon gehört habe.

HINSCH. Mister Spitzer hat was geträumt, von der Factory.

HOLLMANN. Einerlei, es gibt auch Wahrträume. Ich verschleudere das Häuschen nicht.

HINSCH. Well! Mir liegt nichts dran. Ich täte Ihn gern noch

ein anderes Angebot vorlegen, aber es geht bloß, wenn wir
allein sein.

SPITZER. Nehmen S' Ihna in Obacht, Mister Hollmann, mit
die Patent'! Ihre Patent', die S' da im Portefeuille haben,
Hollmann, die machen dem Mister Hinsch das Leben schon
lang schwer. Wer Gäns' hat, muß vor dem Fuchs auf der
Hut sein. *Ab ins Haus.*

HINSCH. Wer ein jung Weib hat . . . na lauf, du Windhund.

HOLLMANN. Bevor Sie sich weiter in Unkosten stürzen,
Hinsch: Wollen Sie mir meine Patente nach ihrem Zu-
kunftswerte bezahlen? Gewiß nicht! Das können Sie auch
gar nicht, dazu reicht Ihr Vermögen gar nicht hin. Well!
Für Eier und Butterbrot geb' ich sie aber nicht her. Ich
gebe sie überhaupt nicht aus der Hand, verstehn Sie wohl,
bevor nicht der letzte Tropfen Bluts in mir erkaltet ist.
Wenn ich erst mal auf den Hobelspänen liege und keiner
dabei ist, der die Schakale abhält, dann mögen sie mir die
Papiere unter dem Kopfe wegziehen, nicht eher, weiß
Gott!

HINSCH *erhebt sich.* Allright, Sir! allright! never mind! Sie
sein immer hoch hinaus, Mister. Wer weiß! Vielleicht werden Sie mir noch mal rufen lassen. Ich hab' nur Gutes mit
Sie im Sinn. Good bye! Sie werden's schon einsehen später,
I'm sure, wer's von uns beide besser meint mit Sie: ich
oder der Apothekerwindhund. By George!
*Hollmann blickt einen Moment lang Hinsch nach, dann
lacht er kurz und bitter, öffnet hernach das Portefeuille und
nimmt einzelne Stücke heraus, die er grüblerisch durch-
mustert.*

FRAU HOLLMANN *erscheint, einen Brief lesend, dabei geht sie
langsam und bleibt schließlich stehn, endlich sagt sie.* Für
dich war nichts drunter, Peter! — Peter!! —

HOLLMANN. Was denn? — Ich muß mir was überlegen. —
Wie aufwachend. Kein Brief für mich?

FRAU HOLLMANN. Nein, nichts.

HOLLMANN. Mach keine Torheiten.

FRAU HOLLMANN. Wieso?!

HOLLMANN. Du lachst doch so eigentümlich.

FRAU HOLLMANN. Fällt mir nicht ein.

HOLLMANN. Auf deinem Kuvert sind doch deutsche Marken.
Ich seh' das doch ganz genau.

FRAU HOLLMANN. Na ja — von der Tante ein Brief.

ZWEITER AKT

HOLLMANN. Hast du an Tante geschrieben? — Zeig doch mal her!

FRAU HOLLMANN. Ach laß doch nur das, du ärgerst dich bloß.

HOLLMANN. Siehste wohl, wie de bist. Was hab' ich gesagt? Du bist meine liebe Nichte, aber rühr mir gefälligst nicht an den Geldbeutel.

FRAU HOLLMANN. Sie will einen Jahreszuschuß geben, wenn du dich verpflichtest, jegliche Geschäftstätigkeit aufzugeben.

HOLLMANN. Wie denkt sich denn das die gute Tante?

FRAU HOLLMANN. Du wärst kein Geschäftsmann, schreibt sie.

HOLLMANN. Zeig mal den Wisch!

FRAU HOLLMANN. Ich warne dich, Peter! Ich hab' dir's gesagt, du ärgerst dich wieder unnütz.

HOLLMANN, *lesend*. Das ist ja ein hübscher Passus hier. Front machen sollst du gegen mich. Na, so mach doch mal Front, Helene.

FRAU HOLLMANN. Rede doch keinen Unsinn, Peter, du kennst doch die Tante.

HOLLMANN. Eine recht freundliche Dame, wahrhaftig'n Gott. Sie sitzt auf Millionen, und nun, anstatt daß sie glücklich wäre, mit ihrem sündhaften Mammon mal bißchen 'n gutes Werk tun zu können, nun schickt sie auf deinen Hülferuf Brand- und Hetzbriefe gegen mich. Wie sollst du denn Front machen, sag mal? Will sie vielleicht, du sollst mir ein Pulverchen in den Kaffee tun? Ist gar nicht mehr nötig, es macht sich auch ohne Pulver, Helenchen.

FRAU HOLLMANN. Siehst du, was ich dir sagte: was liest du den Quatsch?

HOLLMANN. Ich ließe mir ja das alles gefallen, Helene. Meinswegen sollten mich doch deine reichen Verwandten wie so 'ne Art Hochstapler behandeln. Sie haben ja Geld genug. Sie können es sich ja leisten, einem Hungerleider wie mir, der noch dazu Wasser in beiden Beinen hat, die Ehre ein bißchen abzuschneiden. Möchten sie doch meinethalben Zwietracht und Haß stiften zwischen uns, wenn du und die Kinder nur später an ihnen einen Rückhalt hättest. Aber verlaß dich drauf, von dieser Leute Türen werdet ihr ungetröstet gehn. Das Gnadenbrot dieser Menschen mit leeren Gehirnen und ausgeätzten Herzen wäre euch schlimmer wie Gift. Komm mal! Setz dich mal her, Helene.

FRAU HOLLMANN. Ach weißt du, Peter,, reden wir lieber nicht

von diesen Geschichten. Weshalb sollen wir uns denn aufregen? Einigen können wir uns im Grunde doch nicht darüber. Du hältst eben zu deinen Verwandten, ich halte natürlich zu meinen Verwandten.

HOLLMANN. Du sollst dich hersetzen, sag' ich dir.

FRAU HOLLMANN. Ich bitte dich, Peter! Laß bitte die Sz nen! Es hat doch wahrhaftig gar keinen Zweck.

HOLLMANN. Na also! Was will man noch mehr? Die gute Tante hat ja schon ihren erhabenen Zweck erreicht. — Ich will dir was sagen, Helene, ein ganz gemeines Verbrechen, ein ganz nichtswürdiges begeht sie damit, deine feine Tante.

FRAU HOLLMANN. Du redest den reinsten Unsinn, Peter.

HOLLMANN. Helene, nimm dich in acht, wenn ich bitten darf. Ich habe gegen deine Verwandten nichts, aber wenn sie mir jetzt, wo ich förmlich ans Kreuz genagelt bin, Essig und Galle für den Durst reichen, wenn sie in dem Augenblick, wo alles darauf ankommt, daß ich noch eine Weile aushalte und lebe, dir einen Spieß in die Hand geben und zu dir sagen: »Stich zu! Gib deinem Manne den Gnadenstoß!« — was soll ich wohl da für Empfindungen gegen sie haben?

FRAU HOLLMANN. Übertreib doch bloß nicht so ungeheuer. Das meint sie doch alles gar nicht so.

HOLLMANN. Wie meint sie's zum Beispiel mit dem Frontmachen?

FRAU HOLLMANN. Ja, was weiß ich! Das schreibt sie so hin, ohne sich was dabei zu denken.

HOLLMANN. Zu was hat sie denn den verdammten Hirnkasten.

FRAU HOLLMANN. Du sollst nicht so roh sein, Peter, verstanden.

HOLLMANN. Ich soll mich von allen Geschäften zurückziehn. Ja, meint sie vielleicht, wir könnten, sieben Personen, von vierhundert Taler leben, die sie uns etwa bewilligen würde, im höchsten Falle?

FRAU HOLLMANN. Das macht sie sich alles gar nicht klar. Sie sagt sich ganz einfach: er hat ein ziemlich großes Vermögen verloren, er läßt sich in allerhand Unternehmungen ein — große Pläne! große Hoffnungen! —, aber es kommt doch rein gar nichts dabei heraus.

HOLLMANN. Sagst du das, oder sagt das die Tante?

ZWEITER AKT

FRAU HOLLMANN. Peter, ich habe jetzt keine Zeit.
HOLLMANN. Helene, hör mich mal an. Ich bitte dich ganz
inständig. Wenn es dir möglich ist, widme mir noch einen
Augenblick. Vielleicht ersparst du dir dadurch für später
etwas: man nennt das Gewissensbisse. — Schon einmal
hab' ich das drüben erlebt, daß die Ratten das Schiff
verließen. Da wurde das Haus mit einem Schlage leer. Wie
ausgekehrt, wo alles in Küche, Keller, Speisekammer und
Zimmer nur so von Nagern gewimmelt hatte. — Man kann
das den guten Ratten schließlich auch nicht verdenken.
Damals war es auch lange noch nicht so schlimm. Die Geschichte ist diesmal weit ärger, liebes Kind! — Aber du
hast ganz recht, wenn du beizeiten Umschau hältst. Erstlich bist du noch jung und gesund, und zweitens hast du
für unsere fünf Kinder zu sorgen. Weder nehme ich dir das
übel, noch werde ich deine Wege durchkreuzen. Ich werde
ja alles tun, was ich kann, um das Wrack noch in irgendeinen Hafen hineinzuretten, denn daß sich noch manches
drin befindet, das die Rettung verlohnt, davon bin ich
persönlich überzeugt. Aber es ist kein Verlaß auf mich, du
hast ja ganz recht. Um was ich dich nur noch bitten
möchte: verzehnfache mir nicht du noch die Marter der
letzten Zeit, versuche gerecht zu sein in der alten Weise.
Du bist mir trotz allem ein guter Kamerad bisher gewesen.
Bleibe mir das auch in den Stunden . . . den schwersten
Stunden, wo ich es mehr brauche als je im Leben. Wir
kämpfen mit Übermächten, Helene, einer so gut wie der
andere, und gewisse Momente hat jeder, wo ihm am eigenen Leibe die ganze ungeheure Tragik des Lebens dermaßen aufgeht, daß er alles versteht und alles verzeiht.
Eines Tages, Helene, da werden wir nämlich alle hülflos
und wissen es auch im Lichte dieses Tages, daß wir immer
hülflos gewesen sind. Gib mir die Hand, Helene.

*Frau Hollmann, die zuerst widerwillig gestanden, weint nun
mit abgewandtem Kopfe.*

HOLLMANN. Komm, Helene!
FRAU HOLLMANN *kommt langsam und sich die Tränen trock-
nend.* Ach, Peter, du bist ja zu verdreht. Du machst einem
auch das Herz zu schwer!
HOLLMANN. Na laß man, es geht ja vielleicht noch 'ne Weile.
Er hält und streichelt ihre Hand, sie küßt ihn auf den Kopf.

[Notizen]

Am Ende von Akt I sagt Spitzer nichts von der hoffnungslosen Krankheit Peters.

Ich möchte meine Hoffnung an die Kinder heften.
Die Figur des Lehrers. Sittlichkeitsverbrechen.
Mann mit der Karbatsche.
Großer Maschinenindustrieller.
Hannover-See etc.
Landestation.
Die Rechthaberei.
Die komischen Streite.
Tjung, ich hab' mir auch mal was anderes gedacht.
Das Anteilnehmen.
Die Zerstörung durch Sorge.

Für Amerikadramen.
    Bestellung des Dürerzimmers.
    Die Stiche.
    Die Bersaglieri.

[II]

ERSTER AKT

Eine hügelige Straße, die sich zwischen abgeholzte Berge hineinwindet. Links Mauer mit Brettertür. Gegenüber Fassade eines kleinen Holzhäuschens, kleiner Vorgarten.
Dr. Holmann im Sommerüberzieher, durch einen Krimstecher spähend. Handtäschchen. Stock.
In das Stakettürchen des Vorgartens tritt Agathe Hauschild, einfach häuslich gekleidet.

DR. HOLMANN. Entschuldigen Sie, junge Frau! sind hier draußen noch mehr Häuser?
FRAU HAUSCHILD. Das heißt, nur eins. Sie sehen es von hier aus. Die kleine Hütte dort, die etwas tief liegt. Sie gehört einem Italiener. Dort können Sie einen guten Wein trinken, wenn Sie Lust haben.

DR. HOLMANN, *nachdem er die Hütte durch den Krimstecher observiert.* Ach nein. Das stimmt nicht. Da hab' ich mich doch verlaufen.

FRAU HAUSCHILD. Wo wollten Sie denn hin? wenn ich fragen darf.

DR. HOLMANN. Erlauben Sie, daß ich ein bißchen auf Ihrer Bank Platz nehme. Ich habe mich nämlich sehr müde gelaufen.

FRAU HAUSCHILD. Bitte. Sehr gern! — Sie kommen wahrscheinlich aus der Stadt und wollten sich die Umgebung ein bißchen betrachten.

DR. HOLMANN. Ganz recht.

FRAU HAUSCHILD. Man sieht gleich, daß Sie ein Deutscher sind.

DR. HOLMANN. Wieso?

FRAU HAUSCHILD. Bei unsren grundlosen Straßen macht das kein Amerikaner. Entweder er fährt sein Gig oder bleibt zu Hause.

[Notizen]

Holmann hat den Namen verändert.

Da war es, als ob die Sonne über diesem Tode aufginge. Wohin die Schrecken? Im Tode vollbringt das Leben sein Schwerstes.

Soll ich die Menschen verleumden? Meine Jugend überdeckte ein niedriger und düsterer Himmel. Ich ward einsam und unberaten, ja, ich kann sagen: verraten. Ihr steht noch jetzt unter dem gleichen Himmel.

Die Menschen sind gut, sage ich. Sie würden einander den Bissen Brot nicht streitig machen, wenn sie nicht müßten.

Die Toten. Wie sie sich an ihre Toten erinnern.

Rovio, den 28. März 98.

Wie die Veilchen ihr Arom in die Luft werfen.
Zu Peter Holmann habe ich heute viel gedacht.
Der Tag klärte sich auf, von Nebel, Schnee und Eis zum Frühling.
Peter Holmann ging aus Deutschland, nach Bankerott. Seine Braut, reich, wollte ihm nicht folgen, nachdem Eltern Heiratskonsens verweigert, nach Amerika. Der Bruder kniff,

mit deren Schwester verheiratet und Staatsanwalt. Er schrieb böse Briefe und ließ Peter abfallen. Dieser ging. In Amerika lebte er mit einer Frau zusammen, von der er sieben Kinder hat. Nun, nachdem des Bruders Frau gestorben und sein Dasein leer ist, kommt der Bruder zu Peter. Er, sittenstreng, staatsanwaltlich, weiß nicht [...?] (Montaigneübersetzer).

Erste Szene

Bruder, Garten, begegnet vierzehnjährigen Ältesten. — Vater.

Szene

Bekenntnis der Mutter an die Tochter, der Illegitimität. Amerikanische Bürger.
Wieviel Jahre muß man in Amerika leben, um Bürger zu sein?
Deutsche Bürger als meine Kinder.

Rovio, den 2. April 1898.

Peter Holmann: Ich hätte nie gedacht, daß so kurz vor dem Tode der Tod, den ich lebenslang gefürchtet, mich weniger beschäftigen würde als ein anderer Gedanke: wie ich meine Kinder mit meinem Namen versehe und in die Heimat zurückbringe.

Reinbek, den 28. März 99.

Peter Holmann.
Zwei Azaleen werden auf den Tisch gesetzt, ein weißblühendes Stöckel und ein rotes.
Die Leichenblume dorthin.

[III]

1. April 1908.
Santa Margherita.

1.

Peter Holmann. Frau, Kinder, Sorgen, Krankheit. — Die Schwägerin mit zwei Kindern dazu von Europa. Das Aufwachen, die Aussprache.

2.

Der Arzt, Peter Holmann, der Bruder später Ankunft. Deine

Frau ist nicht hier. Aussprache. — Bist du frei? — Nein — Die
Begegnung mit der Frau.

3.

Die Heimatssehnsucht. Die Angst. Die Briefe. Der Doktor.
Die Doppelehe. Die Heimreise. Das Glück.

4.

Das Schiff und Peters Begräbnis. Der Doktor. Peter, die
Frau. Der Schiffsarzt. Die Zwischendeckler.

5.

Das Gebirgshaus. Die Handschuhe. Der Schwermutstod.

ERSTER AKT

Zimmer bei Peter Holmann.

ERSTE SZENE

[Notizen]

Peter kommt, erschöpft. Schimpft. Der Arzt. Die Frau war
bei Hinsch. — Nun, wie ist »sie« angekommen? Schrecklich.
Die Kinder.

PETER. Kommen Sie rein, Mister Smith. Wir wollen die letzte
  Flasche Mosel allemachen, die noch in meinem Wigwam
  vorhanden ist. Eine. Wat kann dat helpen?
POLIZIST, *baumstark*. Good bye, Mister Holmann!
PETER. »Klein, aber mein«, wie man in Deutschland so schön
  sagt. Wissen Sie, Mister Smith, ich denke manchmal, das
  Haus bricht noch mal zusammen, wenn ich fest auftrete. —
  O du mein Herrgott, die Treppen! Die verdammte Plauze!
POLIZIST. Wie geht's Ihnen sonst, Mister Holmann?
PETER. Dreckig. Aber dat is all einerlei. Nobel muß die Welt
  zugrunde gehn. — Ah! komm herfür, du einzige Phiole, die
  ich mit Andacht jetzt herunterhole. *Er hat die Moselwein-
  flasche aus einem Schrank genommen.*
SMITH. Sagen Sie mal, Mister Holmann, wie nennt man denn
  diese Gläser in Deutschland?
HOLMANN. Dat sin all noch immer Römer, Mister Policeman.
  »An den Rhein, an den Rhein, geh nicht an den Rhein,

mein Soh ... oh ... oh ... n!« — und so weiter. — So!
Ihr Wohl, Mister Policeman, ([Notiz] Englisch) und ich
danke Ihnen, daß Sie die Freundlichkeit gehabt haben,
meiner Schwägerin und ihren Kindern behilflich zu sein.

SMITH. Ja, der Elf-Uhr-Train von New York war angekommen, und da sah ich eine Dame mit zwei Knaben auf dem
Perron zurückbleiben. Ich merkte, daß die Dame nicht
Englisch sprach. Aber desto besser Deutsch. Ich freue
mich immer, wenn ich gut Deutsch sprechen höre, wissen
Sie.

HOLMANN. Wenn mir im Frühjahr Apotheker Lamping mal
wieder seinen Ponywagen leiht — denn so weit laufen
kann ich leider nicht mehr! —, dann kutsch' ich mal wieder
vor die Stadt naus, zu den Italienern in die Weinberge.
Die Kerle haben Pfirsichbäumchen, es ist ein Staat. Wissen
Sie, etwas Schöneres gibt es nicht, als hier, in den Wein,
junge Pfirsichblüten. Dat macht 'n kranken Ossen gesund!

POLICEMAN. Scotch Whisky mit Eis ist auch sehr gut.

PETER. Nicht gut genug für uns Deutsche, Mister Konstabler.
Wir sind das Volk der Dichter und Denker, vergessen Sie
nicht! Wenn Sie mit Scotch Whisky auch nur einen deutschen Vers zustande bringen, Mister Konstabler, gebe ich
Ihnen zehn Dollar dafür.

POLICEMAN *lacht. Schwingt seinen Bakel.* ([Notiz] Englisch)
Ich verstehe mich bloß auf deutsche Hiebe.

PETER. Ja, da haben Sie also meine Schwägerin und die
Kinder in das Boarding-Haus von Missis Fellmer hinübergebracht?

ZWEITE SZENE

Dr. Haushofer.

DOKTOR. Was... was... Mister Holmann? Trifft man Sie
wieder beim Exzedieren?

PETER. Da schlag' doch ein Kreuzdonnerwetter rein! Man
soll bloß mal auf die feudale Idee kommen, 'n Glas Piesporter Goldtröpfchen oder so was zu trinken. Gleich
schickt der Deubel den Armendoktor von Springfield ins
Haus.

DR. HAUSHOFER. Na, wenn das Unglück schon mal geschehen
ist, lassen Sie sich's nur ruhig schmecken!

PETER. Er meint, das kommt alles auf eins raus. Zu flicken ist an dem doch weiter nichts. Na, prosit! How do you do, Dokter. Trinken Sie'n Glas Mosel mit!

DOKTOR. Ihre Schwägerin Lili ist also gestern abend unerwartet noch angekommen?

PETER. Unerwartet wohl eigentlich nicht. Nur ist die »Elbe« vom Lloyd mit vollen vier Tagen Verspätung in New York eingelaufen.

DR. HAUSHOFER. Ja, ja, alle Schiffe haben Verspätung gehabt. Sind die Kinder mit?

POLICEMAN. Ich habe die Dame mit beiden Kindern selbst in das Boarding-Haus von Missis Fellmer gebracht.

DR. HAUSHOFER. So. Deshalb bin ich eigentlich rangekommen. Ich wußte Frau Lilis Adresse nicht. Ich wollte ihr doch erstens mal mein »How do you do?« sagen in der Neuen Welt und sehn, wie ihr und den Kindern die weite Reise bekommen ist.

POLICEMAN. ([Notiz] Englisch) Und ich danke Ihnen für die Bewirtung, Mister Holmann. Leider muß ich jetzt wieder auf die Straße hinaus. Wir haben heut wieder sehr viel Irländer.

PETER. Leben Sie wohl, Mister Policeman. Auf Wiedersehen. Und nochmals: thank you very much. *Policeman ab.*

DRITTE SZENE

DOKTOR. Na, wie geht's heut, Herr Holmann?

PETER. Wie's einem lendenlahmen Gaul gehn kann. Aber ich freu' mich auf meine Schwägerin.

DOKTOR. Ich habe Frau Lili das letzte Mal vor sechs Jahren drüben in Europa gesehen . . .

PETER. »Amerika, du hast es schlechter als Europa, das alte, du hast keine alten Schlösser und keine Basalte.«

DOKTOR. Ganz richtig zitiert, nur daß es »besser«, nicht »schlechter« heißt. »Amerika, du hast es besser« etc.

PETER. Ja, so sagen Sie. Ich zitiere anders. Goethe hat den Deubel gewußt. Prost, Sie oller Amerikaschwärmer. Wenn ich noch mal auf der Burg Kynast in Schlesien oder auf dem Schlosse zu Meißen oder auf der Burg Runkelstein bei Bozen oder womöglich an der Saale grünem Strande

meine Waldmeisterbowle aus grünen Gläsern unter grünen
Buchen trinken könnte, bei Sonnenschein und Finken-
geschmetter — Mensch, ich gäbe ja die ganzen Vereinigten
Staaten von Nord- und Südamerika ohne weitres dafür.
DR. HOFMEISTER. Ach was, da würden Sie schließlich bloß
Kopfschmerzen einhandeln.
PETER. Die größten Kopfschmerzen meines Lebens hat mir
dieses in einer ungeheuren, gähnenden Dollarlangeweile
erstickende Land gemacht, wo die Deutschen mit vieler
Mühe das Recht erworben haben, den Herren Yankees die
Stiefeln zu putzen und die Schöpsenköpfe glattzurasieren.
DR. HOFMEISTER. Na, na, wir haben noch andre Rechte. Und
wenn überhaupt von Rechten die Rede ist: wie steht es
denn mit den allgemeinen Menschenrechten in unsrem
gelobten Deutschland drüben: da sind Sie entweder preußischer, sächsischer oder bayrischer Untertan. Hier sind
wir in einem freien Lande.
PETER. Schluß, Armendoktor, verderben Sie mir meine gute
Laune nicht. — Wo haben Sie Lili zuletzt gesehen, sagten
Sie?
DOKTOR. Als Klaus seinen ersten Kirchenbau in Auftrag
bekommen hatte. Zwei Jahre, nachdem ihr zweiter Junge
geboren war. Damals trank ich auch noch gehörig denselben
Moselwein, und wir waren riesig vergnügt miteinander.
PETER HOLMANN. Ich weiß nicht, mit Klaus und Lili scheint
nicht mehr alles ganz richtig zu sein. Aber Donnerwetter,
Maul halten, Doktor. Ich weiß nichts. Ich habe mir nur
aus dem Stegreif Gedanken gemacht. Ich sage mir einfach,
wenn eine Frau in besten Jahren und besten materiellen
Verhältnissen im Februar, bei entsetzlichem Sauwetter,
mit Kindern und ohne Mann die Überfahrt nach Amerika
macht, da muß in der Ehe etwas nicht klappen, wenn ein
anderer Grund nicht ersichtlich ist. Kommt Ihnen das
nicht auch so vor, Doktor?
DR. HOFMEISTER. Na, war denn die Ehe nicht, denk' ich, sehr
glücklich?
PETER. Das soll einer einer Ehe ansehen, ob sie glücklich oder
unglücklich ist. Und: meinem Brüderchen, dem sie jetzt
in Berlin und Leipzig und Dresden so um die Nase gehen,
traue ich nicht. Aber nochmals, Doktor, stillgeschwiegen!
([Am Rand] Wissen Sie, daß ich an Fügungen glaube?
Der Rationalist. Widerspruch.)

VIERTE SZENE

Frau Anita.

FRAU ANITA, *ohne den Doktor zu sehen*. Aber weißt du, Peter, dieser Hinsch ist ein geradezu ganz perfider Kerl. Ah, Dr. Haushofer! Guten Morgen! Wie geht's?
DR. HAUSHOFER. Danke, gut. Schlechtes Wetter heute.
FRAU ANITA. Ein Schneegestöber: schauerlich.
PETER. Du, sag mal: hat sich der Hinsch etwa schlecht benommen?
FRAU ANITA. Ich danke! reden wir lieber nicht davon!
PETER. Das heißt: da soll er mich kennenlernen!
DR. HAUSHOFER. Nicht aufregen, Herr Holmann.
HOLMANN. Fällt mir nicht ein.
DR. HAUSHOFER. Sie haben aber eine ganz weiße Nase gekriegt.
FRAU ANITA. Laß doch, Peter, du sollst dich nicht aufregen. — Gut, ich erzähle dir nachher davon. Wissen Sie denn, daß Lili da ist?
HOLMANN, *für sich*. Na wart man, Kerlchen: du krist dein Fett!
DR. HAUSHOFER. Jawohl, ich hab's von meinem Barbier, der im Boarding-Haus bei Missis Fellmer in Menage ist. Hat sie die Reise gut überstanden?
FRAU ANITA. Sie ist fuchsmunter und lustig heut morgen aufgewacht. Gestern abend freilich war sie so übermüdet, daß sie kaum einen Bissen weiter gegessen noch einen Schluck getrunken hat. Sie konnte sich nicht mal die Kleider aufknöpfen. Ich hab' sie wie'n kleines Kind zu Bette gebracht.
DR. HAUSHOFER. Jawoll, das sagte mir auch mein Barbier, daß die fremde Dame so übermüdet gewesen ist.
ANITA. Sie ist während des Ausziehens mir unter den Händen eingeschlafen. Was, du trinkst Wein?
PETER. Zu dienen. Zur Feier des Tages, mein Kind.
ANITA. So ist er. Du darfst doch keinen Wein trinken!
PETER. Deshalb hab' ich mich kurz entschlossen und die letzte in unsrem Keller befindliche Flasche allegemacht.
ANITA. Warum hast du denn damit nicht auf Lili gewartet?
PETER. Auf diese Weise wartet sich's besser, geliebtes Weib. Wann wird denn die liebe Schwägerin antanzen?

ANITA. In einer Stunde hol' ich sie ab.
DOKTOR. Ich gehe vorbei. Ich werde sie herbringen. Weshalb wollen Sie noch mal in das scheußliche Wetter hinaus?
ANITA. Ich danke Ihnen. Das ist sehr nett, Doktor.
DOKTOR. Also, Ihr Wohl! damit ich kein Spielverderber bin. Meine armen Patienten warten leider. *Ab.*

FÜNFTE SZENE

ANITA. Peter, die Sache mit Hinsch war geradezu schauerlich. Ich komme da in den Laden hinein . . . ich sage dem Kerl, was ich haben wollte — und sage ihm, es könnte wohl noch bis zum Ersten stehn. Ich hätte gerade kein Geld in der Tasche. Was tut dieser Mensch? Er ranzt mich vor allen Leuten an. Etc. etc. und so weiter, und wenn ich das Geld nicht vergessen hätte, dann sollt' ich in Läden einkaufen gehn. — So weit ist es mit uns gekommen, Peter.
PETER. Du hast also gar nichts mitgebracht? *Er durchsucht das Netz.*
ANITA. Na, sollte ich denn von dem Kerl noch was annehmen?
PETER. Na, und von was leben wir denn zur Feier der Ankunft der Schwägerin? Es ist ja doch keine Brotkruste mehr im Haus.
ANITA. Soll ich betteln gehn? das kann ich nicht!
PETER. Dieser Schurke, der Hinsch, hat mich um geschlagene 1500 Dollar gebracht. Na wart du, dir werde ich Mores lehren. Laß man. Irgendwie wird schon Rat werden. — Halt. Laß mich mal nachdenken. Ärgre dich nicht. So'n Hausknecht kann einen doch nicht beleidigen. Oho! Neulich ist mir, glaub' ich, mal'n Dollarstück unter den Schrank gerollt.
ANITA. Nicht doch, Peter, laß mich doch nachsuchen! *Sie kniet und sucht, er wollte knien, kniet nicht, holt Spazierstock.*
PETER. Ich weiß genau, ich täusche mich nicht.
ANITA. Aber ich kann nichts entdecken, Peter.
PETER. Wart mal. *Er sucht* [?] *mit dem Stock.* — Oder guck mal in meiner Samtjacke nach! Mir ist so...
ANITA. Ach, keine Ahnung, Peter!
PETER. Du! ich glaube bestimmt, ich täusche mich nicht. *Sie drehen alle Taschen der Samtjacke um.* Ja, unsre Kinder

müssen doch schließlich, wenn sie aus der Schule kommen, auch was essen, mein liebes Kind.

ANITA. Ja, was denn, Peter, es gibt doch nichts! *Sie setzen sich, Hände in d[em] Schoß.* Und nun muß auch noch grade Lili hierherkommen, während man grade in dieser verfluchten Klemme ist!

PETER, *vorwurfsvoll.* Anita, merkst du denn nicht, daß das — ich rede nicht gern vom lieben himmlischen Vater, Anita! — aber merkst du denn nicht, daß das förmlich wie eine Fügung ist?

ANITA. Ich schäme mich aber so bodenlos, Peter!

PETER. Wenn Hilfe in Not kommt, schämt man sich nicht.

ANITA. Ich war wirklich mal etwas vergnügt heut morgen, und nun macht dieser Kerl einem diesen Strich. Und wenn man nicht mal zum ersten Empfang ein Stückchen Brot auf dem Tische hat, das macht doch einen entsetzlichen Eindruck.

PETER. Daß ich diese Krankheit geketscht haben muß! Und noch dazu so ein Hundewetter! Komm, rücken wir mal die Kommode ab. Ich weiß doch genau, ich beschwöre es dir — ein Dollar ist neulich —

ANITA. Gib dir doch bloß keine unnütze Mühe mehr, Peter. Ich versichere dich, daß kein Cent mehr im Hause ist. Wir sind diesmal bis auf das letzte fertig.

PETER *haut mit dem Stock auf den Tisch.* Da soll doch das Donnerwetter reinschlagen! *Ein Zehndollargoldstück springt hoch in die Höhe.* Na ... was ist das?

ANITA, *wie ein Habicht darauf los.* Zehn Dollar in Gold, Peter!

PETER. Zehn Dollar in Gold, hör mal, bist du verrückt?

ANITA. Es ist ein richt'ges Zehndollarstück.

PETER. Ja, das muß doch der Doktor vergessen haben.

ANITA. War außer dem Doktor niemand hier?

PETER. Der Policeman Schmidt war hier.

ANITA. Meinst du, daß Schmidt es liegengelassen hat? Habt ihr denn Geldgeschäfte geordnet?

PETER. Ich schwöre dir: der Policeman Schmidt hat kaum die Hand aus der Tasche gezogen.

ANITA. Hast du vielleicht dem Doktor was von unsrer prekären Lage erzählt?

PETER. Gott, ich habe dem Doktor manches erzählt, aber heute kann ich mich nicht erinnern. — Ja, was machen wir nun mit diesem Fund?

ANITA. Ich gehe und frage den Doktor, Peter, ob's dem gehört.
PETER. I das möchtst du wohl! Ich denke nicht dran. Du nimmst es und gehst gefälligst einkaufen.
ANITA. Peter!
PETER. Na, was denn, Kind, warum denn nicht? Willst du in einem solchen kritischen Augenblick den Finger Gottes etwa zurückstoßen? Weißt du nicht, daß, wo die Not am größten, Gottes Hilfe am nächsten ist?
ANITA. Na und wenn der Konstabler Smith es zurückfordert?
PETER. Dann besuche ich Doktor Haushofer, daß er mir vorstreckt.
ANITA. Und wenn es Doktor Haushofers ist?
PETER. Dann pumpe ich den Policeman an.
ANITA. Na, den sollst du man bloß versuchen anpumpen.
PETER. Vorläufig ist es ja gar nicht nötig, liebes Kind. Sorge du nur zunächst für ein standesgemäßes Mittagbrot.
ANITA. Aber wenn ich nun in den Laden trete, Peter, und womöglich treff' ich den Policeman Schmidt am Ladentisch — und ich zahle mit seinem Zehndollarstück?
PETER. So laß doch die olle Aufwartung einkaufen.
ANITA. Du, es kommt jemand über die Stiege herauf. *Es klopft.* Herein!
([Notiz] Geld, Geld — die Macht.)

SECHSTE SZENE
Lili.

ANITA. Lili! Willkommen, da bist du ja schon!
LILI. Dr. Haushofer hat mich bis unten vor eure Haustür gebracht.
PETER. Willkommen, Lili! } *Kuß.*
LILI. Guten Morgen, Peter!
PETER. Eine hübsche Reise hast du zum Zweck dieser kleinen Stippvisite gemacht, gute Lili.
LILI. Dreitausend Seemeilen sind es ja wohl.
PETER. Wie geht's dir?
LILI. Ich danke, Peter, ganz gut — und dir?
PETER. Na, wie du siehst: durchwachsen!
LILI. Warst du krank?
PETER. Ich bin seit anderthalb Jahren konsequent auf dem

Wege der Besserung. — Klein, aber mein, liebe Lili — weil
du dich so kritisch umsiehst.

LILI. Ach, ihr habt es doch reizend hier.

PETER. Reizend ist ein zu starker Ausdruck. Aber man gewöhnt sich schließlich an alles, Lili. Der Anthrazitofen ist
die Hauptsache. Unser Familienleben spielt sich im Winter
hauptsächlich um den Anthrazitofen ab. — Na, wie fühlst
du dich denn in Amerika, Lili?

LILI. Gut. Ausgezeichnet. Seit ich mich ausgeschlafen habe,
wundervoll. Ihr habt doch wenigstens einen richtigen tollen
Winter hier. Aber was ihr für verrückte kleine Häuschen
habt! Die Wände dünn wie Oblaten — richtige Kartenhäuschen sind ja das!

PETER. Ja, und erst [...?], sieh mal, ist unser Haus erbauet!
Wie war die Reise?

LILI. Na, ich danke schön. Es hat mir beinah elf Tage lang
den Magen um und um gekehrt.

PETER. Und die Kinder? Haben sie's gut vertragen? Wo sind
sie denn?

LILI. Sie fahren schon Schlitten mit den amerikanischen Jungens auf der Straße vorm Boarding-Haus. Ja, die Kinder
waren fast immer vergnügt auf dem Schiff.

PETER. Es ist schön, Lili, daß du gekommen bist. Nun werd'
ich euch aber was sagen, Kinder. Snackt ihr beiden euch
jetzt erst mal gründlich aus. Ich werde mir erst mal den
Paletot anziehn. So! Werde mich unten auf die Tramway
setzen und werde — ich nehme das Goldstück, Anita! —
und werde noch einiges for lunch einkaufen gehn.

ANITA. Aber bitte geh nicht zu Hinsch hinunter. Du regst dich
ganz unnütz auf mit dem Kerl. *Peter ab.* Der Kerl, der
Kolonialwarenhändler Hinsch, war nämlich vorhin ungeheuer dreist gegen mich. — Also dir geht's gut, Lili, du
bist vergnügt?

LILI. Meinst du wirklich, daß es mir gut geht, Anita? — *Sie
fällt ihr weinend um den Hals.* Manfred hat mich verlassen,
Anita.

ANITA. Denk mal, ich dachte mir schon so was.

ANTONIUS UND KLEOPATRA

Rovio, den 24. März 98 (angefangen).

[1]

Mardios, der Eunuch.
Iras, Haarkräuslerin.
Charmion.
Capito Fontejus kommt [nach] Alexandrien, die Kleopatra nach Syrien zu bringen.
Knabe Alexander (Helios).
Mädchen Kleopatra (Selene).
Caesarion wurde Mitregent.
Diomedes, Kleopatras Schreiber.
Dercetäus, einer von des Antonius Leibwache.
Selencus, Schatzaufseher.
Euphronius, Lehrer von Kleopatras Kindern.
Der Laodicäer Alexas (Grieche), größten Einfluß auf Antonius. Verhältnis zur Octavia untergraben.

Antonius kleidet sich medisch.

Philotas der Arzt, Student aus Amphissa.

[2]
Erste Szene.
Iras. Charmion. Kleopatra. Die Schwarze.

[3]
Säulenhalle, offene Marmortreppe zum Meere.
Domitius Ahenobarbus und Antonius lustwandeln.
Domitius römisch, Antonius medisch gekleidet. Turban.

ANTONIUS. Die Wellen blitzen wie blanke Messerklingen.
DOMITIUS. Ein ungefährliches Leuchten.
ANTONIUS. Sieh, diesen Teppich, Domitian: die blaue, unendliche Wasserfläche. Wie rosenfarbener Weihrauch zieht es darüber.

domitian. Ich sehe.
antonius. Und zwischen zwei Himmeln scheinen die weißen Möwen zu taumeln, trunken von Glanz. — Aphrodite! Du Armer! da bleibst du stumm. Was weißt auch du... was wißt ihr alle von der Süßigkeit dieses Namens. Aphrodite! Sieh, wenn ich dies Wort sage, so esse ich eine Frucht, um welche die höchsten Götter mich beneiden müssen.
domitian. Herr, es ist eine gefährliche Frucht.
antonius. Für Schwächlinge, Domitian! Aus den Fruchthainen der ewigen Götter werden nur Götter gespeist. Und wem sich die Isis entschleiert, der ist es wert...
domitian. ...oder erblindet im Glanz.
antonius. ———Mag der erblinden, Domitian, welcher niemals sah. Mag ich erblinden, nachdem ich sehend geworden. Einstweilen sehe ich, was ihr nicht sehen könnt.
domitian. Mag sein.
antonius. *auf einer Marmorbank niedersitzend.* Aphrodite! Weißt du noch, als sie den Cydnus heraufkam? Die Barke funkelnd von Gold. Die Segel, aus purpurner Seide, wollüstig gebläht. Lüstern buhlte der Wind mit den feinen Geweben, die wie rosige Flammen über der Himmlischen zuweilen flackerten. Das Volk drängte sich an den Ufern hin, saugte die Wohlgerüche gierig ein, die das Schiff ausströmte, und schrie und jauchzte: »Es ist Aphrodite, sie kommt zu Dionysos, zum Heile Asiens.«
domitian. Aber es war Kleopatra.
antonius. Mann! Es war Aphrodite, sag' ich dir. Doch freilich kannst du nicht wissen, was ich weiß. Ich aber weiß, es ist Aphrodite. Weil ich dich liebhabe, Domitian, so wollt' ich, ich könnte dein Auge hell machen, daß du mit mir könntest anbeten. Aber ich bin kein Gott! — Du lächelst! — Narr!
domitian. Ich meine nur, weil der Pöbel schrie: »Aphrodite kommt zu Dionysos.«
antonius. Ich wollte, ein Schiff wie dieses, mit silbernen Rudern, von Nereiden und Grazien bedient, einhergleitend nach der Musik von Flöten, Syringen und Zithern, mit einer Last wie dieses wäre zu dir gekommen. Ich meine, du solltes[t] dich wohl den Dionysos fühlen, Domitian, so gut wie ich. *Eros kommt.* Was bringst du, Eros?
domitian. Liebe!
antonius. Aber nicht dir.

EROS *zielt mit dem Bogen auf Domitian.* Hüte dich!
DOMITIAN. Laß ab, du Tollkopf. Ich bin zu alt. Habe Mitleid.
EROS. Ja, ja, du bist dürres Reisig und Stroh. Träfe dich mein Pfeil, du würdest zu Asche verbrennen.
DOMITIAN. Nun, nun, es ist ja Wasser zur Hand. Ich spränge ins Meer.
EROS. Fürchte nichts, ich habe an diesem Edelwilde genug.
DOMITIAN. Den trafst du gut.
ANTONIUS. Lieber Eros, was bringst du?
EROS. Lieber Bruder Dionysos, ich bringe dir ein Achatschälchen. Aphrodite, meine Mutter, läßt dich grüßen.
ANTONIUS. Was soll ich mit dem Schälchen, mein Junge!
EROS. Du sollst den Skarabäus küssen, der darin liegt.
ANTONIUS. Ei. *Er tut es.* Wo ist deine Mutter, lieber Eros?
EROS. Im Bade.

[4]

Der Arzt, welcher Notzucht verübt hat. —
Der verlorne Sohn.

KLEOPATRA

Du sahst sie wandeln?

T

Ja, sie schienen
zu wandeln. Männer, Weiber, diese nackt,
in Fetzen andre. Ihre langen Haare
wogten wie stille Flammen langsam, langsam
von ihren Häuptern aufwärts, sanken nieder
für Augenblicke, wanden um die Stirnen sich,
um die Brüste, schwammen in die Münder,
die blauschwarz offenstanden. Kurz, das Graun
ergriff mich.

KLEOPATRA

Weiter!

T

Weiter weiß ich nichts.

Spätere Flucht Kleopatras vor Grausen.
Ich lebe. Ich will leben. Was denn geht ihr mich an, wenn ich nicht lebe?

ANTONIUS UND KLEOPATRA

[5]

Er gibt ihr, sie erfreut sich zu wenig an seinen Gaben. Mir ist der Smaragd wenig, nichts, gar nichts. Du bist mir wichtiger. Ich will dir auch das Wichtigste sein.

[6]

Die Todesgenossen.

[7]

Tarent.

[8]

Ephesus.

Flottenbefehlshaber.
Rechter Flügel: Antonius und Publicola.
Linker Flügel: Coelius.
Zentrum: Marcus Octavius und Marcus Instejus.
Canidius, Befehlshaber des Landheers.

Das Schiff der Kleopatra.
Antonius drei Tage, ohne sie zu sehen, auf dem Vorderteil des Schiffes.

Herumirren in Libyen.
Antonius   ⎫
Aristokrates   ⎬ Begleiter
Lucilius   ⎭
Der Anführer der libyschen Truppen untreu.
Antonius mit Mühe am Selbstmord verhindert.

Wohnung im Meer bei Pharus.

[9]

Wozu denn bin ich im Besitz der Macht, wenn nicht um Liebe?

PETER KRUSE

[Entstanden zwischen 1899 und 1903.]

Erster Akt

Das Wohnzimmer bei Lehrer Kruse. In der Mitte ein Tisch, gelbpoliert, mit Wachstuchdecke, darüber eine Hängelampe. In der Wand rechts eine Tür, in der Hinterwand eine zweite Tür, in der Wand links ein Fenster. Alle Wände sind graugetüncht, ebenso die alte, niedrige Balkendecke. Am Fenster steht ein Nähtisch, daran ein gelber Holzstuhl. Ein ebensolcher Stuhl ist unter den Tisch geschoben. In der Ecke rechts ein schwarzweiß gesprenkelter Kachelofen. An der Wand rechts eine Kommode und ein Spiegel darüber. An der gleichen Wand ein gerahmter Stich, den alten Goethe darstellend. An der Hinterwand neben der Tür links ein Wachsleinwandsofa. Vor dem Sofa und unter dem Tisch Fleckeldecken. Über dem Sofa Familienbildnisse. Es ist ein Sonntagvormittag, zu Anfang Mai.
Frau Kruse, eine einfache Frau von etwa dreißig Jahren, mit blondem Haar, verhärmtem, feinem Gesichtchen und von magerer Gestalt, sitzt am Tisch und näht Kinderzeug.

FRAU KRUSE. Wer ist'n draußen? — Na? — 's kam doch jemand! — *Sie steht auf und sieht durch die Tür in der rechten Wand, die nach dem Flur führt.* Was wolln Sie denn?
GREMPLER, *noch unsichtbar.* Ich mechte gerne a Herrn Lehrer Kruse sprechen.
FRAU KRUSE. Mein Mann wolln Se sprechen? — So? — Was hat's denn? — Wer sein Sie denn ieberhaupt?
GREMPLER *tritt ein, er ist ein etwa vierzigjähriger, einäugiger Bergmann in seiner Grubentracht. Unangenehm von Gesicht, Gestalt und Stimme. Auch etwas verschnapst.* Grempler bin ich.
FRAU KRUSE. Was soll denn sein? Kann ich's d'n meinem Manne nich ausrichten?
GREMPLER, *bestimmt.* Nee! Das kenn Sie nich.
FRAU KRUSE. Mei Mann is halt ebens nich zu Hause. Da missen se halt schunn a andermal wiederkumm.

GREMPLER *wendet sich halb, wie zum Gehen.* Nu, wenn a nich zu Hause is... ! Aber das soa ich: ich kumme wieder.
FRAU KRUSE. Nu ja, ebens, das sag ich Ihn ja. — Is das ane Schulangelegenheit oder was?
GREMPLER, *energisch.* Doas is ane Sache, die mich betrifft! Miich! Miich! Und ich luß doas ni uf mir sitza.
FRAU KRUSE. Ich will Ihn amal was sagen, verstehn Se mich: da drinne hab' ich an kranken Jungen liegen, ma missen a bissel leise sein. Wie han Sie gesagt, daß Sie heeßen?
GREMPLER. Ich bin ebens Grempler.
FRAU KRUSE. Ach so, Sie sein Grempler von Nieder-Hartau! Nu geht mer ja erschte uff eemal a Licht uff. Nehm Se an Augenblick Platz, Herr Grempler.
GREMPLER. Setza tu ich mich ni. Wenn ich miich setza will, do hoa iich Stiehle genung derheeme! Meh wie genung.
FRAU KRUSE. Das hab ich ja o durchaus ni bestritten.
GREMPLER. Jawull, aso is!
FRAU KRUSE. — Da kann ich Ihn halt weiter nischte nich sagen, als wie, daß mei Mann ebens ni zu Hause is. 's tut mer leed.
GREMPLER *wendet sich, dreht seine Mütze.* Iich gieh fier Gerichte!
FRAU KRUSE. Dazu kann ich nischt sagen, weil ich ni weeß, was Se meenen dermitt. Bloß das weeß ich, daß, wenn Se und wolln gegen mein Mann klagen, da wern se woll weiter kee Glicke nich haben. Der hat Ihn eim Leben nischt ni getan.
GREMPLER. Doas werd sich ju oalls fier Gerichte rausstellen, war do werd recht kriega, iich oder har.
FRAU KRUSE. Nu ja, da wolln mer das eben abwarten.
GREMPLER. Doar war iich! Iich war's o obwoarta. Oader asu viel soa iich: doas poaßt sich ni! — Iich hoa's gelasa! Der Herr Pforr hot mer's gezeigt! Ich koann lasa. Sie kinn mer meinswegen zahn Bichla ei de Hand gahn, iich las flißnig — und do hoa iich's mit eegna Auga gesahn.
FRAU KRUSE. Was denn? Ich meene, was Sie gesehn haben?
GREMPLER. — Dan ganze verfluchta, verfluchta Schwindel hoa iich gesahn, dan mir da verrickte, iebergeschnappte Schulmeester hot ufgehängt. Doas bin iich! Doas soll iich sein. Doas sull mir kee Mensch ni ausreda: ei dar Geschichte doas gieht uff miich. Oaber nee! Iich bin bloß a ormer Bergmoan, oader doas kimmt 'n heem.

FRAU KRUSE. Sie sulln hier ni asu schrein, verstehn Se mich. Doas ha ich Ihn schonn amal gesagt. Nu han Se's gehört, doaß mei Junge krank is. Jetze machen Se weiter keen Sums dahier. Doas sein alles Tummheeten, was Sie da reden, in der ganzen Geschichte sind Sie ni gemeent.

GREMPLER. Nee, nee! Ich wiß wull, war de gemeent is. Mir wern Se ernt keene Zicka ni viermacha. Warum heeßt a denn suster Grempler, hä? Warum denn? Tu iich ni Grempler heeßa? Und hot a ni au bloß ee Auge wie iich?

FRAU KRUSE. Wie de mei Mann hat das Bichel geschrieben, die Geschichte, von der Sie sprechen dahier, da hat a Ihn ieberhaupt ni gekannt.

GREMPLER. A kennt mich! A kennt mich! 's iis gutt! 's iis gutt! Und wenn a und kennt mich ernt noch ni genung — a sol mer ni ernt amol ieber a Weg laufa! —, do werd a mich jetze schun lern kenn. *Ab.*

KYNAST

16. August 1897.
Kolonie Grunewald.
Boothstr. 9

Der natürliche Narr.
Der Volkssänger im Gegensatz zu den höfischen Poeten.

Großer Rittersaal auf der Burg Kynast.
Pagen decken die Tafel.
Haushofmeister und Spielleute. Der Narr.

HAUSHOFMEISTER
Wie heißt du?

ERSTER SPIELMANN
Michael Beck.

ZWEITER [SPIELMANN]
Genannt Beckmichel.

Küchenmeister. Küchengarten.
Bauern kommen mit Zinsvieh.

Rovio, den 3. April 98.

Die Idee der Kynastsage beschäftigte mich beim Morgenspaziergang. Ich erwog, sie gänzlich im Dialekt zu schreiben. Es wird aber nicht möglich sein. Von Personen müßten der natürliche Narr und die Spielleute und Volkssänger nicht vergessen werden. Liebe, höchste Lebensfreude, und — der Abgrund. »Wer zu uns kommt, muß es auf Leben und Tod unternehmen.«

Tremezzo, den 27. April 98.

Minnedienst.
Minnelied.

[Zeit:] 1320.
Kunigunde von Scharfeneck (Ritterkünste)
Junker Hugo von Erbach
1 Gotsche Schoff
Franz von Chila, Page (Wetterfahne)
2 Fritz von Schweinichen

Frau Riedel, Kammerfrau Kunigundens
3 Jaroslaw
Der alte Cobat, aus Temesvar, 160 Jahr alt.   Hermsdorf
Balzer, Knecht
4 Der lange Boleslaus von Neuburg
5 Philipp von Thüringen, Bruder des Landgrafen
6 Ritter Gustav von Reibnitz
Der dicke Lischke, Schloßhauptmann

Albersch
Andersch
Pelzhaus
Gartnersch Gotel } die Schloßpfeifer
Krausa Gotel
Noabel

Beckmichel, der Pferdeknecht Kunigundens
Jurakel, natürlicher Narr
Meyer, Kaplan
Schaffnerin Ursel
Die Bademutter

Der Seneschall. Kaie hieß der des Königs Artus, dieser S[ene-schall] war streng und mürrisch. Gleichsam die Oberpolizeimacht. Er war »schärfer denn der Biene Stachel«. »Von diesem Ingesinde (Freier) wünschte ich, es wäre Ausgesinde.«

Eine neue thüringische Tanzmusik: Gerhard Atze, wunderlicher Mann, Zielscheibe des Witzes am Hofe zu Thüringen.

Tremezzo, den 27. April 98.

ERSTER AKT
ERSTER TEIL

Der Türmer bläst. Der Vorhang hebt sich. Man sieht in den Burghof mit der Staupsäule. Ein Bauer ist eben gestäupt worden. Beckmichel und Balzer halten die Ruten. Lischke steht dabei.

BECKMICHEL. Itze macht dann Karl lus und schmeißt a naus. Ich denke, fer doasmol werschte genug hoan. Und wenn de wiederkimmst, Jinge, und brängst nee deine zahn Schock, verstanda! deine zahn Schock Eer und zwelf junga Hahnla

— do luß d'r ock glei dei Hingerteel gutt besoln; ich war d'r denn Dickkoop schunn noch austreiba.

LISCHKE. Lußt a laufa, soa ich! *Hinauf zum Turm.* Woas hot's denn, Blaschke?

BLASCHKE, *vom Turm.* 's kumma Gäste. *Er bläst wieder.*

LISCHKE. Oh, luß doas verdommte Geblose sein! War kimmt denn? Wie sahn se denn aus?

BLASCHKE, *vom Turm.* Se sein ja irscht hinger Harmsdurf.

LISCHKE. Poaß uuf, wenn se under oan Barche sein. Und luß doas Geblose: du weckst ju de Herrschoaft.

DIE SCHAFFNERIN, *aus der Bur[g]tür.* War kimmt denn?

LISCHKE. Na, ale Urschel, dir werd wull goar angst und bange! War sool denn kumma? Gäste kumma!

URSCHEL. Nu do hiert's doch fast goar uf! Iich dächte, mir hätten's groade genung. Wie sol's denn no Plotz hoan uf dan ala Kynoste, mächt' iich blus wissa!

LISCHKE. Nu satt ock, die ale Schaloster! Rebellsch wiel se warn. Oals wenn mir ni Plotz hätta, meh wie genung.

URSCHEL. Wu d'n, hä?

LISCHKE. Meh wie zwanzich Poarta kinn mir no underbränga. O gutt und garne.

URSCHEL. Wu d'n, hä? Na?

LISCHKE. Iebern Stoalle, eim Gerichtshause, ben Soale: ieberoal hoan mir Koammern lar stiehn.

URSCHEL. O freilich, freilich. Du bist wull goar nee vu hie, soa m'r amol. Ben Soale duba, die Koammer hot irschtlich dar Schweinichen. Iebern Stoalle hoan m'r a Schoff Gotsche. Eim Gerichtshause is dar lange, dar lange Boleslau dieba vu Neuburg. Wu sool ma ock oalle die Hänse hie-stecka? Iich war d'r woas soan, Lischke. Wenn itze und kumma no meh, do soa ich's d'r Frau: do mußt du aus denn'r Wohnung naus, du und dei Weib. Do micht ihr uuf Streu schlofa!

LISCHKE. M'r wern d'r woas ploampa, werm'r d'r!

URSCHEL. Doas gleeb' iich! a suchter Kerle, wie du bist. A seft sich vul und a frißt sich vul mit da Herrn, und Loaste wiel a keene ni hoan d'rvone. Beiliebe ni. Asu a Laba, doas werd wull an suchta Speckwoanste gefoalln, hä. Doas gleeb' ich schunn. Mir andern ei a Koamm'rn und ei d'r Kuchel, mir hoan's Schwitza d'rvone. Doas soa ich dir oaber...

LISCHKE. Beckmichel, gieh, hull an Butte vuul Woasser, m'r woascha dan ala Dracha a wing de Haube.

URSCHEL. Unterstieh diich!
Franz von Chila kommt leicht über eine Mauer gestiegen und nimmt auf einer Linde Platz, die aus ihr herauswächst. Von hier aus sieht er lachend dem Spiele zu, welches der Knecht und die Schaffnerin, diese von jenem mit der Wasserbutte bedroht, ausführen. Endlich lacht er laut, wodurch er bemerklich wird.

Grunewald, den 10. Juli 1898.

»Kynast« und »Armer Heinrich«. Gleicher Studienkreis. Der Ritter, der zugleich dichtet, die vollkommenste und edelste Menschenblüte.

Das Tagelied. tagewîse.
Der Wächterruf.
Der geistliche und der weltliche Sänger.
Die Vorstellung von der Reinheit der Frau. Die reine Gottesmutter.
Das Zusammenfallen.
Der dichtende Ritter, ideale Menschwerdung.
Der hohe Beruf. Heiliges Grab befreien [?] etc.
Großer Minnesang! —
Person: der fahrende Kleriker. Trinklied, Ulklied »Meum est propositum in taberna mori«.
    Herrendienst, Frauendienst, Gottesdienst.
            Minnedienst
              Formen
                der
              Liebe
            Religion
              Minne
Pergamentstreifen in den Händen der Damen mit dem Lied des geliebten Dichters.
Frau höher, verkehrt gern und viel mit den Geistlichen.
Kunigunde: Die eheliche Liebe besingt keiner von euch!
Die Treue gegen Gott und die Geliebte.
Der Zug zur Verewigung der Liebe, zur Treue.
Der Wolf spielt mit dem Schäfer Dambrett.
Katholischer Kalender.

Dienstag, den 4. Oktober 98. Grunewald.

Heute lese »Frauendienst«. Ulrich von Lichtenstein.

Kolonie Grunewald, 30. Oktober 1898.

Kynast
Minnelied

Grendel, buckliger Spielmann.

Zeit: 1221 (Heinrich von Morungens Todesjahr).
Regierungszeit Friedrichs II. 1215—50.
Hirschberg 1108 von Boleslaw III. von Polen zur Stadt erhoben. Mit Mauern versehen. 1241 durch Boleslaw den Kahlen von Liegnitz erweitert. Burg auf dem Hausberg.
Warmbrunn 1175 die Thermen entdeckt.
Der badende Hirsch. Die Jagd.
»Locus, qui dicitur calidus fons« 1281 Bernhard von Schweidnitz dem Johanniterorden geschenkt mit 25 Hufen Landes. Gründete »Claustrum calidi fontis«.
Heroldisdorf. Herischdorf.
Smedewerg.
1230 Walther gestorben.
([Spätere Notiz] 4. März 99.
1215 Aachen Friedrich II. gekrönt und mit dem Kreuz bezeichnet.)

Szene.
Der »Schulstreit« unter den Spielleuten. Der neue Ton.
Szene.
Kunigunde. Ulrich von Lichtenstein wird heimlich eingelassen und geprellt.

Der alte Cobat aus Temesvar, 172 Jahr alt, in Hermsdorf ansässig.

Franz von Chila. »Ich helfe meiner Frauen auf das milchweiße Pferd.« —
Die Tageweise.
Wie Kunigunde die Rose fallen läßt.
Das Federspiel.
»...gleich wie ein Federspiel
unruhig und begierig ist mein Herz.«

»Heimlich steht mein Herze hoch.«

Freier.
Hans von Schweinichen.
Männin.
Gotsche Schoff.

Kunigunde.
Die Märchenvision: Das Mädchen ohne Hände, welches mit dem Munde Äpfel von den tiefhängenden Ästen nimmt.
»Willst du nicht auch einmal ins Heilige Land reisen?« — »Ja.« — »...und das Kreuz nehmen?« — »Gebietet es mir.« — »Gelbschnabel!«
Die blaue Kammer.
»Da hast du eine Gerte, reite, Franz!«

26. 11. 98

Die Seele des Stückes sind Franz und Kunigunde. In ihnen rollt sein heißestes Leben.
Die Namen der Pferde? —

Kolonie Grunewald,
Sonnabend, den 26. November 1898.

Einsiedler-Blatt.
Der Einsiedler am kleinen Teich, Silberwasser.
Franz und Kunigunde dringen auf der Jagd bis zu ihm hinauf. Während sie schäkert, tränkt er die Pferde. (Der Einsiedel!) Er füttert einen weißen Hirsch. Der heilige Hubertus.
Er wird eine Kapelle des heiligen Laurentius erbauen.
Der Einsiedel: »Die reine Frau hat eines Engels Mut.« (?)

Liebes-Blatt.
Kunigunde.
Die schwere Schönheit der A[nna] Gr[undmann]. Ihre Seltsamkeit. Ihr kapriziöser Geschmack. Das innerlich Unsichere, Unentschiedene.
Sie liebt Franz. Gibt ihm Vorteile und entzieht sie ihm wieder. Sie machte ihn vor Eifersucht fast wahnsinnig. Sie erhört ihn endlich. Seine Tageweise. Sein Sturz vom Turm.

Sonntag, den 27. November 1898,
Kolonie Grunewald.

Das Wunder des Spiegleins und seine große Rolle. Kunigunde bespiegelt sich.

Hier bin ich noch einmal. Schau dort hinein!
Nun bist auch du darin. Ei, nicht so nah!
Was soll dein Kindskopf mir in diesem Rahmen!?

27. 11. 98.

1. Akt

Franz und Kunigunde haben sich absichtlich von der Jagdgesellschaft getrennt und sind an den Silberwasserteich gelangt. ([Randnotiz] Falkenjagd.) Der dritte Kumpan wird der alte Einsiedler. Ihm klagt Kunigunde die Freiernot. Die Hörner einiger der suchenden Freier nähern sich. Endlich kommt H. von Schweinichen.

Der Brief von Ulrich von Lichtenstein. Seine Gedichte und die des Franz.

2. Akt

Das große Stechen, von der Halle aus beobachtet.
Der »Venus«-Ritter. Das Gastmahl. Die Idee des Mauerrittes.
Kunigunde gibt vor Franz ihre Zustimmung, den als Gemahl zu nehmen, der das Stück ausführt.

3. Akt

Hans von Schweinichen hat den großen Sturz getan, und die Ritter sind ernster geworden, da der Tod unter sie getreten ist. Franz, wild und hart und befriedigt, schildert den zerschmetterten Toten.

Die Dörfler sind gekommen und sehen ihn an, im Teufelsgrund.

Kunigunde seltsam erregt und in einer Ekstase, die gemischt ist aus Triumph, Bangigkeit, Ekel etc.

Da meldet ein Herold von der Burg den Landgrafen von Thüringen.

Sein Anzug wird beobachtet. Er schlägt Zelte auf vor der Burg. Er weist alle Gastfreundschaft ab. Er kommt ritterlich zu Kunigunden (Szene). Er nimmt aber weder Trank noch Speise an. Er will den Ritt! Kunigunde wehrt ab. Er besteht darauf. Sie bewilligt kalt.

Die Härte zu Franz. Der Zwiespalt. Die Doppelliebe.
Das Symbolische des Mauerrittes.
Die Trauerfahnen etc.
Mit Maiblumen gleichsam alles durchwirkt.

4. Akt

Franz hat den Landgrafen beobachtet und die Exerzitien, die er mit seinem Pferde vornimmt. Er fühlt vor, der Landgraf werde das Wagestück bestehen.

Daß es der Landgraf von Thüringen sei, munkelt man.

»Wär' ich erst Ritter.«

In schmerzlichen Nöten, fast verzweifelnd, findet Kunigunde den Franz. Auch er ist gedrückt. Es kommt zu etwas wie einem schmerzlichen Abschied.

Da bringt die Kammerfrau, nachdem Kunigunde fort ist, eine rätselhafte Hoffnungsbotschaft. So und so und da und da um die und die Stunde der Nacht.

5. Akt

Franz. Kunigunde winkt ihm a. d. Loggia Abschied.
Noch einmal kommt sie herab.
Abschied und Abschied und Genuß, Erinnerung.
Die Nachtigall.
Der Morgen. Er liest ein selbs[t]geschriebenes Lied.
Der Wächter.
Der Landgraf.
Tiefbezügliches Gespräch des Landgrafen und Franzens.
Einer von uns. Landgraf: Wer weiß. Ein Landgraf schlägt zum Ritter, wen er will.

Kolonie Grunewald, den 29. 11. 98.

Das Gänsedreckel.
Das heimliche Gemach.
Die Hühnerställe.
Die Pferdeställe, das Ausmisten.
Die Küche.
Die Aufwaschweiber.
Der Keller. Die Speisekammern.

([Spätere Notiz] Bozen, den 31. 1. 99.
Zur Waschküche wird benützt eine ehemalige Kapelle des heiligen Laurentius, am Burghof gelegen.)

Etwas von Kunstschützen. W. Sc.

Den 30. November 98.
Kolonie Grunewald.

Musikanten-Blatt.

Akt I. Szene 1. Der Einsiedler geigt vor seiner Zelle. Es kommen von Böhmen herüber die Musikanten, und [zwar] 1.) Sänger, 2.) Baßgeige, 3.) Flöte, 4.) Brummeisen. Slavonier Trommel.

Das Muttergottesbild. Das Blumenopfer.

Sie ziehen zu dem großen Turnei auf dem Kynast.

Kommen sie mit einem Esel?

Die Unterhaltungen von den Dämonen, Kugelblitzen etc.

Ignaz, genannt Nazla.

Genannt Rührlöffel.

Sänger, genannt Goldhähnchen, spielt Mandoline.

Kunz Lendenstreich. (Name von Grete gefunden. Notiert am 6. 2. 99.) Mathias Glockendon. (Heutiger Spaziergang. Eine Krähe machte im Frühlingsahnen den eigentümlichen glockigen Laut, mit dem sie lockt: dabei fiel mir der Name ein. Grunewald, den 9. 2. 99.)

Das Narren-Blatt.

Mendel Lilla. Sein Verkehr mit den Rittern. Sein Verkehr mit Kunigunde.

Ritter-Blatt.

Das Sträußchen, welches ein Ritter in Akt II auf dem Speere ins Fenster hereinreicht.

Ich will Akt I an den warmen Born verlegen. Die Musikanten, welche übers Gebirge wollen, erfahren dort von dem Einsiedel, wie sie gute Aussicht hätten bei dem großen Turnei auf dem Kynast. Von allen Seiten, sagt er, geschehe ein großer Zustrom von ritterlichen Leuten.

4. Dezember abends.

Wie sich einer einen Finger verwundet hat und alle ein großes Wesen darum machen. Kunigundens Spott. Daraus entwickelt sich die Idee des Mauerrittes.

Freitag, den 9. Dezember 1898.
Kolonie Grunewald.

Ich sah gestern »Romeo und Julia«. Ich will keine künstlich gestachelte und auf die Spitze getriebene Handlung wie in »Romeo und Julia«. Romeo würde mit Julia fliehen. Julia würde, als sie mit Paris vermählt werden soll, bekennen, daß sie vermählt ist. Der Pater Lorenzo würde die Trauung, bei seinem Wunsche, beide Häuser zu versöhnen, nicht geheimgehalten, sondern zur Versöhnung ausgenützt haben. Die Fläschchengeschichte ist abenteuerlich, und nur Shakespeares Kunst bewirkt, daß wir die Konsequenzen einigermaßen ernst nehmen. Die plötzliche Trauungsidee. Der »Tod« am Hochzeitstage, kurz bevor der Traugang stattfinden soll. Effekte einer künstlichen Fabel, einer grobschlächtigen Häufung, welche den Figuren von ihrer einfachen Richtigkeit und Vollendung nimmt; und sie vielmehr überwüchsig macht, so daß im Stück nur die Liebesleidenschaft, nicht aber die Schlußtragik auf uns wirkt. Es ist meine Absicht nicht, wie in »Romeo und Julia« eine schnelle, großartige, gestaute und dadurch furchtbar gemachte Leidenschaft zu geben, sondern ich will eine im Entstehen schildern, wie sie in einem besonderen Individuum wirkt und es seltsam umgestaltet.
In Franz allerdings hat die Leidenschaft jenen einfachen Gang und Zug wie in Julia etwa.

Szenen zwischen Franz und dem Landgrafen.
Der Landgraf erzählt dem Staunenden von Palästina, vom Orient überhaupt und seinen Wundern.
Franz wiederum, vollgesogen, erzählt alles seiner Herrin im tiefen Zwiespalt, merkend, daß er sie gefährlich auf den Landgrafen ablenkt, ohne doch anders zu können.

Küchenzettel.
Forellen! — Die Ritter fressen sehr viel.

Franz. Zweites Blatt.
Er hat eine gute Tante, der er seine Liebesleiden klagt: diese ist quasi Anstandsdame bei Kunigunden.
Franz' leidenschaftlich erwecktes, begehrliches heißes Drängen. Wodurch erweckt? Durch eine Spielerei Kunigundens, Nahebringen der Backe, Treten unterm Tisch. Er hat später

räuberische Kußattacken gemacht, die ihm auf Rechnung seiner Knabenhaftigkeit gestellt und verziehen worden sind. Tante Kunigunde Nichte.
Franz: von dem Bruder des Guten der Schwester der Enkelsohn.

10. Dezember 1898.

Die Hufeisen. Die Funken auf den felsigen Wegen. Das Johannisfeuer (?).

Den 21. Dezember 1898, Kolonie Grunewald.
Morgens 7 Uhr, vor der Abreise nach Dresden.

Hauptfigur: Franz von Chila. Dadurch gewinnt das Stück seinen Schluß.

5. Januar 1899.
Kolonie Grunewald.

Unterrichte dich über Falkenjagd.

Bozen, den 30. Januar 1899.

Gestern, während der Fahrt hierher, kam mir der Gedanke, Walthern von der Vogelweide das Gedicht zu widmen, z.B.
Herr Walther von der Vogelweide,
wer des vergäß'...etc.
Nun die Antwort: — — —

Bozen, den 30. Januar 1899.

Franz. Drittes [Blatt].
Seine Kindereien. Sein Faxenmachen. Tolle, dumme Einfälle. Spannkraft und Leichtfüßigkeit.

Tandaradei!

([Späterer Zusatz] Grunewald, den 9. Februar 99.
Er ist gesund, gerade und gutentwickelt: deshalb steuert er im Fahrwasser der Liebe der Loreley in die Arme, ohne wie die im Zwang der Kultur Geblendeten oder sehend in die Irre Gezwungenen nach den vielen, ewig fremden Zukunftszielen zu pilgern und zu greinen.)

Bozen, den 30. Januar 1899.

Walenzauber.

1. Kynast
2. Die Abendburg
3. Die Gaukelfuhre (Liliencron, Volksliedersammlung)

Idee übertragen, gefaßt zu Warmbrunn, den 24. August 1898.

Trotz alledem: herb! stark! und real!!

Der Palas: das Hauptwohngebäude mit Rittersaal, Trinkstube, Badestube etc.

Der Kynast: eine Hochburg.

Der Schloßkaplan. Seine Ministranten: Fritz, Artur (?).

Bozen, den 31. 1. 99.

Fresken.

Hektor, Alexander, Cäsar.
Josua, David, Judas Makkabäus.
Artus, Karl der Große, Gottfried von Bouillon.
Parzival, Gawan, Iwein.
Herr Wilhelm von Österreich mit Aglei.
Herr Tristan mit Isolde.
Herr Wilhelm von Orleans mit Amelei.

Dietrich von Bern.	Sachs (Schicksalschwert).
Siegfried.	Balmung.
Dietleib von Steier.	Belsung.

Riesen: Asperan, Otnit, Struthan.
Weiber: Ruhel, Udelgard, Rutze.
Die Renner.
Hilde, Vodelgard, Rufin, von Zwergen geritten.

Kunigunde. Der grüne Ball.

Szene: Die zierlich tanzenden Ritter.

Der Gebirgsprolog.
Im Bahnzug zwischen Franzensfeste und Freienfeld, den 1. Februar 1899.

Grunewald, den 6. 2. 99.

Frische Fanfare — vieles kernig, gesund, kräftig — derb.

[1]

Der grüne Plan im Walde.
Atze erscheint.

ATZE

tritt singend auf; die Kumpane wälzen sich
   Ein Rivière ich da gesach.
   Durch den Forès ging ein Bach
   zu Tal über ein Planüre.
   Ich schlich ihr nach, bis ich sie fand,
   die schöne Kreatüre...
Hab' ich nun recht? hat Gottfried Atze recht?
Bin ich ein Flausenmacher, lieben Brüder?
Hab' ich zuviel gesagt?

DIE SPIELLEUTE
Nein, Meister, nein!

[2]

Kolonie Grunewald, den 11. 2. 99.

Eine hölzerne kleine Kapelle im Walde; davor ein freier grüner Plan. Über den grünen Plan führt ein Weg, der aus Felsengeröll und Wald im Hintergrunde heraustritt und vorn links in Felsengeröll und Wald führt. In der Mitte, aus dem Hintergrunde hervorspringend, eine kräftige Felspartie, an ihrem Fuße ein Quellbecken, daran ein einfachstes Holzkreuz mit dem Heiland und eine uralte Buche. Es ist ein herrlicher Morgen im Anfang Mai.
Man hört einen hellen Tenor singen.
   Ein Rivière ich da gesach.
   Durch den Forès ging ein Bach
   zu Tal über ein Planüre.
   Ich schlich ihr nach, bis ich sie fand,
   die schöne Kreatüre.
   Bei dem Fontane saß die Klare,
   süße von Statüre.
Schon beim dritten Vers hat sich der Sänger bis auf den Plan herausgearbeitet. Es ist der kleine, buckelige Spielmann Grendel, genannt das Goldhähnchen; singend, bald gegen den

Plan, bald gegen die Kapelle, bald zurück in den Wald, begleitet er sich auf einer Mandoline.

Ihm folgen nacheinander: Kunz Lendenstreich, ein sehr Langer und Flötist, wegen seines Spiels und seiner Länge genannt Rührlöffel — er hat die Flöte unterm Arm —, ein Slowake, genannt Nazla, mit einer Trommel, und schließlich Mathias Glockendon mit der Baßgeige; er ist klein und kugelrund, schon über vierzig Jahr alt.

Grunewald, Montag, den 13. 2. 99.

Schweinichens Liebesklage. Der erste, zweite und dritte Ritter, welche mit ihm weinen.

Sonntag, den 19. 2. 99.

Herrlicher frischer Morgen heut, ganz Stimmung des Stückes.

Zwei Punkte:

Der Mauerritt ⎫
Franzens Tod ⎬ Märchenrealität.

Je mehr ich fühle, daß die Form für mich sich entschleiert, um so deutlicher wird mir auch, daß sie den meisten Geheimnis bleiben muß.

Liebeshof!

Ich schreibe schon lebhaft.

Den 19. 2. 99.
Kolonie Grunewald.

Soll der »arme Heinrich« Heinrich von der Aue unter den turnierenden Rittern sein, demnach der »Arme Heinrich« das Gegenstück zu »Kynast« und die Fortsetzung werden?

In dem tiefen, ernsten und zum größten Teil unwegsamen Wildnerswalde der Menschheit findest du Mückenschwärme, im Sonnenstaube spielend, Sümpfe, mit regenbogenfarbenen Schleiern bedeckt, holde Singvögel aller Art. Er ist zur Frühlingszeit mit Düften erfüllt. Es quillen in ihm reine Quellen, giftige Tümpel spiegeln den Himmel, und wilde Tiere lauern...

KUNIGUNDE
Bring mir den Falken, geh, du kleiner Fant,
den hochberühmten Falken — hörst du mich? —
von König Artus' Hofe. Mich gelüstet's,
mit diesem Federspiel zu jagen. Geh,
leicht ist das Abenteuer zu bestehen. etc.

Der tiefe Brunnen (a. d. Burg) und seine Poesie.

Das Grab am »warmen Born« etc.

Kolonie Grunewald, den 21. 2. 99.

Die Aussätzigen um die Burg.

Kolonie Grunewald, den 24. 2. 99.

Erinnere dich an die heimlichen Gänge und Fahrten von Hohenhaus bei den Unternehmungen von Franz und Kunigunde.

Den 24. 2. 99.

Mein Sohn, vergebens wirst du lauschen einst
nach Klängen, die dir klingen dieser Zeit,
nach Bild und nach Entrückung deiner Stunden.

Sieh, diese Menschen sind gezähmte Tiere.
Was, unbeschäftigt, würden sie vollbringen?

Originale sind Gewohnheitstiere: man pflegt sie auch Charaktere zu nennen.

Am 4. März 99.
Kolonie Grunewald.

Der Bärenzwinger a. d. Burg. Der Bär.
Der Mohr (oder zwei Mohren) im Gefolge des Landgrafs.
Die Stare. Die Kästen.
Der Sittich.

Der Schellennarr, der an den Zitzen einer jungen Amme saugt.

Kolonie Grunewald, den 8. März.

Es blies ein Jäger wohl in sein Horn,
und was er blies, das war verlorn.

Atze.
Er blies auf einem Schiffe.

---

15. 3. 99.

Eine Lichtung im Walde, Feisen im Hintergrund. In ihrem Schutz ein kapellenartiges Klausnerhüttchen. Links in Geröll und Wald die Windungen eines kleinen Baches, dabei ein Kreuz mit dem Heiland. Die Lichtung ist mit Rasen bedeckt, neben dem Klausnerhüttchen sind einige Gemüsebeete abgeteilt. Ein wenig abseits rohgezimmerter Tisch und Bänke eingerammt.

Man hört einen hellen Tenor singen; nach kurzer Zeit sieht man ein kleines buckliges Männchen, bunt und nach Art der Spielleute gekleidet, durch die verstreuten Blöcke sich nähern. Es ist Gottfried Atze. Mit theatralischen Gesten und voll heraussingend tritt er auf den Plan.

ATZE

Eine Rivière ich da gesach.
Durch den Forès ging ein Bach
zu Tal über ein Planüre.
Ich schlich ihr nach, bis ich sie fand,
die schöne Kreatüre.
Bei dem Fontane saß die Klare,
süße von Statüre.

Er schließt mit einigen Tanzbewegungen und begleitet sie auf der Mandoline, die er an einem Bande mit sich führt. Nach ihm werden sichtbar: Kunz Lendenstreich, genannt Rührlöffel, ein sehr langer magerer Mensch, der ein geigenartiges Instrument spielt; ferner Ananias Glockendon, er ist dick und klein und schleppt eine Baßgeige. Zuletzt Ignaz, eine Slowene, mit Trommel und Klarinette. Er spielt auch das Brummeisen. Alle sind ausgelassen bis zur Tollheit, tanzen auf dem Plan herum und ahmen mit ihrem Geschrei allerlei tierische Stimmen nach: Kikeriki, wau, wau, wau; muh, muh und bäh, bäh. Dabei wälzen sich Ignaz und Lendenstreich vor großer Lust auf dem Rasen.

ATZE

Liebe Gesellen, steht auf! Wälzet euch nicht auf dem Rücken

wie die Schweine. Ihr seid bekleidet wie Menschen, wir wollen
zu Hofe gehen! Wir wollen als Menschen zu Hofe gehen, als
wackere Spielleute, aber nicht als Schweine. Hört ihr ? Steht
auf! Es ist euer letzt Gewand, und wenn ihr euer Leben
auch fernerhin auf allen Vieren zubringt, so kommt ein jeder
von euch so fingernackt wie Adam gen Hofe!

LENDENSTREICH

Gottfried Atze
lebt von Maus und Ratze,
singt wie ein verliebter Hahn,
ist verhungert wie ein Span.

Gelächter.

ATZE

Kerls, Kehricht, Kochlöffel, Tellerlecker und Schlingel, aus
wessen Hand freßt ihr, wie? Wo hast du deine rote Nase her,
Rührlöffel? Von mir! Woher hast du deinen Schmerbauch?
Wie, Ananias? He? Von mir hast du deinen Schmerbauch!
Aus meiner Kehle ist deine rote Nase geflossen, mitsamt
deinem dicken Bauche.

GLOCKENDON

Atze plump um den Hals fallend

Goldhähnchen, Tristan, mein Gottfried, o du mein vergöt-
terter Gottfried von Bouillon, sing uns eine Tanzweise und
ereifere dich nicht. Jungs, ein fröhliche Reisenote! Sucht
wieder auf eure Füße zu kommen, Jungs. Tretet heran und
spielt auf. Wir wollen uns Luft machen, wir wollen eins
musizieren mit den kleinen Vögelein um die Wette, als
stünden wir nicht mitten im grünen Wald, sondern vor
Kaiser und Fürsten. 〈Du sollst eine Königsweise singen,
Goldhähnchen, oder sing uns das Lied vom Kaiser und Papst,
das du selber gedichtet hast.〉

ATZE

Nein, Jungs! Einen Choral, wenn ihr wollt; seht euch doch
um, in Teufels Namen! *Er weist auf die Einsiedelei und auf
das Kreuz, sofort nehmen alle in schlauer Devotion die Mützen
ab und stehen eine Weile stumm.* 〈*Da platzt eine Saite an der
Baßgeige, so daß alle zusammenfahren.*〉

LENDENSTREICH

Jungs, ich habe einen Einfall. Laßt uns eine kirchliche Weise spielen, wenn wir eine können, denn offen gestanden, der Magen knurrt mir. Wenn wir eine recht klägliche und erbärmliche Note aufführen könnten, eine Art Hungernote sozusagen, eine steinerweichende Hungernote, so würden wir möglicherweise auch das Herz des frommen Mannes erweichen, wenn er eins hat und wenn überhaupt einer im Hüttchen ist. Wer weiß, er lädt uns zu Gaste und schlachtet uns etwa ein fettes Huhn oder zwei, wenn er eins hat.

ATZE

Fangt an!
Alle setzen mit katzenmusikartigen Lauten ein. Sogleich tritt Pater Laurentius aus der Zelle und winkt mit beiden Händen eifrig und wohlwollend ab, bis die Klänge verstummen.

PATER LAURENTIUS

Willkommen, liebe Herren, im lichten Maien.
Wo fahrt ihr her? Wo geht die Reise hin?

ATZE
gravitätisch vortretend, die Mütze in der Hand
Willkommen, Herre Wirt, und meinen Gruß zuvor
nach ritterlicher Sitt' und Art. Ich bin
mit Urlaub hier von einer reinen Frauen, leiht mir Euer Ohr
und achtet wohl auf meiner Rede Sinn:
Am Hofe Kaiser Friedrichs bin ich wohlbekannt,
Thüringens Landgraf Hermann hieß mich singen in Hof und
Minnesanges kundig nennt mich Burg und Land;   [Saal;
Meister Atze bin ich, Atze vom tiefen Tal.

PATER LAURENTIUS
erheitert und mit Freundlichkeit
Nun, Meister Atze, nochmals hochwillkommen.
Zwar euer Ton schien mir ein wenig kraus,
ein wenig fremd und neu, indes, was tut's!
Wenn Gott an einem Morgen so wie heut
mir vier so wackre Musikanten schickt,
so darf ich ihre Weise nicht bemäkeln.
Woher des Weges kommt ihr denn, Gesellen?

ATZE
wie vorher
Von Aachen kommen wir, von Kaiser Friedrichs Krönungstag.
Zwölftausend Ritter aßen da des werten Fürsten Brot.

Da litt an Speis und Tranke wahrlich keiner Not.
Hei, wie man da des Tanzes und des Buhurdierens pflag!
Von mancher klaren Frauen gab es da gar wonnigliche Schau.
Ich stund im Blumenregen, singend vor des Kaisers Tafelrund,
mir lächelte von minniglichen Schönen mancher süße Mund...

IGNAZ
*indem er sich vordrängt und mit seinem Finger immer in das
offene Maul zeigt*
Ich ab' kein Geld! ab' nix zu essen.

PATER LAURENTIUS
So!?
IGNAZ
Hier... tut mir Bauch weh. Hunger!

ATZE
Still, du Schuft!
Du hast gefressen, mehr als du verdienst.
Denn nichts verdienst du: Prügel und sonst nichts.
Ich hab' ihn aufgelesen, frommer Vater,
zu Krain, in einem Schafstall, wo er lag,
und das Brummeisen schnurrte wie ein Kater.
Nun hat der Wicht bei mir sein Gnadenbrot.
Hier, dies ist Lendenstreich, der Fiedeler.

LENDENSTREICH
vortretend
Kunz Lendenstreich! —

ATZE
Ein wackrer Fiedelmann!
Hat einstmals, auch zu Krain, dem Zwerg Laurin
mit seiner Geige Tränen abgelockt.

PATER LAURENTIUS
Dem Zwergenkönig, den der Berner schlug?

LENDENSTREICH
Demselben, frommer Vater, keinem andern.

PATER LAURENTIUS
Das war nicht recht vom Berner, dünket mich,
daß er den wundervollen Rosengarten
dem kleinen Wichte zu verwüsten ging.

Wenn ich's bedenke: Nicht mit goldnen Börtlein
noch mit Demanten hab' ich sie verziert —
die Rosen mein' ich, hier auf meinen Beeten.
Doch schlüg' ein Held mit Stangen mir darein,
den müßt' ich Unhold schelten. Sag mir nun,
der vierte unter euch, wie heißt denn der?

GLOCKENDON

Ich heiße Ananias Glockendon.

ATZE

Ja, dies ist Glockendon, auf Ritterwort.
Und diese Geige, zubenannt Kriemhilde,
stammt von der Mutter Volkers, jenes Spielmanns,
der einst mit Hagen zu den Hunnen zog.
Wer kennt ihn nicht? — Volkern, den Spielmann, mein' ich,
und Glockendon von Worms.

GLOCKENDON

Ich bin von Worms.

PATER LAURENTIUS
kopfschüttelnd, fein belustigt
Ei, ei! Nun Gott sei Dank! Das lob' ich mir!
Wenn mir der Frühling solche Gäste bringt
und mit den Staren solche Vögel kommen,
so hochberühmte Herren euresgleichen
den Weg zu meiner armen Klause finden,
dann wahrlich bin ich ein beglückter Mann.
Ich bitt' euch, nehmt fürlieb. Bevor die Platte
mir ausgeschoren wurde, als mein Bart
noch röter war wie Barbarossas Bart,
da hätt' ich besser euch bewirten können.
Doch gibt es Eier, Brot und Ziegenkäse
und einen Wein vom lieben Land Tirol,
wie Gottes Weinberg keinen besseren trug.
Wenn ihr euch wollt damit zufriedengeben —
ich teil es herzlich gern mit euch! —, so kommt!
*Er winkt ihnen, zu folgen. Atze gibt gravitätisch den Wink
weiter, und voran der Pater, alsdann Atze und schließlich mit
pfiffigen Gesichtern die drei Musikanten, verschwinden alle
rechts vor der Kapelle.*

Jagdhörner blasen aus der Ferne.

KUNIGUNDE
noch nicht sichtbar, ruft
Franz! Franz! Herr Franz von Chila!

FRANZ
auch nicht sichtbar, ruft zurück
Gnädige Frau!
KUNIGUNDE
wie oben
Wohin denn stolperst du durch Stock und Stein?
Komm her und heb mich ab! Heb mich vom Pferd!

FRANZ
wie oben
Ich hab' den Pfad verloren, gnädige Frau!

KUNIGUNDE
wie oben
Das merk' ich, Fränzchen! Komm und heb mich ab!
Laß deine Hand mein Hebeeisen sein.

FRANZ
wie oben
O liebe gnädige Frau!
Eine kleine Stille, hernach lautes, ausgelassenes Gelächter Kunigundens: sie erscheint noch lachend.

KUNIGUNDE
schlanke und stattliche Erscheinung, voll erblüht und doch mädchenhaft
Was ein verzagtes Knäblein bist du, Franz!
und schwach, nit anders als ein junger Tauber.
Da ist der gelbe Flaum in meiner Hand.
Gelbschnabel, komm und hol dir deine Locke.
Sie hält lachend eine blonde Haarlocke hoch.

FRANZ
noch unsichtbar
Die Rosse bind' ich fest, dann, gnädige Frau,
nehmt Euch in acht.

KUNIGUNDE
Der Tausend! Fränzchen! — Ei! —
Weißt du denn, wo wir sind?

FRANZ
Im Paradiese!

KUNIGUNDE
Am warmen Brunnen sind wir.

FRANZ
ein schlanker, bildschöner Junge, zwischen 18 und 19 Jahr alt, erscheint. Er trägt ein buntes und reiches Jagdhabit und Mützchen.
Dacht ich's doch!

KUNIGUNDE
Und dort, wahrhaftig, steht des Klausners Hüttchen.
Schon fix und fertig steht's, als stünd' es so
seit tausend Jahren hier.

FRANZ
Ach, das mißfällt mir!

KUNIGUNDE
Kiekindiewelt! Was will dir da mißfallen?

FRANZ
Der fromme Vater wohnte doch so gut
am Silberwasser, oben im Gebirge,
dem lieben Gotte näher und dem Himmel.
Und zog es aus den Bergen ihn zu Tal,
vom Schneegerinnsel zu der warmen Quelle,
mich dünkt, die Übereile tut nicht gut,
er hätte noch ein Jährchen warten können.

KUNIGUNDE
zu Franz
Gewiß, der Pater Prior hat ganz recht.
Ehrwürdiger Herr, hochwürdiger, heiliger Pater,
wenn's Euch genehm ist, so geruhet doch,
auf meiner Burg, in meiner Hauskapelle,

acht Messen uns zu lesen oder neun.
Sie lacht laut heraus; Franz lacht ebenfalls.
Mich dürstet.

FRANZ
steht schon an der Tür der Einsiedelei und klopft
Frommer Vater! Lieber Herr!
Hochwürdiger Mann! Ehrwürdigster, macht auf!
Herr Petrus, Paulus, Lukas und Johannes,
heiliger Paphnutius und Zebedäus,
Sanktus Franziskus, schläfst du, oder wachst du?
Bist du zu Hause oder ausgeflogen?
Bist du gestorben, oder lebst du noch?
Bist du schwerhörig, oder bist du taub?

KUNIGUNDE
Franz, Franz! Du Tollkopf! Franz!

FRANZ
heftig weiterpochend; nach erneut heftigem Klopfen
Wie, hörst du nicht?
Versäumst du alter Moosbart deine Stunde?
nun sich Frau Venus aus dem Berg getan,
die liebe Frau und süße Königin,
und Einlaß heischend steht vor deiner Schwelle!

KUNIGUNDE
nachdem sie laut aufgelacht
Frau Venus? Was noch sonst? Warum nicht gar!
Gott gebe, Fränzchen, daß dich niemand hört,
sonst kommen wir zwei beid' in Geiers Küche.

FRANZ
Potz Küren! Ihr sollt trinken, gnädige Frau,
und einen Drachen wollt' ich drum bestehn,
ein Becherlein für Euren Trunk zu schaffen.
Und wäret Ihr Maria mit dem Kind
just auf der Reise in Ägyptenland
und säßet hier auf Eurem Eselein,
mit größrem Eifer könnt' ich Euch nicht dienen.
Er drückt die Tür der Klause auf und verschwindet darin.

KUNIGUNDE
Franz! Willst du wohl! Was steigt ihm denn zu Kopfe?

PATER LAURENTIUS
der auf die Lichtung getreten ist und das letzte mit angesehen hat
Es ist der Mai, der ihm zu Kopfe steigt.

KUNIGUNDE
erkennt den Pater, eilt ihm entgegen und küßt ihm die Hand
Willkommen, frommer Vater! Und verzeiht!

PATER LAURENTIUS
Dem reichen Gott sei Dank, dies kann ich tun.
Und meinst du nicht, es geht in einem hin,
wenn ich zugleich mit ihm den grünen Wald,
den ungezognen, losgebundnen Bach,
die kleinen Vögelein im jungen Laub,
die manches treiben, was sich nicht will ziemen,
von allen Frühlingssünden absolviere?

KUNIGUNDE
Tut's, frommer Vater, drückt ein Auge zu!

PATER LAURENTIUS
Da sei Gott vor! Mitnichten, liebes Kind,
Todsünde wär's an einem solchen Tag.
Nein! Wenn dein Kellermeister dir, mein Kind,
vom besten Weine, den sein Keller birgt,
nun schütten will in deinen goldnen Becher —
wirst du den Becher mit der Hand verdecken
und ihm den edlen Lautertrank vergeuden?

KUNIGUNDE
So war es nicht gemeint!

PATER LAURENTIUS
Bewahre Gott!
Die Augen halt' ich auf, so fest ich kann.
Nicht nur die Augen; Ohren, Mund und Herz.
Denn jetzo hat mein lieber Kellermeister
die Geberlaune, und er gibt und gibt,
mit Wonne jede Stunde überfüllend.
Und überall, aus allem, klingt sein Mahnen:
Jetzt, Menschlein, jetzt seid wach und heimset ein!

FRANZ

erscheint vor der Klause, einen silbernen Trinkbecher hoch schwingend

Hier, liebe gnäd'ge Frau.

PATER LAURENTIUS

Wenn's mehr nicht ist!
Fehlt dir das Beste doch! Wo ist der Wein?
Nun laß es gut sein! Wenn das Beste fehlt,
ich bin der Mann, es dir zu schaffen, Knabe!
Jetzt schämt er sich, wird rot, da haben wir's.
Wend immer nur getrost den Hausrat um,
und um und um, so oft es dir gefällt,
was du für diese liebe Herrin tust,
das nenn' ich wohlgetan. — Jetzt aber geh,
gedenk der beiden Rößlein, die euch trugen,
gedenk der Kreatur. Geh und erquicke
mit frischem Wasser die Verschmachtenden.
Denn mit den Hufen scharren sie die Erde
und schnobern witternd drüber her. Ich will
inzwischen eilen und den Tisch bestellen,
den ihr dort seht. Kommt! setzt Euch, liebe Fraue!

Franz ab; der Pater nimmt Kunigunde zierlich an der Hand und führt sie an den Tisch.

KUNIGUNDE

Ehrwürd'ger Vater, nur auf kurze Zeit.
Die Hörner rufen schon und kommen näher.
Hört Ihr? Sie suchen mich! Denn, müßt Ihr wissen,
ich bin heut morgen aus dem Tor gezogen
wie eine Königin, von dreißig Rittern
und manchem Knechte ritterlich geleitet.
Und hat mich auch die Jagd hierher verschlagen,
ganz ohne meine Schuld, so dünkt mich doch,
daß ich muß höfelich mich finden lassen
nun wiederum.

PATER LAURENTIUS

Dies lass' Euch unbesorgt!
Wenn dreißig Ritter auf der Fährte liegen
solch eines Edelwilds, wie Ihr es seid,
dann mag es flüchten, wie es immer will,

und sich verstecken in den fernsten Klüften —
sie spüren's aus, und sie erlegen's doch.

KUNIGUNDE

Das, frommer Vater, ist nicht so gewiß!

PATER LAURENTIUS

Laß es nur gut sein!

KUNIGUNDE

Ei, wir wollen sehn!
Kann sein, wir sitzen einstmals miteinander
uns gegenüber an dem gleichen Tisch
nach Jahren, so wie heut,
und rings, soweit des Kynasts Wälder reichen,
ist längst jedweden Jägers Horn verstummt.

PATER LAURENTIUS

Des könnt' ich mich nicht freuen, liebes Kind!

KUNIGUNDE

Ich um so mehr!

PATER LAURENTIUS

Ei, ei! Geduld! Schon gut! Wir wollen sehn!
Franz kommt wieder.

KUNIGUNDE

Franz! Nimm dein Horn und blase mir zum Sammeln!

FRANZ

Das geht nicht! Nein, wahrhaftig, gnäd'ge Frau.

KUNIGUNDE

Warum nicht? Wie?

FRANZ

Mein Jagdhorn legt' ich eben
an einer alten Buche Schaft, Ihr saht's.
Euer Schimmel, schlecht gezogen, ungebärdig,
trat mit dem Huf darauf.

KUNIGUNDE

Was du nicht sagst.

FRANZ
Die Wahrheit, gnäd'ge Frau.

KUNIGUNDE
Zeig her das Horn.

FRANZ
Das kann ich nicht, ich warf es ins Gestrüpp.

KUNIGUNDE
Seht mir doch an! Mein Pferd ist ungebärdig,
nicht gut gezogen und zertrat sein Horn.
Das liegt nun im Gestrüpp, und was weiß ich,
und alles das soll eins für Wahrheit nehmen.

PATER LAURENTIUS
*der mit einem Krug Weins wieder aus der Klause kommt, in
die er während einiger Augenblicke verschwunden war*
Nimm es dafür, und wär' es deshalb nur,
weil hübsche Lüg' nicht große Sünde ist.
Komm, junger Fant, auch du zur Tafelrunde.
Ein junger Edeling wie dieser hier
muß raschen Blickes seine Stunde nützen.
Er ist ein Knabe, gut, ich bin ein Greis,
uns beiden ist der Minne Reich verschlossen.
Doch was uns beiden nicht verboten ist,
das wollen wir genießen und uns freuen
des kleinen Mißgeschicks, das euch betraf
und eine minnigliche Fraue uns
für diesen heitern Morgen einbeschert.
*Franz hat unweit von Kunigunden Platz genommen, der
Pater gießt ein.*
Ja ja, ihr beiden kommt mir grade recht.
Mein Hüttchen ist erbaut seit zweeen Tagen.

Am 19. 3. 99, Sonntag, Grunewald.

Pater. Empfiehlt ihm das Pferdetränken. Liebe zum Geschöpf.

Kunigunde, als sie vor dem Pater mit Franz sitzt, neckt ihn,
spricht wie von einem dummen Jungen von ihm. Er hat
Raupen im Kopf, er tut nicht, was ihm obliegt. Die Jagd.

Dem Pater gegenüber wird er erst wirklich zum Knaben.
Sie fährt ihm durch das Haar.
Die Erzählung vom Reh, das sich badet im Quell. Sie sind beide wie Kinder, sagt sich der Pater. Er spricht auch von Kunigundens Vater.
»Franz geht zur Schule, Franz bekommt Fingerknipse, Franz wird wohl ewig ein Bub bleiben. Franz wird auch einmal einen Bart kriegen.«
Atzes Liebeslied an Kunigunde.
Kunigunde, die Eifersucht schürend. Gibt Atze etwas, auch Schweinichen ist dazugekommen. Atze verliert den Kopf. Er ist von seinem Erfolg bei Kunigunde überzeugt.

20.

Auch ich war jung!

Am 20. Oktober 99.

Zehnjährige Wiederkehr des Tages, an dem zuerst »Vor Sonnenaufgang« aufgeführt wurde.

Ballade, gesungen, zur Belebung und Verschönung des Tanzes. S. 97 [Die provenzalischen] Troubadours [dargestellt von] Dr. Brinckmeier [Halle 1844].

Juni 1900, Agnetendorf, Dienstag.
Auf dem Weg nach dem Kynast.

So will ich singen Tandaradei
auf meiner schnellen Pilgerfahrt.
Dem Echo will ich lauschen!

Der Ruf erschallt,
das Echo verhallt.
Die Wälder hör' ich rauschen.

Wie Walther sitz' ich auf einem Stein
und decke Bein mit Beine.
Um mich geigen die Vögelein.
Ich bin im Wald alleine.

Sie geigen wohl um den alten Berg,
der liegt so totenstille,
zerborsten Brück' und Mauerwerk
in seiner Wälder Hülle.

Ein Fahrender, heb' ich mich hinan,
zu Hof hin will ich reiten.
Walther, der liederreiche Mann,
wandert an meiner Seiten.

Doch [...?] den Schatten.

Gib deine Fiedel, lieber Gesell,
gib mir auch deine Kehle.

Agnetendorf, den 1. September 1900.

Der Silberverwalter; Silberkammer, Porzellankammer.
Kastellan.
Weißzeugaufseher.
Der Sattelmeister.
Mundkoch/Dienerschaftsküche.
Der königliche Bratenspicker, Meister seiner Kunst.
Kammerlakai.
Damenlakai.
Lampier.
Die Silberwäscherin.
Der Holzbesorger.

3. Januar 1904, Agnetendorf.

»Grieswartel, zum Donnerwetter, Grieswartel, Grieswartel!
Speer einlegen, Grieswartel.«
»Maintenator! nicht Grieswartel!« sagt Ulrich von Lichtenstein.

Jurakel.
Jurakelprobe.
Holzpferd.
Ritterspeer.

Agnetendorf, den 7. August 1912.

Gestern zwei Grafen und zwei Gräfinnen Stolberg-Wernigerode hier (Wiesenstein) zu Besuch. Dazu zwei Freiherren von Ledebour. Carl von Ledebour eignes Kapitel. Er geht nach Kanada, spielt Laute, singt Volkslieder. Graf Eberhard Stolberg ebenfalls Kapitel. Gestalt aus einem noch nicht vorhandenen schlesischen Walter Scott.

Die Wiederbelebung des Volksgesanges. Die Trinkfreudigkeit. Mehr »Dörperheit« als »Höfischheit«. Aber doch etwas Minnesangartiges. Das alles bringt mir den »Kynast«-Plan in Erinnerung.

Görgen und Plepp.

Den Ritt unternehmen die wahnwitzigen Ritter. Nicht auf Kunigundens Forderung.

Ist die Kynast-Sage nicht Nachwirkung der Odyssee? Freier um Penelope.

13. April 1918.
Personen

Kunigunde
Franz von Chila, Edelknabe, Kunstschütz.
Friedrich, Landgraf von Thüringen.
Pater Einsiedler am warmen Born. Claustrum calidi fontis gründend, ein Franziskus. Geiger.
Mendel Lilla, ein Jude.
Ulrich von Lichtenstein, Ritter.
  Außer Landgraf und Ulrich und Franz:
  I.   ⎫   Fürst von Liegnitz
  II.   ⎬ Ritter und Freier
  III.   ⎭   Der Reichsgraf
Grendel, Spielmann, bucklicht.
Ignaz, Brummeisen   ⎫
Rührlöffel, Baßgeige   ⎪ Musikanten. (Alle glauben,
Goldhähnchen, Sänger   ⎬ Kunigunde liebe sie.)
Kunz Lendenstreich, Geige ⎪
Mathias Glockendon, Flöte ⎭
Der Narr
Der alte Cobat aus Temesvar, 172 Jahr alt, in Hermsdorf ansässig.
Kammerfrau (Name?) Kunigundens
Der Burgwächter
I., II., III. Waschweib. Die drei Grazien.
Schloßkaplan
Asperan   ⎫
Struthan ⎪
Ruhel   ⎬ Riesen und Riesenweiber
Rutze   ⎭

Zwerg
Der Mohr. Hassan
Silberverwalter
Kastellan
Weißzeugaufseher
Sattelmeister
Mundkoch
Kammerlakai
Damenlakai. Kunz
Lampier
Silberwäscherin
Holzbesorger
Papageien, Exotisches aller Art. Glasberg [?].

>>Will jemand über Unrecht klagen,
so er kann Jahr und Tage jagen
und tötet doch nur Zeit damit.<<
                                   Reineke Fuchs

>>Viel Gewühl in weltlichen Dingen.<<

DIE NIBELUNGEN

[Hiddensee, den 28. August 1899.]

Die Nibelungen
In drei Teilen und einem Vorspiel
Jeder Teil zu fünf Akten

ERSTER TEIL
Das erste Hofgelage

ZWEITER TEIL
Rüdiger von Bechlaren

DRITTER TEIL
Das zweite Hofgelage

Begonnen: Hiddensee, den 1. September 1899.
[Überarbeitet: Agnetendorf, 6. und 7. Dezember 1933.]

DAS VORSPIEL

Nibelungenfeste in der Mark zu Norweg. Winter.
Eine Halle.
Siegfried und Kriemhild auf dem Hochsitz.
Ein Kämmerling öffnet die Tür und läßt Markgraf Gere mit einem ritterlichen Gefolge eintreten.

SIEGFRIED
erhebt sich und schreitet dem Markgrafen entgegen
So helf' mir Gott, mein Lieb, 's ist Markgraf Gere.

KRIEMHILD
Vetter, mein lieber Vetter, seid Ihr's wirklich?

GERE
Von Kopf zu Fuße, edle Königin.

DIE NIBELUNGEN

KRIEMHILD

Laßt Euch besehn! Wahrhaftig, Schatz, er ist's:
Nun, wackrer lieber Vetter, hochwillkommen!

SIEGFRIED

Merkt Ihr nun auch, ob Ihr willkommen seid?
Auf ihrem Faulbett lag sie ausgestreckt —
meint Ihr, das Kätzlein kam, wenn ich sie lockte? —,
da scholl ein Ruf, Gott weiß woher: Burgunden!
und hui! vom Lager fuhr sie Euch empor
wie'n Blitz und riß ein Stück arabischer Seide,
grün, breit, wie lang mein Spieß, Euch mitten durch:
so sprang sie auf die Beine.

KRIEMHILD

Ja, 's ist wahr.

SIEGFRIED

Ei, freilich ist es wahr. Da seht doch: hier,
ob sie sich so viel Zeit nur hat genommen,
den Schaden auszubessern.
Der Riß im Kleid wird belacht.
Markgraf Gere,
Ihr seid willkommen. Minder nicht willkommen
mir als Kriemhilden. Sitzt doch nieder, hier,
nehmt auf dem Sessel Platz, wegmüder Mann!

GERE

Erlaubt mir, werter königlicher Herr,
daß ich zuvor Euch darf die Märe sagen,
um die ich hier bin.

KRIEMHILD

Wie? So feierlich?!
Bist du so feierlich, mein guter Gere?
Sieh doch, er ist ein feierlicher Herr,
trägt seinen Bart und blickt so strenge fast
wie Oheim Hagen. Gere, kleiner Gere,
he, kleiner lust'ger Gere, wach doch auf!
Bist du nicht Gere mehr? der Tollkopf Gere?
mein Kamerad, der mir den Wocken hielt
manch liebes Mal, der in der Kemenaten

mehr als im Rittersaal zu Hause war?
der...

SIEGFRIED

Laß das, Lieb, dies alles kommt nachher.
Herr Markgraf, sprecht: Ihr bringt von König Gunther
mir eine Botschaft und, bei meinem Eid,
nichts ist, was angenehmer meinem Ohre
und meinem Herzen irgend könnte sein.

KRIEMHILD

Was macht mein Bruder Gunther? Redet, sprecht!
Wie geht es meinem wackren Gernot? wie?
Sind sie gesund? und Giselher, das Kind?
gesund und wohlgemut?

GERE

Ja, Gott sei Dank.

KRIEMHILD

Und Mutter Ute?

GERE

Gott sei Dank, gesund.
Nur, daß sie täglich klagt, erlauchte Frau,
wie Ihr so fern ihr wohnt im Land zu Norweg:
sie müss' Euch, meint sie, fast so sehr entbehren,
als wäret Ihr gestorben.

KRIEMHILD

Ach! ist's wahr?

SIEGFRIED

Ermeßt nun, Markgraf Gere, ob sie lebt!
Mich dünkt, sie lebt, wahrhaftig. Ich zum mindsten
bin dieser Meinung. Nehmt ein wildes Roß,
das nie im Leben noch den Reiter trug,
ich will's Euch leichter in den Zügel zwingen
als dieses Weib.

KRIEMHILD

zärtlich an ihn geschmiegt

Pfui, schäm dich, was ist das?

SIEGFRIED

Ich bitt Euch, Markgraf, nützt den Augenblick!

Tut's! sagt uns, eh sie wieder Atem schöpft,
was uns der Vogt vom Rheine läßt entbieten.

KRIEMHILD
schlägt Siegfried mit ihrer Schärpe
Pfui, sag' ich, hier, nimm das und das und das!

SIEGFRIED
Ihr seht, folgt meinem Rat!

GERE
mit Verneigung
Euch läßt mein Herr,
Gunther, der reiche Vogt vom Rheine, laden
durch mich und meine lieben Fahrtgesellen
zu einem Hofgelage hin nach Worms.
Und daß Ihr doch geruhen mögt zu reisen,
hießen mich Ute, die reiche, Eure Mutter,
Gernot und Giselher und nicht zuletzt
Brunhild, die Königin, Euch dringlich bitten.
Dies tu' ich hier.

SIEGFRIED
Wohlan, und habet Dank!
Habt Dank, ihr schnellen Recken allesamt!
Der Vogt vom Rheine, Gunther, Euer Lehnsherr,
ist mir ganz wie mein Bruder lieb und wert.
Ich bin ihm jede Stunde gern zu Diensten.
Und, wahrlich, ich versehe mich von ihm
immer des Guten nur und Allerbesten. —
Ob wir gen Worms die Reise können wagen,
das steht dahin. Beschwerlich ist die Fahrt,
wie ihr am eignen Leibe sicherlich
genugsam habt erkundet, und es führt
durch gar zu vieler Herren Land der Weg.
Indes ruht aus, wegmüde Herrn, ruht aus
und laßt euch wohl sein unter unserm Dach.
Ich will mit meinen Freunden mich beraten,
daß ich euch gütlich Urlaub und Bescheid
in knapper Frist mit Züchten möge geben.

GERE
Herr, wenn Ihr kämt, die Freude wäre groß.

Worms braust schon jetzt, in Wahrheit sag' ich das,
just wie ein aufgestörter Immenschwarm,
denn ruchbar in der Stadt ward unsre Sendung.
Es ist, sperrt schuhhoch gleich der Schnee die Gassen,
als hätt' an jede Tür der Mai gepocht
und alles Volk geweckt vom Winterschlaf.
Ihr kennt ja Euer Worms, sehr edle Frau!
Kämt Ihr — und laßt mich glauben, daß Ihr kommt! —
und Ihr, sehr edler König! zög't Ihr ein...
was soll ich sagen?! Wenn das Jubeljauchzen
Euch nicht wie Donnersturm entgegenbraust,
wenn man Euch unter Rosen nicht begräbt
und nicht mit Nelken steinigt... Dann, ja dann,
bei Gott, werd' ich ein Pfaff und singe Messe!

KRIEMHILD

Ei, Vetter, ist das wahr? Hat man zu Worms
Kriemhildens nicht vergessen mittlerweile?

GERE

Vergessen? Eurer? Nicht ein Schäppler ist
im Weichbild unsrer Stadt, der nicht die Schappel
so macht, wie Ihr sie truget dazumal.
Ihr bandet Euer Goldhaar so und so,
und trotz des Knotens hing's Euch bis zur Ferse.
Wenn Ihr, der Königin Mägde ausgenommen,
ein Mägdlein finden könnt, ob edelbürtig,
ob eines Bürgers Kind, das sich sein Haar —
und hab' es auch nur Rattenschwanzes Länge —
auf andre Weise schlingt, wie Ihr getan,
so ist Worms nicht mehr Worms. Nein, edle Frau:
vergessen seid Ihr nicht! So wenig seid Ihr
vergessen wie der Held aus Niederland,
der starke Siegfried, dieser edle Vogt!
Und mit Verlaub zu sagen: wollt' ich Euch
zum Lachen bringen, könnt' ich Euch erzählen,
wie Pfefferküchler Euer Bildnis backen,
und alle Welt, in Gassen und auf Plätzen,
mit Haut und Haaren täglich euch verzehrt.

⟨SIEGFRIED

Mich?

DIE NIBELUNGEN

GERE

Ja, und Euch.

KRIEMHILD

Und mich?

GERE

Euch beide, ja.
Kommt nur und seht dies alles selbst mit Augen.
Was gilt's: Euch lacht das Herz.

SIEGFRIED

Nun, lieber Schatz,
wohin dein Schifflein strebt, vor diesem Winde,
das merk' ich wohl. Und daß du heim dich sehnst,
trotzdem, so hoff' ich, unsre Fremde hier
zur neuen Heimat dir geworden ist,
macht mir nicht bange. Weiß ich doch gewiß,
daß du, wo ich zurück gen Norweg reise
dereinst, wenn erst verklungen das Gelag,
daß du, so sag' ich, wieder mit mir ziehst
und nicht zurückebleibst. Was mich betrifft:
nach Hochgezeiten steht auch mir das Herz.
Und ob ich Gunthern, Gernot, Giselher
und die in ihrem Lehn: den starken Hagen,
den wackren Dankwart, Ortewein von Metz
und alle meine guten Heergesellen,
mit denen ich so manchen Ritt getan,
gern wiedersähe nach so langer Zeit
— sechs Jahre sind's, daß wir Beilager hielten
zu Worms, mein Schatz! —, ermeßt Ihr leichtlich selbst.
Indes...

KRIEMHILD

Sie geht umher und gibt jedem einzelnen die Hand in glücklicher Versonnenheit.

Burgunden, wackere Burgunden!
Seid hochwillkommen hier in Siegfrieds Saal.
Sah euch schon Eckewart, mein treuer Marschall?
der alte treue Markgraf Eckewart?

ERSTER BURGUNDE

Mit vierzehn Pferden stob er auf uns her.
Wir hatten kaum im Strom die Furt durchritten

und stunden zögernd in der Ebne noch.
Weiß Gott, wir alle weinten wie die Kinder.

KRIEMHILD

O liebe, heim'sche Laute! Sprecht! sprecht weiter!
Schatz, lachst du über mich? und doch ist's wahr:
sie reden, und es klingt wie Volkers Lied.
Was macht der königliche Spielmann, sprecht,
der Fürst der Sänger?

ZWEI BURGUNDEN
Dank! es geht ihm wohl!⟩

KRIEMHILD

Wie geht es Hunold, dem getreuen Kämmrer
an meiner Brüder Hof — und Sindold auch,
dem lust'gen Schenken, der sich selbst so gern
einschenkt wie andern? Und vor allem Rumold...?

RUMOLD
ruft aus der Schar

Rumold? Hier ist er.

KRIEMHILD
Wer?

RUMOLD
Ihr riefet Rumold,
Und wenn Ihr Rumold meint, so ist er hier.

KRIEMHILD

Rumold, der Küchenmeister?

RUMOLD
Eben der!

KRIEMHILD

Wo?

RUMOLD
Hier!

KRIEMHILD
Wie?! Rumold ist's, der lust'ge Rumold?!
Mit allen seinen Schnurren, tollen Schwänken,
ritt zwanzig Tagereisen bis zu uns?

RUMOLD

Er tat's. Er drückte durch zwölf Tagereisen,
ich weiß nicht welchen armen Schimmels Kruppe.
Die Schindmähr' fiel! Ein Falbe ward gebracht
und Rumold wie ein Kalb darauf geladen.
Drauf hing er nun drei Tage steif vor Frost,
der Degen Rumold, ein Stück Fleisch, das reitet.
Und als man eben ihn vom Gaule hob —
fragt Eckewarten, der ihm Beistand tat —,
zu guter Letzt schrie wiederum der Rumold
wie ein lebendiges Kalb.

KRIEMHILD

Vor Schmerzen?

RUMOLD

Ja.

SIEGFRIED

sachlich

Euch soll ein zwiefach Botenbrot entschäd'gen.

RUMOLD

Zwiefach entschädigt bin ich, starker Siegfried,
nun ich Euch beide, Euer Gemahl und Euch,
so frisch und stolz und hochgemut erblicke.

KRIEMHILD

Schatz, diese Arme trugen deine Hausfrau,
da war ihr Püppchen größer noch als sie.
Dies war der erste Bart, in den sie griff,
nicht deiner. Dies das erste Knie, nicht deins,
auf dem sie saß und lacht' und Kurzweil trieb.
Ja, er hat viel voraus! — Weißt du noch, Rumold,
wie du mich mußtest zu den Feuern tragen,
wo deine Köche ganze Schweine brieten?
Und wie ich eher nicht vom Flecke wich,
als bis ich selbst am Spieß gedreht? — Du drehtest!
ich glaubte nur zu drehen. Weiß du das noch?

RUMOLD

Ob Rumold das noch weiß? Er weiß noch mehr:
trug er doch täglich hier auf dieser Schulter
die kleine Königin durch alle Kucheln,

und manchmal ritt sie auch auf seinem Hals.
In alle Winkel mußt' er mit ihr kriechen,
Schlachthaus und Waschhaus blieben unverschont,
und wenn im Hühnerhause auseinander
das wimmelnde Geflügel gackernd stob
und tausend buntgeschwänzte Hähn' und Hennen
schreiend vor Angst auf einmal sich empor
zur Decke warfen, an die Wände stießen,
und hilflos an den Wänden niederrutschend
zur Erde plumpsten — hei, was klatschte da
die kleine Kriemhild in die weißen Hände
und schrie wie ein Goldhähnchen selbst vor Lust.
Und immer freundlich war sie, immer gut
und klug. Der üble Teufel soll mich schlagen,
war sie nicht klüger als wir allesamt.

SIEGFRIED
kühl

Ein guter Leumund.

RUMOLD

Rumold weiß noch mehr
aus jener lust'gen Zeit. Er könnte schwatzen,
bis seine Zung' ihm abstirbt, Euch das Ohr,
erzählen, ohn ein Ende je zu finden.

KRIEMHILD

Schön war's und lustig damals, wackrer Rumold,
da hast du recht, und gerne denk' ich dran.
Doch soll ich nochmals jene Zeit durchleben,
so sag' ich tausendmal dir: Nein, und nein! —
Es ist hier rauh! gelt? — finster oft und kalt.
Doch dieser liebe Held aus Niederland,
der hier so gerne Bär und Elch und Ur
in Eis und Nebel pirscht, hat gut gesorgt,
daß Frühling bleibt im Herzen seines Weibes
und daß sich's nimmer um Vergangnes härmt.
He, Markgraf Eckewart! — wo steckt der Markgraf?

SIEGFRIED

Burgundenmänner, wenn es euch beliebt,
gebt mir nun das Geleite, bitt' ich euch,
zu König Siegmund, meinem greisen Vater.

Es lebt kein Held von Wien bis Isenland,
der euch, Burgunden, lieber sieht als er.

GERE

Held Siegfried, König Gunther und sein Lehn,
Gernot und Giselher und ihre Lehne
betrauern Eurer edlen Mutter Tod,
der Königin Siegelind, der guten.

SIEGFRIED
Ja,
die Mutter starb mir.

GERE
Ihres Namens Ruhm
war ohnegleichen in der ganzen Welt.

SIEGFRIED
einfach
Die Mutter starb mir! Ja, 's ist wahr, ihr Herrn.

GERE
Sie war zwar hochbetagt, allein...

SIEGFRIED
ablenkend
...allein,
wer möchte wohl turnieren mit dem Tod!
Kommt nun mit mir.

KRIEMHILD
Ich hör' ihn sprechen.

SIEGFRIED
Wen?
KRIEMHILD
Den Vater hör' ich reden.

*Siegmund kommt im Hausgewande, aber mit Schwert und
Schild. Ihm folgt Eckewart, den Knaben Gunther auf dem
Schild tragend.*

SIEGMUND
Ist das wahr,
was Eckewart mir hinterbracht? Ist's wahr?
daß hier Burgunden sind aus Worms, der Stadt?

SIEGFRIED
Ja, Vater, und Ihr seht sie.

SIEGMUND
Ja, 's ist wahr!
Bei Odins Vögeln, ja Ihr seid Burgunden:
Schwert an der Hüfte, blaues Feuer im Blick,
zierliche schnelle Recken. Hochwillkommen!
Potzblau, ihr Herrn, das nenn' ich eine Reise
von Worms zu uns: in einer Jahreszeit,
wo jeder Fußbreit Erde sich nur mühsam
ertrotzen läßt gen Stöberschnee und Eis.
Wo kaum ein Tag das Aug' zu flücht'gem Blick
auftut und wieder schließt. — In dicker Nacht,
drin schwarzer Nordsturm durch die Räume wütet
mit feurig sengendem Frost. Und nun der Sund?
Wie kamt Ihr übern Sund zu dieser Jahrszeit?

GERE
Gerüttelt und geschüttelt, König Siegmund,
doch sonst mit heiler Haut. Ist's Euch genehm,
so laßt den Degen Rumold Euch erzählen,
der wahrlich nichts im Leben höher schätzt
als eine Fahrt zur See.

RUMOLD
Bewahr' mich Gott,
in Öl gesottne Fische sind mir lieber,
an Gunthers Hof in guter Ruh verzehrt.

SIEGMUND
In Öl gebratne Fische gibt's auch hier,
du sollst nach Herzenslust den Wanst dir füllen.
Ein drolliger Gesell, der mir gefällt!
Bei meiner Treu! ein drolliger Gesell.
Ihr kommt genehm, ihr Herrn, Ihr kommt genehm.
Nun wollen wir mit brennenden Besen fegen
die Finsternis aus Hallen und Gezimmer:
licht soll es sein! Und König Siegfrieds Feste
soll aller Nebel spotten und Gewölke,
solang' Ihr bei uns weilt. Mein Haar ist weiß,
man sagt es mir, sonst wahrlich wüßt' ich's nicht!

Denn dieser schneeige Hauch, dies Überbleibsel
von achtzig Wintern macht mir wenig bang.
Es hält den Kopf mir kühl, nun, um so besser:
ein kühler Kopf, ein um so heißres Herz.
Und steh' ich dir bei Met, Moras und Wein,
Ölfischefresser aus Burgundenland,
nicht meinen Mann, bei Gottes Flügelhelm:
so magst du selber mich am Spieße rösten.
Lachen.

SIEGFRIED
zu Eckewart, der den kleinen Gunther noch auf dem Schilde hält
Laß ihn herab.
Gunther springt herab.

GERE
Bei Gott, ein wackrer Sprung!

RUMOLD
Ein Siegfriedssprung, wahrhaftig!

SIEGMUND
Schaut ihn an,
Burgunden! Ob der Wicht aus schlechtem Holz?
Biegsam wie Stahl die Glieder und so fest!
Das ist mein Enkel Gunther, meine Lust,
mein Spielgenoß und Spielzeug, wenn Ihr wollt,
und je nachdem, mein Lehnsherr und Tyrann.

KRIEMHILD
Wem ähnelt er?

GERE
Dem Vater.

KRIEMHILD
Gelt! nicht wahr?

SIEGFRIED
Mich dünkt, er ähnelt dir so gut wie mir.

SIEGMUND
Hier diese Flechsen sind von dir, mein Sohn.
Dies ist gewiß. Nicht minder auch der Arm.

Just ehe Eckewart, der Markgraf, kam
und atemlos mich rief, tat diese Rechte
euch einen Speerwurf solcher Wucht und Macht —
ich hielt den Schild! den brach er durch und traf
mich selber so, der Spieß, daß ich zur Not
im Stolpern nur mich faßte: sonst, bei Gott,
wälzt' ich wie eine Bache mich im Schnee.

RUMOLD

Du heißest Gunther, kleiner Siegfried?

GUNTHER

Ja.

RUMOLD

Uns blüht am Hof zu Worms ein kleiner Gunther,
den heißt man Siegfried.

ECKEWART

Ist er gut zuweg?

RUMOLD

Ich weiß es nicht. Doch Speere wirft er kaum
wie dieser hier: viel lieber hört er Messe
und liest in Büchern. Selten sieht man ihn.

KRIEMHILD

Nun, Eckewart, wir sollen hin nach Worms.

ECKEWART
nickt, Wasser tritt in seine Augen

KRIEMHILD

Sie laden uns nach Worms zur Sonnenwende.
Hätt'st du wohl Lust, die weite Fahrt zu tun? —
Ich glaube gar, der alte Markgraf weint.

SIEGMUND

Wie? lädt man euch gen Worms?

SIEGFRIED

Ja, Vater.

SIEGMUND
                              Blau!
So hoff' ich, daß man Siegmunds nicht vergaß
und daß auch er Gemach und Herberg findet
und einen Sitz beim Mahle: denn, ihr Herrn,
so wahr ich einen Gaul noch ohne Schemel
besteigen kann: ich bleibe nicht daheim.
Führ' ich nicht hundert auserlesene Degen —
ich selbst in Wehr! — dem Jüngsten gleich gen Worms,
dann will ich fürder nicht mehr König heißen.

[DAS VERWUNSCHENE SCHLOSS]

[Entstehungszeit: 1900.]

[1]

Der Majoratsherr mit den Backentaschen.
Sein gutes Herz.
Seine Einfachheit.

Das verwunschene Schloß.
Der alte Schloßverwalter ist der Tod. Kastellan.
Die Dämonen, Erinnyen, Apokalyptischen Reiter.
Ich beschäftige mich mit der Masse und auch mit dem einzelnen ebenso intim.
Der Heiter-Gelockte. Sieh, er ist am meisten beschwert, er hat aber auch die stärksten Flügel.
Der Lautlose. —

2]

1. Bruder A
1. Schwester B, seine Frau

1 ⎫
2 ⎬ [Kinder]
3 ⎪
4 ⎭

2. Bruder A
2. Schwester B, seine Frau

3. Bruder A
3. Schwester B, seine Frau

1 ⎫
2 ⎬ Kinder
3 ⎭

Dr. P.
Frau Dr. P.

Der alte Vater
Die alte Mutter

Der Kastellan
Zwei dienende Mädchen

DAS VERWUNSCHENE SCHLOSS 237

Die Schwester A
Freundin der Schwester

Vierzehn Personen   Sieben Kinder.

[3]

Die Vergänglichkeit.
Der Dichter liest etwas Niedliches vor.

Durchempfinden, nicht durchdenken.

[4]

*Eine hohe, düstere Eingangshalle mit Treppenaufgang, großem
Kamin, schwerem Hängeleuchter. Vor dem Kamin ein Lehn-
stuhl. Rechts eine Tür.*
*In dem Lehnstuhl vor dem Kamin sitzt der Kastellan. Däm-
merung, Stille. Schlittengeläut, das sich annähert. Dann Reden
im Vorhaus.*
*Ein achtjähriger Junge, ein zehn- und ein vierzehnjähriges
Mädchen stürmen herein mit Gelächter.*

DIE KINDER. Onkel Fritz! Onkel Fritz! Onkel Fritz, wir sind
da!
*Der Kastellan erhebt sich und verschwindet in den Kamin.
Die Kinder stoßen alle gleichzeitig einen gellenden Schrei
aus und stürzen in höchstem Schrecken davon.*
*Peter Wolfskehl im Pelz und Pelzstiefeln herein, mit Düten
bepackt.*
PETER WOLFSKEHL. Teuf! wat's los, Kinnings?
LEOPOLDINE. Ach Papa, da saß jemand dort auf'm Stuhl.
PETER WOLFSKEHL, *er geht auf den Stuhl zu.* Hier? — Oho!
noch wat! wenn Se all wedder wat bruken, gespukt wird
hier nich!
JOSEPHA. Es hat aber wirklich jemand dort auf'm Stuhl
gesessen.
PETER WOLFSKEHL. Jawohl, euer Großvater hat auf dem
Stuhl gesessen, eure Großmutter hat auf dem Stuhl ge-
sessen, der alte Fürstbischof von Meißen hat auf dem

Stuhl gesessen — das heißt, vor dem Kamin wenigstens. Das is aber lange her, Kinnings.

KLAUS. Aber wahrhaft'gen Gott, Papa, es hat eben jetzt jemand auf'm Stuhl gesessen. Ich schwör' dir's zu, Papa!

PETER WOLFSKEHL. Pscht! Rand halten! Mutter! Mal ran! — *Seine Frau im Pelz tritt ein.* Na!? Bißchen öde vorläufig, der alte Väterbau, was? Wird schon werden! laß man die andern kommen. — Aber die Fahrt war famos!

FRAU PETER. Ich wundere mich, daß wir die ersten sind!

PETER WOLFSKEHL. Ich dachte auch, Fritz würde vor uns hier sein.

FRAU PETER. Na, als Wirt — —! Wer hat dir denn aufgemacht?

PETER WOLFSKEHL. Ein alter Besen. *Schlägt sich vor den Mund.* Entschuldigen Sie! *Die Kinder lachen.*

JOSEPHA, *leise zur Mama.* Mama! es hat jemand dort auf dem Stuhl gesessen.

FRAU PETER. Was? — ?

KLAUS, *dumm.* Ein Geist.

Frau Peter lacht.

PETER. Ganz gehorsamer Diener, verehrter Geist! *Macht eine Verbeugung vor dem Stuhl.* Sagt mal dem Besen, der Besen soll Licht machen. — Herrgott ja, da scheint ja der Mond herein!

FRAU PETER. Und wie!!

PETER, *zu Leopoldine.* Sag mal dem Geist, er soll mir mal Platz machen.

LEOPOLDINE. Papa!!

PETER *setzt sich in den Stuhl. Zu Klaus.* Komm, zieh mir mal fix die Pelzstiefeln aus.

Minna kommt.

MINNA. Guten Abend! Darf ich den Herrschaften Tee bringen?

PETER. Vor allen Dingen machen Sie Licht! Die Kinder sehen sonst wieder Gespenster.

MINNA. Ich habe die Lichter schon aufgesteckt. *Sie steigt auf einen Stuhl, um den Kr[on]l[euch]ter anzuzünden.* Ich dachte, es wären meine Herrschaften [Text bricht hier ab.]

[5]

ERSTER AKT
Alles wie sonst. Wiederaufleben der schönsten Vergangenheit.

ZWEITER AKT
Die Tiefe bricht auf. Die wahren Verhältnisse brechen durch. Der Zank der Brüder —. Der Tod tritt an den Ältesten heran.

DRITTER AKT
Das Bleigießen. (Das Singen).
Die Eheleute scheinen sich gefunden zu haben wieder.
Es ist aber der Trennungskampf.

VIERTER AKT
Das Neujahrsdiner.
Der Alte. Die Rede des Alten.
Der leere Platz.
Man weiß, alles wird auseinanderfallen. —
Das Leben ist Expansion.

MUSIKDRAMA
Szenarium

[I]

Dienstag, den 20. Juni 98.

Der Schicksalsglaube im Volk. Das »Gericht« oder die »Gerichte«, welche mit ungeschickter Hand von außen in die Verkettungen des Volkslebens eingreifen, wo sie verwirren und vernichten können, aber niemals den eingestandenen Irrtum selbst wiedergutmachen. Die Tragödie in Kusel [?]: Die Frau, welche sie erlebt hat und erzählt. Man hat ihrem Sohne, einem Knaben, nachgesagt, er habe irgend etwas gestohlen. Ihr Mann, der Vater des Knaben, hat diesen halb zu Tode geprügelt, ohne ein Geständnis zu erhalten. Nun ist der Wachtmeister erschienen, und in seiner Gegenwart hat der Vater geschrien: »Wenn du's getan hast und sagst es nich, schlag' ich dich tot.« Bei der nun folgenden Gerichtsverhandlung erklärte der Wachtmeister, die Worte hätten anders gelautet. Nämlich so: »Wenn du sagst, daß du die Sachen gestohlen hast, schlag' ich dich tot.« Hierauf wurde der Vater und die Mutter wegen Hehlerei bestraft.
Die Wirtschaft, welche die Leute innehatten, war immer mehr rückwärts- als vorwärtsgegangen: jetzt verlotterte sie vollkommen. Der Vater, gut und ehrlich, aber Trunkenbold, konnte des Knaben nicht mehr ansichtig werden, ohne zu rasen. Der Knabe litt furchtbar unter seelischen Malträtierungen und Schlägen. Inzwischen war Revision eingelegt worden, und in der neuen Verhandlung wurde auf Freisprechung erkannt.
Die Idiosynkrasie des Vaters gegen den Sohn blieb aber. Das dadurch gesteigerte innere Unglück der sehr heruntergekommenen Familie war so unerträglich, daß die Mutter den Tod des Knaben wünschte. Eines Tages kam dieser aus dem Konfirmandenunterricht und war sehr heiter und aufgeräumt. »Mutter«, sagte er, »heute mußt du mir Plinsen machen!« Als die Mutter meinte, sie habe keine Zeit, Kartoffeln zu reiben, erklärte er eifrig, es tun zu wollen, saß und rieb alsbald mit Lust und Heiterkeit. Die Mutter briet ihm die Plinsen.
Ihrer drei hatte sie fertiggebacken, als ihr zweiter Sohn aus

der Schule kam. Er nahm die drei Plinsen und rannte davon, dem Vater entgegen aufs Feld. Darüber verging die heitere Laune des Kartoffelreibers noch nicht, in gutmütiger Weise hielt er sich über den Gierschlung von Bruder auf, verlor aber die Geduld zu der Reibarbeit. Er sagte außerdem, dem Vater wolle er nicht mit entgegengehen, denn er verderbe ihm da nur wieder die Laune, und sprang davon, um sich vor dem Häuschen noch etwas zu tummeln.

Die Mutter buk ander[e] Plinsen zu Ende und, wie sie sagt, hatte ein seltsames unruhiges Gefühl in der Brust. Als ein Nachbar hereinkam und sagte, unten am See sei nicht alles in Ordnung, da wußte sie sofort, daß ein großes Unglück geschehen sei. So war es: ihr Sohn war aufs Eis getreten, in seiner munteren Unternehmungslust, eingebrochen und ertrunken. »Heute kriechen wir em nich mehr vor, 't muß erst uftauen.«

Die Mutter, aufs tiefste erschüttert, empfand doch den Einklang des Schicksalsschlusses mit ihrem Wunsch. Schmerz und Glück in einem Gefühl.

Die Familie, auf deren Verdacht hin das gesamte Unheil hereingebrochen war, bereute. Die Frau versuchte wiedergutzumachen. Jeder ihrer Annäherungsversuche wurde abgewiesen. Die Erzählerin ihres Schicksals meinte, wenn sie wieder, wie es bis jetzt immer der Fall gewesen sei, gleichzeitig mit ihr das Abendmahl nähme, so werde sie das Weib von der Abendmahlsbank hinunterstoßen.

[II]

[Rovio, den 27. März 1901.

»Der See!!!«

Die Tür der Hinterwand, die eigentliche Hauseingangstür, öffnet sich, man sieht für einen Augenblick die düstere märkische Landschaft, den einsamen, zugefrorenen See, von Kiefern umstanden, und der Spaziergänger tritt ein. Dieser ist ein anständig gekleideter Mann inmitten der dreißig[er] Jahre. Sein Gesicht ist mild und gütig, langes Haar und spitzer Bart gibt dem Kopf eine Heilandsähnlichkeit.

Die Frau erschrak, beruhigt sich dann, als sie den Spaziergänger erkennt. Der Spaziergänger: »Wo ist Martin?« Sie weiß es nicht. Er treibe sich herum, da und dort, das sei nicht zu ändern.

Der Spaziergänger: »Ihr verkennt ihn, er ist ein guter Junge. Gestern abend hat er mich besucht. Er besucht mich oft. Ich habe ihn sehr lieb.« Die Frau zuckt wehmütig die Achseln. Sie weicht ab, sie sprechen von Allgemeinem.

Der Spaziergänger: »Habt Ihr gestern abend die Röte am Himmel gesehn?« — »Man sieht sie immer.« —
»Ich habe sie niemals so stark gesehn, es war wie ein flammender Rauch. Ich begleitete Euren Sohn gestern abend ein gutes Stück auf dem Heimweg, da sah ich es.« —
»Von hier kann man es immer sehn«, sagt die Frau, »das sind die Lichter von Berlin. Hier sieht man sie immer. Der blutige Schein hat uns oft geleuchtet, wenn wir zur Sommerszeit auf unsrem Kahne Holz über den See fuhren oder im Winter über das Eis. Hört Ihr, wie der See heut brüllt?« —
»Das ist eine seltsame Sache, die ich früher nicht gekannt habe. Es ist, als wären furchtbare Dämonen eingesperrt und preßten und wuchteten von unten gegen die Eisdecke. Es knackt, platzt, prasselt und donnert dumpf. Es rollt wie von unterirdischen Gewittern.« — »Er ist wie ein wildes Tier, er fordert Jahr für Jahr seine Opfer.« —
»Ich weiß! Ich weiß! Diese dunklen märkischen Seen wissen viel zu erzählen von sonderbaren, qualvollen Schicksalen, graunvoll-lächerlicher Verzweiflung, Not und Tod... Dort brennt das Feuermeer, wir sehen es in der Nacht leuchten, und die verbrannten Herzen retten sich zu den kühlen Seen, den kühlen, schwarzen Seen der Mark.« Die Frau: »Wohl ihnen.«

Martin springt herein. Ein dreizehnjähriger Knabe. »Mutter!« — »Wo kommst du her?« — »Sie haben einen Handwerksburschen aus dem Schnee gegraben, einen Schmied.« Der Spaziergänger: »Wo?« — »Auf der großen Straße.« Der Spaziergänger: »Auf der großen Waldstraße, die jetzt so verlassen ist und einst Länder verband, wo aber noch so viele Wanderer ziehen?« — »Dort. Ja, dort.«

Der Spaziergänger: »Ich gehe gern diese verlaßnen Straßen, obgleich sie unheimlich sind. Sie erzählen, wenn man sie schreitet, zwischen den einsam sich bewegenden Wipfeln. Wenn du Phantasie hast, kannst du dir auch Lustiges dabei

vorstelln. Zog doch der Alte Fritz mit seinen Regimentern unter klingendem Spiel diese Straße. Manchmal hört man die Marschmusik im Geist, dann ist es wieder ganz still. — Wo ist Euer Mann?« — »Er schläft. Er hatte gestern einen langen Weg. Er schläft.« Der Junge springt hinaus.
»Ich wollte mit ihm reden wegen des Martin. Hat er noch immer diesen Abscheu vor ihm?« — »Ja.« — »Nun, könnt Ihr Euch das erklären?«
Die Frau zuckt wehmütig die Achseln. Fortfahrend: »Man kann sich alles erklären, Herr, in der Welt, und es bleibt doch unerklärt. Ich habe viel gebetet und habe viel gearbeitet. Meine Gebete werden nicht erfüllt, und meine Arbeit schafft uns kein Brot. Ich kann es mir nicht erklären, Herr. Aber ich bin und kann es mir auch nicht erklären, warum ich bin. Es gibt Dinge, vor denen es mich ekelt, und anderen sind sie ein Leckerbissen. Das ist so, das muß ertragen werden. Ich kann es mir nicht erklären, Herr.« — »Martin verdient das nicht.« —
»Nein, er verdient es nicht. Aber haben wir es verdient, daß wir im Gefängnis sitzen mußten und entehrt wurden?« —
»Nein, Ihr habt das nicht verdient, aber Ihr seid auch nicht mehr entehrt. Das zweite Gericht hat Euch freigesprochen, Eure Ehre ist wiederhergestellt.« —
»Zu spät. — Wir sitzen hier einsam, und es sieht uns keiner. Aber die Schmach vergiftet uns.« — »Es haftet aber keine Schmach mehr an Euch.« —
»So sagt Ihr. Aber seht doch den Mann an. Ich wache auf des Nachts und höre ihn schluchzen und heulen. Ihr denkt, er stund nie im guten Ruf. Gut. Er trank, mochte sich nicht abschinden wie die übrigen, tat dies und das, aber er war gut und brav. Oh, man kann bei alledem gut und brav sein. Hätte ich etwas stehlen wollen, er hätte mir die Hand abgehackt. Dann kam die Verleumdung und der Verdacht. Glaubt Ihr, weil er in Lumpen einhergeht, er kenne die Scham nicht? Der Lumpen schämt er sich nicht, dessen aber schämt er sich, dessen man ihn zieh.« —
»Ihr seid für unschuldig erklärt.« — »Zu spät, das Gift sitzt in ihm.« — »Und der Verdacht traf ja nicht Euch, sondern das Kind.« — »Das ebenso unschuldig war.« — »Gut. Ihr wißt das, Euer Mann weiß das. Warum haßt er das Kind?«
Die Frau, wiederum wehmütiges Achselzucken. »Ich kann es Euch nicht erklären und verstehe ihn doch. Ihr kennt ihn

nicht, aber ich kenne ihn. Er ist roh, rauh, wild und gut. Es lebt in ihm alles wie in den andern, die wohlgekleidet sind, obgleich man kaum etwas in seinem Äußeren wahrnimmt von dem, was in ihm ist. Dieser bärenhafte Mensch ist im Innern ein Kind, ich weiß es. — Herr, wir haben auch Zeiten erlebt, wo der Holunder über uns blühte. Es war eine kurze Zeit, aber es ist doch das Gute, von dem ich weiß. Sonst weiß ich von wenig Gutem, Herr. Von meiner Mutter hab' ich keine Lieder gehört, von meinem Vater nur Flüche. Aber dazumal sangen die Vögel, und ich glaubte an Gott, und ich liebte die ganze Welt.«

Martin kommt hereingesprungen. Heller Sonnenblick. Martin: »Mutter, die Sonne! Es wird noch ein sonniger Tag. Man hört auch die Kirchenglocken, hörst du?« — »Gottlob, daß er immer lustig ist.«
Der Spaziergänger: »Kirchenglocken und Sonne. Was wollt Ihr an einem Sonntag mehr? Gute Frau, irgendwo leuchtet ein fester Stern in unsre Nacht.« Die Frau: »Irgendwo!« — »Dorthin zieht es uns, dort werden wir daheim sein. Habt Geduld, auch Euer Mann wird genesen!« — »Nie!«
Martin, indem er Kartoffeln schält: »Mutter, der Fischer hat seine Angeln eingelegt. Ein Rudel Rehe ist über den See gezogen. Quer über den See.«
Stimme des Vaters: »Frau!« — »Ich höre den Vater.« — »Mutter, da will ich gehn.« Der Spaziergänger: »Warum?« — »Vater wird böse, wenn er mich sieht.« — »Bleib! Du hast ein reines Gewissen. Bleib, du hast nichts getan.« — »Nein, nein, es ist besser, er sieht mich nicht. Der Bissen bleibt ihm im Halse stecken, wenn er mich sieht.« — »Fürchtest du dich?« — »Nein.« Stimme: »Frau!« — »Komm herunter, dein Frühstück ist bereit.« Martin ab.

Der Mann kommt. Massiger, unheimlicher Mensch, finster und schwarzbärtig. Der Mann: »Martin! Warum lief er fort?« Frau: »Ich habe ihn nach etwas geschickt. Weißt du, wer da ist?« — »Wer?« — »Ich. Gott grüß Euch!«
Der Mann: »Ihr? Es wundert mich, daß Ihr den Weg zu uns findet. Ihr könnt doch von uns nichts wollen. Ihr wohlgekleideten Leute tätet besser, uns zufriedenzulassen.« — »Die Kleidung macht bei mir keinen Unterschied. Das habe ich Euch schon mehrmals gesagt, und das wißt Ihr.« —

MUSIKDRAMA

»Aber fürchtet Ihr nicht, daß unsre Schande abfärbt?« —
»Es haftet keine Schande an Euch.« — »So? Das ist eine Neuigkeit.« — »Es haftet keine Schande an Euch.« — »Nicht?« —
»Nein.« — »Das laßt Euch doch von den Leuten erzählen.« —
»Ihr waret nie beschuldigt, nur Martin.« — »Und dafür habe
ich ihn halb zu Tode geprügelt.« —
»Ja, das habt Ihr, mit Unrecht. Denn die Lehrersfrau, die
ihn beschuldigt hat, hat selbst zugegeben, daß sie sich getäuscht habe.«

Die Frau: »Herr, wenn sie neben mir kniet beim Abendmahl
und die Hand ausstreckt nach der Hostie, so schlage ich ihr
diese Hand nieder. Das tue ich, Gott helfe mir, ja.«

Der Mann gießt sich Schnaps ein und trinkt. »Ihr habt gut
reden, ich schlage niemand mit Unrecht. Warum hat er das
über uns gebracht? Warum schleicht er bei den Menschen
herum? Warum schmarutzt er bei den Vornehmen? Warum
läuft er zu Euch? Warum bleibt er nicht bei uns? Hier ist
sein Platz. Wäre er bei uns geblieben, er hätte das Unglück
nicht über uns gebracht.« —

»Ich verstehe Euch nicht. Dies sind doch alles sinnlose Reden.
Das Kind hat gelitten wie Ihr, unschuldig.« —

»Hat ihn der Büttel fortgeführt, wie die dort und mich?
Haben sie ihn hinter eiserne Gitter gesteckt, wie die dort und
mich? Zu Tode hätt' ich ihn schlagen solln.« —

»Trotzdem er unschuldig ist, wie Ihr?«

Der Mann: »Lieb' ich meine Kinder nicht? Fritz!« Der
ältere Sohn Fritz kommt herein. »Schlug ich dich, quält' ich
dich jemals? Aber er hilft mir meinen Wagen ziehn. Er quält
sich mit mir schwitzend durch den Sand. Trink, du bist mein
Kamerad.«

Der Spaziergänger: »Lebt wohl, Gott beßre Euch. — Freilich
solltet Ihr Euren Haß mehr auf Schuldige richten.« — »Wer
weiß, was noch geschieht.« — »Was?«

Die Frau: »Nichts! Rede nicht, iß und trink!« — »Wer weiß,
was noch geschieht.« — »Was denn?« —

»Wenn ich einmal auf der stillen Straße, auf der Straße, die
ganz still ist, wo sich die Halbtoten schleppen, wo die gehen,
die ihre Schmach verstecken wollen, den treffe...« — »Wen?« —

»Es ist ein Mann, der zu Pferde sitzt. Er hat einen Säbel umgeschnallt, einen Helm auf dem Kopf, den sieht man weit
durch den Wald blitzen. Aber es gibt Leute, die haben
Flinten im Strohsack und Pulver und Blei.«

Die Frau: »Schwatze nicht Unsinn am frühen Morgen.« —
»Ich schwatze nicht Unsinn, Gott helfe mir. Der Mann, der falsch Zeugnis ablegt, verdient nicht mehr. Fritz, was hab' ich zu deinem Bruder gesagt, als ich ihn hier halb totschlug? Hab' ich gesagt, gestehe nicht?« Fritz: »Gestehe, hast du gesagt.« Frau: »Gestehe, gestehe, hast du gesagt.«
Der Mann: »Gestehe, gestehe, hab' ich gesagt. Er aber, was hat er beschworen? Gestehe nicht! Ein Opfer muß fallen, Herr, ein Opfer wird fallen, Herr. Ich sag' es Euch, denkt an mich!« Er geht hinaus mit Fritz.
Der Spaziergänger: »Das ist eine finstre Verirrung.«
Die Frau: »Alles ist finster, trüb und unabwendbar für uns.« —
»Ihr werdet aber Euren Knaben dadurch zugrunde richten.«
Die Frau, wehmütig achselzuckend: »Was sollen wir tun?« —
»Habt Ihr denn Euren Martin nicht lieb?« —
»Herr, ich bin seine Mutter, ich habe ihn hier unterm Herzen getragen. Was soll ich tun?« — »Ihn schützen! Ihn fortbringen meinethalben.« — »Wohin? Darüber mag Gott walten.« — »Sonst wird wirklich ein Opfer fallen, wie Euer Mann sagt. Lebt wohl.« — »Das muß der tragen, den es trifft.« Der Spaziergänger geht.
Die Frau, allein, arbeitet und singt melancholische Weisen. »Es fliegt ein schwarzer Vogel über den Wald, du weißt nicht, woher und wohin. Was sein Schatten gestreift hat, das stirbt. Horch, der See! — Es mag wohl einen Stern geben, aber ich sehe ihn nicht. Es ist etwas in mir gestorben. Warum?«
Der Spaziergänger kommt wieder. »Frau!« —
»Was? Der See brüllt so laut, ich verstehe Euch nicht.« —
»Manchmal ist die Hand des Schicksals schneller, als jemand meint.« — »Sprecht lauter!« — »Der See hat ein Opfer.« —
»Was sagt Ihr?« — »Begreift mich, Frau! Denn Ihr müßt es begreifen. Geht und seht selbst.«
Die Frau sieht ihn an, begreift.
»Es ging ein Knabe aufs Eis, und das Eis zerbrach...« —
»Herr, wenn es so ist, was sollen wir tun? Gott kennt seine Wege.«

[Tagebuchnotiz]

Rovio, den 27. März 1901.

Gestern waren d'Albert und Frau hier. — Heut Textbuch zu einaktigem Musikdrama entworfen für Eugen d'Albert. Zugrunde gelegt: »Schicksalsglaube im Volk« (Tagebuch 20. Juni 98). [Abgedruckt oben S. 240.]

GUDRUN

[I]

[ERSTER AKT]

12. Januar 1902.

(ERSTE SZENE)
Gudrun, die Umworbene. Die Adelsstolze. Der Verzug ihrer
Eltern, die sie unter ihren Launen hält, wie alles um sich.
Schon der alte Hagen war maßlos stolz, dieser Stolz hat sich
auf Hilde übertragen und wirkt noch immer stark genug in
Gudrun. Hilde souffliert ihn, diesen Stolz. — Nun Liebe.
Siegfried der Mohr, Herwig und Hartmut werben. Alle werden sie von Gudrun gegängelt. Mit Hartmut geht sie am
weitesten: ihn liebt sie fast. Oder wirklich? — Hetel weist
Hartmut ab mit seiner Werbung; er geht, in einer Abschiedsszene von Gudrun getröstet und mit Hoffnungen entlassen.

(ZWEITE SZENE)
Hartmut kommt zu seiner Mutter. Er hat sich einige Zeit
umhergetrieben, ziellos, krank vor Liebe, da kommt er heim.
Schon vorher hat Ludwig und Gerlind erfahren, daß Gudrun
sich verlobt habe. »Mit dir?« — »Nein!« — Tableau beiderseits.
Hartmuts Raserei. Der alte Ludwig will gegen ihn ankommen.
Rennt wütend ab, da kein Trost hilft. Gerlinde schmäht wie
Ludwig den Hochmut der Hegelingen. Damit ist ihm nicht
geholfen. Endlich will er den Boten selbst sprechen. Der
Bote kommt, berichtet Herwigs Einfall — Hartmut schlägt
sich an den Kopf! —, er berichtet, daß die Liebhaber wie
Hähne seien: der Mohr sei eingebrochen in Herwigens Land
und der Schwiegervater ihm zu Hilfe geeilt: das alles bringt
der Späher, Spion, den Hartmut zurückgelassen. »Ich will
auch ein Hahn sein meinetwegen! Auf! Auf!«

ZWEITER AKT

(DRITTE SZENE)
Gerlinde und die Tochter. Sorgen. Wo sind Sohn und Vater?
Da stürzt Bote herein. »Schiffe! Sie bringen Gudrun!« Ab-

gehärmt, kalt. Die Freundlichkeit der Alten abgelehnt. Sie beklagt sich zu Hartmut. Er tröstet, fordert zur Nachsicht auf: ereifert sich über den Vater, der sie grob behandle. Hartmuts Liebeserklärung. Er bietet ihr sein Königreich. Gudrun kalt abweisend. »Ich gehe und komme wieder und frage wieder.«

DRITTER AKT, 1

(VIERTE SZENE)

Gerlind in Wut bis zum Weinen spricht mit der Tochter über Gudrun und deren Hochmut. Hartmut kommt. Die Klagen werden fortgesetzt. Hartmut läßt Gudrun bitten. Sie weigert zu kommen. Er befiehlt. Sie kommt. Die Gewaltswerbung. Er gerät in Wut. Er wird im Drohen immer mehr erniedrigt, immer mehr ohnmächtig. Ab. (Seine geheime Frage an die Schwester, ob sie noch rein.) Die Mutter, als er fort, bricht in knirschender Wut hervor, reißt ihr die Kleider vom Leibe, in ihrer Liebe und Eitelkeit schwer gekränkt. Ihr entfährt das Wort: »Mein Sohn geht zugrunde« etc. etc.

(FÜNFTE SZENE)

Gudrun am Meeresstrande, waschend. Herwig und Ortwein kommen. Das Nicht-Erkennen, hernach das Erkennen. Der Sänger Horand. Die Wäsche wird ins Meer geworfen etc. Die alte Königin kommt gegangen. Sie schreit ihr entgegen: »Nun will ich Königin sein!« Die Überwältigung. Das Glück der Alten, nach ihrem Zorn.

VIERTER AKT

(SECHSTE SZENE)

Das Freudenfest. Der alte Ludwig küßt ihr die Hand. Die Königin Gerlind. Die Schwester Hartwigs ist selig. Hartmut hat den Eingang. Seine Seligkeit, seine Erlösung. »Nun mag kommen, was will und wer will!« — Nach der Huldigung anstürmende Liebe, Szene zwischen ihm und Gudrun. In dieser Szene noch kommt sie in Gefahr, schwach zu werden, mehr als je. Sie siegt. Er geht. Die Enthüllung an die Mägde nach verschlossener Tür.

FÜNFTER AKT

(SIEBENTE SZENE)

Morgen in der Kemenate. Horand singt unten. (»So sang er meiner Mutter.«) Der Wächterruf. Gudrun mit ihrer Freundin. Der Wächterruf. Die alte Königin hastig in die Kammer. »Wer ist das, wer da unten liegt? Wer? Wer?« — »Ich weiß nicht, wer!« — Heerhörner. Verrat! Hartmut kommt, trennt die Mutter. Zwei niederschmetternde Worte! Er geht. — Die Angst der Frauen; zunehmendes Kampftosen in der Burg. Die Flüchtigen. Gerlind. Der Alte.

(ACHTE SZENE)

Großer Saal.
»Wie vorm Medusenhaupt erstarrend, sinkt alles in mir zusammen im Augenblick der Gewährung. Mit vollen Händen könnt' ich greifen, doch ich mag nicht mehr.« Gerlinde stürzt ihr zu Füßen. »Ja, da liege, verstecke dich« etc. — Der alte Wate kommt rasend. Er schreit. Er ist grob zu ihr. Sie bändigt ihn. — Herwig kommt. »Warum bist du nicht eher gekommen?« Er will sie küssen. Sie fragt: »Wo ist Hartmut?«

[II]

[1902.]

ERSTE SZENE

Auf der Burg zu Hegelingen. Gudruns Kemenate. Romanische Loggia; durch Säulen und Rundbögen aus rotem Sandstein sieht man das Meer. Rechts und links je eine Tür in Gudruns Gemächer. Frau Hilde im reichen, zobelbesetzten Kleide sitzt in einem kostbaren Armstuhl. Sie ist, obgleich über die Vierzig hinaus, eine königlich schöne Frau. Das rote Haar, in Goldnetze gefaßt, ruht wie eine Last auf ihrem Haupt. Hildeburg, ein schönes, achtzehnjähriges Mädchen, von südländischem Charakter, stattlich und frauenhaft in der Erscheinung, kommt, ebenfalls reich gekleidet, von rechts. Es ist ein klarer, noch kühler Morgen, gegen Ende des April.

HILDE

Wie schlief sie?

HILDEBURG
indem sie das Knie beugt und Hildens Hand küßt
Gut. Wie'n Murmeltier.

HILDE
lachend
So geht's.
Die Mutter wacht, sorgt, grübelt, weil sie meint,
die Tochter grüble, wache, sorge sich:
die aber schläft. So ist's. 's ist meine Schuld.
Wer heißt mich denn dem Kindskopf glauben? — Nun,
's ist besser so! Viel besser.

HILDEBURG
Hohe Frau,
vergib! Hast du gewartet?

HILDE
Länger nicht,
als mir's genehm war in der Morgenluft.

HILDEBURG
Es tat uns niemand Meldung, Herrin.

HILDE
Ei!

HILDEBURG
Der Kämmrer nicht, noch auch die Frauen. Und weil
du in so früher Morgenstunde nie
die Kemenate unsrer jungen Fürstin
betreten hast...

HILDE
Laß gut sein, Hildeburg,
ich selbst verbot's den Frauen, euch zu wecken.
Also sie schlief? Und aß am Ende auch
noch gar zur Nacht?

HILDEBURG
Das tat sie.

HILDE
Tat sie das?
Wahrhaftig? Und sie weinte mir am Hals,
Speise und Trank verschwur sie. Nun, 's ist brav

Der Burgpfaff soll zum Dank drei Messen lesen.
Jetzt aber sag mir eins: als unser Wirt
gestern den dreien Recken Urlaub gab
zur Heimfahrt in ihr Land und Gudrun sich
so arg, du weißt es, gegen mich betrug —
's ist Hagens ungezähmtes Blut, ich kenn's! —,
wem von den dreien, deren Kiele heut
im Hafen unten segelfertig liegen,
galt wohl ihr Schmerz?

                HILDEBURG
           Herrin, ich weiß es nicht.

                HILDE
Du weißt es!
                HILDEBURG
    Nein.

                HILDE
           Wie, Hildburg, seid ihr nicht
von Jugend auf Gespielen? Willst du mich
das glauben machen, was unglaublich ist?
Behalt's für dich! Sei meinetwegen treu!
Treu bist du. Bist dem Kinde treu ergeben.
Doch rede mir nichts ein. Siegfried, der Mohr,
ist's nicht: dies weißt du? — Denn so weit verirrt
sich Hagens Enkeltochter nicht. Bleibt Herwig
und Hartmut. Herwig ist ein Fant! Er ist
ein Leichtfuß! Mag vielleicht gefährlich sein
für Fünfzehnjährige! Oder meinst du nicht?
Gott mag's verhüten. Er sitzt gut zu Pferd,
ich geb' es zu. Im Lanzenstechen bricht
er wacker seinen Speer so gut wie andre.
Hält er den Mund — sein Bart mag hingehn! — gut!
Lacht er: noch besser. Sein Gebiß ist weiß
wie Elfenbein und ohne Fehl. Allein,
weh über seine Worte, wenn er spricht!
Wär' er doch stumm geboren! Er ist Fleisch
und Bein und weiße Haut und blondes Haar,
Kraft, Mut und doch halbtot. Das Leben sitzt
im Kopf. Hier sitzt der Mann. Hier sitzt der König.
Hier wird der Blitz geboren, der zerschmettert,
nicht in der Faust. — Und Hartmut? Hartmut ist

Vasall. Sein Vater Ludwig stund, ein Stier im Joch,
an meines Vaters Thron. Doch als die Hand
des wilden Hagen, die ihn niederbeugte,
erkaltet war, befreite sich der Knecht,
denn dadurch ward er's. Und so hass' ich ihn,
wie er's verdient. Hass' und veracht' ihn. — Nun,
wer von den Dreien tat's ihr an? Wer trägt
ihr Herz davon? Ein Stück von ihrem Herzen,
wennschon das ganze nicht?

                      HILDEBURG
                         Wo ich dies weiß
und dir's verschweige, so verstoße mich,
Herrin, aus deiner Huld.

                      HILDE
                   lacht herzlich
                   Mag denn der Himmel
dies Knäul entwirren! Warum weint sie dann?
Verweigert Speis' und ißt sie. Kann nicht schlafen
und schläft. Tut störrisch. Quält uns, macht dem Vater Sorgen
und mir? Warum — wenn von den Freiern keiner
in ihrer Gunst steht? Will sie alle drei
zu Gatten? Umgekehrt nach Mohrenart?
Wir sind doch Christen! Was denn will sie sonst?

                      HILDEBURG
Nicht Nonne werden, Herrin! Nicht verblühn
im Kloster.

                      HILDE
             Will ich sie zur Nonne machen?
Will Hetel sie ins Kloster tun?

                      HILDEBURG
                      Sie sagt,
wie dich dein Vater Hagen nur gezwungen
dem Gatten abtrat und nach hartem Strauß
so wolle Hetel tun.

                      HILDE
               Sagte sie Hetel?
Wie? oder Hilde?

                      HILDEBURG
                  Hetel.

ERSTE SZENE

HILDE
Nun genug,
wir wollen selber sehn. Der Wirt und ich,
ich und der Wirt sind darin eines Sinns:
ein Volant aller Könige muß es sein,
wer Gudruns Minne will.

GUDRUNS STIMME
Mutter!

HILDE
Sie kommt.

GUDRUN
kommt im zobelbesetzten, goldgestickten Seidenkleide. Sie trägt eine Goldspange wie eine Krone auf dem Kopf. Ihre Flachsmähne, die bis zu den Fersen reicht, ist im Nacken ein Stück aufgebunden.
Guten Morgen, Mutter! Ah! Wie frisch die Luft
vom Meere kommt! Ah! Meerluft, Meerluft, Mutter!
Wann fahren wir gen Irland?

HILDE
Hast du denn
so früh, kaum aus den Daunen, Reiselust?

GUDRUN
Ja, Mutter. — Immer, wenn der Morgen kommt,
ist mir's wie einer Schwanenjungfrau, die
ihr Federkleid verlor.

HILDE
Hast du gefrühstückt?

GUDRUN
Nein! Bringt mir Bier und Schinken, denn mich hungert.
Ich legte gestern hungrig mich zu Bett
aus Liebeskummer. — Was denn seh' ich dort?
Drei Kiele unter seidnen Segeln.

HILDE
Kind,
der Wind hat sich gedreht um Mitternacht
und steht nun günstig.

GUDRUN
Günstig nennst du das,
was ihnen widrig ist?

HILDE
Wieso?

GUDRUN
Fahrt hin!
Ins Widrige und günst'gen Wind hinein.
Du aber, Mutter, heiß den Bischof kommen
mit einer langen Schere, daß er mir
den überflüssigen Schopf vom Scheitel schneide.

HILDE
Hör zu, mein Kind. Du bist verständig, bist
die Tochter deiner Mutter. Dieses Spiel
ist aus. Muß aussein. Länger diese Recken
durch dick und dünn am Narrenseil zu ziehen,
geht nicht mehr an. Es gab Turniere, gab
Ballspiel und Tanz genug: dies länger noch
zu unsrer, deiner Kurzweil treiben, hieße
Hoffnungen nähren, die doch grundlos sind.
Für diese Herrlein bist du nicht bestimmt,
und ihre Krönlein nicht für deinen Scheitel.
Das weißt du selbst.

GUDRUN
Nun gut. Was also soll's
verschlagen, daß sie hier sind? Warum jagt
ihr sie davon, wie Motten aus dem Rock?

HILDE
Dort kommt der alte Wate. Sprich mit ihm.

DER ALTE WATE
kommt im Hauskleid, aber das breite Schwert im Gürtel
Gott grüß' euch, königliche Frauen. Ja,
nun bin ich hier, der Bär im Tulpenbeet.
Wer schickt den Petz zum Jäten? Mag der Wirt
die Kosten tragen, wenn er was verdirbt.

HILDE
Sie fragt, warum die Herrlein reisen müssen.

WATE
Der Wind ist gut.

GUDRUN
Das war er früher oft,
so gut wie heut, und wird er künftig sein.

WATE
Richtig. Gesprochen wie sich's ziemt. Was nun?
Was soll man sagen gegen dich und dir
ins Angesicht, Frau Gudrun? Nehmt drei Fäden
aus Eurem Haar und bindet die drei Schiffe
dort unten fest am Strand von Hegelingen,
so bleiben sie, und niemand reißt sie los.
Im Ernst! Drei güldne Bauer laß dir machen,
für jedes Herrlein einen. Halte sie
als zahme Äffchen dir, als Papageien!
Doch wenn du das nicht willst, dich's nicht getraust
zu wollen, laß mit Ehren sie davon.
Sonst ist's zu spät und, sagt der alte Wate,
nicht wohlgetan.

GUDRUN
sieht Waten an und lacht plötzlich laut auf
Bin ich ein Turm, 'ne Burg,
daß Ihr mich so berennt?

WATE
Ein Turm, 'ne Burg?
Zehn Türme, zwanzig Burgen, dreißig Städte.
Du bist, wie soll ich sagen, bist ein Land,
geschmückt mit Wäldern, goldnen Auen und Städten.
Mehr: denn ich geb' dies alles hin für dich.
Was wollen diese Knäblein! Jagt sie fort.

GUDRUN
Warum nicht aber einen nach dem andern?

HILDE
Und wen zuerst?

GUDRUN
Den Mohren.

HILDE
Gut! Wen dann?

GUDRUN

Dann Herwig.

HILDE

Bleibt uns Hartmut auf dem Hals.
Und was geschieht mit ihm?

WATE

Nein, nein, ihr Frauen.
Sie müssen allzumal und allzugleich
mit einem Wurf und Winde fort von hier.
Gütlich! Nicht böslich. Einen nach dem andern,
das wäre böslich. Dreifach ist die Schmach
dem, der zuerst geht, doppelt dem, der folgt.
Und wenn der, den Ihr bis zuletzt gespart
und der sich Hahn im Korbe dünkt, auch noch
mit seinem Korbe muß von dannen pilgern,
so ist's für diesen gar der Gnadenstoß.

HILDE

Hartmut zuerst! Die andern hinterdrein.
Nicht umgekehrt.

WATE

Hartmutens Vater ist
ein harter Kopf, der nicht umsonst den Sohn
Hartmut genannt. Und wär's nicht so: Hartmut
hat harten Mut! Ihr wißt's. Ich wollte mich
mit andern eher als mit ihm bespaßen.

GUDRUN

Und kurz und gut: schon bin ich hier im Staat,
bereit, die Opferlämmlein zu empfangen,
und also macht es kurz. Heißt Ortewein
die Herren zu mir führen, einzeln und
Hartmut zuletzt. So will ich's! Will es so,
weil ich's so will. Im Grund ist's einerlei.
Sie wiegen mir nicht schwerer wie drei Federn.
Ich blase: Puh! Weg sind sie. Reißt der Apfel
um Wespen sich? Der Zobelpelz um Motten?
Das Licht um Molkendiebe? Scheucht sie fort,
daß sie nicht drin verbrennen.

WATE
Hoher Mut.

HILDE
küßt Gudrun
Just wie es sein muß! Wie sich's ziemt, Ohm Wate,
für Hagens Enkelkind.

WATE
Und Hetels Tochter.
Mit Urlaub, edle Frauen, entfern' ich mich.

HILDE
Warum so eilig? Gebt mir Euren Arm.
Zu Gudrun
Und du sei klug, gerecht und freundlich.
Ab mit Wate.

GUDRUN
Kind,
bring mir mein Spieglein. — Warte! — Sag mir doch,
wie ist mein Haar gebunden?

HILDEBURG
Gut. Wie immer.
Ortewein kommt, nach ihm Siegfried, der Mohr.

ORTEWEIN
Siegfried aus Mohrland, Schwester.

SIEGFRIED
mit überaus lebhaften Gesten
Königin!

ZWEITE SZENE

Normandie. König Ludwigs Burg. Ein Zimmer. In einem romanischen, mit Glasfenstern versehenen Erker sitzen der alte Ludwig und Gerlind. Etwas entfernt von ihm steht Gavan, ein junger Knappe.

LUDWIG
Von Hegelingen kommst du?

GAVAN
Gradeswegs!

LUDWIG

Dann, scheint mir, kamst du über eine Brücke.
Denn nach den Stürmen dieser Zeit zu schließen
und nach der Brandung, die noch immer tost,
wälzt Berg und Tal sich draußen durcheinander
auf hoher See.

GAVAN

Wir hatten schwere Böen.

LUDWIG

Man sieht's dir an. Der Weg war also krumm,
nicht grad, von Dänemark nach der Normandie.
Kam euer Kiel mit heiler Haut davon?

GAVAN

Ein Mast ging über.

GERLIND

Sage mir vor allem,
was macht Hartmut, mein Sohn?

GAVAN

Frau Königin,
ich sah ihn diesen ganzen Sommer nicht.

GERLIND

Wie das? Von wannen kommst du, wie du sagst?

GAVAN

Von Hegelingen, König Hetels Burg.

GERLIND

Ganz recht. Wir mißverstehen uns. Weiß ich doch,
du kommst von Hegelingen. Sage also,
wie geht es König Hartmut?

LUDWIG

Mann! Wach auf!
Hat dich die See so unsanft durchgeschüttelt,
daß du in deinen Siebensachen dich
nicht mehr zurecht kannst finden, wie? Du kommst
von Hartmut! König Hartmut, unsrem Sohn.

GAVAN

Nein.

LUDWIG

Nicht? Er ist betrunken.

GAVAN

Herr, ich sah
den König Hartmut nicht seit sieben Monden,
seit er von Dänemark unter Segel ging.

LUDWIG

Wann ging er unter Segel und wohin?

GAVAN

Es hieß: Zur Heimat, nach der Normandie.
Ludwig und Gerlind schauen einander betreten an.

GERLIND

Wie? Hartmut ist nicht mehr zu Hegelingen?

GAVAN

Nein.

GERLIND

Und wo ist er dann? Wohin geriet er?

GAVAN

Ich wähnt' ihn hier zu finden, Königin.

LUDWIG

Bei uns ist Hartmut nicht. Still, Gerlind! still!
Er schwimmt auf einem guten Kiel. Er hat
auf gut zwei Jahre Proviant. Er ist
ein wackrer Bursch, ein Seemann, ein Normann.
Das Meer ist voll Gefahren, doch der Degen
Hartmut ist angetan, sie zu bestehen.
Sag: ging Hartmut im Zorn aus Hegelingen?

GAVAN

Er fuhr davon mit einem finstren Mut.

LUDWIG

Voll Zorn?

GAVAN
Nur still und finster, zornig nicht.

GERLIND
So weiß ich, was geschah. Hilde, die Vettel,
geschmort in Hoffart wie 'ne Gans im Fett,
die stolzgeblähte Pute — sie erstickt
noch wahrlich einst vor Zorn und Übermut! —,
hat ihren Eheherrn und Kapaun von Mann
so weit vermocht, daß er zum zweiten Male
die Werbung abschlug.

GAVAN
Ihr vermutet recht.
Drei Könige warben damals um Gudrun,
und alle dreie lichteten die Anker
am gleichen Tag.

GERLIND
Drei Könige, sagst du, was?
Ich weiß von einem König nur. Ist etwa
Herwig von Seeland einer? Dieser Tropf
und Bettheld? Ei, er mag ein König sein
gleichwie ein kleiner Gernegroß von Hahn
auf seinem Mist. Ich wollte lieber mir
zum Ritter einen Schweinehirten nehmen
als diese Weiberschürze. Oder ist
Siegfried, der schmutzige hispanische Mohr,
etwa ein König? Nun, beim lieben Gott,
legt diese Wanze in Gudrunens Bett,
so will ich trotz der Schande, die uns Hilde,
die irische Hündin, antut, fürder nicht
auf Rache denken.

LUDWIG
Schweig nun! Und du, Bote,
sag deine Botschaft rund und ganz heraus.
Wie kommt's, daß du mit König Hartmut nicht
damals in See gingst?

GAVAN
König Hartmut ließ
mich als Kundschafter bei den Hegelingen.

LUDWIG
Wohl. Und was ist nun deine Kundschaft? Was

ging vor zu Hegelingen? Was geschah,
als Hartmut auf dem Meere schwamm?

GAVAN

Nichts Gutes.
Und wahrlich, König Hartmut, wenn er's hört,
wird wie ein Eber schäumen. Zween Monde,
nachdem die Freier ihre Segel strichen
vor Königin Hildens Hoffahrt, eines Tags
kam von den dreien einer, Herwig, wieder.
Er kam mit vierzig Kielen. Lag im Feld
mit sechzig Fahnen. Stürmte Hegelingen,
die Burg, am dritten Morgen und erhielt,
so mit dem bloßen Schwerte Werbung tuend,
die Hand Gudrunens zugesagt.

LUDWIG
nach einigem Stillschweigen
Kotz!
Respekt vor diesem Hähnlein auf dem Mist.
Er sollte Hartmut heißen.

GERLIND
Hielten sie
Beilager auf der Burg am gleichen Tag?

GAVAN
Nein, Königin. Die Waffen in der Hand,
ging alles gut soweit. Doch als der Friede
verkündet war und ohne Schwert und Helm
nach Bad und Tafel sich die jungen Recken
den Weibern stellten... ja, wie sag' ich gleich...
wohl wäre Herwig gern ins Bett gesprungen
zu seiner Trauten, und wie man erfuhr,
war dies zu tun sein Vorsatz. Doch die Weiber
wußten's zu wenden, und so zog er denn,
wohlkaressiert, mit langer Nase heim,
vertröstet auf die Hochzeit.

GERLIND
Und die Hochzeit?
Wann wird sie sein?

GAVAN
Auf Michaeli ward
sie festgesetzt. Jetzt aber steht's bei Gott,
wann sie und ob sie jemals sein wird.

GERLIND

Wie?

GAVAN

Siegfried, der Mohr, fiel Herwigen ins Land,
schlug ihn in dreien Schlachten. Schleifte ihm
zwölf Burgen oder mehr. Dies war sein Willkomm,
als Herwig von gelungner Werbung heimkam.
Nun sandt' er Heteln Boten. Und Gudrun
— Ihr wißt, daß sie zu Hegelingen fast
allein das Szepter führt — bewog den Vater,
daß er den Bann beschickte und gen Seeland
Herwig zu Hilfe zog.

LUDWIG
klatscht in die Hände
Der Kämmrer soll
dir reichen: Schmuck, Gewand, kurz, was du willst
zum Botenbrot. Jetzt geh, iß, trink, ruh aus.
Gavan ab. Ludwig fortfahrend
Bah! — Also wäre dies des Handels Ende
und so weit ist's. Hartmut zum zweitenmal
wie'n Einfaltspinsel fortgeschickt nach Haus,
erniedrigt, abgeblitzt, und außerdem
Gott weiß wohin verschlagen. Beide hin:

[Der erhaltene Text bricht hier ab.]

FAMILIENTAG
DAS GASTMAHL

[I]

FAMILIENTAG

[Entstehungszeit: Vermutlich 1903.]

[Notizen]

Der Geist der alten Tragödie soll darüber schweben.

Ich muß schweigen, denn ich weiß zuviel: wir haben die gemeinsame Basis nicht, uns fehlt die gemeinsame Welt.

Der glücklich Liebende ist unsozial. Der, dessen Liebe unbefriedigt geblieben ist, normal oder gesteigert sozial.

Wußtest du, wie weit ich vom Tyrannen an Kraft, Stumpfsinn und Bewußtsein entfernt bin!

Ich habe mich ebensowohl beiseite gesetzt.

Die plötzlichen Zynismen!

Die heutige Auseinandersetzung. Wodurch bedingt? Ich verlange etwas anderes als eine bestimmte Natur geben kann. Oder mich verlangt nach etwas anderem. Nun bin ich rücksichtslos wahr.

Menschen, die nicht zusammen in gleichem Wahnsinnsparoxysmus gewesen sind, sind [...?] nicht befreundet. Es geht ziemlich drunter und drüber in der Freundschaft.

ERSTER AKT

Niedriges Zimmer in einem Landhaus in den Bergen, eine Tür im Hintergrund, zwei Türen links. Schriftsteller Hennich und Melitta Hennich, seine Schwester, sind im Gespräch miteinander. Es ist etwa zwei Tage vor Weihnachten, gegen Einbruch der Dämmerung.

MELITTA. Da mach dir nur keine Sorgen, Christian: das wird sich . . . das wird alles ganz gut ablaufen.

CHRISTIAN, *indem er nervös umhergeht.* Ich zweifele ja gar nicht dran. Gar nicht! Es ist ja auch sehr richtig und sehr schön, daß Hellmuth die Sache macht. Ich habe ja gar nicht das allergeringste dagegen! Gott behüte mich! Gott soll mich . . . Im allergeringsten nicht! . . . Das ist eine Gemeinheit! Ich denke nicht dran! Ich denke im allergeringsten nicht dran! . . . Ich meine, ihm irgendwas zu mißgönnen. Das ist eine Niedertracht, wer das sagt.

MELITTA. Das sagt ja vielleicht auch keiner, Christian.

CHRISTIAN, *mit erregter Geste.* Na, du, das laß ich dahingestellt! Einfach beleidigend! Einfach entwürdigend!

([Am Rand] Familiäres ausmerzen!)

MELITTA *versucht scherzhaft abzuleiten.* Ne, Christian, red dich ock ne so hinein. Jetzt is es doch emal nicht zu ändern. In vierzehn Tagen is alles vorbei.

CHRISTIAN, *mahnend.* Melittchen! — Gut! — Wieso denn hineinreden? — Meinswegen was anderes. — Brechen wir ab. —

MELITTA. Weil doch das alles jetzt gar keinen Zweck hat. Jetzt müssen sie kommen . . .

CHRISTIAN, *heftig.* Ich freu' mich drauf! — Aufrichtig freu' ich mich! Ganz aufrichtig! — Daß Peter kommt! Daß die Kinder kommen! Von Lübeck sowohl wie von Leipzig die. — Daß Leokadie mal aus ihren vier Wänden kommt! Auch daß Rasmussen herkommt und Hede Rasmussen! Auch Hellmuth ist ja ein guter Kerl und . . .

MELITTA. Daß Peter und Vater sich wiedersieht.

CHRISTIAN. Ja, daß Peter und Vater . . . Ja, das ganz hauptsächlich.

Längeres Stillschweigen.

CHRISTIAN. . . . Denn sonst, im Grunde . . .

MELITTA. Was sagst du?

CHRISTIAN. Nichts. — Sonst leb' ich am liebsten mein Leben für mich. Für mich in völliger Einsamkeit.
Lucie Hennich kommt auf der Suche nach einem Schlüssel herein.
CHRISTIAN. Was ist denn?
LUCIE. Kisten sind angekommen.
CHRISTIAN. Was denn für Kisten?
LUCIE, *im Schlüsselkorb kramend.* Delikateßgeschäft aus Berlin.
CHRISTIAN. Was denn? — Versteh' ich nicht. — Delikatessen? — Haben wir denn Delikatessen bestellt? —
LUCIE. Aber Christel! — Von Hellmuth natürlich.
CHRISTIAN. Von Hellmuth? Wieso denn? —
LUCIE. . . . Du lieber Gott! — Laßt mich doch hier meine Schlüssel suchen. — Außerdem wartet der Kutscher auf mich.
CHRISTIAN. Ist es denn viel?
LUCIE. . . . Viel, viel, viel, viel ist es! Drei schwere getrommelte Kisten voll. *Ab.*
CHRISTIAN *geht neuerdings erregt hin und her, tut schließlich einen tiefen Seufzer.* Das sind so Sachen! — Na, abgemacht!
MELITTA. Aber sieh mal, Christian, das geht doch nicht anders! Da muß doch . . . das ist doch . . . Sieh mal an: Wenn Hellmuth die Menschen zusammenladet, da muß doch . . . das kann doch nicht anders sein.
CHRISTIAN. Entwürdigend einfach!! Einfach entwürdigend!! — Weiß Gott: ich laufe vielleicht noch fort!
MELITTA. Nee, Christian, da kann ich dir wirklich nicht recht geben. Daß Hellmuth für Proviant sorgt, find' ich sehr recht. Das ist immer Sache von dem, der einladet.
CHRISTIAN. Von dem, der einladet? Wer ladet denn ein? — Mir ist's nicht bekannt, daß jemand uns einladet. Mich jedenfalls ladet niemand ein. — Ich wüßte auch nicht, wer mich hier wollte einladen. Hier wohne ich nämlich! Hier ist nämlich mein Haus! Hier könnte doch höchstens ich jemanden einladen.
MELITTA. Es gehört euch doch aber beiden, das Haus. Da muß man doch auch gerecht sein, Christian. Diese Wohnung gehört eben doch den Geschwistern, und sie haben doch hier fünf Jahre gewohnt.
CHRISTIAN. Aber jetzt wohne ich hier allein seit drei Jahren...

MELITTA. Na ja, deine Wohnung, Christian, ist dein, und Hellmuths ... Hier ist halt Hellmuths Wohnung. — Ich begreife nicht, Christian, weshalb du so bist. Wenn Hellmuth so klotziges Geld verdient, da kann er doch ruhig auch mal was ausgeben. Da mach' ich mir auch nicht so viel draus.

CHRISTIAN. Melitta, du hast auch schon anders gesprochen.

MELITTA. Ja, das ist was anderes allerdings. Nee, das ... ja, das ... das ist freilich was anderes: wenn einer einen herunterreißt ... wo man leider Gottes doch abhängig ist ... als einzelstehendes ... Freilich das ... das ist allerdings bei Gott oft wahrhaftig ... *Die Tränen sind ihr nahe.*

CHRISTIAN. Na, altes Melittchen, weine nur nicht: Es kommt auch mal wieder anders im Leben. Und wenn mir erst mal ein Wurf gelingt, dann sollst du nicht brauchen mehr — um Almosen bitten. *Er streichelt die Schwester und küßt sie auf die Stirn.*

Man hört Schritte die Treppe draußen heraufstürmen. Gleich darauf stürzt eine Schar Kinder, winterlich vermummt und verschneit, herein; sie heißen Walter, Gottfried und Albrecht, Agnes, Martha und Eveline und sind die Kinder von Peter Hennich.

WALTER. Tag, Onkel Christian!

AGNES. Tag, Tante Littchen! Tag, Onkel Christian!

CHRISTIAN. Tag, Kinder! Wo kommt ihr denn jetzt schon her?

AGNES. Wir sind den Schlitten vorausgelaufen.

MELITTA. Tag, Kinder! Ihr seid ja ... Na, zieht euch nur aus.

CHRISTIAN. Also: Kuß! — Also: Kuß! — Kuß! — nochmals Kuß! *Allgemeines Küssen zwischen Tante und Onkel einerseits, Nichten und Neffen auf der andern Seite.*

GOTTFRIED, *am Fenster*. Es kommt schon ein Schlitten. Man hört sie schon.

MARTHA. Im ersten sitzt Muttel und Tante Balbine.

WALTER. Onkel Hellmuth und Vater kommen zuletzt.

AGNES. Dort kommen die Vettern den Berg eben runter. Tjunge! was Manfred laufen kann! Walter, so kannst du freilich nicht laufen.

WALTER. Kann möglich sein, kommt auf 'ne Probe an.

AGNES. Er ärgert sich! Walterchen ärgert sich.

WALTER. Ich bitte gefälligst ... Benimm dich anständig.

FAMILIENTAG. DAS GASTMAHL · I   267

MELITTA. Jetzt zieht euch erst mal euere Sachen aus. Wie war denn die Reise?
MARTHA. Ausgezeichnet.
CHRISTIAN. Und Papa hat sie gut überstanden?
WALTER. Jawoll! Papa hat sie vorzüglich überstanden.
AGNES. Onkel Hellmuth hat uns doch abgeholt in Berlin vom . . . vom . . . vom . . . Görlitzer Bahnhof.
MARTHA. Anhalter doch!
WALTER. Vom Lehrter Bahnhof, macht nicht so'n Quatsch!
AGNES. Onkel Hellmuth hat aber gesagt, vom Anhalter!
MARTHA. Onkel Hellmuth hat Anhalter Bahnhof gesagt!
EVELINE. Anhalter, hat Onkel Hellmuth gesagt!
WALTER. Onkel Hellmuth war . . . Redet doch nicht solchen...
CHRISTIAN. Schluß, Kinder! Jetzt laßt mal den Onkel Hellmuth in Ruh, jetzt seid ihr bei mir, nicht bei Onkel Hellmuth. Vom Lehrter hat er euch abgeholt.
EVELINE. Schön im Landauer, Onkel, sind wir gefahren!
GOTTFRIED. Fein, flott im Landauer durch Berlin!
WALTER. Onkel Hellmuth wartete schon im Landauer.
CHRISTIAN. Ja, Kinder, das ist ja alles recht schön. Ohne Wagen, das geht ja nicht, selbstverständlich, weil Peter natürlich doch leidend ist. Und es is ja ein weiter Weg zwischen den Bahnhöfen.
AGNES. Reichstaggebäude! Linden entlang!
GOTTFRIED. Fein, fein, Onkel, durch den Lustgarten!
MELITTA. Kinder, nicht so außer Rand und Band! Jetzt marsch in die Schlafstuben! Sauber zurechtmachen! *Sie treibt die Kinder hinaus und geht selbst mit ihnen.*
CHRISTIAN. Walter, kannst mal einen Augenblick hierbleiben. *Walter kehrt zurück, die andern Kinder mit Melitta ab.*
CHRISTIAN. Also Papa . . . Wie geht's denn Papa?
WALTER. Danke, Onkel, es geht ja so leidlich, die Füße schwellen ihm nur immer an, er muß manchmal tagelang zu Bett liegen.
CHRISTIAN. Und die Reise hat ihm der Arzt doch erlaubt?
WALTER. Der Bremer Arzt sagte, wir könnten reisen. Es würde ihm eher dienlich sein.
CHRISTIAN. Und ist er denn auch fidel einigermaßen?
WALTER. O ja, Papa ist recht aufgekratzt. Als Onkel Hellmuth schrieb wegen der Reise . . . ich meine, als Onkel Hellmuth uns einlud, da hat sich Papa wirklich mächtig gefreut.
Lucie geht hastig durch das Zimmer.

LUCIE. Zwei Schlitten sind ja schon unten, Kinder! *Ab.*
CHRISTIAN. Komm, Walter, da wolln wir auch mal sehen. *Ab mit Walter.*
Aus der ersten Tür links kommen langsam, im Gespräch, Melitta und Balbine.
BALBINE. Es war eine wunderschöne Fahrt! — Es ist doch wundervoll in den Bergen! Hinterm Reifträger kam der Mond herauf. Prachtvoll warm, Kinder, sind doch die Zimmer. Wohl tut das! — Bloß klein kommt alles mir vor.
MELITTA. Für zwei Familien keinesfalls hinreichend.
BALBINE. Und doch mußte es mal vier Jahre lang gehn, die Ansprüche steigern sich eben bedeutend.
MELITTA. Und bei euch auch die Mittel, Gott sei Dank.
BALBINE. Ja, Hellmuth hat sich jetzt durchgefressen, jetzt hat er wieder ein Rathaus zu baun und in Bückeburg, glaub' ich, 'ne neue Kirche. Die Aufträge häufen sich feenhaft. Eine hübsche Idee war das aber von Hellmuth.
MELITTA. Reizend wirklich, ganz allerliebst. Aber voll wird das Haus bis unter die Dachbalken. Was hat dir denn Peter für'n Eindruck gemacht?
BALBINE. Leidend! Aber bei gutem Humor. Er hat wieder Sachen zum besten gegeben: zum Kugeln, wir haben furchtbar gelacht.
MELITTA. Hat dich Hellmuth in Leipzig abgeholt?
BALBINE. Wir haben uns erst in Berlin getroffen.
MELITTA. War Hellmuth nicht bei dir jetzt längere Zeit?
BALBINE. Was denkst du denn! Hellmuth ist jetzt so beschäftigt: der hat jetzt für Frau und Kind keine Zeit.
MELITTA. Ich zöge doch auch nach Berlin, Balbine.
BALBINE, *jäh erregt.* Nein, gutes Melittchen, das tue ich nicht.
MELITTA, *Balbine streichelnd und begütigend.* Balbine, das wird noch mal alles gut. Zwischen euch, das kannst du wahrhaftig glauben, kommt alles nochmal ins alte Gleis. Ich kenne Hellmuth, ich bin seine Schwester.
BALBINE, *Melitta umhalsend, freudig.* Ach, glaubst du wirklich?
MELITTA. Ganz gewiß.
Rasmussen tritt prustend ein.
RASMUSSEN. Kinnings — das ist doch ein pfiffiges Wetter. So'n Bergwinter ist man nicht mehr gewohnt. Umärmelt euch ruhig, das stört mich nicht. — Verflucht noch mal, so auf der Pritsche sitzen bei siebzehn Grad unter Null und

Wind . . . Hätt' ich Balbines Rücken nicht vor mir gehabt, ich hätte mir Nase und Ohren verfroren. Tag, Melitta.
MELITTA. Tag, Rasmussen.
RASMUSSEN. Na, wie geht's? Verlobt? Verliebt? Kann man gratulieren?
MELITTA. Gratuliere du immer, soviel du willst. Jedenfalls brauchst du nicht kondolieren.
RASMUSSEN. Also stimmt's?
MELITTA. Daß die Männer Schweinpelze sind.
RASMUSSEN. Na, na!
BALBINE. Nu seh doch mal einer das kleine Melittchen!
MELITTA. Ich danke für Männer und anderes Obst. Ihr lügt ja das Blaue vom Himmel runter . . . Und wenn man euch . . .
BALBINE. Richtig! Richtig! Ganz recht! Ihr alle seid keinen Schuß Pulver wert.
RASMUSSEN. Kinder, macht's gnädig! Habt etwas Erbarmen! Ich halte von mir keinen Pfifferling. — Aber nun Scherz beiseite, hört mich mal an: der Peter macht keinen guten Eindruck.
MELITTA. Hast du Peter schon untersucht?
RASMUSSEN. Das will ich erst heute tun oder morgen, aber gut ist der erste Eindruck nicht: allerhöchstens ein Jahr noch zu leben.
BALBINE. Rasmussen, prophezeie nur nicht! Ihr Ärzte blamiert euch mitunter schrecklich.
RASMUSSEN. Abwarten.
MELITTA. Ja, man muß immer abwarten. Ein Mann, der dasselbe Leiden hat, in Hirschberg, ein alter Lokomotivführer, der hat damit schon zwölf Jahre gelebt.
RASMUSSEN. Wetten! Noch nicht mal mehr dreiviertel Jahr.
MELITTA. Pfui! So eine Roheit . . . ist das doch, Rasmussen.
Die Stimme Peters wird im Korridor hörbar.
PETER. I du mein gerechter Strohsack, Kinnings! Oho! Teuf! Wart man! Immer langsam voran!
RASMUSSEN. Wieso denn? Gar nicht.
BALBINE. Kinderchen, laßt doch nur! Peter kommt.
Peter, geleitet von Christian, erscheint in der Tür.
PETER. Oho! Schon der ganze Picknick versammelt. Moin, verehrliche Landsmannschaft! Scherz beiseite: 'n Abend, Herrschaften!
CHRISTIAN. Peter, vor allem setz dich mal!

PETER. Nanu! Was glaubst du woll, Christian? Soll ich dir etwa 'nen Kriegstanz tanzen?
RASMUSSEN. Hör mal, das laß mal lieber nach!
PETER. Och du! Ihr Quacksalber! Hannefatzken!
MELITTA. Nee, nee, alter Peter: folg du nur recht!
PETER. Herrjemine! Was denn? Jungfer Melittchen! Ich habe Sie ja noch gar nicht bemerkt! — Na kommen Sie! Reichen Sie mir einen Kuß! So! Danke ergebenst. Wenn Sie wieder was brauchen . . . Ist Erwin Steinbach denn noch nicht hier?
WALTER. Onkel Hellmuth schreibt schon Telegramme unten.
MELITTA. Hellmuth! Ach so! Ich erschrak ja schon.
PETER. Erschrecken Sie nicht, Jungfrau Lakenreißer. Wollte sagen Jungfrau Sockenbeißer . . . vielmehr Jungfer Roggensch . . . Socken, Glocken . . . Ach, bitte sehr um Entschuldigung.
MELITTA. Bitte, Peter . . . Du fängst schon wieder so an.
PETER. So geht's! Und man weiß nie, wie man mal endet. Bitte, Herr Hennich, platzen Sie sich! *Er läßt sich tief aufschnaufend nieder.* Erwin Steinbach ist nämlich ein großer Baumeister. Fast beinahe so groß, wie Hellmuth ist! — Pst, große Schnauze im Zaume halten!
BALBINE. Das ist doch ein Scherz!
PETER. Einerlei! Auch im Scherz: es gehört sich nicht! Hellmuth — alle Achtung! Nicht an zu tippen.
CHRISTIAN. Nee, Petz, hör mal, so weit geh' ich nicht. Warum sollst du nicht harmlos dein Witzchen machen? Große Männer geniert das nicht; vertrag' ich's, kann er's wohl auch noch vertragen.
BALBINE. Hellmuth verträgt es ganz gewiß!
CHRISTIAN. Na ja eben! Ich auch. Das wär' ja noch schöner! Wir andern sind auch noch in der Welt.
PETER. Stopp!
RASMUSSEN. Aber Christian: spricht ja keiner davon!
CHRISTIAN. Ich stehe so gut wie er meinen Mann und jeder von uns hier so gut . . . ohne Ausnahme.
PETER. Bezweifelt ja keiner, was willst du denn?
RASMUSSEN. Denkt ja kein Pferd dran: bezweifelt ja keiner! *Balbine entfernt sich.*
PETER. Nu kränkt ihr mir hier gleich das arme Weib. Jungs, das ist ja zum Zähneausreißen! Was soll das bloß heißen, Christian? Hellmuth freut sich 'n Ast, daß wir alle jetzt

hier sind, daß er uns alle mal glücklich beisammen hat, und wir fangen zum Dank gleich zu hecheln an.
MELITTA. Ach Peter, laß doch, er hechelt ja nicht. Laß doch, es ist ja 'n Mißverständnis.
PETER. 'n Mißverständnis? Prost! Danke recht sehr.
MELITTA. Weshalb denn aufregen? Brecht doch ab! Balbine hat ihre nervösen Zeiten . . .
PETER. Himmeldonnerwetter noch mal!
CHRISTIAN. Ich weiß gar nicht, Peter, weshalb du dich aufregst.
PETER. Was hat euch denn eigentlich Hellmuth getan? Was verlangt ihr denn eigentlich von den Menschen? Er gibt sich Mühe. Er tut, was er kann! Ich bin ihm dankbar von ganzem Herzen! Daß er unserer Familie Ehre macht, daß er meinethalben Karriere gemacht hat: ja, ist denn das ein Verbrechen? Was? Oder wie denn? Etwa seine Talente . . .
CHRISTIAN. Ein Idiot bin ich ebensowenig.
PETER. Nein! Aller Achtung vor jedem Talent, also auch vor deinen Talenten, Christian. Und wenn du mal damit zum Durchbruch kommst, so will ich dich deswegen auch nicht in Pott schmeißen. Da hört sich doch wirklich Verschiednes auf. Sieh mich an! — Bengels, versündigt euch nicht! Verstanden!? *Lucie kommt mit einer großen gefüllten Kaffeekanne, die sie auf den Tisch setzt.* Nu, rutscht mir der Puckel runter!
LUCIE. Peter, dein Zimmer ist fertig gemacht.
PETER. Geliebte Lucinde, ich danke dir. Und jetzt sieh dir mal diesen Jüngling an und nimm ihn bei beiden Löffeln mal gründlich!
CHRISTIAN, *einlenkend.* Ach Unsinn, es ist ja gar nicht so schlimm.
EINE KINDERSTIMME, *im Hausflur.* Onkel Hellmuth, Papa ist schon unten im Zimmer.
RASMUSSEN. Christel, du bist ein verdrehter Kerl.
Hellmuth mit zwei Kindern am Arm kommt herein.
HELLMUTH. Tag, Christian!
CHRISTIAN. Tag, Hellmuth! *Sie küssen sich, nicht ohne Bewegung.*
HELLMUTH. Na, wie geht's?
CHRISTIAN. Ich danke, mir geht's ganz ausgezeichnet.
Agnes kommt.

AGNES, *einen Stoß Briefe und Zeitungen hinreichend.* Onkel Hellmuth, hier hast du deinen Berg Postsachen.

PETER. Mensch, hast du 'ne Riesenkorrespondenz, du könntest mich doch als Privatsekretär anstellen.

CHRISTIAN. Na hör mal, da wüßt' ich was Besseres zu tun.

PETER. Was denn? Mit mir ist doch all und aus, höchstens brennt' ich noch meine Schinkenteller.

HELLMUTH. Das ist besser, Peter, versichere ich dich.

MELITTA. Peter, Schinkenteller? Was ist denn das?

PETER. Schinkenteller sind Schinkenteller! Das gehört in die echte westfälische geräucherte Schinkenphilosophie, zu der ich mich neuerdings bekenne. Hilft gegen Seitenstechen und Gicht, gegen Schnupfen, Podagra, Zahnangst und Leibschmerzen. Für sportlahme Hengste ganz zauberhaft. Quacksalber, hör mal, das könnt ihr euch merken! — *Zu Walter.* Hol mal so'n Schinkenteller her! *Walter ab.* Doktor, wie lange leb' ich noch?

MELITTA. Länger vielleicht wie wir alle miteinander.

RASMUSSEN. Das kommt ganz auf die Art deines Lebens an. Wenn du dich genau nach den Vorschriften richtest, den Alkohol meidest et cetera . . .

PETER. Oho, Jung, pedd di man nich up'n Slips! Ich bin wie der Olle im Sachsenwalde: ich sauf', bis der letzte Blinddarm knackt.

CHRISTIAN. Das wirst du schon nicht tun, Petz, hör mal an!

PETER. Kinnings, rutscht mir den Puckel runter! Dazu bin ich nicht sechzig Meilen gereist, daß ihr mich hier mit Moralpauken anschnoddert. Hier wollen wir fidel und kregel sein!

HELLMUTH. Ja, Kinder, das war auch meine Idee. Mal die ganze Misere des Daseins vergessen! Mal richtig harmlos lustig sein.

PETER *taktiert und singt unter Begleitung der Kinder.*
> Freut euch des Lebens,
> weil noch das Lämpchen glüht,
> pflücket die Rosen,
> eh sie verblühn.

Den letzten Vers haben Hellmuth und Rasmussen laut und kräftig, Christian, Melitta, Lucie leise mitgesungen. Während des Gesanges erscheint Hede Rasmussen, Leokadie Hennich und Balbine mit ihren zwei Knaben.

HELLMUTH, *der den Hinzukommenden den Rücken zugekehrt hat, bemerkt sie nicht. Als ihm die Briefe überreicht wurden, hatte er sogleich mit Unruhe nach einem bestimmten gesucht und ihn gefunden. Einigermaßen abgesondert, hatte er ihn mit Vertiefung gelesen und war damit fertig geworden, als der zweite Vers begann. Jetzt nimmt er, merklich beglückt und aufgeheitert, aus einem Glase mit Rosen die schönste rote heraus, riecht inbrünstig daran und ruft begeistert, indem er sie hochhebt, nochmals.*

               Pflücket die Rose,
               eh sie verblüht!!

LEOKADIE. Na sagt mal, ihr seid ja schon mittendrin.

PETER, *mit gemachtem Entsetzen.* Herrgott, Kinder, meine Olle kommt!

LEOKADIE. Aber Peter . . .

PETER. Bitte?

LEOKADIE. Was heißt denn das?

PETER, *geheimnistuerisch zu den andern.* Sieht sie nicht aus wie Susanna im Bade?

LEOKADIE. Nee, sei so gut, Peter, erspar dir das.

PETER, *laut, scheinbar entrüstet.* Zum Donnerwetter: so schön, gutes Weib. Was kann ich dafür? Mich entzückt deine Schönheit.

LEOKADIE. Na, faß dich an deiner Nase, Petz! *Allgemeines Durcheinander und Gelächter.*

LUCIE. Jetzt nehmt euch mal ein bißchen des Kaffees an! *Alle mit Ausnahme von Rasmussen gehen ins Nebenzimmer, dieser faßt jedoch im letzten Augenblick Hellmuth beim Ärmel und zieht ihn zurück; so sind nun er und Rasmussen allein im Zimmer.*

RASMUSSEN. Meine Absicht ist, deinen Schädel zu messen. 's ist gerade 'ne gute Gelegenheit.

HELLMUTH. Und meine Absicht war, Kaffee zu trinken. Die Gelegenheit brichst du einfach vom Zaun.

RASMUSSEN. Willst du nicht?

HELLMUTH. Freilich will ich!

RASMUSSEN. Dann los. *Er beginnt mit Zirkel und Metermaß seine Messungen und notiert wie ein Schneider.* Ich werde euch überhaupt wieder alle mal durchmessen, da ihr grade mal alle beisammen seid. *Er beginnt seine Meßmanipulation.*

HELLMUTH. Einen ausgezeichneten Schädel hat Peter!

RASMUSSEN. Deiner ist aber viel besser, Hellmuth. —

HELLMUTH. Ich wünschte, ich hätte Peters Humor!

RASMUSSEN. Na sage mal, Hellmuth, was fehlt dir denn? Du kannst uns doch alle miteinander auslachen.

HELLMUTH. Lieber Junge, ich weiß eine Zeit, da hatte ich mitunter noch nicht mal 'ne ganze Mark im Sack und meine Entwürfe nur erst im Kopfe, und doch war mir meist sehr erheblich wohler in meiner Haut.

RASMUSSEN. Das versteh' ich nicht, Hellmuth!

HELLMUTH. Zum Beispiel, wenn ich euch andern ansehe, dich und Christian und Peter sogar, so merke ich, daß uns . . . ich meine, die Grundbereiche unseres Geistes . . . irgendein unsichtbarer Strom, mein' ich, trennt. — Ich habe das Wort Erfahrung früher immer mißachtet und sogar es meinem Vater bestritten, wenn er auf gewisse Erfahrungen hinwies, die er vor mir voraushaben wollte. Ich habe vor euch eine große Erfahrung voraus! Es ist bei mir in den letzten Monaten einmal der ganz bestimmte Moment gekommen, wo [ich] nur noch gleichsam mit dem Scheinwerfer meiner Seele das Land sah, in dem ich bis kurz vorher gelebt hatte. Ihr lebt noch in diesem Fabelland.

RASMUSSEN. Vielleicht Christian, ich jedenfalls nicht, Hellmuth.

HELLMUTH. Ich glaube, du verstehst mich bloß nicht, und ich kann mich auch schwerlich verständlich machen. Erfahrung kann man eben nicht wegschenken wie einen Apfel: man muß sie total für sich behalten! — Es hängt aber mit der Arbeit zusammen, Rasmussen! — Dann hängt es auch mit der Liebe zusammen! — Und dann schließlich hängt es auch mit dem Erfolg zusammen.

RASMUSSEN. Na, Hellmuth, wir wollen morgen jedenfalls bald eine tüchtige Schlittenpartie vom Gebirge machen. Du scheinst mir wieder mal sehr überarbeitet.

HELLMUTH. Morgen feiern wir Weihnachtsfest! — Nein, Rasmussen, mach dir die Geschichte wenigstens insoweit klar: Ich bin jetzt zweiunddreißig. Bis diese Stunde bin ich gestiegen, gestiegen, gestiegen! So steigt nur ein Mensch, der sich oben einen beherrschenden Überblick über alle Schätze der Welt erwartet. — Na ja! Ich glaube, ich habe nun auch diesen Überblick. Aber erstens kann ich nur noch nach unten sehn, wenn ich nicht offenbare Wolkenstudien machen will oder nachts in die Sterne gucken, wo ich am liebsten schlafe, und zweitens, sie imponieren mir gar nicht, die Schätze der Welt.

Menschen! jawohl, Menschen! Darauf käme mir alles an, denn unter den Schlössern und beneideten Reichtümern fand ich keines, das nicht weit hinter meiner Erwartung und hinter dem, was in meinem Kopfe aufgebaut stand, zurückgeblieben wär'. Ich glaube, das ist immer so! Das Haus ist am schönsten im Kopfe des Bauherrn, lange bevor es gebaut ist! — Also: Menschen! Aber in dieser Beziehung habe ich nun erst recht die allermerkwürdigsten Erfahrungen gemacht. Der schmerzliche Blick von oben hinein in die Seele ist eben auch eine meiner Errungenschaften. Was ist denn Liebe? Nichts weiter als eine gesteigerte Empfindung von Schönheit. Der schmerzliche Blick nun, von dem ich gesprochen habe, offenbarte mir von der früheren Schönheit nichts. — So wäre ich also mit meinem Hunger nach Menschen beinahe heut auf dem Standpunkt des seligen Diogenes: ich möchte am hellen Tage ausgehen, sie mit der Laterne zu suchen.

RASMUSSEN *untersucht scherzhaft das Innere von Hellmuths Augenlidern.* Du bist immer noch blutarm, lieber Freund — oder du bist deinem unverschämten Glück eben sonst nicht gewachsen.

HELLMUTH. Vielleicht! Das ist gar kein übles Wort. Es kommt mir beinahe vor wie das Schlußresultat einer plötzlich aufgezwungenen Schlacht: ein Sieg zwar, doch um mich ein Feld von Leichen.

RASMUSSEN. Mensch, ich verstehe dich wirklich nicht. Du trommelst hier deine Familie und Freundschaft zusammen, kaufst Schnäpse, Kisten Champagner und Fresser[eien] — doch nicht, um hier trauerklopsig zu sein.

HELLMUTH. Gewiß nicht! Und zwar ganz im Gegenteil. Und wenn ich zum Beispiel auf einem Bau oder in der Bauhütte bin oder zeichne, dann ist mir auch gänzlich anders zumut, aber wenn ich hierher komme, geht es mir merkwürdig. Hier ist soviel schwere Vergangenheit.

Denke nicht etwa, daß die Sache für mich deshalb lediglich peinlich ist. Ich habe schon ungefähr gewußt, was hier meiner wartet. Ich hab' es ja dennoch gesucht und gewissermaßen herbeigeführt. Es ist aber immer gefährlich mit dem Zurückkriechen! Sobald erst mal die alten physischen Mauern deine Bewegungen einengen, so beengen sie auch deinen Geist. Er wird förmlich asthmatisch dadurch. Und dann alle unsichtbaren Fäden! Wenn man sich gleichsam frevelhaft ins unsichtbare Netz der Schicksalsspinne, dieser tückischen Blutsaugerin, der man eben entronnen ist, der man sich eben erst qualvoll entrissen hat, wie eine Fliege wieder hineinsetzt.

RASMUSSEN. Du machst ja eine entsetzliche Schilderung. Ich denke, wir sollen hier frohe Weihnachten feiern und . . .

HELLMUTH. Lieber Junge, das wollen wir auch. Bloß mußt du von mir nicht die alte totale Fadaise verlangen. Wir haben doch Seereisen miteinander gemacht; denke dir einfach, mir ist ganz ähnlich wie auf der See zumut. Auf See, meinethalben bei ruhigem Winterwetter. Hoffentlich dauert es einige Stunden lang.

RASMUSSEN. Hellmuth, du scheinst mir in einer Krise zu sein.

HELLMUTH. Möglich!

RASMUSSEN. Und hoffentlich ist sie vorübergehend!

HELLMUTH. Das ist in der Tat meine wirkliche Hoffnung, weiß Gott!

RASMUSSEN. Ob das nun freilich das Richtige ist, daß du in einem solchen Zustand, wenn deine Nerven nicht taktfest sind, dich in einen solchen Trubel verwickelst . . .

HELLMUTH. Das mußte geschehen, ganz unbedingt. Es gibt gewisse Entschlüsse, Rasmussen, die steigen von weither in uns auf und sind eigentlich gar nicht unsere Entschlüsse. — Sei'n wir fidel und freuen wir uns!
Ist man auch nicht auf ein durchaus glückhaftes Schiff gestiegen, einerlei! Wir stecken eben dennoch in angeborener Dreistigkeit mal wieder die frechen Wimpel der Freude aus.

RASMUSSEN. Erst dreiviertel sechs. Was heißt denn das? Mensch! — Meine Uhr ist stehengeblieben.

HELLMUTH. Nee, nee, mein Lieber, es stimmt genau, die Zeit ist hier eben ganz anders beladen und reich, deshalb kommt sie so schwer vom Fleck. Die Stille! Man ist wie im Mutterschoß.

RASMUSSEN. Wie ein Karussell ist die Stadt!

HELLMUTH. Kurzum . . . Wie gesagt: immer Wimpel hochhalten! Auf die Lebensintensität kommt es an. Gefahr und Wagnis gehören ins Leben.

RASMUSSEN. Ein ewig kämpfendes Tier ist der Mensch.

HELLMUTH. Sagen wir lieber: ein kämpfender Gott. Nur ein

Gott kann das göttliche Rätsel empfinden. Horch mal den Sturm, Rasmussen, wie er stoßweise faucht! — Ach, draußen die ganze furchtbare, feindliche, herrliche und allmächtige Natur! Nie lebt man wahrer, als wenn man sich wieder einmal in dem rätselvollen Grundverhältnis empfindet, in das man zu ihr gestellt ist und das zwar nicht dem Schöpfer der Kultur, wohl aber dem Sklaven der Kultur ewig verborgen ist.

Christian kommt.

CHRISTIAN. Was habt ihr denn da zu schwatzen, Kinder? Widmet euch doch der Geselligkeit!

[II]

[Entstanden zwischen 1904 und 1907.]

ERSTER AKT

Weißgetünchtes Zimmer mit zwei Fenstern links, einem Fenster im Hintergrund und zwei Türen rechts. Behagliche altdeutsche Einrichtung. Unter jedem Fenster ein Tritt; ein langer Tisch unter einer Hängelampe, fast den ganzen Raum der Länge nach einnehmend, wird von zwei Damen für den Nachmittagstee und -kaffee hergerichtet. Eine der Damen ist Hedwig Hollmann, die andere Minka Hollmann, ein älteres, unverheiratetes Mädchen, ihre Schwägerin. Es ist einige Tage vor Weihnachten in einem Landhause im Gebirge.

ERSTE SZENE

FRAU HOLLMANN. Wir sind — wieviele?
FRÄULEIN HOLLMANN. Ja, also die drei Brüder: hier Walter, hier Hellmuth, hier Peter. Ach Gott, es ist ja gleichgiltig, wie sie sitzen.
FRAU HOLLMANN. Ich zähle, ohne die Kinder, zwölf Personen. Ich glaube, die Schlitten kommen schon.
FRÄULEIN HOLLMANN. Wo denkst du hin? *Sieht n[ach der] U[hr].* Um diese Zeit kommt der Zug höchstens unten in Herrnheim an.
FRAU HOLLMANN. Du, Minka, du bist im Irrtum.

FRÄULEIN HOLLMANN. Wahrhaftig nicht!
FRAU HOLLMANN. Wir müssen was nachlegen; die Wohnung war zu lange nicht geheizt.
FRÄULEIN HOLLMANN. Es riecht auch noch etwas nach Moder hier! Das Beste wäre doch — die Geschwister kommen ja doch kaum einige Wochen im Jahre her! —, ihr nehmt das Ganze. Es ist ja doch nur ein kleines Haus. Ihr seid doch beengt. Es ist doch zur Not höchstens grade für euch allein hinreichend.
FRAU HOLLMANN. Ja, nun wird Trubel werden.

ZWEITE SZENE

Walter tritt ein.

WALTER. Na, Kinder! Fertig?
FRAU HOLLMANN. Pompös! Wie in einer Schweizer Fremdenpension, was?
WALTER. So ähnlich!
FRÄULEIN HOLLMANN. Armer Kerl! Nun bringen sie dich wieder aus deiner Ruhe raus.
WALTER. Bißchen! — eins, zwei, drei, vier, fünf, sechs, sieben.
FRAU HOLLMANN. Zwölf, ohne die Kinder.
FRÄULEIN HOLLMANN. Morgen kommen die Eltern noch herauf — vierzehn! Wie in einer Schweizer Fremdenpension!
WALTER. Daß Vater und Peter sich wiedersehen, freut mich sehr.
FRÄULEIN HOLLMANN. Guter Kerl! Wenn du die Mittel hättest, hättest du die Idee schon längst ausgeführt.
WALTER, *seufzend.* Ach Gott! Die Hände sind einem eben gebunden.
FRÄULEIN HOLLMANN. Wie ist eigentlich Hellmuth auf die Idee gekommen? Hast du ihn drauf gebracht?
WALTER. Ich weiß es nicht!
FRÄULEIN HOLLMANN. Ich glaube, du hast ihn drauf gebracht.
FRAU HOLLMANN. Warum soll er nich auch mal so 'ne Idee haben, Minka! Er hat doch voriges Jahr Petern in Altona besucht! Und da haben sie sich doch wieder sehr gut vertragen, und er hat sich über Peters Kinder gefreut und so weiter!
WALTER. Jedenfalls habe ich diese Idee auch seit Jahren ge-

habt. Vater ist alt, Peter ist krank! wer weiß, wie lange
man beide noch haben kann. Es ist jedenfalls gut, daß [sie]
sich wieder gründlich ausgleichen. —
Pause.
FRÄULEIN HOLLMANN. Peter hat manches gesündigt.
WALTER. Wir auch!
FRÄULEIN HOLLMANN. Er hat leichtsinnig gehandelt. Ich
stünde besser da, wenn ich meine paar Kröten noch hätte,
und du erst recht! Denn du hast ihm wahrhaftig, was red-
lich ist, hingeopfert.
WALTER. Ach, sprich nicht davon! Geld ist Dreck! Ich pfeife
drauf!
FRÄULEIN HOLLMANN. Wenn alle so dächten wie du — freilich!
WALTER. Sie denken eben nicht alle so, und ich denke so!
FRÄULEIN HOLLMANN. Man ist aber eben nicht gern abhängig.
WALTER. Ich bin nicht abhängig!
FRÄULEIN HOLLMANN. Ich desto mehr.
WALTER. Von wem?
FRÄULEIN HOLLMANN. Von Hellmuth!
WALTER. Unsinn, verdammter! Für seine Schwester zu sor-
gen, ist Hellmuths ganz verfluchte Pflicht und Schuldig-
keit.
FRÄULEIN HOLLMANN. Na, du! Ich habe Briefe von ihm ge-
kriegt . . .
WALTER. Da soll er sich schämen!
FRAU HOLLMANN. Kinder, Hellmuth hat auch seine guten
Seiten. Denkt übrigens, daß er jeden Augenblick kommen
kann.
WALTER. Natürlich, gewiß! Du mußt nicht denken, Hedwig,
daß ich ungerecht gegen Hellmuth bin! Ich weiß, was er
ist! Ich am allerbesten — aber er kann einem auch was
antun, Teufel noch mal!
FRAU HOLLMANN. Er ist verwöhnt!
WALTER. Das weiß ich nicht. Aber ich bin jedenfalls nicht
vom Glücke verwöhnt.
FRÄULEIN HOLLMANN. Nein, wahrhaftig nicht!
WALTER. Übrigens hat er auch seine Schmerzen!
Pause.
FRÄULEIN HOLLMANN. Du hast recht, guter Kerl! Du bist
immer der Beste! Wir wollen nicht ungerecht gegen Hell-
muth sein. Er hat auch Sachen durchgemacht!
WALTER. Und macht Sachen durch . . .

FRÄULEIN HOLLMANN. Ja, macht Sachen durch!
Pause.
FRAU HOLLMANN. Für das, was Hellmuth leidet, trägt er doch aber allein die Schuld.
WALTER. Mit solchen Urteilen öde mich nicht! Ich hab' dir das tausendmal gesagt. Was Hellmuth leidet, sind seine Schicksale. Gegen so etwas kommt der Mensch nicht auf.
FRÄULEIN HOLLMANN. Hedwig, sieh dir doch sein Gesicht mal an!
FRAU HOLLMANN. Daß er vergrämt ist, bezweifle ich nicht. Aber was er getan hat, nehm' ich ihm übel.
WALTER. Na ja, weil es deine Schwester betrifft.
FRAU HOLLMANN. Gleichviel, ob es meine Schwester betrifft.
WALTER. Es betrifft aber eben deine Schwester. Und davon machst du dich eben nicht frei.
FRAU HOLLMANN. Gut. Dann versteh' ich ihn eben nicht.
FRÄULEIN HOLLMANN. Hanna hat auch Fehler gemacht, Hedwig. Selbst du als Schwester mußt das zugeben. Schon in den ersten Jahren der Ehe sind Sachen passiert . . . sie hat ihn oft so mit Launen gequält . . . einmal hat sie ihn müssen direkt aus dem Bahncoupé zurückholen. Verzweifelt war er und wollte fort.
FRAU HOLLMANN. Die andere ist jünger, das ist der Umstand. Und daß seine Frau eben älter ist.
WALTER. Das ist unerquicklich! Lassen wir das.

[III, 1–2]

DAS GASTMAHL

[1]

Agnetendorf, den 11. Mai 1914.

DRAMATIS PERSONAE

ROBERT NOACK
GERTIE, seine Frau
ERASMUS NOACK
IDA, seine Frau
CHRISTOPH NOACK

ANNA, seine Frau
ERICH, 13 ⎫
OTTO, 10   ⎬ Kinder von Erasmus
KARL, 8   ⎭
HEDWIG   ⎫
OLGA, 13 ⎪
LIESCHEN ⎬ Kinder von Christoph
HANS   ⎪
HEINZ   ⎭
DR. KURT KEMPE
BERTHA, seine Frau

*Eine gedeckte Tafel im Landhause der Gebrüder Noack.
Dämmerung.
Die Brüder.*

ERASMUS. Also wie geht's dir?
ROBERT. Ich habe hier still gelebt und gearbeitet.
ERASMUS. Mein Leben war voller Unruhe. Es ist manchmal ein bißchen viel. Dabei das Leben in Pensionen und Restaurants, immer auf Reisen, nirgend zu Hause.
ROBERT, *zerstreut.* Ich habe hier still gelebt und gearbeitet.
ERASMUS. Ich verzage ja keineswegs, aber ich durchlebe keine leichte Zeit. Es ist eben ein Übergang, und man muß in jeder Beziehung lavieren. Zu all den Schwierigkeiten, des Herzens, sagen wir mal, noch dieser brutale Daseinskampf. Ich meine den geistigen, natürlich, obgleich der andere ja auch nicht zu leugnen ist.
ROBERT. Ich habe hier still für mich gearbeitet. Ich arbeite weiter still für mich. Es wird ja wohl auch einmal eine Zeit kommen!
ERASMUS. Um deine stille Arbeit beneide ich dich. Ich werde von Ort zu Ort geschoben. Schon die Stille hier ist unendlich wohltätig. Die Berge, das eingeschneite Haus, das monotone Schlittengebimmel. Es ist wirklich alles äußerst beruhigend.
Ich weiß nicht, wie mir die Idee dieser Silvester- und Neujahrstage plötzlich gekommen ist. Es ist doch gut, wenn wir alle mal wieder zusammen sind.
ROBERT. Von wem die Idee stammt, ist ja gleichgültig. Jeder von uns hat sie, glaub' ich, gehabt. Ich hab' schon im Juni

davon gesprochen. Andreas [Christoph] hatte ich schon Ende Mai beim letzten Besuch in Hamburg eingeladen.

ERASMUS. So? Na, jedenfalls hat die Idee durch mich den entscheidenden Ruck gekriegt.

ROBERT. Ja Gott, da Gertie und ich schließlich jetzt die einzigen Bewohner des Hauses sind, so hatten wir doch auch mitzusprechen.

ERASMUS. Natürlich hattet ihr mitzusprechen. Aber ich nehme doch an, daß die Sache in eurem Sinne ist. Ich konnte das doch natürlich annehmen.

ROBERT. Warum hast du die Tafel eigentlich hier decken lassen? Es wäre doch nebenan in unseren Räumen bequemer gewesen.

ERASMUS. Ich habe mir gar nichts dabei gedacht. Ich dachte nur, unsere Wohnung ist leer, und eure würde durch die vielen Menschen zu voll werden. Ich sehe übrigens gar keine andere Möglichkeit.

ROBERT. Warum keine andere Möglichkeit? Unsere Wohnung ist ebenso groß wie eure. Warum soll denn Gertie ihr Wort nicht mitsprechen?

ERASMUS. Aber um Gottes willen, warum denn nicht? Macht es, wie ihr wollt, macht einen anderen Vorschlag.

Kurt Kempe tritt ein.

KURT KEMPE. Na, ihr zwei Noacks, wie geht's, wie steht's? Ihr habt euch doch hoffentlich nicht schon gleich wieder brüderlich beim Wickel?

ROBERT. Davon ist gar keine Rede, Kurt.

ERASMUS. Ich hatte die Tafel hier decken lassen . . .

KURT KEMPE. Na ja, natürlich. Warum denn nicht? Donner noch mal, das wird ja eine riesige Abfütterung.

ROBERT. Das ist eben nicht ganz nach meinem Sinne.

KURT KEMPE. Was ist nicht nach deinem Sinne, Menschenskind?

ERASMUS. Was heißt denn das? Wollt ihr denn von der Luft leben?

ROBERT. Oh! Wir essen auch. Von der Luft leben wir auch auf unserer Seite nicht.

KURT KEMPE. Leute, seid friedlich! Leute, seid friedlich!

ROBERT. Ich bin sehr friedlich. Aber wenn ich nicht einen Mißklang vermeiden wollte, so würde ich lieber drüben bei mir bleiben und an der Tafelei gar nicht teilnehmen.

Erasmus pfeift vor sich hin und geht langsam zur Tür hinaus.

KURT KEMPE. Was habt ihr denn eigentlich miteinander?
ROBERT. Nichts! — Aber was Rasmus tut, sind eben Eingriffe.
KURT KEMPE. Eingriffe?
ROBERT. Krasse Eingriffe, ganz gewiß.
KURT KEMPE. So? Sag mal, wie hat er denn eingegriffen?
ROBERT. Wenn wir jahraus, jahrein hier sitzen, so gehört die Sache in unsere Hand. Er disponiert aber, ohne zu fragen. Er tut so, als ob er die Familie einlüde. Er schickt uns Kisten und Kasten mit Eßwaren von Berlin über den Hals und noch dazu einen Menschen, der kochen soll. Er macht das alles, ohne zu fragen und als ob wir hier nicht mehr imstande wären, ein paar Mittagessen zurechtzumachen.
KURT KEMPE. Ja, lieber Bob, ist das denn so schrecklich? Er hat sich eben nicht vorstellen können, so etwas könnte irgend jemand beleidigen. Nee, ich glaube, da tust du ihm Unrecht, Bob.
ROBERT. Da stecken noch andere Sachen dahinter. *Er geht langsam hinaus.*
Kurt Kempe geht langsam, vor sich hin pfeifend, um den Tisch. Bertha, seine Frau, kommt herein.
BERTHA. Ach, hier bist du, Kurt. Da konnte ich dich natürlich nicht finden.
KURT KEMPE. Bob ist schon wieder mal verstimmt.
BERTHA. Gertie auch. Sie ist beleidigt, daß Erasmus ihr die ganze Bewirtung aus den Händen nimmt.
KURT KEMPE. Kinder, sie sollten doch etwas Humor haben.
BERTHA. Sie sehen eben eine unangenehme Protzerei darin.
KURT KEMPE. Ja, was kann denn Erasmus dafür, wenn Robert den größten Teil seines Vermögens verloren hat. Er selber hat das seine verzehnfacht. Er sagt sich ganz einfach, er will dem Bruder die Kosten ersparen. Er sagt sich das ganz vernünftigerweise, um so mehr, als er die ganze Zusammenkunft hier im Schnee ausschließlich veranlaßt hat. Was Absonderliches kann ich darin nicht finden.
BERTHA. Was hältst du von Christoph Noack, Kurt?
KURT KEMPE. Ich gebe ihm höchstens noch sechs Monat.
Sie gehen beide im Gespräch hinaus. Man hört die Schellen ankommender Schlitten. Jetzt erscheint Erasmus wieder mit seiner Frau Ida. Sie ist noch im Pelze vermummt.
IDA. Oh, wie hast du alles hübsch arrangiert, Erasmus.
ERASMUS. Ich bin schon seit heute mittag hier.
IDA. Christoph und Vater kommen im selben Schlitten.

ERASMUS. Gott sei Dank. Unter allen Gründen, die mich dazu bewogen, uns alle einmal wieder zusammenzurufen, war Vaters Versöhnung mit Christoph wohl der wichtigste. Vater ist alt, und Christoph ... ja, Christoph, trotz seiner Jugend, ist wahrscheinlich noch eher am Ende seiner Tage angekommen.

IDA. Und wie geht es dir?

ERASMUS. Ja, das möchte ich dich fragen. Du kannst mir ja wohl einen Kuß geben, nicht?

IDA. Warum nicht, Liebling, einen platonischen.

ERASMUS, *nach dem Kuß ihre beiden Hände haltend.* Sind die Kinder gesund?

IDA. *Kinderstimmen nähern sich.* Da sind sie ja schon. Du wirst gleich sehen, daß ich dir deine Jungens brav gepflegt habe. — Herrlicher Mondschein war auf der Fahrt! — Siehst du den kahlen Baum mit dem schwarzen Schatten, Rasmus, der dort in der Schneewehe steht? Kannst du dich noch an das Autodafé erinnern? — Dort haben wir viele hundert Liebesbriefe ... dort haben wir unsere Vergangenheit zu Asche verbrannt.

ERASMUS. Wenigstens haben wir's zu tun versucht, Ida. — Freilich, was da heranstürmt, zeugt nicht dafür, daß es uns gelungen ist.

Drei Knaben von dreizehn, zehn und acht Jahren stürmen herein und hängen sich an Erasmus. Es sind seine Söhne Erich, Otto und Karl.

KARL. Papa, Papa, da sind wir, Papa!

ERASMUS. Wahrhaftig. Seid mir willkommen, Kinder! Ist das nicht eine famose Idee, daß wir alle hier oben bei zehn Grad Kälte und Schnee einen echten Silvester feiern?

OTTO. Du hast immer die besten Ideen, Papa.

ERASMUS. Habt ihr denn schon Onkel Christoph und die Vettern und Basen gesehn? Ihr könnt hier ein richtiges Kinderfest abhalten.

ERICH. Wir haben unten in Hirschberg Onkel Christoph, Tante Anna, Hedwig, Olga, Lieschen, Hans und Heinz gesehen. Wir haben gleich zum Anfang eine mächtige Schneeballerei gemacht. Heinz hat den Otto ganz eingeseift.

OTTO. Und ich den Heinz. Das kannst du erst recht sagen.

KARL. Großvater und Großmuttel haben wir auch gesehen.

IDA. Kennt ihr denn alles wieder, Kinder?

OTTO. Freilich, wir waren schon oben im Spielzimmer.
IDA. In diesen Zimmern habt ihr alle zum erstenmal »Papa« und »Mama« gesagt.
OTTO. Warum sind wir denn in die häßliche Stadt gezogen? Warum wohnen wir denn nicht immer hier?
KARL. Warum ist denn Papa so selten bei uns?
IDA. Fragt ihn selber, da ist er ja. Nun muß ich mich aber ein bißchen zurechtmachen. *Sie geht hinaus.*
ERASMUS. Und ihr, Kinder, geht mal sofort zu Onkel Robert und Tante Gertie hinüber. Geht und begrüßt sie, versteht ihr mich! *Die Kinder stürmen fort.*
Kurt Kempe erscheint wieder.
KURT KEMPE. Na, nu kommt gehörig Leben ins Haus. Ida und die Kinder sind eben angekommen. Sie stellen schon alles auf den Kopf. Endlich kommt Robert und Gertie ein bißchen in gute Laune.
ERASMUS. Wenn man die eigenen Kinder ein halbes Jahr nicht gesehen hat, ist das Wiedersehen höchst wunderlich. Diese neuen Leben haben was Mystisches.
KURT KEMPE. Da meine Frau keine Kinder haben will, kann ich über so was nicht mitsprechen.
Eben fahren zwei Schlitten vor. Der zweite bringt einen neuen, kolossalen Kinderschub.
Lärm und Stimmen im Hausflur. Endlich tritt, im Pelz und beschneit, Christoph Noack schwer atmend ein, begleitet von Anna, gestützt auf Olga, seine dreizehnjährige blondhaarige, blauäugige Tochter. Er hat ein winziges mandolinenartiges Instrument, das er zupft. Er singt dazu.
CHRISTOPH *singt.*
Der Papst lebt herrlich in der Welt, siehst du wohl,
es fehlt ihm nie an Ablaßgeld, siehst du wohl,
er trinkt vom allerbesten Wein,
drum möcht' ich auch der Papst wohl sein.
Doch nein, er ist ein armer Wicht,
ein holdes Mädchen küßt ihn nicht.
Er tut erschrocken, verbeugt sich zur Tochter. Bitte tausendmal um Entschuldigung, holde Maid im Flügelkleid. Schließ die Ohren, holde Maid, holde Maid im Flügelkleid, schließe auch dein Flügelkleid! — Allen miteinander ein glückliches Neues Jahr wünschend, empfehle ich mich zur geneigten Beachtung. Unsern Eingang segne Gott, unsern Ausgang gleichermaßen. Hurra! Hurra! Hurra!

ANNA. Pfui, Mann, das ist Gotteslästerung.

CHRISTOPH. Finster war's, der Mond schien helle. Donnerwetter, Kinder, das war eine pfiffige Schlittenpartie! Aber scheun, wie de Hamburger seggt. Suursupp mit Klieten drin. Süß! Gut, dat en Kachelofen dor is. Brrr. Was ist die Uhr? Was gibt's zum Abendbrot? Wie steht Laurahütte? Und was gibt's morgen für Wetter? Werden wir mit einem »Guten Morgen!« schlafen gehen und mit einem »Guten Abend!« aufwachen? Oder werden wir gar nicht schlafen gehn oder gar nicht aufwachen? Punktum. Kinder, gebt mir etwas Verstopfendes, ich leide tatsächlich an Logorrhoe.

KURT KEMPE. Ja, ja, ja. Dauerreden sind überhaupt nach einer solchen Reise und bei solcher Körperverfassung ganz unangebracht.

CHRISTOPH *nimmt kurzatmig, etwas erschöpft, Platz.* Donnerwetter noch mal, eine köstliche Fahrt. Aber die Luft ist schon ziemlich dünn hier oben. — Guten Abend, Erasmus, komm an mein Herz! *Die Brüder küssen einander.*

KURT KEMPE. Hör mal. Jetzt würde ich dir vor dem Silvesterkarpfen eine halbe Stunde Bettruhe vorschlagen.

ANNA. Komm, Christoph, Doktor Kempe hat recht.

CHRISTOPH. Laßt mich jetzt mal mit ihm allein. Hörst du? Verschwinde, schöne Maske.

Olga und Anna ab.

ERASMUS. Muß ich auch fort?

CHRISTOPH. Ach was, du kannst hierbleiben. — Also, während der Zeit meiner hiesigen Residenz ernenne ich dich zu meinem Leibarzt. Zunächst sage mir mal: Wie findest du mich?

KURT KEMPE. Gut. Die Reise ist dir doch gut bekommen.

CHRISTOPH. Wir haben ja keine Not gelitten. Dank Erasmus und seinen umfassenden Maßnahmen sind wir ja nobelste zweite Klasse gereist.

KURT KEMPE. Erst ziehst du dich mal in dein Zimmer zurück, und wenn alles soweit ist, kann ich dich ja noch mal untersuchen.

CHRISTOPH. Verflucht noch mal, ich bin eben ein Sieb, Junge, und die besten Chemikalien, die meinen Körper aufbauen sollten, verlassen mich auf natürlichem Wege. Sie wenden mir sozusagen den Rücken, massenhaft.

KURT KEMPE. Wann hast du die letzte Attacke gehabt?

CHRISTOPH. Du meinst, wann mir die sogenannte Plauze zuletzt weggeblieben ist. Wart mal: Freitag vor acht Tagen.
Robert kommt schnell herein.
ROBERT. Guten Abend, Christoph, da bist du ja schon. Wir haben ja gar nichts davon erfahren. Wir wußten ja gar nicht, daß du im Hause bist.
CHRISTOPH. Weiß Gott, lieber Robert, ich bin im Hause.
ROBERT. Warum kommst du nicht mal und siehst dir unsere vier Pfähle an?
CHRISTOPH. Eins nach dem andern, lieber Robert. Redensarten, wißt ihr ja, mach' ich nicht, aber das Häuschen kann mir gefallen. — Hebt mir up, Kinners, hebt mir up, Kinners, ick will mi man erst bi mine Fru een bisken torechtmaken. *Christoph wird von Erasmus und Kempe hinausgeführt.*
ROBERT, *ihnen nachrufend, in der offenen Tür.* Rechts, rechts, weiter rechts ist dein Schlafzimmer.
Gertrud kommt herein.
GERTIE. Ach, Christoph ist da. War das nicht Christophs Stimme?
ROBERT. Ja, Gertie. Wir wollen nur hoffen, daß die zweiundzwanzigstündige Reise ihm gut bekommen ist. Ich habe mir ja immer gesagt, bei seinem Zustand war das ein Wagnis.
GERTIE. Aber er schien doch bei schönstem Humor zu sein.

[2]

[Vermutlich 1915.]

[PERSONEN]

DER VATER
FRANZ
PAUL
WALTER
EMMA
JENNY
LEOKADIE
LUISE
DR. HORCHER
SABINE HORCHER

*Speisezimmer eines Landhauses. Die Tafel ist mit elf Gedecken gedeckt. Rechts Tür in das Arbeitszimmer des jüngeren Bruders. Im Hintergrund Tür ohne Flügel in ein anstoßendes Wohnzimmer. Auf dem Tisch brennt ein Licht. Neujahrsabend.
Leokadie und Luise ordnen an der Tafel.*

LUISE. Er ist sehr, sehr krank.
LEOKADIE. Denkst du wirklich?
LUISE. Sehr.
LEOKADIE. Er hat aber doch so viel gelacht, als er die Treppe heraufstieg.
LUISE. Das ist Franzens Art, aber . . . trotzdem.
LEOKADIE. Wir haben ja einen Arzt im Haus, Gott sei Dank. Horcher hat ihm, glaube ich, eine Tasse schwarzen Kaffee verordnet.
LUISE. Ob es nicht leichtsinnig war, die lange Reise von Bremen bis hierher?
LEOKADIE. Es ist Walters Idee. Er hat es natürlich gut gemeint. Er wollte uns alle am Silvesterabend einmal wieder zusammenhaben.
LUISE. Gott gebe, daß es nicht zuviel ist für Franz.
LEOKADIE. Hoffentlich nicht. Und es war doch notwendig.
LUISE. Du meinst, Franzens und Vaters wegen.
LEOKADIE. Das wohl auch. Grade weil Franz krank ist, und Vater ist vierundsiebzig Jahr.
LUISE. Ach, hoffentlich behalten wir das gute Vaterchen noch recht lange.
LEOKADIE. Vater kann hundert Jahre werden.
LUISE. Nicht berufen! Knoblauch, Schnittlauch und andre Lauch'! *Sie pocht an den Tisch.*
LEOKADIE. Sie haben einander doch schon wiedergesehen, Vater und Franz.
LUISE. Ja, natürlich. Er hat ja unten bei den Eltern Station gemacht.
LEOKADIE. Warst du dabei?
LUISE. Vater war sehr erschüttert.
LEOKADIE. Alten Groll oder so etwas merkte man nicht?
LUISE. Sie rührten mit keinem Wort daran.
LEOKADIE. Es ist wohl auch nicht so schlimm gewesen.
LUISE. O du! — Ich habe die Sache in Bremen noch mitgemacht. — Das war wahrhaftig nichts Leichtes für mich.

Hier der Vater, hier der Bruder. Jeder sieht die Sache von seiner Seite an. Manchmal habe ich nicht aus noch ein gewußt.

LEOKADIE. Ihr seid eben alle etwas heftig.

LUISE. Ich werde den Abend nie vergessen. Ich wohnte mit meiner verstorbenen Freundin zusammen. Da kam Vater in einem Zustand zu uns herauf. Ich hatte ihn niemals so gesehen. Du weißt ja, wie gesetzt und schweigsam er meistens ist. Natürlich war ich zu Tode erschrocken. Liebe Käddi, bitte, nur sprich nicht davon.

LEOKADIE. Nein. Ich hätte wohl eigene Schmerzen.

LUISE. »Denkt an mich«, sagte Vater, »Franz sieht es nicht, Franz läuft blind in sein Verderben und zieht uns alle mit ins Verderben hinein.«

LEOKADIE. Ja, dadurch, daß einer etwas voraussieht, heilt er die Blindheit des andern nicht.

LUISE. Ach, dieser Abend war entsetzlich. Ich möchte nichts sagen, aber wenn ich nicht gewesen wäre: es fehlte nicht viel, und Vater, der damals siebzigjährige gute Vater, hätte sich etwas angetan.

LEOKADIE. Ist denn da so was Schlimmes dabei, Lieschen?

LUISE. Wobei?

LEOKADIE. Ich meine nur überhaupt: sich etwas anzutun.

LUISE. Aber, liebe Käddi, wie kannst du so sprechen!

LEOKADIE. Ich betrachte es als mein gutes Recht, wenn mir das Leben unerträglich wird, meines Weges zu gehen.

LUISE. Aber denke doch an die Zurückbleibenden! Welche Last allein hätte Franz auf seinem Gewissen gehabt! Aber um Gottes willen, verrat es nicht: Vater sagte: »Ich verhungere eher, ich gehe mit Mutter auf die Straße, eh' ich mich von meinem Sohne um eines elenden Bissens sauren Gnadenbrots mißhandeln lasse.« Und so fort. Man weiß ja nicht, aber Franz hat auch an mir manchmal nicht recht getan.

LEOKADIE. Lieschen, nun möchte ich doch wirklich mal den Vorschlag machen: Lassen wir das. Walter will doch, wir sollen hier in den Bergen einige Tage harmlos und heiter vereinigt sein. Denken wir lieber mal nach, wie wir sitzen wollen. Vater kommt doch gewiß herauf.

Der Vater tritt ein.

LUISE. Da ist ja Vater. Eben wollte ich sagen: Wer weiß, ob Vater kommt.

VATER. Ich komme, aber ich gehe bald wieder.
LEOKADIE. Ach, unsern Silvesterkarpfen ißt du nicht mit?
VATER. Ich wollte euch nur allen einen guten Abend und im voraus Prosit Neujahr sagen. Dann kehre ich umgehend an den häuslichen Herd zu Mutter zurück.
LEOKADIE. Wollte denn Muttchen nicht mit heraufkommen?
VATER. Mutter geht mit den Hühnern zu Bett, Kinder. Und für mich ist das lange Aufbleiben ebenfalls nichts. Euer Haus ist voll. Ich müßte ja dann, womöglich nach Mitternacht, noch die lange Rückfahrt antreten. Außerdem habe ich einen Fuhrmann, der nicht warten kann. — Wie ist Franz die Reise bekommen?
LUISE. Wir haben ja einen Doktor im Hause. Horcher hat ihn zur Vorsorge für einige Stunden zu Bett gelegt. Zum Essen kann er natürlich aufstehen.
LEOKADIE. Es ist zu schade, daß du den Karpfen nicht mit uns essen kannst.
VATER. Ja, Kinder, was ist nicht alles schade! Tut mir die Liebe, ich habe euch nun gesehen, laßt mich still wieder meiner Wege gehen.
LUISE. Franz würde doch, wenn er dich nicht gesehen hätte, traurig sein.
VATER. Franz braucht Ruhe, das ist die Hauptsache.
LEOKADIE. Ich muß Walter unbedingt Bescheid sagen.
VATER. Nur keine Umstände, gutes Kind. *Leokadie geht ab.* Nein, mich würde das alles viel zu sehr aufregen. Wenn man in mein Alter gekommen ist, so schätzt man den Frieden über alles. — Es ist ja mit Mutter zu Hause auch manchmal nicht leicht, wie du weißt. Aber man kann sich schließlich auch da zurückziehen.
LUISE. Vater! Warum du grade heute so traurig bist.
VATER. Gott behüte, ich bin nicht traurig. Ich habe nur die Welt und das Leben hinreichend kennengelernt.
LUISE. Es ist doch eigentlich von Walter eine hübsche Idee gewesen, dieser Familientag.
VATER. Ganz gewiß. Ich finde überhaupt, daß Walter gute Ideen hat. Er hat ja auch schöne Erfolge draußen, während Franz und Paul nicht so glücklich ist. Paul strapaziert sich auf einem verkehrten Wege ab, und was Franz betrifft . . . aber warum soll man von etwas reden, was nicht zu ändern ist

LUISE. Eins weiß ich gewiß, Paul wird noch einmal sein Ziel erreichen.

VATER. Was einmal sein wird, weiß man nicht. Was wirklich ist, daran muß man sich halten: ohne Walter und Walters Wirkungskreis stünde es materiell ganz schlimm mit uns.

LUISE. Das dürfte man freilich Paul nicht einmal andeuten.

VATER. Weil Paul die Wahrheit nie sehen will und von jeher im höchsten Grade reizbar und ausfallend ist.

LUISE. Walter ist manchmal ebenso ausfallend.

VATER. Waschlappen sind wir alle nicht.

LUISE. Und es ist eben kränkend für Paul, der ja doch schließlich der Ältere ist, wenn es immer um Walter und immer wieder um Walter geht, wo sich der arme Kerl doch auch abmüht und abrackert.

VATER. Was nutzt das alles, man kann doch die Säule, die das Haus trägt, nicht durchsägen, weil Paul empfindlich ist. Dann würde das Haus ja zusammenbrechen, denn vorläufig ist eben doch Paul diese Säule nicht.

Paul kommt.

PAUL. Guten Abend, Vater. Du willst nicht oben bleiben?

VATER. Bitte, macht mir die Sache nicht schwer und sprecht doch bitte darüber weiter nicht. Ich werde zu Hause auf euer Wohl trinken und freue mich zu wissen, daß es bei euch fröhlich und heiter ist. — Übrigens möchte ich die Enkel wenigstens sehen.

Leokadie kommt wieder.

LEOKADIE. Hörst du sie schreien? Sie fahren auf dem Kapellenberg Handschlitten. Walter hat ihnen Lampions an die Schlitten gehängt.

LUISE. Die Kinder sind natürlich glückselig. Einen solchen Winter haben sie ja überhaupt noch nicht kennengelernt.

VATER. Kinder haben das Regiment. Aber Kinder machen auch Alte jung. Kinderloses Haus, ödes Haus.

PAUL. So schroff, Vater, brauchen wir das wohl nicht hinstellen.

VATER. Ach, entschuldige, das ist ja nur so eine Redensart. Trotzdem wünsche ich deiner Frau und dir, daß ihr doch noch Kinder bekommt.

PAUL. Wir haben ja Franzens und Walters Kinder.

DIE SOMNAMBULE

[I]

19. Dezember 1904.

ERSTER AKT

Weberhütte. Innen alles schwarzverkohlt. Sehr ärmlich. Haufen kalter Asche vor dem Ofen. Winter. Einige verkleben Fenster mit Papier. Sturm. Andere wärmen sich die Hände a[n] d[en] glimmenden Aschenresten. Der tropische Schmetterling darüber als Vision. Das Klappern des Webstuhles. Die grausige Mutter mit dem verkrusteten Kinde. Es kommt eine Fee. Die Schneefee. Sie bringt ein weißes Licht. Sie glänzt kalt wie der Mond. Sie hat einen roten Rubinen im Stirnband: »Dich habe ich heute im Walde gesehen!« — Vorher hat sie die Vision des kinderwürgenden Herodes gehabt. »Du bist nicht, was du scheinst«, sagt die Fee, »du öffnest deinen Mund, und er scheint bläulichschwarz voll Schlangen. Folge mir! Es ist nicht so, wie du meinst. Die Erde erkaltet nicht! alles Leben ist nicht gestorben, obgleich es stockfinster ist.« — »Aus welchem Teile der Welt kommst du?« — »Das Paradies auf Erden. Wer darin ist, empfindet es nicht, wer draußen ist, ja. Ich will dich erhöhen.« Die Verwandlung erfolgt. Ein heidnischer Tempel ersteht. Sie sitzt als Göttin auf einem Thron. Die Könige huldigen ihr. Ihrem Kind. Ihre Glorifikation.

ZWEITER AKT

Sie ist nun wieder unter den Ihren. Hochmütig. Sie wird verlacht. Sie wird verspottet. Sie haßt den unehelichen Vater ihres Kindes. Sie lehnt das schlechte Essen ab. Sie sagt: »Ich esse Besseres.« Sie schläft und träumert vor sich hin, was ihr Vorwürfe und Haß einträgt. Es geht zu wie auf einem untergehenden Schiff. »Jawohl!« sagt sie. »Die Sintflut!« Sie hat die Vision der Anklage! Des Jüngsten Gerichts. Der Sturm legt sich. Mondwinter-Ruhe. Der K[aiser] Karl kommt zu ihr. Stille. Liebesnacht. — Zur Liebesnacht erklingt Musik, Engel musizieren. — Da kommen die Räte und mahnen den Kaiser. Er weist sie ab.

DRITTER AKT

Im Palast. Sie geht, geleitet von Frauen, wie eine Göttin durch die Säle. K[aiser] Karl legt ihr alles zu Füßen. Ab. Karlmann kommt und stellt dem Kaiser die Notwendigkeit des Regierens vor! Ein Bischof kommt, nennt sie eine Teufelin! Der Kaiser ist fremd und sonderbar. Er sagt: sie sei vielleicht eine heidnische Göttin, aber eine mächtige. Und er zwingt alles vor ihr auf die Knie. — Karl allein. Sie kommt. Sie stirbt in seinen Armen, vergiftet.

VIERTER AKT

Weberhütte. Sie liegt starr. Sie atmet aber. Schon seit Tagen liegt sie starr. Reden und Beraten der armen Leute. Der Weberrhythmus. Da kommt die Fee und legt einen Ring unter ihre Zunge, und es verändert sich die Szene um sie her. Sie ist aufgebahrt. Der Kaiser ist bei ihr. Sie verwest nicht. Der Kaiser lebt bei ihr seine Tage. Es gelingt nicht, ihn wegzureißen. Sie ist glücklich, daß er alle seine Geschäfte versäumt. Sie hält ihn mit wollüstigem Triumph. Sie lebt als Göttin. Der furchtbare Mann ist gefesselt. Ihr Triumph ist gesättigt. Sie ruft. Die Fee kommt, nimmt den Ring unter ihrer Zunge hervor. Der Kaiser entsetzt sich vor ihr: sie lacht... lacht... lacht... und erwacht lachend im Weberzimmer. — Alle umstehen sie. Sie geriert sich als Göttin. Sie setzt sich an den Webstuhl und webt ein Gewebe von Gold und Diamanten und webt das Schicksal der Welt hinein.

[II]

19. Dezember 1904.

Eine Weberstube im Gebirge. Dielen und Wände schwarz, wie verkohlt. Die Fensterlöcher mit Papier verklebt. Der Ofen kalt. Vor dem Ofen ein Haufen kalter Asche. Der alte S. kaut an einem Stück Leder, das Weibstück hockt eingemummt in der Ecke. K. (haarbewachsen) webt. Aller Augenblicke werden ihm die Finger klamm. Sie sitzt an der Wand: die Augen gradeaus, starrend. Auf Stroh, in Lumpen, liegt ihr grindiges Kind. Die Alte.

K. Arbeete! Wenn du noch asu lange stoarrst. Deswegen kimmt doch kee Heiland. —
Stillschweigen. Sturm.

DIE ALTE, *angstvoll.* Mir sein reen... mir sein reen... werklich, mir sein vo Gott und vo Menschen verlassen!

DER ALTE S. Hot's goar nischte meh eim Kaller, hä?

DAS WEIBSTÜCK. Doas gieht itze Tag im Tag mit dam Froag'n! 's is reen, um drieber irre zu wern.

DER ALTE S. Na, ihr Leute, do missa mir ja verhingern! *Stille.* Warum arbeetst'n du nee? Du?

SIE. Iich mag ni meh.

DER ALTE. Warum arbeitst'n du nee, froa iich dich.

SIE. Weil dar Moan do is!

DER ALTE. Woas fer a Moan?

SIE. Dar de durt stieht.

DER ALTE. Iich sah' kenn!

DAS WEIBSTÜCK. Se traumt wieder amol! Se phantasiert wieder amol! Derbeine! Die kennde laufa! Die kennde nundergiehn ei de Stoadt und kinnde ins helfa. Die hot no de mehrschte Kroft. Die kennde zum Forr giehn! Die kennde zur Herrschoft giehn und a Almosen bitta.

DIE ALTE. Lußt se ei Ruh!

DAS WEIBSTÜCK. Wie lange werd'n doas wetter wo giehn, dohie? Ich hoa keene Klunkern oazuziehn: suster liff' ich! Und wenn ich dersaufa täte eim Schnie. Iich mächt's! *Windstoß.*

DIE ALTE. O Jees nee! De Hexa tanza wieder amol! Heert'r de Schweine prilln? Ihr Leute! Ihr Leute! Doas iis a Ge- «kreesche do! — Lußt's gutt sein! Mir starba! Mir starba, und schlimmer koan's ins ni giehn wie hie!

DER ALTE. Nee! — Oader mir missa no woas versuchen. De Anna soll nundergiehn, ei de Stoadt!

DIE ALTE. Se koan nee vom Kinde weg.

DER ALTE. Woas hot se sich's oageschoafft! — Anna! Stieh uf! Arbte! oder mach und hull ins zum wingsten Feuerhulz aus'm Pusche rei.

ANNA. 's nutzt nischt! Dar Moan iis do!

DER ALTE. Schunn wieder dar Moan? woas denn? wu denn? Wie heeßt a denn?

ANNA. Herodes heeßt a. Herodes, dar de de Kinder derwergt! *Stille.*

DER ALTE. Luß doas Kind starba! 's is'n am wohlsta! *Stille.*

DIE ALTE. D'r Mond kimmt a wing aus a Wulka raus.

DAS WEIBSTÜCK. For mir!

DIE ALTE. Der Wind lät sich ei, scheint's!
DER ALTE. A brinkla Feuerhulz wär' mir lieber. Du, Marta, gieh nuf ei a Pusch!
K. Niehm an Axt! Kumm miete! M'r wulln an Baum imhacka, und wenn's eis Zuchthaus gieht!
MARTA [= DAS WEIBSTÜCK]. Mir sein Hande und Fisse derstorba! iich koan nee!
Stille.
DIE ALTE, *bitter.* O Jes's, doas sein schiene Bluma oam Fenster!
K. Friß se uf! verleicht werschte soatt d'rvon!
MARTA. Verfaulte Kartuffeln wern mir lieber. — Iis de Asche no woarm?
DIE KINDER. Ja! a klee bißla!
DIE ALTE. O Jees, doas sein schiene Bluma oam Fenster, wenn d'r Mond asu durchkimmt.
DER ALTE. 's is reen, als selde de ganze Welt eim Eise und Hunger zugrunde giehn.
EIN KIND. O Grußmutterla, wenn jitzt Summer wär'!
DIE ALTE. 's is Winter!
EIN KIND. Stieht ni ees dessa hingem Fanster?
DIE ALTE. 's Mondgesichte.
EIN KIND. Nee, an andersch! Jitze iis weg!
DIE ALTE. 's iis ja uf eemol asu helle bei ins ei d'r Stube.
DAS WEIBSTÜCK. D'r Mond scheint eis Gräberloch!
Zu einer klimpernden Musik, die so klingt, als wenn eisenbeschlagne Räder über harten Schnee wie über Scherben gehen, klingt ein Vers im Flüstergesang.
    Ich bin die lautlose Winterfee
    im Mantel aus Mondenglast,
    die weiße Wollust, das weiße Weh,
    die du gesehen hast.
    Das weiße Entsetzen! die weiße Not!
    Die weiße Schönheit! Der weiße Tod!
    Mach auf! Ich bin dein Gast.
ANNA. Immer kumm rei!
DAS WEIBSTÜCK. Wann ruffst'n du? Iis dar Moan immer noch do?
ANNA. Sist's nee? 's is doch a Weib!
DER KERL [K.]. Nee, wenn ock die mechte ihr tummes Maul haln! *Webt.*
DAS WEIBSTÜCK. Rum tum tum! Rum tum tum! Reen zum

tälsch warn! Kee Brut nee! kee Brut nee! hier' ich ock
immer! Kee Hulz nee! kee Brut nee! kee Hulz nee, kee
Brut nee! Rum tum tum! rum tum tum! Immerzu,
immerzu!

ANNA *steht auf, hält ihr Kind auf den Armen ins Leere.* Do
nimm's! pack's ei!

DER KERL. Die iis goar verwerrt.

DER ALTE. Der werd o kumma und werd sich's eipacka! Der
Kerl freut ni asu viel dernoch.

ANNA. Iich wieß, war iich bin! Ja, ja, iich wieß.

DER KERL. Ja, ja, m'r wiss'n! Se is an Prinzessin.

ANNA. O noch! Du hust recht!

DER KERL. Do muß ma doch lacha.

DIE FEE. In dir ist etwas begraben, das spricht.
Du hörst es! die andern hören es nicht.
Du hörst es, den Schrei! Du ganz allein
und ich und die Seele im Mondenschein.
Du bist noch immer, was einstmals war
im langen Mantel von flachsweißem Haar,
stolz und groß und in Schmach noch schön.
Du wirst sterben und wirst wieder auferstehn!

MUTTERSCHAFT

[Entstehungszeit: April 1905.]

[I]

Erster Akt. Ärztin hat sich in einer kleinen schlesischen Stadt niedergelassen, sonst ohne Praxis, wird sie zuweilen in diskreten Fällen zu Rat gezogen. Die Tochter eines Hauptpastors ist in ihrer Verzweiflung zu ihr gekommen, hilflos, von ihrem Vater verstoßen, und weiß nicht, wo sie mit dem außerehelich empfangenen Kinde, das sie unterm Herzen trägt, niederkommen soll. Dieses Vorkommnis hat auf die Ärztin ganz besonders tiefen Eindruck gemacht und ihr die Idee eingegeben, in der kleinen Stadt ein Mutterheim zu gründen. Einigen befreundeten Männern und Frauen macht sie davon Mitteilung, stößt aber nur auf ernsthafte Ermahnungen, und man sagt ihr, sie werde Körperschaften und einzelne, sogar den Vaterländischen Frauenverein gegen sich haben. Die Ärztin, dadurch nur mehr gereizt, will es darauf ankommen lassen, und ihr Optimismus, weil sie, wie sie meint, eine unzweifelhaft klare Sache vertritt, ist groß. Es findet eine Versammlung statt, wo ihr der Pastor ganz besonders entgegentritt. Sie wütet gegen die Roheit und Härte der Väter. Sie läßt sich zu Äußerungen gegen verheiratete Frauen der Anwesenden hinreißen. Darauf wird schweres Geschütz aufgefahren und sie vollständig moralisch vernichtet. Die Frau eines Arztes, die für sie eingetreten war, muß deshalb mit ihrem Mann die Gegend verlassen.

Der erste Akt stellt die Begegnung mit der Pfarrerstochter sowie den Entschluß dar.

Der zweite Akt stellt die Versammlung dar. Im Verlaufe des Abends hat ein Mitglied an den Vater der Ärztin mit Rückantwort telephoniert: »In welche Irrenanstalt sollen wir Ihre Tochter bringen?« Unter den hageldichten Angriffen und Verspottung unflätiger Art ihrer Widersacher kommt über die Ärztin die Schwäche der Frau; sie wird konfus, weint, schreit, und nun kommt einer mit der Antwort des Vaters: »Nach Leubus!« Es erhebt sich sogleich ein Irrenarzt, der die Anwesenden sich zu entfernen bittet, und will gutmütig die

Ärztin beim Arm nehmen, um sie väterlich in die Irrenanstalt zu befördern.

Der dritte Akt zeigt die Irrenanstalt. In einem Saale sind eine Anzahl Paranoia-Kranker, darunter die Ärztin. Jeder von ihnen vertritt ein Wahnsystem und hat seine fixe Idee. Der Direktor tritt herein, um jeden einzelnen auf seine Wahnidee zu prüfen. Jeder redet vernünftig, bis die Wahnidee zutage tritt. Der Assistent geht mit dem Direktor. »Jesus ist Gottes Sohn«, sagt der eine. »Der Papst ist unfehlbar«, sagt der andere. »Es gibt keinen Gott außer Karl Marx«, sagt der dritte. »Es ist eine Gemeinheit, Menschen zu zeugen«, sagt der vierte. Eine sagt, sie sei die Tochter des Kaisers Friedrich. Einige sagen, sie seien der kommende große Dichter. Die Ärztin behauptet, des Weibes Beruf und Recht sei Mutterschaft. Mutterschaft heilige Mutter und Kind. Mutter und Kind seien die größten Heiligtümer der Gesellschaft. Jeder verteidigt mit wütendem Eifer seine fixe Idee, und zuletzt unter allgemeinem Hohn und Gelächter der andern auch die Ärztin. Diese sei nun die allerkränkste, meint der Anstaltsarzt, und alle übrigen werden hinausgeführt. Nun hält er dem Assistenten Vortrag in Gegenwart der Ärztin. Er weist nach, zu welchen monströsen Dingen bei Frauen Überreizung der Nerven durch Studium führe. Sie entwickelt nun weiter flammend ihr Wahnsystem: die furchtbaren Konsequenzen der Unsinnigkeit, wonach man edle Geschöpfe bei ihrer Geburt schon mit einem Makel behafte und Mütter, die solche schon vorher durch die Gesellschaft verfluchten Geschöpfe töten, um sie vor Schmach zu bewahren, ins Zuchthaus bringe. Schmach sei schlimmer als Tod. »Mörder!« schreit sie. »Ihr seid Mörder, nicht solche Frauen sind Mörder.« Nun entwickelt der Anstaltsdirektor ihr als Kollegin sein Wahnsystem und zieht den Schluß, man müsse unmoralisch handeln, damit die Moral triumphiere, das heißt, die außereheliche Mutter und das außereheliche Kind müssen gebrandmarkt bleiben, trotzdem es gegen Christenmoral und jede Moral verstieße. Die Leute folgten ihr nur nicht, sonst wüßte er wohl, wie der Welt zu helfen sei, nämlich durch Irrenhäuser. Die Irrenärzte müßten allmählich die Gewalt von Königen erhalten. Die ganze Welt sei krank. Genie sei Krankheit, das Parlament sei wie krankhafte Neubildung am Gesellschaftskörper; alle Politiker seien Irrsinnigen gleichzuachten. Sie will entlassen sein; aber Wärter kommen und

halten sie fest. Der Anstaltsdirektor entfernt sich und läßt
den Assistenten bei der Kranken. Der Assistent schickt die
Wärter fort und redet freundlich mit dem schluchzenden
Mädchen. Er gibt ihr den Rat, ihr Wahnsystem nur ja geheimzuhalten. Das täten sie alle, und damit kämen sie alle gut
durch. Ihr Vater sei im Begriff, sie zu enterben, sie ein für
allemal zu entmündigen, und wenn sie je hier entlassen zu
werden hoffe, so müsse sie unbedingt dem Anstaltsdirektor
den Glauben beibringen, sie sei von ihren Ideen abgekommen.
»Im übrigen bin ich ganz Ihrer Ansicht«, sagt er, zärtlich
werdend. »Die Hauptsache bleibt schweigen.« — »Sie wollen
mich auch verspotten«, sagt sie. Er schwört ihr, zärtlicher,
daß er ihren Ideen schweigend ergeben sei. Nun entwickelt
sich eine Liebesszene, wodurch sich ihr die Aussicht eröffnet,
in wenigen Tagen befreit zu sein. Es wird noch im Liebesgeflüster der Gedanke gestreift, daß man handeln, nicht
reden müsse. »Handeln, meine Liebe, nicht reden!«
Drei Jahre später im Gerichtssaal spielt der vierte Akt. Der
Vater der Ärztin ist gestorben. Sie ist aus dem Auslande, um
ihre Ansprüche geltend zu machen, heimgekehrt. Sie ist
entmündigt und ist enterbt; aber es steht ihr ein junger Anwalt zur Seite, der mit Begeisterung für sie eintritt. Er sagt:
»Meine Herren, der Sachverständige hat sich überzeugt, daß
die Dame von ihren krankhaften Ideen vollkommen befreit
ist. Er hat ihr einen Katechismus von Fragen vorgelegt —
hier ist er. Das Gericht möge die Fragen beliebig nochmals
an meine Klientin stellen. Meine Klientin hat tadellos gelebt.
Ihr damaliger Irrweg hängt mit dem Vorfall zusammen, der
etwas später die Stadt bewegte, als sich die Tochter des
Hauptpastors ertränkte.« Das Gericht stellt nun die Fragen.
»Darf eine Mutter ihr Kind lieben?« — »Ja und nein!« —
»Haben weibliche Wesen die Pflicht, trostlos zu vertrocknen
und in Einsamkeit zu verwelken? Sprich!« — »Ja, wenn kein
Ehrlicher sie heiratet.« — »Was ist besser, ein außerehelich
geborenes Kind, das Gott Loblieder singt, oder ein eheliches,
das flucht? Sprich!« — »Das eheliche...« u.s.w. Alle diese
Fragen werden prompt und zu völliger Zufriedenheit des
Gerichtshofes beantwortet, und zwar mit heiterster Miene.
Der Gerichtshof ist eben dabei, sich zugunsten der Ärztin
(die es nicht mehr ist, weil sie nirgends Praxis bekommt) zu
entscheiden, als die gegnerische Partei der Verwandten ihren
Sachverständigen ins Feld schickt, der durch andere Fragen

die Unzurechnungsfähigkeit der Ärztin beweisen soll. Heiter geht die Klägerin darauf ein. Der Arzt fragt: »Wer bringt den Menschen zur Welt, die Frau oder der Mann?« — »Natürlich der Mann«, sagt sie. Der hohe Gerichtshof nickt zustimmend. »Wer leidet die Schmerzen?« — »Natürlich der Mann, nämlich im Geldbeutel.« — »Allerdings«, sagt der Sachverständige, »ich gebe zu, daß die Frau sich gebessert hat.« Der Gerichtshof will sich entfernen und deutet an, daß man fast schon entschieden sei, da bittet die Klägerin, noch zu warten. »Hoher Gerichtshof«, sagt sie, »ich will doch die Wahrheit nicht verschweigen. Ich bin der Meinung, daß die Frau die Menschen zur Welt bringt. Ich bin der Meinung, daß es ein Beweis für die grenzenlose, unrettbare Dummheit meiner Mitschwestern ist, daß sie unter ihren Kindern nicht soweit Ordnung zu halten wissen, daß eins das andere nicht der Verachtung preisgibt, daß sie zu den unendlichen Schmerzen, die sie tragen, noch die Schmach ertragen; wenn sie die Welt mit einer neuen Gottesfrucht beschenken und nicht wie Hyänen und Löwinnen sind, die ihre Kinder verteidigen, Königinnen, die ihnen die Achtung und Ehrfurcht von Königen verschaffen. Entmündigt mich, ich lache euch aus! Ich lache die ganze Stadt aus; denn die Gesellschaft ist feige, dem Mutigen weicht sie zurück. Jetzt habe ich etwas hinter mir, das, so klein es ist, mich unüberwindlich macht. Es gibt auch noch gute Menschen, die den Wahnsinn ihrer Güte geheimhalten, diese haben mich nicht verlassen und werden mich nicht verlassen, auch ohne die Erbschaft meines Vaters. Mich und mein Kind.« — Sensation! — »Nun ist sie ganz wahnsinnig.« Die Verwandten freuen sich. Der Gerichtshof ist ratlos. Der Verteidiger der Ärztin redet in sie hinein. »Sind Sie verheiratet?« fragt der Gerichtshof. — »Gott sei Dank, nein!« — »Ein Kind muß aber doch einen Vater haben!« — »Ja, aber doch eigentlich nur neun Monate, ehe es geboren ist. Urteilen Sie selbst, ob ich ohne Vater in der übrigen Zeit nicht etwas ganz Niedliches zustande gebracht habe.« Sie geht zur Tür und führt eine respektable Kinderfrau herein, die einen zweieinhalbjährigen Knaben, sauber und nett gekleidet, auf dem Arme trägt. Die Verwandten hüsteln, die Verteidiger, der Gerichthof. »Oh! Sie können hüsteln, meine Herren«, sagt sie, »wenn nur mein Junge nicht hüstelt. Da ist er.« Sie stellt ihn in die Mitte des Saales, wo er stramm und allein steht. »Wie heißt du, mein Kind?« fragt der Präsident. »Er heißt, wie mein Vater heißt«, sagt die Frau, »der sich des Namens, den er trug, sein Leben lang nicht geschämt hat. Sehn Sie, was er für Augen hat, er sieht wie ein Falke. Seine Öhrchen sind tadellos. Er steht da wie ein kleiner Eros. Gott hat ihn nicht gezeichnet. Gott hat ihm alle Unschuld, alle Freiheit, alle Anmut und jede kindliche Schönheit eingeprägt. Ich sehe es Ihnen an, keiner von Ihnen hat das Herz, diesem Kinde etwas anzutun.« Der Gerichtshof steigt herunter. Der Präsident nimmt das Kind auf den Arm. Alle werden weich, stellen Fragen, die das Kind frisch und originell beantwortet, etc. Mit einer lustigen Pointe des Kindes schließt dieser Teil, und der Gerichtshof nimmt seinen Sitz wieder ein. »Entscheiden Sie, wie Sie wollen, meine Angelegenheit stört es nicht mehr. Aber ich glaube, daß mein Kind auf die Besitztümer meines [seines] Großvaters Anspruch hat.« Der Präsident sagt: »Es wird ein Vormund zu ernennen sein, und dem Enkel wird, was sein ist, erhalten bleiben.« — »Und nun, meine Herren, nehmen Sie dieses Kind, stellen Sie es auf den Gerichtstisch und gebieten Sie: Hut ab! Ihr Herz hat gesprochen. Lassen Sie Ihr Herz künftig nicht enger sein als Ihren Verstand. Nero konnte kein Blut sehen. Den Mord zu befehlen, ward ihm leicht. Begeht künftig auch keine blutlosen Morde; aber wenn ihr nicht wollt, wir brauchen euch nicht. Sobald die Mütter ihrer Kinder wert sein werden, wird die größte Schmach der Jahrhunderte getilgt sein. Wenn die Mütter Mütter sein werden, so werden die Kinder sich ihrer nicht mehr schämen, sondern alle die Millionen, die jetzt glauben, eine heimliche Schmach verstecken zu müssen, werden zusammentreten und einen gewaltigen, stolzen Hymnus singen und über die größte Torheit der Toren in dieser Welt werden sie lachen, lachen wie ich.«

[Notizen]

Der organisierte Wahnsinn ist die größte Macht auf Erden! Denken Sie an die papierne Sintflut. Furchtbares Blätterrauschen: zuerst in der Oberwelt, dann im Orkus.
Ein Mensch ohne irgendeinen kleinen Wahnsinn lebt nicht und hat nichts Göttliches.

[II]

»Das Dichten und Trachten des menschlichen Herzens ist böse von Jugend auf!«
»Nein!«
»Nein!«

Das Groteske, von außen, der Liebe.
Die »Gänge« und ihre Wichtigkeit als Charakteristikum!
Gemeingefährlichkeit! — Kranke!
Welcher Gesunde ist nicht gemeingefährlich.

Alle eure Reden fallen in nicht[s] zusammen vor der Tatsache, daß ihr unschuldige Kinder vergiftet.

Robert Mayer. Erhaltung der Kraft. Wärme Bewegungsform: Diese Ansicht war für den Psychiater symptom[atisch]. Zwangsjacke. Irrenhausakten.

»Auffälliger Charakter«.

Eine alte Jungfer. Person. Ihre Leiden, ihr Elend.

Gipfelt der Akt II menschlich. Sie wird verlegen. Verwirrt. Verliert Gedächtnis. Die Schwachsinnige will einspringen.

Luther heiratete als Mönch. Ich habe ein Kind als Jungfrau!

Rassenhygiene.
Akt III. Der Psychiater.

7. April 1905.

Die Eugeneten. Schwager Darwins. Schönerzeugten.

L. d. G. m.: T.!

Das Monstrum einer Ärztin, d[ie] d[ie] Liebe haßt und die Fähigkeit zur Liebe.

Die Mannes-Emanzipation.
Das Recht auf den Mann!

Handel und Wandel, der sich durch ungeheure Schwärme
von groben Briefen in Bewegung erhält, die aller Krähen-
schwärme spotten und jeden Himmel vollständig gegen den
Einbruch des Lichtes abschließen würden.

Wir haben eine neue, furchtbare Moral. Wir haben ein entsetzliches, grausiges Dogma. Kalt vernichten wir dich, mit
dem einen Wort: Krank. Die Unduldsamkeit dieses Dogmas
ist mit nicht[s] zu vergleichen in den intolerantesten
Religionen.

Wir untersuchen: uns untersucht niemand.

Wie die steife Person.

Der liebe Gott schuf die weißen und die farbigen Rassen, aber
die Mischrassen schuf der Teufel.

Otto Weininger: Geschlecht und Charakter.
Hat sich erschossen, weil an Judentum allzusehr leidend.
Forel. Die sexuelle Frage.
Aufrollung des Sexualproblems.
Asyl Michelet in Paris.
Ihre Irrfahrten, bevor sie gebären konnte.

III.
Sie sprechen ja so leise wie im Panoptikum.

Der lispelnde Satan hing sich an mein Ohr.

Helfen wir selbst die Reinkarnation höher gestalten.

Wie die steife Person plötzlich süß und voll Poesie wird.

ERSTER AKT

*Ein ziemlich weitläuftiges, nicht sehr hohes Zimmer in einem
alten Bürgerhause am Markt einer Kreisstadt. Durch drei
Fenster im Hintergrunde sind die altertümlichen Giebel der
gegenüberliegenden Marktseite sichtbar. Die Einrichtung ist die*

übliche der guten Stuben; nur verraten Waschvorrichtungen, ein breiterer, moderner Schreibtisch mit Büchern sowie ein kleiner Glasschrank mit Instrumenten das ärztliche Sprechzimmer. Sofa, Tisch, grüne Samtsessel links. Darüber ein Kupferstich, eine Szene aus den Befreiungskriegen darstellend: »Der König rief, und alle, alle kamen.« Auf der andern Seite ein Bild: »Mazeppa, auf den Hengst gebunden.« Die Fenster haben Mullgardinen. Vor dem einen steht ein Nähtisch; eine Tür rechts ist mit Portieren verhangen. Von zwei Türen linker Hand führt die eine in ein Schlafzimmer, die andere auf den Wohnungsflur. Am Pult sitzt Fräulein Dr. Hildegard Krautvetter. Ein hübsches, klug aussehendes Geschöpf von etwa siebenundzwanzig Jahren. Vor ihr in einfacher Kleidung ein etwa zweiundzwanzigjähriges blondes Mädchen, verhärmt und verweint.

DAS MÄDCHEN. Wenn ich auch weine, Fräulein, es ist mir doch wohler zumute jetzt... wenn ich auch wirklich einen Ausweg nicht sehen kann. Ich habe doch wenigstens eines Menschen Stimme gehört. Ich trage nicht mehr in dieser entsetzlichen Einsamkeit mein Geheimnis. Sie waren so lieb! So unsäglich lieb! *Sie versucht, Fräulein Hildegard die Hand zu küssen.*

FRÄULEIN HILDEGARD. Ich bitte Sie herzlich, stehen Sie auf, Fräulein. Es ist für mich ganz selbstverständlich, so und nicht anders zu sein. Ich wüßte gar nicht, wie ich diesen höchst natürlichen Umstand, von dem Sie mir hier berichtet haben, anders als höchst natürlich ansehen sollte.

DAS MÄDCHEN. Dieser sichere Glaube hat mich auch zu Ihnen geführt.

FRÄULEIN HILDEGARD. Ich kann Ihnen nur immer wieder den guten Rat geben, bleiben Sie fest dabei, diese Sache auch nur als eine ganz natürliche anzusehen. Lassen Sie sich für sich durch gar kein moralinsaures Bombardement von diesem einzig vernünftigen Standpunkte abbringen. Seien Sie wie ein umgestülptes Wasserglas. *Sie hält ihr ein Glas hin mit der Öffnung nach unten.* So! Wenn der Sturzbach der geharnischten Lizenziaten auf Sie hereinbricht. Alles muß außen unschädlich ablaufen.

DAS MÄDCHEN *faßt sich an die Schläfen.* Mein Gott, mein Gott, ich werde verrückt.

FRÄULEIN HILDEGARD. Aber nein, liebes Kind, so geht es nicht. So dürfen Sie sich von irgendwelchen Gespenstern nicht ängstigen lassen. Sie müssen, wie soll ich sagen, eine andere Moral in sich aufrufen, diejenige, die der Schöpfer letzten Endes in jede Mutter gelegt hat. Diese Moral, die mit dem geheimnisvollen Werdeprozeß der Menschheit im Einklang ist. Und damit geharnischt, müssen Sie wirklich versuchen, ganz entschlossen und furchtlos zu sein.

DAS MÄDCHEN. Sie kennen ja meinen Vater nicht! Sie kennen ja meine Mutter nicht! Es ist ja unmöglich! Es ist ja ganz unsinnig.

FRÄULEIN HILDEGARD. Sie dürfen sich von Ihrem Schmerze nicht so bemeistern lassen. Denken Sie sich: ich bin eine Schwimmerin! Denken Sie sich, Sie müssen etwas Liebes über einen breiten, reißenden Strom hinüberretten.

DAS MÄDCHEN. Ich werde ertrinken! ich werde ertrinken!

FRÄULEIN HILDEGARD. Wenn Sie nicht tapfer schwimmen, sonst nicht. Wenn Sie aber, von dem, was in Ihnen vorgeht, erfüllt, ans Schwimmen und nur ans Schwimmen denken, so werden Sie eher, als Sie jetzt glauben, auf einem gesicherten Ufer sein. — Ich schreibe jedenfalls heute noch, wie ich Ihnen schon sagte, an meine Freundin in der Schweiz, und ich denke, ich habe bald ihre Antwort.

DAS MÄDCHEN. Ich muß weiter fort! Viel, viel weiter fort!

FRÄULEIN HILDEGARD. Ja, Kind, den Kopf muß man oben behalten.

DAS MÄDCHEN. Oh, hätte ich doch nur mehr Besinnung gehabt!

FRÄULEIN HILDEGARD. Allerdings. Die kann man Ihnen nur wünschen. Wenn Sie nun aber diese Besinnung schon damals, als Sie sie brauchten, nicht hatten: heute brauchen Sie sie noch viel mehr. Das wird Ihnen ohne weiteres einleuchten.

DAS MÄDCHEN *umarmt die Ärztin hysterisch.* Sie Engel vom Himmel Sie, leben Sie wohl! Wenn ich bedenke, wie Boto die Frauen, die etwas studieren wollen, immer verspottet hat und daß ich nun gerade bei einer solchen Frau den einzigen Trost und Beistand in meinen entsetzlichen Ängsten finde — in Ängsten, die er mir bereitet hat! —, da muß ich wirklich über die sonderbaren Wege der Schickung innerlich staunen.

FRÄULEIN HILDEGARD. Diese Botos sind meistens nicht allzu weitsichtig.

DAS MÄDCHEN. Ach nein, nein, nein! Boto heißt er ja nicht! Fräulein, schwören Sie mir ein ewiges Stillschweigen!

FRÄULEIN HILDEGARD. Das muß ich schon, weil ich sonst strafbar bin.

DAS MÄDCHEN. Seinen Namen nicht und auch meinen nicht!

FRÄULEIN HILDEGARD. Ich kenne ja weder Ihren noch seinen!

DAS MÄDCHEN. Und auch, wenn Sie erfahren, wer ich bin... und auch, wenn Sie mir in Gesellschaft begegnen.

FRÄULEIN HILDEGARD. Selbstverständlich kenne ich Sie dann nicht.

DAS MÄDCHEN. Und Boto heißt er wahrhaftig nicht! Bei Gott nicht! Er hat einen anderen Namen.

FRÄULEIN HILDEGARD. Mein Fräulein, das geht mich ja gar nichts an. Ich bin auch in gar keiner Weise neugierig. Dazu braucht einer nur eben ein leichtsinniger Schlingel sein.

DAS MÄDCHEN *schweigt, vermummt sich tief in Mantel und Schal und fährt dann fort.* Ich weiß nichts! Ich weiß nicht! Ich kann nichts sagen! Ich weiß nicht, wie es gekommen ist! Ich hätte wohl sollen die Klügere sein; denn Boto... er ist eben noch blutjung! Besonnenheit war ihm nicht zuzumuten. — Wer hauptsächlich gefehlt hat, das bin ich.

FRÄULEIN HILDEGARD. Darüber fehlt mir das Urteil. Es ist auch ganz gleichgiltig.

DAS MÄDCHEN. Ich habe es zu tragen! niemand als ich! und ich werde ihn nicht zugrunde richten!

FRÄULEIN HILDEGARD. Ganz gewiß nicht, Fräulein, das werden Sie nicht. Das soll Ihnen am wenigsten Sorge machen! —Also Mut! Die Zähne zusammengebissen.

DAS MÄDCHEN. Wenn mich nur niemand herauskommen sieht!

FRÄULEIN HILDEGARD. Und über acht Tage wieder hier.

Das Mädchen ab.

Fräulein Hildegard ist allein. Sie schüttelt den Kopf mit einem erstaunten Lachen und tritt ans Fenster, um zu sehen, wo sich ihre Patientin, aus dem Hause getreten, hinwenden wird. Frau Neumayer, eine behäbige Apothekerswitwe, über die Fünfzig hinaus, kommt, zum Ausgehen fertig, herein.

FRAU NEUMAYER. Sagen Sie doch mal, Fräulein Krautvetter, wer war denn die eigentlich?

FRÄULEIN HILDEGARD. Herein!

FRAU NEUMAYER. Ach so! Ich habe wohl wieder mal nicht angeklopft?

FRÄULEIN HILDEGARD. Nein! Das hatten Sie vermutlich vergessen.

ERSTER AKT

FRAU NEUMAYER. Wir sind eben so mehr sans gêne bei uns. Wer war denn die Dame?
FRÄULEIN HILDEGARD. Das weiß ich nicht.
FRAU NEUMAYER. Das wissen Sie nicht.
FRÄULEIN HILDEGARD. Und wenn ich es wüßte, dann würde ich es Ihnen noch lange nicht sagen, Frau Neumayer.
FRAU NEUMAYER. Warum denn nicht?
FRÄULEIN HILDEGARD. Das sollten Sie doch als Apothekerswitwe eigentlich wissen!
FRAU NEUMAYER. Ach so! Ja so! — Übrigens wird das ein bißchen bunt mit den Frauensleuten.
FRÄULEIN HILDEGARD. Bunt?
FRAU NEUMAYER. Seit Sie den schönen Artikel im Provinzial-Anzeiger gehabt haben. Die überlaufen Sie ja förmlich jetzt.
FRÄULEIN HILDEGARD. Nun, ich bin Ärztin, das nennt man Praxis.
FRAU NEUMAYER. Das ist aber nicht sehr proper für mich.
FRÄULEIN HILDEGARD. Dann sollten Sie nicht vermietet haben.
FRAU NEUMAYER. Wer kann denn gleich immer wissen, was wird. *Die Flurschelle geht.* Diese Damen zahlen doch nicht.
FRÄULEIN HILDEGARD. Es hat geschellt. Wollen Sie vielleicht aufmachen?
TAPEZIERERMEISTER GRÄDTKE *tritt ein. Ein kleiner, stoppliger Vierziger mit Brille.* Die Tür stand offen. Ich bin's. Guten Tag. Kein Patient. Bloß der Tapezierermeister. Das Freilein, das mir begegnet is — so im Schwunge warsche! so haste nich gesehn! —, hat wahrscheinlich de Tire offengelassen.
FRAU NEUMAYER. Übrigens is jetzt niemand zu Hause. Wenn's klingelt, müssen Sie selber aufmachen. — Und auch selber wieder schließen, wenn's geht. *Ab.*
GRÄDTKE. Was hat se denn? Hat jemand a Glas zerbrochen, oder is vielleicht bei a Techtern wieder a Liebhaber abgeschnappt?
FRÄULEIN HILDEGARD. Na, nu rücken Sie mal mit den Proben raus. Die Leute sehn mir zu sehr in die Fenster.
GRÄDTKE. Kanzleirat Faßbender drüben. Jawoll.
FRÄULEIN HILDEGARD. Ganz gleich, wer, Meister Grädtke. Man muß ja doch Untersuchungen vornehmen. Einerseits braucht man dazu Licht, und andrerseits wollen doch die

Patienten auch keine Schaustellung geben, wenn sie zu mir kommen.

GRÄDTKE. Das verstieße ja och jejen die öffentliche Sittlichkeit!

FRÄULEIN HILDEGARD. Ganz recht! — Nun zeigen Sie mal, was Sie haben.

GRÄDTKE, *Probe hinhaltend.* Wollen Sie das nehmen, Freilein? Letzte Neuheit! Ganz modern! Hochmodern. Ganz Ihr Geschmack.

FRÄULEIN HILDEGARD. Kennen Sie meinen Geschmack so genau, Meister?

GRÄDTKE. Ich denke doch. Immer modern! Immer ohne Vorurteil! Immer an der Spitze!

FRÄULEIN HILDEGARD, *lachend.* Wieso wissen Sie das?

GRÄDTKE, *achselzuckend.* Kleene Stadt! Das erfährt man doch! Krähwinkel!

FRÄULEIN HILDEGARD. Es gibt auch große Krähwinkel, lieber Meister. — Aber sagen Sie mal, meinen Sie denn irgend etwas Bestimmtes?

GRÄDTKE. Nein! Bestrebungen! Allgemeine Bestrebungen! Das Allgemeingültige! Human! — Also den Stoff wollen Sie nicht. — Den vielleicht? — Sehn Se, Freilein, ich bin im geheimen auch dafür! Immer voran! Fortschritt! Ock immer sachte! Nich zu schnell! Schlau! Schlau is de Hauptsache.

FRÄULEIN HILDEGARD *lacht herzlich.* Sie sind aber wirklich amüsant, Meister. Dazu muß ich wahrhaftig die Lampe anstecken. *Sie tut es.* Und nun sprechen Sie sich mal ganz aus! Sie wissen, ich höre gern jedermanns ehrliche Meinung an. Was haben Sie gegen mich auf dem Herzen?

GRÄDTKE, *nach einigem Stocken.* Meine Frau kuscht! Meine Frau sagt nichts! Kein Wort! Das dulde ich nicht! Bloß manche Dinge... in manchen Dingen... Frauen... Es geht nicht, hat sie gesagt.

FRÄULEIN HILDEGARD. Was?

GRÄDTKE. Was Sie neulich in Ihrem Vortrage gesagt haben: gefallene Mädchen! Frauenschutz!

FRÄULEIN HILDEGARD. — Ach so, Meister Grädtke. Mein Vortrag von neulich geht Ihnen noch im Kopf herum. Das freut mich ja sehr! Ich wünschte, er machte den Leuten hierherum noch recht lange Kopfzerbrechen.

GRÄDTKE. Gut! — Jawohl! — Himmel! — Ich bin auch dafür!

— Die Menschen wollen alle nicht nachdenken! — Wer nun zum Beispiel, sehn Se amal an, an eignen Gedanken äußern tutt, den lachen se aus. Das is meim Vater schon so gegangen. Da sind Ihn de Leute zu dem gekommen: vierzig Meilen weit, und haben den seine Meinung gehört, Obergerichtsräte! Alles Mögliche! Und a is nich mehr wie a einfacher Jrienzeughändler gewest. Sehn Se, ich hab' mich emporgearbeit't! Schlau! Man braucht deshalb ni hochmütig sein! Man braucht uf seinen Vater deshalb ni herabsehen! Iberhaupt nach außens kee Wesens machen, bei sich selber weeß man schon, wer ma is.

Die Schelle.

FRÄULEIN HILDEGARD. Leider müssen wir nun diesen schönen Diskurs abbrechen, lieber Meister.

GRÄDTKE. Patient?

FRÄULEIN HILDEGARD. Glaube nicht. Freunde! Sie haben sich angemeldet! — Dieser Stoff ist mir recht! Nicht zu teuer, Meister! *Es klingelt wieder.* Ich muß öffnen gehn. Sie entschuldigen.

Fräulein Hildegard entfernt sich und kommt gleich darauf mit dem Arzte Dr. Zander wieder herein. Der etwa dreiunddreißigjährige Herr trägt Zylinder und eleganten Gehpelz. Er hat weiche, etwas saloppe Manieren.

DR. ZANDER. Störe ich Sie auch nicht, Kollegin?

FRÄULEIN HILDEGARD. Keineswegs, Herr Kollege; Sie sehen ja, ich öffne selbst. Sie brauchen auch keine Minute lang im Sprechzimmer warten.

DR. ZANDER. Das muß mir ja eigentlich leid tun.

FRÄULEIN HILDEGARD. Oh?

DR. ZANDER. Sind Sie allein?

FRÄULEIN HILDEGARD. Meister Grädtke ist hier.

DR. ZANDER. Guten Abend, Herr Grädtke. Wann kommen Sie denn meinen Diwan aufpolstern?

GRÄDTKE. Auf der Stelle, wenn Herr Doktor befehlen.

DR. ZANDER. Also morgen.

GRÄDTKE. Halt! morgen hab' ich zu tun. Der Gasdirektor bekommt doch jetzt Zulage, und da läßt er das Eßzimmer tapeziern.

DR. ZANDER, *sich niederlassend.* Grüßen Sie diesen Philister von mir!

GRÄDTKE, *mit gemachter Herzlichkeit auflachend.* Schön gut'n Abend, Freilein!

FRÄULEIN HILDEGARD. Guten Abend, Meister!

GRÄDTKE. Wünsch' eine gute Unterhaltung. *Ab.*

DR. ZANDER, *aufseufzend.* Ein schaudervolles, entsetzliches Nest!

FRÄULEIN HILDEGARD. Finden Sie es denn gar so schrecklich, Kollege?

DR. ZANDER. Es gibt gar keine Bezeichnung dafür! Es ist über alle Begriffe! Grauenvoll! Katakombenhaft! Einfach zum Allewerden!

FRÄULEIN HILDEGARD, *lachend.* Was ist Ihnen denn wieder so Besonderes begegnet, Sie verkannter Luzifer?

DR. ZANDER. Ach, wenn mir nur etwas Besonderes begegnet wäre! Aber es ist mir nur wieder an der Ecke der Architekt Reimann begegnet. Beim Mittagessen ist mir der fade Rechtsanwalt Scheibler wieder auf die Nerven gefallen. Ich habe mit Apotheker Linsemann festgestellt, daß es leider heute den ganzen Tag schneit. Mit Amtsgerichtsrat Helbig und Diakonus Hanspeter habe ich festgestellt, daß das Barometer immer noch sinkt. Oberlehrer Scholz hat mir in halbstündiger Rede auseinandergesetzt, daß im »Löwen« das nach Münchner Art gebraute Bier besser sei und bekömmlicher als im »Schwarzen Roß« das nach Pilsner Art. O du mein lieber Heiland im Himmel, du, du!

FRÄULEIN HILDEGARD. Ja, das ist allerdings schlimm, Doktor. Demnach scheint Ihnen Ihre Praxis auch keine große Abwechslung zu bereiten.

DR. ZANDER. Dazu weiß man zuviel. In diesen Nestern wird einer erst dann berühmt, wenn er neun Zehntel seines Lateins vergessen hat: das heißt, wenn er fünfzehn bis zwanzig Jahre in der Provinz Pökeltonne [?] gepökelt hat. — Nun, jedenfalls habe ich zwei Billetts.

FRÄULEIN HILDEGARD. Nun also. Da werden wir heute doch jedenfalls gute Musik hören: einen Geiger von Weltruf, was wollen Sie mehr? Warum sind Sie eigentlich gar so unzufrieden hier? Sehen Sie mich an. In zwei Monaten habe ich glücklich zwölf Patienten gehabt, davon hat noch keiner einen Pfennig bezahlt. Ich mußte froh sein, daß ich einige ärztliche Ratschläge loswurde, und doch bin ich fröhlich und guten Muts.

DR. ZANDER. Das sehe ich und bewundere ich.

FRÄULEIN HILDEGARD. Ich habe mich lange genug in großen Städten herumgedrückt. Gewiß, es ist mancherlei dort erreicht, wovon die Provinz keine Ahnung hat, aber gerade deshalb ist man hier notwendig. Hier gibt es noch wirklich etwas zu tun.

DR. ZANDER. Darf ich mir eine Zigarre anzünden? *Er tut es.* Meine liebe Kollegin, Sie täuschen sich. Sie unterschätzen die Widerstände, weil Ihnen zu vieles verborgen bleibt. Ich studiere das Städtchen schon morgens beim Frühschoppen, um ein Uhr weiter bei Table d'hote, in der Konditorei beim Nachmittagskaffee, dann abends bis gegen Morgen beim Skat. Und wenn Sie dazu Gelegenheit hätten... ich meine, zu diesem Studium, dann würden Sie ohne weiteres begreifen, daß der Gang der inneren und äußeren Ereignisse seit Jahrhunderten festgelegt und auf Jahrhunderte fernerhin in eisernen Bahnen festgelegt ist.

FRÄULEIN HILDEGARD. Das glaube ich Ihnen nicht, bester Doktor. Und übrigens, in welcher besonderen Hinsicht meinen Sie das?

DR. ZANDER. Nun, wir haben hier zwar keine Mauern und Gräben mehr um die Stadt, aber wir sind eine uneinnehmbare Festung. Was draußen vorgeht, geniert uns nicht. Wir haben hier unseren absoluten Monarchen. Das ist der Kommerzienrat Oppermann. Was er gutheißt, geschieht; was nicht, unterbleibt. Wir haben hier unsern Michelangelo. Nun lassen Sie mal den wirklichen kommen: mit zwei Worten tut ihn der unsere ab. Wir haben hier unsern städtischen Goethe, dagegen ist Wolfgang von Goethe aus Frankfurt am Main ein verseschmiedender Dilettant, und wenn er in eigener Person bei uns erschiene, ein einziges stummes Achselzucken unseres Sanitätsrats Hasselbaum — und er wäre für immer abgetan. Was hab' ich hier nicht schon für aussichtslose Kämpfe gekämpft; was habe ich hier nicht schon ausgestanden!

FRÄULEIN HILDEGARD. Das mag schon sein; das bestreite ich nicht. Gewiß ist vieles in diesem kleinen Gemeinwesen töricht und lächerlich. Es gibt aber auch eine Unterströmung...

DR. ZANDER. ...die auch durch jahrhundertelange Übereinkunft stillschweigend anerkannt und geregelt ist.

FRÄULEIN HILDEGARD. Oh! Oh! Sie ist doch sehr unregelmäßig. Mag vieles hier in einer totenähnlich öden Erstarrung sein, dort unten passiert manches wahrhaft Tragische. Ich habe davon untrügliche Anzeichen.

DR. ZANDER. Dagegen ist nichts zu sagen, Kollegin. Ich gebe sogar ohne weiteres zu, daß dem äußerlich höchst korrekten Zuschnitt unseres Kleinstadtidylls das Leben unter der Oberfläche durchaus nicht entspricht. Da versteckt sich ein ziemlich gesetzloses Kuddelmuddel, das die kühnsten Vermutungen übertrifft. Aber, Kollegin, das sieht man nicht! Das darf man nicht sehen.

FRÄULEIN HILDEGARD. Sie sind ein höchst drolliger, überaus amüsanter Politikus! — Was darf man nicht sehen als Ärztin? als Arzt? Eine Ärztin, ein Arzt darf alles sehen. Und wenn ich mir eine Brille aufsetzte, so tu' ich das nur, um noch besser zu sehen.

DR. ZANDER. Dann aber ein dreifaches Schloß vor dem Mund.

FRÄULEIN HILDEGARD. Ganz im Gegenteil! Den Mund will ich aufmachen! Ganz weit, weit aufmachen! Wozu hat man ihn denn?

DR. ZANDER. Das können Sie gar nicht.

FRÄULEIN HILDEGARD. Wieso denn nicht?

DR. ZANDER. Dazu ist ja Ihr Mund viel zu klein! viel zu niedlich.

FRÄULEIN HILDEGARD. — Ach, Doktor, Sie wollen scherzhaft sein! — Warum nicht? — Vielleicht erreicht Ihre scheinbar nicht sehr rosige Laune... vielleicht kommt sie auf einen grünen Zweig.

DR. ZANDER. Wenn der grüne Zweig zu dem Doktor kommt.

FRÄULEIN HILDEGARD. Kollege, seien Sie nicht abgeschmackt. Ich denke, wir reden von ernsthaften Dingen. Ich versichere Sie: der kleine Artikel, den ich neulich im Blättchen veröffentlicht habe, hat mir bis jetzt auch noch nicht eine Minute der Reue verursacht.

DR. ZANDER. Das kommt noch.

FRÄULEIN HILDEGARD. Niemals! Im Gegenteil! — Gewiß, ich habe hier zwei, drei anonyme Karten mit Unflätigkeiten erhalten. Unterhosen, aus Modejournalen ausgeschnitten, etc. und Schlimmeres noch. Darauf muß man freilich gefaßt sein. — Lieber Gott, was hat mir mein Vater schon für Sachen gesagt, als ich mich für das medizinische Studium entschloß! Was habe ich dann bei den anatomischen Kursen von Studenten zu hören bekommen! Was haben sie sich zuweilen für geschmackvolle Scherze geleistet! An so etwas ist man leider gewöhnt. Also diese hilflosen Torheiten machen mir nichts. — Dagegen habe ich seit der

Zeit, wo mein Aufsatz im Blättchen stand, Beweise in einer immerhin respektablen Anzahl dafür erhalten, daß ich in den Kreisen der Mühseligen und Beladenen nicht ohne Echo geblieben bin.

DR. ZANDER, *gähnend.* Ja, was soll man mit so einem Echo anfangen?

FRÄULEIN HILDEGARD. Sie sind wirklich zum Prügeln abgeschmackt.

DR. ZANDER, *belustigt.* Wieso denn? Das wiederhole ich sogar. So ein Echo kann doch keinen Rückhalt bieten! Von den armen Ratten, die da in Betracht kommen, wagt sich doch keine ans Tageslicht. Sie tun auch schließlich ganz recht daran: man würde sie ja mit Knüppeln totschlagen.

FRÄULEIN HILDEGARD. Das sagen Sie, und dann wollen Sie es womöglich noch unentschieden lassen, ob unsereiner zu einem klaren Vorgehen verpflichtet ist? —

DR. ZANDER. Kollegin, Sie müssen ruhiger werden. Ihr Idealismus ist ja an sich bewundernswert. Er ist sogar ganz entzückend bei einer jungen Dame nach meinem Geschmack. Andere denken anders darüber. — Sie wollen Ihren Mitschwestern eine wirkliche Schwester und in den Nöten des Lebens eine zuverlässige, tapfere Freundin sein. Dieser schöne Mut hat etwas Strahlendes — aber! aber! das dicke Gewölk! — Sie muten sich zuviel zu, Kollegin! Es geht über Menschenkräfte hinaus!

FRÄULEIN HILDEGARD. Dieser einfache Vorschlag, den ich gemacht habe?

DR. ZANDER. Einen einfachen Vorschlag nennen Sie das?

FRÄULEIN HILDEGARD. Ich sollte meinen, überaus einfach. Haben Sie denn nicht selbst gesagt, daß es ein wahrer Jammer sei, wieviele gesunde und tüchtige Mädchen, die Mutter würden, samt ihren Kindern zugrunde gehen, weil die Gesellschaft in ihrem moralischen Wahnsinn sie einfach ausstoße?

DR. ZANDER. »Moralischer Wahnsinn«, sagte ich das?

FRÄULEIN HILDEGARD. Sie sagten mit Recht »moralischer Wahnsinn«! Doktor! Wir wollen jetzt mal verflucht ernsthaft sein.

DR. ZANDER. Warum?

FRÄULEIN HILDEGARD. Nun, ich werde ernsthaft sein! Machen Sie meinethalb Ihre Späße dazu, sofern Sie das eben so an sich haben. Ich habe heut... heut morgen wiederum etwas im Gerichtssaal gesehen, das hat meinen Entschluß mit Hämmern gehärtet: das arme achtzehnjährige Ding mit den großen, entsetzten Kinderaugen, das zum Zuchthaus verurteilt worden ist. Was hat sie getan?

DR. ZANDER. Es war Kindesmord.

FRÄULEIN HILDEGARD. Ja. Aber wer hat ihr Kind ermordet?

DR. ZANDER. Es war ja doch klar: sie hat es getan. Erst hat sie das Neugeborene erdrosselt, dann zerschnitten und in den Abort gesteckt.

FRÄULEIN HILDEGARD. Wer hat das getan?

DR. ZANDER. Na, eben das Kind! Das unschuldige Kind mit den entsetzten Augen.

FRÄULEIN HILDEGARD. Nein! Die Gesellschaft hat das getan.

DR. ZANDER. Ja, wer ist denn das eigentlich, die Gesellschaft?

FRÄULEIN HILDEGARD. Sie sieht in diesem Falle wie ein riesiger, grauenerregender Götze und Moloch aus! Ich will keine Phantasie entwickeln: aber stellen Sie sich diesen Moloch so scheußlich und grauenerregend wie nur möglich vor. Denken Sie ihn sich innerlich hohl und so groß, um ein Feuer darin zu machen, daß man tausend Ochsen auf einmal in seinem Bauche vergasen kann. Aber es werden in ihm leider keine Ochsen gebraten, obgleich auch sein Rachen danach ist, Mammutsknochen zu Staub zu zermalmen. Nein! sondern er ist darauf kapriziert, Säuglinge, fast nichts als Säuglinge zu schlucken. — Oh, wie dieses Untier qualmt und glüht und stinkt und von tausend Teufeln mit Beffchen bedient wird! Und wie es sich aufbläht auf seinem Thron. Nein! Nein! Ich sage Ihnen auf Frauenwort: mein Leben soll darauf gerichtet sein, daß dieser Moloch an Hunger krepiert und in seinem eigenen Qualm und Gestank erstickt, vergast und zugrunde geht.

DR. ZANDER. Wie die Göttin der Rache sehen Sie aus.

FRÄULEIN HILDEGARD. Ach Doktor, wenn Sie nicht immer so fad wären!

DR. ZANDER. Eigentlich wissen Sie ja, daß ich ganz und gar Ihrer Meinung bin.

FRÄULEIN HILDEGARD. Was nützt mir das! was hilft mir das? Sie sind weibisch, Doktor; ich bin der Mann.

DR. ZANDER. Stäken Sie nicht mehr als Sie wissen im Vorurteil, so würde der Gegenbeweis mir nicht schwer werden.

FRÄULEIN HILDEGARD. Zur Sache! Zum Verzweifeln ist das!

DR. ZANDER. Gut. Zur Sache bemerke ich dies: Seine Hoch-

ERSTER AKT

würden, der Hauptpastor Klein, hat von der Kanzel herab vor Ihnen gewarnt.

FRÄULEIN HILDEGARD. Von der Kanzel herab?

DR. ZANDER. Ja, warum denn nicht?

FRÄULEIN HILDEGARD *geht erregt umher.* Das hat dieser Gottesmann auf sich genommen?

DR. ZANDER. Oh, der läßt Steine klopfen auf seinem Bauch, zerschrotet Walnüsse mit den Zähnen und schluckt sie mitsamt der Schale wie nichts, wenn es vom Konsistorium verlangt wird.

FRÄULEIN HILDEGARD. Na, da kann das gut werden am Donnerstag.

DR. ZANDER. Nach dem eben gehörten Vorspiel zu urteilen! — Ist es denn wirklich Ihr fester Entschluß? Keine freundliche Warnung kann Sie zurückhalten?

FRÄULEIN HILDEGARD. Eine freundliche Warnung, Doktor, vor was?

DR. ZANDER. Sie wollen sich wirklich zerfleischen lassen? Wollen so, wie Sie sind, so jung, so hübsch, mitten in den Kartätschenhagel hinein?

Es wird an der verhangenen Tür gepoltert.

Was wohnen denn dort für Poltergeister?

FRÄULEIN HILDEGARD. Achten Sie nicht darauf, fahren Sie fort! Es sind die feinerzogenen Damen Neumayer. Wenn ein Herr zu mir kommt, geht es immer so.

Es klopft, und ohne den Hereinruf abzuwarten, erscheint die vierundzwanzigjährige Cäcilie Neumayer, ein hübsches Ding, das sich wie eine Achtzehnjährige trägt.

CÄCILIE NEUMAYER, *mit einem Knicks.* Verzeihen Sie, Dr. Zander, nicht wahr?

DR. ZANDER. Jawohl, schönes Fräulein, ich bin Dr. Zander.

CÄCILIE NEUMAYER. Ich wollte Sie nämlich schon lange fragen, wieviel eigentlich eine Goldplombe kostet.

DR. ZANDER. Sie irren sich, ich bin nicht Dentist.

CÄCILIE NEUMAYER. Sie sind nicht Dentist?

DR. ZANDER. Ich reiße wohl dann und wann einen Zahn; aber sonst bin ich praktischer Arzt und Geburtshelfer.

CÄCILIE NEUMAYER. Ach, Geb... Sie sind bloß praktischer Arzt! — Verzeihen Sie gütigst, daß ich gestört habe.

FRÄULEIN HILDEGARD. Wenn Sie meine Gegenwart nicht geniert, mich genieren Sie gar nicht, Fräulein Cäcilie.

CÄCILIE NEUMAYER. O nein, wenn der Herr nicht Zahnarzt ist.

DR. ZANDER. Nun, wer weiß, ich könnte vielleicht noch umsatteln.
CÄCILIE NEUMAYER. Meinetwegen? o Sie sind kostbar, mein Herr.
DR. ZANDER. Oh, schönen jungen Damen zuliebe, da ist einem Mann wie mir alles zuzutrauen.
Es wird abermals gepocht.
FRÄULEIN HILDEGARD. Wer ist denn das wohl, Fräulein Cäcilie?
CÄCILIE NEUMAYER. Leocadie, glaube ich, sucht etwas.
DR. ZANDER. Suchet, heißt es, so werdet ihr finden, mein molliges Herzchen, meinen Sie nicht?
CÄCILIE NEUMAYER. Wie? molliges Herzchen nennen Sie mich?
DR. ZANDER. Ich nenne Sie molliges, drolliges Herzchen.
CÄCILIE NEUMAYER. Sie sind aber sehr naiv, mein Herr.
FRÄULEIN HILDEGARD. Liebe Cäcilie, entschließen Sie sich: wollen Sie gehen oder wollen Sie bleiben? Wenn Sie bleiben, dann ist's mir angenehm. Wir können nur dann die Tür lieber zumachen.
CÄCILIE NEUMAYER. Nein! nein! nein! Ich muß gehen; das darf ich nicht! Meine Mutter ist furchtbar streng darin. Sie würde das nie und nimmer zulassen.
FRÄULEIN HILDEGARD. Also dann: bitte!
CÄCILIE NEUMAYER. Was meinen Sie denn?
DR. ZANDER. Sagen Sie mal, kleiner Schäker, wir kennen uns doch! Wir müssen uns doch wo gesehen haben!
FRÄULEIN HILDEGARD. Doktor, unser Konzert fängt an.
DR. ZANDER. War es vielleicht auf dem Bismarckfelsen? Auf den Bismarckfelsen gehen Sie doch nicht.
FRÄULEIN HILDEGARD. Und Sie, Doktor, hoffentlich ebensowenig.
DR. ZANDER. In Zivil! In Uniform freilich nicht. Sie waren wohl auch in Zivil damals oben?
CÄCILIE NEUMAYER *lacht frivol und kindisch.* Ich habe Sie gleich an der Stimme erkannt.
FRÄULEIN HILDEGARD. Bester Doktor, hören Sie mal auf mich. Ich komme nicht gern in Konzerten zu spät, wo ernste Musik geleistet wird. *Sie hat Barett aufgesetzt und Pelzjacke angezogen.* Wenn es Ihnen nun recht ist, brechen wir auf; wo nicht...
DR. ZANDER, *lachend.* Buridans Esel, was macht man nun?

FRÄULEIN HILDEGARD. Nun, ich will Sie in Ihrem Entschluß nicht beeinflussen. Ich gehe voraus; ich dränge Sie nicht. Mich werden Sie ja ohne weiteres entschuldigen. *Sie geht ab.*

DR. ZANDER. Kollegin! Kollegin! Ich gehe ja mit!

CÄCILIE NEUMAYER. Ihre Braut ist wohl schrecklich eifersüchtig?

DR. ZANDER. Braut? *Faßt sie bei den Ohren und küßt sie.* Kleiner Dussel, das glaubst du doch selber nicht.

CÄCILIE NEUMAYER. Au! Ihr Schnurrbart sticht ja wie meine Zahnbürste!

DR. ZANDER. Red nicht, daran gewöhnt man sich gern. Du kleiner Racker, der du doch bist! Kommst herein, siehst einen zum ersten Mal und verwirrst einem auch sofort den Verstand. Einem Weiberhasser und Hagestolzen! Na warte, Kleine, wir treffen uns noch.

CÄCILIE NEUMAYER. Sie denken, ich weiß nicht, wer Sie sind! Sie sind der berüchtigte Dr. Zander.

DR. ZANDER. Und du bist das niedlichste Balg von der Welt. *Er wirft ihr eine Kußhand zu und eilt Hildegard nach, schnell ab.*

Cäcilie Neumayer allein, paukt an die verhangene Tür mit der Faust. Sofort stürzen ihre älteren Schwestern Leocadie und Eveline herein, im häuslich sch[l]umpigen Aufzug.

CÄCILIE. Kinder, der hab' ich mal in die Suppe gespuckt. Verdammt! Da hättet ihr müssen dabeisein. Ich habe sie gründlich zugedeckt.

LEOCADIE } *gleichzeitig.* Und was sagte der eklige Zander dazu?
EVELINE

CÄCILIE. Er getraute sich nicht, das Maul aufzumachen.

ZWEITER AKT

Der Tanzsaal im Gasthaus zum »Grauen Hecht«. Links drei hohe Saalfenster. Im Hintergrund die Empore für die Musik mit Notenpulten etc. Die Büsten von Kaiser Wilhelm I. und Kaiserin Augusta an der Längswand rechts. Unten zwischen beiden Büsten Podium, Tisch und Stuhl des Vortragenden. Rechts und links vom Podium Türen in die Schankräumlichkeiten. Ein eiserner Ofen und viele brennende Gasflammen.

Der Saal ist mit Menschen aus Bürger- und Kleinbürgerkreisen angefüllt. Durch die Schankstubentüren drängen sich zufällige Gäste herein. Auf dem Podium Dr. Hildegard Krautvetter als Vortragende. Unter dem Publikum befinden sich Hauptpastor Klein und Gattin, Herr Neitschke, Vertreter eines Weinhauses, Kreisphysikus Gundelmann, Frau Neumayer mit drei ältlichen Töchtern, Ladeninhaber Dittmann, Dr. Zander, Dr. Seidel und Frau, geborne Schwedin, gewesene Diakonissin, Frau von Schullau, die Vorsteherin des Frauenvereins, Rentier Seidenvogel, der Schriftführer, und seine Frau.

FRÄULEIN HILDEGARD, *vortragend.* Und so nähere ich mich dem Schluß meiner Ausführungen...

HERR NEITSCHKE, *laut genug, um gehört zu werden.* Bravo!

FRÄULEIN HILDEGARD. Ich nähere mich dem Schluß meiner Ausführungen und hoffe, daß es mir gelungen sein wird, wenigstens einige unter meinen geschätzten Zuhörern und Zuhörerinnen sowohl von der Notwendigkeit als auch von der Durchführbarkeit meiner beabsichtigten Gründung überzeugt zu haben. Wir brauchen ein Haus, wo die Mutter Schutz findet! Nennen wir es meinetwegen ein Mutterheim oder geben wir ihm meinetwegen auch einen andern Namen, da es ja auf die Sache ankommt, wo schließlich der Name gleichgiltig ist. Es kommt darauf an, daß die von unserer Gesellschaft leider geächteten armen Mitschwestern, die das große Schicksal der Frau erleiden, ein Obdach haben, wenn ihre Stunde über sie kommt. Und zwar muß dieses Obdach ein würdiges sein. Hinter seinen Mauern darf das entsetzliche Vorurteil der Zeit keine Macht mehr haben. Nicht nur, daß für das leibliche Wohl von Mutter und Kind ausgiebig gesorgt sein muß, es muß auch alles getan werden, das Brandmal von den Stirnen der armen Geschöpfe zu heilen, auf daß sie mit neuem Mut ausgerüstet ins Leben treten und in der Lage sind, für den Menschen... ich wiederhole, den Menschen, den sie geboren haben, mit ganzer Kraft und mit Freudigkeit... ja, ich sage, mit Stolz, mit Mutterstolz eintreten zu können. *Bewegung unter den Anwesenden.* Ich rede dem Leichtsinne nicht das Wort. Es ist ein anderes, sich zu vergessen und eine folgenschwere Handlung zu tun, ohne die Folgen in Anschlag zu bringen, oder, wenn dies nun einmal geschehen ist, sich zu besinnen und eben die Folgen dessen, was nun einmal nicht mehr zu

ändern ist, mit schöner Festigkeit auf sich zu nehmen. Nur
dieses Besinnen soll durch die humane Institution des
Mutterasyls, der Mütterheimstatt im Falle der Not er-
leichtert werden. Denn wenn sie sich nicht besinnen können: was geschieht? Sie verfallen der namenlosen Angst!
Sie werden Opfer einer falschen Scham und echten Verzweiflung und geraten ins Zuchthaus oder ins Irrenhaus.
Weshalb blühen der Meineid und Kindesmord? — Ich habe
die Zweckmäßigkeit meines Vorschlags vom sozialen
Standpunkt aus beleuchtet. Ich füge hinzu: Man schenkt
der Mutter dadurch ihr Kind, dem Kinde die Mutter und
Mutter und Kind als edle, gesunde Bürger dem Staat. So
eröffne ich nun die Diskussion und bitte, daß einflußreiche
Männer und Frauen ein Komitee bilden, das den Mutter-
schutz auf die Fahne schreibt. Ein Ziel, das mit jeder Art
Humanität, vornehmlich auch mit der christlichen, die uns
ja alle erfüllt, in Einklang steht. *Sie schließt unter eisigem
Stillschweigen der Versammlung.*

HERR NEITSCHKE, *unter den Zufallsgästen an der Tür, sagt
wiederum laut genug.* Da soll mir einer mal sagen... das ist
doch, so alt ich geworden bin, ... da soll gleich der liebe
Gott im Himmel mein Zeuge sein! ... das ist doch das
dollste, blödeste, unverschämteste, dümmste Zeug, was ich
Zeit meines Lebens, von Kindesbeinen bis heut, jemals zu
hören gekriegt habe. *Er geht brüsk ab ins Gastzimmer. Die
Gruppe, in der er gestanden hat, lacht. Ein unterdrücktes
Gelächter läuft durch den ganzen Saal.*

Hauptpastor Klein erhebt sich.

MEHRERE STIMMEN. Hauptpastor Klein! Hauptpastor Klein!
HAUPTPASTOR KLEIN. Unser Gegenwartsleben, kann man
wohl sagen, bringt sonderbare Blüten hervor. *Lachen und
Zustimmung.* Wenn man in einem solchen Fall, geschätzte
Anwesende, von Blüte überhaupt noch reden kann. »*Sehr
recht! Jawohl!*« Blüte! Blüte! Ein schönes Wort! Aber
unser modernes Leben — achten Sie auf das Wort modern! — hat leider im allgemeinen das, was man Blume
und Blüte nennt, nicht. Deshalb fehlt es ihr auch an jedem
Dufte! —

Sie hat keinen Sinn für den Duft der Weiblichkeit! Sie hat
keinen Sinn für den Duft, oder sagen wir den Geruch, der
Frömmigkeit, an dem Gott sein Wohlgefallen hat. Sie
kennt keine Scheu! Sie kennt keine Scham! Alles wird von

ihr auf die Gasse gezerrt. Sie wird auch vor dem Widerwärtigsten nicht zurückschrecken.

Wir haben hier soeben aus dem Mund eines jungen Mädchens einen Vortrag gehört. Ich bin, wie ich glaube, in Ehren ergraut, und ich bin ein Mann. Aber diesen Mut — diesen schönen Mut kann ich leider nicht sagen! —, einen Mut, wie ihn diese junge Dame vor vier-, fünfhundert Menschen entwickelt hat ... mit diesem Mut kann ich mich als Streiter Gottes nicht messen. Nein! Ich bin starr! Ich bin vollkommen starr! Und ich zweifle nicht, daß die meisten unter den ehrenwerten Teilnehmer[n] dieser Versammlung die Empfindung von etwas Ungeheurem, noch nicht Erlebten mit mir teilen werden, eine Art Bestürzung, die uns erfaßt und die wir gewißlich zu erleben nicht erwarteten, als wir den stillen Frieden unserer Häuslichkeit mit der Öffentlichkeit dieses Saales vertauschten. *Verneinendes Kopfschütteln als Zustimmung.*

Es ist nicht leicht, sich zurechtzufinden; denn zunächst erscheint jedwedes gesunde Denken auf den Kopf gestellt. Jeder Begriff vom Beruf der Geschlechter vertauscht und verkehrt. Die Begriffe von Anstand, Keuschheit, Schamhaftigkeit verrenkt in ihr Gegenteil. Geradezu eine umgestülpte Moral. Unzucht ist Keuschheit, Schamlosigkeit Sitte!

Es tut mir gewissermaßen beim Anblick dieses in der Irre gehenden Gotteskindes leid, so sprechen zu müssen. Aber in Anbetracht meines Amtes, in Anbetracht der zu beschwörenden großen Gefahr habe ich leider keine Wahl: ich muß diesen Geist, diesen unsauberen Geist der glorifizierten Unzuchtsmoral zurückweisen. Die christliche Mutter hat ihr Haus! Meine Mutter — der himmlische Vater wolle ihr alle ihre Liebe in Gnade vergelten! —, meine Mutter hat kein Asyl gebraucht. Ich bin ferne davon, irgendwie ein Pharisäer zu sein — ich bin ferne davon — Gott sei mein Zeuge! —, aber ich bin der Meinung, eine christliche Mutter hat noch immer ihr christliches Haus gefunden, und unser Herrgott hat noch keiner Schutz und Asyl versagt. *Allgemeines Bravo.* Im einzelnen auf das einzugehen, was Fräulein Krautvetter hier entwickelt hat, vermag ich nicht. Schon allein aus Gründen — es ist nicht anders! — der Schamhaftigkeit. Ich kann unmöglich im Schmutze wühlen. Die Vortragende hat sich in ein Gebiet

begeben, wohin ich bei aller Herzhaftigkeit als Mann ihr
höchstens...

EIN LANDWIRT. Höchstens mit Wasserstiefeln.

HAUPTPASTOR KLEIN ...höchstens mit etwas ähnlichem ausgestattet, folgen kann. *Lautes Lachen in der Versammlung.*
Gefallenen Mädchen, um das Wort einmal auszusprechen,
soll ganz gewiß der Weg zu Reue und Besserung nicht verschlossen sein. Die christliche Kirche verhärtet sich und
verschließt sich angesichts der blutigen Tränen der reuigen
Sünderin nicht. Doch Sünde bleibt Sünde! Schmach bleibt
Schmach! Und Schande, solange die Welt steht, Schande!
Und soweit ich den immerhin zuverlässigen christlichen
Sinn unserer Stadt einzuschätzen verstehe, wird sie diesem
Trifolium in ihren Mauern keine Prunkstätte errichten. *Er
setzt sich unter dem rauschenden Beifall der Zuhörer.*

FRÄULEIN HILDEGARD. Ich vermisse in der Art, wie sich mein
Herr Vorredner über eine von mir angeregte Frage geäußert
hat, leider den Ernst und die Sachlichkeit. *Ein gedämpfter
Entrüstungslärm und ironisches »Hört, hört!«* Herr Hauptpastor Klein nämlich hat sich zwar in verstecktem und
offnen Angriff gegen mich ergangen, aber mich sachlich
nicht widerlegt. Das Unverständnis, welches er meinem
Gegenstande entgegenbringt, kann nicht vollkommener
sein. Nur dieses vollkommene Unverständnis ermöglicht es
dem Herrn Pastor, den himmelschreienden Ernst des Gegenstandes so, wie er getan hat, zu umgehen oder ihn am
Schluß seiner Rede kaltherzig mit zwei Worten abzutun.
Es handelt sich hier nicht um Redensarten, sondern es
handelt sich hier um eine Tat der Menschenliebe und der
Barmherzigkeit. Und um ein Bild aus jenem Vorstellungskreise zu nehmen, der dem Hauptpastor Klein geläufig ist:
es handelt sich nicht darum, zu zeigen, wie unähnlich er
seinem Vorbilde, Jesu Christo, ist, indem er den Stein aufhebt und gegen die Sünderin schleudert, den unser Heiland
in seiner menschlichen Güte liegenließ. *Zwischenrufe:
»Schwulst! Oho! Unverschämtheit!«* — »Aus tiefer Not schrei
ich zu dir!« heißt ein Liedervers. Wenn der Herr Pastor
in seiner gespenstischen Jagdleidenschaft auf das gespenstische Wild der Sünde diesen Notschrei der Kreatur nicht
hört und wenn es mir nur den Spott, den Hohn und die
Nichtachtung der Männer in dieser Versammlung einträgt,
daß ich den Schrei der zu Unrecht entwürdigten armen Ge-

schöpfe aufnehme, so wende ich mich an die Frauenwelt. Ich bin gewiß: die Frauen in dieser Versammlung verstehen mich. Viele unter ihnen sind Mütter... *Erregte Rufe: »Schluß! Schluß! Schluß!«*

LADENINHABER DITTMANN, *heftig aufspringend.* Frauen? Was gehen Sie unsere Frauen an? Sollen vielleicht anständige Bürgersfrauen in diesen Unrat verwickelt werden? Sollen wir vielleicht unsere ehrenwerten Hausfrauen in einem Atemzuge mit solchen liederlichen Weibsbildern, mit solchen Menschen nennen lassen? Unerhört!

HERR NEITSCHKE, *der wiedergekommen ist, etwas bezecht.* Ja, es ist unerhört! Noch vollends, wenn man bedenkt, daß die Dame die Tochter eines hochachtbaren Weinhändlers in Sprottau ist.

FRAU SCHULLERN [VON SCHULLAU] *erhebt sich.* Ich protestiere im Namen des Vaterländischen Frauenvereins. Erstens gegen das Projekt, das die Ärztin Fräulein Krautvetter hier vertreten hat. Ich protestiere zweitens gegen die Art, wie sie es vertreten hat! Wir wollen nichts zu tun haben mit dieser laxen Studentinnenmoral, die von den Schweizer Universitäten jetzt importiert wird. Wir haben kein Interesse daran, unsere[n] gefallenen Mitschwestern Häuser und seidene Betten zu verschaffen. Wir hätscheln das Laster nicht. Ich protestiere drittens gegen die unqualifizierbar verwerfliche Art und Weise, womit Fräulein Dr. Krautvetter sich bemüßigt gefunden hat, unserm allverehrten Herrn Hauptpastor Klein entgegenzutreten. *Allgemeiner Sturm der Zustimmung und: »Bravo! Sehr richtig! Bravo! Sehr richtig!«* So etwas richtet sich von selber. — Wer hat sich nicht durch den lauteren, festen, christlichen Geist, der die Worte unsers hochehrwürdigen Seelsorgers auszeichnete, befreit und zugleich erhoben gefühlt? Und wie hat er nicht in bestimmter und unzweideutiger Weise die Stelle umgrenzt, innerhalb deren jeder gute Christ und Mensch überhaupt in dieser Frage zu stehen hat.

FRÄULEIN HILDEGARD. Darauf weiß ich nur eines zu antworten: schlimm genug. Schlimm genug, wenn jeder von Ihnen die Stelle, auf der er zu stehen hat, von Herrn Hauptpastor Klein sich umgrenzen läßt, denn gerade durch diese Grenzen müssen wir durchbrechen. Es sind dieses Grenzen, die das Herz und den Geist einschränken, diesem seine ehrliche Konsequenz rauben und jenes, das heißt das Herz, in einem Zustand halten, der weder kalt noch warm ist. Ich leugne nicht, keine Sonntagsschule Christi zu sein, aber ich kenne die wahre, tiefe Moral Jesu genau genug, um zu wissen, daß es auch nach dieser Moral keine gefallenen Mädchen gibt. Nur der Pharisäer kann einen solchen Ausdruck erfunden haben. Das männliche Pharisäertum hat ihn erfunden. Es gibt kaum einen unter den Männern in diesem Kreis, die nicht zehnmal mehr gefallen sind als eine von diesen Frauen, von denen die Rede ist. Nein, wir dürfen innerhalb der Grenzen des Herrn Pastor Klein nicht stehenbleiben; es ist im Laufe von vielen Jahrhunderten allzuwenig durch Predigten von den Kanzeln erreicht worden. Was nutzt uns dieser oberflächliche Lack des Christentums? Dieser süßliche Firnis der Heuchelei, der höchstens vergiftend nach innen schlägt? Tun, nicht predigen, sagt der Heiland. Predigen und nicht tun, dagegen diejenigen, die aus dem Mißverstande der eigenen Lehre ein Privilegium gemacht haben und seit Jahrhunderten predigen und nicht tun.

Tumultuarisches Schlußrufen. »*Unerhört! Wahnsinn!*«

NEITSCHKE *ruft, indem er ein Stück Papier hoch in der Hand schwingt.* Ruhe, meine Herrschaften! Ich bitte ums Wort! Ich habe hier ein dringendes Telegramm aufgesetzt. Sie sind doch einverstanden! Ich habe ein dringendes Telegramm an den Vater der Dame aufgesetzt: Umgehend Bescheid, in welche maison de santé sollen wir Ihre Tochter bringen? *Allgemeines Gelächter.*

DR. ZANDER *erhebt sich.* Meine Damen und Herren, ich möchte doch zur Besonnenheit raten. Lassen Sie uns diese in jedem Falle ernsthafte Angelegenheit in würdiger Form traktieren und nicht von dem Herrn Vertreter der ehrenwerten Firma Patscher und Kühleborn in eine unangemessene Sphäre herunterziehn. Wir dürfen an der bona fides der Vortragenden und einer Art Idealismus, der sie bewegt, nicht zweifeln. — Ich rede gewiß den Ausfällen, die sich meine junge Kollegin geleistet hat, nicht das Wort. Allein, ich führe doch ihre Angriffe gegen die Geistlichkeit auf die Erregung zurück, die sich ihrer bemächtigt hat angesichts mächtiger und natürlicher Widerstände. Ich finde als Arzt, daß diese Erregung beinahe pathologisch ist und muß im Interesse der Dame und im Interesse der Humanität den Abbruch dieser Debatte wünschen. Vertagen wir sie, meine werten Herrschaften, und geben wir uns zur milden Beurteilung dieses Vorfalls, der Dame aber zur Einkehr und ruhigen Überlegung Zeit.

FRÄULEIN HILDEGARD. Doktor, sind Sie verrückt geworden?

[APOLLONIUS VON TYRUS]

[Entstehungszeit: Mai 1905.]

[I]

DRAMATIS PERSONAE

KÖNIG ANTIOCHUS in Antiochia. — »Ich habe dich selbst erwählt, Apollonius, hernach war ich's.«
SEINE TOCHTER
DEREN AMME
APOLLONIUS, Tyrier, gehört i[n] s[einem] Vaterland zu den Vornehmsten. Wird Fürst, ja König genannt.
TALIARCHUS, Haushofmeister des Antiochus, Geheimschreiber. Er findet Tyrus in Trauer.
Ein Knabe sagt ihm, Apollonius sei entflohen.
Antiochus setzt dreißig Goldtalente auf seinen Kopf.
ELINATUS, ein alter Sklave des Apollonius, der zufällig mit ihm in Tharsis, erkennt ihn, während er am Strand spaziert. Er grüßt, erhält keinen Dank. »Du bist geächtet.« — »Wer hat mich geächtet und warum?« Elinatus geht, ohne die hundert Talente oder auch nur die fünfzig verdienen zu wollen.
STRANGULIO

[II]

1. Szene. Apollonius vor Antiochus in Antiochia.
Er hat erraten.
Antiochus spricht mit seinem Haushofmeister Taliarchus.
Düsterer Leidenschaft voll ist die Luft.

2. [Szene.] Apollonius von Tyrus ist auf der Flucht. Schiffbruch.
Tyrrhenerst[adt] Pentapolis.
Am Meeresstrande redet ihn Elinatus an: »König Apollonius!«
»Haue mir den Kopf ab«, sagt Apollonius, »und nimm die hundert Talente.«

3. [Szene.] König Altistrates in der Badestube. Ballspiel. Apollonius salbt ihn mit Öl und Wachssalbe.

4. [Szene.] Das Mahl bei Altistrates. Apollonius, eingeladen, wird von dem Mädchen nach seinem Namen gefragt. Er schlägt die Leier. Apollo. Prinzessin, Freundin der Wissenschaften. »Ich gehe von dir!« — »Du bleibst.«

5. [Szene.] Apollonius bringt der Prinzessin die Anträge. Verlobung.

6. [Szene.] Die Boten aus Tyrus. Apollonius nimmt seine Frau mit sich.

7. [Szene.] Die Auffindung der Leiche durch Cerimon, den Arzt, unweit Ephesus. Der Scheiterhaufen. Die Schüler des Arztes. Sie wird lebendig. Der Arzt zum Schüler bei der Nachricht: »Nur die Priesterinnen der Diana sollen mich berühren.«

8. [Szene.] Apollonius kehrt heim. Der Dämon treibt ihn zur Tochter des Antiochus. Er findet sie über den Vater trauern. Er gerät in ihren furchtbaren Bann.

9. [Szene.] Der Arzt mit der Mutter in Antiochia. Sie erfährt das Furchtbare. Plan.

10. [Szene.] Im Tempel der Diana sieht er sie und ihr Kind als Priesterin. Das Wiederfinden in Seligkeit. Der Ruf zur Geliebten. Der Tod.

[III]

ERSTE SZENE

Antiochus. Taliarchus.

ANTIOCHUS

Taliarchus!

TALIARCHUS

Ja, Herr!

ANTIOCHUS
         Sage mir, wie kommt's,
daß dieses Jahr, nach wenig reinen Tagen
der Frühlingslust, schon alles welkt. Die Schwüle,
bewegt von einem staubigen Winde, preßt
sich durch die Fenster, streicht den Vorhang weg
von jeder Tür und zehrt mit heißer Zunge
das Wasser aus den Marmorbecken. Wehe!
Wie eines Tigers Stimme knurrt der Wind!
Wie eines Tigers Atem weht's mich an
vom Porphyr meiner Wände. Nun: was gibt's?

TALIARCHUS
Herr! Apollonius von Tyrus hat
Euer Haus betreten. Unsre Höfe fassen
den Prunk kaum, den er nachschleppt wie ein Kleid.
Maultiere, Reiter, Dromedare, hoch
beladen mit Gezelten und Geschenken.

ANTIOCHUS
*langsam begreifend, betrachtet Taliarchus lange mit einem
tückischen, maskenhaften Lachen*
Er komme! Körner halt' ich in der Hand
für manchen Stieglitz, den sein Vorwitz treibt.
Mag er den Tod mit bleichem Schnabel picken. —
Mir hochwillkommen, Apollonius! —
Horch! —

TALIARCHUS
         Dies, Großmächtiger, ist eine Wolke
von Tönen, und in dieser Wolke schwimmt
er, der da kommt, Apollon selber gleich.

ANTIOCHUS
Schwimmt er in einer Wolke, meine Wolke
ist süßer, mächtiger! In meiner Wolke
ist Moschus, wie ein Duften ohne Reiz!
Schwach! so erfüllt von wollusthaften Würzen
ist meine Luft. O Wollust! Aus der Wolke
wie Jupiter!
Wie Eros mit dem giftgetränkten Pfeil
treff' ich — und wär's Apollon selbst — ihn tief
und tödlich. Schwächling Jupiter! Du selbst

bist ausgeschlossen von des Lagers Lust,
das meinen königlichen Launen blüht,
von meinem Weinberg, meinem Apfelbaum,
dem Baum der Sünde, dessen Früchte mich,
im furchtbaren Druck der Kelter ausgepreßt,
in Wollustnacht ersticken.

TALIARCHUS
Herr!

ANTIOCHUS
Wer spricht?
TALIARCHUS
Ich will dem König Apollonius
die abgeschlagnen Köpfe weisen.

ANTIOCHUS
Ja,
weis ihm die Köpfe! — weise... weise mir,
o Taliarchus — ja — wie wär's, du wiesest mir
den seinen! Doch vom Rumpfe losgetrennt!
wie wär's! Nein! Mag er mir vorher erscheinen
zwischen den starken Schultern, die er ziert
mit seinen gelben Locken. Denn ich will
ihn ansehn und will lachen. — Bring ihn her.
Taliarchus ab.
Susanna ist durch einen Vorhang eingetreten.

SUSANNA
düster, trotzig, bleich
Laß mich den neuen Freier sehn, o Herr!

ANTIOCHUS
wendet sich, blickt sie verzehrend an
Du kommst?
SUSANNA
Ich will ihn sehn von Angesicht.

ANTIOCHUS
Er ist kein Gott! Er hat ein Saitenspiel
geliehn von einem Gott, der schwächer ist
als ich, der dich erschuf und der dich erntet.

Ich ernte dich vermöge jener Glut,
die dich erschuf. Ich ernte deinen Leib,
den trotzigen, wie meinen Acker! trinke
der feuchten Büsche Duft, die schweren Narden
des Flachses, fühle der Granatfrucht Kern
und seine Kühle, lasse deine starken Brüste
in meinen königlichen Händen steigen,
sauge und sauge einer Schlange gleich
den Haß, die Furcht, die Angst aus deinem Blick,
eh' er in namenloser Wollustpein
bricht, mir im Arm. — Was bist du? mein Geschöpf!
mein Garten, den ich pflanzte, dessen Knospen
sich mir erschließen, bist mein Bett, mein Kissen,
mein Grab! Astarte! Göttin! Königin!

SUSANNA

Das alles bin ich nicht, mein Vater! Schwer
lastet auf mir die Schwachheit! Unverstand
und Torheit ist mein Los: mich macht ein Kind
zum Kinderspott. Dumpf ist mein Sinn und hilflos.

ANTIOCHUS

Susanna, Göttin! Wenn in kühler Krypte
die Lämpchen brennen und der feuchte Hauch,
mit Rosendüften vollgesogen, steht
gleichsam begraben in der goldnen Wölbung
und bärtige Priester, nackte Priesterinnen
murmelnd den Reigen schreiten um das Bild...
und du erscheinst, erscheinst in deiner Macht,
so bebt das Bild: und, noch so schlaff zum Dienst,
erheben sich miteins der Priester Glieder
wie auf Gebot, und rollender Pauken Laut
verwirrt sie nicht so sehr zur wilden Wut
als das verworrne Lächeln deines Mundes.
Du bist nicht schwach, Allmächtige. Girre! Gib
von deiner Lippe einen leisen Ruf,
wenn im olympischen Laufe, nah am Sieg,
der Läufer dir vorüberfliegt: er steht.
Er steht, vergißt den Sieg, den Eichenzweig,
das Hohngelächter seiner Feinde. Steht
und starrt auf dich und braust auf dich herein,
dem Adlermännchen gleich, von allen Vögeln

der feurigste, und — frißt dir aus der Hand!

SUSANNA
lächelnd
Man braucht nicht rufen, Vater!
Priesterinnen kommen.

ERSTE PRIESTERIN
Sie entfloh,
o Gottheit! König Antiochus!

ANTIOCHUS
Schleier!
Hüllt sie in Schleier! — Es gelüstet mich,
mit dir zu scherzen, Apollonius!
Die Welt will Spaß, und ich mein Teil davon.
Apollonius tritt herein, bleich, edel, gefolgt von Edelleuten.

[Notizen]
Die Szene, wie Apolloni[us'] Gattin aufwacht.
Das zweifelnde, ungläubige Horchen des Arztes auf die Atemzüge.
Sie erwacht lachend, sagt: »Ich bin noch zu jung, um schon zu sterben.«

DIE BASSGEIGE
(DORFMUSIKANTEN)
(BETTELARM)

[I]

DIE BASSGEIGE

[Entstehungszeit: Mai 1905.]

ERSTER AKT

Inneres einer ärmlichen Hütte. Die Balken der Decke schwarzverkohlt. Die Fensterlöcher zum Teil mit Stroh verstopft und mit Papier verklebt. Ein großer schwarzer Kachelofen ohne Feuer mit einem Aschenhaufen davor.

Eine Frau, nicht älter als vierundzwanzig Jahre, bringt Garn auf eine Spule und wiegt gleichzeitig ein Kind. Ein alter Mann sitzt am Webstuhl. Eine Anzahl halbnackter Kinder läuft ein und aus. Draußen ist ein kalter Apriltag mit Schnee.

Beckmichel, Friedel, Gotsch und Schnabel kommen frierend herein. Sie tragen abgeschabte Zylinder, groteske langschößige Röcke und darunter nichts weiter als zerlumpte Hemden, Hosen und Stiefel, alles beschmutzt vom langen Weg. Jeder von ihnen führt ein Instrument mit sich: Beckmichel die Geige, Friedel eine Baßgeige, Gotsch eine Flöte, Schnabel eine Posaune. Es ist Montag früh. Sie kommen übermüdet und angezecht vom Tanzboden, wo sie die ganze Nacht musiziert haben.

Zunächst werden sie von den Gegenwärtigen wenig beachtet. Um den Tisch Platz nehmend, reden sie allerlei drolliges und habgieriges Zeug, darauf hinauslaufend, Beckmichel möge das erhaltene Geld austeilen. Bei der Teilung entsteht Zank. Kinder, der alte Weber und noch andere Hausbewohner umringen die Zankenden. Ein Streitpunkt zwischen Beckmichel und Schnabel bleibt unausgeglichen. Beckmichel ruft seine Frau zur Entscheidung. Sie lehnt es ab. Er schilt sie aus und nennt sie die Hochmutsprinzessin. Das gibt allen Anlaß, sich mit der Frau zu beschäftigen, die ziemlich apathisch das Kind wiegt.

»Sie ischt nischt, sie trinkt nischt, sie soat kee Woat!« meint der Alte. Ein anderer: »Sie is halt zu Steen und Been verfrorn. Hult woas Woarmes, do werd da Eeszoppa schun uftauen!«

Kinder werden mit Geld fortgeschickt. Die Musikanten erzählen sch[l]üpfrige Geschichten vom Tanzboden. Der alte Weber hält Strafreden von Hölle und Jüngstem Gericht. »Friejoahr kümmt«, meinen die Musikanten, »do drickt der Teifel a Auge zu.« — »Oaber der liebe Gott nee«, meint der Alte.

Jetzt kommt der Stellmachergeselle. Er bringt einen Armvoll Holz. Er hat blondes wirres Haar und im Auge etwas meerartig Schillerndes. Sein Wesen ist sonderbar: große Bewegungen und eine gewisse Geheimnistuerei. Dabei ist er hübsch. »Na, woas gibt's ei der Welt, Rademacher?« ruft man ihm zu. — »Dinge fir dan, dar Auga hot, Dinge, soa ich euch, Dinge!« — Man lacht und schreit: »Erzähl amol! Mir sein blind.« — »Doas stimmt!« — »Nu, do spriech.« — » 's is wetter nischt, als doaß doas wieder do is. All's is wieder do. Der Himmel is wieder do und die Erde is wieder do.« — »Woarn die nee immer do?« — »Nee! Oaber itzt sein se wieder do! Ich wiß, se sein oagekumma. Ich woar doabei ei dar ganza Nacht.« — »Bist du die Nacht nee schlofa ganga?« — »Nee! war sol itzt schlofa giehn?« — »A leeft immer om Woasser entlang un prillt.« — »Se wern a wull eisperrn, wenn a asu prillt ei dar Nacht.« — »Huste a Nachtjäger gesahn? Wenn a de klen[n] Weibla joat.« — »Ich hoa woas gesahn, ich hoa woas gehiert. Ma hiert's ei a Beema, do hiert ma's. Ma hiert's ei der Erde, wenn ma sich uf de Eade lät. Do hiert ma's au. Ich woar eim Walde. Doas is euch asu, doas kinnt ihr goar ni begreifa! Woas do asu ei a Wippeln rauscht! 's kimmt, 's kimmt, 's kimmt noch meh. Wie dar Soaft ufsteigt!« — »Mach ins ock nee oalle verrickt, Rademacher-Willem!« — »Dar bringt's fertig!« — »Ihr seid bloßig zu tumm. Wenn ihr mitgängt! Wenn ees von euch mitgäng'. Dam könnt' ich woas zeiga!« — »Ich gieh' mit!« sagt die Frau an der Wiege. — »Beckmichel, poß uf!« schrein alle lachend.

Es tritt Stille ein. Düster betrachtet Wilhelm die Frau, diese ihn. Sie ist eine hohe Erscheinung mit rötlichem, geknotetem Haar. Sie überragt an Größe die Männer. Ihr Kopf ist klein, von albinohafter Weiße, mit rötlichen Tupfen auf den Wangen. Sie ist wie der Abkömmling eines germanischen Königsgeschlechts, nur daß der Zug des Hungers und des Leides, die Signatur des Elends, die Schönheit gezeichnet hat. Sie sagt nun:

»Ich gieh' miet, mich hält nischt, ich gieh' miet.« — »Wenn ich's derlaube«, sagt der Mann. »Du!?« fragt sie mit einem Blick grenzenloser Geringschätzung. »Doas kimmt dervo, wenn enner ane Prinzessn heiroat!« — »Die traumt immer vo Keenign.« — Alle fangen an, sie aufzuziehen: »Eemol isse beim junga Harrn Lehrer gewast und hot'n ane Geschichte derzahlt vo Olims Zeita. Wo se noa gar nee oam Laba woar. Do hot se vu guldna Tallarn gegassa!« — »Asu elend is mersch nee immer derganga dohie. Mit sulcher Pakasche hoa ich nee immer aus enner Schissel gegassa!« — »Desholb sieht se u ei der Nähnde nischt, und über drei Meilen weit sitt se oall's.« — »O je, die Pakasche verlohnt ni is Oasahn.« — »Mir kenn uns«, sagt Wilhelm und sieht sie starr an, »mir zwee beeda sahn weit.« — »Bei moancha is moanchmol ni immer ganz richtig.« Friedel macht einen rumpelnden Strich auf seiner Baßgeige. Alle lachen, und die beiden hören auf, sich anzusehen.

Wilhelm geht in einen leichteren Ton über: »Ich gee' woas zum besta«, legt Geld auf den Tisch, »'s is heute Montich, ich mache blau. O Jees, wenn ich geiga kinnte, do kennt' ich woas geiga. Do sullt ihr woas hiern! Ich hoa woas gehiert ei d'r Nacht eim Walde: eene Stimme rechts, eene Stimme links. Eene Stimme vu uba, eene Stimme vu unda.« Mit Bezug auf die Instrumente: »Doas sein oll's Stimma. Ihr kinnt bloß ni reda. Ihr taubstumma Karle ihr!« — »A wiel Musike macha« un koann nee amol an Polka spieln!« — »Wenn ich viertausenddreihundert Geiga, Trumpeta, Pfeifa, Ziehharmonikan, Pauka, Triangeln un messingne Becka hätte, do wellt' ich euch an Musike macha, do sellt ihr imfolln!« — »Doas gleeb' ich!« — lachend.

»Lacht! Do wär' euch de Lache vergiehn! — Oader ich bien gebunda! Uf mir leit a schwoarzer Teifel, ich bien gebunda. Ich hier' oall's, ich sah' oall's. Oaber wann ich au platze, ich muß oall's bei mir behaln!« — »Asu gieht mirsch au«, sagt die Frau. — »Nu, do kennt ihr ju mitnander giehn! Do kinnt ihr ju mitnander stille Musike macha.« Zynisches Gelächter. »Ich bien zufriede, wenn ich se lus bien!« sagt Beckmichel. »Mich hot se immer ock oagefurt. De Sunne schien uf a Sterzacker, do finkelte ei der Ferne woas: a Stickla Gloas oader a Treppla Woasser. Glei meent se, doas wär' a Karfunkelsteen, und do liefa mir sicha, wie zwee Oaffa. Oder se soate, se wißte an Schotz, und do mußta mir laufa un mußta groaba!« — »Ihr Leute, nu seid amol stille un hiert of mich. 's is ausgemacht. Ich war euch ane Sache d'rzahln, die kinnt ihr gleeba. Doas wiß noch kee Mensch. Oaber ich hoa ane Stimme gehiert.« — »Wenn du dich ock tätst zur urntlicha Arbeet un zum richtiga Glauba wenda!« — »'s kimmt oalls uf ees raus! Du soast, der Herr Christus wird wiederkumma. Tausend Joahre lang werd ock a eenziger blauer Montich sein. Nu, ich wiß, woas kimmt. Ich hoa an Wildtäubrich gurren gehiert. Gurrucku! gurrucku! hot a gegurrt. Oader oaber, dos is ne de Hauptsache. De Stoare sein do, ich hoa Himmelschlissel oa menner Mitze. Oader dos is nee de Hauptsache. Ich hoa de Tuta eim Woasserfoalle singa gehiert. A Hirsch hot d'rzune geriehrt. Oaber doas is nee de Hauptsache. 's is nee woahr: de Welt gieht no lange nie under! De Welt gieht uf!«

Die Frau an der Wiege bricht in ein tolles bacchantisches Gejuchze aus. »Nanu!« — »Wenn ich an obgeschälta Baumstamm hätte, do tät' ich drof reita!« — »Oader an Basen«, sagt der Alte. »Lußt se«, sagt Wilhelm, »ma muß schrein. Itzt schrein de Tuta, um wieviel meh de Lebendiga. 's fiebert oall's. 's is oll's krank itzunder: oaber die Krankheet is meh wie Gesundheet.«

Die Frau fängt an zu schluchzen. »Nu flennt se wieder«, sagt Beckmichel. »Lußt se flenn. Trinkt Branntwein un poaßt uf; 's rant dessa; 's rant wieder amol ei de Sunne, und winka tutt woas; 's winkt woas vu ferne. Monchmol — verstieht 'r miech ? — wiel ma naus aus dam Kreese; ma wiel ebens durt sein, wu's Auge nee hiereecht. Do muß ma laufa. Laufa, bis ma schwitzt.«

»Soag amol, Willem, dei Bruder is a Seemoan, weshalb bist'n du ni au uf's Woasser ganga?« — »Weil ich andersch zu tun hoa! Ihr seid tumm; ihr labt immer eim Finstarn. Hie hoa ich a Ding, doas hoa ich bei Neumond aus d'r Arde gegroaba! Wa de die Hornbrille ufsetzt, dar sitt ebens doas nee, woas ar gewehnlich sitt. D'r Ale mag se z'erscht ufsetza.«

Der Alte setzt die große Hornbrille auf. Er starrt die Frau an, zittert und muß sich am Tische festhalten.

»Nu, woas hot's?« »Se hoat ane zwelfzackige Krone uf'm Kuppe sitza.« — »Du liegst, aler Krepper!« Beckmichel sagt es, nimmt dem Alten die Brille von der Nase und setzt sie auf.

»Woas! Woas! Woas! Und mir sulln oarm sein! Runder mit dam Dinge! Ich wiel mich au ni meh schinda. Mir gehiert doas Ding.«

Er greift nach der vermeintlichen Krone. Die Frau stößt ihn zurück.

»Luß mich amol durch de Brille sahn!« sagt Friedel. Er setzt sie auf. »Teifel, war is denn doas? Die stißt ju de Decke ei, asu huch is die! Doas is ju kee Mensch!« — »Satt er nu, woas ich gesoat hoa.« Wilhelm nimmt die Brille wieder ab. »'s kimmt ane Wandlung! Oll's, woas de noch aso fest is, verwandelt sich. Mir sein ock verkleed't. 's hot enner bereits de Arde betrata, dar ins aus a Kleedern schält. Ar bringt ane Botschaft: Fiat! Kumm! mir wulln aus a Lumpa raus und dan himmlischa Bota entgegengehn!« Er umfaßt das Weib und geht mit ihr, wie in Verzückung, unter dem Staunen aller zur Türe hinaus.

»Woas woar doas?« fragen sich alle. »Dar Willem wird nee gescheut. Eemol hoan se'n schun im Noarrnhause eigesperrt. Wa weeß, ma sellde vielleicht mitziehn!« — »Ei's Noarrnhaus?« — »Nee! ei a Himmel. Nu, warum sulln wir uns nee au ane Lust macha. Warum sulln mir uns nee au an blaua Montich macha?« — »Do giehn se, Beckmichel, poaß uf! Se giehn under am grußa Regenbogen weg.« Beckmichel: »Wenn se ock nee drieber weggiehn.« — »Se biega ei's Fußsteigla uf a schwoarza Berg. Se wern noch dam ala Raubschlusse nufgiehn.« — »Die giehn wetter. Vorwärts, mir giehn hingerhar! Mer wulln amol sahn, eeb a wirklich noch meh su ne Zicka koan wie mit dar Brille.«

ZWEITER AKT

Der innere Hof eines verfallenen Bergschlosses. Eine uralte Platane legt einen Teil davon in Schatten.

Wilhelm und Monika stehen Hand in Hand, verzückt lauschend, die Augen in einen Holunderstrauch gerichtet, der über verfallenes Gemäuer herabhängt.

»Hierst du's? hierscht du oll's, woas a singt?« — »Noch ni ganz oll's!« sagt sie. »Wie der Raan troppt aus a Beema! Wie's gluckst! Wie de Arde saugt! 's wiel noch viel meh warn, wie de werd.« — »Bis stille, Willem! Ma sol kee Woart nee verliern. Kumma se noch? A Stickla. Im die Zeit kimmt's eemol

über miech.« — »Bei der Nacht und om Tage! Hied'rzu hot's nu a eenziges Pfärtla, und doas finda se nee. Ich hoa vergassa, woas gest'n woar. Ich hoa vergassa, woas murne sein wird. Murne kimmt d'r Hunger oder heute d'r Tud. Mag a kumma, wenn a asu schien pfeifa koan«, antwortet Wilhelm.
Während sie nun weiter versunken stehen, kommen kleine zweijährige Kinder, Mädchen und Buben, die Maiblumenkränze auf den Köpfen haben. Sie bilden um die beiden einen Ringelreigen.
»Du mußt nee staunen«, sagt Wilhelm, »doas sein oll's Dinge, die doasein. Do under d'r Arde, do kumma se afir, do kumma se und macha z'r rechta Zeit de Auga uf. D'r Herrgott braucht viele Spiegel.« — »Du kennt'st vielleicht wissa, wa ich biin.« — »Ich wiß!« — »Wa biin ich? — Doas biin ich!« Sie wirft ihre Arme in die Höh' und beginnt unter lautem Schreien einen wilden bacchantischen Tanz. Während sie tanzt, erklingt ein verhaltener, vielstimmiger Gesang, gleichsam aus dem Erdboden.

[Notiz]

Schneemärchen
Frühlingsmärchen

Der Radmacher und die Frau gelangen in einen verfallenen Schloßbau, im Walde auf einem Berggipfel gelegen.

Die Szene stellt einen alten Schloßhof dar, Burghof, auf dem Gipfel eines Waldberges. Hier kommen und suchen vorsichtig die Musikanten die Entflohenen: den Rademacher und seine Frau.

Oder Verquickung mit dem Venezianer.

[II]

[Oktober 1935 oder 1936.]

Notizen zu Dorfmusikanten
zu Baßgeige

Ostades Manier.
Der Marktschreier.
Der Scherenschleifer.
Der Zahnbrecher.
Der Rattenfänger. Ratzifalli, Mausifalli.
Der Kräutersammler und Alchimist.
Not. Vielleicht eine furchtbare Not: Hunger und Pest.
Hütten.
Der Mann mit dem Schubkarren.
Halbnackter Bettler mit Topf.
Ein Bärenführer mit tanzenden Bären.
Die Mühlsteine.
Der Weiler.
Schweine, Ferkel, Sauhirt.
Bierfässer, Fässer überhaupt, Zuber, Bottiche.
Wasserschüsseln.
Ziege. Bock.
Balken.
Der magre Gaul, die Schindmähre.
Nacht.
Sturm.
Schlechte Wege.
Nässe.

Die Baßgeige

1. Der blinde Geiger a.d. Straße. Der Fiedler.
2. Der alte Zahnlose, der ihn führt und Gassenhauer oder andres singt.
3. Der Leiermann.
4. Der Bauer, der das Kind mit Brei füttert.
   Vielleicht nur: »Die Geige«.
   Der edle Körper der Geige!
   Der Adel: Schnaps- und Bierdunst im Rauch.
   Die Schemel.

5. Der Würfelbecher.

Die Ewigkeitswerte. — Die rhythmische Wiederkehr! die Monotonie übertierischer Art.

Die Gebrüder Grimm haben Zeit gehabt: wir nicht! Wiesenstein: »Gott« hat dieses Haus gebaut.

[III]

10. 6. 36.

BETTELARM
Szenarium

ERSTER AKT

Ärmliches Zimmerchen mit Alkoven. Küche und Schlafraum zugleich. Eine junge Frau liegt zu Bett. Es ist Winter. Sternklare Nacht gegen Morgen.
Die Frau schreckt auf: »Josef!«
Der Hund schlägt draußen an. Josef kommt herein: ein vierunddreißigjähriger Weber und Dorfmusikant. Geige. Die Frau befindet sich im Wochenbett. Das Kind ist tot. Sie hat angstvoll gewartet und fragt den Mann aus, warum er so spät komme. Er und seine zwei Kameraden Klarinette und Baßgeige wurden gewaltsam festgehalten. Sie mußten weiterspielen und wurden zuletzt noch, als sie endlich flüsterten, durchgeprügelt. Josef blutet aus verschiedenen Wunden und wäscht sich. Dieses Mißgeschick erfährt die Frau nur schönfärberisch.
Josef sinkt auf eine Streu am Fußboden, liegt sogleich schlafend wie ein Toter.
Benno Horandt, Bruder der Frau, kommt. Unterhaltung der Geschwister beinahe rücksichtslos. Josef schläft weiter. Es wird deutlich, daß der Säugling heut begraben werden soll. Benno ist Schuladjutant. Musik ist sein Steckenpferd.
Im Alkoven die blinde Großmutter. Man hat ihr den Tod des Neugeborenen verschwiegen. Die Frau klagt, Josef kaufe Noten statt Kartoffeln. Geigenfetischismus. Lutherische Christen. Gnadenkirche Hirschberg. Die »Journalière«. Der alte Franzose Guérache Protektor.

[IV]

Rapallo, 22. 1. 38.

DORFMUSIKANTEN
Lustspiel

Die Bremer Stadtmusikanten.
Ochs, Esel, Pferd, Hahn, Katze.
Es kann eine Gesellschaft von Dorfmusikanten sein, die nur die entsprechenden Tierköpfe trägt, sie aufsetzt und absetzt, je nach Bedarf.
Es sind also Dorfmusikanten, die ihren dörflichen Stall und Umkreis verlassen, um in der Welt ihr Glück zu machen.
Der Hafer sticht sie.
Nicht zu verkennen: es ist Frühjahr. Die Frösche buhlen mit lautem Gequak im Sumpf. Über die Teichoberfläche schnellen die Fische. Die Schmetterlinge sind erwacht und müssen das Gebüsch überall stumm und bunt durchfliegen. Von Blumen treten Krokus, Himmelschlüssel, Maiglöckchen, Veilchen und andere hervor. Blumengeister und Elfen sind nicht zu vermeiden. Ebensowenig Dryaden und Oreaden etc. Quellnymphen.
Wesentlich für Humoriges bei Ochse, Pferd und Esel sind die Fliegen, Bremsen und anderes Geziefer, die der Hahn hochmütig verachtet und nicht fürchtet. Der Kater bleibt ihnen gegenüber indifferent. Er interessiert sich für Fischen und Fische.
Auch ein Fuchs darf auftauchen.
Wesentlich aber sind die Kinder. Es muß von jener Poesie viel hineinschlagen, die Sieben- und Achtjährige empfinden, wenn sie auf den Bergwiesen Schneeglöckchen, Himmelsschlüssel u[nd] a[nderes] pflücken gehn.

»Wohlauf denn, Nelk und Tulipan,
und schwingt die gelbe Hochzeitsfahn... etc.«

Denke nicht nur an die »Pastorale« von Beethoven, sondern überhaupt an das Hirtengedicht. Daphnis und Chloe wieder zu lesen, kann nicht schaden. Soll doch ein ähnliches, ganz unschuldiges Menschenpaar und seine Liebe frühlinghaft im Mittelpunkt stehen.

Man sollte vielleicht alles stark an das Riesengebirge schließen. So wäre auch diesmal gegen meine sonstige Neigung Rübezahl in Person heranzuziehen.

Holzfäller, ein Förster. Waldpoesie. Er hat Wildtauben geschossen.

Das Lokalkolorit keinesfalls aufdringlich.

Die freie Phantasie hat sich keinen Zwang anzutun.

Auch Hanswurst darf wieder aufleben.

SZENE

Kleines Wirtshaus im Gebirge. Vor Tag, nach einem Tanzvergnügen. Auf einem kleinen Podium sitzen noch die fünf Dorfmusikanten: ziemlich ausgemergelte Gestalten. Flötist Hahn vielleicht der jüngste; die übrigen vier spielen Posaune, Trompete, Schalmei, Fagott. Sie singen gelegentlich auch zu ihrer Instrumentalmusik.

ERSTER MUSIKANT. Gieh mer heem.
ZWEITER MUSIKANT. Nu ja, gieh mer halt heem!
DRITTER MUSIKANT. Woas bleibt ins iebrig? Gieh mer heem.
VIERTER MUSIKANT. Ma hot gerackert de ganze Nacht; wenn ma heemkummt, muß ma rackern.
ERSTER MUSIKANT (Peter). Woas han m'r zu trinka gekriegt? Nischt! Woas han m'r zu assa gekriegt? Nischt! Woas han m'r verdient? Nischt!
ZWEITER MUSIKANT (Regenbogen). Stoats Geld setzt's a Knippel. Meine Kinda laba vu nischt, mei Weib labt vu nischt, iich labe vu nischt.

[V]

27. 9. 44.

Personen

Goldener, Wirt der Schenke zur Buschkäte/Isergebirge. (Wachholdersteig. Buschschenke. »Weltende«, ein Platz im Walde.)

Gustel, seine Frau. (Goldener ist von Brasilien zurückgekehrt.)

Die beiden Brüder Ruhland: Gustav Ruhland, Adolf Ruhland.

Damian, Armenhäusler und Geiger.

JACOBSOHN-KOMÖDIE

[Entstehungszeit: 1905/1906.]

»Sondern Hartleben seinen Ehrenplatz anweisen
auf der Bank der unpathetischen Spötter: mit
ihnen muß ein Volk sich begnügen, das nicht
frei ist und darum nicht würdig eines Aristophanes.«   Siegfried Jacobsohn.

ERSTER AKT

Markthalle.
An der Spitze einer Schutzmannabteilung.

JACOBSOHN

Kommt nun, ihr Herrn: wir schwimmen nun ins Lichtermeer
der Halle: jener Halle, die Berlin ernährt
und die zu kontrollieren ich berufen bin.
Wir schwimmen: damit deut' ich an, daß wir so leis
wie Hechte durch die vollgepackten Stände ziehn
und jeden packen, dessen Ware mulmig ist.
Denn Recht und Rechtlichkeit zu schützen bin ich da:
wozu auch anders wär' ich sonst von euch erwählt?
Ihr wähltet gut! Ich dank' euch! Mein Beruf als Dieb
hat mich mit Gaunerschlichen höchst vertraut gemacht.
Und also kommt! Mit Gott an unsre Razzia nun!

⟨HOFMANNSTHAL.⟩
Es ist mir lieb, daß du uns führest, Jacobsohn,
du, der an Fingerfertigkeit mir über ist:
deshalb an höchster Stelle sprach ich auch für dich,
obgleich auch ich im Fach nicht unbewandert bin! —
Ich sprach — du kennst die schleimig süße Zärtlichkeit,
womit ich zuckrig, einer Zuckerschlange gleich,
die Früchte überspeichle, die auf fremdem Mist
und keineswegs auf eignem mir gewachsen sind!
Mit diesem Speichel hüll' ich deine Sünden ganz:
daß höchsten Ortes deine Kriminalität
zu düfteln anhub wie ein nasser Veilchenstein.
Dies, denk' ich, dankend wirst du mir gedenken einst.

⟨SCHNITZLER.⟩
Bravo! Und mir den flotten Kleptomanen-Witz,
den ich, samt dem Kollegienheft, darin er stand,
dem Henker an den Kopf warf, als er, stäupend dich,
auf offnem Markte immer neu die Geißel hob.

HOFMANNSTHAL
Wie gut! wie herrlich, daß man damals dich ertappt,
als fingernd du in fremde Taschen fingern gingst:
denn ohne das, wo wäre heut dein Ritterschlag?

JACOBSOHN
Wahrhaftig, ja, so hab' ich triumphierend oft
seitdem gedacht und stolz, wie ich bekennen muß.
Erwägt, Vasallen, wieviel Schläge ich empfing
statt eines: womit sonst ein armer Ritter sich
begnügen muß! Kalasche, Hiebe ungezählt.
In vieler hunderttausend Menschen Gegenwart.
Ich war an einer Ehrensäule festgeschnallt
nach Rittersitte, die man auch Staupsäule nennt.

HOFMANNSTHAL
Beleuchter, eine Bogenlampe laß herab,
sogleich, und ihr, Kollegen, bildet einen Kreis,
damit ihr wißt, wem ihr zu folgen willens seid.
Denn: braun auf blau beweis' ich, daß er Ritter ist.
Laß nun dein Ehrenkleid herunter, Jacobsohn!
  *Ein Markthallen-Beleuchter läßt eine Lampe herunter,
  Jacobsohn seine Hosen.*

JACOBSOHN
Recht gern, weil ehrenvoller noch darunter sich
das allerdickste Fell Berlins euch zeigen wird.

HOFMANNSTHAL
Genossen! In dem Schein des Bogenlichtes nun
erkennt, was glühen würde selbst in Dunkelheit,
das Ehrenmal schwarz-bräunlich-blauen Kolorits.
Ich nehme gern zum Anlaß, wie ihr alle wißt,
für seichte Reden jeden tiefen Gegenstand,
auch jeden hohen, jeden runden meinethalb,
und dieser hier ist rund und hoch und tief zugleich.

Schon wird mir »Meeres und der Liebe Wellen«-haft,
unschuldig hölderlinisch maniriert zumut!
Ja, unabweisbar meldet sich mein Stilgefühl.
Er ergreift einen Besen, kehrt ihn um und benützt den Besen-
stiel als Zeiger.

DER BELEUCHTER

Sachn Se man, Menneken! Sie sind woll von de Heilsarmee,
wat? Oder von de Poliklinik? nich? — Det Se hier so mit'n
Besenstiel in de Hand über diskrete Jejenstände öffentlich
fuchteln. Hab' ich nich recht? Verintressiert mir sehr, Sie!
Mächtich. Ick wa friher mal Leichenbesorger in Hamburg,
während de Cholerazeit: seitdem verintressier ick mir sehr
für den Morbus, will ick mal sachen! Wat ist das forn Morbus,
Sie?

HOFMANNSTHAL

haut dem Beleuchter mit dem Besenstiel über den Kopf

Stilwidriger, sei hier durch diesen Stil belehrt,
daß unanständig dein Geschwätz vom Morbus ist
im Angesichte des Statthalters Jacobsohn!
Hier ist kein Morbus! Ehrenzeichen sind es nur,
wovon du diese stolze Rundung flimmern siehst.
Hierher berufen, künd' ich dir, ist dieser Mann —
wie sag' ich? — gleichsam als moderner Herkules,
um auszumisten den Augiasstall Berlins!
Und siehst du, auch ein Pförtner ist er uns zugleich,
der durch die regenbogenfarbne Pforte uns
und euch einlassen will in das Gelobte Land,
wo Milch und Honig durch die Spülichtrinnen fließt...

DER BELEUCHTER

Ick danke! Nu uf eemal hab' ick Stilgefühl!
Nee ieberhaupt... und ick verzichte janz bestimmt!
Und bleibe lieber in det Land, det keener lobt.

HOFMANNSTHAL

Helotenflegel, zieh doch nicht die Lampe auf!

DER BELEUCHTER

Jawoll, det tu ick! Tausend Kerzen Bogenlicht
fer jedet Arschloch in Berlin: det were wat!
Et jiebt ja in der janzen Welt nich soviel Draht,
wie uf de Weise müßte durch die Drähte jehn.

HOFMANNSTHAL
Böotier, jetzt halt dein Maul, verstehst du mich!
Verzeiht! Ich brauche solche Worte nur zum Schein,
ihr Freunde! weil man mit den Wölfen heulen muß.
Und weil auf groben Klotz ein grober Keil gehört.
Doch du, des großen Patriarchen Jakobs Sohn,
verhülle der Glutäen Sonnenaufgangspracht
und richte dich zu ganzer Höhe frei empor,
auf daß sogleich, Präzeptor du Germaniae!
das Volk von deiner Sendung einen Hauch verspürt.
  Jacobsohn richtet sich empor und läßt einen streichen.

SCHNITZLER
O wundervoller Duft, der selbst Gerechtigkeit
ihr Schwert zu brechen zwingt! Auf, zögert länger nicht!
  Jacobsohn voran, wollen sie in die Markthalle eintreten. Der Wächter hält ihnen eine Stange vor.

DER WÄCHTER
Halt, Männeken! erst wird de Hose zugekneppt!

JACOBSOHN
Nichtswürdigen Volkes Sprößling, rede, grunze nicht!
Beiseit! lies, Hofmannsthal, ihm die Beglaubigung!

DER WÄCHTER
De Kleider in de Anstalt ordnen, Männeken,
det is Jesetz: dajejen hilft keen Quasseln nich!

JACOBSOHN
Ganz ohne Pathos ist dies Schweinevolk durchaus
versklavt, unwürdig eines Aristophanes.
Barbarenlaut zerfoltert mir mein Trommelfell.

HOFMANNSTHAL
Er hat die Hose oben, Lümmel, siehst du nicht?

DER WÄCHTER
I [?] na, ick weeß woll, wat'n Allerwertster is.

SCHNITZLER
zum Wächter
Mein Allerwertster! Dieser Allerwertste hier

ist mehr, als sonst ein bloßer Allerwertster ist.
Es ließe eher sich des Ätnas Flammenhaupt
mit einer Zipfelmütze nachts ersticken ganz,
eh daß man diese Sonne eines Strahles nur
berauben könnte durch das dickste Mauerwerk.
Was kann ein Buckskinhöschen sein vor diesem Licht?

HOFMANNSTHAL
*liest aus einem Schriftchen, nachdem er wie ein Ausrufer mit
einer Schelle geläutet hat.*
Kund und zu wissen sei euch dieses: »Zum Geleit!«

JACOBSOHN
Still, Hofmannsthal! Das Wortgedrechsel führt zu nichts,
und meine Langmut übersteht die Probe nicht.
Kein Wort mehr! Das Geschütz muß sprechen ganz allein!
Er zielt mit der Rückseite auf den Wächter.

DER WÄCHTER
kniet nieder, ringt die Hände
Erbarmen! Gnade! Herr, mir armen alten Mann
mit sowat — i — mit sone Riesenmündung drohn,
wo ick man sozusagen bloß aus Anstandspflicht
ne Lippe ha riskiert...

JACOBSOHN
Pardauz! Da geht er hin.

SCHNITZLER
Er? Plural! Plural, Meister! Nicht den Singular!
Nicht mehr von ihm: von Ätherstäubchen rede nur!

JACOBSOHN
So ist es. Wohlerprobt ist dieses Schießgewehr —
Ruft in die Halle.
Ihr Nahrungsmittelfälscher, nehmt euch jetzt in acht!
Das Marktvolk in zwei Abteilungen als Chor.

ERSTER HALBCHOR
Kommt herbei, eilt herzu, es geschah hier ein Knall,
so gewaltig und frisch, als wenn schäumend der Sekt
einen mächtigen Propfen herausstößt.

Und es gibt wohl ein Fest oder Pest oder Krieg
oder Revolution oder Staatstreich vielleicht,
vielleicht, daß das Wahlrecht man abschafft.

ZWEITER HALBCHOR

Korybanten! Ihr Schlächtergesellen, heran!
Kommt, ihr Pane, ihr Grünzeughändler zu deutsch,
und seht, welches Fähnlein hier anstürm[t]!
Fern aus Wien, führet einer das Banner voran
hoch auf hölzernem Stiel — Ka[u]m erst hißt er's hinauf,
ein nasses Lümpchen aus Buckskin.
Hoch das Lümpchen voran: einer fliegt schon zerstreut,
der sich wider das Banner des Lümpchens gesetz[t],
das bald auf dem Rathause wehn soll.
Denn schon trollt sich der Bär, von dem Schusse erschreckt,
und er fletscht sein Gebiß in ohnmächtiger Wut
vor dem triefenden Lümpchen aus Buckskin.

[NOTIZEN]

Stirn, sage ich, Stirn, nur Stirn m[ein] lieber G.
Er hat Angst, erkannt zu werden.
Die Maske.
Er wird erkannt schließlich.
Sein P.
Die Peitschen der Schlächter.
Spittlers Kadaverjugend.

⟨Der deutsche⟩ Aristophanes.
Zwanzig Unschlittstümpfchen schmauchen,
zwanzig kleine Kater fauchen.

Zu Akt zwei. Das ganz Dumme will ich. Tanz. Spiel. Lust.
Das reinigt. Meine tägliche Katharsis.
Bringe heraus, daß es bewußte Menschen sind: sie entledigen
sich der Summe ihrer Reflexionen.

1.

Nacht. Vor der Markthalle. Die Wagen. Das Abladen der Waren. Die Kaffeetassen. Die Schlachter-Ballon-Mützen. Der Schutzmann. Der »Vorwärts«.

[1906.]

Fortsetzung der Jacobsohn-Komödie

HOFMANNSTHAL

Ergebt euch, Leute, in das Unvermeidliche!
Mit Würde tut es: denn es ziemet dieser Stadt
des Arztes duldsam sich zu freuen, dessen Hand
den faulen Krebs mit kühnem Schnitt entfernen wird,
der leider im Gewebe ihres Körpers sitzt.

EQUUS

[Notiz]

So heißt dieses Stück. Der Kater ist Nebensache. Komödie.

[Entstehungszeit: 1906.]

Linchen und Minchen, zwei ältere Damen, halten eine Pension in Berlin. Sie haben ein Pflegekind, eine Waise; Linchen hatte, selbst krank, das Kind im Krankenhaus kennengelernt, wo seine Mutter, eine Österreicherin, es untergebracht, aber nicht mehr abgeholt hat. Der Akt beginnt mit Kondolationsvisiten der Pensionäre: ein Referendar erscheint, eine Wintergarten-Tänzerin, ein Russe mit einer Christusphysiognomie. Alle beklagen den Trauerfall. Mit hundert Einzelheiten wird davon gesprochen, als handle es sich um einen Mann in den besten Jahren von vorzüglichsten Eigenschaften, bis schließlich Minchen den Vorhang um ihre und der Schwester Schlafstätte hinwegzieht und man auf einem Tisch zwischen Blumen und Lichtern einen großen toten, gelben Kater erblickt. Die Erschütterung und die Tränen aller steigern sich. Die beiden Schwestern sind voneinander sehr verschieden. Die eine, jüngere, über die Vierzig hinaus, ist von guter Figur und ganz elegisch in ihrem Betragen. Die andere ist klein und rund und wirkt als arbeitsame, schlichte und biedere Frau, die sie ist. Die jüngere ist Fräulein, die ältere schon seit Jahrzehnten Witwe. Beide Exemplare zeigen äußerlich kleinste Bürgerlichkeit und Biederkeit und sind innerlich halbe Verbrechernaturen. In ihrer Pension ist ein etwa fünfunddreißigjähriger Mann schon seit etwa sechs Jahren, bemittelt, aber in Geldsachen unerfahren, und wird von ihnen in raffiniertester Weise ausgenützt. Sie heucheln mütterliche Verehrung und Liebe gegen ihn, und der etwas kränkliche Sonderling, der sich für ein Genie hält, mit seinen Verwandten zerfallen und ziemlich vereinsamt ist, wird von ihnen in seiner hohen Meinung von sich bestärkt. Übrigens lebt er in einer Art Verfolgungswahn, den die beiden auch ausnützen, und glaubt, daß seine Verwandten ihm nachstellten und mit der Absicht umgehen, ihn für unmündig erklären zu lassen, ja eventuell für krank und reif für ein Irrenhaus. Dieser junge Mann macht über den toten Kater sogar ein Gedicht.

Es ist in dem Hause ein Portier, der dunkle Geschäfte betreibt, seines Zeichens ein Schuster, der mit den Damen in einer gewissen Verbindung ist. In seinem Zimmerchen neben der Eingangspforte erscheint hie und da eine sonderbare Gestalt aus der eigentlichen Verbrecherwelt. Er hat Verbindungen, die ihm ermöglichen, die Beute von Taschendieben unter der Hand an den Mann zu bringen. Seine erste Beziehung zu den Damen rührt daher, daß er ihnen zuweilen Ringe und Uhren von großem Werte billig verkauft hat, und so hat er allmählich erkannt, wes Geistes Kinder sie sind.

Die Damen haben einen rührend entwickelten, hohen Familiensinn und sorgen mit wahrer Aufopferung für arme Verwandte in verschiedenen Teilen des Deutschen Reiches. Es geschieht zuweilen, daß sie auf Pfänder leihen, so haben sie auch dem Schuster Geld vorgestreckt und unter dem Vorwand, es seien verfallene Gegenstände, senden sie Schmucksachen und Uhren an Verwandte, die sie in Geld umsetzen.

Sie leiten die Pflegetochter zu sonderbaren Manövern an. »Ein Kind sucht Geigenunterricht gegen Näharbeit«; ähnliche rührende Inserate werden verfertigt, und auf ein solches rührendes Inserat ist seinerzeit das junge Genie erschienen und hat dem Kind Geld und Geige und sich selbst den beiden Damen gebracht. Sprenkel führt die Amsel.

Der Schuster wird frech und verfällt auf Erpressungen, wodurch den Damen das Leben erschwert ist. In der Charakterschilderung muß die Geschmeidigkeit, mit der die Damen sich durch die verschiedensten, höchst komplizierten Aufgaben hindurchwinden, wesentlich sein.

Die Katze ist also nun aufgebahrt; die Leidtragenden haben sich entfernt. Zuweilen kommt das Genie hinter große, offenkundige Unterschlagungen; dann zerfließen die Damen, und die Kleine wird zur Beruhigung mit Erfolg verwendet. Eine solche Szene fand zum Überfluß nach dem Todesfall heut bereits statt. Alles scheint im Geleise, und die Damen beschließen die Beerdigung ihres Lieblings im Tiergarten. Der Kater wird in eine Schachtel gelegt, mit Blumen garniert und erweist sich als ziemlich schwerwiegend. Die Kleine mit einer Schaufel, die Damen, die Schachtel tragend, ziehen sie ab.

Der zweite Akt spielt im Souterrain bei dem Schuster. Ein Schutzmann ist bei ihm und trinkt einen Schnaps. Er holt sich Auskünfte über die verschiedenen Hausbewohner. Es ist gegen Abend; eine Hand wäscht die andere; da klopfen die Damen sehr erregt an die Glastür und steigen die Stufen zum Keller herunter; die Kleine folgt; sie haßt ihre Pflegemütter und fühlt sich abhängig, während diese dem Schutzmann und auch dem Schuster das Folgende darlegen, lacht sie indessen in einem fort. Im Tiergarten nämlich hatte sich ein Herr zu ihnen gesellt und mit höflichen Worten angevettert. Da er gut gekleidet war und auf die Kleine ein Auge warf, witterten die Damen ein Geschäft. Sie neigten zunächst nicht zur Kuppelei, allein sie benutzten das Mädchen dazu, männliche Dummköpfe anzulocken und geduldig zu machen, während man sie gehörig schor. Der fremde, gewiegte Menschenkenner ging auf die geheimsten Gedanken der Damen ein, so wuchs ihr Vertrauen, und ihr Entzücken stieg, als der Fremde so höflich war, um die Ehre zu bitten, ihnen die Schachtel tragen zu dürfen. Er trug die Schachtel (Schachtel!), die Unterhaltung ging lebhaft fort, bis eine elektrische Bahn vorübersauste, der Fremde mit einem Schwung das Trittbrett nahm und samt der Schachtel mit elegantestem Gruß davonsauste. Der Schuster muß lachen, der Schutzmann auch, die Damen lachen, weinen und wüten, der Schutzmann notiert die Sache und nimmt die Damen mit sich aufs Polizeibüro. Ein Schauspieler kommt und läßt bei dem Schuster für einen ganz besonderen Anlaß Stiefel anfertigen. Die Kleine, mit der er sich mehrmals schon durch Zufall im Schusterladen begegnet hat, ist auch diesmal zugegen. Er rät sie an, zur Bühne zu gehen. Das Mädchen zeigt große Lebensklugheit. Als beide hinaus sind und der Schuster allein mit seiner Frau, die sehr gottesfürchtig ist, kommen nacheinander zwei Gauner in diskreten Geschäften und zuletzt jener feine Herr, der die Schachtel geraubt hat. Die Schachtel wird beiseite gestellt, und es entsteht ein Streit zwischen allen dreien und dem Hehler, dem Schuster, der sich auf vergangene Übervorteilungen bezieht. Mit ziemlicher Gier hat der Schuster indessen die Schachtel im Auge behalten, denn er kennt des »Eleganten« glückliche Hand. Dieser will aber nichts davon wissen, die Schachtel zu öffnen. Auf der Schachtel steht die Firma des Hofjuweliers, und der Zank endet damit, daß der Schuster dem Gauner ein verlangtes Darlehen zusichert, das er von dem Gelde der Damen bezahlt, wenn dieser die Schachtel öffne. Es geschieht, und der Kater, mit Blumen garniert, kommt zum Vorschein. Verblüffung, der Schuster lacht, die andern, der Gefoppte gerät in Wut. Der Schuster verlangt sein Geld zurück, die Katze fliegt an die Wand, der Gauner läuft fort, die andern nach. Der Schuster redet mit seiner Frau, befiehlt ihr, das Maul zu halten. Da kommen die Damen vom Polizeibüro, Schritte sind eingeleitet, der Dieb wird verfolgt. Es müsse geschehen, habe der Kommissar gesagt, gleichviel, ob die Beraubung für den Dieb von Nutzen gewesen sei oder nicht. Der Schuster hat beschlossen, die Schachtel nachts am Eingang vor dem Polizeibüro niederzulegen.

Der dritte Akt spielt im Zimmer des Herrn Equus, jenes jungen Mannes, der in die Gewalt der Schwestern geraten ist. Equus sitzt unter seinen Büchern und dichtet Weltschmerz und unglückliche Liebe. Neben ihm wohnt jener eigentümliche, russisch-polnische Christus, der ihn mit Erfolg anpumpt, nachdem er ihn mit gleichem Erfolg dicke Schmeicheleien über seine Gedichte gesagt hat. Sein Nachbar zur anderen Seite ist ein flotter Referendar und Agrariersohn aus der Umgebung von Danzig. Es ist gegen halb elf Uhr nachts, als lebhaft an der Entreetür geklingelt wird. Der Pole hat Equus eben verlassen, da stürzt, nicht zu vollkommen bekleidet, die kleine Bella herein; Equus, erstaunt und entzückt, bemerkt die sonderbare Aufregung des Mädchens kaum, auch fällt ihm ihre sonderbare Forderung zu dieser Nachtzeit, die Literaturstunde fortzusetzen, nicht auf; er liebt die Kleine, das fühlt man, und da er ihre Erziehung mit Recht für verwahrlost hält, beginnt er sofort in rührendlächerlicher Bemühung im Sinne reinerer Menschlichkeit auf sie einzuwirken. Übrigens hat er schon seit längerer Zeit gedruckte Anzeigen vorrätig, die seine und Bellas Verlobung zu öffentlicher Kenntnis bringen sollen; er ist sehr dumm und sehr blind und sieht nicht, was um ihn her vorgeht. Draußen wird von den Schwestern nach Bella gerufen, es klingelt, und jemand öffnet die Entreetür; gleich darauf wird an der Zimmertür geklopft, und die Stimme des Danziger Referendars bittet um Einlaß. Als Bella die Stimme hört, gerät sie in Angst und versteckt [sich] an der Türnische, die eine Portiere verhängt. Equus ruft »Herein«, schließt die Tür auf, die Bella verschlossen hatte, und der Referendar, gefolgt von einem Schutzmann, der einen Kasten trägt, kommt herein. Enttäuscht, mißtrauisch sieht er sich um, sein Benehmen gegen Equus ist ziemlich von oben herab und auch unverschämt. »Wir sollen hier warten, bis die Damen sich angezogen haben.« Der Schutzmann setzt sich, fragt nach Likören, erhält dergleichen, ebenso wie der Referendar, und auch gute Zigarren. »Na, und ich habe da wat«, und in längerer Rederei wird der Inhalt der Schachtel wichtig gemacht. Die beiden, auf Kosten des Equus, werden vergnügt, und der Schutzmann sagt: »Det hängt mit eenem Morde zusammen«, und entschließt sich, das Geheimnis des Kastens ein wenig zu lüften. Der Referendar schwört, entweder er sei besoffen oder, was er gesehen habe, ein Katzenkopf. »Na, nu versuchen Sie mal, Herr Doktor.« Equus macht die gleiche Wahrnehmung; der Deckel wird abgenommen und es entsteht eine humoristische Erkennungsszene. Der Referendar gibt persönliche Erinnerungen von dem Kater, den er mit seinem Kater vergleicht, zum besten. Dabei fallen derbe Worte über die Damen und ihre Gepflogenheiten. Auch die kleine Bella wird nicht geschont. Hierüber erregt sich Equus und hält eine entrüstete Verteidigungsrede und Lobrede zugleich. »Na, ich verzeih' Ihnen, Sie heißen Equus«, sagt der Referendar.

Nach diesem treten die Damen in Nachtjacke ein. Jetzt wird die Angelegenheit tragisch und feierlich. Der Kater wird rekognosziert und der Schutzmann geht. »Haben Sie Bella nicht gesehn?« heißt es. Der Referendar bekommt einen roten Kopf und verneint. Er empfiehlt den Damen, auf Bella zu achten, hierdurch gerät diese in Wut und bricht aus dem Versteck hervor — ein Leidenschaftsausbruch gegen den Referendar. Dieser entfernt sich. Die Damen entfernen sich mit dem Kater ebenfalls, nachdem sie unter Krokodilstränen die Anwesenheit Bellas in diesem Zimmer kummervoll bedauert haben. Da teilt Equus die Verlobung mit. Die beiden sind nun allein, und es entwickelt sich eine merkwürdige Aussprache. Wut Bellas gegen die Damen. Ohne Liebe, beschließt sie angeregte Flucht mit Equus. Fröhliche und reinere Aussichten.

Der vierte Akt zeigt die Damen in Geschäften mit dem Schuster, in Erörterungen über den undankbaren Equus, desgleichen Bella, die durchgebrannt sind. Aber die Polizei wird schon das Ihrige tun, die Unmündige zurückführen.

Übrigens schwimmen die Damen noch in wahrer Trauer über den Kater, der nun unter ihren Fenstern mit Erlaubnis des Hauswirts im Gärtchen begraben ist. Die Damen weiden sich an der Grabanlage. Nun wird von einem Kommissar in Zivil Bella, die Ausreißerin, den Damen wieder zugeführt. Den Verlust hätten sie nämlich nicht gut verschmerzen können, weil mit dem Lockvogel auch Equus, die Geldquelle, verloren war. Die Wiedersehensszene bringt moralische Entrüstungen und Verzeihung, der Referendar zieht die Sache ins Lustige, und Bella tröstet sich mit ihm, als die Damen nicht mehr im Zimmer sind, auf die alte Weise. Das macht ihr die alte Sachlage wiederum annehmbar. Die Damen hatten nicht falsch berechnet, daß Equus Bella nachsteigen würde. Er kommt, Bella ist nicht mehr gleichen Sinnes, was die Damen mit Vergnügen bemerken, sie wird versteckt, und die Damen empfangen den Liebhaber. Sie benehmen sich moralisch entrüstet, er habe das Mädchen betört, sie sei jetzt vernünftig geworden; er bezweifelt das, man ruft sie herein. In einer für Equus qualvollen Auseinandersetzung erkennt er die Umwandlung; zaghaft fragt er, ob man ihn eventuell wieder im Hause dulden wolle; das wird in Aussicht gestellt. Da fliegt von unsichtbarer Hand geschleudert der tote Kater durchs Fenster ins Zimmer.

[AUF BERTRAMSHÖHE]

[Entstehungszeit: 1906.]

[I]

Ein Akt spielt auf Bertramshöhe. Der alte Müller ist Pächter von Bertramshöhe. Der burgartig gebaute Ausflugsort liegt sehr einsam, wird nachmittags von den Gästen eines nahegelegenen Badeortes besucht. Von Zeit zu Zeit ist Tanzmusik. Der alte Müller besitzt eine sehr große Vogelsammlung und eine Eiersammlung unter Glas. Er hat zwei Söhne, neunzehn- und zwanzigjährig, frische und mutige Burschen, die wie der alte Müller mit der Flinte gut umzugehen wissen. Er hat irgendwo im ferneren Umkreis eine Dorfjagd gepachtet, steht aber ebenso wie die Söhne im Rufe der Wilddieberei.

Auch sonst ist sein Ruf kein guter. Mit allerlei zweideutigem Gesindel aus dem nahen Kohlendistrikt durch die periodischen Tanzmusiken in ständiger Beziehung, vermutet man ein systematisches Hehlergewerbe, obgleich er, von beinahe würdiger Erscheinung, den Typ eines älteren, ausgedienten Försters zeigt. Wortkarg, klug und gebildet, steht er mit den Honoratioren des Badeortes auf gleichem Fuß, nur daß er kaum je bei Tage außerhalb seines Hauses sichtbar ist. Schweigsam, ja verschlossen, macht er unbequeme Annäherung unmöglich.

Der alte Müller hat auch eine Tochter, die im Alter zwischen achtzehn und neunzehn steht. Sie ist durchaus im Sinne der ganzen Familie eine etwas verwilderte Sonderlingsnatur, dabei sehr schön. Den Vater, der Witwer ist, und seine drei Kinder verbindet ein enges Familienband. Sie sind sehr stolz auf den Umstand, daß sie andersgeartet wie ihre Umgebung sind, und führen, halb und halb im Bewußtsein ihrer Vertemtheit, ein innerlich trotziges Kampfleben. Die Familie ist in einer vorwiegend protestantischen Industriegegend katholisch geblieben.

Unter den Verehrern der allgemein angeschwärmten Apollonia ist der Sohn eines Obersteigers und ein junger, kürzlich erst angestellter fürstlicher Förster. Herrschaftliche Forsten nämlich umgeben die Bertramshöhe. Dieser Förster, der Dietrich Knappe heißt, erscheint öfter heimlich in der Müllerschen Gastwirtschaft, trotzdem es von seinen Vorgesetzten verboten ist. Apollonia scherzt mit den jungen Männern, scheint den Förster zu bevorzugen, obgleich dieser verlobt ist, macht aber, immer Eifersucht erregend, keine Zugeständnisse. Zuweilen kommt ein katholischer Pfarrer von vierzig Jahren zur Winterszeit, wenn es einsam ist, auf einsamem Wege über verfallene Schächte herauf und trinkt mit dem Alten, Karte spielend, den Nachmittagskaffee. Dieser Mann ist ein überaus interessanter, weitgereister Sonderling, der auf das Mädchen Eindruck macht. Es entwickelt sich eine verzehrende Leidenschaft zwischen beiden, die, zunächst durch die Gesinnungstreue des Pfarrers eingedämmt, von beiden peinlichst geheimgehalten wird, so daß weder Vater noch Geschwister von ihr etwas ahnen.

So stehen die Dinge, als eines Nachts der alte Müller beim Aufbrechen eines Stückes Rotwild im Walde von Knappe betroffen und gestellt worden ist. Knappe, auf den Wilddieb anschlagend, hat den Alten erkannt und ihn beschworen, sich ohne Widerstand zu ergeben; das hatte Müller getan, und dann war es zum Parlamentieren gekommen, wobei es dem Alten gelingen mußte, Knappe zu bewegen, die Anzeige auf vier, fünf Stunden hinauszuschieben. Knappe, plötzlich in einen schweren Konflikt versetzt, ist schwer erschüttert, schwankt und wird bald von dem Gedanken gepeinigt, den Vater des geliebten Mädchens den Gerichten ausliefern zu müssen und dadurch ihren ewigen Haß auf sich zu ziehen, bald von dem anderen, mitschuldig zu werden und die Pflicht zu verletzen.

Gegen zwei Uhr des Nachts kommt Müller nach Haus. Er weckt seine Söhne unter irgendeinem Vorwand, ohne sie aufzuklären. Seine Aufregung nimmt sehr zu und durchbricht seine schweigsame Natur den Söhnen gegenüber. Die Söhne verehren den Vater unendlich; aus seinen Andeutungen erraten sie schwerste Bedrängnis des Alten, aber nicht die wirkliche Ursache. Da wird an der Haustür gepocht; die Söhne nehmen die Flinten von der Wand, wollen öffnen; der alte Müller beschließt, allein zu gehen. Die Söhne beraten sich, während er fort ist. Danach führt er den Förster Knappe herein. Knappe ist tiefbleich; die Söhne wundern sich über sein Kommen. Er versucht es auf natürliche Weise zu erklären, was nicht wohl vonstatten geht, und bestellt ein Glas Bier. In Wirklichkeit ist er das nächtliche Opfer phantastischer Schrecken und seiner Unschlüssigkeit. Allmählich dämmert den drei Männern: das ist der Todfeind, und die Situation bekommt den gefährlichsten Charakter. Unausgesprochen wird die Gefahr von allen gefühlt. Da kommt vollkommen ahnungslos die Tochter herein. Damit weicht die Spannung und auch die unmittelbare Gefahr. Der alte Müller bekommt nun etwas von seiner Ruhe wieder und faßt seinen Entschluß. Er schickt die Söhne heimlich mit dem Auftrage fort, das Stück Wild zu vergraben, und nimmt selbst am Tische des jungen Försters Platz, seine Tochter als Dritte herbeinötigend. Und nun bewirkt er, daß die Tochter in peinliches Staunen gerät und gleichzeitig die Liebesleidenschaft Knappes aufflammt. Er spricht sehr verständig und ruhig: »Ihr liebt euch, Kinder!« erklärt er gegen den stummen Protest Apollonias, und da er von ihr fürchtet, geht er in weiterem frei mit der Sprache vor ihr heraus. Als nun die Tatsache vor ihr liegt, erhebt er sich und läßt beide allein, nicht ohne vorher scheinbarer Resignation allem Furchtbaren gegenüber, was über ihn hereinbrechen werde, Ausdruck verliehen zu haben.

Rausch, Angst, Leidenschaft bewirken, daß geschieht, was der Alte will. Apollonia versagt dem Förster nichts und hat damit seine Hände für immer gebunden.

Als der Pfarrer eines Tages wieder auf die Bertramshöhe kommt, bemerkt er das veränderte Wesen Apollonias. Seine Eifersucht ist auch angeregt, denn er hat sie mehrmals mit dem jungen Förster gesehen. Es gelingt ihm nicht, sie zur Offenheit zu bewegen. Sie ist auch nicht zur Beichte gekommen. Als sie gegangen ist, inquiriert er den Vater. Der Vater entwickelt ihm einen falschen Sachverhalt, wonach Knappe und sie sich verlobt hätten, und es seien auch Folgen zu spüren, nun aber schöbe das Mädchen in unbegreiflicher Sinneswandlung die Heirat hinaus, ja weise sie ihm gegenüber heimlich zurück. »Knappe ist ja verlobt gewesen«, sagt der Pfarrer und hat Not, seine Fassung aufrecht zu halten. Der Wunsch des Vaters, er möge mit Apollonia reden, gibt ihm Vorwand, es zu tun. Sie bekennt nichts, offenbart jedoch eine furchtbar zynische Weltansicht, in deren Verfolg sie das Dirnengewerbe als ihre mit Bewußtsein ergriffene Zukunft hinstellt; den Förster werde sie niemals heiraten.

Knappe kommt, und der Pfarrer geht. Knappe ist etwas vernachlässigt, trinkt mehr als früher, ist salopper in seinen

Ansichten, in Aussicht gestellte Försterei ist ihm nicht zuteil geworden, so daß er noch Hilfsförster ist. Sein Verhältnis zu Apollonia ist eine sinnliche Fessel, peinvoll durch ihr Betragen gegen ihn, peinvoll durch den Verlust seiner Braut und seines guten Gewissens. Er wird von Apollonia auf verächtliche Weise behandelt; das, wodurch er den Vater gerettet hat, macht ihr ihn besonders verächtlich, sich selbst hält sie für verkauft, ihn für den nichtswürdigen Käufer. Da nun Knappe noch obendrein sie wegen des Pfarrers zur Rede stellt, flammt sie in offenem Haß auf, und es kommt beinahe zum Bruch, soweit jedenfalls, daß Knappe mit Drohungen allgemeiner Art gegen Familie und Vater hervortritt. Die Brüder kommen hinzu, und er wird von ihnen hinausgeworfen.

[II]

ERSTER AKT

Herbst. Die Damen des Brunneninspektors, Töchter, Apothekersfrau sind zum Nachmittagskaffee da. Die Herren, der Inspektor und der Apotheker, kommen nach, holen die Damen ab. Allgemeine Freude über den schönen Herbst. — Apollonia trägt sittsam den Kaffee auf, es ist wie en famille. Der alte Müller bringt einen ausgestopften Steinadler, der sich verflogen hat. Der junge Förster Knappe kommt. Die Damen freuen sich, die Herbststimmung so komplett zu haben, auch noch den Förster. »Ein sehr ordentlicher junger Mann«, sagen sie, »mit einem sehr ordentlichen Mädchen verlobt, der Tochter eines Brunnenschöpfers, der das Große Los gewonnen hat.« — Die Gesellschaft hat den Heimweg angetreten. Die Familie ist unter sich. — Die Söhne kommen. »Na, sind die Schachteln fort?« etc. — »Ja, siehst du, mein Sohn«, sagt der alte Müller, »den hab' ich auf meiner Jagd bei Adelsbach heruntergeholt.« »So!« — (Er hat ihn aber unweit des Hauses im Nonnenpusch erlegt.) — Die Unterhaltung des jungen Försters mit ihr. Das Scheibenschießen. »Wolln wir wieder?« Zweideutigkeiten. »Ihr könnt ja nicht schießen.« »Ich schieße besser wie ihr alle. Ja, am besten schoß der Vater, aber er nimmt keine Flinte mehr in die Hand.« Liebesandeutungen, die sie abweist. Er geht.

Der Priester kommt. Vater, Tochter, Priester trinken Kaffee und unterhalten sich. Die Söhne sind auf der Jagd.

ZWEITER AKT

Gegen Ende einer Tanzmusik auf der Bertramshöhe. Kirmes. Ad hoc engagierte Kellnerinnen bedienen. Der alte Müller ist nicht zugegen, was von den Söhnen dahin erklärt wird, daß er zwar im Hause, aber nicht ganz wohl sei und sich deshalb nicht zeige. — Eine ahnungslose Kellnerin sagt Knappe und dem Obersteigersohn, der Herr sei ausgegangen. Knappe trinkt, wird von Söhnen beschäftigt, ja regaliert. Da hört Knappe Schuß und erinnert sich seines Dienstes, ab. Niedere Bahnbeamte, Bergleute, Fabrikmädchen aus der Porzellanfabrik bilden das Tanzpublikum. Rencontre eines der Söhne mit einem betrunkenen Rumänen. Seine rasante, heitere Energie. Er schlägt ihm Messer aus der Hand, wirft Rumänen hinaus, dieser kommt immer wieder herein, lauert draußen. Die Söhne gehen hinaus und machen ihn unschädlich. Der Vertrauensmann im Holzhandel, Kurnick, ist auch zugegen. — Auch Kurnick kriecht. Ein buckliger Winkeladvokat. — Der »Staatsanwalt« immer bei Schöffengerichtssitzungen zugegen. Die Fabrikmädchen hängen den Müllerssöhnen an. — Der Schluß der Tanzmusik erfolgt. Die Kinder, allein, treten zusammen und blicken und horchen in den Mond, nach dem Alten, er ist noch aus. Schließlich gehen sie gähnend schlafen. Der eine Sohn hat furchtbaren Brand, holt noch ein Glas Bier, da kommt der alte Müller. — Nach einer Weile merkt Junger die Verstörtheit des Alten: »Papa, was ist dir denn?« Schlußentwickelung der Szene nach Disposition.

DRITTER AKT

Der Pfarrer, gelegentlich, nach längerer Pause, wieder auf Bertramshöhe, getrieben von Liebe und Eifersucht. Er bekommt nichts über ihr verändertes Wesen von Apollonia selbst heraus. Als sie gegangen, wendet er˚sich an den alten Fuchs, der ihm einen falschen Sachverhalt, sehr gelassen im Ton, aufbindet. Apollonia sei unberechenbares Frauenzimmer, habe sich mit Förster verlobt, wolle nun plötzlich nichts davon wissen, mache den Mann unglücklich, er mische sich nicht ein. Angeregt, mit Apollonia zu sprechen, nimmt Pfarrer Hess diese Anregung zum Vorwand, und, allein mit Apollonia, inquiriert er sie. — »Eine Katholikin, ein Protestant« etc.; aber, gequält von Eifersucht, wird er persönlich. Sie zuckt die Achseln. »Kauf und Verkauf bleibt einem ja nur übrig. Die Straße! Was der Mensch wegwirft, fressen die Hunde.« — »Was hast du getan?« Der Förster Knappe tritt ein, und der Pfarrer entfernt sich still.

Knappe salopp, etwas vertrunken, unsicher, scheu, gequält, von seiner Leidenschaft gestachelt. Sie behandelt ihn über die Maßen verächtlich. Es gibt eine Auseinandersetzung, er erhält den Laufpaß. Drohungen ausstoßend, vergißt er sich und wird von den Brüdern vor die Tür gesetzt.

VIERTER AKT

Nacht. Der Tanzsaal der Bertramshöhe. Apollonia kommt draußen durch das Haupttor hereingehetzt, das sie hat aufschließen müssen. Sie eilt zum Brunnentrog und wäscht sich. — Das Geräusch, das sie macht, weckt den alten Müller, der ein Fenster öffnet und etwas herunterruft. — »Antwort, oder ich schieße.« — »Ich bin's, Papa!« — »Was machst du denn so früh schon im Hof?« — »Ich kann nicht schlafen und gebrauche mein altes Mittel, kaltes Wasser.« — »Ach so. — Sind die Jungens schon zurück?« — »Ich glaube nicht«, sagt Apollonia. — Sie erscheint nun in der Tanzsaaltür, bleibt aber im Dunkeln, spricht, ohne sich dem Vater zu nähern. — Beide gehen schlafen. —

Die Söhne kommen. Sind mit Nachtzug in Altwasser angelangt, haben in Breslau einige Altertümer losgeschlagen, die dem Vater als Wucherzins verfallen gewesen waren. Lachen, möchten sich mit Kaffee erfrischen. Wecken Apollonia. — Apollonia kommt. Alles wird ihr vorgetragen. Sie ist geistesabwesend, redet, wenn sie veranlaßt wird, nicht zur Sache und unzusammenhängend. Brüder lachen: »Was macht der Pfarrer?« Sie weint unmittelbar. Erklärt es mit Ärger über Spott. — »Was ist denn das?« sagt einer der Brüder, »meine Hand ist ja ganz voll Blut!« — Sie wird kalkbleich. — Da pocht es an der Hoftür. Sie läuft fort. Ab.

»Was ist denn los?« rufen die Söhne hinunter. — »Macht uf,

mir brenga en. Mir brenga en, macht uf, a sterbt suster.« Die Söhne gehen. Der Alte kommt herein. Er fragt durchs Fenster. Inzwischen sind die Pochenden in den Hof gelangt: »Papa, es scheint ein Förster zu sein.« — »Was denn?« — »Er kann nicht sprechen.« — »Was soll ich denn mit einem Förster?« — »'s muß a Dukter kumma, a sterbt!« — Die Bergleute bringen den sterbenden Förster Knappe in den Tanzsaal, er wird auf einer Bank niedergelegt. — Man leuchtet ihm ins Gesicht: »Papa! Papa, das scheint ja, das ist ja der Förster Knappe! Ja, das ist Knappe, unbedingt! Na, was ist Ihnen denn, Knappe, was ist Ihnen denn passiert! Knappe! Sind Sie gestürzt?« — »Gestochen scheint a zu sein«, sagen die Bergleute. »Mir sein alle ganz blutig.« — »Na, wer hat Ihn[en] denn was getan, Knappe — — Ach, der ist tot.« — »Ja, der ist tot!« — »Apollonia! Wasser! Ruft amal Apollonia.« — Die Brüder pochen an ihr Schlafzimmer, sie antwortet nicht. — »Eben war sie noch wach!« heißt es. Neues Pochen. Wie aus tiefem Schlaf antwortet Apollonia. »Das ging aber schnell, ausziehen, einschlafen.« — Apollonia kommt. »Weißt du, wer das ist? Das ist Knappe! Der hat was weg für ewig.« — »Wer?« Sie macht eine hysterische Heuchelszene über dem Leichnam. »Warn Sie nich gar verlobt?« fragt ein Bergmann. — — Nun fragt Müller kurz das Wo und Wann von den Bergleuten, schickt dreie fort, Anzeige machen, einer muß dableiben. Er darf aber ins Gastzimmer gehn, Kaffee trinken.

Nun sind die zwei Brüder allein. Sie tauschen seltsame Andeutungen aus, auf Apollonia bezüglich. Diese kommt hinzu. Vielleicht ist der Tanzsaal nebenan. — Der Alte meidet sie. Sie ist sehr unglücklich. Will nach Amerika etc.

FÜNFTER AKT

Der Pfarrer und Apollonia. Klarer Winternachmittag. Das Verhältnis beider ist festgeknüpft. Sie bringt den Kaffee. Sie hat vollkommene Absolution erhalten. Sie träumt den Vorfall oft aufs neue. Sie schildert den Überfall. Sie schildert die Vernehmung der Bergleute, ihre eigne etc. etc. — Da kommen Nachmittagsgäste. Die Honoratioren. Sie reden über ihren letzten Besuch. Ein junger Förster kommt herein. — Sie erinnern sich an den Vorgänger. — Der Alte kommt. Der

AUF BERTRAMSHÖHE 361

Pfarrer wird mit ins Gespräch gezogen. Der Alte sagt:
»Knappe war ein ordentlicher Mensch. — Es geht ihr noch
immer sehr nahe! —« (Apollonia hatte sich entfernt.) »Ich
habe den jungen Mann nur wenig gekannt, meistens Gutes
von ihm gehört, zuletzt war er in schlechte Gesellschaft geraten.« Er hat einen wunderbaren Paradiesvogel ausgestopft,
damit lenkt der Alte das Gespräch und das Interesse ab. —
»Solche Vögel müßte die Herrschaft einbürgern im Forst.«
Lachen und Heiterkeit. Fein entfernt sich der Herr Pfarrer.
»Ein sehr feiner, sympathischer Mann«, sagen die Damen.
»Sehr sympathisch!« — Die Söhne kommen, sie werden vorgestellt. »Das werden einmal tüchtige Vaterlandsverteidiger
werden«, sagt der Geheimrat und Badedirektor. — Apollonia
bekommt einen leichten Nervenzufall, der ihr zurückgeblieben ist von jener Nacht. — »Eigentümliche Menschen!« ist
unter Kopfschütteln das Schlußwort der Frau Geheimrat.

[DAS PEGNITZWEIBCHEN.] EIN SPUKMÄRCHEN

[I]

[Entstehungszeit: 1906 (oder 1905).]

Ein Spukmärchen

Erster Akt

Kleine Stadt, etwa Hirschberg oder Naumburg. Die Werkstatt eines Schneiders. Meister John und seine Frau sind wunderliche zwerghafte Erscheinungen. Der Meister sitzt auf seinem Tisch im Schaufenster. Die Szene stellt etwa das enge, altväterische Gäßchen vor, einen winkligen Platz. Frühlingszeit. Der Wipfel eines über und über blühenden Obstbaumes reckt einige Zweige und läßt einige Blüten vor Schneidertür fallen. Erinnerlich: Zürich, Domgegend. Laden gegenüber: Altertumshändler. Ehepaar stillem Suff ergeben. − Langer Geselle des Schneiders im Hintergrund. Mächtiger, naher Klang der Domglocken. Vielleicht die Prozession. Gegensatz zu piepsendem Schneider und krächzender Frau. Himiltrut, die sechzehnjährige Schneiderstochter. Als Kind von zehn Jahren hat sie von dem Antiquar nach jahrelangem Drängen eine Geige erstanden. Der Wunsch war unüberwindlich brennend in ihr. Einstmals kam sie mit dem Gelde aus unbekannter Quelle. Ein langer Mensch, schwarz − denke Professor S. − hat es ihr gegen dunkle Leistungen geschenkt. − Laß um Schaufenster sich alte Meister sammeln: Dürer, Krafft, Peter Vischer. Laß einige junge Gesellen zeichnen. Die Meister untereinander eifersüchtig auf Himiltrut; die Schüler desgleichen; beide Parteien aufeinander. − Vielleicht muß die Sache in Nürnberg spielen. − Himiltrut ist sehr sonderlich. Sie zeigt Schamlosigkeit in bezug auf Nacktes, bringt Mutter, Vater und Kaplan außer sich. Führt Künstler, erhöht Sonderbarkeit, Jugendreiz; verwandte Moral erfüllt sie mit Lust. − Die Meister treten für sie ein, buhlen insgeheim um ihre Gunst. Sie liebt alle. Tilmann Riemenschneider sitzt sie Modell.

Behandle die Dichtung als durchaus fabuliert. Die Realität märchenhaft, mische Traumelemente darein.

Die Kleine bleibt tagelang aus, was Eltern unglücklich macht und zur Verzweiflung bringt. Sie können nichts mit ihr anfangen, fürchten in großer Liebe zur Tochter Entdeckung und Einmischung geistlicher Gerichtsbarkeit. Die Kleine führt Doppelleben: nachts bei Malern, Holzschnitzern und Gauklern, aber mit Schlauheit, so daß einer vom andern nichts weiß. Gedenke der nächtlichen Stimmungen in süddeutschen Städten, der Heiligenbilder auf den Brücken und der rauschenden Wasser darunter, des nächtlichen Sternenhimmels im Fluß und über verschwiegenen Gäßchen. Das Pegnitz- oder Saaleweibchen.

Gib vielleicht mit groteskem Humor den langen Professor selbst, der diese Welt der deutsch-gotischen Städtephantastik glossiert. Vielleicht erlebt er die Dinge als Mensch von heut und wird wiederum von den Menschen der Vergangenheit mit Befremden gesehen oder verspottet. Es kann Wahrscheinlichkeit für sich haben: Der großstädtische, internationale Typ, versetzt in die lokale Kleinbürgerei, heut noch so völlig getrennte Zeitalter. Wenn der Humor, das Groteske hinzutritt, so kann nächtige Brückenszene geschildert sein, wo man Hexe im Sack ersäuft. Auch kann Gespensterwelt lebendig werden, leuchtende Marienerscheinung über schnellfließenden Fluß etc. Mühlen, Mehl, Mühlenwehr, vielleicht klingt Geige noch aus Mühlenwehr, wenn Himiltrut sich ertränkt hat.

Vielleicht geigt die Kleine, plötzlich erscheinend, dem Professor vor, der nachts nach durchschwärmten Stunden schwermütig auf Brückenmauer sitzt. Gib überhaupt ganze deutsche Rauschpoesie, fern von »Alt-Heidelberg«: Rauschwildheit, Rauschphantastik, Rauschhumor, Rauschmelancholie, Rauschbegeisterung, Rauscherinnerung. Gerste, Malz, Hopfen, Tucherbier. Vielleicht treten darin Gänsemännchen, Tugendbrunnengestalten und das Manneken-Pis in Erscheinung.

Im Wasser das grüne Nixenhaar. Eschen, Weißdorn, Inseln, Glockenspiele, alte Männer, Nonnen. Vielleicht könntest du im Symbol darstellen, wie die alte deutsche Städteschönheit im Sack ertränkt wird. Schwarzer Regen der Westminsterabtei von Professor geschildert.

Das Naturwesenhafte der Mädchen in Kleinstadteisen gebunden. Das Pegnitzweibchen stellt Rückfall in Naturzustand dar: atavistischer Typ. Darin liegt es, daß alle solche

Wesen eigentlich solche sind, auch die Männer im Stück, und sich unbewußt nach den früheren Zuständen sehnen. Augenblicksleben, kurz, kühn, gedächtnisschwach, durch Trunk momentan herbeigeführt.

Denk übrigens an Dom Merseburg, an die Krypta und Grabgewölbe, Rebundus etc., den Schall der Schritt[e] usw.

[II]

[Entstehungszeit: Mai 1906.]

ERSTE SZENE

Frühlingsnacht. Nürnberg. Brücke über Pegnitz. Semper, Professor, und Hans Dahl, Maler in stark bekneiptem Zustande.

PROFESSOR SEMPER. Dahl, Sie haben weiß Gott keine Ahnung von unsrer Zeit! wo wir sind, wo wir stehen, Dahl!

DAHL. Auf der Karlsbrücke in Nürnberg stehen wir, Sie Schlauberger, zwei Minuten vom Trödelmarkt, Sie Tausendsassa von einem Extraordinarius! Sie werden mir hier... noch was!... Sie werden mir hier... noch schöner!... Sie wissen ja nicht, wo Gott wohnt.

PROFESSOR SEMPER. Dahl, sind Sie besoffen?

DAHL. Nee! Sie vielleicht?

PROFESSOR SEMPER. Sie halten meine im höchsten Grade lichtvollen Auseinandersetzungen für Besoffenheit?

DAHL. Talglicht! Talgfunze! Betropfen Sie mich nicht in einem fort mit Ihrer verdammten sozialen Talgfunze! Ich bin Kinstler!

PROFESSOR SEMPER. Mit »i« oder mit »ü«?

DAHL. Was?

PROFESSOR SEMPER. Ob Sie Künstler mit »ü« oder mit »i« sind?

DAHL. Sie Quadrataffe!

PROFESSOR SEMPER. Dahl, wenn Sie sich jetzt nicht mäßigen, so können Sie Ihre Reise durch Süddeutschland ohne mich fortsetzen, verstanden?

DAHL. Um so besser, Sie Schöps! Sie lichtvoller Schöps! Ich lese sowieso keene Romane mit Fortsetzungen. — Wissen Sie überhaupt, wo Sie hingehören? Nach Berlin! Sie ge-

hören nach Berlin! Jawoll! Uff de Leipziger Straße! Zu
Wertheim! zu Aschinger! Dort können Sie Ihre Vorträge
halten, hier nich! Hier heißt's: Maul halten! Hier reden die
Steine.

PROFESSOR SEMPER. Halten Sie mich denn für einen Kunst-
barbaren, lieber Dahl? Ich sage nur, daß auch unsere Zeit
ihre ungeheuren Verdienste hat.

DAHL. Die Amerikaner haben Verdienste! Die amerikanischen
Multimillionäre haben Verdienste. Aber ich sage Ihnen, die
Zeit ist bankerott.

PROFESSOR SEMPER. Da heißt's beweisen, mein werter Künstler!

DAHL. Das soll ich Ihnen beweisen, Sie Schöps?

PROFESSOR SEMPER. Lassen Sie doch die unnützen Schimpfworte.

DAHL. Das soll ich Ihnen beweisen, nachts zwei Uhr in Nürnberg, bei Mondschein, auf der Pegnitzbrücke? Zehn
Schritte vom Trödelmarkt, wo Sie sich doch wahrhaftig
einen Nürnberger Trichter hätten kaufen können, Sie
Schlauberger! Haben Sie nicht so gut wie ich Ihre fünf
Maß Tucher im Leib? — Wer jetzt die Nixen nicht tanzen
sieht...

PROFESSOR SEMPER. Was! Sehen Sie etwa schon was tanzen?

DAHL. Ja, unbedingt! Unbedingt seh' ich was tanzen. Aber
durchaus nich, was Sie denken, Sie elender Katheder-
sozialist! Ratten, Mäuse und Krokodile nich! Eher kriegen
Sie dreimal das Delirium, eh ich den allerkleinsten Schwips
kriege, sage ich Ihnen, auf Ehrenwort! — Was, soll ich auf
dem Geländer gehn? — Lachen Sie nicht so idiotisch!

PROFESSOR SEMPER. Gehen Sie auf dem Geländer, Dahl!

DAHL. Mensch, einen einzigen Blick in den Sternenhimmel!
Mensch, sehen Sie bloß die Milchstraße an! Oben die Milchstraße, im Wasser die Milchstraße! Wie können Sie da
solchen Bockmist quatschen.

PROF. Dahl, Sie haben behauptet, daß irgendwas tanzt. Da
werde ich mir schließlich doch wohl noch dürfen die Frage
erlauben, was eigentlich tanzt: die Häuser? die Brücke?
oder die Kirchtürme...?

DAHL. Die Nixen, Sie ungeheures Kamel!

PROF. Adjüs, Dahl, bis Sie mal nüchtern sind! — Übrigens
sehe ich dort einen Nachtwächter! — Jedenfalls bleiben Sie
philologisch sehr merkwürdig, und ich bringe ein ganz

famoses Verzeichnis kerndeutscher Schimpfworte von meiner dreitägigen Bierreise mit Ihnen — Gott soll mich bewahren! — mit nach Haus zurück.

DAHL. Gehen Sie nach Hause, Alter Herr!

PROF. Ihnen wird das schwer werden, edler Jüngling!

DAHL. Semper, hierbleiben! Seien Sie kein Frosch! Jetzt suchen wir noch irgendeine kleine Bierkneipe, verstanden? Dort machen wir Brüderschaft! — Sehn Sie, Sie sind ein Pandektenhengst. Das müssen Sie tatsächlich einsehn, Semper...

PROF. Was hab' ich denn mit Pandekten zu tun?

DAHL. ...das müssen Sie tatsächlich einsehn, Semper, und was hier in diesem Augenblick um mich her los ist, das wissen Sie nicht.

PROF. Schockschwerebrett, Mensch! So sag's doch gefälligst!

DAHL. — — Mein Reich ist nicht von dieser Welt.

PROF. Sie, das sind Blasphemien! Der Nachtwächter.

DAHL. Ich kann mich nicht ausquetschen.

PROF. Wollen Sie etwa sagen, Dahl, daß Sie im deutschen Mittelalter...

DAHL. Lieber wollt' ich zur Zeit des Dürer, Vischer und Krafft ein Schustergeselle gewesen sein als heutigentags Geheimer Regierungsrat. Lieber dazumal Pfaff' und im Zölibat leben als heutigentags mit zwölf Überweibern behangen sein. Lieber dazumal wie'n junger Hund im Sacke ersäuft werden als heute gen Himmel fahren im Luftballon. — Weh mir, daß ich ein Enkel bin! *Er lehnt sich schluchzend über den Brückenrand.*

PROF. *tritt zu Dahl, stützt ihm die Stirn.* Los, Junge! Vorwärts! Nu mal ordentlich! Zeigen Sie mal, was Sie können, Dahl! Die Pegnitznixen stört das nicht. Die sind an ganz andere Dinge gewöhnt. Die müssen ganz andere Dinge schlucken an Qualität und an Quantität! Bißchen mehr oder weniger kann gar nich mitsprechen. Und überhaupt, was von Ihnen kommt — erst recht mit Genuß. — Ich glaube, der Kerl ist eingeschlafen. — Was macht man nun? — *Er ruft.* Wächter, Nachtwächter, he! — Natürlich, den könnt' ich jetzt ruhig ausrauben und abmurksen. Wenn man sie braucht, da rührt sich noch nich mal ne Laus. — Dahl, aufwachen! Schnarchen Sie nicht so laut, sonst wecken Sie die Philister auf! — Droschke! Nachtdroschke! Hat sich was: Nürnberg — Nachtdroschke. — Dahl, warten Sie dort mal einen Augenblick. Ich hole 'ne Droschke und komme zurück! — Ich glaube, der würde bis morgen früh warten. — Verstehn Sie mich!

DAHL, *schnarchend.* Na, Sie Schöps, etwa nich!

PROF. Prost! Da kann ja noch alles gut werden. — Droschke! Droschke! *Er entfernt sich rufend.*

ZWEITE SZENE

Dahl lehnt noch immer schlafend über dem Geländer. Das Wasser rauscht, die Sterne funkeln. Mit ungewöhnlicher Klarheit scheint der Mond. Da erhebt sich plötzlich aus dem Wasser der Kopf einer Nixe. Das kleine, reizende, nackte Wesen, dessen langes, triefendes Haupthaar den schimmernden Körper fast verhüllt, klettert behend an einem der Brückenpfeiler in die Höhe und berührt fast den Mund des überhängenden Dahl.

DAS PEGNITZWEIBCHEN. Du, kommst du nicht ein bißchen runter?

DAHL, *im Schlaf, ärgerlich.* Nee, Sie!

DAS PEGNITZWEIBCHEN. Du! Großer! Wach doch auf! Komm doch bißchen runter ins Wasser zu mir!

DAHL, *wie vorher.* Denk ich nich dran! Komm du doch raus!

DAS PEGNITZWEIBCHEN. Du großer Lümmel, ich bin doch draußen.

DAHL. Woso?

DAS PEGNITZWEIBCHEN. Soll ich dir etwas vorsingen?

DAHL. Bloß nich! Nee!

DAS PEGNITZWEIBCHEN. Dann mache doch mal deine Augen auf! Sonst muß ich ja wieder in die alte, multrige Pegnitz hinunter!

DAHL. Sie Schöps, Sie, die Augen hab' ich doch auf!

DAS PEGNITZWEIBCHEN, *indem sie ihr langes Haar um seinen Hals windet und ihn langsam über das Brückengeländer herüberzieht.* Komm mit! Komm mit! Es ist lange noch nicht so schlimm, als in einem Sacke ersäuft werden. Und wenn du die Augen erst aufmachst, Kleiner, so wirst du dich gar nicht mehr bitten lassen. Du siehst bloß nicht, wie niedlich ich bin.

DAHL. Hände weg, Semper! Sie sind wohl verrückt?! Sie reißen mich ja in die Pegnitz runter! — Zu Hilfe!

DAS PEGNITZWEIBCHEN. Schrei doch nicht so! Der Stadtknecht kommt! *Sie läßt sich wie eine Spinne an ihrem Faden ängstlich etwas gegen den Wasserspiegel hinab.*
DAHL. Sie sind ja besessen! Soll ich erwürgen? *Er wacht auf, macht sich los vom Brückenrand und sieht, aufrecht stehend, mit dumm aufgerissenen Augen um sich.* Weiß Gott, ich war etwas eingeschlafen! *Er blickt an sich herunter, putzt den Staub von seinem Rock und sieht sich dann wieder forschend und nachdenklich um, sich zur Besinnung bringend.* Nacht! — Mondschein! — Wie im Theater! — Sodbrennen! Tucherbier! Bratwurstglöckl! Nürnberg! Professor, wo sind Sie denn? — Richtig! Nachtdroschke holen gegangen! — Nich nötig! Durchaus wieder bei Verstand.
DAS PEGNITZWEIBCHEN. Pst! Dicker! Dicker! Hörst du mich nicht?
DAHL. Halluzinationen verfluchte! $C_4H_6O_2$, weiter nichts! — Es kommt mir vor... Weiß Gott, ich war etwas eingeschlafen! ... Nürnberg, du bist doch eine noch heut im allerhöchsten Grade romantische Stadt! Kein Vergleich mit Berlin! Nicht die leiseste Ahnung! Ich bin bereit! ... Der ganze Rest meines Reisegelds... wenn einer kommt, wenn einer behauptet, er hätte auf irgendeiner Spreebrücke solche Träume gehabt und solche täuschende Stimmen gehört! *Das Nixchen springt und verschwindet im Wasser.* Plumps! Da hat sich einer ersäuft! *Er stutzt, beugt sich übers Wasser und fährt zurück.* Herrgott, sakra! Rettungsmedaille? nee! Da wälzt sich wahrhaftig eener im Wasser. *Er will fort, wird aber plötzlich durch lautes Lachen der Wasserjungfer neuerdings stutzig gemacht und steht wiederum.* Tatsache ist, daß ich vollständig Herr meiner Kräfte, so munter und wach wie irgendwann und absolut bei Verstande bin. *Das Nixenlachen schallt lustiger vom Wasser herauf.* Doch ich höre und sehe ganz ungewöhnlich!
DAS PEGNITZWEIBCHEN. Ach, Dicker, du hörst ja und siehst ja nicht!
DAHL *beugt sich, lüpft den Hut und grüßt hinunter in das Wasser.* Wollen Sie mir das erst mal gefälligst beweisen?!
DAS PEGNITZWEIBCHEN. Ja, dann sage doch mal, was siehst du denn?
DAHL. Nicht genug! Wenn ich ehrlich sein soll, meine kleine verliebte Trulle dort unten! Für einen solchen Traum nicht genug. Sieh mal, ich bin kein Kostverächter. Warum soll

man nicht auch im Traum manchmal nachhelfen? Komm raus, wenn du keinen Fischschwanz hast!
DAS PEGNITZWEIBCHEN. Eher hast du einen, Farbenkleckser!
DAHL. Woher weißt du denn, daß ich Maler bin?
DAS PEGNITZWEIBCHEN. Wart nur, laß mich nur erst hinaufklettern!
DAHL. Du beißt doch nicht etwa?
DAS PEGNITZWEIBCHEN. Denke ich nicht dran! *Mit außerordentlicher Gewandtheit ersteigt, in sich hineinlachend, das Pegnitzweibchen die Brücke und sitzt mit den Beinen baumelnd, gleich darauf auf dem Geländer.* Perlippe, perlappe! Perlippe, perlappe!
DAHL. Himmel, Herrgott, Wolkenbruch! Dahl, jetzt aufgepaßt! Das Unzulängliche wird jetzt tatsächlich Ereignis für dich! Paß auf! Versäume jetzt keinen Augenblick! Du erlebst etwas! Du hast es erreicht! Es kommt darauf an, daß du dieses durch irgendein Versehen im Umlauf der Himmelskörper sichtbar gemachte, entzückende, anachronistische Wasserweib als ein gerissener Vogelsteller kirrst und in deinen Netzen festhältst. Es kommt darauf an! Ganz ohne Zweifel! Sie ist, was du suchst! Mit dem Augenblick, eben, wo sie dir in aller opaleszierenden Nacktheit silbertriefend auf der Brückenwange erschien, haben sich die Atome oder Molekeln deines Körpers — du hast es gemerkt! — ganz hexenhaft plötzlich umgeordnet, und du wirst, wenn du diesen nächtlichen Glücksfall recht rücksichtslos niederträchtig ausnützest, durch dieses bezaubernde Satansliebchen von innen heraus — meinetwegen auf Besen oder auf Bock — die wunderbarsten Entdeckungen machen.
DAS PEGNITZWEIBCHEN. Wo kommst du denn her, alter Trunkenbold?
DAHL. Hui! Jedenfalls nicht wie du aus dem Lehmwasser! — Übrigens bin ich durchaus nicht bezecht, Kindchen!
DAS PEGNITZWEIBCHEN, *lachend.* Sieh dir doch mal die Mühle und drüben die Speichergiebel an!
DAHL. Ich muß es zugeben, daß sie schwanken. Aber das liegt nicht an mir, mein Kind, sondern, hol mich der Teufel, obgleich du ein derbes Mundwerk hast und eigentlich ziemlich hausknechtsmäßig und auf einen groben Klotz rechtmäßigerweise ein ebenso grober Keil gehört — an deiner Schönheit, du Teufelsnixe.

DAS PEGNITZWEIBCHEN. So blöd! Da läge ja schon die ganze Stadt in der Pegnitz drin.

DAHL. Was wolltest du damit andeuten, Kind?

DAS PEGNITZWEIBCHEN, *nach einer Pause mit unterdrücktem Gelächter.* Ach, Dicker, das wäre ein hübscher Spaß, wenn sie alle, vom Erzbischof angefangen bis zum Küsterbuben, vom dicken Pirkheimer bis herunter zum Scharfrichterknecht, ins Wackeln gerieten. Ich kann Dir sagen, die stehen fest.

DAHL. Wieso, Nixchen? Das verstehe ich nicht! — Na, und weshalb sollte ich denn hinunter ins Wasser zu dir? Denn du locktest mich doch von unten im Halbschlummer.

DAS PEGNITZWEIBCHEN. Weil ich wollte, daß du ein Bad nimmst und nüchtern wirst. — Aber, pst! versteck dich. Ich höre die Stadtbüttel!

Der Henker und Henkersknechte führen ein junges und bleiches Weib gebunden über die Brücke. Das Pegnitzweibchen ist hinter das Brückengeländer geschlüpft. Dahl, der den Zug, starr glotzend, an sich vorüberziehen läßt, wird nicht bemerkt. Nachdem die Schritte dumpf über die Brücke hinüber und dann in den einsamen Straßen verhallt sind, kommt das Pegnitzweibchen wieder herauf.

DAHL. Was war denn das? Das war ja ein ganz verfluchtes Galgengesindel, Kleine! Teufel noch mal! Das kann man wohl sagen. Das hat ja nach Blut und Schlachthaus förmlich gestunken.

DAS PEGNITZWEIBCHEN, *kichernd.* Was meinst du wohl, wie gesund das ist!

DAHL. Ich danke. Kriegt man hier keinen Schnaps? Weiß Gott, es ist mir schon unangenehm, wenn ein Schlächter ein Kalb an der Leine führt, geschweige, wenn solche kaltblütige Teufel mit aufgestreiften Hemdärmeln und geronnenem Blut auf den Fingern eine arme Menschenseele zum Richtplatz schleppen.

DAS PEGNITZWEIBCHEN. Zur peinlichen Inquisition.

DAHL. Da lachst du dabei?

DAS PEGNITZWEIBCHEN. Sie ist eine Hexe.

DAHL. So! Ach! Und könntest du mir vielleicht sagen, was eine gewisse kleine, nackte, entzückende Teufelin, die unter einem Fliederbaum am Kopfe der Pegnitzbrücke sitzt und einen vierhundert Jahre zu spät Geborenen anlächelt, eigentlich für ein Wesen ist?

DAS PEGNITZWEIBCHEN. Na, natürlich auch eine Hexe.
DAHL. O bitte, ich habe sie selber oben auf eurer Burg gesehn.
Gott schütze jeden vor ihrer Umarmung. — Übrigens,
Kleine, erlaube die Gegenfrage: Aus welchem Jahrhundert
bist denn du?
DAS PEGNITZWEIBCHEN. Augenblicklich sind wir im zwanzigsten.
DAHL. Ach, das willst du mir auch noch einreden. Jetzt merk'
ich, daß du tatsächlich glaubst, daß ich vonwegen dieser
paar lumpigen Schoppen Tucherbier tatsächlich unzurechnungsfähig bin.
DAS PEGNITZWEIBCHEN. Versprich dich bloß nicht, mein lieber
Junge.
DAHL. Willst du mir etwa einreden, daß im Jahre ⟨1906⟩
1907 die Nixen bei hellichtem Tage bei euch auf den Markt
Gemüse einkaufen kommen? oder gar in Berlin? oder daß
der Wassermann mit durchlochten Markstücken bei Hefter
Brühwürstchen essen kommt? oder daß der Nix zu Wertheim auf den Flirt geht und hübsche Bürgerstöchter raubt
und daß hernach, wenn sie im Wasser Kinder kriegen,
Straßmann oder Ohlshausen nachts in die Spree hinuntermuß und noch dazu kein Honorar nehmen darf, wenn er
nicht will, daß der Nix ihm den Hals umdreht wie einer
Lachtaube? Behauptest du etwa das?
DAS PEGNITZWEIBCHEN. Du kennst eben unsere Leute nicht.
DAHL. Wetten, daß du mich zum besten hast.
DAS PEGNITZWEIBCHEN. Mach nur die Augen auf, kleiner
Schäker. Wir sind alle noch da, wir leben noch, von unserer
Gesellschaft fehlt noch keiner.
DAHL, *seufzend*. Ach, du geliebtes, entzückendes Ding!
Meinetwegen rede den allerentsetzlichsten Unsinn zusammen... ich verstehe, ich folge dir überall, bloß nicht ins
Wasser, bloß nicht in die Pegnitz.
DAS PEGNITZWEIBCHEN. Aber gerade, warum glaubst du mir
nicht?
DAHL. Muß man dir alles glauben?
DAS PEGNITZWEIBCHEN. Gewiß.
DAHL. Na, dann kann ich nur einfach sagen, daß ich achtzehnhundertundsoundsoviel in Görlitz an der Lausitzer Neiße,
und zwar blind, zur Welt gekommen bin, denn ich habe für
mein Teil, so alt ich bin, weder einen Dämon noch ein
Gespenst noch einen Wechselbalg noch eine Hexe, Nixe,

Kornmuhme, Kobold, nicht das kleinste Alräunchen, nicht das kleinste Wichtelchen bis auf diesen Augenblick irgend je mit Augen gesehen.

DAS PEGNITZWEIBCHEN. Und in diesem Augenblick siehst du nicht mich?

DAHL. Aber morgen erwach' ich und habe 'nen Kater.

DAS PEGNITZWEIBCHEN. Ach, Kleiner, du glaubst also, daß du träumst.

DAHL. Credo, credidi, creditum, credere.

DAS PEGNITZWEIBCHEN. Und meinst, ich sei nur ein Hirngespinst?

DAHL. Amo, amavi, amatum, amare! — Komm mit, wir wollen nach Hause gehn.

DAS PEGNITZWEIBCHEN. Nein, Liebchen, so einfach geht das nicht. — Pst! Sei nun still! Ich höre, daß dein verlumpter Professor mit seiner Droschke kommt. Da ist für heute nichts mehr zu machen. Gute Nacht, ich muß in die Wellen hinab, aber wenn du morgen nacht wiederkommst...

DAHL. Ach, du hast wohl dein Standquartier hier auf der Brücke.

DAS PEGNITZWEIBCHEN. Oder siehst du mich lieber bei Tageslicht? Gut, damit du siehst, daß ich recht habe, ich habe dir hier einen Gegenstand auf den Brückenpfeiler gelegt, und wenn du den recht benützest, Kleiner, so wirst du nicht mehr wie ein blinder Hesse durch Straßen und Gassen gehn und brauchst nicht mehr solchen Unsinn schwatzen.

Semper kommt.

SEMPER. Dahl! Heda! Heda! Lebst du noch?! — Was plumpte denn da ins Wasser hinunter?

[III]

[Tagebuchauszüge]

14. Mai [1906]. Agnetendorf.

Ein Nürnberger Schwank steckt mir im Kopf. Die ersten Szene[n] geschrieben.

17. Mai 06.

So fängt der Traum uns ein, von Eros angewendet, wenn andere Mittel nicht verfangen und man aus jeder anderen

Schlinge beinahe entschlüpft ist. Aber mein Nürnberger
Märchen wird daraus gewinnen. Überhaupt sind Träume das
Element der Liebe wie Wasser das der Fische.

[Notiz

[Juni 1906.]

Zum Nürnberger Fastnachtsspiel.
Der junge, einfach-gläubige Lehrer.

[IV, 1–3]

[1]

20. Oktober 1906. Venedig.

Für das Nixenmärchen.
Die fließende Wiese, die nicht gemäht werden kann.
Das auf den gelben Segeln abgebildete Meerweibchen.
Die Glockenhäuse.
Der präraffaelitische Gang des dreizehnjährigen Mädchens
⟨wie die Engel des Botticelli⟩, die Anbetung der Blondheit.
Schwelgen in Blond.
Das kleine, grüne, geschwänzte Weibchen im Breviario
[Grimani], das Haar durch ein Kränzchen gezogen. Grüne [?]
anliegende Froschtrikots, vorn dekolletiert.
Die alte Prunzelfrau auf dem Markusplatz mit dem schloh-
weißen Haar und dem bestrickenden Lächeln. Die alte
Kupplerin.
Wer, streng asketisch, von den machtvollen Erscheinungen
einer großen Liebe überrascht wird, der muß unbedingt an
Hexerei glauben.

[2]

Das Nixenmärchen. Die Nixe wird aus einem Holzbilde und
dann wieder zu einem Holzbilde. Das Liebesleben, der Liebes-
tod.
Die beiden Glockenhäuse.
Meerweibchen, Haar durch ein Kränzchen gezogen.
Die alte Kupplerin mit dem schlohweißen Haar, bestrickend
tiefer Menschlichkeit.

[3]

Venedig, 21. Oktober 1906.

Nürnberger Hexentanz

Hans-Sachs-Vers.

Eine alte Kupplerin, die so anmutig lachen kann. Der lange Professor wird von ihr geführt. Sie hat das Geheimnis. »Ich wohne noch hier, obgleich ich schon mehrmals als Hexe verbrannt wurde.« — »Zeige mir etwas von deinen Künsten«, sagt er. Sie läßt ihn angeln, und er angelt eine wehklagende Nixe. Die Alte beruhigt das sehr empörte, sehr ärgerliche Nixchen und übergibt es dem Professor unter Kautelen, danach geht sie.
Der Professor hat große Not, das Nixchen zu halten. Es will immer ins Wasser zurück. Endlich entschlüpft es. »Was soll ich bei einem Professor?« sagt sie. Er wird tiefsinnig. Polizisten kommen. Er lamentiert: es sei jemand ins Wasser gefallen, etc. Sehr lächerlich.

Das Weib in allen Farben schillernd.

»Was, du willst ein Wasserweibchen bekehren?« — »Ich will sie heiraten!«
Der Verspruch erfolgt: soundso viel mußt du für mich tun, Werke verrichten.

Roman[t]ische Erzählungen.
14 Der Kaisersohn — war bis vierzehn Jahr in Finsternis, etc.
Die Teufel gefielen ihm am besten.

Altes Berliner Gesetzbuch.
Wer mit Zauberei umgeht, wird a[uf] einer Hürde verbrannt. Wer Wein panscht, in einer Kiepe. Frauen, die stehlen, begräbt man lebendig. Ehebruch — Köpfen. — Ich habe deinen Kopf in der Tasche, Kind.

DAS PEGNITZWEIBCHEN. EIN SPUKMÄRCHEN · V

[V, 1–4]

[Entstehungszeit: 1908.]

[1]

Nürnberger Märchen
Die gottlosen Maler

Sebald } Beham
Barthel }

Georg Pencz } Malergesellen
Jacob Binck }

Hans Denk, Lehrer an der Sebald-Schule
Bauernprediger
Frau, die predigt

Ich bin die Luna des Meisters J[acob] B[inck]. (Mondsichel.)

Szene: Verhör in der »Kapelle«, der Folterkammer.

[2]

Die gottlosen Maler
Personen

Sebald Beham   }
Barthel Beham   } Malergesellen
Georg Pencz   }
Jacob Binck   }

Hans Denk, Lehrer an der Sebaldus-Schule
Ein Bauernprediger
Eine Kanzelrednerin
Hans Sachs
Albrecht Dürer
Peter Vischer
Pirkheimer
Hirschvogel

[3]

Erster Akt
Erste Szene

Frühling 1523.
Ein winkliger Platz zu Nürnberg. Eine Linde überwölbt ihn mit Frühlingslaub. Das Sonnenlicht sprenkelt ihn.
Aus einer Werkstatt dringt Geschrei. Der Schneider Hirschvogel schmeißt seine Tochter vor die Tür und prügelt sie mit der Elle.
Die Glocken läuten von allen Kirchen. Es ist sonntags, Vormittag.
Da kommen Albrecht Dürer, Peter Vischer und Pirkheimer vorüber, auf dem Kirchgang.
Sie stellen den Meister. Das Mädchen ist zu Dürer geflüchtet.
Erste Szene, die Klage des Meisters. Der Meister geht mit zur Kirche.

Zweite Szene

Sebald und Hans Beham kommen, angetrunken. Sie stoßen gottlose Reden aus. Sie erklären, man habe sie vor dem Rat verklagt. Es geht hervor, daß das Töchterlein ihrer beider Modell und Geliebte ist.

Dritte Szene

Es kommt ein Bauernprediger. Leute sammeln sich, hören zu. Ein Weib springt auf die improvisierte Kanzel.
Beham springt an die Kanzel: »Es gibt keinen Gott!«

Vierte Szene

Hans Denk und der Schneider kommen. Hans Denk warnt ihn. Viele Anzeigen und Klagen über die Tochter.

[4]

Der Alpt[raum]

I.

Professor, nachts, Nürnberger Brücke. Sehr betrunken.
Kupplerin. Angel.
Er angelt. — Angelt eine Nixe.
Gespräch mit der Nixe über Wassermänner etc.

Sie glitscht ihm aus.

Er geht sehr weit, Brückenbrüstung, er ist sehr liebestoll. Sie will nicht.

Die Stadtwache kommt. Arretiert den Professor. Sein Ausweis.

Die Nixe ist über die Brüstung gesprungen, wird von den Stadtknechten im Boot gefangen.

»Ich möchte nach Berlin zurück. Wann geht der nächste Zug?« — »Unsinn. Es gibt keinen Zug. Hierbleiben!«

II.

Prozeßverhandlung.

Professor. Erste Rede. »Sie irren sich in mir, ich lebe im Jahre 1908.« — »Man sieht, daß die Hexe ihn verhext hat!« Es kommt heraus, daß die Hexe die Tochter eines Schneiders ist. Modell der gottlosen Maler. Sie soll sagen, wie sie sich dem Teufel verschrieben habe, etc. Alles das macht den Professor stutzig. »Sie ist doch eine Wasserfrau«, sagt er, »sie hat es doch gesagt, was wollt ihr denn?«

Sie wird gefoltert. — Er tost eine Philippika gegen Hexenwahn und Kirche. Er wird gefesselt und in den Kerker geführt.

III.

Er liegt im unterirdischen Kerker und fädelt ein Licht ein, einen Lichtstrahl. Er guckt durch das Loch und sieht die Pegnitz. Die Mühlen, da Wasserweibchen sich tummeln. Der Henkersknecht bringt ihm Brot und Wasser. »Wir haben eben eine Hexe gesackt.« Der Freund Dahl kommt. Er hat den Knecht bestochen. »Sehn Sie, Professor, wenn ich nicht wäre! Sie mit Ihren Ansichten!« Auch Barthel und Hans Beham hat Dahl mitgebracht. — Auch das Hexchen kommt, küßt alle. Sie trinken und spielen Karten. — Jetzt erscheint eine Gerichtskommission. Dem Professor wird das Todesurteil vorgelesen. Er bleibt allein. Nacht. Die Ratten. Die Fischweiber. Die Wassermänner. Aus allen Löchern steigt der Verwesungsatem.

IV.

Der Platz. Der Scheiterhaufen. Die Hexe steht bereit. Der Professor wird herangeführt. »Kinder, macht die Augen auf, ihr schlaft. Ihr schlaft. Ihr ermordet die Geistesfreiheit, die Sinnlichkeit, das Glück und das Leben der Sinne.«

Die Bürger sagen: »Es ist merkwürdig, in welchem Schlaf dieser Mensch liegt, dieser Denk, der Lehrer von Sankt Sebaldus.« — »Ich widerrufe!« — »Wer bist du?« — »Ich bin alles, was ihr wollt«, etc.
Der Alp des zu Unrecht Verurteilten.
So! und nun auf den Scheiterhaufen. Er gibt der Hexe die Hand, und beide besteigen den Scheiterhaufen.

Plötzlich erwachen Dahl und der Maler am Kneiptisch. Das Morgenrot bricht an.

[VI, 1–2]

den 10. Mai 1908.

[1]

Das Bratwurstglöcklein.
Professor Sembach und Hans Dahl. Sie betrinken sich. Die Wirklichkeit geht in Traum über. Dürer, Peter Vischer, Hans Sachs erscheinen.

[2]

Erster Akt

Das Innere des Bratwurstglöckleins in Nürnberg. Es ist nachts kurz vor zwölf. Die Fenster stehen offen. Seit einigen Tagen ist das Frühjahr ausgebrochen.
Professor Semper, ein langer, schwarzer, etwas mephistophelisch angehauchter Mensch mit Zwicker und Brille, und Hans Dahl, ein Maler mit dickem Biergesicht, sitzen einander gegenüber.

SEMPER. Item, so sage ich Ihnen hiermit, lieber Hans Dahl, der Sie ein Unschuldskind von einem deutschen Kunstmaler sind — insofern, als Sie in Ihrem Leben noch niemals ein Bild verkauft haben! —, ich sage Ihnen, Sie werden mich vor Tagesgrauen schwerlich hier wegkriegen.

DAHL. Na, Sie Schöps Sie! Will ich das denn? Meinethalb bleiben wir, bis sie uns rausschmeißen.

SEMPER. Eigentlich ist ja das Biertrinken unmodern. Und besonders Sie, lieber Dahl, sollten von wegen der Apoplexie etwas vorsichtig sein. Aber weiß der Teufel, man rutscht hier vermittels des Tucherbieres und dieser antiken Bratwurstküche wie im Lift ein, zwei, drei, vier Jahrhunderte tief ins Mittelalter hinein.

NEUE TRAGIKOMÖDIE

[Entstehungszeit: 1906.]

Der Gemüsekeller. Die Gemüsefrau. Demuth mit seiner Vergangenheit, jetzt Stallmeister niederen Ranges. Kleine Kneipstube. Heilsarmee-Dame. Der verrückte Zimmer. — Der Verbrecher. Vom Mann getrennt die Frau. — Die Tochter kleine Schauspielerin, nobel v[om] Geliebten ausgehalten. — Sohn, holt ihr alles Geld aus der Kasse, sie ist vernarrt in ihn. Hundekauf. Katze. Heruntergekommener Schauspieler. Nee, ich nich. Bahnbeamte, seine Frau. Photogr[aph] Puschmann. — Der russische Christus und seine Frau: die Bettelfeldzüge. Warnung in Zeitungen. Haben Sie det jemacht? — Die Russin im Hinterstübchen. — Häringe. Der Hypnotiseur! — Die Lektüre. — Die Hochschülerin. Na, Sie kleenet Aas. Das angenommene Kind (hat sich so angefunden), Schularbeet. — Sie liest Muttersch[utz-] Ar[tikel]. Prügelt die Tochter mit Pantoffel zur Tür hinaus. — Du sollst in'ne Droschke niederkommen, du Aas! — Der junge Pastor: die Seelsorge. Charité in der Nähe. Pfleger und Pflegerinnen. — Die jeht mit ihren Leutnant von de Kriegsschule in Zivil. De dollsten Krauter siehste in Charlottenburg. — Wenn ick bloß Jeld uf'n Billett hätte, und ick husche wieder nach de Schweiz. — Sie borgt auch etwas auf Pfänder. Momus. Pan im Gemüsekeller. — Der Schauspieler improvisiert über Berlin: die Wagen, die Omnibusse, die Verbrechen etc. etc. — Die entlassenen Kranken. — Mütter. — Der Mann, von ihr auf die Straße gesetzt, hat Geld verdient, kommt verelendet wieder? — Sohn war Pastor geworden, dann nach Berlin gekommen, hatte ein Verhältnis angefangen, war nicht mehr fortzubekommen. Das Weibstück war jung, verloddert, er war melancholisch und tötete sich. War in Kaufm[anns]geschäft eingetreten, weggeblieben, böse Gesellschaft geraten. Zwei Zimmer auf der Bühne. Links der Keller, rechts Nebenstübchen mit Klavier. — Wirft sie unter Omnibus. Lauft ihr nach, ihr nach, ihr nach! Kandidat. Kann die Examina nicht meistern. Die schrecklichen Backöfen. Sie sehnt sich nach dem Gütchen ihrer Eltern.

ERSTER AKT

Gemüsekeller der Frau Fellgiebel in der X-Straße zu Berlin. Mai. Frau Fellgiebel sitzt strickend hinterm Ladentisch, Katze auf Schoß.

FRAU FELLGIEBEL. Nee, wat ick Ihn' sage, een Wort for dausend: is nich!
DER JUNGE MENSCH. Det is 'ne scheene Glashüttenuhr, Mutter Fellgiebel. Dreizehnkarätig. Janz und jar Jold...
FRAU FELLGIEBEL. Und wenn ick die jetz als Fand nehme und jeb' Ihn' 40 och 50 Mk. druf, denn kommt morjen de Kriminalpolizei, kehrt mein janzen Kram um und fragt: Nummer 13498? Na, und denn? Wo bleibt denn mein Jeld?
DER JUNGE MENSCH. Wat, jloben Sie etwa, det ick die Uhr jestohlen habe?
FRAU FELLGIEBEL. Ja nischt jlob' ick!
DER JUNGE MENSCH. Der Baron schickt mir.
FRAU FELLGIEBEL. Soll er man selber komm, der Baron.
DER JUNGE MENSCH. Det is'n Baron aus de Ostseeprovinzen...
FRAU FELLGIEBEL. Det schad' nischt, wenn er man Beene hat.
DER JUNGE MENSCH *packt resigniert die Uhr wieder ein, seufzt.* Na, denn jeben Se mir man 'n bißken Wurscht for zehn Pfennig! *Frau Fellgiebel steht sogleich auf, setzt die Katze weg und schneidet Wurst ab.* Hätt' ick det man jewußt, dem langen Weech bis hier rin, von de Pappelallee, hatt' ick mir nich in de Hand jemacht. — Aber wenn ick wie Sie wäre, Mutter Felljiebel, ick kofte de Uhr janz indirekt und täte se mein Sohne schenken.
FRAU FELLGIEBEL, *sich setzend und das Strickzeug hinhaltend.* I noch wat! Wenn der man Strümpe hat. —
DER MENSCH. Jawoll, und seidne Unterbuxen.
FRAU FELLGIEBEL *lacht geschmeichelt, zuckt aber gleichzeitig mit den Achseln.*
DER MENSCH, *fortfahrend.* Bewahre, neidisch bin ick nich. Hätt' ick man bloß so 'ne Mutter jehat. Wer weeß, wer' ick ooch vielleicht Paster jeworn, statt daß ick mir muß uf Schlafstelle rumdricken. — 'n Schnitz Bier, wenn Se wollen so freundlich sind.
FRAU FELLGIEBEL, *das Bier aus einem Faß zapfend, das auf Böcken liegt.* Det liegt nich bloß an de Mutter, Karl. — Ihre

Mutter is manchmal bei mir jewesen und hat mir von Sie ihr Leid jeklagt. — Na und? — Schorsch war och uf de Jemeindeschule, ihr zwee beede habt eene Bank jedrickt, habt sojar nebeneinander jesessen. — Von de Picke uf fangt 'n jeder an. —

KARL *hat den Schnitz auf einen Zug geleert.* Ick bin eben, Jott sei's jelobt, von de Picke bis jetzt noch nich runterjekomm. *Eine hübsche, etwa einundzwanzigjährige Krankenschwester kommt die Kellertreppe herunter in den Laden.*

SCHWESTER IDA. Jesus Maria, ist das ein Verkehr an so einem Maitage in Groß-Berlin und ein Staub — ein Gewimmel, man kann sich kaum durchquetschen zu Ihnen, Mutter Fellgiebel. Guten Abend: wie geht's?

FRAU FELLGIEBEL. Wie soll't jehn, Freileinchen, soso, lala.

SCHWESTER. Ist Herr Georg noch da?

FRAU FELLGIEBEL. Jestern vier Uhr nachmittags abjedamft.

DIE SCHWESTER. Also doch abgedampft?

FRAU FELLGIEBEL. Vier Uhr nachmittag.

DIE SCHWESTER. Wieder in seine alte Hauslehrerstellung zurück?

FRAU FELLGIEBEL. Na und? Wat sollte denn sonst sind, Freileinchen? —

DIE SCHWESTER. Gestern vormittag war es doch zweifelhaft.

FRAU FELLGIEBEL. I, det wer'n Se woll falsch verstanden haben. Et jeht ihn ja ausjezeichnet dort. Die Herrschaft trägt ja den Jungen uf Händen — wo jetz denn zu? ...

KARL. Na, wie is? Soll ick nu noch mal wiederkomm'?

FRAU FELLGIEBEL. In die Sache is keen Jeschäft nich zu machen.

KARL. Pst! *Holt pfiffig Luf[t].* Also keene Salatjurken koofen Se nich. *Pfeifend ab.*

FRAU FELLGIEBEL. Und mit was kennt' ick Ihn' dienen, Freileinchen?

SCHWESTER EM [IDA]. Haben Sie noch von den schönen Weichselkirschen was übrig, Mutterchen?

FRAU FELLGIEBEL. Glob' ick nich!

SCHWESTER. Sonst wollt' ich Ihn' eigentlich nur guten Tag sagen. Ich weiß nich, wie's kommt — wenn Sie erlauben, setz' ich mich einen Augenblick! —ja,... sooft ich bei Ihrem Keller vorübermuß... zieht's mich auch die acht Stufen runter.

NEUE TRAGIKOMÖDIE

FRAU FELLGIEBEL. Wozu is denn de Auslaje? Det soll och so sind! *Pause.*
SCHWESTER. Is Ihnen nicht bange, Mutter Fellgiebel?
FRAU FELLGIEBEL. Bange, wat is det: kenn ick nich!
SCHWESTER, *da und dort aus den Körben Kirschen schnabulierend.* Ich meine, weil nu doch Ihr Georg nich mehr da is.
FRAU FELLGIEBEL. Wenn ick weeß, det's ihm jut jeht, scheniert's mich nich. — Nanu! — Nich so happig, kleenet Aas! Bloß nich iber den jroßen Erdbeerkorb!
DIE SCHWESTER, *die sich nur forschend darüber gebeugt hat, lacht.* —
FRAU FELLGIEBEL. Nee! Bange!? Wovor sollt' ick bange sind! — Schorsch war nu janze drei Wochen hier. Scheen, wenn er bei seine Mamma is: denn aber man heidi, raus aus de Zwetschkenkiste!
DIE SCHWESTER. Wissen Sie, was Dr. von Scipio sagt: Es wär' noch gar nich so ausgemacht, daß Ihr Sohn wirklich auch Theologe bliebe. Es zöge ihn sehr zur Naturwissenschaft.
FRAU FELLGIEBEL *zuckt die Achseln, weist mit der Stricknadel auf die Gemüsekörbe.* Na, 'n Wunder wär' det och grade nich. — Aber nee. Er is jetz in't achte Semester. 't erste Examen jlänzend jemacht. Und nun hetten Se mal den Hofpredijer hern solln. Und wat hat der Feldpropst Moddenke gesagt — wie det er beschlagen in allem is — und richtig — wie't verlangt wird von de Kanzel — janz jenau allens — richtig janz — langsam janz orthodox. — Wat ist ejentlich det vor'n Jeist, der Dokter? Und wo is er 'n ejentlich ingestellt?
SCHWESTER. Drüben bei uns in der Irrenabteilung.
FRAU FELLGIEBEL. In de Charité.
SCHWESTER. Er is Assistent.
FRAU FELLGIEBEL. Wenn er hier rinkommt, mecht ich... soll eens... [...?] ...sollt' eens 'n Maurer bei de Hand haben; det er de Tier eens greeßer hackt.
SCHWESTER *lacht, ißt Kirschen und trällert.* —
FRAU FELLGIEBEL. Sachen Se mal, det is woll Ihr Schatz?
DIE SCHWESTER. Ach... I, wo denken Sie hin, Mutter Fellgiebel?
MUTTER FELLGIEBEL. Na, jehn Se nich mit ihm in Jrunewald?
DIE SCHWESTER. Ich bin mit Herrn Georg auch spazierengegangen.
MUTTER FELLGIEBEL. Jawoll, aber in Zivil doch nicht.

DIE SCHWESTER. Sogar auch mal in Zivil, mit beiden!
MUTTER FELLGIEBEL, *seufzend.* 's is jut, det Schorsch wieder auswärts is! —
DIE SCHWESTER *lacht.*
FRAU FELLGIEBEL. Ick kenne Berlin.
DIE SCHWESTER. Berlin is herrlich!
FRAU FELLGIEBEL. 's jut!
DIE SCHWESTER. Berlin is die netteste Stadt der Welt.
FRAU FELLGIEBEL. 's jut!
DIE SCHWESTER. In Berlin ist Leben. In Berlin heißt's arbeiten, aber dann is auch was los in Berlin.
FRAU FELLGIEBEL. 's jut, 's jut, 's jut, mein Kind! Nehm' Se sich man in Obacht mit Ausglitschen. —
SCHWESTER, *mit großem Atem.* Ach du lieber Gott, ja, Mutter, Sie kennen mein langes Herz noch nich. *Sie nimmt auf der Rutsche, der Alten zu Füßen, Platz.* Wenn ich och mal mit Dr. Scipio in den Zoologischen bummeln geh'...
FRAU FELLGIEBEL. Oder mit'n Leitnant von de Kriegsschule tanzen...
SCHWESTER. Nie! Höchstens mal gondeln auf der Spree.
FRAU FELLGIEBEL. Na, na!
SCHWESTER. Auf Ehrenwort, Mutter Fellgiebel. — Ich habe mir eine ganz bestimmte und ausgemachte Geschichte in meinen kleinen Trotzkopf gesetzt — und davon bringt mich kein Scipio ab und kein Oberleutnant — und wenn ich dreißig Jahr werde, nicht.
FRAU FELLGIEBEL. Wat ham Se sich denn in Kopp jesetz?
SCHWESTER. Das kann ich nich sagen, Mutter Fellgiebel. *Sie schmiegt sich innig an die Knie der Obstfrau.* Nee, Ihnen wenigstens jetzt noch nicht!
FRAU FELLGIEBEL. Na, kleenet Aas, warum denn nich? Wolln Se etwa Frau Pastern wern? Wolln Se etwan mein Jeorg heiraten? *Lachend.* Der is doch verlobt, det jeht doch nich.
SCHWESTER *springt auf.* Adieu! Adieu! Adieu, ich muß fort! *Markiert lachend Verlegenheit, hurtig ab nach der Straße.*

[DORFSCHULMEISTER HENDEL]

Lugano, den 22. Oktober 1907.

Hendel, Dorfschulmeister: 62 Jahr alt
Therese, seine Frau: 60 Jahr alt
Leopold, ältester Sohn: 27
Antonie, älteste Tochter: 26
Agnes, zweite Tochter: 18
Ernst, Pensionär bei Hendels: 13 Jahr
John, Hilfslehrer im Niederdorf: 28 Jahr
Trautvetter, Postsekretär: 35
Traube, Bauernsohn: 28
Kuhnhart, Sohn der Direktorin des Sommertheaters: 34
Dolores Bianchi, angeblich 23 Jahr, Schauspielerin
Tuschner, Polizeiverwalter
Hasemann, Polizist

Das Stück spielt in den ersten Jahren nach der Reichsgründung.

ERSTER AKT

Wohnzimmer bei Hendel, geräumig und niedrig. Die Linkswand wird von einer kleinen Orgel eingenommen. Der alte Hendel sitzt und übt. Ernst tritt die Bälge.
Die andre, rechte Seite des Zimmers enthält das an die Wand gerückte Glanztuchsofa, davor einen großen viereckigen Tisch; mit Stühlen daran. Der Tisch ist abgedeckt, ein Berg Gänsefedern liegt darauf, die von den Umsitzenden, Frau Hendel und Agnes, »geschlissen« werden. Traube, der zu Gast ist, sitzt dabei, die Schildmütze in der Hand.
Hilfslehrer John, ebenfalls zum Besuch, steht hinter dem alten Hendel und sieht mit ihm in die Noten.
Es ist ein Sonnabendnachmittag im Herbst.
Der Alte beschließt sein Spiel.

HERMANN. Herr John, singen Sie was!
HENDEL. Schweig, Junge.

HERMANN. ...weil die Sonne so hübsch in die Stube scheint.
HENDEL. Halt den Mund! setz dich an deine Schularbeiten.
HERMANN. Bälgetreten brauch' ich nicht mehr?
HENDEL. Wart ab. — Sehn Se mal hier, John, diese Passage ist so gemeint. *Zu Hermann.* Tritt! *Er spielt einige Takte.*
JOHN *übersingt, als er fertig ist, die Passage nochmals mit geschulter Stimme.* Ja, das wird von allen Kollegen fast immer falsch gemacht!
HENDEL, *zu Hermann.* Tritt! *Er spielt nochmals die Passage.* Dann zieht er ein riesiges rotes Taschentuch aus dem Rockschoß und schneuzt sich sehr laut. Nu — nu — wird die Sache schon morgen gehn. — Bringst du endlich den Kaffee, Toni!
ANTONIE *kommt mit dem Kaffeegeschirr herein.* Wer von euch beiden hat mir die schönen Nelken mitgebracht? — —?
HERMANN. Herr John!
TAUBE. Wenn's Garschte wär'! oaber Bluma: nee!
JOHN, *lustig.* 's nächste Mal bring' ich Gerste mit!
Hermann und Agnes platzen heraus.
TAUBE. Nu, hab' ich ni recht?
ANTONIE, *freundlich.* Sie wollten wahrscheinlich sagen, daß man Blumen nicht essen kann, Herr Taube. Gerste dagegen kann man essen: das ist ganz ⟨richtig⟩ wahr! — Jetzt nehmen Sie aber mal, so sorgfältig wie Sie nur können, das Tuch mit den Federn zusammen, Herr John.
TAUBE. Ich steh' ja d'rbei. Das kann ich ja ooch machen.
ANTONIE. Gut. — Dann ziehn Sie mir wenigstens mal die 'Kaffeedecke unterm Arme vor, Herr John.
JOHN *springt hinzu, tut es.* Sie sind das wunderbarste, schönste und fleißigste Wesen, was die Sonne bescheint, Fräulein Antonie.
TAUBE, *den großen Ballen Federn in die Luft haltend.* Ausgenommen a Hilfslehrer John aus'm Niederdorfe.
JOHN *lustig.* Versteht sich! ganz selbstverständlich! dachten Sie nicht? — *Man will ihm helfen die Decke über den Tisch breiten. Er wehrt ab.* O bitte, das mach' ich alles allein. *Er singt.* »Letzte Ro-o-see des Som-mers!«
HERMANN. Na weiter, Herr John!
HENDEL *hat seine lange Pfeife hinter einem Schrank hervorgeholt und zündet sie an.* Die meisten Kollegen stümpern das bloß. Husch, husch, liegt die ganze Passage einfach unter der Sitzbank unten.
JOHN. Verehrter Herr Hendel, vergessen Sie nicht, daß Sie

alte Schule sind. Die Zeit der Johann Sebastian Bäche ist
nun allmählich gründlich vorüber. — So! nun bitte arrangieren Sie sich!

ANTONIE. Hier die Kaffeekanne, Herr John.

JOHN, *die Kaffeekanne auf den Tisch setzend, singt.* »Letzte
Rose de-es Som-mers!«
*Ein heller geschulter Sopran durchs offene Fensterchen
setzt das Lied fort.*

TONI. Ach, Fräulein Bianchi!

JOHN. Ah, unsre Diva! unsre schlesische Nachtigall.

DOLORES BIANCHI, *steckt ihr lächelndes Gesicht durchs Fenster,
trällert.* »Nachtigall, Nachtigall, wie sangst du so schön...«
Darf ich hereinkommen?

ANTONIE. Wenn Sie unsren Dorfschullehrersfamilien-Kaffee
nicht verschmähen, können Sie sogar mit uns Kaffee
trinken.
Der Kopf der Bianchi verschwindet vom Fenster.

HENDEL. Findest du unsren Kaffee eigentlich schlecht,
Antonie?

ANTONIE. Wieso denn, Vater?

HENDEL. Oder für diese Dame vom Theater zu schlecht vielleicht?

ANTONIE. Das ist ihre Sache, wenn sie ihn schlecht findet.

JOHN. Papa Hendel, ein neuer Gedanke: wie wäre es mit der
Sopranpartie?

[Notizen]

Wenn Sie da die Orgel spielen, müssen doch alle Federn
fortfliegen.

Der Lehrer.
Unsereiner hat viel mit Mädchen zu tun.
Man muß vorbauen.
Ich lasse die Mädchen nicht in meine Nähe, gehe nicht in die
Bank hinein, hüte mich beim Nachsitzenlassen.

Er ist zugleich Gemeindeschreiber, hat Vorsteher in Händen.

HEIMWEH

den 16. Februar 1908.

ERSTER AKT

Die Räumlichkeiten des Deutschen Klubs in einer Stadt etwa zwei Bahnstunden nördlich von New York. Die Zimmerflucht ist finster, niedrig, leer und ungemütlich. Eine Tür wird von außen aufgeschlossen, und der siebenundzwanzigjährige deutsche Arzt Dr. Barsch und seine vierundzwanzigjährige Gattin, ebenfalls Doktorin der Medizin, treten ein.

DR. BARSCH. So! wir sind Gott sei Dank ganz allein, Katharina. Kein Hund ist hier. Das ist ja famos, daß ich dich zufällig in der City getroffen habe. Wie steht's? Ist der Kasus glücklich vorübergegangen?

FRAU BARSCH. Das Kind ist da. — Aber du kannst mir glauben, ich bin fast am Ende mit meiner Kraft. *Sie läßt sich in einen Stuhl fallen.*

DR. BARSCH. Wart mal, du kriegst eine Brauselimonade — das ist eine famose Einrichtung: man nimmt aus dem Schrank, was man braucht, und legt das Geld dafür in die Kassa. — Soll ich dir Frankfurter Würstchen kochen? das geht alles eins, zwei, drei! Die Blechbüchse wird aufgemacht, der ·Gaskocher angezündet, das Geld in die Kasse getan! Hopsa! *Er tut das Geld in die Kasse.*

FRAU BARSCH. Ach, um Gottes willen nicht, Manfred! Laß das! Ich kann keinen Bissen essen. — In einer Stunde muß ich außerdem wieder hin.

DR. BARSCH. Und ich muß noch mal raus in die Vorstadt, ins Fieberviertel. Was hat der Kerl schon für Chinin geschluckt! Er ist Arbeiter in der Christophel-Fabrik.

FRAU BARSCH. Da läufst du wieder zwanzigmal hin zu den Menschen, ich kenne das! und hast am Ende nicht so viel, nicht zehn Cents Honorar davon. — Überhaupt: so hätten wir's überall haben können, in Zürich sowohl wie in Winterthur! Wenn wir uns so hätten quälen wollen, hätten wir in jeder beliebigen Schweizer Stadt doppelt soviel als hier verdient. Deshalb hätten wir wirklich nicht auswandern brauchen.

DR. BARSCH. Liebes Kind, ich habe dir ausdrücklich alles freigestellt, als wir mit unserem Studium fertig waren. Du warst es, du wolltest nicht in der Schweiz bleiben.
FRAU BARSCH. Die Schweiz ist mit Ärzten überfüllt.
DR. BARSCH. Ja, aber verlaß dich drauf, ich bin ganz der Ansicht und war damals schon ganz derselben Ansicht, die du eben geäußert hast: wir beide mit unserem Fleiß, mit unseren Kenntnissen hätten trotzdem unseren Platz gefunden. — Aber gehen wir doch ganz einfach zurück!
FRAU BARSCH. Ich sterbe lieber, als daß ich zurückgehe.
DR. BARSCH. Na also, dann bleiben wir eben hier. Hoffen wir einfach auf bessere Zeiten.
FRAU BARSCH. Eine solche Blamage ertrage ich nicht.
DR. BARSCH. I was denn, Katharina! Was heißt das: Blamage. Wir haben geglaubt, daß hier für zwei tüchtige Ärzte etwas zu machen ist. Der Mensch kann sich täuschen! Was ist da weiter? Versuchen wir es halt, wir sind ja noch jung!... Warum sollten wir drüben nicht noch mal von frischem anfangen?
FRAU BARSCH, *ironisch*. Richtig! Wir haben in Springfield angefangen, dann fingen wir hier in New Haven vor dreiviertel Jahren wieder an, und nun, nachdem wir unser Kapital glücklich verbraucht haben, jetzt werden wir womöglich zurück zu Vater und Mutter nach Rorschach gehn und uns zu den Leuten, die selber keinen überflüssigen Rappen besitzen, an den Tisch setzen und sagen: nun los, unterhaltet uns. Nein, dazu wirst du mich nimmermehr breitschlagen.
DR. BARSCH. Allerdings nicht, nein, das will ich auch nicht. — Ich möchte dir nur ganz einfach etwas zu überlegen geben, Katharina. Nämlich: entweder dies oder das! beides auf einmal kann man nicht wollen: Du hast Heimweh! Ich leide an Heimweh nicht...
FRAU BARSCH. Ja, du hast deine Mutter mit dir genommen!
DR. BARSCH. Ich habe sie allerdings mit mir genommen, weil sie vollkommen mittellos, vollkommen hilflos als alte Frau und außerdem Witwe ist — oder willst du mir das zum Vorwurf machen?
FRAU BARSCH. Du hast mir gesagt...
DR. BARSCH. Nein, du hast mir gesagt, Katharina...
FRAU BARSCH. Was?
DR. BARSCH. Daß du tausendmal lieber in der Fremde als in

den engen Verhältnissen des Schweizerländchens bist! Du branntest darauf, in die Welt zu kommen! Du hast gesagt, wir wollten Kameraden sein! Wir sollten uns tüchtig und mutig durchfressen und arbeiten, daß die Schwarte knackt.
FRAU BARSCH *steht auf, bleich.* Und habe ich etwa nicht gearbeitet?
DR. BARSCH. Wir arbeiten beide. Warum denn nicht? Aber man muß doch auch schließlich mit einiger Lust und Freude arbeiten, sonst lohnt ja die ganze Sache nicht.
FRAU BARSCH. Das ist keine ärztliche Tätigkeit. Das, womit ich hier meine Gesundheit aufreibe, das ist gewöhnlicher Hebammendienst. Da, hier, meine Tasche! Ich bin einfach Hebamme. Von Ärztin ist keine Rede mehr. Wie kann einem das auf die Dauer Spaß machen, besonders wenn man fünf Nächte unter sieben kein Auge schließt und, um sich nur notdürftig wach zu halten, russischen Tee trinken muß. Ich kann nicht mehr! Ich gehe zugrunde!
DR. BARSCH. Gib deine Praxis auf, Katharina. Ich verdiene für zwei genug, wenn's drauf ankommt. Auf Ehrenwort!
FRAU BARSCH. Ich danke! Ich mag von niemandem abhängen.
DR. BARSCH. Na, dann tue, was du nicht lassen kannst.
Längeres Stillschweigen.

ROM

[I]

[Mai 1905.]

Rom. Komödie
1. Akt. Künstlerverein. Vorstellung der Bankiers etc. Staunen, daß es keine Künstler.

[II]

[1906.]

Via degli Incurabili

1. Akt
Im Klub. Der Jüngling. Nonnenbruch. Der betrunkene Künstler.

2. Akt
Im Atelier. Der Jüngling. Der arme Talentlose. Die Schwestern.

3. Akt
Neujahrsabend im deutschen Restaurant. Die Kneiperei.

4. Akt
Der Fürst im Klub.

5. Akt
Die Zertrümmerung im Atelier.

[III]

Vormittag, den 7. Dezember 1909.

Die schwächliche Konstitution des Künstlers.
Die Qual des sozialen Mitleidens.
Er sagt zur Braut: »Habe Glauben! Vertraue! Habe Glauben!«
Er hat ein dunkles Gefühl von seiner Bestimmung, allein, er fürchtet, nicht genügend Zeit zu haben, er fürchtet frühen Tod.

Die Gärung in seinem Innern ist fruchtbare Gärung, noch ist sie indessen nicht gestaltenbildend.
Er aber will Gestalten bilden.
Dadurch entsteht nutzloses Ringen.
Er hatte zitiert: »Geh an der Welt vorüber, sie ist nichts«, in seiner Aktivität haßt er den Tod.
»Meine Arbeit gehört meinen Zielen.«
Charakteristisch ist das jauchzende Lebenstürmen abwechselnd mit weltentsagender Melancholie.
Macht poetisches Testament.

Rom.
Künstlerdrama.
Tragisch. Im wesentlichen als Schauspiel gedacht.

ERSTER AKT

Das Bildhaueratelier des jungen Donatus Rabe, Rom, Via degli Incurabili. Das Nordfenster nimmt den Hintergrund ein.
Der Apfelbaum vor dem Fenster.
Donatus und Quaquaro, der Stiefelputzer, sein Modell.
Die Statue, in Ton, überlebensgroß.
Hans Klevesahl hat sein Atelier gegenüber auf dem gleichen Flur. Klevesahl ist achtundvierzig Jahr alt. Er trägt gestickte Schlafschuhe und ständig eine Kappe auf dem Kahlkopf.
Das Verhältnis des zwanzig Jahr alten Donatus zu Klevesahl und Klevesahls zu Donatus.
Klevesahls Idealismus. Er ist den Weg von Reval nach Rom zu Fuß gewandert. Von Geburt ist er Lette.
Der Schwung und der Glaube in Donatus. Seine Herkunft. Seine Zukunftsträume. Die schwebende Utopie.
Professor Kalvey aus Darmstadt. Er glaubt an das große Talent des Donatus.
Maler Karl.
Maler Karl ist in Rom versumpft und fast ganz ohne Mittel. Sein sonderbares Wesen. Donatus ist, wie zur Sprache kommt, viel befehdet, viel belacht und viel verspottet in Kreisen des Deutschen Künstlervereins. Die deutsche Kolonie lehnt ihn ab. Der arme Karl hält seine Stange, der selbst ganz Verachtete.

Donatus ist verlobt. Seinen Aufenthalt in Rom ermöglichen
die Mittel seiner Braut. Er erwartet seine Braut und deren
Schwestern.

Ein Geologe, Dr. Bachman, läßt bei Donatus seine Büste
modellieren, sein Freund Dietrich von Vogelsang, ein Bak-
teriologe, begleitet ihn.

Die Sitzung findet statt.

Dr. Bachman und Dr. von Vogelsang haben die Universität
kaum hinter sich.

Dr. von Vogelsang trägt und zeigt einen breiten Gürtel auf
der bloßen Haut, mit vielen Reagenzgläschen, die Bazillenkulturen enthalten. Sie brauchen Körpertemperatur. Es sind
die Erzeuger von Typhus, Diphtherie, besonders Malaria.

Zwischen Dr. von Vogelsang und Donatus entspinnt sich
Freundschaft. Die jungen Gelehrten wollen Weihnachten im
Zoologischen Institut zu Neapel bei Dr. Dohrn verbringen,
wo auch die Fresken von Marées sind.

Im Mittelpunkt der dramatischen Ereignisse ist das Schicksal
des Donatus:

I. Das künstlerische. Die Statue und ihr Mißlingen. Zer-
brechen der großen Illusion.
II. Das körperliche. Überanstrengt bricht er zusammen.
III. Das Liebesschicksal. Konflikt mit der Braut, infolge
Mißlingens der Anläufe.

ZWEITER AKT

Er spielt aller Wahrscheinlichkeit nach wiederum im Atelier
von Donatus Rabe. Donatus erwartet die drei Schwestern
Zittelmann, unter ihnen die jüngste, seine Braut.

Donatus erwartet sie mit unsäglicher Freude und einigem
Stolz. Er steht im »Indicatore Generale« als römischer Bildhauer aufgeführt. Die Schwestern kommen, und es unterliegt
keinem Zweifel: er imponiert.

Donatus ist so zu charakterisieren, daß man trotz seiner
zwanzig Jahre die große Mission hart zu spüren bekommt,
die er vertritt. Sein Denken ist fest und selbständig und
ebenso kühn in bezug auf Kunst, in bezug auf Liebe, in bezug
auf Ehe, in bezug auf Politik. Seine Ethik ist unkonventionell.
Das reine, künstlerische Anschauen des Nackten.

Seine Braut soll ihm Akt stehen. Sie wird sich nie überwinden. Geschweige in der Ehe, nun gar nicht in der Verlobungszeit. Die Zittelmanns sind Patrizier mit streng bürgerlichen Anschauungen.

Anna
Pauline } Zittelmann
Emma

Diese drei Mädchen fühlen ihre bürgerlichen Anschauungen als etwas Drückendes, wovon sie sich befreien möchten. Ihre Gedanken nehmen hundert Anläufe täglich. Diese Versuche haben großen Reiz. Eine lebenslustige Anmut ist ihnen eigen. So machen sie Modellier-Versuche. So spielen sie mit der Möglichkeit, nackte Modelle zu sehen.

Die Romfahrt an sich war ein kühner Streich, über den die Verwandtenkreise außer sich sind. Es war ein Versuch betätigter Selbständigkeit und zur Freiheit.

Ihr Neid gegen die Amerikanerin.

Szenen und großes Gelächter darüber, daß Donatus sie ahnungslos im zweiten Stock einer Casa pubblica unterbringen wollte.

Hans Klevesahl kommt und wird vorgestellt.

Hans Klevesahl wartet seit zwanzig Jahren auf Käufer. Einigermaßen berauscht, sieht er die lange ersehnten reichen Erbinnen in den Zittelmanns. Er hat vor fünfzehn Jahren in Melbourne einige Statuen verkauft. Das Geld hat er in Marmor angewandt, und sein Atelier ist mit lettischen Göttern aus Marmor bevölkert. Auf diese hat er seit fünfzehn Jahren Geld und Zeit verwandt, aber es ist seitdem niemand mehr irgend etwas kaufen oder bestellen gekommen.

Hans Klevesahl, der durch bittere Erfahrung dem jungen Donatus weit überlegen ist, läßt diese Überlegenheit auch wohl merken. Der talentreiche Jüngling ist ihm ein Illusionist. Wie sehr er, Hans Klevesahl, selber durch Illusionen mißleitet ist, daran denkt er nicht. In Wirklichkeit fehlt ihm jedes Talent! Seine Hoffnung auf eine Glückswendung, seine Statuen betreffend, kann sich niemals erfüllen. Diese Statuen sind nämlich ganz offensichtlich lächerlich. Sechs davon heben den rechten Arm rechtwinklig in die Höhe, die übrigen, etwa ebensoviel, den linken Arm. Was ferner der Illusionist kultiviert, ist die Illusion seiner lettischen Heimat. Mitten in Rom bevölkert er den Letten-Olymp! Wer interessiert sich für lettische Götter, wer für Geuit und Amerik! Augenblick-

lich beteiligt sich Hans Klevesahl an einer Denkmalskonkurrenz zum Zarendenkmal in Petersburg: abermals eine Illusion, deren Realisierung unmöglich ist.
Illusionen.
Klevesahl rechnet mit Unmöglichkeiten als mit nahen Wahrscheinlichkeiten.
Seine Muttersprache war Lettisch. Er liebt sie am meisten, hat sie aber beinahe verlernt. Sein Italienisch ist mangelhaft. Sein Deutsch ist besser, aber ebenfalls mangelhaft.
Die Schwestern Zittelmann werden von Klevesahl eingeladen, sein Atelier zu besichtigen, was sie auch tun.
Donatus bleibt jetzt allein bei seiner Statue, die er einwickelt.
Der fünfundzwanzigjährige Architekt Kahlbaum kommt.
Kahlbaum ist halb und halb eingeladen zum Atelierbesuch. Er hat am Tage vorher Donatus mit den drei Zittelmanns auf dem Monte Pincio beim Konzert gesehen.
Wer waren die Damen?
Die Damen kommen zurück mit Klevesahl, und Kahlbaum wird sofort vorgestellt.
Kahlbaum geht heftig ins Zeug, wird den Damen Rom aus dem Effeff zeigen.

Inmitten dieser reisenden und gesellschaftlichen Welt steht Donatus mit seinem tiefen Erleben als das Befremdliche und unerkannt. Die künstlerische Größe Roms hält ihn in einem ständigen psychischen Fieber. Er wird beherrscht von einem spannenden, ja quälenden Größegefühl. Sagt getrost: er ist größenwahnsinnig. Nur daß es die von ihm empfundene unerhörte Größe des römischen Kunstgeistes ist, wie er in der Pietà von Michelangelo, in seinem Moses, in seiner Sixtina und wie er in den Sammlungen des Vatikan und des Quirinal etc. etc. zum Ausdruck kommt.
Ich werde sein wie Gott, oder ich will im Abgrund den Hals brechen. Heimlich und öffentlich sagt Donatus: Ich werde nichts sein, oder ich werde einstmals Michelangelo sein.
Donatus arbeitet keuchend. Sein fressender Ehrgeiz hält ihn in einem ständigen Krampf. Vor fünf Uhr früh pflegt er aufzustehen. Bis sieben Uhr bildet er sich durch Lesen. Dann trinkt er Umbra und betritt, noch im Dunkeln, sein Atelier. Auf der Leiter, während er irgendeinen Teil seiner Statue bearbeitet, überwältigt ihn manchmal die Müdigkeit. So ist

er einmal wie ein schlafender Vogel vom Zweige auf die Erde
gefallen. Dabei hat er sich, so daß er hinkt, den Fuß verstaucht. Er hat unbedingt die Illusion, durch seine Statue
ebenbürtig neben die Größten zu treten.
Wie wahnsinnig er seine Kräfte überspannt, davon wissen
und ahnen die Nahe-, Ferne- und Fernststehenden nichts.
Sie meinen vielmehr, er tändele und bummele.

DRITTER AKT

In den Räumen eines Palazzos, dessen Außenwand die Fon-
tana Trevi entspringt. Es sind die Klublokale des Deutschen
Künstlervereins.
Einige Stammgäste sind zugegen: ein berühmter Bildhauer,
einige Kaufleute, mehrere Maler. Dieser und jener durch-
reisende Deutsche von Distinktion.
Das große Wort führt ein achtundzwanzigjähriger Maler,
Herr Nonnenmacher.
An einem besonderen Tisch sitzt Maler Karl, schon stark ge-
röteten Kopfes und schnell und heftig trinkend. Sein Beneh-
men ist eigentümlich und fällt den Klubmitgliedern, die ihn
nicht kennen, auf.
Es erscheinen nun Dr. Bachman und Dr. von Vogelsang.
Sie sind von Neapel zurückgekehrt. Sie schwärmen von
Neapel und von der Zoologischen Station.
Farbige zoologische Tiefseebilder.
Herkulanum und Pompeji.
Die Bronzen.
Das Museum zu Neapel.
Geschmacksgespräche.
Bulwer.
Der Vesuv.
Kahlbaum und die drei Schwestern Zittelmann kommen
herein. Er wird den Damen den Klub zeigen.
Man kennt Kahlbaum, kennt aber die drei Schwestern nicht.
Auch Dr. Bachman und Dr. von Vogelsang wissen nicht, daß es
sich um die Braut von Donatus und ihre Schwestern handelt.
Nonnenmacher, der sie mit Donatus zusammen gesehen hat,
stellt die Vermutung auf. Sie bestätigt sich.
Dieser ridiküle Bengel hat Glück, sagt er und fabelt von
märchenhaften Reichtümern.

Die deutsche Kolonie und ihr blühender Klatsch.
Es wird geklatscht.
Nonnenmacher gibt zum besten, daß Donatus die Schwestern in einem Bordell einmieten wollte. Er habe sogar schon in seinem Idealismus die Miete bezahlt, sie aber dann mit polizeilicher Hilfe herausgekriegt. Dies hatte Donatus selbst ihm in aller Unschuld erzählt.
Brestler, ein junger Maler, gibt zum besten, unter Gelächter, von welchen riesenhaften Kunstplänen ihm Donatus Rabe vorphantasiert habe.
Zur Erörterung kommt ein dritter und letzter Fall, und zwar der pikanteste.
Seit vielen Wochen hatte Donatus Rabe heimliche Mächte in der Kolonie seiner Landsleute gegen sich am Werke gespürt. Es pflegte vier- oder fünfmal so zu gehen, daß Menschen, die sich ihm angenähert hatten, nach wenigen Tagen des Verkehrs sich zurückzogen. Worauf das zurückzuführen war, wußte er nicht.
Donatus spricht schon im ersten Akt davon zu den Doktoren, nicht ohne Bitterkeit. Vielleicht, sagt er, habe ich ihnen zu freie Ansichten.
Im zweiten Akt spricht er ironisch davon zu den Schwestern. Man sagt ihm, er habe Verfolgungswahn. Brestler enthüllt nun die echte Ursache.
Die Kolonie hat das unausgegorene Wesen Donatus Rabes als gute Prise genommen. Er wurde ihr unfreiwilliger Spaßmacher. Sie ernannte ihn zu ihrem Hanswurst. Er ward ein willkommener Gegenstand in kolonialer Langeweile. Da aber dieser und jener einzelne Donatus so ziemlich geharnischt und gewappnet fand und mancher Herr Stipendiat den Größenwahn des Jünglings als Überhebung und persönliche Geringschätzung, ja Beleidigung fühlte, nahm der Klatsch gefährliche Formen an und steigerte sich bis zu Verleumdungen. Kurz, man wollte dem jungen Mann an die Ehre.
Brestler erzählt, Rabe sei in den Klub gekommen und habe behauptet, am ersten Dezember sei es gewesen, daß ihm das Portefeuille mit dem Monatswechsel abhanden gekommen sei. Er habe eben das Geld von der Post geholt, dann im Café Aragno gesessen, wo ihm die Brieftasche ohne Zweifel aus der Tasche gefallen oder gestohlen worden sei. Mit großem Brimborium habe er dann im Klub daraufhin die Menschen angepumpt.

Die Verleumdung lautete: Daß Rabe sein Geld verloren habe, wäre Schwindel.

Man hatte auf diese Weise dem ahnungslosen Donatus die Marke »Schwindler« angeheftet.

Das Tischgespräch wird darüber geführt.

Maler Karl greift höhnisch ein, wird aber nicht beachtet.

Karl wurde von Donatus fast täglich in einer Milchhalle freigehalten, weil er ihn von Alkoholismus kurieren will. Karl schätzt, ehrt und liebt den Donatus. Leider bei seinem Zustand jetzt kompromittierend für die Verteidigung.

Dr. von Vogelsang nimmt für Donatus Partei.

Er sagt einem Schimpfenden: »Haben Sie Herrn Rabe etwas geliehen?« — »Nein!«

Donatus kommt und wird mit befremdender Kälte empfangen.

Dagegen erhebt sich Maler Karl und begrüßt ihn mit einer lauten Umarmung. Das ist Donatus natürlich fatal und drückt ihn in der allgemeinen Geringschätzung noch weiter herab.

Man verläßt ostentativ den Raum.

Donatus beruhigt Maler Karl. Er schiebt ihn ab ins Billardzimmer.

Der Vorsitzende kommt zu Donatus. Er fragt ihn über Karl. »Er ist nicht Mitglied des Vereins. Wir müssen sehen, ihn herauszubugsieren.«

»Er ist mein Gast.«

»Ja, solche Gäste...? Sind die Damen auch Ihre Gäste?«

»Sie sind meine Gäste.«

»Sie wissen, daß Damen der Eintritt verboten ist.«

Die Damen und Kahlbaum erscheinen. Kahlbaum stellt den Vorsitzenden vor.

Dr. Bachman und von Vogelsang sind bereits bekannt gemacht, haben sich angeschlossen. Der Vorsitzende empfiehlt sich.

Maler Karl sagt: »Dieses ist wohl so ziemlich der größte deutsche Philisterverein.«

Donatus zwingt alle dazubleiben, nachdem ihm der angeheiterte Karl Mitteilungen gemacht hat.

Donatus beschließt, Nonnenmacher und Brestler zu stellen. Er ist wahnsinnig aufgeregt.

Von Vogelsang und Bachman führen die Damen fort.

Kahlbaum bleibt, will Donatus' Kinderfrau sein.
Nonnenmacher und Brestler werden von Donatus gestellt.
Donatus wird des Vereins verwiesen.

VIERTER AKT

Atelier des Donatus Rabe. Er arbeitet gepeinigt und wahnsinnig. Es ist Abend. Klevesahl kommt herein, mit Licht. Er ist angezogen und macht Feierabend.
»Hören Sie auf, Sie machen sich kaputt, Kleiner!« sagt er zu Rabe.
»Lassen Sie mich. Ich erwarte in einer Stunde die Zittelmanns.«
Klevesahl geht, nachdem beiläufig die Auftritte im Künstlerverein erörtert worden sind.
In Donatus steckt außer der verzehrenden psychischen Krankheit eine physische.
Er quält das Modell Quaquaro. Die Kohlenbecken. Die Lampenkonstruktion unabhängig von Michelangelo.
Einmal legt sich Donatus todmatt lang auf die Erde nieder.
Das Modell deckt ihn zu.
Ein sächsischer Athlet kommt, obdachlos. Das Modell empfängt ihn. Ziehen Sie sich aus, sagt Donatus, ohne aufzustehen. Das Modell läßt seine Muskeln spielen, bekommt Geld, wird fortgeschickt.
Donatus peitscht sich wiederum auf zur Arbeit.
Nach einiger Zeit Emma Zittelmann, die Braut.
Sie erweist sich als von der Auffassung aller übrigen infiziert. Donatus solle auf Akademien gehen. Dr. von Vogelsang mit den anderen beiden Zittelmanns und Kahlbaum. Kahlbaum und Dr. Vogelsang sind Bewerber geworden. Alle wollen ins Restaurant. Vorher gewaltige Kunstdiskussion.
Donatus will weiterarbeiten.
Das Modell verläßt ihn.
»Es ist Kohlendunst im Zimmer«, sagen die Mädchen. »Wir können hier nicht bleiben.«
Klevesahl tritt hinzu. Er gibt den Rat, Donatus mitzunehmen.
Donatus hat von seiner Braut Revolver geschenkt bekommen, der immer geladen zur Hand.
Donatus will seine Braut nicht mehr porträtieren, weil die genaue Kenntnis des Gesichts ihn entillusioniere.

Er wird unangenehm, wird grob. Wirft alle hinaus.
Mit Klevesahl war ein kaufmännisches Mitglied des Künstlervereins gekommen, eine Schwertschnauze, die zurückhält.
Alle haben kaum Donatus alleingelassen, als dessen Tonkoloß vom Haupt an ins Sinken gerät.
Donatus bemerkt es, sucht sie zu halten, schreit um Hilfe.
Die Davongegangenen stürzen wieder herein.
Sie begreifen zuerst nicht.
Dann helfen sie unter Gelächter stützen.
Als trotzdem alles gefallen ist, brechen sie in ein endloses Gelächter aus.
Endlich besinnen sie sich auf Donatus.
Er liegt auf der Bank und phantasiert.
Die Krankheit ist in ganzer Schwere ausgebrochen.

FÜNFTER AKT

In der Loggia des Deutschen Krankenhauses auf dem Kapitol.
Es sind die letzten Stunden des Donatus.
Er stirbt mit der Lebensillusion.
Vor der Loggia ein ungeheurer Blütenbaum. Donatus wird an den Blütenbaum vor seinem Atelierfenster und an alle übrigen Blütenbäume seines Lebens erinnert.
Mit dem Anstaltsarzt ist Dr. von Vogelsang gekommen. Sie haben den Kranken untersucht.
Dr. von Vogelsang hat schon früher dem Donatus zu Emma gratuliert. Seine stille Verehrung für sie ist bemerkbar gewesen.
Ehe die Doktoren kamen, war Emma mit Donatus allein.
Ihre Tröstungen, ihre Lügen. Die sichere Lebensillusion.
Maler Karl kommt.
Karl erzählt, daß Klevesahl in einem Raptus alle seine Statuen zerprügelt habe und verschwunden sei.
Die katholische Schwester ist immer im Hintergrund.
Donatus' Sehnsucht nach der Heimat, nach dem Norden, nach dem Schnee.
Seine ungeheuren Entwürfe und Pläne.
Die großartigen römischen Visionen.
Man fühlt, daß Dr. von Vogelsang, sein Bazillengürtel und Emma Zittelmann fortan gemeinsam gehen werden.
Capri lockt.
Donatus stirbt.

[IV]

Agnetendorf, den 8. Dezember 1909.

ROM

HERBERT MARKUS, 20
MALER KARL, ca. 30
QUAQUARO, Modell
HANS KLEVESAHL, 50
DR. BACHMAN, 25
DR. VON VOGELSANG, 25

Zeit: 10. Januar, vormittags.

ERSTER AKT

*Das Atelier von Herbert Markus in der Via degli Incurabili zu Rom. Den oberen Teil der Hinterwand nimmt das große Nordfenster ein. Außen zu seiner halben Höhe reichen die Zweige eines kahlen Apfelbaums. Unter dem Fenster läuft ein langer Werktisch hin, ein gehobeltes Brett auf Holzböcken. Die linke Wand des kahlen, hohen und dumpfen Raumes enthält zwei Türen. Die vordere führt auf den Flur, die hintere in ein anstoßendes Zimmer. Eine weit überlebensgroße Aktfigur ist in Ton angelegt. Sie steht in der Mitte des Ateliers, in feuchte Lappen gewickelt, auf einer starken Drehscheibe. Auf einer zweiten Drehscheibe nicht weit davon steht Quaquaro, das Modell, Halbakt. Am Fuße seiner Statue hockt Herbert Markus, stiert vor sich hin und raucht seine Zigarette. Herbert Markus ist zwanzig Jahr alt, von zartem, mädchenhaftem Teint, und trägt — exzentrisch — blondes Haar bis zur Schulter. Übrigens ist er in einen weiten Leinwandkittel mit Gürtel gehüllt. Von seinen Arbeiten sieht man im Atelier noch ein figurenreiches Relief und eine verhüllte Porträtbüste. — Maler Karl, etwa dreißig Jahr alt, schäbig und dürftig, stöbert im Atelier herum. Blonder Bart. Schlapphut.
Es ist um den zehnten Januar, vormittags.*

ERSTE SZENE

Markus, Karl, das Modell.

MALER KARL. Deshalb können Sie mir doch noch eine Zigarette verehren, Herr Markus.

HERBERT MARKUS. Unter diesen Verhältnissen habe ich seit sechs Wochen fast nur mit meinem Modell geredet. Ich habe einfach mit niemand verkehrt. Ich habe ja auch, weiß Gott, andres zu tun. Beinahe ist mir mein ganzer Sprechanismus eingerostet.

MALER KARL. Vergeßt meine Zigarette nicht.

HERBERT MARKUS *präsentiert seine Zigarettentasche.* Sagen Sie, kennen Sie eigentlich den sächsischen Staatsstipendiaten Brestler, Karl?

MALER KARL. Das könnt Ihr mir glauben! Ich habe dem Affen mal in der Est-Est-Kneipe Backpfeifen angeboten.

HERBERT MARKUS. Was da für Leute aus Deutschland mit Stipendien nach Rom kommen, schauerlich! Wenn man sich dagegen die Kerle aus Paris betrachtet! Bildschöne Leute! Souverän! Treten wie junge Fürsten auf!

MALER KARL. Und existieren wie junge Fürsten! Wie wohnen die Kerls! Haben Sie mal in die Villa Medici auf dem Pincio einen Blick getan? Die Menschen hausen wie junge Götter.

HERBERT MARKUS. Bei uns ist eben die Ansicht verbreitet, daß ein junger Künstler sich durchhungern muß. Schenkt man ihm dann mal wirklich zweitausend Mark von Staats wegen, so meint man, ihm müsse nun unbedingt für den Rest seiner Tage geholfen sein. In Kunstdingen fehlt bei uns jede Großzügigkeit, und zwar einfach deshalb, weil die Kunst bei uns zulande höchstens eine konventionell geduldete Sache ist.

MALER KARL. Ihr könnt mir glauben, wenn das so weitergeht: ich mache die Sache höchstens noch bis zum Frühjahr mit. Dann reis' ich nach Hause und werde Nachtwächter.

HERBERT MARKUS. Hat Ihr Vater noch nicht geantwortet?

MALER KARL. Nein. Mein Vater scheint krank zu sein. — Wie sehen diese Grandseigneurs auf uns herab! Wir sind doch nur arme Hungerleider! Wir könnten ganz gut ihre Schuhputzer sein.

HERBERT MARKUS. Dafür wäre ich allerdings nicht geeignet! Da sollte es mir getrost noch erheblich schlechter gehn.

maler karl. Euch geht's ja nicht schlecht! Ihr könnt doch nicht mitreden! Ihr habt ein Studio, könnt Euch Modell halten, habt regelmäßig in der Trattoria di Trevi Euren Mittagstisch! Aber ich... na, reden wir nicht darüber. — Wär' ich ein solcher Ohrwurm gewesen, wie der Brestler ist, und könnt' ich mit ihm konkurrieren in bezug auf Talentlosigkeit, so ging' ich wahrscheinlich jetzt wie er in Rom mit Stöckchen, Glacés und ganzen Stiefeln herum und hätte die Weisheit mit Löffeln gefressen.

herbert markus. Das hat er. Er schwitzt förmlich Überlegenheit und Selbstgefälligkeit. — Ich habe mal eine Dummheit begangen. Ich hab' ihm mal in der ersten Begeisterung eine neue Idee, die ich ausführen wollte, und überhaupt manches von meinen Plänen... wissen Sie, was ich so arbeiten wollte, mitgeteilt. Da ist er denn in den Verein gegangen und hat eine lustige Nummer daraus gemacht.

maler karl. Dieser Künstlerverein! Gott soll uns bewahren.

herbert markus. Ich gehe abends noch manchmal hin, weil die Räumlichkeiten im Palazzo di Trevi so herrlich sind.

maler karl. Anzi! Aber die Menschen! die Menschen! — Schenkt mir noch eine Papyros, ja?

herbert markus *offeriert Zigaretten.* Na ja, wie ich schon sagte, um die Menschen bekümmere ich mich im großen ganzen nicht. Man macht eben nicht umsonst Erfahrungen.

maler karl. Ich habe es Euch gleich am Anfang gesagt: Ihr sollt mit allem und allen vorsichtig sein. Denkt doch nur nicht, daß diese Menschen etwa von ihrer großen Umgebung irgendwie beeindruckt sind. Ihr kamt allerdings in das Ewige Rom, aber Ihr kamt zugleich in die allerphilisterhafteste deutsche Kleinstadt hinein. Ihr redet allerlei von der Leber weg, wie Euch der Schnabel gewachsen ist: politisch, künstlerisch und so weiter. Versucht mal, in einer deutschen Kleinstadt vier Wochen lang so Eure Weste aufzuknöpfen, und dankt Eurem Herrgott, wenn Ihr am Schlusse nicht im Gefängnis sitzt.

herbert markus. Das ist mir ganz gleichgültig! Wem gegenüber es immer sei: Überzeugungen, die ich nun einmal habe, verstecke ich und verrate ich nicht.

maler karl. Gott, Maestro, Ihr seid ja das reine Unschuldskind.

HERBERT MARKUS *steht auf, geht umher.* Diese Behauptung ist mir nicht neu, und ich habe sie mehrere hundert Mal allen möglichen und unmöglichen Leuten gegenüber ad absurdum geführt. Weil ich zwanzig Jahr bin, unverbrauchte Empfindungen habe, fähig zum Enthusiasmus für alles Große und Gute bin, wollen sie mich zum Narren stempeln. Weil ich nicht feige bin und mich mutig vorwage, bin ich unbescheiden, ja unverschämt. Gut, ich habe in meinen Knochen kein Paria- und kein Knechtsgefühl. Ich bin vielleicht verletzlich in diesem Punkt bis zur Lächerlichkeit. Schön! und ich mache daraus kein Geheimnis! Im vorigen Jahre bin ich zum ersten Male flüchtig durch Rom gekommen und da hab' ich mit einem Schlag erkannt, wo man als Künstler, als Bildhauer leben, nach welcher Richtung man streben muß. Ich bin wiedergekommen, um hier zu arbeiten! Ich kann Sie versichern, das Riesenwerk der Sixtina, übrigens ausgesprochen das Werk eines Bildhauers, der Moses, die Pietà vibrieren in mir, und meinethalben, wenn ich auch lächerlicherweise dabei zerknicke, ich kann nicht anders, als etwas ähnlich Großes zu wollen als das. Hol' mich der Teufel, ich kann nicht anders! Daraus habe ich nun natürlicherweise ebenfalls wieder kein Geheimnis gemacht — da halten mich diese Menschen für schwachsinnig. Also weil ich mit zwanzig Jahren politisch unabhängige Ansichten habe, weil ich um das Allergrößte, was ich empfinden kann, zu ringen entschlossen bin, weil ich Bescheidenheit in diesem Punkt für Gemeinheit halte und, nota bene, weil ich mit zwanzig Jahren kein alles zersetzender Pessimist und Zyniker bin, deshalb stempelt Ihr mich zum Unschuldskinde!

ZWEITE SZENE

Markus, Karl, das Modell, dazu Klevesahl, der in die Flurtür getreten ist.

KLEVESAHL *hat zugehört. Er ist ein fünfzigjähriger, bärtiger Mann, der seinen Kahlkopf durch ein Käppi schützt. Er trägt Schlafschuhe, ist ohne Hemdkragen, sein Anzug ist mit Gipsstaub bedeckt.* Evviva Maestro! Bis! Bis!

Verzeiht, ich hör' Euch deklamieren;
Ihr last gewiß ein griechisch Trauerspiel?
In dieser Kunst möcht' ich was profitieren...
HERBERT MARKUS. Guten Morgen, Herr Klevesahl.
KLEVESAHL. Guten Morgen, Maestro. — Warum haben Sie denn Ihre große Puppe schon zugedeckt?
HERBERT MARKUS. Weil ich einen jungen deutschen Gelehrten leider zu einer Porträtsitzung erwarten muß. Er ist gestern aus Neapel zurückgekommen. *Zum Modell.* Basta, Quaquaro, per questa mattina. Verso le due, dopo pranzo. *Das Modell springt vom Standort herunter und zieht sich an.*
KLEVESAHL *betrachtet die verhüllte Statue von unten bis oben. Immer leicht ironisch und spaßhaft.* Da habt Ihr doch mindestens Eure zwölf bis fünfzehn Zentner feuchten Lehm draufgepackt, Maestro!? Wird Euch denn das nicht herunterfallen?
HERBERT MARKUS. Ich habe ein ziemlich festes Gerüst gemacht.
KLEVESAHL. Na, na, lieber Maestro, das will ich hoffen! — Aha, unten sind Sie nicht ausgekommen.
HERBERT MARKUS. Der Kerl wurde zu kurz. Da hab' ich die Plinthe weggekratzt.
KLEVESAHL. Na, und wann kommen denn nun Ihre Damen, Maestro?
HERBERT MARKUS *zieht einen Brief hervor.* Am elften Januar sind sie von Dresden abgereist. Bis zum vierzehnten sind sie in München gewesen. Bis zum achtzehnten haben sie in Verona Station gemacht. Bis zum zwanzigsten Mailand. Heute sind sie in Florenz angelangt, und in etwa drei Tagen werden sie hier sein.
KLEVESAHL. Also doch, Maestro! Ich habe, offen gestanden, immer noch nicht so recht daran geglaubt.
HERBERT MARKUS. Weshalb wollen Sie denn daran nicht geglaubt haben?
KLEVESAHL. Gott, Sie haben mir selbst gesagt, daß es die erste große Reiseunternehmung der jungen Damen ist und daß ihre Verwandten sehr davon abrieten. — Wenn sie kommen, bringt sie nur jedenfalls auch mal gelegentlich zu mir in mein Atelier hinein.
MALER KARL, *der, den Rücken gegen die Sprechenden, inzwischen mit den Werkzeugen gespielt hat, gähnt furchtbar laut.* Uah — ah — ah!

HERBERT MARKUS. Donnerwetter, Herr Karl, Sie haben wohl Leibschmerzen?

MALER KARL. Ihr habt gut reden! Ich habe im ganzen heute nacht höchstens anderthalb Stunden auf meiner Pritsche gelegen.

HERBERT MARKUS *stellt vor.* Maler Karl, Bildhauer Klevesahl.

MALER KARL. Und außerdem ist heute wieder so ein gottverfluchter Schirokkotag. Man könnte sich in die Erde verkriechen.

KLEVESAHL. Sind Sie schon lange hier in Rom?

MALER KARL. Und wenn man zehn Jahre hier in Rom ist, an den Schirokko und an die Deutschen, die hier überall herumwimmeln, gewöhnt man sich nicht.

KLEVESAHL. Na, dann trifft's sich ja gut, daß ich russischer Untertan und von Geburt außerdem Lette bin.

MALER KARL. Fahren die Letten nicht mit Rentieren?

KLEVESAHL, *immer sehr sanft.* Nein, mit Rentieren fahren wir nun gerade nicht. Wir essen auch keine Stearinkerzen. Aber sonst sind wir ein vorwiegend protestantisches Volk, das mehr als eine Million Seelen, eine sehr schöne Sprache und etwa vierzigtausend köstliche Volkslieder hat. Und wenn Sie mal in mein Studio kommen, so können Sie unseren ganzen schönen Letten-Olymp...

HERBERT MARKUS. ...aber nicht in Letten, sondern in bestem karrarischem Marmor sehn!

KLEVESAHL. Maestro, machen Sie keine Witze!

HERBERT MARKUS. Ja, hab' ich nicht recht? Sie haben doch die karrarischen Brüche förmlich ganz ausgeraubt.

KLEVESAHL. Nein, ich habe nicht gerade die karrarischen Brüche ausgeraubt, aber ich habe allerdings viel in Marmor gearbeitet, und zwar ohne Abbozzatore zumeist. Ihr jungen Leute macht euch gern lustig! Seht euch aber die Leute doch gefälligst mal näher an, bevor ihr euch über sie lustig macht. Ich bin als achtzehnjähriger Bauernbursch, ohne Geld und nur meine Kunstbegeisterung in der Brust, zu Fuß von Riga bis Rom gegangen.

MALER KARL. Uah – ah! Das verwünschte Saufen und Nächte um die Ohren Schlagen gewöhn' ich mir aber wirklich nächstens ab.

KLEVESAHL, *friedfertig, ironisch.* Sie haben hohen Besuch, Maestro. A rivederlo! Ein andermal. *Er reicht Herbert die Hand, lüftet leicht das Käppi gegen Karl und geht ab.*

DRITTE SZENE

Markus, Karl, das Modell. Dann Markus und Karl allein.

MALER KARL. Es gibt unglaubliche Existenzen hier in Rom.
HERBERT MARKUS. Von dem alten Herrn muß man leider sagen, daß er wirklich nicht einen Funken Begabung hat. In seinem Studio stehen tatsächlich ungefähr ein Dutzend litauische Gottheiten in Marmor herum, Geuit, Amerik und so weiter. Sechse von ihnen heben — etwa so — ihren rechten, sechse von ihnen den linken Arm. Ungefähr ebenso ist mit dem Standbein gewechselt. Seit zwanzig Jahren wartet der Ärmste vergebens auf den reichen Amerikaner, der kommen soll und ihm seine Steinmetzbude auskaufen.
MALER KARL. Ich warte nur auf das Reisegeld. Sobald mein Vater das Geld schickt, reis' ich nach Deutschland und nehme die erste beste Stellung als Zeichenlehrer an. Könnte mir jemand gleich hundert Mark pumpen, ich würde schon morgen früh über alle Berge sein.
HERBERT MARKUS. Sagen Sie, Karl, warum arbeiten Sie nicht?
MALER KARL. Sagen Sie mir erst mal, warum Sie arbeiten, oder, meinethalben, warum da drüben der Klevesahl seit zwanzig Jahren Puppen macht.
HERBERT MARKUS. Klevesahl ist ein Illusionist. Er ist ein trauriges Opfer der Selbsttäuschung.
MALER KARL. Na, und Sie? und ich?
HERBERT MARKUS. Ich sicherlich nicht.
MALER KARL. Uah — ah — ah! Wir wollen mal abwarten.
HERBERT MARKUS. Ja, seid ihr denn alle zusammen hier wahnsinnig? Glaubt ihr, daß einem jungen Menschen geholfen ist mit eurer erbärmlichen, greisenhaften Resignation und Mutlosigkeit? Wollt ihr einen denn damit fördern? Warum kommt ihr denn eigentlich erst nach Rom? Warum bleibt ihr nicht hinter dem Ofen sitzen? wenn ihr kein Rückgrat habt oder wenn ihr hier nur auf allen vieren kriechen und euch nicht aufrichten wollt? Ich lasse mich nicht ins Mauseloch peitschen! Wenn dieser und jener hier fertig geworden ist, pleite geworden, bankrott geworden, deshalb ist doch noch lange nicht gesagt, daß ich ebenfalls pleite und bankrott werden muß. Im Gegenteil! ganz im Gegenteil! Ich fühle mich jetzt schon in dieser großen Atmosphäre von Stunde zu Stunde reicher werden.

QUAQUARO *tritt vor Herbert Markus.* Allora vengo alle due, signore, si?
HERBERT MARKUS. Sicuro, alle due, Quaquaro. *Quaquaro grüßt und geht ab.*
HERBERT MARKUS. Aus der Froschperspektive wie ihr sehe ich Rom eben nicht.
MALER KARL. Es ist ja möglich, daß Sie mehr Glück haben.

VIERTE SZENE

Quaquaro hat kaum die Türe hinter sich geschlossen, als sie von außen wieder geöffnet wird. Dr. Bachman, etwa fünfundzwanzig Jahr alt, frisch, hübsch, von gesunder Gesichtsfarbe, gutgekleidet, blickt herein. Ihm folgt Dr. von Vogelsang, im gleichen Alter, ideale, breitschultrige Erscheinung.
Markus, Karl, Dr. Bachman, Dr. von Vogelsang.

DR. BACHMAN. Also doch! wir sind richtig! Dürfen wir eintreten?
HERBERT MARKUS. Herein! Natürlich! Da sind Sie ja.
DR. BACHMAN. Lieber Markus, ich habe Ihnen meinen Freund Dr. von Vogelsang mitgebracht.
DR. VON VOGELSANG. Ich möchte aber durchaus nicht belästigen. Ich bitte Sie jedenfalls, mir offen zu sagen, wenn meine Gegenwart während der Sitzung irgendwie störend ist.
HERBERT MARKUS. Seien Sie willkommen, meine Herren. *Er stellt vor.* Herr Maler Karl! Dr. Bachman, Dr. von Vogelsang! — Sie sind direkt von Neapel gekommen?
DR. BACHMAN. Ja, und wir haben in Schönheit geschwelgt, wie man sich denken kann! Ischia! Capri! Die Blaue Grotte! Der Golf! Sorrent, wo Tasso gedichtet hat! Herkulanum! Pompeji! Der Vesuv! Wir sind natürlich oben gewesen. Und last not least die Dohrnsche Zoologische Station.
HERBERT MARKUS. Mit den Fresken von Marées in der Loggia.
DR. BACHMAN. Fresken? An Fresken erinner' ich mich nicht.
DR. VON VOGELSANG. Ich hatte an Dr. Bachman den kundigen geologischen Führer bei unseren Streifzügen. Er ist nämlich, auf dem Gebiete des Vulkanismus besonders, bereits eine anerkannte Autorität.
DR. BACHMAN, *einen geologischen Hammer in die Hand nehmend, der unter seinem Rocke hängt.* Da haben Sie gleich

meine Legitimation. Das ist mein geologischer Hammer,
mit dem ich am liebsten den ganzen Apennin beklopfen
möchte.

DR. VON VOGELSANG. Ich habe hier ebenfalls meine Legitimation. *Er klopft sich auf den Magen.*

DR. BACHMAN. Dr. von Vogelsang ist nämlich zum Studium
der Malaria nach dem Süden geschickt. Sehn Sie sich mal
seinen Gürtel an.

DR. VON VOGELSANG *streift seine Weste ein bißchen herauf.* Ja,
in der Tat, ich bin lebensgefährlich.

DR. BACHMAN. Er hat nämlich einen Gürtel mit lauter Reagenzgläschen Tag und Nacht auf dem bloßen Leib, die
seine Bazillenkulturen enthalten.

DR. VON VOGELSANG *zieht ein geschlossenes Reagenzgläschen
hervor.* Hier hab' ich zum Beispiel Malaria. Daneben steckt
Typhus. Hier, mit Erlaubnis zu sagen, Rotz und Rinder-
pest.

DR. BACHMAN. Er kann auch mit Diphtheritis dienen.

HERBERT MARKUS. Das ist ja ein furchtbarer Panzer, den Sie
da umhaben.

DR. BACHMAN. Und damit legt er sich nachts ins Bett.

DR. VON VOGELSANG. Ja, meine kleinen Haustierchen brauchen
Brutwärme.

HERBERT MARKUS. Ja, wenn es nun aber das Unglück will,
daß Sie sich nachts mal im Bett herumwälzen, und es geht
Ihnen so ein Gläschen kaputt?

DR. BACHMAN, *lachend.* Dann stirbt er als Opfer der Wissenschaft.

DR. VON VOGELSANG. Das gewärtigt jeder Anatom bei jeder
Sektion jeden Augenblick. Wenn er sich da nur ein bißchen
ritzt, kann er getrost sein Testament machen. Kismet!
wofür ist man Fatalist!

DR. BACHMAN. Am schlimmsten denk' ich's mir, wenn er mal
nachts Besuch bekommt. *Gelächter.*

HERBERT MARKUS. Das ist ja bei weitem schlimmer als das
berühmte scharfe Schwert, was die berühmten Recken des
Altertums mitunter als unübersteigliches Hindernis zur
Wahrung der Keuschheit im Bett zwischen sich und der
Nachbarin aufrichteten.

DR. VON VOGELSANG. Nun, sollte mich mal eine schöne Frau
Nachbarin durch eine Visite zu nächtlicher Stunde aus-
zeichnen...

DR. BACHMAN, *lachend.* »Den Gürtel wirft er, den Mantel weg.«
DR. VON VOGELSANG. Gürtel um Gürtel! In einem solchen Falle ließe man doch wohl mal Wissenschaft Wissenschaft und Bazillen Bazillen sein.
DR. BACHMAN. Wir werden doch heut zusammen frühstücken?
HERBERT MARKUS. Frühstücken wir zusammen und fahren wir nachher in die Campagna, nach Tivoli oder Frascati hinaus. Ich wollte zwar am Nachmittag arbeiten. Aber schließlich muß man doch auch mal wieder Himmel und grünen Rasen sehn. Seit sechs, acht Wochen hab' ich die Nase nicht ins Freie gesteckt. Von der Wohnung ins Atelier, vom Atelier an die Futterkrippe, manchmal abends ein bißchen Künstlerverein. »Unter Larven die einzige fühlende Brust.« Seit Sie von hier nach Neapel abgereist sind, Dr. Bachman, hab' ich, weiß Gott, beinahe vergessen, was Lachen ist. Nun hört man doch wieder mal richtig Deutsch sprechen.
DR. BACHMAN. Sie haben ja eine kolossale Figur gemacht.
HERBERT MARKUS. Ja, leider! und Sie können mir glauben, der Popanz liegt wie ein Alp auf mir. Der Götze macht mich beinahe wahnsinnig. Aber heut wollen wir mal Genzano trinken, Berge und blauen Himmel sehn und sorglos fidel wie Studenten sein.
MALER KARL. Warum machen Sie denn solche Riesenfiguren?
DR. BACHMAN. Ist das eine Bestellung, sagen Sie mal?
DR. VON VOGELSANG. Wollen Sie das in Marmor ausführen?
HERBERT MARKUS *hält sich humoristisch die Ohren zu.* Meine Herren, eure Fragen durchlöchern mich. Ich kann darauf keine Antwort geben. In acht oder zehn Wochen werden wir weiter sein. *Er geht ab in den Nebenraum, um sich anzuziehen.*

FÜNFTE SZENE

Maler Karl, Dr. Bachman, Dr. von Vogelsang.

DR. BACHMAN. Habe ich Ihnen zuviel gesagt?
DR. VON VOGELSANG. Er scheint wirklich ein origineller, begabter Mensch zu sein.
DR. BACHMAN, *zu Karl.* Kennen Sie Herrn Markus schon lange?
MALER KARL. Nein, ich habe ihn auch erst hier in Rom, und zwar anfänglich nur par renommé, kennengelernt.

DR. BACHMAN. Par renommé. Der kleine Kerl scheint wirklich das enfant terrible der ganzen hiesigen Kolonie zu sein. Er war mir von seinem Bruder empfohlen, der bereits ein recht bedeutender Forscher Haeckelscher Schule ist. Als ich hier in Rom zum erstenmal seinen Namen nannte und nach ihm frug, erfuhr ich zunächst eine halbe Stunde lang ein ganzes Register seiner Tollheiten.

MALER KARL. Er stellt hier alle Begriffe von Alter und Jugend, Autorität und so weiter auf den Kopf.

DR. BACHMAN. Halten Sie etwas von seinem Talente?

MALER KARL. Ich sehe einstweilen jedenfalls, daß er keine Schlafmütze ist. Im übrigen kann ja ein Blinder greifen, was ihm fehlt. Er hat nichts gelernt! Man merkt es auf Schritt und Tritt, daß er ein blutiger, unerfahrener Anfänger ist.

DR. BACHMAN. Sollte er da nicht lieber auf Akademien gehn?

MALER KARL. Auf zwei, drei Akademien haben sie ihn an die Luft gesetzt. Er hat auch politisch höchst freie Ansichten.

DR. BACHMAN. Damit sollte die kleine, tolle Kröte doch wirklich vorsichtig sein.

[V]

13. Dezember 1909.

ROM

ERSTER AKT

ERSTE SZENE

Atelier. Herbert Klaußmann in großer Erregung und heftigem Trübsinn. Er hat Nacht vorher heftige Debatten gehabt. Es ist beinahe bis Prügelei mit einem gewissen Brestler gekommen. Maler Hans Grade ist zugegen. Gegenstand der Prügelei würde Insinuation eines versuchten Betruges sein. Geschichte mit verlorenem Wechsel.

»Wissen Sie«, sagt Hans Grade, »eigentlich wollte ich Sie um Geld zur Heimreise anpumpen. Ich brauche im ganzen hundert Mark. Fünfzig habe ich von anderwärts bekommen.«

»Wenn Sie es mir wiederschicken, kann ich Ihnen das Geld geben.«

ZWEITE SZENE

Bildhauer Klevesahl. Auch er wird eingeweiht. Hans Grade empfiehlt sich mit dem Gelde.
Klevesahl nennt ihn ein heruntergekommenes, anrüchiges Individuum.
»Wann kommen Ihre Damen?«
Herbert verschmachtet beinahe in seiner Isoliertheit.

DRITTE SZENE

Architekt Kahlbaum kommt. Er weiß von stattgehabtem Konflikt. Herbert will sich duellieren! Will den Verleumdungen im Künstlerverein unnachsichtig auf Grund gehen. Kahlbaum rät zur Gelassenheit.
»Die Gegner sind mächtig.«
»Wann erwarten Sie Ihre Damen?«

BISMARCKHAAR

Agnetendorf, den 6. September 1911.

ERSTER AKT

Ein kleiner, etwas verwilderter, sandiger Garten. Im Hintergrund ein längliches Parterrehaus ohne Unterkellerung. In der Mitte des Hauses die Hintertür, die geöffnet ist und den Durchblick durchs ganze Haus und die ebenfalls geöffnete Vordertür gestattet. Nur eine Stufe hebt das Niveau dieses Durchganges vom Niveau des Terrains. Rechts und links von der Hintertür je zwei Fenster. Darunter Gartenbänke mit Tischen. An einem der Gartenbäume ist eine Schwenke angebracht. Links trennt ein alter Staketenzaun den Garten vom Nachbargrundstück.
Das Ganze ist eine in einer Ortschaft am Rande des Sachsenwaldes gelegene, von Thomas Brunck gemietete Besitzung.
Es ist Herbstzeit.

ERSTE SZENE

Thomas Brunck und sein Bruder Lebrecht Brunck kommen langsam aus der Haustür. Thomas Brunck ist noch nicht vierzig Jahr alt, aber etwas dick und schwerfällig. Er trägt Schlafschuh, die Beinkleider mit einem Gürtel festgehalten, offene Weste und ist hemdärmlig. Unterm Arm hält er Schachbrett und Kästchen mit Schachfiguren. Hohe und breite Stirn, rotblondes Haupt- und Barthaar. Lebrecht ist sechs Jahr jünger und sieht um zwölf Jahre jünger aus. Er ist ein schlanker, hübscher, nervöser Mensch, ebenfalls blond, sehr gut angezogen.

THOMAS. Onkel Toms Hütte, mein Junge! Klein, aber mein! solange ich die Miete regelmäßig bezahle nämlich! Klein, aber mein, siehste wohl! Hier sitze ich öfters und spiele Schach mit dem Lehrer Bock. Ein Original! 'n Kerl für 'ne Schmetterlingssammlung. Überhaupt kann ich dir sagen, an Originalen leiden wir keinen Mangel hier herum. Alte Junggesellen in Menge: einer immer verrückter als der andere! Zum Beispiel der Levöcke, der Notar! Oder der Jägerianer Hangenov: Kerl hat sich hier in der Nähe im Sachsenwald eigenhändig Ziegeln und Kalk gefahren und eigenhändig 'n lüttes Häuschen gebaut. Karnickelstall nennen's die Vierländer Leute. Einerlei! Hier is ja och man bloß so'n Karnickelstall, und wir leben soweit ganz vergnügt deswegen! — Hier nebenan is 'ne Wäscherei, bildschöne Wäschemädel, mein Junge! geradezu bildschön, sage ich dir! Ich wundere mich, daß der Gesangverein heut nicht im Gange ist: sonst singen die Frauenzimmer nämlich von morgens bis Abend. Da haben wir also für unsere Miete noch obendrein tägliches Freikonzert.

LEBRECHT. Ich finde es überhaupt ganz entzückend hier.

THOMAS. Na ja, Gott, was will man machen, wenn man vom Pferd auf den Esel und vom Esel auf den Pudel gekommen ist? Aber wenn man hinten das Gartentürchen aufmacht, hat man die blühende Heide und den Sachsenwald: den Sachsenwald, wo der Alte von Friedrichsruh begraben ist. Da muß ich dir dann mal 'ne Sache erzählen... Es ist nämlich gar nicht wahr, daß Bismarck nur drei Haare besessen hat. Ich werde dir später den Beweis liefern.

Du mußt überhaupt nicht denken, mein alter Junge, daß ich etwa dem Fluch der Gehirnerweichung verfallen bin. Ich habe noch allerlei Eisen im Feuer. Morgen nehmen wir mal einen Wagen und fahren mit Notar Levöcke auf die Schwandorfer Koppel hinaus. Der Notar hat die ganze Geschichte an Hand, und wenn's dir Spaß macht, kannst du einspringen. Sechshundert Morgen Wiese- und Waldbestand. Strecke Hamburg—Berlin, und spätestens übers Jahr kommt mittenhinein eine Haltestelle. *Er hat sich links von der Tür niedergesetzt und die Figuren auf das Schachbrett geschüttet.* Bis Lavise kommt, können wir gut noch 'ne Partie Schach spielen.

LEBRECHT. Die Kinder sind in der Schule?

THOMAS. Jawohl, mein Sohn. Luz ist in Hamburg Quintaner und kommt gegen zwei mit dem Zuge. Ehrenfried genießt Zucht und Erziehung hier in der Schule bei Bock, der zum Lehrer paßt wie der Bock zum Ziergärtner. Die Mädels haben bei dem gottseligen Fräulein Dinklage Privatunterricht. Die alte Schachtel hält eine Fliege, musca domestica, die sie milkt und von der sie Butter macht, eine andere als Kanarienvogel und die dritte für den Wagen, wenn sie mal ausfahren will. *Er hält Schachfiguren zum Raten hin.* Also wer fängt an? rate! rechts oder links, mein Junge?

LEBRECHT, *lachend.* Na, jedenfalls merk' ich, Thomas, daß du deinen alten Humor noch nicht verloren hast.

THOMAS. Kunststück! Glaubst du, daß man, wenn es einem gegangen ist wie mir, den Humor nicht nötig hat? Teuf! Wie seggt de olle Klas? Nu gerade! Und wenn mich der große Drahtzieher oben im Dachgeschoß noch einige Jahre in seinem Puppentheater parterre rumhüpfen läßt und ich noch nicht gleich in den Keller muß, so läßt sich sogar noch manche Stupidität wiedergutmachen.

ZWEITE SZENE

Frau Brunck in Hut und Mantel, die Handschuh abziehend, kommt aus dem Hause. Sie ist etwa achtundzwanzig Jahr, noch recht hübsch und hat lebendige und feurige Augen.

FRAU BRUNCK. Was? Lebrecht ist hier? Du, Lebrecht? Das ist ja ganz unwahrscheinlich! Nun sage bloß, wie du zu uns geringen Leuten und in diese entlegene Gegend kommst!

LEBRECHT. Findest du's hier so sehr entlegen, Luise?

LUISE. Na, wenn man wie du ein verwöhntes Kind der großen Welt und der großen Gesellschaft ist. Es muß dir hier doch wie bei Buschmännern vorkommen.

THOMAS. Sage doch lieber gleich: wie bei Swinegels im Kartoffelfeld.

LEBRECHT. Im Gegenteil: du machst dir von meinem Berliner Dasein eine vollkommen falsche Vorstellung. Ich verkehre mit äußerst wenigen Leuten. Gesellschaften, wo ich nicht aus offiziellen Gründen sein muß, besuche ich nicht. Und im übrigen, wißt ihr ja, lebe ich für mich selbst wieder beinahe als Junggeselle. *Lebrecht und Luise begrüßen einander mit einem Kuß.*

LUISE. Es ist jedenfalls schön von dir, daß du dich unserer erinnerst.

THOMAS. Wie kommt es denn, meine angebetete, teure Luise — Perlen bedeuten Tränen! —, daß es heut bei deinen Einkäufen so spät geworden ist?

LUISE. Das hat seine Gründe, mein lieber Thomas.

THOMAS *greift nach der Taschenuhr, findet keine.* Es ist... wie spät?

LEBRECHT, *der nachsieht.* Dreiviertel auf eins.

THOMAS. Ach so! Mein Glashütter Chronometer ist nämlich beim Uhrmacher! Wann werden wir unser Dinner zu uns nehmen, mein Kind? Hoffentlich gibt es zu Ehren des hohen Besuchs etwas, was deinem kulinarischen Range Ehre macht.

LUISE. Wiener Würstchen mit Speckkartoffeln, Thomas.

LEBRECHT. Halt, da fällt mir was ein. Ich habe, wenn ihr erlaubt, von Hamburg ein Kistchen mit zehn Flaschen von etwas Feuchtem mitgebracht. Da muß ich doch mal hineingehn und zusehn. *Er geht schnell ab ins Haus.*

DRITTE SZENE

LUISE. Weißt du, daß mich der Kaufmann heut in Gegenwart aller Leute direkt vor dem Ladentisch beleidigt hat?

THOMAS. Was denn? Wieso denn beleidigt, Luise?

LUISE. Und wie beleidigt. Ich habe ihm allerdings, Gott sei Dank, auch ganz gehörig die Wahrheit gesagt.

THOMAS. Der Lump wird verklagt! Wir sagen es Notar Levöcke.

LUISE. Gesine steht mit dem Korbe neben mir. Gesine, kommen Sie mal mit dem Korbe! *Das blonde, interessant aussehende Dienstmädchen Gesine tritt mit einem Handkorb aus dem Hause.* So steht Gesine, und ich lege ihr eine Gothaer Zervelatwurst in den Korb, nachdem sie gewogen ist, lege zwei Pfund Zucker dazu, sechs Stück Salzheringe, anderthalb Pfund Kartoffelmehl und so fort...

THOMAS *hat einen großen Apfel aus dem Korb genommen und angebissen.* Das sind ja die reinsten Kalvillen, Luise.

LUISE, *fortfahrend.* Schreit der Kerl plötzlich: Sie packen immer ein und packen ein, und dabei ist von den letzten fünf Monatsrechnungen noch kein roter Pfennig bezahlt!

THOMAS. Nur ruhig. Ich kaufe mir diesen Halunken.

LUISE. Mach Feuer, Gesine. Stelle mir alles zum Kochen zurecht. *Gesine ab ins Haus.*

THOMAS. Lebrecht kommt von Sylt. Er hat seine Ferien in Westerland zugebracht. Weißt du übrigens, daß er einen Ruf als ordentlicher Professor für Chirurgie an die Universität Erlangen erhalten hat? Dieses Nesthäkchen macht Karriere. Einerlei: es macht mir Vergnügen, daß er gekommen ist.

LUISE. Habt ihr euch beide ausgesprochen?
THOMAS. Worüber? I, wir denken nicht dran. Wir haben beide das Gefühl, daß alles vergessen und begraben ist. Es gibt eben zwischen Brüdern mal Mißverständnisse.

VIERTE SZENE

Lebrecht kommt wieder aus dem Haus, einige Pakete tragend.

LEBRECHT. Die Kiste ist da. Und hier habe ich einige Kleinigkeiten für die Kindergesellschaft mitgebracht.
THOMAS. Oho! Für Spielzeug interessiere ich mich! Weil ich nämlich in mancher Beziehung, mußt du wissen, beinahe wieder zum Kinde geworden bin. *Er zieht ein Taschenmesser.* Wir wollen die Sachen sofort mal auspacken. *Er zerschneidet den Spagat.* Hast du übrigens meinen Kunstbetrieb mal beaugenscheinigt, Lebrecht? Weißt du, daß ich ein Meister im Brennen von hölzernen Tellern und Lichtenhainer Bierkrügeln geworden bin? Liese kann dir ein ganzes Museum zeigen. Auf so was kommt man, wenn man mehr und mehr auf die sitzende Lebensweise angewiesen ist. Und außerdem, wenn mich Lavise ärgert, kann ich mich in die Werkstatt zurückziehen.
LUISE. Laß doch die Kinder die Mitbringsel selbst auspacken.
THOMAS. Wie du befiehlst, mein holdes Weib.
LUISE. Man kennt doch die Kinder, man weiß doch, daß Auspacken noch ein Extravergnügen ist.
THOMAS. Scilicet! Extravergnügen! Auspacken! *Er steht auf und begibt sich ins Haus.* Dann werde ich Lebrecht — Gebranntes Kind scheut Feuer! — mit einem ornamentengeschmückten, was freilich ein Pleonasmus ist ... einerlei! ... einem stilvoll gebrannten hölzernen Obstteller in Verwunderung und Entzücken versetzen. *Er geht schwerfällig ab ins Haus.*

FÜNFTE SZENE

LUISE. Wie findest du Thomas?
LEBRECHT. Ja, liebe Luise, ich habe Thomas nicht untersucht. Du wirst ja selber wissen, daß er nicht mehr der Alte ist. Ihr habt doch euren Hausarzt natürlich.

LUISE, *der das Wasser in die Augen schießt.* Das Schlimme sind die geschwollenen Füße.

LEBRECHT. Ich finde allerdings, daß er gegen früher doch stark verändert ist. Wie nimmt er denn selbst seinen Zustand, Luise?

LUISE, *Tränen trocknend.* Gar nicht so tragisch, wenn man nach seiner Laune urteilen will. Er macht den ganzen Tag schlechte Witze. Du weißt ja, daß sein Humor unverwüstlich ist. Wenn die Herren zusammen sind, ist er noch immer der lustigste. Sie kriegen Lachkrämpfe, wenn er auf seine Wasserstiefeln zu sprechen kommt. *Sie kämpft tapfer die Tränen nieder.*

LEBRECHT. Thomas ist verhältnismäßig noch jung, er kann gut noch seine zwei, drei, auch vier, fünf Jahre leben, wenn er auch jetzt etwas Wasser in den Füßen hat. Bei ruhigem Leben kann es zurückgehen.

LUISE *seufzt.* Na, jedenfalls ist es eine große Freude für Thomas, größer vielleicht als du denkst, dich jetzt gerade einmal hier zu haben.

LEBRECHT. Weitere Aufregungen durch die Angelegenheiten von früher... ich meine, von damals, als er sich mit seinen Gläubigern auseinandersetzen mußte, hat er doch nicht?

LUISE. Hie und da noch mit Bankier Finne und den alten Kompagnons, den Schumachers. Sie kommen noch immer mit Forderungen.

LEBRECHT. Diese Kerls? diese armen Schlossergesellen, die Thomas mit ihrer bankrotten Eisenwarenfabrik aufgelesen und großgefüttert hat? Diese Gauner haben doch Thomas hauptsächlich ausgesogen.

LUISE. Wie sollte es anders sein, da er den größten Teil des Vermögens in der Fabrik der Schumachers stecken, aber nicht eine einzige lumpige Aktie davon mehr in Händen hat. Und die Schumachers sind tatsächlich durch ihre Manipulationen aus jeder Verlegenheit und fast die einzigen Eigentümer geworden.

LEBRECHT. Hoffentlich werdet ihr nicht verlangen, daß ich einem von diesen Gaunern, wenn sie etwa nochmals hier auftauchen sollten, die Hand geben muß.

LUISE. Ach, guter Lebrecht, das lernt man! Man lernt allerlei Ehrenmännern die Hand geben. ⟨*Sie geht langsam ins Haus.*⟩

SECHSTE SZENE

Der Rechtsanwalt und Notar Levöcke kommt durch den Garten. Er ist ein rundlicher, freundlicher und hübscher Mann von etwa sechsunddreißig Jahren. Er trägt den Hut in der Hand, eine Aktenmappe unterm Arm, bei durchaus städtischem Anzug bloße Füße in Sandalen. In der Linken hat er ein Rosenbukett.

THOMAS *ist am Fenster erschienen.* Moen, Herr Notar! Donnerwetter, wenn ich nicht wüßte, daß meine älteste Tochter erst dreizehn ist, würde ich denken, Sie hätten Absichten.

LEVÖCKE. Guten Morgen, Herr Brunck. Ich habe nur die letzten Rosen von meinem Spalier Ihrer Frau mitgebracht.

THOMAS. A la bonne heure! Eine schöne Bescherung. Dieser etwas längliche, magere Herr mit der edlen Stirn und dem vergeistigten Ausdruck im Gesicht ist Professor Brunck, mein leiblicher Bruder. Wenn Sie mal was zu schneiden haben — »Ich bin der Doktor Eisenbart, kurier' die Leut nach meiner Art!« —, so schneidet er Ihnen Beine, Nase und Ohren ab.

LEVÖCKE *verbeugt sich vor Lebrecht.* Ich freue mich sehr, den bekannten Chirurgen kennenzulernen.

LEBRECHT. Ebenfalls äußerst erfreut, Herr Notar.

THOMAS, *einen großen Holzteller tragend, erscheint in der Tür.* »Zu Balg, da trepanierte ich den Koch des alten Friederich!«... Nun, was bringen Sie Gutes? Wie stehen die Aktien?

LEVÖCKE. Welche?

THOMAS. Welche Sie wollen, Herr Notar.

LEVÖCKE. Der Vertrag mit den Schwandorfer Bauern ist nun endlich vor einer halben Stunde perfekt geworden.

THOMAS. Gratulor! Dann siehst du in Herrn Notar Levöcke, lieber Lebrecht, einen künftigen Multimillionär.

LEVÖCKE. Zukunftsmusik! Einstweilen bin ich noch gern bereit, falls jemand partizipiert, einen Teil meiner Anrechte abzugeben.

THOMAS. Hast du gehört, Lebrecht: du bist der Mann! Ein Angebot, wie es nicht wiederkommt. Lege dreißig-, vierzig-, auch sechzigtausend Mark in Landbesitz an. In sechs bis zehn Jahren kriegst du dein Anlagekapital mit zwanzig multipliziert zurück. Billiges Bauernland! lauter vorzügliche Baustellen!

LEBRECHT. Lieber Thomas, du weißt, daß ich für Spekulationen ziemlich verloren bin.

THOMAS. Was heißt das: für Spekulationen verloren? Wenn du deine Diagnosen stellst, bist du da etwa kein Spekulant? Hier liegt bar Geld. Auf der Schwandorfer Koppel liegt bar Geld, und du brauchst es nur aufscheffeln. Ich bin dabei gänzlich uninteressiert. Aber ich sage nur einfach, greife mit beiden Händen zu, denn ich schwöre bei Gott, daß dir so was nicht zum zweiten Male geboten wird! — Was haben Sie sonst in der Mappe, Levöcke?

LEVÖCKE. In der Mappe nichts. Aber hier habe ich — Sie wissen ja, ein fix und fertiges Muster — Sie wissen ja — des Medaillons mitgebracht. Es ist heut vom Goldarbeiter gekommen. Es hat aber Zeit; wir reden vielleicht mal später davon.

THOMAS, *zu Lebrecht*. Sag mal, mein Junge, kannst du dichthalten?

LEBRECHT. Wieso? Du meinst, ob ich schweigen kann?

THOMAS. Ja! Ob man dir ein Projekt, von dessen Geheimhaltung seine erfolgreiche Durchführung abhängt, ohne Gefahr zu laufen, verraten zu werden, unter dem Siegel der tiefsten Verschwiegenheit mitteilen kann?

LEBRECHT, *lachend*. Ja, Thomas, das kannst du ja wohl nur selbst wissen. Juristen und Ärzte haben ja eigentlich eine gewisse Übung in Diskretion. Aber wenn schon die Sache so diffizil ist, warum willst du sie mir denn mitteilen?

LEVÖCKE. Das will ich Ihnen sagen, Herr Professor: weil Ihr Bruder wirklich und mit Recht stolz auf die ganze Idee ist, die durch dieses kleine goldne Medaillon hoffentlich bald ins Leben tritt.

LEBRECHT. Dieses Medaillon? *Er besieht ein Medaillon von allen Seiten, das ihm der Notar übergeben.* Wieso? Jetzt werde ich faktisch neugierig.

THOMAS. Setz dich, mein Junge. Mach dir's bequem. Das ist eine Angelegenheit, die nicht in fünf Minuten jemandem von mittlerer Auffassungsgabe... pardon, ich bitte sehr um Entschuldigung! aber in geschäftlichen Dingen bist du das reine Waisenkind! — Könnten wir nicht übrigens einer von deinen mitgebrachten Rotlack- oder Grünlack-Phiolen den Hals brechen? »O komm herab, du einzige Phiole, die ich mit Andacht jetzt herunterhole.« Aprapropos! Aprapos Papa, wollte ich sagen! Leber, Niere, Milz, Appendizitis,

Gallensteine, da verstehst du vielleicht was von! *Zu Levöcke.*
Neulich ist der Jüngling nach Mecklenburg an den Hof
et cetera pp. wegen allerhöchsten Darmleidens berufen
worden. Vir excellentissimus magnificentissimus illustrissi-
mus. Einerlei! von geschäftlichen Dingen versteht er nichts.
LEBRECHT *hat Platz genommen.* Nun also, dann belehre mich
mal.
THOMAS, *der das Medaillon genommen hat und in der Hand
dreht.* Du kennst doch Bismarck, Fürst Bismarck, Herzog
von Lauenburg?
LEBRECHT. Warte mal, ich werde mal nachsinnen.
THOMAS. Na also. Wer Bismarck kennt, kennt auch seine drei
Haare.
LEBRECHT. Du meinst die drei Haare, die man einige Male in
Kopenhagen, in Wien, in Hannover und in Paris in der
Suppe gefunden hat.
THOMAS. Richtig! Du machst ja ganz gute Witze, mein Junge.
Na ja! Jetzt ist Bismarck tot! aber wart mal ab, seine Zeit
kommt wieder. — Es wird eine Zeit kommen, wo das
Bismarckdenkmal vor dem Reichstagsgebäude und das
Reichstagsgebäude dahinter eine neue Bedeutung erhalten
wird. Der große Otto ist Volksmann gewesen! — Kinder,
als ich noch laufen konnte, als ich noch mit meiner kleinen
Bande öfters in den Sachsenwald nach Pilzen ging, da hab'
ich den Alten von Friedrichsruh manchmal mitten in der
Einsamkeit auftauchen sehn. Mensch! Feldscher! gynä-
kologisches Dreierlicht! Wenn man diesen alten mächtigen
Hünen mal so gesehen hat, was sind wir da für kleines
Gemüse dagegen.
LEVÖCKE. Unsere gemeinsame Bismarckverehrung hat uns ja
auch auf diese Idee gebracht.
LEBRECHT. Was für eine Idee?
THOMAS. Immer nach der Schnur, nur immer Geduld! ge-
dulde dich, Lebrecht! Zu lachen gibt's bei der ganzen
Geschichte nämlich nichts. Diese Sache ist ernst! diese
Sache ist patriotisch und eintretig. Was mich betrifft, ich
werde es sicher nicht mehr erleben, und ich weiß auch nicht,
ob mir persönlich das Nationale an der Sache nicht das
Wichtigste ist.
LEBRECHT. Also bitte: ich bin gefaßt, ich bin ganz Ohr, ich
bin bereit, deine Eröffnung mit aller nur möglichen Feierlichkeit entgegenzunehmen.

THOMAS. Dann sieh dir mal diese Kapsel an.
LEBRECHT *tut es*. Silber!
LEVÖCKE. Wir machen sie auch von Gold, aber diese sind billiger. Wir dachten uns, es muß ein Artikel für kleine und für größere Geldbeutel sein.
THOMAS. Eine politische Herzogin muß sie ebenso auf dem bloßen Busen tragen als ein künftiger Gesandtschaftsattaché auf dem gesteiften Hemd, ein Reichstagspräsident an der Uhrkette oder ein Arbeiterführer meinethalben als Ohrring oder Nasenring oder wo er sonst will. Wart mal! drück mal den Knopf dort! öffne die Kapsel! *Es geschieht.* Was siehst du darin?
LEBRECHT. Bismarckscher Miniaturkopf, nach Lenbachscher Vorlage.
LEVÖCKE. Solche Dinge werden nach unserer Idee nach und nach in fünfzigtausend bis hundert-, bis hundertfünfzig- und mehr tausend Exemplare[n] hergestellt.
LEBRECHT. Aber zu welchem Zweck denn, Thomas?
THOMAS. Schnacke nicht, warte ab, mein Kind. Der Affe soll mich lausen, wenn diese Dinger in zehn Jahren bei Politikern, emanzipierten Frauenzimmern und verrückten Amerikanern das Stück bis zu tausend Mark bezahlt werden. Jetzt kieke mal hin und sieh mal, ob dir nicht außer dem Bildchen noch irgendwas in die Augen sticht.
LEBRECHT. Ja, ich sehe so was wie weiße Haare.
THOMAS. Da liegt der Hase im Pfeffer, mein Sohn.
LEVÖCKE. Um es gleich allen Ernstes vorwegzunehmen: was Sie da sehen, Herr Professor, ist das notorische echte Bismarckhaar. Wie wir dazu gekommen sind, über größere Quantitäten davon zu verfügen, ist ja vorläufig Nebensache. Im ersten Augenblick, gebe ich zu, hat unser Projekt eine komische Seite. Bei genauerem Hinsehen ist es ebensowenig komisch oder zynisch, wie wenn man die Bibel vervielfältigt oder Kruzifixe, die doch zweifellos Heiligtümer sind, in großen Betrieben fabriziert. Wir rechnen damit, daß es einer menschlichen Neigung entspricht, von irgendeinem geliebten oder verehrten Gestorbenen ein Andenken zu besitzen. Kinder bewahren Haarlocken ihrer verstorbenen Eltern und umgekehrt. Warum soll nicht das deutsche Volk oder eine Liga von großdeutsch empfindenden Leuten dieses reale Andenken an den Heros bewahren, der es aus der Zerspaltung und der Zersplitterung

erlöst und geeinigt hat. Der Einheitsgedanke kann Krisen durchmachen...

THOMAS *fährt fort, pocht auf den Tisch.* Und dann wird diese Kapsel mit dem echten eisgrauen Bismarckhaar das Schibboleth der Einheit, das Erkennungszeichen der Vaterlandsfreunde, das siegreiche Banner gegen alle destruktiven und vaterlandsfeindlichen Mächte sein. *Er springt in Lachen über und singt.* »Deutschland, Deutschland über alles.« *Alle drei Anwesenden lachen herzlich.*

LEBRECHT. Du wirst mir zugeben, Thomas, so auf Anhieb ist diese patriotisch-geschäftliche Spekulation unsäglich komisch. Ich muß sagen, daß ich im allgemeinen vor dieser Verquickung den schlimmsten Horror habe. Es sprechen aber hier allerlei Umstände mit, es kommt allerlei hinzu, was geeignet ist, versöhnlich zu stimmen. Hütet euch nur, daß die Öffentlichkeit euch nicht unter die Finger kriegt. — Im übrigen lese ich gerne den Kladderadatsch, wähle nationalliberal und würde für mein Teil gern so ein Ding besitzen.

THOMAS. Da, siehste wohl, es ist dein, mein Sohn! Und ich schwöre dir, wenn du zehn Stück erwirbst und an deine Parteifreunde weitergibst, so wirst du jedem von ihnen die größte Freude machen. Die Sache ist gut, verdienstvoll, und ich wiederhole, daß sie auch im ideellen Sinn eine Zukunft hat.

LUISE *bricht in ein unaufhaltsames, verlegen-belustigtes Gelächter aus.*

THOMAS. Warum lachst du denn, meine geschätzte Lavise?

LUISE. Ich lache, weil ich mich in Lebrechts Seele hineinversetze und mir klarmache, wie furchtbar komisch ihm das alles hier vorkommen muß.

THOMAS. Das laß man gut sein: überall wird mit Wasser gekocht. Die Herren Mediziner in Berlin, hohe Tiere und Geheimräte, haben auch nichts dagegen, wenn sie gehörig Geld verdienen. *Er gießt Wein in die Gläser.*

RAUTENKRANZ

[I]

ERSTER AKT

[ERSTE SZENE]

Von links nach rechts länglicher Saal, von rechts nach links Liebhaberbühne hereinragend. Im Gasthof Zum Rautenkranz. Die Hinterwand zeigt zwei Türen, die Linkswand eine Verglasung. Dahinter Büro.
Es ist die Zeit vor Neujahr. Die drei Söhne Siebenhaar kommen hereingestürmt, zwei von ihnen in Verfolgung des Ältesten, Leopold. Leopold, hübscher, einundzwanzigjähriger junger Mann, sogenannter Mulus. Er hat die Schule absolviert, die Universität aber noch nicht bezogen. Er hat selbst eine Weidengerte in der Hand und läßt sich von den Brüdern, mit denen er eine Abhärtungskur vorhat (Ernst und Theodor), mit Weidengerten zu Leibe gehn. Seine Verteidigung ist rücksichtslos. Theo, elfjährig, wehrt sich heldenhaft.

ZWEITE SZENE

Brigitte kommt. Schwester, neunzehnjährige junge Dame. Sie redet ins Gewissen. Theo soll Ostern auf die hohe Schule. Leopold ist zu Haus, um Theo vorzubereiten. Sie sollen beide ihre Aufgaben ernstnehmen.

DRITTE SZENE

Frau Siebenhaar kommt.

[II]

Castello Paraggi,
Sonntag, den 21. Januar 1912.

Ein Saal. Vereiste Bogenfenster rechts. Im Hintergrund ist eine Liebhaberbühne aufgeschlagen. Vorn rechts eine Tür. Links unweit der Bühne eine Tür. Weiter vorn ein kleiner Einbau mit Barriere, der zu Kontorzwecken dient. Einige Reihen Stühle stehen unordentlich vor der Bühne. Der Vorhang

*ist aufgezogen. Es ist der Saal im Gasthof Zum Rautenkranz
und die Zeit zwischen Weihnachten und Neujahr.
Der Besitzer, Herr Siebenhaar, und sein Halbbruder Gustav
Siebenhaar sitzen einander im Büroraum am Doppelpult
arbeitend gegenüber. Robert Siebenhaar ist fünfundfünfzig
Jahr alt, Gustav Siebenhaar etwa fünfunddreißig. Es ist vormittags gegen elf Uhr.*

ERSTE SZENE

ROBERT SIEBENHAAR *steht auf, schiebt unwirsch Stühle beiseite
und tritt an eines der Fenster. Indem er das Pincenez unter der
Brille abnimmt, putzt er es und sagt.* Dieser Leichtsinn ist
geradezu unverantwortlich! *Er wendet sich und kommt,
wiederum Stühle beiseite schiebend, zurück.* Mein Vertrauen
ist gröblich von dir getäuscht worden! — Als ich dir vor
zwei Jahren die Buchführung übergab, waren die Bücher
so geführt, daß sie jederzeit, jede Stunde und jede Minute,
sage ich, einem vereidigten Revisor vorgelegt werden
konnten. Was riskiere ich heut, wenn es möglicherweise
nach Neujahr doch noch zur Katastrophe kommt!
GUSTAV SIEBENHAAR. Lieber Robert, ich werde eben die
Nächte bis Neujahr durcharbeiten.
ROBERT SIEBENHAAR. Hätt'st du nur früher tagsüber deine
Pflicht getan, so wäre mir zu allem übrigen wenigstens
diese Sorge — das schlimmste von allem! — erspart geblieben. Wo bleibt mein guter Name? Wie steh' ich da,
wenn die Bücher in Unordnung sind? Meinethalben: muß
ich aus diesem Hause heraus — die Welt ist groß, ich habe
noch meine Arbeitskraft, und ich werde so oder so für meine
Familie arbeiten, vorausgesetzt, daß ich als Ehrenmann
dastehe. Aber wenn ich als Lump dastehe, kann ich das
nicht.
GUSTAV SIEBENHAAR. Ich kann dir nur wiederholen, was ich
gesagt habe, Robert. Ich werde Tag und Nacht arbeiten,
und am zweiten, höchstens dritten Januar wird alles in
Ordnung sein.
ROBERT SIEBENHAAR. Alles in Ordnung: laß doch dieses
Großmannsgetue, diese hohle, unwahre Rederei! Wen
willst du denn damit täuschen, Gustav? Von dieser Ver-
lodderung, dieser Liederlichkeit habe ich mir ja keinen

Begriff gemacht. Wo sind die Belege? die Unterlagen? Deine Monatsabschlüsse sind ja die furchtbarste Sudelei! Es stimmt ja nicht hinten und nicht vorne. Stöße von Rechnungen laufen ein, und du sagst mir, daß sie bezahlt worden sind. Ja, wenn sie bezahlt sind, wo hast du die Quittungen?

GUSTAV SIEBENHAAR. Lieber Robert, ich bitte dich nur um Geduld. Wenn du noch so viel redest, das macht mich nur unklar und unruhig. I.. i.. ich habe vielleicht in etwas gef.. gef.. gefehlt. Aber ich werde alles in Ordnung bringen.

ROBERT SIEBENHAAR. Das sagst du. Wenn mir nur damit geholfen wär'! Ich sehe ja doch, daß durch diesen Wust, durch diesen Wirrwarr von unerledigten Dingen in drei Wochen nicht durchzukommen ist, um wieviel weniger in drei Tagen! — Nicht genug, daß mich drei meiner Schwestern durch ihre Liebe an den Rand des Bankrotts gebracht haben, der Leichtsinn meines Bruders bringt mich womöglich noch obendrein in Konflikt mit dem Staatsanwalt. Und das alles zum Dank dafür, daß ich ihnen den größten Teil meines väterlichen Vermögens geopfert habe.

GUSTAV SIEBENHAAR. Lieber Robert, für m.. m.. m.. meine Schwestern kann ich nichts. Du machst mich mit.. mit.. mit Unrecht für das Betragen meiner Schwestern verantwortlich. Und u.. u.. u.. und undankbar bin ich nie gewesen. Ebensowenig g.. g.. g.. geldgierig, wie du ja wissen mußt. Schließlich können wir aber nichts dafür, daß d.. d.. d.. dein Vater, lieber Robert, auch der unsere ist.

ROBERT SIEBENHAAR. Du! mit solchen Dingen laß mich in Frieden! Ich habe mich meines Wissens niemals, solange ich lebe, über das aufgehalten, was mein guter seliger Vater zu tun und zu lassen für richtig fand. Der Zwist ist niemals von mir, sondern höchstens von eurer Mutter ausgegangen. Ich habe es aber auch ihr gegenüber trotzdem niemals an der gebührenden Achtung fehlen lassen, wie du weißt. Als unser Vater zum zweiten Mal heiratete, hätte ich möglicherweise zu einiger Bitterkeit Grund gehabt, denn wie die Verhältnisse sich nun einmal gestaltet hatten, lösten sich gewisse nahe Aussichten und Wünsche, die ich damals als junger Mann von zweiundzwanzig Jahren hatte, in Wohlgefallen auf. Ich fand mich darein, ich hab' es euch, als ihr dann bald darauf in der Welt erschient, nie und nirgends entgelten lassen, aber . . .

GUSTAV SIEBENHAAR. I.. i.. i.. in dieser Beziehung habe ich dir auch nimmermehr ei.. ei.. ei.. einen leisen Vorwurf gemacht. D.. d.. d.. dennoch liegt das so in den Umständen, d.. d.. d.. daß man sich vorkommt, d.. d.. d.. daß man in seinem Gefühl... d.. d.. d.. daß man die M.. M.. M.. Marotte manchmal nicht loswird, als ob man, ob man sozusagen zum L.. L.. Leben nicht voll berechtigt wäre. Ich meine als als u.. u.. unerwarteter Nachzügler, der man ist.

ROBERT SIEBENHAAR. Gustav, hättest du nur deine Pflicht getan! Denk nach und frage dich, ob ich vor und nach dem Tode unseres guten seligen Vaters meine Pflicht gegen dich versäumt habe. Dir fehlt der Ehrgeiz! Du hast kein Streben! Du willst nicht, du willst nicht! Du läßt alles gehen, wie es will, und das ist der einzige Grund, weshalb du bis heutigentags noch auf keinen grünen Zweig gekommen bist. Die gebratenen Tauben sollen dir eben ins Maul fliegen! *Er geht links ab.*

ZWEITE SZENE

Ein elfjähriger und ein dreizehnjähriger Knabe verfolgen, mit Weidengerten bewaffnet, einen achtzehnjährigen jungen Menschen. Alle drei sind Söhne Robert Siebenhaars. Unter den Verfolgern ist noch ein dreizehnjähriger Bauernjunge, Fritz Geisler. Die Söhne Siebenhaars heißen nach dem Alter Karl, Julius, Wilhelm.

WILHELM. Onkel Gustav, Onkel Gustav! halt ihn auf!
GUSTAV. Jungs, seid still, der Vater ist in der Nähe!
JULIUS *ist Karl nach auf die Bühne gesprungen. Sie hauen einander mit den Weidengerten.* Schwipp-schwapp, schwipp-schwapp!
KARL. Schwipp-schwapp, schwipp-schwapp!
WILHELM. Schwipp-schwapp, schwipp-schwapp!
KARL. Au! Du verdammte kleine Kröte du! *Die jungen Leute balgen sich und beruhigen sich.*
KARL. So, und jetzt Schluß damit. Ich habe anderes zu tun, ihr Lumpengesindel. Und jetzt wird die Hauptsache sein: ob Onkel Gustav seine Rolle schon auswendig, weiß.
GUSTAV. Tut mir die Liebe und laßt mich in Frieden, Kinder. Euer Theaterspiel i.. i.. i.. ist eine Sache, die mir jetzt

fernliegen muß: macht euch fort, bitte, geht. Ich habe hier
genug Theater in meinen Geschäftsbüchern.
KARL. Übermorgen ist Silvester, Onkel. Du wirst nicht bestreiten: deine Rolle hat anderthalb Bogen. Außerdem ist
morgen Schlittenfest. Hundert Stück Handschlitten haben
wir schon im Dorfe zusammengepumpt. Fehlen noch etwa
hundert Stück Lampions. Lichter dazu sind anzuschaffen.
GUSTAV SIEBENHAAR. Ja, meinethalben: ich habe wahrhaftig
nichts dagegen. Hängt mir . . . hängt mir hundert Stück
Lampions und mehrere hundert Stück Lichter in den Kopf!
KARL. Komm mal einen einzigen Augenblick her, Onkel
Gustav. Auf einen Augenblick kommt's doch nicht an.
Wir wollen die eine Szene, die wir zusammen haben, bloß
mal durchproben. *Sie zerren den widerstrebenden Onkel
gemeinsam lachend auf die Bühne.*

Humoristische Probierszene.
»Die Neujahrsnacht im Blauen Ranzen.«
Der Autor des Stückes wird geheimgehalten. In Wirklichkeit
ist es Karl Siebenhaar.

*Während des Probierens erscheint Leokadia Siebenhaar und
ihre Freundin Rosine Ohm. Beide sind hübsche Backfische.*
LEOKADIA. Wann geht dann die Probe an, Kinder?
KARL. Dreißig Minuten nach zwölf, präzis.
LEOKADIA. Dann ist ja noch eine gute Stunde Zeit bis dahin.

Flirt zwischen Karl und Rosine Ohm. Karl nimmt humoristischerweise Rosine mit sich und jagt die jüngeren Brüder fort.

*Onkel Gustav und Leokadia sind allein. Er zündet sich eine
Zigarre an.*
GUSTAV SIEBENHAAR. So ein Jahresabschluß, Nichtchen, ist
zum Verrücktwerden. Ich weiß schon nicht mehr, wie alt
ich bin.

Leokadia, einigermaßen sorgenvoll, sucht tastend herauszubekommen, warum der Vater so wortkarg ist und so unermüdlich gearbeitet wird.

GUSTAV SIEBENHAAR. Ich bin zwei Nächte lang nicht aus den
Kleidern gekommen.

Leokadia ist optimistisch. Steckt den Kopf in den Sand. Es
werde schon alles gut werden.
Onkel Gustav deutet an, es bestehe wohl ein Liebesverhältnis
zwischen Karl und Rosine.

LEOKADIA. Dir kann ich's ja sagen: sie sind verlobt und haben
sich ewige Treue geschworen. Keine Macht der Welt wird
sie trennen.
GUSTAV SIEBENHAAR. Aber liebes Kind, Karl will doch zu
Ostern erst den Maturus machen. Hütet euch nur, daß
Vater nicht etwa dahinterkommt. Ich bin hungrig und
durstig, ich gehe nur einen Augenblick zu Aermler hinunter.
*Frau Julia Siebenhaar, Gattin Roberts, dreiundvierzig Jahr,
und ihr Vater, der Brunnendirektor Hendel, dreiundsiebzig
Jahr, kommen im Gespräch. Der Brunnendirektor ist ein
hoher, würdiger Greis im altväterischen Kostüm. Zylinder.
Rohrstock. Düffelflausrock.*
LEOKADIA. Ach, guten Tag, Großvater.
DER ALTE HENDEL. Schön Dank, schön Dank! Grüß dich
Gott, liebes Kind. Wie die Kinder heranwachsen! Wunderbar!
FRAU JULIA SIEBENHAAR. 's ist gut, Leokadia. Ich habe mit
dem Großvater was zu reden. Geh zu den andern, laß uns
allein. *Leokadia ab.*
DER ALTE HENDEL. Da ist guter Rat teuer, liebe Julia.
FRAU JULIA SIEBENHAAR. Ich glaube ja wirklich, Vater, daß
die Krisis, wenn Robert nur jetzt eine Hilfe bekommt,
nach der Sommersaison vorüber ist. Ich glaube ja wirklich,
wir würden es dir auf Heller für Pfennig zurückerstatten.
Aber wollen wir nicht lieber aus dem kalten Saal in ein
warmes Zimmer gehn?
DER ALTE HENDEL. Es ist ja aber geheizt, liebe Julia. Ich muß
ins Büro. Ich setze mich hier einen Augenblick auf den
nächsten besten Stuhl. Ich möchte Robert nicht erst begegnen. — Sieh mal, Julchen, weshalb sollen wir's erst auf
eine Aussprache ankommen lassen, wenn ich deinem Mann
doch nicht helfen kann. Du hast ja, wie du weißt, noch
sechs Geschwister, denen ich über die Ersparnisse meines
Lebens einmal Rechnung zu legen schuldig bin.
FRAU JULIA SIEBENHAAR. Von mir nicht zu reden. Aber
Robert hat sich wirklich in diesem verwünschten und verdammten Hause seit zwanzig Jahr keine Ruhe gegönnt.

Eine Reihe von Jahren ist es immer vorwärtsgegangen, bis dann wieder ein Rückschlag gekommen ist. Er hat angebaut, und das hat Geld gekostet. Das verwünschte Leinengeschäft hat Geld geschluckt. Du weißt, wie gewissenhaft er dem letzten Willen seines Vaters nach gehandelt hat. Zwölf Jahre lang hat er dieses in meinen Augen scheußliche und gewöhnliche Weib erhalten müssen, das seine Stiefmutter geworden ist. Und jetzt plötzlich verheiraten sich seine drei Halbschwestern hintereinander in weniger als einem Jahr und ziehen ihr Erbteil plötzlich aus dem Geschäft heraus. Wie soll Robert im Handumdrehen die Lücken ausfüllen?

DER ALTE HENDEL. In einer Beziehung hast du ja recht, Julchen. Aber man muß es doch eigentlich diesen Mädchen und besonders ihren frischgebackenen Ehemännern nicht verdenken, wenn sie auf ihre Mitgift Wert legen. Sie wollen doch schließlich jede ihre sechstausend Taler bar in Händen sehen. Das finde ich eigentlich ganz natürlich.

FRAU JULIA SIEBENHAAR. Ja, aber wenn du uns nicht helfen kannst, Vater, und uns sonst bis zu Neujahr niemand hilft, so muß Robert als armer und ruinierter Mann mit seiner ganzen Familie, den Kindern und mir, auf die Straße. Denn ich kann mir kaum denken, da heut der neunundzwanzigste ist, daß irgend jemand sich bis zum Ersten entschließen wird, uns zwölftausend Taler, die Robert braucht, in zweiter Hypothek anzubieten.

DER ALTE HENDEL. Siehst du, Julchen, ich will dich nicht kränken. Ich finde aber nicht, daß Robert in diesen zwanzig Jahren eurer Ehe und seit er den Rautenkranz übernahm, immer mit kluger Umsicht gewirtschaftet hat. Meiner Ansicht nach brauchtet ihr heut und nach einer Reihe wirklich guter Geschäftssommer höchstens noch eine kleine erste Hypothek auf dem Hotel haben. Aber da mußten im Winter mancherlei Dinge sein, Robert mußte sich eine große Jagd pachten, es mußten zwei teure Pferde im Stalle sein, ein Landauer, eine Halbchaise und ein Jagdwagen mußten gekauft werden, und kurz und gut, ihr habt eigentlich nicht anders wie kleine Barone gelebt. Wenn ich auch so gelebt hätte, würde ich auch nichts erspart haben.

FRAU JULIA SIEBENHAAR. Vater, du weißt, daß ich eine einfache Seele bin. Ich habe mich mit den anspruchsvollen Neigungen meines Mannes niemals befreunden können. Ich setzte mich niemals gern in den eigenen Wagen hinein. Überhaupt, hätte Robert mir gefolgt, so würden wir dieses Haus überhaupt gar nicht unter so schweren Bedingungen von seinem Vater übernommen haben. Zwanzig Jahre unnützer Mühe und Arbeit sind dahin, und ich weiß keinen Tag, wo ich mich nicht mit Sorgen erhoben, mit Sorgen wieder niedergelegt hätte. Zumal mir das gesamte Hotelgeschäft von jeher am allermeisten zuwider gewesen ist. *Sie weint.*

DER ALTE HENDEL. Mein Kind: ich hab' dich gewarnt, und du hörtest nicht.

FRAU JULIA SIEBENHAAR. Diese schaudervolle Last von Verpflichtungen. Dieser Bruder Gustav, der im Hause ist, was hat er ihm schon für Geld, für Sorgen und Zeit gekostet. Sein Pflichtteil ist längst Heller für Pfennig aufgebraucht. Er hat ihn an zwei, drei Stellen untergebracht. Überall, sagt man, er ist gutmütig, aber gleichgültig und schließlich auch leichtsinnig. Aber Robert schwärmt immer davon, was er für ein allerliebster, niedlicher kleiner Junge gewesen ist. Ja, allerliebster, niedlicher kleiner Junge! Er bekommt Gehalt, er nimmt sich bei jeder Gelegenheit Taler um Taler aus der Geschäftskasse und trägt es in die Bierstube zu dem ehemaligen Schauspieler, der das Lokal von Robert gepachtet hat. Und was da sonst noch geschieht, mit der lüderlichen Tochter des Schauspielers, daran darf man nicht denken oder man müßte schamrot werden, weil man doch mit dem gleichen Namen behaftet ist.

DER ALTE HENDEL. Mein Kind, wer A sagt, der muß auch B sagen. Trag es, wie es zu tragen ist. Übrigens, deine Schwestern lassen dich grüßen. So leid es mir tut, Julchen, so sag' ich mir doch: es ist vielleicht besser, wenn es zu einem reinlichen, klaren Bruche kommt . . .

FRAU JULIA SIEBENHAAR. Du meinst also, Vater, wenn wir bankrott werden.

DER ALTE HENDEL. Ja, liebes Kind, wenn das wirklich kommt: du bist deinen Weg nach eignem Willen gegangen und nach eigner Verantwortung. Aber gerade dadurch wird Robert vielleicht zur Besinnung kommen.

FRAU JULIA SIEBENHAAR. Nun gut: aber diese Schande ertrage ich nicht. — Vater, mach dir doch klar: Karl steht vor dem Abiturientenexamen. Er will studieren. Er will auf die Universität.

DER ALTE HENDEL. Ja Gott, dann wird er nicht auf die Universität gehen. Ich war anfänglich auch nur Schreiber bei einem Rechtsanwalt.

FRAU JULIA SIEBENHAAR. Leokadia ist auf der höheren Töchterschule, in einer teuren Pension.

DER ALTE HENDEL. Kauft ihr ein Kochbuch. Sorgt dafür, daß sie plätten, waschen und einem Haushalte vorstehen kann, und sie mag sich als Wirtschafterin auf irgendeinem Rittergute in redlicher Weise das Brot verdienen. Wenn die Mittel fehlen, kann man eben ganz einfach nicht auf Roberts Art und Weise obenhinaus. Und der Gastwirtsberuf ist ja auch nicht jedermanns Sache.

FRAU JULIA SIEBENHAAR. Ich soll also Robert sagen, Vater, daß du zu helfen ganz außerstande bist.

DER ALTE HENDEL. Ja, meinst du, ich wäre dazu nicht außerstande? Könntest du wirklich ernstlich erwarten, daß ich deinen Geschwistern eine so riesengroße Summe entziehen soll, um sie in euer Geschäft zu legen? Wo die Sicherheit, die etwa Robert gewähren kann, wirklich nicht viel mehr als nichts bedeutet? Nun, warten wir ab. Im Grunde bin ich ja überzeugt, Robert wird dieses Mal jedenfalls noch so oder so um die Sache herumkommen. *Er küßt seine Tochter auf die Stirn.*

FRAU JULIA SIEBENHAAR. Ich muß das hoffen, denn sonst... Gott geb's.

Robert Siebenhaar tritt ein.

DER ALTE HENDEL. Ah, da bist du, lieber Robert. Wie geht's? Ich bin auf dem Wege in mein Büro und wollte euch nur mal guten Tag sagen. Das Wetter ist schlecht. Bei mir zu Haus hat alles den Schnupfen. Die Schlittenbahn wird zu Wasser. Wenn wir nicht den guten Petrus beeinflussen können, ist es nichts mit unserem beabsichtigten kleinen Schlittenfest. *Der Alte geht, von der Tochter hinausbegleitet, die gleich wieder erscheint.*

FRAU JULIA SIEBENHAAR. Ich habe gleich mit Vater gesprochen, Robert. Er kann es nicht.

ROBERT SIEBENHAAR. Laß mich in Frieden. Ich hab' dich nicht darnach gefragt.

FRAU JULIA SIEBENHAAR. Aber guter Robert, ich habe doch nichts anderes getan, als was du wünschtest. Ich kann nichts dafür, wenn meine Nachricht nicht besser ist. Aber Vater ist alt. Man kann seine Ablehnung schließlich begreifen.

ROBERT SIEBENHAAR. O ja, du und deine Familie, ihr seht kaltblütig zu, wenn die Schlinge um meinen Hals zugezogen wird. Ihr seht zu und zwinkert nicht mit den Augen.
FRAU JULIA SIEBENHAAR. Robert, das sind Beleidigungen. Du glaubst selbst nicht, daß das Unglück durch solche Worte besser wird. Zu solchen Worten hab' ich dir niemals Grund geben. Daran, daß ich in jedem Unglück treu zu dir stehe, Robert, zweifelst du hoffentlich nicht.
ROBERT SIEBENHAAR. Ich brauche niemand, ich kann allein stehn!
FRAU JULIA SIEBENHAAR. So? Dann schickst du mich also fort?
ROBERT SIEBENHAAR. Tut, was ihr müßt, und laßt mich in Frieden.

[III]

ENTWURF

Castello Paraggi,
Donnerstag, den 25. Januar 1912.

ERSTER AKT

Ein Wohnzimmer der Familie Siebenhaar. Es ist zwei Tage vor Weihnachten, nachmittags zwischen vier und fünf, also Dämmerstunde. Draußen ist es naßkalt, es liegt kein Schnee.

ERSTE SZENE

Peter und Leokadia. Peter in Liebesnöten. Sie sprechen davon, ein junges Mädchen, die Flamme Peters, vor Neujahr noch als Hausbesuch zu haben. Peter spricht vom Abiturientenexamen, von seinen Plänen, schnell Geld zu bekommen, von seiner ewigen Liebe zu Rosine Ohm, von seiner tragischen Entschlossenheit zum Tode, falls das Mädchen nicht die Seine werden könnte.

ZWEITE SZENE

Paul kommt hinzu. Er deklamiert »Carlos«: »Denn jetzt steh' ich als Roderich nicht hier . . .« etc. etc. Peter macht trockene Zwischenbemerkungen. Oder besser: Paul kommt mit Weihnachtsliedern, Peter behauptet: Jesus sei gar nicht Gottes Sohn. Streit, verzweifelte Raserei Pauls. Die Mutter kommt hinzu, lacht, schlichtet. Paul läuft fort: Peter erhält einen Verweis, entfernt sich mit scharfer Bemerkung über Verwöhnung Pauls.

DRITTE SZENE

Die Mutter und Leokadia allein. Leokadia zur Mutter am Nähtisch: sie habe Rosine Ohm eingeladen. Die Mutter sorgenvoll, macht Vorwürfe. Es gelte jetzt ganz andere Dinge. — »Wo ist denn Vater?« — »In der Stadt!« — »Er ist jetzt fast jeden Tag in der Stadt!« — »Täglich eine Besprechung mit einem anderen Herrn. Jedesmal kommt er verstimmter zurück. Außerdem fährt er immer mit dem wilden Rotschimmel einspännig und allein.«
Die Tante Veronika Hendel, genannt Vroni, Schwester von Frau Siebenhaar, kommt besuchsweise. Zwölf Jahr jüngere Dame, eitel, häßlich, schnüffelnd. Bosheit und Neid in den Nasenflügeln. Kleiderfragen. Sie hält sich auf über Leokadiens Kleiderverbrauch, findet alles an ihr zu auffällig. In Wahrheit verzehrender Neid auf Jugend und Schönheit. Toilettensachen im Zusammenhang mit nahem Silvesterball der Ressource.
Hierauf listige Erkundigungen nach den Gründen von Roberts Stadtfahrten. Als Leokadia geärgert das Zimmer verlassen hat, gewinnt die Unterhaltung an schwesterlicher Ehrlichkeit. »Weißt du, was man behauptet?« fragt Vroni. »Man behauptet, dein Mann fahre herum und suche Geld!« — »Das ist nicht wahr«, sagt Frau Siebenhaar. »Das ist eine verdammte Verleumdung und Lüge!« — »Das wollen wir hoffen«, sagt Vroni, »denn das andere wäre ja auch sehr schlimm. Vielleicht würde es gut gewesen sein, wenn Robert beizeiten an Einschränkungen seiner Verhältnisse gedacht hätte.« — Frau Siebenhaar entschuldigt den Gatten. Sie spricht von den Lasten, die ihm durch seine Halbgeschwister aufgelegt worden sind. Die Schwester solle sich jedenfalls deshalb kein graues Haar wachsen lassen.

Es wird Licht angezündet, Vroni muß noch in Sachen der Armenbescherung weiter und in Sachen des Vaterländischen Frauenvereins.

VIERTE SZENE

Robert Siebenhaar kommt, sehr bleich, sehr wortkarg. — »Seit wann bist du denn schon da, Robert?« — »Seit einer Stunde.« — »Ich denke, du bist noch unterwegs!« — »Dann hast du eben sehr falsch gedacht.« — »Vroni war hier.« — »Deshalb bin ich auch lieber draußen geblieben.« — »Du siehst ja so furchtbar bleich aus, Robert.« — »Wieso?« — »Hast du Sorgen, hast du Ärger gehabt?« — »Wenn's weiter nichts ist: Sorgen und Ärger alle Tage!« — »Du hast ja eine verbundene Hand?« — »Das kommt öfter vor, einfach ein bißchen zerschunden.« — »Wieso, was hast du denn da gemacht?« — »Nichts, der Schimmel ist durchgegangen.« — »Um Gottes willen, ich habe dir das doch immer gesagt, du wirst noch mal . . .« — »Laß gut sein, die Sache ist diesmal noch ohne alle ernstlichen Folgen vorübergegangen. Ich verkaufe das Pferd. Nun genug davon. Ich habe ganz andere Dinge im Kopf.« — »Ach Robert, ich bin noch ganz schwach in den Gliedmaßen. Um Gottes willen, wie kam denn das?« — »Laß dir das bei Gelegenheit von den Leuten erzählen, die es gesehn haben und die die Pfefferkuchen und das Zuckerzeug aufgefressen haben, die bei dieser Gelegenheit aus dem Wagen in den Straßendreck geflogen sind.« — Sie wird elegisch und will ihn umarmen, was er einen Augenblick lang duldet: »Robert, was schwebt denn eigentlich für ein Verhängnis über unserem Haus? Seit Wochen merk' ich ja deine Unruhe. Du schläfst nicht. Ich höre dich, wenn du gar nicht daran denkst, tief aufseufzen. Mir spannt's das Herz. Ich lebe in einer ewigen Angst und Bangigkeit.« — »Im Notfall gehst du zu deinem Vater zurück, und die Kinder kommen ins Armenhaus.« — »Ums Himmels willen, mache nicht solche schrecklichen Scherze, Robert!« — »Na schön, also reden wir nicht mehr davon!« — »Aber bin ich denn gar nicht wert, deine Frau zu sein, daß du mich nicht des geringsten Vertrauens für würdig hältst? Hab' ich denn nicht ein Recht, deine Sorgen mit dir zu tragen?« — »Laß mich zufrieden, fange nicht wieder mit diesen alten Geschichten an. Dummes Geschwätz. Mit dummem Geschwätz ist nicht weiterzukommen. Schließlich hab' ich nach Kräften gearbeitet und kann mit gutem Gewissen, wenn es nicht anders ist, aus dem Hause gehen, wenn sie uns wirklich auf die Straße werfen.« — Frau Siebenhaar bekommt einen Verzweiflungsanfall und lockt dem Manne das Geheimnis heraus: Er muß zum Ersten eine Hypothek von fünfzehntausend Taler auszahlen. Ein Kommerzienrat hat sich Bedenkzeit ausgemacht, würde einen Teil wohl hergeben. Wegen des anderen Teils soll Frau Siebenhaar mit ihrem Vater sprechen.

ZWEITER AKT

([Notiz] Wulle. Möglicherweise in diesem Akte einzuführen.)

Ein Zimmer. Es ist zur Hälfte Büro und mit einer Barriere abgeschlossen. Die andere Hälfte trägt den Charakter eines Wirtszimmers und zeigt einen runden Stammtisch mit allem Zubehör. Eine Tür rechts führt zur Küche, durch eine Tür im Hintergrund überblickt man teilweise einen großen Saal. In diesem Saal stehen Christbäume. Der lokale Frauenverein hält eine Weihnachtsbescherung für arme Leute ab. Einige der Arrangeure sind schon versammelt.
Im Büroabteil steht ein Doppelpult. Gustav Siebenhaar sitzt daran über Geschäftsbüchern. Auf der Barriere sitzt Peter.

ERSTE SZENE

»Na, du schwitzt wohl mal wieder gehörig, Onkel.« — Stottert: »Stör mich nicht, Peter, laß mich zufrieden.« — »Ich dachte, du würdest mit mir zu der schönen Minka gegenüber ein Glas bayrisches Bier trinken gehn.« — »Davon kann gar nicht jetzt die Rede sein, Peter. Ihr habt das Vergnügen, ich habe die Arbeit davon.« — »Es geht doch nichts über die Liebe, Onkel.« — »Wie Heine sagt: ›Du bist wie eine Blume, so schön, so hold . . .‹« etc. etc. — »Warum heiratest du eigentlich nicht, Onkel?« — »Das kann ja noch kommen, Kiekindiewelt, vorläufig hab' ich . . . hab' ich noch kein Bedürfnis!« etc. etc. — »Minka ist tadellos gebaut, Minka wird noch mal Karriere machen.« — »Das ist mir vollständig gleichgültig, liebes Kind.« — »So? Ist das dir wirklich so gleichgültig?«

([Am Rand] Die Affäre mit dem Durchgehen des
Schimmels wird berührt.)
Paul und Gotthold kommen. Paul: »Kommt mal auf die
Terrasse 'raus, Kinder! Draußen ist ein Sternenhimmel, ganz
wunderbar!« — »Bei sechzehn Grad Kälte auf die Terrasse!« —
Paul: »Ja, glaubt ihr denn, daß die armen Leute, die auf die
Bescherung warten, nicht draußen auf der Terrasse stehn?« —
»Ja, die wissen schließlich, warum, aber um deiner sentimen-
talen Sternguckerei willen — laß mich in Frieden.« — »So'n
Ignorant will in einem Vierteljahr das Abiturium machen.
Du bist roh und gefühllos bis zum Exzeß, Peter.« — »Weißt
du, wieviel Sternlein stehen an dem goldnen Himmelszelt?«
Er singt parodistisch. »Nein, aber die Astronomie ist eine
Wissenschaft! Das moralische Gesetz in uns, der moralische
Himmel über uns . . .« etc. — Der Onkel: »Trampel, komm
her, Wuschperle komm, laß die Lümmel streiten. Da hast du
eine Pfeffernuß.« — Er nimmt Gotthold auf den Schoß. —
»Eine Pfeffernuß ist wenigstens was Reales.« — »Du redest
unverdaute Sachen, du sollst überhaupt nicht solche Bücher
lesen.« — »Jetzt macht euch mal fort, der Vater kommt.« Die
Brüder laufen fort.

ZWEITE SZENE

Robert Siebenhaar kommt aus dem Saal. »Waren die Kinder
hier?« — »Ja.« — »Warum laufen sie fort?« — »Sie sind nicht
vor dir fortgelaufen.« — »Ich beiße auch nicht.« — Er setzt
sich, dem Halbbruder gegenüber, ans Pult. — »Bist du nun
mit den Augustposten ins reine gekommen?« — »Ich hoffe,
ich werde morgen im reinen sein.« —

DRITTE SZENE

Frau Nagelschmied, eine imposante Dame, Präsidentin des
Frauenvereins, kommt in Begleitung einiger Vorstandsdamen
und des Vikars Spehner. Unter den Vorstandsdamen befindet sich Veronika Hendel.
Frau Nagelschmied: »Meine sonst zuverlässige Genfer Uhr
hat mich diesmal im Stich gelassen, wenn Ihre Bürouhr richtig geht, Herr Siebenhaar. Es scheint mir, daß einige Herrschaften schon versammelt sind.« — »Der Herr Pastor ist da,

gnädige Frau, Frau Kanzleirat Müller und Frau Rendant. Sie arbeiten schon seit einer Stunde.« —

Frau Nagelschmied und Spehner sowie die Vorstandsdamen in den Saal, ausgenommen Vroni Hendel, die zu Gustav Siebenhaar tritt. — »Ist mein Schwager Robert im Haus, Herr Siebenhaar?« — »Jawohl, Fräulein Vroni, er ist eben hier gewesen.« — »Was ist denn das für eine Geschichte? Ist wirklich das Pferd mit ihm durchgegangen?« — »Der Rotschimmel ist mit ihm durchgegangen, und es ist ein Wunder, daß er am Leben geblieben ist.« — »Ja, was hat denn mein Schwager eigentlich immer tagaus, tagein in der Gegend herumzureisen?« — »Robert hat viel in Geschäften zu tun.« — »Robert verstehe, wer kann. Das wird noch mal alles übel auslaufen.« — Sie geht besorgt, empört und geärgert in den Saal.

Ein Kellner kommt. Gustav Siebenhaar geht ab, nachdem er ihm gesagt hat: »Wenn jemand nach mir fragt, ich werde gleich wieder da sein, ich habe nur etwas im Keller zu tun.«

VIERTE SZENE

Der Kellner, dazu Badedirektor Hendel, zweiundsiebzigjährig, mit seiner Tochter Julia Siebenhaar. Der Alte, ohne abzulegen, nimmt am Stammtisch Platz. — »Bringen Sie für Herrn Brunnendirektor schnell eine Tasse Kaffee, Fritz.« — Der Kellner geht. Es wird über die Bescherung im Nebenzimmer, über Frau Nagelschmied und deren Verhältnis zu Spehner etc. gesprochen. Danach kommt der Kaffee, und nun tritt die ernste Wendung des Gespräches ein, worin der Vater seiner Tochter erklärt, er könne ihrem Manne nicht helfen.

Während dieses Gespräches beginnt im Saal die Feier unter Gesang und Harmoniumklängen. — Wofür Robert zu sorgen hat! Das Pult ist leer. Wo wird Gustav sein? Gegenüber in der Bierkneipe, bei einer lüderlichen Weibsperson, die ihn ausbeutet, und alles aus Roberts Tasche! etc. —

FÜNFTE SZENE

Das Gespräch wird dadurch abgebrochen, daß zwei arme Frauen, Schwestern (verschämte Armen), mit der Bitte ein-

treten, bis zu Beginn der Bescherung versteckt bleiben zu
dürfen. Der Großvater erhebt sich und begrüßt den Enkel
Gotthold, der die armen Frauen hereingeführt hat. Diese
Szene, ihre Gegensätzlichkeit und ihre Beziehungen. Be-
grüßend tritt Robert Siebenhaar hinzu. Konventionelles
Wettergespräch. — Jetzt unerwarteter, unvermittelter großer
Krach im Saal nach dem lauten Vaterunser des Predigers.
Eine Almosenempfängerin wird von der Vorstandsdame
wütend heruntergekanzelt. Sie hat im Vorjahre geschenkte
Kleidungsstücke zu Geld gemacht. — Die verschämten Armen
zittern. Der Großvater ab. Gotthold wird hinausgeschickt.
Die verschämten Armen nolens volens in den Saal geschoben.

SECHSTE SZENE

Kurzes Gespräch der Eheleute. Mitteilung des verfehlten
Hilfsgesuchs beim Großvater. Entrüstetes Hereinkommen
von Peter, Paul und Leokadia. Sie schildern die Schnauzerei
der Vorstandsdame. Tante Vroni, die mitgekommen ist,
nimmt sie in Schutz, findet die Sache richtig. Auflodernde
Heftigkeit. Bissiges Wesen.
Geschäftliche Repräsentationspflichten. Der Saal wird leer,
wird finster gemacht. Mondschein. Auch das Zimmer ist leer.
Onkel Gustav kommt wieder. Setzt sich ans Pult. Im dunklen Saal schreitet Robert Siebenhaar auf und ab. Robert
Siebenhaar erscheint einen Augenblick, sehr bleich, stellt die
Gegenwart Gustavs fest und macht eine bittere Bemerkung.
Dann hört man ihn wieder im Saal ruhelos auf und ab
schreiten. — Frau Siebenhaar kommt geschlichen, fragt, wo
der Mann sei. Sie horcht dem Schreiten. Gustav rät ab, zu
stören.

DRITTER AKT

Der Saal. Die aufgeschlagene Bühne.
»Die Neujahrsnacht im Blauen Ranzen« wird probiert. Die
Bremer Stadtmusikanten treten auf. Die Probe ist im voll-
sten Gange, die Jugend schäumt über.
Ein alter Schauspieler hat die Leitung. Seine Tochter, in
Wahrheit die Geliebte des Onkels, ein sehr pikantes Mädchen,

spielt. Der Onkel hat eine wichtige Rolle. Er wird von der
Jugend viel belacht.
Verfasser des Stücks ist Peter, seine Jugendliebe Fräulein
Ohm ist da und Aktrice. Herr Wulle, der Leokadia still ver-
ehrt, macht bald den Souffleur, bald den Kritiker.
Die Mutter kommt sorgenvoll. Sie hat im Nebenraum für die
Spieler ein kleines Frühstück zurechtgestellt. Diese begeben
sich hinein.

Gespräch zwischen Wulle und Frau Siebenhaar. Er fragt, wo
ihr Mann sei. Scharf ironische Beleuchtungen durch Wulle:
»Es ist kein Wirkungskreis für Ihren Mann, zu eng« etc. Sie
eröffnet: Siebenhaar sei in Geschäften beim Kommerzienrat.
Wulle kennt diesen. »Das bare Geld ist knapp«, sagt er. »Ihr
Mann genießt Respekt, aber er ist zu steif: nicht genügend
cochon et frère mit den Finanzmenschen.« Hierauf Wulle zu
den andern ab.
Der Wagen Siebenhaars ist in den Hof gefahren. Siebenhaar
erscheint. Szene allein zwischen ihm und seiner Frau. Die
Situation ist verzweifelt, Siebenhaar verliert jede Haltung
und gibt sich der schrecklichsten Mutlosigkeit hin. Er droht,
seinem Leben ein Ende zu machen.
»Rufe die Kinder«, sagt er, »rufe die Kinder.«

Leokadia kommt zufällig. »Vater ist nicht wohl«, sagt die
Mutter. — »Ich kann euch nichts mehr geben, morgen liegt
ihr auf der Straße« etc. »Seht, wie ihr weiterkommt.« —
Ahnungslos erscheinen Peter und Paul, übersprudelnd heiter.
Sie stutzen. Erfahren den furchtbaren Umschwung.
Leokadia verschließt die Tür zum Nebenraum. Die Familie
weint. Sie umgibt den Vater. Heroische Anwandlungen aller
Art.
Der Vater gewinnt seine Fassung wieder.

VIERTER AKT

Das Büro mit dem Stammtisch. Im Saal ist Silvesterball im
Gange. Musik.

Der Onkel sitzt und kaut an der Feder. Kellner laufen durch
das Zimmer. Von Zeit zu Zeit kommt Siebenhaar mit der

Frage nach einem erwarteten Telegramm. Einzelne Gäste aus dem Saal nehmen am Stammtisch Erfrischungen und berichten einiges.

Frau Siebenhaar, in Haustracht, fragt ebenfalls nach Telegramm, sorgenvoll. Ihre Schwester Vroni rauscht aus dem Saal herein. Sie läßt sich herab, sich nach dem Stande der Hypotheken-Angelegenheit zu erkundigen.
Frau Siebenhaar bearbeitet die Schwester mit der Dringlichkeit der Verzweiflung. Vergebens.
Immer spielt das Fest herein. Abwechselnd kommen aber auch die Kinder gelaufen und wollen Nachricht haben. Sie sind für das Stück angezogen. Der Onkel wird abgeholt, denn es soll beginnen. Er seufzt im Gehen.
Außer Frau Siebenhaar ist niemand im Zimmer geblieben. Im Nebenraum wird es still, denn das Stück beginnt. Frau Siebenhaar läßt den Kopf auf den Tisch fallen, die Hände gefaltet.

So trifft sie Siebenhaar. In wenigen Augenblicken wird es Neujahr sein. Der Tag des Verhängnisses wird anbrechen. Das Ehepaar redet wenig, mit verzerrten Gesichtern. Die Bücher sind in Unordnung. Vielleicht wird Siebenhaar seine Ehre verlieren und ins Gefängnis wandern. Unerlaubte Wechselverbindlichkeiten, durch die Not erzwungen.

Da öffnet sich die Tür. Der greise Badeinspektor tritt herein. Er wollte doch noch für einen Augenblick zusehen, wie die Jugend die Pforte des neuen Jahrs erstürmt. Er legt Hut und Stock ab, ist in sehr ruhiger, fast feierlicher Stimmung. Er hatte Bücher aus seinen Büros mit nach Hause genommen und einiges Wichtige nachgearbeitet. Er überblickt die Vergangenheit, er spricht von der Pensionierung. Im Nebenraum wird gespielt. Zuweilen hört man die Leute klatschen. Die Stimmung des Greises ist weich und nachdenklich, gütig seiner Tochter und auch dem Schwiegersohn gegenüber. Die Geldangelegenheit wird mit keinem Worte berührt.

Veronika kommt, hat den Vater geahnt, findet das Stück wundervoll und zieht den Alten mit sich in den Saal.
Frau Siebenhaar, mit dem Gatten allein geblieben, weint, der Vater sei gut, und sie fühle, wie es ihm leid tue, ihnen

nicht helfen zu können. Er könnte es, meint Siebenhaar, sein
Vermögen ist so und so, er würde uns retten und nicht soviel
wie die kleinste Kupfermünze verlieren.

Wulle kommt und drückt sich freimütig entzückt über das
Stück und Spiel aus. Schwärmt von Leokadia. »Ihre Tochter
will mich nicht«, sagt er, »sonst würde ich sie heiraten.«
Bravo-Rufen und Klatschen wird plötzlich vom Geläute der
Neujahrsglocken abgelöst. Nun kommen die Kinder zuerst
herein und umarmen die Eltern. Der bekannte Hoffnungs-
hauch der Neujahrsstunde erfüllt das Zimmer. Einige Augenblicke lang befindet sich Wulle wie im eigenen Familienkreis.

Plötzlich kommt Tante Vroni erregt herein. Sie sagt, den
Vater habe eine Ohnmacht angefallen. Sie bittet um Wasser,
sie bittet um Wein. Alle begeben sich in den Saal.
Die nun Erscheinenden berichten von dem Zustand des alten
Mannes. Man hält ihn für bedenklich. Man erzählt genau die
Art seines Zusammenbruchs. Er ist wie etwas Knochenloses
in sich zusammengeschoben. Bald wird klar, daß der Tod in
die Neujahrsgesellschaft getreten ist.
Frau Siebenhaar kommt weinend herein. Der Gatte weiß
nichts, kommt hinzu und fragt. Szene. Der Tod ist hier
gleichzeitig tragisch und die Rettung der Familie. Die Kinder
stürzen mit Fragen herein. Die Gäste eilen auseinander.
Weich und erschüttert fühlt die Familie doch merkbar den
schweren Bann und Druck der Sorge abfallen, den das Fatum
nun von ihr genommen hat.

[IV]

Castello Paraggi,
Freitag, den 16. Februar 1912.

ERSTER AKT

*Ein Wohnzimmer der Familie Siebenhaar. Zwei Fenster mit
Fenstertritten und Mullgardinen. Grünes Sofa, davor runder
Tisch, darüber an der Wand ein Regulator. Rechts und links
vorn Türen. Ein Kachelofen, Teppich, Stahlstiche an den*

Wänden. Zimmerdecke nicht sehr hoch, nette Lampen, Fensterkissen und Tischdecke. Auf einem der Fenstertritte Nähtisch, auf dem anderen sogenannter Großvaterstuhl.
Julia Siebenhaar, eine dreiundvierzigjährige, schon etwas matronenhaft wirkende Frau, sitzt am Nähtisch, eifrig arbeitend. Sie trägt das Haar einfach gescheitelt, ihre Kleidung ist schmucklos.
Peter Siebenhaar, nahezu neunzehnjähriger hübscher junger Mensch, lehnt in der Sofaecke und schmökert.
Es ist zwei Tage vor Weihnachten, in der Dämmerstunde.

FRAU JULIA SIEBENHAAR. Verdirb dir die Augen nicht, Peter.
PETER SIEBENHAAR. Oho! Und du? Solange du mir das schlechte Beispiel gibst!
FRAU JULIA SIEBENHAAR. An meinen Augen ist nichts zu verderben. — Das Wetter ist wieder recht eklig heut.
PETER SIEBENHAAR. Sag mal, wo ist eigentlich Vater bei dem Wetter wieder hin? Ist er wieder nach Waldenburg?
FRAU JULIA SIEBENHAAR. Freilich, und bei den schlechten Wegen. Jetzt, wo weder mit dem Wagen noch mit dem Schlitten recht durchzukommen is. Und außerdem der verdammte Rotschimmel. Hat er denn wenigstens einen Kutscher mit?
PETER SIEBENHAAR. Der Beibst ist unten beim Flaschenwaschen.
FRAU JULIA SIEBENHAAR. Ich wünschte, das Beest krepierte, wenn es auch noch so teuer ist. Das gibt noch mal ein ganz gehöriges Unglück mit dem Rotschimmel. Ich habe, wenn Vater mit der Bestie unterwegs is, keinen ruhigen Augenblick.
PETER SIEBENHAAR, *nach kurzem Stillschweigen.* Sag mal, Mutter, glaubst du, daß Vater etwas dagegen hat, wenn Leokadia Rosine Ohm zu Silvester einladet?
FRAU JULIA SIEBENHAAR. Ach, schlagt euch doch das aus dem Kopfe, Kinder. Ihr müßt doch sehen, daß Vater jetzt ganz andere Sachen im Kopfe hat.
PETER SIEBENHAAR. Wenn wir sie aber wieder nicht einladen, so ist das für uns ziemlich peinlich, Mutter: nämlich für Leokadia und für mich. Leokadia ist vierzehn Tage lang Gast auf dem Gute bei Ohms gewesen, und ich habe wochenlang in der Tanzstunde Rosine Ohm mit unserem Silvesterball den Mund wässerig gemacht. Mit vieler

Mühe hat sie sogar schon die Erlaubnis ihrer Eltern zur Reise hierher gekriegt.

FRAU JULIA SIEBENHAAR *horcht auf.* Ein Wagen ist in den Hof gefahren!

PETER SIEBENHAAR *steht auf.* Natürlich, Mutter, du hörst wieder nicht.

FRAU JULIA SIEBENHAAR. Aber dummer Junge, was soll ich denn hören? Erst kommt Gotthold und quält, dann kommt Paul und quält, dann kommt Leokadia und macht mir Vorwürfe, und jetzt kommst du noch zu guter Letzt. Laßt mich in Ruh' mit Rosine Ohm. Ich hab' keinen Sinn für eure Vergnügungen.

PETER SIEBENHAAR *geht geärgert auf und ab.* Unter solchen Umständen wäre ich ebensogern die Ferien über in Breslau geblieben.

FRAU JULIA SIEBENHAAR. Ja, bleibt doch nur, wo der Pfeffer wächst.

PETER SIEBENHAAR, *einlenkend.* Nun sage mal selbst, Mutter, ob das vielleicht für einen Menschen von achtzehn Jahren ein angenehmer Zustand ist. Seit drei Monaten büffele ich für das Examen wie blödsinnig. Jetzt komm' ich hierher. Man denkt, man hat 'ne kurze und nette Erholungszeit, und nun tut ihr alle, wie wenn wir 'ne Leiche im Keller hätten. Ja, weiß Gott. Was ist denn los? Ich bin doch erwachsen. So sagt doch 'n Wort, Mutter!

FRAU JULIA SIEBENHAAR. Ich habe jedenfalls meine Pflicht getan und brauche mir keine Vorwürfe machen.

PETER SIEBENHAAR. Muß sich denn sonst jemand Vorwürfe machen? Doch nicht etwa am Ende ich?

FRAU JULIA SIEBENHAAR. Peter, wenn du mich liebhast, schone mich. Ihr habt leicht reden. Was wißt ihr davon, was unsereiner im Laufe der Jahre durchzumachen hat. Du mußt bedenken, ich stamme aus einem Elternhaus, so bescheiden es war, immer hatten wir unser gesichertes Auskommen. Der Vater und ich dagegen, wir haben seit zwanzig Jahren geradezu mit Sorgen und Kummer zu kämpfen gehabt. Da ist man allmählich mürbe geworden. Hätte der Vater mir gefolgt, wir hätten uns diesen Berg von Verpflichtungen, diese Last, diesen Alp von einem Hause nicht aufgeladen.

PETER SIEBENHAAR. Für Vater war aber doch der »Rautenkranz« das Elternhaus. Darüber, daß er das nicht gern hergeben wollte, kann man sich eigentlich doch nicht wundern. Und ich liebe den alten Kasten so, daß ich mich nirgend anders wohlfühle. Meinetwegen brauchte ich bis an mein Lebensende nirgendwo anders sein.

FRAU JULIA SIEBENHAAR. Das fehlte noch. Ich hasse das Haus. Ich hasse das ganze verwünschte Hotelwesen.

CAND. RER. NAT. EUGEN SCHAFFHEITLIN

29. Februar 1912.

ERSTER AKT

Das kleine Arbeitszimmer eines Botanikers. Schreibtisch, Herbarium, lebende Pflanzen in Töpfen, Stöße leerer Blumentöpfe. Große Glastür in ein Warmhaus mit südlichen Pflanzen. Der dreiundzwanzigjährige cand. rer. nat. arbeitet am Schreibtisch und beschäftigt sich mit den lebenden Blumen. Sein Freund und Kommilitone in Studentenkäppi und Band, gegenwärtig zu Besuch. Eugen Schaffheitlin und Albrecht Lenz.

ALBRECHT. Mensch, du wirst noch mal an der Blumen Rache sterben. Du wirst zur Pflanze. Du wirst zur Topfpflanze, Bengel. Du wirst, was das Schlimmste ist, zur Herbariumspflanze. Du legst es darauf an, mit fünfundzwanzig Jahren tot oder ordentlicher Professor zu sein.

EUGEN. Ich habe nicht den Ehrgeiz, mit fünfundzwanzig Jahren auf die eine oder andere Weise ein Opfer meines Berufs zu werden. Aber tu mir den Gefallen und komm in einer Stunde wieder, Lenz, denn ich habe zu tun. Ich muß mein bißchen Verstand zusammenhalten.

ALBRECHT. Murkst du denn noch immer über dem Handbuch der Tropenflora des seligen Geheimrats herum?

EUGEN. Daran murkse ich in der Tat herum und werde, wenn ich es herausbringen will, noch drei bis vier Jahre daran herummurksen. Aber mindestens, Lenz, und angestrengt. Das Werk ist ein standard work, kann ich dir sagen. Lachmann hat die Resultate seines ganzen Lebens darin niedergelegt. Resultate: staunenerregend. Überhaupt, dieser ganze Nachlaß, in den ich jetzt Einblick genommen habe, enthält Sachen und neue Ideen in einer solchen Fülle, sage ich dir, daß selbst das bekannte Lebenswerk dieses Nummer-Eins-Mannes noch übertroffen wird.

ALBRECHT. Ich gebe ja zu, daß du Schwein hast, Eugen. Aber ich finde, alles hat seine Grenzen. Du wirst zum Gespenst. Du verochst, du verbüffelst dich.

EUGEN. Ich wünsche mir bis an mein Lebensende nichts

CAND. RER. NAT. EUGEN SCHAFFHEITLIN

Schlechteres und nichts Besseres als das. Und du vergreifst dich auch in den Ausdrücken. Ochsen und Büffeln ist das, was ich hier treibe, nicht. Eine Menge mechanischer Arbeit, aber auch eine Menge großer Gesichtspunkte. Und hier, die ganze wissenschaftliche Korrespondenz des Professors wird fortgesetzt.

ALBRECHT. Haben denn die Leute keine Todesanzeige gekriegt? Wissen sie denn nicht, daß er gestorben ist? Ach so, die Briefe sind ja an die hochgewaltige Frau Geheimrat Professor Dr. Lachmann gerichtet. Wie geht's denn der Frau Geheimrat?

EUGEN. Gut geht's ihr. Und übrigens kannst du mir glauben, daß es selten eine so erstaunliche Frau gegeben hat. Es gibt in der Wissenschaft ihres Mannes keinen Gegenstand, über den sie nicht aus dem Effeff Bescheid wüßte. Solange sie lebt, wird nichts von alledem zugrunde gehen, was der Professor hier geschaffen hat. Seine Versuche sogar, die Korrespondenz wird fortgesetzt.

ALBRECHT. Und statt des Professors bist du nun ganz einfach der Amanuensis der Witwe geworden.

EUGEN. Ja, ohne mich geht's natürlich nicht. Lachmann war zweiundsiebzig Jahr, als er starb, und von dem Tage an, wo ich vor fünf Jahren, wie du weißt, den Tisch hier im Hause bekam, habe ich ihm ja mehr das Äußerliche der Arbeit abgenommen.

ALBRECHT. Und die Professorin ist jetzt sechzig.

EUGEN. Ja, vor acht Tagen hat sie Geburtstag gehabt. Und natürlich, wenn sie auch mal die Glashäuser inspiziert und einige das Herbar betreffende Briefe schreibt, so kann sie sich doch nicht bei ihrem Alter die ganze körperliche und geistige Arbeit zumuten, die die Fortsetzung eines solchen Lebenswerkes verlangt.

[IN DER WIRTSCHAFT »ZUM KÜHLEN MORGEN«]

Sestri, den 9. November 1913.

ERSTER AKT

Wirtschaft »Zum kühlen Morgen«.
Wohn- und Gastzimmer. Anstoßend der Tanzsaal. Schlüsselbrett. Schreibtisch. Eßtisch. Der Wirt. Die Wirtin. Gustav.

WIRT *liest Zeitung.* Ob man im Frühjahr oder im Herbst sterben muß? —
WIRTIN, *die Sand aus einem Sandtrichter a[uf] d[ie] Diele streut.* Mann!
WIRT. Sterben ist immer schwer. Sterben ist immer leicht: mir ist's gleich.
WIRTIN *schweigt. Dann vorwurfsvoll.* So!? — acht Tage vor Gustavs Hochzeit!
WIRT. Das ist, wie wenn man die Hand umdreht.
WIRTIN. Was ist, wie wenn man die Hand umdreht?
WIRT. Da sind über Hochzeit und Hochzeitstag fünfundzwanzig Jahre und mehr dahingegangen.
WIRTIN. Es blitzt.
WIRT. Die Pappeln sahen wie gelbe Flammen aus in dem Blitz — aber es donnert nicht.
WIRTIN *unterbricht ihre Arbeit, horcht.* Nein, es donnert nicht. *Der Mann liest Zeitung, die Wirtin setzt ihre Arbeit fort. Es entsteht eine Stille.*
WIRTIN, *die Arbeit beendend.* So, der Sand wäre gestreut.
DER WIRT. Mutter, ein Wolkenbruch.
DIE WIRTIN. Bewahre Gott.
DER WIRT. Einmal muß es ja kommen.
DIE WIRTIN. Was?
DER WIRT. Alles! Alles!
DIE WIRTIN. Wenn's in den Bergen auch so vom Himmelsthrone heruntergießt, wird der Bach bald wieder Dachbalken, Spinnräder und Kinderwiegen getragen bringen.
DER WIRT. Immer dasselbe. Das Gebirge bleibt, der Bach bleibt, der Regen bleibt, Kinder werden geboren, Wiegen gezimmert, u[nd] Flachs muß gesponnen werden.

IN DER WIRTSCHAFT »ZUM KÜHLEN MORGEN« 449

WIRTIN. Mann, du gefällst mir nicht mehr.
WIRT. Warum?
WIRTIN. Weil du so gleichgiltig sprichst. — Du gefällst mir auch gar nicht mehr.
WIRT, *nach kurzer Pause.* Nimm einen jungen.
WIRTIN. Ich?
WIRT. Setzt euch zusammen in eine Nußschale und laßt euch von dem geschwollenen Bache mitnehmen.
WIRTIN. Sündhaftigkeit.
WIRT. Wenn du ihm nicht zu runzlicht bist.
WIRTIN. Nun, wenn auch nicht mehr für einen Mann wie dich: für meinen himmlischen Vater bin ich auch so noch schön genug.
WIRT. Der Regen läßt nach, mach Licht, Alte. — He, Johann!
WIRTIN. Ja, ruf nur. Der ist von dem Kunstreitergesindel nicht wegzubringen.
WIRT. Das glaub' ich.
WIRTIN. Es blitzt.
WIRT. O ja, es blitzt hinten und vorn.
WIRTIN. Was heißt das?
WIRT. Lumpen sind besser als ganze Kleider, wenn dralle Mädels darinstecken.
WIRTIN. Pfui!
WIRT. Alte Weiber und pfui. Aber nicht junge Dinger u[nd] pfui!
WIRTIN. Bock, sag' ich! Das Lumpengesindel muß vom Hofe.
WIRT. In den Tanzsaal, jawohl, Alte: denn draußen können sie bei dem schlechten Wetter ihre Fisematenten unmöglich ausführen. *Gustav kommt.* Na, Gustav, wie geht's?
GUSTAV. Die hundert Schock Gerste sind ausgedroschen.
WIRT. Malz u[nd] Hopfen, Gustav, darauf kommt's an.
GUSTAV. Die Kunstreiter müssen ihre Bühne im Tanzsaal aufmachen: es gießt mit Mollen. Was meinst du, Vater?
WIRT. Affen, Hunde, Papageien, Meerschweinchen und weiße Mäuse, Schweinerei!
GUSTAV. Und Pferde und Esel, Vater.
WIRT. Und Weiber, nicht zu vergessen. —
GUSTAV. Gar kein Wort, Vater.
WIRT. Vergiß nicht: übermorgen ist deine Hochzeit.
GUSTAV. Ach was, eh man das Kummet über den Nacken streift: warum soll man sich nicht noch einmal gründlich ausgaloppieren.

WIRT. Nimm dich in Obacht: Drei Kreuze. Knochen. Totenkopf. Gift. — *Marie kommt.*
GUSTAV. Es ist eine dabei... Ah, guten Abend, Mariechen.
WIRT. Was ist denn für eine dabei?
MARIE. Was ist denn für eine dabei?
GUSTAV. Es ist ja gar keine dabei.
MARIE. Wie, wo, was ist gar keine?
GUSTAV. Bist du nicht naß geworden?
MARIE. Nein.
GUSTAV. Auch nicht im Kot versunken über die Straße?
MARIE. Wie du siehst, nein.
GUSTAV. Bist du böse, Mariechen?
MARIE. Warum sollt' ich denn böse sein?
WIRTIN. Mach, daß du ihn unter deinen Pantoffel bekommst, Mariechen.
MARIE. Meinetwegen eilt es doch nicht.
WIRTIN. Seinetwegen! nur seinetwegen!
MARIE. Mutter, ich bin nicht eifersüchtig.
WIRTIN. Eine Frau, die's nicht ist, ist ein Ball, der nicht springt.
GUSTAV. Was bringst du, Marie?
MARIE. Der Notar ist bei Vater.
WIRTIN. Ist dem Vater nicht gut?
MARIE. Seine Beine sind angeschwollen.
WIRTIN. Hat er ihn haben wollen, den Notar?
MARIE. Er kam zufällig. Er hat bei dem Wolkenbruch Kutsche und Pferd eingestellt. — Aber jetzt haben sie Schreibereien. — Und, Gustav, Vater hat nach dir gefragt.
GUSTAV. Wenn er mich sehen will, komm, Marie!
Gustav u[nd] Marie ab.
WIRT. Stirbt der Alte, wird Gustav der reichste Mann vier Dörfer im Umkreise.
WIRTIN. Armut schändet nicht, und Reichtum macht nicht glücklich.
WIRT. Papperlapapp. Wenn der Alte und das Mädel sich nicht in den Jungen vernarrt hätte, müßten wir in acht Tagen nackt und bloß aus dem Hause gehn. Aber Gustav versteht seine Sache.
WIRTIN. Hättest du ihm das zugetraut? Die hübschesten Mädel hat er am Schubsacke — und nimmt die Marie, die kein andrer mag.
WIRT. Er hat den Verstand auf dem richtigen Flecke.

TILL EULENSPIEGEL

[I]

[Entstehungszeit: 1906.]

EULENSPIEGEL UND DER ALCHIMIST
Ein blutiger Schwank

Eulenspiegel ist Diener bei dem Alchimisten. Dieser Alchimist verzapft eine Geheimlehre für junge Mädchen. Kosmetika für dergl[eichen]: auch für junge Männer. Die Geheimlehre besteht in Erotika, neuer Moral, neuen Methoden. Er ist eigentlich ein alter Bordellvater, der mit einer Bordellwirtschaft Geschäfte macht. Eulenspiegel kommt als angeblicher Kunde, dann Schüler zu ihm. — Jetzt erscheint eine Mutter mit ihrer Tochter bei dem alten Schuft. Die Tochter soll unterrichtet werden, nach dem Aushängeschild (?). — Nun kommt der Kampf um die Seele zwischen Eulenspiegel und dem Alchimisten. —

Der Alchimist wird vom Pöbel verfolgt, steht in einem ewigen heroischen Kampf mit ihm.

Das Geheimkabinett des Alchimisten. Das müßt ihr sehen! Es ist nichts darin: oder: ein Mann, wenn ein Weib hineingeht! ein Weib, wenn ein Mann hineingeht. Auf die befriedigt herauskommenden Leute weist der Alchimist triumphierend. —

Während das Kind in das Kabinett will, darin sie der Alchimist selbst erwartet, prügelt Eulenspiegel die Mutter durch. Die Mutter schreit. Das Kind kommt herzugelaufen. Der Alchimist im Hemd. Eulenspiegel kneift mit der Kleinen durch.

Eulenspiegel und die Kleine hungern. Sie will durchaus seiltanzen. »Nun, dann tanze Seil!« sagt er. Richtet traurig das Seil, sitzt traurig dabei und meditiert, während sie tanzen und die Dorfmusikanten spielen. Da stürzt sie, und nun ist auf einmal der Alchimist, die Mutter und Polizeisoldaten da, diese packen Eulenspiegel, der springt und hüpft, als ob das ganz nach seinem Sinne wäre. — Mutter und Alchimist ziehen mit dem Kinde ab.

Beim Alchimisten im Bordell. Eulenspiegel, als feiner Herr verkleidet, kommt als Kunde. Die Arme ist schon beinahe wahnsinnig. Sie heult nach Eulenspiegel, ohne daß es ihm gelingt, sich ihr erkennbar zu machen. — Sie gerät in Zuckungen. — Nun kommt der Alchimist. — Er redet große Noten daher, salbungsvoll! Zieht den Sermon über die Welt und ihren [...?] ab etc. etc. — und nun fällt Eulenspiegel über ihn her und haut ihn tot. Dann setzt er sich auf ihn und meditiert. —

Eulenspiegel singt:
Zu Nürnberg auf der Seilergass'
passierte mal was!

Die großen Aussprüche des Alchimisten.
Das Weib ist...
Die weibliche Schönheit ist nicht zu trennen von der weiblichen Unmoral. Vielen muß das Weib gehören. — (So hat es doch auch eine Chance.) Macht die Gänse verrückt: macht künstlichen Donner.

Er lacht und sagt dann immer: »Entschuldigen Sie, ich habe nicht gelacht. Das muß ein Irrtum sein. Ich lache nämlich nie. Ich kann Ihnen beweisen, daß ich im Jahre 1496 zum letzten Male gelacht habe, als meine Mutter starb...«
»Was, als Ihre...?«
»Als meine Mutter, wollt' ich sagen, geboren wurde.«
»Wie?«
»Als ich dachte, ich sollte zur Welt kommen und es Gott sei Dank noch mein älterer Bruder war, den meine Mutter zur Welt brachte: woll[t'] ich sagen.«

[II]

EULENSPIEGEL

den 20. Dezember 1909.
Agnetendorf.

[Notizen]

Genius des Volkes.

Das Volkstum in seinem besten, unveräußerlichem Teil.

Das, was sich aller königlichen und pfäffischen Tyrannei immer wieder entwindet.

Die Berührung mit Odysseus: Meister der Verstellung, listenreich, aber nicht habgierig, sondern hierin sich vor allem berührend mit dem Zyniker.

Diogenes. Im übrigen ist auch Eulenspiegel Zyniker. Nimm Szenen aus dem Leben des Diogenes hinzu. Wie er zum Beispiel das Faß rollt, in aller Geschäftigkeit, nutzlos hin und her. —

Gib dem Eulenspiegel einen Thespis-Karren! darauf ein Puppentheater! denke auch an Alexander, den Lügenpropheten. —

Die Kurpfuscherei mit Äskulap u[nd] seiner Schlange.

Eulenspiegel als Naturarzt. Sein Sanatorium. Verdientes Gold schüttet er in den Fluß.

Eulenspiegel verspottet nicht nur die Oberen, sondern die Oberen und die Unteren, weil sie leider einander verdienen, Priester und Laien dito. —

Im Puppentheater läßt er auftreten: den Papst, den deutschen Kaiser, Könige, den Magnaten, den Junker, den Großindustriellen, den Zeitungsbesitzer, den Bischof, den Pastor, den Pfarrer, ⟨den Bürger,⟩ ⟨den Arbeiter,⟩ den Richter, den Schwindler, den Juwelendieb, den Einbrecher, den Mörder, die Berufsdame, die Luxusdame, die Mutter, die Prostituierte, den Zuhälter.

Wie Eulenspiegel als Drahtzieher seines Marionettentheaters Gott nachahmt. Wer seine Rolle gesagt hat, wird in den Kasten geworfen. Den Kasten nennt er das Grab oder den Sarg. Eulenspiegel reist selbst und schläft in seinem Sarge. Er hat seinen Sarg auf Räder gesetzt. »Begrabt mich in Hirschberg, so werde ich in Görlitz auf dem Markt wieder lebendig,« etc.

Eulenspiegel wird von Pfaffen mehrere Male ans Kreuz geschlagen — er entkommt immer. Sein Alptraum, wo ihn die Marionetten seines Theaters wütend verfolgen: Fürsten, Pfaffen, Richter etc. etc.
Eulenspiegel im Reichstag.
Eulenspiegel hat vier Stücke auf seinem Repertoire.
Repertoire: I. Das vaterländische
  II. Das europäische
  III. Das Weltstück
  IV. Das Mysterium Magnum.

[Szene]

Eulenspiegel zieht gemeinsam mit einem Esel einen zweirädrigen Karren, der mit einer Plane bedeckt ist, auf den Marktplatz einer kleinen, altertümlichen Stadt. Nele sitzt vorn im Wagen, sichtbar.

EULENSPIEGEL

Nele!

NELE

Till?

EULENSPIEGEL

Hier wollen wir Vögel fangen;
richte du auf die Jahrmarktsstangen!
Obenauf stecke das Spiegelglas!
Derweilen greif' ich den Kauz im Sack:
er klappt mit dem Schnabel, er wittert Fraß.

Nele bringt eine Stange aus dem Wagen, steckt oben einen Spiegel daran. Till nimmt einen kleinen Kauz aus einem alten Getreidesack und setzt das Tierchen, am Fuß gefesselt, oben auf den Spiegel.

EIN BAUER

Woas machst du dohie?

TILL

Ei, Bauer: Schnickschnack!
wie's Mode ist beim Gimpelfang.

BAUER

Willst miich ernt fanga? hä? Schien Dank!

TILL

Bist du ein Gimpel, Bauer? Du bist
höchstens ein Suppenhahn auf dem Mist.
Nele lacht.

DER BAUER

Is wohr? Nu nee, nee, doas koan o sein.

TILL

Bloß, du hast keinen Sporn am Bein.

DER BAUER
blickt an sich hinunter

's is richtig!

TILL

Und hast keinen Kamm, der schwillt.

DER BAUER

Au no wuhr!

TILL
hält ihm den Spiegel vor
Da hast du dein Spiegelbild.

DER BAUER
sich im Spiegel betrachtend

Woas hot's denn? Iich biin derschrocka reen!
Ihr Leute, iich hoa ju an Käte ims Been!
Iich hoa ju a dicke Kummt iberm Nacka,
mir truppt ju d'r Schweeß iber beede Backa...
Nimm weg den Spiegel!
Till tut es.

Doas woar dei Glicke!
Iich hätt' a geschlon ei kleene Sticke!

EULENSPIEGEL

Hätt'st du den Spiegel zerschlagen, Mann,
du wärest fürder kein Suppenhahn!
Dir hinge die Kette nicht mehr am Bein,
du könntest ein freier Vogel sein.

DER BAUER

Ein Galgenvogel wie du, o noch!

EULENSPIEGEL
Wo hast du den Kopf für das hänfene Loch?

DER BAUER
An Koop, iich dächte, dann hätt' ich hie?

EULENSPIEGEL
Nele, die Seile, komm und zieh!
Sie nehmen Turmseile aus dem Wagen.

EIN BÜRGER
zur Familie
Ein Seiltänzer!

EULENSPIEGEL
Jawohl, Herr Geheimerat.

EIN BÜRGER
Werdet Ihr's über den Marktplatz spannen?

EULENSPIEGEL
Mit Eurer Erlaubnis: in der Tat.

HÖKERWEIB
Fallt mir nur nicht in Töpfe und Kannen.

EULENSPIEGEL
Nein, ich werde mir Mühe geben,
um deinetwillen noch weiterzuleben.

DER BÜRGER
Ihr habt ein gefährliches Gewerbe.

EULENSPIEGEL
Es ist kein Unglück, wenn ich sterbe.

BÜRGER
Habt Ihr Kinder?

EULENSPIEGEL
Ja, eben drum:
die Welt ist bevölkert mit jungen Affen:
der Brave muß trachten, Raum zu schaffen.

DER BÜRGER

Ihr kehret das Ding wahrhaftig um.
Der Brave muß die Schlechten bezwingen
und seinen Kindern ein Vater sein.

EULENSPIEGEL

Verzeiht, das Leben macht mir Pein,
es gibt zu viele Gruben und Schlingen.

DER BÜRGER

Gruben hin, Gruben her, Schlingen her, Schlingen hin,
ich danke Gott, daß ich lebendig bin,
daß meine Füße auf Erden stehn!
Der Teufel mag auf dem Seile gehn.
Ihr seid ein Narr!

EULENSPIEGEL

Ich bin nicht mehr.
Ein armer Teufel mit seiner Marotte!
Die schwerste Kunst dünkt mir weniger schwer,
wenn ich damit des Lebens spotte.
Besser oben vom Turmseil fehlzutreten,
als Jahrmarktskot mit den Fersen zu kneten. —

DER BÜRGER

Leidet Ihr an der Melancholie?

EULENSPIEGEL

Keineswegs: ich vergöttere sie!
Sie ist mein allergrößtes Vergnügen,
ausgenommen, ich fange Fliegen.

BÜRGER

Habt Ihr denn gar keinen Ernst im Leib?

EULENSPIEGEL

Meint Ihr mich? oder meint Ihr das Weib?
Meint Ihr das Weib, so laßt Euch sagen:
Sie hat ihr Kind noch nicht ausgetragen.
's ist wahr, wir haben viel Spaß gemacht.
Ob ein Ernst draus wird, steht im Ungewissen.

BÜRGER

Ihr stellt Euch dumm: doch Ihr seid gerissen.

[Notiz]

Eulenspiegel. Die Gefahr, einen Charakter durch Überlastung zu zerstören.

[III, 1–3]

[1]

Am 22. November 1913.
Sestri.

[DAS URDRAMA]
Personen

GOTT. Der Gute. Der Freund. Der Vater.
LUZIFER. Der Böse. Der Feind.

a) Die Mutter, allmächtig } Natur das Feindliche
b) Der Vater, allmächtig

Erste Phase. Das Kind — Held des Urdramas
   a) Die Mutter abhängig vom Vater
   b) Der Vater mächtig
   c) Der himmlische Vater Erbe der Allmacht
Zweite Phase. Das Kind
   Die Mutter ohnmächtig.
   Der Vater Usurpator.
   Das Kind mächtig.
   Der himmlische Vater durch es bedroht.
   Die Natur der Schrecken entkleidet.
   Die Natur erschlossen d[urch] d[as] Weib, die Liebe.

Person Crepidus
Person. Ein Sancho Pansa muß neben dem Helden wie neben Don Quijote herschreiten.

Der Planwagen.
Die Gaukelfuhre.

Kaufe und studiere artistische Fachblätter.

Hans Wurst
Pagliazzo
Pojaz

Der materielle und ideelle Abenteurerzug ins Leben.
Die Wunder der Welt.
Die Netze werden ausgeworfen, kommen voll zurück, aber er sieht die Fische nicht.
Keiner, einmal zum Bewußtsein erwacht, vermag die Welt mehr ohne sich selbst darin vorzustellen.

P. Der böse Freund (nicht Feind), so könnte man auch den Mephisto Goethes nennen, den dauernden Genossen und immerwährenden Ankläger Gottes.

Die Wünsche.
Er wird Kaiser.
Thomas Moore, sein Narr, wie er Narr Heinrichs VIII. von England.
Die Utopie.

Der Töpfer und die Töpferscheibe.

Vom Kaiser geht es abwärts.

»Das Geheimnis des Reichs« auch hier gesucht.

Die Erscheinung der drei Grazien des »bösen Freundes«:
1. Die venerische Seuche.
2. Die alte Vettel.
3. Die Liebeswut. Vampir.

Überallhin drängt ihm sein Gesindel nach: Crepidus, Hans Wurst, der böse Freund, ebenso die Schatten, die seinem Wagen folgen —
Der Gaul, der den Wagen zieht: namhaft zu machen. Der allmählich alt und klapprig wird.

Ausziehend, ein Königreich — das Urdrama — zu finden, habe ich nun wenigstens den Eulenspiegel konzipiert.

Oben auf dem Wagen sitzt die Eule.

Innen liegt Frau Venus in immer neuer und immer der gleichen Gestalt.
Innen liegt auch der faßliche Apparat des kleinen Welttheaters. Es folgen die »Künstler«, die Tiere, die Schatten.

Eulenspiegel verliert nicht nur seine Haare, sondern auch seine männliche Kraft.

Eulenspiegel gibt für sich allein in einem Walde bei Hannover seine letzte Vorstellung: bei dieser Gelegenheit nimmt er seinen definitiven Abtritt und stirbt, stirbt lachend.

Alles zu durchtränken mit Ironie. Bei Weltbejahung vollkommenste Weltverneinung.

Eulenspiegel versucht im kaiserlichen Lustgarten zu Berlin eine Vorstellung zu geben.

Eulenspiegel wird von dem Magistrat der Stadt Breslau eingeladen, dann aber vor dem Rathaus gestäupt.

Eulenspiegel als Sohn eines Edelmanns.

»Wird verlacht.«
»Wird verlacht.«
Eulenspiegel behauptet, im Himmel gewesen zu sein.
»Wird verlacht.«

Gedanken des Urdramas immer gegenwärtig halten.

Der Zug der Schatten hinter Eulenspiegel vermehrt sich. —
Im Wald bei Hannover findet die Schattenkirchweih statt.

Es ist ein Abkommen zugrunde gelegt, wie bei Faust.

Alles und jedes am Wagen des Eulenspiegel nicht symbolisch zu verstehen.
Das Pferd
Das Geschirr
Die Deichsel
Die Zugstange
Die Zügel

Die Peitsche
Die Krippe
Der Hafer
Die Achse — Räder
Die Plane
Die Schmierbüchse
Der Spitz
Die Eule
Der Tanzbär
Der Akrobat
Das Weinfäßchen und die Ausschankgeräte

> Die Gaukelfuhre
> Ich seh' nichts, wenn der Wagen geht,
> ich komm' nicht vorwärts, wenn er steht.

Das erste, wenn er auf den Markt kommt: er peitscht das Gesindel auseinander.

Ich fange jetzt an, die Gestalt zu verstehen: die Ungezogenheit als natürliche Notwehr des natürlichen Andersseins.

> Geschrei.
> Er will, daß alle Tage Sonntag sei.

> O Volk, wie bist du doch bescheiden:
> da liegt ein Hirsch, da liegt ein Keiler.

Herr, schenke mir nur die Kraft zur Vertiefung.

> Auf dem kleinen Welttheater
> stets halte ich Hölle und Teufel bereit
> und natürlich die ewige Seligkeit.

> in meiner Schenke
> die allerverschiedensten Getränke.
> mit
> Aquavit.

Die Malereien.

> Hier ist ein kleiner Gottessohn
> und hier meine kleine Religion.

Eulenspiegel im Verlies und in der Folterkammer.

Szene im Bratwurstglöcklein zu Nürnberg.
Peter Vischer.
Er tritt bei ihm als Lehrling ein. Besuch bei dem alten Hans Sachs.
Immer, in solchen Fällen, läßt er den Wagen vor der Stadt, aber das Gesindel holt ihn jedesmal wieder zurück.

Anfang und Ende.
Eulenspiegel taucht als Knabe auf, endet als alter Mann, aber obgleich man seinem Tode beigewohnt hat, hört man bald darauf, daß er nach wie vor von Ort zu Ort zieht. — Man sagt im Volk, er sei wie der Ewige Jude unsterblich.

Trotz Obigem: »Eulenspiegels Himmelfahrt«.

Eulenspiegels seriöse Welt ist Traumwelt. Er liegt manchmal vierundzwanzig Stunden lang, einem Toten gleich, in seinem Wagen. Einige Proben dieses anderen Daseins werden gegeben.

[2]

[Hier schließt ihrer Entstehung nach die in der »Ährenlese« abgedruckte Szene unmittelbar an (siehe Band IV, S. 253 bis 261); sie wurde in der Zeit zwischen November 1913 und Februar 1914 geschrieben.]

[3]

[Der folgende Text schließt entstehungsgeschichtlich an die in der »Ährenlese« abgedruckte Szene an; er wurde zum größten Teil im Februar und im März 1914 geschrieben und später überarbeitet.]

[TILL]
denn unser Meister lebt nicht mehr.
Nun heißt es fort von dieser Stelle,
wohin er heimlich uns gelenkt.
Trotz unsrer tausend Wanderungen,
nie sind wir bis hierher gedrungen.
Der Alte hat uns arg gekränkt,
nun heißt es suchen, drehen, winden,
alleine sich herauszufinden.

Nichts da, es ist mir einerlei,
statt daß ich mich durchs Dickicht tappe,
hier, meines Vaters Schellenkappe:
die stülp' ich auf und drehe bei.
Warum wohl rennen, suchen, hasten,
revieren mit des Falken Blick?
Ereilt dich stets doch dein Geschick,
drum scheint mir besser ruhn und rasten.
Die Schellenkappe aufgesetzt,
dort liegt ein Steinblock unter Steinen,
wer nicht entflieht, wird nicht gehetzt,
hinauf, und mit gespreizten Beinen
erwart' ich rittlings auf dem Blocke
den Stundenschlag der Schicksalsglocke.

Ein reisiger Zug naht sich durch den Wald. Kaiser Maximilian in einem Bauernwagen. Gefolge. Darunter Kunz von der Rosen.

KAISER MAXIMILIAN
Was machst du dort?

TILL
Nur aus dem Wege.

KAISER MAXIMILIAN
da Till auf dem Block wie ein Reiter auf seinem Pferde sitzt
Ei, wohinaus, du junger Fant?

TILL
Gleichviel! Ins unbekannte Land.

KAISER MAXIMILIAN
Da bist du schon.

TILL
Beiseit! Ich pflege,
was widersteht, zu überrennen.

KAISER MAXIMILIAN
Da muß dir's an den Sohlen brennen.

TILL
Mein Roß hat Flügel an den Hufen.

KAISER MAXIMILIAN
So muß man wohl um Hülfe rufen.
Hört, hört, es zittert rings die Erde,
weicht aus, weicht aus dem Götterpferde.
Was ist dein Ziel? das sag uns, Freund.

TILL
Die Frage ist mir antipathisch,
denn dieser Reitblock ist erratisch:
allein, gewiß ist jedenfalls
ein und der andre Punkt des Alls.

KAISER MAXIMILIAN
Hast du auch jemand, der dich weist?

TILL
Er ist mir weit vorausgereist.
Eh ich dies Pferd nicht abgehetzt
und auf ein andres mich gesetzt,
was er soeben erst bestiegen,
bleibt's hoffnungslos, ihn einzukriegen.

KAISER MAXIMILIAN
Dein Gaul von jetzt, dein Gaul von dann
sind mir ein wunderlich Gespann.

TILL
Jetzt ist's ein Hengst, dann eine Stute.

KAISER MAXIMILIAN
Wo stammt es her, aus welchem Blute?
Gespann und du, wo kommt ihr her?

TILL
Wir krochen durch das Nadelöhr,
wie alles, was da kreucht und fleucht,
was selber hetzt und wird gehetzt.

KAISER MAXIMILIAN
Er redet Unsinn, wie mir deucht,
und macht mich wirr zu guter Letzt.

TILL
So bist du frei von Not und Fahr:
nur wenn du wirr bist, bist du klar.
Tritt her, ich schlage dich zum Narren.
Hei hopp, mein Rößlein, brrr, mein Tier.
Steh still. Dort ist mein alter Karren:
Max, guter Max, ich schenk' ihn dir.

KAISER MAXIMILIAN
Ein Racker, wie es wenige gibt.
Was hilft's, ich bin in ihn verliebt.

TILL
Knie nieder.

KAISER MAXIMILIAN
kniet
Schalk, ich tu' es gerne,
wenn ich nur neue Narrheit lerne.
Der eignen bin ich herzlich satt.

KUNZ VON DER ROSEN
Er ist nur dreist, sonst ist er matt.
Darf Kaiser Max sich so erniedern?

TILL
Steh auf als Narr an Haupt und Gliedern.
Wer mauzt hier von Erniedrigungen?
Du bist zur Demut durchgedrungen.
Du bist zur Wahrheit neu geboren,
zur Gotteskindschaft auserkoren.
Denn willst du Gott als Vater preisen,
mußt du als Narren dich erweisen:
der von ihm weiß und ihn nicht kennt,
der hoch ihn lobt und ihn nicht nennt.
Der blinden Auges ihn betrachtet,
ihn nie begreift und stets berührt
und dort, wo es am tiefsten nachtet,
ihn als die ew'ge Sonne spürt,
der, immer schreitend, doch nicht geht
und vorwärtswandert, wenn er steht.

KAISER MAXIMILIAN
Du gibst mir allzuviel zu grübeln.

Fass' ich's nicht gleich, wer will's verübeln?
Erlaub, daß ich wie alle Tage
die Kaiserlarve weiter trage,
bis aller Tage Abend kommt
und mir die Puppenmaske frommt.
> *Er weist auf einen kleinen Handwagen, auf dem ein Sarg mitgeführt wird.*

Für diesen Fall der Puppenruhe
sieh diesen Karren, diese Truhe,
ich nehme sie auf Schritt und Tritt,
wohin ich immer reise, mit.
Und ob ich nichts als Feinde hätte,
hier fänd' ich eine sichere Stätte!
Und ob mich Schlaf und Frieden miede,
hier drinnen blüht mir ewiger Friede!
Und kracht das All in Glut und Brand,
hier halt' ich meinen sicheren Stand.

TILL
springt in den Sarg

Gevatter, da ich furchtsam bin
und überall und nirgend niste,
gönnt mir ein Weilchen Eure Kiste:
Ihr liegt ja selbst noch nicht darin.
Mir ist es gleich, wohin wir reisen
und welche Würmer mich verspeisen.

KAISER MAXIMILIAN

Es sei gewährt, ein kühner Schuft!
Vorwärts, Gesellen, lustig weiter!
Der Schlingel macht mir Sarg und Gruft
dereinst, weiß Gott, noch hell und heiter.
> *Der Reisezug mit allen und Till im Sarge, über dem die Schellenkappe sichtbar ist, zieht davon.*

[IV]

TILL EULENSPIEGEL

Bayreuth, den 10. Juli 1914.

Sammlungen für »Wiedertäufer« hierin verwerten.

II
Szene.
Kaiser Maxens Ende.
Eulenspiegel pflegt ihn, sargt ihn ein.

III
Eulenspiegel, mit Karl V. nach Spanien gelangt, wird von dem Santo Oficio verhört und verurteilt.
Karl V.
Sein Beichtvater.
Eulenspiegel.

EULENSPIEGEL

Ihr Herren, seit langem kenn' ich schon
die heilig' Inquisition,
von Jesu Christo eingesetzet
als ein Wolf, der die Lämmlein ins Messer hetzet.
Wem ist es nit erinnerlich,
als Jesu Christ herzinniglich
die Fackel nahm in seine Hand
und setzt' einen Holzstoß hell in Brand
und wie er sich erfreuet hat
an Folter, Galgen, Schwert und Rad
und horchte süß dem Schmerzgebrülle.

Laßt ihr mich leben, ist mir's recht,
brennet mich, ist's auch nit schlecht,
macht mein Haus der Erde gleich.

Mein Hehler war der Kaiser Max,
grabt ihn aus, auf daß er brenne.

Zum Henker
Wicht, wenn du mir mein Bein absägest,
daß du des Papstes Vollmacht trägest!
Du setzest mir ins Maul ein Trichter,
Jesus Christus ist mein Richter,
er hat Vollmacht geben dem [Text bricht hier ab.]

DACHRÖDENSHOF

[I]

23. Februar [1914.]

Zum Liebesdrama »Dachrödenshof«.

Das Haus wie unter dem Rauch Jehovas.
Der Druck des Eros.
Der Vollzug des Schicksals.

I. Akt. Nun vielleicht Eintritt Antoniens, nachdem sich der Inspektor entfernt hat.

Antonie: »Hast du einen Augenblick Zeit, Mutter?« Sie liebt mit leidenschaftlicher Schwärmerei Dominick. Selbsttäuschung.

Dominick erscheint nun doch, glücklich und verlegen, zu aller Überraschung.

Noch in die Anfangsszene zwischen dem Ehepaar: »Wie stellst du dich eigentlich zu den Besuchen Dominicks?«

II. Akt. Zimmer des Grafen. Pauline mit Freundin schnüffeln. Dann Graf mit Badearzt. »Der biedre Inspektor«. Graf allein. Antonie mit Schlüsselbund.
Der Graf und Antonie, Gespräch. —
Pumpe im Garten.
Ulrike, Antonie, Graf.
Antonie übereilt ab.
Graf, Ulrike, Erregung, Leidenschaftsausbruch, Ring. Ab.

III. [Akt.] Frau Inspektor im ernsten Gespräch mit Antonie. Glas Mandelmilch. — Ulrike ist der Gegenstand. — »Übrigens, im Vertrauen, Dominick hat bei Vater um Ulrike angehalten.«

Erste Szene dieses Aktes: die drei Schwestern. Gespräch über

DACHRÖDENSHOF · I 469

Dominick. Der Ring. Ulrike klappt ein Etui schnell auf und zu.

Die Mutter kommt. Die Mädchen stieben auseinander.
Ulrike wird dabehalten.
Der Antrag Dominicks von der Mutter vorgetragen.
Unbedingte Ablehnung.
Sorgfältiges Forschen der Mutter.
Eindringen.
Zureden.
Wankend machen.
Ulrike ab.

Jetzt wird Antonie von der Mutter verhört: Dominick? Ulrike? der Graf?

Dominick wird hereingeführt durch Inspektor.
Feierlicher Empfang. Verbeugung.
Dominick allein.
Ulrike wird zu ihm hereingeschickt.

IV. [Akt.] Der Inspektor rast wegen Korb ⟨direkt gegen Ulrike.⟩ Ihr Betragen.
Die Inspektorin eröffnet dem Mann ihren Verdacht. (Spielerei mit dem Ringe.)
Ulrike wird gerufen. Der Tusch.
Sie bleibt allein.
Der Graf.
Die leidenschaftliche Eroberung.
Sie geht mit ihm bis »ans Ende der Welt«.

Im Garten der Inspektor gesichtet: »Ich habe Sie gesucht, Herr Graf.«
Szene.
Graf macht Antrag.
Die kluge, ernste Abweisung durch den Inspektor.

V. [Akt.] »Wenn Sie sie entfernen, verlasse ich das Haus.«
Er hat die Mutter ganz für sich eingenommen.

[II]

ERSTER AKT

Im Hause des Brunneninspektors Reppert. Am späten Nachmittag im Monat Juli. Das Wohnzimmer. Biedermeierstil in Mahagoni, wohlhabend, bürgerlich. Die Rouleaus an zwei Fenstern der rechten Wand sind der Hitze wegen herabgelassen. Ein Fenster der Rückwand steht offen. Man sieht in einen dämmernden Garten, der vom Gesang der Nachtigallen erfüllt ist. Am Klavier sitzt Leokadie Reppert, ein achtzehnjähriges Mädchen, im schlichten, anmutigen Kostüm mit gedrehten Locken. Sich selbst begleitend, singt sie. Graf Horn, dreißig Jahr, leidend, wendet ihr die Noten.

Leokadie singt die drei letzten Strophen des Liedes »Seht ihr drei Rosse vor dem Wagen . . .«, danach läßt sie die Finger auf den Tasten ruhen.

GRAF HORN. Warum ist nun dieses Lied schon wieder zu Ende, Fräulein Leokadie?

LEOKADIE, *kurz auflachend.* Wenn Sie wollen, damit wir ein neues anfangen können, Herr Graf.

GRAF HORN. Sie haben die Nachtigallen im Garten ganz außer Rand und Band gebracht. Ich bin überzeugt, es ist mehr als eine mit zersprungener Kehle tot auf den Rasen gefallen.

LEOKADIE, *wie vorher.* Das wäre ein gar nicht schöner Erfolg dieses alten Liedchens.

GRAF HORN *geht langsam im Zimmer umher, tritt ans Fenster.* Es ist schwül, schwül, schwül, Fräulein Leokadie.

LEOKADIE. Ja, trotz des Gewitterregens, der heut mittag niedergegangen ist.

Ferne Orchestermusik.

GRAF HORN. Was ist das?

LEOKADIE. Die Kurmusik.

GRAF HORN. Es kam mir nur vor, als hätte wirklich ein Postillion geblasen.

LEOKADIE, *die einige Augenblicke gelauscht hat, abermals auflachend.* Sie haben wirklich ganz recht, lieber Graf. Sie spielen die Leonore-Ouvertüre aus dem Fidelio.

GRAF HORN, *nachdem beide eine Weile der fernen Musik und dem Nachtigallenschlag gelauscht haben.* Wenn Sie das nicht allzu langweilig finden würden, Fräulein Leokadie, so

möchte ich fast meine von dem vielen überraschend Neuen,
das mich hier auf einmal umgibt ... ja wie sag' ich
gleich? ... mich bis zum Springen erfüllt! ist das Richtige ... diese ringende Brust ein wenig befreien.

LEOKADIE. Sie wissen doch, lieber Graf, daß alles, was Sie mir
bisher zu eröffnen so gütig und freundlich waren, für mich
arme Landpomeranze mehr bedeutet, als sich so kurzhin
sagen läßt, und daß ich es festverschlossen bewahre.

GRAF HORN. Wer wollte mir sagen, er wisse, wo die göttliche
Vorsehung, hinter welchem Kreuzweg, welcher Klippe,
welchem Schiffbruch das in Bereitschaft hält, was den
wahren Sinn seines Daseins bedeutet.

Sie wissen, nach Namen und Stand, wer ich bin. Mein
Vater ist aus ganz anderem Schlage: ich habe Ihnen von
den vielen Konflikten erzählt, in die ich vermöge des
simplen Umstandes, daß ich so und nicht anders bin, als
ich wirklich bin, mit meinen Eltern, mit meinen Geschwistern geraten mußte ...

Nun gut: ich mußte, trotzdem mich das Klima da oben
und überhaupt der ganze Soldatenberuf aufs äußerste
niederdrückte, im schwedischen Heere Dienste tun ...
Nun fühlte ich langsam, langsam, wie ich in diesem un-
angemessenen, nur mit Widerstreben erduldeten Dasein
immer verdrossener, müder und abgestumpfter wurde, bis
mich ganz entschiedener Lebensüberdruß überkam. Vielleicht wäre ich nicht mehr am Leben, wenn nicht eines
Tages mein Arzt dieses willkommene Leiden — *er tippt auf
seine Brust* — festgestellt hätte, um deswillen ich hierher-
geschickt wurde.

Und hier ... hier ... wo ich, in vollem Ernste sei es gesagt, dem natürlichen Abschluß meines Lebens, wenn nicht
freudig, so doch gelassen entgegensah, hier — grade hier —
hier mußte ich Sie finden.

LEOKADIE *lacht auf*. Sie werden es niemals fertigbringen, mich
eitel zu machen, lieber Graf.

GRAF HORN. Wie sind Sie doch grausam, Leokadie.

LEOKADIE. Nein. Ich werde mir nur niemals einbilden können,
daß ein Kavalier wie Sie nicht schon ganz anderen Damen
begegnet ist, gegen die gehalten ich höchstens eine ganz
gewöhnliche Krähe bin.

GRAF HORN. Ich kenne Ihren gesunden Humor, Leokadie.
Ich möchte ihn nicht vermissen in Ihrem Bild, obgleich er

eine gefährliche Waffe ist, die Sie leider auch oft gegen mich gekehrt haben. Wenn Sie indessen glauben, daß es in meinen Kreisen Erscheinungen Ihrer Art, junge Mädchen, junge Frauen mit Ihrer gesellschaftlichen Sicherheit, mit Ihren Talenten, mit Ihrem Geist, mit Ihrem Charakter viele gibt, so würden Sie meine Kreise ungebührlich herauf-, sich dagegen ungebührlich herabsetzen.

Und dagegen muß ich protestieren.

Ich habe nie eine Frau von solchen glänzenden Gaben kennengelernt. Ich bin mir durchaus bewußt, was ich sage.

ULRIKE [= LEOKADIE]. Ich will Ihnen etwas sagen, Herr Graf: es fehlt mir an Ehrgeiz, um auf Ihrer so freundlich aufgestellten Himmelsleiter ins Blaue zu steigen. Schade also um meine Gaben. Ich würde sie gern an jemand abtreten, der beßre Verwendung dafür hat. Oder nein. Ich muß doch bekennen, daß ich nicht gern mein bißchen Verstand und mein bißchen Stimme verlieren möchte.

Aus der Tür links tritt Frau Badeinspektor Reppert, fünfzigjährig, im Promenadenanzug. Die Dame hat ein gütiges, schalkhaftes Gesicht, ihre Erscheinung matronenhaft. Zwei ihrer Töchter begleiten sie, Pauline, die jüngste, sechzehnjährig, rundlicher Typ, und Antonie, die älteste, dreißigjährig, klein, mager, kränklich, mit einer zu hohen Schulter. Sie trägt sich dunkel, während Pauline fußfrei, hell und sommerlich einhergeht.

FRAU REPPERT. Kinder, man findet euch hier im dumpfen Zimmer, während draußen der köstlichste Sommerabend ist! Macht uns den Tisch für das Nachtessen in der Gartenlaube zurecht, Mädels. — Guten Abend, Herr Graf. Wenn ich Ihr Arzt wäre, würde ich Sie meinetwegen zehn-, zwanzigmal des Tages, wann und wo ich Sie immer im Zimmer träfe, ins Freie hinausjagen.

ULRIKE. Du bist schon zurück? Guten Abend, Mutterchen.

Sie fliegt ihr um den Hals.

GRAF HORN. Wenn ich die glockenreine Stimme von Fräulein Ulrike hören kann, so ist Bitte sowohl als Befehl vergebens. Es gibt dann in der ganzen Welt keine Macht, stark genug, Frau Inspektor, mich zu vertreiben.

FRAU REPPERT, *zu Ulrike.* Deshalb also wolltest du nicht mit uns auf die Kurpromenade gehen.

PAULINE. Und mir macht sie weis, sie wollte sich ihren Hut garnieren.

FRAU REPPERT. Weißt du, wen wir getroffen haben, Ulrike?
ULRIKE. Wen?
FRAU REPPERT. Kannst du dir denken, wen? — Nun? — Rate!
ULRIKE. Mutter, du weißt doch, daß ich im Rebuslösen und ähnlichen Dingen hilflos bin.
FRAU REPPERT. Also, Herr Oberamtmann Dominick hat mit uns Oberbrunnen getrunken.
PAULINE. Und hat sich sehr lebhaft erkundigt nach dir.
ULRIKE, *mit dem ihr eigenen Auflachen.* So!?
FRAU REPPERT. Wir wollten ihn eigentlich mit hierherbringen, aber er mußte leider stehenden Fußes nach Striegau zurück.
PAULINE. Das tut dir gewiß sehr leid, Ulrike?
ULRIKE. Ach, gute Pauline, warum machst du dir immer so viel Mühe mit mir? Sie versetzt sich nämlich aller Augenblicke ganz ohne Not sozusagen in meine Seele hinein.
GRAF HORN. Wer ist dieser Glückliche, dem Sie so viel Interesse entgegenbringen?
FRAU REPPERT. Jedenfalls ein Mann, der, was Redlichkeit und Seelengüte betrifft, wenige seinesgleichen hat.
GRAF HORN. Wahrscheinlicherweise auch ein schöner und reicher Mann?
FRAU REPPERT. Reich? Nein! — Schön? Ich finde nicht, daß Schönheit beim Manne irgendwie in die Waagschale fallen sollte.
PAULINE, *kichernd.* Und wenn er auch fuchsrotes Haar, weißliche Augen und Sommersprossen wie Masern auf der Gesichtshaut hat.
ANTONIE. Pauline, sei nicht so ungezogen.
ULRIKE. Jeder Mann ist mir willkommen, Mutterchen, der dir und Vater willkommen ist. Und wenn er ausbleibt, so kann ich's nicht ändern. *Die Uhr vor dem Spiegel schlägt sieben.* Sieben Uhr. — Auf Wiedersehen, Herr Graf! — Jeden Augenblick kommt Papa zu Hause. Und Sie wissen, ich habe diese Woche für Keller und Küche die Verantwortung. *Sie geht mit großen Schritten durch die Tür links ab.*
FRAU REPPERT. Pauline, mach Licht. Antonie, nimm mir Tuch und Kapotte ab. *Es geschieht, was sie gewünscht hat; auch Antonie und Pauline entfernen sich, sie selbst nimmt auf dem Fenstersitz hinter dem Nähtisch Platz.* Würden Sie mir die Gefälligkeit erweisen und das Rouleau hinaufziehen, lieber Graf?

GRAF HORN. Natürlich, gern.
FRAU REPPERT. Man muß doch sehen, was draußen vorgeht, wenn man auch weder in Groß-Paris, noch in Klein-Paris, sondern nur in einem recht dürftigen Winkel Schlesiens ist.
GRAF HORN. Eine Familie wie die Ihrige würde überall eine Ausnahme bilden. — Wer Gelegenheit hatte, die große und kleine Welt zu durchreisen, und wem alsdann das Glück zuteil wurde, Ihrem engeren Kreise näherzutreten, der wird mir bestätigen, daß Menschen wie Sie sich überall herausheben und auf die umgebende Welt als auf ein recht mediokres Gewimmel herabblicken würden.
FRAU REPPERT. Sie haben eine charmante Art, uns schlichte Leute unsre Rückständigkeit vergessen zu machen. *Er wehrt ab und will reden.* Aber sagen Sie mir, was das Wichtigste ist: Wie sind Sie mit Ihrer Kur zufrieden?
GRAF HORN. Zufrieden? Ich bin wie in Abrahams Schoß. Ich bin von Liebe und Sorgfalt umgeben, wie ich nie von Liebe und Sorgfalt umgeben gewesen bin. Ich fasse mir fragend an die Schläfe . . .
FRAU REPPERT. Ich kann Sie versichern, daß Sie die einfachen Dienste, die wir unsren Gästen hergebrachter- und selbstverständlicherweise leisten, viel . . . ich sage viel zu hoch anschlagen. Wir haben Jahr für Jahr einige Kranke im Haus. Was ich vor allem hören möchte, wäre, daß Ihre Genesung fortschreitet. Ich spüre das ja ohnedies, Gott sei Dank. Ihre Farbe ist besser, Sie schreiten frischer. Auf Ihrem Gesicht liegt öfter und öfter ein ganz andrer, frischer und zuversichtlicher Geist als damals, vor Wochen, wie Sie ins Haus traten. Aber ich möchte doch auch aus Ihrem eigenen Munde die Bestätigung.
GRAF HORN. Nun denn: ich fühl's, ich werde gesund werden. — Lassen Sie mich Ihre edlen, hilfreichen, mütterlichen Hände küssen, denen ich ja das Höchste verdanke. *Er kniet an ihr nieder, drückt seine Lippen auf ihre beiden Hände und wird von einem unterdrückten Schluchzen geschüttelt.*
FRAU REPPERT. Ich verstehe nicht ganz, was Sie meinen, Herr Graf. Soviel ist gewiß, wir dürfen Sie noch lange nicht fortlassen. Sie bedürfen noch einer langen, langen, heilsamen Ruhezeit.
GRAF HORN. Ich bin bewegt. Aber lassen Sie sich die Versicherung geben, daß solche Erschütterungen meines Gemütes tiefe Beweise einer wahren Genesung sind. Es sind

die heilsamsten Emotionen. Worum ich Sie nur inständig bitte, ist, weiter so gütig wie bisher, weiter so nachsichtig wie bisher mit mir zu sein. — Verzeihen Sie mir, ich muß mich sammeln. *Er geht in den Garten hinaus.*
Brunneninspektor Reppert im langen Schoßrock, Handschuh, Zylinder und spanisches Rohr in der Hand, tritt von links ein.
INSPEKTOR REPPERT. War das der Graf?
FRAU REPPERT, *mit leichtem Seufzer auf die Stickerei gebeugt.* Er war's, Papa.
INSPEKTOR REPPERT. Wo ist Paulinchen? Paulinchen, nimm mir mal Hut, Stock und Mappe ab.
Pauline blickt links herein.
PAULINE. Da ist ja Papa. *Sie tut das Verlangte.* Können wir also das Essen jetzt auftragen?
INSPEKTOR REPPERT. Wart. Die Mappe gib mir zurück. — Ja, ja, tragt auf, was ihr habt, gute Kinder. *Pauline ab mit Handschuhen und Hut und Stock. Zur Inspektorin.* Es ist nämlich ein Brief eingelaufen, den ich dir zeigen will.
FRAU REPPERT *sieht ihren Gatten schnell und fragend an.* Von Dominick etwa?
INSPEKTOR REPPERT. Gott bewahre. Es ist wieder ein Handschreiben von der Fürstin. Und diesmal ist sogar ein etwas überschwenglicher Dank von der Mutter des Grafen beigeschlossen. Außerdem diese Anweisung. Ich finde die Summe beschämend reichlich. *Er übergibt seiner Frau die bezeichneten Papiere.*
FRAU REPPERT. Geld für etwas anzunehmen, was man ebenso gern und lieber aus freien Stücken tun würde, ist immer unangenehm. Man darf es natürlich nicht zurückweisen — und unsre sonstigen Lebensumstände würden es ja überdies verbieten.
INSPEKTOR REPPERT. Ich kann nicht leugnen, daß ich unsrem himmlischen Vater für die gnädige Fügung, die uns diesen liebenswürdigen Aristokraten ins Haus geführt hat, herzlich dankbar bin. Unzweifelhaft ist es ein Umstand, ich fühle das deutlich, der meiner Stellung zugute kommt. Ich werde natürlich viel beneidet. Schließlich sagt sich doch jeder in der Beamtenschaft, aber vor allem der Generaldirektor, daß er in dieser Sache mit Unrecht übergangen worden ist. Jeder würde den Vogel gern für sich haben. Aber ich habe mir meinen Kollegen und Vorgesetzten gegenüber eine ganz besondere, tadellos bescheidene Hal-

tung zur Pflicht gemacht. Hoffentlich wird es mir so gelingen, auf die blutigen Stacheln in ihren Seelen den nötigen Balsam zu tun und mögliche Folgen zu contreparieren. Dies, Jettchen, sag' ich natürlich nur in deine tiefste Seele hinein.

FRAU REPPERT. Lieber Alter, du solltest mich kennen. Übrigens hat ein außeramtlicher Fall, ein halbamtlicher Fall, will ich lieber sagen, immer seine gewisse Schwierigkeit. Mir wäre es lieber, der junge Graf wäre einfach beim Wohnungssuchen auf uns verfallen, statt daß er nun von höchster Instanz ausdrücklich in unsre Obhut gegeben ist. Das ganze Verhältnis wäre viel harmloser. Daß es immer ein wenig gezwungen ist, bedaure ich oft, weil ich den jungen Mann wirklich gern habe.

INSPEKTOR REPPERT. Etwas Schwieriges oder Unverträgliches kann ich auch beim besten Willen nicht finden an ihm.

FRAU REPPERT. Beim besten Willen ist gut gesagt, Alter.

INSPEKTOR REPPERT. Wie sich die Leute die Köpfe zerbrechen! Du würdest staunen, wieviel Bände von Romanen schon um diesen harmlosen jungen Mann herum gedichtet sind! Wieviel packende theatralische Szenen. Da erzählt mir der Rentmeister ganz gelassen: er habe mit einer Pariser Schauspielerin achtzehn Millionen Kronen Schulden gemacht. Trotzdem er dem Uradel angehört, sei er als Leutnant unmöglich geworden und habe den schlichten Abschied erhalten. Notabene grade noch zur Not. Natürlich ist er enterbt, verstoßen. Fußfälle, die er vor Vater, Mutter, vor was weiß ich noch alles für Leuten vergeblich getan, erzählt man, als wär' man dabei gewesen. Es macht mir ja eigentlich Spaß, diesen verstörten Ameisenhaufen zu beobachten.

Hast du z. B. irgend etwas Anormales bemerkt an ihm?

FRAU REPPERT. Gott ja: er hat Geist! Geist ist nichts Normales.

INSPEKTOR REPPERT. Na ja. Aber er ist doch nicht, was man sagt, ausgesprochen seltsam und wunderlich? so daß es Besorgnis erregen könnte?

FRAU REPPERT. Den lieben Leuten ist's, scheint's, nicht genug, daß er mit dem einen besorgniserregenden Leiden zu kämpfen hat. Sie wollen ihn auch noch um den Verstand bringen. — Wir trafen übrigens auf der Promenade den guten Dominick.

INSPEKTOR REPPERT. Nun? Wird er denn nicht herüberkommen?

FRAU REPPERT. Natürlich hab' ich ihn aufgefordert. Es ist freilich möglich, mit einer mir im Augenblick vielleicht nicht bewußten Zurückhaltung. Das hat ihn vielleicht veranlaßt, eine dringende Abhaltung vorzuschützen. Es würde mir leid tun, aber sag' selbst, in einer so delikaten Sache ist es nicht leicht zu balancieren.

INSPEKTOR REPPERT. Jettchen, ich zweifle keinen Augenblick, du wirst die rechte Haltung bewahrt haben. An sich tut's mir leid, wenn er heut nicht kommt. Du weißt ja, wie gern ich mit ihm plaudere.

FRAU REPPERT. Wie stellst du dich eigentlich sonst zu den Besuchen des braven Dominick?

INSPEKTOR REPPERT. Ich denke, wir könnten uns gratulieren.

FRAU REPPERT. Und Ulrike?

INSPEKTOR REPPERT. Ulrike, Jettchen? Erst recht! — Auf einen Prinzen kann sie nicht warten. Andrerseits stehen solche ausgezeichnete Männer wie Dominick nicht immer bereit, wenn man sie haben will.

FRAU REPPERT. Nun, wir kennen ja gar nicht seine Absichten. Wenn er sich einmal deutlich erklärt, ist's früh genug, darüber zu reden. — Lupus in fabula! — Es ist seine Stimme. — Abreisen, ohne uns zu besuchen, hat er nun doch nicht übers Herz gebracht.

Oberamtmann Dominick wird durch Antonie hereingeführt.

DOMINICK, *herzlich, warm und freundlich lachend.* Werfen Sie mich hinaus, Frau Inspektor. Ich saß mit dem festen Entschlusse im Wagen, erst auf dem Bahnhof in Freiburg auszusteigen. Aber da führt der Weg hier vorbei, ha ha ha, und als ich die alten, lieben Steinstufen, die freundlich erleuchteten Fenster sah und die Schatten der lieben Menschen dahinter, denen ich doch nun einmal so von Herzen freund geworden bin, da konnt' ich's im Wagen nicht mehr aushalten. So bin ich denn hier, und nun ohne Umstände, komme ich ungelegen, so schicken Sie mich sans façon, recte, wie der Lateiner sagt, wieder in meinen Wagen hinaus.

INSPEKTOR REPPERT. Im Gegenteil, mein lieber Herr Dominick, meine Frau und ich waren eben sehr traurig, weil es den Anschein hatte, als sollten wir diesmal auf Ihre freundliche Gegenwart verzichten müssen.

DOMINICK. Offen gesprochen, ich habe mich wirklich gefragt, ob ich mit meinen Besuchen bei Ihnen nicht schließlich lästig bin. Ich ging mit mir ziemlich scharf ins Gericht, ich rüffelte mich gradezu sozusagen. Ich sagte zu mir, ohne alle Beschönigung: Wenn Menschen freundlich und lieb zu dir sind, so willst du von ihnen immer mehr haben, so wirst du unbescheiden, wirst zudringlich.

FRAU REPPERT. Keine Rede davon, Herr Dominick. Sie sind uns zu jeder Stunde willkommen.

[III]

ERSTER AKT

*Im Hause des Brunneninspektors Reppert. Wohnzimmer. Spätnachmittag, Juli. Glastür zu einer kleinen Gartenterrasse. Ulrike sitzt am Klavier.
Graf Horn wendet die Noten.*

GRAF HORN. Schon wieder zu Ende? Schade.
ULRIKE, *mit kurzem resigniertem Lachen.* Wollen Sie mehr hören? Ich werde nicht müde.
GRAF HORN. Ein Sängerkrieg! — Horchen Sie: — draußen die Nachtigallen! — Aber die Menschenstimme bleibt immer die Siegerin.
ULRIKE, *in den Noten blätternd.* Lieben Sie Schubert? Mögen Sie ein Schubertsches Lied?
GRAF HORN. Alles, alles! Wenn Sie es singen.
ULRIKE. Die Goetheschen Mignonlieder, von Beethoven?
GRAF HORN. »Ich schnitt' es gern in alle Rinden ein, ich grüb' es gern in jeden Kieselstein.«
ULRIKE. Das wollen Sie hören?
GRAF HORN. Ich würde es Ihnen selbst singen, wenn ich nicht sicher wüßte: Sie lachen mich aus.
ULRIKE. Wollen Sie singen? Die Noten sind hier.
GRAF HORN. Versuchsweise. Wollen Sie mich akkompagnieren? *Ulrike spielt die Begleitung, der Graf singt, ausgesprochen dilettantisch.*
GRAF HORN *bricht den Gesang ab.* Es taugt nichts.
ULRIKE, *weiterspielend.* Mut! — Warum nicht? — Weiter! Weiter!

GRAF HORN *versucht, unterbricht sich wieder.* Vergebens. Nein! Es ist die Tragik in meinem Leben: grade die Begabungen, die ich vor allen anderen schätze, habe ich nicht.

ULRIKE. Ich singe, weil es mir Freude macht. Ob und wieviel ich Begabung dafür habe, macht mir eigentlich niemals Kopfschmerzen.

GRAF HORN. Sehr glaublich: der Reiche kennt nicht die Not des Armen.

ULRIKE, *mit ihrem resignierten Auflachen.* Reich nennen Sie mich? — Das ist mir kurios.

GRAF HORN. Sie sind reich, Ulrike! Um so reicher, Ulrike, als Sie nicht wissen, wie reich Sie sind.

ULRIKE. Ein Mann ist von vornherein reicher als jede Frau. Ich bin eine kleine Beamtentochter.

GRAF HORN. Mit der ich in den anspruchvollsten und exklusivsten Kreisen glänzen will.

ULRIKE, *wiederum ihr Auflachen.* Lieber Herr Graf, es ist spät geworden. *Eine Pendule hat geschlagen.* Um sieben kommt Vater aus dem Büro, Mutter von der Kurpromenade zurück. Leider muß ich mich jetzt um die Wirtschaft bekümmern.

GRAF HORN. Falle ich Ihnen lästig, Ulrike?

ULRIKE. Lästig? Sie? Mir? — Wie kommen Sie nur auf diese Frage?

GRAF HORN. Weil ich eigentlich überall fünftes Rad am Wagen bin.

ULRIKE, *indem sie das Klavier schließt.* Seltsam —

GRAF HORN. Was ist dabei seltsam?

ULRIKE. Offen gesprochen: mehr als seltsam wäre es doch, wenn ein Mann von Ihrem Stande und Ihren sonstigen Umständen wirklich so kleinmütig sein sollte.

GRAF HORN. Was Sie meinen Stand und meine glücklichen Umstände nennen, liebes Kind, das sind grade die Mächte, denen ich auf Gnade oder Ungnade ausgeliefert bin. Von Kind auf, seit ich zu denken begonnen habe, mußte ich im nutzlosen Kampf mit diesen Mächten meine besten Kräfte vertun. Hören Sie meine Familie darüber, und Sie werden erfahren, was für ein Gegenstand allgemeinster Enttäuschung, allgemeinsten Bedauerns ich bin.

ULRIKE. Aber warum? Ich kann das nicht fassen.

GRAF HORN. Weil ich kein Interesse für das glänzende Elend meiner Kreise zu heucheln fähig bin. Weil ich andre Begriffe vom Dasein habe: diese bedeuten der Gesellschaft, zu der ich gehöre, Aufgabe der Persönlichkeit. Während ich in Wahrheit zum Tode verurteilt bin, wenn ich meine Begriffe vom Dasein aufgebe. — Ich halte zwar noch an ihnen fest, aber doch nur mehr passiv und mit schwachen Kräften.

ULRIKE. Ich sollte doch eigentlich meinen, einem vornehmen Herrn wie Ihnen müßte die ganze weite Welt offenstehen.

GRAF HORN. Im Gegenteil. Ich habe in nahezu dreißig Jahren, seit ich zum ersten Mal in meine Windeln verschnürt wurde, Zwang, Zwang und immer wieder nur Zwang kennengelernt. Die Straße führte von Kerker zu Kerker. Schulmeister, Stallmeister, Hofmeister, Fechtmeister. Militärischer Drill im Kadettenhaus, Pagendienst im Hofzeremoniell. Streng vorgeschriebenes Bewegen, Denken und Handeln. Ohne eine, auch nur eine Möglichkeit zu impulsivem, natürlichem Auswirken: und schließlich zu guter Letzt der Versuch, mich irgendwo fest an den Pflock zu binden. Es ist der bekannte Pflock, von dem dann —exempla docent! — entrinnen gänzlich unmöglich ist. — Zu alledem bin ich jetzt körperlich ramponiert. — Wo sollte ich in diesem Zustand hinflüchten?

ULRIKE, *in aufmunternder Frische*. Nun, lieber Herr Graf, Sie werden sechs bis acht Wochen ihren Brunnen weitertrinken, Ihre Molken- und Milchdiät fortsetzen, und dann, geben Sie acht, sehen Sie alles in anderem Lichte. Man ist nicht kleinmütig, wenn man gesund und bei Kräften ist. — Ich muß nun den Tisch für den Abend decken.

GRAF HORN. Im Garten?

ULRIKE. Ja.

GRAF HORN. Dann gestatten Sie mir, ohne daß ich störe, mit meinem Buch in der Nähe zu sein.

ULRIKE. Wo Sie nur immer mögen, natürlich. *Sie gehen miteinander in den Garten ab. Gleich darauf treten ein Inspektor Reppert und Gutsverwalter Dominick.*

INSPEKTOR REPPERT. Meine ganze Familie wird sich herzlich freuen, Sie wiederzusehen, Herr Gutsverwalter Dominick.

DOMINICK. Und da ich nun den Fuß wieder über die Schwelle des mir so lieben Hauses gesetzt habe, will ich Ihnen, verehrter väterlicher Freund, auch eine Nachricht nicht vorenthalten, die für mein ferneres Leben viel bedeutet. Erfahren Sie also, daß mir gestern die Pacht der königlichen

Domäne Weißwasser auf zehn Jahre zugeschlagen worden ist.

INSPEKTOR REPPERT. Weißwasser ist Ihnen zugeschlagen?

DOMINICK. Ja.

INSPEKTOR REPPERT. Diese schönste Domäne, Herr Gutsverwalter, die bisher Baron Rochlitz gepachtet hatte?

DOMINICK. Sie können sich denken, daß ich das Schreiben der Regierung immer wieder gewendet habe und von einer Art Schrecken gelähmt wurde. Auf welche Weise der himmlische Vater meine so wenig aussichtsreiche Bewerbung zu diesem überraschenden Erfolge geführt hat, weiß ich nicht.

INSPEKTOR REPPERT. Nun, Herr königlicher Domänenpächter Dominick, Herr Oberamtmann, ich gratuliere.

DOMINICK. Ha ha ha ha! Sie erteilen mir gleich den Ritterschlag.

INSPEKTOR REPPERT. Eine Standeserhöhung ohne Frage.

DOMINICK. Was mir durch Gottes Ratschluß zuteil geworden, möge er selbst mich würdig machen, Herr Inspektor, es zu verdienen. Gewiß ist es schön, und ich freue mich, daß es so und nicht anders gekommen ist: mehr noch im Hinblick auf andere vielleicht als auf mich. Ich denke an meinen braven Vater, der nun am Spätabend seines Lebens noch diese große Freude hat. Und noch etwas anderes liegt mir im Herzen.

INSPEKTOR REPPERT. Sie wissen, welchen Respekt ich Ihnen seit Jahren entgegenbringe, Herr Dominick. Aus Überzeugung: niemand könnte einer so entscheidenden Wendung seiner äußeren Glücksumstände würdiger sein. Daß nun aber der rechte Mann, das echte Verdienst von der launischen Göttin Fortuna nicht übergangen wurde, das ist doch ein Umstand, der meinesgleichen die wenigen Male, wo er zutrifft, fast wie ein abnormes Naturereignis anmutet. Darauf stechen wir jedenfalls heut abend eine Bouteille meines Geburtstagsweines aus, den ich der Gnade des Fürsten zu danken habe.

DOMINICK. Also Sie wollen mich hierbehalten. Werde ich auch der Frau Inspektor willkommen sein?

INSPEKTOR REPPERT. Sie sind uns allen immer willkommen.

DOMINICK. Im Winter hätte ich keine Bedenken. Jetzt, wo Sie das Haus voller Kurgäste haben und das ganze Badeleben im Gange ist, das Sie den ganzen Tag beansprucht, fragte ich mich, ob ich überhaupt vorsprechen soll.

INSPEKTOR REPPERT. Selbst ein Biedermann, wie ich sehe, kann über Recht und Unrecht im Zweifel sein. Nun, Sie haben sich für das Rechte entschieden. — Übrigens hat meine Familie mit Hausgästen diesmal wenig zu tun. Ich denke, Sie wissen, wir haben den ganzen ersten Stock an den jungen Grafen von Horn vermietet. Die Angelegenheit wurde mir durch niemand Geringeren als den Fürsten und die Fürstin selber nahegebracht. Die Sache schien anfangs etwas kritisch. Wir sagten uns: Wahrscheinlich macht dieser junge, kränkliche Kavalier begreiflicherweise große Ansprüche. Das ganze Gegenteil hat sich bewahrheitet.

DOMINICK. Ich habe eigentlich immer gefunden, daß mit den meisten Herren von Stande leicht zu verkehren ist.

INSPEKTOR REPPERT. Ja und nein, lieber Herr Domänenpächter. Ich bekenne, ich bin nicht ungern Beamter. Aber eine leise Sehnsucht, ein leiser Neid sogar beschleicht mich doch, wenn ich alter Fürstendiener und Fürstenknecht einen Mann wie Sie in so jungen Jahren schon aus dem Drucke immerwährender Abhängigkeit zur Freiheit durchbrechen sehe. Aber sagen Sie niemand etwas davon. — Unser Graf ist übrigens durch und durch Ausnahme. Wir haben wohl nie einen Kurgast, auch aus bürgerlichen Kreisen gehabt, der so leicht zufriedenzustellen gewesen wäre.

Antonie kommt.

INSPEKTOR REPPERT. Ach, gute Toni, da bist du ja. Du siehst, es ist lieber Besuch gekommen. Laß dir erzählen, was Herrn Dominick Schönes begegnet ist. Ich erledige inzwischen noch einige dringende Sachen. *Er geht ab.*

DOMINICK. Ein allmählich recht lästiger Gast, bestes Fräulein Antonie?!

ANTONIE. Niemals. Wo denken Sie hin, Herr Dominick.

DOMINICK. Wenn Sie es aber anders wollen, so müssen Sie alle weniger freundlich zu mir sein. — Wie geht's den Geschwistern? und der Frau Mutter, nicht zu vergessen?

ANTONIE. Mutter hatte wieder mit Asthma zu kämpfen. Sonst geht es uns allen leidlich gut. Von den Brüdern kommen auch gute Nachrichten. Bruder Adolf schreibt, er werde vielleicht als Leibjäger mit unsrem jungen Prinzen eine Weltreise antreten. Immerhin ein Vertrauensposten.

DOMINICK. Ein Vertrauensposten! Durchaus. Aber wie geht es den lieben Schwestern?

ANTONIE. Wenn Sie mich unter die lieben Schwestern rech-

DACHRÖDENSHOF · III

nen, so ist eine darunter, die immer, bald hier, bald dort, ein bißchen gezwickt und gezwackt wird, Herr Dominick. Sie trägt es geduldig. Sie klagt nicht darüber: die andern sind munter und gesund.

DOMINICK. Also natürlich auch Fräulein Ulrike.

ANTONIE. Ulrike hat unerwartet eine Art samaritanischer Mission bekommen. Ein melancholischer Graf ist im Haus. Vater hat Ihnen wahrscheinlich von ihm gesprochen. Ulrike übt quasi an ihm eine Art Seelsorge.

DOMINICK. In welchem Alter steht der Herr Graf?

ANTONIE. Ich hörte, im achtundzwanzigsten Jahre.

DOMINICK. Diese jungen Herrn aus großen Familien... ich weiß sehr wohl, daß sie nicht immer auf Rosen gebettet sind. Vielfach kommt es auch vor, daß sie, vermöge ihres angeborenen Feuers, allzu wild ins Leben hineinrasen. Wo dann, mitten im Jugendtaumel, leider mancher unglückselige Stürmer für immer zum stillen, resignierten Manne wird. Hier kommt dieser Fall gewiß nicht in Frage.

ANTONIE. Wer kann das wissen, Herr Dominick.

DOMINICK. Es sei, wie es sei: in bessere Pflege, in bessere Seelsorge, in bessere Hände als in die Ihrer Eltern und Ihrer Geschwister konnte der junge Mann nicht gelegt werden. Man erkennt bestimmt, daß die Vorsehung mit ihm Gutes im Sinne hat.

ANTONIE. Amen! So sei's! Wir wollen es hoffen.

DOMINICK. Sie sagen das mit einer gewissen Bekümmernis.

ANTONIE. Ich bin bekümmert, was soll ich's leugnen: wie will man an Leib und Seele gesund werden, wenn man den Arzt ...wenn man den Heiland, Jesum Christum, eben noch nicht gefunden hat? ja, diesem Arzte halsstarrig Widerstand leistet?

DOMINICK. Meine liebe, liebe Antonie, mich überrascht dieser Umstand leider nicht. Was Sie sich in Ihrer Herzensgüte nicht vorstellen können, mir ist es längst ein bekannter Umstand geworden. Oberflächliche Konvention, im Herzen Gleichgültigkeit oder gar Unglaube: das ist der Zustand, wie er in der vornehmen Jugend gewöhnlich ist.

ANTONIE. Traurig genug aber möchte das sein, Herr Dominick. Aber der Graf hat bestrickende Eigenschaften. Wer bürgt mir dafür, daß er nicht andre in das Gebiet des Zweifels, ja des Unglaubens mit hinüberzieht?

DOMINICK. Wie meinen Sie das?

ANTONIE. Ich sehe zum Beispiel, wie Ulrike, ja, wie Mutter seine Irrtümer mit Nachsicht beurteilt. Von Nachsicht zu Billigung ist kaum ein Schritt. — Soll mich das nicht im Herzen beunruhigen?

DOMINICK. Die Strenge, die Sie sich selbst gegenüber und andren gegenüber in Sachen des Glaubens beobachten, liebe Antonie, erfüllt mich immer wieder mit wahrer Bewunderung. Ihre Religiosität würde Sie fähig machen, wie Zinzendorf einer großen Gemeinde vorzustehen. Sooft ich mit Ihnen gesprochen habe, jedesmal bin ich in mich gegangen und habe mir jedesmal eingestanden, daß ich immer noch einer von den lauen und schlechten Christen bin. Da finde ich nur einen einzigen Trost: Gott ist unermüdlich im Verzeihen. — Dieser Gedanke, dieses Bewußtsein bewährt allerdings eine immer aufs neue gleiche Kraft in mir. Es erfüllt mich auf eine unaussprechliche Weise mit Gewißheit, ja Heiterkeit, in bezug auf viele sonst fragliche, ja sonst furchtbare Dinge. Und so weiß ich auch, daß eine Gefahr für Ulrike oder die reine Frömmigkeit Ihrer guten Mutter durch Ihren gräflichen Kurgast nicht vorhanden ist.

ANTONIE. Warum gibt es keine lutherischen Klöster! Ich gebe zu, ich müßte eigentlich hinter den Wänden einer Zelle vor den Zudringlichkeiten der Welt, die mir immer nur fremd, ja widerwärtig und unverständlich bleiben kann, geborgen leben. Könnte man so noch etwas nützen?

PARTEI
Politische Komödie

[I]

[Paraggi,]
Villa Costanza,
den 26. 2. 1914.

Die Vorgänge entwickeln sich in der Kreishauptstadt

Personen

Justizrat Winkler, zugleich Reichstagsabgeordneter
Marianne, seine Frau
Kaysler, Chefredakteur des »Anzeigers«
Prätorius, Bürgermeister
Minka, seine Frau
Exzellenz Straussberg, Landrat
Schenkendorf, Kreisgerichtsdirektor
Lehmann, Bankier
Rumpf, Sanitätsrat
Brinke, Volksschullehrer
Karlin, Pastor
Wergeland, Privatmann
Lotte, seine Frau
Graf Friedrich zu Rastadt-Luginsland
Wanda, seine Frau
Herr von Leinefeld

([Spätere Notizen unter dem Datum] d. 2. März 1914.

Landrat: Type
Oberlehrer und Professor, Dichter
Der Dysangelist)

Herr von Leinefeld: Vertreter der neuen Politik. Die Politik mit offenen Karten. Er ist Politiker ohne Partei. Er wendet sich: gegen seine Standesgenossen, gegen den katholischen Klerus, gegen den protestantischen, gegen das Freimaurertum, gegen die Jesuiten.
Er sagt: »Schweden, Norwegen, Dänemark müssen zum

Bund. Auch Holland. Auch das deutschsprechende Österreich. Preußen muß sein System aufgeben. Die Kirche, durch die Germanen zerstört, muß durch die Germanen aufgenommen und weitergebaut werden.«
Frau von Staëls deutsche Eigenschaften: Unabhängigkeit des Geistes, Liebe zur Einsamkeit, Eigenartigkeit des einzelnen.
Wer die Signatur des neuen Deutschen Reiches kennt, wird, wenn er dies gelesen, mit tränendem Auge wissen, wie deutsch dieses Reich ist.
Unabhängigkeit ist nicht allein fast ein Verbrechen in einem Lande, in welchem die öffentliche Meinung so geflissentlich gepflegt und so sehr gefälscht wird.
Paul de Lagarde. Deutsche Schriften. Die Religion der Zukunft, Seite 240. [3. Aufl., Göttingen 1892.]

[II]

Agnetendorf,
den 27. April 1914.

Freiherr von Leinefeld (Harry)
Graf Friedrich zu Rastadt, wohnt auf dem »Finkenstein«
Helene, seine Frau

ERSTER AKT

Freiherr von Leinefeld und Graf Friedrich zu Rastadt am Kamin.

GRAF FRIEDRICH. Du hast viel erlebt, viel erlebt, guter Harry.
FREIHERR VON LEINEFELD. Es scheint mir beinahe so. Aber wo ist das alles nun hin? Es ist nicht mehr. Wenn aber etwas wahrhaft zu nichts werden kann, kann es dann jemals wahrhaft gewesen sein?
GRAF FRIEDRICH. Du hast deine alten Spitzfindigkeiten nicht ins Weltmeer versenkt, guter Harry.
FREIHERR VON LEINEFELD. Gibt es ein Weltmeer, wenn man bei dir am Kamine sitzt? Hier, wo die Leute kein Ruder kennen?
GRAF FRIEDRICH. Oho! ein Ruder kennen meine Holzfäller allerdings nicht. Aber aus meinen Wäldern holt man die Masten,

FREIHERR VON LEINEFELD. Mensch, es ist etwas ganz Ungeheures, dich zu sehen und die Lebensform auf sich wirken zu lassen, mit der du in einer Zeit der Marconi-Telegraphie, der Überdreadnoughts, der Flugmaschinen, der Sibirischen Bahn, des Panamadurchstichs, der Suffragette und der Rassenverderbnis noch so innig verwachsen bist.
GRAF FRIEDRICH. Gelegentlich wird man uns wohl auch ausräuchern.
FREIHERR VON LEINEFELD. Dank der preußischen Rückständigkeit habt ihr noch eine lange Frist, bis man die Majorate aufheben wird.
GRAF FRIEDRICH. Und Rußland liegt noch im Hintergrunde.
FREIHERR VON LEINEFELD. Jedenfalls, wenn man die Gegend, wenn man gar deine Schwelle betritt, ist man um mindestens dreihundert Jahre und mehr, viel mehr in die Tiefe der Zeiten zurückgesunken. In mancher Beziehung beneide ich dich, aber ich könnte dir deine Lebensweise vorläufig doch nicht mehr nachmachen.
GRAF FRIEDRICH. Siehst du, mein Junge, du sagst »vorläufig«. Ich gebe die Hoffnung noch nicht auf, dich einmal wieder seßhaft zu sehen. Mir geht nichts ab, außer manchmal ein bißchen bares Geld, das ich, unter uns gesagt, manchmal recht nötig habe: dank dem Sündenregister meines Herrn Vorgängers im Majorat. Die Frau ist gut, ich will keine andere, und wenn ich mal sonst etwas Weibliches nötig habe, Mädels gibt's überall, so nehme ich's mir. Das wird einem heute nicht schwerer gemacht als zu den Zeiten des iuris primae noctis. Ich habe »eine Hetze Kinder«, wie die Leute hier sagen und wie es seit fünfhundert Jahren in der Familie derer von Rastadt üblich ist. Ich bin eigentlich meiner Natur nach liberal. Aber Teufel noch mal, gerade mit diesem Teile der Tradition möchte ich doch am letzten aufräumen.
FREIHERR VON LEINEFELD. Und Helene sieht aus wie ein junges Mädchen.
GRAF FRIEDRICH. Helene ist... na, ich sage nicht mehr! — Trotz ihrer acht gesunden Kinder, kannst du mir glauben, ist Helene... in jeder Beziehung... kurz, ich schwöre dir, daß ich zufrieden bin.
FREIHERR VON LEINEFELD. Ich bewundere es, wie Helene, das dezidierte Weltkind Helene, sich in euer zurückgezogenes Dasein gefunden hat.

GRAF FRIEDRICH. O Gott, sie tobt auch mal gegen die Ringmauern. Lieber Harry, wer täte das nicht. Wenn du mich ansiehst, immer das Jagdmesser hinten im Gürtel, und unserer Garnisonsstreiche gedenkst: ich bin schließlich und endlich auch kein Leimsieder. Mache dir nur von unserem Leben keine allzu trübseligen Vorstellungen. ⟨Es geht manchmal recht lustig zu auf dem »Finkenstein«.⟩

FREIHERR VON LEINEFELD. Wie groß ist das Majorat, lieber Friedrich?

GRAF FRIEDRICH. Zwölftausend Morgen Wald und Gott sei Dank keine Landwirtschaft. Ich brauche den Hagel nicht zu fürchten. Allerdings fand ich, wie die Sache von dem kinderlosen Pariser Schweinigel, der zuletzt an der Reihe war, an mich kam, sie wie von Hagel, Sturm und Raupenfraß zusammengenommen verwüstet. Von einem Schuft, unter uns gesagt, der den Besitz höchstens zwei-, dreimal betreten hat und im übrigen mit Kokotten verjubelte. Junge, Junge: es war ganz aus mit der Linie. Es hätte nicht mal mehr zu einem räudigen Pinscher, geschweige zu irgendeiner Art Mensch gelangt.

[PROFESSOR FLEMING]

Agnetendorf, den 4. Mai 1914.

[I, 1–5]

[PERSONEN]

1. PROFESSOR FRESENIUS, 50
   PROFESSOR KNABE, Archäologe
   PROFESSOR GRAFF, Literaturgeschichte
   PROFESSOR WERNER FLEMING, 37, bleich, Christusbart, Historiker
   CÄCILIE VON BECKER, 19, aschblond
   HERR VON MILINET, 36, Hofmarschall
   ERSTER PRIVATDOZENT
   FRAU VON BECKER
   FRAU GEHEIMRAT FRESENIUS und ihre
   TOCHTER ANNA
   PROFESSOR RELLSTADT, bejahrter Astronom

2. DR. WILFRID
   MAGDA WENNGRAF

[1]

ERSTER AKT

Im Hause des Professors Fresenius. Abendgesellschaft. Arbeitszimmer des Professors. Die Tür nach dem Musikzimmer in der Rückwand ist geöffnet. Ebenso rechts die Tür ins Speisezimmer. Alle Räumlichkeiten sind festlich erleuchtet.
Das Gros der Gesellschaft befindet sich im Musikzimmer, wo musiziert wird. Klavier und Sopran. Im Speisezimmer die Geräusche des Tafelabräumens durch die Diener.
Einige Herren, in bequeme Sessel gelehnt, sitzen rauchend im Arbeitszimmer. Professor Knabe, Archäologe, Professor Graff, Literaturgeschichte, und Professor Werner Fleming.
Werner Fleming, siebenunddreißig Jahr alt, bleich, trägt einen

Christusbart. Er hat sich in einen dunklen Winkel zurückgezogen. Interessante Attitüde der Versunkenheit. Die Musik bricht ab. Beifallsklatschen setzt ein. Die Professoren Knabe und Graff nehmen teil daran.

GRAFF. Hübsche Stimme, Kollege Knabe.
KNABE. Sie will ja auch Sängerin werden, sagt man.
GRAFF. Wer ist es denn?
KNABE. Fräulein von Becker natürlich. Haben Sie denn Fräulein von Becker noch nicht singen gehört...
GRAFF. Muß mich allerdings zu diesem Manko bekennen, Kollege.
KNABE. ...nicht den »Erlkönig« vortragen?
GRAFF. Nein. Ich habe nur immer von den vielfältigen Talenten der jungen Dame sprechen gehört. Ich lebe seit einem Jahr sehr zurückgezogen.
KNABE. Dann sind Sie also auch noch niemals im Frau von Beckerschen Hause gewesen, wo man unter anderem Märchenhaften eine geradezu überirdische Schildkrötensuppe ißt.
GRAFF. Auch davon hab' ich zu meinem Bedauern nur reden hören. Sagen Sie mal, man spricht ja davon, daß sich unser Extraordinarius Fleming mit der jungen Becker verloben wird. Da würde der junge Mann ja sehr reich werden.
KNABE. Das würde er freilich, ob es aber gut wäre, wenn zwei so extravagante Naturen zusammenkämen, weiß ich nicht. *Professor Fresenius, lebhafter Fünfziger, kommt aus dem Musikzimmer.*
FRESENIUS. Professor Fleming! Professor Fleming! Professor Werner Fleming wird gesucht, meine Herrn. Fräulein Cäcilia von Becker, die uns soeben durch ihren Gesang erfreut hat, wünscht seine Gegenwart. Es handelt sich, glaube ich, um ein gewisses Notenheft und einen gewissen Gedichtband eines gewissen modernen Dichters, der ihm anvertraut wurde. *Da sich Professor Fleming langsam erhebt.* Ah, bester Professor, da sind Sie ja. Man hat Sie im Dunkeln ja gar nicht gesehn.
PROF. W. FLEMING. Ich liebe nicht das allzugrelle Licht der Öffentlichkeit.
FRESENIUS. Leider muß ich Sie aber gewaltsam ans Licht ziehen. Gegen den Wunsch einer schönen und jungen Dame gibt es durchaus keinen Widerstand.

PROF. W. FLEMING. Nun, Herr Geheimrat, Sie sehen, ich
fliege. *Er geht mit eleganter Langsamkeit, leise lächelnd, in
den Musiksalon.*
FRESENIUS *zündet sich eine Zigarre an.* Oh lala, oh lala, oh
lala! — Dieser junge Historiker macht Karriere. Siebenunddreißig Jahr alt, Sohn eines kleinen Bahnhofsinspek-
tors, Straßburg angelt nach ihm, München angelt nach ihm
und last not least eine Schönheit und eine Erbin. Kollege
Knabe, Kollege Graff, es ist ein Vergnügen, jung zu sein.
EIN DIENER. Liköre, Kognak, Bier, meine Herren.
KNABE. Wir wußten ja gar nicht, daß er da war. Ich hoffe, er
kann es nicht übelnehmen, wenn man der allgemeinen
Stimme folgt und eine Verbindung zwischen ihm und eben
der Erbin, von der du sprichst, lieber Kollege, für wahr-
scheinlich hält.
GRAFF. Wir haben durchaus nichts Böses gesprochen.
KNABE. Wir haben einfach gesagt, was in aller Munde ist.
Höchstens habe ich ihn und die junge Dame, vielleicht ein
bißchen zu laut, als extravagante Naturen bezeichnet.
GRAFF. Sie sprachen so leise, lieber Kollege, er hat es sicher-
lich nicht gehört.
FRESENIUS. Und wenn auch. Wenn er es schon gehört hätte.
Ich kenne unseren jungen Extraordinarius hinreichend, um
Ihnen versichern zu können, daß er einen solchen Vorwurf
am allerwenigsten übelnimmt. Er sagt von sich selbst, er
sei extravagant. Er betont immer wieder, mit einer gewis-
sen Geflissentlichkeit, daß seine ganze Natur wider die
Norm laufe.
KNABE. Von seinen Anlagen hältst du viel?
FRESENIUS. Blendende Gaben, blendende Anlage, verbunden
mit einer bemerkenswerten Gründlichkeit. Ein Mensch von
originalen Ideen. Möchte er nur bei der Stange bleiben! In
dieser Beziehung, glaube ich allerdings, ist er gefährdet.
KNABE. Und er ist auch ein bißchen zuviel Salonlöwe.
FRESENIUS. Lieber Knabe, ich weiß nicht, ob ich dir hierin zustimmen soll. Du hast ihn wahrscheinlich mal zur Belusti-
gung der Gesellschaft das Gebrüll eines Löwen nachahmen
hören. Er macht das mit einer täuschenden Furchtbarkeit.
Sonst aber ist dieser Periode gesellschaftlichen Lebens eine
Periode völliger Zurückgezogenheit vorausgegangen. In
Bonn hat Fleming mit niemand verkehrt. Übrigens sieht
man ihn niemals ohne Cäcilie. Von ihren Trabanten be-

schreibt er sozusagen die engste Bahn um sie und wird ja
nun schließlich auch bald in das Feuermeer dieser Sonne
hineinstürzen. Cäcilie ist wohl hauptsächlich der Grund
für sein momentanes Salonlöwentum.

*Cäcilie von Becker, ein stolzgewachsenes, aschblondes junges
Mädchen von neunzehn Jahren, kommt aus dem Musikzimmer. Den Kometenschweif bilden einige Professoren,
mehrere junge Dozenten und Studenten.*

CÄCILIE. Herr Geheimrat, retten Sie mich.

FRESENIUS. Ich würde keinen feuerspeienden Lindwurm
fürchten, meine Gnädigste, wenn ich dreißig Jahr jünger
wär'.

CÄCILIE. Ich soll die Ballade von Loewe, die Zwergenhochzeit,
singen, bei dieser Heiserkeit!

FRESENIUS. Aber Ihre Stimme klang wirklich wie eine Glocke,
liebes Kind.

CÄCILIE. Wie eine zersprungene, wollen Sie sagen.

HERR VON MILINET, *Hofmarschall, sechsunddreißig Jahre alt.*
Herzen machen Sie springen, mein Fräulein. Ich spreche
im Namen der studentischen Jugend, ich spreche im Namen
des Lehrkörpers unserer Alma mater, ich spreche im
Namen des Hofes, wenn Sie wollen, schließlich in meinem,
ganz selbstverständlich, und bitte Sie also, tränken Sie
unsere verschmachtenden Seelen noch einmal mit dem
himmlischen Element, das Ihrer Brust zu Gebote steht.

FRESENIUS. Herr Hofmarschall, wie wahrhaft poetisch.

MILINET. Meiner Herkunft nach bin ich Gardeoffizier. Es
muß weit kommen, bis ein Gardeoffizier, noch dazu Kaval-
lerist, so poetisch wird.

ERSTER PRIVATDOZENT. Gnädigstes Fräulein, Sie haben herrlich gesungen.

*Alle klatschen Beifall. Frau von Becker, wohlerhaltene vor-
nehme Dame, und Frau Geheimrat Fresenius sind ebenfalls
eingetreten.*

CÄCILIE. Wie man deine arme Tochter martert, Mama.

MILINET. Haben Sie kein Erbarmen mit ihr, meine Gnädigste.

FRAU VON BECKER. Ich sehe nicht ein, warum du dich sträubst,
mein Kind. Deine Stimme hat rein wie Gold geklungen.

CÄCILIE. Wenn du Professor Fleming fragst, Mama, wirst du
erfahren, daß du im Irrtum bist.

MILINET. Aber meine Gnädige, Professor Fleming! Allen

Respekt vor Professor Fleming, aber wir haben hier einen
Areopag von Leuchten der Kunst und der Wissenschaft.
Unter uns allen herrscht eine Stimme. Man muß zum Ver-
gleich die Patti heranziehen.
Professor Fleming ist eingetreten.
FRESENIUS. Da ist der Verbrecher. Professor Fleming, Sie
werden sich rechtfertigen. Sie haben uns hier auf eine
eigenmächtige Weise um einen großen Genuß gebracht.
FRAU VON BECKER. Cäcilie ist doch heut köstlich bei Stimme.
PROF. W. FLEMING. Wer bezweifelt das, gnädigste Frau?
Ganz gewiß.
FRAU VON BECKER. Ich glaubte zu hören... und zwar aus
Cäciliens Munde zu hören: Sie seien mit ihr heut nicht zu-
frieden.
PROF. W. FLEMING. Davon etwas verlautbart zu haben, bin
ich mir wirklich nicht bewußt.
CÄCILIE. Gesagt hat er nichts. Er hat mich nur, als er die
Noten aufs Klavier legte, mit einem bezeichnenden Blicke
angesehn.
MILINET. Demnach haben ja Ihre Blicke, lieber Professor,
eine beneidenswerte Macht oder, in diesem Fall, eine be-
dauernswerte.
FRAU GEHEIMRAT FRESENIUS. Würden Sie uns nicht selbst
etwas singen, bester Professor?
PROF. W. FLEMING. Das wäre wohl im Interesse eines gerechten Urteils nicht ganz der geeignete Augenblick. Nein. Ich
fürchte die Rache der Kritiker. Ich habe übrigens wirklich
mit dem von Ihnen gerügten Blick, gnädiges Fräulein,
nichts sagen wollen.
FRESENIUS. Irgend etwas müssen Sie aber zur Strafe tun.
CÄCILIE. Ja, ja, bestrafen Sie ihn, Herr Geheimrat.
KNABE. Unser jüngster Extraordinarius übt nachgerade in
unserem altberühmten professoralen Schilda eine mehr
und mehr bedenkliche Wirkung aus. Die Studenten tragen
ihn auf den Händen, und er bringt uns um allen Kredit
bei der Weiblichkeit. Man wird eifersüchtig auf so viel
Erfolge.
MILINET. Ist es wahr, daß Sie Tierstimmenimitator sind? —
In Gotha die Prinzen beteuerten neulich, Sie hätten mitunter aus Spaß eine ganze Menagerie nachgemacht.
PROF. W. FLEMING. Als ich Prinzenerzieher war, Herr Hofmarschall, hatte ich allerdings zu Studien dieser Art öfters

Gelegenheit. Außerdem liegt in mir tatsächlich ein Löwe gebunden.

GRAFF. Beweise! Der Löwe muß brüllen, Kollege.

PROF. W. FLEMING. »Der Löwe muß brüllen« ist leicht gesagt. Wie begegnen wir aber dann der Panik, die möglicherweise zum Ausbruch kommt?

MILINET. Meinen Sie, daß die Damen in Ohnmacht fallen?

PROF. W. FLEMING. Die Damen zunächst und dann die Hofleute: denn leise zu brüllen wie Weber Zettel verstehe ich nicht.

Professor Rellstadt kommt aus dem Musikzimmer. Bejahrter Astronom.

RELLSTADT. Meine Herrschaften, drinnen wird vorgelesen. Das Allerneueste vom Helikon.

GRAFF. Unsere vielgeschmähte Zeit ist den Musen gar nicht so ungünstig. Unter meinen Germanisten ist kaum einer, der keine Verse macht.

KNABE. Jede Fakultät hat ihren Hausdichter.

Die Gesellschaft begibt sich in den Musiksalon, Cäcilie und Fleming ausgenommen. Cäcilie nimmt, Erschöpfung markierend, auf dem Arbeitssessel des Professors Fresenius Platz.

FLEMING. So ist's recht. Ruhen wir aus von der Arbeit, Fräulein Cäcilie. Ich behalte meine Löwenstimme, Sie Ihre Engelsstimme für sich.

CÄCILIE. Engelsstimme? *Seufzend.* Das ist eine Phrase. Außerdem wissen Sie: Singen ist keine Arbeit für mich.

FLEMING. Nicht das Singen, aber das Sich-Amüsieren. Woran liegt es eigentlich, daß die Gesellschaft überall heutzutage so gräßlich mühsam, weil so gräßlich langweilig ist?

CÄCILIE. Ich finde diese Gesellschaft nicht langweilig. Es liegt kein Grund vor, sich in Gesellschaft so vieler hochbedeutender Männer zu langweilen.

FLEMING. Ich wundere mich selbst darüber. Sie haben recht. Professor Fresenius im Kolleg, Professor Fresenius als Geschichtsforscher: eine, man könnte sagen, weltumfassende Persönlichkeit. Hochbedeutend, unter vier Augen. Ich frage Sie, was von ihm an einem solchen Abend, was von allen meinen Kollegen an einem solchen Abend übrigbleibt.

CÄCILIE. Ja, was verlangen Sie eigentlich von den Leuten?

FLEMING. Mich reizt diese selbstgefällige, provinzielle sogenannte Behaglichkeit. Als ob draußen der ewige Frühling wäre. Aber draußen ist gar kein Frühling — oder meinethalben ein Frühling mit schwefelgelber Gewitterluft. Man braucht nur den Kopf zum Fenster hinausstecken.

CÄCILIE. Und wenn es wahr ist, was Sie sagen, was soll es uns helfen, traurig zu sein? Und warum soll ich den Kopf zum Fenster hinausstecken? Wenn es einschlägt, gut. Weshalb sollen wir uns, wenn es unvermeidlich ist, vorher ängstigen?

FLEMING. Sie haben ganz recht, und ich bitte Ihre schönen Augen und Ihre lieben Hände fußfällig um Entschuldigung. *Er küßt ihr die Hand.*

CÄCILIE. Kann man Sie denn mit gar nichts froh machen?

FLEMING, *noch tiefer erblassend, geht einige Male schweigend auf und ab. Dann.* Ich wollte, ich sollte Ihnen mit Ja antworten. Wenn ich blind oder nur von dem allgemein sanktionierten Egoismus wäre, würd' ich es ohne weiteres tun. Opfer bringen ist vielleicht leichter als Opfer annehmen. Und ich weiß nicht einmal, ob das höchste Opfer, das man mir bringt, den gewünschten Erfolg nach sich ziehen würde. Freilich, ich habe nie im Leben so wie in diesen Wochen den Drang und Trieb zu einem unbedachten, schicksalsschweren Worte gehabt. Wenn nur nicht meine bösen Träume wären. Übrigens haben wir auch unseren Stolz, und ich bin doch eben vorläufig nur ein armer Extraordinarius.

CÄCILIE. Ich finde, Sie haben nicht den geringsten Grund zu dieser Bescheidenheit.

FLEMING. Sie meinen, zum Stolz. Ich bin nicht bescheiden. Was ich bin und was ich geworden bin, ebensoviel und ebensowenig will ich sein. Darin möchte ich mich in der Hand behalten. Es ist sogar Tatsache, daß ich gegen jeden Eingriff in diesen festumzirkten Persönlichkeitsbesitz krankhaft empfindlich bin, sei's, ihn zu schmälern, sei's, ihn zu vermehren.

CÄCILIE. Ich will Ihnen etwas sagen, Professor. Sie wissen vielleicht nicht, daß Sie der echte und rechte Gelehrte sind. Ihre Pedanterie sucht ihresgleichen. Sie verfügen über einen äußerst respektablen Eigensinn. Wird mir's einmal zu bunt und ich bin nicht anderer Meinung geworden, so werde ich Ihnen den Meister beweisen. *Sie hat eine Siegellackstange ins Licht gehalten.* Einstweilen tragen Sie nur diesen Brandstempel. *Sie tropft Siegellack auf seine Hand.*

FLEMING. Es würde mir wohler tun, wenn ich nicht wüßte, wieviele mit diesem Zeichen gestempelt sind.

CÄCILIE. Pfui! Sie sind heute in boshafter Laune, Professor.

[2]

In der Junggesellenwohnung des Professor Fleming. Fleming und sein Freund Dr. Wilfrid im Gespräch.

FLEMING. Mein Lieber, ich stecke den Kopf in den Sand und lasse die Dinge sich entwickeln.

DR. WILFRID. Wenn du den Kopf aber dann herausnimmst und es ist alles verscherzt, was dann?

FLEMING. Wenn alles verscherzt ist, lieber Wilfrid, dann eben ist nichts verscherzt, wie's mir scheint.

DR. WILFRID. Wie meinst du das?

FLEMING. Kann sie diesen kleinen Hofmarschall wirklich heiraten, so dokumentiert sie damit einen Wesenszug, der sie für mich und mein Leben ungeeignet macht.

DR. WILFRID. Diese Weisheit wird dir aber, wenn du sie liebst, über den Katzenjammer nicht forthelfen.

FLEMING. Lieb' ich sie denn? Ich weiß es nicht.

DR. WILFRID. Mensch, du trägst ihre Photographie herum. Du bist förmlich zu ihrem Schatten geworden. Jedermann hier im Städtchen weiß Bescheid, so deutlich ist die Veränderung, die mit deinem Wesen vor sich gegangen ist. Man hat dir, bevor du in diese Beziehung verstrickt wurdest, den Übermut, den das Gefühl der Freiheit dir gab, deutlich angesehn. Wer dich früher gekannt hat, vermißt geradezu mitunter gesellschaftlich deine alte blendende Überlegenheit und Sicherheit. Du wirkst manchmal eher gedrückt und kleinmütig.

FLEMING. Was soll werden, wenn das der Anfang ist? Denke dir mal die Konsequenz eines langen gemeinsamen Lebens.

DR. WILFRID. Ein Heiratsvermittler bin ich wahrhaftig nicht. Als ich heut morgen ins Beckersche Haus wegen eines schwer hysterischen Dienstmädchens gerufen wurde, ergab sich Gelegenheit, mit Fräulein Cäcilie allein zu sprechen. Ich merkte sehr wohl, daß diese Gelegenheit von ihr gesucht und herbeigeführt wurde. Sie weiß ja, daß wir befreundet sind. Und da hat sie in ziemlich offener Weise, wenigstens für jemand, der nicht ganz auf den Kopf gefallen ist, um meine Vermittelung angehalten. Vielleicht nicht direkt Vermittelung, aber jedenfalls Rat, Beistand, Hilfe. Sie tut mir leid, und du tust mir leid. Und deshalb mische ich mich in eine Sache, die eigentlich ihrer Natur nach für

Einmischung eines Dritten nicht geschaffen ist. Ich bin eben stets der Esel gewesen. Soviel steht fest, ein Wink von dir, und der ganze Hofmarschall ist erledigt.

FLEMING. Ein Wink von mir? Diese Angelegenheit ist Sache der Vorsehung. Was sie bestimmt, dazu werd' ich stillehalten. Besser gesagt: ich werde nicht stillehalten, wenn sie mich nicht, wie es einer wahren Vorsehung geziemend ist, unter ihre Beschlüsse eisern zwingt.

DR. WILFRID. Lieber machst du also euch beide unglücklich.

FLEMING. Ich? Ich bin nicht verantwortlich.

DR. WILFRID. Tun oder lassen ist deine Sache. Unsere Freundschaft ist alt, und die junge Becker hat mich ihres Vertrauens gewürdigt. Die Sache ist mir also nicht gleichgültig, weil sie und weil du mir nicht gleichgültig bist. Sonst aber geht sie mich gar nichts an, und ihr mögt eure Suppe allein auslöffeln. Dieser faule und passive Standpunkt aber, dem du eben Ausdruck gegeben hast, ist mir immer im höchsten Grade persönlich konträr gewesen. Übrigens weißt du es längst: ich mag ihn nicht. Er deutet, wenn nicht auf Feigheit, auf eine für einen Europäer beschämende Bequemlichkeit. Oder er deutet auf eine Krankheit des Willens.

FLEMING. Mit alledem hast du ganz recht, natürlich von deinem Standpunkt aus.

DR. WILFRID. Verantwortlichkeit soll man suchen. Man soll sie nicht ablehnen.

FLEMING. Ein Standpunkt, der deiner Natur und deinem Beruf völlig angemessen ist. Freilich auch nicht in jeder Hinsicht. Und gerade in den allerernstesten Fällen, wenn es sich um Vater, Mutter, Söhne und Töchter handelt, scheut ihr Mediziner die Verantwortlichkeit. Wo kämt ihr Ärzte, wo käme insonderheit der Chirurge hin, nähme er nicht cum grano salis die Verantwortlichkeit auf die leichte Achse[l]. Wer müßte sonst nicht an Gewissensbissen zugrunde gehn.

DR. WILFRID. Ich muß gestehen, diese Doktorfrage ist mir im gegenwärtigen Augenblick verhältnismäßig gleichgültig. Ich lehne es allerdings auch ab, in besagter Affäre bestimmend auf deine Entschlüsse einzuwirken. Von außen gesehen kommt es einem vor, als ob du vermöge einer höchst unzeitgemäßen Verbohrtheit deinem eigenen Glück im Wege stehst. Das darf der Freund einem Freunde nicht verheimlichen. Damit Schluß, und nun mach, was du willst, mein Kind. Ich habe jetzt mein Kolleg zu lesen.

FLEMING. Laß mal den Hut noch liegen, Wilfrid. Glück! Was ist Glück? Ohne alle Sentimentalität: ich weiß es wirklich nicht. Es gibt keine Definition, die befriedigen könnte. Meinst du Glück schlechthin, vulgär genommen, so muß ich dazu sagen, meine Idee einer Ehe, auch meine Idee einer Ehe mit Cäcilie steht zu hoch dafür.

DR. WILFRID. Du nimmst die Dinge nicht einfach genug. Ein junger Mann, ein junges Weib, ein Bett, ein Haus, eine Lebensstellung, Kinder und ein Vermögen, das ein von materiellen Sorgen freies Familienleben gewährleistet, das jede freie wissenschaftliche Arbeit möglich macht. Das ist der Komplex, der früher oder später für unsereinen notwendig ist. Den hast du hier, wenn du zugreifst, aufs beste gegeben. Und da du mir einmal in schwacher Stunde gesagt hast, du würdest vielleicht Cäcilie auch nicht, aber dann sicherlich keine andere heiraten, sage ich dir ganz einfach, laß alle Spintisiererei und packe diese Gelegenheit, die sich dir niemals wieder bietet — glaube mir, Werner! —, kurzweg bei den Ohren.

[3]

Im Hause des Geheimrat Fresenius.
Frau Fresenius und ihre Tochter Anna im Gespräch.

FRAU FRESENIUS. Was fehlt dir eigentlich, Anna?
ANNA. Was soll mir fehlen, Mutter?
FRAU FRESENIUS. Man bekommt nichts aus dir heraus, gutes Kind. Sieh in den Spiegel, deine Farbe ist keineswegs so, wie sie ein gesunder Mensch haben muß. Außerdem bist du aus einem fröhlichen Menschen, einem gesprächigen, offenen Menschen in einen verdrossenen, wortkargen Menschen umgewandelt.
ANNA. Womit das zusammenhängen soll, wenn du recht hast, Mama, könnt' ich mir wirklich nicht erklären.
FRAU FRESENIUS. Vater sogar ist die Veränderung aufgefallen. Er spricht davon, Geheimrat Strümpel müsse dich nächstens einmal gründlich auf deinen Gesundheitszustand untersuchen.

ANNA *weint.* Ich weiß gar nicht, was ihr seit Wochen schon von mir wollt, Mama. Ich bin nicht krank. Ich bin nicht verdrossen. Ich besuche einfach meine Kollegs. Ich bereite mich für mein Examen vor. Ich habe mich bei niemandem beklagt und bin keinem Menschen lästig gefallen.

[4]

Anna Fresenius und ihre Freundin Magda Wenngraf, Tochter des Theologieprofessors.

ANNA. Er sollte sie einfach laufen lassen. Sie ist seiner nicht wert. Sie zieht ihn hin. Sie ist reich: ihr Vermögen läßt sich nicht abstreiten! Aber das Gerede von ihrer Stimme und von ihren Talenten überhaupt ist lächerlich. Wenn sie als arme Studentin im Auditorium säße, kein Student würde nach ihr hingucken.

MAGDA. Darin gebe ich dir vollkommen recht.

ANNA. Sie soll nur den blöden Grafen heiraten. An den kleinen Hof meinetwegen paßt sie hin. Fleming würde sie höchstens zugrunde richten.

MAGDA. Ich gebe dir vollkommen recht, liebes Kind.

ANNA. Wenn Professor Fleming nur noch zur Besinnung kommt. Wenn er sich nur besinnt, anstatt in die Schlinge hineinzutappen. An die Komödie glaube ich nicht. Sie will Fleming zwingen, sich zu erklären.

MAGDA. Ich gebe dir vollkommen recht, liebes Kind. Übrigens wird es Zeit, wenn wir ihm noch auf der Brücke begegnen wollen.

[5]

PROFESSOR FRESENIUS. Sie wissen ja, ich bin eine robuste Natur und ganz bestimmt in das gegenwärtige, zeitliche, weltliche, ja lokale, das heißt nationale Leben gerichtet. Zu metaphysischen Spekulationen neige ich nur, wenn ich etwa mal eine schwere Influenza habe und zu Bett liegen muß. Mein Appetit auf das Jenseits steigt in dem Maße, als mein Appetit auf englisches Beefsteak mit Bratkartoffeln abnimmt. Ich muß tätig sein, muß etwas vor mich, will

sagen, etwas hinter mich bringen, muß einen Berg vor mir
sehen, den ich wegräumen kann. Ich würde am liebsten
mein Kolleg mit aufgestreiften Hemdsärmeln lesen. Ich
muß meinen Glauben haben, muß meinen Feind haben,
muß mal das Kultusministerium anrempeln können, mal
einen Protest unterzeichnen und so fort. Hin und wieder
will ich auch meine Brandrede halten. Ich will ein Ziel
sehen, nicht nur für mich. Ich will der Allgemeinheit ein
Ziel zeigen, ein Ziel stecken. Dann will ich so lange bohren
und bohren, rufen, stoßen und treiben, bis eine Bewegung
nach diesem Ziele spürbar wird. Gesunde Bewegung, gesunde Ziele. Gesundes Leben ist eine Lust, eine Lust, die
gesundes Wirken steigert. Kraft will wirken, Wirken schafft
Kraft. Wirkende Kraft schafft Lust und Genuß. Lust und
Genuß steigert wieder den Wert des Lebens. Ich hatte mir
in den Kopf gesetzt, Ihnen, mein guter Fleming, von
meinem Überschuß möglichst viel abzugeben.

[II]

[PERSONEN]

FRAU VON BOEHM
PAUL DÜNNEBEIL
GRAF SPOHR
PROFESSOR WERNER KARL BUXTORP, Akt I
FRAU FRESENIUS, Akt I
ANNA FRESENIUS, Akt I
EIN OBERST (OBERST VON KARNECKE), Akt I
EIN HERR IM FRACK, Akt I
PROFESSOR FRESENIUS, Akt I
SOPHIE VON BOEHM, Akt I
GRAF SPOHR, Akt I

ERSTER AKT

*Eine Gesellschaft bei Frau von Boehm. Festlich erleuchtete
Räume eines reichen Hauses.*

Arbeitszimmer des verstorbenen Herrn von Boehm. An den Wänden eine Sammlung kostbarer früherer Buchdrucke und Autographen. Gelehrte, Künstler, Offiziere mit ihren Damen füllen die Räumlichkeiten.

[ERSTE SZENE]

Frau Professor Fresenius und Anna Fresenius flüchten sich aus den anstoßenden überfüllten Sälen in das verlassene Arbeitszimmer.

ANNA. Es ist furchtbar heiß, Mutter. Gehen wir noch nicht?
FRAU FRESENIUS. Ich habe es wirklich hier kaum jemals so überfüllt gesehn. Auch zu des verstorbenen Geheimrats Zeiten nicht. Es scheint etwas in der Luft zu liegen. Übrigens sind wir hier in die berühmte Bibliothek des Geheimrats geraten.
ANNA. Könnte man nicht in der Stille ein Fenster aufmachen?
FRAU FRESENIUS. Diese Bibliothek alter Buchdrucke ist Papas brennende Eifersucht.
ANNA. Wo ist Papa eigentlich hingeraten?
FRAU FRESENIUS. Ja du mein Gott! Du hast ja gesehen, als wir eintraten: es haben sich ja sofort dreißig, vierzig Herren und Damen auf ihn gestürzt. Weshalb bist du denn heute so ungeduldig?
ANNA. Sehr einfach, Mama, ich langweile mich.
FRAU FRESENIUS. Man meint ja, die Stimmung wird bald umschlagen.
ANNA. Meinst du etwa, weil der ekelhafte Paul Dünnebeil neue Gedichte vorlesen wird? Schon der Mensch allein ist zum Übelwerden.
FRAU FRESENIUS. Nein. Aber weil man allgemein der Ansicht ist, die Verlobung Sophiens werde noch heut publik gemacht werden.
ANNA. Ja, um Gottes willen, mit wem, Mama?
FRAU FRESENIUS. Mit wem? Das ist ja gerade das Spannende.
ANNA. Ich könnte mir absolut nicht vorstellen, daß Professor Buxtorp mit ihr glücklich wird.
FRAU FRESENIUS. Gott, Kind, er würde gewiß sehr reich werden. Übrigens ist ja gar nicht gesagt, wer der Auserwählte ist. — Sag mal, fühlst du dich etwa nicht gut, Ännchen?

ANNA. Aber wieso?

FRAU FRESENIUS. Ich meine nur so. Es ist vielleicht die Beleuchtung gewesen. Du kamst mir so fahl vor im Gesicht.

ANNA. Sophie ist im Grunde oberflächlich, und wenn er sie heiratet...

FRAU FRESENIUS. Wer, sie heiratet?

ANNA. Professor Buxtorp sie heiratet...

FRAU FRESENIUS. Er würde sie ganz gewiß wohl heiraten, aber ich glaube alles andere eher, als daß der Ehrgeiz von Mutter und Tochter sich bei einem simplen Professor beruhigt, wenn er auch noch so bedeutend ist. Paß auf, sie wird den jungen Spohr nehmen und wird mit ihm in London ein Haus machen, wo er ja augenblicklich bei der Gesandtschaft ist.

ANNA. Sie soll meinethalben den Grafen Spohr nehmen.

ZWEITE SZENE

Professor Karl Buxtorp tritt in das Zimmer, ohne die Damen zu bemerken, und geht langsam und nachdenklich darin umher. Plötzlich steht er vor den Damen und erkennt sie.

BUXTORP. Sie hier? Weiß Gott, ich habe in diesem Augenblick höchst intensiv an Sie beide gedacht, meine Damen.

ANNA. Und wir haben gewissermaßen an Sie gedacht.

BUXTORP. An mich? Inwiefern? Da wäre ich neugierig.

FRAU FRESENIUS. Sagen Sie uns nur, bester Professor, ob Ihre Gedanken mit uns im Guten oder im Bösen beschäftigt gewesen sind.

BUXTORP. Ich habe ganz einfach daran gedacht, wie warm, wie wahr es in Ihrem Hause zugeht und wie man bei Ihnen geborgen ist. Da blicke ich auf, und im Halbdunkel stehen Sie mir gegenüber.

FRAU FRESENIUS. Wie kann man, umgeben von solchem Glanz, eine so hausbackene Vision haben?

BUXTORP. Wenn ich nur einmal dahinterkommen könnte, was der Glanz in dem Sinne, wie Sie ihn verstanden haben wollen, eigentlich ist. Denn Glanz und Glanz sind verschiedene Dinge.

FRAU FRESENIUS. Sie müssen doch zugestehen, daß diese Vereinigung von Reichtum und gesellschaftlicher Elite blendend ist. Oder lieben Sie nicht dergleichen Feste?

BUXTORP. Als Gelehrter, Frau Geheimrat, beantworte ich beide Fragen nacheinander gewissenhaft: blendend ist dieser Abend, aber glänzend? — Er blendet, er macht mir Augenschmerz. Ich liebe das Fest! ich verehre das Festliche! aber ich vermisse es leider in unserer gesamten modernen Geselligkeit. Wir wollen nun aber nicht tiefer tauchen und mit Ihrer Erlaubnis das Thema abbrechen. Was macht Ihre Arbeit, Fräulein Anna?

ANNA. Welche?

BUXTORP. Lachen Sie nicht. Ich sehe Sie am liebsten am Stickrahmen.

ANNA. Also weniger gern im Kolleg?

BUXTORP. Ja. Außer in meinem, natürlicherweise. Aber selbst da, obgleich Ihre Gegenwart mir selbstverständlich höchst wohltätig ist, frag' ich mich oft, warum Sie Ihre Zeit so vergeuden. Ich denke immer, tanzte sie doch lieber inzwischen draußen auf einer grünen Wiese im Sonnenschein.

FRAU FRESENIUS. Das sähe wohl Vaters Tochter sehr unähnlich.

ANNA. Sollen wir denn an der Bildung nicht teilnehmen?

BUXTORP. Freilich. Nur weiß man immer nicht recht, inwieweit die sogenannte Bildung Verbildung ist. Ich wenigstens fürchte für meine Opfer. *Ein Diener kommt.* Was bringen Sie da? Richtig. In den Gläsern ist Vanilleneis. Darauf gießt man diesen Champagner. Gut so. Wir machen's uns hier bequem. Lassen Sie das ganze Tablett hier, Müller. Draußen brande inzwischen die rauschende Welt.

FRAU FRESENIUS. Sie sind ja sehr aufgeräumt, lieber Professor.

BUXTORP. Sie gebrauchen das allertreffendste Wort. So packt mich das Leben, die Heiterkeit jedesmal, wenn ich mit irgend etwas aufgeräumt habe, das mich lange beschäftigt, das lange in meinen Zimmern sozusagen herumgestanden hat. Aufgeräumt! Ich akzeptiere den Ausdruck.

Man hört Gesang, Klavierspielen.

FRAU FRESENIUS. Der musikalische Teil beginnt. — Dürfen wir uns wohl so zurückziehen?

BUXTORP. Haben Sie Mitleid, meine Damen! Ich nehme mein Glas und rucke noch mehr in den Schatten der großen Männer zurück, die diese Regale hier einträchtig bevölkern.

Haben Sie Mitleid und und gruppieren Sie sich bitte so, daß ich womöglich, selbst wenn ich mit der Laterne gesucht werde, nicht zu finden bin.

FRAU FRESENIUS. Es ist unverkennbar Sophiens Stimme.

BUXTORP, *als die Stimme schweigt und Beifall aufgerauscht ist.* Allgemeiner, viel zu allgemeiner Beifall lohnt der begnadeten Sängerin.

FRAU FRESENIUS. Ich hoffe, Sie meinen das nicht ironisch. Ich wenigstens habe immer gefunden, daß die Stimme unserer lieben Sophie wirklich köstlich ist. Übrigens, lieber Professor, wir werden Sie leider verlassen müssen. Wir müssen wohl auch der Sängerin huldigen.

BUXTORP, *leise zu Anna.* Wir gehen zusammen nach Hause, Ännchen.

Die Professorin, gefolgt von der Tochter, ab in den Musiksalon. Aus einer anderen Tür kommen im Gespräch ein Oberst und ein älterer Herr im Frack.

DER OBERST. Es war nicht Buxtorp, es war nicht Buxtorp. Sie können versichert sein, Exzellenz, der junge Graf Spohr wandte die Noten um.

DER HERR IM FRACK. Dann haben sie beide im Typus eine gewisse Ähnlichkeit. Man wünscht allgemein, sie möchte Spohr heiraten. Ich sage mir selbst, sie würde als künftige Gesandtin besser am Platze sein wie als Gattin eines meinethalben noch so berühmten Professors.

DER OBERST. Man spricht auch vielfach recht gut von Buxtorp.

DER HERR IM FRACK. Ich habe ihn eigentlich nur als Schatten der Damen von Boehm kennengelernt, natürlich besonders der jungen Dame. Man hat ja sehr seine Stange gehalten. Ich will ja auch glauben, daß ein Mann wie er für ein verwaistes Haus und zwei alleingebliebene Damen einen gewissen Gewinn bedeutet. Im Gespräch bemerkte ich Spuren von Unreife.

Professor Fresenius kommt aus dem Musiksaal.

PROFESSOR FRESENIUS. Professor Buxtorp! Professor Buxtorp! Professor Werner Karl Buxtorp wird gesucht, meine Herren. Fräulein Sophie von Boehm, die uns soeben durch ihren Gesang erfreut hat, wünscht seine Gegenwart. — Ah, bester Professor, da sind Sie ja. Man hat Sie im Dunkeln ja gar nicht gesehn.

BUXTORP *erhebt sich langsam.* Angeborene Bescheidenheit.

PROFESSOR FRESENIUS. Wie befinden Sie sich, Exzellenz?
DER HERR IM FRACK. Oh, danke.
PROFESSOR FRESENIUS. Ich habe die Ehre, Herr Oberst. Wohlbehalten aus dem Manövergelände zurückgekehrt? — Die Herren kennen sich, wie ich voraussetze. Ich nehme an, Exzellenz, unser jüngster Extraordinarius ist Ihnen vorgestellt.
PROFESSOR BUXTORP. Ich hatte die Ehre im Ministerium.
DER HERR IM FRACK. O ja, o ja, jetzt erinnere ich mich.
PROFESSOR FRESENIUS. Professor Buxtorp, Oberst von Karnecke.
DER OBERST. Sie sollen vor kurzem in diesem Haus mit soviel Glück ein Fragment von Menander inszeniert haben.
BUXTORP. Ihr freundliches Lob, Herr Oberst, trifft leider eine Seite meines Wesens, mit der ich keinen Ehrgeiz verbinde. *Sophie von Boehm, am Arm des Grafen Spohr, mit einem kleinen, glänzenden Gefolge von Damen und Herren, tritt ein.*
SOPHIE. Dies war meines Vaters Arbeitszimmer. Hier liegen die kostbaren Drucke, von der frühsten Fust-Bibel angefangen, die er mit großer Liebe gesammelt hat. *Im Vorübergehen scheint sie jetzt erst Professor Buxtorp zu bemerken.* Liebster Professor, wo waren Sie denn? Ich bitte Sie herzlich, Sie wissen ja, unsere Leute sind namenlos unintelligent, die Loeweballaden hervorzusuchen.
BUXTORP. Es gereicht mir zur Ehre, Ihnen gefällig zu sein.
SOPHIE. Hatten Sie zugehört? Wie hab' ich gesungen?
BUXTORP. Sie wissen, ich bin kein besonderer Freund von überfüllten Konzertsälen.
SOPHIE. Wieso Konzertsälen? Wie meinen Sie das?
GRAF SPOHR. Unbesorgt, man wird Sie hier nicht nach Ihrem Billett fragen.
Er geht lachend unter dem heiteren Gelächter Sophiens und des Gefolges durchs Zimmer ab.
PROFESSOR FRESENIUS. Wer zuletzt lacht, lacht am besten, Professor.
BUXTORP. Es kommt allerdings darauf an, wer am besten lacht. Ich bin dabei, meinen Humor zu vertiefen. *Er hat eine Zigarette entzündet und begibt sich mit leichter Verbeugung in den Musiksaal.*
DER HERR IM FRACK. Man muß gestehen, dieser junge Gelehrte fällt einigermaßen aus dem Rahmen, wenigstens wie

man ihn um das Bild eines deutschen Professors zu legen gewöhnt worden ist.

PROFESSOR FRESENIUS. Exzellenz, die Zeiten sind andere geworden. Ich meinesteils habe lieber Erneuerung als Verkümmerung.

DER HERR IM FRACK. Inwiefern Erneuerung, lieber Geheimrat?

PROFESSOR FRESENIUS. Es gab nie eine Zeit, wo die Wissenschaft so wie heut ihren praktischen Wert bewiesen hat. Sie hat neue Lebensformen diktiert und das Dasein der Menschen unendlich bereichert. Natürlich können ihre Priester, ihre Wortführer nicht mehr weltfremde Stubenhocker, tagblinde Bücherwürmer sein. Ja, ja, wir sind auch Soldaten im Feld, Herr Oberst.

DER OBERST. Da haben Sie recht. Die allgemeine Wehrpflicht sorgt schon dafür.

PROFESSOR FRESENIUS. Allgemeine Wehrpflicht. Ein guter Ausdruck. Wir müssen uns allgemein und mehr wehren. Unsere Regierung, unsere Armee gibt uns das beste Beispiel dafür. Wir haben Unendliches zu verteidigen. Ich gehöre zu denen, Exzellenz, die leidenschaftlich für die allgemeine bürgerliche Wehrpflicht eingenommen sind: Wehrpflicht nach außen, Wehrpflicht nach innen, Wehrpflicht nach unten und oben, meine Herren.

DER HERR IM FRACK. Der vollblütige Geheimrat kommt natürlich wie immer ins Dozieren und ins Politisieren hinein. Meine Meinung kennen Sie ja. Ich sehe in Ihrer allgemeinen liberalen Wehrpflicht das A und O der Staatsklugheit nicht. Das Land besitzt ja verschiedene Stände.

DER OBERST. Exzellenz, die Tugenden, die heut einen Staat zusammensetzen, und das Gesetzbuch, das sie schützt, sind ausschließlich bürgerlich. Der Staat wird ausschließlich von Bürgern gebildet. Der Arbeiter wie der Herrscher sind uns nur soweit von Wert, als sie in ihrem Bürgertum aufgehn. Bürgertum, das heißt Menschentum, alle anderen Stände sind Attrappen, nichts weiter.

DER HERR IM FRACK. Ich bin mir bewußt, eine Leuchte der Wissenschaft vor mir zu sehn, und gebe zu, daß ich der besseren Einsicht mit einem bescheidenen, sozusagen ministeriellen Hausverstande gegenüberstehe. Mein lieber Professor, auf Wiedersehen. Ich will über alles Gehörte nachdenken.

professor fresenius. Gehorsamster Diener, Exzellenz.

Der Herr im Frack und der Oberst entfernen sich. Frau Professor Fresenius und Tochter kommen wieder.

frau fresenius. Wer waren die beiden Herren, Papa?

professor fresenius. Oberst von Karnecke und der Kultusminister.

frau fresenius. Bist du auch wohl nicht wieder zu scharf geworden?

professor fresenius. Ich nehme vor diesem Schnapsbrennerssohn, dem der Mensch erst beim Von beginnt, ein für allemal kein Blatt vor den Mund. Himmel, ich möchte am liebsten vom Lehrstuhl herunterspringen und mitten in die verpfuschte deutsche innere Politik hinein, dem Liberalismus auf den Damm helfen.

DIE WÜNSCHE

Agnetendorf, den 23. Mai 1914.

CABARI. Büßerin
ÂTIKÎ. Frauenname
MÂNÂSI
KALIDASA
ÂNANDA

Chandogya Upanishad. Neunzehnter Khanda.
»Was aber dabei geboren wurde, das ist die Sonne dort; als sie geboren war, erhob sich lärmendes Jauchzen hinter ihr her und alle Wesen und alle Wünsche! Daher kommt es, daß bei ihrem Aufgange und ihrer jedesmaligen Wiederkehr lärmendes Jauchzen und alle Wesen und auch alle Wünsche sich erheben.«

Ghora, Lehrer des Krishna
Upanishad S. 113 [Sechzig Upanishad's des Veda. Aus dem Sanskrit übersetzt und mit Einleitungen und Anmerkungen versehen von Paul Deussen. Zweite Aufl., Leipzig 1905.]

ERSTER AKT

ERSTE SZENE

Der Tod des alten Georg Molitor.
Das Sterbezimmer. Das Sterbelager.
Die Söhne.
Die Töchter.
Der Tod.

ZWEITE SZENE

Einsame felsige Gegend, unbewegliches Licht.

GEORG
Oh! oh! wie tief bin ich im Traum verirrt.
Still, nur ganz still. Oh, möchte jemand mir
den Faden doch zerschneiden, der den Weg

mir anzeigt, rückwärts ins verlaßne Dasein.
Oh, könnt' ich Fuß hier fassen, müßt' ich nicht
ins Schmerzensbett zurück der letzten Stunde.
Denn dort ist Qual! ach, bittre Qual! nur Qual.
Dort lieg' ich auf der Folter ausgestreckt,
ein Greis, mit steifen Gliedern, peindurchwühlt,
nach Atem jappend, und hier bin ich jung,
das Bein zum Lauf, den Arm zum Kampf gespannt,
das Auge der Unendlichkeit erschlossen.
Heißa, hier steh' ich neu. Ein frischer Leib,
ein stahlig frischer Jünglingsleib umgibt
die jugendlich befreite Seele mir,
und vor mir liegt das Arbeitsfeld der Seligkeit.
Laß los die Kette. Meine Söhne standen
als Männer, ernst und bärtig, um mein Lager.
Die Tochter, alternd, niemals Mutter, war
nun meine, war des Greises Mutter, war
die Amme meines schmachgelähmten Leichnams.
Er blieb zurück. Ich hoffe, daß kein Puls
noch etwa, noch so leise, in ihm pickt.
Denn ich will nicht zurück! Ich will nicht! Mögen
sie Glockenstränge zerren in den Türmen,
indes mein Fleisch verwest. Das gelbe Wachs
mag schweigen mit des Philosophen Miene,
indes die Tochter schluchzt, die beiden Söhne
mit Tränen ihre Bärte überfluten.
Nun nicht mehr, nein, um keinen Preis zurück
in dumpfe Stickluft, Hospitalgeruch,
noch in den Liebeskreis mitleidiger Ohnmacht.
Befreit! Gerettet! Stünde einer hier,
den wollte ich zum lauten Lachen reizen
mit der Erzählung meiner schlauen Flucht.
Es war genug. Es war beinah zuviel.
Ich wollte nicht mehr bleiben. Nun, ich schloß
die Augen, und mich schaukelte das Meer,
und plötzlich, ungesehen, taucht' ich unter.
Ich bohrte, bohrte tief von Traum zu Traum
und immer tiefer, tief in die Gewässer,
die ewig, uferlos und grundlos sind.
Und als ich war, so tief ich nie getaucht,
da lacht' ich schadenfroher Wonne voll
und bohrte mit Verzweiflungskräften weiter.

Dann plötzlich ward es licht, und ich war jenseit. —
Da naht ein Wesen höchst willkommner Art.
Nach Land und Leute hier will ich's befragen.

Ariel schreitet heran mit beschwingter Sohle. Er ist ein schwanenflügeliger Genius, halb weiblich, halb männlich.

ARIEL

Willkommen, Seliger, ich begrüße dich,
geliebter Bruder, in der anderen Welt.
Ich rede dich mit Worten deiner Sprache an,
so scheint es dir. Doch wisse: diese Sprache schließt
die Sprache aller Völker in sich ein,
von denen du auf Erden je erfuhrst.
Und dennoch ist es meine Sprache nicht.
Ich hör' und töne reinre Harmonie.
Du bist gestorben, schrittest durch des Todes Tor,
das Nadelöhr, zu dem die Schöpfung sich verengt,
um ins Unendliche sich dann zu weiten.
Nun wähle. Offen steht der weite Raum
und offen eine neue Körperwelt,
mit neuerschaffnen Sinnen zu genießen.
Was höher sei, was tiefer, sag' ich nicht.
Nach deiner Wahl ruht alles dir in Gott bereit.

GEORG

Laß meine Augen sehen, Himmlischer.
Mein Ohr laß hören neue Harmonie,
den Leib, die Seele schmecken neue Nahrung,
den neuen Körper fühlen alte Lust,
an süßere zu glauben fällt mir schwer,
als die war, die mir einstens widerfuhr
im andern Licht, im nun verlornen irdischen.
Schenk mir noch einmal alte Liebeslust
und auch vom Leide ein gerüttelt Maß,
von jener bittren Milch, die mir gewohnt
an meiner alten Mutter Erde Brust.

ARIEL

Du hast, was du begehrst. Soviel dein Wunsch
geläutert durch die Lust und durch das Leid der Erde ist
und durch die Zeit der gottgewollten Pilgerschaft,
soweit geläutert, schenkt sich nun Erfüllung dir

und mehr, denn weniger gewährt man nicht,
als dieser neue, höhre Boden geben muß.
Erstaune nicht, wenn mich zu sehen fernerhin
selbst hier nicht hinreicht deines Auges Sinn.
Lichtäther ist der Stoff, aus dem ich bin.
Ich bilde mich und löse mich im Raum
zu süßester Gestalt, zergeh' wie Schaum.

⟨GEORG

Wie schade! o du köstliches Gesicht,
du Erstgeborener mir des neuen Sterns.
Wie aber, wenn ich dein bedarf, wie ruf' ich dich?

ARIEL

Sprich »Ariel«, so erschein' ich dir wie jetzt.
Denk »Ariel« und schweige, und du füllst
mit meiner Gottheit Harmonie dein Ohr.

*Er verschwindet, sogleich erklingt allverbreitet eine sanfte und
göttliche Musik.
Indes ist Ātikî erschienen, ein nerviges braunes Kind von
etwa fünfzehn Jahren. Ihr dunkles Haar fliegt. Sie winkt
und ruft heftig von fern.*

ĀTIKÎ

Ānanda, komm hierher, wir warten dein,
siehst du den Rauch nicht quillen hinterm Zelt?
Was zauderst du, wir wollen dich erquicken.

ĀNANDA

O wie erquickt mich schon der bloße Laut!⟩

GEORG

Wie aber, wenn ich dein bedarf, wie ruf' ich dich?

ARIEL

Sprich »Ariel!«, so zwingst du mich in diesen Leib.
Denk »Ariel«, und alsobald vernimmt dein Ohr
die Harmonienfülle meines Seins.

Er verschwindet, sogleich erklingt allverbreitet sanfte Musik.

GEORG

Horch! O du Harfner eines neuen Reichs,

nicht Dämon, nein, vielmehr allmächt'ger Seraph,
welch eine Nahrung schenkst du diesem Leib,
die er durch jede Pore in sich eintrinkt.
Ich kenne Wogen dieses gleichen Meers
von meiner Erdenreise, kenne Schiffer,
vertraut mit ihr. Hier aber ist das Meer,
in das die irdischen Meister sterbend sanken,
um nur ein heiliger Tropfen drin zu sein.
Dies, was ich jetzt erfahre, nennt kein Wort.
Des Weltenraumes urgegebene Laute
vereinen sich. Die Offenbarung braust
aus fürchterlichen Kratern und zugleich
mit Engelstimmen sorglos jubilierend.
Oh, könnt' ich nun zurück, der, der ich bin
und dieses Meers teilhaftig. Nur Erinnerung,
den kleinsten Becher dieses Elements,
getragen in die durstgeborstene Welt,
genug wär's, sie auf ewig zu begrünen.

Mânâsi, nur mit durchsichtigen Schleiern bekleidet, braun, schwarzes Haar bis zur Erde.

MÂNÂSI

Sei mir willkommen!

GEORG

Ah! du lebst! du lebst!
Ich war ein Knabe, schlief auf hartem Bett
in der Mansarde meines Elternhauses,
da hast du mich besucht, besucht im Traum.
Du bist es? Hab' ich recht? Du kamst zu mir
einmal, und ich vergaß dich. Wieder faßtest
du meine Hand, in einer neuen Nacht, und sprachst.
Erinnere dich, du kennst mich, Ânanda.
Hab' ich nicht recht? Nun lebst du. Hab' ich unrecht?

MÂNÂSI

Nein.

GEORG

Und um welcher Ursach willen kommst du
auf diesem fremden Sterne mir entgegen?

MÂNÂSI

Aus ebender, die gestern mich bewog,

auf deinem Lager weich dich zu umschließen
in deinem heißen ersten Jünglingstraum.
Erinnere dich!

GEORG

Gestern? Vor sechzig Jahren
kamst du als Traum der Frühlingsnacht zu mir.
Du nahmst und gabst mir neue, fremde Wonnen.
Daß du nicht irdisch warst, erkannt' ich gleich,
und jetzt, jetzt find' ich dich, wo du daheim bist.

MÂNÂSI

Ja, und dies ist ein Weltallsfeiertag.

GEORG

Sind deinesgleichen viel auf diesem Stern?

MÂNÂSI

Nein. Wir sind eine kleine Schar. Wir sind
auf zehn Jahrtausende mit diesem Stern
verbunden, den kein Weltall-Kundiger
der Erde je in seine Linse fing.
Wir starben einst wie du den ird'schen Tod:
doch von der Erde Fesseln frei geworden
und mit erneutem Leib hierher verpflanzt,
steht unsren Seelen jede Rückkehr frei,
den Seelen, nicht den Leibern. Wir sind hier
Götter! und Kreaturen außer uns
sind zahlreich in den Ebenen dieses Sterns,
in seinen Meeren und in seinen Klüften.
Sie fürchten uns, sie lieben uns und müssen
uns dienen, wie den Menschen dient das Haustier.

GEORG

Ich will dir dienen alle Ewigkeit.

MÂNÂSI

Du mir? Du bist ein Gott wie wir, und niemals
wirst du hier dienen irgendwem in Furcht.
Und wer in Liebe dient, er dient nicht. Wer
in Liebe dient, er herrscht.

GEORG

Belehre mich
so immer weiter, Männin! Möge sich
mein seliger Hunger durch nichts andres stillen
als dich. Es werde keine Offenbarung mir
von irgendeinem Wunder, das dem neuen Sinn
entgegendrängt, als nur allein durch dich.
Wie du den Gott in mir geboren hast,
durch deines Mundes köstliche Magie
die Himmelsluft zu Honigworten schmilzt,
so nehm' ich jede Wonne nur aus deinem Schoß.

[DER GENERAL]

[Entstanden um 1915.]

[I]

Das Rauchzimmer des Generals z.D. von Hamig. Der General, ein beinahe kolossaler Mann von nahezu siebzig Jahren, sitzt im Kreise von einigen Herren am Spieltisch. Diese sind der nahezu blinde Maler Lochner, der Schriftsteller Hahn, der Arzt Dr. Körber und der Major a.D. von Schwarz.

Die Herren trinken Pilsener Bier, ein großer damit gefüllter Krug steht neben dem Sitz des Generals.

Es ist nachmittags gegen sechs Uhr, eines Tages im Juli. Eine Tür nach dem Garten ist geöffnet. Man hört in der Ferne Musik.

MAJOR VON SCHWARZ *erhebt sich.* Meine Stunde ist da, adieu, meine Herren.

VON HAMIG. Mein lieber Major, warum solche Eile?

MAJOR VON SCHWARZ. Es ist gleich sechs Uhr. Ich muß meine Frau auf der Promenade abholen. Ich habe versprochen, mit ihr für den Abend einholen zu gehen.

VON HAMIG. Sie sind immer ein musterhafter Gatte gewesen.

MAJOR VON SCHWARZ. Es läuft weniger auf den musterhaften Gatten hinaus, als auf eine etwas weitgehende Rücksicht, die ich auf meinen Magen zu nehmen habe. Zum Beispiel die Räucherwaren des Schlächters Schulz bekommen mir nicht, wohingegen ich nicht zu klagen habe, wenn ich mir in dem kleinen Laden der Syrowatkischen Fleischerei meine Wurstwaren persönlich aussuche.

SCHRIFTSTELLER HAHN. Die feinsten Wurstwaren findet man nach meiner Erfahrung in dem Laden von Langermann.

MAJOR VON SCHWARZ. Dorthin muß man gehen, wenn man eine milde, geräucherte sogenannte Rügenwalder Teewurst essen will. Von der Leberwurst, die man daselbst bezieht, müßte ich freilich entschieden abraten.

VON HAMIG. Da können Sie sehen, meine Herren, wo solche Eisenfresser wie wir schließlich endigen.

MAJOR VON SCHWARZ. Mit dem Wurstessen haben wir aber auch sozusagen unser Leben begonnen, Exzellenz.

VON HAMIG. Ja freilich, aber wir haben doch nach und nach eine Menge andrer Interessen dazubekommen. Übrigens bin ich weit davon entfernt, Herr Major, irgend einem meiner alten Kameraden einen Vorwurf daraus zu machen, wenn er etwa wie die gute alte Exzellenz Kühne Morgen für Morgen mit dem Blechkännchen selbst seine Kaffeemilch im Kuhstall holen geht. Er hat wahrscheinlich hin und zurück die Schritte gezählt und gefunden, daß grade soundsoviel Schritt, vor dem Frühstück getan, ihm den gehörigen Appetit machen. Oberst Hundrieser sammelt Briefmarken. Das habe ich als Tertianer getan. Er verfällt erst darauf mit sechzig Jahren. Warum soll er nicht eine zweite Jugend anfangen? Ich bin der letzte, irgendwem einen kindlichen Spaß zu verübeln. Und wie sollte man seine Zeit auch anders totschlagen, wenn man nicht im glücklichen Besitz eines Majorats oder Ritterguts, sondern nur ein armer Staatsrentner ist: um nicht zu sagen, ein armer Staatskrüppel.

MAJOR VON SCHWARZ. Euer Exzellenz haben immer eine satirische Ader gehabt. Ihro Exzellenz ebenso scharfe als treffende Äußerungen waren mit Recht von jeher gefürchtet.

VON HAMIG. Hauptmann Fabian züchtet Obstbäumchen. Wogegen am allerwenigsten im Interesse der Obstzucht, des Nutzens und der Philosophie etwas zu sagen ist. Generalleutnant von Kahl hat sich auf Bologneserhündchen gelegt, und ich versuche es wahrscheinlich auf Rat meiner Tochter demnächst mit einer Kanarienvogelzucht. Sie verfiel darauf, weil unser Harzer Roller urplötzlich ohne sichtbaren Grund ein Ei legte.

Sic transit gloria mundi, Herr Major.

MAJOR VON SCHWARZ. Gestatten Eure Exzellenz mir, gehorsamst zu sagen, daß Sie sich, wie es scheint, noch nicht philosophisch genug in die Annehmlichkeiten des Ruhestandes gefunden haben. Auch ich war die ersten fünf Jahre nach meiner Pensionierung nicht ohne Bitterkeit. Diese Bitterkeit war auch gewiß nicht unberechtigt. Wer wüßte nicht, daß auch in der Armee nicht immer Verdienst und Wert gegen Koterien und Cliquen den Sieg davontragen.

VON HAMIG. Apropos, als mein Kanarienvogel sein Ei legte oder gelegt hatte, meine Herren, da fragte ich mich, ob er vielleicht den Gedanken dabei verfolgt habe, mir im Symbol eine Lehre zu erteilen. Meine Vermutung wurde bestätigt. Sie wissen, was ein Windei ist. Der Kanarienvogel, der augenscheinlich ein gewisses Interesse an mir und meinem Schicksal nahm, weil ich ihm mehrmals ein Stückchen Apfel zwischen die Käfigstangen gesteckt hatte, wollte mir dadurch deutlich machen, daß das Leben eines pensionierten Generals am treffendsten mit einem Windei zu vergleichen ist.

MAJOR VON SCHWARZ. Der Humor Eurer Exzellenz ist heut ganz besonders grimmig. Darf ich bitten, Ihrer Exzellenz, der Frau Generalin, meine Empfehlungen zu Füßen zu legen. Ich muß leider fort, sosehr ich wünschte, den geistvollen Ausführungen von Euer Exzellenz noch weiter folgen zu dürfen. *Er geht.*

VON HAMIG. Wir haben als junge Leutnants zusammen den Siebziger Krieg mitgemacht. Wir standen im selben Regiment. Wir sind sogar mit der gleichen Kompanie beide in Paris eingezogen: wir konnten uns trotzdem niemals ausstehen. Er hielt mich immer für einen Phantasten, den der Herrgott in seinem Zorn zum Leutnant gemacht habe. Für was ich ihn meinerseits wiederum hielt, das, meine Herren, behalte ich lieber für mich.

Es bleibt immer sonderbar, wie sich zwei Leute wie wir, ohne doch ganz voneinander lassen zu können, nahezu fünfzig Jahre lang durch das Leben hindurch ärgern.

WINFRIED VON HAMIG. Ja, das ist wirklich sonderbar, Papa. Ich habe selten zwei Menschen gefunden, die in allen, aber auch in allen Fragen so verschiedener Meinung sind. ⟨Er ist Katholik, du bist Protestant.⟩ Bei ihm wird die Weltgeschichte von Rom aus gemacht, bei dir entspringt sie in Wittenberg. Dabei findet er sonderbarerweise alles sakrosankt, was in Preußen die höheren Stellen verfügen, während doch vor deiner Kritik nichts sicher ist.

VON HAMIG. »Ich bin ein Preuße, kennt ihr meine Farben? Die Fahne schwebt mir weiß und schwarz voran...« Deshalb lasse ich mir aber nicht schwarz weiß oder weiß schwarz machen: wer mir auch immer weismachen will, daß es für einen echten Preußen notwendig ist, zu dergleichen nur mit dem Kopfe zu nicken.

HAHN. Es wird in Preußen allzuviel mit dem Kopf genickt.

LOCHNER. Der Kopfnickermuskel ist in Preußen sehr ausgebildet.

VON HAMIG. Dahinter wuchert das Strebertum. Es ist nicht sehr erfreulich zu sehen, wie die Jagd nach dem Vorsprung, die Jagd nach persönlichem Vorteil, verbunden mit Lakaienmoral, fast überall an der Spitze ist und die tüchtige Gradheit in Schatten gedrängt haben.
Ich bitte Sie, meine Herren, nicht annehmen zu wollen, daß ich vor meiner Pensionierung über diese Dinge anders gedacht habe.

WINFRIED VON HAMIG. Und diese Verhältnisse, die ich teils als dein Sohn, teils durch Antizipation erkannt habe, sind es gewesen, die mich von einer Karriere zurückhielten, die ja eigentlich in unsrer Familie sonst erblich ist.

VON HAMIG. Das ist deine Sache. Ob du darin recht hast, entscheide ich nicht. Du hast in der Wahl deiner Gattin einen recht tüchtigen Griff getan und lebst deinen wissenschaftlichen Studien. Einen solchen lebenslänglichen Ruhestand würde ich nicht ertragen haben.

WINFRIED VON HAMIG. Ich hoffe auch so etwas Tüchtiges vor mich zu bringen.

HAHN. Das ist sogar schon geschehen, Exzellenz. Das Schriftchen Ihres Herrn Sohnes über den Bau der Vulkane ist grundlegend.

VON HAMIG. Ich will auch nicht sagen, daß Winfried auf falschem Wege ist. Vielleicht ist es der rechte, und ich konnte ihn nur nicht finden. Das war ja kein Wunder, da ja dem normal begabten Menschen zahllose Wege nach allen Richtungen der Windrose offen sind. Der Quietismus hat unbedingt etwas für sich. Ich befriedige meistens auf der Jagd meinen Hang nach Kontemplation und nach Einsamkeit.

WINFRIED VON HAMIG. Du unterschlägst deine Studien, Vater.

VON HAMIG. Es ist nichts Ungewöhnliches, bester Junge, wenn ein General auf allen möglichen und unmöglichen Gebieten dilettiert. Nun gar ein Soldat zur Disposition. Was soll man mit sechzehn bis achtzehn Stunden am Tage anfangen.
Doch die Sache hat leider für mich einen Haken, weil ich ein Deutscher und leider allzu gründlich bin. Daraus resultiert nun der ewige Ärger, daß ich doch allzuviel versäumt habe, was in Anbetracht des Umfangs der Wissenschaften unmöglich mehr nachzuholen ist.
Morgen gehen wir wieder botanisieren, Herr Oberförster.

oberförster reimann. Es gibt wohl kaum einen Menschen, der in späteren Jahren mit seinem Lebenslauf und Beruf ganz zufrieden ist. Mir geht es nicht anders, obschon mein Beruf in vielen Augen — unter freiem Himmel, in Wald, Feld und Flur — ein schlechthin beneidenswerter ist. Das poetische Forsthaus im Wald nicht zu vergessen. Stünde ich nochmals dort, wo ich mit achtzehn Jahren stand, ich würde mein Leben anders gestalten.

lochner *steht auf.* Da haben Sie einen Mann, der mit der Art, wie er sein Leben verbracht hat, zufrieden ist. Was mir heute geblieben ist, ein ziemlich schwacher, kaum noch wahrnehmbarer Schimmer des Augenlichts, bestätigt mir zehnfach, was ich besessen habe. Wie hätte ich, als ich noch sehend war, etwas andres tun sollen, als sehen, sehen, soviel das Gesicht nur fassen kann. Hätte ich heut meine alten, klaren siebzehnjährigen Augen noch einmal offen im Kopfe sitzen, ich würde erst recht ein fanatischer Maler sein. Und weiß Gott, ein ganz andrer, als ich war, ein hundertmal besserer.

oberförster reimann. Das kommt genau auf dasselbe heraus. Mit irgendeiner Versäumnis erachtet sich schließlich jeder belastet.

von hamig. Wollen Sie denn schon gehen, meine Herren?
hahn. Es ist Zeit, Exzellenz, unsre diversen Gattinnen warten.

*Hahn, Reimann und Lochner, von Winfried geführt, ab.
Dr. Körber ist geblieben.*

dr. körber. Sie wollten mich noch allein sprechen, Exzellenz.
von hamig. Ja, lieber Doktor, ich wollte Sie noch unter vier Augen sprechen. Nehmen Sie mal gefälligst Ihr Stethoskop zur Hand und horchen Sie mal, warum ich in drei Deibels Namen so dämpfig wie ein ausrangiertes Kavalleriepferd bin. Seit acht Tagen bin ich auf einmal so kurzatmig.
dr. körber. Haben Sie Ärger gehabt, Exzellenz?
von hamig. Gott, man hat seine Sorgen, Doktor. Sie wissen wohl, daß mein ältester, hoffnungsvoller Sohn seit drei Jahren, von einer schweren Nervenkrisis befallen, in einer Anstalt am Bodensee seine Tage fristet. Sie haben ihn mir aus den Kämpfen in Deutsch-Süd-West mit einer eigentümlichen Kopfwunde und zerstörten Nerven infolge von Hitze und Überanstrengung zurückgeschickt. Dieses Unglück liegt mir natürlich öfters im Sinne.

DR. KÖRBER. Es ist aber doch eine Sache, die nicht neueren Datums ist.

VON HAMIG. Warten Sie mal: einen Ärger neueren Datums? — Außer den immerwährenden Ärger, den mir die deutsche äußere Politik, Marokko und Agadir, verursacht, kann ich mich augenblicklich an nichts erinnern. Es müßte denn sein, daß die deutsche Artillerie im Falle der plötzlichen Mobilisierung fünfundvierzig Millionen schwere Geschosse zu wenig auf Lager hat. Ich kann nicht leugnen: die Tatsache macht mir zu schaffen. Manchmal wache ich auf des Nachts und zanke mich stundenlang mit dem Kriegsminister, der zu feige ist, was sein muß, von einem knausrigen Deutschen Reichstag zu fordern.

DR. KÖRBER. Wenn ich Ihnen, noch bevor ich Sie untersuche, einen Rat geben darf, Exzellenz, so ist es der, sich nach Möglichkeit von dem Interessenkreis, den Sie nun doch einmal definitiv verlassen haben, auch innerlich fernzuhalten. Sie sind ja Gott sei Dank für irgendwelche Dummheiten in der Politik oder in der Heeresleitung nicht mehr verantwortlich. Ein weiser Mann muß diesen Umstand ausnützen. Und was die Geschosse betrifft, für die Schießübungen, die doch allein in Frage kommen, werden sie über und über hinreichen.

VON HAMIG. Mit der Möglichkeit eines Krieges rechnen Sie nicht?

DR. KÖRBER. Nein, dazu ist die Welt zu vernünftig geworden.

VON HAMIG. Ach ja, davon hab' ich auch gehört, lieber Doktor. Sie sagen, die Welt ist vernünftig geworden. Irgend jemand bringt in einem Theaterstück einmal die Nachricht, daß die Welt ehrlich geworden wäre. Ist sie wirklich vernünftig und ehrlich geworden, dann mag die ganze Armee mit Vergnügen abdanken. Was hat man denn gegen den Krieg für vernünftige Gründe?

DR. KÖRBER. Die Riesenhaftigkeit der Armeen, die Furchtbarkeit der modernen Zerstörungswerkzeuge, die Selbständigkeit der Völker und ihre Abneigung vor dem Krieg und der Umstand, daß eine Monarchie, die heut einen Krieg erklärt, alles auf eine Karte setzt. Schließlich und endlich, Exzellenz, das Vorhandensein und die Stellung der internationalen Sozialdemokratie.

VON·HAMIG. Das ist alles ganz richtig, mein lieber Doktor. Aber noch soviele Vernunft kann nicht hindern, daß es

Winter für Winter schneit und daß hie und da in den
Bergen eine Lawine ins Rollen kommt.
DR. KÖRBER. Nun, wir werden es nicht mehr erleben.
VON HAMIG. Wenn man das wenigstens ganz genau wüßte!
Der allerschlimmste Gedanke ist vielleicht, müßig zusehen
zu müssen, wenn die lieben Nachbarn doch mal über uns
herfallen sollten.
Johanna von Hamig und Miss Sarah Liton kommen.
JOHANNA. Guten Abend, Papa. Wir haben eine herrliche Gebirgswanderung hinter uns.
VON HAMIG. Danach seht ihr aus, ihr beiden Wildfänge.
SARAH. Und wir haben Ihnen schöne Minerale für Ihre Sammlung mitgebracht.
VON HAMIG. Recht, brav, schöne Liton, zeig einmal her —
Nun also, ein andermal, lieber Doktor. Sie werden begreifen, daß man sich von der Gegenwart eines so liebenswürdigen Kindes nichts streichen lassen kann.
DR. KÖRBER. Der Arzt geht vor, Exzellenz. Ich kann mich so
leicht nicht abspeisen lassen.
VON HAMIG. Nun dann entschuldigt mich einen Moment, liebe
Kinder. Ich werde sogleich wieder bei euch sein.
Er und der Doktor gehen ins Nebenzimmer.
SARAH. Dein Vater scheint wieder nicht wohl, Johanna.
JOHANNA. Es reißt nicht ab, wenn man einmal den Arzt im
Hause hat. Solange Papa aktiv war, ist er nie krank gewesen. Oder wenigstens hat er selbst in schmerzhaften
Fällen früher kein Wesens davon gemacht. Seit seiner
Pensionierung vergeht kein Tag, wo er nicht über neue
Beschwerden zu klagen hat.
Rittmeister Harro von Hamig kommt, Ulan, Litewka, Zigarette im Mund.
HARRO. Ah, die Damen sind glücklich heimgekehrt. Hübsche
Abenteuer gehabt in den Bergen?
JOHANNA. Nein, aber wir haben schönen Enzian mitgebracht.
HARRO. Warum habt ihr mich denn nicht aufgefordert, mich
Eurer Exkursion anzuschließen?
JOHANNA. Weil wir uns selber genug sind. Wir brauchten dich
nicht.
HARRO. Sage das nicht. Es streift immer Gesindel herum in
den Bergen. Und außerdem soll man gegen einen invaliden
Soldaten nicht hartherzig sein.
JOHANNA. Eben deine Invalidität verbietet dir doch anstren-

gende Fußtouren. Und was die Hartherzigkeit betrifft, so kann man mit dir doch kein Mitleid haben, weil deine Invalidität selbstverschuldet ist. Du hast zuviel Sekt und Burgunder getrunken.

HARRO. Warum soll ich wohl Weib, Wein und Gesang ableugnen? Noch zwei, drei Moorbäder, und wenn ich nicht in diesem schrecklichen Rentnerparadiese, diesem Zivilversorgungsbadeort bis dahin an Langeweile sterbe, und mein bißchen Podagra hat sich auch wieder verflüchtet. Ich verstehe nicht, warum Miss Sarah Liton mich so ungnädig behandelt und insgeheim gegen mich intrigiert.

SARAH. Niemals intrigiere ich gegen Sie, Herr Rittmeister.

JOHANNA. Nein, Harro. Aber was sollen wir mit dir anfangen. Miss Sarah ist Lehrerin, ich bin Lehrerin. Unsre Gespräche langweilen dich, und dein Armeeklatsch ist uns gleichgültig.

HARRO. Man würde beinahe gar nicht mehr glauben, Johanna, daß du eine Soldatentochter bist.

JOHANNA. Papa ist ja auch Zivilist geworden.

HARRO. Wodurch aber doch die Tradition der Familie nicht geändert ist. Leider, leider ist Papa Zivilist geworden. Hätte Papa auf mich gehört, er könnte jetzt noch sein Korps kommandieren.

JOHANNA. Dr. Körber ist bei Papa. Papa ist hier nebenan. Sprich also bitte leise, Harro.

HARRO. Ich werde nächstens gar nicht mehr sprechen, da die Akustik wirklich allem, was ich fühle, denke und spreche, in diesem Hause sehr ungünstig ist. Man ist verblüfft, wie sich hier seit zwei Jahren, die man weg war, alles verwandelt hat. Man traut manchmal seinen Ohren nicht, wenn man hier Meinungen aussprechen hört, die weiß Gott was für einen Stempel, nur nicht den Stempel guten altpreußischen Geistes an sich tragen.

JOHANNA. Wer spricht denn solche Meinungen aus, Harro?

HARRO. Du, Winfried, Mama und sogar Papa.

JOHANNA. Was Winfried betrifft, so habt ihr ja wohl von Kindheit an diametral entgegengesetzte Meinungen.

HARRO. Gut, aber er war damit vor die Tür gesetzt. Er konnte im Haus keinen Unfug anrichten. Nun hat er aber seinen lächerlichen Schriftsteller Hahn, seinen blinden Maler, seinen verdrehten Dr. Körber hereingebracht, die euch alle ganz toll und verrückt machen.

johanna. Du findest doch immer treffende Ausdrücke.
harro. Sie würden noch besser treffen, weiß Gott, wenn es
  mir einmal erlaubt wäre, gegen das sonderbare Niveau, das
  ein Mann wie Papa seines Umgangs würdigt, nach Herzenslust vorzugehen.
von hamig *ruft aus dem Nebenzimmer.* Wogegen willst du
  vorgehen, Harro?
johanna. Papa fragt dich, wogegen du vorgehen willst.
von hamig *aus dem Nebenzimmer.* Johanna, komm doch mal
  zu uns herein.
Johanna geht ins Nebenzimmer.
sarah. Ich finde, daß Ihr Vater der charmanteste, klügste,
  gütigste und geistreichste Mann ist, den ich in Ihrem Lande
  kennengelernt habe.
harro. Er ist es vielleicht gewesen, Miss Sarah.
sarah. Warum gewesen?
harro. Weil er nur noch sein eigner Schatten ist. Ich bin
  sein Sohn, aber glauben Sie mir, es ist mir am bittersten
  angekommen, daß ich den Stellen, die ihm sein Kommando
  abnahmen, recht geben mußte.
sarah. Das Gegenteil ist Johannas Ansicht.
harro. Johanna versteht von der Sache nichts. Papa hatte
  von jeher Sonderlingsneigung. Sonderlingsneigungen nehmen im Alter zu und geraten bei nachlassender Kraft zur
  faktischen Leistung in ein immer größeres Mißverhältnis.
  Dazu wächst im Alter der Eigensinn. Für Rechthaberei
  und Eigensinn und obligate strategische Sondergrillen ist
  die Armee kein Tummelplatz. Außerdem konnte Papa nie,
  auch nie, wenn es not tat, selbst nicht an höchster Stelle,
  den Mund halten.
sarah. Das fühlt man ihm an. Er besitzt einen Freimut, den
  ich aufs höchste bewundere und der mir, ich sage es offen,
  Ihren Vater so anziehend macht. Unter einem solchen
  General müßte jeder Soldat mit Freuden ins Feld gehen.
harro. Gott sei Dank, dazu ist keine Gelegenheit. Es könnte
  sonst ziemlich böse auslaufen.
  Allerdings glaubt mein Vater, seit seiner Pensionierung ein
  verkannter zweiter Moltke zu sein. Man hat dafür wenigstens einige Anzeichen. Ja, wenn es mit Bleisoldatenspiel
  halbe Nächte hindurch oder mit Fähnchenrücken auf Gene-
  ralstabskarten getan wäre. Doch damit ist es nicht getan.
  Nun, es sind Spielereien, die keinen Schaden anrichten.

[II]

ERSTER AKT

Landhaus in einem schlesischen Gebirgsort, Ruhesitz und Eigentum des pensionierten Generals von Hamig. Der Salon. Es steht ein Klavier darin. Die übrige Einrichtung ist gewöhnlich und frostig. Eine Glastür im Hintergrund führt auf die Gartenterrasse. Sie ist durch eine Markise vor der Sonne geschützt. Im Salon Aquarium mit Goldfischen, Gummibaum etc. Über dem Sofa eine lebensgroße kolorierte Photographie des Generals in Uniform.

Es ist Mitte Juli, vormittags gegen elf Uhr. Draußen auf der Veranda sitzen mehrere Damen an einem Gartentisch, mit verschiedenen Handarbeiten beschäftigt, zwei junge Männer stehen dabei, der eine in Uniform, der andre bürgerlich gekleidet.

Frau General von Hamig, eine sechzigjährige Dame, kommt, nachdem draußen am Tisch ein Gelächter verklungen ist, mit großen Schritten herein. Sie trägt eine Bunzlauer Schüssel mit grünen Bohnen, die sie geschnitten hat. Ihr folgt, in der häuslichen Litewka, Botho von Hamig, Rittmeister bei den Schwarzen Husaren, ihr ältester Sohn.

FRAU VON HAMIG. Es liegt auch zum Teil an dir, guter Botho. Du solltest ihn nicht immer so reizen.

BOTHO VON HAMIG. Liebe Mama: das Reizen ist meist auf Friedrichs Seite. Es geht nicht anders: ein Soldat muß sich wehren. *Er zündet sich eine Zigarette an.*

FRAU VON HAMIG. Ihr könnt euch naturgemäß nicht einigen. Zwischen so verschiedenartigen Temperamenten ist jede Einigung ausgeschlossen. Verschiedene Anlagen, eine grundverschiedene Entwickelung. Man muß auch Fritz Gerechtigkeit widerfahren lassen.

BOTHO VON HAMIG. Aber, chère maman, das ist ja doch selbstverständlich. Man zieht ihn ein bißchen auf, weiter nichts. Warum soll ich ihn nicht ein bißchen aufziehen?

FRAU VON HAMIG. Weil du ja weißt, wie empfindlich er ist.

BOTHO VON HAMIG. Aber beste Mama, ich bin auch empfindlich. Vergiß doch nicht, wie sehr seine rücksichtslos vertretenen Ansichten über Gott, König und Vaterland mir contre cœur gehen. Vergiß nicht, daß ich Rittmeister bin. Daß ich auf die Fahne geschworen habe, daß Vater General ist und daß mir die Jungens auf der Straße schon mit sieben Jahren: »Kadett, Kadett, Kaldaunenschlucker« nachgebrüllt haben.

FRAU VON HAMIG. Nun, dann vergiß auch du nicht, Botho, daß dein Bruder nur mit unendlicher Sorgfalt, unter fast ständiger ärztlicher Aufsicht bis zu seinem zwanzigsten Jahre am Leben erhalten worden ist. Erst von da ab fing er an sich zu kräftigen.

BOTHO VON HAMIG. Und trotzdem hätte er müssen Soldat werden.

FRAU VON HAMIG. Es gibt in der Welt nicht nur den Soldatenstand.

BOTHO VON HAMIG. Nenne mir einen besseren für einen Mann.

FRAU VON HAMIG. Ich will mich darauf nicht weiter einlassen. Du mußt ja schon von Papa gehört haben, daß alles seine zwei Seiten hat. Auch der Rock von zweierlei Tuch hat seine Kehrseite. Sei froh, wenn du noch die rechte Seite nach außen hast.

BOTHO VON HAMIG, *während seine Mutter mit ernstem Gesicht auf dem Klavierschemel Platz genommen hat, wo sie Bohnen schneidet, den Bunzeltopf zwischen den Knien.* Ich weiß wohl, worauf du anspielst, Mama.

FRAU VON HAMIG. Gewiß. Das mußt du ja schließlich wissen. Ein Mann wie Papa ist ja das sprechendste Beispiel davon.

BOTHO VON HAMIG. Da ist wieder das alte Thema, Muttchen. — Papa ist Papa. Ich bin alt genug, um das Unrecht, dem er zum Opfer gefallen ist, voll zu würdigen. Trotzdem ist ja leicht zu verstehen, wodurch Papa es an höchster Stelle verschüttet hat. Es ist etwas von dem, was auch die Unterhaltung mit Friedrich so schwierig macht. Das schroffe Vertreten eigner Ansichten.

FRAU VON HAMIG. Du tust dir, vielleicht mit Recht, auf deine geschmeidigen Umgangsformen etwas zugut, Botho. Hoffen wir, daß du damit bis ans Ende in der gewünschten Weise fortkommen wirst. Gewiß ist es gut, wenn man Fehler vermeidet. Auch soll man gewiß seinen Vorteil wahrnehmen, wenn man einmal erkannt hat, wo er sitzt. Aber Papa ist nun einmal kein Salonlöwe. Schon als junger Offizier ist ihm nichts so zuwider gewesen, als wenn er zu Hofbällen kommandiert wurde. Lieber, sagte er, wollte er eine Woche lang bei Regen und Wind im Feld biwakieren. — Ich weiß nicht, ob Papa ein Stratege ist. Darüber kann eine Frau nicht urteilen. Ich weiß aber eins: einen pflichtgetreuen Soldaten in den besten Jahren seine Uniform ablegen zu lassen, nur weil er etwa kein Tanzmeister ist, das kann ich nur hellen Unsinn nennen.

BOTHO VON HAMIG. Donnerwetter, Mama, ich bin auch kein Tanzmeister. Man kriegt auch in der Armee nicht einen Spazierstock und einen Zylinder geschenkt, weil man kein Tanzmeister ist. Ihr habt hier jetzt eigentümliche Ansichten. Es ist durchaus kein Verbrechen, wenn ein verdienter Soldat, auch in seinem eigenen Interesse und wenn allerhöchster Besuch im Casino ist, ein bißchen Strategie anwendet. Hätte Papa das nicht versäumt, er brauchte sich heut keine Bleisoldaten aufbauen, während andre nicht halb so tüchtigen Leute in dem roten Gebäude am Königsplatz das große Wort führen.

FRAU VON HAMIG. Du meinst, Papa spielt bloß mit Bleisoldaten.

BOTHO VON HAMIG. Um Gottes willen. Damit wollt' ich natürlich nichts weiter sagen, als daß er mangels einer besseren Beschäftigung zu strategischen Spielereien verurteilt ist. Und er hat ja Armeen von Bleisoldaten. Vergangenen Winter, sagst du ja selbst, war er ganz unverdaulich, weil er täglich die halbe Nacht an Hand des großen Generalstabswerks und mit Hilfe von Bleisoldaten versucht hat, den Feldzug von 1870 und 71 zu rekonstruieren.

FRAU VON HAMIG. Du meinst, Papa spielt bloß mit Bleisoldaten. Da muß ich dir sagen, daß du ganz gehörig im Irrtum bist.

BOTHO VON HAMIG. Und euch muß ich sagen, liebe Mama, daß ich euch alle fast nicht mehr verstehe.

FRAU VON HAMIG. Ja, Botho, nach dem, was ich eben gesagt habe, und Adam Riese, kann das wohl wirklich nicht anders sein.

Friedrich von Hamig tritt vom Garten her ein. Er ist dreißig Jahr alt und Privatmann.

FRIEDRICH VON HAMIG. Ist Botho noch immer zornig, Muttchen?

BOTHO VON HAMIG. Nein, aber ich resigniere mich. Freilich bin ich nun einmal aktiver Soldat, und so müßt ihr schon ein Verständnis dafür haben, wenn ich schweige, weil ich in euer Horn nicht tuten kann.

FRIEDRICH VON HAMIG. Das war es eben, das wollt' ich dir auch sagen.
BOTHO VON HAMIG. Was?
FRIEDRICH VON HAMIG. Ich wollte dir sagen, ich resigniere, weil die Voraussetzungen, mit denen ein armer Zivilistenhund wie ich und ein Husarenrittmeister die Welt betrachten, naturgemäß grundverschieden sind. Du bist für Militärdiktatur...
BOTHO VON HAMIG. Kommst du wieder mit solchen Redensarten.
FRIEDRICH VON HAMIG. Du bist überzeugt, daß Preußen der Nabel der Erde ist, der Militarismus die überhaupt höchste Kulturerrungenschaft, und zählst jeden, der nicht bei jeder passenden oder unpassenden Gelegenheit Hurra schreit, zum vaterlandslosen Gesindel.
BOTHO VON HAMIG. Und du? Du machst jeden jüdischen Zeitungskläffer, der das Volk aufhetzt und der Regierung Schwierigkeiten bereitet, leider Gottes zum Patrioten. Nun, wie's beliebt. Ich kann an der Sache nichts ändern. Es gab allerdings mal eine Zeit, als Papa den geschmähten Rock von zweierlei Tuch noch trug, da hab' ich mit meinen Ansichten in der Familie nicht so allein gestanden. Hoffentlich seid ihr euch aber auch klar darüber, daß der bedenkliche Geist, der seit Papas Pensionierung in der Familie herrschend geworden ist, wenn man erst mal dahinterkommt, meine Karriere nicht grade fördert.
Helena von Hamig kommt vom Garten aus herein, ohne ihre Weißnähterei wegzulegen.
HELENA VON HAMIG. Papa kommt von seinem Spaziergang zurück. Vertagt euren Kampf, liebe feindliche Brüder.
Von Hamig, siebenundsechzig Jahr alt, pensionierter General, mächtige Erscheinung, tritt vom Garten aus ein. Schlapphut, Stock, Regenmantel, üppiger Schnauzbart.
GENERAL VON HAMIG. Guten Morgen, Kinder. — Trotz des unbedeckten Himmels eine etwas drückende Atmosphäre, Kinder. — Pfund! Wo ist Pfund?
Der Diener Pfund tritt schnell ein und nimmt dem General Hut, Stock und Mantel ab.
PFUND. Zu Befehl, Exzellenz.
GENERAL VON HAMIG. So! Nehmen Sie mir den Panzer vom Leibe. Luft! Puh! Mama, etwas Mineralwasser, ich ersticke. — Halt, Pfund! Nochmal hierbleiben. Erstmal aus-

packen. — Komm mal, Fritz: ich habe wieder einen ganzen Bettel Zeugs mitgebracht.

Er holt mit Hilfe von Pfund Mineralien und Blumen aus den Manteltaschen.

FRIEDRICH VON HAMIG. Was du da in der Hand hast, ist Arnika.

GENERAL VON HAMIG. Ich bin wieder bei meinem lieben Oberförster gewesen. Habe eine Stunde in seinem Herbarium mit ihm zugebracht. Das ist eine Sorte Mann, die ist auch im Aussterben. Er hat mir verbastardierte Disteln gezeigt. Distel ist Distel, hab' ich gedacht. Dabei befindet sich alles ununterbrochen in Wandlungen. Keine Form, die nicht von der andren, genau besehen, auf recht erhebliche Weise sich unterscheidet.

FRAU VON HAMIG. Wie geht's unserm alten Oberförster?

GENERAL VON HAMIG. Kreuzvergnügt, bei bestem Humor, obgleich seine Frau seit zwanzig Jahren auf ein und demselben Flecke liegt. Er selber hat Wasser in den Beinen. Er nennt das seine Wasserstiefeln und macht über seine Wasserstiefeln trockene Witze. Er macht Witze, Kinder, obgleich seine Brust wie ein Blasebalg arbeitet und der Mann für kaum noch drei Pfennige Puste hat. Dabei bringt er's noch fertig und macht mich auf meine alten Tage noch zum Botaniker.

Jetzt möcht' ich mein Leben noch mal anfangen. Es ist eine Schande, was man so in siebenundsechzig Jahren für Zeit vergeudet hat. Heut, wenn ich noch mal jung wäre, wüßt' ich Bescheid.

HELENA VON HAMIG. Dein Vater ist über neunzig Jahr alt geworden, Papa. Warum sollst du nicht an die hundert alt werden. Dann hast du noch zwanzig bis dreißig Jahre vor dir: Zeit genug für alle erdenklichen Studien.

GENERAL VON HAMIG. Donnerwetter, wenn man nur wüßte, wo man anfangen soll. Es ist ein zu kolossaler Wissensstoff. Man wird zu sehr hin- und hergerissen.

FRIEDRICH VON HAMIG. Ich finde aber, daß du ziemlich überlegt und systematisch vorwärtsgeschritten bist, Vater. Das zeigen ja schon deine mineralogischen Sammlungen.

GENERAL VON HAMIG. Gott, wenn man einen solchen Steinwall, einen solchen Granitwall, ein solches Riesen- und Urgebirge täglich und stündlich vor der Nase hat... und doch bereue ich manchmal, das Haus hier gekauft zu haben, weil man in einer kleinen Universitätsstadt zum Beispiel mehr Anregung und mehr wissenschaftliche Hilfsmittel hat. *Er steht am Aquarium.* Übrigens, Kinder, was ist denn hier geschehen?

FRAU VON HAMIG. Was ist denn geschehen?

HELENA VON HAMIG. Ein Goldfisch ist tot, Mama.

GENERAL VON HAMIG. Pfaff! Ich reiße dem Kerl die Ohren ab! Hab' ich dem Kerl nicht gesagt, er soll jeden Morgen frisches Wasser aufgießen? Pfaff soll reinkommen! Ruft mal den Pfaff.

BOTHO VON HAMIG *ruft ins anstoßende Zimmer.* Pfaff! *Pfaff tritt ein.*

PFAFF. Zu Befehl, Herr Rittmeister.

BOTHO VON HAMIG. Exzellenz will Sie sprechen.

PFAFF. Zu Befehl, Exzellenz.

GENERAL VON HAMIG *wirft ihm den Goldfisch vor die Füße.* Friß Er den Goldfisch. Kerl, meint Er vielleicht, daß wegen eines nachlässigen Hundes in der Welt alle Goldfische und alle Kanarienvögel aussterben müssen? Scher' Er sich mir aus den Augen, verstanden? *Pfaff hebt den Fisch auf, macht militärisch kehrt und geht hinaus. Es tritt eine peinliche Stille ein.*

BOTHO VON HAMIG. Hast du gelesen, Papa, daß Bassewitz Korpskommandeur geworden ist?

GENERAL VON HAMIG. Bassewitz ist ein Esel, und die ihn zum Korpskommandeur gemacht haben, Schafsköpfe! — Übrigens habe ich euch ein für allemal gesagt, ihr sollt mich mit dem Armeeklatsch zufrieden lassen. Laßt mich ungeschoren damit. Meinethalben erzählt mir, was ein Pfund Butter kostet.

BOTHO VON HAMIG. Es ist nicht zu ändern, lieber Papa, ich bin leider noch immer königlich-preußischer Rittmeister. *Er geht achselzuckend hinaus.*

GENERAL VON HAMIG *nach längerer Pause, sehr ruhig.* Was denkt sich Botho. Meint er vielleicht, weil er Uniform am Leibe trägt, ich werde ganz gehorsamst auf sein Gardegeschwätz, wie Unteroffizier Wuttke aus Gutschdorf bei Striegau, hinhorchen? — Den Ton, den er hat, habe ich niemals geliebt. — Der brave Botho ist etwas schnöselig geworden.

FRAU VON HAMIG. Willst du jetzt deine Joghurt trinken, Papa?

GENERAL VON HAMIG. Ich bin nicht abgeneigt, gutes Mutt-
chen.
FRAU VON HAMIG. Deine Augen sind auch wieder recht gerö-
tet, Papa.
GENERAL VON HAMIG. Das hängt wahrscheinlich damit zusammen, daß ich heut morgen zum erstenmal seit langer
Zeit meine Augenbäder vergessen habe. Auch das Zei-
tunglesen auf den Promenadenbänken im Freien bei hel-
ler Sonne bekommt mir nicht. Überhaupt bin ich ein altes
Wrack geworden. — Zwar ganz so schlimm wie die hiesige
Krüppelgarde von kaltgestellten Majoren, Obersten und
Generälen ist es mit mir noch nicht. — Heut haben sie
wieder einen mit sogenannten militärischen Ehren zu
Grabe geläutet. Kriegerverein und Gesangverein! Aber
es zwickt mich und zwackt mich doch auch schon gehörig. —
Wie hat man sich nicht gefreut, als man endlich die dienst-
lichen Plackereien loswurde, als man sich sagen konnte:
Nun kannst du ein bißchen Mensch unter Menschen sein,
hast Muße, nach deiner Fasson zu leben, kannst deinem
Kadaver etwas zugute tun! Aber es ist wohl damit zu spät
gewesen. Man braucht Massage, schwedische Gymnastik,
Pillen, Moorbäder. Früher hat es ein Morgenritt durch den
Tiergarten reichlich getan.
FRIEDRICH VON HAMIG. Warum willst du dir aber durchaus
kein Pferd halten?
GENERAL VON HAMIG. Das sagst du so hin, lieber Fritz: ein
Pferd halten. Sieh dir die heutigen Zeitungen an. Die Steu-
ern steigen ins Ungeheure. Ich weiß ja am besten, wie
nötig die Wehrvorlage ist. Aber sie reißt eben doch Löcher
in den pp. Pastor pastorum alias Geldbeutel.
Diese Wehrvorlage ist übrigens etwas, das im Verein mit
der Zabernaffäre unsern guten Freunden in Frankreich,
Rußland und England zu denken geben muß.
FRIEDRICH VON HAMIG. Sag mal, Papa: sind nicht die Zaber-
ner Offiziere zu schneidig gewesen?
GENERAL VON HAMIG. Nein. Nach meinen Begriffen nicht.
Denk dir ein Regiment Soldaten, das Gewehr in der Hand.
Es kann sich unmöglich vom Pöbel in entehrender Weise
verhöhnen lassen. Es ist nur natürlich und sehr gelinde,
wenn es den Zivilisten beim Kragen packt, der es tut, und
ihn dem Arm der Gerechtigkeit überliefert.
Allzu scharf macht freilich schartig. Und ich gebe dir zu,

daß die Kluft zwischen Armee und Volk durch solche Vorkommnisse klaffender wird. Und das Dasein der Kluft ist schwer zu bedauern. Um so schwerer, da unsre Armee nichts andres als das deutsche Volk selber in Waffen ist. Und das deutsche Volk darf nicht zu dem Glauben gebracht werden, man bewaffne es gegen sich selber. Wir haben unsre Armee, und wir brauchen sie, weil unsre ausgedehnten Grenzen nach Osten und Westen offenliegen, aber der ist im Irrtum, der da glaubt, wir hätten sie nötig gegen das Volk.

Leider werden Leute mit solchen Ansichten wie ich weder Generalstabschef noch Kriegsminister. Aber wenn ich es wäre, Teufel noch mal: die Herren Offiziere wollt' ich mir vorknöpfen. Das Gros dieser Leute führt sich auf, als ob sie von keiner Mutter geboren wären. Sie bersten, wie ein zu kleiner, überheizter eiserner Ofen von Weißglut beinahe birst, von Dünkelhaftigkeit. Wenn ein Zivilist sie ansieht, so antworten sie mit Spucken und Zischen. Die Subordination, die sie nach unten gewohnt sind, verleitet sie, in jedem redlichen Mann und Volksgenossen nicht einen Koordinierten, sondern einen tief, tief Subordinierten zu sehen. Das macht böses Blut. Das kann die Armee nur unpopulär machen.

[III]

ERSTER AKT

ERSTE SZENE

Salon im Landhaus des Generals z.D. Otto von Beninde. Es ist am Nachmittag eines Tages im Juli. Die Glastür nach dem Garten steht offen.

Der fünfundsechzigjährige General Otto von Beninde und die neunzehnjährige Pianistin Eveline Lange sitzen am Klavier. Sie spielen vierhändig. Der General im Diskant.

GENERAL VON BENINDE, *nach beendetem Spiel.* Meine Finger laufen nicht mehr, Fräulein Eveline.

EVELINE LANGE. Sagen Sie doch das nicht, Exzellenz. Wir machen ganz offenkundig Fortschritte.

GENERAL VON BENINDE *steht vom Klavier auf, zündet sich eine Zigarette an.* Gestatten Sie mir eine Zigarette, mein liebes Kind. —
Es ist sehr freundlich von Ihnen, daß Sie mit einem Greise solche Geduld haben.
EVELINE LANGE *lacht frisch auf.* Ich höre immer etwas von einem Greise, Herr General. Wo ist er, wo steckt er? muß man da fragen.
GENERAL VON BENINDE. Wenn Sie mich ansehen, werden Sie merken, wie leicht er zu finden ist.
EVELINE LANGE. Sie versündigen sich an sich selbst, Exzellenz. Man ist kein Greis, wenn man dreizehnstündige Bergtouren macht, nachts studiert, tags liest und auf allerlei Weise arbeitet. Ich kenne keinen jungen Mann, der so tätig ist.
GENERAL VON BENINDE. Alles nur Surrogate und Tändeleien. — Sie ahnen nicht, wie ich gealtert bin, weil ich mir grade Ihnen gegenüber so wenig wie möglich merken lasse. Noch vor drei Jahren war ich ein andrer. Ich gestehe, daß ich es nicht begriff, warum man mir meinen Abschied nahelegte. Mir schien, ich war noch immer nicht der schlechteste Korpskommandeur. Aber seit der Zeit ist es rapide abwärtsgegangen.
Das Schlimmste ist: man ist innerlich noch nicht reif zum Grabe.
EVELINE LANGE. Das sind Sie wahrhaftig nicht, Exzellenz.
GENERAL VON BENINDE. Ich bin es nicht: das ist, wie gesagt, das Schlimmste. Meine Philosophie ist löcherig. Die Abtötung meines sündigen Fleisches gelingt mir ebensowenig, wie mir die Abkehr von der Welt gelingen will, trotzdem ich den Marc Aurel nachts unterm Kopfkissen habe. Manchmal fürchte ich, daß mein Zustand noch einmal in einem ungeheuer dummen Streiche auslaufen könnte.
EVELINE LANGE. Was nennen Sie einen dummen Streich, Exzellenz?
GENERAL VON BENINDE. Wenn man vergißt, daß man fünfundsechzig ist. Oder wenn man es weiß und sich doch nicht enthalten kann, wie ein Primaner zu fühlen.
Oder wenn man auch nur solche Gefühle nicht bei sich behalten kann und ganz naturgemäß deshalb von der Jugend verlacht und verachtet wird.
Oder wenn die abenteuerlichsten Phantasien plötzlich

solche Gestalt gewinnen, daß die Familie Mittel und Wege finden muß, den alten Herrn unter Kuratel zu stellen.

EVELINE LANGE. Erstlich ist fünfundsechzig kein Alter. Ferner wüßte ich nicht, wieso ein Mann, der jung fühlt, lächerlich oder verächtlich sein sollte. Endlich bewundere ich jeden, der Mut zum Handeln hat. Es gibt ein Recht der Persönlichkeit, das ein bedeutender Mann — ein bedeutender Mann ist immer jung! — sich zu nehmen das Recht hat.

GENERAL VON BENINDE *faßt Evelinens beide Hände, sie erhebt sich vom Klaviersessel, dem General voll ins Auge blickend.* Augen gradeaus, beste Eveline.

EVELINE LANGE. Gradeaus ist immer mein Grundsatz gewesen.

GENERAL VON BENINDE. Aber ein bedeutender Mann mit den sogenannten Rechten eines bedeutenden Mannes bin ich nicht.

EVELINE LANGE. Darüber bin ich andrer Ansicht.

GENERAL VON BENINDE. Haben Sie eine Ahnung, Eveline, was für eine Revolution [Sie] in meinem Innern anrichten? — Haben Sie eine Ahnung davon, welchen größenwahnsinnigen Deutungen ich Ihre Äußerung unterwerfe? — Was würden Sie sagen zu meiner Auslegung?

EVELINE LANGE. Wenn sie die rechte ist, würde ich dazu nicht nein sagen.

GENERAL VON BENINDE, *erregt, tief erblassend.* Komm, Kind, wir wollen ins Freie gehen. *Er läßt sie los.*

EVELINE LANGE *nimmt ihren Sommerhut, das Schirmchen in die Hand, einen leichten Staubmantel über den Arm.* Es ist übrigens höchste Zeit, Exzellenz. Wir haben heut Mittwoch, wo ich mit Frau von Recke von fünf bis sechs spazierengehen und französisch parlieren muß.

GENERAL VON BENINDE. Dann werde ich Ihnen das Geleit geben.

Der General nimmt Hut und Stock und entfernt sich mit Eveline durch den Garten.

ZWEITE SZENE

In den leeren Salon tritt die Generalin Herta von Beninde. Sie ist eine verblühte, klug aussehende alte Dame. Ohne die

Häkelarbeit zu unterbrechen, tritt sie hinter die Gardine ans Fenster, dann an die Glastür und blickt dem sich entfernenden Paare nach.
Sie hat eine Weile so gestanden, als ihre Tochter Johanna eintritt. Sie ist vierzig Jahr, kann aber für dreißig gelten. Knappes, sportsdamenhaftes Kostüm. Etwas männlicher, aber sympathischer Typ. Sie beobachtet ihre Mama, geht ans Klavier, prüft die Noten, legt sie alsdann zusammen und schließt das Instrument.

DIE GENERALIN. Hast du eigentlich viel für die Lange übrig, Johanna?
JOHANNA. An und für sich, warum nicht, Mama. Daß sie ein tüchtiger Mensch ist, kann man nicht ableugnen.
DIE GENERALIN. Ich leugne nicht, daß sie tüchtig ist. — Aber ich teile die Aversion, die manche Familie hier am Ort veranlaßt hat, sie trotz ihrer Tüchtigkeit nicht über die Schwelle des Hauses kommen zu lassen.
JOHANNA. Das hängt mit mancherlei Dingen zusammen. Vor allem ist ihr ja doch wohl ihre Schönheit hinderlich.
DIE GENERALIN. Du findest sie also schön, Johanna?
JOHANNA. Eveline Lange ist schön, gewiß.
DIE GENERALIN. Gott, das Mädchen ist neunzehn Jahr. Sie ist in der Tat recht stattlich gewachsen. Ihr etwas ins Grünliche schillerndes Auge gefällt mir zwar nicht, aber man kann am Ende verstehen, wenn zum Beispiel Papa etwas Nixenhaftes darin findet...
JOHANNA. Und, Mama, diese Last von blondem Haar.
DIE GENERALIN. Aber sehen wir ab von der Äußerlichkeit. Ihr Charakter ist mir zu undurchsichtig.
JOHANNA. Eveline ist eine jener Frauen, Mama, die eben mit bürgerlichem Maß nicht zu messen ist. Schon allein ihr pianistisches Talent weist ihr eine Ausnahmestellung an, auch wenn sie nicht außergewöhnlich schön und außergewöhnlich selbständig denkend wäre.
DIE GENERALIN. Ich finde ihr Denken vor allem unweiblich.
JOHANNA. Vielleicht finden aber die meisten Frauen und sehr viele Männer das Denken an sich unweiblich. Viele wollen das Recht zu denken überhaupt nur Männern zusprechen.
DIE GENERALIN. Nein, zu denen gehöre ich nicht. In dieser Beziehung kennst du ja meine Ansichten. Deine Erziehung

ist ein Beweis dafür. Aber die Lange scheint mir ein Denken zu haben, vor dem sozusagen nichts heilig ist. Ich weiß nicht, was ich dem Mädchen nicht zutrauen würde.

JOHANNA. In Eveline liegt allerdings ein Zug von Verwegenheit. Der hat sie ja auch in so jungen Jahren schon so weit durch die Welt umhergetrieben.

DIE GENERALIN. Mir ist das aber nicht, wie etwa Papa, durchaus nur ein Anlaß zur Bewunderung. Was hat sie zum Beispiel gemacht in Brasilien? Was hat sie in Boston getrieben? — Es hieß, sie sei in einer reichen Familie wie Kind im Hause, einige sagten, sie sei adoptiert, bis sie dann kurz darauf, von sonderbaren Gerüchten umwoben, hier wieder auftauchte.

JOHANNA. Das ist wieder die Schönheit, wieder die Schönheit, Mama. Sie hat mir erzählt, und jedes Wort ist wahr, was sie darüber sagt, wie ihr Äußeres immer wieder eines Tages zur Klippe geworden ist, daran ihre besten Absichten scheiterten. Ich kenne sie wirklich recht genau, Mutter. Hat sie Unheil gestiftet, dann sicherlich im ganz entgegengesetzten Sinne, als die Verdächtigungen behaupten wollen. Sie erklärt ganz offen, daß ihr jeder Mann unmöglich wird, der merken läßt, daß er anders als freundschaftlich für sie fühlt.

DIE GENERALIN. Dafür leg' ich meine Hand nicht ins Feuer, mein Kind. *Sie vertieft sich in ihre Häkelei, auf die nun reichlich Tränen tröpfeln.*

JOHANNA. Weinst du, Mutterchen? — Aber Mutterchen, Mutterchen, weine doch nicht.

DIE GENERALIN. Seit dem Tage, als Papa seinen Abschied erhielt, bin ich im Innersten nicht mehr froh geworden. *Die Generalin faßt sich nach einer kleinen Pause und fährt ruhiger fort.* Möglicherweise sind aber auch die Ursachen meiner Ängste und Kümmernisse nur in meinen Jahren begründet, und ich schlage mich mit krankhaften Einbildungen herum.

JOHANNA. Ach nein, Mama. Der Abschied von seinem Kommando, von seinem über fünfzig Jahre ausgeübten Beruf hat Papa natürlich in eine Krisis geworfen, die noch immer nicht völlig beendet ist.

DIE GENERALIN. Und doch tat Papa so, als ob die Muße des Ruhestandes das Letzte und Höchste seiner Wünsche wäre. Noch heutigen Tages behauptet er das.

JOHANNA. Freilich, jeder, der will, kann das ja täglich von ihm hören.

DIE GENERALIN. Ich hab' es geglaubt, gestehe ich ein. Warum sollte ich leugnen, daß ich sogar in gewissem Sinne glücklich darüber gewesen bin. Nun, dachte ich, wirst du ihn ganz für dich haben. Aber stattdessen finde ich mehr und mehr allerlei unbegreifliche Wandlungen.

[IV]

[Notizen]

Der General.
Die sehr ältelnde Tochter versteht ihn am besten: er ist offen allein gegen sie.
Mit Winfried steht er gut. Nennt ihn immer »Apostel der Deutschen«. Er ist ihm jedoch in vieler Hinsicht unverständlich.
Seine kindliche Bescheidenheit und Belehrbarkeit: z.B. belehrt ihn Harro über Armeeverhältnisse. Er hört dem Rittmeister bescheiden zu wie der jüngste Unterleutnant. — Plötzlich besinnt er sich, daß er ja General war.

Der Granatsplitter.
Als Symbol.

Armeeverordnungsblatt.
Milit[ärisches] Wochenblatt.

Die Freundin der Tochter. Gertrud.

Die Enkel. Ich bin Großvater. Das ist doch ein Glück.

Er ist (Winfried) ein Freund von »Die Waffen nieder!«

Schon 1. Akt, 1. Szene die Enkel.

[BEI DEN ALTEN HARTMANNS]

[Entstanden zwischen 1915 und 1922.]

ERSTER AKT

Wohnzimmer bei den alten Hartmanns. Gedeckter Mittagstisch. Frau Hartmann am Fenster. Nähtisch. Lia, Hans: ihre Kinder.

ERSTE SZENE

LIA, *eben eingetreten*. Er wird ruhiger.
HANS. Gott sei Dank. — Suchst du was?
LIA. Er schloß die Augen. Da winkte mir Doktor Aaron, und ich schlich mich hinaus.
HANS. Das Digitalis hat also gewirkt.
LIA. Sofort! Sofort! Fünfzehn Sekunden danach war der Anfall vorüber.
HANS. Gesegnetes Digitalis! Hunderttausendmal gesegnetes Digitalis! Ich dachte, es wäre aus. Er müßte unter diesem fürchterlichen Anprall zusammenbrechen.
FRAU HARTMANN. Und ich werde womöglich wieder gesund. Ich hatte mir nun schon eingebildet . . . Und nun kommt es schließlich noch so, daß ich allein bleibe.
LIA. Auch Vater wird wieder. Gib mal acht.
FRAU HARTMANN. — Nee, Kinder, es hat ja keinen Zweck. Ich bin ein altes, häßliches Weib. Man hat ja das ganze Leben hinter sich. Ihr seid versorgt. Was soll man da noch. Ich habe den lieben Gott gebeten. Als ich das Fieber merkte, dacht' ich, nu is es endlich soweit. Aber nein: das Fieber weicht, und nun macht Vater womöglich solche Geschichten.
HANS. Sofort hat das Digitalis gewirkt?
LIA. Sofort. — Ich will aber doch mal wieder horchen. *Sie geht.*

ZWEITE SZENE

FRAU HARTMANN. Ich möchte wissen, was unsereins noch soll auf der Erde. Was beabsichtigt denn der himmlische Vater damit? Es ist doch bloß ein zweckloses Hinziehen. Man nimmt doch nur anderen Wohnung und Nahrung weg. Andre Leute wollen doch auch leben. Ich kenne ja alles und, weiß Gott, beneide keinen Menschen darum. Ich möchte nicht wieder von vorn anfangen.

HANS. Mutterchen, sei nicht undankbar. Wenn du dein Leben überblickst, hat es gewiß eine Unzahl herrlicher Tage und Stunden darin gegeben.

FRAU HARTMANN. Ängste und Sorgen hat es gegeben, Hans.

HANS. Da lob' ich mir Vater. Vater ist Philosoph. Wir sind Figuranten, sagte er neulich noch, aber ich bin gegen den Allmächtigen voll Dankbarkeit für mein Leben. Ich habe mein volles gerütteltes und geschütteltes Maß gelebt.

⟨FRAU HARTMANN. Ich habe Vater nur als einen Pedanten kennengelernt.

HANS. Liebe Mutter, das sollst du nicht sagen.

FRAU HARTMANN. Als großen Egoisten habe ich ihn auch noch kennengelernt. Und darum mag er wohl besser als ich auf seine Rechnung gekommen sein.

HANS. Aber Mutter, du kannst doch jetzt, wo es Vater so traurig geht, nicht so reden.

FRAU HARTMANN *weint kindlich.* Ich habe mir vierzig Jahre lang Mühe um ihn gegeben, und er hat es nicht ein einziges Mal anerkannt.⟩

DRITTE SZENE

Lia kommt wieder herein.

LIA. Es muß ein Nachtstuhl für Vater besorgt werden. Obst soll doch gleich in die Eisenhandlung gehn.

FRAU HARTMANN. Warum denn ein neuer? Wir haben ja einen.

LIA. Vater will aber den bequemen, modernen, geruchlosen, den er in der Eisenhandlung gesehen hat.

FRAU HARTMANN. Immer noch diese Sonderbarkeiten. Vater war eben zeitlebens ein Sonderling.

HANS. Aber so freu dich doch, Mutter, daß er wieder solche Gedanken, solche Wünsche hat.

FRAU HARTMANN. Er möchte ja jede Eisenhandlung auskaufen. Er hat eine ganze Sammlung von Werkzeugen, Schraubstöcken, Eisenbohrern, Hämmern und Zangen in seinem Schrank. Ich habe nicht gesehen, daß er jemals

damit gearbeitet hätte. Er hat Hobel von einem Meter
Länge, aber ich wüßte nicht, was er jemals damit gehobelt
hat. — Ich bin müde, Kinder, ich gehe schlafen.

LIA. Kein Wunder, Mutter, daß dir der Schreck in die Glieder
gefahren ist.

*Frau Hartmann, von Lia gestützt, entfernt sich mit ihr ins
anstoßende Zimmer.*

VIERTE SZENE

*Hans nimmt Feder und Tinte und schreibt einen Brief. Lia
kommt wieder.*

LIA. Man kann sich nicht wundern — kaum von einem gastrischen Fieber wiederhergestellt. Es ist zuviel für sie.

HANS. Entschuldige mich einen Augenblick.

LIA. Bitte. Du schreibst wohl an deine Frau?

HANS. Nein, ich schreibe an meine Geliebte. — Ich werde
natürlich gleich auch an Klara schreiben.

LIA. Du hast auch was auf dir liegen, Hans.

HANS. Du meinst, weil ich fast immer gleichzeitig einen solchen und einen solchen Brief schreiben muß. Freilich, Lia,
das ist etwas umständlich, weil man sich da jedesmal vollständig von Kopf bis zu Fuß anders anziehen muß.

LIA. Einfacher wäre es schon so gewesen.

HANS, *nach längerem Stillschweigen.* Mag sein. Einen freien
Willen hat man in derlei Dingen nicht. Jedenfalls macht
mich Rita glücklich. Rita hat mir zum ersten Mal das Land
der höchsten Glückseligkeit aufgeschlossen.

LIA. Dazu kann ich nichts sagen, lieber Hans. Du weißt ja,
mein Leben ist seit dem Tode von Hulda abgeschlossen.

HANS. Mein Leben fing mit Rita erst an. Bei Gott, du kannst
es mir glauben, Lia.

LIA. Dazu kann man nicht ja und nicht nein sagen, lieber
Hans. Im Grunde ist das ja alles ganz gleichgiltig. In
hundert Jahren weiß kein Mensch mehr etwas davon. Und
wie es dann einmal gewesen, so oder so, das ist ebenso einerlei, als ob es überhaupt nicht gewesen wäre.

HANS. Das Leben ist eine furchtbare Sache, Lia. Aber es hat
auch eine Lichtseite. Augenblicklich dringt einem die
Kälte bis in das Mark der Seele hinein. Aber vier Wochen

später gehen Rita und ich am Kai von Nizza in der warmen Sonne spazieren.
LIA. Warum nicht, wer es haben kann.
HANS. Irgendwann kommt das doch. Kommt ebendasselbe doch, was unsren Vater heut mit brutaler Faust anpackte, daß er eine halbe Stunde lang keuchend und Todesschweiß schwitzend um einen Mund voll Lebensluft ringen mußte. Darum carpe diem! nütze die Zeit.

FÜNFTE SZENE

Dr. Aaron tritt leise ein.

DR. AARON. Entschuldigen Sie, Ihr Vater hat sich auf die Seite gelegt. Bis auf weiteres, denke ich, wird der Anfall behoben sein.
LIA. Es war ein furchtbarer Anfall, Herr Doktor.
DR. AARON. Hat sich Herr Hartmann über irgend etwas aufgeregt?
LIA. Wir wollten gerade mit Essen anfangen, da stand er auf und ging hinaus, und als er nicht wiederkam...
HANS. Ist die Gefahr vorüber, Herr Doktor?
DOKTOR. Augenblicklich ist keine unmittelbare Lebensgefahr.
LIA. Sonst müßten wir unsren Bruder benachrichtigen.
DR. AARON. Das würde doch auf jeden Fall zu empfehlen sein.

DIE BÜRGERIN

[Ursprünglicher Titel: »Die Seherin«.
[Erstveröffentlichung: Berliner Börsen-Courier. 1. 10. 1918.]

22. Juni 1915.
Agnetendorf.

Ein sehr alter, verwildeter Park. Gewaltige Bäume. Etwas über einem See erhöht ein Blockhaus. Links vom Eingang Gartenbank und Tischchen. Es erscheint der Arzt, würdig, weißbärtig, und der Künstler.

DER KÜNSTLER
Dort hauset sie? Dort wohnet Eure Gattin jetzt?

DER ARZT
So ist es, liebster Freund. Ihr immer reger Geist
hat diese Stille in des Parkes grüner Nacht
seit Wochen sich erkoren, als den freiesten
Bereich des Wirkens — sich verschwendend in der Zeit.
Hier stört sie keiner. Mit den alten Bäumen ist
und stillen Gräsern sie vom hohen Mauerring
umschlossen und entzogen der gemeinen Welt.

DER KÜNSTLER
Wie seltsam, bester, väterlicher Mann, mich das
berührt! Zuletzt, vor Jahren, sah ich Eure Frau
im vollen Glanz des bürgerlichen Hauses und
umringt von Gästen, die sich unter ihren Blick
drängten, sich jedes Winkens ihres Wimpernhaars
rühmten, sah eine wundertätige Königin: —
denn eine Königin war sie, königlich zugleich
und tätig, wie denn ihrer Taten goldne Frucht
das Wunder war!

DER ARZT
Nüchtern und Arzt, doch widersprech' ich nicht.
Ist doch die Wohltat ganz allein die Wundertat,
und sah sie in der Wohltat doch des Lebens Sinn!

Nur kränkt sie nicht und nennt sie ja nicht Königin!
Sie ist die Bürgerin! und jener wahre Stolz,
der innen wohnt und ruhevolle Würde gibt,
für sie war er in diesem Worte ausgedrückt.

DER KÜNSTLER

Nichts andres wollt' ich sagen! Doch was ist der Grund,
daß sie hier, ähnlich einer Büßerin, versteckt
in diesem rohgezimmerten Gehäuse lebt
und auch des Nachts fernbleibt dem vielgeliebten Herd?

DER ARZT

Ist es nicht schön hier?

DER KÜNSTLER

Freilich ist es schön: der Teich!
uralte Wipfel, die er spiegelt! Ist es nicht
ein grüner Blätterabgrund, der den Weiher tief
durchschlägt ins weite Blau des offnen Himmelreichs?
Seerosen, lotosähnlich, dort Phalänen, die
blauflüglig rascheln und im schlanken Röhricht sich
voll Liebe suchen. Schön ist dieser Platz gewiß
und weht von Gottes Atem wie ein indischer
Brahmanenhain. Indes befremdlich bleibt es mir,
daß grade sie, die lebensvollste Frau, hier wohnt.

DER ARZT

Noch immer ist sie lebensvoll wie je zuvor.
Nicht nur an meiner Arbeit nimmt sie vollen Teil,
auch an der heißen Lebensarbeit der gesamten Welt:
Der Künste Blühen und der Wissenschaften Schritt
liegt beides immer noch zunächst am Herzen ihr.
Sie ist für nichts gestorben, was das Leben schmückt,
für alles offen, was an Keimen dieser Welt
entquillt. Allein, sie sagt: ich will der Erde nahe sein.
Und näher noch, als ich ihr war, will ich ihr sein,
sagt sie, und also näher mir und Gott und Euch.

DER KÜNSTLER

Baut meine Seele? Oder steht in Wahrheit dort
ein Tempel, wo sich Rasenfläche früher nur
dem Auge auftat?

DIE BÜRGERIN

DER ARZT

Ja, ein Tempel, du siehst recht.
Der Marmor kam zu Schiffe vom Pentelikon.
So wollte sie's. Sie nennt das Inselchen im See
das Paradies des Schweigens, nennt den Marmorbau
das Dach der Weisheit und das Tor der Ewigkeit.
Der schönste Griechenmarmorblock von grauem Korn
ward von der Herrin dieser Einsamkeit für Euch
bestimmt, damit Ihr einer Gottheit Bild daraus
gestaltet, Eurer würdig, würdiger des Sinns,
der diesem heiligen Tempelfrieden innewohnt.

DER KÜNSTLER

Ihr schreckt mich! — Aber da ich klar und heiter Euch,
den Gatten, sehe, schwindet alle Angst dahin.

DER ARZT

Warum denn wolltet Ihr erschrecken, liebster Freund?

DER KÜNSTLER

Warum? Weil plötzlich mein Gemüt Erinnerung
mit unsichtbarem Finger mahnend angerührt.
Nun weiß ich, wie mir eines Tages Eure Frau,
als ich mit ihr, wie oft, des Weihers Rand umschritt,
die Insel wies und sagte, dort will ich dereinst
begraben sein.

DER ARZT

Du sagst es. Und aus diesem Wunsche ward
ein Wille, wenn man anders Wille nennen kann,
was heiter duldend sein Erlöschen grüßt und schmückt.
Sie, die, gleich uns, ins Leben unbesonnen trat,
verläßt es klar besonnen, reif und heiter — einst.

DER KÜNSTLER

Einst!? — Dieses »Einst« bringt meine Pulse wiederum
zum Schlagen, doch noch immer hält die Wandlung an,
womit der Doppelsinn von Euren Worten mir
den Park, den See und alles rings verändert hat.
Und nicht mehr auf der Erde schein' ich mir zu sein,
vielmehr entführt, etwa wie auf dem Uranus.
Deutlich veränderte die Sonne mir ihr Licht,
und was noch eben Glut war, haucht jetzt Kälte mir.

DER ARZT

Wenn du so krankst, dann bist du hier am rechten Ort.
Oft hat sie dich getröstet, manchen Jünglingssinn
gestärkt. Wie viele Männer hat ihr Zuspruch nicht
aus tiefster Not, wo jeder Mut gebrochen ist,
emporgeleitet an den frischen Lebenstag.
Gib acht, wie schnell dein Schauder weicht vor ihrem Wort.
*Man hört aus dem Innern des Blockhauses einige laute
Schmerzensrufe hervordringen.*

DER KÜNSTLER

Wirst du nach diesen Lauten, väterlicher Freund,
mich noch versichern mögen deines stolzen Worts,
dem, waren diese bittren Schmerzensrufe nicht,
schon dein erbleichend Antlitz schmerzlich widerspricht? —

DER ARZT

Ich mag's, ich will's, vielleicht aus eignem nicht so sehr,
als weil ich meines Weibes treuer Schüler bin.

DER KÜNSTLER

Ihr seid ein Arzt. Sagt, ist ihr Leiden hoffnungslos?

DER ARZT

Voll Hoffnung. Freilich nicht für diese Erdenwelt.

DER KÜNSTLER

Hippokrates von Kos, der Heilkunst Vater, war
kunstreicher nicht, als Ihr es seid, in seiner Kunst:
Ihr Leben zu erhalten scheint unmöglich Euch?

DER ARZT

Sprecht nicht davon, wenn Ihr sie seht und rühret nicht
an Frag und Antwort, die mit erznem Siegel längst
besiegelt liegen, fest und unabänderlich.

DER KÜNSTLER

So täuscht sie sich? Weiß nicht, wie nah ihr Ende ist?

DER ARZT

Fern ist ihr jeder Irrtum: nein, sie täuscht sich nicht.

DIE BÜRGERIN

DER KÜNSTLER

Verzeiht, wenn Ihr verwirrt und ohne Fassung mich
erblickt. Zu sehr ist das, was ich erwartete,
was heiter mich beflügelte auf langer Fahrt,
von dem verschieden, was hier zur Erfüllung drängt.
Mit jeder Meile, die ich reiste, war die Welt
mir lichter. Wie man gegen Sonnenaufgang sich
bewegend fühlt, so ungeduldig fühlt' ich mich,
nach sinnlich heiterem Genuß des reichen Tags.
Wie lange blieb ich aus, wie endlos dehnte sich
die Reise, ohne daß ich dessen inneward,
daß hier schon Abend ist und sich der Sonne Ball
bereits hinabsenkt, so den schönen Erdentag
mit düstrer Weihe und erhabnem Schmerze krönt.
Des Wiedersehens Wonne, die mich heiter hier
zu locken schien, war trügerischer Blumenflor,
der unbarmherzig fallend, mir ein Grab enthüllt.

DER ARZT

Wie geht es Eurem Weib und Eurem Kinde, sagt?

DER KÜNSTLER

Was schert mich Weib und Kind im Augenblick, wo mich
der allertiefste Seelenschmerz im Grund verbrennt?
Es leben Weib und Kind an ihrer Statt. Mein Weib
isset mein Brot, trinkt meinen Wein und schenkt die Milch
aus ihren Brüsten meinem Kinde gläubig hin,
nach allgemeiner Übung, doch was geht's mich an!

DER ARZT

Kommt zu Euch, Freund, frei muß man ihr ins Auge sehn
und minder nicht gefestigt, als sie selber ist.
Was Ihr nicht seid, erheuchelt wenigstens den Schein.
*Man hört abermals laute Schmerzensrufe aus dem Innern
der Blockhütte dringen.*

DER KÜNSTLER

Wie soll ich Eurem Wort vertraun nach solchem Ruf
des ärgsten Jammers, den ein Mensch erdulden mag?

DER ARZT

Vertraut mir.

DER KÜNSTLER
Und vermag denn Eure große Kunst
nicht wenigstens den ärgsten Schmerz zu lindern, ihr,
die soviel Schmerzen linderte?

DER ARZT
Sie will es nicht.

DER KÜNSTLER
Und welche Krankheit ist's, der sie erliegen muß?

DER ARZT
Ich könnte leicht dir viele Namen nennen, Freund,
von Übeln, die an ihrem Leibe tätig sind.
Der alte Satz: Blut ist ein ganz besondrer Saft,
indes genüge dir. Sei jemand, wer er sei,
so liegt's beschlossen in dem Plane der Natur,
was immer sie und noch so fest und reich erbaut,
sie reißt es endlich nieder mit allmächt'ger Hand.
Sie weiß nicht, nur der Mensch weiß, was Erbarmen ist. —
Doch nun lass' ich Dich hier allein, mein bester Freund,
weil Euer Nahen ihr, allein, gemeldet ist.

DER KÜNSTLER
Entpreßt das Leiden solche Schmerzensrufe ihr?
Wie darf ich ihr zu nahen jetzt so grausam sein?

DER ARZT
Der Schmerz beherrscht sie, wann sie will, und wiederum,
wann sie es will, ist sie des Schmerzes Herrscherin.
Steigt nur getrost hinauf zum Vorplatz, knirscht der Kies,
so hört sie Euch, läßt etwa Euch ein wenig stehn
und warten oder schreitet gleich zu Euch heraus.

DER KÜNSTLER
Lebt wohl, stark muß ich sein, ich fühle das, und, Freund,
versprech' es Euch. Kommt, mich zu holen, wenn die Frist,
die man ihr lästig fallen darf, verwichen ist.

*Der Arzt geht, der Künstler bleibt und steigt langsam die
Stufen zum Vorplatz der Hütte hinauf. Er stockt im Schreiten,
steht, horcht, und nun erscheint die Frau auf dem Vorplatz,
grade und hochaufgerichtet aus der Hütte tretend. Sie ist
verschleiert.*

DIE BÜRGERIN 547

DIE FRAU

Komm näher! Täusche dich der Schleier nicht, mein Freund:
ich bin es, die dich zu sich rief und die du hier
zu finden hoffen mußtest. — Schweigst du? Schweige nicht!

DER KÜNSTLER

Aus Ehrfurcht schwieg ich. Wahrlich, du erschienest mir
unnahbar, gleichwie eines Gottes Priesterin.

DIE FRAU

Des Schleiers wegen, der mich dir verhüllt, mein Freund,
meinst du? des Schleiers wegen, den ich mir geliehn
von denen, deren liebstes Kleid der Schleier ist,
geliehen von den Göttern? Möge dich indes
das Kleid nicht täuschen, dessen Zweck kein heiliger.

DER KÜNSTLER

So hebe denn den Schleier, laß dein Antlitz mich,
das zwiefach göttliche, mich endlich wiedersehn,
das, einer Mutter und Geliebten Antlitz, mir,
seitdem ich sehend bin, vor Aug' und Seele steht.

DIE FRAU

Freund, schenke mir den Schleier noch auf kurze Zeit
und, sei's auf eine kleine Weile — dir und mir
der schleierhaften Täuschung blinde Wohltat, Freund.
Komm näher, laß uns sitzen. Hier ein Gartenstuhl,
ein andrer dort, das Tischchen zwischen uns gestellt.
So! Sprich nun: wie erging es mittlerweile dir?

DER KÜNSTLER

Du weißt, Melissa, wie es immer mir ergeht,
wo du nicht bist. Ein sonderbares Schicksal hält
mein wahres Dasein an das deinige geschweißt.
Mein niederes Wirken gilt dem Weibe, das du mir
mit kluger Vorsicht angetraut, es gilt
dem Knaben, den das Weib gebar, gilt beiden mehr,
weil auch in ihnen deine Liebe sichtbar ist.
Mein oberes Wirken aber gilt nur dir allein.
Auch bist nur du es, der ich meiner Werkstatt Frucht
allein verdanke.

DIE FRAU

Oh, wie gerne hör' ich das!
Nun still! Einbildungskraft ist blind und sieht zugleich:
sieht ohne Augen, höret ohne Ohr und fühlt,
ohne zu tasten, ja fühlt ohne eine Hand.
Die Paradiesfrucht schmeckt sie ohne Zunge. Nicht?
So halte mich gebettet, braver, tätiger Freund,
dort fernerhin in deiner Seele blinde[r] Kraft,
so kann ich dein sein bis zum letzten Augenblick:
zu deinem letzten, nicht etwa zu meinem nur! —
Halt fest an dem, was ich dir sage, und du brauchst
nie eine Drohung fürchten, die dir Trennungsschmerz
vortäuschen will.

DER KÜNSTLER

Wie seltsam deine Rede ist!
Wär' mir nicht deiner Stimme männlich tiefer Laut
so wohl bekannt, Melissa, zweifeln würd' ich dran,
daß du es seist, die hier am gleichen Tische sitzt.
Zeig, schiebe mir, ich bitte, deine liebe Hand
herüber! Noch in Schleiern ist sie dick verhüllt,
allein die Edelsteine an den Fingern glühn.
Reich deine treue Hand, nimm, Liebe, jeden Zweifel mir
durch den glückseligen Zauber der Berührung.

DIE FRAU

Nein,
zu rein, zu blendend weiß ist dieses Tischleins Lack.
Das Mägdlein schämt sich, wagt sich nicht so leicht hervor.
Wie eine keusche Magd ist meine rechte Hand,
schüchtern und scheu, sie will sich nicht enthüllen, Freund.
Ich selber bin es nicht, bin scheu und schüchtern nicht,
allein, du weißt: befehlen hab' ich nie gemocht.

DER KÜNSTLER

Daran erkenn' ich unter Schleiern selbst den Schalk,
den du, die Ehestifterin so manchen Paars,
in dir mit einer Grazie vermählet hast.

DIE FRAU

Der Schalk, den du gekannt, ist ernst geworden und
versieht in meinem Hüttchen nun ein schweres Amt.
Doch sprich mir nun von deiner Werkstatt. Mache mir

DIE BÜRGERIN

das Herz mit deines Wirkens Schönheit warm und groß.
Genugsam kenn ich deine Meisterhände längst,
um hinter Worten, wie dein Mund sie formen kann,
die vollerstandne Tat des Genius zu sehn.

DER KÜNSTLER

Nun schlägt das köstliche Vertrauen wiederum
wie eine starke Woge mir in meine Brust,
Melissa, der ich das verdanke, was ich bin.
Untätig war ich nicht, seitdem ich von dir ging,
und mein Olymp nahm manche neue Gottheit auf.
Ich habe dein gewartet, Freundin, habe dich
voll Ungeduld ersehnt, denn meine Werkstatt ist
von einem neuen Volk aus Stein und Erz bewohnt,
das nicht ganz lebt, bevor ihm seine Mutter, dich!
ins Angesicht zu loben nicht beschieden ward.
Deshalb entschließe dich doch jetzt zur Reise, komm
und wecke! Prüfe du, ob sich die Frucht
nun auch des gläubigen Vertrauens wert erweist,
das du der Saat einst schenktest.

DIE FRAU

Ich bin begierig, sprich,
von deinem neuen Volke zu vernehmen, Freund,
und bin gewiß, daß es ein Volk von Göttern ist.

DER KÜNSTLER

Gewißheit, die du in dir trägst, Melissa, kann
mich heute nicht vergnügen: Glauben ohne Sehn
verletzt mich heute, wie's mir vormals wohlgetan.
Sehn mußt du heut, nichts glauben, nur mit Augen sehn.

DIE FRAU

Mein Freund, ich sehe! Ist es gleich auf andre Art,
als du im Augenblick mit Recht von mir verlangst.
Es tut mir weh, es macht mir Kummer, daß ich nicht
die Reise tun kann, meine Ernte anzusehn,
denn deine Götterbilder reisen freilich nicht.
Was tun? Du ahnest, daß auch ich gefesselt bin.

DER KÜNSTLER

Ja, nein! — Ja! — Nein, ich ahn' es wirklich nicht.

DIE FRAU

Du weißt es!

DER KÜNSTLER

Nein!

DIE FRAU

Doch weißt du es, mein armer Freund.
Doch still davon. Nicht meine Stunde, mein Geschick
steht hier voran und darf den Glanz verstellen, der
aus deinem strahlt. O sprich! Aus deinen Worten dringt
dein Werk in volle Gegenwart zu mir heran,
und durch den Abend, durch den Sonnenuntergang
ist es des mir so nahen Morgens erster Gruß.
Du Götterbildner, sprich von deinen Göttern mir.
Stets, fern von Dir selbst, hört' ich deines Meißels Schlag.
Was macht Zeus, der melodische, der deutsche Zeus,
Beethoven? Der im Schöpfungszentrum brütend sitzt,
voll heiligen Grolles lastenden Gewölkes Blitz
und Donner über Donner mit der Liebe Wut
sowie der fernsten Paradiese goldnen Laut
und süßen Blumentau gebärend. — Sprich alsdann
von ihm, dem Mann von Bethlehem, dem Duldergott
auf Golgatha. Gebenedeit sei deine Hand,
die ihn den klaren Griechenberg emporgeführt
und ihm die zwölf Olympier zu Jüngern gab.
Der Künstler weint.
Du weinst, mein Freund?

[Notizen]

7. Mai 1918.

Zurück von kurzer Reise Dresden.
Der große Garten.
Der Schönheitswetteifer unter den Bäumen, die Magnolien und Rhododendren.
Das Rätsel der Tierheit.
Das Menschentier.
Die Wesensschönheit eines großen Parks. Die Humanität. Der Mensch als Gärtner. Das Suchen der Schönheit. Unbewußter Schönheitskult der Kinder.
Der große Büßerhain.
Mensch und Baum, nur durch den Kultus der Schönheit,

nicht des Nutzens verbunden.
Die Tauben.
Die Wonnen.
Ausschluß der Wildheit in Vegetation und Tierheit.

»Wie denn ihrer Taten goldne Frucht das Wunder war.«
»Und sah sie in der Wohltat doch des Lebens Sinn.« Mildtätigkeit anschaulich gemacht.
»Der Wissenschaften Schritt.« Java, die Affen, Lues.
Der Tempel. Der Marmorblock. Das Bild? »würdig des Sinns, der diesem heil'gen Tempelfrieden innewohnt.«
Das frühere Wandeln um den See. »Hier will ich begraben sein. Erinnerst du dich?«
Es hat sich eine Geliebte des Künstlers getötet.
»Ein Grab enthüllt.« Leidenschaftliche Liebe. Er weint um sie! Seine Fragen, seine Verzweiflung: sie wird sie beantworten.
»Leukämie.«
»Doch weißt du es, mein armer Freund.«
»Du weinst?«

[KOSMUS]

16. November 1915.

I

Die Estrade der Signoren. Sie sitzen auf purpurnen Polstern. Kosmus, Gonfaloniere, steht. Vor ihm Künstler.

KOSMUS

Johannestag! Ihr lieben Bürger, ihr,
auf die zumeist der Stolz der stolzen Stadt
sich gründet, nehmt vor allen ihren Dank.
Die Stadt dankt euch durch den Gonfaloniere.
Was wäre sie am Ende ohne euch
Baumeister, Maler, Bildner, Juweliere?
Ein wüster Haufen löcherigen Schutts.
So sprech' ich wohlbedacht, doch ebenso
mir ganz bewußt, daß ich für mich nur rede.
Zu mehr reicht meine Vollmacht nicht, seht nur,
wie die erlauchten Herrn die Köpfe schütteln.
Sie kennen meine Schwäche. Meine Schwäche,
sie gilt den Künsten, gilt den Künstlern, euch!
Die Stadt dankt euch durch mich, allein, die Stadt,
betone ich als Gonfaloniere,
ist keinesweges eure Kreatur.
Im grauen Altertum ward sie gegründet
von einem Heros, von Aeneas, des
Anchises und der Aphrodite Sohn.
Nun also: Meister Lorenz, tretet vor.
Nehmt diesen Ehrenbürgerbrief. Euch ist
zum ew'gen Ruhm der heiligen Vaterstadt
der Erzguß jener Kirchentür geglückt,
die heut zum ersten Mal das Volk umjauchzt
und wie des Himmels Pforte selber anstaunt. —
Ritter Alberti: Eurer Künstlerhand
verdankt die Kirche Unsrer Lieben Frau
hier gegenüber ihr verjüngtes Antlitz,
und die gemeine Rede geht, Ihr hättet
sie köstlicher als Sulamith geschmückt.

So ist es der Beschluß der Signorie,
daß Euer Name aufbehalten werde
auf einer Ehrentafel, nach Verdienst
gewürdigt samt dem Werk, das Euch gelang. —
Euch, Meister Bruno, macht hiermit die Stadt
zum einzigen Obermeister unsres Dombaus,
auf daß Ihr nun die ungeheure Kuppel
mit Gott beginnen mögt zu wölben, die,
ein zweiter Himmel, unter ihrem Dach
die heiligen Pilger aller Nationen
staunend versammeln soll. —

RINALD ALBIZZI

Es wäre etwa
nun Zeit, das Wagenrennen zu beginnen.
Das Volk wird ungeduldig, wie mir scheint.

KOSMUS

So ist es, ja, das Volk wird ungeduldig
und fordert ganz mit Recht sich Brot und Spiele.
Also beginnen wir.

MEISTER BRUNO

Erlauchter Herr,
erhabner Herzog unsrer Republik,
gestatte, daß wir wie die Stummen nicht
davongehn, gleichsam wie bekränzte Tiere.
Uns ehrt die heimatliche Republik,
und mehr noch ehrt uns dein beredter Mund,
so laß uns, wenn auch stammelnd, dafür danken.
Kurz darf der Dank sein: segne Gott die Stadt,
und segne Gott dich, Kosmus, kürzer noch:
wir bitten Gott nur, daß er Kosmus segne;
in ihm beschlossen ist das Glück der Stadt.
In einem alles! Und so steigt denn auch [Text bricht ab.]

[IM LANDHAUS DER BRÜDER CARSTENS]

[Entstehungszeit: 1916.]

Zimmer im Landhaus der Brüder Carstens.
Erasmus Carstens und seine Schwester Melitta.

ERASMUS. Es ist nicht auszukommen mit ihm.
MELITTA. Was ist denn?
ERASMUS. Bin ich nun der Vater meiner Kinder, oder ist Wolfgang der Vater meiner Kinder?
MELITTA. Habt ihr euch wieder veruneinigt?
ERASMUS. Wenn meine Jungens ungezogen sind, strafe ich sie. Da hat mir niemand hineinzureden.
MELITTA, *besänftigend.* Es redet dir auch doch niemand hinein.
ERASMUS. Was heißt das? Er ist nicht der Herr im Hause. Ich bin verheiratet, habe zwei Kinder. Ich bin jetzt wahrhaftig kein jüngerer Bruder mehr, den man bei jedem Schritt bevormundet und nach Laune schurigelt. Was mein ist, ist mein. Meine Kinder sind mein. Er hat sich, zum Donnerwetter noch mal, nicht dazwischenzustellen, wenn ich für notwendig halte, sie zu strafen. Wenn ich sie strafe, so weiß ich, warum. Aber er stellt sich auf seiten der Kinder und tut, als ob ich ein Menschenfresser wäre und als ob er sie schützen müßte. Das untergräbt meine Autorität.
MELITTA. Aber Erasmus, das fällt doch wirklich niemandem ein.
ERASMUS. Er hat eben keine Ahnung, ganz einfach, weil er selbst keine Kinder hat, wie einem Vater zumute ist, wenn man ihn in den Augen seiner Kinder zum wilden Mann, zum Popanz macht. Wenn [man] in dem Augenblick, wo man einmal gezwungen ist, sie zu strafen, was man weiß Gott nicht zum eigenen Vergnügen tut, brutale Zurechtweisungen von einem drei Jahre älteren Bruder in Gegenwart der Kinder einstecken muß. Und wenn die Kinder entsetzte Blicke auf einen richten, Blicke voll Abscheu auf einen richten und dabei von dem guten, guten Onkel weit weg von dem Babavater in Sicherheit gebracht werden.
MELITTA. Erasmus, du weißt doch, wie Wolfgang ist.

IM LANDHAUS DER BRÜDER CARSTENS 555

ERASMUS. Wie ist denn Wolfgang? Das möchte ich gern wissen.
MELITTA. Er konnte als Junge schon keine Ameise tottreten.
ERASMUS. Trete ich vielleicht Kinder tot?
MELITTA. Nein, du bist ja auch ein ganz guter Kerl, Erasmus. Aber denk doch dran, wie Wolfgang als junger Student mal dreiviertel Stunden neben einem Rollwagen hergelaufen ist, um den Namen des Kutschers feststellen zu lassen, weil eins von den Pferden eine Wunde hatte, über die der Kerl unbarmherzig mit der Peitsche schlug.
ERASMUS. Sind meine Kinder Gäule, bin ich ein Rollkutscher? Muß ich vielleicht einen Kieselstein in der Brust haben, weil es nachgewiesen ist, daß meine brüderliche Liebe ein Herz zwischen den Rippen hat? Ich verbitte es mir, Herzenshärte und Brutalität bei mir vorauszusetzen. Ich weiß nicht, wer besser wegkäme, er oder ich, wenn man uns beide einmal auf Weichheit des Herzmuskels prüfte.
MELITTA. Nein, ich kann das nicht hören, wenn du so sprichst. Es ist unrecht von dir, Wolfgangs Herzensgüte in Zweifel zu ziehen. Nun, schließlich schadet es nichts, weil darin wahrhaftig über Wolfgang nur eine Stimme ist.
ERASMUS. Was weißt du von Wolfgang, geliebte Schwester.
MELITTA. Darüber denke doch, wie du willst.
ERASMUS. Ich sage es nochmals: nichts weißt du von ihm. Wir sind wie Zwillinge aufgewachsen. Ich habe fünf Jahre lang in der Schulpension dasselbe Zimmer mit ihm bewohnt. Da lernt man sich kennen, kannst du mir glauben.
MELITTA. Du brauchst mir gar nichts darüber sagen. Du kannst mir glauben, es hat keinen Zweck: ich habe doch meine eigenen Ansichten.
ERASMUS. Hältst du meine vielleicht für Gehässigkeit?
MELITTA. Für was ich sie halte, ist meine Sache.
ERASMUS. Willst du bestreiten, daß zwischen Wolfgang und mir sogar eine treue Freundschaft vorhanden ist oder vorhanden gewesen ist?
MELITTA. Ich will gar nichts behaupten und gar nichts bestreiten.
ERASMUS. Was ist es denn sonst, was uns zu dieser Torheit, in das gleiche Haus zusammen zu ziehen, veranlaßt hat?
MELITTA. Mag sein, daß das eine Torheit war.
ERASMUS. Wahnsinn war es: weit mehr als Torheit.

Antonie kommt herein, er geht hinaus.

ANTONIE. Was hat denn Erasmus?

MELITTA. Ich weiß nicht. Er ist über irgendwas aufgeregt.
ANTONIE. Du weißt nicht, über was?
MELITTA. Ich glaube, die Kinder. Erasmus hat sie gestraft, oder er hat ihnen etwas verboten, und Wolfgang, wie es scheint, fand das ungerecht.
ANTONIE. Immer dieselbe Geschichte. Das gab schon in Zürich fast täglich Auftritte. — Liebe, liebe Melitta: war es eigentlich gut, in der Schweiz alles aufzugeben und hier in diese entlegene Provinz zu ziehen, wo sich die Füchse gute Nacht sagen?
MELITTA. Das müßt ihr wissen. Ich hab' mit der Sache nichts zu tun.
ANTONIE. Trotzdem kannst du doch sagen, ob deiner Ansicht nach diese Übersiedlung vernünftig ist.
MELITTA. Ich enthalte mich jeder Meinung.
ANTONIE. Nun, ich habe jedenfalls Himmel und Hölle vergeblich dagegen in Bewegung gesetzt. Erasmussens Einfluß zog leider stärker.
MELITTA. Natürlich hängen die Brüder aneinander. Es ist doch nicht anzunehmen, daß Brüder, wenn sie auch Frauen nehmen, füreinander nicht mehr vorhanden sind.
ANTONIE. Nein, das ist freilich nicht anzunehmen. Muß man aber nicht wenigstens imstande sein, als Bruder, mein' ich, wenn man nun einmal geheiratet hat, eine Spanne im Jahr ohne den Bruder zu sein? Und sie haben doch schließlich beide geheiratet.
MELITTA. Ich wüßte dir wirklich nichts darauf zu sagen.
ANTONIE. Was ist heute eine Entfernung wie die Schweiz? Warum konnte Wolfgang nicht dort bleiben! Wir hatten uns ganz gut eingelebt. Der Rektor, die Professoren in Zürich liebten Wolfgang. Warum hat er sich nun nicht habilitiert? Du kannst mir glauben, es war der allgemeine Wunsch danach. Man hätte Wolfgang auf Händen getragen. Professor Weiß, Professor Schwabe, jeder sagte, er ist der geborene Universitätslehrer. Sie sagten mir gradezu: »Bieten Sie alles auf, daß Ihr Gatte bei der Stange, das heißt bei der Gelehrtenkarriere bleibt.« Sie prophezeiten ihm gradezu eine große Zukunft. Kein Zureden hilft: er gibt alles auf, bloß um mit Erasmus zusammen in ein und denselben Ort, schließlich in ein und dasselbe Haus zu ziehen. Ich sehe darin was Ungesundes.
MELITTA. Ich kenne ja deinen Standpunkt, Antonie. Ich finde

ihn schließlich auch berechtigt in manchem Betracht. Was will man aber machen, wenn Wolfgang nun eben dazu nicht zu bringen ist.

ANTONIE. Nichts ist da zu machen. Da hast du recht. Das ist es ja eben, weshalb man sich immer wieder an die Stirne faßt. Die Menschen sind blind mit sehenden Augen. Erasmus und Wolfgang sind grundverschiedene Naturen und wollen nicht einsehen, daß, was für den einen das Richtige, für den andern das Grundverkehrte ist. Erasmus möchte getrost hier wohnen. Er hat mit seinem Roman Erfolg gehabt, er liebt das Land, ihn umgibt das Volksleben, was er für seine weitere Arbeit nötig hat. Gut! Und was soll Wolfgang hier auf dem Lande ohne Bibliotheken, ohne Professoren, ohne wissenschaftliche Institute, kurz, ohne den Apparat einer Hochschule anfangen?

MELITTA. Jedenfalls bist du also nicht gern hier, Antonie.

ANTONIE. Um Gottes willen, sprich jedenfalls nicht davon, sonst, fürchte ich, fällt unser Haus zusammen.

MELITTA. Nein, das wird mir ja freilich nicht einfallen, Antonie. Ich werde doch Wolfgang nicht einen so furchtbaren Schmerz machen.

Der alte Carstens tritt ein.

MELITTA. Vater! So spät noch! Das ist nett, daß du doch noch gekommen bist.

ANTONIE. Ja, das ist wirklich nett, Väterchen.

DER ALTE CARSTENS. Mutter läßt grüßen! Guten Tag, meine Tochter! — Guten Tag, meine Tochter! — Es hat mir keine Ruhe gelassen. Ich habe nun mal die Sache in die Hand genommen und muß nun auch sehen, ob es funktioniert.

ANTONIE. Die Wasserleitung geht ausgezeichnet.

DER ALTE CARSTENS. Seht ihr nun, was für ein Tausendsassa ich bin.

MELITTA. Du bist doch nicht etwa zu Fuß gekommen?

DER ALTE CARSTENS. Per pedes apostolorum, wenn es zu sagen gestattet ist — wahrhaftig, man hört das Wasser schon rauschen. Wißt ihr, daß euer Haus jetzt, seit es Wasser hat, mindestens den doppelten Wert·besitzt? Ein Haus ohne Wasser ist wie ein Mensch ohne Seele.

ANTONIE. Aber freilich. Du bleibst doch zum Abendbrot? Kann ich dir jetzt irgend etwas anbieten?

DER ALTE CARSTENS. »Nie möcht' ich lang an einer Stelle kleben, und hätt' ein Eden ich an jeder Seite«, sagt mein alter Freund Hoffmann von Fallersleben seligen Angedenkens, den die Studenten mit einem Schloß vor dem Mund auf einem Rollwagen durch die Stadt gefahren haben. Nein: ich inspiziere nur die Wasserleitung, trinke ein Glas kaltes, klares Wasser, mache kehrt und trete die Rückreise an.

ANTONIE. Doch nicht wieder per pedes apostolorum.

DER ALTE CARSTENS. Zunächst per pedes apostolorum. Irgend eine Rückfahrtsgelegenheit, sollte ich müde werden, findet sich schon. — Was macht ihr, Kinder? Wie geht's Erasmus und Wolfgang? — Wahrhaftig, wenn man das Haus so liegen sieht ... ich beneide euch. Man muß euch wahrhaftig darum beneiden.

ANTONIE. Sozusagen ein Zweifamilienhaus.

DER ALTE CARSTENS. Gott, was wollt ihr mehr, ihr seid auf dem Lande. Die ganze Geschichte kostet kaum mehr als dreißigtausend Mark, alle Baukosten eingerechnet. Dieses Riesengrundstück, das euch spottbillig in den Schoß gefallen ist. Wenn Erasmus mal die Sache verkaufen will, er kann sie für das Doppelte loswerden.

MELITTA. Es gehört ja doch beiden Brüdern, Vater.

DER ALTE CARSTENS. Na ja, das macht nur dann untereinander aus.

ANTONIE. Jedenfalls bleibst du doch noch so lange: ich will nur schnell Wolfgang rufen. *Sie geht ab.*

DER ALTE CARSTENS. Nun, wie haben sie sich denn eingelebt?

MELITTA. Eingelebt? Ausgezeichnet.

DER ALTE CARSTENS. So?! Ich hörte im Garten Erasmus' und Wolfgangs laute Stimmen.

MELITTA. Ach, ich glaube, sie haben wegen der Kinder eine kleine Meinungsverschiedenheit gehabt.

DER ALTE CARSTENS. Auf die Dauer wird das ja auch nicht gehen.

MELITTA. Ich bin offen, Vater. Du hast mir ja gesagt, du hast es an mir besonders gern, daß ich frei heraus rede. Warum hast du den Grundstückkauf und den Hausbau denn so gefördert, wenn du nicht glaubst, daß die Sache von Dauer ist?

DER ALTE CARSTENS. Darüber hab' ich ja eben gesprochen, Melitta. Übrigens ist ja der Besitz im Grundbuch auf den Namen Erasmus Carstens eingetragen. Erasmus steht erstens mit Madlons Vermögen bedeutend besser da und fängt auch schon an, recht hübsch zu verdienen. Wolfgang verdient nicht, und Antonie hat auch weniger in die Ehe gebracht, Melitta. Endlich mußte ja doch Grundstück und Bau aus den flüssigen Mitteln von Erasmus gezahlt werden.

MELITTA. Darüber weiß ich natürlich nichts. Aber, Vater, ich weiß auch nicht, was du damit meinst.

DER ALTE CARSTENS. Erasmus wird hierbleiben, Wolfgang wird wieder in eine Universitätsstadt gehen, wie es sein Beruf mit sich bringt.

MELITTA. Wolfgang hängt ungeheuer an dem Hause. Ich glaube nicht, daß er daran denkt, seinen Anteil daran jemals aufzugeben.

DER ALTE CARSTENS. Bis jetzt hat er noch gar keinen Anteil daran.

MELITTA. Nun, da habt ihr eben etwas getan, Erasmus und du, was nicht richtig ist. Das Haus ist von beiden Brüdern gemeinsam erworben.

DER ALTE CARSTENS. Ich habe getan, was richtig ist. Liebes Kind, du bist geschäftlich nicht erfahren genug, um zu wissen, welchen Rattenkönig von Unklarheiten, Interessenverwicklungen und noch weit schlimmeren Folgen die Eintragung von zwei Namen auf das Grundbuchblatt nach sich ziehen kann. Wie sollen sie sich auseinanderrechnen? Für mich als Bevollmächtigten war es unmöglich, einen halben Anteil von etwas durch einen Federzug an Wolfgang zu geben, das realiter ganz und gar mit dem Gelde von Erasmus, das heißt seiner Frau, das heißt seiner Kinder, bezahlt worden ist.

MELITTA. Wartet nur: Wolfgang wird auch bald Geld verdienen.

DER ALTE CARSTENS. Er wird sein gutes Gehalt als Professor beziehen. Gewiß wird er das: warum denn nicht? Heute ist er noch nicht mal Privatdozent, und ehe er Professor wird, können, trotz all seiner Fähigkeiten, Jahre vergehen.

MELITTA. Im Leben wird Wolfgang kein Professor, Vater.

DER ALTE CARSTENS. Und was dann, wenn man fragen darf?

MELITTA. Ich möchte schwören, daß er in weniger als einem Jahr einen mindestens ebenso großen Erfolg wie Erasmus haben wird.

DER ALTE CARSTENS. Es macht mir manchmal den Eindruck, als ob der gar nicht vorauszusehende Erfolg, den der jüngere Bruder plötzlich mit seinem Roman gefunden hat, Wolfgang das Gleichgewicht geraubt hätte. Er sollte ganz unbeirrt, ja ganz unberührt, Schritt für Schritt seinen eigenen Weg weitergehen. Um Erasmus sollte er sich gar nicht kümmern.

Madlon kommt.

MADLON. Ach wie hübsch, Vater, daß du gekommen bist!

DER ALTE CARSTENS. Ein Verwalter muß nach dem Rechten sehn.

MADLON. Du hast uns aber wirklich auch in das bequemste Nest mitten hineingesetzt.

DER ALTE CARSTENS. Man muß wissen, was bauen heißt. Man muß Lehrgeld gezahlt haben.

MADLON. Warum ist denn Muttel nicht mitgekommen?

MELITTA. Denk mal, Madlon, Vater hat den Weg per pedes apostolorum gemacht.

MADLON. Wirklich?

DER ALTE CARSTENS. Das macht das leichtbeschwingte Naturell eines alten Knaben von siebzig Jahren.

MADLON. Endlich, endlich wird nun auch einmal unser Fremdenzimmerchen eingeweiht.

DER ALTE CARSTENS. Das nächste Mal, Mutter erwartet mich.

MADLON. Aber nein! Unbedingt mußt du heute zur Nacht bleiben.

DER ALTE CARSTENS. Ich bin ein alter Eigensinn, liebe Tochter Madlon.

MADLON. Paß auf: Erasmus wird dich nicht weglassen. Übrigens mußt du wirklich stolz sein auf deinen Sohn, Vater. Du kannst dir nicht denken, was für eine wundervolle Sache er wieder unter der Feder hat.

DER ALTE CARSTENS. Tui, tui, tui, immer dreimal ausspucken.

MADLON. Du müßtest dir mal ein Stückchen davon anhören. Erasmus liest doch so wundervoll. Es ist nämlich ein dramatisches Werk. Auch eine schöne Musik wird dazu geschrieben. Ein Freund komponiert sie und gibt sie einstweilen auf dem Klavier an, wenn Erasmus liest.

Die Brüder Wolfgang und Erasmus treten ein.

WOLFGANG. Guten Abend, Vater.

ERASMUS. Guten Abend, Vater.

DER ALTE CARSTENS. Guten Abend, Kinder. Leider muß ich euch gleichzeitig Lebewohl sagen.

WOLFGANG. Aber du bleibst doch zum Abendbrot?

DER ALTE CARSTENS. Ein Glas klares Wasser, das kostet nichts. Ich freu' mich drauf. Ihr habt das beste Wasser der ganzen Umgegend. Ich könnte täglich zwei Meilen laufen deshalb. Lebt wohl, Gott behüte euch miteinander. *Carstens ab. Melitta will ihm folgen.*

MADLON. Melitta, hier, nimm den schönen Pokal! Oder ich will lieber selbst mitgehen.

MELITTA. Bitte gib. Ich will ihn allein ein Stückchen begleiten.

WOLFGANG. Ist Vater verstimmt?

MELITTA. Ach Gott, Eigenheiten. *Ab.*

MADLON. Leutchen, macht Frieden miteinander.

WOLFGANG. Na, Madlon, ich bin ganz gewiß nicht unverträglich.

ERASMUS. Ich ebensowenig. Und der Anfänger war ich in dieser Sache sicherlich nicht.

WOLFGANG. Was heißt das: Anfänger? Ich war auch nicht der Anfänger. In gewisser Weise warst du der Anfänger, weil du die Kinder meiner Ansicht nach viel zu schroff behandelst.

ERASMUS. Das sagst du. Ich bin aber völlig anderer Ansicht.

MADLON. Begrabt die Sache, sonst geht die ganze Debatte von frischem an.

ERASMUS. Gut also: wollen wir sie begraben.

WOLFGANG. Natürlich.

KAIN UND ABEL
(DAS VERLORENE PARADIES)

[I, 1–5]

Agnetendorf,
6. August 1917.

DER TRAUM VON KAIN UND ABEL
Entwurf

DRAMATIS PERSONAE

ADAM — V.
EVA — M.
KAIN — Z.
ABEL — E.
ZILLA — M. } Geschwister
ADA — Mi. I a
LILITH

[1]

ERSTER AKT

Kain und Abel im Jünglingsalter, Kain achtzehn Jahr, Abel siebzehn Jahr. Ihre feurige Liebe, ihr gemeinsames Streben. Eva, die Mutter. Sie bringen ihr Verehrung entgegen. Sie beklagt sich über Adam. Das Geheimnis des verlorenen Paradieses verrät sie nicht. Es ist aber das verlorene Paradies, was Kain und Abel unbewußt suchen.
Adam. Düster, dämonisch, grämlich. — Der Tod steht ihm bevor. Er ahnt ihn, ohne zu wissen, was es ist. Die Schiedlichkeit. Dem Weibe, den Söhnen, sogar den tanzenden Töchtern gegenüber. Die Vereinsamung. — Die Träume. Ihr Gewicht bei allen. Ihre Furchtbarkeit. Das Kosmische darin bei Abel. — Die Erscheinung Liliths in den Träumen der Söhne und des Vaters. Immer »die Andere«.
Zilla und Ada: noch gerade Kinder. Die Brüder in ihrer Betrachtung. Der erste Feindblick. Kain liebt beide. Dagegen lieben beide, Ada und Zilla, Abel. Auch die Innigkeit ihrer Beziehung erhält leisen Riß.

ZWEITER AKT

Die ganze Natur ist in Düsternis getaucht. Furcht, Erwartung.
Die Söhne tragen den sterbenden Adam vor die Hütte.
In seinen Fieberphantasien erscheint das Paradies, wiederholt sich der Sündenfall. Gott. Das »Adam, wo bist du?«. Die Ausweisung und die Funktion Luzifers. — Eva, die kommt, wird als Teufelin fortgestoßen. Lilith, das Luftgebilde, wird umarmt. Sie war schon im Paradies sein irreales Spielzeug. Gott dauerte das, und er schuf die fleischliche Eva. Eva in furchtbarer Gewissenspein, deren Ursache sie aber den Kindern nicht verrät. Auch die Kinder empfinden höchste, fremdartigste Angst. Die ganze Natur ist ihnen nur Zeichensprache. Adam ist plötzlich gestorben. Niemand versteht, niemand begreift das Phänomen. Sie einigen sich: er schläft. Sie tragen ihn ins Haus, stellen ihm Speise zurecht, Getränk, und legen seine Lieblingsgegenstände um ihn.

([Notiz] Verlege ins Diluvium — Feuerberge etc.)

DRITTER AKT

Man hat die Gegend gewechselt. Erst jetzt läßt Gott das Tier in Erscheinung treten. Die Adamiten kannten bis dahin nur die Pflanze. Eva ist erstaunt, die Tiere des Paradieses wiederzusehn: Vögel, Säugetier und Fisch. Eva meint, Adam habe es erwirkt. Die Welt ist aufgeheitert, obgleich die Trennung von Adam mystisch düstre Schatten wirft. Adam ist nämlich besuchsweise gegenwärtig und erscheint allen abwechselnd, für alle besorgt, drohend, ratend, ermunternd.
Das Verhältnis Evas zu den Kindern ist vertraulich geworden. Sie selbst aufgelebt.
Jetzt, an einem heiteren Abend, erzählt sie, Adams Fieberphantasien erklärend, das Geheimnis ihrer Herkunft und des Sündenfalls. Sie lebt in den Kindern, ihr Schmerz ist gemildert. Sie sehnt sich kaum nach dem Paradiese zurück.
Aber zunächst die Mädchen fragen, wo es liegt. Dann Abel mit Enthusiasmus, Kain mit Bitterkeit.
Die Mutter erzählt, wie der Engel sie viele Tage und Nächte lang geführt habe über Gebirge, Seen, Ebenen. Hier werde die Mondkarte zugrunde gelegt.

Jetzt erzählt Abel, wie ihm der Vater erschienen sei und einen geheimnisvollen Weg zu einem geheimnisvollen Ziele beschrieben habe.

Auch Kain behauptet ähnliches. Fasse gegen Kain keine Voreingenommenheit! aber nimm ihn auch nicht als für interessanter als Abel.

Man beschließt, das verlorene Paradies zu suchen.

Wer soll führen?

Die Wahl der drei Frauen fällt auf Abel.

Kain zum erstenmal verletzt und erbittert. Er verfällt dem Ehrgeiz, dem Neid, dem Haß und beginnt, Tiere zu morden. Noch ist er indessen zu Einsicht und Versöhnung geneigt, wie später sichtbar.

Zwischen den herangewachsenen Schwestern und Brüdern spielt schon Erotisches. Und dieser Akt schließt mit einer Liebesszene zwischen Abel und Ada, die Zilla zufällig sieht. Ausbruch verzweifelter Heftigkeit. Konflikt der Schwestern.

VIERTER AKT

Ein gutes Stück auf dem Wege nach dem verlorenen Paradiese.

Abel und Ada haben das Geheimnis der Liebe entdeckt. Nicht das der Zeugung.

In heimlicher Glückseligkeit sprechen sie über das Wunder. Luzifer ist Abel erschienen und hat es ihm mitgeteilt. »Dies war ein Geschenk Gottes des Vaters, mit dem er mich zu dir gesendet hat, eine Frucht aus dem Paradiese.«

Kain erscheint. Er war abwesend, vorgeblich, weil einen anderen Weg suchend. Er hat den rechten Weg. Er fordert, daß man ihn gehe. Abel widerspricht mit ruhiger Kraft. Kains Zorn steigert sich. Abels Ruhe und Bestimmtheit nimmt zu. Kain sagt: »Ich war vor dir, du bist mein Geschöpf. Ich habe dich gehen gelehrt, dich getragen. Ich habe Mitleid mit dir, denn da ich der Ältere und Stärkere bin, habe ich die Macht.« — »Mit wem Gott ist, der ist unüberwindlich«, sagt Abel. — »Das wollen wir sehn!« Sie ringen. Abel besiegt Kain.

Das Ringen geht hinter dem Zelte vor sich, unsichtbar. Ada und Zilla bleiben sichtbar und beobachten es. Zilla nimmt für Kain Partei. Ada ist gewiß, der Bruder wird siegen. Nachdem es entschieden ist, kommt Eva, zur Erhabenheit gesteigert, an jeder Hand einen der Söhne. Kain düster verbissen, Abel heiter.

Abel bietet froh die Hand zu völligem Bruderfrieden. Kain heuchelt Versöhnung. »Wir werden nun weiter in Einigkeit den Weg suchen.« Eva gibt den Segen.

Zilla stürzt Abel um den Hals. Man ist heiter, Ada ohne jede Eifersucht. Abel entfernt sich mit Zilla, um die Mutter auf den Esel zu heben und ein Stück auf Kains Wege weiterzureisen.

Kain und Ada bleiben allein. Er fragt nach ihrem Tun mit Abel. Sie äußert es in paradiesischer Offenheit. Er verlangt das gleiche. »Niemals.« Er überfällt sie und will sie zwingen. Sie entflieht.

FÜNFTER AKT

Auf einem Irrwege in öder, felsiger Gegend. Bei einem Male, das Kain angegeben hatte.

Eva schläft vor Ermüdung. Abel und Zilla, düster und ernst, wachend und wartend allein. Es ist Nacht vor dem ersten Morgenrot. — Zillas vergebliches Werben um das, was Abel mit Ada getan hat. Auch sie hat ihnen aufgepaßt.

Abels Sorge und Gram. Denn Kain und Ada sind verschwunden. Man hat vergeblich gewartet, hat vergeblich gesucht und ist schließlich bis zu dem Malzeichen weitergezogen.

Es zeigen sich riesige Geier.

Auch Zilla ist vor Übermüdung eingeschlafen. Abel trägt sie zu Eva in eine Höhle.

Jetzt kommt Ada wie ein gehetztes Wild. Ihre Mitteilungen sind aus guten Gründen zurückhaltend. Sie ist ein Weib. Kains Verfolgung war ihr furchtbar, muß ihr aber im Grunde schmeicheln. Auch sind hier Brüder. Sie will nicht Zwietracht säen. Es genügt ihr, wieder bei ihrem Geliebten zu sein.

Abel entlockt ihr aber den Zusammenhang. Er quält sie mit Eifersucht. Er kann keine klare Überzeugung darüber gewinnen, wie weit sie gegangen sind. Adas Schilderungen Kains sind jetzt nicht ohne Feuer. Endlich bricht sie zusammen vor Erschöpfung. Er führt sie in die Höhle.

Abel wartet auf Kain. Sein Mordentschluß. Seine Todesentschlossenheit. Sein düster erhabener Monolog. Er will nun einmal nicht mehr ins Paradies.

Kain kommt. Die letzte Auseinandersetzung. Die Urfeinde. Die Urfeindschaft bricht aus. Ihre Blicke sind Mord. »Siehst du den Fluch, das ist er. Der Vater kannte ihn nicht. Wie hab' ich dich geliebt. Und nun bist du mir der Inbegriff alles Scheußlichen und Schandbaren. Der Mörder, der Dieb, der Räuber, der Schänder von Anbeginn, aus dem Biß der Schlange emporgegeilt. Nun wohl, ich will dir den Kopf zertreten.«

Der Kampf. Sie gehen kämpfend ab.

Die Frauen, erwacht, in Angst, unwissend.

Kain, erschöpft, erscheint mit blutigen Händen. Evas Ruf aus dem Zelt: »Kain, wo ist dein Bruder Abel?« — »Ich weiß nicht, soll ich meines Bruders Hüter sein?« Er faßt die Mädchen: »Ich weiß nur, daß ihr mein seid, mein seid, mein, und daß sich Gottes Fluch in mir bewährte.«

[2]

ERSTER AKT

ERSTE SZENE

Kain und Abel, Zwillinge, schöne sechzehnjährige Knaben an der Schwelle des Jünglingsalters. Großartige Felslandschaft, Meeresbuchten drängen hinein. Vereinzelte Urweltbäume.
Kain und Abel lagern an einem Feuer. Sie tragen einen Lendenschurz. Kain hat dunkle Augen und dunkles Haar, Abel ist hell und blauäugig.
Gewaltige Sonnenhelle.

KAIN. Was ist dies alles?
ABEL. Was meinst du?
KAIN. Es ist zuviel, um es auszusprechen.
ABEL. Versuch es, Kain.
KAIN. Das Harte, worauf wir liegen, woran wir uns halten und woran wir uns stoßen.
ABEL. Vergiß nicht: worauf wir stehen und gehen, Kain.
KAIN. Und wer hält uns, daß wir nicht fallen, Abel?
ABEL. Und warum schwebt das Feuer, das aus der Nacht heraufkommt und hoch an den Himmel steigt, sich fernhin senkt und dann versinkt — warum schwebt es über uns her, bricht nicht auf uns herab und frißt uns nicht?

KAIN. Das geschieht aus der Macht unsres Vaters Adam. Adam ist der Allmächtige.
ABEL. Wo Macht ist, und wenn sie Allmacht ist, so muß sie Macht überwunden haben.
KAIN. Adam hat alles überwunden.
ABEL. Adam ist manchmal ganz ohnmächtig, Kain.
KAIN. Wann?
ABEL. Im Finstern. Ich blickte einmal hinein ins Zelt, als das sanfte Licht herrschte, das dem weißen Antlitz der Allmutter Eva ähnlich ist. Da lag unser Gott mit geschlossenen Augen, kraftlos hingestreckt, röchelte nur und sprach nicht.
KAIN. Wer tut ihm das an? Wer macht ihn ohnmächtig?
ABEL. Auch du lagst gestern so röchelnd still.
KAIN. Nein du. Ich niemals.
ABEL. Ich niemals! Du! Röchelnd und kraftlos lagst du im Laub, sobald der Feuerknäul des Himmels in den Wogen des Wassers verloschen war.
KAIN. Du irrst, um diese Zeit ist eine Männin, die sich Lilith nannte, aus einem fernen seligen Lande, wie sie sagte, zu mir gekommen. Sie hat mich von hier fort in eine lieblich rauschende Grotte geführt, und ich mag dich davon nichts wissen lassen, welche unaussprechliche Lust sie mir gewährt.
ABEL. Hier lagst du ohne Regung neben mir, dich hat niemand besucht. Warum lügst du, Kain?

[3]

ERSTER AKT

Großartig felsige Landschaft. Adam und Eva vor ihrer Wohnhöhle. Eva säugt ein Kind. Adam arbeitet mit dem Steinmesser.

ERSTE SZENE

ADAM
wirft das Steinmesser fort
Nichts will mehr fruchten. Früher trug ein Griff
mir mehr ein als jetzt tausend, warf ein Streich

mehr Späne ab als tagelange Arbeit.

EVA

Was sagst du, Adam?

ADAM

Vordem lauschtest du,
auch wenn ich nicht sprach, Eva, nahmst das Wort
unausgesprochen mir vom Munde schon
und fragtest nie mich zweimal.

EVA

Oh, vergib!
Du sagtest etwas, Adam.

ADAM

Ja!
ich sagte etwas. Doch es war nicht mehr,
als was ein Sturmgeborner etwa spricht.

EVA

Das Kind verlor die Brust, und außerdem:
die Grillen feilen überlaut. Vergib mir.

ADAM

Die Grillen? Um mich her ist tiefe Stille.
Wie seltsam, Männin. Etwas Schleichendes
umgibt mich, überkriecht mich, unsichtbar,
und nimmt von mir, bestiehlt mich lautlos. Sollte nicht
die Ödenei, in die mich Gott verstieß,
für immer mein sein? Hab' ich nicht in ihr
aus eigner zäher Kraft mich fest begründet
und ihr mein Leben abgetrotzt und deins
und unsrer Kinder Leben, dieser Wüste?
Und liebt' ich diese Fremde endlich nicht
so sehr und mehr als unsre selige Heimat?
Doch nun beginnt ein Schwinden, Eva. Es
verstummt, erlischt bald hier, bald dort ein Teil
der gottverlaßnen Wildnis nach dem andern.
Wer ist's, der schleichend mich um mich betrügt?

EVA

Niemand betrügt dich, Adam. Sieh, nun hat
der Wicht sich satt geschlemmt an meinem Leib.

Nun ist er trunken, müde, schließt die Augen.

ADAM

Oh, Eva, meine Worte schwinden ohne jede Spur
dahin im Raum, ganz ohne Echo, und
so hab' ich keine Stimme mehr, und du,
die einst mein Echo war, gewannest eine,
die keinen Hauch mit meiner noch gemein hat.

[4]

[Notizen]

Der Traum von Kain und Abel.
Der leuchtende Traumhimmel der Nächte, weiße Eisberge,
Gipfel, Linien — das flammende reine Blau. Die Urreine.

Lege eignes Verhältnis zu Carl zugrunde.

Mache es wie die südfranzösischen Kirchenfenster, die du
gesehen hast.

Wie das erste Kindeswunder eintrat, erzählt Eva.

[5]

Mysterienspiel

Dramatis Personae

Gott der Herr
Adam, Gottes Sohn
Eva
Der Engel des Herrn
Die Kinder Gottes
Jubal, Erfinder: Geiger, Pfeifer, Pauker
Thubalkain, Meister: Erz, Eisen
Zilla
Ada
Kain ⎫
Abel ⎬ Söhne
Seth ⎭

Enos, dessen Sohn Kenan
Mahalaleel
Jared
Lilith, die erste Frau Adams

[II, 1–3]

[1917.]

KAIN UND ABEL

[1]

*Die Höhle Adams und Evas. Davor ein Hain. Felsigte Gegend.
Adam auf einem Felsblock grübelnd.*

ADAM

Verstoßen! Wieviel lange Jahre bin ich nun verstoßen
von meinem Vater, dessen Ebenbild ich bin [schon
und dessen Fleisch mein Fleisch so wie mein Blut sein Blut?
Wie konnte Gott der Herr so strafen? So in sich
den Gott verleugnen und den Vater — und den Sohn.
Er nahm mich nicht zurück in sich, er tilgte mich
nicht gnadenreich mit meinem ersten Irrtum aus,
zugleich den eignen größren Irrtum löschend: nein!
Den Fluch gebar er, jenen fürchterlichen Hauch,
der, einmal mit der Himmelslüfte reinem Glanz
vermischt, wie eine giftige Seuche um sich frißt.
Wie mancher Wipfel schon im Garten Eden selbst
streut allbereits erstorbne Blätter unter sich.

*Eva kommt aus der Höhle, tritt, von ihm ungesehen, zu Adam
und legt sanft die Arme um seinen Hals.*

ADAM

Oh, Eva!

EVA

Wieder blickst du nach der Seite hin,
von der wir kamen. Adam, du versprachst mir doch,
nutzloser Grübelei dich zu entschlagen.

ADAM

Du
hast recht, geliebte Männin, komm und setze dich
hier dicht an meine Seite, und vergib mir. Wenn
ich nur dich spüre, neid' ich Gottes Kindern nicht
den Garten der vier Ströme der Glückseligkeit.
Allein, ich sann auf Rückkehr nicht, wie du wohl meinst,
dorthin, wo Gott, der Engel müde, mich erschuf:
denn stünde Satan selber nicht vor Edens Tor
mit bloßem Schwert, ja, sprängen weit die Flügel auf,
eh' würde mir der Fuß zu Stein, als daß ich je
ihn über jene Schwelle setzte wiederum.

EVA

Wie elend hab' ich dich gemacht, mein Mann und Herr.

ADAM

Elend? Du mich? Mit welchem Rechte sagst du das?
Und was ist Elend? War die Frucht, die du mir gabst,
nicht ein Gewächs des Paradieses? Nicht gemacht
aus duft'ger Blumenerde seines heiligen Grunds?
Und sind wir aus dem gleichen Stoffe nicht geformt?
Noch heute sind wir's, bleiben es in Ewigkeit
trotz unsres Elends, das nicht nur ein Elend ist.
Begreife, Eva: als ich dich auf meinem Arm
hinaustrug aus dem Garten, unter Gottes Zorn,
da fühlt' ich, wie das Böse trotzig in mir stieg
und sich erhabne neue Schauder meinem Blut,
dem Gottesblut, vermählten: und ich schritt dahin
mit deiner heiligen Liebeslast, du Sünderin,
die furchtlos alles für mich tat, selbst wider Gott.
Und dann: wir traten von der seligen Schwelle in
die Finsternis. Es tobte um uns schwarzer Sturm
des Unbekannten. Aber trotzig schlug mein Herz.
Zum ersten Male, süße Männin, spürt' ich das,
was außer Gott ist. Hagel peitschte auf uns ein.
Hier hieß es: vorwärts! Denn hier gab es kein Zurück.
Und in die Wut des nächtigen Brausens trug ich dich
mit blinder Kraft hinein. — Und nun zerriß das erste Mal
die Nacht vom Zucken jenes neuen Höllenlichts,
das Gott dem Wächter anvertraut am Himmelstor,
dem Satan, den sein Fluch erschuf und eingesetzt:

den Fürsten nennt er selber sich der Finsternis.
Und in der Helle lag die wilde Trümmerstatt
der Welt zerklüftet vor uns, riesenhaft gedehnt.
Da streifte mich zum erstenmal des Todes Hand,
mit dessen Macht uns Gott so fürchterlich gedroht.
Sie war's, obgleich ich ihre volle Majestät
bis heut nicht kenne, und sie drückte mich ins Knie.
Und nun zerbrach der Himmel, und es fiel Gestein
mit lauten Donnerschlägen aus der leeren Luft.
Da glittest du mir aus dem Arm. Ich sank dahin.

EVA

Oh, Liebster, alle diese Not erlittest du
um meinetwillen. »Laß uns dieses brüchige
Gefäß zerschlagen, Adam«, sagte Gott zu dir.
»Geh ohne sie, und deine Last wird leichter sein.« —
»Aus meiner Rippe, Vater, hast du sie gemacht«,
gabst du zurück und hobst mich auf den starken Arm,
»und also ist sie mein und ist ein Leib mit mir.«
Oh, wieviel Gutes, Freund, hast du an mir getan!

ADAM

Schicksalsgenossin, Männin: hast du mir denn nicht
in jener ersten Schreckensnacht das Paradies
aus deinem Schoße neu geboren? Trocknes Laub,
das wir in einer Felsenhöhle fanden, ward
uns erste Weide einer ungeahnten Lust,
aus Schmerz gebar sich namenloser Wonnen Glück.
Und darum sag' ich: zwar aus Erde wurden wir
gebildet, doch aus Paradieseserde, und
noch heute sind wir's, bleiben es in Ewigkeit
trotz unsres Elends, das nicht nur ein Elend ist.

EVA

Ein Wunder! Nie erlebt' ich solch ein Wunder, selbst
in Gottes Eden, als das Wunder jener Nacht,
wo du und ich eins wurden, ganz ein Fleisch und Blut.

ADAM

Ein Wunder, sagst du. Wunder über Wunder birgt
dies Erbe der Verstoßung, dieses weite Reich
des Fluches. Staunt' ich etwa je im Paradies,

kam je mich Wundern an im Garten Gottes? Nie!
Erst, als er mir im Rücken lag, erst vor dem Tor
gebar das ewige Staunen sich in meiner Brust.
Kannst du die Wunder alle zählen, die seitdem
geschahn bis heut? Und willst du schätzen mit dem Maß
der Finger deiner Hände etwa alle die,
so jede Nacht, so jeder Zukunftstag uns birgt?
Umgeben von den Zaubern der Verdammnis ganz,
erzittern wir vor Schrecken bald und bald vor Lust.
Der Schmerzensschrei, der Jubel aller Seligkeit
vermischen sich, und immer ist's das Wundern, ist's
das heilige Staunen, das uns mächtig übermannt.
Komm näher. Denke jener andren Wundernacht,
als du in Schmerzen ohnegleichen ringend lagst,
die Luft mit Jammerrufen füllend weit hinaus.
Da nahm ich Fluch von Gottes Fluch und fluchte Gott.
Doch was geschah nun: aus der Grube deines Leibs
entwanden sich zwo Larven, kläglich kreischende.
Du aber, Eva, nanntest deine Kinder sie
und sagtest: »Sie sind deinesgleichen, Adam, sind
dein Ebenbild und Gottes Ebenbild. Und ich,
in seligen Schmerzen schuf ich sie aus meinem Leib.«

EVA
So sagt' ich: »...doch aus deiner Liebe dir zulieb«.

ADAM
Und sieh, so war es. Aus sich selber wuchsen sie,
unmerklich sich verzaubernd, sich verwandelnd, auf,
und was mit seinen Allmachtshänden Gott geformt,
dem glichen Kain und Abel, deines Schoßes Zwillingsfrucht.
Und schon, du Mutter der Verworfnen, hast du mich
zum Haupt und Herrscher eines neuen Volks gemacht,
gebarest Männer und auch Frauen, so wie du,
die so wie du gebaren wieder Mann wie Weib.
Und alle nennen sie mich Vater, und ich ward
durch dich ein andrer Gott, der unter seiner Hand
wie unser Feind und Vater, der in Eden wohnt,
die unverstoßnen Himmelskinder, ein Geschlecht,
unsterblich, jenen zum Verwechseln gleich, beherrscht.

EVA

Oh, Adam, sie sind mehr: wann grämten wir uns je
um einen Engel Gottes in der Seligkeit?
Hier sind die Leidenden, die Liebenden, hier sind
die, deren Hunger, deren Durst unstillbar ist,
wie Gott der Herr und mehr als Gott der Herr zu sein.

[2]

*Abel, von einer vollkommenen, aber weichen Männlichkeit,
kommt, gefolgt von bekränzten Adamstöchtern, eigenen jüngeren
Töchtern sowie von sanften Jünglingen, Söhnen Adams und
eigenen Söhnen.*

ADAM

Dort naht sich Abel, unser Allgeliebtester,
der Liebling deiner Seele, deine Erstgeburt,
denn ihn zuerst von beiden Zwillingen beschien
das uns von Gottes Zorn bestimmte Tageslicht.
Wie schön ist Abel! Wohnt in seinen Augen nicht
das Blau der seligen Blumen, die in Eden stehn,
wogt nicht um seine weißen Schultern noch das Gold
des heiligen Stromlands, wo um unsre Hütten einst
sich Löwen schmiegten, Leoparden, Lamm und Stier?
Von allen, die du uns erschufest, Eva, und
von unsren Kindeskindern steht kein andrer so
noch heut in gleicher Huld bei dem, der uns verstieß.
O Abel, guter Hirte, Trost in unsrem Leid!
Horch, wie sie harfen auf den Leiern Thubalkaisn
und lieblich rufen nach der Gotteskinder Art,
wie ihnen Abels andachtsvoller Sinn gelehrt.
Was singen sie? Mir scheint, es ist ein neues Lied.

CHOR DER FRAUEN, JÜNGLINGE UND KINDER
Abel!
der Herde voran schreitest du,
guter Hirte,
und wo du schreitest, Abel, Abel!
wo du schreitest, guter Hirte,
drängt alles Leben dir zu.
Wahrlich:
nicht nur der Wolf verläßt seine Spur,

vergißt seinen Blutdurst,
mischet sich friedlich unter die Lämmer,
nicht nur der Adler,
der brausend herab auf die Beute fährt,
hemmt seinen Sturz
und umkreist dich melodischen Flügelschwungs,
sondern die Schlange selbst,
die im Loch der Verdammnis Gift sammelt,
drängt sich ringelnd
dem Laut deiner Jubalflöte nach.
Oh, Abel!
Geliebtester:
es wendet den Lauf,
wenn du ihm entgegenkommst,
der Bach
und strömet mit dir und deinen Herden
den Berg hinauf,
zur Höhe des heiligen Gipfels,
wo du Gott opferst.
Aber du vergießest kein Blut.
Nie hat Mord deine Hand verunreinigt.
Abel!
guter Hirte!

ABEL

läßt sich vor Adam und Eva aufs Knie
In schuld'ger Liebe bring' ich meiner Ehrfurcht Zoll
euch Heiligen in Demut. Eltern, meinet nicht,
ich mäße etwa irgendein Verdienst mir bei,
wie dieser Scharen Lobgesang es auf mich häuft.
Wir brachten Opfer auf dem Berge Garizim.
Zu seiner Schar
Geht nun, verteilt euch in die Hütten.
Die Schar geht auseinander. Zurück bleiben Adam, Eva und Abel.

ADAM

Sage mir,
wo ist dein Bruder Kain?

ABEL
Ich weiß es nicht!

ADAM
O Eva, welche wilde Kraft gebarest du

in Kain! Mächtig überragt sein finstres Haupt
der Brüder Scheitel und der Schwestern allesamt.
Ein Wulst sitzt ihm im Nacken, mächtig wölben sich
die Schultern, urgewaltig sich die breite Brust,
ihn tragen Schenkel wie aus Erz in Lauf und Sprung.
Sein Schritt ist weit und fest, und nie ermüdet er.
So scheint er mehr ein Gott als nur ein Mensch zu sein.
Allein, in seinem Blick wohnt eine düstre Glut,
die fast die buschigen Brauen ihm versengt, und die
selbst mich, ich leugne nicht, wenn sie mich trifft, erschrickt.
Meinst du, ich hätte Unrecht, Abel? Sag es mir! —

EVA

O Abel, wenn ich deinen Bruder sehe, faßt
mich Angst um ihn in tiefster Seele an, als sei
er ausersehen vom Verhängnis, das uns traf,
mehr zu erdulden als wir andren, in die Nacht
des Jammers bis zum Grunde sich zu stürzen und
uns dorthin mit hinabzureißen. Hüte sein,
o Abel, treuer Hirte! — Schweigst du? Wart ihr nicht
als Kinder unzertrennliche Gefährten? Nicht
in Freud und Leid verschwistert? Trugst du Kain nicht,
der anfangs zarter war als du, auf deinem Arm
wie manchen Tag umher, und zärtlich seiner wartend, bis
er dann an Kraft und Wuchs dich übertraf und dich,
wenn wir die Weiden wechselten, durch manche Furt
dienstwillig, wie uns andre Schwache, schleppte. Sieh,
ihr seid doch Brüder, habt das gleiche Blut in euch,
des Blutes Band kann nicht zerreißen, und ihr seid
dazu noch Zwillinge, und wer zertrennte da
Zweieiniges nach Blut und nach Geburt?

ABEL

Der Fürst
der Welt ist listig, heilige Mutter, und er streut,
ein fürchterlicher Sämann, Zwietrachtssamen aus.
Kain will sich meinem Rate nicht mehr fügen. Er
verachtet meinen Friedensweg. Entwürdigung
nennt er die Demut. Sich dem höchsten Herrn und Gott
mit Inbrunst in Gebeten nahn, zerknirscht vor ihm
im Staube liegen — ist ihm Schmach. Gott loben, ihn
mit hymnischen Gesängen preisen, Opfer ihm

darbringen und zugleich mit Jubelchören Dank
gen Himmel jauchzen — meinem Bruder Kain ist [e]s
Verrat am Menschen. Ja, er lästert, lästert den
grundgütigen Schöpfer, dessen Wohltat unverdient
uns überflutet. Und er gibt ihm Namen, die
auch nur zu hören tief in schwere Schuld verstrickt.

ADAM

Wir alle sind verstrickt, und also bist auch du
verstrickt, o Abel. Und der uns verstrickte, der
auch Kain verstrickte, ist allmächtig. Dies mag dich
zur Nachsicht stimmen gegen ihn. Dort naht er selbst.

[3]

Kain, eine Keule führend, erscheint an der Spitze einer Rotte wilder und starker Männer, die erlegtes Getier aller Art über den Schultern tragen.

ADAM

Du kommst vom Morden, Kain.

KAIN

Ja, wir mordeten
zur Ehre Gottes.

ADAM

Kain, warum sagst du das?

KAIN

Weil Gott in eine Schöpfung uns geboren hat,
die, ohne daß sie selber sich vernichtet, nicht
bestünde, sondern sich begraben würde selbst.

ADAM

Wen nennst du Gott?

KAIN

Ihn, der den Tiger sich erschuf
zur Freude seiner Allmacht und zur Sättigung
der heiligen Willkür seiner schöpferischen Brunst
und mit des Hungers Pein die Eingeweide ihm
in Höllenbrand verwandelte, so daß sein Herz
in diamantner Kapsel ihm den Mord gebar.

Vom Baum des Lebens brach ihm Gott die Frucht des
und darum ist's der Mord, worin der Tiger lebt.   [Mords,
Mord kehrt die Flanke mit des Schweifes Wedel ihm,
Mord rieselt durch die Höllenflammen seines Fells,
Mord zündet Höllenfeuer an in seinem Blick
des Nachts. Mord reitet, peitscht und stachelt ihn zum Mord.

ADAM

Du bist kein Tiger, brauchst es ihm nicht gleichzutun.

KAIN

Noch weniger bin ich Abels sanften Schafen gleich,
die, Lämmerschwänze schaukelnd, blöde hinterdrein
ihm an der Ferse trotten, bis der Wolf sie reißt.
Der Cherub, der am Paradiesestore steht,
erschien mir jüngst, als ich mit wachen Augen lag,
und brachte dies Gebot mir aus dem Paradies:
Stirb oder töte!

ADAM

Welches fürchterliche Wort!
Der Engel, den Gott über uns gesetzt,
mißbraucht die Macht, die unser Vater ihm geliehn.
Er lügt, um uns zu martern. Denn er hasset uns,
weil uns der Gott der Liebe immer noch
mehr liebt als ihn. Sieh Abel an, er tötet nicht,
und um so heller strahlt die Gnade über ihn.

KAIN

Ich will die Gnade nicht. Ich will, was mein ist, will
den Fluch, die einzige Frucht des Paradieses, die
wir mit uns nahmen, die uns unverlierbar ist.
Die Welt ist ihres Samens Ausgeburt, und sie
ist Schoß, ist Acker wiederum der gleichen Frucht,
die sie als Tier, als Mensch, als Pflanze, selbst als Stein
in überfüllter Jahreszeitenfolge neu
mit unerschöpflich geiler Brunst zum Lichte treibt.
In wieviel Formen sich auch diese Frucht versteckt
und ausgebiert, die Fluchfrucht ist doch überall
ihr Letztes, Feinstes, ihres Kernes Kern der Tod.
Verfluchter Vater und verfluchte Mutter, macht
mich weiser, wenn ich töricht rede, töricht bin.
Ihr schweigt! Nun wohl, so bin ich denn ein Ackersmann

und säe, ernte, bete an die Frucht des Fluchs
und nähre alle Kreatur, was an mir ist,
mit ihres Kernes Kern. Wer leugnet nun, ich sei
gehorsam, sei ein wahrer Diener Gottes.

ADAM

Kain,
Du gehst auf bösem, du verlorst den guten Weg.

KAIN

So wirkt des Sündenbaumes Gift wohl nicht in mir.

ABEL

Zu oft kommt Satanas, mir scheint, im Traum zu dir,
vergiß nicht, daß Gottvater jezuweilen noch
Brot der Verbannung bricht an unsrer Eltern Tisch
und wohl den Fuß auch in der Kinder Hütten setzt.

KAIN

In meiner Hütte war allein sein Fluch zu Gast,
ihn brech' ich, brock' ich mir allein als täglich Brot,
in Milch, in Blut, wie es mein Tagwerk mit sich bringt.

ABEL

Wer anders als du selber trägt daran die Schuld?
Du wandtest deinen Schritt noch jedesmal, wenn du
die Glorie des Höchsten nur von ferne sahst
auf Garizim. Sie scheuchte, wie ein feiges Wild
in seine Klüfte, dich zur fernsten Ödenei,
wenn sie des Nachts aus deiner Eltern heil'gem Zelt
hervorbrach und mit Paradieses Glanz und Duft
die Erdenfinsternis durchstrahlte.

KAIN

Ja, so ist's.
Ein feiges Wild zwar bin ich nicht und war ich nie,
allein, ich mag von diesem Glanz nicht kosten, mag
nicht naschen von der Glorie, die mir nicht bestimmt.
Und überdies, ihr Licht erquickt mich nicht, es zieht
mir Blasen, frißt mir Wunden, senkt ins Blut mir Gift.
Wie will Gott Segen tragen in die Welt des Fluchs
und Liebe ernten, wo er selbst den Haß gesät.

Was will er noch bei uns? Er möge ruhig doch
weiter Verderben brüten in der Seligkeit.

ADAM

Vergiß nicht, daß Gott immer noch der Herrscher ist,
der wohl entbinden kann, was er gebunden, sich
wie uns vom schweren Frone seines harten Grimms:
doch steht es auch bei ihm, uns, die Bestraften, nun
erst recht zu strafen, die Verstoßenen erst recht
in ungeahnte Höllen zu verstoßen.

KAIN

Ich
bin da, Unrecht zu leiden und zu tun, bin hier,
Zorn zu vererben, Gottes Grimm und Gottes Fluch.

EVA

Doch kehre diesen Grimm nicht wider deinen Gott,
Unseliger, sieh deinen Bruder Abel an:
er sinnt nur eines, wie er Gottes Zorn versöhnt.

ADAM

Ich ließ euch rufen, Abel und Kain, die ihr
der heil'gen Menschenmutter Eva Kinder seid
und Älteste von ihres Samens großem Volk,
Häupter der Brüder, Häupter auch der Schwesternschar,
Häupter von deren Söhnen, Sohnessöhnen auch
sowie der Töchter bis zum dritten, vierten Glied.
Zu meinem Ohr gedrungen, ihr Erlauchten, ist
die Kunde eurer Zwietracht. Brüder, einigt euch,
um eurer Brüder, eurer Schwestern willen tut's,
des Volks, das in zwei Lager nun gespalten ist.
Nicht will ich forschen, wer von euch der Schuldige ist,
unschuldig-schuldig mögt ihr beide sein, wie wir,
ich, euer Vater, Eva, eure Mutter, einst
es wurden, als wir von der Paradiesesfrucht
genossen. Euch zu richten ziemt uns Schuldigen nicht.
Reicht euch die Hände. Friede! Und zum Zeichen des
errichten wir an dieser heiligen Stelle hier
ein Mal von Steinen, das künftigen Geschlechtern von
Verstoßenen wie wir den Frieden predige!
Ihr beide schweigt, ihr beide zögert. Redet denn.

ABEL

Ich bin ein Mann des Friedens, und ich war es stets.
Bei dem, der mit Gewalt den Frieden brach, bei Kain,
steht's ganz allein, zu sagen, ob er ferner ihn
verleugnen oder aber wieder halten will.

KAIN

Brach ich den Frieden?

ABEL

Ja, denn wer mit einer Schar
wilder Gesellen fromme Hütten überfällt,
Jungfraun davonführt und zu schnödem Dienste zwingt,
der sage nicht, ihm sei der Friede heilig.

ADAM

Hast
du wirklich einen solchen Frevel ausgeübt?

KAIN

Du wolltest niemand richten, sagst du, Vater, und
doch nennst du Frevel eine Tat, die ich beging,
so richtest du, und Abel ist's, der mich verklagt.
Ich aber anerkenne diesen Kläger nicht
noch irgendeinen! noch auch irgendein Gericht.

ADAM

O Kain, bedenke, was du sprichst: nimm dieses Wort,
nimm es noch jetzt, geliebter Sohn, nimm es zurück.

KAIN

Warum?

[III]

[Notizen]

Luzifer. Die Menschen seine Legionen.
Luzifer. »Also überschattete dieser schöne Stern sein Licht.«
Die Begegnung mit Gott in der außerparadiesischen Welt.
Gott setzt einen heimlichen Herrn über Luzifer.

1. Pfingsttag 1919.
Hiddensee.

»Kain und Abel.« Heut damit beschäftigt.
Titel: »Das verlorne Paradies«.

den 22. Dezember 1933.
Agnetendorf.

Der Tod war Kain etwas ganz Neues, er trat ja zum erstenmal ein, darum konnte er ihn nicht beabsichtigen. Er war also ein unfreiwilliger Mörder. Er wollte nur schlagen, nicht erschlagen.

[ADOLF GRIESHAUER]

[Entstehungszeit: Vermutlich nach 1921.]

ERSTER AKT
Ein Wohnzimmer.
ERSTE SZENE

Professor Wachler und Frau Regina.

PROFESSOR WACHLER. Ich bin sehr weitherzig, ich bin in jeder Beziehung sehr weitherzig. Aber Ihre Aufgabe ist natürlich schwer.

FRAU REGINA, *eine reizvolle Frau von sechsunddreißig Jahren, exzentrisch gekleidet, viel Schmuck. Die Füße kokett auf dem Diwan.* Ich habe es schließlich alles gewußt, bester Professor. Aber ich liebte seinen Geist, seine Kunst. Ich liebte ihn, ich verehrte ihn. Und schließlich war ich ja sehr, sehr jung natürlich.

PROFESSOR WACHLER. Nehmen Sie noch etwas Schokolade, schöne Frau?

FRAU REGINA. Danke. Schenken Sie mir noch eine Zigarette, wenn ich bitten darf.

PROFESSOR WACHLER. Gott sei Dank, daß ich dienen kann. Ich rauche selbst nicht, wie Sie ja wissen. Aber vermöge einer gewissen Telepathie habe ich heute morgen einige hundert Stück Batschari eingekauft.

FRAU REGINA. Glauben Sie an Telepathie?

PROFESSOR WACHLER. Ich möchte beinahe daran glauben. Oder was hat mich eigentlich in diesen mir vor sechs Wochen nicht einmal dem Namen nach bekannten Ort gebracht? Und was hat mich in dieses Haus gebracht?

FRAU REGINA. Erzählen Sie bitte, bester Professor.

PROFESSOR WACHLER. Ich war in Breslau und wollte nach Prag reisen, und man ließ mich nicht über die Grenze, weil mein Paß nicht in Ordnung war. Ich fuhr zwei oder drei Stationen zurück, und da mir die Gegend Eindruck machte, stieg ich aus.

FRAU REGINA. Sie wußten gar nichts von Woltershausen?

PROFESSOR WACHLER. Was ich zu meiner Schande bekenne.

Nun aber jagten einander die Überraschungen. Kaum hundert Schritt vom Bahnhof stieß ich auf einen Kollegen von der Berliner Universität. Sie wissen ja, er hat mich bei Ihnen eingeführt. Wir sind uns eigentlich als Kollegen nicht besonders nahegetreten. Was zehn Jahre gemeinsamer Dozentenwirksamkeit beinahe in den gleichen Hörsälen nicht vermocht hatten, das wurde hier auf dem Lande in fünf Minuten zustande gebracht. In Professor Dalwik hat Ihr Mann einen wahren Freund.
FRAU REGINA. Wo steckt aber hier die Telepathie?
PROFESSOR WACHLER. Das sei Ihrem Scharfsinn überlassen. —
PROFESSOR WACHLER. Macht Adolf Grieshauer eigentlich öfter Besuche bei seiner gewesenen Frau?
FRAU REGINA. Wissen Sie das nicht? Jeden Tag.
PROFESSOR WACHLER. Und Sie wußten, daß er es tun würde, als Sie ihn heirateten?
FRAU REGINA. Daß er sie jeden Tag, den Gott der Herr werden läßt, aufsuchen würde, glaubte ich nicht. Ich war doch schließlich zu jung und zu hübsch, um nicht anzunehmen, ich könne ihn mehr und mehr zu mir herüberziehen. Es spricht weder für die Kraft meiner Reize noch für meine Urteilskraft, daß ich mich so gründlich getäuscht habe.
PROFESSOR WACHLER. Ich will nicht sagen, der Altersunterschied sei ein zu großer. Diese Sachen sind individuell. Wenn man aber Sie und Ihren Gatten zusammen sieht, so . . .
FRAU REGINA. Damals war er noch keine Ruine. Freilich, als wir das Kind bekommen hatten, wurde er auf eine rapide Art und Weise aufgezehrt. Wir sind ja erwachsene Leute, bester Professor. Wenn ich zu jenen jungen Frauen gehörte, die sich für betrogen um ihr Leben halten, wenn sie nicht im biblischen Sinne erkannt werden, so bin ich seit sieben Jahren tot.
PROFESSOR WACHLER. Und doch, Regina, lieben Sie diesen Mann.
FRAU REGINA. Er martert mich, ich leide durch ihn, ich leide durch seine ganze Familie. Ich weiß nicht einmal, ob nicht seine Liebe zu mir schon erloschen ist, und doch haben Sie recht: ich liebe ihn.
Er ist der allerseltsamste Mensch, der mir je begegnet ist und je im Leben begegnen kann. An diesem Manne ist nichts normal. Aber gerade in alle dem Unnormalen, das

ihn auszeichnet, liegt der einzigartige Wert seiner Persönlichkeit. Er ist im Ehrgeiz ausschweifend, in der Bescheidenheit ausschweifend, in der Güte und Menschenliebe ausschweifend, in moralischer Strenge ausschweifend, in moralischer Toleranz ausschweifend, im Hasse gegen den Egoismus ausschweifend und im Egoismus ausschweifend. Seine Bruderliebe ist grenzenlos, und doch kann er mit seinen Brüdern nicht fünf Minuten zusammen sein, ohne sie wütend zu beleidigen.

PROFESSOR WACHLER. Ja, wie ich eben sagte, die Überraschungen, als ich einmal den Boden von Woltershausen betreten hatte, häuften sich. Man wird wohl selten, wie hier, eine solche Unzahl wunderlicher und bedeutender Köpfe beisammen finden. Adolf Grieshauer ist freilich bei weitem der bedeutendste.

FRAU REGINA. Er ist heftig, aufgeregt, unberechenbar. Sie haben ja selbst erlebt, wie rücksichtslos er mich und andere herunterkanzelt. Kein Mensch ist in dieser Beziehung auch nur eine Minute sicher vor ihm, und doch übt er auf alle eine geradezu ungeheure Anziehungskraft.

PROFESSOR WACHLER. Auch auf mich, wie ich ohne Rückhalt bestätige.

FRAU REGINA. Nehmen Sie die einfachste Bauernfrau, und nehmen Sie die Schwester des Kaisers, bei der er persona grata ist. Man sucht ihn und liebt ihn in Schlössern so wie in Hütten. Sie wissen ja, daß seine frühere Frau und ich nicht die einzigen sind, die sich um ihn gruppiert haben. Es haben sich hier eine Menge Familien angesiedelt, nur um in seiner Nähe zu sein. Und wenn er ausgeht — der wahre Ortsheilige.

[ERASMUS MANN]

[Entstanden zwischen 1921 und 1922.]

ERSTER AKT

Eine Schneiderwerkstatt. Niedriges Zimmer, großer brauner Kachelofen. Der Schneidertisch. Der Raum ist zugleich Küche und Wohnstube.
Schneidermeister Horand sitzt nach Schneiderart auf dem Tisch an einem der drei Fenster und arbeitet an einer Herrenhose. Er ist ein dürftiges Männchen mit gütigem Gesicht, einen schwarzen Spitzbart am Kinn.
Frau Horand ist am Herd beschäftigt. Sie ist repräsentativer als der Mann, ernst, fein und zurückhaltend im Wesen. Beide Eheleute sind über sechzig. Der Raum liegt mit einer Straße, welche dicht am Hause vorbeiführt, auf gleicher Ebene. Durch drei Fensterchen der Hinterwand sieht man, was draußen vorgeht. Tür rechts in den Hausflur.
Es ist gegen Mitte Juni um die Mittagsstunde.

ERSTE SZENE

FRAU HORAND. Wenn a stirbt, wern mer woll rausmissen.
HORAND *seufzt ohne Beklemmung.* I je ja, je ja.
FRAU HORAND, *nach einigem Stillschweigen.* 's war nich nötig. Der konnt's noch lange machen. Bloß: er hatte zuviel um a Kopp.
HORAND. Je ja, je ja. — Ich denke, 's geht besser?
FRAU HORAND. Ma spricht's.
HORAND. 's heeßt ja, a leeft wieder.
FRAU HORAND. 's mechte sein! Wo sollen mir hin, wenn's nie wieder mit'm wird. Wir sein heute nich mehr de Jingsten.

ZWEITE SZENE

Am Fenster erscheinen Köpfe von Touristen, junges Ehepaar mit Rucksäcken.

DIE FRAU. Ist hier das Haus von Erasmus Mann?
HORAND. Ja, ja.
DER MANN. Ist er zu Hause?
HORAND. Nee: zu Hause sind se nich. Se sind noch im Sanatorium.
FRAU HORAND. Horand, du sollst doch a Leuten nischt sagen.
HORAND. Ich hab's vergessen. Richtig. Ja, ja.
DER MANN. Im Sanatorium. Ist er krank?
FRAU HORAND *tritt ans Fenster.* Ach nee. Se sind ock bloß zur Erholung dort, de Frau und der Herr Dokter.
DIE FRAU. Kann man da nich mal das Haus besichtigen?
FRAU HORAND. O nee, doch nee. Das is immer dasselbe. Die kennen doch, Gottes Wille! nich alle Welt durchs Haus loofen lassen.
DIE FRAU. Na, Besichtigung gegen Entgelt? —
Horand schließt geräuschvoll das Fensterchen.
FRAU HORAND. Das nimmt kee Ende a ganzen Sommer durch.

DRITTE SZENE

Die Postagentin Liesel Reichelt tritt ein.

LIESEL REICHELT. Telegramm.
FRAU HORAND. An a Herr Dokter? 's is niemand da.
LIESEL REICHELT. Aber a kommt heut, Muhme Horand. Wenigstens steht's im Telegramm. Da wird von Berlin aus »zur Genesung und zur Rückkehr ins eigne Heim« gratuliert.
FRAU HORAND. Mein Gott. Is das wirklich wahr, Liesel? — Was sollten wir alten Leute machen, noch mit der Wohnungsnot nach'm Kriege, wenn's mit'n Herrn Dokter täte zu Ende gehn.
LIESEL REICHELT. Wir habn ooch rausmüssen.
FRAU HORAND. Wie?
LIESEL REICHELT. Nu ja, wir mußten doch auch raus aus dem Hause.
FRAU HORAND. Du hast doch damals noch gar nich gelebt.

LIESEL REICHELT. Vater und Mutter hat aber doch rausmüssen.

FRAU HORAND. Warum hat dein Vater verkauft!

LIESEL REICHELT. Weil d'r Herr Dokter in eben mit Überreden Tag und Nacht keene Ruhe gegeben hat. Vater weeß heut noch nich, wie und wo er a Kaufvertrag unterschrieben hat.

FRAU HORAND. Das liegt über dreiunddreißig Jahre zurück, Liesel.

LIESEL REICHELT. Mutter sagt, die zwanzig Jahre, die Vater hernach noch gelebt hat, is kee Tag vergangen, an dem er sich nich über seine Tummheet gewurmt und geärgert hat.

HORAND. Freilich an Tummheet is's och gewesen.

LIESEL REICHELT. Mutter sagt, daß a dessentwegen um zehn Jahr zu früh gestorben is. So hat a sich das zu Herzen genommen.

FRAU HORAND. Dei Vater verkauft seine Gartenstelle. Dei Vater verkauft seine Väterei. Jetzt, wenn man das tutt — jetzt setzt man sich nich zwanzig Jahre lang in a Haus dichte nebenbei.

LIESEL REICHELT. Er konnte sich eemal nich trennen, spricht Mutter.

HORAND. O je, je, wie ofte hat Robert da drüber geflennt, wenn ich mit'n im Gasthause war. Da sein 'm die hellen Troppen manch liebes Mal iber de Backen runter und eis Bier nei gekullert. Und manchmal hot a ane ganz verpuchte Bust gekriegt.

FRAU HORAND. Unser Herr Dokter kann nischt dafire!

HORAND. Mutter, mich hungert, is bald aso weit?

FRAU HORAND. Ich spreche, was kann der Herr Dokter dafire. Der Herr Dokter is gutt.

LIESEL REICHELT. Das sagt ja Vater. Wär' er lieber nich aso gutt gewest. Da hätt' a konnt lange uff Vater einreden: und mir hätten heute noch die Stelle gehabt.

HORAND *steht auf*. Ich war ja dabei. Der Herr Dokter is gutt. Ich hab's selber gesehn. Dei Vater flennte, als der Verkauf fix und fertig war. Da hatt'n d'r Herr Dokter woll ane Stunde lang getreest und hat'n richtig umarmt und gestreichelt. — — —

LIESEL REICHELT. — Is gar niemand ob'n?

VIERTE SZENE

Fräulein Amalie Mann, Straßenanzug, tritt ein, altes Fräulein. Sie trägt einen kleinen Hamsterrucksack. Sie führt ein neunjähriges Mädchen an der Hand.

FRÄULEIN AMALIE. Post, Fräulein Reichelt?
LIESEL. Ein Telegramm.
FRÄULEIN AMALIE. Sie können es mir gleich dalassen, mein Bruder siedelt heute, Gott sei Dank, aus dem Sanatorium wieder hierher über. Ich bin ganz froh. Die Ärzte sagen, daß er sich wahrscheinlich wieder völlig erholen wird. Es grenzt fast ans Wunder, sagen die Ärzte.
FRAU HORAND. Gott sei gedankt, daß die Angst a wing nachläßt.
FRÄULEIN AMALIE. Es war überhaupt nicht das, was man anfangs glaubte: mein Bruder hatte gar keinen Schlaganfall.
FRAU HORAND. An den Tag wer' ich denken.
FRÄULEIN AMALIE. Die Ärzte sagen: er hätte sonst unmöglich können so schnell wieder bei voller, klarer Besinnung sein.
FRAU HORAND. A konnte ja auch am Tage drauf schon wieder aso deutlich sprechen wie jeder andre Mensch.
HORAND. Nu ja, ja. 's ging hechstens noch a wing langsam.
BIANCA. Frau Horanden, is denn de Gustel noch nich aus der Schule?
FRAU HORAND. Nee, noch nich.
BIANCA. Mulle, dann will ich einstweilen noch a bissel zu meinen Meerschweinchen gehn. *Sie geht.*

FÜNFTE SZENE

LIESEL REICHELT. Is vielleicht eine Antwort mitzunehmen, Fräulein Amalie?
FRÄULEIN AMALIE. Ach nein, ich kann mir schon denken. Die Leute zittern um meinen Bruder. Ein Geheimrat schreibt: Der Verlust wäre unersetzlich.
LIESEL REICHELT. Auf Wiedersehn!
FRÄULEIN AMALIE. Auf Wiedersehn!

SECHSTE SZENE

FRÄULEIN AMALIE. Können Sie bald mit mir hinaufkommen in die Wohnung, Frau Horand?
FRAU HORAND. Freilich. Ich riehre ock bloß noch'm Manne flink a Kartoffelsterz.
FRÄULEIN AMALIE. Sie müssen die Betten überziehen. Schön, dann erwart' ich Sie. *Sie geht.*

SIEBENTE SZENE

FRAU HORAND, *den Kartoffelbrei auf dem Tisch rührend.* Se sorgt fir's Kind, se sorgt fir de Wirtschaft, se sorgt fir a Bruder.
HORAND. Se konnte sich wieder kaum schleppen. Wie der Kalch an der Wand, so blaß sak se aus. Die looft was rum mit da schwachen Beenen. Daß a ock sei Ei und sei bißla Putter kriegt.

ACHTE SZENE

Gustel Horand springt herein. Hinter ihr in der offenen Tür erscheint Professor Blunschli. Er trägt Hut mit breiter Krempe, einen Sommerpaletot, blitzende Busennadel, den Regenschirm als Stock.

GUSTEL, *zur Mutter flüsternd.* Der Herr hat mir fünf Mark geschenkt.
BLUNSCHLI. Darf man eintreten?
HORAND. Bitte sehr.
BLUNSCHLI. Da hat mich ja der Zufall gleich vor die rechte Schmiede geführt.
HORAND. Bitte sehr, was wäre gefällig?
BLUNSCHLI. Ich wohne im Gasthof Zur großen Sturmhaube und habe seit Tagen nach einem vertrauenerweckenden Handwerksmeister wie Sie gesucht, der mir ein paar Anzüge bessern und wenden könnte. Zu einem neuen entschließt man sich ja doch bei der schrecklichen Teuerung nicht so leicht.
HORAND. Nu freilich, da steh' ich gern zu Diensten.
BLUNSCHLI. Darf man wohl einen Augenblick Platz nehmen?

Er tut es. — Ihre Tochter ist ein wohlerzogenes, liebes Kind, Meister.

HORAND. Ja, danke, mein Herr.

BLUNSCHLI. Ein wohlerzogenes, liebes Kind. Und wenn sie nicht hier wäre, würd' ich noch mehr sagen.

HORAND. Danke, danke, mein Herr.

BLUNSCHLI. Sie könnte ganz gut einem Lorenzo di Credi zum Modell dienen.

HORAND. Danke, danke, mein Herr. 's kommen ja viele Maler oben ins Haus. Und eener hat ja ooch von ihr gesagt: Se is wie a kleenes Heiligenbild.

BLUNSCHLI. Oben, Meister? Wer wohnt denn hier oben?

HORAND. Hier wohnt der Dokter Erasmus Mann.

BLUNSCHLI. Nun seh' ich aber den Zufall, der mich unter den Schulkindern grade auf Ihre Tochter aufmerksam machte, als eine höhere Fügung an. Dieser kleine Himmelsbote hat mich also, ohne daß ich es ahnte, an den Ort geführt, den zu betreten ich seit Jahren sehnlichst gewünscht habe. — Da hast du noch ein Stück Schokolade, mein Kind. *Er steckt selbst ein Stück Schokolade in den Mund und spricht kauend weiter.* Erasmus Mann! Es gibt wenige Menschen, denen ich so in Verehrung verbunden bin.

HORAND. Kennen Sie den Herrn Dokter persenlich?

BLUNSCHLI. Ich habe seine jetzige Frau als junges Mädchen gekannt. Ich bin nämlich so ein Professor aus der Stadt, Meister. Ich halte Kollegs an einer Hochschule: so nennt man die wissenschaftlichen Vorträge. Also die jetzige Frau Doktor Mann saß als junges Mädchen bei mir im Kolleg.

HORAND. So, so! — Was Sie sagen, mein Herr!

BLUNSCHLI. Demnach hat sich also alles, was mir Ihre Tochter plaudernderweise verraten hat, auf das Haus des verehrten Erasmus Mann und meiner ehemaligen jungen Hörerin Sophie, geborenen Mende, bezogen. Es kann doch wohl niemand anders sein. Exzellenz ihr Herr Vater war Staatsminister.

FRAU HORAND. Nee, nee, das stimmt. Das hat alles so seine Richtigkeit.

BLUNSCHLI. Ist die Krankheit ernsthaft gewesen?

FRAU HORAND. Meinen Sie beim Herrn Dokter oder der Frau, mein Herr?

BLUNSCHLI. Auch Frau Doktor ist krank?

FRAU HORAND. Se sein beede eim Sanatorium.

BLUNSCHLI. Bei Doktor Schweidler im Birkenwäldchen?
FRAU HORAND. Richtig, ja.
BLUNSCHLI. Da möchte ich doch darauf wetten, daß ich Frau Sophie Mann, geborene Mende, meiner verflossenen Hörerin, dort in der Nähe, unweit vom Parktor, auf dem Wege längs der schäumenden Schwarzbach, begegnet bin. Sie hat mich ebensowenig erkannt, als ich sie im Augenblick erkannt habe. Aber ich glaube, wir haben uns beide unwillkürlich an die Schläfe gefaßt. — Es ist niemand im Haus: trotzdem will ich die Karten abgeben. — Sagen Sie mir, wo tut man das?
HORAND. Hier, wenn Se wolln. Meine Frau muß die Minute zu Fräulein Malchen in die Wohnung rauf.
BLUNSCHLI. Schön. — Meister, kommen wir nun zur Hauptsache. Sie verstehen sich also aufs Wenden von Anzügen?
HORAND. Hier, wenn Sie sich überzeugen wolln, hab' ich an alten Anzug oben vom Herrn Dokter gewendet.
BLUNSCHLI. Doktor Erasmus Mann läßt auch wenden!?
HORAND. O je, wenn's ginge, wären dem seine Anziege schon drei- und viermal um und um gewendet. 's sein eemal zu traurige Zeiten.
BLUNSCHLI. Demnach scheint der allgemeine Jammer auch an diesem tiefbedeutsamen Hause nicht spurlos vorübergegangen sein.
HORAND. Viel Sorgen! Viel Sorgen! Gott behüte. Doch man spricht besser nich davon.
BLUNSCHLI. Der Dichter lebt, denk' ich, in guten Verhältnissen?
Stillschweigen.
HORAND. Dazu kann ich nischt sagen. — Bloß soviel sag' ich: ich schneidre lieber den ganzen Tag und die halbe Nacht, als daß ich mechte an dessen seiner Stelle sein.
FRAU HORAND. Was redst de denn wieder fir Tummheeten, Horand!
HORAND. Warum soll ich'n das nich sagen. Ich sag' ja nischt weiter.
BLUNSCHLI. Nun, ich will meines Weges weitergehn. Sie haben mir übrigens noch nicht gesagt, ob die Krankheit des verehrten Mannes wirklich ernstlich besorgniserregend ist.
FRAU HORAND. Nee, nee, a wird wieder uff an Damm kommen. Das hat uns eben erst Fräulein Malchen gesagt. Fräulein Malchen ist seine Schwester.

BLUNSCHLI. Fräulein Malchen lebt hier im Haus?
FRAU HORAND. Se schläft woanders, bloß a Tag über.
BLUNSCHLI. Ich bin froh, daß die Schwester so optimistisch ist. Ich hatte anderslautende Nachrichten. Möge die liebende Schwesterseele recht behalten!
Können Sie mir eine Frage beantworten: wissen Sie, ob ein gelegentlicher Besuch oben nicht unangenehm empfunden wird?
HORAND. Nee, nee, der Herr Dokter liebt ja Besuche.
BLUNSCHLI. Nun, dann leben Sie wohl! Dann verrede ich nichts, wenn er erst wieder im Hause ist.
HORAND. A kommt heut nachmittag wieder zu Hause.
BLUNSCHLI. Ich bin einmal hier, ich habe diesen schönen Gebirgsort kennen und lieben gelernt, und wer einmal in Rom ist, will auch den Papst sehen.

NEUNTE SZENE

Bianca ist in die Tür getreten. Sie streichelt ein Meerschweinchen und blickt Blunschli offen und ohne Erstaunen an.

BLUNSCHLI. Kleines Mädchen, wer bist du denn?
BIANCA, *gedehnt, aber liebenswürdig.* Nee, aber doch ich bin doch nich klein.
BLUNSCHLI. Na, aber eine kleine Dame natürlich.
Bianca bricht in verschämtes Lachen aus und läuft weg.

ZEHNTE SZENE

BLUNSCHLI. Da hab' ich wohl noch vor dem Gehen die Tochter des Hauses kennengelernt. Wirklich ein entzückendes Kind.
HORAND. Nee, nee, se is a sehr guttes Mädel.
BLUNSCHLI. Auf Wiedersehn. Ich schicke die Anzüge.
HORAND. Das wird mich sehr freuen, ich denke, Sie wern mit meiner Arbeit zufrieden sein.
Blunschli geht.

ELFTE SZENE

Stillschweigen.

FRAU HORAND. Was hast du dem Herrn erzählt, Gustel?
GUSTEL. Nischt.
FRAU HORAND. A spricht's doch. Du mußt'n doch was erzählt habn. Du weeßt doch, du sollst dich nich lassen aushorchen.
GUSTEL. Ich hab'n aber doch nischt erzählt. Er hat mich gefragt, ob der Herr Dokter nich schon amal verheirat' gewesn is.
FRAU HORAND. Wie kann man bloß Kinder aso was fragen.
HORAND. Aber Mutter, warum d'n nich?
GUSTEL. Na, und da hab' ich ja gesagt.
FRAU HORAND. A hat dich woll ooch noch mehr gefragt.
GUSTEL. Weiter hat a mich nischt gefragt.
FRAU HORAND. Das sagst du immer. Besinn dich ock, Gustel.
GUSTEL. Weiter hat a mich nischt gefragt.
HORAND. Mutter, was soll er d'n sonst noch gefragt habn?
FRAU HORAND. Nu, das wär' nich's erste Mal, daß eener ums Haus hier rumschnüffeln tutt. Du wirscht'n wohl allerlei erzählt habn. Ich werd' dir amal gehörig 'n Kopp waschen.
GUSTEL. Nu, wenn a mich fragt, ob de erste Frau gestorben is, soll ich da nich de Wahrheit sagn?
FRAU HORAND. Freilich, freilich: und daß se gar nich weit von hier im Hause Zu dn drei Eichen lebt und daß a se täglich besuchen geht. Mir wär's lieber, du hätt'st nicht ane so große Sparkasse. — Meiner Seele, da sind se schon.

ZWÖLFTE SZENE

Eine Automobilhupe ist vor dem Hause ertönt. Horand, Frau Horand und Gustel verlassen das Zimmer. Man sieht sie gleich darauf außerhalb der Fenster um das Automobil und Aussteigen bemüht. Bald darauf erschallt der kleine Steinflur von Tritten und Stimmen. Frau Hortense Mann, geschmackvoll gekleidete, noch jugendliche, interessante Frau, tritt ein.

HORTENSE. Komm doch einen Augenblick hierherein, Erasmus.
Erasmus Mann, gestützt von Schwester Emma, einer Diakonissin, und einem jungen Arzt, Dr. Wild, tritt ein. Es folgen

ihm: seine wirkliche Schwester Fräulein Amalie, Horand, Frau Horand, Gustel Horand und Rössler, ein Gartenarbeiter.
DR. WILD. Ihre Gattin hat recht: einen Augenblick Ruhe vorm Treppensteigen.
ERASMUS. Na, sehn Sie, Rössler, ich bin wieder da.
RÖSSLER. Das is ooch. Das gehört sich, Herr Dokter.
ERASMUS. Richtig. Sie wissen, was sich gehört, Rössler.
RÖSSLER. Gewiß och, wenn man vierunddreißig Jahre beim Herrn Dokter im Hause und im Garten gearbeit hat.
ERASMUS. Sie haben ja schon Steine gespalten ... Sie kennen ja, möcht' ich sagen, jeden Ziegel, der beim Umbau des alten Reichelthauses hier hineinvermauert worden ist.
RÖSSLER. Ich ha hier vom erschten Augenblick an mitgemacht.
ERASMUS. Freilich, Rössler, Sie können mitreden.
RÖSSLER. Wenn o nich grade mitreden, Herr Dokter. Jedennoch, ma hat ebens Stunde fir Stunde miterlebt.
HORAND. Geht's Ihn' wieder besser, Herr Dokter?
ERASMUS. Die wundervollen elektrischen Bäder und, nicht zu vergessen, der gradezu zauberwirkende, unmoderne Aderlaß. — Versteh' ich nicht auch was von Medizin, Dr. Wild? Als ich Sie bat, mir zur Ader zu lassen, hab' ich da nicht recht gehabt?
FRÄULEIN AMALIE. Es ist nicht zu sagen, was du wieder für frische Farben bekommen hast.
ERASMUS. Man hat eben wieder frisches Blut bekommen.
Man hat Erasmus in einen Großvaterstuhl beim Schneidertisch niedergelassen.
ERASMUS. Kinder, ihr glaubt nicht, wie froh ich bin, wieder in meinen vier Pfählen zu sein. —
HORAND. Schön willkomm' zu Hause, Herr Dokter.
ERASMUS. Und da liegt ja auch schon mein Sonntagnachmittagausgehrock.
HORAND. Der wird wie neu, wenn er fertig gewendt is.
ERASMUS. Horand, können Sie mich nich och wenden?
Alle lachen gedämpft, aber herzlich.
HORTENSE *entdeckt die Visitenkarten Blunschlis.* Frau Horand, wer hat denn die Karten gebracht?
FRAU HORAND. A Herr, gnädige Frau, Sie müssen dem Herrn noch begegnet sein.
HORTENSE *zu Erasmus.* Erinnerst du dich an den starken Herrn, der grüßte?

ERASMUS. Jawohl.
HORTENSE. Weißt du, wer das gewesen ist? Das ist Professor Blunschli gewesen. Jetzt weiß ich auch, ich bin ihm schon einmal begegnet, unweit vom Sanatorium. Wie kann man jemand nicht wiedererkennen, dem man semesterlang dreimal die Woche buchstäblich das Wort vom Munde gestohlen hat!
ERASMUS. Er hat vorzügliche Bücher geschrieben.

DIS MANIBUS

[Entstehungszeit: Vermutlich 1923.]

DER GÄRTNER. Ich habe Sie also nun herumgeführt, mein Herr.

DER MANN. So ist es.

DER GÄRTNER. Und, wie gesagt: Alles ist leer! Alles ist ausgeräumt. Alles ist ausgestorben.

DER MANN. Was sind das für glucksende Geräusche? —

DER GÄRTNER. Es ist der kleine Löwenkopf an der Mauer draußen. Der kleine Wasserspeier.

DER MANN. Ach so! *Er faßt sich an die Stirn.*

DER GÄRTNER. Es ist nun nichts weiter Sehenswertes im Hause, mein Herr.

DER MANN. O doch! Sehens- und Hörenswertes. Zum Beispiel, der kleine Born an der Mauer zum Beispiel singt Lieder. *Er sinnt nach.*

DER GÄRTNER, *unruhig.* Es wird dunkel, mein Herr!

DER MANN. Hell. — Können Sie mir nichts über den letzten Besitzer dieses Hauses sagen?

DER GÄRTNER. Er ist tot. — Die Erben streiten sich noch.

DER MANN. Und ehe der nun Verstorbene es in Besitz nahm? Wem gehörte das Haus?

DER GÄRTNER. Es wohnten drei junge Fräuleins darin.

DER MANN. Wie heißt doch das Verschen? Da blickten drei schöne Jungfern heraus, die eine spann Seide, die andre... Herzeleide oder so was . . . Das kam auch darin vor.

DER GÄRTNER. Es zogen drei Burschen wohl über den Rhein.

DER MANN. Drei Burschen sind auch dabei gewesen, aber es ist nicht dasselbe Lied. Nein, lieber Gärtner. — Wie ist heuer der Wein geraten?

DER GÄRTNER. Die Sonne hat einen feurigen Tropfen an unsrem Hügel gekocht.

DER MANN. Dionysos sprang aus der Kelter.

DER GÄRTNER. Das verstehe ich nicht.

DER MANN. Wie solltet Ihr auch. Hört: Ich bin von weit hergereist, um hier diese Stätte wiederzusehen. Es war eine heimliche, seltsame Fahrt. Hier hast du Gold. Bring mir von deinem neuen Wein. Von dem Weine bringe mir, wie er an diesem Hügel gewachsen. Bring ihn und laß mich die Nacht in dem alten Hause allein.

DER GÄRTNER. Was wollt Ihr hier, ohne Lagerstatt? In der Kellerluft des alten Gebäudes?

DER MANN. Ich bin ein Tor!

DER GÄRTNER. ... In dem öden Gemäuer, so ganz allein?

DER MANN. Dem Brünnlein lauschen, das draußen rinnt. — Geh, Freund! Ich gehöre der Zunft gutmütiger Narren an. Nimm dein Geld und laß mich gewähren. Und außerdem bin ich hier nicht allein: die Dielen, die Wände, die Decken reden. —

Der Gärtner mit dem Licht ab, steigt in den Keller hinab. Ein schöner, efeubekränzter Knabe kommt eine Treppe herunter, halbnackt, im Mondschein.

DER MANN, *als der Knabe vor ihm steht.* Willkommen, Knabe!

DER KNABE. Willkommen, Mann!

DER MANN. Ich kenne dich.

DER KNABE. Wie solltest du nicht. Einst hatt' ich dein Bild in mir.

DER MANN. Und heut habe ich deins in mir.

DER KNABE. Ich lebe von deinen Gnaden.

DER MANN. Ich lebe von deinen Gnaden.

DER KNABE. Nimm den Kranz.

DER MANN. Behalt den Kranz. —

Der Gärtner kommt wieder.

DER MANN, *zum Gärtner.* Seht Ihr, wer bei mir ist?

DER GÄRTNER. Ihr erschreckt mich, Herr. Ich sehe, daß niemand außer mir bei Euch ist.

DER MANN. Etwas Schöngelocktes ist bei mir. Etwas Schöngelocktes wird ewig bei mir sein. Es verläßt mich nicht. Etwas Nacktes ist bei mir. Ein nacktes Rätsel ist bei mir. Ein nacktes bekanntes Rätsel, Freund! Etwas Allmächtiges ist bei mir. Ein Gott ist hier.

DER GÄRTNER. Gott ist überall, Herr!

DER MANN. Nein, mein Freund. Es sind Götter! Und nicht jeder Gott ist überall. Aber einer ist bei mir. *Er gießt Wein ein.* Bromios!

DER GÄRTNER. Es graust mir. Ich verlasse Euch, Herr!

DER MANN. Ihr seid ein Winzer, und es graust Euch vor dem?

DER GÄRTNER. Vor niemand als Euch, gute Nacht.

Mann allein mit der Erscheinung.

DER MANN. Etwas Schöngelocktes ist bei mir! — Sprich! —

DER KNABE. Du riefst mich. Ich kam aus der Grotte des alten Weinbergs hervor, wie ich ehmals hervortrat. Du weißt: es liegen große fleischfarbene Muscheln, wie die Tritonen sie haben, dort herum.

DER MANN. Ich weiß. Als ich noch du war, vor langen Jahren, hab' ich in dieser Grotte gerastet, bin ich aus dieser Grotte hervorgetreten. Eros hat mich in dieser Grotte besucht. Nun besuchen mich Schatten.

Durch eine Tür zu ebener Erde tritt ein üppiges Mädchen im griechischen Gewand. Sie bringt ein Glas mit Wasser.

DAS SCHÖNE MÄDCHEN. Trink, Geliebter!

DER MANN *weist auf den Knaben.* Es ist für den!

DAS SCHÖNE MÄDCHEN. Ich sehe nur einen hier, dich! Ich habe Wein in das Glas getan. Und dann habe ich unter dem Löwenhaupt kristallklares Bergwasser dazurinnen lassen. Du weißt, wie es unsre Gewohnheit war. Trink. Die Schwestern wissen nichts darum. Ich tat alles heimlich, für dich.

DER MANN *nimmt das Glas, betrachtet darüber hin das Mädchen.* Wie schön du bist. Aber du bist verändert!

DAS MÄDCHEN. Graue Schleier. Aber unter den grauen Schleiern und Falten bin ich nackt und weiß. Komm!

DER MANN. Wohin?

DAS MÄDCHEN. Komm in die Grotte mit mir. Hörst du den Lärm der Winzer nicht? Den Lärm der Kelter? Den Lärm des heimlichen Gottes in der Kelter? Daß purpurner Gischt von den schwarzen Wangen des Fasses trieft.

DER MANN. Es war Frühling damals.

DAS MÄDCHEN. Nun ist es Herbst. Und Dionysos ist wiederauferstanden.

DER KNABE *ruft.* Jumalai!

DER MANN, *aufblühend.* Das war das Wort.

DAS MÄDCHEN. Kennst du das Wort nicht mehr? Es heißt: Leben für alle!

DER MANN. Ich habe es immer gefühlt. Nie gehört.

DAS MÄDCHEN. Heut hörst du es.

DER MANN. Du bist eine Göttin?

DAS MÄDCHEN. Ja.

DER MANN. Du bist mein Lieb von dereinst: und bist eine Göttin.

DAS MÄDCHEN. Beides.

DER MANN. Du bist eine Macht.

DAS MÄDCHEN. Ich gehe voran. Steig in die Grotte zu mir!

[ALEXANDER HETTENBACH]

Agnetendorf, den 13. 6. 1929.

DRAMATIS PERSONAE

PROFESSOR DR. HETTENBACH, Privatgelehrter, Schriftsteller
IRMA HETTENBACH, geb. FALKE, seine Frau
PROFESSOR HETTENBACH, Architekt, sein Bruder
KATHARINA HETTENBACH, seine Schwester
RUTH, seine und Irmas Tochter
EDITH HETTENBACH, seine geschiedene Frau
PROFESSOR ALPHONS GROHAG, Universitätsdozent
JOHANNES HILLMER, Professor der Nationalökonomie
GENERALIN FALKE, Exzellenz
HANS HEINRICH FALKE, ihr Sohn, Oberleutnant a. D.
FRÄULEIN FANNY SEEBECK
FRÄULEIN SCHEUERLEIN, Sekretärin bei Professor Dr. Hettenbach
MARTHA, Hausmädchen bei Edith Hettenbach
PROFESSOR STAHL, Arzt, Internist
DR. MED. FAHRON, Arzt

Landhaus an der Peripherie einer kleinen Universitätsstadt. Ein Wohnzimmer mit Bücherregalen. Chaiselongue, Stühle, niedriges Rauchtischchen.
Irma, mädchenhaft wirkende Frau von fünfunddreißig Jahren, liegt zigarettenrauchend auf der Chaiselongue; auf einem niedrigen Hocker neben ihr der riesige, schwammige Professor Alphons Grohag, der die Fünfzig überschritten hat. Ausrasiert Kinn und Mund, graumelierte Bartkoteletten holländischer Sitte. Ungepflegtes, mittelkurzes Haar.

PROFESSOR GROHAG. Alles in allem also doch eine unverstandene Frau.
IRMA, *verführerische Attitüde, gezierte Sprechweise mit bewußt halbnasalem Gaumenklang.* O bitte, damit degradieren Sie mich. Ich fühle mich durchaus nicht als unverstandene

Frau. Ich würde Gift nehmen, wenn ich mich diesem Typus
zurechnen sollte. Gott sei Dank! das wäre auch ganz unmöglich neben einem Alexander Hettenbach.

GROHAG *stopft Pralinés.* Dann habe ich Sie mißverstanden,
meine schöne junge Frau. Aber Sie sprachen doch, denk'
ich, davon, daß Sie sich ziemlich einsam und allein fühlen.

IRMA. Deshalb bin ich noch lange keine unverstandene Frau.
Sie dürfen nicht vergessen, ich habe doch seinerzeit ganz
genau gewußt, was ich tat. Es hat sich dabei durchaus
nicht um eine unverstandene Frau, sondern höchstens um
einen unverstandenen Mann gehandelt.

GROHAG. Davon sprachen Sie allerdings, daß Alexander
Hettenbach, bevor Sie seine Frau wurden, mit einer tief
unter ihm stehenden Persönlichkeit verheiratet war.

IRMA. Seine ganze Umgebung stand tief unter ihm. Da war
niemand, geradezu niemand, der die Bedeutung dieses
Mannes auch nur von fern zu würdigen wußte. Verehrer,
junge und ältere Männer, kamen ja von überallher ins
Haus. Es blieben Besuche, die ihm das Gefühl der Einsamkeit und Verlassenheit auf die Dauer nicht nehmen konnten.
Und schließlich ist er immer nur zu einem kleinen, aus-
erlesenen Kreise durchgedrungen. Sie wissen ja, daß er
noch heut in dieser Hinsicht zu kämpfen hat.

GROHAG. Ich sage offen, ich kannte Alexander Hettenbach,
bevor ich ihn hier persönlich kennenlernte, nicht einmal
dem Namen nach.

IRMA. O pfui, da haben Sie sich zu schämen.

GROHAG. Nachdem ich jetzt das ein und andere Buch von
ihm durchblättert habe, gebe ich das zu.

IRMA. Durchblättert: welche Barbarei!

GROHAG. Ludwig Hettenbach, den Erbauer des Kaufhauses
in der Leipziger Straße, kennt jedermann. Sein Name ist
in aller Munde.

IRMA. Obgleich er gegen seinen Bruder ungefähr dasselbe wie
ein Herzog von Gotha gegen Alexander den Großen ist.

GROHAG. Sie rauchen kalt. Darf ich Ihnen Feuer geben,
gnädigste Frau ? *Er tut es.*

IRMA. Das klingt Ihnen möglicherweise lächerlich.

GROHAG. Was liegt daran, wenn es die Wahrheit ist.

IRMA. Das klingt Ihnen möglicherweise lächerlich.

DER LUMPENSAMMLER
(JOB)
(AHA!)

[I]

ENTWURF

Lugano, 14. 2. 1931.

1. Titel vielleicht: Der Lumpensammler ([Später hinzugefügt] Job).
2. Sein Aktionsfeld: mittlere Stadt, etwa Görlitz.
3. Er ist in Amerika gewesen.
4. Er wohnt in einem altertümlichen Häuschen sehr ärmlich, nach hinten heraus. Sonderlingswesen.
5. Er gibt sich als Halbnarr. Sein Sonderlingswesen ist denen bekannt, die mit ihm zu tun haben.
6. Er gibt sich naiv als Kyniker, Verehrer der Armut, an Epiktet oder Jacopone streifend. Neigt zu Diatriben. Es ist alles Irrtum: der Mensch ißt zuviel, trinkt zuviel, braucht keine Gläser, Teller, noch gar Wasserklosetts, auch Kleidung zum größten Teil überflüssig. Man kann sich gewöhnen, winters in ungeheiztem Zimmer zu wohnen, etc.
7. Dieser Mann, etwa als Hausierer mit dem Hundewagen, kommt eines Tages auf den Hof eines Rittergutes der umliegenden Dörfer. Dort wird er auf Befehl des Besitzers, eines Freiherrn von Gamssteig-Kolwangen, überraschend festgenommen und hinter einer Scheune durchgeprügelt, zur Strafe für vermeinte Diebstähle.
8. Das Original ist unschuldig. Sein Leben, seine Philosophie, sein Charakter erfährt durch diese entehrende Mißhandlung eine absolute Veränderung. Alle seine anderen Liebhabereien und Neigungen werden durch das Bedürfnis nach Rache verschlungen. Rache zu nehmen ist das einzige Ziel aller seiner Gedanken.
9. Nach innen ist dieser Mann besessen von einem pathologischen Geiz. Er hat ihn dazu geführt, nach außen den Bettler zu spielen und einen erheblichen Reichtum, in

Amerika erworben, in Deutschland vermehrt, mit einem
Raffinement ohnegleichen zu verstecken. Ähnliche Fälle
sind bekannt.

10. Seine Versuche, sich Genugtuung zu verschaffen, helfen
nichts. Mit Hohn und Verachtung wird er zurückgewiesen. Eine Klage riskiert er nicht. Mit den Gerichten
will er aus anderen Gründen nichts zu tun haben.

11. Nun aber wird sein Geiz gebrochen durch die Rache-
besessenheit.

12. Der Lumpensammler verbirgt auf dem Lande seinen
eigentlichen Namen und nennt sich Job. Man kennt ihn
nur unter dem Namen Job. Es fällt, da er das Leben eines
wandernden Hausierers führt, in seinem Stadtquartier
natürlich nicht auf, wenn er nicht zu Hause ist.

13. Mehrere Male monatlich pflegt er sich auf irgendeiner
kleinen Station in die vierte Klasse des ersten besten
Bummelzugs zu setzen und nach Berlin zu reisen. Hier
hat er, unter anderen Verbindungen, seinen Vertrauensmann.

14. Er wohnt in Berlin bei seiner Schwester, einer Zimmervermieterin. Sie kennt die Höhe seines Vermögens nicht,
bewahrt aber seine Korrespondenzen und seine Bank-
papiere in einer verschlossenen Schatulle, zu der er den
Schlüssel hat.

15. Sie liebt ihren Bruder schwärmerisch.

16. Wie Job sein Vermögen erwirbt und verbirgt.

17. Er unterhält Verbindungen in der Verbrecherwelt. Er
verkehrt in Kaschemmen.

18. Er verkehrt mit dem Besitzer eines bekannten Juwelier-
ladens, der ein Hehler ist.

19. Cläre, eine seiner Nichten, ist ein ausgemachtes Früchtchen. Sie hat Beziehungen zu der Schwester Jobs, bei der
sie auch zuweilen wohnt. Gelegentlich macht sie sich Geld
auf der Straße. Immerhin ist sie noch blutjung.

20. Vier Wochen nachdem Job verprügelt worden ist, kommt
er zu seiner Schwester nach Berlin, sieht seine Korrespondenzen und Papiere durch und erzählt ihr das Vorge-
fallene. Hier lernt er auch seine Nichte kennen, die er
zuletzt als siebenjähriges Kind gesehen hat.
Hat Konferenz mit seinem Vertrauensmann.
Diesem eröffnet sich Job nicht. Es wird ihm nur aufgetragen, die Verhältnisse des Freiherrn von Gamssteig

auszukundschaften, der ein Spieler und Trinker sei und
bis an den Hals in Schulden stecke.
21. Wir finden uns nun in dem Schlosse des Freiherrn von
Gamssteig-K[olwangen]. Es ist bei ihm eingebrochen
worden. Der Inspektor ist da, die Freifrau, einige Diener
sind gegenwärtig und Cläre, ein hübsches Dienstmädchen.
Es ist ebendieselbe, die man als Jobs Nichte kennt: aber
nicht im Gutshause.
22. Nur im äußerlichen Zusammenhang mit dem Einbruch
wird von den letzten Diebstählen gesprochen und von der
Abstrafung Jobs.
23. Der Freiherr ist für die Prügelstrafe.
24. Polizeikommissare sind gegenwärtig. Vermutungen werden durchgesprochen.
25. Eine Kasse mit zehntausend Mark ist geraubt, die aus
einem Wechsel stammen, den der Freiherr unterschrieben
hat. Sie sollten zur Zahlung von
26. Löhnen und aufgelaufener Rechnungen für Haushalt und
Leben dienen. Auch wollte man zum Skisport einige
Wochen ins Gebirge.
27. Auch Juwelen sind gestohlen.
28. Cläre hat ein Verhältnis mit dem Freiherrn.
29. Man ist zum erstenmal bei Job in seinem Stadtquartier.
Er sitzt nachts bei Licht, oder besser: es ist etwa fünf Uhr
nachmittags im ersten Drittel des Januar. Die Türen des
Mansardenquartiers sind sorgfältig verriegelt und verschlossen.
30. Allerhand Trödlerkram mag das Gelaß füllen. Porzellan
kleiner Leute, Zinn, alte Scharteken, wertlose Münzen
etc.
31. Die blecherne Schelle wird angezogen, Cläre erscheint.
Sie berichtet vom Einbruch mit allen Einzelheiten und
welche Rolle sie dabei gespielt.
32. Hauptmatador der Einbrecher.
33. Es ist keiner von denen, die Job persönlich kennt.
34. Job besitzt den Zehntausendmark-Wechsel des Freiherrn.
35. Job hat eine diabolische Freude über den ersten gelungenen Racheakt.
36. Der Einbruch ist indirekt von ihm angezettelt. Das aber
verbirgt sich Clären.
37. Wie und auf welche Weise ist er angezettelt?

Daß Cläre als Spionin fungiert, ist selbstverständlich. Von
ihr gehen die Fäden zu Jobs Schwester nach Berlin.
38. Bei dieser Schwester hat man beim ersten Besuch Jobs in
deren Wohnung einen Zimmerherrn, einen verkrachten
Baron, kennengelernt, der aber Kriminelles nicht auf
dem Kerbholz hat. Höchstens hat er sich als Zitterer gelegentlich betätigt oder als einäugiger Invalide mit
Streichhölzern. Selbstverständlich Verhältnis mit Cläre
angefangen. Er wurde von ihr sogar Job als Bräutigam
avisiert, wenn nicht vorgestellt.
39. Auf den verkrachten Baron spricht Job in der Szene mit
Cläre unter Nr. 29, 30, 31. Er prüft das Mädchen daraufhin, ob sie den Baron liebe. Es scheint so, sie wechselt
Briefe mit ihm. Was es für eine Art Mensch sei, will Job
wissen. Er hat sich im Kriege ausgezeichnet, wurde in den
Vereinigten Staaten gefaßt, als er eine Brücke sprengen
wollte, hat einen kleinen Klaps (von dem Cläre nicht
spricht), ist sonst liebenswürdig und ritterlich, ein bißchen Baron Engelhart. Geschichtenerzähler, Romantiker,
Flunkerer, zu jedem Abenteuer leidenschaftlich neigend.
Warum überhaupt leben, wenn man langweilig leben soll.
Doppeldasein. Kommt er durch Zufall zu einer ausreichenden Summe, wird sie sofort bei Hiller etc. angelegt.
40. Die Dorfstraße in der Nähe des Gamssteigschen Gutes.
Job mit seinem Hundewagen, umgeben von Dörflern. Er
scheint ganz in seinem Element als Lumpensammler,
Trödler, Hausierer. Die Dorfleute feilschen mit ihm um
kleine Ringe, Glasschmuck und dergleichen. Auch bringen sie ihm Gegenstände. Wie immer Diatriben. Armutsphilosophie.
Cläre kommt aus dem Gutstor und entdeckt ihn wie zufällig. Auch sie fängt mit ihm zu feilschen an. Beide
verhalten sich, als ob sie einander nie gesehen hätten.
Aber sie steckt ihm Nachrichten zu.
Sie hat Gespräche des Freiherrn mit seiner Frau belauscht. Bettkonfessionen: er sucht nach einer großen
Hypothek oder sonst irgendwie Geld.
Die Ernte wird gut werden, soll ihn rausreißen, einigermaßen flottmachen, aber Gläubiger bedrängen ihn, und
er muß über den Sommer hinweg.
Da kommt Freiherr von Gamssteig-K[olwangen] selbst.
Beim Anblick Jobs bekommt er einen cholerischen An-

fall. Zu Cläre: »Laß dich nicht mit diesem Schurken und
Betrüger ein!« Zu Job: »Ich habe dir gesagt, ich lasse dich
an den nächsten besten Baum henken, wenn du dich
jemals wieder in der Nähe des Gutes blicken läßt.«
41. Job bei der Schwester in Berlin.
Konfrontation mit dem Baron.
Job spielt den unerfahrenen, schüchternen kleinen Mann,
prüft aber dabei den Baron auf Herz und Nieren.
Ob er sich auf die Verwaltung von Gütern verstehe?
»Na und ob!« Er hat sieben eigene Güter durchgebracht.
Er ist jovial, sie lachen und trinken. Das letztere bei Job
ungewöhnlich, wesentlich aus Geiz, der immer zu betonen
ist. Er läßt sich auch jetzt vom Baron freihalten.
Job hat sich verabschiedet. Der Baron ist mit Jobs
Schwester allein. Sie gebraucht mystische Wendungen:
»Ein seltsamer Kauz, mein Bruder. Man sieht's ihm nicht
an. Sie haben ihm gefallen. Wenn alles gut geht, können
Sie Ihr Glück machen.« — Diese Szenen werden durch
eine andere eingeleitet zwischen Job und seinem Ver-
trauensmann. Er hat die zweite Hypothek des Gutes er-
worben, die neue Anleihe des Freiherrn G[amssteig]-
K[olwangen] finanziert. Durch Mittelsmänner, ohne daß
dieser von der Herkunft des Geldes eine Ahnung hat.
Mit dem Vertrauensmann ist überdies die Adoption
Clärens besprochen worden.
42. Neue Szene.
Im Schlosse des Freiherrn G[amssteig]-K[olwangen]. Die
Ernte ist miserabel ausgefallen. Mißstimmung und Not
sind groß, alle Rettungsversuche durch Verwandte,
Banken etc. gescheitert.
Cläre hat einen Brief mit scheinbar harmlosem Inhalt von
Berlin erhalten. In Wahrheit eine Instruktion in ver-
abredeter Form. Was den Freiherrn in Verzweiflung
bringt: sie will fort. Um aber nicht zu scheinen, daß sie es
will, hat sie gerissene Anstalten getroffen.
In einem anonymen Brief hat sie sich und ihr Verhältnis
zum Freiherrn der Freifrau selbst denunziert. Und gerade
an diesem Morgen bricht auch prompt das Verhängnis in
Gestalt der wütenden Gutsfrau über sie herein, sie wird
von dieser hinausgeworfen.
43. Im Zimmer der Schwester Jobs zu Berlin. Der Baron und
Cläre, Jobs Adoptivtochter, sind standesamtlich getraut

worden. Zugegen sind, außer dem jungen Ehepaar, Job,
seine Schwester und der Vertrauensmann. Man verzehrt
ein besonders durch die gute Laune des Barons gewürztes
Hochzeitsmahl. Job ist der seltsam skurrile Drahtzieher.
Der von Cläre selbst inszenierte Herauswurf hat sie wunderlicherweise im höchsten Grade gegen den Freiherrn
aufgebracht, und sie hat an dem, was nun kommen soll,
eine diabolische Freude.

Die Entreeklingel geht, und man meldet den Freiherrn
G[amssteig]-K[olwangen], der zur Besprechung über
fällige Wechsel, ausbleibende Zinszahlungen und gekündigte Hypotheken vom Baron zu sich bestellt worden
ist, da man ihm Vollmachten übertragen hat.

Szene zwischen den beiden Edelleuten.

Es tut dem Baron natürlich furchtbar leid, aber er hat in
Kurland eine große Erbschaft gemacht, sein Vertrauensmann und Ratgeber habe ohne sein Wissen einen Teil
davon in ebenden Hypotheken auf Gut Soundso (das des
Freiherrn) angelegt, und was er von dem Gute gehört
habe, mache ihm nicht übel Lust, es zu kaufen.

Der Freiherr sträubt sich. Man droht unter der Blume mit
Zwangsversteigerung.

Der Kauf wird erzwungen. Der Freiherr bekommt die
Summe von fünfzigtausend Mark bar heraus.

»Nun wollen wir [auf] den L[and]kauf trinken.« Es geschieht vom Freiherrn erheblich süß-sauer.

»Ich war immer«, sagt der Baron, »ein wunderlicher
Heiliger. Lebte jahrelang mit einer vierzehnjährigen
Zigeunerin, habe jetzt die Adoptivtochter eines armen
Hausierers geheiratet.«

»Schwiegervater, komm mal herein!«

Job kommt, markiert Schreck.

Freiherr traut seinen Augen nicht.

Konfrontation mit Cläre findet nicht statt.

»Ich wußte gar nicht, daß Sie eine Adoptivtochter haben«,
sagt dumm der Freiherr. »Ich habe sie mir zu einem gewissen Zweck angeschafft«, sagt Job.

44. Im Schloß des Freiherrn. Die neuen Besitzer werden erwartet, es ist vor der Abreise der alten. Wer die neue
Gutsfrau ist, weiß der Freiherr bereits. Er flucht. Der
Kriminalkommissar ist bei ihm. Er glaubt, er hat eine
neue Spur.

Ganz bescheiden tritt Job herein. Er bittet um Entschuldigung, er habe seinen Schwiegersohn und seine Tochter schon hier vermutet.

[II]

Rapallo, 14. 3. 1931.

AHA!

Dieses »Aha!« könnte Titel der Komödie sein.
Es könnten zehn Verwandlungen in Betracht kommen.

PERSONEN

BARON VON MEERKÄMPER
STARCKE, sein Gutsinspektor
SCHWARZER, sein Reitknecht
GUMPEL, Bankier, Getreidekommissionär, Meerkämpers Schwiegersohn
MARION GUMPEL, geb. Meerkämper, seine Frau
FIEBIG, genannt JOB, Handelsmann
ROSALIE FIEBIG, seine ältere Schwester, in Berlin Zimmervermieterin
BARON SCHNEIDEMÜHL, kriegsbeschädigt
ALBERT BREITSCHUH, ehemaliger Schornsteinfegermeister
HEDWIG BREITSCHUH, siebzehn Jahr, seine Tochter
etc. etc.

Die Begebnisse spielen auf einer Gutsherrschaft bei Görlitz, in Görlitz selbst, in Berlin und in Genua.

ERSTER AKT

ERSTE SZENE

Hinter einer Scheune auf der Gutsherrschaft Meerkämper. Meerkämper mit der Reitpeitsche. Gutsinspektor Starcke. Fiebig sei eben in den Hof eingefahren, sagt Starcke, Schwarzer und der Kutscher würden ihn vorführen.

Es geschieht.

Fiebig, genannt Job, wird peinlich verhört. Er ist in der Kanzlei gewesen, wo Meerkämper die mit Brillanten besetzte Uhr seiner Frau abgesetzt hatte. Job war dort einige Augenblicke nachweislich allein, und mit ihm, behauptet Meerkämper und der Inspektor, sei auch die Uhr verschwunden gewesen. In Wirklichkeit hat eine kleptomanische Kuhmagd sie geraubt.

Job kann also nicht bekennen, weil er nichts zu bekennen hat. Man legt ihm einen Strick um den Hals, schließlich ist er halbtot und wird mit Prügeln davongejagt. Wenigstens habe er einen Denkzettel.

ZWEITE SZENE

Im Hotel Deutscher Kaiser zu Genua.
Das Gastzimmer.
Besitzer und Wirt Wilsnack ist gegenwärtig.
Der Kellner Rothkegel.
Gäste sind: Albert Breitschuh, Hedwig Breitschuh, ein junger Mensch, Alwin Klotz, ein Russe mit seiner Dame, ein Franzose mit seiner Dame. Baron Schneidemühl.
Eine andere Gästegruppe betritt später das Lokal. Baron von Meerkämper, Hilda Baronin Meerkämper, seine Frau, Marion Gumpel, geb. Meerkämper, beider Tochter.
Breitschuh steht an der Spitze einer Diebes- und Einbrecherorganisation. Wilsnack ist Gelegenheitshehler, Kellner Rothkegel desgleichen, Betrüger und Gelegenheitsmacher.
Der Bande ahnungslos gegenüber steht Baron Schneidemühl, der mit der siebzehnjährigen Hedwig Breitschuh liebäugelt, die sich zu ihm und von der Bande abseits hält.
Diese beschäftigt sich wesentlich im Nebenraum mit Kartenspielen. Mitglieder treten abwechselnd heraus und zur Bar. Gleichsam durch Zufall entgehen die ahnungslosen Meerkämpers der Ausraubung.
Hedwig Breitschuh war erschrocken, als sie Meerkämper sah. Ein Onkel von ihr lebe in Görlitz, erzählt sie dem Baron Schneidemühl. Als sie diesen Onkel jüngst besuchte, zeigte er ihr diesen Herrn vom Fenster aus, der auf der Straße vorüberging. Es sei ein Baron Meerkämper. Er habe sich, sagt sie, furchtbar an ihrem Onkel versündigt, und nun trägt sie die ganze Geschichte vor, die in der ersten Szene mit Job ge-

schehen ist. Daß nun der Onkel nichts denke, als wie er sich
rächen könne, sei nicht verwunderlich.
»Wir wollen einmal sehen, wie er heißt!« erklärt Baron
Schneidemühl. »Habe ich die Ehre mit Baron Meerkämper?« —
»Der bin ich. Woher kennen Sie mich?« Schneidemühl, schon
etwas vom Wein animiert, macht dunkle Andeutungen
provokanter Art, welche die Meerkämpers veranlassen, sich
zu entfernen.

ZWEITER AKT

ERSTE SZENE

Die Trödlerbehausung Jobs in einem baufälligen Giebelhäuschen der Görlitzer Vorstadt. Er hat einen kleinen Buben
bei sich in Dienst. Ihr tragikomisches Verhältnis. Die
blecherne Schelle geht, und Rosalie Fiebig, seine Schwester,
erscheint. Er ist noch immer siech und hat sie herzitiert. Er ist
nicht sowohl krank durch die erfahrene Mißhandlung als
durch die erfahrene Erniedrigung. Wut, Rache, Galle, Gram,
Rachedurst. »Ich würde ihn verklagen, aber...«
»Hat dich jemand eintreten sehen? Niemand darf wissen, daß
ich eine Schwester habe, daß du meine Schwester bist.«
Eine Magd von Meerkämpers Gut erscheint. Sie bringt die
Uhr und legt unter Jobs Verhör ein Bekenntnis ab.
»Laß die Uhr hier und schweige.«
Er meditiert, zwischen Habsucht und dem Trieb nach Ge-
nugtuung. »Wäre das Rache, ihm die Uhr zurückzugeben?
Für die Mißhandlung ein solches Geschenk? Und könnte es
mich nicht von neuem in Verdacht bringen? Nein, die Uhr
behalte ich.«
Aber das ist nur ein kleines Abschlagsgeld.

ZWEITE SZENE

[Verworfener Ansatz]

⟨Job in der Wohnung seiner Schwester zu Berlin. Die Nichte.
Der Baron Schneidemühl. Schatulle und Korrespondenzen.
Frau Huguenin, Genf. Jaquelin, Lyon. Paris. Brüssel. In
Paris sitzt der Sekretär der Diebs- und Einbrecherorgani-
sation, Willy Pagels.

Einbruchsorte: London, Paris, Mühlhausen, Meran, Berlin, Kairo etc. etc.
Mit Pagels macht Job Geschäfte, ohne zu wissen oder sich einzugestehen, daß sie auf krimineller Basis liegen.
Es wird geflüstert, Hedwigs Vater, Breitschuh, sei für eine Nacht eingetroffen. Man spricht mit mystischem Respekt, aber geheimnisvoll von ihm, in Wahrheit der Seele der Diebsbande, kühnstem Kletterer und Einbrecher. Nur eigentlich Hedwig und einem weichlichen Schauspieler in der Pension ist er dafür bekannt. Job macht auch gewissermaßen reelle Schiebungen. Er hat amerikanische Schule hinter sich.⟩

Wohnung der Rosalie Fiebig in Berlin. Sie sitzt mit ihrem Strickstrumpf am Fenster und ist kummervoll. Am Mitteltisch in einer gewissen Unruhe die junge Hedwig Breitschuh.
»Tante, warum seufzest du so viel?«
Sie mache sich Sorgen um ihren Bruder. Er sei krank, sei eingegangen, habe gelbe Hautfarbe, die Ohren seien blutlos und wie von Wachs.
Die Sache gehe ihm nach.
Es ist wieder von der Inquisition hinter der Scheune die Rede. Gemäßigte Wut Hedwigs.
In dieses Gespräch verflechten sich zwei andere Themen: Baron Schneidemühl und Hedwigs Verhältnis zu ihm. Sie hat ihn gern, charakterisiert ihn mit Überlegenheit. Der Geschichte seiner Brückensprengung in Amerika wird gedacht. Er will es nicht Wort haben, war aber vorübergehend im Irrenhaus. — Aus dem zweiten Thema stammt hauptsächlich Hedwigs Unruhe. Albert Breitschuh ist plötzlich in Berlin aufgetaucht und hat Unterkunft bei Rosalie Fiebig gesucht und gefunden. »So etwas ist leider nicht abzulehnen.« George Eidinger tritt ein, gähnend, übernächtig. Schauspieler ohne Engagement. Nicht über achtundzwanzig Jahre alt. Etwas wie ein männlicher Prostituierter. Zeigt Preziosen, die ihm angeblich vom Juweliergeschäft anvertraut worden sind. Er dämpft die Stimme, als er die Frage stellt, ob nicht »Aha« im Hause sei. Es ist der Spitzname von Hedwigs Vater. Hedwig und Eidinger sprechen in dunklen Andeutungen miteinander. Nur Spitznamen und Städte werden laut. In Wirklichkeit handelt es sich um Komplizen einer unterirdischen Organisation.

Da tritt Job ein. So elend wie er geschildert wurde. Schlapphut, abgetragene Sachen, schlechtes Schuhwerk, scheinbar in äußerster Dürftigkeit. Er spricht sehr leise. Hedwig und Eidinger werden von Rosalie entfernt. Eidinger und Job sehen einander zum ersten Mal, kennen sich also nicht. »Seit wann bist du wieder in Deutschland?« — »Etwa...« etc. Rosalie ist vom Kommen des Bruders überrascht.
»Ich bin krank, nun ja, aber es hilft nichts, man muß nach dem Rechten sehen.«
Natürlich will Rosalie hinter seine Absichten kommen.
»Arzt? Ich habe nie einen Arzt gebraucht, Geldschneider und Scharlatane. Man muß seine Siebensachen in Ordnung haben, eh man abkratzt.«
»Da ist ja das Telefon. Ich muß Stettinius sprechen. Telefoniere sofort mit Stettinius.«
Es geschieht.
»Wer war dieser Mensch?« — »Ein verkrachter Schauspieler.«
»Was tut er?« — Achselzucken.
»Wen hast du sonst noch im Haus?« — »Einen Baron Schneidemühl.«
»Baron? Baron? — Bleibt er schuldig?« — »Im großen ganzen ist alles bezahlt.«
»Wer ist noch in der Wohnung?« — »Fräulein Badura. Ich hab' so was nicht gern, aber sie zahlt das Vierfache. Wenn ich von dir einen größeren Zuschuß bekommen könnte, brauchte ich so was nicht.«
»Ich hab' kein Geld.«
»Jede Nacht bringt sie fremde Herren herein.«
»Was macht das? Hat ja das Zimmer mit dem besonderen Eingang zum Treppenhaus.«
»Aber die vielen Einbrüche, Morde etc. Du weißt ja, was hier im Schranke steckt, und wenn sie mal dahinterkommen...«
In der Kassette ist Makulatur.
Baron Schneidemühl tritt ein, fragt nach Kaffee. Er und Job werden einander vorgestellt.
Baron Schneidemühl: »Ah, Ihr Bruder. Ihnen ist diese empörende Geschichte passiert. Es ist schmachvoll für einen Standesgenossen. Ich stehe Ihnen ganz zur Verfügung. Verfügen Sie über mich. Er muß Ihnen Satisfaktion geben. Fünf Schritt Distanz auf Pistolen.«
Job ist gerührt, er weint. Eine solche Teilnahme ist ihm noch nicht begegnet.

Job ist, wie die Schwester mit Staunen bemerkt, in seinem
Wesen völlig verändert. »Brauchen Sie Geld?« sagt er zum
Baron. »Sie können es von mir bekommen.«
»Man erkennt dich nicht wieder«, sagt die Schwester.
»Ich brauche Geld. Wenn ich Geld hätte, würde ich Ihre
Nichte Hedwig heiraten.«
Job stutzt, hat einen Gedanken.
Da tritt Albert Breitschuh ein.
»Wie kommst du hierher?«
»Habe hier zu tun. Auf einen Sprung. Heute abend werde ich
in Breslau, morgen in Krakau sein.«
Baron Schneidemühl: »Der Herr Vater meiner Angebeteten.
Ich bin überrascht. Wir sprachen von diesem Schurken,
diesem Baron Meerkämper.«
Breitschuh: »Ja, richtig, wir haben uns noch nicht persönlich
ausgesprochen über diese Sache. Dieser Kerl müßte seinen
Denkzettel haben. Wenn du mich einmal brauchen kannst,
Vetter, weißt du ja. Man kann nie wissen.«
Es klingelt.
Ein Schutzmann war da, hat nur nach Fräulein Badura ge-
fragt. Allgemeines Ducken und Auseinandergehen.
Stettinius kommt. Ehemaliger Bürovorsteher, Winkeladvo-
kat, Trinker. Arbeitet Tag und Nacht. In gewissem Sinne
genial. »Ich brauche Kirsch, lieber Onkel Job. Haben Sie
Kirsch im Hause, Frau Rosalie?«
Job: »Bring den Kirsch und laß uns allein.«
Es geschieht. Rosalie: Bild widerspruchslosen Gehorsams,
unbedingt unterwürfig.
Die Türen werden sorgfältig verschlossen. Stettinius legt sich
ein nasses Handtuch um den Kopf. Er leert seine Aktenmappe
aus. Man erkennt, daß Fiebig, genannt Job, ein Vermögen
besitzt und weitverzweigte Geschäfte betreibt. Er fordert von
Stettinius über alles Rechenschaft. Dann kommt er auf die
Hauptfrage: ob Stettinius die von ihm gewünschten Infor-
mationen über die Vermögenslage des Barons Meerkämper
eingezogen habe.
An der Hand von Dokumenten werden nun alle Interna über
den Vermögenszustand der Meerkämpers auf das genaueste
dargelegt. Das Gut ist verschuldet, das Vermögen der Frau
durchgebracht, Italienreisen, Ägyptenreisen etc. Augenblicklich suche Meerkämper eine Anleihe von zwanzigtausend
Mark, da er Betriebskapital nicht mehr habe und sich nur

durch eine gute Ernte, das Betriebskapital vorausgesetzt, gesundmachen könne.

Job bricht nun los. Aller Haß, alle monomanische Wut kommt über ihn. Rache! Rache! Rache!

Ein Plan wird nicht entwickelt, nur, daß man entschlossen ist, etwas gegen Meerkämper zu tun.

Die Uhr mit Brillanten nicht vergessen.

DRITTER AKT

ERSTE SZENE

Auf dem Gute des Barons Meerkämper. Die Gutskanzlei. Hedwig Breitschuh an der Schreibmaschine. Der Gutsinspektor tritt ein. Es ist in der Nacht eingebrochen worden. Man hat zwanzigtausend Mark entwendet, die der Baron gegen einen Wechsel erst gestern bezogen hatte. Man erwartet jeden Augenblick den Kriminalkommissar.

Hedwig sagt, wie sie zu der Stellung gekommen sei und sie eigentlich wieder aufgeben möchte. Sie hat, stellungslos, an Meerkämper geschrieben und ihn an das Mädchen erinnert, das er im »Deutschen Kaiser« zu Genua kennengelernt habe. Das sei eine Torheit gewesen, Gehalt bekäme sie keinen, dafür aber täglich Zumutungen.

Man wollte nach Italien abreisen, nun liege die Gnädige im Bett nach Weinkrämpfen etc. Vorher habe sie ihr eine Eifersuchtsszene gemacht und sie des Hauses verwiesen. Sie werde gehen.

Sie möge das nicht tragisch nehmen, sagt der Inspektor und versucht seinerseits, sich ihrer anzunehmen.

»Ihr seid eine Sippschaft«, sagt sie, »weiter nichts.«

Nun kommt Verhandlung über Einzelheiten des Einbruchs. Breitschuh ist gesehen worden, aber er habe geschossen, sei mit Motorrad auf und davon.

Die Angaben widersprechen sich.

»Das Geld habe ich gestern einkassiert und allerdings leichtsinnigerweise in diesen Sekretär getan. Fräulein Breitschuh hat vor meinen Augen zugeschlossen und mir die Schlüssel in die Hand gelegt.« Als die Verhandlung zu Ende ist und Baron

Meerkämper mit Hedwig allein ist, kündigt sie brüsk. Die
Baronin habe sie mit Vorwürfen überhäuft und sie des
Hauses verwiesen. Der Inspektor sei ihr zu nahegetreten.
»Behalte dir deinen Salär! Ihr seid Pack, Pack, Pack!«

ZWEITE SZENE

Die Görlitzer Wohnung Fiebigs. Die Schelle geht, er öffnet,
kommt mit Albert Breitschuh zurück. Breitschuhs Bericht.
Diabolische Freude Jobs. Er besitzt zwei Wechsel des Barons
Meerkämper zu je zehntausend Mark. Die geraubte Summe
wird geteilt.
Die Schelle geht wieder, Hedwig erscheint. Nun aber scheint
die Situation gewagt, man stiebt auseinander.
Job stellt sich krank, legt sich zu Bett. Es klingelt, sein
kleiner Junge öffnet, vielleicht tritt ein Schutzmann mit
seinem Polizeihunde an sein Bett. Besser: der Gerichtsvollzieher mit einem auf geringe Summe lautenden Steuer-
pfändungsbefehl.

[RAOUL MARKUSE]

1. Februar 1934.

DRAMATIS PERSONAE

RAOUL MARKUSE, Bildhauer
SARAH MARKUSE, geb. Lewy, seine Frau
HERTHA MARKUSE, die Tochter beider, dreizehnjährig
SIEGFRIED MARKUSE, der Sohn beider, zwölfjährig
FRAU MARKUSE, geb. Boas, Mutter von Raoul, Witwe
KNUT BOLLWEG, Baubildhauer und Gipsgießer, Schüler und Freund Raouls
DR. KERN, Journalist
ELFRIEDE ASCHENBRENNER, vierundzwanzig Jahre alt, elternloses reiches Mädchen, Bildhauerin

Thema des Dramas könnte in den Titel gelegt werden: »Verzweiflung«.

[1]

SZENE

In einem Berliner Mietshause, Wohnung im Dachgeschoß. Schräges Dach. Rechts und links Tür: die linke verbindet mit Wohnräumen, die rechte mit einem Atelier.
Die Bühnenausstattung erinnert an ein ärztliches Wartezimmer. Auf dem Tisch ist eine Art kaltes Büffets aufgebaut, dazu volle und entkorkte Wein- und Bierflaschen; Gläser stehen bereit. Es ist gegen zwölf Uhr mittags im Winter.
Dr. Kern und Elfriede Aschenbrenner kommen aus dem Atelier.

KERN. Man hätte ruhig den Paletot anbehalten sollen. Es ist eigentlich eine Zumutung. Man soll sich für seine Sachen interessieren, und er heizt nicht einmal das Atelier. Da steht dieser riesenhafte Kanonenofen, und er hält nicht für nötig, ihn zu heizen. Die Bude hat mindestens zehn Grad unter Null. Die Plastiken wirken wie bessere Eiszapfen. Ein Wunder übrigens, daß sie nicht durchbrechen. Im fünften

Stock ein Bildhaueratelier, allein schon ein origineller Gedanke, während sonst nicht grad viel Originelles zu sehen ist.

ELFRIEDE. Es schwebt wirklich ein Unstern über der Veranstaltung. Vor vierzehn Tagen hat Markuse den Termin festgesetzt, und nun liegt Frau Markuse mit einer Grippe zu Bett; ihn aber hat man in einer unaufschiebbaren Sache fortgeholt. Ich selber habe die Kohle für den Kanonenofen bestellt; wie es scheint, hat man meinen Auftrag verschwitzt und nicht ausgeführt.

KERN. Ich bin an und für sich ja nicht traurig darüber, daß »der Meister« abwesend ist. Sie werden ja wissen, man kann nicht mehr loskommen, man zappelt unrettbar in seinen Netzen, wenn man ihm einmal zu nahe gekommen ist. Von Raoul Markuse ist kein Entrinnen: in dieser Beziehung der fürchterlichste Mensch, der mir jemals vorgekommen ist.

ELFRIEDE. Und trotzdem ist er ein großer Bildhauer.

KERN. Sie, Fräulein Elfriede Aschenbrenner, sind der Meinung, ich nicht. Es ehrt Sie, wie Sie für Ihre Meinung eintreten und wie Sie für Ihren Schützling kämpfen, ganz gewiß. Eine Freundin wie Sie wird man jedem Künstler wünschen. Meiner Ansicht nach, leider, kann Markuse nichts. Erst mal müßte er alles beiseite tun und beim Abc wieder anfangen.

ELFRIEDE. Das ist ein sehr großes Unglück für Sie, für Markuse und für die Kunst, daß Sie dieser Meinung sind. Das ganze Trio wird schlecht abschneiden. Sie werden einen Artikel schreiben, der Sie später reuen wird; der arme Markuse wird wieder eine Hoffnung schwinden sehen und erliegt vielleicht einem seiner Anfälle, wo man ihn nur mit dem Aufgebot aller Kräfte hindern kann, sein ganzes Œuvre zu zerstören.

KERN. Nun sagen Sie mir, in Gottes Namen, was finden Sie denn in diesen hingehauten, verrenkten und verzerrten Gestalten? Mir machen sie übel. Ich finde sie abstoßend.

ELFRIEDE. Ich finde diese Gestalten nicht abstoßend! — Was Sie sagen, ist negativ. Lassen Sie mich Ihnen mit etwas Positivem antworten. In diesen Gipsen, diesen Steinen, diesen Bronzen ist so viel Seele lebendig wie sonst nur bei einem ganz Großen, den zu nennen überflüssig ist. Der Meister — und ich nenne ihn so — hat die unendliche Tragik seiner eigenen Natur, seinen Schmerz, seinen Gram,

seine hoffnungslose Schönheitssehnsucht, ja seine Verzweiflung an sich, Welt und Gott in diese Gebilde gegossen. Es ist, als ob er zu Gott sagen wollte: Ich, dein
Geschöpf, der unglückselige Mensch, schaffe Menschen
nach meinem Bilde und zeige dir, wie sie wirklich und daß
sie nicht nach deinem Bilde geschaffen sind. Markuses
Werk, gewiß, ist heftige Exaltation, ja Eruption. Ein maß-
loses, fast rasendes Hervorbrechen, das sich aber im
ganzen dann wieder kultisch abrundet. Ja, es ist so: diese
Gestalten wirken wie der plastische Bestand einer Aus-
grabung, Plastiken eines Tempelbezirks, die das ganze
sakrale Schmerzensmysterium samt seinem Ritus darstellen mit dem Ernst einer Zeit, die der Gottheit noch
Menschenopfer darbrachte.

KERN. Das sind große Worte, die sich gar nicht so übel anhören, Fräulein Aschenbrenner. Sie würden sich recht gut
ausmachen in einem Feuilleton. Selbst wenn ich fühlen
würde wie Sie, möchte ich mich trotzdem darauf nicht
festlegen. — Was bedeuten übrigens diese Vorbereitungen,
sagen Sie mal?

ELFRIEDE. Das ist die Idee der alten Frau Markuse, der
Mutter von Raoul. Sie hat vom hoffnungslosen Kampf
ihres Sohnes keine Vorstellung. Sie huldigt einer völlig
kritiklosen mütterlichen Vergötterung und schätzt auch
seine äußere Geltung in diesem völlig verfehlten, über-
triebenen Sinne ein. So glaubte sie wohl an eine Art Völker-
wanderung, als wir zur Atelierausstellung einluden.

KERN. Und da sollten alle durch Wein und sonstige gute
Dinge freundlich gestimmt und aufnahmefähig gemacht
werden?

ELFRIEDE. Wollen Sie dann nicht zulangen, lieber Doktor?
Ich möchte Sie sehr darum bitten, wenn ich annehmen
könnte, Sie glaubten, daß dies durch ein kaltes Büffet zu
erreichen wäre.

KERN. Zu Hause erwartet mich eine gebratene Gans. Aber
auch sonst: ich brächte keinen Bissen hinunter angesichts
der hier herrschenden Dürftigkeit. Wofür und weshalb
diese schrecklichen Unkosten?!

ELFRIEDE. Das braucht Ihnen keine Sorgen zu machen. Die
alte Frau Justizrat Markuse, geborene Boas, der man den
Luxus verdankt, hat es dazu; sie kann es sich leisten. Sie
springt immer ein bei Gelegenheiten, die sie für richtig hält,

während sie sonst alles laufen läßt. Sie kann ihre Schwiegertochter nicht ausstehen.

Frau Justizrat Markuse, geborene Boas, tritt ein, Hertha Markuse und Siegfried Markuse an der Hand führend.

FRAU JUSTIZRAT MARKUSE. Nun, wie sind Ihre Eindrücke? Ist es nicht großartig, was mein Sohn da wieder geschaffen hat, Herr Dr. Kern?
KERN. Natürlich, am Talent Ihres Sohnes zweifelt man nicht.
FRAU JUSTIZRAT MARKUSE. Ich will Ihnen hier meine beiden Enkel vorstellen. Die Kinder des Meisters, nicht wahr, interessieren uns doch? Nach ihr ist der herrliche Torso in griechischem Marmor geschaffen. Erzähle doch, Hertha, wie lange du dem Vater dazu gestanden hast!
HERTHA. Ach, ewig! Ich bin bald daran gestorben.
FRAU JUSTIZRAT MARKUSE. Sei dankbar! Wo gibt's ein Mädel in deinem Alter, dessen erste Jugendblüte ins Reich der Unsterblichkeit aufgenommen worden ist?
KERN. Der Torso ist in der Tat recht geglückt. Vielleicht ist er die beste unter den Arbeiten.
FRAU JUSTIZRAT MARKUSE. Der kauernde Knabe, nicht zu vergessen! Was kann heut an diese Figur heranreichen? Erzähl dem Doktor, Siegfried, mit welchem Enthusiasmus du dich in hundertzweiundzwanzig Sitzungen aufgeopfert hast!
KERN. Der kauernde Knabe gefällt mir nicht.
FRAU JUSTIZRAT MARKUSE. Wollen Sie nicht ein Gläschen Wein nehmen? Ich habe auch etwas ungesalzenen Kaviar mitgebracht.

[2]

SZENE

Elfriede Aschenbrenner und Raoul Markuse.

RAOUL. Die Leute haben ein plattes, ein ödes, ein banales Leben.
ELFRIEDE. Aber so zu leben, wie Sie es sich vorstellen, daß man leben muß, ist dem heutigen Menschen nicht gegeben.
RAOUL. Um so schlimmer für ihn, den heutigen Menschen, wenn es so ist. Ziehe zuvor deine Schuhe aus; denn der Ort, wo du stehst, ist ein heiliger Ort. Nur so und nicht anders,

nämlich mit ausgezogenen Schuhen, kann man fühlen und verstehen, was im Allerheiligsten eines Tempels empfangen und geboren, geworden und gewachsen ist. Anders kann man es nicht verstehen, und darum eben versteht man mich nicht. — Es ist richtig, was Sie [mir] vorwerfen: ich quäle die Menschen, belästige sie. Sie waren offen, Sie nannten mich aufdringlich; ich gebe zu, daß ich aufdringlich bin. Aber wissen Sie, was ich dabei für ein Gefühl habe? Ich komme mir vor wie ein Gespenst, das abgeschiedene Gespenst meiner selbst, das unter lebenden Menschen sich bewegt, sie am Rocke faßt, an der Hand, vor sie tritt, zu ihnen spricht, spricht und spricht, aber sich nicht einmal bemerklich machen kann. Ich kann mich niemand bemerklich machen. — Und doch habe ich eine Mission, eine große Mission an die lebenden Menschen, die mir aufgetragen ist. Ich sage ganz offen, daß es eine neue Offenbarung ist. Es ist eine Botschaft, zugleich eine frohe und ernste meinethalb, eine neue Heilslehre, die den erniedrigten und von einem Gott zertretenen Menschen wie durch ein Wunder zum Übermenschen erheben kann. Mit diesem Wissen läuft man umher, man drückt es auf alle Weise aus, unter anderm durch plastische Schöpfungen. Aber alles verschlingt das Nichts, man ist ein Gespenst, man ist Bürger einer ganz anderen Welt, und unter lebenden Menschen, gerade ihnen, für die das Heil bestimmt ist, sich auch nur bemerklich zu machen, gelingt einem nicht.

[3]

SZENE

Raum wie auf Seite 616.
Frau Sarah Markuse und Elfriede Aschenbrenner.

SARAH. Er hat sich eingeschlossen. Er macht nicht auf. Er läßt niemand hinein.
ELFRIEDE. Aber das ist ja fürchterlich, liebe Frau Sarah. Ist es denn früher schon vorgekommen?
SARAH, *das Taschentuch an den Augen oder am Mund.* Sie meinen das Toben, das Schreien, das Sicheinschließen. Es kommt seit ungefähr einem Jahre öfters vor. Gott sei Dank

ist die Wohnung hier abgelegen. Sonst hätten wir längst
Unannehmlichkeiten gehabt. Die Mieter würden sich längst
beschwert haben.

Man hört lautes heftiges Reden hinter der Ateliertür.

ELFRIEDE. Müßte man da nicht einen Arzt rufen?

SARAH. »Du hältst das für eine Krankheit«, hat er erst neulich
zu mir gesagt. »Es ist keine Krankheit. Früher, zu Zeiten
des Ghettos, schrien die Juden in den Synagogen ebenso.
Das hieß man: mit seinem Gott sprechen.« Raoul nennt
das: mit seinem Gott sprechen. In meiner Angst beobachte
ich ihn zuweilen durchs Schlüsselloch. Da kann man ihn
sehen mit großen Schritten umherlaufen und die Arme
genau wie seine Figuren emporschleudern. Oder er kauert
schluchzend wie ein Verzweifelter da. Ebenfalls wie die
kleine Bronze, von der Sie einen Abguß besitzen. Er hockt
vor den kalten Ofen hin, holt mit den Fäusten Asche aus
dem Aschenloch und läßt sie sich über den Scheitel
rieseln. »Ja«, sagt er, »Schreien, Heulen, Zähneklappen,
Erniedrigung! Ich will schreien, heulen und zähneklappen!
Ich will Erniedrigung! Ich will meine eigene Erniedrigung.
Der alte Adonai soll nicht glauben, nur er kann mich erniedrigen. Seine Versprechungen, mich irgendwann einmal
zum Herrn der Welt zu machen, verachte ich. Ich liebe den
Fluch, ich wähle den Fluch. Ich wähle den höchsten
Triumph der Selbsterniedrigung.«

ELFRIEDE. Das könnte man fast als einen Standpunkt von erschütternder Größe auffassen.

SARAH. »Jeder Mensch«, so sagt er mir oft, »ist mir willkommen, der mich erniedrigen will und kann. Ich lasse
mich begießen wie einen Acker mit der Jauche der Erniedrigung. Jedes Jauchenfaß ist mir recht, ob es englisch
spricht, ob deutsch, ob französisch. Ich reinige mich im
Bade der Erniedrigung. Mich umgibt eine duftende
Gloriole.«

ELFRIEDE. Liebe Sarah, man könnte Blut weinen!

SARAH. Sein Hadern mit dem Gotte seiner Väter ist fürchterlich. »Letze dich, letze dich«, schreit er oft, »an deinem
Werk der Verzweiflung, Gott! Ich will beweisen, daß ich
dein gelehriger Schüler bin. Im Verhältnis zu deiner Größe
und meiner Kleinheit bin ich der größere Töpfer. Ich
hauch' von meinem Leben den Odem der Verzweiflung ein.
Er soll nicht leben, er soll verzweifeln.«

Man hört wieder die wütenden Schreie im Atelier.
Der Anfall ist heute wieder besonders schlimm, Elfriede.
ELFRIEDE. Was ich wirklich nicht recht begreife. — Er war heut morgen in meinem Atelier. Mir schien es, heiter und guter Dinge, soweit das bei ihm möglich ist. Und nun am Nachmittag hat sich das Bild so verändert!
SARAH. Ein Grund ist da, doch man darf ihn nicht einmal andeuten.
ELFRIEDE. Lassen Sie nur! Ich will gar nicht wissen, was es mit dem Geheimnis für eine Bewandtnis hat, das man ja schließlich überall spürt. Was es eigentlich ist, ich will es nicht wissen. Höchstens, um etwas tun zu können, den ganz gewiß nicht guten Einfluß dieses Mysteriums auszuschalten.
SARAH. Liebste Elfriede, dann müßten wir hungern, dann hätten wir keinen Unterhalt. — Ach, wissen Sie, diese Frau, diese Mutter! Sie hat eine Affenliebe zu ihrem Sohn, sie ist dummstolz auf ihn; aber um meinetwillen läßt sie ihn ohne Gnade verhungern, ohne Wimpernzucken zugrunde gehn. — Wie einen Götzen, ihren Abgott, hat sie ihn aufgepäppelt. Sie wissen ja, daß der alte Justizrat, als Raoul zwei Jahre zählte, dem Schlag erlegen ist. Raoul hat eine Weibererziehung erhalten. Sie ahnen nicht, wie er verpäppelt und verwöhnt worden ist. Er ist ein Genie, aber sie hat schon den Jungen glauben gemacht, er sei das größte Genie aller Zeiten. Als solches hat sie ihn ausgeschrien, so daß er mit einem wahren Riesenerfolge schon als Jüngling gerechnet hat. Enttäuschungen, Qualen über Qualen brachten Ernüchterung und dann auch freilich die Läuterung.
ELFRIEDE. Ich glaube, daß es ein so zerquältes Genie wie dieses, zum mindesten unter Bildhauern, kaum je gegeben hat.
SARAH. Diese Mutter, dieses vernarrte Weib, ist schuld daran. Bis zu seinem fünfzehnten Lebensjahr, da er privat erzogen ist, hat sie ihn völlig weltfremd erhalten. Er sagte, er wäre sich vorgekommen wie Herodes in Jerusalem. Dann wurde er auf die Straße geworfen und erlebte plötzlich überall sein Judentum. Überall war es ihm hinderlich. Man lachte ihn aus, wenn er Miene machte, in die Studentenverbindungen der Burschenschaftler oder gar der Corps einzutreten. Damals, sagt er, sei die schwärzeste Schwärze, durch unzählige schwarze Stunden verfinstert, in seine Seele eingebrochen.

[4]

SZENE

Ein Winkel des Ateliers, durch Vorhänge isoliert. Sofa, Tisch etc. Ton- und Gipsstaub.
Bildhauer Wittinghaus und Friedrich Salander.

SALANDER. Man schafft es nicht. Hier im Norden, mit einer Dachkammer als Atelier, schafft man es nicht.
WITTINGHAUS. Oh, man kann es auch hier im Norden schaffen.
SALANDER. Nicht so. Es gerät alles kümmerlich.
WITTINGHAUS. Das möchte ich nicht sagen. Ich bin ebenfalls Bildhauer. Kümmerlich sieht es bei mir nicht aus, lieber Freund.
SALANDER. Es würde aber noch ganz anders bei Ihnen aussehen, lieber Freund, wenn Sie Ihr Atelier in Florenz oder am Monte Pincio in Rom hätten.
WITTINGHAUS. Sie meinen von wegen dem Hildebrand.
SALANDER. Freilich denke ich auch an Hildebrand. Er kann irgendwie als ein Vorbild gelten, schon wegen der Harmonie, der Gelassenheit, der unbeirrbaren Ruhe ohne Ungeduld, die in allen seinen Werken zum Ausdruck kommt.
WITTINGHAUS. Nun, lieber Freund, mein Atelier steht im Grunewald. Wo ich bin, ist die Kunst. Wo ich bin, ist Rom. Wo ich bin, wenn Sie wollen, ist Griechenland. Die Topographie tut nichts zur Sache. Auch die Ruhe vermisse ich nicht auf meinem Sande.
SALANDER. Sie sind ein Mönch, Sie sind ein Einsiedler, ja — nehmen Sie es mir nicht übel! — ein Sonderling. Deutsch sein heißt eine Sache um ihrer selbst willen tun, hat Fichte gesagt. Hat er recht, so sind Sie der deutscheste unter den Deutschen. Käufer interessieren Sie nicht. Eine Ausstellung Ihrer Bildwerke, wie es scheint, interessiert Sie nicht. Sie kennen keine fertigen Arbeiten; Sie müßten ja sonst bei Ihrer unermüdlichen, ungestörten Arbeit ganze große Magazine voll Statuen haben. Eigentlich müßte man Sie unter Anklage stellen wegen der vielen Kindesmorde, die Sie auf dem Gewissen haben.
WITTINGHAUS. Lieber Freund, das Atelier muß immer rein und sauber sein; alte Sünden sind nur im Wege. Der An-

blick des Mißratenen erzeugt Depression.. Das ist eine
Überflüssigkeit und versperrt den Weg zum Vollkommenen.
Ja, ja, nennen Sie mich einen Esel, einen Hanswurst; das
tun viele, weil ich nach einem Kanon suche. Ich bin dem
Geheimnis der griechischen Plastiker auf der Spur. Man
muß wieder gute Plastik herstellen, und zwar nach bestimmten einfachen Grundsätzen, die der Handwerker
ohne Schwierigkeiten beherrschen kann.

SALANDER. Ich gebe zu, daß Ihr Atelier hierherum das
interessanteste ist und Sie der interessanteste Plastiker;
aber man muß in Ihre Höhle kriechen, wenn man das feststellen will. Sie könnten in einem Urwald arbeiten, unter
Bäumen, Affen, Orchideen und Schmetterlingen, und
jahrzehntelang keinen Schmetterling sehen.

WITTINGHAUS. Nein, mein Lieber, da täuschen Sie sich.
Übrigens, um auf den Norden zurückzukommen, — hier in
Markuse haben Sie einen Menschen, der nordisch ist. Was
sollte Markuse in Florenz anfangen? Obgleich er Jude ist,
ist er Gotiker. Was er herausholt, holt er heraus aus Ton
und Stein, aber noch mehr aus dem Chaos seiner Seele, aus
dem Ungeschaffenen heraus. Alle seine Gestalten sind inbrünstig. Es ist eine Brunst wahrer Zeugung, die in ihm
ist — unabgekühlt, könnte man eigentlich sagen. Und sehen
Sie, lieber Freund, gerade eine solche sinnliche Brunst, verbunden mit einer solchen Inbrunst des Gefühls, kennt der
Grieche, kennt der Renaissancekünstler, kennt überhaupt
der Süden nicht.

[5]

NOTIZEN

11. Januar 1934.

Vater: Gynäkologe.
Bis zu Vaters Tode: Musterschüler. Dann der Schule durch-
aus entfremdet.
Liebte und verehrte nur seine Mutter.
Schopenhauer, Nietzsche, Descartes und Kant.
Nächtelange Gespräche.
Er hat einmal Ibsen gesehen: befreiender Eindruck.
Wanderungen durch Schweiz und Italien.
Einsiedlerkolonie in Ascona.
Student der Medizin: Breslau, Anatomie.

Einsame Wochen mit Büchern im Riesengebirge.
Reformideen, Naturmenschentum. Neue Gesellschaftsordnung.
Soziologische Gedanken, poetische Versuche.
Will Leiden der Menschheit erfassen und heilen.
Emil Gött Leihalde im Schwarzwald. Mystischer Kräfte gewärtig. In seiner Hütte rohgezimmerter Tisch, Kochtopf, hölzerner Löffel. Daneben — Sinnbild höchster Geistigkeit —: Nietzsches »Zarathustra«. Sozialromantiker. Das war auch Thoreau Walden, an den zu denken, der zu berücksichtigen ist.
San Fruttuoso. Asyl der Einsamkeitsdurstigen.
Hierher sind Szenen zu verlegen. Schauplatz: Altes Kloster, Meeresbrandung durch Riesenportal. Kindliche Einwohner lieben und beköstigen ihn. Die herrlichen Säle des alten Bauwerks standen ihm allein zur Verfügung.
Sagenkönig.
Die Gebärden, Bewegungen, Ausdruckskräfte der Bewohner. Urerlebnis des Menschentums.
Er wollte zu Symbolen gelangen aus Erkenntnis des Zusammenhangs aller Form. In ihnen sollte sich das gesamte Dasein klären und erleuchten. — Dichten und Zeichnen überkam ihn, unübersehbar wechselnd. Der Schaffenszustand erschien ihm das wesentliche Leben. — Aktzeichnen. München. — Weltverbesserer. — Dieser aufdringliche Mensch war zugleich der zurückgezogenste. Monatelang sprach er mit niemand.
Paris, Rodins »Balzac«.
Die Marmorbrüche von Carrara. Verdingt sich als Arbeiter, Steinmetz. Fußwanderung vom Schwarzwald nach Paris.
Heirat, Malerei, Paris.
Rodin. Wiederum Carrara.
Brot, Wein, Steinarbeiten von Palla (Palla ist ein Name!).
Arbeitshäuschen im Pinienwald.
Besuch Hildebrands.
Die Wasserfälle in Tivoli.
Inbrunst — Leidenschaftliches Formgefühl — Pathetik.
Die Kunst der Löcher und Buckel.
Ekstatische Frauen.
Zusammenbruch nach dem Kriege. Kr.'s Pläne zur Erlösung.
Visionäre Grotesken.
Dumpfes starkes Leben.

Titel: Qual — Inbrunst — Liegende, schreitende, betende, brennende Seele.
Wiederum Asien: Gralsburgstimmung — — Gedichte und religiöse Aphorismen. Die Mühle bei Buckow in der Märkischen Schweiz.

Ahasver.
Die Idee des Ewigen Juden gehört in dieses Stück.
Eine Statue des Ewigen Juden zu schaffen, faßt Markuse ins Auge, verwirft den Gedanken und faßt ihn wieder ins Auge. Er bestärkt sich, indem er sich sagt: Michelangelo hat einen Moses geschaffen, ein mächtiges, rein plastisches Werk, allerdings wesentlich einen Ausdruck der Macht, einen Jupiter, einen Zeus.
Trotzdem: die literarische Idee widerspräche an sich dem Wesen der Plastik nicht.

[BAUERN-DRAMA]

[I]

ARBEIT

Agnetendorf, 26. August 1911.

ERSTER AKT

Bauernstube. Der alte Geisler sitzt am Tisch, seine Frau, Kartoffel[n] schälend, auf einer Fußbank am Ofen. Er ist über die Sechzig hinaus, sie über Mitte Vierzig. Es ist eines Sonntages Ende März, in der Dämmerstunde.

ERSTE SZENE

DER ALTE GEISLER, *mit aufgestützten Ellenbogen an der kalten Tabakspfeife rauchend, finster, versonnen, nach langem Schweigen.* Nu, maag's! aber iich rede keen Wort miet dan Mensche.

DIE ALTE FRAU GEISLER *stellt die Kartoffelschüssel vom Schoß, klopft die Schürze ab, steht auf und bricht das Schweigen mit Heftigkeit.* Wenn de nee ufhierst, lauf' iich d'rvone. Iich koan nischt d'rfiere, verstiehste miich! doas sol d'r Teifel hulln miet dan Gemahre! Häst's 'n verbota, woas geht's miich oan? Häst's 'n vor de Tiere gesotzt! Koanst ju saan, wie de bei denn Reissa und bei denn kurzen Oden miet dan Neegla Arbeet fertig werscht! Schmeiß a naus, wenn a kimmt mitsamt dan Weibe. Blos luß miich mit Frieda: iich koan nischt d'rfiere. *Sie gießt, gewohnheitsgemäß weiterarbeitend, kaltes Wasser auf die Kartoffel[n] etc.*

DER ALTE GEISLER. Ohne diich hätt' iich keene Stube gebaut. *Er hat langsam gesprochen, langsam ein Schwefelholz angerissen, das er über dem Pfeifenkopf hält.*

DIE ALTE FRAU GEISLER. Ohne miich häst du keene Stube gebaut? Nu hiert ock, ihr Leute! Asu woas soat su a Moan, dar de vor Bast nimme weeß, ebs Herbst oder Frühjoar iis. Hust du Augusta nie zuricke gehult, wie a d'r woar d'rvone

gelaufa? wie du hust missa Oarbeetsmanne nahma, doaß
ock doas bißla Hei uf a Boda koam? Aber die kusta doch
ebens Geld und macha no ni amol holb asu viel ei zwee
Wucha wie August ei enn'n Tage. Do biste gerannt und
hust a vo Seidurf zerricke gehult und do hust'n versprocha,
a kennde heirota, mir welde abaun und ei de Hingerstube
ziehn.

DER ALTE GEISLER, *verbissen.* Doas tu' iich nee! 's kimmt, wie
's wiel! Mag a san, wu a bleibt mit dan Stoadtmensche.

ZWEITE SZENE

*Der alte Hahn, vierundachtzigjähriger bartloser Greis, wird in
der Tür sichtbar, schiebt seine etwa fünfunddreißigjährige ab-
gezehrte Frau, Anna, vor sich ins Zimmer. Sie hat weitauf-
gerissene Augen und beträgt sich wunderlich. Beide Leute sind
für den Ausgang angezogen und tragen große Regenschirme.*

DER ALTE HAHN *zu seiner Frau, die er mit greisenhaften Bewegungen, aber mit Festigkeit sogleich auf die Ofenbank nieder-
drückt.* Do setzte dich hie! und do bleiste sitza! — Gun
Obend! Woas hoat man mit dan Weibe vo Walmbrich bis
hienuf fer a Gewerge gehot! Egol kehrt se im! Zum Forrn
wiel se nauflaufa! Do hot missa d'r Kitzler-Fleescher raus-
kumma und hot se missa halfa vorüberfiehrn wie a scheu
Pfard! Miit da[r] wersch schunn's Beste, se täte obkratza.
DIE ALTE FRAU GEISLER. Nee, Voater, wu kimmst dann du har
asu spät?
DER ALTE HAHN. Iis August nee do? 's Haus iis alleene, 's
Viech hot a ganza Tag, do m'r fort sein, vu murgas frieh
nischt zu frassa gehot. Ma hiert se prilln ane holbe Meile.
Sechs Stunda gelaufa. Iich biin's nee imstande: a kennd'
amol miit nufgiehn und a wing Futter haun.
DER ALTE GEISLER. Do wissa Sie nee, doaß August heute Huxt
macht, Voater? *Da der alte Hahn nicht versteht und ihn
fragend anglotzt.* Juju, dar sitzt itze unda eim Niederdurfe
bei da verhungerta Hempel-Leuta und macht mied'n
Hempel-Madel Huxt, die ei Breslau gedient hot und no ni
amol ane Katholische iis.
DER ALTE HAHN, *ungläubig.* August macht Huxt, und ihr seid
d'rheeme?

DIE ALTE FRAU GEISLER. Nu nee, do selt' a verz Tage Tag und Nacht Huxt macha, eeb a miich under a Huxtleuta sieht! Zu da Hempelgesellschoft eis Loch kriecha!? 's Häusla iis doch nisch anders wie a alt Looch. Doaß de Leute eim Durfe und zeiga noch hechstens mit Fingern uf een. Ubadruf soll een die Sache no Geld kusta.

DER ALTE GEISLER. Miega se siich meinswegen doch Schweinefleesch und Bier und Schnops ei de Wampe schloen. Vo mir kriega se no ni en'm Fennich d'rzune.

DER ALTE HAHN. Ock ni zu hitzig! 's bleit doch d'r Suhn.

DIE ALTE FRAU GEISLER. Juju, doas kinn Se'n immer wieder amol saen, Voter! Dar Moan hot's vergassa! dar Moan vergißt's! seit dann doaß August nimme asu wiel, wie a gerne mechte, doaß August wiel: uf eemal is a a fremde Moansbild worn un zu nischt nimme nitze. — Und dod'rbeine do brauchta Augusta! Ach[t] Johre hot dar Junge, eeb a zum Milltär koam und nochdann a zun Milltär koam, im und im alle Arbeet getoan. Wu wern mir geblieba ohne dan Junga?

DER ALTE GEISLER. Iich biin no beinander. Iich koann ooch arbeita! Sol a geruhig miit dan nischtnitziga Stoadtmensche senner Wege giehn. Iich mach m'r das bißla Wertschoft alleene.

DIE ALTE FRAU GEISLER. Murne! jawull! Wu enner schunn Wasser ei Benn un oller Augenblicke kenn Oden hot.

Kurzes, geladenes Stillschweigen.

DER ALTE HAHN. Wenn und doaß iich asu bei junga Joahre wie August wär', iich liß' m'r mei Luhn gahn, nahm' m'r mei Madel un ging' menner Wege.

DER ALTE GEISLER. Sie hoan ju genug Geld, Schwiegervorter, gaen Sie'n ock Luhn.

DER ALTE HAHN. Warum o nee, wenn a und doaß a fer miich wie fer diich gearbt hätte.

DER ALTE GEISLER. A hoat Ihn doch o mancha Schlaag Arbeet getoan.

DER ALTE HAHN. Doas koan immer sein, nooch Feierobend. Jedennoch do hot a o immer jedesmol seine poar Biehma besaan. Bei diir woar a doch Knecht seit'n fufzahnta Joahr, bis a iis vor vier Wucha fünfundzwanzig geworn. Do muß enner doch o an Toaler erübriga.

DIE ALTE FRAU GEISLER. Dar Junga hot vo senn Voater ei olla da Joahr, wu a fer ins geschwitzt hot, eim ganza no keene sechs Toaler eigesackt, geschweige etwa beiseite geleet.

DER ALTE HAHN. Doas wer' ni goar vill: kennt enner do sprecha.
DER ALTE GEISLER *steht auf, geärgert.* O redd ihr doch, woas ihr wullt miiteinander. Iich woar ooch amol jung! iich hoa ooch bei menn Vorter gearbeet! Zahn Joahr und meh und außern, doaß iich's Laba hatte, hot a m'r o ni an Fennich Geld gegan. Hechstens an Zoahlaus miit Hunger und Priegeln. Dozemol woara doas Zeita dohie. Iich wußt's ni andersch, wie doaß a guder Suhn siich fer seine Eldern abrackern sol. Hinte wulln se olle ubanaus miit a Keppa! — Ihr hot gutt reda...
DER ALTE HAHN. Augusta brauchst du halt, Schwiegersohn.
DER ALTE GEISLER, *heftig.* Har miich! har miich! Um miich iis mir ni bange! Immerfurt miit dan Junga! Furt miit da fremda Leuta! Mutter und iich, mir kinn noch alleene doas bißla Futter macha und'n Viech ei de Raufe tun. Und d'r Winter iis lang. Do kenn mir genug Mist uf a Acker schleppa.
DIE ALTE FRAU GEISLER, *gerührt, schneuzt sich die Nase.* A hot o recht, und's muß au giehn.

[II, 1—2]

[Entstanden vermutlich 1937/38.]

[1]

GROTESKE

Bradler, neunzig Jahre. »'s isch a Böhmischer«. Wiesen und Äcker, die er besitzt, nicht mehr als zwanzig Morgen, haben Voreltern und er urbar gemacht. Seine Tochter, verheiratete Glum, siebzig Jahre. Seine Frau, achtundzwanzig Jahre. Leberecht Glum, dreiundsiebzig Jahre, hat ein Anwesen tiefer im Dorf, rackert sich ab. Guter Landwirt. Es ist bei ihm ein Konkurrenz-Rackern aufgekommen. Er will seinem einzigen Sohn nicht nachstehen, der auf dem Punkt ist, zu heiraten und die Eltern ins Ausgedinge zu setzen. Wütender Kampf gegen die Heirat bei beiden Eltern gleich, aber August Glum zwingt seine Frau Rese zu übermäßiger Arbeitsleistung. Da geht sie ihm durch und zum Vater hinauf.

»Woas willst du hi?« — »Nischte.« — »Lus der den Moan zu frassa gahn.« — »A schind mich. A wiel, doaß ich zu Tude hifolle.« — »Hi ischt doas nie anders. Hi mußte erscht recht rackern. A alt Weib isch nischt nitze. A Weib isch zum Arbeeta do. Susta furt damiite.« — »O jemersch, jemersch.« Sie beißt sich in die Fäuste. »Ich bin ebens doch siebzig Juhr.« — »Ich bin a neunzig. Doas hilft nischt. Inser Herrgott hot o ke Derbarma mit mir. Er läßt nie lucker, eb ma eim Sorge leit.« Pauline Bradler kommt herein, fahrig vagierende Augen. Sie steht, glotzt, wischt die Hände in die Schürze. »Woas willst du hi, du gehirscht ei die Katuffeln.« Pauline: »Woas bellt der Hund? — dar sul bellen — d'r Pfoarr!« Sie springt vor den Spiegel, macht sich affektiert zurecht. Bradler nimmt die lange Hundepeitsche vom Tisch und zieht Pauline von rückwärts eine über. Sie stößt ein seltsames Girren aus und springt geduckt ab. —

— »O jeh, do hoat Ihr Euch o woas uffgeladt, Voater.« — »Hal die Frasse, doas giht dich nischt oa. Hust du nie au asu an schlechta Kerl vu an Monne geheirotet. Hust du etwa uff mich gehirt. Nu sihste es, nu hoat a dich furtgejot.« — »Furtgejot —? Eigesperrt hoat a mich. Ich bin furtgelaufa.« — »Du häst'n sulln a Laufpoass gan.« — »Voater, Voater, sprecht ni asu.« — »Do a dozumoal eim Bette lag und ne furtkunnte. War nieme furtkoan, dam muß ma furthalfa.« — »Voater, a stohnt doch wieder uf. Und heute tut er fer zwee arbeeta.« — »Dar und oarbeeta. A hoat ma Mutters Stelle gestohlen und sich mitta nei gesetzt. Mir Bradlers hoan a Wald geschlon und die Steene beiseite geschoafft. A scheppt ock's Fett oab. Iich, mei Voater und d'r Grußvoater hoan's d'rarbeet.«
So ungefähr im Ton.

Der erste Akt spielt bei Glum. Sein Sohn Richard wird von seiner Braut Ernstine Weinert besucht. Diese erfährt von Frau Rese Glum üble Aufnahme. Sie geht. Der alte Glum kommt vom Grasmähen: »Woas wiel doas Frovulk? Kimmt se no amoal, war ich a zeiga, wur d'r Zimmermoan 's Luch gelussa hoat.« Heftigstes Aufeinanderprallen von Vater und Sohn. Die alte Glum rasend wie eine Hyäne. Die Arbeitsfrage wird berührt. Der alte Glum behauptet, daß er zweimal soviel schaffe wie sein Sohn.
Der Tierarzt und der Pfarrer treten ein. Der Zuchtbulle ist krank geworden, den Glum hält. Zu ihm gehört der Tierarzt.

Der Pfarrer dagegen ist vom Sohn heimlich gebeten worden, den Alten gütlich zu bewegen, in seine Heirat zu willigen und ihm die Stelle zu übergeben. Er hat zehn Jahre ohne Entgelt beim Vater die hauptsächlichste Arbeit gemacht. Der Sohn ist geizig und läßt den Tierarzt allein, weil er sein Honorar fürchtet. Der Bulle sei schon wieder gesund. Der Alte läßt den Pfarrer allein, weil er sich nicht bearbeiten lassen will. Beide sehen durchs Fenster das Konkurrenz-Schuften. Frau Glum kommt und [wird] sowohl vom Pfarrer als vom Tierarzt bearbeitet.
Dies ist im Gang, als draußen ein Unfall geschieht. Der alte Glum hat einen Zusammenbruch. Der Sohn berichtet es.
Pfarrer und Tierarzt holen den Alten herein. Er unterlag einem leichten Schlaganfall.

Der zweite Akt dürfte wieder bei Glum spielen. Der Alte geht an der Krücke. Er zankt mit der Frau; sie arbeitet nicht und ist schwach gegen den Sohn gewesen. Frau Blümel, die Kochfrau, besorgt in der Küche ein kleines Hochzeitsessen. Der Sohn wird erwartet, und zwar nach der Trauung mit dem Pfarrer, dem Tierarzt und einigen Gästen. Der alte Glum schließt sich ein, die alte Glum läuft davon. Es folgt dann im nächsten Akt die Szene bei Bradler. Schon im ersten Akt wird die irrsinnige Pauline Bradler eingeführt.
Der Eintritt der Hochzeitsgäste. Das Befremden von Braut und Bräutigam, der Entschluß zur Heiterkeit, trotz Abwesenheit von Vater und Mutter.
Man hört oben Glum stampfen und trampeln, dann seine Schreie und höhnischen Invektiven die Treppe herunter. Die kluge und dominierende Stellung der Braut Ernstine wird schon bemerkbar.
Richard Glum spricht von einer Hexe, die den bösen Blick habe. Die Krankheit des Stiers sei Verhexung. Die Hexe wohne oben am Wald, nicht weit vom Großvater. Die Braut Ernstine wendet sich mit dem Tierarzt gegen den Hexenglauben. Der Priester sagt nicht ja, nicht nein. Pauline Bradler schleicht draußen ums Haus. »Ich habe meine Not mit dieser Pauline«, sagt der Geistliche. Pauline Bradler, wie gesagt, ist geisteskrank, dabei mannstoll. Sie verfolgt den Priester, wird ihm lästig.
»Die is au vu dam Hexenmensche verhext«, sagt Richard, der junge Ehemann.

Man könnte aus dem Bauern Bradler mit dem Bauern Glum einen ländlichen Lear entwickeln.

Vielleicht wird man im dritten Akt versuchen, den alten Bradler zur Abdankung zu bewegen. So würde dieser Akt in seinem Häuschen spielen. Der Alte würde sich verteidigen. Tierarzt und Geistlicher kommen mit dem jungen Ehepaar. Dem neunzigjährigen Bradler wird klargemacht, daß seine Äcker zur Hälfte brachliegen und die Wirtschaft rückwärtsgeht. Er solle die jungen Leute wirtschaften lassen und sich zur Ruhe setzen. Ausgedinge. Die jungen Leute würden für ihn sorgen. Furchtbarer Kampf.

»Das junge Poar sull mir uff der Stroaße verrecka.«

Die Grundstücke grenzen. Im vierten Akt, der an der Grenze beider Grundstücke im Freien spielt. Kartoffelhacken, Specht. Der alte Glum und der alte Bradler aufeinander los. Grausiger Zank aller gegen alle. Richard Glum bleich und ruhig. Ernstine zurückhaltend, nur arbeitend. Seitengrenze: die Hexe mit der Katze auf der Schulter. Sie lacht dämonisch. Der alte Bradler rennt nach dem Gewehr. »Dar ala Wilddieb hoat ju kenn Schrott me ei der Büchse.«

[2]

VERSUCH EINER ANFANGSSZENE

Riesengebirge. Gebirgskamm. Nähe der Großen Sturmhaube. Der Bergförster (Rübezahl). Der Schwarze. Der Kräutersammler. Der heilige Laurentius. Der Huckuff. Rübezahls Holzfäller. Des Teufels Großmutter.

DER BERGFÖRSTER
Eine schöne Gesellschaft ist da zusammen.

ERSTE HEXE
Du hast nur gefehlt, jetzt hast du recht,
du, des Satans oberster Knecht.
Geflickter Schädel, Pusteln und Schrammen,
ein Feuergewehr, in den Augen ein Licht,
das aus der innersten Hölle bricht.

DER BERGFÖRSTER
Wer leugnet, daß wir vom Feuer stammen,
wäßrige Menschlein sind wir nicht.

ZWEITE HEXE
Wäßrig nennst du diese Brut,
die der Satan fürchtet in seiner Hölle?
Überschwemmen sie nicht mit Glut und Blut
die Erde bis an die Himmelsschwelle?
Die Sonne verdüsternd mit Rauch und Gestank,
Gottvater bedrohend mit Untergang.
Kratzt, pratzt und platzt es nicht überall?
Nächstens wird ein einziger Knall
die Erde in tausend Fetzen zerreißen.
Dann ist es mit Gott und dem Teufel aus,
und alles ist hin mit Weib, Mann und Maus.

DER BERGFÖRSTER
Kann sein, ihr Hexen, daß es so wird.

LAURENTIUS
Verhüt' es Jesus, der gute Hirt.

GROSSMUTTER
Er hat sich verkrochen, die Kirchen sind leer,
die Menschen wollen das Gute nicht mehr.

DER BERGFÖRSTER
Ich verstehe dich nicht, du alte Vettel,
der leidige Teufel ist doch dein Kind.

GROSSMUTTER
Er ist ungezogen, wie Kinder sind,
Gott schrieb ihm längst den Entschuldigungszettel,
Rührung ist es, weshalb ich mich schneuz',
im Krieg übernimmt er das Rote Kreuz.

DER BERGFÖRSTER
Affenliebe zu deinem Sohn...

GROSSMUTTER
Schon wieder dieser scheußliche Ton,

sie verhunzen die ganze Himmelsluft
mit Gelärm und brennenden Gasen.

DER BERGFÖRSTER

Ach was, die Teufel sind ohne Nasen,
mach mir nur weiter keine Faxen,
aus Teufelsmist ist dies alles gewachsen.

GROSSMUTTER

Kerl, du verleumdest ins ungeheure,
dir gehört eine Bombe von Pikrinsäure.
Manche sagen auch Ekrasit.
Davon haben wir Abermillionen.
Platzt eine davon, bleibt von dir ganzem Wicht
höchstens ein fades Trauergedicht.

DIE HEXEN

Horch, nun bricht es überm Kamm,
Wolken, Wasser, Feuer, Schlamm,
und alles klirrt wie ein eisernes Meer.
Die Menschen brauchen die Menschen nicht mehr. —
Seht, wie der Schwarze dort drüben sich reckt.

DER SCHWARZE

Nur noch heut. Schon ist mein Ziel gesteckt,
ich habe nichts mehr unter Menschen zu tun,
bald werden sie alle in Gräbern ruhn;
dann rast nur noch die Maschine für sich,
zischt, brüllet und knallt wie Millionen Gewitter:
die Erde ist ein einziges Gezitter.

DER BERGFÖRSTER

Huh, Schwarzer, du hast den Sonnenstich.

[III, 1—3]

[1]

13. 1. 1938. Rapallo.

ERSTER AKT

Im Anwesen des Bauers Reimann.
Er, fünfundsechzigjährig, liegt auf dem abgenutzten Sofa der
Wohnstube. Am Herd hantiert seine etwa sechzigjährige Frau.
Ein junger Arzt, Dr. Melzer, behorcht das Herz.

DOKTOR. Das geht nicht so weiter, Herr Reimann. Sie rackern sich ums Leben.
FRAU REIMANN. Ich soa's 'm ju, ich soa's 'm ju.
DOKTOR. Ihre Schufterei ist unmoralisch. Sie schuften und schinden sich in die Grube. Schluß damit! Wenn Sie mir nicht folgen — Sie sind doch katholisch —, muß Ihnen Ihr Pfarrer das verbieten.
REIMANN. Dar Forr, dar sol miich... 's Heu muß rei, murn rant's.
FRAU REIMANN. 's Heu muß nei.
DOKTOR. Und Ihr Herz holt der Teufel. Mensch, Sie sind doch erst vor dreiviertel Stunden mit der Sense in der Hand vornübergefallen und haben wie tot dagelegen. Dann sind Sie beinahe an einem Brustkrampf erstickt. Sie haben jetzt anderes zu tun, als an Heu zu denken.
FRAU REIMANN. Doas soa iich ju au.
DOKTOR. Und Sie haben ja doch einen Sohn.
REIMANN. Ich hoa kien Suhn. Ich brauch' a nee. A sul seiner Wage giehn.
FRAU REIMANN. Nu juju. Vor miir au. Wenn a asu a Weibssticke ei de Wertschoft bringt.
REIMANN. Lieba heute wie murne, furt mit dam Suhn.
DOKTOR. Das würde ich dringend widerraten. Ihr Sohn ersetzt Ihnen zwei, drei Arbeiter. Er ist ja genauso verrückt wie Sie. Sie sind heute fünfundsechzig Jahr. Rackert er in dem Tempo fort, so muß er zwanzig Jahre früher ins Gras beißen. Frau Reimann, bringen Sie Ihren Mann zu Bett.
FRAU REIMANN. Doas sell iich ock blußig amol prubiern.
REIMANN. Iich muß naus, Dokter, lussa Se mich ei Frieda. 's Madel eim Kuhstoall, die is nischt nitze. Se hot ock Kerle

und Raupa im Kupp. Hiern Se, 's dunnert. Glei wieder rant's. De Arbeet is wieder umsuste gewast. Mir kinn's ni haln wie de reicha Leute. Wenn se niesa, kricha se uf zwee Wucha eis Bett.

DOKTOR. Nun zum Kuckuck nochmal, wo ist denn Ihr Sohn?

FRAU REIMANN. Inse Suhn, dar iis uf'n Standesomte. Dann kimmt a mit enner Schlumpe zurück und schmeßt uns zwee Ala aus'm Hause.

REIMANN. Doas suul a versicha, soa iich euch bluß.

FRAU REIMANN. A werd's. Hinte Obend schlofa miir uf'm Miste.

DOKTOR. Ich bin Arzt, was geht mich das alles an. Daß aber ein Sohn wie der Ihre sich mit dreißig Jahren einen Hausstand gründen will, ist ja selbstverständlich. Er erhält Ihnen seine Arbeitskraft. Es kommt eine junge Frau ins Haus. Das ist doch nur eben das, was ein altes, abgelebtes Ehepaar wie Sie inbrünstig wünschen muß.

REIMANN. Iich wern woas scheißn, aber nich winscha.

FRAU REIMANN. Iich arbeete immer noch fer zwee, und mei Moan, wenn's sein muß, arbeet fer viere.

DOKTOR. Man sieht's ja, man hat's ja vor Augen, gewiß. Lassen Sie sich vernünftig zureden. Es ist gar keine Idee, daß Sie in Ihrem Alter der Arbeit auf Ihrer Stelle noch Herr werden. Sie schinden sich höchstens nutzlos zu Tode.

REIMANN *rafft sich auf, taumelt gegen die Tür.* Dann schindt ich mich äbenst zu Tode, gutt! *Er bricht zusammen.*
Man hat draußen die Ankunft eines Wagens, Pferdegetrappel, Peitschenknallen gehört. Der junge Emmerich Reimann, seine frisch angetraute Frau, begleitet vom Pfarrer, Förster Schön und Grenzer Fröhlich, den beiden Trauzeugen, treten ein.

SCHÖN. Herrdumeinegitte, was gibt's denn hier?

FRAU REIMANN *durchbricht die Gruppe und stürzt fort ins Freie.* Iich gieh' schun, iich gieh' schun. Macht euch ock breit ei insem Hause. Fraßt, sauft, faulenzt, fer miich werd a Ploatz eim Stroaßagroba zu finda sein.

DOKTOR. Ich muß sagen, Sie haben einen recht wenig guten Empfang, Herr Reimann.

DER JUNGE REIMANN. Woas is'n mit'm Voat'r poassiert?

DOKTOR. Er ist auf der Wiese zusammengebrochen. Fassen Sie einmal an, meine Herrn.
Der Bauer wird ins anstoßende Zimmer getragen, wo sein

Bett steht. Der Doktor und die junge Frau, die sich sogleich nützlich gemacht hat, bleiben darin. Der Förster und der Zollbeamte treten wieder heraus. Emmerich Reimann geht gelassen an ein Schränkchen und holt eine Likörflasche mit Gläsern heraus.

DER JUNGE REIMANN. Doas iis nich zu ändern, meine Herrn. Doas muß ma nahma, wie's kimmt, mecht' ma sprecha. *Er gießt die Gläschen voll.* Koan sein, iich biin au ni andersch, wenn's mit miir amol asu weit wie mit Voatern iis. *Im Begriff anzustoßen.* A grußes Fest koan mer freilich ni gahn, bei sichta Imstenda. Oader mer kenn derwegen doch oastussa. Sahn Se, d'r Voater, a wiel siich ne gahn. *Sie trinken.* Woas hoa iich nie oall's scho oagestellt. Nahma Se Ploatz, Hochwirda, nahmt Platz, ihr Herrn. *Es geschieht.* Hochwirda, Herr Pforr, a koan mersch bezeugen.

PFARRER. Es liegt den Reimanns etwas im Blut, das an sich löblich ist. Arbeitslust oder Fleiß sind löblich. Übertreibung des Guten kann aber in das Gegenteil, also Tugend in Laster, umschlagen. Das gilt auch für Sie, lieber Emmerich.

DER JUNGE REIMANN. Nu joa, doas moag sein. Doas is äbens merkwürdig. Wenn ich ebens asu am Morga um fimfe uf d'r Wiese stieh', nee nee, oab'r ich sitze und tengle die Sense, juju, neenee, do denk' ich, werschte ock um vier ufgestanda. Und dann iis doas wie a Ruck ei a Oarma, wie a Ruck, a Gereiße ei a ganza Kerpa, juju, neenee, un do packt eenen asu a Eigensinn, ane richt'ge Wut, mecht' ma sprecha, als wullt ma a Tag beim Wickel nahma, als wullte man 'n bei dar Gurgel packa, asu lang wie a bis zum Obend is, niederschmeißa, an ausbleun, an ausrauba.

([Spätere Notiz] Weiter! Hiddensee, August 1938.)

[2]

14. 1. 1938

SZENE

Ziemlich geräumiger Wohnraum in dem kleinen Bauernanwesen des Salomon Glumm. Es liegt höher im Gebirge und abseitiger als das von Reimann. Es wirkt auch fremdartiger. Die Einsamkeit und Verlassenheit ist auch deutlich merkbar.

*Ein Gebiet um das Haus — so wird irgendwie deutlich — ist
durch natürliche Granitwälle und durch allerlei primitive
Zaunanlagen verwahrt. Man hört von Zeit zu Zeit den Ketten-
hund vor der Tür. Übrigens spielt dieser Akt wie der vorige im
Juni, und einer wie der andere am gleichen Tag.
Gleichsam um die Dämonen der Einsamkeit zu verscheuchen,
hat der Bauer zwanzig und mehr kleine und große Schwarzwälder Wanduhren aufgehängt. Bei Ablauf der Stunde gibt es
von Kuckuckrufen und Hahnengekräh einen großen Lärm.
Salomon Glumm ist über neunzig Jahr alt; er ist eine große,
ungewöhnliche Erscheinung. Er hält sein schneeweißes Haar
selbst mit der Schere in Ordnung und läßt es nicht lang wachsen.
Es steht dicht, in der Länge eines halben Fingers, um seinen
Kopf. Ebenso ist sein dichter weißer Bart kurz gehalten und
nicht verwahrlost. Die Bekleidung Glumms ist irgendwie nach
eigner Fasson. Nichts von Lederhosen, blanken Knöpfen und
Salonbauerntum. Er ist sein eigener Schneider und macht auch
seine Holzpantinen selbst. Eben ist er dabei, ein Paar fertig zu
machen, indem er das Leder über der Sohle annagelt. Monica,
seine achtundzwanzigjährige Frau, kommt mit einer Milchgelte
voll Milch durchs Zimmer. Sie ist eine hübsche Person, aber
mit seltsam erregten Mienen und stechenden Augen.*

GLUMM, *aufblickend.* Wieviel hot se gegahn?
MONICA. O fer mir, ich wiß nech. Luß du mich mit Frieda.
GLUMM. Wieviel hot se gegahn? Hiergebliem, huste ver-
standa?
MONICA. Was sol se'n gahn? Wenn de Miller und tut se ver-
hexa. Goar nischt hot se gegahn. A kleen Neegla hot se
gegahn. Blutt is ei dar Milch gewast. Ich hoa blutt'ge
Finga.
GLUMM *nimmt eine auffällig große, so gut wie neue leder-
geflochtene Knute vom Tisch und haut damit durch die Luft.*
Ich wer d'r de blutt'ge Finga eitränka. — Stell de Milch
weg.
MONICA. Schloh du de Millern un nee mi.
GLUMM. Du bist de Hexe. Diich muß ma durchwalka. Zeig's
Masser har.
MONICA. Hätt' ich a Masser? Iich?
*Er geht auf sie zu. Sie duckt sich und erhält einen kräfti-
gen Schlag über den Rücken. Er entreißt ihr hernach ein
Messer.*

GLUMM. Do wär' ju doas Masser. Do hätt' mersch ju. Weib, du hust wieda de Kuh gestucha.

MONICA *hat die Gelte abgesetzt, sieht Glumm starr an, geht dann plötzlich in Tanzbewegungen über, die sie, sich langsam um sich selbst drehend, im Kreis durch die ganze Stube fortsetzt. Dabei wiederholt sie, halb singend.*

> Ju, ich ho wieda de Kuh gestocha!
> Ju, ich ho wieda de Kuh gestocha!
> Ju, ich ho wieda de Kuh gestocha!

GLUMM, *den sie ganz vergessen zu haben scheint, faßt sie bei den Händen, drückt eine Schlinge über ihre Knöchel und bindet Monica an die hölzerne Mittelsäule der Stube fest.*
Nu tanz, nu tanz, nu tanz, wenn de konst.
Inzwischen hört man großen Lärm im anschließenden Kuhstall. Wenn mer de Kuh fällt, schloh iich diich tut. *Er geht hinaus.*
Wie eine Märtyrerin angeseilt, singt die junge Bäuerin in einem maniakalischen Anfall überzärtliche Liebeslieder: »Heiri, mei Heiri...«.
Eine Tür öffnet sich leise, und herein guckt die alte Frau Reimann.

FRAU REIMANN. Iis Voater do?
MONICA. Es springt a Bettler iebern Klee,
es schwimmt a Schiffla iebern See.
FRAU REIMANN *tritt näher.* Woas hotst denn mit dir schon wieda amol? Iis Voater do?
MONICA. Soag's nie wetter, soag's nie wetter. A iis eim Stoalle. A kimmt nie wieda. D'r Teifel wird'n a Hols umdrehn, hot a mia gesogt.
FRAU REIMANN. Ihr hott schunn an Luderei mitanander.
MONICA. D'r Teif'l un iich, juju. Soag's nich wetter.
FRAU REIMANN. Diich, wenn ich d'r Voat'r wär', hätt' ich lengst aus'm Hause geschmissa. Du gehierscht eis Tullhaus gehierscht du nei.
MONICA. Dar ale Book un miich fortlohn? Dar fellt doch zwei un dreimal Nacht fer Nacht ieber mich har.
FRAU REIMANN. Doas iis inse Kreuze, itze, do's zum Tude gieht, muß a zum viert'n Mole heiroata. *Glumm tritt ein.* Gun Obend, Voat'r.
GLUMM. Wie kimmsten du rei? Woas willst'n du hie?
FRAU REIMANN. Nu halt, ich will dich amol besicha.

GLUMM. Willst mich amol besicha? Nu he. — So, dar junge Kuh wieder an Rietz eis Euter gemacht.
FRAU REIMANN. Nu, se werd dich amol eim Schlofe imbrenga.
GLUMM. Dos mag se versicha. Iich mache ju lengst kee Auge meh zu. Se wiß schun, do bind' ich se ieba a Tisch un hau'r mit dar do — *er nimmt die Knute* — 's Lad'r vull. Nu heeßt doas, woas hut's, un was willst du hie? Geld ho iich keens, un hett' ich's, braucht ich's salber. Schickt dich dei Moan ernt nochsahn, eeb ich noch labe. Sterb' ich, kriecht ju doch all's mei Weib.

15. 1. 1938.

FRAU REIMANN. Red't ock nich su ne Sacha, Voat'r.
GLUMM. Schniffln willste, sunst willste nischt.
FRAU REIMANN. Selld' ich nie wissa, wie du's treibst? Bin iich nee fimfundsechzig Juhre. Ho iich nee fimfunddreißig Juhre zugesahn. Ho iich miich nee mußt sieba Juhre obschinda, do de Mutt'r gesturba woar?
GLUMM. Und war iis nu hernucherte furtgelaufa?
FRAU REIMANN. Iich ho mer a Boast vu a Hende geschind't, und du bist mit a Fruvelkern tanza geganga.
GLUMM. Iich bin Herr eim Hause. Doas gieht diich nischt oa.
FRAU REIMANN. Und dann host du asu a Frovulk, jinger as ich, miir uf a Hols gehuckt und zur Mutt'r gemacht. Dar hett iich noch miega de Bälga wiega un grußsäuga. Un dos all's fer nischt und wieda nischt. Fer an Kruste Brut un Puttermilchsuppe.
GLUMM. Un nu blei, wu de bist, wu de hiegeharscht. Du hust ei dam Hause nischt meh ze sicha.
FRAU REIMANN. Doas Häusla hett menner Mutt r gehiert. Du hust se unter de Arde gebrucht. Du brengst oalle Weiba unter de Arde. Reimann ist dunder bei Atvokata gewast. Du werscht zu alt, de Wiesa verludern. Reimann und iich mißta oall's iebanahma.
GLUMM. Versicht's, un nu sieh, doaß de Beene moachst.
FRAU REIMANN, *plötzlich heulend und zerknirscht, in einem ganz andern Ton.* Voat'r, denk dro. Meine Mutt'r hoot diir oall's zugebrucht. Voat'r, iich wielt uf'm Heuboda schlofa, Voat'r, iich ho kee Dach iebam ·Kuppe meh.
GLUMM. De Reimannsche un kee Dach iebam Kuppe? Wu sieba Kiehe und d'r Bulle eim Stoalle stiehn?

FRAU REIMANN. D'r Emmerich schmeßt uns doch aus'm Hause.
GLUMM. Woas macht'r?
FRAU REIMANN. A hot geheirat't, a schmeßt uns raus.
GLUMM. Is woll nee meeglich! Feift's aus dam Luche? Nu, do konnst du's ju o amol sahn, wie's tutt. Doas wer' miir um nischt nee andersch poassiert, hett' ich dar Reimann, denn Kerl, und diich nie glei beizeita Moritz geliehrt, nie a Hund fu der Käte lusgemacht. Doaß ihr a Wäg mit zerrißna Klunkern stoats durch de Tiere ieba a Zaun hot mußt nahma.

[3]

15. 1. 1938.

SZENE

Die gleichsam besinnungslose Flucht der Frau Reimann hat den Pfarrer und den Arzt veranlaßt, um Unheil zu verhüten, ihr nachzugehen. Der Förster Takmann und der Zollwächter Fröhlich haben sich den Herren angeschlossen. Am Schluß der vorigen Szene, nämlich im Häuschen des alten Glumm, werden draußen Stimmen etc. gehört.
Der alte Glumm, mißtrauisch, greift nach seiner alten Jagdflinte. Er ist übrigens winters gewohnheitsmäßiger Wilddieb. Szene zwischen den suchenden vier Persönlichkeiten, vielleicht zunächst allein mit der Irren, dann mit Glumm und schließlich mit Frau Reimann.

SZENE
zur ersten gehörig

Heftigster Wortkampf zwischen Vater und Sohn bis fast zur Tätlichkeit. Der Vater beleidigt die junge Frau. Diese zeigt ihr Temperament und ihre höhere Intelligenz. Sie zieht ihren Mann mit sich. »Bis alles im klaren ist, betreten wir das Haus nicht wieder.« Vielleicht der Schluß des Aktes: Reimann allein im Hause. Er ruft vergeblich nach seiner Frau.

SZENE

In einem kleinen Gasthofe. Galgenhumorige Hochzeitsgesellschaft. Der Doktor will nachsehen, wie die Sache im Hause Reimann steht. Das Haus ist verrammelt, lautet sein Bericht.

[Notizen]

Von Tantals Geschlecht. Ich möchte womöglich in fünf Wochen diese Tragödie schreiben. Eine Bauern-Tragödie, aber als Tragödie echt.
Fragen: Wo kommt Glumm her? Genaues aus seinem böhmischen Leben. Er war viermal verheiratet. Blaubart. Todesarten der Frauen dunkel. Die Mutter von Frau Reimann hat sich nachts vor seiner Tür aufgehängt.
Der Arsenikblock zum Rattenverfolgen.
Die Gespenster.

LYKOPHRON

[I, 1–2]

[1]

Ende Mai 1906.

I. [AKT]
Nacht. An den Gräbern. Die Dirnen verfolgen ihn, ohne zu
wissen, wer er ist. Da kommt Periander mit Gefolge vorüber.
Die Dirnen entfernen sich von ihm und mit ihm. — Da kommt
die Kleine und bringt ihm Essen — Melisse — Gemüts-
erschütterungen —. Er wacht auf wie aus einem Paroxysmus.
Weint bei den Gräbern.

II. [AKT]
Bei Periander. Er sendet Boten, Lykophron zu fangen und
vor ihn zu bringen noch in der gleichen Nacht. Der Blick auf
die Golfe. Die Vorführung. Lykophron kommt, simuliert
Wahnsinn, Bitten des Vaters. Auseinandersetzung des Vaters. Der alte Lehrer und Philosoph wird zugezogen. Vergeblich. Der bittre Schluß des Lykophron. Du wirst in
Strafe kommen, weil du mit Lykophron sprichst. Die Muskel-
besten siegen. Palästra. Raserei des Periander. Bekleide
meine Mutter, sie friert.

III. [AKT]
Das Tempelfest. Das Kleideropfer für Melisse. Das wahn-
sinnige Gebaren Lykophrons. Was bist du und du und du
gegen sie. Wieder treten Abgesandte des Vaters vor ihn. Der
Philosoph, ob er nun zurückkehren wolle. Gelächter! Nein.
Da wird er gebunden auf ein Schiff gebracht.

IV. [AKT]
In der Verbannung. Am Strand. Der Kapitän eines ankom-
menden Schiffes mit Melisse. Sie hat ihm gedient. Da bemerkt sie Lykophron und stürzt in seine Arme. Der Kapitän
will auf ihn los, aber man bedeutet ihm, dieser sei gefährlich
wahnsinnig. Da habt ihr sie! Der Kapitän gibt sie preis. Da
holt sie Lykophron mitten aus ihren Verfolgern. Sie finden
sich. Man ruft aus, Lykophron solle König werden.

V. [AKT]

Auf dem Markt. Der Kapitän und die Leute lumpen herum.
Sie haben die Herolde an Bord gehabt. Nun kommt Lykophron. Sein Drang, allein zu sein. Er stößt Melisse von sich. —
Da bemerken ihn Schiffer. Es wird ihnen gesagt, wer er sei.
Da gibt es Wut. — Die Marktleute werfen sich dazwischen.
Periander wird zu euch kommen (?), wenn dieser König wird.
Sie steinigen ihn. Laß Lykophron eine Art Christus sein.

Zu Lykophron.
Periander und Lykophron auf verschiedenen Wegen das
gleiche. — Herrschsucht verkappte Liebe. Die Liebe Lykophrons verkappte Herrschsucht — ?

[2]

[1906.]

Eine Straße und öffentliche Halle in Korinth. Nacht.
Eine Schar öffentlicher Weiber verfolgen den halbnackten
Lykophron, sie umringen ihn.

LYKOPHRON

Nun, ihr Wölfinnen, hebt euch von mir. Laßt
die Finger von den Lumpen meines Leichnams.
Ihr wißt, wer mit mir redet, ist des Todes.

ERSTE DIRNE

Komm mit.

ZWEITE DIRNE

Komm mit.

DRITTE DIRNE

Mit mir komm, Lykophron!

LYKOPHRON

Auf Gräbern Unzucht treiben, ihr Hyänen,
ist meines Vaters Art. Die meine nicht!
Laßt mich!

VIERTE DIRNE

Komm, Schätzchen.

LYKOPHRON

Geile Vettel, weg.

Am Strande.

[II]

Paraggi, den 20. März 1909.

[Notiz]

Die Mutter des Periander.
Parthenius von Nicäa: Liebesgeschichten. Seite 49. Im gleichen Band wie Longus: Daphnis und Chloe. [Parthenius der Nicäer: Liebesgeschichten. Übersetzt von Friedrich Jacobs. – Stuttgart: Metzler 1837 (= Griechische Prosaiker, Bd. 156)].

ERSTER AKT

Im Palaste des Periander auf Akrokorinth. Ein Arzt und Palastbeamte. Es wird vom Periander gesprochen und dem finsteren Geiste, der ihn besessen hält.
Da erscheint, abgehärmt, unstet, Lykophron. Er taucht auf, macht glühenden Auges wenige kurze Bemerkungen und entfernt sich.

LYKOPHRON. Es stehen Boten vor der Tür: Laßt meine Mutter eintreten! Warum seid ihr verdutzt? Fürchtet ihr acherontische Schatten? Ich sage euch: hier, wo sie nicht ist, ist der Acheron. Und im Acheron, wo sie ist, ist das Licht. – Ihr denkt, werte Männer, ich wäre ein Narr. Und wirklich, ich wollte mich gern zu einem Narren machen, wenn dies so leicht wäre. – Wollt ihr zu meinem toten Vater hinein? – So grüßt ihn von mir und sagt ihm, meine lebendige Mutter klopfe an seine Tür. *Ab.*
DIE PALASTBEAMTEN UND DER ARZT. Ich verstehe ihn nicht. Könnt ihr mir sagen, worauf seine Rede abzielt? – Nein! – Es ist immer das gleiche, was zwischen ihm, zwischen diesem Sohn und dem Vater steht. – Was ist es? Es ist etwas Unsichtbares. – Man hört es durch die Gemächer schleichen und schleifen mit dünnen Gewändern. Man hört es winseln und jammern in den eisigen Sturmnächten, wenn die Luft vom

Lande der Thraker über den Burgfelsen fegt. — Heute, scheint's, weht ebender gleiche Wind. — Die Sonne verläßt uns, sie geht hinter einem braunen Rauche unter. — Ich glaube, die Musen frieren jetzt auf dem Parnaß. Die Grazien auf dem Helikon. Auch mich friert. — Die Nacht erhebt sich. — Hört ihr den König ruhelos auf und ab schreiten? — Das Unsichtbare pocht an die Tür.
Es wird mit Gewalt an das eiserne Portal des Palastes gepocht. Diener bringen Fackeln.

Die Person eines alten Türhüters. Er öffnet, und es treten drei Männer ein. Gefragt, wer sie seien, erklärt der alte Pförtner, er wisse Bescheid, es sei alles in Ordnung mit ihnen. Die Ankömmlinge bleiben wortlos. Im Halbdunkel. Es verbreitet sich eine sonderbare Bangigkeit, ein Grauen. Der Majordomus redet die Fremden an, die gleichmäßig gekleidet sind. Er bekommt keine Antwort. Der Arzt will sich entfernen. Der abendliche Lärm von Korinth, der mitunter in einzelnen Schreien heraufdringt, bekundet eine besondere Erregung der Stadt.

PERIANDER *erscheint.* Wer hat gepocht? —
DER PFÖRTNER. Die Boten sind wiedergekehrt.
PERIANDER. Was für Boten?

Periander ist über sechzig Jahr alt, prunkhaft, aber düster gekleidet, übrigens stiernackig, herkulisch, mit kleinen, harten, grausamen, stechenden, flackernden Augen. Der Tatmensch. Geschwollene Stirnadern, starke Kiefern. Instinktisch. Etwas Schlächtermäßiges unverkennbar. Kein Weichling. Sein Gattinnenmord war Politik. Als er geschehen war, wurde seine Liebe rasende Perversität. Zur neuen Heirat schritt er nicht. Sein ferneres Sexualleben ist rücksichtslos tierisch. Er ist abergläubisch. Übrigens ganz naturgemäß mißtrauisch, bis zum Verfolgungswahnsinn. Feig etc. Er stellt sich, als ob er nicht wüßte, wohin er die drei Männer gesendet hat und daß es seine Boten sind, die zurückkehren. Dies tut er aus Angst vor ihrem Berichte.
Plötzlich bedient er sich gegen die Anwesenden einer Lüge: es seien Gesandte, die über irgendeinen Zoll mit den Athenern geschachert hätten. Alle außer ihm und den drei Boten entfernen sich.

Die drei Boten geben einen Bericht vom Totenorakel am
Acheron. Diesen Bericht in drei Teilen. Vers. Er muß sein
wie ein geheimnisvolles Musikstück, das sich mehr und mehr
ins Grauenvolle verdüstert.
Als die Boten geendet haben, ist über Periander eine Starr-
heit gekommen. Er bleibt stumm.
Er wird ohnmächtig, und die Boten glauben, er sei tot. Sie
rufen. Einer von ihnen ruft den Türhüter.
Das Lieblings-Kebsweib Perianders erscheint. Sie leistet
Hilfe. Schickt zunächst auf den Wink Perianders Boten und
Türhüter fort. Die Boten sollen mit Wein und Speise gelabt
werden.
Das erste, was, allein mit der Kebse, Periander zu sagen ver-
mag, ist: Geh und hole mir meinen Sohn. Sie mahnt ab. Er
besteht darauf, mit Lykophron zu sprechen. Sie warnt. —
Wir sind eines Blutes, sagt er: Vater und Sohn, Sohn und
Vater. Wir sind eins. Die Kebse ist kummervoll. Sie berichtet
einige neue Gehässigkeiten und Tollheit Lykophrons. Er sei
böse, unzugänglich. Er habe sich im Bettlergewande herumgetrieben, bald unter den Teppichwebern, bald unter den
Lastträgern etc. Periander hört zu mit quälendem Anteil. Die
Kebse spricht nun von Lykophron geringschätzig, hauptsächlich, um die Pein Perianders abzuschwächen.
Daraufhin gerät Periander, vollkommen Lykophrons Partei
ergreifend, gegen die Kebse in Wut. — Ja, willst du um die
Liebe deines Sohnes, du, der große Periander, wie ein Hünd-
chen betteln? — Er antwortet mit einer Art Entschlußkraft:
die Stunde ist da. Tritt nicht zwischen uns. Hebe dich weg.
Es ist etwas um mich wie das Gesumm von Bienen! Melissa! —
Du bist fremd und unrein! Hebe dich hinweg! — Meinethalben, ich werde betteln. Aber es wird das letzte Mal sein.
Melissa hat mir meinen Sohn wiedergeschenkt.

DIE KEBSE *öffnet eine Tür, hinter der sie auf Lykophron trifft.*
Prinz, der große Periander wünscht um Euere gnädigste
Huld zu betteln.
Lykophron schweigt.
PERIANDER. Tritt ein!

Die Absicht des Vaters ist, dem Sohne zu beichten. Er hat
Melissa ermorden lassen, besitzt aber nun ihre Verzeihung,
wie er glaubt. Die genaue Wahrheit mit Melissa kennt die

Kebse nicht. Auch sie weiß nur durch Gerüchte. Periander nimmt an, daß auch sein Sohn nur Gerüchte kennt. — Lykophron weiß durch seinen Großvater Prokles seit Jahren das Wesentliche. Das Wissen hat eine glühende Liebe zum Vater in Grauen und Haß verwandelt. Seit Jahren verzehrt sich und zerstört sich in diesem Verhältnis sein Geist. Lykophron ist zart und empfindsam, kein Mann der Tat. Er meditiert über den Stumpfsinn der Aktivität und den Sinn alles Passiven. In seinem neuen Zustand hat sein ungewöhnlicher Intellekt die eigene Psyche und die des Vaters zerlegt und entwertet. Während er sich selber nur wertlos und überflüssig scheint, erscheint ihm das ganze auf die Tat begründete Leben des Vaters nur ruchlos. Im Positiven wird ein jesusartiger Schwärmer aus ihm, mit grenzenlosem Mitleid für alle Duldung. Alles Hassenswerte der Tat bleibt ihm im Vater inkarniert. Ihm allein gegenüber ist er zunächst ohne Mitleid. — Er besitzt einen Pylades. Durch ihn hat er von Perianders Botschaft zu Melissen erfahren. In einer namenlosen Liebe zu seiner Mutter kommt er, widerstandslos bezwungen, weil Boten gleichsam direkte Nachricht von ihr gebracht haben. Er glaubt daran und glaubt auch nicht. Aber schon allein die Illusion zieht ihn wie die Motte zum Lichte. Eintretend sieht er, ganz besonders in Liebe zur Mutter neuerschlossen, wiederum ihren Mörder von Angesicht.

PERIANDER. Warum erschrickst du? Warum durchbohrst du mich?

LYKOPHRON. Vergib. Es ist mein Schicksal. Ich sehe überall Mörder und Gespenster.

PERIANDER. Es scheint, daß du nicht überall Mörder und Gespenster siehst, Lykophron! Ich möchte mit dir als ein Vater reden, und du sollst mir als ein Sohn zuhören. Ich habe bessere Tage gehabt. Ich will sie zurückrufen.

LYKOPHRON. Ja. Du hast bessere Tage gehabt — und bessere Nächte.

PERIANDER. Was meinst du damit?

LYKOPHRON. Ich habe als Sohn zugehört und als Sohn geantwortet.

PERIANDER. Und ich habe niemals und nirgend einem Mann oder Weibe so lange und immer wieder mit solcher Nachsicht und Geduld zugehört und so lammsgeduldig geant-

wortet. Deine Lastträger und Teppichweber werden es dir
bestätigen. Du magst auch die Kaufherren fragen und wen
du willst. Höre zu.

Und jetzt beginnt Periander den Versuch, zugleich seine
Seele zu entlasten und den Sohn wiederzugewinnen. Es
drängt ihn innerlich, seine Verfehlungen zu bekennen, sein
Verbrechen durch sein allgemeines Schicksal zu erklären.
Politik und Liebe. Er will auch die Stärke seiner Liebe zu
Melissa, der Mutter Lykophrons, darlegen. Er will entschul-
digend deutlich machen, wie sehr der Verlust Melissens ihn
verarmt gelassen habe. Selbst das ihm zur zweiten Natur
gewordene Bild seiner Staatswirtschaft mit dem daran haftenden zweckmäßigen Denken sei blässer geworden, unzuver-
lässig und lückenhaft. Er will Lykophron deutlich machen,
daß er in ihm die Mutter liebe. Daß er in ihm mit seinen
Ähnlichkeiten das verlorene Glück und Beruhigung finden
würde. In Wirklichkeit ist sogar dieser griechischen Liebe
des alternden Mannes ein Zug leidenschaftlicher Perversität
beigemischt.
Das Gehirn Perianders ist durch die zahllosen gewaltsamen
Innervationen seines Lebenslaufs ermüdet. Das Nachlassen
der Aktivität bringt ein Überwuchern müßiger phantasie-
mäßiger Erinnerung. Die Entspannung der Nerven erzeugt
wechselnde Stimmung. Quellen der Empfindung brechen auf.
Das Alter setzt den Schmerz über das Entgleiten des Lebens.
Die Bilanz ergibt harte Arbeit, mit Blutschuld beschwert,
und der Gewinst, der in der Hoffnung ungeheuer erschien,
ist problematisch. Über das Wesen dieses Gewinstes wird
philosophiert. Er ist da und auch nicht da. Er ist in einen
grauenhaften Verlust verkehrt.
Periander ist das Opfer einer ungeheuren Altersumwand-
lung. Die Passivität erweckt den Weltweisen und den Narren
in ihm und stellt sie einander gegenüber. Vor diesem Weisen,
vor diesem Narren fängt nun das ganze Leben Perianders
unter der Wölbung seiner Hirnschale, auf der Bühne seines
Bewußtseins wie ein mit Figuren überfülltes, nutzlos blutige[s] Schauspiel zu leben an. Er möchte und fürchtet zugleich, daß der Vorhang darüber herunterweht: ob er jedoch
die Augen öffnet oder sie schließt, bei Tag, bei Nacht, es wird
weitergespielt.
Periander ist nicht der einzige Zuschauer. Im Gegenteil

scheint er unerkannt in ein Parkett von furchtbaren Richtern
geraten zu sein. Es sind auch Götter unter den Richtern. Er
selber sieht sich als den Hauptakteur, der oben spielt, und
zittert für seine Worte und Taten. Er spricht seine Worte, er
fühlt seine Taten in einer entsetzlichen Spannung nach.
So hat er Stunden und Tage eines bohrenden Tiefsinns durchzumachen. Tage wilder, schwelgerischer Zerstreuung folgen
darauf. In lichten Momenten erkennt er die Ursache seiner
Qual in seiner Vereinsamung. Den Ring der Vereinsamung
will er durchbrechen.
Kurz, der Harte, Einzige, Eigene sieht sich nach Hilfe, sieht
sich nach einer Stütze um. Er braucht einen Menschen, der
das Gebäude seiner Macht tragen hilft, der ihn entsühnt, der
den verlorengegangenen Sinn seiner Taten darstellt. Er
braucht und würde Lykophron auch dann brauchen, wenn
nicht ein schicksalsmäßiger Strom heftigster Liebe im Herzen des Vaters zum Sohne hindrängte.
Lykophron sieht im Vater das Ungeheuer. Die tote Mutter,
deren lebendige Lieblichkeit seine Seele vollkommen beherrscht, ist im Tode seine angebetete Gottheit geworden.
Er schreibt Lieder auf sie. Eine mystische Verzückung verbindet ihn mit der Dahingeschiedenen, ein Zustand, ebenfalls
nicht frei von Perversität. Man mag an Petrarcas Laura, an
Dantes Beatrice denken. — Nie ist Lykophron weniger als
jetzt dazu gestimmt, dem Vater Gerechtigkeit widerfahren
zu lassen.
Er weist die Liebe des Vaters zurück!
Er schneidet das Bekenntnis des Vaters ab, indem er ihm
geradezu sagt: er sei der Mörder seiner Mutter.
Periander demütigt sich bis zur Erbärmlichkeit. Er bietet
Lykophron allen Glanz seiner eigenen Stellung. Er soll alles
Erworbene nehmen. Lykophron weist alles zurück. Er soll
irgendeinen Wunsch äußern, der Vater will ihn erfüllen, und
wenn es das eigene Leben kostete! — »Laßt mich versteckt
und unerkannt unter deinen geringsten Sklaven leben.«
Er geht.

ZWEITER AKT

Es ist eine Gegend am korinthischen Hafen. Nachmittags. Es
ist die Zeit der größten Hitze, wo die Arbeit ruht. Lykophron,
halbnackt, in Bettlerlumpen, sitzt auf der Hafenmauer, ähn-

liche Gestalten um ihn her. Er wird angeredet, antwortet
nicht. Man fängt an über ihn zu spotten, ihn zu verhöhnen.
Man greift ihn an, er wehrt sich nicht. Hafenarbeiter mischen
sich ein und nehmen sich des Mißhandelten an. Ein Kaufherr
tritt dazu. Lykophrons Erscheinung fesselt ihn. Er hat mit
Periander in dessen Palast ehemals verhandelt, dabei auch
den jüngeren Lykophron gesehen. Nun sucht er in seinen
Erinnerungen. Er stellt Fragen an Lykophron und erhält nur
sonderbare Antwort. — »Wie alt bist du?« — »Jahrtausende
älter als meine Jahre!« — »Was treibst du für ein Geschäft?« —
»Es gibt kein edleres außer der Müßigkeit!« — »Man wird dich
in den Turm werfen.« — »So werde ich verhindert sein, den
Jammer der Welt durch Taten zu vermehren!« — »Wer ist
dein Vater?« — »Ein Mann!« — »Was für ein Mann?« — »Einer,
dem ich es nicht danke!« — »Haben dich die Götter mit Unglück heimgesucht, daß dir dein Leben zur Last ist?« —
»Zeigt mir die Götter!« — »Warum gehst du nicht in die Tempel, sie anzusehen?« — »Ihre Schöpfung macht mir zuviel zu
schaffen.« — »Inwiefern? da du doch müßig bist.«
Einige kommen und sagen, Lykophron sei ein Narr. Dieser
bestätigt es: »Es gibt nur eine einzige Krone: die Narrenkrone! Die Narrenkrone ist aus Papier und macht die Beine
leicht. — Diejenigen sind oft die Weisesten, die sich selbst
Narren nennen. Wollt ihr eine Probe meiner Narrheit: ich
bin Lykophron, eures Königs Sohn.«
Es entsteht großes Gelächter. Ein Hauptmann, gefolgt von
einigen Soldaten der Leibwache Perianders, fordert die
Menge auf auseinanderzugehen und verkündet in des Tyrannen Namen das strenge Verbot, mit diesem Manne, der
närrisch sei etc., sich in ein Gespräch einzulassen.
Es dunkelt, die Nacht bricht herein. Lykophron ist allein zurückgeblieben. Die Weiber der Straße schleichen heran,
bereden sich. Erzählen davon, daß Periander die korinthischen Frauen gezwungen habe, diesen Abend in ihrem besten
Schmuck im Tempel der Artemis zu erscheinen. Was gerücht-
weise über Periander, Melissa und Lykophron umgeht,
kommt zwischen ihnen zur Sprache, bevor sie auseinander
und an ihr Gewerbe gehen.
Eins der Mädchen schleicht an Lykophron heran. — »Warum
antwortest du nicht? Warum starrst du wortlos vor dich
hin?« — »Ich sehe das Haupt der Meduse!« sagt Lykophron. —
In dem Mädchen ist Mitleid, ergo Liebe erwacht. Sie will

Lykophron für die Nacht beherbergen. Sie ist das allerniedrigste, allerschlechteste Geschöpf in Korinth. Sie spricht so menschlich gut zu ihm und bittet ihn so innig, unter anderem von seiner närrischen Behauptung, er sei Lykophron, abzulassen, daß er in ihr plötzlich das würdigste Teil der Menschheit erkennen will.

»Zu dir will ich von meiner Mutter reden.«

Die Lebensgeschichte des armen Mädchens verwebt sich nun mit dem, was Lykophron von seiner Mutter erzählt. Es ist ein reiner Austausch der Leidensschicksale von Mensch zu Mensch. Sie werden auch körperlich später ganz eins werden. In ihr Gespräch schlägt das Geschrei aus dem Tempel der Artemis, leuchtet plötzlich das Licht eines gewaltigen Feuerbrandes. Periander macht der Melissa ein spätes Totenfest.

[III, 1—2]

[Entstehungszeit: Februar/März 1938.]

[1]

[NOTIZEN]

Der Diolkos, eine Schleifbahn auf Rädern und Schienen über den Isthmos.
Periander schon plant den Durchstich.
Nur die Arbeiter nehmen sich Lykophrons an.

Heron von Alexandria. Kastenförmiges Automatentheater, i[n] d[em] s[ich] Figuren scheinbar v[on] selbst bewegen, durch Gewichte und Schnüre. Auch fahrbar gemacht, a[uf] unsichtbaren Rädern in Rillenschienen (Solenes genannt). So scheinen sie zu laufen.

DRAMATIS PERSONAE

Periandros, Sohn des Kypselos

Thrasybulos, Herrscher von Milet

Kypselos
Lykophron } Söhne Perianders

Prokles, Lysidens Vater. (Der Name Melissa stammt von Periandros.)

Pellichos (gemalt von Demetrios von Alopeke.) Feldherr, Dickbauch, kalt und böse, Haupt- und Barthaar windzerzaust.

Lykophron: Herodot III, 48; S. 366: die dreihundert korkyräischen Knaben. Wichtigste Stellen: ebenda S. 366—371.
Korfu.
Periandros: Wichtigste Stellen: Herodot V, 92; S. 613—614

Rapallo, 26. 2. 1938.

Periandros, Sohn des Kypselos. Arion von Methymna, auf einem Delphin bei Tänaron ans Land gesetzt. Dieser Umstand könnte für Lykophron die mythische Sphäre und Atmosphäre geben.
Tänaron: Kap Matapan.
Arion lebte bei Periandros, machte Reise nach Italien und Sikelien. Von Tarent heimwärts. Der Stadtgott Taras. Seine Kunst hat Arion Schätze eingetragen. Herodot, I. Buch, 24. Die »hohe Weise«.
SZENE: Die Schiffsräuber sind angekommen, die Arion über Bord befördert hatten. Periandros läßt sie vor sich kommen.

Herodot, III. Buch, Kap. 48; V, 92; I, 20.
SZENE: Prokles, der Vater Melissas, Herr von Epidauros. Vor ihm stehen die Söhne des Periandros und seiner verstorbenen Tochter. Prokles fragt: »Wißt ihr auch, Kinder, wer eure Mutter getötet hat?«
Der ältere, achtzehnjährig, beachtet diese Worte nicht, der jüngere, Lykophron, um so mehr. Heimgekehrt, redet er den Vater Periander weder an, noch gibt er ihm Antwort. Als dies wochenlang sich nicht ändert, jagt ihn Periander aus dem Haus.
Die Leute in Korinth durften Lykophron nicht aufnehmen. Die Bestimmung des Vaters kam erst Wochen nach der Verstoßung. Der Sohn pocht also nun vergebens an alle Türen. Es war ausgerufen worden, wer auch nur mit ihm rede, geschweige ihn aufnähme, verfalle dem Apoll (Geldstrafe). Lykophron ist trotzig und stolz. Er lebte in den Säulengängen, wies alle Gespräche und Hilfe ab.
Der Schmutzige und Hungrige trifft (SZENE) an einem entlegenen Ort auf den Vater. Dieser verkleidet, etwa wie Harun al Raschid. Perianders Erniedrigung. Herodot, III. Buch,

Kap. 52. Lykophron antwortet: »Du bist Apoll mit einer hohen Buße verfallen.« Sonst nichts.

NEUER AKT: Periander läßt den Sohn aufgreifen und nach Korkyra schaffen. Epidauros nimmt er ein, den Prokles setzt er gefangen.

SZENE: Lykophron in Korkyra. Unendliche Liebe Perianders für Lykophron. Er ist nun gealtert und will ihm das Regiment übergeben. Spezielles ebendaselbst, Kap. 52. Lykophron bleibt starr. Der Herold (oder Periander selbst?). Er findet den Sohn tot. Herodot sagt, ermordet von den Korkyräern, bevor Periander eintrifft. Im Drama tötet er sich selbst.

Rapallo, 3. 3. 1938.

Gehe weiter im »Lykophron« (der mit dem Wolfssinn). Vielleicht Wolf genannt. Nach der Mutter geraten. Periander ein vielfach roher Koloß mit einem Sperlingsseelchen. Er liebt den Lykophron und die Mutter und umbuhlt ihn darum.

Ich will annehmen, Periander habe Melissa in ihrem fünfzehnten Lebensjahre geheiratet. Lykophron sei etwa zehn Jahre alt gewesen, als Periander sie, vermutlich aus Eifersucht, ermordete. Soll man Arion als denjenigen annehmen, auf den er eifersüchtig war? Jedenfalls hielt er ihn eine Zeitlang im Gewahrsam.

So starb Melissa etwa fünfundzwanzigjährig. Fünf Jahre hindurch etwa liebte Lykophron seine junge und schöne Mutter abgöttisch. Mit ihrem Tode verfiel er in Melancholie. Nicht so der um ein Jahr ältere Bruder. Schon von der Mutter Tode an war das Betragen Lykophrons seltsam, an sich und besonders auch gegen den Vater. Er hatte gesehen, wie Melissa von ihm und seinem eifersüchtigen Wesen gequält worden war. Auch war er selbst auf den Vater eifersüchtig, ja haßte ihn.

Die Mutter mag sich dem liebenden Sohne auch offenbart haben.

Nicht, daß er glaubte, Periander habe die Mutter ermordet, aber er gab ihm aus anderen Gründen an ihrem Tode schuld. Die düsteren Unstimmigkeiten zwischen Vater und Sohn beherrschen die erste Szene. Lykophron hält sich stunden- und tagelang am Grabmal der Mutter auf. Er denkt monomanisch nur an die Mutter. Sie erscheint ihm im Wachen, nicht nur im Schlaf.

Auch Periander trägt eine tiefe Wunde in sich. In der Liebe
beider zu Melissa, von der beide wissen, liegt die trennende
Vereinigung. Auf dieser Basis sucht Periander Gemeinsam-
keit, die gerade auf dieser Basis Lykophron verbittert.
Perianders Kebse entfesselt Brunst und Jähzorn. Er hat bestimmte Absteigequartiere unten in der Stadt. Die Verbitte-
rung Lykophrons steigert sich im Anblick dieser Mätressen
seines Vaters und im Anblick von dessen posthumer Untreue.
Die Gewissensbelastung Perianders ist ungeheuer. Auch ihn
besucht der Schatten Melissens. Sie bleibt seine höchste und
einzige Liebe. Es scheint ihm, Lykophron könne irgendwie
seine Last erleichtern, durch ebendie Leidenschaft für die
Mutter Verständnis gewinnen, die den Vater unterjocht und
bis zum Eifersuchtsmorde getrieben hat.
Lykophron und sein Bruder fliehen wo irgend möglich die
Atmosphäre der Burg von Korinth. Sie bitten immer wieder
um Urlaub, um nach Epidauros zu Prokles zu gehen. Lykophron, der nicht bitten kann, schickt dabei seinen Bruder vor.

AELIANUS, Vermischte Erzählungen (übers. v. Meineke.
[Quedlinburg 1775.]), IX. Buch, Kap. 38 (S. 354):
Als Alexander nach Ilium gekommen war und daselbst alles
auf das genaueste in Augenschein nahm, so trat ein Trojaner
zu ihm und zeigte ihm des Paris Leier. »Aber«, sprach Alexander, »lieber wünschte ich doch die Leier des Achill zu
sehen.« Er wünschte dies aus Begierde, ein Instrument zu
sehen, worauf ein Held den Ruhm der Tapferkeit besungen
hatte. »Aber die Leier des Paris, wozu wird sie anders ertönt
haben als zu Hurenliedern, die die Mädchen reizen und verführen konnten!«

[2]
AUSGEFÜHRTE SZENEN

ERSTER AKT

*Ein Gemach auf der Burg von Korinth, hoch, sehr düster, viel-
leicht persischer Einschlag in der Ausstattung. Im Hintergrund
ein mit schwarzen Draperien verhängtes Portal. Geöffnet, würde
es köstlich aufgebahrt eine Tote zeigen. Es ist Melissa, etwa*

*sechsundzwanzig Jahr alt. Ein ägyptischer Arzt hat die Leiche
einbalsamiert. Sie besitzt Dauer wie ein schönes Wachsbild.
Dieser weißhaarige, weißbärtige Arzt ist zugegen.
Lykophron, ein schöner, düster blickender Jüngling, tritt ein.*

DER ARZT
schiebt sich seltsam schnell auf ihn zu
Prinz, wie kommt Ihr hier herein?

LYKOPHRON
So bin ich hier, wo ich nicht sein soll?

ARZT
Entdeckt der Vater Euch, so ist's mein Tod.

LYKOPHRON
Ihr fürchtet ihn?

ARZT
Den Vater?

LYKOPHRON
Nein, den Tod!

ARZT
Wer lebt, der ihn nicht fürchtet?

LYKOPHRON
Wenn ich lebe,
bin ich ein solcher.

ARZT
Prinz, verlaßt den Raum!

LYKOPHRON
So raunt es überall,
doch meiner Laune bleibt es aufbehalten,
des Lebens Pforte hinter mir zu schließen
und die des Todes aufzutun.
Er zeigt auf die schwarzen Vorhänge
Dies ist des Todes Pforte.

ARZT
Geht! Wir beide sind verloren, trifft
uns Periandros hier beisammen.

LYKOPHRON
             Nun, was tut's?
So bleib' ich, was ich bin.
                ARZT
              Unseliger,
geh! Als ich zuerst dich sah, war mir's,
ein Schatten aus dem Hades sei
ins Fleisch verirrt.
               LYKOPHRON
            Ich bin ein Schatten, wohl!
Des Schattens Schatten, der dort drinnen schattet.

                ARZT
Nichts ist dort drin von Schatten, nichts, mein Prinz!

               LYKOPHRON
O doch, ich weiß es, denn ich speise ihn
so wie er mich mit Blut.
              ARZT
           Prinz, fürchtet ihn!

             LYKOPHRON
Ich fürchte niemand. Wen?

                ARZT
             Prinz, Euren Vater!
Ihn stillt nur Blut, wenn Wut ihn anspringt.

              LYKOPHRON
                              Wut
springt meinen Vater an. Hetz, hetz, spring an
den brünst'gen Torkelstier, Wut, wackrer Rüde,
reiß ihn zu Boden, meinethalb auch mich,
wenn er nur fällt und nicht mehr aufsteht!

                ARZT
                            Prinz,
ich höre seine Schritte.
             LYKOPHRON
            Selig sprech' ich
dich, Mutter, weil du sie nun nicht mehr hörst.
Laß mich hinein zu ihr.

ARZT
Er läßt lebendig mich
begraben, wenn ich's tue.

LYKOPHRON
Wohl dir, denn
du hast weit Schlimmeres verdient, der meiner Mutter
die Erde weigert. Laß mich zu ihr!

ARZT
Nein!
Ich rufe die Wachen. — Euer Vater liebt Euch.
Seid Ihr doch Eurer Mutter Ebenbild.
Er trüge Euch auf Händen, wärt Ihr nicht
so voller Trotz.

LYKOPHRON
Wo ist ein Stachelbett,
daß ich darauf mich flüchte? — Lebet wohl!
Er geht ab.

Rapallo, 17. 3. 38.

SZENE

Ein Saal auf der Burg von Korinth. Periandros, gewaltige, kurzhalsige Erscheinung, etwa fünfzig Jahr alt. Persisch prunkhaft gekleidet. Schwarze Augen, hervorquellend, Bart. Thront auf Goldsitz. Jadmon führt Arion ein.

PERIANDROS
indem er nach dem Trunk ein Weingefäß absetzt
Da bist du also, Quinquelierer! So,
erzähle nun dein Märchen! Unten im
Ameisenhaufen, der Korinth sich nennt,
läuft alles durcheinander, sagt man mir,
und kreischet: Wunder, Wunder!

ARION
Und mit Recht,
o Periandros! Warum aber hast
du ins Gewahrsam mich geworfen?

PERIANDROS
Hab'
ich dich als Sklaven nicht für Gold gekauft?
Und bist du nicht entlaufen nach Tarent?

ARION
Du selber gabst die Freiheit mir.

PERIANDROS
Doch nicht,
damit du, wie du tatest, sie mißbrauchst.

ARION
Du irrst, ich ging auf deinen Rat. Du sagtest:
Geh, singe in Sikeliens reichsten Städten,
singe dich aus, und kehre goldbeladen
zurück!

PERIANDROS
Du kamst, allein, wo bleibt das Gold?

ARION
Das suche auf dem Schiffe, das mich auswarf.

PERIANDROS
Das Märlein also wiederum. Du ließest
dein Gold auf einem Schiff, und das ging unter.
Nun mag man's suchen gehn. Dir aber lieh
der Stadtgott Taras von Tarent sein Reittier,
den göttlichen Delphin.

ARION
Mag dies ein Traum sein,
so hab' ich ihn am Strand von Tänaron,
wo ich mich wiederfand, geträumt.

PERIANDROS
Was tut
ein Mann wie ich, der seinen Sklaven ausschickt,
um Gold zu sammeln, wenn er Träume heimbringt?
Er straft ihn ab, wie's ihm gebührt.

ARION
Du strafst die Neun, wo nicht Apollen selbst,
in dessen Schutz ich stehe.

PERIANDROS

Gut, beweis es
und scheuch die Wolken mir von meiner Stirn,
mach klingend deines Gottes Lichtstrahl und
gib seine Gluten der vereisten Brust.
So sollst du mir ein Freund sein wie zuvor,
und meinethalb, behalt dein Gold!

JADMON

O Herr,
im Hafen unten ging ein Schiff vor Anker.
Es ist korinthisch und hat Ladung von
Tarent.

PERIANDROS

Nun, und?

JADMON

Die Hafenwache hielt
die Mannschaft für verdächtig, denn es fehlte
der Schiffsherr und der Steuermann.

PERIANDROS

Sie waren
Korinther? Beide?

JADMON

Jeder kennt sie, sagt man.
Der Schiffsherr ist der reiche Hipponax.
Die Witwe rennt am Ufer auf und ab
mit einem Schwarm von Sklaven. »Faßt die Räuber!«
so schreit sie, und: »Mein Mann! Wo ist mein Mann?«

ARION

Sie warfen ihn gebunden in den Schiffsraum.
Denn es sind ebendie, die mich gezwungen,
von Bord zu springen.

PERIANDROS

Was denn geben sie
nun vor?

JADMON

Furchtbares Wetter, Seesturm, Seenot,
und wider ihren Willen in der Tat
sind grade hierher diese Meuterer
verschlagen.

PERIANDROS

Dies ist glaublich, und wo sind
sie, was geschah mit ihnen? Sprecht!

JADMON

Die noch
bei Sinnen waren, hat der Hafenvogt
gebunden hier heraufgebracht, die andern
liegen betrunken, halbtot oder tot.

PERIANDROS

Tritt ab, du Freund Apolls, bis ich dich rufe!
Arion zieht sich zurück
Und du, wie denkst du über diesen Fuchs?

JADMON

In diesem Falle ist es keiner, o
mein Periandros. Denn man hat das Gut
des Dichters in dem Wrack bereits entdeckt.

PERIANDROS

Bringt also denn die Meutrer vor mich!

JADMON

Willst
du, Periandros, dich so weit erniedern,
sie selber zu verhören?

PERIANDROS

Schafft mir Kurzweil!
Ich will vergessen, wer und was ich bin
und daß ich bin. Nur Kurzweil, schafft mir Kurzweil!

20. 3. 1938.

*Es werden drei Seeleute hereingeführt, rohe Menschen:
Archelas, Hyllos, Battaros.*

PERIANDROS

Wißt ihr, weshalb ihr hier seid?

BATTAROS

Ja, der Wind
hat uns verschlagen.

PERIANDROS
Demnach wolltet ihr
woanders landen und nicht in Korinth.

BATTAROS
Das soll wohl wahr sein, ja, beim Donnrer Zeus!
Denn der Empfang, der uns hier wurde, hol's
der Henker! ist nicht grade, was man sucht.

PERIANDROS
Wo kommt ihr her?

BATTAROS
Von Akragas.

PERIANDROS
Und was
war eure Ladung?

BATTAROS
Wolle und auch Schöpse,
lebendig.

PERIANDROS
Wer ist euer Schiffspatron?

BATTAROS
Wie hieß er doch? Ich kam erst in Tarent
aufs Schiff.

PERIANDROS
Tarent? Wie kamt ihr nach Tarent?
Wohl auch verschlagen, du Verschlagener?

BATTAROS
Wir nahmen dort erst unsre Ladung Schafe.

PERIANDROS
Mit ihnen dich, der du gewiß kein Schaf bist.

BATTAROS
grinsend
Mein Vater hat mir oft gesagt, ich sei eins.

PERIANDROS
Du bist ein Tarentiner?

BATTAROS
Das muß wahr sein.
Die Mutter aber stammte aus Sybaris.

PERIANDROS
Man würde glauben, wenn man es nicht wüßte,
der Stall, der solchen Lumpenhund gezeugt,
stänke in einer Vorstadt von Korinth.
Doch einerlei — hast du wohl in Tarent
vernommen von Arion?

BATTAROS
Was ist das?

PERIANDROS
Arion von Methymna.

BATTAROS
Ist's ein Erz,
ist's Honig? Einmal faßten wir auf Kreta —
vielleicht war's in Methymna — einen Wein,
der seltsam roch.

PERIANDROS
Du riechst sehr seltsam, Freund,
und bald wirst du noch schlimmer riechen. Doch
nun kurz heraus: Wo ließt ihr euren Herrn,
den Steuermann und den Arion, der
den beiden seinen Reichtum anvertraut?
Wer kennt Arion nicht, den Sänger?

BATTAROS
Dreißig Tage wurden wir
im Sturm herumgebeutelt. Der Patron
starb vor dem Steuermann. Wir warfen beide,
wie sich's gehört, mitsammen über Bord.
Sonst weiß ich nur von Sklaven: uns, die wir
nicht leben konnten und nicht sterben, bis uns
die Woge hier heraufgespült.
Nun laßt uns gehn. Wir haben Durst und Hunger.

PERIANDROS
Weißt du, vor wem du stehst?

BATTAROS
Vor Periandros.
Vor wem wohl sonst? Du sprachst von meinem üblen
Geruch. Doch auch der deine ist nicht süß.

PERIANDROS
Schweig, Hund!

BATTAROS
Du hast dein Weib ermordet!
Wes Nase ist wohl wen'ger heikel als
die deine? Liegt dein Weib doch unbegraben
noch im Palast.

PERIANDROS
Schweig!

BATTAROS
Und warum? Wer einmal vor dir steht
wie wir, ist sowieso des Hades Beute.

PERIANDROS
Nun,
das nenn' ich Kurzweil! Dir und mir, du Meutrer,
in gleichen Mengen zugemessen. Glaubst du,
ich werde leugnen, was mir Tag um Tag
ohnmächt'ge Wut der Feinde bis hierher haucht?
Doch hört: ich will euch Lügen strafen. Ihr
sollt frei und ferner keine Sklaven sein.
Die Ladung eures Wracks sei eure, wenn
ihr überzeugend mir's erweist: Arion
sei nicht auf eurem Schiff gewesen, und
so sei er denn auch nicht gezwungen worden,
ins Meer zu springen, um sich selber zu
ersäufen.
Alle drei fallen vor Periandros nieder.

ALLE DREI
Nie, nie war dieser Mann auf unsrem Schiff.
Es trifft uns keine Schuld an seinem Tode.

PERIANDROS
Ihr redet wahrer, Leute, als ihr meint.
Arion ist nicht tot. Nehmt diesen armen
Seefahrern also ihre Fesseln ab.

Erquickt sie, sorgt, daß sie sich ruhn,
und dann hört mehr von mir.
Die Seeleute küssen ihm die Hände in wahnsinniger Dankbarkeit. Sie werden entfesselt und sind eben im Begriff, durch die Tür zu verschwinden, als Periandros sie nochmals zurückruft.

                                  Nur noch ein Wort:
Arion ist hereingeholt worden.
Wer ist der Mann?

DIE DREI SEELEUTE
zugleich im selben Aufschrei
Arion!!

[Notiz]

25. Oktober 1939.

Zu »Lykophron«.
Totenbeschwörung: Ein Zauberer bringt die Leiche Melissens zum Sprechen. Er gibt sich ägyptisch.

[IV]

9. 12. 1943.
Agnetendorf.

Szene in der Stadt Korinth. Nacht, Mondschein, am Hafen. Lykophron, seltsame Erscheinung, halbnackt, nicht über sechzehn Jahre, hockt auf einem Stein, einigermaßen erhöht, und starrt [nach] Osten übers Meer.
Hafenarbeiter, Seeleute im Vorübergehen.

ERSTER
Wer ist das?

ZWEITER
Gott weiß.

DRITTER
Der Kerl sollte sich scheren, sein Haar hängt ihm
ja bis zum Knie.

VIERTER
Er ist von den Inseln.

Er ist von hier?
Ein Philosoph vielleicht.
Dazu ist der Bube zu jung.
Was kriecht nicht alles hier für Allerweltsgesindel herum.
Es sind auch wieder verdammte Banditen von Kreta eingelaufen.
He, du!
Er antwortet nicht.
Er ist überhaupt nicht von Fleisch und Blut.
Die übelsten Dämonen sehen wie Lustknaben aus.
Ich hätte keine Lust zu dem Lustknaben.

Den 6. April 1944.
Im Bett, Agnetendorf.

Kam heut wieder auf Lykophron.
Die dunkle Marie: Gemisch von Gottesmutter und Protest gegen den Mißbrauch des Weibes, das zur Mutter gemacht werden soll.
Also hier die Protestlerin Melissa.
Sie gab bittren Honig, aber ich bewältigte sie.
Ihren Haß gegen mich trägt Lykophron (sagt Periander), aber auch er soll gehorchen lernen.
Wie ähnlich er ihr sieht: Wut steigt in mir auf, wenn ich ihn nur sehe!
Aber sie besucht mich als Geist! Pollutionen des Nachts. Sie empfindet Reue! Ich werde Sieger. Sie erkennt die Unsterblichkeit meiner Liebesleidenschaft.
So die wahnsinnige Haßliebe zu Lykophron.
Der Blick ist weit von hier oben.
(Ich war auf dem korinthischen Berg.)
Ich werde den Periander groß machen mit und durch reinre Liebe.
Hoffentlich Wiederaufnahme diesen Sommer:
O hätte ich diesen ablenkenden, großen Gegenstand als Zeichen von Gesundheit und zugleich als gesundendes Moment (Medikament).

7. 4. 1944.
Karfreitag.

NEUER ENTWURF ZU »LYKOPHRON«

Der Gedanke hat sich mir verschoben: nicht Lykophron ist die Hauptgestalt, sondern Periander.
Schauplatz ist die Höhe von Akrokorinth.
Das letzte Drittel dieser Höhe ist durch Mauern und Wachen unzugänglich gemacht. Aus der Bevölkerung von Korinth kann niemand außer Erlaubnis oder Befehl Perianders mitwirken.
Da gibt es aber noch einen ersten Kreis, von dem nur ganz wenig[en] das Zentrum zugänglich ist.
Im Zentrum befindet sich der Palast Perianders und das Mausoleum der toten Melissa, es ist von einem Garten umgeben.
Gestalt: Ein achtzigjähriger Burgverwalter, soldatischer Erzieher Perianders und seine absolute Vertrauensperson.
Periander: finster, tyrannisch, mißtrauisch, gänzlich unberechenbar. Lebt viel in absoluter Einsamkeit, dann aber wieder ist er verschwunden — man weiß nicht wohin.
In Wahrheit heimliche Ausflüge nach Korinth. Begegnungen mit Lykophron, vergebliches Betteln um Liebe.
Prokles wird von Periander gefangengehalten. Das Gefängnis ist erträglich. Ein kleiner abseitiger Bau mit Gärtchen.
Der Kultus, den Periander mit der Leiche treibt.
Das gesamte Grauen über Akrokorinth.
Lyside (Melisse) in ihrem Verhältnis zu Periander, es ist schwankend. Er ist ihr untreu geworden wieder und wieder. Erst die Untreue hat Melissa ihn lieben gelehrt. Eifersucht auf den Sohn. Schöner Mensch, der die Mutter liebt.
Die schwarze Lyside. Ihre düster-furchtbare Erotik.
Periander und Lykophron gleiche Leidenschaften, furchtbare Eifersucht bis über den Tod Melissens.
Im Zentrum gleich zu Beginn der Kleiderbrand, Angst, Aberglaube, Wahnsinn.
Gestalt: der Arzt, Prototyp der Schlechtigkeit.

LYKOPHRON · IV

10. 4. 1944.

Kypselos

SZENE

Person: ein alter Korinther.
Der alte Korinther und Lykophron in einer zerfallenen Hütte am Hafen.
Tissamenos (als Namen vorläufig einsetzen für den alten Korinther.)
Lykophron (siebzehn Jahre, zerlumpt, hockt bei Tissamenos).

LYKOPHRON. Sprich weiter.
TISSAMENOS. Nun ja, sein Vater war ärger als er, viel ärger. Mein Geschlecht hat er verderbt, meine Mutter zur Sklavin gemacht und entehrt. Unser ganzes Vermögen hat er geraubt. Wenn ich morgens erwache, fluche ich Kypselos, ehe ich einschlafe, fluche ich Kypselos.
LYKOPHRON. Hättest du ihn doch kurzerhand umgebracht.
TISSAMENOS. Ich war zu jung.
LYKOPHRON. Wie alt warst du, als er deine Mutter entehrte?
TISSAMENOS. Sechzehn Jahr.
LYKOPHRON. Das ist mein Alter, und ich werde den Schänder meiner Mutter umbringen.
TISSAMENOS. Wer hat deine Mutter geschändet?
LYKOPHRON. Der Aasgeier auf Akrokorinth.
TISSAMENOS. Von wem sprichst du?
LYKOPHRON. Von Periandros.
TISSAMENOS. O schweig, schweig!
LYKOPHRON. Nie werde ich schweigen.
TISSAMENOS. So ist dein Tod besiegelt.
LYKOPHRON. Um so besser für mich.
TISSAMENOS. Wer bist du?
LYKOPHRON. Ich bin Lykophron.
TISSAMENOS. Dafür geben sich viele aus. Es ist wie eine Krankheit.
LYKOPHRON. Warum tun sie das?
TISSAMENOS. Sie kommen höher im Preise. Lykophron ist ein Königssohn. Er gilt als schön. Er trägt sich wie ein Bettler. Er liebt, sagt man, die Unzucht.
LYKOPHRON. Man lügt.
TISSAMENOS. Ich kann's nicht glauben, daß man lügt.
LYKOPHRON. Er ist rein.

TISSAMENOS. Er läuft wie ein zerlumpter Bettler in der Stadt umher und gibt sich jedem hin.
LYKOPHRON. Man lügt. Der Prinz hat nur einen Menschen geliebt, und der ist tot.
TISSAMENOS. Wer sollte das sein?
LYKOPHRON. Die Mutter.
TISSAMENOS. Das hätte er dann mit seinem Vater gemein. Periandros, sein Vater — so sagt man oben auf Akrokorinth —, liebt auch immer noch und nur allein die Mutter des Lykophron. Sie ist aufgebahrt, sie ist eine Leiche. Es wird viel darüber gemunkelt.
LYKOPHRON. Ich bin nur von meiner Mutter geboren, Periandros hat keinen Teil an meiner Geburt.
TISSAMENOS. Geh, du gefällst mir nicht. Vielleicht enthauptet man mich, wenn man dich bei mir findet. Du bist vielleicht Lykophron.

Kaineus (der immer Frische), Kampfgenosse Peirithoos', des Sturmschnellen, des Lapithen-Fürsten, der die wilden Halbrosse (Kentauren) schlug und vertrieb (Herodot, S. 610).

SZENE

Kaineus blickt herein — schöner Jüngling.

KAINEUS. Es ist nicht ungefährlich hier, komm.
LYKOPHRON. Um so besser für mich.
KAINEUS. Aber nicht für mich. Die Götter gaben mich dir zur Seite, um dich zu schützen. Es ist ein ungeheurer Lärm in der Stadt Korinth. Periandros läßt einen Götterspruch vollstrecken. Man reißt allen Weibern die Kleider vom Leibe und verbrennt sie zu Ehren Melissens. *Es donnert.*
TISSAMENOS. O dieser Berg, o dieser furchtbare Berg. Seit wann herrscht der Schwarze Zeus von Bergen herab und nicht in der Erde?

10. September 1944.
Agnetendorf.

Heut besuchte mich wieder Lyside (Melissa). Ich nehme an, daß mich eine Schilderung der Schwedenkönigin Maria Eleonora und ihres Verhältnisses zur Leiche ihres Mannes

(Gustav Adolf) auf Periander gebracht hat. Sie trieb Götzendienst mit dem Herzen Gustav Adolfs und seiner einbalsamierten Leiche. Das präparierte Herz Melissens muß einen besonderen Kultus erfahren, nach Analogie dieses Falles.
Wenn Periander in den Toten- oder Leichenkult gerät oder sich darin befindet, ist sein Wahnsinn vollkommen. Er verbirgt sich bei der Toten. Er bleibt tagelang unsichtbar. Eine verbrecherische, gnadenlose Wut aus Eifersucht erfüllt ihn gegen seinen Sohn.
In der Tat liebt Lykophron seine Mutter erotisch auch als Tote. Auch er hat dem Vater gegenüber, wie bei ihren Lebzeiten, wütende Eifersucht. Er bestiehlt den Vater sozusagen und dringt mit Lebensgefahr in das Mausoleum der Mutter. Unruhiger Verdacht quält den Vater. Er hat Illusionen und Halluzinationen von Untreue der Toten und Inzest des Sohnes. Überhaupt vermischt sich ihm der Lebenszustand Melissens mit der Leiche. Er geht mit ihr spazieren, er spricht mit ihr in Liebe und Eifersucht. Er droht, ihren Sohn zu töten. Seine erotische Infektion ist stärker wie im Leben. Er läßt die Geliebten heimlich töten, mit denen er ihr untreu war.
Ein Liebling oder auch mehrere Lustknaben werden eingeführt.
Es ist anzunehmen, daß Periander auch Lykophron in den Knabenjahren attackiert oder verführt hat.

NIREUS
(FAULPELZ)
Lustspiel frei nach Menander

Dresden,
Sommer 1938.

ERSTER AKT

In der Werkstatt des Prometheus am Fuße des Ätna. Sie gleicht dem Arbeitsraum eines Bildhauers. Gestalten aus Ton stehen umher, nicht nach Göttern gebildet, sondern nach Menschen. Prometheus, ein schöner bärtiger Mann von etwa vierzig Jahren, arbeitet an einer Bildsäule, natürlich im allerdings kleidsamen Arbeitskittel. Epimetheus, sein Bruder, arbeitet im Hintergrund der Werkstatt. Er ähnelt dem Bruder, ohne seine Schönheit zu erreichen.
Tisias, fünfzigjährig, seinen Sohn Nireus auf dem Rücken, tritt ächzend ein.

TISIAS
Bin ich hier in der Werkstatt des Prometheus?
⟨Ich war wohl einmal hier, doch hatte ich
seither zuviel um meine Ohren und
vergaß den Weg.⟩

PROMETHEUS
Du fandest ⟨ihn⟩ sie. Ich bin
Prometheus. Freilich nicht der alte mehr,
der Leberleidende vom Kaukasus.
Nur magisch sozusagen konserviert.
⟨Als zahmer Heros unter meinem Volk,
Gewohnheit hält mich unter Menschen fest,
obgleich unsterblich, wachs' ich, werd' ich alt
und sterbe gleichsam, ob ich gleich unsterblich bin.
Doch gleich gebiert ein Mutterschoß mich wiederum.⟩

TISIAS
Dann bin ich also vor der rechten Schmiede?

ERSTER AKT

PROMETHEUS
Ja.
Wenn du nicht etwa zu dem anderen willst,
dem rußigen Schmied vom Ätna nebenan.

TISIAS
Mit Fleisch und Blut hat Eisen nichts zu tun.

PROMETHEUS
Das Feuer um so mehr, und davon hat
der Ätnaschmied, beim Zeus! weit mehr als ich.
Doch höre, eh du dir von deiner Schulter
den Leichnam lädst, ich kann lebendiges Werk
wohl etwa bessern, doch vom Tod erweck' ich's nicht.

TISIAS
schluchzend
Der Himmel mag's verhüten, Nireus tot?

PROMETHEUS
Was fehlt ihm also?

TISIAS
Nichts.

PROMETHEUS
Und weshalb kommst
du mit dem Enakskinde auf dem Rücken
zu mir gekeucht, den langen steilen Weg?
Es müssen seine Beine doch gelähmt sein.
Wer ist es denn?

TISIAS
Wer sonst: Nireus, mein Sohn.

PROMETHEUS
Er hat sich einen Splitter eingetreten
wahrscheinlich?

TISIAS
Nein, er ist fuchsmunter.

PROMETHEUS
Wie
versteh' ich das?

Und warum schleppst du dich mit deiner Last?
die dich beinah erdrückt? Ein alter Mann,
von Alter und von Arbeit ausgemergelt,
mit deinem Sohn, dem Lümmel, stark genug,
wie ein Kaninchen dich im Arm zu tragen?

TISIAS

Das frage den auf meinem Rücken.

PROMETHEUS
He,
steig ab, du Unmensch — ist's die Möglichkeit,
er schläft.

TISIAS

Im Schlafe, wie das Sprichwort sagt,
tut man nichts Böses.

PROMETHEUS

Dennoch scheint in diesem Leib
ein böses Etwas eingeboren, das
den Schlaf auf einem solchen Reittier zuläßt.
So wirf denn endlich deinen Reiter ab.

TISIAS

Heb ihn herunter, sacht, denn sonst verstaucht
er ein Gelenk sich.
Es geschieht. Prometheus und Tisias legen Nireus auf ein Lager.

PROMETHEUS
Epimetheus, ist
der lange Lümmel dir erinnerlich?

EPIMETHEUS

Mir ist, als sah ich einen ähnlichen
einst im Gespräch mit Sokrates. Er hieß,
wenn ich mich recht erinn're, Charmides.

TISIAS

Mein Junge übertrifft an Schönheit weit
den Dummkopf, den du da mit Namen nennst,
der überdies — ich schweige lieber! Nun,
in puncto puncti war er schlecht beleumdet.
Mein Nireus bandelt nur mit Weibern an.

PROMETHEUS
Wie heißt du eigentlich?
TISIAS
Ich? Tisias.

PROMETHEUS
Und dein Beruf?
TISIAS
Die Bäckerei. Ich backe
in Tauromenion den Leuten Brot.
Mein Vater selig tat bereits das gleiche.

PROMETHEUS
Und wer verriet dir meinen Aufenthalt?
und daß ich überhaupt noch unter Menschen?

TISIAS
Das tat die alte Vettel Prokne, die
schwarz im Gesicht ist, denn sie wäscht sich nicht.
Sie schleicht, ein schwarzer Lumpenberg, durch Gassen
und Winkel, liegt betrunken oft im Rinnstein,
doch macht das Wetter, wie sie will, verhext
Schafe und Rinder, die am Ätna weiden.
Sie weiß, was hinter allen Dingen ist,
dazu die Zukunft.
PROMETHEUS
Prokne? Prokne? Ja.
Nun fällt's mir ein: 's ist ein verrücktes Weib,
das schwört, es sei einst Helena gewesen,
um deretwillen Troja fiel. Nun, wohl
bekomm' dem Scheusal seine Einbildung.
Was wolltest du von Prokne? Und weshalb
hat sie dich hergesandt mit deinem Faulpelz?

TISIAS
Damit er fleißig werde.
PROMETHEUS
Und wie meint sie,
daß ich dies in die Wege leiten könnte?

TISIAS
Du knetest, sagte sie, die Menschen um.

PROMETHEUS
Du knetest deinen Teig, o Tisias!
Formst ihn und schiebst ihn in den Ofen dann,
ziehst du die Weck' alsdann gebacken wieder
hervor und ist sie schlecht geraten, nun,
so ist sie's, und an ihr nichts mehr zu ändern.

TISIAS
Ich bin ein Bäcker nur, du bist ein Heros,
und weil du's bist, so kannst du mehr als ich.
Du nimmst, so schwört es Prokne,
den klitschigen Brotlaib einfach in die Hand
und bläst ihn an: sogleich nach deinem Willen
wird eine Frau, ein Mann, ein Kind daraus.

PROMETHEUS
So willst du also...
TISIAS
Blas den Jungen an.

PROMETHEUS
So einfach ist dies nicht. Doch, Epimetheus,
geh, hol den Blasebalg! — Steht zu bedenken,
ob diese Kur, die recht gefährlich ist,
nach deinem Sinn ist. Sei dahingestellt,
ob ich ein Heros oder nur ein Mensch bin:
Doch selbst der Heros ist nur halb ein Gott
und halb ein Mensch. Der Mensch wird durch den Gott
halbgöttlich, doch der Gott
halb menschlich und damit auch fehlbar. Nun
laß gut sein; mir gefällt dein Charmides —
will sagen Nireus —, und ich will an ihm
mein Heil versuchen.
TISIAS
Meister, sagtest du,
die Kur sei recht gefährlich?

PROMETHEUS
Ja, sie ist's,
was aber wäre nicht gefährlich hier,
in dieser Menschenwelt? Das Stehn, das Gehn,
das Luftanhalten wie das Atmen, das

Schlafen wie Wachen, so das Schweigen wie
das Reden, und besonders dieses ist
gefährlich. Darum fach das Feuer an
jetzt, Epimetheus, und du, Alter, wirst
von deines Sohns Gebresten Näheres
mir nun erzählen.

TISIAS
Ja, du lieber Gott,
Gebresten? Was weiß ich. Er ißt und trinkt,
und die Verdauung, sie entspricht auf's Haar
dem Appetit, dem immer regen: Nur,
mein Sohn tut nichts dabei, als seine Kiefer
zu öffnen und zu schließen, wenn ihm die
gebratene Taube etwa in den Mund fliegt.

PROMETHEUS
Mach, Epimetheus, eine Taube denn
aus Ton und blas sie an, dann brate sie
am Feuer, das ich aus Zeus' Küche stahl.
Ich muß die Form der Atzung untersuchen,
doch Meister Bäck, sagt, ist er immer so...
Ich meine, solchermaßen starr und steif.

TISIAS
O nein, nur weil ich einmal Ernst gemacht
und die gebratenen Tauben ihm verweigert.
Ich wußte eben nicht mehr aus und ein
und griff verzweifelnd fast zum letzten Mittel,
um ihn zu zwingen, seine Nahrung selber
zu sich zu nehmen. Seht, ich werde alt,
taprig und zittrig, meine Bäckerei
geht rückwärts und bedarf der jungen Kraft.
Er hat sie, das Gewerb' beherrschte er
bereits als Kind. Er buk die schönsten Semmeln
kaum siebenjährig! — Doch nun habe ich ihn
mir vollends und für immer, scheint's, verdorben.

PROMETHEUS
Ein äußerst, äußerst schwerer Fall, gewiß,
und selbst was ich an ihm zu tun vermag,
ist im Erfolge zweifelhaft.
Hast du's einmal mit einer Frau versucht?

TISIAS

O Gott, sie stopfen vorn und hinten ihn
mit Leckerbissen voll, Lampreten sind
sein täglich Brot und widern ihn bereits.
Sein Faulbett überziehn die Weiber ihm
mit Zobelfellen und mit serischen
Stoffen, von Gold durchwirkt, und springen hoch
vor Glück, wenn ihr Idol nur einmal gähnt.

PROMETHEUS

Dann kam er an die rechte, scheint's, noch nicht.
Ich hätte eine für den letzten Notfall.

TISIAS

O Gott, ein Weib nur, wiederum und wiederum!?

PROMETHEUS

Nur für den letzten Notfall, Tisias.

TISIAS

Ich schwör's beim Herakles, das ist mir lieb.

PROMETHEUS

Du nanntest eben, Alter, ahnungslos
den heiligen Namen dessen, der vielleicht
dem Buben helfen kann und damit dir,
wie er mich einst aus schwerster Not befreit.
Es ist der Welten Heiland Herakles.
Ich denke nicht an seine Löwenhaut,
bei deren Anblick Blinde zittern und
wild um sich wüten, nicht an seine Pfeile,
die von der tausendköpf'gen Schlange Gift
getränkt sind — auch Heilkräfte sind darin
vielfältiger Wirkung —, auch nicht an die Keule,
die nichts lebendig läßt, sofern sie zuschlägt:
an Kerberos vielmehr, den Höllenhund:
Er hat ihn aus dem Hades, wie du weißt,
heraufgeholt und sich gezähmt. An ihn,
an diesen Hund, denk' ich als Arzenei,
der jedem, dem er nahkommt, Beine macht.

Mit leichtren Mitteln wollen wir zunächst

ERSTER AKT

einmal versuchen, ob ihm beizukommen ist;
allzu verschieden sind die Dinge, die
den einzelnen zur Tätigkeit erwecken.
Bei einem tut's ein Stückchen Wurst, beim andern
ein Roß, ein Schwert, 'ne Zwiebel, ein Maß Wein,
und bei den allermeisten tut's ein Goldstück.
So fangen wir denn mit dem Goldstück an.

*Prometheus hält dem Nireus ein großes Goldstück an die
Augen. Der Jüngling schnappt gleichsam mit der Hand danach und steckt es ein. Prometheus bricht in ein eigentüm-
liches Lachen aus.*

TISIAS

wird wie von einer Sturmböe geschüttelt

Oh, Himmel, Erde, Abgrund, was noch sonst!
Hast du gelacht?

PROMETHEUS

Das ist doch wohl zum Lachen, wie?

TISIAS

Doch lache lieber nicht, Prometheus, denn
dein Lachen greift unwiderstehlich an:
Man hält sich mühsam aufrecht.

PROMETHEUS

Ach vergib!
Vergaß ich doch beinah, daß du ein Mensch bist.
Ich habe nämlich das olympische
Gelächter auf dem Götterberge mir
mit sonstigen guten Dingen angeeignet.
Es wäre etwa besser wohl, ich hätt' es
gelassen, wo es war: Greift dieses Lachen
mich selbst doch jedesmal nicht wenig an.
Es kommt aus allzu vielem Wissen, nämlich
der Götter, und ich bin zur Hälfte doch ein Mensch,
nun, soweit gut! Doch dieses Stückchen mit
der goldnen Drachme wiederholen, führt
nur immer zu dem einen Schnapp, auch langt
dazu mein Geld nicht. Wir Halbgötter sind
auf Erden arm. Wir haben außerdem
nicht eure, sondern unsere eigene Währung,
die unsichtbar in euren Händen wird.

Und unsichtbare Währung — weh! o weh!
Hast du bei deinem Sohne etwas wie
Gewissen je bemerkt?

TISIAS
Ich wüßte nicht.
Die Masern ausgenommen, hatte Nireus
nie einen Ausschlag. Kleine Flechten, ja
als Kind, schräg überm Nabel...

PROMETHEUS
Nicht doch, Tisias,
Gewissen ist ein unsichtbares Ding.

TISIAS
Nun dann, wie kann ich Unsichtbares sehen?

PROMETHEUS
Von Menschen weiß ich, die das wohl vermögen,
doch da du nichts von dieser Sache weißt,
will ich ihn selber darauf untersuchen.
Sprich, schöner Jüngling, warum räkelst du
im Vollbesitze aller Muskelkräfte
dich teilnahmslos nur immer auf dem Faulbett
und weigerst deinem Vater jede Arbeit
nicht nur, nein, läßt dich von ihm schleppen.
Nicht anders, als ein Sack.

NIREUS
Das weiß ich nicht.

PROMETHEUS
Hast du nicht Beine, die dich tragen? Hast
du Füße nicht zum Schreiten? Siehst du nicht,
daß alle Welt sich regt?

NIREUS
Ich weiß es nicht.

PROMETHEUS
So weißt du also nicht,
daß dir der Schuster Schuhe macht, der Schneider
Gewandung und dein Vater Wecken bäckt?
Warum, was jeder weiß, willst du nicht wissen?

ERSTER AKT

NIREUS
Ich weiß es nicht.

PROMETHEUS
So sag mir, was du weißt.

TISIAS
Du kommst auf diese Art nicht mit ihm weiter,
dies alles ist verlorne Liebesmüh,
wenn's nicht mit Blasen geht, so geht es gar nicht.

PROMETHEUS
erschrickt, horcht, ein dumpfes Rollen wird hörbar
O weh, die Erde bebt, der alte Schmied
im Ätna, scheint's, hat wieder schlechte Laune.
Mach fort, was geht dein Sohn mich an, es kommen
ganz andre Dinge nunmehr in Betracht.
Eine Stimme wird hörbar, und Hundegebell.

HERAKLES
Mach auf, mach auf, ich habe wenig Zeit,
wes ich bedarf, ist eine Schale Wein
und ein vernünftiges Wort mit meinesgleichen.

PROMETHEUS
Die Erde bebt vom Fuß des Herakles.
Beim Zeus, der Heros ist es und kein andrer.
Herakles unterm Löwenfell, die Keule in der Hand, den Höllenhund an der Leine, tritt ein.

HERAKLES
Beim Vater Zeus, ich bin's, da bin ich wieder.
Sei gastlich, kleiner Dickkopf, ehe es dunkelt,
bin ich schon wieder fort.

PROMETHEUS
Du bist mir nie
ein Unwillkommner. Doch dich satt zu machen,
bedarf es einer guten Ernte Weizens
von ganz Sikelien und eines Pontus
gegorenen Traubensafts. Doch woher nimmt
man Fraß für deinen Höllenhund? Ich habe
mit Toten nichts zu tun, und Lebende
sind mir, du weißt, für Kerberos zu gut.

HERAKLES
Ich halt' ihn kurz. Er hat an Brot und Milch
wohl oder übel sich gewöhnen müssen.
Und schreit' ich, wie mir anliegt, weiter fort
auf dieser Bahn, lebt nächstens Pluton und
Persephone von nichts als nur von Milchreis.
Der Höllenhund beschnüffelt eingehend den Nireus.
Was, Bestie!! willst du wohl!!

PROMETHEUS
                      Um Himmels willen,
halt ihn zurück.

HERAKLES
              Ich tu's, denn allerdings
rückfällig wird er wohl noch hie und da.
Ist dieser hübsche Junge tot?

TISIAS
                 O nein,
er stellt sich nur wie tot, er ist fuchsmunter.

HERAKLES
Mein Hund trägt einen Maulkorb, Gott sei Dank,
sonst war's um ihn geschehen. Denn er hielt
für einen Toten ihn. Kadaver sind
sein Tollpunkt. — Aber höre,
der Bursch ist schön wie Nireus, der in Hellas
an Glanz der Schönheit nur Achillen nachstand.

PROMETHEUS
Nun schau, der Bursche heißt auch Nireus, ist
er gleich nur eines schlichten Bäckers Sohn.

HERAKLES
Wie deine Menschheit allenthalben doch
uns götterwesenhaften Geistern nachäfft.

PROMETHEUS
O äffte er dir nach, mein Herakles,
du Allertätigster! Du siehst in ihm
den Allerfaulsten.

NIREUS
              Doch nicht ohne Grund.

ERSTER AKT

TISIAS
Er spricht, er spricht! das ist schon ein Erfolg!

PROMETHEUS
Hier steht sein armer Vater, der verlangt,
ich soll den Nireus von der Faulheit heilen.
Kennst du den Mann, der vor dir steht?

NIREUS
                             Vielleicht.
PROMETHEUS
Er werkte rastlos tätig für die Menschheit,
obgleich ein Sohn des Zeus. Den Löwen von
Nemea schlug er tot. Im Sumpf von Lerna
die Hydra, dann den Eber, der das Land
Arkadien verwüstete. Lebendige
und tote Menschen hat der Heldenmann
befreit von ihren Quälern:
auch mich von dem gefräßigen Geier, der
an meiner Leber täglich sich gemästet.
Sag ihm, wo du jetzt herkommst, Herakles.

NIREUS
Trag mich nach Hause, Vater, denn es stinkt
hier fürchterlich.

HERAKLES
Jawohl, das tut es, und
mit Recht! Hab' ich doch grade eben jetzt
den Viehhof des Augias ausgemistet:
So, Püppchen, ist's ein ehrenvoller Duft,
der mich umgibt. Doch was dich anbelangt,
so schmitz' ich mit dem kleinen Finger dich
am besten in das Feuerloch des Ätna,
im großen Bogen, mehr bist du nicht wert.
Wenn sich Hero'n abrackern um die Menschheit,
ist Schmach und Schande, wenn sie selber faulenzt.

NIREUS
Was hat dein Fleiß, Prometheus, und der deine,
Herakles, nun der Menschheit wohl genützt?
und auch euch selbst, als ihr noch wahrhaft littet
und wahrhaft kämpftet, nicht wie jetzt als Schatten.

HERAKLES
Wo Narren fragen, schweigt der Weise.

NIREUS
Ein
beliebter Kniff bei Göttern und Heroen,
geschweige bei den sogenannten Weisen.
Die Menschheit wälzt sich fort im Höllenpfuhl:
sie weiß es nicht und ist doch selbst der Styx.
Und was den Dank betrifft, den ihr erfuhrt —
du brülltest sterbend unterm Nessushemd,
und des Prometheus Leiden sind bekannt,
die dankbar ihm das Herz des Zeus bescherte.
Dixi! Jetzt, Vater, trage mich nach Haus.

HERAKLES
Halt, wart einmal. 's ist immer sonderbar,
wenn man auf Menschen trifft, und sonderbarer,
trifft man auf einen sonderbaren Menschen.
Wir haben irgendwie von ihnen doch
das Dasein, und so ist denn unser Tun für sie
verwandt der Pflicht. Ich kann cholerisch sein,
doch wandelt auch Treuherzigkeit mich an,
ein menschliches Gefühl, das Göttern fehlt.
Ich habe eine Schwäche sozusagen
in meiner Menschlichkeit für diese Regung:
Treuherzig also red' ich jetzt dich an.
Man muß dich heilen irgendwie, du bist
vielleicht es wert, es könnte, scheint's, aus dir
am Ende immer noch was Rechtes werden.

PROMETHEUS
Auch ich bin gleicher Meinung.

NIREUS
Nur nicht ich.

TISIAS
Ach was! Hebt ihn auf meinen Rücken: Hup!
Man soll auf alte Hexen nicht vertrauen:
Und die mich nach dem Ätna-Schuppen wies,
war eine, Metis oder wie genannt:

sie ist total von Sinnen, was weiß ich.
Und ihr? Handlanger seid ihr und nichts weiter.
Er geht mit Nireus auf dem Rücken ab.

HERAKLES

Da hast du nun dein Fett.

PROMETHEUS

Und du das deine.

HERAKLES

Seltsam, der Mensch kriecht hilflos unter uns,
und dennoch wird er nie ganz überwunden;
von Göttern nicht, noch weniger von uns.
Wie lange flickst du schon an ihm herum
und wirst nicht fertig.

PROMETHEUS

Und du schuftest wie
ein Höriger für ihn, doch ohne Dank.

HERAKLES

Macht nichts. Mich quält der blinde Trieb zu helfen.
Zeus legte ihn in meiner Mutter Schoß,
und aus Alkmenens Schoß kam er in mich.
Er ist ein Leiden, etwa wie das Zahnweh.
Und leider, dieses hübsche Bürschchen hat
den Trieb mir seltsam heftig aufgeregt.
Und Trieb entzündet Trieb. Ich dachte dran,
wie ich den fünfzig Töchtern beigewohnt
des Thespios,
viel jünger noch als er, der Faulpelz: 's war
ein Dummerjungenstreich. Der Töchter eine
steckt heut noch unvergessen mir im Kopf.
Sie hieß die Faule, und sie war so faul
wie Nireus. Doch dabei nicht weniger schön
und unvergeßlich süßer als die andern.
Und denk dir, dieser Nireus sieht ihr ähnlich.
Vielleicht rollt irgendwie ihr Blut in ihm,
dem sich das meine liebend-hörig fügt.
Nun heiß' ich Herakles, denn meinen Ruhm —
er ist zugleich rastlose Tätigkeit —
verdank' ich meiner Feindin: Hera ist's,

die Gattin meines Göttervaters Zeus.
Solch eine Hera muß man für ihn finden.

PROMETHEUS

Es war mein Plan, und du, du spinnst ihn fort.
Der alte Bäcker freilich lehnt ihn ab.
Doch dies verschlägt nichts. Laß uns ihn verfolgen,
den Plan. Auch ist der Zufall, scheint's, ihm hold.
Ich modelliere, wie du weißt, noch immer
in nassem Ton. Und Epimetheus feuchtet
dort eben eines Werkes Hüllen an,
das nach Pandora ich mit Fleiß gebildet.
Pandora ist mein ewiges Modell.
Du sollst das Bildwerk sehen. Scheint es dir,
aus Tag und Nacht gemischt, genug gefährlich,
so glaub' ich wohl, daß der Prometheusfunke
es ganz zu unserem Zwecke wecken kann.
  Prometheus enthüllt die Statue eines nackten Weibes.

HERAKLES

O fürchterlich lemurisches Gebild,
und doch so süß verlockend: Alles, was
des Abgrunds Gluten drohen, ruht in dir,
mit ewigem Eis gemischt der höchsten Gipfel!
In deinem Auge schläft Zeus' Blitz in Nacht.
Oh, armer Nireus.

ZWEITER AKT

Wiesen und Felslandschaft am Ätna. Anmutige Gegend um eine frische Quelle. Ziegen klettern herum. Hirt, auf den Stab gestützt, überblickt die Herde. Ein wolkenloser Morgen im Frühjahr. Nireus ist von seiner Mutter und deren Magd Gorgo vom Maultier gehoben und bequem nahe dem Quell Arethusa ins Gras gebettet worden, unter einer blühenden Linde.
Ein Frühlingsvormittag.

NIREUS

Verwünschtes Weibsstück, stell dich besser an,
ein Kissen ist kein Stein, ein Stein kein Kissen.

ZWEITER AKT

DIE MUTTER

Geduld, mein Nireus! Kindchen, nur Geduld.
Wir sind dabei, dir alles wohl zu richten.
Etwas zu klagen haben wirst du nicht.

NIREUS

Das hoff' ich, Mutter!

DIE MUTTER

Nein, sei des gewiß.
O liebster Sohn, ich bin so glücklich heut,
der Morgen ist doch wie für dich geschaffen.

NIREUS

Mag sein, doch lieber hätt' ich noch mein Frühstück.

DIE MUTTER

Mach auf den Schnappsack, Gorgo, nimm den Schlauch
vom Maultier, breite alles sauber aus
am Quell, was wir zu Hause aufgepackt,
doch so, daß, ohne viel sich zu bewegen,
Nireus den ganzen Reichtum überblickt.
Hierher den Mischkrug: oder willst du Milch,
für wenig Heller gibt sie uns der Geißhirt.
Dort eben säugt ein Zicklein, weißgelockt,
mit rosigem Euter, ihren ersten Wurf.
Sie hat der Milch genug wohl für ihr Kind
und meines.

NIREUS

Milch und Wein und Wein und Milch?
Bring, was du willst, mach dir die Müh' des Wählens.

DIE MUTTER

Ich tue Honig in die Milch dir, Nireus.
Fünf große Waben bracht' ich mit herauf.
Sind sie zu Ende, horch doch über dich,
wie voll die Immen brausen in der Linde,
für neuen Honig rastlos unterwegs.
Ist rings Natur nicht überselig heut?

NIREUS

Ein besseres Schlummerlied vernahm ich selten. —
Hast du von Vaters Kuchen mitgebracht,
Gorgo?

GORGO
Soviel du immer willst und magst.

DIE MUTTER
Nach Mitternacht stand Vater schon am Ofen
und buk den Kuchen. Und erzählt' ich ihm,
du habest dem Gebäcke nachgefragt,
springt er sechs Ellen hoch vor lauter Freude.

NIREUS
Schon der Gedanke macht mir Gliederweh.
Au, au! schweig still. Und überhaupt, ihr Weiber,
geht nun und kommt mir nicht vor Abend wieder,
denn euer bloßes Reden tut mir weh.
Wer hat euch eigentlich den Rat gegeben,
mich hierherauf zu schleppen?

DIE MUTTER
Nun, der Töpfer,
den Tisias, dein Vater, jüngst besucht.

NIREUS
Und was verspricht der Töpfer sich davon?

DIE MUTTER
Das ahn' ich nicht, und kann's mir auch nicht denken.

NIREUS
Auch ich nicht, das weiß Gott.

GORGO
Der Meister sagt,
ich meine Tisias, vielleicht, daß dir
das Hirtenleben zu Gemüte stünde,
wenn du es sähst. Ein Hirt hat nichts zu tun,
und tut doch etwas, er bewacht die Herde.
Frau, seht, er schläft. Ich hab' es oft erlebt,
mein Reden schläfert ihn unfehlbar ein.

DIE MUTTER
Gedeih ihm wohl der süße Schlummer. Doch
mir bangt, ihn hier allein zu lassen.

Der Geißhirt bläst die Syrinx.
                                    Geißhirt!
gib auf ihn acht, bewach ihn so, als wäre
er eines deiner Schafe oder Zicklein.
Wir sind nicht arm, dir blüht ein guter Lohn.

GEISSHIRT

Von eurem Sohne hat man viel gehört,
mein Mütterchen. Die Gottheit, die ihn schuf,
hat sich vergriffen, sagt man. Aus Versehen
statt eines Menschen schuf sie einen Baum.

DIE MUTTER

Schweig still, du Lästrer.
Sie kniet am Quell nieder vor der primitiven Statue einer Nymphe.
                                    Nymphe Arethusa,
hüte, glückselige Nymphe, meinen Knaben!
Das Wasser deines Quells ist klar und frisch
und süß: was ich dem Kinde geben kann
und immer wieder gab, sind salzige Tränen.
Es lebt und ist doch tot, ist tot und lebt.
So will er selbst es, hierin ist sein Wille
wie Stahl so hart. Doch du weißt mehr als ich.
Und was da ist, es ist der Götter Wille.
Sie geht ab mit dem Maultier.
Vorher zu Gorgo
Er könnte etwas nötig haben, Gorgo.
Versteck dich und, wenn's not tut, sei zur Hand.

DER GEISSHIRT
Er singt
Hebet Gesang, ihr Musen, geliebteste, Hirtengesang an!
Thyrsis vom Ätna ist hier, euch ruft die Stimme des Thyrsis!
Kommet herbei, zu des Ätna Geklüft und dem Quell Arethusa.

Während des Gesanges wird Irene sichtbar. Sie blickt, hinter einem Lorbeerbusch, unverwandt nach dem schlafenden Nireus.

DER GEISSHIRT

Erwache, Nireus, denn es naht sich dir
ein süßes Unheil.

IRENE
Unheil bring' ich nicht.
Der Themis Töchter wirken Eintracht und
Gerechtigkeit, sie sind der Grazien
Gespielinnen, die Stunde schmücken sie
mit holdem Glanz.

DER GEISSHIRT
Vergib, ich irre oft.
Ich war erschrocken, weil du allzu fremd
mir bist auf unsren Triften.

IRENE
ironisch lachend
Man erschrickt
nicht so vor dem, was einem gänzlich fremd ist.
Wo du von mir nichts weißt, ich weiß von dir.

DER GEISSHIRT
Indes du sprichst, verwandelt sich dein Bild
mir seltsam fackelnd, flackernd hin und her.
Du bist ein Weib, jetzt trotz der Sonne bleich
und gleichsam blutlos. Plötzlich dann ein Tier,
vierfüßig wie ein Wolf, mit Ziegenleib,
dem Haupt des Leun und eines Drachen Schweif.

IRENE
So wirk' ich scheinbar allbereits aus dir
durch meine Nähe, denn wie du mich siehst,
könnt' ich am Ende wohl Chimaira sein.

NIREUS
ächzt wie unter einem Alpdruck
Der ganze Ätna liegt mir auf der Brust,
die Last des Berges mordet mich: zu Hilfe!

DER GEISSHIRT
Ei, ei, schon vor dem Essen solch ein Alpdruck.

IRENE
Hier führet ihr ein leichtes Dasein, Geißhirt.
Euch würde die Sandale drücken, und
bestände sie aus Spinnweb. Doch in mir

kocht schwarzes Blut des Hades, mit dem roten
des Ätna untermischt. Ich fahre her
mit einem Geierfittich und dem andern
des Adlers. Meine Krallenfänge schlagen
sich blutig ein und lassen niemals los,
vom Gipfel her des Feuerbergs eräug' ich
die Beute und im gleichen Nu bereits
sträubt es sich schreiend schon in meinen Klauen.

DER GEISSHIRT
Fremdlingin, anders nicht kamst du mir vor,
und welche Beute also suchst du hier,
und das in wessen Auftrag?

IRENE
Ich entlief
der Töpferscheibe meines Schöpfers. Doch soviel ist
mir in Erinnerung, mehr aber nicht;
ich kenne, Geißhirt, selber mich noch nicht.

GEISSHIRT
Du stammst, mir scheint, aus jener zweiten Welt,
die unsichtbar um unsren Feuerberg
zu spüren ist und manchmal sichtbar wird.
So sah ich einmal einen Riesen lagern
einäugig im Gefelse überm Meer,
der Steine warf nach einem winzigen Nachen.
Mir schien, er könne wohl in einer Hand
ein ganzes Bergdorf ohne Mühe halten.
Mitunter grast ein wunderlicher Stier,
der Feuer schnaubt, im Tale unter mir,
'ne Nymphe, die ihn liebkost, auf dem Rücken:
und so dergleichen mehr. Im Sturme tönen
zuweilen Stimmen, die nicht menschlich sind.
Gehörtest du vielleicht in dies Bereich?

IRENE
Mag sein, mag nicht sein. — Doch der Knabe dort,
wer ist's? Der Schläfer zieht mich seltsam an.

DER GEISSHIRT
Ist dir mein Rat was wert, so gehst du weiter.

IRENE
Ich kann nicht, denn mir scheint, daß er mich festhält.

DER GEISSHIRT
Mag sein, doch ihn hält keine.

NIREUS
im Traum
Honig.

DER GEISSHIRT
Jetzt —
der Alp ist überstanden! — träumt er süß.

IRENE
Auch mir wird eigentümlich süß zu Sinn,
als sei ein Honigkrug in meiner Brust
zerbrochen und sei duftend ausgelaufen.
Nun plötzlich weiß ich, daß ich es vermag,
mit süßren Träumen noch ihn zu begnaden
vermöge einer mir verlieh'nen Kraft.

DER GEISSHIRT
Wenn du dies kannst, dann, unverzüglich, tu's.
Ich könnte meinen, daß vielfältiger
Magie du fähig seist: ja gib ihm Träume,
die süßer sind und lockender als jene,
die er jetzt träumt. Moira! Es weht von dir
etwas von ihrem Hauch. Und dann vielleicht
schenkst du ihm eine Stimme, schenkst Gesang
der Muse ihm, erweckst in ihm die Kunst
der Syrinx oder gar der goldnen Leier
Apolls. Es gaben Götter diesem Nireus
Muße, doch du bewegst vielleicht den Gott der Neun,
daß er mit seinem Golde sie erfülle.

IRENE
Der Bursch heißt Nireus?

DER GEISSHIRT
Eines Bäcken Sohn.
Hephaistos' Fesseln zwingen härter nicht,
als ihn der Schlaf.

ZWEITER AKT

IRENE

Was gilt's, ich weck' ihn: Schläfer,
steh auf,
Nireus erhebt sich mit geschlossenen Augen, in einem somnambulen Zustand.
du hörtest mich.

NIREUS

Genau.

IRENE

Du siehst mich auch?

NIREUS

Genau.

IRENE

Wer bin ich also?

NIREUS

Du? die Pest,
die Menschen schafft.

DER GEISSHIRT

Das ist so seine Art,
erschrick nicht, denn er schweigt nicht gut
und spricht schlecht, wenn er redet.

IRENE

Geh nun, Hirt,
und hole deine Ziegen dir zusammen,
sie sind verstiegen allzumal, der Sturz,
holst du sie selbst nicht ein, ist ihnen sicher.
Der Geißhirt läuft fort.
Berühr mich, Heißgeliebter, nun, wir sind
allein.

NIREUS

Das bin ich stets.

IRENE

Auch ich. Indes
nur so, wie Wald und Meer und Sturm allein sind.
Allein ist selbst die Welt.

([Notizen am Rande] »Fahrt fort, ihr Lügenträume.« Iphigenie
bei Euripides.
»Lieb ist die Pappel dem Herakles.«)

[Notizen]

Echo und Hylas.
Das Opfer an der Quelle, in die er hinabgezogen wird.
Herakles befahl den Mysern bei Eidschwur, nicht zu ruhen, bis sie das Los des Hylas ergründet, darum suchen die Bewohner von Chios ihn heute noch.

Demeter selbst als Landwirtsfrau, überall persönlich tätig nach Männerart an Pflug, Stiergespann, Zuchtgeschäft. Sie gibt dem Kind die Brust (auch Nireus).

Nireus.
»Was tust du?«
»Ich lasse mein Haar wachsen.«
»Das wächst von selbst.«
»Um so besser.«
»Zu welchem Zweck läßt du es wachsen?«
»Um es einst abschneiden zu lassen und dem Flußgott zu opfern.«
»W[elch]er Flußgott ist das?«
»Der des Styx.«

Meer.
Artig anzusehen.
Athaumasie (Nichtverwunderung). Strabo empfiehlt sie, weil sie die Apathie hervorbringt, die Gleichgiltigkeit.

Zu Herkules: »Ich begreife dich nicht! Warum ruhst du nicht bei den Göttern aus? Was sollen deine Taten, die Menschen haben sie nicht gebessert. Ich bin der einzige Weise auf Erden.«

Nireus-Paste.
Nur mit Mantel bekleidet, hält sich an einem Baumzweig, betrachtet tote weibliche Figur auf einem Schilde.
Krähe.
Götter durften Tote nicht anschauen: sie entweihten sich dadurch.
Hiera, auch Astyoche (keine Amazone, aber tapferer und stärker) von Nireus getötet.
Winckelmann, Bd. 8, 149. [Hrsg. von Joseph Eiselen.]

Die Hochzeit des Peleus Winckelmann bringt »Denkmale«, Zweiter Teil, zweiter Abschnitt, Seite 122.

Mehr Fleisch, mehr Rubensplastik muß hinein — Frühling: Schneeglöckchen, Krokus, Himmelschlüssel; überhaupt mehr Blumen und Duft, Sinnlichkeit und Sinnlichkeiten.

Herkules: »Halt inne! auch ein Füllhorn schütt' ich aus!«

Canna intra (15. März), Vorfeier des mehrtägigen Festes der Magna Mater (das ist doch einfach Natura) und ihres Lieblings Attis, ein Frühlingsfest mit dem Motiv des Sterbens und Wiedererwachens der Pflanzenwelt (nur?): hieß Einbringung des Schilfrohrs (canna), da Attis im Schilf des Gallosflusses ausgesetzt worden war.

Das Gebet des Vaters für Nireus.

DER FLIEGER

[I]

Dresden, den 22. Februar 1923.

Drama aus Kriegszeit. Haus auf Ostseeinsel. Vielleicht nennt man es »Der Flieger«. Gäste des Seebades und Seeflieger bilden die Gesellschaft. Im Mittelpunkt steht ein alter Bildhauer. Schauplatz des Dramas ist das Haus eines andren Peter Brauer. Der Bildhauer hat es gemietet. Der ältere Mann ist jungverheiratet. Sein Sohn aus erster Ehe, ebenfalls Flieger, ist auf Urlaub da. Es kommt hinzu sein zweiter Sohn aus erster Ehe, auf Urlaub, als verwundeter Offizier.

Die junge Frau und ihr Stiefsohn, der Flieger.
Eine Synthese zu K...'s Verhältnissen.
Hauptszene ist der »Fliegerball«, Hauptperson ein junger Flieger namens Wolf Henriksen oder anders. Wolf als Vorname gut. Seine heitere Todesfreude. Die Frauen.
Der Arzt und Flieger Fred Meyr. Seine Kraft, seine Verwegenheit. Seine Todesahnung.
Peter und seine Todesahnungen.
Die Flugzeuge umbrausen das Haus.
Der Pastor.
Das Ferkel und die Erbssuppe. Der Fischer, der das Ferkel schlachtet.
Aura des letzten Drittels der Kriegszeit.
Vielleicht bald beginnen.

[II]

[Entstehungszeit: August/September 1938.]

DRAMATIS PERSONAE

PROFESSOR MANFRED SCHADOW

BEATE, seine sehr viel jüngere, mädchenhaft wirkende zweite Frau

KUNZ SCHADOW, jüngster Sohn aus erster Ehe, Oberleutnant, Flieger

GEORG SCHADOW, Leutnant, Ballonbeobachter

peter schadow, ältester Sohn aus erste Ehe, Gefreiter
herta schadow, Gattin von Peter
malte kraft, Fliegerleutnant
fred mayer, Stabsarzt und Flieger
professor hinsch, Bildhauer
frau hinsch, seine Frau
fritz hinsch, Maikäfer, Leutnant
krell, Kunstmaler und Besitzer des Hauses, in dem Professor Schadow wohnt
emma, Hausmädchen

ERSTER AKT

25. 8. 1938 a. m.

Offene Terrasse eines burgartigen Hauses auf einem waldigen Hügel einer Ostseeinsel. Roter Backsteinbau. Fassade und Terrasse auf der rechten Seite der Bühne. Vor der Terrasse abschüssiges Gelände mit Jungwald. Im Hintergrund ist das Meer anzunehmen. Am fernen Horizont wird es über dem Steilufer sichtbar. Blauer, wolkenloser Himmel. Ein Herbsttag im dritten Kriegsjahr, also ungefähr 1917. Ein ziemlich großes Fernrohr auf dreifüßigem Gestell auf der Terrasse.

Professor Schadow, ⟨Archäologe,⟩ ein dreiundfünfzigjähriger gutaussehender Mann, blickt hindurch.

Beate, seine sehr viel jüngere, noch mädchenhafte Frau, tritt, sommerlich gekleidet, aus dem Hause.

beate. Du bist hier, Manfred?
professor schadow. Ja, ich bin hier, Beate. Eine geradezu wunderbare Lage hat doch dieses Haus. Von hier überblickt man die ganze Insel ⟨bis Neuendorf⟩ und die Kirchen von Stralsund und darüber hinaus. Durch dieses Fernrohr blickst du dem Turmwächter bis in den Magen.
beate. Weißt du, wer gekommen ist?
professor schadow. Nein, meinetwegen braucht niemand ankommen.
beate. Manfred, du sollst dich nicht versündigen. Kunz, dein Sohn, ist angekommen.
professor schadow. Kunz, der eben erst von der Ostfront nach Wilhelmshaven versetzt worden ist? Kindchen, du mußt mir andere Dinge weismachen.

Fliegerleutnant Kunz Schadow tritt aus dem Hause.

KUNZ. Nackte Tatsache, nackte Tatsache!
PROFESSOR SCHADOW. Mensch, das ist ja die unwahrscheinlichste Überraschung!
KUNZ. Ja, Papa! *Sie umarmen sich lachend und beklopfen sich.*
PROFESSOR SCHADOW. Junge, du bist ja wie aus der Luft gefallen.
KUNZ. Ganz präzise. Du triffst den Nagel mitten auf den Kopf, Papa.
PROFESSOR SCHADOW. Wie? Was? Nun geht mir ein Seifensieder auf. Das Flugzeug, das ich als Punkt am Horizont entdeckte und mit dem Fernrohr verfolgt habe, es schnarchte über die Insel hinweg, hat einen großen Bogen über den Bodden gemacht und ist Gott weiß wo...
KUNZ. ...am Bollwerk...
PROFESSOR SCHADOW. ...also am Bollwerk niedergegangen, und der Pilot, Junge, der warst du. Großartig erledigst du deine Besuche.
KUNZ. Nun ja, warum nicht, wenn man nun mal so 'ne Flatterkiste zur Verfügung hat. Es ist vielleicht nicht ganz korrekt, daß ich diesen kleinen Abstecher zu euch herunter gemacht habe. Scheinen könnte es wenigstens so, denn in Wahrheit ist ja auf der anderen Seite des Boddens eine Flugstation, und mein Benzin ist zu Ende.
PROFESSOR SCHADOW. Du unterbrichst also einen Erkundungsflug?
KUNZ. Notgedrungen. Es war zu verlockend. Und einen Bissen zu sich nehmen muß man doch auch irgendwo.
PROFESSOR SCHADOW. Bene! Du hast das mit dir selbst auszumachen.
BEATE. Was möchtest du also zu dir nehmen, Kunz?
KUNZ. Dich, Vater, ⟨Fritzchen,⟩ Herta, eben euch alle. *Herta Schadow, fünfundzwanzigjährige Frau des ältesten Sohnes von Professor Schadow.*
HERTA *breitet die Arme mit lustigem Staunen aus.* Kunz! Nein! Ist es die Möglichkeit!
PROFESSOR SCHADOW. Aber nun macht keine langen Umstände. Schafft Essen und Trinken auf die Terrasse heraus. Wir dürfen dich ja nicht über Gebühr aufhalten.
([Notiz] Später mehr betonen.)
KUNZ. Ach, Papa, so genau nimmt man das nicht.
PROFESSOR SCHADOW. Was ist denn das?
KUNZ. Nu, so was Ähnliches wie der Pour le mérite, Herr Papa.

26. 8. 1938 a. m.

BEATE. Was? Das hab' ich ja noch gar nicht gesehen, Kunz!
HERTA. Übersehen hast du's, Beate. Ihr habt euch eben zu stürmisch begrüßt.
PROFESSOR SCHADOW. Wie, du hast wirklich den Pour le mérite?
KUNZ. Es ist nicht zu ändern. Es tut mir leid.
PROFESSOR SCHADOW, *heiter-ironisch.* Was doch so ein nichtsnutziger Krieg für Momente hat. Gratuliere dir und mir selber, mein Junge: man fühlt sich von einem ganz undefinierbaren Stolz durchflammt. Für welche Heldentat hast du ihn denn?
KUNZ. Vater, man tut seine Pflicht. Weiter nichts. Aber, Kinder, nun hopp hopp hopp! Nun macht! Nun wollen wir essen, trinken und lustig sein, denn morgen...
BEATE *hält ihm den Mund zu.* Pscht! kein Wort weiter!
MALTE KRAFT *kommt vom Gelände herauf.* Hallo, er hat recht, — er wollte sagen: »...denn morgen sind wir tot«. Aber macht nichts, macht nichts: hindurch mit Freuden!
HERTA. Das ist Malte Kraft von der Staffel Richthofen.
KUNZ, *sich vorstellend.* Kunz Schadow.
HERTA. Der vielberufene Schwager Kunz.
MALTE KRAFT. Hocherfreut, Sie zu sehen, Kamerad. Sie überflogen die Insel und gingen im großen Bogen sehr elegant am Bollwerk nieder. Dachte mir gleich: da ist was los.
HERTA. Malte Kraft ist auf Urlaub hier.
MALTE KRAFT. Bißchen angekratzt, mußte mal etwas ausspannen. *Bemerkt den Orden.* Gosh — where did you catch that rare bird? By Jove, old boy — my compliment!

27. 8. 1938 a. m.

KUNZ. Ich müßte Ihnen auf Spanisch antworten, da ich leider kein Englisch kann. Aber ich hab' auch mein Spanisch beinah vergessen.
MALTE KRAFT. Wo haben Sie Ihr Spanisch gelernt?
KUNZ. Vier Jahre lang, bis zum Krieg, war ich in Argentinien.
MALTE KRAFT. Als was wohl?

⟨KUNZ. Farmer, Verwalter, Bereiter, Pferdeknecht.
Es wird oben ein Fenster geöffnet.
GEORG SCHADOW *von dort.* Ist das nicht Kunz, zum Kuckuck noch mal?

KUNZ. Ja, das ist Kunz. Aber wer bist du, zum Kuckuck noch mal?
HERTA. Georg! Weißt du nicht, daß Georg bei uns ist. Er hat einen sogenannten Heimatschuß, aber die Wunde ist schon geschlossen. *Ruft hinauf.* Denk mal, Kunz ist mit dem Flugzeug gekommen von Helgoland.
GEORG. Solche Geschichten machst du, du Schäker.
KUNZ. Wart mal, ich komme schon zu dir herauf. *Er geht schnell ab ins Haus.*
MALTE *legt Arm um Hertas Schultern.* Liebe Kleine, ein Küßchen in Ehren, *er küßt sie,* warum denn nicht. Wir, na ja, wir alten Krieger dürfen uns schon in einem solchen Hochmoment etwas herausnehmen. — So eine Überraschung ist doch goldig, Alter Herr, solch ein Wiedersehen kann es doch nur in Kriegszeiten geben. Der Frieden ist doch dagegen abgestandenes Lagerbier.
PROFESSOR. Das Lebensgefühl ist erhöht, will ich gerne zugeben. Man liebt, das macht die Nähe der Gefahr, das Leben, und seltsamerweise scheinbar auch die Menschen mehr. Das klingt allerdings paradox, — im Kriege. [...]⟩
KUNZ. Sagen wir einfach Viehzüchter, Viehhändler. Pferde hatte ich so um die zwölfhundert Stück, Rinder dagegen achtzehntausend.
MALTE KRAFT. Verdammt nich noch mal: das lohnt sich, Kamerad.
Über der Eingangspforte wird ein Fenster geöffnet. Georg Schadow blickt herunter, auch er in Leutnantsuniform.
GEORG SCHADOW. Ist das denn nicht mein Herr Bruder Kunz?
KUNZ. Ja, ich bin Kunz, aber wer sind Sie?
HERTA. Weißt du denn nicht, daß Georg bei uns ist. Er hat einen sogenannten Heimatschuß. Aber die Wunde ist schon geschlossen. *Sie ruft hinauf.* Denk mal, Kunz ist von Kiel mit dem Flugzeug gekommen.
GEORG SCHADOW. Solche Geschichten machst du, du Schäker. Du wirst gleich mal heraufkommen und dich vorstellen.
KUNZ. Zu Befehl, Herr Oberleutnant, sofort! *Er steht lustig stramm und verschwindet dann schnell im Hause.*
MALTE KRAFT. So ein Tag fällt nicht alle vier Wochen vom Himmel. *Er trällert.* In der Heimat, in der Heimat, da gibt's ein Wiedersehn. *Er faßt Herta und walzt einigemal mit ihr herum.*

Professor Hinsch, Frau Hinsch und Leutnant Hinsch (Maikäfer), achtzehn Jahr alt.
PROFESSOR HINSCH. Hallo! He, hallo! Hier geht's ja lustig zu. Was gibt's denn? Sind wir etwa in Paris einmarschiert? Am Strande schwirren die tollsten Gerüchte.
FRAU HINSCH. Was ist mit dem Flieger? Was hat's mit dem?
PROFESSOR SCHADOW. Es war mein Sohn Kunz. Er ist mit dem Flugzeug von Kiel zu Besuch gekommen.
PROFESSOR HINSCH, *mit Gattin und Sohn zur Terrasse hinaufsteigend.* O Gott, Professor! Beneidenswert! Wenn uns das mal passierte bei unsrem Ältesten, der in Rußland verschollen ist!
FRAU HINSCH, *resigniert.* Der Junge wird kaum je wiederkommen.
FRITZ. Ihr Sohn ist geflogen. Ich wünschte, es wäre mit mir erst so weit.
PROFESSOR HINSCH. Er hat sich auch zu den Fliegern gemeldet.
MALTE. Heute rot, morgen tot, was tut's?

28. 8. 1938.

HERTA. Vorläufig genug, Malte. Später mehr. *Macht sich los.* Inzwischen können Sie ja bißchen solo walzen.
MALTE. Kleine Hexe, sag du! sag du!
HERTA. Übrigens können Sie sich etwas nützlich machen. Wir wollen den großen Tisch heraustragen. Wir speisen doch auf der Terrasse, Papa?
MALTE. Wir feiern auf der Terrasse, willst du wohl sagen. So ein Tag muß gefeiert sein. *Herta und Malte holen einen großen weißen Tisch aus dem Haus.*
PROFESSOR HINSCH. Das »carpe diem« lernt man verstehen im Kriege.
MALTE, *zu Professor Schadow.* Goldig, nicht? Wenn einem der Sohn und Kriegsheld so von der Front direkt in die Arme fliegt. Solche Freuden kennt nur der Krieg. Man müßte den Krieg erfinden...
PROFESSOR HINSCH *setzt fort.* ...wenn er nicht schon seit der Erschaffung der Welt erfunden wäre. Also viel Vergnügen und guten Appetit! *Er will gehen.*
PROFESSOR SCHADOW. Das gibt's nicht. Sie müssen mitfeiern!
HERTA. Wir haben eine gebratene, kalte Saatkrähe und einen halben jungen Schwan.
MALTE. Und einen Igel gebacken, nicht zu vergessen. – Das

geht nicht so weiter. Ich habe genug. Komm, Kleine, wir gehen jetzt in den Ort requirieren. *Er faßt Herta um und wirbelt mit ihr ins Haus.*

HERTA. Halt, halt! Sind Sie denn übergeschnappt, Malte? *Beide ab.*

FRAU HINSCH. Ihre Schwiegertochter ist eine famose Frau.

PROFESSOR SCHADOW. Sie hat das Herz auf dem rechten Flecke.

FRAU HINSCH. Man sagt ja, sie sei eine ausgezeichnete Kunstgewerblerin.

PROFESSOR SCHADOW. Freilich. Herta kann allerlei.

PROFESSOR HINSCH. Ihre Familie stammt aus Schweden?

PROFESSOR SCHADOW. Dänemark. Ihr Vater, der General Löken, ist leider in den Mobilmachungstagen gestorben.

PROFESSOR HINSCH. Also, nun leben Sie wohl.

PROFESSOR SCHADOW. Wohl der Krähe und des Igels wegen? Seien Sie ruhig, wir kriegen ein Mittagessen zusammen — gerade in solchen Fällen ist das so! —, ein Mittagessen, das sich gewaschen hat. Und für das Trinkbare werde ich selbst sorgen.

Emma, ein nicht mehr ganz junges Hausmädchen, kommt aus dem Hause und deckt den Tisch.

PROFESSOR SCHADOW *fährt fort.* Emma, Frau Posewölt soll die neuangekommenen Weinkisten aufmachen.

EMMA. Geschieht schon, geschieht schon, sie ist schon dabei. *Sie tritt zu[m] Professor und faßt seine Hand, dabei schluchzt sie auf unter Tränen.* Ach, ich bin so froh, daß unser Herr Oberleutnant Kunz gekommen ist.

PROFESSOR SCHADOW. Sie sind eine gute Seele, Emma.

EMMA, *schluchzend.* Man könnte sich um eigene Kinder nicht mehr ängstigen.

PROFESSOR SCHADOW. Wir Schicksalsgenossen sind nun mal eben alle Brüder und Schwestern geworden.

Beate und Kunz eilig aus dem Haus. Kunz hat Beate untergefaßt.

BEATE. Manfred, wir gehen nur noch mal an die See. Kunz will vor dem Essen schnell noch ein Bad nehmen.

PROFESSOR SCHADOW. Und du?

BEATE. Ich bade natürlich mit.

PROFESSOR SCHADOW. Dann badest du heute vormittag zum dritten Mal.

BEATE. Ich bade, wenn es sein muß, zum vierten, zum fünften

Mal. Ich kann doch den Ritter vom Pour le mérite nicht allein baden lassen.
PROFESSOR SCHADOW. Kunz ist doch Manns genug, warum nicht!
BEATE. Komm, Kunz. Wir haben Eile. Komm.
KUNZ. In zwei Minuten wieder zurück, Vater.
FRITZ HINSCH. Kamerad Schadow, darf ich mich anschließen.
BEATE. Wie Sie wollen. Wir müssen eilen. Zu warten haben wir keine Zeit. *Beide schnell ab.*
Fritz Hinsch zuckt befremdet mit den Achseln und folgt langsam; ebenfalls ab.
FRAU HINSCH. Ein Temperament ist schon Ihre Frau.
PROFESSOR SCHADOW. Es könnte manchmal ein bißchen zu viel scheinen. Mitunter hört und sieht sie nicht.

29. 8. 1938.
FRAU HINSCH. Sie hat aber ein schönes Verhältnis zu ihren Stiefsöhnen.
PROFESSOR SCHADOW. Das ist eigentlich erst seit dem Kriege so. Sie stand ja mit meinen Söhnen aus erster Ehe auch sonst recht gut. Aber seit Kriegsbeginn sieht sie in ihnen — ja, was sag' ich — gleichsam bekränzte Opfer.

⟨FRAU HINSCH. Mir ging es nicht anders mit meinen zwei Jungens, Professor.
PROFESSOR SCHADOW. Es schienen ihr geradezu eine andere, vielleicht höhere Art Lebewesen zu sein, mit andren Rechten, andren Ansprüchen. Der erste Abschied von Kunz und von Georg, der oben liegt, war herzzerreißend, und doch war Beate in ähnlichen Fällen bis dahin ganz unsentimental.
PROFESSOR HINSCH. Nun, schließlich sind wir ja alle aufgewühlt.
PROFESSOR SCHADOW *hebt die Arme.* Atmen! Atmen! Diese Luft von der See!
FRAU HINSCH. Wie lange kommen Sie schon auf die Insel, Professor?
PROFESSOR SCHADOW. Ich bin zweiundfünfzig. Also dreißig Jahr.
FRAU HINSCH. Sie haben sie ja entdeckt, geht die Sage.
PROFESSOR SCHADOW. — Meinetwegen, vielleicht, für die Strandkörbe. Aber im Grunde am meisten für mich. Ohne das Inselchen lebt' ich nicht mehr.

Maler Krell kommt.

KRELL. Er ist schuld, daß ich dieses Haus gebaut und hier sitzen geblieben bin. Man wird mich schließlich auch hier begraben.

PROFESSOR SCHADOW. Herr Kunstmaler Krell — Herr Prof. Hinsch, der Bildhauer, Frau Hinsch. Herr Krell ist Besitzer dieses Seeschlosses. Ich hab' es ihm ja nur abgemietet.

KRELL, *schwach deklamatorisch.*

> Hoch auf dem alten Turme steht
> des Helden edler Geist.
> Der, wie das Schiff vorübergeht,
> es wohl zu fahren heißt. —

Professor, Sie haben Besuch aus dem Felde bekommen?

PROFESSOR SCHADOW. Ja. Kunz, mein Sohn.

KRELL. Ick bin froh, det ick keenen habe. Wo nischt is, da hat der Kaiser sein Recht verloren.

PROFESSOR HINSCH. Ein Standpunkt, an dem nicht zu rütteln is[t].

KRELL. Et muß wieder wat passiert sein, am Chemin des Dames oder wo. Heute nacht fiel ja 'n richtiger Hagel von Sternschnuppen.

PROFESSOR [SCHADOW]. Was hat das mit dem Kriege zu tun?

KRELL. Nee Sie, det hat wat zu bedeuten. Und denn hat sich auch dat Vineta wieder so laut gemacht.

PROFESSOR HINSCH. Vineta?

KRELL. Ick meine die Glockenboje. Professor, Sie haben det ufjebracht. Er sagt immer, det det die Glocken von det versunkene Vineta sind. — Na ja, die kenn se ja nu nich mehr umschmelzen. — *Der Leuchtturm tutet.*

PROFESSOR HINSCH. Man erzählt sich, die Glocke von der Inselkirche sei gestern in aller Stille nach Stralsund gereist.

KRELL. Da ist wieder Nebel draußen auf See.

PROFESSOR SCHADOW. Es heißt, unsere Flotte ist ausgelaufen. Die englische liegt im Skagerrak.

KRELL. Der Admiral Scheer will sie mal bißchen kitzeln.

PROFESSOR SCHADOW. Da geht ja wieder ein Flugzeug nieder.

KRELL. Dat kam direkt von der Flugstation. — Übrigens gucken Sie mal durchs Rohr. Am Weststrand nahe bei Markow ist eine Mine angespült.

PROFESSOR SCHADOW. Wo? — Richtig! Sie sieht aus wie 'ne riesige eiserne, unausgepellte stachliche Roßkastanie.

PROFESSOR HINSCH. Darf ich auch mal durchsehen. *Er drängt sich ans Rohr.*
FRAU HINSCH. Ich auch mal, bitte!
PROFESSOR SCHADOW. So eine [hat] Lord Kitcheners Schiff mit Mann und Maus und ihn selbst in die Luft gesprengt.
PROFESSOR HINSCH. Gott sei Dank. Das war ein gefährlicher Bursche.⟩

FRAU HINSCH. Mir geht es mit meinen zwei Jungens nicht anders. Es war förmlich, als merkte man erst, daß man Söhne hatte.
PROFESSOR SCHADOW. Ja, ja. Und sie war überdies noch gleichsam die leibliche Mutter von Söhnen geworden, die sie doch nicht geboren hat. Der erste Abschied von Kunz und Georg, der oben liegt, war herzzerreißend, und doch war Beate in ähnlichen Fällen bis dahin ganz unsentimental.
PROFESSOR HINSCH. Der Krieg hat uns alle umgewühlt.
PROFESSOR SCHADOW. Nicht nur uns, unsere ganze Kultur. Ich habe am ersten Kriegstag alles und alles versinken sehen, was vordem für alle Zeiten festbegründet erschien. Gott weiß, wie das Neue, das uns nach dem Kriege erwartet, aussehen wird.
Maler Krell kommt.
PROFESSOR SCHADOW *stellt vor.* Mein verehrter Hauswirt, Meister Krell. Herr Professor Hinsch und Frau.
PROFESSOR HINSCH. Wir haben schon viel von Ihnen gehört. Sie haben sich als erster Fremder auf dem Inselchen angebaut, sind also gleichsam ihr Entdecker.
KRELL. I Jott bewahre, das is der Professor. *Er zeigt auf Schadow.*
PROFESSOR SCHADOW. Nicht zu leugnen: ich bin vor dreißig Jahren zum erstenmal hiergewesen und habe vor zwei Jahrzehnten zum erstenmal zusammen mit zwei Schweden auf der Insel gewohnt. Wir waren damals die einzigen Gäste. Sie schossen Kaninchen, und ich machte so eine Art Robinson. Nachher bekam ich mehr und mehr Nachfolger. Und heut? — Heut wimmelt der ganze Weststrand von Strandkörben. Man hat das auch nicht von fern zu ahnen gewagt.
KRELL. ⟨Schauspieler, Tänzer, Überbrettl, Journalisten, Artisten, Rechtsanwälte und Heiratsschwindler kommen

hierher, um sich reinzuwaschen. [Am Rand Fragezeichen]⟩
Zu Schadow. Professor, Sie haben Besuch aus dem Felde
bekommen.
PROFESSOR SCHADOW. Ja, Kunz, mein Sohn.
KRELL. Ick bin froh, det ick keenen habe. Wo nischt is, hat
der Kaiser sein Recht verloren. — Übrigens, gucken Sie
mal durchs Rohr, Professor. Da um die Gegend von
Wokenitz hat's heut nacht eine Mine angespült.
PROFESSOR SCHADOW, *am Fernrohr.* Wo? Richtig! Ich hab'
sie schon. Sie sieht aus wie eine riesige, eiserne Roß-
kastanie.
PROFESSOR HINSCH. Ach, lassen Sie mich mal sehen! *Er drängt
fast Schadow vom Rohr.* Ja: eine stachelige Roßkastanie,
wie sie unaufgeplatzt unterm Baume liegt.
KRELL. Um Jottes willen, sie soll man nich ufplatzen!
Alle lachen.
FRAU HINSCH. Ach, eine richtige Mine, wahrhaftig?
PROFESSOR HINSCH. Komm mal ans Rohr. Guck mal durch,
Mama!
KRELL. So eene hat sich mal sehr verdient gemacht und hat
den Lord Kitchener samt seinem Schiff mit Mann und
Maus in die Luft gesprengt.
PROFESSOR HINSCH. Gott sei Dank. Das war ein gefährlicher
Bursche.

30. 8. 1938.

⟨*Herta und Malte, bepackt, kommen wieder.*
PROFESSOR SCHADOW. Seht mal, da ist eine Mine angetrieben.
MALTE. Wie stehen wir da, haben wir gut gearbeitet?
HERTA. Fünfzig Eier hab' ich vom Gut.
MALTE. Diesen Schinken hab' ich persönlich aus dem Rauch-
fang requiriert.
HERTA. Hier sind Sardinen und andere Büchsen.
MALTE. Hier haben wir Gilka und Danziger Goldwasser; und
eine Curaçao, Bols... — Wo ist denn aber die Hauptperson
hingekommen?
PROFESSOR SCHADOW. Beate und Kunz sind baden gegangen.
Flugzeuggeräusche. Da geht schon wieder ein Flugzeug
nieder.
MALTE *blickt auf.* Auch nahe am Bollwerk. Das ist von der
Flugstation, — Fred Mayer wahrscheinlich, ein toller
Flieger. Er war unten am Schwarzen Meer. Die Engländer

haben eine schöne Summe auf seinen Kopf gesetzt; weil
er Arzt ist Bomben ⟨abwirft⟩ mit Bomben arbeitet [sic].
HERTA. Gut, soweit wären wir nun im Lot. *Emma mit Gläsern
und Wein.* Und da kommt ja auch Emma mit den Wein-
flaschen.
PROFESSOR SCHADOW. Hättet ihr Eis und Zitrone, so machen
wir eine Kalte Ente. Einige Sektflaschen sind noch im Haus.
HERTA. Nun ist's aber Zeit, daß der Pour le mé-Ritter er-
scheint.
MALTE. Der Pour le Mériter, der Pourlemériter.
Fritz Hinsch kommt.
FRAU HINSCH. Da kommt mein Sohn.
HERTA. Und wo bleiben denn nun Kunz und Beate?
FRITZ. Ja, die beiden sind, glaub' ich, zu der Mine gerannt.
Man sagt, es ist eine angeschwemmt. Die liefen wie Rehe,
es war kein Mitkommen.
PROFESSOR SCHADOW. Ist das nun nicht im Grunde ein biß-
chen rücksichtslos. Aber das ist manchmal so mit Beate.
Sie vergißt dann ganz alles, wo sie ist. *Er blickt durchs
Fernrohr.* Richtig, da baden sie, bei der Mine. Ein bißchen
leichtsinnig ist das doch.
KRELL. Bloß 'n bißchen leichtsinnig? Donnerwetter!
PROFESSOR SCHADOW. Ja, nun ist alles fertig. — — Die Zeit
vergeht... *Er verliert sich im Beobachten durchs Fernrohr.*
MALTE. Sollte Papachen nicht tun, kleine Herta.
HERTA. Warum nicht?
MALTE. Neigt er zur Eifersucht? So 'n Krieger, der tut sich
allerhand rausnehmen.
*Professor Schadow tritt vom Fernrohr zurück, beißt die Zähne
zusammen und geht, sich beherrschend, etwas unruhig auf
und ab.*
MALTE. Na siehst Du, ich habe recht behalten. Die beiden
sind doch verliebt wie zwei (Eichhörnchen) Kiebitze.
HERTA. Na? Sind denn die Eichhörnchen so verliebt?
MALTE. Was ist im Tierreich und Pflanzenreich nicht ver-
liebt. — Man braucht ja durchaus nicht gleich zu heiraten.
HERTA. Na, aber hören Sie auf damit.
PROFESSOR SCHADOW. Nun wollen wir wenigstens etwas vorlegen. *Er gießt Wein ein.* Flieger haben doch eben Flügel,
sie kommen und fliegen auch wieder fort.
HERTA, *mit Männerstimme, vorwurfsvoll.* Aber Kunz ist doch
nicht fortgeflogen.⟩

Man hört die Geräusche eines Flugzeuges.

PROFESSOR SCHADOW. Da geht ja schon wieder ein Flugzeug herunter.

KRELL. Dat is woll wieder der Wilde, der Fred Mayer von Flugstation.

PROFESSOR HINSCH. Der wilde Fred Mayer?

PROFESSOR SCHADOW. Ein gewaltiger Kerl, war lange unten am Marmarameer. Ist eigentlich Arzt, aber zugleich ein berüchtigter Bombenwerfer. Die Engländer haben ein paar hundert Pfund auf seinen Kopf gesetzt.

Man hört das Tuten eines Dampfers. Herta und Malte erscheinen wieder, einigermaßen mit Proviant bepackt, den sie auf den Tisch stapeln.

MALTE. Fred Mayer wird gleich heraufkommen. Er hat mir vom Flugzeug zugewinkt.

PROFESSOR HINSCH. Haus Schadow ist wohl hier im Norden der Insel so etwas wie gesellschaftlicher Mittelpunkt.

PROFESSOR SCHADOW. Das könnte einigermaßen zutreffen.

MALTE. Der alte »Caprivi« macht auch eben am Bollwerk fest.

PROFESSOR SCHADOW, *zu Hinsch.* Das Dampferchen, das nach dem längst selig entschlafenen Reichskanzler seinen Namen hat.

MALTE. Ist militärisch besetzt. Auf dem Achterdeck sah ich einen bepackten Muschkoten. — Nun, haben wir etwa nicht mit Erfolg furagiert, requiriert usw.? Fünf Rebhühner, sechsundzwanzig Eier und drei Büchsen Frankfurter Würstchen sind bereits in der Küche abgegeben.

HERTA. Zum Überfluß brachte der Schafhirt Champignons.

MALTE. Der Schinken, die Butter, das Brot sind vom Gut. Vorläufig noch von der englischen Blockade nicht angekränkelt. — Wo steckt nun aber die Hauptperson?

PROFESSOR SCHADOW. Ja, wo? Wie in der Versenkung verschwunden.

KRELL. Reden Sie nicht von Versenkung, Professor. Man soll so 'ne Mine mit Schiffsuntergang nich an die Wand malen. *Fritz Hinsch kommt.*

FRAU HINSCH. Da kommt ja mein Sohn. Wo sind denn die beiden?

FRITZ. Frau Beate meinst du und Herrn Oberleutnant Kunz? Ja, die sind mir gleich, als müßten sie um die Wette laufen, davongerannt. Es heißt ja, daß eine Mine angeschwemmt worden ist.

PROFESSOR SCHADOW *sucht die Mine mit dem Fernrohr. Danach.* Sie haben dicht bei der Mine gebadet. Sie ziehen sich eben wieder an.

KRELL. 'n bißchen Leichtsinn, Donnerwetter!

Emma kommt, stellt Weingläser und Flaschen auf den Tisch.

PROFESSOR SCHADOW, *angelegentlichst durchs Fernrohr forschend.* Unbegreiflich! Die Zeit vergeht...

MALTE, *halblaut zu Herta.* Kleine Herta, das sollte Papachen nicht machen.

HERTA. Was soll er nicht tun?

MALTE. Nicht durchs Fernrohr gucken. Wer weiß, was die beiden riskieren, wenn sie glauben, daß sie unbeobachtet sind.

HERTA. Sind Sie verrückt? Um Gottes willen...

Professor Schadow tritt vom Fernrohr zurück, ist bleich geworden und geht merkbar unruhig auf und ab.

MALTE, *wie vorher zu Herta.* Na, siehst du, ich habe recht behalten. Wecket, o wecket nicht den Höllenhund der Eifersucht!

HERTA. Unsinn. Machen wir lieber den Liegestuhl für Georg zurecht, denn er will unbedingt mitfeiern.

MALTE. Na, na, na! Er steht schon wieder am Guckrohr.

HERTA. Malte, Sie haben wohl Wahnsinnsanfälle.

PROFESSOR SCHADOW. Sie kommen. Sie sind bereits auf dem Weg. Aber könnten sich gut etwas flotter in Gang setzen.

Fred Mayer kommt über die Treppe herauf.

FRED MAYER *ruft.* Die deutsche Flotte unter Admiral Scheer ist ausgelaufen. Die englische Flotte liegt im Skagerrak.

MALTE. Woher haben Sie das, Kamerad?

FRED MAYER. Ich bin ziemlich weit draußen in See auf ein deutsches U-Boot gestoßen, und weiß der Teufel aus welcher Laune habe ich mit ihm Verbindung gesucht. Mit einem Wort, ich bin möglichst nahe bei ihm aufs Wasser gegangen. Der Kommandant war voll von der Sache.

GEORG, *vom Fenster aus.* Kamerad Mayer, guten Tag.

MALTE *ruft zum Fenster.* Wie wär's, Kamerad, wenn wir Sie jetzt herunterholten?

FRED MAYER. Dazu bin vor allen ich der Mann.

MALTE. Ich werde mich hüten zu leugnen, daß keiner von uns die Bärenkräfte von Fred Mayer hat.

Fred Mayer eilt ins Haus und kommt gleich darauf mit Georg Schadow auf dem Arm wieder. Er lädt ihn sanft und ohne

Anstrengung auf den Liegestuhl. Dies alles geschieht unter heiterem Gelächter und Bravorufen.
PROFESSOR SCHADOW *sieht nach der Uhr.* Wenn sie nun nicht kommen, werden wir anfangen.
MALTE, *leise zu Herta.* Frau Beate sollte doch ihren Mann etwas mehr berücksichtigen. Es tut einem leid, wenn sie ihm in solchen Hochmomenten die Laune verdirbt und ihn kribblig macht.
GEORG, *lachend.* Wo ist denn der Pour le Méritter geblieben?
MALTE. Mir scheint, die Kuh hat ihn aufgeleckt.
FRED MAYER. Der Pour le Méritter, wer ist denn das?
PROFESSOR SCHADOW. Mein jüngster Sohn von der Richthofen-Staffel, der überraschend auf eine Stippvisite gekommen ist.
Beate und Kunz kommen eilig.
PROFESSOR SCHADOW. Da seid ihr ja endlich. Wo steckt ihr denn?
BEATE. Ach, haben wir uns verspätet?
HERTA. Ihr habt euch gründlich verspätet, ja. ⟨Aber nun langt zu, fangt essen und trinken an.
KUNZ. Hier haben wir übrigens noch den großen Dichter Theodor Däubler aufgegabelt.
Theodor Däubler wird sichtbar.
DÄUBLER. Ich will nicht stören.
PROFESSOR SCHADOW. Stören? Ein Mann wie Sie? Hochwillkommen und ehren Sie unsere Tafel.
KUNZ. Nun aber, zum Kuckuck, heißt es einhauen.⟩

31. 8. 1938.
BEATE. Warum? Wieso? Was heißt denn gründlich?

⟨MALTE. Gründlich einhauen! In jeder Beziehung gründlich einhauen muß ein Soldat, so gut auf den Feind als auf eine gespickte Kalbskeule. Dort, Messieurs et Mesdames, est servi!
KUNZ. Zuerst einen Umtrunk. Mit Erlaubnis, Papa. *Er öffnet eine Sektflasche.*
PROFESSOR SCHADOW. Nur zu, es ist eine recht trinkbare Hausmarke. Kennen die Herren sich eigentlich schon? Mein Sohn Kunz. Fred Mayer, der Adler vom Marmarameer; so sollen Herrn Mayer die Türken genannt haben.
KUNZ. Man hat viel von Ihnen gehört, Kamerad.
FRED MAYER. Ich desgleichen von Ihnen.

PROFESSOR SCHADOW. Nun wollen wir anstoßen. *Alle haben gefüllte Sektgläser und stoßen an.* Möge der Admiral Scheer siegreich sein gegen die Engländer, die uns aushungern.
DIE OFFIZIERE. Ja! ja! das walte Gott! *Trunk.*
PROFESSOR SCHADOW *hat mit Beate vergeblich anzustoßen versucht.* Beate, hast du mich ganz vergessen?
BEATE. Kunz hat ein großes Stück Bernstein gefunden.
PROFESSOR SCHADOW. Beate, willst du nicht auch mit mir mal anstoßen?
MALTE. Tretet an: Curaçao, Danziger Goldwasser, gute echte Grande Chartreuse!
BEATE. Ganz erstaunlich! Kunz hat Luchsaugen: was das hier[?] ein Klumpen Bernstein ist!
Alle essen und trinken lebhaft. Beate bemerkt ihren Mann. Entschuldige, Manfred. Mit wem ich angestoßen habe und mit wem nicht, ist mir im Durcheinander nicht bewußt geworden. *Stößt mit ihrem Mann an.*
PROFESSOR SCHADOW. Vergiß nur mit Kunz nicht anzustoßen.
BEATE. Der war natürlich am ersten dran.
PROFESSOR SCHADOW. Hier verließ dich somit dein Gedächtnis nicht.
BEATE. Ach Liebchen, hör auf, sei jetzt nicht langweilig, wo wir alle so fröhlich beisammen sind: das ist doch weiß Gott ein recht seltener Fall im Kriege.
KUNZ. Ach, so ein warmer, heller Herbsttag, wundervoll! Wenn die schwarzen Ginsterschoten aufspringen. Mit so einem Geknister, daß man meint, die Büsche würden lebendig.
MALTE. Kleine Schüsse: sie führen ebenfalls Krieg.
GEORG. Ja wahrhaftig, kleine Salutschüsse.
KRELL. Die Samenkörner springen manchmal 'ne Elle weit. Eine hat mir mal richtig ins Auge getroffen. — Da kommt ja ein Muschkote herauf!⟩

FRED MAYER. Kamerad Schadow, machen Sie mich bitte mit Ihrem Herrn Bruder bekannt.
GEORG. Also: dies ist mein Herr Bruder Kunz und dies Stabsarzt Mayer, ein echter Kampfflieger comme il faut.
KUNZ. Man hat viel von Ihnen gehört, Kamerad.
FRED MAYER. Und ich desgleichen noch mehr von Ihnen. Bereits schon aus der Zeit vor Verdun. Da waren Sie doch Ballonbeobachter?

MALTE. Nun ist es doch hohe Zeit zu einem Umtrunk, nicht wahr, Herr Professor? *Er öffnet eine Sektflasche.*
PROFESSOR SCHADOW. Aber ganz gewiß. Es ist eine trinkbare Hausmarke.
Es knallen noch mehrere Sektpfropfen, und die elf Gläser sind im Handumdrehen eingegossen. Jeder der Anwesenden nimmt eins davon und hebt es empor.
PROFESSOR SCHADOW. Die Engländer führen mit ihrer Blockade gegen unsere Weiber und Kinder Krieg. Möge der Admiral Scheer ihre Flotte aufs Haupt schlagen!
DIE OFFIZIERE, *durcheinander.* So sei es! Ja! Und das walte Gott! *Man stößt allgemein mit den Gläsern an.*
PROFESSOR SCHADOW *hat vergeblich versucht, mit Beate anzustoßen.* Wach auf Beate, ich will mit dir anstoßen.
BEATE. Ja, das hat Kunz am Strand gefunden.
HERTA. Das Riesenstück Bernstein hat Kunz gefunden?
BEATE. Er findet alle Minuten was.
PROFESSOR SCHADOW. Willst du nicht mit mir auch einmal anstoßen?
BEATE. Wie? Was?
PROFESSOR SCHADOW. Ich möchte die Ehre haben, Beate, mein Glas an dem deinen anklingen zu lassen.
BEATE. Ach so. Verzeih. Aber Sekt klingt doch nicht.

1. Sept. 1938.

PROFESSOR SCHADOW. Es genügt mir, wenn du klingst, Beate.
MALTE. An die Gewehre, an die Gewehre!
Emma hat Speisen aus der Küche gebracht. Sie steht nun am Tisch und legt vor. Herta betätigt sich in gleicher Weise, schneidet Schinken auf etc. Die Gäste halten ihre Teller hin oder bedienen sich selbst. Viele Handreichungen gelten dem verwundeten Georg. Beate ist nur zerstreut und bedient hauptsächlich Kunz. Das Horn vom Leuchtturm klingt.
MALTE. Das Nebelhorn, das Nebelhorn.
Alle hauen ein, trinken und stoßen an. Man hört Worte wie: Prosit! Dein Wohl, Liebchen. Gestatte mir, Herr Kamerad. *etc.*
HERTA. O weh, wenn ich euch so essen sehe, wünschte ich, Peter, mein Mann, wäre hier. Der hat es weniger gut, meine Herrschaften.
FRITZ. Ihr Mann?
PROFESSOR SCHADOW. Nun ja, mein ältester Sohn.
PROFESSOR HINSCH. Wo steht er?

PROFESSOR SCHADOW. Im Osten irgendwo, hinter der russischen Grenze.
MALTE. Aber Liebchen, warum soll es dein Mann dort schlecht haben?
HERTA. Ganz einfach, weil er nur ein Muschkote ist. Ich weiß, daß er friert und daß er hungert. Außerdem ist er halbtot vor Anstrengung. Er schreibt, daß sein Hauptmann und die Herren Offiziere sich jedenfalls einen guten Tag nach dem andern machen.
FRITZ. Das kann nicht wahr sein, das glaube ich nicht.
HERTA. Dann brauchen Sie auch nicht auf ihn anstoßen. Die übrigen bitte ich herzlich darum.
FRED MAYER. Der arme Muschkote, hurra, hurra!
MALTE. Hurra, hurra, der arme Muschkote! Zehnfach arm, weil er fern von seinem so herzigen, ganz entzückenden Weibchen ist. *Kuß*.
HERTA. Fort, bleiben Sie mir vom Hals, Schlingel!
KRELL. Det die Truppe hungert, versteh' ick nich. Hier wohnt eene Offiziersfrau mit zwee Kinder, die bekommt alle acht Tage von de russische Front en dickes Paket geschickt. Übrigens soll man den Teufel nich an die Wand malen. Da kommt meiner Seele 'n regulärer Muschkote zu uns rauf.
MALTE. Und zwar feldmarschmäßig, wahrhaftig'n Gott!
HERTA. Der kommt mir gelegen, der soll es gut haben.
Ein Soldat wird sichtbar, kommt die Treppe herauf und steht stramm, den Helm ins Gesicht gedrückt.
MALTE. Wo kommen Sie her? Was wollen Sie hier?
SOLDAT. Zu Befehl: meine Mutter ist gestorben.
MALTE. Das geht mich nichts an. Ich will wissen, warum Sie zu uns heraufkommen.
KUNZ. Haben Sie etwas auszurichten?
SOLDAT. Nein, zu Befehl. Ich will dem Begräbnis meiner Mutter beiwohnen.
KUNZ. Wo ist Ihre Mutter gestorben und wann?
SOLDAT. Vor drei Jahren in Lübeck, zu Befehl.
MALTE. Sie sind wohl gestolpert, guter Mann, und sind dabei auf den Kopf gefallen. Drei Jahre kann doch eine tote Frau nicht über der Erde sein.
SOLDAT. Zu Befehl: ich habe noch eine Stiefmutter. Aber nun bin ich selbst verwirrt, denn wahrhaftig, hier steht sie, heil und gesund.

Er hat seinen Helm gelüftet.

HERTA *erkennt ihren Mann. Mit dem Schrei* Peter! *stürzt sie ihm an die Brust.*

MALTE. Also, so was gibt's in der Welt!

PETER. Jawohl, zu Befehl, so was gibt's in der Welt. *Er steht dabei stramm.*

MALTE. Eben haben wir auf Ihr Wohl angestoßen: der arme Muschkote in der Ferne. Gleich treten Sie selber leiblich auf.

PETER. So ist's, zu Befehl. Sogar leiblich und geistig. Aber die Überraschung, die ich erlebe, Vater, ist sehr viel größer als die eure.

PROFESSOR SCHADOW, *heiter.* Komm an mein Herz, du Wundertier!

PETER *steht noch immer stramm.* Zu Befehl, wenn Herr Oberleutnant erlauben.

MALTE. Rührt euch ein für allemal. Wir sind hier keine Soldaten mehr. Wir sind bei Ihren Eltern zu Gaste.

PETER. Also sei mir gegrüßt, Papa. *Vater und Sohn umarmen sich.*

GEORG. Nun komm auch einmal zu mir herüber.

PETER. Aber Geo, was ist denn mit dir?

GEORG, *übermütig.* Vergiß den Respekt nicht: stillgestanden!

PETER *befolgt den Befehl sofort.* Sind der Herr Leutnant etwa pläsiert?

GEORG. Ohne Knochenverletzung glatt durch die Watte geschossen, aber ich bin beinahe ausgeheilt.

HERTA. Schluß mit »Stillgestanden«, von jetzt an gibt's das nicht mehr.

PETER. Aber mir steht der Verstand fast still, wenn ich Beate ins Auge sehe. Soll ich euch mal erzählen, was geschehen ist und weshalb ich im Augenblick hier stehe?

BEATE. Einem gruselt ja förmlich. Bin ich denn ein Gespenst, wie du mich anblickst?

PETER. Mein Hauptmann sagte plötzlich zu mir: »Schadow, Sie können nach Hause reisen. Ihre Mutter ist leider gestorben.« Ich sage: »Die ist drei Jahre tot. Aber mein Vater lebte getrennt von ihr und ist wieder verheiratet.« »Dann ist eben Ihre Stiefmutter tot, und so machen Sie, daß Sie fortkommen.« Mir kam die Sache nicht koscher vor. Schließlich, wenn man einem braven Soldaten, der im Felde krummliegt, einen Urlaub aufdrängt, wird er ihn doch, weiß Gott, nicht abschlagen. Es muß wohl eine Verwechselung sein. Ich hörte, daß ein Mann meines Namens irgendwo daherum vorhanden wäre.

BEATE. Und hast du an meinen Tod geglaubt?

PETER. Na, eben so halb und halb natürlich.

BEATE. Ich freue mich, Peter, daß ich dir bei dieser Gelegenheit doch mal nützlich sein konnte.

KUNZ. Du bist unser aller gute Fee.

MALTE. Ja, das sind Sie, Frau Professor. Sie haben mir einmal einen prachtvollen Räucherschinken ins Feld geschickt.

FRED MAYER. Und mein Flugzeug wird niemals starten ohne das Amulett, das Sie mir neulich geschenkt haben.

GEORG. Ich trinke auf unser Soldatenmütterchen. Sie lebe hoch!

ALLE. Sie lebe hoch!

MALTE. Nun grade! Nun mindestens noch zweihundert Jahr, nachdem sie fälschlich totgesagt worden ist.

PETER. Gut, diese Sache ist abgemacht, und nun muß ich mich erst mal bißchen vermenschlichen.

HERTA. Er wird sogleich in schlichtem Zivil wieder auftauchen.

PROFESSOR SCHADOW. Wenn alle Todesfälle so ausliefen, wäre das Sterben gar nicht schlimm.

[PARALIPOMENA]

[1.] [Personenverzeichnis]

[Angelegt vor, überarbeitet nach dem 25. 8. 1938.
(Die Überarbeitung ist durch vorangestelltes [:] bezeichnet.)]

Flughafen (?)
Burgartiger Backsteinbau auf Insel Unrow.

Prof. Schadow [:] Kühnemann
⟨2. Frau⟩ Schadow [:] Beate
⟨I[vo?] Schadow, ältester Sohn, 30 Jahr⟩ [:] Bertold Schadow
⟨Erika Schadow, seine Frau⟩ [:] Herta Schadow
K[laus?] Schadow, zweiter Sohn, unverheiratet, 28 Jahr
[:] Konrad, genannt Kunz

⟨Rolf Schadow, 10 Jahr, aus zweiter Ehe⟩
Kraft T[esdorpf], Fliegerleutnant [:] Malte
Hester, eine ⟨Engländerin⟩ Amerikanerin
⟨Leyerer, Maler⟩ ⟨»Onkel Leyer«, Besitz des Leyerkastens⟩
[:] Onkel Os
⟨Dr. Nordmayer, Arzt und Flieger,⟩ ungeheure Kraft [:] Fred
  Meier

Der Musikautomat

Flieger des Fliegerballs
Damen des Fliegerballs
Intendantin Hühnfeld

[:] Wedel
   Dr. mit? Japanfarm

              [2.] Notizen
                    [Wahrscheinlich 27. 8. 1938.]
Robinson.
Kaninchenjagd.
Spielereien.
Der Professor vor dreißig Jahren war zuerst hier.
Liebe die [?] Insel.
Mein [?] Wert [?].
([Nachgetragen] Klabautermann. Fliegender Holländer.)
Einsamkeit.
Die Freude, d[as] ist die Weite, die Weite, d[as] i[st] die
Freude.
Einsam bin ich nicht alleine.
Das Denken.
Fürchterlich des Volkes Haß.
Kultur abgerissen; mit eins alles versunken. Versenkung.
Ein Maler.
Ein Seemann.
([Nachgetragen] Krankenpflegerin.)
Elbuntergang [?].

[3.] Notizen

[Wahrscheinlich 28. 8. 1938.]
Trunk.

Später i[n] d[er] Kneiperei:
MALTE. Der Trank [?] macht tief, der Trunk macht tief.
KUNZ, *heiter*. Und der Krieg macht tief.
MALTE. Der Krieg macht hoch, wozu sind wir denn Flieger.

MALTE. — — wir leben länger als wir ahnen. — — — Der Krieg vor dem Krieg ist noch nicht begriffen und der Krieg im Krieg, ganz und gar nicht. — — —

KUNZ. Ich duze dich hiermit, du hast recht — —
MALTE. Ich hoffe, du rechnest mich nicht unter die Dutzende!
KUNZ. Gott behüte. Jeder stirbt seinen Tod.
(Also es gibt einen heftigen »Krach«) (?)

Wir können nicht bei der Stange bleiben,
wir müssen bei der Schlange bleiben.

Ich nehme heut nicht mehr an, daß ich eine wesentliche Resonanz von irgend etwas bilden könnte — — außer von der Verbundenheit mit Krieg, Niederlage und gemeinster, stumpfsinnigster Vergewaltigung von einem idiotischen, wesentlich besiegten Feind. Von anderer Seite, der ahnungslosen, nehme ich niemand in Schutz: Erbärmliche Schwächlinge tutti quanti haben uns »geführt«.

Der Professor mit seiner Gewalt, Klarheit und Bitterkeit. Wer kommt an den Hebel. Wenn Idioten ⟨an der Spitze⟩ am Ruder stehen, so läuft das Schiff auf. — — Und so kam es. Das Militär konnte leider daran nichts ändern.

Moltke. — —
Ein Steinerianer.

Abgerissen.

[4. Notizen]

[29.—30. 8. 1938.

Bernstein
Stranddorn
Seedorn
Quallen. Mit der Qualle ist es alle,
    wenn sie auf den Sand gesetzt.
Störtebecker
Swantewit
Stubbenkammer   Herta
Mummelsee
Hugo Schmidt
Der Glanz
Liebesinsel

[III]

Haus Seedorn, den 7. Juli 1940.

ERSTER AKT

Dr. Klingenberg, dreiundfünfzig Jahre, a[uf] d[er] Terrasse seines Hauses, blickt durch großes Fernrohr.
Spätsommertag.
Renate, genannt Reh, seine achtundzwanzigjährige Frau (mädchenhaft), a[us] d[em] Hause.
Ostseeinsel.

ERSTE SZENE

REH. Ach, du bist hier?
DR. KLINGENBERG. Ja, Reh. Ich gehe wieder mal auf Entdeckung[s]reisen aus: drin Mikroskop, hier Makroskop.
REH. Weißt du, wer angekommen ist?
DR. KLINGENBERG. Nein. Meinetwegen braucht niemand ankommen.
REH. Auch dein leiblicher Sohn Peter nicht?
DR. KLINGENBERG. Kindchen, du mußt mir andre Dinge weismachen: der ist ja augenblicklich in Smyrna, Konstantinopel oder daherum.
REH. Sage lieber: er ist oben im Fremdenzimmer und zieht sich um.

DER FLIEGER · III

ZWEITE SZENE

Peter Klingenberg, junger Fliegeroffizier.

PETER KLINGENBERG. Guten Tag, Vater, ich wollte dich doch erst begrüßen. *Er umarmt und küßt den Vater.*

DR. KLINGENBERG, *gleichsam halb für sich.* Ist's die Möglichkeit? — Wie hat sich denn das begeben, Peter?

PETER KLINGENBERG. Ja, ich bin selber ziemlich erstaunt. Meine Leute samt Fesselballons waren bereits verladen: da wurden die Wagen vom Orientexpreß wieder abgehängt. Es kam der Befehl: »Das Ganze halt!« Ich glaube, wir sollen im Westen verwendet werden. — Dabei ist ein Urlaub von einer Woche herausgesprungen.

DR. KLINGENBERG. Urlaub von einer Woche: soso!

WENN DER HIRSCH SCHREIT

[I]

2. November 1938.

GRAF FROBEN, ⟨HERMANN⟩ CHRISTIAN, Majoratsherr
GRAF FROBEN, KARL [später: WILHELM], sein Onkel, Auswärtiges Amt, a. D.
GRÄFIN ELSBETH [später: KATHARINA], Gattin Hermanns
GRÄFIN LIA FROBEN, Hermanns Mutter, verwitwet
FORSTMEISTER BIRNBRAUER
ALBRECHT, sein Sohn, junger Förster, Leibjäger bei Graf Hermann
MARIE, genannt DIE ALTE MARIE, fünfundsiebzig Jahr, rüstig. Sie war zwanzig Jahr, als der verstorbene Majoratsherr Graf Conrad geboren wurde, der mit fünfundfünfzig Jahren starb. Sie war schon dessen Kinderfrau, dann die von Graf Hermann.
DINNIES, Majordomus, geht im Alter mit dem verstorbenen Grafen Conrad, dessen Gespiele er war.
DR. BENIGNUS, Hauslehrer

Dr. Benignus: ehemals Hauslehrer bei den Kindern des Grafen Conrad, also auch Erzieher des jetzigen Majoratsherren.
Man ist hier nicht im Europa des neunzehnten Jahrhunderts. Man ist abseit[s]. Auch nicht eigentlich im Mittelalter. Hier sind die Verbindungen zu den Deutschen des Tacitus. Wälder, Gebirge, finstere Gründe. Kauze, Schleiereulen, Wodanseichen, Jagd, Geraun von Roß- und Menschenopfern. Man vermutet das Wisent, wenn es auch nicht da ist, den Bären, wenn er auch längst in die Karpaten zurückgewichen ist. Hier ist der Jäger und nichts weiter. Der alte Graf hatte drei Leidenschaften: Jagd und Rheinwein und natürlich vor allem das Weib. Seine Söhne und Töchter bevölkern ungekannt und ungenannt das Majorat.
Und dann: die geheimnisvollen Zeichen der welschen Goldgräber im Granit.

Um 1560 herum bereiste ein Mediziner diese Wald- und Bergwüste.

Die Madelsteine.
Die Quargsteine.
Die schwarze Wog.
Der Kochelfall.
Die Teiche.
Die Schneegruben.

Die Füchse.
Ein weißer Fuchs.
Rehe.
Mufflons.
Das Gehege des Fürsten Pleß mit den Auerochsen.

Das Rauschen und die Pfiffe der Bahn.

Rebhuhn.
Fasan.
Schnepfe (Schnepfenstrich).

Marder im Käfig.
Taubenschlag; 150 Tauben in einer Nachtstunde abgewürgt.

Erster Akt

Jagdzimmer.
Große Wandschränke mit Gewehren aller Art.
Graf Hermann betrachtet sie, ordnet sie um, untersucht, putzt etc.

ERSTER AKT

ERSTE SZENE

Jagdstube. Albrecht, junger Forstgehilfe, putzt Gewehre. Gräfin Katharina, wirtschaftlich.

GRÄFIN KATHARINA. Ah, trifft man Ihn hier! Wo hat Er gesteckt die ganze Zeit? Wo, wo, wo? *Sie nimmt ihn beim Ohr.* Habe die ganze Umgebung nach Ihm abgesucht.

ALBRECHT. Nein, Erlaucht, au! Erlaucht.
GRÄFIN KATHARINA. Ja, ja, schrei Er nur au! Man sollte Ihm die Ohren abreißen. *Albrecht küßt sie überraschend.* Was? Wie? Was erlaubst du dir, Wicht? *Sie umarmt ihn, küßt ihn heftig wieder und stößt ihn von sich.* Das versuche noch einmal, wage es. *Sie geht schnell hinaus.*

ZWEITE SZENE

Graf Christian, achtundzwanzig Jahr, kommt.

GRAF CHRISTIAN. Was machst du denn da, Albrecht?
ALBRECHT, *erschrocken, rot im Gesicht.* Ich? nichts!
GRAF CHRISTIAN. Nichts? aber du hast doch ein Gewehr in der Hand.
ALBRECHT. Die Hirsche schrein, da dachte ich mir...
GRAF CHRISTIAN. Aber das sind doch Flinten, die ich nicht anrühre. Wer hat dir denn übrigens das Jagdzimmer aufgemacht?
ALBRECHT. Ich habe gedacht, die Gewehre verrosten. Man müßte sie doch wieder wenigstens einmal gründlich durchnehmen, wenn sie der Rost nicht fressen soll.
GRAF CHRISTIAN. Von wegen meiner soll sie der Rost fressen. Es sind ja schließlich veraltete Dinger, Vorderlader etc., mit denen mein Großvater und Urgroßvater seine Hirsche zur Strecke gebracht hat. — Zeig mal das Ding, das du in der Hand hast.
ALBRECHT. Zu Befehl, Erlaucht.
GRAF CHRISTIAN *nimmt das Gewehr und wirft es sogleich, als ob es glühend wäre, fort.*
ALBRECHT. Verzeihung! was ist geschehen, Erlaucht?
GRAF CHRISTIAN, *verwirrt.* Was ist geschehen, was ist geschehen: Man soll Dinge unterlassen, die einem nicht befohlen sind. Wer heißt dich in meines Vaters alten Gewehrschränken herumspionieren! Scher dich in das Bereich, das dir angewiesen [?] ist!
ALBRECHT. Zu Befehl, Erlaucht, ich dachte nur...
GRAF CHRISTIAN. Denk lieber gar nichts, und nimm dir nicht eigenmächtig Dinge heraus... Heb auf das Gewehr! — leg es auf den Tisch, und dann laß dir nicht nochmals einfallen, diesen Schloßflügel ohne Erlaubnis zu betreten.

ALBRECHT. Zu Befehl, Erlaucht. *Er geht ab.*
Graf Christian nimmt das Gewehr und betrachtet es gedankenvoll, wie einen Gegenstand, der anzieht und abstößt, Neugier und Furcht erregt.

DRITTE SZENE

Gräfin Katharina kommt.

GRÄFIN KATHARINA. Was hat es denn hier gegeben, Christel?
GRAF CHRISTIAN. Ach, wozu hat man denn seinen Leibjäger: er soll sich um meine Gewehre kümmern; der Lümmel ist eigenmächtig und nachlässig.
GRÄFIN KATHARINA. Sag mal, wie kommst du eigentlich hier herein? Wo du doch sonst seit fünf, sechs Jahren nicht hiergewesen bist.
GRAF CHRISTIAN. Dir nach. Ich sah... ich sah dich hier hereinschlüpfen.
GRÄFIN KATHARINA. Schlüpfen? Geschlüpft bin ich grade nicht. Übrigens habe ich selbst den Forstgehilfen hierher beordert. Er sollte sich einmal ansehen, was an Jagdsachen vorhanden ist. Man könnte das alles doch vielleicht einmal ganz wegräumen.
GRAF CHRISTIAN, *heftig.* Ja! Ja! alles wegräumen! Ja! Ja! — Das Sofa wegräumen, die Stühle wegräumen, die Flecke von der Wand und vom Fußboden! Ja. Ja. Waschen, waschen, wegräumen, wegräumen.
GRÄFIN KATHARINA. Laß das, Christel, fall nicht in deine alten üblen und überflüssigen Krankhaftigkeiten zurück. Sonst laß ich das ganze überflüssige, mottentraurige Jagd[z]im[mer] noch abbrennen. Dann hat die liebe Seele Ruh.
GRAF CHRISTIAN. Mich schwindelt's, Kathrin, mir wird übel, Kathrin. — Sei gut zu mir, führ mich an die Luft, Kathrin.
GRÄFIN KATHARINA. Onkel Wilhelm ist eben eingetroffen.
GRAF CHRISTIAN. Onkel Wilhelm? Ich weiß nicht, warum mir jedesmal, wenn er kommt, gewissermaßen besser und schlimmer zumute wird.
GRÄFIN KATHARINA. Onkel Wilhelm ist ein famoser Mann. Kavalier vom Scheitel bis zur Sohle...
GRAF CHRISTIAN. Da ist Mutter nun freilich auch nicht weit.

GRÄFIN KATHARINA. Ich lasse die Zimmer schon zurechtmachen. Übrigens sieht Onkel Wilhelm nicht zum besten aus. Er hat eine seltsame gelbe Farbe. Er möchte nur noch einmal in seinem Leben einen Hirsch schießen, wie er sagt. Dann möchte er... ich weiß nicht, was er dann noch daherredete...
GRAF CHRISTIAN. Katharina, da hängt ja Vaters Gitarre. — O Gott, wie waren wir manchmal vergnügt. — Was nutzt das alles: ist Onkel da, so wollen wir heut wieder mal tüchtig Rheinwein trinken.

[II]

Begonnen am 7. September 1939.

DRAMATIS PERSONAE

RASSO, Majoratsherr
ADELMA, dessen Gattin
ADRIANE } Töchter
MARTINA }
ARIBERT, ältester Sohn, Majoratserbe
ALEXIS, zweiter Sohn
DR. ADALBERT PARATI, Erzieher
FRAU LUISE ISMER
ALEXANDRA, Schwester Rassos

ERSTER AKT

ERSTE SZENE

Ein hoher Raum in Schloß Wasserburg. Aribert und Dr. Adalbert Parati. Parati sitzt am Frühstückstisch. Aribert putzt ein Jagdgewehr. Klötze lodern im großen Kamin.

ARIBERT. Erzählen Sie weiter, Adalbert.
DR. PARATI. Nun ja, aber wovon? An und für sich ist man hier zum Erzählen geneigt, das Gefühl dabei ist recht eigenartig. Man erzählt hier gleichsam Zukünftiges, nicht Vergangenes: oder man müßte sonst auf die Form dieser Früh-

stückssemmeln zurückgehen. Sie haben ja meinen kleinen Terrakotta-Backofen, meine Antike, gesehen. Er enthält an der Stirn, und zwar als Symbol der Fruchtbarkeit, ein Zeugungsglied: die Form dieser Wassersemmeln enthält das dazugehörige andere. Seltsam genug bei der Entfernung unserer christkatholischen Provinz von Griechenland.

ARIBERT. Aber wieso erzählen Sie, wenn Sie erzählen, hier das Zukünftige?

DR. PARATI. Diese Herrschaft, diese Waldungen und damit das uralte Wasserschloß gehen auf Zeiten zurück, die wahrscheinlich vor der christkatholischen Kolonisation durch Karl den Großen liegen. Ja, sogar vor den Einfällen des Germanicus, ehbevor unsere Zeitrechnung einsetzte.

Entschuldigen Sie, wenn ich etwas langsam bin, Graf Aribert. Ich esse meine Semmeln, diese antiken Denkmäler, mit Verstand.

Nun also: man lebt hier keineswegs in der Gegenwart, ich meine in unserer allgemeinen Gegenwart, wo Eisen, Dampf und Elektrizität das große Wort haben. Die Gegenwart hier, selbst wenn ich die Menschen um mich betrachte, liegt mehrere tausend Jahre zurück. Wenn ich nun also hier von meinen japanischen, meinen Pariser oder Londoner Abenteuern und Studien spreche, ist mir, ich rede von etwas Zukünftigem.

ARIBERT. Sie sind doch das Sonderbarste von Mensch, was mir je vorgekommen ist.

DR. PARATI. Sie sind achtzehn Jahre, was will das sagen. — Und was finden Sie an mir sonderbar?

ARIBERT. Was Sie sind und was Sie sagen. So zurückgeblieben, wie Sie es hinstellen, sind wir doch wahrhaftig nicht. Hat mein Vater nicht in Potsdam gedient, ist er nicht Gardekürassier? Hat er nicht einen Haufen Geld verjuxt in den Weltstädten?

DR. PARATI. Jawohl, Graf Rasso ist einigemal wie ein Fisch aus dem Wasser aufgetaucht. Aber doch dann natürlicherweise in das ihm angemessene Element zurückgefallen. Hören Sie doch, wie es ringsherum saust und braust und gegen die Mauern brandet. Das ist keine neue Melodie, wahrhaftig nicht. Diese Wälder und Berge, diese Granite und Sturzbäche sprechen die allerälteste Sprache. Wir leben in diese Natur versteckt.

ARIBERT. Oh, meine Mutter als geborene Ungarin wurde als junges Mädchen am Wiener Hofe vorgestellt. Wir sind durch Friedrich den Großen an Preußen gekommen. So war sie mit meinem Herrn Vater auch auf Hofbällen in Berlin. Wir sind weiß Gott keine Hinterwäldler.

DR. PARATI. Ich habe mich nie so respektlos ausgedrückt! Übrigens was Frauen betrifft, insonderheit bedeutende Frauen, so eignet ihnen gewissermaßen das Zeitlose. Ich will damit sagen, sie gehören allen Epochen und keiner an. Eine Frau ist zu allem fähig. Verlangen es die Umstände, so läßt die moderne Frau ohne viel Federlesens wie die bekannte alte Königin der Perser, von der Herodot erzählt, zu Ehren irgendeines Gottes zwölf schöne Jünglinge lebendig begraben.

ARIBERT. Danke! Das will ich meiner Mutter erzählen oder besser noch meiner Tante.

DR. PARATI. Das mögen Sie gern tun. Gräfin Alexandra, Ihre Tante, ist überaus einsichtig: aber schließlich, lassen wir das. Ich bleibe dabei: hier ist eine andere Welt. Es ist gegen elf Uhr früh, und wir sitzen bei Kerzenlicht. Käuze revieren um die Mauern. Wilde Enten schnattern im Burggraben. Wenn wir ausgehen, schreiten wir über eine Zugbrücke, über der Schulter das Jagdgewehr. Wir sind Jäger und nichts als das. Die nächsthöhere Kulturstufe ist der Ackermann. Was mich betrifft, mich bescheint hier eine andere Sonne, ein anderer Mond, und der Große Bär am Himmel brummt förmlich noch wie zu Zeiten des Ichthyosaurus. *Er erhebt sich.* Wie denken wir nun über unsere Lateinstunde?

ARIBERT. Ach was, Latein: ich denke, ich will einen Rehbock schießen.

DR. PARATI. Dann grüßen Sie mir die schöne Försterstochter, die den pompösen Namen hat.

ARIBERT. Pompös, wieso? Sie heißt einfach Isolde.

DR. PARATI. Durch einen dergleichen Namen wird mir sofort das ganze rauhe und wilde Gebirge in das Gold der stärksten und süßesten Poesien getaucht. Wo Isolde sich zeigt, ist Tristan nicht ferne. Da ist auch Marke, der König, nicht weit.

ZWEITE SZENE

Graf Rasso tritt ein.

RASSO. Wo ist hier Marke? Wer ist hier Marke? Ein Marke lebt nicht in unserer Burg. Ich müßte es sein, und ich bin kein Marke. Ihr wißt doch, Schulmeister, daß Marke und Hahnrei ein und dasselbe ist. Nein, ich habe noch feste Schenkel, bei Gott. Wie Butter zerdrücke ich zwischen meinen Knien einen stählernen Helm. Das Pferd hat zu stöhnen, auf dem ich reite. Eh es mich abwirft, fällt es um, weil ich ihm einfach die Rippen zerquetsche. Wie kommt Ihr übrigens auf den unglückseligen König Marke, Schulmeister? *Aribert hängt das Gewehr um und will gehen.* Warum läufst du denn fort, Junge, wenn ich eintrete?
ARIBERT. Ich will nun endlich mal auch meinen Bock schießen.
RASSO. Das eilt doch nicht: Böcke schießt du doch täglich genug.
ARIBERT. Ich hab' mich mit Förster Quadt verabredet.
RASSO. Gräfin Isolde, geborene Quadt. Die Großmutter Waschfrau, der Großvater Bierkutscher. Bravo, die Sache kann ja gut werden.
ARIBERT. Du nimmst mir nicht übel, Vater, das ist doch sicher, wenn ich dich nach Möglichkeit von meinem ärgerlichen Anblick befreie. *Geht ab.*

DRITTE SZENE

RASSO. Von Tag zu Tag wird der Bengel schwieriger.
DR. PARATI. Er hat durchaus keine übeln Anlagen, aber tut eben, was er will.
RASSO. Mag sein, mit mir aber soll er nicht anbinden. Es ist auch in jeder Beziehung besser, wenn er mir nicht in die Quere kommt. Denn, wie gesagt, Marke bin ich nicht. Ich fürchte wahrhaftig kein Tristan-Gesäusel. Ich fahre nach Liebau. Kommen Sie mit, Schulmeister. In der Ratsweinstube hat man einen prächtigen alten Markobrunner auf Flaschen gebracht, ich muß mal wieder einen Schluck nehmen.
DR. PARATI. Eigentlich wollte ich Konversationsstunde in Französisch und Englisch mit den jungen Gräfinnen abhalten. Außer wenn Sie mich dispensieren, Erlaucht.

RASSO. Geben Sie mir Ihre Konversationsstunde. Ob Sie bei den Kindern oder bei mir über die Stränge schlagen, ist ja gleichgültig.

Dramatis personae

Graf Leopold Indenbirken, Majoratsherr auf Herrschaft Hohenbruch
Gräfin Estella Indenbirken, seine Gattin
Graf Günther Indenbirken, neunzehnjährig, ältester Sohn des Majoratsherrn
Gräfin Alice Indenbirken, sechzehnjährig, Tochter des Majoratsherrn und seiner Gattin
Graf Carl Indenbirken, des Obigen Bruder
Dr. Adalbert Parati, Erzieher
Frau Luise Ismer, ältere Freundin und Vertraute der Gräfin Estella. Sie wirkt als Stütze der Hausfrau.
Quasebart, Forstmeister
Willy Quasebart, sein Sohn, dreiundzwanzigjährig, ist als Leutnant aus dem Krieg zurückgekehrt und nun wieder als junger Förster in der Verwaltung seines Vaters tätig. Er steht im Begriff, versäumte Semester a[n] der Forstakademie nachzuholen. Zwischen ihm und Graf Günther besteht enge Freundschaft.
Habermalz, Dorfschullehrer, vierzigjährig, Rheinländer, im Kriege zum Leutnant avanciert
Dr. Fritz von Stachow, Gerichtsassessor
Chemison, Pastor
Erna Wiesner, sechzehnjährig, schönes Bauernkind
Skodzei, Förster
Seyser, als Diener
Quadt, ein Zimmermann, vierzigjährig
Holzhauer und andere Funktionäre des Majorats

Ort der Handlung ist Schloß Salstein, irgendwo in den Wäldern des Riesengebirges. Als nächste Kreisstadt wird Liebau genommen. Als Jahreszeit der Geschehnisse Mitte Oktober, als Zeit der Vorgänge etwa 1920.

PERIKLES

[I]

[Jena, Januar 1883.]

Fabel zum Perikles

Personen im Zentrum der Handlung
Perikles
Anaxagoras
Paralos (Perikles' Lieblingssohn)
Sokrates (Jüngling)
Aspasia
Lampon

Personen II
Diopeites
Thukydides
Menon (Adolf Schmidt, [Das perikleische Zeitalter. Jena 1877. Bd. 1, S.] 161.)
Kleon \
Simmias } (Ad. Schmidt 172)
Lakratidas /
Xanthippos (Perikles' Sohn), ungeraten
Perikles (Sohn des Perikles)

Dritter Akt
Absetzung des Perikles, Tod des Xanthippos und Paralos.

Vierter Akt
Alkibiades bringt Perikles die Nachricht der Wiederwählung. (Schmidt, S. 174.) Überhäufung mit Abbitten und Liebesbeweisen und Schmeicheleien von seiten des Volkes. Wie Perikles dieselben annimmt, gebrochen und den Todeskeim im Herzen, dennoch groß.

Fünfter Akt
Der Sohn der Aspasia und des Perikles, Perikles der Jüngere, wird als vollgültiger Bürger in die Bürgerschaft Athens aufgenommen. Perikles' Tod.

[II]

[Entstanden 1941/1942.]

Perikles
Dramatische Dichtung
Mimus

ERSTER AKT

*Bauhütte auf der Akropolis unweit des Parthenon.
Szene zwischen Kallikrates und Iktinus, Baumeister des Parthenon, und Koröbus, Baumeister des Mysterien-Tempels zu Eleusis. P. S. 19.*

KALLIKRATES. Alles muß schnell gehen bei unserem Meerzwiebelkopf; Zauberei selbst geht ihm zu langsam.
IKTINUS. Aber die strenge Göttin mit dem Speer steht allzeit hinter ihm.
KORÖBUS. Den Göttern Dank: auch in Eleusis hämmern die Hämmer und schmettern die Meißel. Endlich: der Grund wird gelegt. Wir haben begonnen unter den Augen des Obermeisters.
KALLIKRATES. Phidias war zugegen?
KORÖBUS. Ja. Der Meerzwiebelkopf wurde erwartet, blieb aber aus.
KALLIKRATES. Phidias war zugegen, das will allerlei sagen. Er schlägt sich Tag und Nacht mit dem Goldbilde der Göttin herum.
KRATINOS, *komischer Dichter.* Die Werkstatt des Allerweltstausendsassa hat hübsche Nebengelasse. Da sind dicke Vorhänge und weiche Polster. Pyrilampes schickt appetitliche Weiber von seinem Geflügelhof. Da hat wieder so eine von ihm, die Frau des Menippus, einen Pfau zum Geschenk erhalten. Menippus hat ja doch wohl kein Geheimnis vor dem Meerzwiebelkopf und ist ihm zu jeder Stunde ergeben.
KALLIKRATES. Er treibt es ein wenig toll mit Bewunderung.
KRATINOS. Hat sich was mit Bewunderung. Er verzettelt das Geld, sagt Thukydides, und richtet die Finanzen zugrunde.
KALLIKRATES. Das hilft ihm nichts, wir bekommen Geld. Das war so eine[r] seiner Trümpfe in der Volksversammlung. Wenn ihr kein Geld geben wollt, werde ich die neuen Ge-

bäude auf dem Burgfelsen bezahlen und meinen Namen
auf jedes meißeln lassen. Vater Zeus, welches Geschrei.
Jeder im Volk suchte den anderen zu überbieten: Nimm
von uns, was und soviel du willst. Nun und? Das Scherben-
gericht hat Thukydides in die Verbannung geschickt.
IKTINUS. Er ist ein gewaltiger Psychagog.
([Notiz] Perikles regierte vierzig Jahre in Athen.)
KORÖBUS. Und übrigens ein genauer Wirtschafter.
KRATINOS. Nicht er, das ist sein verfluchter Sklave Euangelus.
Er zählt und mißt, er mißt und zählt.
KORÖBUS. Unser Meerzwiebelkopf ist reich. Er soll es sein.
Reichtum ist für einen Volksmann wie ihn Notwendigkeit,
ja ein Teil der Sittlichkeit.

SZENE

Sokrates und seine Freunde besuchen Aspasia (S. 30). War
sie Bordellmutter?
Perikles hat mit ihr einen Sohn (S. 31).
Kyrus ihr Zeitgenosse.

SZENE

Phidias: Ihr Dummköpfe ahnt nichts von seiner Größe. Er
hat zwanzig bedeutende Männer ausgeschickt, um alle Griechen der Erde zu veranlassen, ihre Staatsmänner nach Athen
zu senden, die Griechen der Welt zu gemeinsamem Handeln
zu vereinen. Die Tempel, welche die Perser niedergebrannt
hatten, sollten wieder errichtet werden infolge der Gelübde,
die Schiffahrt auf allen Meeren durch einen unverbrüchlichen
Frieden zu sichern, etc. (P. S. 25).

(Die Fahrt ins Schwarze Meer.)
Perikles beschnitt der Vieltuerei die Flügel.

Aspasia, S. 30. Man wird vielleicht Perikles und Aspasia
wesentlich nur im Reflex wirken und nur kurz auftreten
lassen.
Thargelia war Vorbild Aspasias, geboren zu Milet. Persische
Geheimagentin in Griechenland.

Aspasia vom Komödiendichter Hermippus religiösen Frevels
belangt etc.

Perikles weint und bettelt vor dem Volk um Begnadigung der Aspasia. Fleht die Richter an.

Sizilische Beredsamkeit. (Curtius, [Griechische Geschichte. Berlin 1879.] Bd. 2, S. 235.)

Sophokles Zeitgenosse; auch Herodot und Aristophanes.

Kratinos, einundneunzig Jahre alt, besiegte Aristophanes mit seinem Lustspiel »Frau Flasche«.

Polos: Schauspieler, Lieblingsschauspieler des Sophokles. (Curtius, Bd. 2, S. 312.)

Kleon. Erscheint am perikleischen Horizont. Segelt gegen Perikles mit der allgemeinen Erbitterung des Volkes. (P. S. 41.)
Perikles hatte alle Aigineten vertrieben und die Insel Anathena verteidigt.
Die Pest. (P. S. 42.)

SZENE

Perikles und sein ältester Sohn Xanthippos, dieser ein Verschwender, die junge Frau Verschwenderin. Fälscht sozusagen Wechsel auf Vater. Ertappt, verlästert er den Vater. Macht sich lächerlich über dessen Hausgespräche mit Gelehrten. (P. S. 44, Scholastik.)
Endlich stirbt X.[anthippos] an der Pest.
Perikles trägt alles stoisch, bis sein letzter Sohn Paralos ebenfalls stirbt. Seine Kraft ist gebrochen. (P. S. 44—45.)
Szene, wie er dem Toten den Kranz aufsetzt. Nachher ist er lethargisch, da reißt ihn sein Freund Alkibiades heraus.
Die Seuche ging vom Heer aus.
Perikles und der Mantel der Sonnenfinsternis. (P. S. 45.)
Die unechten Söhne. Quasi Judenfrage. Fünftausend unechte Söhne wurden verkauft.
Perikles erreicht, daß sein unechter Sohn seinen eigenen Namen erhält und in das Geschlechtsregister kommt. Er wird später (P. S. 46) hingerichtet.
Der kranke Perikles und das Amulett. Charakter des Perikles: er hielt keinen Gegner für unversöhnlich.
Perikles wurde der Olympier zubenannt. Mild und erhaben.

»So groß war die Verderbnis und die Masse voll Schlechtigkeit, die über allen lag. Nur Perikles vermochte ihrer einigermaßen Herr zu werden.«

SZENE

Anaxagoras, Philosoph und quasi Lehrer des Perikles. (P. S. 40.) »Sie werfen dir vor, du gehörst von mütterlicher Seite zur Familie der Alkmäoniden, die den Kylon am Altar der Athene ermordet haben. Unentsühnt stündest du unter dem Fluch.«

SZENE

Artemon wird hereingetragen. Er ist gelähmt, aber ein großer Erfinder. Sein Spitzname im Volk, wegen der Lähmung, ist Tragsessel. Perikles bewundert seine maschinellen Erfindungen.
»Wenn Perikles schlechter Laune ist, rede ihm nur von seinem Siege über die Samier.«

Redensart: Die Megarer zogen viel Knoblauch. Gib ihm Knoblauch, so erhitzt er sich wie ein Streithahn.
Erbost wie die Knoblauchhähne, stehlen megarische Jünglinge der Aspasia zwei Dirnen, athenische haben eine megarische Dirne gestohlen.

SZENE

Zwischen Phidias und Perikles, den unzertrennlichen Freunden, und Tragsessel Artemon. Phidias ist sehr befeindet aus Neid.

Menon, ein Gehilfe des Phidias, läßt sich gegen seinen hohen Meister gebrauchen.
»Habt ihr gehört, er sitzt auf den Markt mit dem Ölzweig, bittet um Sicherheit, er will den Phidias anklagen und entlarven.«
Der Ruhm seiner Schöpfung (der Gold-Athene) lag mit aller Schwere des Neides auf Phidias. Anklage: in der Amazonenschlacht hat er sich selbst dargestellt als kahlköpfigen Alten, ebenso den Perikles auf dem Schild der Göttin. Phidias wird gefangengesetzt und stirbt ähnlich wie Sokrates. (P. S. 39.)

DAS RICHTFEST

22. 12. 1943.
Agnetendorf.

Hinz und Kunz

ERSTER AKT

Ein unfertiges Landhaus in einem Garten. Es ist nicht mehr weit bis zum Richtfest. Mittagspause.
Hinz, junger Mensch Anfang dreißig, oben am Rand des einstöckigen Baus. Kunz kommt unten im Garten herzu. Hinz und Kunz sind Brüder, Kunz der ältere.

ERSTE SZENE

KUNZ. Was machst du dort oben?
HINZ. Dummheiten.
KUNZ. Das verbitte ich mir.
HINZ. Ich mir auch, aber was hilft's?
KUNZ. Wer hat hier unten im Rondell die Rosen abgeschnitten?
HINZ. Ich.
KUNZ. Das ist unerhört, wie kommst du dazu?
HINZ. Man muß die vollerblühte Zentifolie abschneiden, damit die Knospen aufspringen und neue werden.
KUNZ. Das ist Blödsinn, das ist gemeiner Vernichtungstrieb. Und du hast kein Recht, solche Dinge zu tun, ohne mich zu fragen.
HINZ. Unsinn, du kümmerst dich ja um nichts. Was wäre denn aus dem ganzen Bau geworden, wenn ich mich seiner nicht angenommen hätte!
KUNZ. Du hast gar kein Recht dazu, denn das Haus gehört mir wie dir.
HINZ. Das magst du dir einbilden. Einbildungen sind ja bei dir die billigste Ware. Jedenfalls ist Grundstück und Bau von mir erworben und Heller für Pfennig bezahlt. Das Grundbuchblatt bestätigt die Sache.

KUNZ. Das ist Lüge, das ist nicht wahr.
Der Vater kommt unten gegangen.
HINZ. Wer hat recht, Vater?
VATER. Natürlich du.
KUNZ. Sehr unnatürlich, gar nicht natürlich. Das Haus ist für uns beide gekauft.
VATER. Aber von Hinz bezahlt. Haltet doch Frieden. Man hofft immer, hier oben bei euch ein vernünftiges Wort sprechen zu können, aber ihr krakeelt immer . . .
HINZ. Kunz krakeelt, ich nicht.
VATER. Ihr wollt beide mit euren Familien das Haus beziehen: wie soll das werden?
HINZ. Ja. Gott weiß, ich nicht.
KUNZ. Ich werde jedenfalls niemals weichen.
HINZ. Dann vielleicht ich. Kauft mir das Haus ab, und ich baue mir ein anderes.
KUNZ. Das soll geschehen, wenn du im Worte bleibst.
VATER. Wie willst du das anfangen, Kunz? Du hast ja dein Geld nicht mehr in der Hand.
KUNZ. Wieso?
VATER. Du hast schlecht gewirtschaftet. Deine Freunde betteln dich an, und du schickst ihnen das Geld deiner Frau bis Amerika.
KUNZ. Ich habe auch Bruder Christoph geliehen und ihn, soviel ihr vielleicht wissen müßt, vom Bankrott gerettet.
VATER. Das war eine Dummheit.
KUNZ. Du bist unser Verwalter, Vater, ich muß so viel Geld haben wie Hinz.
VATER. Nein.
KUNZ. Wie kommt das?
VATER. Hinzens Geschäfte haben einen überraschenden Aufschwung genommen. Er verdient viel Geld, seine Arbeit floriert. Er ist ja schließlich beinahe berühmt geworden.
KUNZ. Berühmtheit ist Dreck, was geht mich das an.
VATER. Aber sie bringt eben Geld, Kunz, und da kann man sich Häuser kaufen.
HINZ, *von oben, lachend.* Kinder, hört auf. Ich bewohne den linken Flügel und du mit deiner Frau den rechten, wo die Sonne scheint. Das genügt euch doch, Kinder habt ihr ja nicht.
KUNZ. Das geht dich nichts an, ob wir Kinder haben.
HINZ. O doch: ich brauche Ruhe zur Arbeit.

KUNZ. Hab dich nicht. Deine drei Bamsen brüllen doch den ganzen Tag.
HINZ. Das wird sich zeigen.
Therese und Ulrike kommen.
THERESE. Was gibt es denn?
VATER. Eure Gatten zanken sich schon wieder.
ULRIKE. Ach, laßt doch das bei dem schönen Wetter.
Die Buben toben.
HINZ. Bengels, tobt nicht so, ich kriege euch sonst mal gründlich beim Wickel.
KUNZ. Wie ich die Roheit hasse, fürchterlich.
THERESE. Reg dich nicht auf, Kunz.
KUNZ. Was ist denn mit der Linde geschehen?
HINZ. Ich habe vor deinem Fenster ein wenig Licht und Luft machen lassen.
KUNZ. Wie, wo, warum, was? Die ganze herrliche Linde ist ja total abgeschoren.
THERESE. Aber Gott behüte doch, Kunz, es sind ja nur ein paar Zweige weg.
VATER. Es war ja doch nötig, Luft zu machen.

23. 12. 1943.
Agnetendorf.

Der Titel soll sein: »Das Richtfest«. Hineinspielen soll alles, was mit dem Bauwesen und diesem Fest an Aberglauben etc. verbunden ist.

Auch religiöse Momente.

Das Wort Richtfest soll auch das höhere Wollen und Werden symbolisieren.

Die Zimmerleute spielen dabei eine große Rolle, der Wald und das Holz.

Ein Tannenbäumchen mit bunten Bändern ziert den Dachfirst.

Vielleicht gleich ein festlich-erregter Anfang. Natürlich nicht ohne die Tragikomik von Hinz und Kunz. Vielleicht mit Musik.

Hätten wir so den Auftrieb des ersten Aktes oder des zweiten, so könnte der dritte das Festessen sein. Hier müßte die Eifersucht bereits lebhafter spielen.

Der todgeweihte Bruder Georg.

Der Rassenfreund und seine Ideen.

Der Hochbau der Phantastik, während unten der Boden rutscht.
Vielleicht baut sich eine grauenvolle Satire hinein.
Dabei könnte eine Nebenhandlung laufen und Frühling. Eine Liebe mit Märzbechersymbolen. Primel, Schneeglöckchen, Krokus.
Auf dem Dach müßte Hahn-Schwan-Pferdekopf rumoren, besonders der Hahn.
Vielleicht einen Hahnenkampf einführen als lustig-grausames Symbol. Vielleicht einen Anlaß, historisch zu werden. Achtzehntes Jahrhundert? Etwas Hogarth?
Die Figur eines Bauernphilosophen: Gerodet, Granitblöcke beiseite geschafft, den Boden fruchtbar gemacht! Das ist alles. Wir haben alles von Mutter Erde.
Fell abziehen. Zimperlich darf man nicht sein. Der Mensch braucht Schuhe und Lederhosen.
Die Ornithologie muß hineinspielen. Unter Vögeln voran der Specht. Hört ihr den Specht, der versteht's.
Soll ein Zweikampf zwischen Kunz und Baron E. hineinspielen?
Eine Zigeunerin. Soll eine Gestalt wie Björn Björnson hineinspielen mit seinen Trollen? Oder nur die Trolle?
Vielleicht ist es im ganzen die Tragikomödie des Gang-und-gäbe-Idealismus.
Die Mutter: »Ihr seid zu ideal.«
Flugzeug? Schon erfunden oder noch nicht oder ersehnt. Wenn wir fliegen können, haben wir's geschafft.
Krieg zwischen gebildeten Nationen ist sowieso schon ganz unmöglich.
O weh: die Militärs in der Welt sind bereits ganz verzweifelt. Sie behaupten alle, im Frieden zu verkommen. Dreißig Jahre Frieden. Fin de siècle.
Die neue Kolonie. Die Kolonisation ist in der Tat echteste Kulturverbreitung, an ihr darf man sich nicht vergehen. Die Deutschen an der Wolga. Der Bauer sagt: »Wir allein ernähren die Bücher.«

29. 12. 1943.
Agnetendorf.

Das Richtfest

Ein Hahn fliegt in das Tannenbäumchen auf dem Dachfirst.

DER HAHN

Kikeriki, ihr kennt mich nicht,
ich bin das ewige Morgenlicht.
Ihr wißt von meinem Kikeriki,
der allberühmten Melodie.
Mehr aber ist euch nicht bekannt:
das allerdings in Stadt und Land.
Ihr nennt es einen Weckeruf
für Menschenfuß und Pferdehuf
und reibt die Augen, gähnt und springt
empor vom Bett, wie ich beschwingt.
Im Dämmer wartet schon der Tag.
Ihr wollt den Jüngling tüchtig zausen
und mit ihm jagen, mit ihm mausen.
Doch ihn zu meistern ist nicht leicht;
noch keiner hat es ganz erreicht.
Er macht uns müd' durch strenges Tun
und zwingt uns, abends auszuruhn.
Dann läßt er schlummernd uns am Ort
und ist, wie nie gesehen, fort.
Am neuen Morgen schleicht er dann
sich leise wiederum heran.
Ich bin der erste, der ihn sieht
und kündet mit dem ersten Lied.
Sooft der Bursche neu erscheint,
hat er ein anderes Gesicht:
der heute lacht, der morgen weint,
der gestern stumm, der heute spricht,
der drückt dir Küsse auf den Mund,
der prügelt dich wie einen Hund;
Lampreten kocht der eine dir,
der andre frißt dich auf dafür.

PARALIPOMENA

In Auswahl

HANNELES HIMMELFAHRT

Editorische Bemerkung

Der in »Hanneles Himmelfahrt« nicht aufgenommene, verworfene 3. Akt ist in zwei Fassungen überliefert, die im folgenden unter [I] und [II] abgedruckt werden. Fragmentarische Notizen Hauptmanns, die auf eine beabsichtigte Umarbeitung der 2. Fassung des 3. Aktes schließen lassen, sind hier von der Veröffentlichung ausgeschlossen. Als Entstehungszeit kommt das Jahr 1893 in Frage.

DRITTER AKT

[Erste Fassung]

Dritter Akt aus einer früheren Fassung von »Hannele«

Alles ist wie vor Erscheinung des Todesengels: Hannele liegt im Bett. Die Schwester kühlt beim Scheine des Lichts einen Umschlag. Der Arzt ist eben angekommen und im Begriff, den Überrock auszuziehen.

DR. WACHTER

Nun, wie war sie?

SCHW. MARTHA

Sehr aufgeregt. Ich hätte wohl noch geschickt die Nacht.

DR. WACHTER

So unruhig ist sie also gewesen. — Ich dachte mir's übrigens. *Er tritt auf das Bett zu.* Hat sie stark gefiebert? Laut gesprochen?

SCHW. MARTHA

O ja. Sie hat von Engeln gesprochen. Es wären Engel bei ihr gewesen.

DR. WACHTER

Hm. Hat sie Ihnen sonst Mühe gemacht? — Ist sie immer geduldig im Bett geblieben?

SCHW. MARTHA

Ich hatte wohl meine Not mit ihr. — Sobald sie einschläft, ist es ja besser.

DR. WACHTER

Sie schläft?

SCHW. MARTHA
nickt bejahend
Ich kühle eben den frischen Umschlag.

DR. WACHTER
nimmt das Licht und tritt damit an das Bett, wo er, ohne sich

herabzubeugen, die Kranke betrachtet. Die Schwester legt vorsichtig den Umschlag auf Hanneles Stirn.
Hat sie immer diesen Ausdruck, Schwester? Ich meine: lächelt sie immer so?

SCHW. MARTHA

So lächelt sie schon eine ganze Weile.
Die Haustür geht.

DR. WACHTER

Wer kommt denn jetzt noch?

SCHW. MARTHA

Es ist Herr Gottwald.

DR. WACHTER
nickt dem Eintretenden zu

Guten Morgen, Herr Gottwald.

GOTTWALD
auf den Zehen und mit aller Vorsicht eintretend

Ich mußte doch noch mal sehen, wie's steht.

DR. WACHTER
das Licht wieder auf den Tisch setzend

Es ist? — Wie spät?

GOTTWALD

Dreiviertel auf fünf.

DR. WACHTER
in Betrachtung seiner Uhr

Bei meiner Uhr geht es schon auf sechs.

GOTTWALD

Wenn ich irgendwie was nützen kann... Es sind ja nur paar Schritt bis zu mir. — Wenn es etwa fehlt, an irgend etwas...

DR. WACHTER

Einstweilen nicht, aber später vielleicht. Einstweilen müssen wir ruhig abwarten. *Er zieht seine Uhr auf.* Ich sprach übrigens gestern noch Herrn Krüger. Es stimmt: der Mattern ist festgesetzt. — Er kam mir übrigens recht merkwürdig vor.

GOTTWALD

Wieso?

DR. WACHTER
Wir tranken noch 'n Glas Bier mitnander. Er war so erregt.
Ich weiß nicht recht...
GOTTWALD
Er wird gleich erregt, wenn er etwas trinkt.

DR. WACHTER
Hat er denn Beziehungen zu dem Kinde?

GOTTWALD
Wie meinen Sie denn?
DR. WACHTER
Ich dachte vielleicht... ich weiß nicht recht... die Sache
schien ihn sehr zu beschäftigen. Er hatte so allerhand Welt-
schmerzideen. Na, einerlei. *Er gibt Gottwald das Licht.* Wollen
Sie so gut sein?
GOTTWALD
Freilich, freilich.
DR. WACHTER
Er wollte zu Ihnen. War er bei Ihnen?

GOTTWALD
Es wäre durchaus nicht nötig gewesen. Wie gesagt: ich stelle
mich ganz zur Verfügung. Ich nehme selber so großen
Anteil...
DR. WACHTER
zu Hannele gebeugt
Ich glaube, sie wacht.
HANNELE
im Schlaf
O süße Kinder! *Sie öffnet die Augen.*

DR. WACHTER
Nun, wie geht's?
HANNELE
Guten Morgen, Mutter!

DR. WACHTER
Du kennst mich wohl nicht?

HANNELE
Du bist... meine Mutter selig bist du.

DR. WACHTER
Hast du gut geschlafen?

HANNELE
alles in milder, wonniger Verzückung
— Selig. — — — Geflogen bin ich. — Weit, ach! — Hoch, ach!
— Viel hundert Engelchen trugen mich.

DR. WACHTER
Wo bist du denn jetzt?

HANNELE
Wo wer' ich denn sein? Im himmlischen Reich.

SCHW. MARTHA
Sie schläft wieder ein.

DR. WACHTER
nimmt nun wieder das Licht und tritt an den Tisch zurück
Was soll man nun sagen, lieber Herr Gottwald?

GOTTWALD
Daß sie nicht mehr aufwacht, will ich ihr wünschen.

DR. WACHTER
Tja! — wenn sie wirklich im Himmel ist...
Kleine Pause.

HANNELE
flüstert
...du schöner Herr Gottwald.

GOTTWALD
Was hat sie gesagt?

HANNELE
Du schöner, lieber...

DR. WACHTER
Sie träumte von der Schule. Sie mag wohl Ihre Stimme gehört haben.

SCHW. MARTHA
Sie beschäftigt sich überhaupt viel mit Herrn Gottwald.

DR. WACHTER
Sie haben bei ihr einen Stein im Brett.

SCHW. MARTHA
Hannele scharf beobachtend

Herr Doktor!

DR. WACHTER

Nun?

SCHW. MARTHA

Sie verändert sich so.

DR. WACHTER
indem er das Stethoskop aus der Tasche nimmt, ein wenig überrascht ans Bett tretend

Das wäre noch schneller, als ich mir dachte. *Der Arzt beugt sich wieder, um das Herz des Mädchens zu behorchen. Dabei verdunkelt sich das Zimmer allmählich, und ferne, zitternde Gongschläge werden in Zwischenräumen vernehmlich. Das Licht der Diakonissin bleibt im Dunkel helle. Es schwankt, verändert sich und fließt in eins mit dem Mond, der am Fenster vorübergeht und das Zimmer matt, aber klar erleuchtet. Es ist leer.*

PLESCHKE
kommt gestikulierend und laut redend herein

Nu Jes, Jes! himmlischer Vater... himmlischer Vater, was soll denn das heeßen! — 's klingt wie ane Glocke und och wieder andersch. *Er horcht.* Bald is's uf'n Dache, bald klingt's aus'n Keller. Bald kommt's aus'n Schornstein, ja...Schornstein ja, bald aus'm Ofen.

HETE
in Aufregung und Eifer, sich zu Pleschke gesellend

Vater Pleschke! Vater Pleschke, bei uns geht's um. Nu horcht bloß, horcht bloß, wie das aso summt, wie das aso klingt. Und ieberall hert man's, im ganzen Hause. Bis in de Dachkammern. Aus a Balken.

HANKE
kommt

Was soll ock hier noch wern, Vater Pleschke?

PLESCHKE

O weß ich's? Luß mich... luß mich zufriede. Du hast ja sonste... sonste immer a groß Maul. Nu wird a Angst kriegen... Angst kriegen, ja!

HANKE

Seid nich a so häßlich, Vater Pleschke. Mir is wie am Jingsten Tage, is mir. Man soll sich einander die Sünden vergeben.

PLESCHKE

Denk du an deine... denk du an deine.

HETE

Nu riecht amal, riecht amal! Wie das riecht! Das riecht ja wie Weihrauch... wie in der Kirche.

SEIDEL

ist durch die Haustür hörbar eingetreten, nun erscheint er im Zimmer, eine seltsame Aufgeregtheit leuchtet aus seinen Augen. Triumphierend erzählt er, während eine zunehmende Röte in den Hausflur und durch die Fenster dringt

Nu seht bloß, seht bloß, was draußen vorgeht. Aaach! iber und iber... iber und iber... der Himmel is iber und iber rot. Wie wenn man und taucht a Bettuch in a Eimer voll Ochsenblut. A so dunkelrot is der ganze Himmel.

Der Hausflur hat sich mit Armenhäuslern angefüllt, die, von Röte überstrahlt, lebhaft gestikulierend den Himmel beobachten.

PLESCHKE

Mir ham eine schwere Sinde begangen. Das Mädel... das Mädel... das Hannla Mattern...

HANKE

Mir ham 'r doch nichts getan, Vater Pleschke.

PLESCHKE

Mir ham's gewußt... mir ham's gewußt, a hat se zu Tode... zu Tode gemartert. Und wir... wir haben's... haben's zugelassen.

RUF

von außen, während alle horchen

Das Hannele Mattern is wieder da! *Alle lauschen gespannt und entsetzt. Der Ruf wiederholt sich, etwas ferner.* Das Hannele Mattern is auferstanden. *Der Ruf pflanzt sich unter dem Schweigen der Hörer fort, bis er verstummt.* Das Hannele Mattern is wiedergekommen.

DIE LEUTE
im Hausflur, wieder lebhaft werdend
Was is denn das? — Wo? — Hinter a Bergen. — Das is ane Wolke! — Ane Wolke wär' das? — Das wimmelt a so. — Das wiebelt a so. — Das kommt ja so breit wie der ganze Himmel. — De Berge drunter sind schon ganz dunkel. — Was mag das sein? — Heuschrecken! — Vögel! — Ja, Vögel. — Adler! — Sterche! — Geier! — Tauben!
Man hört ein mächtig anschwellendes, furchtbares Sausen.

ALLE
wie aus einem Munde in höchster Seelenangst kurz aufschreiend, entsetzensvoll, flehentlich
Hannele Mattern!!!
In diesem Augenblick erscheint Hannele Mattern: eine jungfräuliche Engelsgestalt, sitzt sie auf ihrem Bett mit weißen Kleidern und Flügeln und verbreitet einen milden Glanz. Sofort verstummt der Orkan.

HANNELE
indem es seine großen, freundlich blickenden Augen herumwandern läßt und dazu voll himmlischer Anmut gütig lächelt
Hier bin ich.

ALLE
Vergib uns unsre Schuld.
Einige knien vor ihr nieder.

HANNELE
erhebt sich, läßt die Augen von einem zum andern gehen, halb schüchtern, halb glücklich triumphierend, und beginnt mit einer Stimme, in der Rührung, kindlicher Stolz und Jubel abwechseln
Schön bin ich, gelt? — Ihr dachtet euch wohl nicht,
wie Gott das arme Kind erhöhen würde,
das sich im Staub der Straße hingeschleppt.
Nun seht ihr: weiße Flügel hab' ich jetzt,
zwei Diener, die mich schnell und sicher tragen,
ins Blaue heben, leicht und schwalbenschnell.
Tief lass' ich alle Türme unter mir.
Ameisenhäufchen gleichen eure Städte,
und durch die Sterne dräng' ich meinen Flug.
Ich bin ein Engel. Ja, ich bin ein Engel.

Von Wohlgerüchen duftet meine Haut,
durch meine lilienweißen Glieder strömt
ein rosenfarb'nes heil'ges Gottesblut.
Drum ist mein Hals gleich einer Lilie Stengel,
wie Demant meine Stirn, mein Haar wie Gold.
Ihr habt mir »Rotkopf, Rotkopf« nachgerufen,
nun ist ein jedes Härchen meiner Schläfen
wohl hundert Scheffel Goldes wert und mehr.
Da seht! da nehmt!
Sie ziept sich Härchen aus und verschenkt sie.
verkauft sie! werdet reich!
Ja, ja! ich bin's. Du staunst — und du — und du.
Johanna Mattern bin ich. Stehet auf!

SEIDEL
am Fenster, ruft hinaus

Herr Gottwald! Herr Gottwa-ald! Komm' S' ock schnell. 's Hannele Mattern is wieder hier.

PLESCHKE
zu Hannele

O Jes, Jes! Hannla! Das is gar sehr... das is gar sehr a armer Mann... das is gar sehr a kranker Mann. Seitdem daß du von der Erde bist, ja! — da hat den... da hat den der Kummer ganz abgezehrt. Der is a so elend... a so elend, ja, den schmeißt a Kind um, kannst's globen, Hannla!

Gottwald kommt hastig. Er ist blaß, in Kleidung und Haltung vernachlässigt.

GOTTWALD
erblickt das selige Hannele und ruft

Hannele!
Er bleibt stehen voll Entzücken. Allmählich aber kommt eine große Traurigkeit über ihn, seine Augen feuchten sich. Er senkt langsam den Kopf.

PLESCHKE
winkt den Anwesenden zu, mit ihm hinauszugehen

Kommt ock! Hier sein mir ibrig. Hier sein mir ibrig. — Was die beeden — beeden — mitnander haben... dabei, da brauchen die kene Zuschauer.

Alle außer Gottwald und Hannele werden von Pleschke hinausgedrängt. Als letzter über die Schwelle tretend, schließt er hinter sich die Tür.

DRITTER AKT · ERSTE FASSUNG

HANNELE
nachdem sie Gottwald stumm gemustert, schüchtern
Erkennst du mich noch?

GOTTWALD
erhebt und senkt den Kopf wieder
Nein.

HANNELE
Sieh mich doch an.
Gottwald erhebt wieder das Haupt und blickt tränenüberströmt sie an.
Warum weinst du, Heinrich?

GOTTWALD
schüttelt verneinend den Kopf
Ich weine nicht.

HANNELE
Ich sehe doch Tränen auf deine Hände tropfen.

GOTTWALD
Warum sollt' ich denn weinen, da du doch erlöst bist?

HANNELE
Heinrich, du weinst.

GOTTWALD
Warum sollt' ich denn weinen, da du doch so schön bist.

HANNELE
Die Wimpern deiner Augen hängen voll Wasser, Heinrich!

GOTTWALD
Ach!...
Er wischt sich über die Augen.

HANNELE
Weißt du noch, als ich zu dir in die Schule kam?

GOTTWALD
Ach...

HANNELE
Du hast mir klares Wasser über Kopf und Hände gegossen. Du hast mir ein saubres Röckchen angezogen, mich auf ein Bänkchen gesetzt und mir schöne Bilder gezeigt. Später hast

du mir dann alles erzählt — von unsrem Heiland im Himmel, vom Paradiese und von all den Millionen Engeln darin.

GOTTWALD

Nun bist du selber der schönste von allen Engeln geworden.

HANNELE

Durch dich.

GOTTWALD

Durch mich? *Er schüttelt traurig den Kopf.* Ach, Hannele!

HANNELE

Durch dich allein.

GOTTWALD

Gott sei mir armen Sünder gnädig, Hannele!

HANNELE
ihre innere Freude kaum mehr beherrschend

Heinrich! Gott hat vom Himmel herabgeschaut und deine Wohltaten gezählt.

GOTTWALD

Du Himmelswunder.

HANNELE

Ich habe eine Botschaft.

GOTTWALD

Für mich?

HANNELE

Ja — eine erste Botschaft von Gott.

GOTTWALD

Ich bin ein niedrer Knecht.

HANNELE

Heinrich! freue dich! Du wirst mit mir im Paradiese wohnen.

GOTTWALD

Bin ich das wert?

HANNELE

Ja, ja.

GOTTWALD
hat halb zweifelnd, halb entzückt einige Schritte auf Hannele zu getan. Nun steht er wieder und hält die Hand vor die Augen

Ich wag' es nicht.

HANNELE
Ach, lieber Gott, was hast du mich so überschön gemacht.

GOTTWALD
Du blendest mich. Die Füße leuchten dir wie maiengrünes Gras.

HANNELE
Das ist der Widerschein der Paradieseswiesen.

GOTTWALD
Oh, so... so schön.

HANNELE
Viel schöner — tausendmal.

GOTTWALD
Und dorthin? Ich?

HANNELE
Ach ahntest du, was deiner wartet! Unnennbar, ganz unnennbar ist die Herrlichkeit.

GOTTWALD
Werd' ich's ertragen?

HANNELE
Berühre meine Hand.

GOTTWALD
tut es zaghaft
Ach, kühl und weich — wie einer Lilie Kelchblatt.

HANNELE
Was fühlst du?

GOTTWALD
Ströme. Feuer. Unaussprechliches.

HANNELE
Was fühlst du jetzt?

GOTTWALD
Ein Lachen tief im Herzen.

HANNELE
Was fühlst du jetzt?

GOTTWALD
Ich fühle...

HANNELE

Was?

GOTTWALD

Ich fühle, jemand... du...

HANNELE

Nun?

GOTTWALD

Gleich wie der Myrrhenrauch ein Haus erfüllt, so bist du in mir.

HANNELE

Sieh mir ins Auge.

GOTTWALD

Ihr blauen Brunnen, o wie gerne, gerne... Aus euch, ich fühl's, erfrischen sich die Himmel.

HANNELE

Was siehst du tief in ihrem Grunde leuchten?

GOTTWALD

Ein Bild.

HANNELE

Was für ein Bild?

GOTTWALD

O laß mich schaun. Klar ist es. Wunderklein. O eine schöne, schöne Gottesstadt.

HANNELE

Daran erkennt man alle Himmelskinder. Die Türme Zions spiegeln sich in unsern Augen wider.

GOTTWALD

Johanna!
Er kniet vor ihr und legt seinen Kopf in ihren Schoß.

HANNELE

Heinrich! — *Mit leiser Hand über Gottwalds Scheitel streichend*
Die Seligkeit ist eine wunderschöne Stadt,
wo Friede und Freude kein Ende mehr hat.
  Harfen. Erst leise, zuletzt laut und voll
Ihre Häuser sind Marmel, ihre Dächer sind Gold.
Roter Wein in den silbernen Brünnlein rollt.

DRITTER AKT · ERSTE FASSUNG

Auf den weißen, weißen Straßen sind Blumen gestreut.
Von den Türmen klingt ewiges Hochzeitsgeläut.
Maigrün sind die Zinnen, von Frühlicht beglänzt,
von Faltern umtaumelt, mit Rosen bekränzt.

Es kommen nun Engel, einige mit Fackeln, welche das Gemach mit Blumen schmücken, mit Teppichen belegen, Rauchwerk abbrennen etc.

Zwölf milchweiße Schwäne umkreisen sie weit
und bauschen ihr klingendes Federkleid,
kühn fahren sie hoch durch die blühende Luft,
durch erzklangdurchzitterten Himmelsduft.

Mehrere Fackeln sind in Ringe an der Wand gesteckt. Nun kommt Hanneles Mutter, ähnlich einer Maria gekleidet, der ein Knabe einen Hermelinmantel nachträgt. Drei andre Knaben bringen kostbare Kleider und einen Purpurmantel für Gottwald. Hannele fährt fort zu reden. Gottwald erhebt das Haupt, staunt und lauscht verzückt.

Sie kreisen in feierlich ewigem Zug,
ihre Schwingen ertönen gleich Harfen im Flug,
sie blicken auf Zion, auf Gärten und Meer,
grüne Flöre ziehen sie hinter sich her.

Dort unten wandeln sie Hand in Hand,
die festlichen Menschen, durchs himmlische Land.
Das weite, weite Meer füllt rot roter Wein.
Sie tauchen mit strahlenden Leibern hinein.

Sie tauchen hinein in den Schaum und den Glanz,
der klare Purpur verschüttet sie ganz.
Und steigen sie jauchzend hervor aus der Flut,
so sind sie gewaschen durch Jesu Blut.
Zur Mutter
Nun, Mutter, komm' ich noch zu rechter Zeit?

MUTTER

Ja, Hannele, noch ist das Gotteslicht
verhängt, und bleiche Nacht durchdringt die Räume;
doch sammeln schon die Blumen ihren Duft.
Die Engel prüfen ihrer Kehlen Schmelz
und üben Lieder. Knaben ruhn umher
und lassen ihrer Flöten sanften Laut
erquillen über friedlich warme Fluren.

Die erznen Glocken zittern leise vor,
bereit, den Brauseklang hinauszuhallen,
die Jubeltonflut deines Hochzeitstags.
In hohen Lüften rudern Flügelmädchen
auf Wolkenschiffen weiß und riesenhaft,
drin Veilchen aufgehäuft zu blauen Bergen;
und wenn der Seraph vor der Sonne her
zum Festesanfang die Posaune schmettert,
wirst du sie glühen sehn von innrem Feuer
und Veilchen schütten über Stadt und Meer.

Sie hat den Hermelinmantel aus der Hand des Knaben genommen und ihn Hannele umgelegt. Die Hinterwand wird von Engeln beiseite geschoben. Das Innere einer kleinen gotischen Kapelle wird sichtbar. Das große bunte Bogenfenster in der Mitte, davor ein Altar mit Kerzen. Rechts an der Wand eine Gruppe singender Engelskinder, links an der Wand eine gleiche Gruppe. Die mönchartige Gestalt eines alten Mannes mit einem Schlüsselbund, etwa Petrus, steht wartend auf den Stufen des Altars. Die Orgel und der Engelchor machen eine sanfte und weiche Musik. Das Ganze macht den Eindruck einer verborgenen, verschwiegenen Feier.

DER ENGELCHOR

Ave Johanna, himmlische Zier!
Du bist voll der Gnaden, der Herr ist mit dir.
Dein Haus ist bereitet, zur Hochzeit geschmückt;
Gott hat dich mit Wonnen und Wonnen beglückt.

Unter dem Klange dieses Liedes ist das Brautpaar an den Altar getreten und niedergekniet. Der alte Mann wechselt die Ringe und macht eine freudige, segnende Gebärde. Darauf wendet er dem Brautpaar den Rücken, sofort schweigt Gesang und Orgel. Man hört nur sanftes Glockengeläut. Das Brautpaar erhebt sich.

DER MÖNCH

ruft dreimal laut, gegen das Bogenfenster gewendet

Heilig, heilig, heilig!

Sogleich beginnen von außen gewaltige Chöre zu singen. Eine mächtige Lichtflut dringt durch das Fenster, der Altar versinkt, das Fenster öffnet sich wie eine Tür, und im Glanz der Sonne liegt die bekränzte Zionsstadt vor aller Blicken: funkelnde Zinnen, grüne Gefilde umher und das purpurne Meer mit Segeln etc. etc. Das Brautpaar, zuerst geblendet, schreitet

*engverschlungen durch die Tür hinaus auf ein flaches Dach.
Das Jubeln und Jauchzen der Chöre nimmt zu. Zimbeln,
Pfeifen und Pauken mischen sich darein. Einige Schritt hat
das Brautpaar auf dem Dache getan, das Gruppen von
Engeln, welche Palmenwedel bewegen, zum Teil einnehmen,
als es jäh ganz dunkel wird. Das Halleluja und Ave der
Chöre setzt sich fort und steigert sich noch. Mit einem
Schlage schweigt das Gebrause und eine einzelne Frauen-
stimme singt:*

Johanna, Gebenedeite! Johanna, auserwählt! erkoren, erlöst.

*Nun erscheint wieder das ärmliche Armenhauszimmer, wo
alles genauso ist wie in dem Moment, als der Arzt sich mit
dem Stethoskop zu Hannele beugte, um ihr Herz zu behorchen.
Die Diakonissin und Gottwald betrachten ihn gespannt.
Leises Meßglockengeläut aus der Ferne.*

DR. WACHTER
richtet sich auf, sagt zur Diakonissin leise

Sie haben recht.

GOTTWALD

Tot?

DR. WACHTER

Tot.

[II]

DRITTER AKT

[Zweite Fassung]

Alles ist wiederum wie vor Erscheinung des Todesengels: Hannele liegt im Bett. Die Schwester kühlt beim Scheine des Lichts einen Umschlag. Der Arzt ist eben angekommen und macht sich bereit, an das Bett zu treten.

DR. WACHLER
So unruhig ist sie also gewesen.

SCHW. MARTHA
Recht unruhig, ja!

DR. WACHLER
Ist aufgestanden. Einmal? Zweimal?

SCHW. MARTHA
Zweimal, Herr Doktor.

DR. WACHLER
tritt dem Bett näher
Hat sie viel gesprochen im Schlaf?

SCHW. MARTHA
O ja.

DR. WACHLER
Was?

SCHW. MARTHA
Ich weiß nicht mehr alles. Wirr durcheinander: was die Leute für Augen machen würden, wenn sie im Sarge läge. Dann hat sie gestöhnt, dann hat sie geweint und geschluchzt.

DR. WACHLER
nimmt das Licht
Erlauben Sie, Schwester. *Er beleuchtet Hannele.* Jetzt lächelt sie.

SCHW. MARTHA
So lächelt sie schon eine ganze Weile.

DRITTER AKT · ZWEITE FASSUNG

DR. WACHLER

Es ist ein wahrhaft himmlisches Lächeln. — Wie wenn sie schon mitten im Himmel wäre. Jetzt muß sie die herrlichsten Träume haben.

SCHW. MARTHA

Ob ich ihr leise den Umschlag wechsle?

DR. WACHLER

Da kommt Herr Gottwald. Guten Morgen!
Gottwald ist eingetreten.

GOTTWALD

Ich wollte mich doch noch mal erkundigen.

DR. WACHLER

Pst, kommen Sie mal ganz leise näher. *Gottwald tut es.* Nun sehen Sie bloß, wie das Kind jetzt lächelt.

GOTTWALD

Ja.

DR. WACHLER

Haben Sie so was schon mal gesehn?

GOTTWALD

Bei Neugebornen. Die bringen es mit. Aus dem Himmel, was weiß ich. Allmählich verlernen sie's dann in der Welt.

DR. WACHLER

Hm! Wunderbar.

GOTTWALD

Sie hat eine schlechte Nacht gehabt?

DR. WACHLER

Es scheint so. — — — Ich kann mich gar nicht entschließen, sie jetzt zu wecken.
Schwester Martha wechselt den Stirnumschlag. Hannele regt sich.

HANNELE
haucht

O süße Kinder.

SCHW. MARTHA

Schlaf nur ruhig.

DR. WACHLER

Sie öffnet die Augen. — Guten Morgen, Hannele!

HANNELE

Guten Morgen, Mutter!

DR. WACHLER

Sie kennt mich nicht. Wer bin ich, Kindchen?

HANNELE

Du bist meine liebe selige Mutter.

DR. WACHLER

Hm. Hast du denn nun recht gut geschlafen?

HANNELE

O selig, selig hab' ich geschlafen. Geflogen bin ich. So weit und hoch. Viel hundert Engelchen trugen mich — mit sausenden Flügelchen durch den Mondschein. Aus ihren Kehlen quoll blühender Rauch.

DR. WACHLER

Wie fühlst du dich denn?

HANNELE

Ach! selig erquickt.

DR. WACHLER

Hm. Das ist ja prächtig.

HANNELE

Nun ruhet doch alle Welt und ist stille und jauchzt fröhlich.

DR. WACHLER

Weißt du denn, Hannele, wo du bist?

HANNELE
kichert

Das soll ich nicht wissen! Im Himmel bin ich.

DR. WACHLER

Im Himmel?

HANNELE

Nu freilich. Ich habe doch Milch, Butter und Honig gegessen. Ach, das war lustig.

DR. WACHLER

Was denn?

DRITTER AKT · ZWEITE FASSUNG

HANNELE

Ach, das war lustig anzusehn.

DR. WACHLER

Was denn, Hannele?

HANNELE

Wie sie mich durch die fetten Täler trugen, wo die vielen, vielen reifen Trauben hingen. Oh, solche große Klumpen. *Sie kichert.* Ach, es war lustig... lustig war es anzusehn.

DR. WACHLER
zu den andern

Sie scheint geradenwegs aus dem Himmel zu kommen.

HANNELE

Von der Erde, Mutterchen! komm' ich herauf. Sie trugen mich durch das große Tor. Es war so groß wie der Regenbogen. Zwei Seraphim bewachten es. Ein jeglicher hatte sechs feurige Flügel; mit zween deckten sie ihr Antlitz, mit zween deckten sie ihre Füße, mit zween flogen sie. Und einer rief zum andern: Heilig, heilig!, daß die Pfeiler des Tors und die Überschwellen bebeten von der Stimme ihres Rufes. Und die Welt war voll Rauchs. Aber drinnen war Mond und Stille.

DR. WACHLER

Sie hat ihre Augen fest geschlossen.

HANNELE

Ich hätte die Augen fest geschlossen? Ich seh' ja doch alles, Mutterchen.

DR. WACHLER

Was siehst du denn da?

HANNELE

Ich sehe den schönen goldnen Saal. Ich sehe die Blumen: die Rosen, die Lilien, die Tulpen, Narzissen und Hyazinthen, die Veilchen und die Vergißmeinnicht, ach, ach! ich kann sie nicht alle nennen. — Ich sehe draußen die blühenden Gärten, die Seen, die Wiesen, die uralten Bäume, die Schlängelwege, die fröhlichen Menschen, geputzte Mädchen, die Knaben, die unten am Meere baden, die Löwen, die unter den Schafen gehen, die Adler, die mit den Tauben spielen, und Gottes Morgen darüber leuchten.

DR. WACHLER

Siehst du noch mehr?

HANNELE

Die Türme Zions. Ich sehe die Türme Zions funkeln. Ach, Mutter, wie schön. — Was ist denn das?

DR. WACHLER

Was?

HANNELE

Nu: was ich höre.

DR. WACHLER

Was hörst du denn?

HANNELE

Einen tiefen Erzklang. — So? Sind das die Engel? Mit goldnen Scheiben spielen die Engel? Horch! hörst du sie lachen im Buchengrunde? — Was ist denn das? Dort — weit auf dem Meer? Viel tausend Schiffe mit purpurnen Segeln. Und horch! ein Rühmen und Jauchzen vom Meer — und Harfen und Psalter — und Pauken und Pfeifen — aus goldnen Kannen gießen sie Wein. — Sie feiern ein Fest.
Man hört schwaches Glockengeläut.

DR. WACHLER

Da läuten sie wohl schon zur Messe, Schwester. Wie spät mag es sein?

SCHW. MARTHA

Ich denke, sechs. Sie läuten zur Messe.

HANNELE

Horch!

DR. WACHLER

Hörst du etwas?

HANNELE

Die Glocken rufen. Die Zionsglocken. Ach Mutter, Mutter! ich muß vergehn.

DR. WACHLER

Weshalb denn, Hannele?

HANNELE

Träum' ich etwa?

DR. WACHLER

Nein, nein, du träumst nicht.

HANNELE

Alles ist Wahrheit. Die Vögel singen von meiner Hochzeit.
Die Flöten und Geigen singen von meiner Hochzeit.

GOTTWALD

Gebe Gott, daß sie nicht mehr aufwacht.

HANNELE

Da ist er schon. Der liebe Heiland wandelt über Blumen her
zu mir.

*Gottwald tritt zu ihr, streichelt überwältigt ihre Hand. Hannele
schlägt die Augen auf.*

Du treuer Heiland! — Du lieber — lieber — *Erkennt Gottwald*
Heinrich!

GOTTWALD

Sie erkennt mich.

HANNELE

Ach, Heinrich! Heinrich! — Hörst du denn das Läuten? Du
Seelenbräutigam! Mit dir, du Süßer, soll ich Hochzeit feiern?
Mit dir? Mit dir? Mein Herz hat gehungert nach dir. Meine
Seele hat gerungen um dich. Mein Gebet hat zu Gott ge-
wimmert um dich. Jetzt. Jetzt — Herz! — Hochzeit! —
Hochzeit! *Sie faßt seine Hand.* So komm doch nur. Die Tore
Zions sind weit aufgetan. Die Engel winken mit grünen
Palmenzweigen. Siehst du, dort läßt der liebe Gott Veilchen
regnen. Alles für dich. *Hochzeitsgesang.* Wir sollen Einzug
halten in der Seligkeit. *Verzückt*
Die Seligkeit ist eine wunderschöne Stadt,
wo Friede und Freude kein Ende mehr hat.
Ihre Häuser sind Marmel, ihre Dächer sind Gold,
roter Wein in den silbernen Brünnlein rollt.

*Während des ersten Verses hat unsichtbare Musik eingesetzt.
Die Szene hat sich stark verdunkelt. Den zweiten Vers hört
man von einer andern klangreichen Stimme sprechen. In die
Begleitung mischen sich Chöre von Kinderstimmen.*

Auf den weißen, weißen Straßen sind Blumen gestreut.
Von den Türmen klingt ewiges Hochzeitsgeläut.
Maigrün sind die Zinnen, von Frühlicht beglänzt,
von Faltern umtaumelt, mit Rosen bekränzt.

*Es wird nun hell. Man blickt auf einen Platz in der Zions-
stadt, auf deren Türme, Balkone und bekränzte Straße. Im
Hintergrund steigt eine breite Marmortreppe auf zu einem*

Tempelbau, von dem das fortgesetzte Geläute zu kommen scheint. Blühende Bäume und Büsche zu beiden Seiten der Treppe. Links von ihr ist der Blick frei auf Gärten, Tempel, Villen und Meer. In der Mitte des Platzes ist ein silberner Brunnen, dessen Speier roten Wein auswirft. Um diesen Brunnen sind Stufen, und auf diesen Stufen sitzen die drei Engel des ersten Aktes in weißen Kleidern, und jeder spielt auf einer goldnen Harfe. Abwechselnd sprechen sie die folgenden Verse.

ERSTER ENGEL

Zwölf milchweiße Schwäne umkreisen sie weit
und bauschen ihr klingendes Federkleid.
Kühn fahren sie hoch durch die blühende Luft,
durch erzklangdurchzitterten Himmelsduft.

ZWEITER ENGEL

Sie kreisen in feierlich ewigem Zug,
ihre Schwingen ertönen gleich Harfen im Flug.
Sie blicken auf Zion, auf Gärten und Meer,
grüne Flöre ziehen sie hinter sich her.

Rosen und Blumen streuende Knaben kommen zunächst stumm aus einer Gasse rechts und bewegen sich die Marmortreppe hinauf.

DRITTER ENGEL

Dort unten wandeln sie Hand in Hand,
die festlichen Menschen durchs himmlische Land.
Das weite, weite Meer füllt rot roter Wein,
sie tauchen mit strahlenden Leibern hinein.

Sie tauchen hinein in den Schaum und den Glanz,
der klare Purpur verschüttet sie ganz;
und steigen sie jauchzend hervor aus der Flut,
so sind sie gewaschen durch Jesu Blut.

Bei den letzten Worten ist Hannele im Zuge weißgekleideter Menschen und Engel an der Seite Gottwalds, der wie ein Prinz gekleidet ist, hervorgetreten. Der ganze Zug bewegt sich, aus der Gasse rechts im Winkel kommend, nach vorn und um den Brunnen herum. Das Glockenläuten scheint nun aus dem Tempel zu kommen, in den die Stufen münden. Die Musik hat einen schmelzenden Charakter. Sie drückt weiche Glückseligkeit aus. Aus der Ferne kommen Halle von Pauken und Zimbeln. Sowie das Brautpaar der großen Treppe gegen-

übersteht, öffnet sich oben ein Tempeltor, und sofort ist alles von einem maigrünen Schein übergossen. Ein Seraph, bewehrt von Kopf zu Füßen in glänzender Rüstung, ist groß hervorgetreten, der es ausströmt. Ein grüner Stern leuchtet von der Spitze seines Helmes, ein anderer von der Mitte seines Schildes. Er hat schleppende purpurne Flügel und in der Rechten ein langes, geschlängeltes Schwert. Um seinen Helm liegt ein Kranz von weißen Rosen. Eine Blumenkette ist um sein Schwert gewunden. Die Musik, welche die Erscheinung mit einer Hornfanfare angemeldet, verstummt jetzt. Alle Engel, sowie alle Teilnehmer am Brautzug, lassen sich gleichsam geblendet auf die Knie nieder.

DER SERAPH
ruft
Johanna Mattern! Keine Antwort. Johanna Mattern, erhebe dich!

HANNELE
Ach, ich vergehe.

DER SERAPH
Gott hat deine Niedrigkeit nicht geachtet. Gott hat deine Schmach nicht angesehen. Du sollst die Krone des Lebens empfangen. — Johannes Gottwald!

GOTTWALD
Hier bin ich.

DER SERAPH
Was ihr getan habt einer[!] meiner geringsten Brüder oder Schwestern, so spricht der Heiland, das habt ihr mir getan. Sei gegrüßt, du Gesegneter des Herrn. Sie ist hungrig gewesen, und du hast sie gespeist. Sie ist durstig gewesen, und du hast sie getränkt. Sie ist krank gewesen, und du hast sie gepflegt. So spricht der Herr. Ich will dich mit ewiger Freude belohnen und deine Seele in Blumen betten. Dein Fleisch soll kein Dorn ritzen. Lust sollst du trinken, mit tiefen Kannen schöpfend aus Brunnen, welche nie versiegen werden in Ewigkeit. — — — *Der Seraph, gefolgt von zwei Knaben, welche goldene Kronen tragen, steigt die Treppe herunter. Bei jedem Schritt scheint sein Fuß zu klingen. Ein melodisches Klirren und metallnes Tönen scheint die Bewegung seiner Schritte zu begleiten, höchste Macht und Lieblichkeit zugleich ausdrückend. Unten angelangt, spricht er, indem er eine der Kronen nimmt und emporhält* Johanna Mattern!

HANNELE
Ich bin eine schlechte Magd.

DER SERAPH
Im Namen des Vaters krön' ich dich. *Er setzt ihr die Krone auf.* Flügel sollen dir sprossen, leicht werde dein Fuß und trage dich über die Spitzen der Gräser und Blumen, über die Kämme der Meereswellen, über die Wipfel der Wälder hin. Kraft fließe in dich, die nie ermüdet. Dein Herz tanze fortan, Tanz sei die Bewegung deiner Glieder. So löse ich deine Zunge vom Alp der Nacht. Sie klinge wie Silber in deinem Munde. Sie läute wie ein metallnes Glöckchen. Aus deiner Kehle wachse süßer Gesang. Du sollst schluchzen und jauchzen bei Tage im Garten des Vaters. Du sollst schluchzen und jauchzen gleich der Nachtigall in den Jasminbüschen bei Nacht unter dem bläulichen Liebesmond. Deine Brust spüre die Feuerwonne der göttlichen, ewigen Liebe. Johannes Gottwald!

GOTTWALD
Ich bin ein niedriger Knecht.

DER SERAPH
krönt ihn
So nehm' ich die Knechtschaft von dir und kröne dich. So vermähle ich dein Herz mit dem Frieden Zions. So wecke ich dein Auge für die Pracht Gottes. So befreie ich dein Ohr und schenke ihm süße Musik des Paradieses. Reicht euch die Hand. So verbinde ich euch für jetzt und alle Zeit. Von Ewigkeit zu Ewigkeit. Im Namen Gottes des Vaters und des Heiligen Geistes.

Jetzt setzen die Chöre ein: ein Kinderchor, ein Männerchor, ein gemischter Chor.

ERSTER KINDERCHOR
Ave Johanna! jungfräuliche Zier,
du bist voll der Gnaden, der Herr ist mit dir.

ZWEITER KINDERCHOR
Dein Haus ist bereitet, zur Hochzeit geschmückt,
Gott hat dich mit Wonnen und Wonnen beglückt.

Der Seraph stellt sich an die Spitze des Zuges und schreitet voran, langsam die Treppe hinauf. Das Brautpaar und der

*Zug folgen. Zu beiden Seiten der Treppe aufgestellt, singen
die Engelchöre. Immer mächtiger schwillt an der Jubel und
Triumphgesang.*

DIE MÄNNERCHÖRE UND GEMISCHTEN CHÖRE
Ave Johanna in himmlischen Reihn.
Es sollen die letzten die ersten sein.
Du Bettelkind dort, du Königin hier,
Ave Johanna, der Herr ist mit dir.

*Mitten im Brausen und Jauchzen der Chöre wird es jäh
dunkel. Aus der Dunkelheit heraus tost die Musik. Auch
sieht man noch einige Zeit, aber schwächer glimmend, den
grünen Stern auf der Helmspitze des Seraphs. Er erlischt.
Die Musik geht weiter, mit »Halleluja« und »Hosianna« sich
immer noch steigernd. Wiederum mit einem Schlage reißt sie
auf dem Gipfelpunkt ab. In diesem Augenblick sieht man
wiederum die Armenhausstube, Hannele daselbst im Bett, den
Doktor mit dem Hörrohr über sie gebeugt, den Lehrer auf der
Bettkante sitzend, seine Hand von Hanneles Hand gefaßt. Er
und die Diakonissin, welche das Licht hält, blicken gespannt
auf den Arzt. Durch das Fenster dringt schwaches Morgenrot.
Die Meßglocke, die sich in das Tempelgeläut verwandelt hatte
und während des ganzen Traums und auch in dem Finale
bald stärker, bald schwächer mitgeklungen hatte, läutet nun
wieder fern und allein.*

DOKTOR WACHLER
*nach beendigter Untersuchung Gottwald ernst ansehend, steckt
sein Hörrohr ein*
Ich bin zufrieden.

GOTTWALD
Tot?

DOKTOR WACHLER
*nickt. Pause. Gottwald seufzt, der Arzt seufzt. Er geht und
zieht seinen Paletot über, dabei immer die Blicke auf Hannele
gerichtet, das friedlich und überirdisch lächelnd daliegt*
Es gibt Menschen, die der Tod mordet und Menschen, die der
Tod küßt.

GOTTWALD
bewegt
Hannele Mattern, dich hat er geküßt.

FLORIAN GEYER

Editorische Bemerkung

Die im folgenden abgedruckten Paralipomena zum »Florian Geyer« stellen eine Auswahl dar. Eine umfassende Übersicht des vorhandenen Materials bietet: F. A. Voigt, Die Entstehung von Gerhart Hauptmanns »Florian Geyer«. — In: Zeitschrift für deutsche Philologie 69 (1944/45), S. 149—213. Die Legende der Siglen Voigts siehe S. 152—155.

[I]: Hauptszenar
(Voigt A 2 mit U 2, um eine Textlücke zu schließen)

[II, 1—3]: Verschiedene frühere Ansätze zum 1. Akt
(Voigt U 1; S; C 2)

[III, 1—2]: Einzelszenen (Voigt HH; U 3)

[IV]: Der Mann vom Twiel (Voigt FF)

[I]

HAUPTSZENAR

Ausgeführtes Szenar.
Angefangen 9. (Ivos Geburtstag) Februar 95.
Reine Niederschrift den 21. Februar 95.

ERSTER AKT

ERSTER TEIL

SZENE I

In der Schenke zu Rimpar, am 5. Mai. Der Wirt Peter Biber (robuster Bauernwirt zum Unterschied von dem Rothenburger Stadtwirt Kretzer, der fetter und weichlicher ist), der Bauer Lorentz Kuchenbrot und Hans Schneidenwind sind gegenwärtig. Das Gastzimmer ist sehr ärmlich. Indes der Wirt ab- und zugeht, sitzen auf den rohen Bänken und schadhaften Tischen noch einige zerlumpte bäurische Gestalten, darunter ein herabgekommener Landsknecht etc. Es liegt etwas in der Luft; alle scheinen etwas zu erwarten. Laute Fragen, deren Sinn geheimnisvoll ist, werden an den Wirt getan. Scherze, ebenso geheimnisvoll, in denen die schwarze Farbe eine Rolle spielt, werden laut gemacht. »Wollt Ihr nit werken gehn?« — »Ei, ich hab' gewerkt, bis ich bin schwarz worden.« — »Itzt bist du schwarz?« — »Wie der Schwarz-Geyer, also schwarz bin ich itzt worden.« — »Wenn man nur wüßt', was an der Sachen ist?« — »Der Junker ist gestern zur Nacht auch anheims gekommen. Ich lag und schlief. Mocht' mich nit schlafen lassen. Ritten vorm Fenster vorbei an zwölf geharnischter Pferd' oder meh, als mir gedeucht.« Die Antwort lautet: »Ich glaub', das Jünkerlein schmackt den bäurischen Braten itzt auch wohl ein wenig.« — »Der bäurische Pfeffer fängt an und kitzelt ihn in der Nasen.« — »So gesegne's ihm Gott! Mag er tapfer darob herausniesen.« — Es wird mit dem Niesen Scherz getrieben. Man ist zum Trinken aufgelegt. Einer meint, er möchte Jüdenwein trinken, den könne man billig haben. Manch Ohm Wein liege in des Pfefferkorn Haus. »Gott geb', Gott grüß'!« meint ein anderer, es sei nun ein Heller, Plaphart oder Batzen, was da

Flüglein bekomme und hinausfliege. Die Läuft' seien itzt
darauf gestellt, daß, die da nichts im Beutel hätten, itzt die
Reichen wären, und umgekehrt. »Nies, Junkerlein, nies!«,
und der Niesescherz wird weitergetrieben.

SZENE 2

Ein Mönch von den Barfüßern zu Würzburg kommt und
bittet demütig um ein Käslein. Zurufe: »Ein Wolf ein Pfaff!
Ein Mönch ein Schell!« Schneidenwind verspottet ihn. Als
der Mönch ihm, im Sinne seines Ordens strafpredigend, antwortet, fährt Schneidenwind roh und wütig heraus: »Hier
wird der neu Karsthans zugrunde gelegt und sein Wüten
gegen die Geistlichkeit.« Jetzt geht der Mönch, listig und
lauernd umblickend, an das Schenksims, wo ein Becher
Weins für ihn steht. Er macht das Kreuz, faßt den Becher
und sagt darüber hin: »Loset, was ist das für ein Wesen?« —
Sensation. — Alle unisono und geheimnisvoll: »Wir mögen
von Pfaffen und Fürsten nit genesen.« Noch einen Augenblick
hält der Mönch an sich, alsdann schlägt er seine Kappe zurück, wodurch eine Sturmhaube sichtbar wird, und ruft, ein
versteckt gehaltenes Schwert schwingend: »Wir sind genesen
von dem Pfaffen zu Würzburg, der Bischof Konrad ist auf
und davon.« Abermals Sensation, deren lauten Ausbruch der
Wirt zu hemmen sucht, dann umgeben alle den Mönch, welcher einen Bericht gibt. Es sei für gewiß, daß drei Bauern-
heere gegen Würzburg im Anzuge seien. Florian Geyer, der
Held von Weinsberg, liege schon mit 18 000 Mann zu Ochsenfurt. Er werde heut oder morgen schon sein Lager vor Würzburg zu Heidingsfeld nehmen. Er wird nit anders mit der
Besatzung des Frauenbergs ob Würzburg verfahren, als er
mit der Besatzung zu Weinsberg verfuhr. Hier bricht er ab,
erfaßt eine Bauerndirne, wirbelt mit ihr herum und küßt sie
ab unter allgemeinem Gelächter. Schneidenwind braust nun
über. Jetzt sei es Zeit, die Sturmglocke zu läuten und auch
dem Jünkerlein von Grumbach ein Maienbad zuzubereiten,
daran er sein Lebtag sollte zu gedenken haben. Der Wirt
(sein Spitzname?) befiehlt Stille, da etwas Verdächtiges in
Sicht. Gleich darauf kommt

SZENE 3

der Jude Pfefferkorn. Man lacht und höhnt den Juden. Der
Wirt ist darüber ungehalten und meint beiseite zu dem

Mönch, der sich wieder vermummt hat, der Jude sei Grumbachs rechte Hand und vermöge sehr viel bei diesem. Man müsse bedacht sein, daß nichts vor der Zeit auskomme. Der Jude wird verhöhnt und gefragt, was er denn wieder anheims wolle. Er wolle wohl nach seinem Wein sehen, und daß er ihm nicht unversehens davonlaufe. Der Jude meint »Ach, ach«, er habe keinen Wein. Ein armer Mann wie er, der rastlos umherreisen müsse unter hundertfältigen Gefahren, »Nein, nein«, er sei gekommen, weil der Junker Grumbach ihn auf das Schloß befohlen habe. Da müsse er denn kommen, und wenn ihm die Hunde auch flugs das Gewand zerrissen. Einer sagt, der Junker habe genug Hunde. Ein anderer: das mache er dem Kasimir von Brandenburg nach, in dessen Diensten er reitet. Einer: »Blau, er ist doch des Bischof von Würzburg Lehnsmann?« — »Ist nit ohn'! wenn er die Klepper im Dienste des Markgrafen Kasimir abgetrieben, so führt er sie an den Hof zu Würzburg zur Krippen und stellet sie in Habern bis an den Bauch. Was machst du Jud' bei dem Junker?« Der Wirt leitet ab und ist sehr freundlich zu dem Juden, dem er Branntwein reicht. Schneidenwind sagt, dem Junker ginge wohl wieder das Geld aus. Er habe mehr Schulden wie seine Jagdhunde Haare. Der Jude, angefahren mit: »Tu ein Bericht, Jud', wie steht's mit des Junker von Grumbach Schulden?«, antwortet: »Fast übel. Ein armer Jud' muß darleihn und darleihn und schlechte Pfänder nehmen.« Hier läßt er sich des längeren über die Verschwendung des Adels vernehmen und vergleicht den Luxus und die Üppigkeit des jungen Grumbach mit der Dürftigkeit und Knausrigkeit des alten. Er meint aber doch, Wilhelm von Grumbach wolle höher hinaus und werde wohl auch höher hinauf kommen, wenn es ihm nit etwa zu einem hänfenen Fenster gerate, was niemand wissen könne. Einer fragt den Juden, was denn in dem Wagen gewesen sei, der in vergangener Nacht vor seinem Haus ausgeladen worden. Der Jude verschwört sich bei Mosen und allen Propheten, es sei kein Wagen vor seinem Hause abgeladen worden. Ein andrer hat Licht gesehen verwichne Nacht in des Juden Haus. Der Jud' verschwört sich. »Weiß nit das ganze Dorf«, schreit einer, »daß es Plunder ist, den er den schwarzen Bauern abgenommen?« Jetzt stellt der Pseudomönch den Juden: »Itzt hab acht, Hebräer, wo hab' ich deine triefigen Augen zum letztenmal gesehn? Erinnerst dich? Itzt? Noch nit? Wer hat im Kloster zu Amorbach, das wir mit Hülfe Gottes in Grund und Boden hinein zerstört und verwüst' haben, dem Götz von Berlichingen die besten Beutestück' abgeschachert? Du, Jud'! Du!« Die Haltung der übrigen gegen den Juden wird bedrohlich. Da tritt

SZENE 4

Peter, der geharnischte Knecht Grumbachs, herein und nimmt sich des Juden an. Dies geschieht mit einer unwidersprechlichen bestialischen Energie und Wildheit, vor der sich alle unwillkürlich, aber mit verbissenem Ingrimm beugen. Es herrscht eine Stille. Verstohlne Blicke voll Haß treffen den Reiter, der mit dem Juden einiges Rotwelsch wechselt, des Sinns, daß der Bischof fort sei. Protzend und pochend tritt er dann an den Schenktisch, trinkt und bramarbasiert lästerlich. Der Jude, welchen er benachrichtigt hat, daß der Junker seiner begehre, hat sich gedrückt. Peter hält sich darüber auf, daß die Bauern ihren Fronpflichten nicht mehr pünktlich nachkämen. Der Küchenmeister klage, der Oberförster klage etc. etc. »Wollt ihr itzt nicht Wasser schwitzen, so sollt ihr bald Blut schwitzen lernen.« Eine unheimliche Stille wird seinem Bramarbasieren entgegengesetzt. Der Mönch, welcher jetzt wieder tiefste mönchische Demut heuchelt, fragt den Knecht, ob er ihm nit Kundschaft sagen könne? Es heiße, der Schwarz-Geyer, der Florian Geyer, sollt' heut oder morgen gen Heidingsfeld kommen mit 18000 oder meh Bauern. Peter ranzt ihn an: er wüßte es nit. Gleich darauf fährt er los: »Und wenn der schwarze Geyer mit meh Bauern daherzöge, als Diebe sein in Polen, Ketzer in Böhmen, Bauern in der Schweiz und Läus' in Ungarn, so wollt' ich ihn doch nit für meh achten als einen schäbigen und räudigen Hund, Ächter und Franzosenknecht, und wollt' mich mit meinem Bengel seiner erwehrt haben und hundert andere[r] wie er und seine nackten, nassen, rotzigen Buben der Bauern.« Bedrohliches Murren der anderen. »Ich trink' die Gesundheit des Bischofs Konrad zu Würzburg. Tu mir Bescheid, Schneidenwind!« Schneidenwind tut es, die Faust unwillkürlich ballend. »Ball nit die Faust, du wärst nit der erst', den ich hab' schlafen gelegt.« Draußen Geschrei: »Mordio! Mordio! Rettio! Reuter! fremde Reuter!« Einige begeben sich hinaus, auch Peter. Er geht wie der Bändiger aus einem Käfig wilder Tiere, bereit, jeden niederzuschlagen, der auch nur Miene machen würde, ihn zu foppen.

SZENE 5

Als Peter hinaus ist, werden die Fäuste geballt. Der Wirt charakterisiert Peter als die Plage der Grumbachschen Dörfer, als ärgsten Bauernschinder. Er zahle nie seine Zeche. Gefalle ihm etwa ein Gaul, so müsse man ihn um zehn Gulden und weniger dahingeben. Keine Jungfrau und kein Weib sei sicher vor ihm. Er mause schlimmer als irgendein Dieb, habe schon Kirchenstöcke erbrochen und berühme sich hoch, manch einem Ohren und Hände abgehauen, viele gar abgetan und jämmerlich ermordet zu haben. Schneidenwind hat eines Mädchens wegen einen Todhaß auf ihn. Er müsse sterben und verderben und zu Asche verbrennen wie alles im Schloß Grumbach. »Halt!« warnt Biber, man müsse erst Kundschaft haben, wie der Junker sich zu halten gedenke? Es heiße, viele »geborne Leut'« seien in der bäurischen Einung. Der Mönch gibt dem Wirt recht, nennt die Grafen Hohenlohe etc., auch den Götz von Berlichingen und den Florian Geyer. Ei, meint der Wirt, der Florian Geyer sei sogar mit den Grumbachs verschwägert, und wie er berichtet worden durch den Küchenschreiber, werde seit länger dann einer Woche Florian Geyers Frau und Kind auf der Burg enthalten. Dann, begeistert sich der Mönch, müsse man das Schloß Grumbach also unangetastet lassen, als wenn des Heilands Mutter darin selbst Unterschleif gefunden hätte. »Gut«, erklärt Schneidenwind, »so wollen wir der Gemeinde zusammenläuten und ein Ausschuß machen, der soll hinauf aufs Schloß, den Junker fragen, wie er sich zu halten gedenkt, auch einer ganzen Gemein Beschwerde fürtragen. So wird man sehen, als es um ihn bestellt ist. Kotz Leichnam, wer steiget doch vom Pferd? Heil'ge Maria, es ist wahrhaftig der Junker selbsten.«

SZENE 6

Der Junker tritt ein, sich tief beugend, ganz geharnischt, mit nickenden Straußfedern auf dem Helm. »Was ist's, Biber; was geht für? Schreien die Bauern: Mordio, Rettio! Vermachen die Schläg'.«

Biber: Ich will den Buben schicken, Euer Gnaden. Der mag Euer Gnaden Kundschaft bringen.

Grumbach: Gib ein Glas Roten.

Biber: Hat Euer Gnaden der Sachen von Würzburg einen Bericht?

Grumbach: Ja. Der Bischof ist vertragen mit der Landschaft.

Die Irrungen sind gütlich hingelegt. Wo der arme Mann ein gerechte Beschwerd' hat, hätt' er gelobt, sie abzustellen. Einer hinter dem Junker platzt aus. Der Junker sieht sich grimmig um. Jetzt faßt Biber ein Herz und trägt dem Junker demütig einige Beschwerden der Gemeinde vor. ([Randnotiz]. Grausame Jagdstrafen abschaffen. Den Schreiber abschaffen, den bewußten. Die Allmend nit benutzen. Ein Nachsehen haben, wenn ein Mann für seine in Wochen liegende Frau ein Fischlein fahe.) Er tut das, einen Punkt um den andern vorbringend, jeden, als ob er der einzige wäre, mit einem »und dann« überleitend. Grumbach stellt sich im allgemeinen willig, betont aber, daß man dafür auch Leib und Gut an die angestammte Herrschaft setzen werde. Zustimmung.

SZENE 7

Peter ruft herein: Fester Junker, fester Junker, Bischöflich Würzburgische Reiter stehen am Schlag, wollen zu Euer Gnaden aufs Schloß. Die rotzigen Bauern wollen sie nit hereinlassen.

Grumbach: Gemach, gemach, Peter, es hat kein Eil': die Würzburger Pfaffenknecht' können warten, will's Gott, gar außen bleiben.

Der Junker ab. Beifall hinter ihm drein.

SZENE 8

Mönch: Der taugt nit übel zu einem schwarzen Bauern.

Schneidenwind springt auf: Horch, die Sturmglocke.

Stimmen, zum Fenster herein: Zum Kirchhof, zum Kirchhof. Die Bauern sind angekommen vor Würzburg, viele Hunderttausend, viele Hunderttausend.

Ein Taumel erfaßt die meisten, sie werfen ihre Kappen in die Höh' und rufen: »Bundschuh, Bundschuh!«

Schneidenwind packt Biber an: Itzt auf, auf! Jetzt heißt's das Stündlein treffen, itzt endlich laß umschlagen. Erhebet das Reichspanier! Laßt uns dem hellen Haufen zuziehen. Nach Würzburg, nach Würzburg!

Er zieht einen seiner Bundschuh aus und steckt ihn auf sein Bauernschwert. »Bundschuh!« grölt und schreit die Menge bei diesem Zeichen. Mit diesem Ruf und »Nach Würzburg! nach Würzburg!« zieht die Menge ab.

ERSTER AKT

ZWEITER TEIL

SZENE 1

Grumbachs Schloß (Rimpar oder Burggrumbach), ein Saal (gotisch?) mit Erkern etc. In der Mitte große bedeckte Tafel. Am rechten Ende der Tafel sitzt ein Knabe von etwa zwölf Jahren und starrt in einen großen, vor ihn auf den Tisch gelegten Kristall. Hinter dem Knaben hat sich Dr. Sartorius, der Schreiber Grumbachs, aufgestellt, abwechselnd den Knaben und den Kristall beobachtend. Es ist die Zeit nach Sonnenuntergang. Viele Kerzen sind im Saale angezündet wie zu einer heiligen, feierlichen Handlung. Wilhelm von Grumbach, im kostbaren Hauspelz, geht, unruhig die Lippen nagend, die ganze Länge des Saals messend, auf und ab. Plötzlich bleibt er stehen und fragt halblaut: Nun?
Sartorius, zum Knaben: Siehst du etwas?
Knabe: Nein.
Sartorius: Halt nur immer die Augen fest auf den Kristall gerichtet. — Das Bad habt Ihr genommen, Junker?
Grumbach nickt.
Sartorius: Ich bitt' Euer Gestrengen: nehmet das Weihrauchfaß und schwinget ein wenig.
Grumbach tut es unwirsch.
Sartorius: Sag an, Knabe, was du jetzt siehst? — Sehet, Junker, jetzt ist er allbereits in Verzückung. Ich steche ihn mit der Nadel — da — so —, und er fühlet es nit.
Grumbach tritt erregt hinzu: Fraget, fraget, Herr Magister! — Es ist nit viel Fragens Zeit.
Sartorius: Itzt siehest du ein Engel, nit wahr, Bub?

SZENE 2

Frau Grumbach blickt herein, sehr ängstlich, und erzählt, daß die Mühle zu Bleichfeld in Flammen steh'. Grumbach fährt sie an: sie solle nicht stören. Sie zieht sich zurück, nachdem sie noch gesagt, daß der Jude noch immer warte.

SZENE 3

Grumbach bricht erregt, aber gedämpft aus: der Teufel solle sich in diesen Läuften zu halten wissen. Am liebsten möchte

er in die Bauern dreinwettern und die vollen Hund', Mörder und Brandstifter in die allertiefsten Türme werfen. Aber es geht nit, wie er gern möcht'.
Sartorius, zum Knaben: Jetz[t] siehest du einen Engel?
Knabe: Ja.
Sartorius: Was hat er für eine Farb'? — Rot? —
Knabe: Ja, rot.
Sartorius: Alsdann ist er zornig. Zündet meh Lichter an, Euer Gnaden.
Grumbach tut es, man hört schießen: Jetzt hat sie doch auch der Taumel erfaßt. Ziehen die Meinen auch dem hellen Haufen der Bauern zu. Bleiben mir nit meh in den Dörfern zurück dann ein lahmer Hund und eine blinde Katz'. Gumpen und blitzen etc.
Sartorius: Schau zu, ich mein', daß der lieb Engel jetzt versöhnt ist. Wie? — Red! hat er nit jetzt ein blühweiß Gewand an? Ei freilich, da schaue nur scharf zu.
Knabe: Ja.
Sartorius: Und lacht? Und nickt dir gar freundlich zu?
Knabe: Ei, ei, grüß' dich Gott, mein lieber Schutzengel.
Sartorius: Jetz[t], Junker! — Was wollet Ihr fragen?
Grumbach: Wird der Florian Geyer die Burg ob Würzburg mit Sturm nehmen oder nit?
Sartorius: Hast du gehört, Bub?
Knabe: Ja.
Sartorius: Was sagt der Engel?
Knabe: Er hat ein weiß Zettelchen in Händchen und darauf steht...
Sartorius: Was? —
Knabe:... Der Florian Geyer wird drei schwarze Bauernfahnen aufstecken auf dreien Türmen von Unserer Frauen Berg.
Sartorius: Drei Fahnen auf drei Türmen von Unserer Frauen Berg. So steht's geschrieben?
Knabe: So steht's geschrieben! Ja.
Sartorius: Seht Ihr, Junker, der Markgraf Kasimir hat eine gute Witterung.
Grumbach: Blau! So will ich mich strikte an seinen Auftrag halten.
Sartorius: Wie lautet der?
Grumbach: Er hieß mich ein Unterred mit dem Florian Geyer suchen. Aber fraget fort.

HAUPTSZENAR · ERSTER AKT, ZWEITER TEIL 779

Sartorius: Was wollt Ihr itzt wissen?

Grumbach: Wird der Bischof Konrad von Würzburg bei Land und Leuten belassen oder vertrieben werden?

Knabe: Der Bischof Konrad von Würzburg ist allbereit vertrieben von Land und Leuten und irret flüchtig auf der Landstraße, saget der Engel.

Grumbach, seine Erregung schwer bemeisternd: Leichnam! Sartorius: Der Bischof fort? — So sage, wie hat sich der Junker Wilhelm von Grumbach zu halten? Soll er sich in die Besatzung tun als ein getreuer bischöflicher Lehnsmann, nachdem man ihn aufgemahnt? Soll er dem Bischof sein Schmalzgruben verteidigen helfen oder sein ritterliche Waffen wider das Stift kehren?

Knabe: Alle, die dazu tun, Leib, Gut und Ehre daransetzen, daß die Bistum verstöret und der Bischöfe Regiment vertilget werde, das sind liebe Kinder Gottes und rechte Christen, streiten wider des Teufels Ordnung. Bischöfe sind es nit. Sind ungelehrte Potzen, Götzen, Larven und Maulaffen. Sie sind Bischöfe, aber nit der Christen, sondern der Diebe, Räuber und Wucherer, ja Hauptdiebe, Hauptmörder und Hauptwucherer. Säu', Pferd, Stein und Holz ist nit so wahnsinnig, saget der Engel.

Grumbach, in zitternder Aufregung: So frage noch dies, Bub. Wem soll ich meh dienen? dem Fürsten oder den Bauern?

Knabe: Diene dem Fürsten, so dienst du dem Bauern, so dienst du dir.

Grumbach: Wenn es nun ein Ende nimmt mit der Stiftsherrlichkeit, was wird aus den Gütern werden, die ich vom Stift zu Lehen trage?

Knabe: Der Adel wird auf seinen Gütern frei-eigen sitzen und keinen Herrn über sich erkennen als den Kaiser. Aber aus dem Hause Österreich wird kein Kaiser meh sein. Der Barbarossa wird wiederkommen.

Grumbach, auf einmal lebhaft, laut und beweglich: Nun, so weiß ich genug für heut. So will ich denn in Gottes Namen, soviel an mir liegt, dazu verhelfen, daß sie das Pfaffennest flugs über den Berg abwerfen, auf daß wir der Plagereien miteins ledig sind. — Wein! — Mich dürstet. Jetzt wollen wir tapfer eins zechen, Meister, das heißt, ehbevor wollen wir den Schwager Hutten abfertigen.

Er läßt mit großer Hast und Aufgeregtheit den Konrad Hutten rufen. Inzwischen macht er seinem wütenden Haß

gegen den Bischof Luft. Er berührt das Verhalten der
bischöflichen Reiter in seinen Dörfern, und daß sie ihm nach
dem Leben getrachtet hätten. Auch die Gramschatz-Streitig-
keiten berührt er kurz, alles bekäme jetzt ein anderes Gesicht. Der Schreiber hat den Buben hinausgetan und still
einige Lichter fortnehmen lassen.

SZENE 4

Konrad Hutten erscheint. Geharnischter junger und
frischer Mensch. Grumbach schreit ihm entgegen: Ich komme
nit, ins Teufels Namen, ein Narr, wer seine Haut für die
Pfaffen zu Markte trägt. Es ist aus und hin mit der Stiftsherrlichkeit. Sag allen meinen guten Gesellen in der Besatzung, sie sollten nit ihr Blut unnütz verspritzen. Was du
noch nit weißt, will ich dir sagen. Der Bischof ist auf und
davon.

Konrad meint, Grumbach müsse sich zu halten wissen. Ob
der Bischof nun fort sei oder nicht, er selbst werde Leib und
Gut bei ihm lassen. Und wie er dächten alle: die Grumbachs,
die Geyers in der Besatzung. Frau Grumbach ist still hereingetreten. Grumbach empört sich. Er sei auch einer von Adel
und wisse sich nach seinen adligen Ehren zu halten. Ein
Pfaffenknecht sei er allerdings nicht. Er müsse überdies das
Seinige selbst in Hut und Acht halten; endlich sei er dem
Markgrafen Kasimir mit Diensten von Haus aus verpflichtet,
könne ihm aber nicht dienen, wenn er sich in des Bischofs
Schloß einsperren lasse. Dieser Dienst sei sein gutes kaiserliches Recht. Er könne jedermann dienen, wenn es nur nicht
wider den Kaiser sei. Er erkenne keinen Herrn über sich als
den Kaiser und sei niemandem außer diesem zu Diensten und
Heeresfolge verpflichtet, auch dem Bischof nicht. Er sei ein
freier Franke, und dabei wolle er verharren. Nun versucht
Frau Grumbach eine Einrede, wird aber kurz zurückgewiesen.
Grumbach spricht Heiteres und Gleichgültiges und fordert
den Schwager zum Mittrinken auf. Hutten aber will reiten,
und Grumbach ist schwägerlich besorgt um ihn. Der Schreiber berührt die Gefahren des Wegs. Hutten ist bös, abweisend — spitze Worte gewechselt — und geht.

SZENE 5

Über ein kleines, meint der Magister, kann es sich zutragen,
daß man diesen hübschen jungen Geckenkopf auf einen Spieß

steckt und im Lager der rotzigen Bauern umträgt. Warum?
Wen Gott verderben wöll', den schlag' er mit Blindheit.
Frau Grumbach fragt, ob der Mann ihr nun einen Augenblick
schenken wolle.
Grumbach: Nein, jetzt nit. Heiß den Koch das Nachtessen
anrichten und den Keller Rheinpfalz und Malvasier auftragen. Wir sind lustig, wir wollen eins bürsten.
Frau Grumbach: der Mann solle doch nur ein Bedacht nehmen, das Gesinde sei aufsässig, wolle nit guttun, es hieße,
die Bauern wollten das Schloß mit Feuer anstoßen. »Sie tun
es nit«, sagt Grumbach darwider, »sie wissen, daß wir des
Florian Geyers Weib und Kind hier enthalten. Das hilft
uns dieser Zeit meh als ein kaiserlicher Schutzbrief.« Er
fordert sie auch auf, halb im Scherz, der Schwester zu
hofieren: der Florian, ihr Mann, sei wohl derzeit der mächtigste Mann im Reich. »Sie sieht es nit so an«, meint Frau
Grumbach, »und ich auch nit. Sie sieht nur, daß es ein fried-
loser Mann ist und ein Ächter dazu. In des Kaisers Acht und
in des Papstes Bann, und anders ist es auch nit. Denk an den
Sickingen, und was ein schlimm End' es mit ihm genommen
hat.«
Grumbach: Larifari, Weibergewäsch. Geh in die Kuchel und
sorg, daß die Mägd' ihren Faden spinnen. Ich will itzt essen
und dann schlafen.
Sartorius: Euer Gnaden haben's kaum zwei Stunden geruht.
Grumbach: Und gestern nach Mitternacht erst herein von
Ansbach. War ein gefährlicher und beschwerlicher Ritt.
Dannoch bin ich guter Ding'. Frau Grumbach geht ab.

SZENE 6

Grumbach: Was bringst du, Peter?
Peter berichtet nun rasend, daß man, als er durch das leer
gelassene Dorf ritt, ihn aus dem Hinterhalt in den Arm
geschossen habe. Daß dies niemand· anders gewesen sein
könne als der Schneidenwind. Der Junker möge Erlaubnis
geben, dessen Haus niederzurennen.
Grumbach: Ei, laß dich verbinden und denk nicht meh daran.
Bist ja ein Kerl eines eisernen Leibs. Ich hab' anders mit dir
vor. Sollst mir 'nen tapfren Reiterdienst tun. Gen Ochsenfurt
reiten ins Bauernläger. Zum Florian Geyer selbst.
Peter: Der Florian Geyer mit seinen Schwarzen liegt allbereits zu Heidingsfeld.

Grumbach: So brauchst nit so weit reiten.
Peter: Ich will's tun, Junker. Hätt' gleichwohl lieber im bösen mit dem Florian Geyer zu tun.
Grumbach: Warum?
Peter: Ei, hätt' er nit dem französischen König gedient und ihm jüngst bei Pavia geholfen wider Kaiserliche Majestät?
Grumbach, jähzornig, er steht auf, mißgestimmt: Schweig still, Bestie! Der Jud' soll heraufkommen! — Halt dich parat.

SZENE 7

Der Schreiber fragt, ob der Junker den Florian Geyer auf die Burg laden wolle. Grumbach meint, der Schreiber solle einen Brief aufsetzen, dem Florian Geyer freistellen, entweder auf Burg Rimpar zu kommen oder Geleit zu senden.

SZENE 8

Der Jude tritt ein.
Pfefferkorn: Guten Abend, Euer Gnaden, Euer untertänigster Knecht, gestrenger Junker.
Grumbach: Ei, hat dich der Teufel wiederum vom Galgen geschnitten?
Pfefferkorn erklärt, daß er ein mühseliges, aber ehrliches Gewerbe führe. Der Junker fragt ihn, was es mit den Wagen für eine Bewandtnis habe, die man nachts vor seinem Hause auslüde. Der Jude stellt sich unwissend, gibt aber dann zu, daß er von den Bauern wertlosen Plunder zusammengekauft habe. — »Also mit den wütigen Bauernhorden treibst du dich rum.« — »Es ist kein Spaß, man muß Schande, Spott und Mißhandlung leiden, aber man will doch und muß doch die Lebensnotdurft verdienen.« — Der Junker bedeutet den Juden, er möge ihm keine Faxen vormachen. Er kenne das, was Pfefferkorn die Notdurft nenne. Er wisse wohl, was für ein armer Mann er sei. Der Jude verschwört sich, er sei arm. Er habe neulich den Hauptleuten der Bauern nachgewiesen, wie arm er sei. Es sei aber nichts mit ihnen auszurichten, sie zankten unter sich und mit andern und seien meist weinig. Nur der Florian Geyer, der in Ochsenfurt hinzugekommen sei, hielte sich nüchtern und hätte einen geordneten Haufen tüchtiger Kriegsleut'. »Und so will ich Euch denn gleich sagen, fester Junker, was er mir aufgetragen, Euch zu melden. Er ist Euch dankbar, daß Ihr ihm Weib und Kind enthaltet, alsbald er zu Heidingsfeld das Läger gerichtet

hat, will er zur Nacht dreimal ans Tor pochen und mit dem Wort ›Uz Bur‹ Einlaß heischen.«
Grumbach: Er soll willkommen sein, also hast du mit ihm gered't. Wie sieht er aus?
Der Jude gibt eine Schilderung von Florian Geyer aus seiner Individualanschauung. Er streicht ihn ganz ungeheuer heraus. Er meint, er hätte das Zeug nit nur zu einem Bauernhauptmann, nein zu einem Fürsten, zu einem Kaiser. Er hätte einen roten Bart und sähe dem Barbarossa ähnlich, wie man ihn abbilde. So ein roter Bart sei sehr viel wert etc. Der Junker will, daß der Schreiber Geyers Frau hole, damit sie auch die Erzählung von ihrem Manne höre. Der Magister ab.

SZENE 9

Grumbach, schnell: Ich brauche 1000 Gulden, Pfefferkorn. Der Jude sperrt sich. Macht Einwendungen und Ausflüchte. Grumbach wird ungeduldig, droht. Der Jude wird kälter und gibt ihm zu verstehen, daß Grumbach wohl vergebens versuchen würde, hinter sein Vermögen zu kommen. Grumbach wird wieder kleiner. Der Jude stellt die Bedingung, der Ritter müsse ihn nach allem seinem Vermögen vor den Bauern schützen. Er fürchte jeden Augenblick, man werde ihm das Haus anzünden. Der Junker müsse seinem Weibe und seinen Söhnen Zuflucht auf dem Schloß gewähren. Grumbach verspricht es. Pfefferkorn macht ihm begreiflich, daß man, wenn man ihn plündre, eigentlich den Junker plündre. Erstens habe er viel Pfänder vom Junker, zweitens, was die Bauern bekämen, bekäme der Junker nit. Sollte er gefressen werden, so wolle er schon lieber vom Junker gefressen werden. Der Junker begreift das. »Ich werde Euch besorgen das Geld, ich werde Euch sagen, wo Ihr könnt erheben das Geld. Wieviel Geld wollt Ihr haben?« — »Hundert Gulden Rheinisch.« — »Nun gut, Ihr sollt hundert Gulden Rheinisch haben. Aber stellet Euch gut mit dem Florian Geyer. Es sind subtile Praktiken im Gange, er hat viele Fäden in der Hand. Es stehen große Herren hinter ihm, ein Herzog steht hinter ihm — wenn auch vorerst einer ohne Land, und hinter dem Herzog gar steht ein König, wenn auch vorerst ein gefangner. Glückt der Handel, so wird's einen neuen Römischen Kaiser geben.«

SZENE 10

Frau Geyer kommt. Blickt trüb und fragend den Schreiber an, der sie gebracht hat. »Bericht von deinem Eheherrn«, sagt Grumbach. Der Jude krümmt sich wie ein Ohrwürmchen und erzählt überschwenglich von seiner Begegnung mit Geyer, seine Zeltumgebung in pomphafter Übertreibung schildernd. Frau Geyer ist sichtlich davon gepeinigt. Der Jude packt schließlich ein Kleinod, einen kostbaren silberbeschlagenen und bestickten Gürtel aus »als eine Verehrung«. Frau Geyer will ihn nicht annehmen, aber die Schönheit der Arbeit verstrickt sie. »Nimm ihn und freu dich seiner«, sagt Grumbach, »vielleicht noch diese Nacht wirst du deinen Eheherrn wiederhaben.« Der Jude zieht sich schnell zurück. Grumbach ruft ihm nach: »Nit vergessen!« und wendet sich zur Schwester.

SZENE 11

»Sei gutes Muts und nit immer gar so trüb.« — »Ich bin nit trüb.« — »Freust dich nit, daß er kommt?« Den Gürtel gleichgültig in der Hand haltend, sagt sie: »Ich? Ich möcht' mich wohl freuen.« — »Und freust dich gar nit? Hast ihn länger nit gesehn dann zwei Jahr und freust dich nit?« — »Ich weiß nit.« Jetzt bläst der Türmer. »Reiter!« sagt der Schreiber, »Reiter«, sagt Grumbach. Wieder bläst der Türmer. »Auftun, wenn es dreimal pocht«, fährt er fort zum Schreiber. »Florian!« schreit Frau Geyer in rasender Freude und stürzt fort, an dem Schreiber vorüber, der ihr nachfolgt.

SZENE 12

Frau Grumbach, heftig herein: Der Ächter kommt in deine Burg, Wilhelm!
Grumbach: Laß mich, itzt is nich Zeit für Weibergewäsch.
[Frau Grumbach:] So denk' an mich, wann die Reue kommt.
Grumbach: Aus dir spricht dein Bruder.

SZENE 13

Konrad Hutten tritt wieder ein. »Mitnichten, ich kann für mich selber sprechen.« — »Bist du noch hier, Schwager?« — »Muß wohl, es sei mir lieb oder leid, bis der Mond hinunter ist; möchte gern dem Bischof einen heilen Mann in die Besatzung bringen.« — »Der Florian kommt.« — »Ich will seiner warten. Ich fürcht' mich nit, ihm ins Auge zu schauen.« Grumbach füllt einen großen Pokal voll Wein. »Er wird die

Augen auch nit niederschlagen.« — »Um so schlimmer für ihn.« — »Anna, bringst ihm den Willkomm!« — »Ich nit.« — »Ich sag', du bringst ihm den Willkomm.«

SZENE 14

Geyer kommt, von Barbara zärtlich umschlungen. Florian groß, stark, rotbärtig. Er reißt sich los, zögert aber noch einen Moment. »Grumbach!? Bruder!« — »Ja, ja, Bruder Geyer, und walt' es Gott!« Beide umarmen sich in wortloser Rührung. Nachdem sie sich losgemacht, will Florian in der gleichen heftigen Bewegung zu Anna hinüber. Ihre seltsame Kälte läßt ihn stocken. Sie erhebt, sich zur Freundlichkeit zwingend, den Pokal und sagt: »Ich bring' dir den Willkomm, Florian!« — »Ei, Schwägerin, Gottes Dank. Ich bin wahrlich arg durstig. So trink' ich auf das, wonach wir alle noch viel mehr durstig sind: die deutsche Freiheit.«
Konrad Hutten: Als Ihr sie versteht, Herr Ritter, nit als ich sie versteh'.
Florian, einen Augenblick stutzig, dann groß, leicht und sicher: Nun denn, als dein Vetter Ulrich von Hutten sie verstand und als ich sie verstehe. Er trinkt. Darüber schließt sich die Szene. Als er absetzt, sagt er: Wenn ihr wüßtet, ihr Lieben, wie das labt.

[Textlücke]

[»Zweiter Akt, erster Teil« des »Hauptszenars« fehlt in der Diktathandschrift. Die Textlücke läßt sich annähernd durch den im folgenden abgedruckten szenarischen Entwurf schließen, der selbständig überliefert ist und wahrscheinlich noch vor dem »Hauptszenar« entstand.]

Die große vordere Wirtsstube Zum grünen Baum in Würzburg: ein weiter, nicht hoher, schöngetäfelter Raum, dessen Decke in der Mitte durch eine hölzerne Säule gestützt ist. Links Butzenfenster in Nischen, rechts eine geschlossene Tür; hinten ein leerer Türrahmen, durch den man in den Hausflur und jenseits in ein zweites, anscheinend geringer ausgestattetes Wirtszimmer blickt.
Das Gasthaus ist überfüllt mit Bewaffneten: Bauern, Bürgern, Rittern. Die Kellnerinnen fliegen, Bier und Wein in Krügen herzutragend, rastlos hin und her. Aus dem Hinterzimmer Gesumse, Ausrufe, Schreie der trinkenden Menge.

Im Hausflur: Treppenrennen, hastige Zurufe der Kellnerinnen, hastiges Schelten etc. Im Vorderzimmer befleißigt man sich einer gewissen Ruhe und scheint gespannt auf etwas zu warten. Geräusche vernimmt man zwischenhinein von zerbrechenden Gläsern und von Fäusten, die auf Tische schlagen, auch wenn ein neues Faß angezapft wird, das Ausschlagen des Spundes.

Zwischen den Gästen bewegt sich der Wirt Haberkorn mit großer Gelassenheit: eine behäbige Wirtsgestalt mit Schurz und Käppchen. Sein kluges, markiertes Gesicht ist hochrot vom Trinken und von Hitze. Er prustet und wischt sich wieder und wieder den Schweiß von Gesicht und Stirn. Sein Gesichtsausdruck ist überwacht und angestrengt. Hänslin, der Hausknecht, im Lederschurz und hemdärmlig, mischt sich hie und da auch in das Getriebe. Eine dicke, resolute Wirtin regiert zuweilen laut im Hausflur und hilft, wo Not ist, mit bedienen. Wilhelm von Grumbach und Stefan von Menzingen, ein stattlicher Ritter mit einem klugen Gesicht und unruhigen Augen, sitzen an einem Tisch vorn rechts, um den noch eine Anzahl leerer Stühle stehen. Ein Sackpfeifer bläst.

Grumbach ironisiert: man müsse sich hier rumtreiben wie in den Vorzimmern des Kaisers oder des Papstes, und es seien doch nur dumme Bauern. Er wolle, wenn es ginge, sein Schloß retten. Menzinger meint, er fühle seine Knochen kaum noch und wisse nicht, wo ihm der Kopf stehe. Erst habe er bei sich daheim Scherereien und Ärger gehabt, nun sei er noch mit dieser Gesandtschaft beladen worden.

Grumbach meint, da er eine so gute Nachricht bringe, nämlich daß Rothenburg beitreten wolle, so wundere es ihn, daß man die Gesandtschaft so wenig freundlich empfangen habe. Hunde blieben eben Hunde. Menzinger meint: er und seine Mitgesandten hätten einen Span mit den Rothenburger Bauern, und nur diese seien es, welche ihn so übel geschmäht hätten. Grumbach, noch ein wenig grünschnabelig, will Menzinger ausforschen: was er nun eigentlich aus der ganzen Geschichte herausholen wolle? Menzinger zuckt die Achseln. Grumbach spielt auf den Herzog Ulrich von Württemberg an, deutet auf Götz etc. und findet es seltsam, daß zu Weinsberg gerade der Helfensteiner gemordet sei, der Stuttgart jüngst so tapfer gegen Ulrich verteidigt habe. Als Grumbach einsieht, daß er nichts mehr erfahren wird, bringt er das

HAUPTSZENAR · (ZWEITER AKT, ERSTER TEIL)

Gespräch auf den Markgrafen Kasimir: beide, Menzinger und er, nennen ihn einen Fuchs. Grumbach stellt sich, als erwarte er keinen Anteil von ihm für die Sache, um Menzingers Meinung zu hören. Menzinger billigt den Plan, wie ihn Florian mit dem Markgrafen hat. Sie einigen sich in dem Glauben, daß die Bauernsache nun doch unwiderstehlich sei und daß es nur darauf ankomme, die Strömung auszunützen. Jetzt fährt die Wirtin mit einem Bäuerlein ab, das am Essen gemäkelt hat. Er ist ein wenig angetrunken und will von seiner Waffe Gebrauch machen. Ohne weiteres setzt sie ihn an die Luft. Anläßlich dieser Szene äußern sich die Ritter über die Untüchtigkeit der Bauern. Nur die aus der Rothenburger Landwehr seien tüchtig. Nun fängt ein junger Bauer an, laut mit einigen Weingläsern zu reden, die er vor sich stehen hat. Der Wirt tritt zu den Rittern, klagt zunächst über die schlimme Anstrengung dieser Tage und schildert das Taumelleben in Saus und Braus, wie es itzt in Würzburg geführt werde etc. Der Nachrichter habe aufs Schloß flüchten müssen. Er kommt dann auf die Beratung und meint: man sollte auf die Flunkereien der Besatzungen nicht eingehen, sondern flugs stürmen. Zwei Bürger, welche schon vorher bei den verschiedenen Gruppen herumgegangen sind, unterstützen nun den Wirt den Rittern gegenüber. Der junge Bauer redet wieder seine Gläser an. Das ganze Gastzimmer wird aufmerksam, er produziert sich. Er ulkt im weiteren Verlauf auch gegen Menzinger (Creglingen) und Grumbach. Grumbach, der jähzornig ist, will losfahren, wird aber »um Gottes willen« von dem Wirt und Menzinger beruhigt. Dem Bauer wird Essig in das Glas geschüttet, und die Anekdote schließt.

Man hört jetzt eine starke, rauhe Stimme eine laute Rede halten. Als die Tür rechts von einem heraustretenden Schreiber geöffnet wird, erkennt Menzinger die Stimme des Götz von Berlichingen. Er hat einen üblen Stand, meint der Wirt. Alle Anwesenden äußern, als der Redner verstummt, verschiedene Meinungen über Götz: er verrät die Bauern. Er hat einen Brief an den Bischof geschrieben und ihm mitgeteilt, daß er nur gezwungnermaßen mit den Bauern gehe. Unter ihm werde die Burg nicht erobert werden. Es sei dennoch gut, daß man ihn der Bewegung verpflichtet habe; er würde sonst ihr gefährlich geworden sein. Man hätte ihn lieber gleich bei Schöntal an einen Baum henken sollen.

Eine einzelne Stimme meint: Götz sei ein geheimer Diener des Ulrich von Württemberg. Das allgemein[e] Gespräch bricht ab, als Florian Geyer aus dem Beratungszimmer kommt. Der Ritter begibt sich zu Menzinger und Grumbach und berichtet: man scheine geneigt, die Bedingungen der Besatzung anzunehmen. Es sei auch gut, meint er, wenn es geschehe. Es wäre gefährlich und oft der Tod großer Bewegungen, wenn man sich nicht bewege, sondern vor festen Schlössern stilliege. Zumal hier in Würzburg, wo der Wein unerschöpflich fließe, werde die Masse von Tag zu Tag mehr demoralisiert. Die Bürger und alle übrigen versuchen vergeblich, etwas von seiner Rede zu erschnappen. ([Randnotiz] Hanns Betzold, Schultheiß zu Ochsenfurt, kommt aus der Hinterstube. »Wie steht's?« fragt Geyer. »Das Wetter ist umgeschlagen«, erklärt der Schultheiß. Köhl, Bubenleben und Reichart wollen keine Frist geben. Die Besatzung soll die Waffen strecken, oder wir werden den Frauenberg mit Sturm angreifen. Geyer fährt auf: »Man wird ihnen etwas niesen«, und begibt sich erregt in die Hinterstube.)

Auch die Wirtin starrt mit Begeisterung und Hingebung Florian an und setzt endlich, hochrot im Gesicht, einen schönen Humpen, gefüllt mit köstlichem Wein, vor ihn hin. Florian erhebt ihn und trinkt nach einem lauten Spruch auf die Volkssache, und alle Gäste tun ihm freudig Bescheid. Danach treten die zwei Bürger an Geyer, künden ihm ihre Meinung und bitten: er möge im Bauernrat dahin wirken, daß gestürmt werde. Florian antwortet ausweichend. Ein neuer Redner beginnt im Nebenzimmer.

(Florian hat vorher von der Schwierigkeit, Disziplin zu erhalten, und seinen Bemühungen in dieser Richtung gesprochen.) ⟨Nachdem er hinaus ist, spricht man über ihn⟩ gemeinsam, wie vorhin über Götz. Er sei die Seele des fränkischen Heeres. Es verdanke ihm seine Disziplin und Tüchtigkeit. Es wäre zu wünschen, daß man statt Götz ihn zum Obersten Hauptmann gesetzt hätte. Aber die Schreiber und Leisetreter hätten leider die Oberhand. Ein Bürger meint: wenn die anderen Werkzeuge des Herzogs Ulrich seien und halb beauftragt, halb geschoben handelten, so sei Geyer vor diesem Verdacht sicher. Er sei der Mann der Überzeugung, der Gegner des Herzogs, der intime Freund Ulrichs von Hutten. Einer meint, dieser Hutten sei in diesen Tagen auf einer Insel im Zürichsee gestorben, wie er gehört habe.

Geyer sei immer ein Freund der Ordnung gewesen, und als
solcher sei er Hauptmann des Schwäbischen Bundes gewesen
und habe Götz in Möckmühl ausgehoben. Nun, da der
Schwäbische Bund sich gegen das Volk wende, sei Geyer auf
seiten des Volkes gezogen. Wie überzeugungstreu der Mann
sei, beweise der Umstand, daß er sein Stammschloß habe
einäschern lassen und gegen seine Verwandten und seinen
Bruder stehe, der in der Besatzung der Burg sei. Unbegreiflich sei es, daß man Florian Geyer wiederum nicht einmal
zum Obersten Hauptmann des fränkischen Heeres gewählt
habe, sondern Jakob Kohl und Lienhart Eiffelstädter.
Johann von Guttenberg, Graf Johann von Rieneck, Johann
von Lichtenstein etc., Gesandte aus der Besatzung, kommen
aus dem Bauernrat, im Begriff, sich fortzubegeben. Grumbach
grüßt, Menzinger nicht. »Wir erwarten dich in der Besatzung«,
ironisiert der Dekan. »Es wird bald gelten, Stürme abzu-
schlagen.« Sebastian Geyer ist auch unter den Gesandten.
Grumbach verlegen, rot und blaß. Jetzt kommt Götz. Die
Anwesenden erheben sich und rufen: »Es lebe Florian Geyer!«
Götz tritt zu den Rittern. Er unterdrückt seinen Ärger und
hänselt den jungen Grumbach. Jetzt kommen Geyer und
Bubenleben zankend. Geyer bemerkt flüchtig seinen Bruder,
der sich, als er eintritt, sofort entfernt. Bubenleben und
Geyer streiten fort, indem sie am Tisch der Ritter Platz
nehmen. Geyer ist erbittert und ingrimmig. Zwischen ihm
und Götz starke Spannung. Als Götz sich einmischt, bricht
zwischen diesen beiden der Streit los. Geyer nennt Götz
einen Hecken- und Staudenreiter, Götz den Geyer einen
Treulosen. Geyer meint, Götz sei weder der Mann, Disziplin
zu halten, noch ein Heer zu führen. »Ich habe freilich nit in
der bande noire gegen das deutsche Reich gekämpft.« — »Ihr
werdet die Bewegung zugrunde richten«, meint Geyer. »Ein
Dummkopf zerstört in einem Augenblick die Lebensarbeit
von zwanzig Weisen; aber ihr seid viele Dummköpfe.« Am
Schluß springen beide auf und greifen nach den Schwertern.
Es wird Friede gemacht, und Götz und Bubenleben verlassen
ostentativ Tisch und Lokal. Geyer werde vom Ehrgeiz ge-
plagt. Er solle ihn nur für einen künftigen Bauernkrieg aufheben. Geyer, schwer indigniert, forscht den Grumbach aus,
wie es mit Kasimir stehe. »Dieses Götzen Bande ist zusammen-
gelaufnes Gesindel. Nun wird Zeit vergehen. So will ich
wenigstens meine Zeit nicht verliegen.« Er wird das Rothen-

burger Geschütz besorgen und dann des Markgrafen Unterredung suchen. Nur immer rastlos tätig sein. Frau Geyer ist nach Nürnberg. Grumbach und Menzinger haben die Unterredung mit Kasimir eingeleitet. Geyer bittet Grumbach, die Würzburger Vorgänge zu beobachten und ihn auf dem laufenden zu erhalten.

[Fortsetzung des »Hauptszenars«]

ZWEITER AKT

ZWEITER TEIL

SZENE 1

Im Hofe Zum grünen Baum. Die Bauern, schmausend, spielend, trinkend, liegen, sitzen und stehen umher. Pfefferkorn handelt mit diesem und jenem um Beutestücke. Es ist davon die Rede, daß Florian Geyer nach Rothenburg abgesandt worden sei, um die Geschütze zu holen: dann werde man Bresche legen, und das Schloß werde am längsten gestanden haben. Einer meint, man solle gar nicht warten, es sei Geschütz genug da. Man sperre ihnen nur die Mäuler auf mit dem Verziehen. Der Götz und die übrigen Herren von Adel im Bauernrat hielten es insgeheim mit ihren guten Gesellen in der Besatzung und unternehmen deshalb nichts gegen sie. Auch wenn man das Rothenburger Geschütz überkommen haben werde, würde dannoch nichts gegen das Schloß tätlich fürgenommen werden. Da müsse man den Rat zwingen, meinen einige Gruppen. Es sei überhaupt nichts mit dem ganzen Rat, die Hauptleute schlemmten und dämmten jetzt so tapfer, als es früher die Herren getan hätten.

SZENE 2

Der Hausierer kommt.

SZENE 3

Der Jurist wird gejagt und gequält.

SZENE 4

Der bissige Hauptmann befreit den Juristen (Menzinger-Szene).

SZENE 5

Grumbach kommt und wird von Schneidenwind gestellt. Er nimmt bei dem bissigen Hauptmann Platz, beklagt sich unter andrem wütend, daß er noch immer auf den Sicherheitsbrief warte. Glossieren den Bauernrat, der jetzt froh sei, daß der Hecht Florian Geyer nit mehr den Karpfenteich unsicher mache.

SZENE 6

Der Bauernstab, Götz und Kohl an der Spitze, kommt durch die Mitte. Kohl sichtlich gebläht. Der bissige Ritter und Grumbach glossieren das Paar. Der Kohl würde dem Götz am liebsten sonstwohin kriechen. Man schreit den Hauptleuten zu: »Stürmen, stürmen, die Burg herunter!« Man beleidigt den Götz. Schneidenwind tut sich hervor. Der Bauernstab begibt sich ins Haus.

SZENE 7

Der Wirt bei den Rittern, der Jud' bei den Rittern. Letzterer berührt die Umwandlung der Dinge nüchtern, welche eingetreten sei mit Geyers Abwesenheit. Der Jakob Kohl werde durch Götz und die Mithauptleute vollkommen eingewickelt. Es fehle außerdem an Geld. Kein Geld, keine Landsknecht'. Der Jud' wird in den Bauernrat hineinberufen, er geht, ahnend, daß man ihn anpumpen will.

SZENE 8

Jetzt kommt die Gruppe, welche den Sturm durchsetzen will. Er soll erzwungen werden, bevor die Rothenburger Geschütze ankämen. Die ganze Erregung gipfelt in der Messerszene, den Reden von Götz und Bubenleben und dem wüsten Aufbruch zum Sturm.

SZENE 9

Der Hof ist fast leergefegt. Grumbach meint, dies sei ja Wahnsinn. Der bissige Ritter bestätigt es ironisch. Die Hauptleute schieben nicht, sie werden vielmehr geschoben und getragen wie die Korke und der Plunder auf dem Main, da man jüngst das Bamberger Schiff festgemacht habe.

DRITTER AKT

ERSTER TEIL

SZENE 1

Nacht. Das Innere der Kirche zu Kobolzell unterhalb Rothenburg. Links der Hauptaltar mit der heiligen Ampel. Rechts der Eingang. Durch die bunten Bogenfenster der Hinterwand schwacher Mondglast. Links Türe zur Sakristei. Einige Leute, junge und alte, Bürger und Bürgersfrauen, sitzen auf den Chorstühlen und auf primitiven Bänken. Der blinde Mönch Hans Schmidt wird hereingeführt und niedergesetzt. Schulrektor Besenmeier kommt.

SZENE 2

Man hat eine Weile wartend geflüstert, als Frau Karlstatt aus der Sakristei kommt, eine feine, blasse Frau von dreißig Jahren, und dem Rektor Besenmeier, auch dem blinden Mönch etc. flüsternd mitteilt, daß Bruder Andreas, nachdem er lange im Gebet mit Gott gerungen, zu einer Klarheit und Festigkeit gelangt sei und beschlossen habe, von morgen ab nit mehr im verborgenen zu predigen, sondern frei öffentlich vor aller Welt.

SZENE 3

Karlstatt, ein kleines schwaches [?] Männchen mit funkelnden Augen, kommt nun feierlich und drückt den Freunden bewegt die Hand. Dann setzt er sich auf die Altarstufen. Sein Weib gibt ihm die Bibel. Er blättert darin, legt sie aber wieder beiseite. »Liebe Brüder«, beginnt er leise, »die Stunde unseres Abschiedes ist nahe. Es wird mir schwer, von euch zu gehen, denn ihr habt mir alle viel Gutes getan. Ihr habt mich gehauset, gehofet, geätzet und mit Gefahr Leibes und Lebens vor den Feinden Gottes, seines Evangeliums und der reinen Lehre verborgen gehalten. Der Keim, oben in eurer Stadt, in unserem Kreis, zum Teil in diesem selben Gotteshause gepflegt und erwachsen, das Senfkorn ist ein weltbeschattender Baum geworden. Aus zween evangelischen Brüdern, meinem Schwager zu Frankfurt und mir, sind ihre[r] zwei, vier, zehn, zwanzig und meh hie zu Rothenburg worden, aus diesen zwanzig aber hat Gott hunderttausende gemacht im ganzen deutschen Reich, und diese hunderttausend haben sich erhoben als ein Mann, so daß die Herren, Fürsten und Gewaltige

HAUPTSZENAR · DRITTER AKT, ERSTER TEIL

und alle Widersächer des Evangeliums eine zitternde Angst überkommen ist gleich jungen Knaben, die ihrer Strafe warten. Ihr Männer und Frauen: Mein Platz ist jetzt fürder nit meh hier zu Rothenburg. Hie ist nichts meh zu tun. Florian Geyer, der Erzengel Michael dieser Zeit, hat sich in eure Stadt getan und sie feierlich in die große bäurische Einung aufgenommen. Damit ist der Sieg des Evangeliums hie zu Rothenburg vollkommen. Ich aber muß dort sein, wo der letzte Kampf noch zu kämpfen ist und wo das fernere Schicksal unseres Heiligen Deutschen Reiches sich entscheiden wird. Morgen mit dem frühesten wird das Rothenburger Geschütz in das Bauernläger vor Würzburg abgeführt, ich gehe mit nach Würzburg.«

Der blinde Mönch erhebt sich, während viele weinen und schluchzen. »Bruder Andreas, Gott ruft dich, und was wolltest du tun, wenn nit ihm folgen? Danke uns nit, denn durch dich hat Gott uns gesegnet mit seiner reinen Lehre, und wie sollen wir dir das danken. Durch dich ist das Feuer angezündet, das jetzo allgewaltig loht und brennt und das ich noch brennen sehe — Gott sei mein Zeuge! — durch meine blinden Augen. Gott sprach: Es werde Licht. Und es ward Licht. Gehe hin, du Gesegneter deines Vaters.«

Der blinde Mönch und Karlstatt umarmen sich. Ein Bauer steht auf. Er sagt: »Bruder Andreas, lebe wohl. Gott hat seine Werkzeuge probiert und hat viele verworfen, auch den Luther. Der Luther ist biegsamer Stahl, aber du bist fester Stahl. Der Luther ist ein Singerlein, pokulieret, schläget die Laute und singt Schelmenlieder. Er hat die Sache des Volkes verlassen und sich zu den Tyrannen gestellt, er hat die Sache des armen Lazarus verlassen und sich zum reichen Manne gestellt. So hat er denn die Sache des Himmels verlassen und sich für die Hölle zugerichtet. Du aber standest bei dem armen Manne jederzeit. Du hast nit den Hochmut derer, die an Geld reich sind, noch derer, die an Geist reich sind. Du nennest dich weder Doktor noch Magister, obgleich du des Luthers Lehrer gewesen bist an der Hohen Schul'. Du bekleidest dich auch nit als die Doktoren oder Magister, sondern als einfacher Bauersmann mit dem Strick um die Lende. So gehe denn hin nach Würzburg, wo sie deiner bedürfen, und hilf in Gottes Namen die neue christliche Ordnung aufrichten. Hilf aus Fürsten, Rittern, Bürgern und Bauern fromme, christliche evangelische Brüder machen. Ein einiges Reich hilf auf-

richten, mit einem einigen evangelischen Kaiser, darin sonst keiner Herr sei dann der, so der Geringste zu sein sich bemüht. Gehe hin mit Frieden. Amen.«
Umarmung, Schluchzen und Weinen, alle drängen sich zu und drücken Karlstatt die Hand.

SZENE 4

Es kommt Bewegung unter die Anwesenden. Menzinger tritt ein, Karlstatt auf ihn zu. »Wo hast du den Erzengel Michael, Bruder Menzinger?« Menzinger: er knirsche über der Lutherschrift, werde aber vielleicht noch kommen. Menzinger sagt, es sei eine Freude, welche Ordnung und Ruhe oben in der Stadt herrsche, und Rektor Besenmeier sagt pfiffig, daß dies die Galgen bewirkten, welche der Ritter habe aufrichten lassen. Ja, wenn man überhaupt diesen Mann gewähren ließe, sagt Menzinger, so wäre die Bauernsache schon gewonnen, aber er habe sehr viel Widersacher im Bauernlager. Um so nötiger, meint Karlstatt, sei es, daß er sich ins Bauernlager begebe, um den Hauptleuten über Geyer ein Licht aufzustecken. »Ihr wollt hingehn?« Menzinger äußert Bedenken.

SZENE 5

Karlstatt wendet sich zu einer Teufelsaustreibung in die Sakristei. Inzwischen bilden Rektor Besenmeier, Frau Karlstatt und Menzinger eine redende Gruppe. Menzinger malt den Schatten des Truchseß von Waldburg an die Wand, erzählt dessen Weinsberger Rache. Auch regten sich die Fürsten. Wie sich der Markgraf Kasimir halten werde, wisse man immer noch nicht, und Geyer wäre deswegen nicht wenig besorgt. Geyer brenne übrigens darauf, mit dem Geschütz zurückzugehen, um so schnell wie möglich den Frauenberg zur Kapitulation zu bringen. Besenmeier macht schmunzelnde Witzchen über den Buben Geyers, der mehr wie ein Mädchen aussähe. Menzinger schweigt. Mit frauenhafter Intressiertheit an Geyer sowohl als an dem Buben erwähnt Frau Karlstatt das Gerücht, nach dem dieser Bube ein Mädchen sei. Menzinger erzählt, daß er darüber nichts wisse, wohl aber, daß das Bürschchen oder Pseudobürschchen schon einige Jahre bei Geyer Zeltdienste verrichte, auch hübsch die Laute schlüge, sänge und geigte. Geyer habe ihn bei der Plünderung einer Stadt einem brutalen Landsknecht abgekauft, unter dessen Händen er bereits halb zu Tode gepeinigt worden war

SZENE 6

Geyer ist unbemerkt eingetreten. Abseits auf einem Chorstuhl sitzen[d], hört er eine Weile zu. Die Schreie des Besessenen dringen aus der Sakristei. Endlich wird Geyer von einigen bemerkt, die sich darob zuflüstern. Besenmeier wird aufmerksam, erkennt den Ritter und schreitet auf den ihm Entgegenkommenden zu. Der alte Mann schüttelt ihm gerührt und mit vielen lateinischen Zitaten aus Cicero die Hand. Er sei glücklich, den Helden, auf welchen jetzt aller Augen gerichtet sein, persönlich vor sich zu haben. Geyer ist verlegen und sagt nit sehr viel. Aller Augen sind auf ihn gerichtet.

SZENE 7

Karlstatt ist aus seiner Sakristei durch seine Frau geholt worden und tritt nun auch dem Ritter entgegen. Auch er hat einigen Wortschwall für ihn, der aber aus tiefer Seele kommt. Der Erzengel Michael kommt wieder darin vor.
Geyer scheint ein wenig bedrückt. »Ja, der Luther«, meint Besenmeier, »wer hätte das von Luther gedacht.« Einer der Anwesenden sagt: er macht Hochzeit, und da kommt ihm die Sache nicht gelegen. Ja, wenn er Hochzeit macht — und fährt fort, Geyer anzugehen, ob er sich denn nicht in Würzburg, etwa in der Bauernkanzelei, nützlich machen könne. Oh, es sei jetzt eine Lust zu leben, und Geyer und alle freuen sich über Besenmeiers hohen, fröhlichen Mut. Wieder steigt der Schatten des Truchsessen auf. Und daß er Weinsberg habe niederbrennen lassen etc. Da Geyer nun warm geworden, läßt er sich in folgender Äußerung aus: — — —
Der Sinn ist, daß er darauf brenne, den Truchsessen zu treffen. Er meint, je furchtbarer dieser jetzt wüte, desto mehr erbittre er die Bauern und sporne sie zur Rache. Jedermann werde jetzt begreifen, daß Truchseß und die Weinsberger Mörder auf ein und derselben Stufe stünden.

SZENE 8

Jetzt stürzt Geyers Bube herein. In weinender Wut. Befragt von Geyer, sagt er nichts. Die übrigen betrachten ihn befremdet. Er zeigt sich wild, scheu, mißtrauisch und widerstrebt selbst den Annäherungsversuchen der Frau Karlstatt. Jetzt kommt Tellermann, zieht Geyer beiseite und teilt ihm mit: es sei ein Bote von Würzburg da. Er habe den Daniel mitgeschickt, aber gleich darauf habe ihn das gereut, denn

der Würzburger sei ein rüder Patron, den er schon lange
kenne. Richtig sei er auch dazugekommen, als der Hund sich
an Daniel habe vergreifen wolle[n], so kurz der Weg aus der
Stadt herunter auch sei. Er habe ihm das Handwerk gelegt.
Jetzt trotze er draußen herum und begehre vor Geyer geführt
zu werden. Er nehme das Maul sehr voll und spräche sehr
übel von den Bäurischen in Würzburg und von einer Schlappe,
die sie erlitten hätten. Die letzten Worte erregen alle Anwesenden sehr, und Geyer meint: es habe ihn den ganzen Tag
belastet wie eine schlimme Vorahnung. Menzinger spricht
auch von Ahnungen. Er habe einen Menschenknochen gefunden, und das bedeute Unheil. Inzwischen ist Tellermann
gegangen, um den Boten hereinzuholen.

SZENE 9

Der Bote ist Grumbachs Knecht Peter. Er tritt ein mit ungeheurer Frechheit. In keiner Weise den kirchlichen Raum
respektierend. Tellermann, sichtlich von der Heiligkeit des
Raumes beeinflußt, hat Mühe, an sich zu halten. Mit frecher
Nonchalance fragt Peter nach dem Bauernhauptmann Geyer.
Dieser meint ruhig, der Bote möge sagen, was er zu sagen
habe, zunächst aber, wer ihn sende.
Der Ritter Wilhelm von Grumbach sende ihn, meint Peter,
und diesen Brief. Er hat den Brief auf eine sinnreiche Weise
verborgen und bringt ihn nicht ohne Mühe hervor. Für den
Fall, meint er übrigens, daß er den Brief verloren haben würde,
hätte es nicht viel verschlagen, denn er, Peter, hätte den
Bericht, der wahrscheinlich darin enthalten sei, auch mündlich vorbringen können. Seine Rede ist mit vielen Teufels-
anrufungen gespickt. Geyer liest den Brief hastig, bemerkt,
daß es die Handschrift des Sartorius sei, bei dem Scheine der
Ewigen Lampe. Dann zerknillt er ihn und geht, seine Umgebung total vergessend, klirrenden Schritts auf und ab.
Man flüstert besorgt, ohne zu fragen. Geyer bleibt stehen,
kommt dann zur Lampe und liest nochmals in dem Brief.
Dabei bewegt sich seine Brust schwer atmend. Jetzt bemerkt
er seine Umgebung, faßt sich, vergißt sich aber sogleich
wieder und geht auf und ab wie vorher. Jetzt aber ringt sich
ein tiefes, trocknes Röcheln mit jedem Atemzug tief aus seiner
Brust. Karlstatt hält nun den Augenblick für gekommen,
Geyer anzureden. Er fragt bewegt und bescheiden. Geyer,
seiner mit größter Anstrengung Herr werdend, antwortet auf

die Frage, was es gäbe: »Nichts, Bruder Andreas!« und geht schnell hinaus. Der Bube ihm nach.

SZENE 10

»Oh, ich glaub's wohl«, schreit Peter, »daß ihm das Kopfweh macht. Und deshalb hat mich's gefreut, ihm die Nachricht zu bringen. Der Teufel hole alle die verfluchten Bauern, die da nichts können als wehrlose Pfaffen abtun und nach den Würsten laufen.« Man dringt in ihn, er solle doch nur um Gottes willen sagen, was es sei. — Nichts weiter, gar nichts weiter, als daß sich ein paar tausend Bauern die Köpfe an den Mauern des Frauenbergs eingerannt hätten. Was für ein großes Maul hätten sie gehabt. Jetzt aber solle man nur sehen, wie sie wimmerten und jammerten und einer den andern zeihe, Ursächer des Handels zu sein. Pech und Schwefelkränze habe es aus der Besatzung geregnet. Hunderte der Angreifer lägen im Schloßgraben und müßten elend verrecken.

Menzinger: Und die Schwarzen waren mit beim Sturm?

Peter: Leichnam, wenn ihr noch dreißig Mann von ihnen am Leben findet, so soll mich die Eiserne Jungfrau zu Nürnberg umarmen, Herr Ritter!

Menzinger, zu Karlstatt: Jetzt seht Ihr, ob Treu und Glauben in der Welt ist. Auf das Evangelium hat's der Jakob Kohl ihm versprochen, kein Mann aus den Schwarzen sollt' eine Sturmleiter anfassen, bevor der Florian Geyer mit dem Geschütz nit zurück sei und Bresche geschossen hätte. Jetzt ist der Teufel in ihn gefahren, hat ihn angereizt. Hat wohl dem Florian Geyer den Ruhm nit gegönnt.

Karlstatt: Gott, Gott, deine Wege sind wunderbarlich. Wenn du die Sachen jetzt nit hinausführst... doch dein Wille geschehe. Lasset uns beten.

Peter wendet sich brüsk.

Karlstatt fragt: Und du, lieber Bruder?

Peter, ihn frech ansehend: Seid Ihr der Karlstatt?

Karlstatt: Ja, lieber Bruder.

Peter: So seid Ihr des Teufels, und dies ist des Teufels Kirchen. Ich bin ein Christ. — Ab. Menzinger und Tellermann folgen.

SZENE 11

Sensation unter den Anwesenden. Karlstatt wird bleich, faßt sich aber sogleich und bedeutet pantomimisch Tellermann

und Menzinger im Abgehen, sie mögen nichts gegen den
Menschen vornehmen. Besenmeier sagt auf lateinisch: »O
höllische Einfalt.« Aller Augen sind auf Karlstatt gerichtet,
der nun still betet. Darüber schließt sich die Szene.

DRITTER AKT

ZWEITER TEIL

SZENE I

In den oberen Zimmern des Gasthauses am Markte zu Rothenburg. Geyer und Menzinger sitzen beim Schach in einer
Fensternische. Weiter hinten ist der Harnischweber Kilian
damit beschäftigt, Geyers Harnisch auszubessern. Der Bube
Spielhänsel tut ihm dabei Handreichung.
Kilian geschmeichelt, daß der Held den Harnisch ihm zu
machen gegeben habe. Einen bessern Harnischmacher hätte
er übrigens nicht finden können, selbst nicht zu Nürnberg.
Dies sei übrigens ein französischer Harnisch und sehr kostbar,
obgleich gebraucht und rostig. Geyer, vom Spiel aufsehend,
erzählt kurz, wo und wie er den Harnisch gewonnen habe.
Es geschieht ohne Prahlerei. Die an sich brutale Kampfszene
muß plastisch und selbstverständlich herauskommen.
Menzinger erzählt auch eine Harnischgeschichte. Er habe
seinen Harnisch von dem vertriebenen Herzog Ulrich von
Württemberg. Geyer meint, von diesem habe er sein schönes
Lieblingspferd geschenkt bekommen (Name des Pferdes?).
Beide tauschen nun gemeinsame Erinnerungen an Herzog
Ulrich aus, wodurch ihre Beziehungen zu ihm hervortreten.
Sie loben ihn und seine Maximen. Er sei vom Unglück durchgeschüttelt und dadurch ein ganz andrer Mann geworden.
Wenn ihn Ulrich Hutten gekannt hätte, meint Geyer, er
würde nicht mehr wider ihn geschrieben haben. Kilian will
wissen, wie er eine Stelle auszubessern habe. Geyer tritt zu
ihm. »Flugs, Spielhänslein, tu einen Zug für mich. Er hat es
müssen lernen, Menzinger.« Spielhänsel geht und spielt, während Geyer geht und mit Kilian verhandelt. Nun tritt Geyer
wieder ans Schachbrett. Ziemlich erregt macht er Spielhänsel
eines sehr schlechten Zuges wegen Vorwürfe. Allmählich

kommt er zu der Meinung, der Zug sei absolut verhängnisvoll.
Er will ihn zurücknehmen. Menzinger verweigert es lachend.
Da stürzt er das Spiel um und gerät, sichtlich verstimmt, in
Grübeleien. Menzinger erzählt, das Rothenburger Geschütz
habe schon zu Würzburg Bresche geschossen. Geyer nimmt
es auf mit gemachter Gleichgültigkeit. Er fordert Spielhänsel
auf, die Gitarre oder Geige zu nehmen. Der Bube tut das.

SZENE 2

Kretzer kommt: »Es ist ein Jud' unten, der neue Zeitung von
Würzburg weiß.« — »Was geht mich Würzburg an, Bruder
Wirt«, und er bestellt Hippokras und Speisen. »Wenn Ihr den
Wein«, sagt er, »durchaus in Silber bringen wollt, so tut es.
Aber die silbernen Schüssel und Teller sind nit für mich.« —
»Wer soll ihrer würdig sein«, meint Kretzer, »wenn nit Ihr?«
Kretzer ab.

SZENE 3

Spielhänsel spielt. Die Ritter hören zu. Geyer wird sichtlich
weicher. Schließlich sagt er: »Sie müssen Landsknechte haben.
Was können sie mit den Bauern ausrichten, die nur immer
nach den Würsten laufen? Geh, Spielhänsel, heiß den Juden
heraufgehen.« Spielhänsel ab.

SZENE 4

Besenmeier ⟨Menzinger redet in Geyer ein: er möge doch
seinen Groll fahren lassen und nach Würzburg zurück⟩ gehen.
Die Läufte gestalten sich immer drohender für die Bauern.
Geyer braust auf. »Haben sie den Pfeffer versalzen, so mögen
sie ihn auch auffressen.« Er wendet sich zu einem Haufen
Plunder, der daliegt. Menzinger: »Ei, ein Paar schöne cordo-
vanische Schuh.« Menzinger fällt etwas ein, er zeigt Geyer
ein silbernes Kruzifix. Geyer vertieft sich darein mit künst-
lerischem Verständnis und Entzücken. Menzinger verehrt es
ihm. Man konnte Bilder und Bildwerke für Billiges bei den
Juden kaufen, das mache Karlstatts wüster Bildersturm. Der
unsinnige Mann reiße alles, was Bild heiße, von den Wänden
der Kirchen ab etc. etc. Geyer äußert seinen Abscheu gegen
dieses fanatische Beginnen. Menzinger sieht Ratsherrn nach
dem Rathaus gehen und muß zur Sitzung. Ab.

SZENE 5

Der Harnischmacher ist mit seiner Arbeit fertig. Er geht.

SZENE 6

Geyer, allein, verrät sofort große Unruhe und Schmerz. Es treten ein der Bube und Pfefferkorn. Der Bube räumt das Schachbrett weg, Pfefferkorn hat gegrüßt und steht nun demütig abwartend. Geyer bemerkt ihn, schreit ihn an, was er wolle, und der Jude, erschrocken, zieht sich zurück.

SZENE 7

Gedankenvoll nimmt Geyer seinen Platz am Fenster wieder ein. Der Bub setzt ihm Wein vor, dabei hält Geyer seine Hand fest. »Du bist wie ein treuer Hund. Nein, wie ein Falk bist du. Vom Falken hast du was. Woher hast du den Becher stibitzt?« Es entwickelt sich eine kurze, anmutige, zum Teil lustige Szene, die beide zu Kindern macht und momentane Vergessenheit mit sich bringt. Darin charakterisiert sich das Eigentümliche ihrer Beziehung. Spielhänsel ist ein Zeltinventarstück und hält beste Beziehungen zu Geyers Pferd, Tellermann etc.

SZENE 8

Rektor Besenmeier kommt. Er fragt, ob er störe. Geyer verneint.

Wie man sieht, mag er den Alten besonders gern und liebt ihn. Der Alte ist furchtbar geschäftig im Dienste der bäurischen Sache. Insbesondre liebt er den Geist, der das fränkische Heer durchdringt, weil dieser der freiste Geist ist. Für das fränkische Heer will er das Heuserhof-Getreide vorbehalten wissen. Aber es sei ein Stechen darum, wie die Schwalben um die Nester. Väterlich spricht er nun zu Geyer und redet ihm ein, nach Würzburg zu gehen. Ihm gegenüber ist Geyer weich und einfach: es sei nicht Trotz und Groll, weshalb er hierbleibe. Rothenburg müsse prononciert bäurisch bleiben, um den Markgrafen Kasimir im Schach zu halten und schließlich zum Eintritt in den Bund zu bewegen. Nach dem verunglückten Sturm auf Würzburg sei die Gewinnung des Markgrafen am wichtigsten. Außerdem, da er nun einmal in die Diplomatie hineingekommen sei, so möge man ihn auf dem Schweinfurter Landtag, der ja ausgeschrieben sei, gebrauchen. In Würzburg sei die Konfusion zu groß unter den Hauptleuten, er woll[e] sie nicht noch vermehren. Fasse der Landtag gute Beschlüsse, so werde von dort aus ein einheitliches Regiment vielleicht zu erzielen sein. Der Jude berichtet so gar schlimme Sachen, meint Besenmeier, von

dem Empfang Karlstatts im Bauernlager und von der Kopflosigkeit der Würzburger Hauptleute. Geyer lacht wild auf.
Es entsteht ein Geschrei auf der Straße. Der Bube am Fenster
berichtet, es sei ein Ritter mit dem bäurischen Abzeichen am
Helm. Hinter ihm reite der Knecht, der die Sturmbotschaft
gebracht habe. Geyer erkennt Wilhelm von Grumbach und
gerät in große Aufregung. Besenmeier ist mit Geyer dem
Ritter entgegengegangen und entfernt sich, als Grumbach
eintritt.

SZENE 9

»So«, meint Grumbach, »endlich hab' ich dich.« Er läßt sich
den Harnisch lockern und die Weinkanne reichen. »Du läßt
dir's behagen«, meint er ironisch, »während unsereiner vom
Klepper fallen möchte vor Müdigkeit.« Er ißt und trinkt,
wobei Geyer nur immer auf seine Stärkung bedacht sei.
Dann erzählt er die Würzburger Vorgänge, denen gegenüber
Geyer anfänglich künstliche Interesselosigkeit vorwendet.
Grumbach berichtet, Jakob Kohl sei nahe an Verzweiflung,
er flehe den Geyer an zurückzukehren. Und wenn nicht alles
verloren sein solle, müsse Geyer zurückkehren. Der Truchseß
rücke immer näher, und zwar unerhörte Rache schnaubend.
Die Bäume, die an seiner Straße stünden, behinge er mit
Bauern.

Geyer, im tiefsten erschüttert, wird äußerlich um so schroffer.
Seine Rede ist, was gehe ihn das an ? ⟨Da nennt ihn Grumbach
einen Verräter an der Bauernsache. Geyer braust auf. Dann,
meint Grumbach, sei er ein Verräter an ihm, denn er habe
ihm alles ganz anders, zuversichtlich und hoffnungsreich,
dargestellt.⟩ »Was passiert uns wohl«, meint er, »wenn der
Truchseß mit den Waffen in der Hand uns überwindet?«
Was dann passiert,meint Florian, sei ihm ganz gleichgültig.
Er danke dafür, meint Grumbach, ihm sei das durchaus
nicht gleichgültig. Er wolle weder seine Güter verlieren noch
gar den Tod auf eine so schmähliche Weise finden. Außerdem
foltre ihn auch jetzt sein Gewissen. Er habe das Gefühl, die
Sache sei doch gegen Gottes Ordnung gerichtet gewesen, was
ja auch der Luther, der große Prophet, erklärt habe. Geyer,
ihn durchschauend, ironisiert sein Christentum. »Aus dir
spricht der Geist der gottlosen bande noire.« — »Ach, lassen
wir das«, sagt Geyer, »denken wir lieber darauf, wie wir der
Sache noch weiter nützen.« — »So geh nach Würzburg!« —
»In zween Tagen reite ich nach Schweinfurt. Von dort aus

zum Markgrafen Kasimir. Die Unterredung mit ihm ist mir nun definitiv bewilligt. Es ist alles durch Menzinger gegangen. Hab' ich dies alles erledigt, so kann ich mit Vorteil nach Würzburg gehen. Für dich aber habe ich einen Auftrag.« — »Ich gehe nit nach Würzburg zurück.« — »Wohin gehst du?« — »Ich habe den Auftrag, die Sache mit dem Markgrafen zu betreiben an deiner Statt.« — »Nun, so sind wir zwei in diesem Geschäft, was vielleicht ganz gut ist. Du reitest nach Ansbach und bereitest mir die Unterredung nochmals vor. Wir treffen uns auf dem Landtage zu Schweinfurt.« — »Meinst du«, fragt Grumbach, »auf Kasimir einwirken zu können?« — »Ich wünsche nichts sehnlicher, als ihm gegenüberzustehen.« — »Darf man nicht wissen, welche Mittel du hast, ihn zu beeinflussen?« — »Jetzt nicht, Wilhelm.« Wilhelm geht nun gradeheraus: »Weißt du, was man von dir sagt, du habest noch jetzt französische Bestallung.« — »Wer sagt das?« — »Die dich verdächtigen wollen. Man sagt, du seist außerdem des Herzog Ulrich von Württemberg heimlicher Diener. Desgleichen der Menzinger. Der französische König wolle dem Kaiser Karl, mit dem er im Krieg liegt, einen Gegenkaiser machen, und dies solle kein andrer sein als Ulrich von Württemberg.« — »Um all das zu verstehn, Grumbach, bist du noch viel zu jung. Wer auf dem Meer ist und ein Ziel hat, muß jeden Wind nützen. Und ich habe ein Ziel. Kein niedres, Gott weiß es.« — »Du gibst es also zu?« — »Nichts gebe ich zu.« — »Lassen wir das also. Wie du es machst, ist mir gleichgültig. Wenn du den Markgrafen gewönnest, so wäre das genug. Mir gleichgültig, es geschehe mit französischen Sonnentalern oder nit.«

Geyer: Der Jud' soll heraufkommen.

Grumbach: Was soll's mit ihm?

Geyer: Wir brauchen Landsknechte, ordentliche Kriegsleute. Der Pfalzgraf hat an 3000 Knecht' entlassen. Die müssen wir haben. Ich kenne die Hauptleute und will sie beschreiben. Will man sie sicher haben, muß man ihnen ein gut Stück Geld auf den Lauf geben.

Grumbach: Ja, ja, Geld. Woher nimmst du das Geld. Die Hauptleut' zu Würzburg haben kein Geld.

Geyer meint, das wisse er, und deshalb habe er beschlossen, es anders zu beschaffen. Der Jude müsse es vorstrecken und dafür sein Vermögen als Pfand nehmen. Er fragt den Grumbach, ob die Sachen noch alle in seiner Hut vorhanden wären. Grumbach bejaht es. Sagt aber, er möge doch an sein

Weib und sein Kind denken. Das wäre wohl jetzt der rechte
Augenblick am wenigsten.

SZENE 10

Der Jude kommt. Geyer: »Kennst du mich?« Pfefferkorn
bejaht. »Kennst du den Junker von Grumbach?« Der Jude
bejaht es mit Eifer und Überschwang. »Wo hast du das Gut
hingelegt?« fragt Geyer Grumbach. »Teils zu Rimpar, teils
zu Bleichfeld.« Der Jud' fährt heraus, daß er das Gut kenne,
und fragt, es aufzählend, ob es dies sei. Geyer bejaht und
fragt, ob er ihm darauf soundsoviel Tausend leihen wollte.
Er freue sich, meint der Jud', Geyer dienen zu können. Darauf
fallen seine listige[n] Blicke auf Grumbach, der betreten
scheint. Natürlich, meint der Jud', müsse genügende Versicherung gegeben werden. Nun aber tut er, als ob ihm etwas
einfiele, und zählt nochmals die Güter auf. Ob es diese sein?
Grumbachs Unruhe steigert sich, und er wirft den Juden
hinaus. »Das Geschäft«, sagt er, »könnt ihr später miteinander
abmachen.«

SZENE 11

»Ich setze mich und beschreibe die Hauptleute«, sagt Geyer.
»Dein Knecht, der Teufel, mag das Schreiben besorgen.« —
»Mann!« sagt Grumbach, nachdem er eine Weile erregt umher-
gegangen. »Hängst du denn immer noch so mit Leib und
Seele an der Sache?« — »An welcher Sache?« fragt Geyer
befremdet. »Du setzest Leib, Gut, Leben daran, und sie
belohnen's mit Undank.« — »Tu ich's etwa um Lohn, Grumbach?«

Grumbach: Sie haben dir's bis jetzt verschwiegen; ich seh's
nit ein, weshalb man dir es nit sagen soll. Giebelstadt ist
niedergebrannt. Konnten sie nit dein Stammschloß schonen?
Geyer: Giebelstadt ist niedergebrannt?
Grumbach beteuert es, er sei selber vorbeigeritten. »Und du
hast noch immer keinen andern Gedanken, als für diese
rotzigen Bauernhunde den Tod zu suchen?«
Geyer sieht Grumbach lange und durchdringend an, dann
drohend: »Grumbach, Grumbach!« Er wendet das Gesicht
zum Fenster, dann verbirgt er es in den auf den Tisch gelegten
Arm. Man hört kein Schluchzen noch Weinen.

VIERTER AKT

ERSTER TEIL

SZENE 1

Saal im Rathaus zu Schweinfurt. Der Ratshausknecht putzt und rückt Sessel zurecht. Peter pocht herein. Hausknecht fragt ihn, was er wolle. Er suche den Wilhelm von Grumbach. In der Stadt sei er nit zu erfragen. Er habe geglaubt, hie im Rathaus ein ganzes Rudel der Aufrührer versammelt zu finden. Der Landtag sei noch nit angegangen, meint der Stubenknecht. »Daß Gott sich erbarm' über den Landtag«, höhnt Peter, »sie werden schnell genug gar zu Ende gelandtagt haben.« Erzählen sich, daß Rimpar und Estenfeld verbrannt sei und daß der Junker darüber nicht schlecht wüten werde. Ob er etwas Neues von Würzburg wisse. »O ja«, meint Peter; der Götz mit einer Handvoll Gesindels sei dem Truchsessen entgegengerückt. Die Bauern seien übrigens der ganzen Sache müde und liefen haufenweise davon. Die Angst vor dem Truchseß beraube sie fast der Sinne. Der Hausknecht meint, es würden viele dabei den Hals verlieren: Was ihn anbelange, er habe es nie mit den Bauern gehalten.

SZENE 2

Sartorius kommt, blaß, zerstreut und sorgenvoll. »Hast du nichts vom Junker gehört, Peter?« Peter sagt, er habe dasselbe fragen wollen. »Ich sollte hier zu Schweinfurt mit dem Junker zusammentreffen.« — »Ich auch.« Es ist Sartorius sehr peinlich, denn er wisse nun nicht, wie er sich halten solle. Man könnte dieser Zeit um seinen Kopf kommen, meint Peter höhnisch, ohne daß man recht wisse, wie. Sartorius kann vor Furcht und Erregung nicht antworten. Um beides zu verbergen, tritt er an den Tisch und legt seine Akten darauf. »Ich bin, scheint's, der erste«, sagt er.

SZENE 3

Bubenleben kommt, ebenso blaß, kummervoll, aber fest. Begrüßung. Sartorius redet ihn an, bittet um Auskunft. Sein Herr, Grumbach, habe ihn herbeschieden, sei aber selbst nicht gekommen. Er wisse nun wirklich nicht, ob er dem Landtag beiwohnen solle. Bubenleben macht ihn darauf aufmerksam, daß er ja doch aus dem Bauernrat und von Bauern gewählt sei. Sartorius verwahrt sich. Er sei durchaus nur ein Diener seines Herrn, des Junkers von Grumbach, und habe auch im Bauernrat nur als Grumbachs Diener gesessen. Der Junker müsse auch durchaus für ihn einstehen. »Das bringet vor«, sagt Bubenleben mit einem Anflug von Galgenhumor, »wenn man Euch peinlich verhören wird, Herr Doktor.« Auch Bubenleben legt seine Akten auf den Tisch.

SZENE 4

Jakob Kohl kommt. Hinter ihm der Weinsberger, hinter diesem der Menzinger. Im übrigen noch einige Städteboten. Jakob Kohl blickt ängstlich nach der Tür. Er erwartet und fürchtet Geyer. Es wird sehr wenig gesprochen, beinahe nur geflüstert.

SZENE 5

Geyer kommt und fragt, ob vom Markgrafen Geleit da sei. Alle sind still in seiner Gegenwart. Er brennt darauf, und es ist höchste Not, daß er den Markgrafen spreche. Als ein Städtebote vom Markgrafen sprechen hört, tritt er herzu und meint, es sei ein seltsamer, ungeheuerlicher Bericht vorhanden, wie und was der Markgraf jetzt Grausamliches vornähme. Der Mann — Augenzeuge könne man allerdings nicht sagen — wäre mit seiner Mutter im Stalle der Herberge gelegen. Sein Wimmern habe den Städteboten auf ihn aufmerksam gemacht. Er habe ihn mitgebracht, und er sei in der Trinkstuben, von wo er ihn holen wolle. »Ist dein Junker hier?« Peter verneint es. Die Stimmung wird immer dumpfer und gedrückter.

SZENE 6

Nun kommt ein geblendeter Bauer, von seiner Mutter geführt. Seine und der Mutter steinerweichende Erzählung von der markgräflichen Grausamkeit zu Kitzingen. Entsetzen der Anwesenden und wachsende Angst. Wie eine drohende Wetterwolke komme es näher und näher. Tellermann, Spielhänsel und andere sind mit hereingekommen. Als die Erzählung zu Ende ist, setzt Geyer mit furchtbarem Ernst sich zum Tisch, und der Stubenknecht drängt die Leute hinaus.

SZENE 7

Die Sitzung wird eröffnet. Sartorius weist das Präsidium entschieden ab. Menzinger höhnt ihn. Sartorius wird kläglich in seiner Angst. Bubenleben präsidiert. Es wird festgestellt, wer zugegen ist und wer nicht zugegen ist von den Erwarteten.

Das Resultat ist ein verzweifeltes und der Landtag eine Lächerlichkeit. Dies wird auch von Bubenleben ausgesprochen. Hierauf ziemliche Pause. Jeder scheut sich, den Funken in den vorhandenen Zündstoff zu werfen. Geyer, in dem der Groll, die Wut und die Verzweifelung arbeitet, hält sich nicht länger. »Nun, Herr Pfarrer, Ihr wisset doch immer den besten Rat in Kriegssachen. So helfet uns doch heraus. Ihr wußtet doch so wohl, wie man das Würzburger Bischofschloß mit Backpflaumen zusammenschießen könnte. Ich denke doch, daß es herunter ist. Oder nit?« — Bubenleben erklärt, daß er nicht gekommen sei, sich mit Worten herumzuschlagen. »Ei«, meint Geyer, »Ihr habt das doch immer so wohl gekonnt und alles so fein säuberlich mit Worten bewiesen: Wie es sein müßt' und wie es nit sein könnt'. Aber wie es nit sein konnt', just so ist es geworden. Wie steht's mit der Burg? — Ist sie herunter?« —

Bubenleben: So fraget mich nit, was Ihr selber wißt.

Geyer: Wie steht's, Jakob Kohl, habt Ihr Euer Wort gehalten? Wo habt Ihr meine Schwarzen? — Sind sie wohl, frisch, willig und fröhlich? — Kann man mit ihnen dem Truchseß und dem Teufel genübertreten?

Kohl sagt: Bruder Geyer, wenn ich's könnt' ungeschehn machen. Aber — ich hab's nit freiwillig getan, gedrungen und gezwungen durch den ganzen hellen Haufen, des seid ihr mir Zeugen.

Geyer springt auf: »Ei was, Reue oder nit, Zwingen oder nit, was liegt jetzt daran? Wißt ihr, was ihr getan habt?« Mit tränenerstickter, aber furchtbarer Stimme: »Die beste Sach', die größte Sach', die heiligste Sach', eine Sach', die Gott einmal in unsere Hand gab und vielleicht nimmer, ihr habt sie verwaltet als die nichtswürdigsten Hänse und Buben. Jeder von euch hat gedacht: ich sollt' billig König sein. Hanswürste seid ihr gewesen und Pöbeldiener. Despoten und Pöbelherrschaft sind mir gleich sehr ein Greul. Was habt ihr getan? — Ausgerichtet habt ihr euch nit anders dann die Hüttenbuben, Und das größte Maul hat euch in den Sack gesteckt. Buben wie dieser Weinsberger, die auf die Welt kamen mit einer Schlinge um den Hals, solche Buben haben euch ins Bockshorn gejagt. Mucks nit, sonst, wenn ich gleich Henkersarbeit mein Lebtag nit getan hab', schlag ich dich voneinander, du Auswurf. Hinaus, sag' ich. Ich will dich nit sehn.« — Man versucht, sich gegen ihn aufzulehnen: Menzinger allein läßt ihn

gewähren. »Hinaus«, wiederholt er, bis der Weinsberger sich
entfernt hat. »Wer sind wir«, fragt Bubenleben, »daß wir uns
von diesem Manne schmähen und beleidigen lassen?« — »Was
ihr seid«, fragt Geyer, »das will ich euch sagen. — Männlein, die
ich für weit mehr genommen habe, als sie sind. Hätt' ich euch
von Anfang so gefaßt, als ihr's verdient, die Sach' stünd' itzt
auf einem andern Fleck. Dixi! Und itzt faselt weiter, soviel ihr
immer mögt. Nützt es nichts, so ist die Zeit, in der es schaden
konnte, nun auch vorüber.« Die Sitzung ist gesprengt.

SZENE 8

Geyer, Menzinger, Kohl, der Blinde und die Mutter, dazu
Tellermann abwartend in der Tür.
Der Bürgermeister bietet Geyer einen Ehrentrunk an. Er hat
keine Zeit. Tellermann muß warten. »Wo willst du hin?«
fragt Menzinger. — »Noch einmal nach Rothenburg. Trotzdem
Kasimir das Furchtbare getan hat, ist er vielleicht doch noch
umzustimmen. Und solange ich von Grumbach keine Nachricht habe, ist für mich noch nichts entschieden.« — »Du hast
dich verbissen auf diese Sache«, meint Menzinger. In der Tat
hat Geyer sich darauf verbissen, weil sonst seine ganze Abwesenheit von Würzburg zwecklos und ohne Resultat wäre.
Er wird dem Peter noch Aufträge für Grumbach geben, aber —
Eile, Eile, Eile.

SZENE 9

Tellermann meldet, die Pferde stünden bereit. Da ändert
Geyer plötzlich seine Disposition mit Bezug auf ihn. Er wisse
nit, meint er, wie es komme, aber was Weib und Kind
anlange, sei er beunruhigt. Tellermann und Spielhänsel sollten reiten und Frau und Kind aus Schloß Grumbach nach
dem sicheren Rothenburg bringen. Seine Frau habe in Briefen
geklagt etc., das heißt, Tellermann solle bedenken, ob er
nicht aus des Junkers Dienst jetzt treten wolle, da er darin
jetzt leicht Blut, Leben und Ehre verlieren könne. Tellermann will bei ihm sterben und genesen. »Aber, Junker, wenn
es einmal um die Letzt ginge, möcht' ich wohl gern an Eurer
Seite mein Ende finden.«
Spielhänsel: Junker, lasset mich mit Euch gehen.
Tellermann: Nehmet ihn mit, Bruder Geyer, er ist keinem
nütz ohne Euch.
Geyer: So komm mit, törichter Bub, und lasset uns reiten,
was die Gäule nur vermögen.

VIERTER AKT

ZWEITER TEIL

SZENE 1

Das Zimmer im Oberstock des Rothenburger Gasthauses. Nacht. Spielhänsel sitzt bei einem Licht an der Tür zu Geyers Schlafzimmer. Kretzer und Menzinger kommen. Kretzer sagt: »Seht doch, das Zimmer ist ganz hell, so blutrot leuchtet der Himmel. Schläft der Ritter?« Spielhänsel fleht um Ruhe. Der Ritter habe sich seit kaum einer Stunde zur Ruh' begeben. »Ja, du lieber Bub«, sagt Menzinger, »vielleicht ruhen wir bald ganz, itzt aber müssen wir wachen, als lang wir können. Geh hinein, sag deinem Ritter, es sei eben ein Bote zur Stadt herein, der angegeben habe, vom Markgrafen Kasimir zu kommen.« Spielhänsel verschwindet im Schlafzimmer.

SZENE 2

Kretzer tritt an eine große Truhe. Ihre Gegenwart bedrücke ihn ein wenig, meint Kretzer. Es sind alles Schriften des Rothenburger Ausschusses. Menzinger tröstet den Wirt. Es sei doch hie zu Rothenburg noch keine Gefahr vorhanden. »Herr Ritter«, sagt Kretzer, »täuscht Euch nicht über die Lage der Dinge. Die Ehrbarkeit regt sich wieder, sie halten geheime Sitzungen ab.« Eine Gesandtschaft an den Truchseß sei darin beschlossen und besprochen worden.

SZENE 3

Rektor Besenmeier kommt. Ängstlich fragt er nach Neuigkeiten: »Seit wann seid Ihr zurück von Schweinfurt?« — »Vor kaum einer Stunde sind wir eingeritten.« — »Wie war's auf dem Landtag?« — »Trüb.« — »Nun, hier ist es auch nit hell«, und Besenmeier fährt fort: hie zu Rothenburg sei ein merklicher Umschlag eingetreten. Die alte Partei erhebe ihr Haupt. Er habe Not gehabt, sich hierherzuschleichen. Es werde eine furchtbare Geschichte erzählt und kolportiert, wonach die Bauern den Lorenz Knobloch in Stücke gerissen hätten. Man billige die Grausamkeit des Markgrafen gegen die Bauern vollkommen. Ob denn diese furchtbaren Gerüchte über den Markgrafen wahr seien, Kasimir habe doch immer mit den Bauern geliebäugelt. »Wir werden es gleich erfahren«, erklärt Menzinger, »durch den Boten des Markgrafen, der

eben herein ist.« — »Es wird gut sein«, meint Kretzer, »ihn
möglichst unbemerkt heraufzuführen«, denn in der Wirts-
stuben befehdeten sich die Parteien mit spitzen Worten.

SZENE 4

Karlstatt kommt voller ängstlicher Hast. Ob man hier schon
eine Nachricht habe? Bei Königshofen sollten die Bauern
eine entsetzliche Niederlage erlitten haben. Man erklärt,
nichts zu wissen. Auch der Rothenburger Boden, meint
Karlstatt, werde nachgerade so heiß, daß man kaum mehr
bleiben könne.

SZENE 5

Der Bube kommt und nimmt Menzinger mit sich zu Geyer.
Karlstatt meint, daß der Ritter Menzinger sehr gefährdet sei.
Überall auf Straßen und Plätzen würden Verwünschungen
gegen ihn laut. Auch Kretzer und Besenmeier wissen davon
zu berichten. Die Truhe wird wieder einen Augenblick Gegenstand der Unterhaltung.

SZENE 6

Geyer, im Schlafpelz, und Menzinger treten heraus. Stumme
Begrüßung. Man nimmt Platz um einen großen Tisch.
Menzinger ist von ungefähr ans Fenster geraten und berichtet,
daß eine Menge Volks sich vor der Tür des Wirtshauses
angesammelt habe. »Dann, scheint's, ist der Bote herein«,
sagt Kretzer und geht ab.

SZENE 7

Geyer ist unruhig in Erwartung des Boten. Keiner spricht.
Von draußen das Murmeln des Volkes. »Wir halten ein richtiges Klostersilentium«, unterbricht Besenmeier. Geyer fragt
demnächst Karlstatt: »Nun, Herr Magister, wie habt Ihr es
gefunden im Lager der Bauern zu Würzburg?« Karlstatt
spricht mit Entsetzen und Grauen davon. Geyer schwach
ironisch. Besenmeier, ebenso ironisch, meint: Im Himmel
werde das alles besser werden. Geyer bestätigt schwermütig:
»Im Himmel, im Himmel sind Freuden so viel, da tanzen die
Engelchen und haben ihr Spiel.« — »Wie fing sich die Sache
großartig an«, meint Menzinger. Florian gedankenvoll: »Der
furor tedesco — ein armseliges Ding, dieser furor tedesco.«

SZENE 8

Der Bube bringt Wein. Geyer: »Frau Venus und Frau Hulde,
mit deinen Zauberschätzen!« Nun kommt eine seltsame Fröh-
lichkeit über ihn, und er will, daß der Bube singe.

SZENE 9

Da tritt mit Kretzer der »bissige Ritter« herein. Zerlumpt, bestaubt, Arm und Stirn verwundet und verbunden. Alle springen auf. Der Ankömmling, halbirr, orientiert sich nicht sogleich. Als er Florian erkennt, schreit er: »Ritter, Ritter, alles verloren — Götz! — Verräter.« Man bemüht sich um ihn, sucht ihn zu beruhigen. »Ritter, nach Würzburg, nach Würzburg! Geht nach Würzburg.« Er kann nicht mehr sprechen, man flößt ihm Wein ein. »Wo kommst du her?« fragt man ihn. »Königshofen, Königshofen«, haucht er. »Alles verloren, geht nach Würzburg, Ritter, nach Würzburg«, und bricht zusammen. Man legt ihn auf eine Bank. Karlstatt murmelt Gebete. Der Bote phantasiert. Bilder von Schlacht und Flucht entstehen und jagen sich in seinen abgerissenen Worten. Geyer übergibt ihn dem Buben, der bei ihm bleibt. Eine momentane Panik bricht aus, die von Menzinger gestillt wird. Das Volksgemurr nimmt zu. Karlstatt ist davon.

SZENE 10

Kretzer hat sich über die Truhe gemacht und stopft Papiere daraus in den Ofen. Der Verwundete ist ruhig geworden. »Spielhänsel«, sagt Geyer, »geh, gib den Pferden zu trinken und schütt ihnen eine Metz Habern auf, alsdann wollen wir reiten.« — »Wohin?« fragt Menzinger. »Wollt Ihr nit meh auf die Botschaft vom Markgrafen warten?« — »Wartet nit meh«, ruft Kretzer von den Papieren. »Der Junker von Grumbach ist an der Spitze markgräf[licher] Reiter in unsere Landwehr gefallen. Es ist für gewiß. Der Absagebrief liegt drüben auf dem Rathaus. Er ist von Grumbach mit unterschrieben.« — »Judas! Judas!« knirscht Geyer. »Jetzt, Wirt! neuen Wein, viel Wein. Und essen will ich, bevor ich reit'. Bring Lauchkolben, mach mir ein Hotzenplotz und viel Essig darein. Es ist ein langer Ritt bis Würzburg, und wenn wir ankommen, werden wir noch weniger ruhen können. Das heißt, willst du mitreiten, Hänsel?« — »Ja.« — »Bedenk dich wohl. Bei meinen bäuerlichen Ehren: Ich fürchte, es wird unser letzter Ritt sein, und sie werden bald genug Jahrmarkt halten auf unserm Kirchhof. Bedenk dich, Hänslein. — Ich spaße nit. Begib dich zum Markgrafen Kasimir oder zum Würzburger Bischof und sag ihm, was für ein sonderbares Büblein du bist. Sie werden dein wohl pflegen und hüten, bei meinem Bauerneid. Willst nit?« — »Ich will bei dir sterben und genesen, Herr!« — »So geh und sattle die Gäule.«

SZENE 11

Kretzer trägt Essen auf. »Was wirst du jetzt tun?« fragt Menzinger.
[Florian:] Der Langenmantel schreibt mir, und ich trag' den Brief schon mehr Täg' mit mir herum. Ich soll mich wieder in des französischen Königs Dienste begeben. Was tu' ich, rat mir.
Menzinger: Du müßtest sehen, nach der Schweiz zu entkommen.
Geyer: Gefehlt, itzt hab' ich dem Volk gedient, nun dien' ich keinem König mehr. Wirt! heiß Spielleute heraufgehn!
Menzinger macht Einwände.
Geyer: Blau, ohne Spielleut' kein Tanz, und itzt soll der Tanz angehn, als ich mein'. Hei! ich bin fröhlich und frisch dazu.
Der Verwundete phantasiert wieder. Über ihm wird er traurig. »Hast brav ausgehalten, Landsmann, schlaf, Landsmann.« Der Ritter reckt sich und stirbt mit einem Seufzer. »Er schläft«, sagt Geyer. Feierliche Stille. Er begibt sich an den Tisch. Sie sitzen schweigend darum.
Geyer spricht: Wo ist man die erste Nacht nach dem Tode?
Besenmeier: Bei St. Gertrauden, sagt man.
Geyer: Die zweite?
Besenmeier: Bei St. Michel.
Geyer: So werd' ich übermorgen St. Gertrauden und über drei Tag' St. Michel von Euch grüßen. — Die Landsknecht' machen ein Lied über ihre Feinde, wann sie dieselben zu Fall bracht haben. Was für ein Lied werden die Leut' über uns machen? — Ei was! stoßt an. Lasset uns die Letzte miteinander trinken und fröhlich sein. Wir heut, ihr morgen. Der Tod ist allen gewiß. Und unsre Sache war gut. Es gibt keine bessere.

SZENE 12

Gitarren-Frau kommt mit Buben. Geyer: »Fürchtet euch nit — singet. Den Toten störet es nit.« Sie beginnen von Geyers Weinsberger Sturm zu singen. Geyer läßt den Kopf auf die Arme sinken und schluchzt. Menzinger schiebt die Spielleute hinaus.

SZENE 13

Spielhänsel kommt herein.
Geyer erhebt sich: Ich muß die Rüstung fühlen. Komm, Hänsel, leg mich an.

Während es geschieht, fragt Besenmeier: Herr Ritter, was erhoffet Ihr doch von Kasimir?

Geyer: Das will ich Euch sagen, es gibt jetzund wenig Fürsten im deutschen Land, die nit Gold vom französischen Könige nehmen. So hab' ich selbst Briefe gesehen vom Markgrafen im Lager zu Pavia, worin er zusagt, für Geld demjenigen Fürsten seine Stimme zu geben bei der Kaiserwahl, den der französische König bezeichnen würde.

Besenmeier: Wer war der Bezeichnete?

Geyer: Des Kaisers Karl natürlicher Feind, der vertriebene Ulrich von Württemberg.

Besenmeier: Und für ihn habt Ihr gewirkt?

Geyer: Ja.

Besenmeier: Und auch Ihr kanntet die Pläne?

Menzinger: Ja.

Besenmeier: Bruder Geyer, ich weiß, daß Ihr der Sache treu seid wie keiner. So klärt mich denn auf.

Geyer: Warum sollten die Fürsten und Herren, warum sollte der König von Frankreich selbst nit dazu helfen müssen, dem deutschen Volke eine Reformation und einen starken, einigen Herrscher und Kaiser zu schenken. Der Schiffer, der sein Schiff und die Leute und Ladung darin nach dem sicheren Hafen will bringen — benutzt der nit mit Fug jeden Wind und jede Strömung?

Besenmeier: Ja, Bruder Geyer.

Geyer: Aber jetzt ist das Schiff zerschellt.

Während Spielhänsel dem Ritter die Rüstungsstücke nacheinander anlegt, die übrigen Anwesenden still sind, summt Geyer vor sich hin:

»Von Wahrheit will ich nimmer lan,
des soll mir bitten ab kein Mann.
Auch schafft zu schrecken mich kein Wehr...

Schnall fest, Hänsel, schnall den Krebs fest — ich will mich damit begraben lassen.« Er summt weiter:

»... kein Bann, kein Acht, wie fast und sehr
man mich damit zu schrecken meint...

Ruck, ruck, die Beinschienen!« Fährt laut fort:

»... obwohl meine treue Mutter weint,
daß ich die Sach' hab' fangen an...«

Das Schwert umgürtend:

»Gott woll' sie trösten, es muß gan.

So, jetzt bin ich gefaßt und gestärkt. Lebt wohl, liebe Brüder!

Es müßt' seltsam zugehen, wann wir uns sollten wieder begegnen. Kommt, stoßt an. Ulrich von Huttens Gedächtnis. Wir ritten nebeneinander im Sickingen-Zug, und ich hab' viel guter Worte von ihm behalten. Armer, edler Sickingen, jetzt komm' ich dorthin, wo du bist. Ich glaub', ich bin der letzte meines Schilds und Helms.«

Menzinger: Bruder Geyer, ich sterb' oder leb', so bereue ich doch nit. Es lebt meh in mir, seit ich Euch gekannt, dann vorher.

Besenmeier: Bruder Geyer, das große Feuer liegt darnieder, ich glaub', auf lange; aber im Evangelium steht: Das schwankende Rohr wird er nit zerbrechen, und das glimmende Docht wird nit auslöschen.

Alle: Darauf wollen wir trinken.

Menzinger: Und will's Gott, so mag's noch werden gewend't.

Anstoßend.

Geyer, dem Toten zutrinken[d]: Ich hab' nich meh dann eine Handvoll Bluts im Busen, und die will ich bei der Sachen lassen. Lustig, warum sollt' ich nit lustig sein: die heilige Agathe ging zum Märtyrertode als zum Tanze, das heilige Mädchen Anastasia verachtete den Tod. Der heilige Vinzenz glaubte auf Rosen zu gehen und ging auf glühenden Kohlen. Seid heiter, Freunde! Ich freue mich, ins Feld zu kommen. Ich brenne darauf, wieder zu werken wie zu Pavia und zu Weinsberg. Gott, Gott, laß mich den Truchseß treffen. Ich brenne darauf. Komm, Hänsel, lebt wohl! (Zu dem Toten:) Ade, auch du! (Ab.)

SZENE 14

Stummes Sitzen der Zurückgebliebnen. Kurzer Aufschrei auf der Gasse. Besenmeier und Menzinger zucken zusammen. Menzinger tritt zum Ofen, wo das Feuer einigemal flackert und dann auszugehen scheint. »Das Feuer ist aus«, sagt er. Jetzt flackert es wieder auf. »Noch nit«, sagt Besenmeier.

Menzinger: Aber bald wird es aus sein.

Pause.

Besenmeier, die Leiche berührend: Das Feuer ist aus.

Menzinger: Wenn es einen Himmel gibt, was ich nit weiß, so wird er nit alleine einziehen. Hunderttausende seiner armen evangelischen Brüder mit ihm.

Besenmeier: Und du und ich?

Menzinger: Gott weiß es.

Besenmeier, mit ruhiger Fassung: — — — Ich bin ein alter Mann.

FÜNFTER AKT

SZENE 1

Der Saal in Grumbachs Schloß gleichwie im II. Teil, Akt I. Feuerschein durch die Fenster. Nacht. Man hört von Zeit zu Zeit schießen.

Sartorius, halb krank und in herabgekommenem Zustand, sitzt vor Frau Grumbach. Frau Grumbach, in Angst, redet fragend in ihn ein. Er ringt nach Luft. Seine Füße sind wund von dem langen Weg. Er ist zu Fuß von Schweinfurt herüber und nur mit allergrößter Mühe mehrmals dem Tode entgangen. Es müsse nicht weit von hier, meint er, hart gekämpft werden. Er sei mehrmals über Leichen von Bauern gestolpert. Frau Grumbach macht nun in Angst und Wut dem Schreiber die schlimmsten Vorwürfe: er habe den Junker zu allem verleitet. Jetzt seien Rimpar und Estenfeld niedergebrannt. Der Wein aus dem Keller fort etc. etc. Sartorius verschwört sich: er sei durchaus nicht schuld gewesen. »Haben wir denn nicht Briefe gefunden?« sagt Frau Grumbach. »Von dem Fuchssteiner, dem Kanzler des Herzogs Ulrich von Württemberg.« Sartorius wird völlig unsinnig vor Angst und verlegt sich aufs Betteln und Bitten. »Man wird Euch in den Turm bringen, wo des Florian Geyers Diener allbereits liegt.« — »Der Tellermann? Ist der Tellermann hier?« — »Ja, wie ich Euch sag'. Ihm ging es schlimmer als Euch. Ihn hab' ich gleich in den Turm werfen lassen.« Der Schreiber begibt sich zur Ruhe, nachdem er wiederum um Fürbitte gebettelt.

SZENE 2

Frau Grumbach allein. Sie macht mehrere ratlose Bewegungen. Man hört Schüsse und Mordio schreien im Dorf. Die Glocke wird mehrmals unregelmäßig angeschlagen. Der Jude kommt. Was er wolle? Er jammert sehr kläglich: Grumbach habe Geld erheben lassen und ihn nicht versichert. Er wolle die Frau Geyer sprechen. Der Bescheid lautet, daß sie nicht mehr da sei. Der Jude wird außer sich und redet von Betrug. Die Verschreibung habe ihm durch Frau Geyer eingehändigt werden sollen. Er solle machen, daß er herauskomme, schreit Frau Grumbach. Der Lärm im Dorf nimmt zu, und es wird stark ans Tor gepoltert.

SZENE 3

Der Jude zieht sich zurück.

Wilhelm von Grumbach stürzt herein: Schnell, heiß den Koch Essen anrichten, und Wein, Wein, den besten, der im Keller ist.

Frau Grumbach: Wilhelm, wo kommst du her?

Wilhelm: Frag jetzt nit, tu, was ich sag'! Vom Markgrafen Kasimir komm' ich. Markgräfische Reiter sind bei mir. Wir reiten ins bündische Lager. Zum Truchsessen.

Frau Grumbach: Wer ist unten ins Dorf eingebrochen?

Grumbach: Wer sonst? wir. Es ist eine große Flucht hierherum. An dreißig Bauern und meh haben wir aufgegriffen. Viele, die sich verkrochen hatten im Dorf. Wie die Tat, so der Lohn.

Frau Grumbach berichtet, daß Sartorius da sei. Grumbach knirscht. Der solle büßen. Durch dessen verfluchten, teuflischen Rat sei es so weit gekommen. Frau Grumbach: Um Gottes willen, wie steht es mit dir? Der Truchseß soll fürchterlich wüten mit Schwert und Beil.

Grumbach hofft, er werde noch davonkommen. Sein[e] Liebden sei ernst, aber doch sehr huldvoll zu ihm gewesen. Tellermann sei da, berichtet jetzt Frau Grumbach. Das sei gut, meint Grumbach. Er habe, fährt die Frau fort, Geyers Frau und Kind nach Rothenburg geleiten sollen. Beide sein aber schon vor einigen Tagen dahin abgegangen. Grumbach atmet auf, daß sie nicht hier sind. Er müsse aber den Tellermann noch sprechen. Auch der Pfefferkorn sei da, sagt Frau Grumbach. Er wolle Geyers bewegliche Habe verschrieben haben. Grumbach meint: Geyer habe ihm viele tausend Gulden gebracht.

Frau Grumbach: Wozu hat Geyer das Geld verwandt?

Grumbach: Ei, gar nit. Ich hab' es den Reitern, die ich für den Markgrafen Kasimir geworben, auf die Hand gegeben.

SZENE 4

Kunz Aufseß kommt. Freundlichste Begrüßung von seiten Frau Grumbachs. Gott sei Dank, meint sie, jetzt renke sich alles wieder ein. Und Gott habe der Obrigkeit das Herz wiedergegeben. »Wir sind tapfer geritten«, meint Grumbach, »aber als wie zum Tanz.« Er brenne darauf, unter den Bündischen des Georg Truchseß mit für die Ordnung wirken zu können. »Einen kurzen Imbiß, und wir müssen gleich weiter.« Alle drei rechts ab in den Nebenraum.

SZENE 5

Peter kommt. Äußerst geschäftig. Gleich darauf wiederum Grumbach. Peter meint: er habe die Bauern in den Zwinger gesperrt.

SZENE 6

Tellermann tritt auf.
Grumbach, rasend: Was willst du?
Tellermann: Nichts, Junker, als daß Ihr mich herauslaßt aus der Burg.
Grumbach: Ei, so scher dich, und gib ihm mit Hunden das Geleit, Peter! Tellermann schleudert Grumbach eine Beleidigung entgegen. Blitzschnell bindet ihm Peter von hinten die Ellbogen zusammen. Grumbach stürzt sich von vorne auf ihn. »In Turn mit ihm.« Peter frohlockt. Tellermann wird abgeführt.

SZENE 7

Von Aufseß kommt. Fragt, was es gäbe? »Nichts!« Ei, es seien Reiter am Tor, wie es schiene, bündische.

SZENE 8

Peter kommt wieder: Sollen wir aufmachen, Junker? es sind bündische Reiter am Tor.
Grumbach, hastig: Aufmachen, aufmachen!
Aufseß eilt ab, ihnen entgegen.

SZENE 9

Grumbach und Frau.
Frau Grumbach, am Fenster: Sie haben ein lediges Pferd am Zügel. Was hatte der Florian für ein Pferd, als er neulich hier war?
Grumbach: Ganz schwarz, ohne Abzeichen. Gott straf mich, es ist der Gaul.
Frau Grumbach: Um Gottes willen, zögre nicht, geh ihnen entgegen. Ich will auftragen lassen, daß sich die Tafel biegt.
Beide schnell ab nach verschiedenen Seiten.

SZENE 10

Konrad Hutten, Hans von Grumbach, Wilhelm von Grumbach: Viktoria! Viktoria!
Wilhelm: Erzählt, erzählt! Ich bin kaum selbst herein. Der Aufseß und ich sind vom Markgrafen abgesandt, mit Reutern zu den Bündischen zu stoßen.
Hutten: Hast dich so gewandelt, Wilhelm? Gab doch ein Zeit, wo du arg bäurisch warst.

HAUPTSZENAR · FÜNFTER AKT

Wilhelm: Wer das sagen tät', den würde Gott Lügen strafen. Er sei des Markgrafen Diener gewesen, jetzt wie immer.
Hans von Grumbach: Liebe Gesellen, vertraget euch. Die Not hat ein End'.
Wilhelm: Wie kommt ihr aus der Besatzung?
Hutten: Haben uns herausgetan und zum Truchsessen gestoßen. Wollten mit bei dem Kehraus sein. Doch zur Hauptsach': Wilhelm! wir suchen den Florian Geyer.
Grumbach: So seid ihr wahrhaftig nit vor der rechten Schmied'. Ich hab' mit ihm nichts gemein, noch enthalt' ich ihn hie.
Hutten: Wilhelm! so dir Hab und Leben lieb ist, enthältst du den Florian?
Hans von Grumbach dringt auch in ihn. Grumbach beteuert: nicht einmal mehr Geyers Frau und Kind sei mehr im Hause. Er habe mit dieser Brut nichts mehr gemein. Man solle doch bedenken, was unwiederbringlichen Schaden er gelitten habe. Burgen und Dörfer seien ihm abgebrannt. Man schenkt ihm jetzt Glauben.

SZENE II

Sebastian Schertlin, Dittrich Spät kommen. Begrüßung. Die beiden, welche von Grumbachs frührer Stellung nichts wissen, begrüßen ihn unbefangen. Grumbach meint, er würde vorschlagen, ein bißchen zu pokulieren, aber er sei in des Markgrafen Dienst und habe Befehl, sich unverzüglich ins bündische Lager zu begeben. »Ei«, meint Spät, »das hat Zeit.« Es ist Viktoria geblasen, sie sitzen, spielen, zechen und ruhen sich aus. Schertlin, der eine Wunde hat, meint, das letzte Stück sei das schwerste gewesen. Zu Ingolstadt hätten die Bauern sich mörderisch gewehrt. Früher habe man sie nur immer würgen können wie die Hühner. Der Geyer, der Geyer sei bei ihnen gewesen, heißt es. Schertlin meint: er habe seine Wunde von ihm. Geyer habe einen Fausthammer geführt. Spät hat ihn auch gesehen. Auch Grumbach und Hutten. Er habe viele niedergeschlagen. Aufzählung. Plötzlich meint Schertlin, als man die Mauer genommen habe, sei er doch wieder verschwunden gewesen. Sie hätten sich nun an die Verfolgung gemacht, Geyers Pferd und ein Bürschlein darauf auch glücklich gefangen: Aber das Pferd sei nicht der Mann. Der Truchseß und alle meinten, die Sache sei nicht niedergelegt, bevor dieser Mann nicht dingfest gemacht sei. —

Man solle das Bürschlein peinlich verhören, meint Spät. Schertlin meint dagegen, man solle es erst in die Kleider stecken, die ihm zukämen. Ob er darüber Gewisses wisse? »Freilich«, erklärt er, und man macht zynische Anspielungen. Er sei im bündischen Krieg oft des Geyers Zeltgenoß gewesen und habe zum dickern Mal dabeigesessen, wenn Spielhänsel musiziert habe.

Frau Grumbach läßt Wein in großen Kannen auftragen. Die Ritter trinken, und Dittrich Spät und Schertlin erzählen in ihrer rohen Weise von des Truchsessen Zug, von ihren Spielverlusten, von Wetten, von ihrer Beute etc. Schertlin, kaum erst zum Ritter geschlagen, renommiert »ohne Ruhm zu melden«, erzählt von dem Nürnberger Antrag, der zuviel Ehre sei und den er deshalb ablehnen werde. Die Art, wie sie die Gesamtbewegung beurteilen, zeugt von Dummheit und äußerster Beschränktheit. Es sind Kriegshandwerker, weiter nichts. Hutten möchte dem Geyer begegnen. Er ist ungeduldig, möchte den Ruhm verdienen, ihn gefangen zu haben. Man neckt ihn damit. Frau Grumbach lädt zur Tafel, und in heiterster Stimmung begibt sich die Gesellschaft in den Nebenraum.

SZENE 12

Frau Grumbach, gleich darauf Wilhelm Grumbach wieder heraus.

Frau Grumbach: Soll ich ihnen willfahren?

Grumbach: Ei, was willst du tun? Staffier sie heraus und heiß sie hereingehn.

Frau Grumbach ab. Wilhelm Grumbach zurück. Es wird lebhafter bei den Schmausenden und Trinkenden. Sie fangen an zu grölen und zu singen.

SZENE 13

Frau Grumbach stößt Spielhänsel, welche in die Lappen einer Landsterzerin gekleidet ist, herein. »Geh hinein, sag' ich dir. Tu, was dir geheißen. Geh, es sind Freund'. Was willst? Red. Hast ein zugewachsen Maul. Gehe hinein. Wilhelm! Willst nit? Wart.« Sie verschwindet.

SZENE 14

Spielhänsel allein. Man sieht einen schwarzen Ritter die letzten Stufen der Wendeltreppe mühselig heraufwanken. Er hält sich an einen Türpfosten, das Visier ist geschlossen. Mit letzter Anstrengung versucht er, den Helm loszuschnallen.

HAUPTSZENAR · FÜNFTER AKT 819

Spielhänsel: »Florian!« Er öffnet mühsam das Visier. »Florian«, schreit sie und ist bei ihm. »Schnall mir den Helm ab«, lallt er. Sie tut es hastig. Nun sieht sie den Lockenkopf, dessen Züge geschwellt sind, dessen Haut geschwärzt ist, und noch einmal schreit sie in weinendem Entsetzen auf: »Florian!« Er winkt ihr zu schweigen, sie schlägt sich die Hand vor den Mund, eilt zu ihm und stützt ihn. Er will sprechen und deutet auf etwas. Sie versteht ihn nicht, ist ratlos. Er schleppt sich, von ihr gestützt, dem Tisch näher, und nun versteht sie, daß er trinken will. Blitzschnell bringt sie den Weinkrug vom Tisch, er greift danach, er lechzt danach, er umklammert ihn und trinkt gierig. Sie unterstützt den Krug wie einem Kinde. Er ist auf ein Knie gesunken, setzt ab, wimmert und trinkt wieder. Dann sinkt er auf die Erde, mit dem Rücken gegen einen Stuhl, legt den Kopf hintenüber, öffnet den Mund, holt tief Atem und schließt die Augen.
Spielhänsel tritt zurück, ringt die Hände, kniet neben ihm nieder und bedeckt ihm Stirn, Mund und Hände mit Küssen, dann trocknet sie ihm das Gesicht, und währenddessen schlägt er die Augen auf. »Wo bin ich?« fragt er. »Florian, du mußt fort! Du mußt von hier fort!« — »Ich bin wohl schon tot?« fragt er. »Du mußt fort«, wiederholt sie. »Warum?« — »Sie suchen dich, bündische Reiter sind hier.«

SZENE 15

Grumbach kommt. Er traut seinen Augen nicht. »Wie bist du hereingekommen? Du mußt hinaus.«
Geyer: Bruder, gönn mir eine halbe Stunde unter deinem Dach.
Grumbach: Ei, Lieber, mit der Bruderschaft hat es ein End'. Was willst du bei mir? Uns ins Verderben stürzen? Dein Weib und Kind sind fort, was willst du? Ich hab' mit dir nichts gemein gehabt.
Gelächter und Geschrei der Trinkenden im Nebenzimmer: »Musik, Musik!« Spielhänsel hastig und fieberisch hinein. Sogleich wieder Geschrei. Dann Musik und Ruhe.

SZENE 16

Geyer, mit Aufbietung letzter Kraft: Gut, hie ist meines Bleibens nit.
Grumbach: Nein, aber nit dort hinaus.
Geyer: Wo hinaus?

Grumbach: Jes! — wo hinaus? Jetzt ist guter Rat teuer weiter.
Geyer, fast zusammenbrechend: Ein halbe Stund', Grumbach, ein halbe Stund', enthalt mich ein halbe Stund', verbirg mich ein halbe Stund'.
Grumbach: Ich kann nit — so helf' mir Gott! Soll ich mich auf die Fleischbank geben?
Lärm.

SZENE 17

Ein trunkner Ritter taumelt mit dem Rücken zuerst durch die Tür rechts und spricht in den Bankettsaal zurück. Es handelt sich um eine Spielangelegenheit. In diesem Augenblick schiebt Grumbach den Geyer in die Tür links und verschwindet mit ihm.

SZENE 18

Frau Grumbach kommt mit Peter. »Ei, itzt hat sie den Weg hineingefunden. Es ist gut, Peter.« Peter meint, sie sei eine Hexe. Man müsse ein Ende mit ihr machen. Ab.

SZENE 19

Grumbach: Geyer ist da.
Frau Grumbach: Wie ist er hereingekommen?
Grumbach: Durch die kleine Pforte. Er hat die Losung gewußt.

SZENE 20

Spät, Schertlin und Hutten torkeln herein. Sie wollen die gefangenen Bauern herauf haben. Es mache Spaß, so halte es der Truchseß.
Grumbach, schmählich, diensteifrig, ruft durchs Fenster: Peter solle die Leute heraufbringen. Hutten wird gefoppt: er dächte noch immer daran, den Geyer zu fangen.

SZENE 21

Die schlotterigten, entsetzten, gehetzten Bauern werden hereingetrieben. Die Ritter halten sich die Nasen zu und treiben allerhand unmenschliche Scherze. »Warum haltet ihr alle die Hand an den Hosen?« Peter hat ihnen die Hosenbänder durchschnitten, so können sie nicht auskneifen. Unbändiges Gelächter. Peter wird belobt. Peter, dadurch angespornt, holt den Schneidenwind heraus, den er jetzt erkennt. Dieser ist mehr tot als lebendig vor Angst. Die Ritter haben eine Idee. Jeder langt sich eine Hetzpeitsche von der

Wand, und mit dem Ruf »In den Turm, in den Turm!« prügeln sie die Bauern hinaus gleich einer Hammelherde.

SZENE 22

Alle Ritter außer Hutten ab in den Nebenraum. Hutten wird immer ermüdeter und entschläft, den Kopf auf der Tischplatte.
Grumbach und Frau. Kurzes Gespräch. Ausliefern oder Nichtausliefern. Frau Grumbach meint: »Er ist ein Ächter, er ist gottlos, er hat dich betrogen. Du hast nicht gewußt, daß er ein Heide ist etc. etc., und wenn du ihn jetzt verbirgst, wird es dir nichts mehr helfen, daß du des Markgrafen Diener bist. Der Bischof von Würzburg wartet längst auf eine Gelegenheit, deine Güter einzuziehen.« Grumbach bedeutet ihr stumm, nicht weiterzureden. Man fühlt, er ist entschlossen zu handeln und hat einen Plan. Er geht.

SZENE 23

Jetzt macht sich Frau Grumbach an ihren schlafenden Bruder. Nach einigem Überlegen und Zaudern weckt sie ihn. »Geyer ist im Schloß.« Er begreift nicht. Als er begreift, springt er, nahezu nüchtern geworden, auf. Frau Grumbach heißt ihn um Gottes willen ruhig sein. Die Trunkenheit hemmt ihn. Er findet seine Waffe nicht. Frau Grumbach beschwört ihn, er dürfe Geyer nur gefangennehmen, nicht töten hier im Haus. Hutten stolpert ins Nebenzimmer.

SZENE 24

Stille im Nebenzimmer, dann ein momentaner Aufschrei und Rumor. Stühle werden umgeworfen. Grumbach und Peter kommen. »Was hast du getan?« — »Was ich tun mußte.« Grumbach wütet. Frau Grumbach ab.

SZENE 25

Grumbach: Der Florian Geyer ist ein Ächter, des Kaisers Feind, mein Feind und dein Feind, aber er hat meine Schwester zur Frau, und deshalb will ich nit, daß ihm der Henker das Herz aus der Brust reiße und um den Kopf schlage oder daß man ihn auf die Folter lege.
Peter: Blau — ich wollt' ihn wohl niederlegen, aber wer schützt mich dann vor den Herren da drin?
Grumbach: Nimm ein Armbrust. Nit hier im Haus, draußen henke dich an ihn.

Peter: Sie werden ihn schwerlich hinauslassen, wenn er dort drin ist und schläft.
[Grumbach:] So wart ab.
[Peter:] Junker, ich riskier's nit.
[Grumbach:] Blau — er ist abgemattet zum Sterben.
Peter: Ich wüßt' einen, der's flugs tät'.
Grumbach: Wer?
Peter: Gebt dem Schneidenwind ein Armbrust und versprecht ihm das Leben. Ich will ihn schon anstellen.
Grumbach: Tu's. Er darf nit lebendig bleiben. Wer von uns ist sicher, wenn man ihn auf der Folter streckt?

SZENE 26

Die vier trunkenen Ritter taumeln heraus mit gezogenen Schwertern. Grumbach ermahnt sie zur Ruhe und Vorsicht. Er sperre sich nicht, Geyer der Gerechtigkeit auszuliefern. Nicht zugeben könne er aber, daß man ihm ein Leid antue, schon deshalb, weil Geyer sein Schwager sei. So betrügt er sich selbst, und ohne direkt auszusprechen, wo Geyer sei, bleibt den vier besoffenen Bestien doch bald kein Zweifel darüber. Man nähert sich vorsichtig der Tür, einer sagt, man solle die Lichter lieber auslöschen, ein anderer, man solle sie lieber brennen lassen.

SZENE 27

Jetzt stürzt Spielhänsel mit dem durchdringenden Ruf »Florian, Florian Geyer!« gegen die Tür, wird aber auf halbem Wege mit dem Ausruf »Nieder, du Hexe!« rücklings erstochen.

SZENE 28

In diesem Augenblick wird die Tür von innen aufgetreten, und gerüstet, in der Rechten das bloße Schwert, steht Geyer im Türrahmen. Alle prallen zurück. Stolz, kalt und gefährlich ist sein Blick, als er mit eisiger Ruhe fragt: »Wen suchet ihr?«
— — — »Dich! — just dich!« schreit Hutten mit vielen Zusätzen, »gib dich gefangen.«
Geyer: Es lohnt sich nit.
Schertlin: Im Namen des Obersten Hauptmanns, Truchsessen Georgen von Waldburg, gib dich gefangen.
Geyer, nachdem er ihn kalt gemustert: Komm an.
Bewegung unter den Angreifern. Peter mit dem zitternden Schneidenwind, der eine Armbrust trägt, wird sichtbar. Wilhelm von Grumbach hat sich entfernt. Jetzt redet

Schertlin auf Geyer ein, als Kriegskamerad, aber der Faden
reißt dem Halbbetrunkenen aller Augenblicke ab. Hans von
Grumbach vermahnt ihn als Verwandten. Spät hält ihm seine
Verbrechen vor, die er nicht noch verschlimmern solle. Auf
alles das antwortet Geyer nicht. In Kampfstellung an die
Wand gedrückt, scheint er mit seinen Gedanken tief innen
allein. Als Hutten zuletzt ihn angeckt und protzt, ihn auch
aufgefordert hat, die Waffe aus der Hand zu legen oder des
Schlimmsten gewärtig zu sein, da schreit Geyer plötzlich laut:
»Judas, wo bist du? — Judas, Judas?« — »Der Judas bist du«,
schreit Hutten. »Du bist an Kaiser, Fürst und Adel zum
Judas geworden.« Jetzt scheint Geyer zu erwachen. Er faßt
den Hutten fest ins Auge. »Wer bist du?« fragt er stark. —
»Du kennst mich!« — »Jawohl, Hutten heißt du. Der Name
gleicht einer Ehrenketten, aber sie paßt also wenig zu dir, als
um den Hals [eines] geputzten Mülleresels. Vom Truchseß
von Waldburg seid ihr gesandt? nun wohlan, Meuchelmörder,
an euer Geschäft. Macht ein End', ich bin's müd. Nun denn:
euer Truchseß von Waldburg ist nit meh denn ein blut-
rünstiger Schlächter und Bube. Eine Schmach und Schand-
säule etc. etc. Zum Teufel mit euch und zum Teufel mit ihm.«
Er macht einen Angriffsschritt, und in diesem Augenblick
schießt Schneidenwind den tödlichen Bolzen. Geyer, Haß
und Verachtung im Blick, fällt starr und grade vornüber,
ohne den Fahnenstumpf loszulassen. Tot. Pause. Ausrufe der
Verblüffung. Peter prügelt mit Flüchen auf Schneidenwind
ein, den er mit sich fortreißt. Zwei Ritter stürzen ihm nach.
»Ist er tot?« fragt Hutten. Hutten untersucht und sagt: »Dem
Henker entgangen.« Spät sagt: »Gott selbst hat ihn gerichtet.«

[II, 1—3]

[Verschiedene frühere Ansätze zum 1. Akt]

[1]

*Burg Grumbach. Ein saalartiger Wohnraum mit Erkern und
einem Ofen. Anna Grumbach, geb. Hutten, Barbara von Geyer,
geb. von Grumbach, und Ännchen von Grumbach, deren
Schwester.*

ÄNNCHEN. Blau! der neu Fuchsen ist ein feiner Gaul.

ANNA. Hast wieder nit gutgetan, Jungfer Firlefanz!? Kommst nit anders daher wie eitel glückselige Zeit.

ÄNNCHEN. Bin im Gramschatz gewesen, hätt mich zwei Stunden oder drei mit dem Kunzlin getummelt. Herrlich war's!

ANNA. Kunzlin, was tuest du? Hätt dir's der Junkherr nit einbefohlen mit der Schärf, sollt den Fuchsen nit satteln? Bist ⟨dennoch⟩ dem Jüngferlein gleich wieder zu Willen.

KUNZLIN. Hab gemeint, es sollt nit fast schlimm ausschlagen.

ANNA. »Hab gemeint, hab gemeint«! Sollt wohl dahinter bleiben mit deiner Meinung. Weißt wohl als gut als ich, was mein Junker vornächten erzählt, was ein bös widerspenstig Tier der neu Fuchsen ist, hätt ein Böheim herabgeworfen, ein fast guten Reutersmann, hätt sich derselb nit wieder erhoben bis diesen Tag.

ÄNNCHEN. Gott mir nit, Schwägerin! mußt nit gar so lästerlich schelten. Hab ein gar schier unüberwindlich Gelüsten getragen, auf dem Hengste zu sitzen. Ist ein stark, stolz, königlich Tier, hätt sich getragen unter mir gleich als ein tanzender Held.

ANNA. Hätt Gott halt ein Reuter aus dir gemacht.

ÄNNCHEN. Wär wohl nit ohn. Hätt mir viel baß angestanden als Spinnen und Gansfederschleißen in der Kemenaten.

ANNA. Magst aber doch ein fein Linnen auf dem Leib und ein weich Daunenbette zur Nacht.

ÄNNCHEN. Ei schon! und lasset es seiden sin bis auf die Näht. Hab ein gar fein, empfindsam Fell, taugt just für Seide und Hermelin.

ANNA. Glaub's schon, daß dich din Fell jückt, Jüngferlein. Möcht aber geschehen, daß man dir ein eiserne Ketten darum legt statt lündisch Tuch: sind just die Läuft darnach angetan.

ÄNNCHEN. Glaub's nit, Schwägerin.

ANNA. Meinst dann, daß die Bauern gar höfisch sind. Werden dir nit ein extra Speis auftischen.

ÄNNCHEN. Warum nit, Schwägerin? Kann leicht geschehen.

ANNA. Magst mir das auch erklären?

ÄNNCHEN. Blau! weil ich ein schmuck, grade Dirn bin. *Die Frauen lachen.* Lug, Kunzlin, ist es nit Sach? Hast leicht was auszusetzen? *Die Frauen lachen wieder.* Ei, bist mir der rechten Hahnen einer, schweigest dich aus und lässest mich in der Patsch stecken. So geh, geh, unnützer Bub, schütt dem Hengst Habern ein. Sput dich! hab dein nit vonnöten itzund. *Kunz ab.*

ANNA. Hast eitel Mutwill im Kopf. Wirst den Buben noch närrisch machen. Wird rot und blaß wie ein jung Maidlin.

ÄNNCHEN. Besorg's nit, Schwägerin. Und wenn schon, ist's wohl nit meine Schuld. Ist ein glatter Bursch und gut Kamerad, muß ihm nit gleich was Mehrers einbilden. — Gret, Gret! Trag mir mein neu gelb Kleid hinzu.

ANNA. Hätt nichts im Kopf wie putzen und putzen.

BARBARA. So komm zu mir her, du Gilberin, ich will dir dein Haar ein wenig richten. Bist freilich fast närrisch, wird einem doch viel baß, wenn du herein bist.

ÄNNCHEN, *während sie stehen und sich die Haare machen lassen muß, spricht und stampft mit dem Fuße den Takt.*
>Wiltu di erneren,
>du junger Edelmann,
>folg du miner Lere,
>sitz uf, drab zum ban!
>Halt dich zu dem grünen Wald,
>wann der Bur ins Holz fert,
>so renn ihn freislich an!
>Derwisch ihn bin den Kragen,
>erfreuw das Herze din,
>nimm im, was er habe,
>span us die Pferdelin sin!
>Bis frisch und darzu unverzagt,
>wann er nummen Pfennig hat,
>so riß ihm d' Gurgel ab!

Bei der letzten Zeile macht sie eine bezeichnende, fast wilde Bewegung.

BARBARA. Du Seidenschwanz! möcht wohl ein umgekehrt Wesen haben dieser Zeit, wo der Bauer dem Edelmann nach der Gurgel tracht.

ÄNNCHEN. Hätten's am End nit sollen gar so arg schlimm verführen mit Reisen und Heckenreuten, unsre viel gut, brav Gesellen von Adel. Wird vielleicht nit so gar überwelzig worden sein das bös, aufständisch Wesen. Will mich nit fast wundernehmen, daß der Bauersmann ein Verdrieß gefaßt hätt. — *Barbara seufzt.* Noch nichtzit vom Ritter Florian?

BARBARA. Hätt nun bei drei Wochen kein Kundschaft von ihm.

ANNA. Will auch kein Bote von Würzburg kommen. Hätt doch ein strack, fest Versprechen vom Junker, wollt selbst daheim sein heute zu Nacht oder den Knecht, den Kretzer, anheims senden.

ÄNNCHEN. Hast gar ein zag Herze, Schwägerin.

ANNA. Bin freilich nit ein so Leichtfuß wie du. Würd sich für ein Hausfrau auch wohl schwerlich schicken. Möcht nit viel Seiden spinnen dabei. Hab wohl viel schwerer Ding im Kopf als du, will ich das Unsre in Hut und Acht nehmen.

ÄNNCHEN. Blau! wenn ich ein Pfeifer wüßt', möcht ich wohl tanzen. Willst mit mir tanzen, Schwägerin?

ANNA. Heilige Maria! bist nit bei Sinnen. Butz dich Änneli, hinter die Tür.

ÄNNCHEN *singt und tanzt.*
> Ich hört ein Sichelin rauschen,
> wohl rauschen durch das Korn...

Barbara wird wieder trüb und starrt tränenden Augs zum Fenster hinaus.

ANNA. Larifari! Lürlis Tand! Sing nit so gar verliebt Zeug daher.

ÄNNCHEN *singt.*
> ... ich hört eine feine Magd klagen,
> hat ihren Buhlen verloren.

ANNA. Ich geb nit ein Rübschnitz für dein Gesing. Sollt lieber den Lichtensteiner nehmen, dich nit in jeden Hansriehr vergaffen.

ÄNNCHEN. Blau! wär mir der recht, der Lichtensteiner. Kommt dahergepocht als der rechte Geck. Hätt nie kein Rostflecklin auf dem Harnisch. Hätt wohl einen feinren Knaben im Sinn. Blau! ist kein so stolzer Ritter in Franken. »Ich hört ein Sichelin rauschen...«

ANNA. Machst bloß dem Bärbli die Augen feucht.

ÄNNCHEN *umarmt und küßt Barbara.* Nit immer weinen, liebs Schwesterlin.

BARBARA, *weinend.* Ich bin halt ein arm, unglückhaftig Weib.

ÄNNCHEN. Hättst halt nit müssen ein Kriegsmann heuraten, wärst baß ein zag, fromm Nönnlin worden.

BARBARA. Wollt Gott, es mocht so geschehen sin, hätt nit so hangen und bangen müssen.

ÄNNCHEN. Hättst aber doch alles in Zeiten gewüßt, wie's stund mit dem Ritter Florian. Ist reisig gewesen von Knabenweis, hätt mich viel baß mögen in ihn schicken.

Wollt weidlich mit ihm geritten sein als ein gut Gesell und gelehrig Büblein.

BARBARA. Du Närrin, sollt ich den Harnasch nehmen?

ÄNNCHEN. Warum auch nit?

BARBARA. Geh, butz dich davon. — Er hätt mir's in meine Hände gelobt, wollt abstehen von Kriegen und Kriegeshandwerk, ist bloß desto tiefer hineingeraten.

ÄNNCHEN. Sind eben nit wohl die Läuft danach. Meinst, Florian sollt itzt stille liegen, hätt jeder Bub doch ein Harnisch an, ist alles wegig und reisig worden.

BARBARA. Tät deshalb nit not, ihm brauchen zu lassen wider Fürsten und Stände des Heiligen Reichs, wider hohen Adel und Geistlichkeit. Hätt mir mein Beichtiger wohl gesagt: ist ein nackt, nid Volk, diese rotzigen Bauern, ein blutgierig, gottlos Gepöwel; ist dannoch bei ihnen ein Hauptmann worden. Hätt mögen sollt ein Bedenken tragen und mir nit haben ein so gar groß Schambürden zugericht.

ÄNNCHEN. Muß so ein Mann halt gar manches bewegen, so mitten in Handel und Wandel steht. Eracht's nit fast für ein leichtlich Ding.

ANNA. Ist heut fast schwül. Mag wohl noch ein Wetter geben zur Nacht. Türmet sich gar gelb auf überm Main. Weiß nit, wie mir ist. Möcht nur mein Herr kommen. *Am Fenster.* He, Peter! Peter! was hätt wohl das Vieh für ein kläglich Gebrüll. Verstehest mich nit, so komm herauf.

ÄNNCHEN. Sind ihnen die Ställe noch nit gewohnt. Hätt ruhig der Hirte mögen austreiben, hätt ihm kein Bauer ein Kälblin entwend't, sind alle noch friedsam in dieser Landsart.

ANNA. Trau nit! wie lange? *Peter kommt.* Was ist's mit dem Vieh?

PETER, *ein Knecht.* Han Futter genugs in den Raufen liegen. Wollen nit fressen, reißen die Ketten.

ANNA. Hätt der Bub den Hunden die Suppen gereicht?

PETER. Wird wohl geschehen sein.

ANNA. Peterlin, sag! was gibt's in der Vorburg für ein Geschrei?

PETER. Ist der neue Knecht, so der Junker vornächten hereinbracht, hätt viel Winds in der Nasen und macht sich dick mausig. Hätt die Wehr allwegs aus der Scheiden heraus und ist fast weinig dazu.

BARBARA, *am Fenster, erschrickt und erhebt sich plötzlich.* Mutter Maria!

ANNA. Bärbchen, was hast du? wo starrest du hin?
BARBARA. Heilige Maria! so siehe doch zu.
ANNA, *erschreckt hinausblickend.* Lug, Peterlin! ist es nit gar — der Herr Pfarrer?
ÄNNCHEN. Ist just nit anders, wie kommt der herein?
ANNA. Müssen ihn stützen, die Trin und die Lies.
ÄNNCHEN. Ist, scheint's, übel krank.
BARBARA *schreit unterdrückt auf.* Hätt Blut an den Händen!
ANNA, *zu Peter.* Peterlin, schau, stütz den Herrn Pfarrer und führ ihn herauf. *Peter ab.* Itz ist's ganz Abend, möget mir's glauben. Herr Gott mein, wär erst mein Herr anheims. *Der erschöpfte Pfarrer wird hereingeführt.* Saget, Herr Pfarrer, was ist geschehen?
BARBARA. Heilige Maria!
PFARRER. Lasset mich vorhin ein wenig rasten. — Ist Euer Junker noch nit in der Burg?
ANNA. Hoff jede Stund, er soll hereinreiten.
PFARRER. Tät fast not, er wäre daheim. Hätt nun der Teufel nit mögen mehr abstehen, hätt auch bei uns sein Spiel angericht. Mußt auch in unsre Bauern dreinfahren, sind itzund auch toll und wütig worden.
ANNA. Hätt mich's den ganzen Tag doch geahnet.
PFARRER. Sind mir wie wild durch das Haus gelaufen mit Spießen und Stangen, war ein Gebrüll, fast greulich zu hören. Haben das Meine verwüst und vernicht. Schwuren laut: so sie mich fingen, wollten sie mich an den Galgen henken. Hätt mir nit Gott von ihnen geholfen, sollt ich wohl itzt ein toter Mann sein.
ANNA. Seid Ihr wohl etwan hart verwund't, Herr Pfarrer? *Eine betrunkene Stimme grölt vom Hof herauf.*
ANNA. Lauf, Hänslin, lauf! liegt ein Blutwurzel in des Junkherrn Tru[h]en; wird Euch das Blut alsgleich verstehen.
STIMME. Ich will den Pfaffen mit der Glefe kitzeln. Ich will den nassen Buben wie eine Sau abtun. Gott's Marter! Her mit dem Madensack, ansher mit dem Hippenbuben!
PFARRER. Ihr Leut, was ist's? Sind Bauern herein?
Unruhe unter dem Gesinde, das neugierig in der Türe steht.
PETER. Ist wieder der Klecker, der rothaarig Knecht.
DER KUHHIRT. Ist itzund arg wild, weil der Pfaff... wollt sprechen: weil der Herr Pfarrer herein ist.
MAGD. Meint, Grumbacher Bauern zögen herauf, wollten das Schloß mit Feuer anstoßen.

*Der Türmer bläst. Das Gesinde rennt auseinander mit dem
Geschrei:* Mordio, Mordio! die Bauern! die Bauern! *Pfarrer
ist in der allgemeinen Panik an die Tür gesprungen.*
ANNA *ringt die Hände und ruft.* Heilige Maria! Heilige Maria!
Barbara starrt apathisch und abwesend vor sich.
ÄNNCHEN, *geistesgegenwärtig.* Bleibet hier, Herr Pfarrer! —
Peterlin, steh! wo willst auch hin?
GRÖLENDE STIMME. Ansher mit dem Madensack! Ansher mit
dem Hippenbuben!
ÄNNCHEN. Blau, Peterlin. I mein, bist allweg ein weidlicher
Knecht gewesen. Oder wär's nit in dem? Hast Furcht vor
dem Lecker?
PETER. I? Furcht? Potz Darm! Tät mir übel anstehen.
ÄNNCHEN. So geh und schlag ihm die Wehr um die Ohren.
Peter schnell ab.
ANNA, *am Fenster, ruft zum Turm hinauf.* Was soll's? He!
Türmer! wen tuest du anblasen?
EIN BUB *kommt hastig und echauffiert.* Kommt ein reisiger
Zeug den Main herunter. Hätten aber die Straßen gen
Würzburg genommen.
ÄNNCHEN. Hab nit anders gedacht, sollt nit mehr sein dann
ein unnütz Lärmens. *Am Fenster.* So, brauch dich, Peterlin!
drauf und dran! Sind frisch aneinander, luget, Herr
Pfarrer! So! gib ihm ein Treff. In Turn mit der Gecks-
nasen. — Ist fast ein kurzer Handel gewest.
ANNA. Geh, Änneli! schau! daß Ruh und Fried wird bei dem
Gesind.
BARBARA. ⟨Herr Pfarrer, alsbald Ihr ein wenig geruht habt,
so wollet uns eine Messen lesen.⟩ *Pfarrer, welcher fort-
während still betet, blickt auf und nickt mit dem Kopf.*
ANNA, *zur Magd.* Frisch, Trine, mach dich hinauf in den
Turm, richt dem Herrn Pfarrer die große Stuben.
PFARRER. Bestellet die Wachen auch wohl, gnädige Frau;
und wann Ihr es wißt, wo der Junker ist, so schicket ihm
flugs einen Boten hinaus.
ANNA. Der Peter mag aufsitzen. *Ruft.* Peterlin! hörst mich —
ist schon wieder ein Rennens unterm Gesind. Was ist es,
Gret?
GRET, *die Magd, eben herein.* Ist ein Bruder Barfüßer unten
im Hof. Hätt neue Zeitung von Würzburg gebracht:
Lägen an zwölftausend Bauern davor.
PETER. Frau! Frau! Es ist ein Käsmünch herein, hätt

wunders viel seltsamer Ding zu berichten. Befehlt, so will
ich ihn heißen heraufgehn.

ÄNNCHEN *kommt mit dem Mönch, gefolgt von Neugierigen aus
dem Gesinde.* Tretet ein, frommer Bruder!

DER BRUDER. Bona dies!

DER PFARRER. Deo gratias, Bruder. Was bringet Ihr uns für
Kundschaft?

*Der Bruder, ein Barfüßermönch mit grauer Kutte, geschor-
nem Kopf und einem Strick um die Lenden, dabei barfuß. Er
ist jung, bäurisch und gebärdet sich übereinfältig und demütig.*

ANNA. Sprechet, Bruder, dann wir allhier sein in großer
Angst, besorgen gar, nit mehr sicher zu sein. Geh, Trin, tu
dem Bruder Häcksel in Sack und ihrer zwölf frisch gelegt
Eier darein, auch ihrer sechs neu, gut Käslein dazu. Was
ist's, guter Bruder? Sprechet, erzählet.

DER MÖNCH. Sind böse Läuft, fast schlimm böse Läuft.

DER PFARRER. Du bist von den Barfüßern drinnen zu Würzburg?

DER MÖNCH. Bin einer der allergeringsten Brüder. Hätt ein
kleines Ämtlin vom Pater Prior, bin ein Hüter über die
Käselin gesetzet. Sieht aber fast schröcklich aus drinnen
im Kloster, haben alles Unterst zuoberst gekehrt. Liegt
ein Haufe gewappneter Leut darin. Und ist einer zu ihrem
Hauptmann gesetzet, ist Wirt bei der Schleien, heißt
Balthasar Würzburger. Tun schlemmen und dämmen von
unserer Armut. Ich mein: Der Teufel soll's ihnen gesegnen.

DER PFARRER. Liegt wirklich ein Bauernheer vor Würzburg?

DER MÖNCH. Sind böse Läuft, fast schlimm böse Läuft itzund.
Wollen uns nit mehr die Notdurft gönnen. Allenthalb ist
der Teufel ledig. Meinen, alles sollt tot und ab sein: Gült,
Rent, Zins, Zehnt und Todfall: soll tot und ab sein, alle
Klöster und Burgen tot und ab sein. Keiner will mehr
leibeigen dienen. ⟨Jeder will jagen und fischen itzund,
freie Weid, freies Holz haben.⟩ Wollen jagen und fischen
frei, gleich als die Herren. Ist ein nackt und gottlos Volk,
diese Bauern. Kaufen keinen Ablaß und wollen keine Meß
hören. Ist nit anders, Herr Pfarrer: ⟨Sagen, der Heilige
Rock, so zu Trier hängt, sei nur ein alt Gewandstück voll
Ungeziefers.⟩ *Das Gesinde lacht.* Lachet mir nit, auf daß
ihr nit gar ein Todsünden auf euch ladet. *Er macht das
Kreuz.* Schreien auch nit anders dann: die Heiligen Drei

Könige zu Köln möchten wohl eh drei Bauern aus Westfalen gewesen sein. Brüllen gar wüst freiheraus: Die Bischöf begingen ein Todsünd, wann sie den Milchzehnt nehmen und ließen es ⟨doch⟩ zu, daß die Pfarrer mit Mägden zusammenlebten und also öffentlich Unzucht trieben. *Das Gesind lacht heraus.*

PFARRER *erhebt sich, geht umher.* So saget uns, was Ihr wißt, Bruder Mönch. Wir wollen nit wohl deine Predigt hören. Kurzum heraus, wie steht es zu Würzburg?

DER MÖNCH, *lauernd und listig.* Schlimm, schlimm, fast schlimm! Ihr möget zum heiligen Christoph beten, auf daß er Euch trage mit seinen Schultern durch die greuliche Sintfluß dieser Zeit. *Zum Gesind.* Und ihr dort, esset geweihtes Salz und besprenget euch dick mit geweihtem Wasser, auf daß euch der höllische Geist nit anstoße. Und hütet euch vor den falschen Propheten. Von dem Stiere zu Wittenberg will ich nit reden. Ist aber einer, Karlstatt geheißen, wird itzund enthalten zu Rothenburg, hätt gar eine teuflische, greuliche Lehr ([Randnotiz] Immer heftiger.): sollt keiner mehr Herr sein und keiner ein Knecht. Sollten alle Güter gar allgemein sein; belegt es gar trefflich aus der Geschrift. Lehret: es sollt keine Priester geben, könnt jeder den Leib Gottes geben und nehmen. Stürzt die Altäre der Heiligen um. Reißet die Bild herab von den Wänden, hauet die Kerzen herab, verbrennt das geweiht Öl, predigt, es sei alles eitel Abgötterei.

DER PFARRER. Ihr sprecht nit fast wie ein Barfüßer, Bruder. Viel eh, mir scheint, wie ein Prager Student. Hast leicht mit dem Karlstatt eine Suppen gelöffelt.

MÖNCH. ⟨Ist wahrlich nit anders, Euer Herrlichkeit.⟩ Wohl, wohl, Herr Pfarrer, könnt möglich sein. War jüngstens erst oben in Rothenburg, hätt mit den Brüdern zur Nacht gegessen: hätten wir beid, der Karlstatt und ich, die Beine unter dem gleichen Tisch. Sah auch allda einen andern Mann, ist nachmals in aller Mund gekommen als ein mannlicher Ritter und Bauernhauptmann: hieß Florian Geyer von Giebelstadt. *Barbara erschrickt, faßt sich aber. Die anderen stumm betreten.* Ist euch ein freislicher Held von Adel, desgleichen ein zweiter schwerlich zu finden. Schreitet daher wie der heilige Georg, hätt Rost am Harnisch, aber nit am Schwert. ⟨Blickt euch darein, groß wie der Pelid. Ist gut wie ein Lamm und wild wie ein Löw: Geringen und Schwachen ein starker Schirm, den Herrschern und Großen Entsetzen und Schrecken.⟩ Ich hab ihm zu Weinsberg zugeschaut, fuhr daher wie der Sperber auf seine Beute, fielen in die Burg wie ein Rudel Wölf, über Mauern und Zäun, mocht nichts widerstehen. Wurfen alles nieder wendender Hand und ließen die Fahnen wehen vom Turm, hätten freilich und lustig dort oben geflattert. Hat seither rechtschaffen Arbeit getan, der Florian Geyer und seine Schwarzen. Ihr wisset, man nennt sie die schwarze Schar. Hätten das Fähnlein herumgeführt und flattern machen von manchem Turm. Brechen Burgen und Schlösser mit stürmender Faust. Muß alle das höllische Feuer verzehren. Der Teufel hole die Rabennester.

DER PFARRER. In Turn mit dem Buben, er ist ein Spion.

DER MÖNCH, *sehr demütig*. Mitnichten, Herr Pfarrer, Ihr tuet mir unrecht, bin nit mehr dann ein arm, nichtsnutzig Mönchlin.

DER PFARRER. Nichtsnutzig wohl, aber nit wohl ein Mönch.

MÖNCH. Hätt Euch Kundschaft gesagt, als ich deren gewüßt. Daß sie nit fast gut ist, soll ich's entgelten?—

DER PFARRER. Was schiert uns Weinsberg, sprich du von Würzburg.

MÖNCH. Wohl, wohl, und lasset mich nur zu End kommen. Derselbe ⟨vorbemeld't⟩ Ritter und Bauernhauptmann hätt itzund vor Würzburg sein Läger gemacht.

Barbara erhebt sich und geht hinaus. Anna bemerkt es und folgt ihr besorgt.

PETER, *der den Mönch schon lange mißtrauisch beobachtet hat, tritt nun vor ihn*. Lug, Mönchlin, schau her! Bist leicht was mehr als ein Bettelmönch.

Der Turmwart bläst.

STIMMEN. Der Junker kommt, der Junker kommt, ⟨der Junker Grumbach ziehet heran.⟩

PFARRER. Gibt Gott seine Hilfe zu rechter Zeit. Itzt will ich dir unter die Kutten kommen. *Rufe draußen vom Turm: »Juhu, juhu! Der Junker kommt.«* Landstürzer, verfluchter.

PETER. Ich kenn die G'schrift nit. Da leset, Herr Pfarrer, hat sie vorhin unterm Gesind verteilt.

PFARRER. Ein Bauernaufruf, so Gott mir helfe.

PETER, *er faßt den Mönch beim Gelenk*. Hätt »Bundschuh« mit Kreid an die Pforten geschrieben, als der Schreiber gesagt hätt. Halt und steh.

ANNA *kommt zurück.* Ich bitt Euch, geht zu ihr hinein.
ÄNNCHEN. Herr Pfarrer, gehet zu meiner Schwester.
ANNA. Und redet ihr zu! Sie will sich gar auflösen.
ÄNNCHEN. Ich bitt Euch, gehet. *Sie drängt Anna und den Pfarrer hastig hinaus, alsdann macht sie ebenso hastig Peters Hand von dem Mönch los.* Troll dich! — Die Brücken ist aufgeworfen. Hörst nit? Der Junker reitet herein.
PETER, *zögernd.* Wann aber der Münch...
ÄNNCHEN. Ich will ihn wohl festhalten. *Peter schnell ab. Ännchen, den Mönch mit sich fortziehend.* Weißt auch, wer dich rettet? — Der Florian Geyer. *Beide ab.*
Wilhelm von Grumbach und Balthasar von Geyer, beide in vollem Harnisch, treten schnell und heftig ein.
WILHELM. Narren und Hanswurst!
SEBASTIAN. Bist schon in üblen Leumund geraten.
WILHELM. Leichnam! werd sie schon andrer Meinung machen.
ANNA *kommt, fliegt in Wilhelms Arme.* Wilhelm!
WILHELM. Habt, scheint's, in bösen Ängsten gestanden?
ANNA. Ja, Wilhelm!
WILHELM. Hab schon den ganzen Handel erfahren, sind unsre arme Leut aufständisch worden, hätten den Pfaffen davongejagt. — Schau! was ein überhirnisch Zeug! Wollen mich für ein'n Hauptmann haben.
ANNA. Gott mir nit, Wilhelm! Willst leicht Schimpf treiben?
SEBASTIAN. Ist wahrlich Sach, Gott zum Gruß, Frau Anna! Hätten's ihm wahrlich angetragen.
WILHELM. Ritten vier Pferd stark hinein in das Dorf — hu, was ein Hitz! — Stunden die Bauern im Ring beieinander, hätten ein Reispanier ufgesteckt, strömten zum Haufen von Wegen und Stegen, Leichnam, denk ich ... potz Verdenblut, reiß mir den Krebs ab, Hänslin, flugs! Luft! Luft! Luft! — Stunden also im Ring — sahen uns anherreiten, erhuben alsbald ein Geschrei, dacht ich nit anders, dann sie sollten uns anrennen mit Spießen und Stangen.
SEBASTIAN. Kurzum, kamen drei, vier dicht an die Gäul, red'ten viel krauses Zeug daher, sollt der Wilhelm ihr Hauptmann werden.
WILHELM. Würd mir wohl leichnamübel anstehn.
SEBASTIAN. Meinten, er hätt einen Span mit dem Bischof zu Würzburg, machet ihm zu Unrecht den Gramschatz streitig; wüßten wohl, daß ihm die Waldung zustünd; wollten

ihm, so er sich ihnen verschriebe, auch zu dem Seinen verholfen haben.

WILHELM. Wohl, wann es Sach wär, warum dann nit? Nehm doch der üble Handel ein Ende. — Bringet uns Rheinpfalz und Malvasier, hätten ein Durst als die brünstigen Hirsche. — Da, nimm das Helmlin! — Daß Gott's Marter schänd! Bin nit aus dem Harnisch gekommen bei dreien Tag. *Er setzt sich.* So bringet Wein her.

ANNA. Erzählet, ihr Herrn, wenn's euch beliebt! Was ist, was geschieht? Es ist ein Geschrei hereingekommen, als hielten die Bauern Würzburg belagert.

SEBASTIAN. Mitnichten! Liegen gar schon drin in der Stadt; hätten Bürger und Bauer einander verbrüdert. Wollen itzt an die Burg.

WILHELM. Der Bischof Konrad ist auf und davon.

ANNA. Ist schier nit möglich! Der hochstolz Herr.

WILHELM. Der hochstolz Herr hätt Fersengeld geb'n.

ANNA. Und das hoch, fest Schloß, Unserer Frauen Berg?

SEBASTIAN. Stehet dannoch droben, so fest wie vordem.

ÄNNCHEN *kommt.* Willkommen, ihr Herren! Blau! Ist wohl nit möglich! Ist ja der Balthasar.

BALTHASAR. Kann's halt nit leugnen.

ÄNNCHEN. Hast dir beim Bischof ein Bäuchlin gemäst. Führt fast ein gut Küchen, sagen die Leut. Hättst mir halt etwan was überschickt. Füllest nur alles in deinen Kropf.

BALTHASAR. Wann ich's gewüßt hätt.

ÄNNCHEN. Blau! red nit, du Lecker.

WILHELM. Fluchet dir immer noch wie ein Landsknecht.

ÄNNCHEN. Ist mir geblieben, werd's nit mehr los, von einem gut Gesellen von Adel.

BALTHASAR. Hast's gar von mir?

ÄNNCHEN. Fluchst zwar nit übel. *Schüttelt den Kopf.* Rate, von wem?

BALTHASAR. Möcht's schwerlich raten.

ÄNNCHEN. Denk nur nit weit! von deinem Bruder, dem Florian. *Betretenheit.*

WILHELM. Gott geb, Gott grieß, itzt tu mir Bescheid. *Sie trinkt.* Es kommt zur Nacht noch ein Gast herein. Schau, Weib, und laß uns ein Essen zurichten. Müßt aber nit viel ein Wesens machen — ist eben kein anderer als Florian Geyer.

Ännchen begibt sich schnell hinaus.

ANNA. Liegt wirklich vor Würzburg — und willst ihn hereinlassen?
WILHELM. Warum auch nit?
ANNA. Solltst dich nit einmal — zehnmal bedenken.
WILHELM. Red nit dumm Zeug.
ANNA. Ich sag nit anders, dann was ich sag, ist hochgefährlich, und mußt ihn nit einlassen. Ziehest Fürsten und Herren dir übern Hals.
WILHELM. Schweig still und red nit, so du nit Wissens hast. Ist in des Bischofs von Würzburg Sachen, hoff mir viel eh seinen Dank zu verdienen.
SEBASTIAN. Ist auf ein Haar, als er sagt, Frau Anna. Wann mir mein Auftrag nit gar mißlinget und nit mein Bruder gar hart und verstockt ist, so sollen ihm Fürsten und Herren Dank wissen.
WILHELM. Tu dann, wie ich sage. Und schau, daß niemand zu Bette geht. Weiß nit, was die nächste Stunden bringt. Leicht müssen wir alle auf und davon — leicht, daß wir schlafen gleich als die Ratzen.
ANNA. O heilige Maria, heilige Maria! *Geht ab.*
Nach einer Pause der Überlegung.
WILHELM. Will mir fast schwanen, als ich dir sag: nimmt ein bös, schnell End mit der Stiftsherrlichkeit.
SEBASTIAN. Hoff, es soll nit geschehen, als ich dir sag. Liegt eine tapfere Besatzung auf der Burg, sind Grafen und Herren und mannlicher Knechts genug. Hätten nit anders gelobt und geschworen, wollen Leib und Leben bei dem Bischof lassen. Wüßt auch selber nichtzit anders zu tun: will bei ihm sterben und genesen. — War da nit einer — magst mir glauben —, wollt sich nit einer auf und davon tun. Stand doch frei einem jeden zu tun. Hielt der Obersthauptmann keinen, so nit wollt in der Burg verbleiben, ging doch keiner, weder Knecht noch Ritter. Liegen darin und warten der Läufte. Wollen die Burg nit wohl billig hergeben.
WILHELM. Hab Euch nichts dawider, als ich dir sag. — Tät mich auch wohl hineintun, will aber das Meine nit drüber im Stich lassen, hätt mir der Bischof, als ich gedenk, das Mein auch nit wohl mögen mehren; hätt eh ein Bedacht, es zu ringern, getragen. Kotz Leichnam! muß ich es selbst wohl zu tun wissen. — Ist ein seltsam Ding um den fränkischen Adel. Sind itzt wie die Hund und itzt wie die

Löwen: Zerfleischen ein Hand und lecken sie wieder. Was schiert sie der Bischof? Laßt ihn dahinfahren! gäb den von Bamberg und Eichstädt darauf. Haben große Hansen und Herren genug! Laß es ein End mit der Pfaffheit nehmen! Machen Gezänks und Gestänks ohne End, schinden und schaben Adel und Bauer. Hätt alles wohl heut ein ander Gesicht, wär's ehvor dem Sickingen nit verschlagen in seinem Handel mit dem von Trier. Möcht lieber, es wäre wie dazumal, stünd der Adel in Einung wider den Bischof.

SEBASTIAN. Du redest daher und weißt nit, was. Steht dir das Wasser bis an den Hals, meinest schier ganz im Trocknen zu sein. Ist die Sintfluß hereingebrochen, unterspület alles, Schlösser und Burgen, überwälzet alles, Klöster, Kirchen, Geistliche, Grafen, Herren und Adel, und willst itzund für dein Äckerlein fechten. Glaub's, Wilhelm, hält derzeit das Schloß nit stand, das droben ob Würzburg überraget, so ist's gar aus und hin mit uns allen. Mag niemand dem Pöbel die Macht mehr entwinden.

WILHELM. Ist nit fast leicht, sich wissen zu halten! *Er erhebt sich.* Schau, hätt der Blitz dort drüben gezünd't — ⟨wann's nit der rot Schein ist von der Sonnen.⟩

SEBASTIAN. Ist ein groß, hoch Feuer, brennet ein Dorf.

WILHELM. Flammet hoch auf. Ist leicht eine Burg.

SEBASTIAN. Kommet wer über die Stiegen herauf.

WILHELM. Kretzer, bist du's?

KRETZER, *dreißig Jahr, geharnischt, kommt.* Ist nit anders. Hab auch den Junker hereingebracht. Fand ihn zu Heidingsfeld im Läger. Sind geritten, will sagen: geflogen. Hat den Teufel, der Junker Florian.

WILHELM. Führ ihn herauf, flugs, laß ihn nit warten. — Schau, ich denk, es möcht viel baß sein, wann ich ihn ehvor allein empfahe.

SEBASTIAN. Wohl, tritt mir doch gleich die Gallen ins Blut, vergeß gar, daß es mein Bruder ist. *Ab.*

Ännchen kommt von ungefähr.

WILHELM *weist sie hinaus.* Geh! stör itzt nicht.

ÄNNCHEN. Ist er herein?

WILHELM. Wen meinst?

ÄNNCHEN. Weißt schon, wen ich mein.

WILHELM. Lug, fällt mir bei: stundest immer auf gutem Fuß mit dem Ritter.

ÄNNCHEN. Sollt ich auch nit?!

ANSÄTZE ZUM ERSTEN AKT · PARALIPOMENON II,1 837

WILHELM. Ei, so biet ihm getrost den Willkomm. *Ab.*
Mägde kommen und decken den Tisch.
ÄNNCHEN. Bringet das Tischlachen! So leget auf.
Die Mägde ab.
FLORIAN, *den Helm im Arm, erscheint. Er bleibt, Ännchen betrachtend, wie gebannt.* Trau nit meinen Augen.
ÄNNCHEN. Darfst es schon.
FLORIAN. Blau! bist leicht das Änneli — oder nit?
ÄNNCHEN. Mußt halt scharf herschauen.
FLORIAN. Mädel, was bist für ein Dirn geworden!
ÄNNCHEN. Wollt doch nit gar dahinter bleiben.
FLORIAN. Itzt muß ich dir nah gehn.
ÄNNCHEN. Nit gar zu nahe.
FLORIAN. Geh, laß dich beschaun. Hab dich ehvor meh für ein Büblin genommen.
ÄNNCHEN. Bin eine rechtschaffne Dirn.
FLORIAN. Glaub wohl, was ich sehe. Ist wohl kein schmuckre Dirn in Franken.
ÄNNCHEN *schneidet ein Gesicht, lacht.* Meinst? Da, schau zu.
FLORIAN. Bist halt noch ganz ein so lustiger Kerl, vergnügt wie die Bien im Thymian. —
ÄNNCHEN. Itzt tuet den Harnisch ab, Herr Ritter. Stehet still, ich will Euch die Riemlein losmachen.
FLORIAN. Möcht wohl allzeit ein so liebs, schöns Büblin haben.
ÄNNCHEN. So nehmet mich mit.
FLORIAN. Wärst mir zu schad.
ÄNNCHEN. Itzt iß und stärk dich.
FLORIAN. Gibst mir nit einen Willkomm?
ÄNNCHEN. Da, mein Hand.
FLORIAN. Wüßt mir wohl einen liebren.
ÄNNCHEN. Komm, wie ich sag: sitz, iß und stärk dich.
FLORIAN. Wird nit lang Sattelhenkens sein. — —
ÄNNCHEN. Weißt, Florian, kann mich vor dir nit entsetzen.
FLORIAN *lacht.* Verhüt's auch Gott.
ÄNNCHEN. Bist doch ein schier grimmig, gefährlicher Mann.
FLORIAN. Bist arg mehr gefährlich, als ich mein. *Ännchen lacht.* Hast wahrlich kein Furcht, so komm und küß mich.
ÄNNCHEN. Bist unverschamt.
FLORIAN. Schau, Änneli! wie itzt die Läufte sein, ist nit viel Zeit mit der Laute hofieren noch Mandelkern werfen.
ÄNNCHEN. Trau mir nit! red nit viel daher. Ich wend leicht den Ernst vor, und kannst dir den Mund wischen.

WILHELM *kommt.* Grüß dich Gott, Florian!
FLORIAN. Itzt ist es zu spat. Hast's Nachschauen, Änneli! Grüß dich Gott, Wilhelm!
WILHELM. Bist nit übel gelaunt, scheint's.
FLORIAN. Blau! hast auch recht, ist, seit ich herein bin. Hätt das Fräulein gemacht mit seinem Willkomm.
Ännchen ab.
WILHELM. Willst nit ein Platz nehmen?
FLORIAN. Ist nit viel Sitzens. Hab mich losgemacht für ein Stund oder zwei, muß mit dem nächsten wieder aufs Pferd. Hast leicht ein Nachricht von dem Markgrafen?
WILHELM. Bin selbst kaum herein. Hab noch nit mögen hinüberreiten noch den Knecht, den Kretzer, hinübersenden.
FLORIAN. Tät Eile not in diesen Läuften. Stehn itzund vor der großen Wende.
WILHELM. Hab nit so ganz ein Vertraun in die Sach.
FLORIAN. Da hast du Brief, die der Markgraf geschrieben. Kennt seinen Vorteil, der Kasimir. Wollt längst gern Herzog in Franken werden und den Pfaffen in Würzburg ganz auf und davon jagen. Itzt ist er davon gar ohn sein Zutun. Verstehest, was das heißt? Das heißt nit anders, als ich mein, dann: der Markgraf mag sich ins leer Nest hinsetzen. Wann er itzund kein Narr ist und nit sein Vorteil gar in Wind bläst, so schlägt er sich alsbald zu den Bauern. Und sitzt er erst oben in der Burg, so mag ihn die Welle wohl weitertragen. Ist leicht ein Kaiserkron zu erwerben. Geh, führ ihn dahin, und wann dir's nit traust, so schaff mir ein Unterred mit ihm. Dran, dran itzund, weil das Feuer heiß ist.
WILHELM. Das Würzburger Schloß ist halt kein leer Nest. Ist eine stark, brav Besatzung drin.
FLORIAN. Möcht sich wohl bald gutwillig hinaustun. Wollen, hör ich, die Artikel annehmen, so ihnen die Odenwälder gesandt. Und der Obersthauptmann ist Kasimirs Bruder. — Itzt sprich, was ist's, Wilhelm? Ließest mich rufen. Meint der Bot, es wär ein gar wichtige Sach. Wüßt mir keine wichtigre als den Markgrafen.
WILHELM. Ich send den Kretzer noch heut zur Nacht. Soll der Schreiber den Brief an den Markgrafen aufsetzen. Weißt selber, wie ich der Pfaffheit feind bin. Haben nie keine Ruh von ihnen gehabt, die Grumbachs, von Olims Zeiten her. Itzt aber war ich drüben zu Würzburg.

ANSÄTZE ZUM ERSTEN AKT · PARALIPOMENON II,I 839

FLORIAN. Hast dich den Unsern zugelobt?
WILHELM. Noch nit, wollt sich derzeit nit schicken. Hatte droben in der Besatzung zu tun. Drangen in mich, ich sollt mich darein begeben. Ist dein Bruder Sebastian auch darin, will Hab und Gut bei dem Bischof lassen. Ich wollt's nit tun.
FLORIAN. Sagst, der Sebastian sei darin.
WILHELM. Hat sich mit Reden an mich gehängt: müßt durchaus ein Zwiesprach mit dir haben. Hätt's ihm in keinem können verweigern. Ritt also mit mir...
FLORIAN. Ist hier im Haus? Nun, dann sind beide umsonst geritten. Blieb baß in der Burg, ich baß im Läger.
Sebastian kommt.
WILHELM. Da ist er schon.
SEBASTIAN. Guten Tag, Florian.
FLORIAN. Schönen Dank, Bruder.
Kurze, betretene Pause.
SEBASTIAN. Ich denk, wir wollen nit lang herumher schleichen wie die Katzen um den Brei. Bin weit entfernt, dein Tun zu billigen.
FLORIAN. Denk's auch nit anders. Red! Was soll's?
SEBASTIAN. Das ist wider Gott und wider die Natur: wütest gegen den eignen Stand. Brichst Burgen und Schlösser als ein Rasender. Läßt hinter dir eine Spur von Brand und Blut. Handelst nit anders als gar im Wahnwitz. Weißt, hab nie geschmeichelt und hofiert, hab immer mein Wort freiheraus gesaget. Weiß auch dieser Zeit nit anders zu tun. Will mir keineswegs hinein in den Kopf, daß ein Ritter und Reutersmann von Adel, als du einer bist, gar einer von Geyer sich so vermenget mit Unflat und Unrat. Ist eine Schmach, nit auszudenken.
FLORIAN, *nach kurzer Pause.* So red — oder red nit: wie du magst. Ist doch, als ich mein, ein nutzlos Geschwätz. Verstünd sich wohl eh ein Türk und ein Schwab als du und ich.
SEBASTIAN. Ist schlimm genug! Bist eben so ganz verkehrt und verstockt, so arg versunken im ruchlosen Wandel.
FLORIAN. Ei, Bruder, da lach ich! — Schau, laß es genug sein.
SEBASTIAN. Lach nit, auf daß du am End nit noch weinest. Ich red als ein Bruder und Freund zu dir. Ich sag dir, laß ab und schreite nit weiter, dein Bahn führet abwärts zu Kerker und Tod. Itzt noch ein Schritt, und du kannst nimmer zurückkehren. Steh ab vom Wüten gegen dein Fleisch! Hör auf mit Burgenbrechen im Land.

FLORIAN. Das will ich nit tun.
SEBASTIAN. Was willst nit tun?
FLORIAN. Will nit abstehn davon, so Gott mir helfe.
SEBASTIAN. Hast also nit andre Dinge im Sinn, als den Adel ganz und gar auszureuten.
FLORIAN. Eine Tür mag der Edelmann han als der Bauer. Soll abstehn von Rauben und Staudenreiten und friedlichen Bürgern das Ihre nehmen. Derhalben brech ich die Rabennester und will sie brechen, alslang ich ein Arm reg.
SEBASTIAN. So fahre dahin, bist gänzlich des Teufels. Wirst ein Ende nehmen, als dir nit lieb ist.
FLORIAN. Schau, bist halt ein gut, treuherziger Gesell, redst, wie du's weißt, weißt aber nit viel. Hätt's mit der Sach nit gar lang gedroht? Stund es nit längst in den Sternen geschrieben? Sind nit Fürsten und Herren gewarnt genug? Hätt nicht der Hutten gewarnt genug? Hätt's mögen fruchten? Sag? Mitnichten! Der Pfaff hätt weiter geschlemmt und gedämmt. Der Adel sein Leut weiter bedrückt mit unerträglichen Lasten und Bürden. Itzt ist's zu spat und nit mehr zu hindern. Itzt ist's am Tag und nit mehr dahinten. Itzt brennet das Feuer im Land allenthalben. Wer will es itzt löschen? Du nit, ich nit, Adel und Fürsten nit, Papst nit und Kaiser nit. Brennet und lohet als ein Meer von Feuer. Ist kein Jesus da, der es mag sänftigen. So schöpfet doch Wasser mit Bütten und Gelten, gießet und dämpfet mit Kannen und Krüglein. Ist ein lächerlich, gar armselig Beginnen. Gießet in Franken, so brennet's in Sachsen, löschet's in Sachsen aus, brennet's in Württemberg, brennet's in Franken, brennet's in Schwaben, brennet's am Bodensee, brennt's in der Pfalz. Hätt jeder den Tanz itzt vor seiner Tür, mag keiner den andern zu Hilfe kommen: ein jeder Fürst und ein jeder Graf, und wüßt nichts Beßres, als daß es so ist. Fort mit der römischen Tyrannei, fort mit der Papst- und Pfaffenherrschaft. Fort mit den Fürsten allesamt, zerreißen und zerstückeln das Reich in Fetzen und Lappen als die Hunde den Hirsch, muß kläglich verenden unter ihnen. ⟨Ein Kaiser soll sein, ein strack, fest Regiment.⟩
SEBASTIAN. Das klinget fast gut, ist aber fast übel. Ist ein schlecht Regiment, so bringt ihr ein schlechtres. Hätten Fürsten und Pfaffen manches verbrochen, so fahret ihr her als die Räuber und Mörder, als die höllischen Rotten,

trunken und wüst und lechzend nach Blut. Willst's etwa leugnen, denk an Weinsberg.

FLORIAN. Es ist geschehen, geschieht vielleicht nimmer.

SEBASTIAN. Ist aber geschehen, die ruchlose Tat. Hätten ihn durch die Spieße gejagt, wider Brauch und Recht, den gefangnen Mann, sein mörderisch vergoßnes Blut schreit laut nach Rache, als ich dir sag.

FLORIAN. Ich billig's nit und ist mir fast leid. Hat's aber keiner der Meinen getan. Sind keine Franken, sind Schwaben gewesen. War ein tapfrer Ritter, der Helfensteiner; hätt ihm das Leben wohl mögen gönnen. Konnt nit verhindern, was ich nit wußt, und als ich es wußte, war er dahin. Ist aber dannoch nit ohne Schuld. Haben aus der Burg auf die Herold geschossen wider Kriegesbrauch, und derzeit, als wir in Handlung stunden, hätt er seine Reisigen in uns geschickt, sind die Bauern gar wild und wütig worden.

SEBASTIAN. Als die Wölfe sind und die tollen Hunde. Sieh! bin nit gar ein so dumm Stück Fleisch. Ist manches faul, und leug ich nit. Weiß auch, was der Hutten und Luther geschrieben. Bin auch gegen römische Tyrannei, sollen nit Land und Leute aussaugen. Bin auch für das lautre Gotteswort. Soll fürder nit unterdrücket sein, frei ungehindert gepredigt werden. Der Luther hat recht und hundertmal recht. Der Luther hat Mut und hundertmal Mut. *Zieht eine Schrift hervor.* Itzt sieh, was er sagt, der heilige Mann: wider die räubischen und mördischen Bauern. »Sie haben verwirket Leib und Seel als die treulosen, meineidigen, lügenhaftigen Buben und Bösewicht... Darum soll sie schmeißen, würgen und stechen heimlich oder öffentlich, wer da kann, und gedenken, daß nichts Giftigres, Schädlichers, Teuflischres sein kann denn ein aufrührischer Mensch... Nennen sich christliche Brüder, sind Gotteslästerer und Schänder... Darum soll die Oberkeit hie getrost fortdringen und mit gutem Gewissen dreinschlagen, weil sie eine Ader hat ... und wer auf der Oberkeit Seiten erschlagen wird, soll ein rechter Märtyrer vor Gott sein.«

FLORIAN. Weißt, was die Bauern im Lager singen:
Das ist der Luther,
der heilig Mann,
er tut den Kopf ziehn aus der Schlingen,
so er den Harnisch höret klingen.

SEBASTIAN. Will's glauben, daß es euch nit gefällt.
FLORIAN. Gefället uns und gefällt uns nit. Ich denk, wie der Ulrich Hutten gedacht, als der Luther sein Pfaffengezänk begonnen: ist ein Pfaffensach und nit meine Sach. Mögen sie aneinandergeraten, ⟨frisch sich untereinander auffressen⟩ und flugs ein Pfaff den andern vernichten, so wird die Welt gar Fried und Ruh haben. Mein Sach ist die Sache des Rechts und der Freiheit. Sollen nit verbluten das deutsche Reich an tausend Wunden von innen und außen.
SEBASTIAN. Schlaget ihm doch die allerschlimmsten, stoßet ihm gar das Messer durchs Herz, kämpft wider Gott, wider Kaiser und Reich.
FLORIAN. Nit wider Gott und nit wider Kaiser. Fechten für Gott und für Kaiser und Reich. Soll ein Kaiser sein und ein Volk von Freien, nit von Pfaffen und Fürsten und Adel bedrückt, nit ausgesogen von tausend Schmarutzern. Wollen deutsche Meß und deutsches Gericht, ein einig Reich und ein fest Regiment. Macht der Luther nicht mit, wohl, so bleib er dahinten, nimmt er ein Schwert ins Maul, nehmen wir's in die Hand. Fürcht nit, er möcht uns lang widerstehn.

    Viel Harnisch han wir und viel Pferd,
    viel Hellebarden und auch Schwert,
    und so hilft freundlich Mahnung nit,
    so wollen wir die brauchen mit.

Pause.
WILHELM. Tragt Licht herein.
SEBASTIAN. Ist nit vonnöten und Licht genug, sorgen die Buben, die Bauern dafür. — Mag Hänslin das Pferd aus dem Stalle ziehn. Hab nichts mehr zu schaffen. *Pause.* War guter Meinung. — Ist wahrlich nit anders. — Wollt ein Bruder den Bruder nit ungewarnt lassen. Hat nichts mögen fruchten. Einerlei! wen Gott will vernichten, den schlägt er mit Blindheit. Wirst itzt deinen eignen Herrn befehden, gen den Bischof zu Würzburg die Waffen tragen. Wird ein Bruder gar mit dem Bruder fechten.
FLORIAN. Ich wollt es nit, kann's aber nit abwenden! Mag auch mein Bub den Gaul aus dem Stall ziehn!
SEBASTIAN. Schau! noch ein Wort, ehbevor ich reit: denkst nit wohl manchmal an dein arm Mutter.
FLORIAN *mißt ihn kalt.* Laß gut sein, Sebastian.

SEBASTIAN. Willst's nit hören. Wanket dem Grabe zu, die arme Frau. Weinet und betet und kann's nit fassen. So treib doch die Sachen nit gar auf die Spitzen. Mußt Burgen brechen, so tu's immerzu. Aber geh und verschon dein eigen Heimat. Tu dich hinweg! Führ den Haufen hinweg! Wüt, brenn, mord, würg anderswo als hier.

FLORIAN. Itzt, Sebastian, weiß ich, worauf du hinauswillst. Nit als Bruder kommst du, wie du gesagt hast. Kommst als eine Puppe und handelst im Auftrag. Wenn du heimkommst im Schloß auf dem Frauenberg, bring dem Obersten Hauptmann meinen Gruß. Sag dem Markgrafen Friedrich, als ich dir sag: sollt mich nimmermehr zum Verräter machen. Und wann er mir flugs den Bruder sendet und der mein liebs Mütterlein gen mich ausspielet. Wird ihm nie und nimmer der Streich gelingen. Wehrt euch, wann ihr Mut habt, als ehrliche Kriegsleut!

SEBASTIAN. Wir wollen's wohl tun. — Und ist's dein letzt Wort?

FLORIAN. Gott helfe mir! ja.

SEBASTIAN. So sag ich denn amen und —: fahre dahin! *Er geht auf die Tür los. Aus der Tür ihm entgegen kommt Barbara weinend.*

BARBARA, *in Tränen.* Bleib!

Florian fährt herum, starrt sie an.

BARBARA. Florian!

FLORIAN. Wie kommst du hierher?

WILHELM. Hab sie hergeführt von Giebelstadt. Hat hier die Schwester und meine Frau. Dacht mir, es sollt sie ein wenig auffrischen. Ist auch wohl sichrer hier als dort.

FLORIAN. Habt also, scheint's, ein Komplott geschmiedet. Wollt mir die Händ und Füß verstricken.

BARBARA. Florian, Liebster, hör auf mich. *Sie umschlingt ihn weinend. Ännchen steht abseit.*

FLORIAN. Wollet Ihr mich denn gar zum Buben machen.

BARBARA. Halt ein, geh nit weiter. Rett dich und rett uns.

FLORIAN. Weißt nit, was du redst.

BARBARA. Tu's, Florian, tu's.

FLORIAN. Was soll ich tun, in Gottes Namen?

BARBARA. Geh nit zurück zu den bübischen Bauern.

FLORIAN. So schweig doch und bring mich nit ganz von Sinnen.

BARBARA, *bittend.* Geh nit zurück, tu's nit, tu's nit!

FLORIAN. Und wenn ich dir sag, ich werd zu einem Hundsfott, so ich dableib?
BARBARA. Bleib, bleib!
ÄNNCHEN, *unwillkürlich halblaut.* Bleib nit!
WILHELM. Schweig, misch dich nit ein.
SEBASTIAN. Laßt die Kinder nit aus der Kinderstuben.
FLORIAN. Und ist doch zehnmal mehr Manns als du.
SEBASTIAN. Sollst wohl noch merken, daß ich ein Mann bin.
FLORIAN. Will mich wohl freuen, wann es Sach ist.
SEBASTIAN. Wärst nit mein Bruder, zeigt ich dir's jetzt.
FLORIAN. Wärst nit mein Bruder, stünd ich nit hier. Hab wenig Vergnügen an Raufen und Händeln. Weiß, daß du ein Wehr hast, ohn daß ich sie sehe.
BARBARA. Hast mir kein Dienst getan, Änneli.
SEBASTIAN. Hast ein groß Maul, wirst wohl noch kleinlaut werden.
FLORIAN. Hast ein kleines Hirn und ein kleines Herz, neid dir keins von beiden. Auch nit dein Wanst. Mag dich der Herrndienst noch einmal so fett machen.
SEBASTIAN. Hast im Herrndienst gestanden so gut wie ich.
FLORIAN. Hab drin gestanden, steh aber nit mehr.
SEBASTIAN. Hab niemals dem König von Frankreich gedient wider deutsche Nation.
FLORIAN. Ich hab es getan und tu's nit mehr. War derzeit ein Knab, itzt bin ich ein Mann. War derzeit ein Herrenknecht...
SEBASTIAN. Itzt bist du ein Bauernknecht.
FLORIAN. Nenn's, wie du's willst, und mach ein End.
WILHELM. Gebt Fried, ihr Herren.
BARBARA. Gib Frieden, Florian! Denkt, ihr seid Brüder.
SEBASTIAN. Ich hatt einen Bruder und hab ihn nit mehr.
FLORIAN. Hab tausend von Brüdern für einen bekommen.
SEBASTIAN. So geh und verdirb! Du willst es nit anders. *Er geht und schlägt mit den Türen, Wilhelm begleitet ihn. Barbara, immer versuchend, ihn zu halten, entfernt sich weinend ebenfalls mit ihm.*
Florian und Ännchen allein.
FLORIAN, *in den Nachwallungen des Streites umhergehend.* Luft! Luft! hier muß man ersticken! — Die Mauern drücken — wer will hier noch leben? — *Zu Ännchen, ihr die Hand gebend.* Dank dir für das gut Wort zur rechten Zeit! Hätt wohl einen braven Kameraden an dir.

ÄNNCHEN. Ja, Florian! Möcht auch wohl gern hinaus.
FLORIAN. Weht eine andre Luft, ist scharf und rauh, ist aber ein Stürmen vor dem Frühling. Weißt nit, wie ich's mein.
ÄNNCHEN. So ahn ich's vielleicht, wann ich dich anschau.
Ein Schreien und Schluchzen von Weibern im Schloßhof.
FLORIAN, *ebenso wie Ännchen, erschrickt.* Itzt auf und davon! *Er zieht den Harnisch an, setzt den Helm auf. Wilhelm tritt ein.* Was ist's mit den Weibern?
WILHELM. Kam eben ein bös, arg Botschaft herein.
FLORIAN. Red, was für ein Botschaft?
WILHELM. Hast auch für dein Stammburg gesorgt, Florian?
FLORIAN. Für Giebelstadt? Wird mir nit zustehn, was hast du? red!
WILHELM. Das Feuer, so wir vorhin gesehen...
FLORIAN, *heftig.* Ist der Gaul heraus? Hab mich allzulang versäumt, lebt wohl!
WILHELM. Magst nit noch bleiben?
FLORIAN. Denk an den Markgrafen. Grüß mein Weib!
WILHELM. Willst sie nit sprechen?
FLORIAN. Will sie nit sprechen — ist's Giebelstadt?
WILHELM. Hätten's mit Feuer angestoßen.
FLORIAN. Ist's niedergebrannt?
WILHELM. Ist ein Haufen von Trümmern, meinet der Bot.
FLORIAN, *nach unterdrückter innrer Bewegung.* Wohl! ist ein Raubnest weniger im Land. *Ab.*
WILHELM. Ich fürcht, er ist ein gefährlicher Dummkopf.

Variante

Wilhelm kommt zurück und bringt die Nachricht. Florian bleibt mit Aufbietung seiner ganzen Willenskraft hart. »Gehst du mit mir?« fragt ihn Florian. Grumbach zögert. Er befürchtet für sein Schloß. Entschließt sich kurz. Florian geht voraus, nun kommt Frau Anna und warnt. Ob sie wolle, daß man ihn[en] noch diese Nacht das Schloß anstecke? Er läßt ihr den Kretzer. Florian ruft. Grumbach geht.

[2]
ERSTER AKT

ERSTE SZENE

Niederschrift Februar 1895.

Das Innere einer zum Teil niedergebrannten Wassermühle in der Nähe von Würzburg. Die Backstube mit dem Backofen, Mehlkasten und Säcken etc. An der Wand sind Bänke, ein Tisch, ein Fäßchen Wein. Unterm Tisch liegt ein Strolch (verkommener Landsknecht), betrunken und schnarchend. Durch die geborstene Decke der Stube sieht man das große Mühlrad. Schritte Bewaffneter erklirren.

GRUMBACH. Kotz Dreck! *Er tritt die Tür ein.* Rauch und Gestank.

PETER, *rothaarig.* Sind aber doch vor der rechten Schmieden.

GRUMBACH. Sieht fast übel aus.

PETER. Soll ich den Cavallen den Maulsack vorhenken? die Hautzen liegen nit gar weit von hier im Glentz, fester Junker.

GRUMBACH. Red nit dein verflucht Krautwelsch daher! hast ein deutsch Maul.

PETER. So wollt ich doch, daß mich der Donner schlüg. Soll ich den Gäulen die Maulsäck antun und Spitzling — ⟨Habern⟩

GRUMBACH. Habern, sage ich — ja, tu Habern hinein. Durchsuch die Mühl.

PETER. Boden, alles abgebrannt, fester Junker.

GRUMBACH. Nimm Mehl, dahier. Laß die Gäul Mehl fressen. He — wer schnarcht hier. — He, Dietz, Wirtschaft.

PETER. Ei, Junker, der liegt auf dem Mist. Das Eingeweid heraus. Hol mich der Teufel! Fressen die Schwein aus ihm.

GRUMBACH. Pfui [?], Satan. Frißt denn ein Schwein aus dem andern. Oha. ⟨Was tut sich?⟩

DER GARTBRUDER, *im Traum.* ⟨Ach, ich⟩ armer ⟨Schwartenhals⟩. Die Stühl stehn auf den Bänken, der Wagen vor dem Roß. ([Randnotiz] Der Gartbruder: gegeben. Sprechweise: heiser, betrunken, schwer.)

PETER, *wie ein Wolf auf ihn, an seine Kehle.* Mucks!

GARTBRUDER *röchelt, lacht und grinst blöd und trunken.* Die Stühl — stehn...

PETER. Der Teufel gesegne dir deine Stühl. Wer hat das Dorf angestoßen. Red! bekenn.
GRUMBACH. Gib ihm Luft, Peter.
PETER. Daß dich der Ritt. Er ist von den schwarzen Bauern einer.
GARTBRUDER. Ach lieber, mein Herr! — Laß los — loos.
GRUMBACH. Loslassen, Bestie! *Reißt Peter zurück.* Kreuch herfür! wer bist du.
GARTBRUDER. Ach fester Junker, ein armer Knecht, fester Junker.
GRUMBACH. Wie hat dich der Teufel hieherein getragen?
GARTBRUDER. Ei, fester Junker, gebet mir ein Handgeld, so will ich Euch wider den Teufel selbst dienen, fester Junker.
GRUMBACH. Was tuest du hier? Stehe Red und Antwort. Wer hat das Dorf angestoßen mit Feuer?
GARTBRUDER. Ach lieber mein Herr, gestrenger Junker. Sind fremde Reiter gewesen.
GRUMBACH. Bischöfliche Reiter?
GARTBRUDER. Ja, nein, ja — Bischöfliche Reiter.
PETER. Tu dich herfür, Brüderlein, oder bei St. Jörg, ich schlag dir das Knie zu Brei und dreh dir den Schenkel ab als eine Garnwind.
GRUMBACH. Wer hat das Dorf angezündet?
GARTBRUDER. Ich nit, fester Junker, bei allen Heiligen, fester Junker.
PETER. Lüg nit, voller Hund.
GARTBRUDER. Ich nit, fester [?] Junker.
PETER. Foppen und Färben, mag's dir der Teufel gesegnen. Soll ich ihn schnalzen, Junker? Oder gleich gar abtun. Bist nit d' erste, den ich schlafen gelegt.
GRUMBACH *hält ihm den Fäustling vor.* Rührst dich, Bruder Veit, so soll dir's — Leichnam! — wenig helfen, und wenn dich des Teufels Großmutter festgemacht hätte. Schnür ihm die Füße zusammen und mach ihm die Nestel aus den Hosen, so kann er nit laufen. *Es geschieht alles sehr schnell.* Blau! — und jetzt wirf ihn in die Ecken, bis wir reiten. — *Er stößt sein Schwert in die Scheide.* Hörst du wen, Peter?
PETER. Nein, gestrenger Junker.
GRUMBACH. War ein Gemerk verabredet?
PETER. Wollt einer vorüberreiten auf einem Schimmel.
GRUMBACH. Horch!
PETER. Hufschlag.

GRUMBACH. Geh, schau zu. *Peter ab.*
Grumbach zapft Wein in einen Krug, den er mit Wein vorher ausgespült hat, dann horcht er und trinkt. Danach kommt Peter wieder.
PETER. Bauerngäul, Junker, die sich losgerissen beim Brand, schnobern und scharren in der Aschen, springen hierhin und dorthin, jagen die Dorfstraße herunter. Ist eine schier rasende Brunst gewesen.
GRUMBACH. Leichnam! Ist es wahr, daß der Bischof zum Teufel ist, auf und davon, so soll mich ein Dorf oder zwei nit gar kränken. — Ei, schau zu. Ist ein Geharnischter vom Gaul gestiegen.
Konrad von Hutten und Sebastian von Geyer.
([Randnotiz] K. Hutten: schlank, blond, gigerlhaft, glänzende Rüstung, die Geyer ihm aufmutzt. Sprechweise: hoch, ein bißchen weibisch, ein bißchen läppisch.
Sebastian: dick, fett, asthmatisch. Transpiriert sehr und leidet darunter. Trinkt [?] viel. Sprechweise: mühsam.)
HUTTEN. Potz hunderttausend Sack voll Enten. Ist [?] das auch des Dietzen Mühl. Hätt, scheint's, das Wasser ein Feiertag gemacht und das Feuer die Arbeit getan.
SEBASTIAN. Potz Zäholz. Guten Tag, Wilhelm!
GRUMBACH. Der Teufel mag mir einen guten Tag geben. Wie steht's oben in der Besatzung?
SEBASTIAN. Soweit nit übel. Aber unser Herr, der Bischof, hat sich hinausgetan.
GRUMBACH. Blau. Der Bischof ist nit meh auf dem Frauenberg?
HUTTEN. Nein, Junker Grumbach.
GRUMBACH. Der Bischof auf und davon?
SEBASTIAN. Gott sei's geklagt, Wilhelm, ja. — Schlimme Läuft.
HUTTEN. Fast schlimme Läuft.
SEBASTIAN. Vor dreien Tagen etwa hat er seine Ritterschaft berufen und ist der einmütige Beschluß gefaßt: der Bischof sollt sich hinaustun aus seiner Burg und der anziehenden Bauern nit warten und zu Versammlung der Stände des Bunds zu Schwaben gen Ulm reiten oder zu Pfalzgrafen Ludwig um Hülf. —
GRUMBACH. Hat also das Stift mit allem so gar preisgegeben.
SEBASTIAN. Ei, Lieber, von all seinem Fürstentum und Landen hat er nichts meh übrigbehalten dann das einige Schloß

Unser Frauen Berg. Ist alles umbgefallen, abgefallen, in
die Einung der rotzigen Bauern getreten.

SEBASTIAN. ⟨Es geht eine Flugred, der Markgrafe, heißt es,
stünd insgeheim mit den Schwarzen in Handlung.⟩

GRUMBACH. Ei — wie wollt er dann nit meines gnädigen Herrn
zu Ansbach Hülf und Beistand annehmen, da es noch
Zeit war.

SEBASTIAN. Potz Zäpfel, Wilhelm. Hätt den[n] der Bischof
nit Markgrafe Friedrich zu Kasimir gen Ansbach geschickt:
hätt doch der Bruder beim Bruder nichts angericht.

GRUMBACH. Ei, so soll der Bischof ins Teufels Namen gedenken: kein Geld, kein Landsknecht. Warum hält er die
Faust so gar — Leichnam! — fest auf dem Beutel, daß kein
lumpiger Plaphart hindurch kann. Hat er's nit rundweg
verweigert, als Seine Liebden ihn um ein Darlehn zur
Werbung einer stattlichen Reiterei und Fußvolks angehn
ließ?

SEBASTIAN. Jeder Fuchs hüt seines Balgs.

GRUMBACH. Nun, so hat er sein Fell schlecht genug in acht
gehabt, als mir deucht, da er itzt auf der Flucht und so gar
vertrieben aus aller seiner Stiftsherrschaft.

HUTTEN. Herr Ritter, ich will nit Konrad von Hutten heißen,
wenn die Dinge zu Ansbach so arg glaslauter sind, als Ihr
daherredet.

SEBASTIAN. Die Flugred geht, Wilhelm: der Markgraf hat nit
übel Lust, ein schwarzer Bauer zu werden und in die
höllische Einung zu treten.

GRUMBACH. Es geht manch eine Flugred in diesen geschwin-
den Läuften. Ich bin Seiner Liebden Kanzler nit.

SEBASTIAN. Ich wollte, du wärest auch nit sein Diener, du
stündest dort, wo du hingehörst, und hülfest deinem Bischof, das Sein in Hut nehmen.

GRUMBACH. Blau, Schwager, du redest dich um den Verstand.

HUTTEN. Bei meinen ritterlichen Ehren. Der Bischof [hat]
umgefragt nach Euch.

SEBASTIAN. Jawohl: »Wo ist mein Lehnsmann, der von
Grumbach?«

GRUMBACH *steht auf.* Ei, Lehn, Lehn, Lehn — das hole der
Teufel! Was soll ich dem Pfaffen seine Schmalzgruben ver-
teidigen. Ich hab keinen Lehnsherren außer der Kaiser.
Was geht mich der Pfaff an: da sehet ihr zu.

Sebastian und Hutten äugeln sich verständnisinnig an.

HUTTEN. Ei, stehet es so mit Euch, Euer Gnaden?
GRUMBACH. Ich weiß es nit anders, helfe mir Gott. Das Mein ist mein und mit nicht dem Bischof. Er schneidet sich Riemen aus meiner Haut. Was soll ich ihm auch das Herz noch darbringen. Jetzt aber kommet zur Sache, ihr Herren.
SEBASTIAN. Ja, Wilhelm, wenn du dabei beharrst, so ist zwischen uns nichts meh zu handeln.
HUTTEN. Herr Ritter! Unser Oberster Hauptmann läßt Euch durch uns im Namen des Bischofs zum letzten Mal aufs dringlichste und wärmste aufmahnen, dem Bischofe, Eurem Lehnsherren, stracks zuzuziehen und Euch mit so viel Knechten und Pferden, als Ihr könnt, herauf zu uns in die Besatzung von Unserer Frauen Berg zu tun. So redet! was sollen wir ihm Bescheids sagen?
GRUMBACH. Ihr Herren, es ist ein unsinniges Fürnehmen. Ein Handvoll Ritter und reisiger Knecht. Was ist das gegen die Sintfluß der Bauern. Es heißt, sie ziehen auf Heidingsfeld, Würzburg fällt um. Kein Pflasterstein ist dem Bischof ergeben. Denkt an die Herren und Ritter von Weinsberg. Die Bauern trugen ihre Häute auf Speeren herum und schmierten die Stiefeln mit ihrem Fett.
HUTTEN. Kotz Donner, erinnert mich nit an Weinsberg. Solange mir noch ein Aderlein tickt, wollt ich's den blutigen Hunden gedenken.
SEBASTIAN. Und ich. Mein Name ist mir vergällt, seit einer von Geyer sich so befleckt, sein Wappen so jämmerlich, schändlich besudelt, so niedergetreten — Pfui der Schmach. *Er tritt ans Fenster.*
GRUMBACH. Ihr Herren — ich bin ein Ritter wie ihr. Und wann ihr mir sagt: Dran! strafe die Hunde! so will [ich] euch werken wie einer, ihr Herren. Und will die Mörder und Bluthund schinden, dermaßen schinden, sag ich euch, daß sie — auf Ritterwort nehm ich das — gen Himmel solln kreischen und blöken und Dreck und Blut müssen von sich speien. — Aber daß du dich so gebärdest, Mann, versteh ich nit. Wir beide kennen den Florian. Ist der Ritter dein Bruder, so ist er mein Schwager. Gut. Daß er Weinsberg im Sturm genommen, ist richtig, und dies sieht ihm gleich. Aber an der Bluttat der rotzigen Bauern, an wehrlosen Rittern und Knechten verübt, an Kaisers Maxen Eidam sogar, an armen Gefangenen, die sie waren, — nein, Lieber — da hat der Ritter kein Teil. Er konnt es nit hindern, und das

ist alles. Und wollt ihr des ein bestimmten Bericht, so leset dies. Der Ritter schreibt an meine arme Schwester, die sich grämt und härmt umb den ⟨ruhlosen⟩ Mann.

HUTTEN. Ei, Ritter, Ihr habt einen fast schweren Stand, den Ritter Florian reinzuwaschen, Ihr leugnet dann, daß er ein Ächter ist.

GRUMBACH. Euer leiblicher Vetter von Hutten, Herr, lief auch mit des Kaisers Acht auf dem Rücken und mit dem Bann des Papstes dazu und blieb doch immer der Ulrich Hutten.

HUTTEN. Ei, meinen Vetter verteidige ich nit. Und dennoch, er hatte ein deutsches Herz. Aber Ritter Florian, geht die Sag: der nimmt sein Geld und dient dem Teufel. Er hat unter Frankreichs Fahnen gekämpft wider Kaiserliche Majestät. Das tut ein Tapfrer von Adel nit.

BALTHASAR. Vergeßt nit, er war in des Kaisers Acht, vom Hause verjagt, von Weib und Kind — und annoch ist es nit ausgemacht, daß er mitgekämpft in der schwarzen Schar, die der Kaiser jüngst bei Pavia aufs Haupt geschlagen. Nit ausgemacht. Es ist ein Gerücht.

GRUMBACH. Ihr Herren, das ist ein müßig Gered. Und die Zeit ist zur Eile angetan.

HUTTEN. So haben wir nit auf Euch zu rechnen?

GRUMBACH. Soviel ihr mögt, nur nit ins Schloß. ⟨Ich kann mich nit in die Fallen begeben. Meine Schlösser und Dörfer stehn in Gefahr. Und außerdem bin ich im Dienst des Markgrafen, muß für ihn reisen, streifen nach Nöten, bin bezahlt und bestallt und zu dienen gehalten. Will mich auch nit sparen, nach Reiterpflicht, als einem Tapfren von Adel zukommt.⟩

[3]

Erste Reinschrift

ERSTER AKT

ERSTER TEIL

ERSTE SZENE

Inneres der Schenke zu Rimpar. Der ärmliche Raum ist erfüllt von dürftigen Gestalten: Hörigen des Wilhelm von Grumbach. Sie haben rohe, verwitterte Gesichter, dumm-pfiffig im Ausdruck zumeist, und kurzgeschorene Schädel. Ihre Kleidung besteht aus grauen Kappen oder Hüten, hänfenen zerlumpten Kitteln, Schuhen, die mit Bast gebunden sind. Aus irdenen Töpfen trinken sie Branntwein und Wein, den sie sich an der Schenkstatt selbst einfüllen oder von Wirt und Wirtin vorsetzen lassen. Der Wirt, ein phlegmatischer Kraftmensch mit rotem Gesicht und kleinen, schlaubeweglichen Augen, heißt Peter Bieber. Seine Frau, die Bieberin, resolut und beweglich, ist bald hier, bald dort, redend, lachend, Geld einstreichend.
Die Bewegung der Versammelten verrät eine außergewöhnliche Spannung.
Die Bieberin setzt dem Schneidenwind Wein vor.

SCHNEIDENWIND *faßt sie bei ihrem schwarzen Busentuch.* Ist eine fast gute Farb!
BIEBERIN. Ich will's meinen, Hans! Will's Gott, so soll es nit gar lang dauern, daß die Farb kein übel Aug ansieht.
ERSTER HÖRIGER. Willst nit würken gehn, Hänsel? dem Junker von Grumbach das Holz hereinführen aus dem Gramschatz.
SCHNEIDENWIND. Kotz! Ich will es nit tun, find kein sonderlichen Gefallen daran.
ERSTER HÖRIGER. So haben wir dann gewürkt, bis wir alle sein schwarz worden.
ZWEITER HÖRIGER. Wie der schwarz Geyer, also schwarz sein wir jetzt worden.
BIEBER, *beschwichtigend.* Pscht! — Leid dich und hab Geduld! — — —
SCHNEIDENWIND. Das Jünkerlein ist gestern zu Nacht auch anheims kommen.

ERSTER HÖRIGER. Zwölf geharnischter Pferd!

BIEBERIN. Ich glaub, das Jünkerlein fängt itzt auch allbereits an und schmackt den bäurischen Braten.

SCHNEIDENWIND. Der bäurische Pfeffer fängt an und kitzelt ihm in der Nasen. Es leid ihn nit meh auf der Landstraßen. Will nit meh verschlagen mit Reisen und Heckenreuten. Muß wohl der Habicht zu Neste fahren, es sei ihm lieb oder leid, will er nit gar mit Schand und Spott von dem Seinen kommen.

ERSTER HÖRIGER. Leichnam! des Grumbachs Gaul, als ich vermein, hat gewißlich meh dann einem Kaufmann auf der Landstraßen den Beutel abgebissen.

ZWEITER HÖRIGER. Liegt eine tapfere ⟨Menge⟩ Anzahl Guts auf dem Schloß. Möcht sich das ganze Dorf davon enthalten, Gott weiß es! zween Jahr und darüber.

BIEBERIN. Der Teufel wird ihm sein Gut gesegnen dieser Zeit und allen Staudenreitern und Straßenfegern dazu. Hinab mit ihnen in den höllischen Schlund zu ihrer aller Meister.

ZWEITER HÖRIGER. Ei, das Herrlein steht mit dem Junker Voland vorhero auf du und du.

BIEBERIN. So wird er ihn dannoch nit baß empfangen und ihm den Hals herumdrehen, trotz aller höllischer Bruderschaft.

SCHNEIDENWIND. Schenk tapfer ein, Peterle. Nenn ich auch meh nit mein Eigen denn eine Kanne und ein Krebs — als heut die Läuft gestellt sind, will ich mich meines Armuts nit grämen.

BIEBERIN. Flugs, Bruder, mach dir ein fröhlich Herz! Es währet nit meh gar lang, so hat sich das Blatt gewend't.

EINIGE STIMMEN. Gott gäb's.

BIEBERIN. Jetzt geht es mit Heller und Batzen zu unter euch, ist die Wochen herum, so soll es mit Gülden zugehen.

FAHRENDER SCHÜLER *hat bisher einer Gruppe von Bauern aus einer Bibel vorgelesen und mit ihnen pantomimisch darüber disputiert, jetzt beginnt er laut.* Nichts steht im Evangelio von der Leibeigenschaft. Wir sind gleich vor Gott. Wir sind alle Brüder vor Gott: der Papst, der Kaiser, du und ich. Christus hat uns alle frei gemacht. *Auf die Bibel schlagend.* Dies ist der Grundstein. Dies ist der Eckstein. Dies ist das A und O aller Weisheit. Deshalb heißet es auch in den Zwölf Artikeln der Bauernschaft — Gebet mir das Blatt! *Viele Hände strecken ihm das Flugblatt hin.* Ja — so heißet

es: Recht soll Recht bleiben, wo es sich auf das Evangelium stützt. Wo nit, tot und ab. Zins, Zehnt, Güld, Rent: tot und ab. Keiner ist leibeigen. Der Todfall ist wider Gott.
BIEBER. Wie stehet der Luther zu der Sachen? Red, du Partekenhengst!
ERSTER HÖRIGER. Der Luther ist ein Suppierer, ein Lautenschläger und trägt Hemder mit Bändlin.
SCHÜLER. Er hätt eine Ermahnung zum Fried in Truck ausgehen lassen auf die Zwölf Artikel der Bauerschaft. Ist allzufrüh, als ich mein, frater, pater, potator! Der Fried kann uns itzt nich[t]zit nützen. Itz sind die Sachen auf Krieg gestellt.
Bieber schlägt zweimal in besonderer Weise gegen ein Faß. Alles wird sofort still.

ZWEITE SZENE

Ein Barfüßermönch tritt demütig herein und murmelt etwas.
MÖNCH. ...panem propter Deum.
ZURUFE, *aus der Menge.* Ein Wolf! Ein Pfaff! Ein Mönch! Ein Schell! Jagt ihn hinaus! Werft ihm einen vierpfündigen Stein nach!
MÖNCH. Bona dies.
SCHNEIDENWIND. Und wann du dich noch so demütig anstellst, Mönch, so bist du doch der ärgste Gleißner in Franken.
ERSTER HÖRIGER. Man soll sich von keiner Kutten Gutes versehen!
ZWEITER HÖRIGER. Jetzt wird er gleich von blauen Enten und von Hühnermilch predigen!
Der Mönch tut, als ob er sich zurückziehen wollte.
SCHÜLER. Manete, manete!
BIEBER. Tretet herzu, Bruder! Nehmet Euer Käslein und trinket den Becher Weins.
Der Mönch tritt demütig an die Schenkstatt.
SCHNEIDENWIND. Schaut, wie gar fein demütig der Fuchs einhertritt. Wie kläglich er dreinschaut. Potz Lung! Was gilt's? Wann er seine Passionspredigt daherflennt, so zerlaufen den Bauernweibern die Herzen wie Schmalz, und es regnet alsbald Wurst, Eier, Käs, Brot und Speck in seinen Schoß, daß die Tagdieb drinnen im Kloster genug dran zu schlemmen haben eine Woch und meh.

ERSTER HÖRIGER. Red, Käsmönch! sag uns ein Predigtmärlein. Hast leicht den Teufel erblickt als ein Sau oder einen brennenden Strohwisch?

MÖNCH, *demütig-listig umblickend.* Liebe Brüder, sind böse Läuft. Fast schlimm böse Läuft! Der Pater Prior sagt: »Geh, Bruder Martin, nimm den Sack auf den Rücken!« *Achselzuckend.* So geh ich denn. Wollt tausendmal lieber ein ehrlichs Gewerb verrichten, Gott weiß es.

BIEBER. Wie sieht es zu Würzburg aus, frommer Bruder?

MÖNCH. Schlimm, schlimm! Fast schlimm! *Ein wenig lebendig, immer noch demütig.* Betet zum heiligen Christoph, auf daß er euch trage mit seinen Schultern durch die gräuliche Sintfluß dieser Zeit! Und ihr dort, esset geweihtes Salz, besprenget euch fünfmal unter Tags mit geweihtem Wasser, auf daß euch der höllische Geist nit anstoße! *Gelächter der Bauern.*

SCHÜLER. Und vergesset die Hauptsache nit: Geld, Geld, Geld. Schicket Geld nach Rom. Der Heilige Vater ist über die Engel im Himmel und dem Teufel in der Höllen und hat ihnen zu gebieten.

DER MÖNCH, *mit sehr gut gemachter Wut.* Ei, du nichtsnutziger, ketzerischer Bacchant! Was gilt's, du bist ein Prager Student und hast mit dem Luther und Karlstatt dieselb hussitische Pestilenzsuppen gelöffelt. Er strotzet von wiclefitischem Aussatz. Wütet jetzt schlimmer als Pest und Krieg, machet die Leute gar toll und närrisch, kaufen keinen Ablaß und wollen keine Meß hören, sagen, der Heilige Rock, so zu Trier hängt, sei nit meh denn ein alt Gewandstück voll Ungeziefers. *Lachen.* Schreien: die Heiligen Drei Könige zu Köln möchten wohl eh drei Bauern aus Westfalen gewesen sein. Brüllen und toben über der Pfaffen Mägd, wollen dem Bischof den Milchzins nit vergunnen. Ei, ihr Rülzen und Rauzen, sollen die Pfaffen nit warm liegen, gleichwohl als ihr bei euren Weibern? Lachet nit, hütet euch vor Todsünd! Hütet euch vor den höllischen, abgründischen, teuflischen, verzweifelten Rottengeistern, die itzund umgehen und die Menschen verderben. Von jedem Dach plärret ein anderer, und jeder hat allein das klar, lauter, rein Evangelium. Machen ein Geschrei unter den Leuten: das Jubeljahr stünd vor der Tür. Treiben es in die Herzen, als sollt gar der Heiland wiederkommen dieser Zeit, auf der Erden sein Zepter aufrichten und tausend Jahr eitel Fried und Freude machen. Gott helf euch, ihr arme, verblendete Widerchristen! habet ein Einsehen, was soll der Töpfer zu Rom mit seinen Götzen anfangen. Wer wird dann noch Götzenfleisch essen, zur Messen gehen, den Kirchenstock füllen, die Pönen bezahlen, die Päpst, Kardinäl, Bischöf, Meßpfaffen und Mönch mästen? Wer wird Münster und Dome bauen, wann man Gott in keinem Tempel mehr anbeten wird, sondern allein im Geist und in der Wahrheit. Wer wird noch der Fürsten Geleit brauchen und bezahlen auf der Landstraßen und ihre Beutel spicken, wann man überall und allenthalb also wonnig sicher sein wird wie in Abrahams Schoß? Was wird aus den Heckenschindern und Stegreifrittern werden, die sich mit dem Sattel ernähren, wann sie nit meh sollen arme Leut und reisende Kaufleut hinterrücks anfallen und niederwerfen, nit meh dürfen plündern und schatzen, Hänn abhauen, Ohren abschneiden, Zunge ausreißen und Augen herausstechen?

STIMMEN. Er hanseliert, red weiter, Bruder Spaßmacher!

DER MÖNCH, *gehoben, leidenschaftlich*. Warum auch nit, liebe Brüder, warum sollte ich nit so lange reden mögen, als mir Gott Odem gibt, und mich zur Wehr stellen gegen den Antichrist, der aus den Leuten wider Christum schreit? Denn wer da wider die Gottlosen schreiet, ist wider Christum, wer wider die Räuber und Mörder schreiet, ist wider Christum, wer wider der Pfaffen Pracht, Hochfahrt, Reichtum und Hurerei schreiet, ist wider Christum, der barmherzige Samariter ist wider Christum. Wer dem armen Lazarus die Schwäre wäscht, ihn ätzet und tränket, ist wider Christum. Wisset ihr nit, daß im Evangelium steht: Bekrieget euch, mordet euch, bestehlet euch, belügt und betrügt euch? Wenn einer zehn Röcke hat, so reiße er dem den elften vom Leibe, der nur einen hat. So verstehet der Papst und die Fürsten und Herrn, so verstehen die Pfaffen das Evangelium. So verstehet es der Bischof von Würzburg. *Fanatisch, überwältigt*. Aber Gott hat in die Sachen gesehn und alles wieder zurechtgestellt, den Bischof von Würzburg geschlagen mit seinem Grimm, ihn ausgetrieben und gejagt aus dem Schlosse zu Würzburg, aus aller seiner Pracht und Üppigkeit. Hört, liebe bäurische Brüder im Evangelio: der Bischof Konrad zu Würzburg ist auf und davon. *Größte Bewegung unter den Bauern*.

BIEBER, *nachdem er die Aufgeregten beruhigt hat, zum Mönch leise, feierlich.* Loset — was ist das für ein Wesen?
DER MÖNCH, *fest.* Wir mögen von Pfaffen und Fürsten nit genesen. *Er wird von den Anwesenden umdrängt und mit Handschütteln begrüßt.*
SCHNEIDENWIND. Der Bischof ist fort?
BIEBER. Der hochstolze Herr hätt die Flucht genommen?
MÖNCH. Der hochstolze Herr hätt Fersengeld geben, und wahrlich, es war die höchste Not. Der Florian Geyer rückt auf Würzburg mit dreißigtausend bäurischen Brüdern. *Einige der Bauern tanzen herum vor Freuden. Viele rufen* Hoch, hoch der schwarz Geyer!
MÖNCH. O Herr, dein Erbarmen ist mannigfaltig! Du hast erlöset meine Seele aus der Hölle! So steh ich auf und werfe meine Kutten von mir, darin ich müßig gangen, bekenne und sag öffentlich: vermaledeiet sei der Tag, in welchem die Kutt erdacht ist worden.
SCHNEIDENWIND, *zu Bieber.* Daß Kotz Marter schänd, Peter! Jetzt faß dir ein Mut. Laß der Gemein zusammenläuten. Heiß jedermann Harnisch und Wehr antun und laß uns allesamt den schwarzen Haufen gen Würzburg zuziehen, als bald wir können, als stark wir können.
ERSTER HÖRIGER. Das Reichspanier uffgericht, Peter! Die Zeit verlangt eine Endschaft. Laß uns nit länger verziehen und dem Evangelium ein Beistand tun.
MÖNCH. Auf, auf, ihr Brüder! Dran, dran! Fasset eure Schwerter fest und ziehet den schwarzen Haufen zu. Der Florian Geyer mahnet euch auf durch mich, ihr freien Franken. Er fähret daher wie der heilige St. Michael. Er wird den Drachen der Tyrannei niederzwingen und -treten als der heilige St. Jörg. Ein neuer Ziska, hatt ihn unser Herr Herr Gott erwecket, zu einem Schrecken der Fürsten und Gewaltigen, aller Tyrannen und Böswichter, daß sie nichts sind dann eitel Angst, Zittern und Zagen. Herfür aus euren Hütten und Höhlen, ihr armen gequälten und bedrängten Brüder! Ihr Gesegneten des Vaters! Herfür! Und helfet das Reich Gottes aufrichten!
Es will ein Begeisterungstaumel losbrechen. Da macht Bieber das Warnungszeichen. Sofort herrscht Stille.

DRITTE SZENE

⟨*Pfefferkorn tritt ein. Die allgemeine Spannung löst sich in einem Gelächter.*
PFEFFERKORN. Guts Jahr, ihr Herren, guts Jahr!
SCHNEIDENWIND. Ei, sucht jeder Diebsgesell seine Höhl und jed Ratte ihr Loch. Jud, was willst du zu Rimpar?
PFEFFERKORN. Was ich anheims will, Hans Schneidenwind? Ei, ei, was werd ich wollen! Der Junker begehret mein. Jaja. Der Junker von Grumbach, das ist es.⟩

Peter, ein kleiner, gedrungener, rothaariger, gewappneter Knecht.
PETER. Potz Zäpfel, durstig bin ich. Roten! *Er trinkt.* Was habt ihr für ein Gelauf und Gerenn im Dorf, he? — Hat euch der Henker die Zung ausgerissen? Einen gefünkelten Johanner! *Er trinkt.* Daß euch der Donner schlag!! Wer itzt das Maul zu behält, dem schmier ich über den Kopf und tu ihn ab, wie man eine Sau abtut!
BIEBER. Ei — leid dich, Peter! Sind arme Leut.
MÖNCH, *demütig.* Habet Mitleid, Herr!
PETER. Der ist des Teufels, Mönch, der mit dem Bauer ein Mitleid hat. Man muß allwegs in sie schmeißen als in die wütigen Hund: so voller Tücken und Bosheit sind sie. *Zu Schneidenwind.* Glotz mich nit an als ein Hornbock, sonst — in drei Teufels Namen — soll dir das höllische Feuer in den Rachen fahren, und ich will dich abtun wie einen Gänserich.

[III, 1—2]

[Einzelszenen]

[1]

Tumult. Der Dudelsackpfeifer schweigt. Aus einer Gruppe von drei auf den Stufen sitzenden Bauern singt einer: Ach, ich armer Schwartenhals.

ERSTER SPIELBAUER *haut eine Karte hin.* So! wir haben ein kaiserliches Landgericht. ([Randnotiz] Sie würfeln um einen Ablaßzettel.)
ZWEITER SPIELBAUER. Nit beschipfeln.
DRITTER SPIELBAUER. Mein gehört's.
ERSTER SPIELBAUER. Hund!
ZWEITER SPIELBAUER. Zankt euch nit, rauft euch lieber. — Wein!
ERSTE WACHE. Friede!
ERSTER BAUER. Halt's Maul. Sauf.
ERSTE WACHE. Schütt's in deinen Kragen, ich trink nit.
ZWEITER SPIELBAUER. Ist ein Schwarzer, dürfen nit rülpsen ohne den Hauptmann.
ERSTER BAUER. Hole die Pest alle Wassertrinker.
ZWEITER SPIELBAUER. Georg Metzler soll leben, hoch.
ERSTER SPIELBAUER. Gott's Marter, hast mich betrogen. Um acht Weißpfennig, Luder, Schuft.
DRITTER SPIELBAUER. Laß los, Rabenaas.
ERSTER SPIELBAUER. Versauft alles, verspielt alles. Verläßt Weib und Kind.
ZWEITER SPIELBAUER. Der Götz von Berlichingen soll leben, hoch.
ERSTER UND DRITTER SPIELBAUER, *versöhnt.* Der Götz von Berlichingen soll leben, hoch!
ALLE DREI *singen.* Ach, ich armer Schwartenhals...
PETER *rollt ein leeres Faß aus dem Hause.* Hatten einen ziemlichen Durst, die Hauptleut da drinnen.
ZWEITER BAUER. Schlemmen und dämmen gleich als die Herren.
DRITTER BAUER. Tagleisten, Tagleisten, allweg Tagleisten.
VIERTER BAUER. Sperr uns die Mäuler auf mit dem Tagleisten.
ERSTER SPIELBAUER, *Karte hinhauend.* Wir haben ein kaiserliches Landgericht.

ZWEITER SPIELBAUER, *Karte hinhauend*. Wir haben eine Münzordnung.

DRITTER SPIELBAUER. Götz von Berlichingen soll leben, hoch.

VIERTER BAUER. Ei, hing der Götz doch am höchsten Galgen.

ERSTER REITER, *am Wagen*. Hundsfott! *Er zielt mit der Armbrust.*

ZWEITE WACHE *greift ihm hinein*. Friede!

ERSTER REITER. Hand von der Wehr.

ZWEITE WACHE. Friede!

ERSTER REITER. Bist nit mehr denn ich, und der Florian Geyer ist auch nur ein Bauer.

ZWEITER SPIELBAUER. Will aber ein Herr sein.

HAUSIERER, *kommt ausrufend durch das Tor*. Kauft, kauft Reformation Kaiser Siegmunds, genannt die Trompete des Bauernkriegs: »Gehorsamkeit ist Tod, Gerechtigkeit leidet Not.«

ERSTER BAUER. Halt's Maul.

HAUSIERER. Willst mir leicht das Maul stopfen als der Luther dem Karlstatt oder dem Müntzer, dem Propheten Gottes? Bin ein evangelischer Bruder so gut wie du. Dahier, kauft! — Lest: des großen Propheten Müntzers Verteidigungsschrift gegen den wütigen Stier zu Wittenberg, Martinum Lutherum: du hast die Christenheit verwirrt und kannst sie, da Not hergeht, nit berichten. Darum heuchelst du den Fürsten. Darum wird dir's gehen wie einem gefangenen Fuchs. Das Volk wird frei werden, und Gott allein will Herr drüber sein.

DRITTER SPIELBAUER *haut eine Karte hin*. Loset, was ist das für ein Wesen? Wir mögen den Pfaffen, Fürsten und Fuggern nicht genesen.

HAUSIERER. Was hat der verlorne Fürst gesagt, der edle Ulrich von Württemberg, dem die Pfaffen und Fürsten das Sein geraubt haben. Er wollt alle seine Pfaffen und Münche ihrer Güter so gar entledigen, daß sie mit dem Bettelsack müßten umziehn. Auch die reichen Kaufleut wollt er schatzen, sollt ihnen vor Schreck und großer Not das rote Blut aus den Augen springen.

FÜNFTER BAUER. Hoch Ulrich, Bauer von Württemberg.

HAUSIERER, *weitergehend*. Kauft, kauft frischen Ablaß von Rom, Dispensationen, frisch vom Heiligen Vater. Wer am Fasttage Milch und Butter essen will, zahlet drei Weißpfennig. Das Pallium des Erzbischofs zu Mainz ist noch nicht bezahlt. Geld, Geld für die Peterskirche. Hier kann

man Christum kaufen für zwei Weißpfennig. Hier, kleiner
Bub, geh mir um den Bart, sollst eine fette Pfründ haben.
Du auch, Gret Müllerin.
DIRNE. Ei, scher dich davon.
HAUSIERER. Kannst kein Latein, so laß deinen Bettschatz
die Pfarre versehn.
Pöbel jagt einen Menschen zum Hof herein.
ERSTER VERFOLGER. Schlagt tot, schlagt tot, er ist ein Jurist.
ZWEITER VERFOLGER. Schlagt tot, er ist ein verkappter Domherr.
STIMMEN. Bindet ihn, bindet ihn an den Wagen.
ZWEITER REITER. Geht weg, ich kenn den geistlichen Hund,
er hätt ein Schenk- und Würfelbuden angelegt. *Er nimmt
seine Armbrust.* Itzt, Pfäfflein, hab acht.
DRITTER VERFOLGER. Blau, machst ein hungerleiderisch Gesicht und hast doch meh Geld in deinem Sack als der ganze
Adel in Franken, Pfaff!
ZWEITER REITER. Jetzt macht eine Gasse. *Er ist im Begriff,
die Armbrust anzuschlagen.*
STEFAN VON MENZINGEN, *im Harnisch, ist hereingetreten und
hat den Knecht kräftig auf die Schulter geschlagen.* Ich sollt
dich wohl kennen.
ZWEITER REITER. Ich bin der Hans Öfner.
STEFAN VON MENZINGEN. Was tuest, Hans Öfner, schamst
dich nit. Hab dich bislang für nichts anderes genommen
dann für ein ehrlichen Reuterknecht.
ZWEITER REITER, *stumpf.* Euer Gnaden, Euer Gnaden... *Er
schlägt sich vor den Kopf.* Ich bin verwirrt.
MENZINGER. Geh flugs, mach ihn los und führ ihn ins Haus.
*Der Reiter tut, wie ihm geheißen. Menzinger wendet sich zu
dem Haufen.* Ihr seid nit evangelische Leut. *Murmeln des
Unwillens.* Blau, mault nit, Tatern seid ihr und Türken. —
Die hier im Hof sind, die kenn ich wohl, sind Brüder wie
ich und ehrliche Leut.
ERSTER REITER. So jagt das Gesindel auf die Straße.
STIMMEN. Hinaus auf die Straße mit dem Gesindel.
*Die Verfolger drücken sich. Menzinger sucht ruhig einen
Platz und läßt sich an einem leeren Tisch vorn rechts nieder.
Der Dudelsackpfeifer spielt einige Sekunden, ein Bauer und
eine Bäuerin tanzen.*
DER WIRT *bewegt sich zu dem Ritter.* Will Euer Gnaden nit in
das Haus treten?

MENZINGER, *laut*. Nein, Bruder Wirt.
DER WIRT. Wenn ich nit irrig bin, so sind Euer Gnaden von der Rothenburger Gesandtschaft.
MENZINGER. Ihr seid nit irrig.
WIRT. Es heißt, die stolz reichsfreie Stadt wollt auch in die Einung treten.
MENZINGER. Könnt wohl sein.
WIRT. Der ganze große Rat ist drinnen versammelt.
MENZINGER. Ich weiß es.
WIRT. Der Berlichingen, der Metzler, der Geyer.
MENZINGER. Ich weiß es wohl.
WIRT. Der Jakob Kohl, der Bubenleben — kann einer die Namen nit alle behalten. Ist ein vielköpfig Regiment, Euer Gnaden. — Soll ich Euer Gnaden leicht drinnen anmelden?
MENZINGER. Ich bin gemeldet. Schönen Dank.
Kleine Pause.
WIRT. Meint Ihr, sie werden die Burg übergeben?
MENZINGER. Ich weiß es nit.
WIRT. Ist doch ein Gesandtschaft vor dem Rat.
MENZINGER. Aus dem Frauenberg?
WIRT. Ganz wohl, Euer Gnaden.
MENZINGER. Wer sind die Herren?
WIRT. Der Dompropst Johann von Guttenberg, Graf Rineck, einer von Lichtenstein und andere mehr. *Listig und leise.* Ist schier eine Schande, wenn man's bedenkt, solche hochstolze Herren und Edelleute, und müssen den rotzigen Bauern hofieren.
MENZINGER. Was schenket Ihr doch für Wein, Bruder Wirt?
WIRT. Würzburger Gewächs, Euer Gnaden zu dienen.
MENZINGER. So sendet mir eine Kanne heraus.
ERSTER BAUER. Schau, wie der Wirt dem Ritter scharwenzt.
ZWEITER BAUER. Der ist von der Rothenburger Gesandtschaft.
DER TRINKBAUER *sitzt für sich an einem Tisch, hat eine Menge Gläser voll Weins vor sich und redet das erste Glas an.* Hui, Lenz Kenzauer, warum hast du leichtfertiger Vogel nächten das Holz nicht helfen dero Herrschaft führen? Marsch, Kerl, in den Turm.
DRITTER BAUER, *zum zweiten.* Ei du, das ist ja der Stefan von Menzingen, markgräfischer Amtmann. Den kenn ich genau. Hätt uns zu Creglingen tapfer geschoren.
ZWEITER BAUER. Blau, sag, wie käm er nach Rothenburg?

DRITTER BAUER. Ist halt ein reichsstädtischer Bürger geworden.

ZWEITER BAUER. Potz Leichnam, ist'sch der, so zapf ich ihn an. Gib acht, du gottverfluchter Finanzer.

DER TRINKBAUER. Was? bin ich denn nit der Amtmann von Creglingen?

ZWEITER BAUER. Der kennt ihn auch.

DRITTER BAUER. Pst, laß ihn machen.

DER TRINKBAUER, *zum zweiten Glas.* Du meinst gewiß, ich kenne dich nit. Wer bist du denn sonst als der Lukas Droßler. Geh her, Vogel! Warum hast du schon zweimal im Geschloßgarten deine Ochsen lassen zu Schaden gehen? Fort mit dir in'n Kotter! *Er trinkt das zweite Glas aus.*
Alles lacht, flüstert sich etwas zu und blickt auf Menzingen, der hin und her rückt.

DER HAUSIERER *ruft.* Concilium, Concilium! *Zu Menzingen.* Seht, Euer Gnaden wollen nichts hören davon, halten sich die Ohren zu wie der Papst zu Rom. *Geht vorüber.* Concilium, Concilium — oder die Huren zu Trient. Der neue Karsthans, von dem edlen Ritter Ulricus von Hutten, so itzund, von den Pfaffen verfolgt, auf einer Insel im See von Zürich sein teures Leben geendet hat. Junker Helfreich, Reiter Heinz und Karsthans haben ein schön Gespräch miteinander, sehr unterhaltlich und lehrreich zu lesen.

ZWEITER BAUER, *dicht bei Menzinger.* Junker, Junker! ich bin ein Creglinger.

MENZINGER *wendet sich.* Ei, Bruder, das freut mich, war a u c h in Creglingen. Ich trink auf dein Wohl, so tu mir Bescheid.

ZWEITER BAUER. Ei freilich, Junker.

MENZINGER. Nenn mich Bruder, mit den Junkern hat es ein End genommen.

ZWEITER BAUER. Ei freilich, Junker. *Er zieht sich verlegen zurück.*

ERSTER BÜRGER *nimmt bei Menzingen Platz.* Mit Erlaubnis, Bruder!

MENZINGER. Nehmt Platz. Es geht ein Flugred, als ich vernehm: die Besatzung will sich nit aus der Burg tun, sonst aber die Zwölf Artikel annehmen. Ist eitel Spiegelfechterei, die Burg muß herunter, sag ich Euch, sonst treibt es der Pfaff — sind die Bauern davon — viel schlimmer mit uns als je zuvor.

DRITTER BAUER *zum zweiten, der zurückgekommen ist.* Nu, hast du dem Ritter sein Treff gegeben?
ZWEITER BAUER. Das will ich meinen.
DRITTER BAUER. Was hast ihm gesagt?
ZWEITER BAUER. Ich hab ihm gesagt — potz, geh, frag ihn selber.
Wilhelm von Grumbach kommt durch das Tor.
EIN TRUNKENER KNECHT. Sa! sa! heran. Da ist ja der Grumbach. Willkommen, Bruder. *Er torkelt auf Grumbach zu, der stehenbleibt und ihn kalt mißt.* He, gib mir dein Hand, Bruder Bauer, nu? — Ist dir mein Hand zu schlecht, Bruder Bauer? *Grumbach gibt seine Hand zögernd.* Immer frisch zufassen, Bruder Bauer. Ist alles ein Ding itzt, Bruder Bauer. Denkst, du bist der Edelmann, ich bin der Bauer? Blau! ich bin der Edelmann, du bist der Bauer.
DRITTER BAUER. Spar deine Bücklinge, Bruder Wirt. Ihro Gnaden trinkt Wein und brunzt Wasser wie der Bauer.
EIN TRUNKENER KNECHT. Denkst, ich bin der Edelmann, du bist der Bauer? I, du bist der Edelmann, ich bin der Bauer. Denkst, du bist der Edelmann, ich bin der Bauer? I! ich bin der Edelmann.
GRUMBACH *reißt sich los.* Ach, laß mich zufrieden. *Er tritt schnell zu Menzingen, dem er die Hand reicht. Knirscht.* Kotz Darm, ich möcht mit der Wehr dreinfahren.
[MENZINGER.] Nimm Platz, Bruder Grumbach. *Leise.* Pst, nimm dich in acht.
DER WIRT. Euer Gnaden, Rheinpfalz? Torgauer Bier?
GRUMBACH. Ei, Wein. Was Ihr wollt.
VIERTER BAUER, *den Wirt stellend.* Was soll's, was soll's, Euer Gnaden, scharwenzelt und bückt sich.
STIMME. Schmier einer den Fettwanst doch über den Kopf. *Der Wirt drückt sich, ohne zu mucksen.*
VIERTER BAUER. Man sollt's mit den Schuften von Adel machen, wie's der Jäcklein Rohrbach zu Weinsberg gemacht.
GRUMBACH, *in sich knirschend.* Stefan, Stefan, ich halt mich nicht länger.
MENZINGER. Du solltest mir leid tun, Bruder Grumbach.
GRUMBACH. Die Grind herunter den Höllenhunden.
Florian Geyer erscheint in der Gasthofstür.
STIMMEN. Da kommt der schwarz Geyer! Hoch, hoch! der schwarz Geyer!

FLORIAN GEYER *tritt an den Rittertisch.* Guten Tag, Bruder Menzinger, guten Tag, Bruder Grumbach. *Schütteln sich die Hände.*
GRUMBACH. Hör, du, hie mag sich der Teufel gefallen. *Florian zuckt mit den Achseln.*
MENZINGER. Wie steht's drinnen im Rat?
FLORIAN. Ich denk, sie sollen das Rechte tun, sich gütlich einigen mit der Besatzung.
MENZINGER. Was sind die Vorschläg?
FLORIAN. Wollen die Artikel an den Bischof bringen. Wär ungezweifelt, er soll sie annehmen.
MENZINGER. Wer ist dafür?
FLORIAN. Der Bubenleben redet dagegen. Meinet, man wollt nur Zeit gewinnen.
MENZINGER. Ist auch nit anders.
FLORIAN. Ei, Lieber, wohl. So lasset einstweilen die Burg, wo sie steht, und lasset euch an der Stadt genügen. Sehet um euch, was wird aus dem hellen Haufen werden, wann wir hier zu Würzburg verliegen müssen? ⟨Lösen sich alle Band und Ordnung. Itzt heißt es: auf und vorwärts nach Nürnberg.⟩
ERSTER BÜRGER, *der wiederum zugehört hat.* Mit Verlaub, Bruder Geyer: die Burg muß herunter. Ich bin ein Bürger, ich weiß Bescheid. Bleibet das Rabennest dort oben, so leiden wir nachhe meh als zuvor.
FLORIAN. Ei, Bruder, Ihr sprecht Euer Wort als ein Würzburger, die Bruderschaft hat meh zu bedenken, als wo die Bürger von Würzburg der Schuh drückt.
ERSTER BÜRGER. So, meinet Ihr? Ihr führet ein — Leichnam! — seltsame Red. *Er wendet sich.*
FLORIAN. Wann sie eine Flieg auf die Nasen sticht, kotz! gleich muß die Bruderschaft heran. Soll der Hansriehr doch um sich schauen. Ist alles schon toll und voll gesoffen, ist Lüderns und Luderns ohne End: Kistenfegen, balgen und huren. Zerfließt der ganz Kram wie Schmalz an der Sonne.
ERSTER BETTLER, *zu Geyer.* Seid gebeten, Bruder, gebet ein Weingeld.
FLORIAN. Blau! bist ein Bruder und gehst auf den Bettel.
MENZINGER, *leise.* Schau! nit so hitzig.
FLORIAN. Schiert mich den Teufel. Ist hier ein Kirchweih, oder was sonst? Ein Krieg mit Kannen oder mit Wehren?

*Auf der Straße ist eine Gruppe sichtbar, aus der einzelne
Laute und Ausrufe herüberschallen. Der größte Teil der
Bauern im Hofe wendet ihr jetzt seine Aufmerksamkeit zu.*
FLORIAN. Itz red, Wilhelm, hast du dein Sicherheitsbrief? Ist
  den Morgen zu Heidingsfeld ausgefertigt.
WILHELM. Bin eben herüber von Heidingsfeld. Doch traun,
  noch hab ich's nit sehr verspürt, daß ich bin zu ein schwarzen Bauern worden.
FLORIAN. Ist alles des Berlichinger Gesindel.
MENZINGER. Hat, scheint's, der groß Held itzt arg den Hasen
  im Herzen.
FLORIAN. Den Hasen im Herzen und ein Stieglitz im Kopf.
  Wollt den Bluthunden flugs, um sie gängig zu machen, die
  Büchlein des Brents zu lesen geben.
WILHELM. Brav, alter Raufdegen. *Alle drei lachen heftig.*
  *Der Menschenknäul auf der Straße hat sich vergrößert. Jetzt
  kommen eine ziemliche Anzahl bewaffneter Bauern herein
  und nehmen um einen langen Tisch Platz; Jäcklein Rohrbach ist unter ihnen.*
  Peter bringt dem Wilhelm Wein.
FLORIAN. Hast meinen Buben nit wiedergesehen?
PETER. Nein, Junker.
FLORIAN. Hab ihn hinüber zur Mutter gesendet. Ist nit über
  ein Wegstund gen Giebelstadt.
WILHELM. Hättst mögen dem Buben den Weg ersparen. Dein
  Mutter ist längst auf und gen Nürnberg geflohen.
FLORIAN. So hast mir einen Berg von der Seele genommen.
  Das Schlößlein ist klein und nit lang zu halten, und die
  Mutter hätt auch ein gar harten Kopf. Hätt sich schwerlich
  wohl in die Einung getan.
WILHELM. Er sparet nit Müh und Fleiß in der Sache und
  setzet sein Leben ein für die Rülzen, muß sich dann noch
  des Ärgsten von ihn versehn. ([Randnotiz] Was hat er
  davon als Stank und Undank.)
FLORIAN. Bekäm wohl ein Sicherheit, will's aber nit tun —
  jetzt aber muß ich zurück, in den Rat.
MENZINGER. Betreib meine Sachen, alsbald es sein kann.
EIN DORFMEISTER *erhebt sich würdevoll unter den Bauern um
  den großen Tisch und interpelliert den Geyer gleichsam in aller
  Namen.* Sprecht, Bruder: Wie stehen die Sachen im Rat?
FLORIAN *bleibt stehen und mustert ihn.* Ich kann Euch darüber
  nit Auskunft geben.

DORFMEISTER. Warum dann nit?
FLORIAN. Seid Ihr ein Rat, so tretet hinein, wo nit, so wartet getrost der Läufte. *Der ganze Tisch johlt.*
DORFMEISTER. Kotz Dreck! das wollen wir wohl nit tun.
FLORIAN. So wollt Ihr Euch wider die Ordnung setzen?
ERSTER TISCHBAUER. Itzt wird er gleich mit dem Galgen drohn.
ZWEITER TISCHBAUER. Sollt lieber gleich als ein Freimann daherschreiten.
DRITTER TISCHBAUER. Mit deiner Ordnung bleib du dahinten. Wer heißt dich, Bauer, ein Ordnung machen.
VIERTER TISCHBAUER. Wir brauchen kein Ordnung, als du sie machst.
FÜNFTER TISCHBAUER. So knüpfet den Schelm an den eignen Galgen.
SECHSTER TISCHBAUER. Was? — brauchen wir Galgen? — sind wir Schelme? —
Florian winkt, und die Wachen gesellen sich zu ihm. Sofort werden die Bauern stiller, auch beschwichtigt sie der Dorfmeister.
DORFMEISTER. Gebt uns ein Antwort, Bruder Geyer: Es heißt, man will die Burg nit berennen, auch soll die Besatzung sich nit brauchen heraustun. Sagt — stehet es so?
ERSTER TISCHBAUER. Wieviel zahlt Euch der Bischof, wann Ihr abzieht?
ZWEITER TISCHBAUER. Was bringt Euch der Handel, wenn Ihr dem Pfaffen sein Rabennest stehenlasset?
FLORIAN. Ein Schelm ist, wer sich mit Schelmen vermengt. *Er geht schnell ins Haus. Johlen und Pfeifen fast aller begleitet ihn.*
DER DORFMEISTER. Wir wollen's nit leiden, liebe Brüder. *Zustimmendes Geschrei.* Die Hauptleut sind nit meh dann wir.
ERSTER TISCHBAUER. Die Burg muß herunter, sag ich euch.
ZWEITER TISCHBAUER. Ihr werdet also viel Beut darin finden — nit mit Löffeln, mit Scheffeln sollt ihr sie austeilen.
GEBRÜLL. Herunter die Burg.
DER DORFMEISTER. Ihr werdet die samtenen Stücke mit dem Spieße messen und das gülden und silbern Gerät mit Gäulen davonführen.
STIMMEN. Wir wollen die Burg umgraben. Werfet Feuer hinein, herunter mit der Burg.

ERSTER BAUER, *zu dem Ritter*. Ei, Bruder, seid Ihr nit auch der Meinung?

ZWEITER TISCHBAUER. So erhebet Euch flugs und brauchet Eure Lungen, daß denen da drinnen die Ohren gellen.

WILHELM *knirscht*. Verflucht.

MENZINGER. Ah, heul einmal mit den Wölfen. *Er steht auf und mischt seine Stimme in das allgemeine Geschrei. Wilhelm ahmt ihm nach, zögernd.*

GÖTZ VON BERLICHINGEN *erscheint auf den Stufen, es wird momentan still*. Bruder, der Markgraf Kasimir von Ansbach steht in großer Rüstung gegen uns. Wir müssen uns wehren. Wir dürfen nit hie zu Würzburg liegenbleiben.

ERSTER TISCHBAUER. Er ist ein Verräter —

ZWEITER TISCHBAUER. Er hält es mit dem Bischof —

DRITTER TISCHBAUER. Er begraset sich —

VIERTER TISCHBAUER. Er hat zu Amorbach die besten Stück gestohlen —

FÜNFTER TISCHBAUER. Henket den Spitzknecht —

SECHSTER TISCHBAUER. Henket ihn an den höchsten Birnbaum.

ERSTER TISCHBAUER. Er hätt einen Brief an den Bischof geschrieben, hielte nur gedrungen und gezwungen mit uns.

ZWEITER TISCHBAUER. Hätt sich aber doch von den Bauern zu Horneck einen Windzug schenken lassen.

STIMMEN, *durcheinander*. An den Galgen mit ihm, an den Galgen mit ihm.

Götz, glutrot im Gesicht. Man sieht, wie er nach dem Schwerte zuckt, schließlich zieht er sich ins Haus zurück.

DORFMEISTER *erhebt sich, nachdem der Tumult sich gelegt hat*. Brüder, was braucht's der Hauptleut? Lasset uns selber der Sach ein Beschluß fassen. *Er begibt sich an das große Scheunentor rechts*. Itzt sehet, hier zieh ich ein'n großen Kreis. *Er macht mit Kreide einen ungeheuren Kreis an das Tor*. Wer der Meinung ist, daß das Wespennest droben herunter soll, der tue mir nach — *er stößt sein Messer in den Kreis* — und stoße sein Messer in diesen Kreis.

ERSTER TISCHBAUER *tut ihm nach*. Dem Truchseß von Waldburg! mitten ins Herz.

ZWEITER TISCHBAUER. Allen Schindern des Volkes mitten ins Herz.

DRITTER TISCHBAUER. Dem Markgrafen Kasimir mitten ins Herz.

VIERTER TISCHBAUER. Dem Truchsessen Georg von Waldburg, bestallten Oberst[en] Hauptmann des Bunds zu Schwaben, mitten ins Herz.
FÜNFTER TISCHBAUER. Dem Georgen Fugger mitten ins Herz.
SECHSTER TISCHBAUER. Georgen Truchseß von Waldburg mitten ins Herz.
EIN ZERLUMPTES WEIB. Dem Ritter Dietrich von Boberstedt mitten ins Herz.
ERSTER SPIELBAUER. Dem Truchsessen Georgen zu Waldburg, Statthalter zu Württemberg, Hauptmann des Schwäbischen Bundes, mitten ins Herz.
DORFMEISTER, *zu den Rittern*. Flugs, Brüder, saget dann auch euer Sprüchlein.
MENZINGER *erhebt sich, zieht seinen Dolch und tritt an den Kreis*. Ein Kaiser soll sein und ein Volk von Freien. Es lebe Ulrich, Bauer von Württemberg. Der deutschen Knechtschaft mitten ins Herz.
STIMMEN. Hoch, Ulrich, Bauer! —
DORFMEISTER. So, Bruder, — *zu Wilhelm* — jetzt Ihr.
WILHELM, *zögernd*. Ei, so lasset die Burg getrost, wo sie ist.
Alle Messer zucken gegen ihn. Ein Hohnlachen überfliegt sein Gesicht. Mit einer Gebärde furchtbaren Hasses stößt er seinen Dolch in den Kreis. Dem Bischof Konrad zu Würzburg mitten ins Herz. *Gejohle der Zustimmung.*
Bubenleben und Florian Geyer sind auf der Treppe erschienen und haben den Handlungen Wilhelms zugeschaut.
BUBENLEBEN, *nachdem das Gejohl verstummt ist*. Liebe evangelische Brüder im Herrn. Die Belagerung des Frauenberges ist beschlossene Sache. Gott hat es unsern Räten also eingegeben. Wir dürfen den Feinden des Evangeliums keine Luft lassen. Wir wollen auf die Fürsten und Pfaffen schlagen wie auf den Amboß Nimrod Binkebank. Lasset euer Schwert nit kalt werden. Alles, was hoch ist, wird sich demütigen vor dem Kleinen. Dran, dran, weil das Feuer heiß ist. Gott gehet uns für.
Tumult. Bewegung in der Masse. Rufe: Dran, dran! Pickel! Kärst! Hauen! Dran, dran. *Alles drängt sich zum Tor hinaus oder ins Haus, so daß der Hof nahezu leer ist. Geyer und Bubenleben schreiten die Treppe herunter auf die Ritter zu.*
FLORIAN. Leichnam! Ihr rutscht vor dem Gepövel allweil auf dem Bauch. Wird eine groß gewalt'ge Sach verzettelt, muß ein klein jämmerlich Ende mit Schrecken nehmen.

BUBENLEBEN. Ei Ritter, Ihr rennet auch nit mit dem Kopf durch die Wand.
FLORIAN. Und Ihr machet mit Eurem Pfaffengeschwätz noch viel weniger eine Mauer wankend, es sollte kein Pfaff in diesem Rat sitzen.
BUBENLEBEN. Es sollte kein Ritter in diesem Rat sitzen.
FLORIAN. Ei, machet ein überfein Wesens daher. Tretet so leis auf als die Miesekatzen. Mit Nonnenfürzlin sollt Ihr des Bischofs Burg wohl auch nit herunterschießen. *Er setzt sich.* Ei wahr und wahrhaftig, Bruder, wenn die Kunzen sich auskotzen, so hält der hochstolze Bauernrat die Schüsseln. Pfui Satan. *Er stützt grollend die Arme auf.*
BUBENLEBEN. Beleidiget nit den Rat, Bruder Geyer.
FLORIAN. Kotz Darm, er soll mir den – – – lecken.
WILHELM. Mach dir ruhig Blut, sei nit gar so wild.
FLORIAN. Auch du bist so töricht und gar verblend['t]? Wie wollet Ihr denn den Berg beschießen?
BUBENLEBEN. Ei, Junker, fraget den Stefan Menzingen, liegen viel guter Stück zu Rothenburg, wann Ihr Euch mit der Gesandtschaft bequemt und Rothenburg in die Einung verpflichtet.
FLORIAN *schnellt empor.* Das dank dir der Satan. Bin ich ein Troßbub? Ihr wollet mich los sein, weiter nichts. Am liebsten schicktet ihr mich zur Höll.
BUBENLEBEN. Herr Ritter, Ihr raset.
FLORIAN. Und Ihr flötet darein, wenn die Bauern rülpsen. Der Götz, der Metzler und wie sie heißen, das zittert, das zappelt, das ängstet sich – so werdet Ihr Euer Ende finden. *Geyers Bube ist gekommen.*
FLORIAN. Was bringst du, Hans? – So red, was bringst? Bub! machst ein Gesicht... so red heraus.
HANS. Ach, Junker!
FLORIAN. Was ist's? Hast leicht einen Totengräber gefressen?
HANS. Ihr habt mich nach Giebelstadt geschickt. Eure Stammburg, Junker...
FLORIAN. Ins Teufels Namen.
HANS. Die Bauern hätten sie... *Ausbrechend.* Stand alles in Flammen.
FLORIAN *faßt sich sogleich und preßt zwischen Wut und Tränen hervor.* So ist ein Rabennest weniger im Lande. *Er wendet sich kurz und geht ohne Gruß ins Haus.*
MENZINGER. Ihr solltet im Rat Eure Augen baß auftun.

BUBENLEBEN. Hm, warum?
MENZINGER. Ihr wisset, scheint's, nit, was Ihr an dem habt.

[2]

Ein großer und tiefer Hof im Grünen Baum zu Würzburg. Durch eine übermannshohe Mauer wird er vom Hintergrund abgeschnitten. Ein großes Tor, welches offensteht, führt durch die Mauer auf eine Gasse von Würzburg. Jenseits die Häuserzeile mit den alten, spitzen Giebeldächern. Über die Dächer hin Blick auf das feste Schloß Unserer Frauen Berg. Links im Innern des Hofes die Rückseite des Gasthauses mit Eingängen und Kellertüren. Steinstufen zum Haupteingang. Rechts Remisen und Stallungen, vorn rechts eine alte, hohe Linde, nicht weit davon ein Brunnen und Brunnentrog. Tische stehen um die Linde, roh gezimmerte Bänke daran. Spielende, trinkende und betrunkene Bauern, teils gut, teils schlecht bewaffnet und gekleidet, sitzen, stehen, liegen allenthalben herum. Auf den Stufen zum Haupteingang hat sich ein Dudelsackpfeifer postiert, der zu Beginn bläst, indes Bauern dazu tanzen. Bunt und bewegt ist das sich bietende Bild. Vielerlei Plunder, Ritterschuhe, Ketten, Kochgerät, Kleidungsstücke, Stoffe etc. sind im Umlauf, werden besprochen und verhandelt. Tote Hühner und Tauben sieht man hie und da an die langen Spieße gesteckt etc.

ERSTE SZENE

Im Vordergrund links auf der Erde sitzen drei Bauern beim Kartenspiel.
ERSTER SPIELER, *Karte hinhauend.* Gehet heim, gehet heim, wir haben ein Reichskammergericht. ⟨Kotz, wir haben ein kaiserliches Landgericht.⟩
ZWEITER SPIELER, *desgleichen.* Wir haben eine Münzordnung.
ARMER LANDSKNECHT *tritt zu den Spielern.* Um was geht's?
DRITTER SPIELER. Um ein Ablaßzettel, Bruder Veit!
ERSTER SPIELER. Schüttel dein Ärmel, hast was drin?
ARMER LANDSKNECHT. Kein arm Hellerlein hab ich am Sold erspart.
ERSTER SPIELER. Wem hast gedient zuletzt?

ARMER LANDSKNECHT. Dem Bund zu Ulm. Bin aber davongelaufen, wollt mich nit brauchen lassen wider evangelische Brüder.
ZWEITER SPIELER *singt.*
> Ich kam vor einer Frau Wirtin Haus,
> man fragt mich, wer ich wäre.
> Ich bin ein armer Schwartenhals...

Haut die Karte hin. Mein gehört's!
DRITTER SPIELER. Zerhauen und zerschnitten nach adeligen Sitten!
ERSTER SPIELER. Hast dem Schwäbischen Bund gedient? Ich kotz in den Schwäbischen Bund und auf den Georgen Truchseß dazu!
DER DUDELSACKPFEIFER *singt.*
> Winter, du mußt Urlaub han,
> das hab ich wohl vernommen.
> Was mir der Winter hat Leids getan,
> das klag ich diesem Sommer.

EIN TRUNKENER *heult.*
> O Karle, Kaiser lobesam,
> greif du die Sach zum ersten an,
> Gott wird's mit dir ohn Zweifel han!

Vier Bauern sitzen um einen Tisch ⟨unter ihnen Klaus der Narr⟩ und diskutieren über einer Bibel.
ERSTER BIBELBAUER. Der Luther ist nit meh dann ein Lautenschläger und trägt Hemder mit Bändlin.
ZWEITER BIBELBAUER. Der Doktor Luther hat den Teufel gesehen als eine Sau. Ich mein, er hat zu tief in die Kanne geschaut.
DRITTER BIBELBAUER. Mit einem Pfund Wachs macht man im Papsttum alles, konnt man sich des Teufels und der Höll erwehren.

ZWEITE SZENE

Ein Hausierer kommt von der Gasse.
HAUSIERER, *ausrufend durchs Tor.* Kauft, kauft Reformation Kaiser Siegmunds, genannt die Trompete des Bauernkriegs. »Gehorsamkeit ist Tod, Gerechtigkeit leidet Not.«
DRITTER BIBELBAUER. Halt's Maul!
HAUSIERER. Willst mir leicht das Maul stopfen als der Luther dem Karlstatt oder dem Müntzer, dem Propheten Gottes!

Weiter ausrufend. Kauft, lest des großen Propheten Müntzers Verteidigungsschrift wider den wütigen Stier zu Wittenberg, Martinum Lutherum. »Du hast die Christenheit verwirrt und kannst sie, da Not hergehet, nit berichten. Darum heuchelst du den Fürsten, darum wird dir's gehen wie einem gefangenen Fuchs, das Volk wird frei werden, und Gott allein will Herr darüber sein.« — Judas in Rom, Simon in Rom, Sodom in Rom. — Stecket die Bibel weg, Brüder, damit sie der Bischof nit siehet, wann er ein Fensterlein aufmacht, sonst kriegt er das Herzgespann oder das Fieber oder die rote Ruhr! Wißt ihr schon, der Jakob Schmidt in Kitzingen hat die heilige Hedalogis ausgegraben, eine Jungfrau aus England, und Kegel geschoben mit ihrem Kopf.

ERSTER BÜRGER, *zur Bibelgruppe.* Brüder, es geht die Sag, die Hauptleute wollen Geld nehmen und das Schloß stehenlassen. Wir dürfen's nit dulden.

DIE BIBELBAUERN. In keinem Weg!

HAUSIERER. Das Schloß ist des Bistums Kopf, es muß herunter, und wenn es der heilige Bonifatius zehnmal gegründet hätt! Was hat der verlorne Fürst gesagt, der edele Ulrich von Württemberg, dem die Pfaffen und Mönche das Seine geraubt haben. Er wollt alle seine Pfaffen und Mönche ihrer Güter so gar entledigen, daß sie mit dem Bettelsack müßten umziehen. Auch die reichen Kaufleut wollt er schatzen, sollt ihnen vor Schreck und großer Not das rote Blut aus den Augen springen.

EINE STIMME. Hoch Ulrich, Bauer von Württemberg!

HAUSIERER, *ausrufend, weitergehend.* Kauft, kauft frischen Ablaß von Rom, Dispensationen warm vom Heiligen Vater. Wer am Fasttage Milch und Butter essen will, zahlt drei Weißpfennig. Wer ein Römling ist, absolviert sich selbst. Ißt Fleisch, soviel er mag, denn die deutschen Fisch verderben ihm den Magen. Das Pallium des Erzbischofs von Mainz kostet zwanzigtausend Gulden, ist aber noch nit bezahlt. Kauft Ablaß, kauft! Geld! Geld für die Peterskirche. Hier kann man Christum kaufen für zwei Weißpfennig. Herzu, kleiner Bub, geh mir um den Bart, sollst auch eine fette Pfründe haben. Du auch, Gret Müllerin! — Kannst kein Latein? So laß deinen Bettschatz die Pfarre versehen.

DRITTE SZENE

Wilhelm von Grumbach im Harnisch kommt zögernd durch das Tor.
KLAUS DER NARR *taucht auf und schreit.* Sa, sa, heran, Junkerlein! Sa, sa, heran, Junkerlein! *Er springt, noch halb in Narrentracht, aber bewaffnet, auf ihn zu. Vor ihm postiert.* Kennst mich? Wer ich bin?
WILHELM VON GRUMBACH. Ei, Klaus, bist du's?
KLAUS. Ei, Wilhelm, Bruder, bist du's?
WILHELM VON GRUMBACH. Laß mich meiner Wege gehen, Bruder Spaßmacher.
KLAUS. Erst gib Kappengeld — was, zwei Batzen? Meinst, ich bin dein Narr? Ich bin nit jedes Narren Narr!
WILHELM VON GRUMBACH. Geh beiseit, Klaus!
KLAUS *läßt sich vor ihm auf die Erde fallen und schreit.* Lerman! Lerman!
STIMMEN. Was gibt's, Klaus?
KLAUS. Geld, Geld, der Junker von Grumbach hat all sein Geld verspielt!
WILHELM VON GRUMBACH. Narr, laß mich in Frieden, sag ich dir! *Er will über ihn weg, der Narr springt auf.*
KLAUS. Meinst, daß ich dein Narr bin, gefehlt, Bruder. Ich hab Euer Grumbachisch Wappen abgetrennt vom Gewand, und meine Schellen tragen jetzt Bischöfe, Fürsten und Herren. Ich hab Euch lange genug hanselieret und meine Possen zur Tafel getrieben. Wann ich dir einen Possen hab vorgemacht, hast du gelacht und mich geschlagen. Wann ich dir aber keine Possen hab vorgemacht, sundern geweint hab, hast du um desto meh gelacht und mich um desto meh geschlagen. In deine Hundehütten hab ich müssen kriechen und bellen als ein Hund. In deinen Schweinställen hab ich geschlafen. Die silberne Schüssel hab ich dir vorgehalten, wann du gekotzt hast. Jetzt will ich in deine silbernen Schüsseln kotzen. *Gejohle der Bauern.*
WILHELM VON GRUMBACH. Brüder, ich bin in der Einung, schützet mich vor diesem wütigen Hund.
FAHRENDER SCHÜLER, *gewappnet und mit dem Bauernabzeichen, einem weißen Kreuz auf dem Arm.* ⟨Leid dich, Jünkerlein, leid dich. Hier ist kein Zeuge, der etwas ablegen, kein Notario, der etwas schreiben, kein Advokato, der den Prozeß formieren, kein Stadtdiener, der angreifen, kein Rich-

ter, der examinieren, keine Obrigkeit, die urteilen, kein
Scharfrichter, der exequieren kann.⟩ ([Randnotiz] Vor-
spiel.)
Ein Höriger, Hans Schnabel, tritt vor Grumbach.
SCHNABEL. Ei! Potz Bauch! Der Junker von Grumbach lebt
in einer anderen Welt, meinet, wir seien arme, maultote
Leut, keinnützige Läusköpf, als wir ehmals gewesen sind!
Kotz Dreck! Das sind wir nit! Kein Jünkerlein hat uns
nichts nit meh zu gebieten, und wenn ihm die güldenen
Ketten zehnmal um den Hals herum und bis an die Knie
herunterbaumeln und wann er Sporen von Diamanten und
Edelstein in der Sturmhauben und Pfauenfedern auf dem
Helm hätte als lang als ein Kuhschwanz; ist deshalb nit
meh dann der ungeschaffenst bäurische Knecht und mag
Gotts Lohn sagen, wann man ihn auf der Leiter aus dem
brennenden Turm herabsteigen läßt und ihn nit mitsamt
seinem Harnisch, Ketten und Wehren das Fliegen lehrt
gleich einer Turmschwalben, aber von oben herab, daß er
unten nit anders ankommt als ein Hafermus, den wir — Gott
besser's! — ein Tag als den andern hinunterfressen! — Los
auf, Jünkerlein! Glaub's schon, daß meine Red dir ein
Verdrieß macht! Wundert mich nit, daß du blau im Gesicht wirst als ein abgestochener Kälberkopf, aber jetzund
ist es nit anders! Das Blättlein hat sich gewendet: was
unten lag, lieget itzt oben, und der Bauer liegt oben,
Junker Gutgewinner! Der arm Mann hätt sich nach oben
getan, Junker Heckenschinder und Straßenfeger!
*Ein Fahnenträger tritt mit einer entfalteten damastenen Fahne
vor Grumbach.*
FAHNENTRÄGER. Was ist das, Bruder Bauer?
GRUMBACH, *gedemütigt.* Ei, Kunz, eine Fahne!
FAHNENTRÄGER. Lies, Bruder Bauer, was steht auf der Fahne?
GRUMBACH. Ich kann nit lesen!
GEGRÖHL. Das Jünkerlein kann nit lesen!
FAHNENTRÄGER. Was siehst du hier, Bruder Bauer?
GRUMBACH. Einen güldenen Bundschuh!
RUFE. Bundschuh! Bundschuh!
FAHNENTRÄGER. Was hier?
GRUMBACH. Eine güldene Sonne!
FAHRENDER SCHÜLER. Itzt sprich mir nach. Es steht auf der
Fahne geschrieben: »Wer da frei will sein, der zieh in
diesen Sonnenschein.«

GRUMBACH, *nachsprechend.* »Wer da frei will sein, der zieh in diesen Sonnenschein!«

KLAUS. Loset auf! Loset auf! das Jünkerlein kann lesen. *Gelächter.*

VIERTE SZENE

Tellermann mit zwei Trabanten tritt auf.

TELLERMANN. Was tut ihr hier? der Bruder steht in Schutz und Geleit!

STIMMEN. Bruder Tellermann, hoch Bruder Tellermann! Hoch Tellermann und Florian Geyer!

SCHNABEL. Was Tellermann, was Florian Geyer! die Hauptleut sind nit meh dann wir.

TELLERMANN. Mort de ma vie! Willst du meutern? Bugre! larron! traistre! in Turn mit ihm. *Er hat ihn niedergeschlagen.*

STIMMEN. Hoch Tellermann, hoch Florian Geyer!

ANDERE STIMMEN. Zerreißt den Hund!

STIMME. Ei, nehmt euch in acht, er ist von den Schwarzen.

Tellermann nimmt ruhig unter der Linde Platz mit Wilhelm von Grumbach.

DER HAUSIERER, *ausrufend.* Lorenz Valla! Die angebliche Schenkung Konstantins. Das große Gotteswunder zu Bern. Die Verbrennung des Johann Hus zu Konstanz. Savonarola gefoltert, gehängt und verbrannt seines Glaubens willen. Johannes Hilten verschmachtet in seinem Kerker zu Eisenach seines Glaubens willen. Concilium, Concilium, seht, Bruder, — *zu Grumbach* — sie wollen nichts hören davon. Verstopfen sich die Ohren wie der Papst zu Rom. — *Plötzlich verändert, hastig und leise zu Tellermann.* Bruder Tellermann!

TELLERMANN. Kundschaft, Bruder?

HAUSIERER, *ihm ein Flugblatt vorlegend, laut.* Der neu Karsthans von dem edlen Ritter Ulrich von Hutten, so jetzund, von den Pfaffen verfolgt, auf einer Insel im See bei Zürich sein teures Leben geendet hat. *Leise.* Es ist ein Brief darin ⟨von Barbarossa. *Laut.*⟩ Junker Helfreich, Reiter Heinz und Karsthans haben ein schön Gespräch miteinander. Sehr unterhaltlich und lehrreich zu lesen. *Leise.* Ist für den Florian Geyer bestimmt.

TELLERMANN, *leise.* Ist noch nit zurückgekehrt von Rothenburg.

HAUSIERER, *weiterschreitend.* Concilium, Concilium!
GRUMBACH, *halblaut.* Potz Bruder, ich möcht mit der Wehr dreinfahren.
TELLERMANN. Leid dich, Bruder! Wie steht's zu Ansbach?
GRUMBACH. Der Markgraf willigt ein, ich soll den Florian Geyer zu ihm vergeleiten.
TELLERMANN. So müßt Ihr auf sein und flugs hinüber gen Rothenburg. Der Geyer ist zu Rothenburg.
GRUMBACH. Was tut er zu Rothenburg?
TELLERMANN. Soll die Stadt in die Einung geloben lassen und Geschütz holen, tut aber fast not, daß er zurückkehrt. Es wird hie zu Würzburg schlimmer mit jedem Tag.
DER BÜRGER. Saget, Bruder, es geht ein Geschrei, die Hauptleut wollen Geld nehmen und das Schloß stehenlassen.
TELLERMANN. Mit den Handrohren können wir die Mauern nit umbüchsen und [mit] Nonnenfürzlin erst recht nicht.
BÜRGER. Die Burg muß herunter, wär uns Würzburgern sonst schlecht gedient.

[FÜNFTE] SZENE

Link, gefolgt von einigen gewaffneten Bürgern und Bauern, ist durch das Tor und an den Tisch getreten.
TELLERMANN, *dem Bürger erwidernd.* Die Bruderschaft hat meh zu bedenken, dann wo die Bürger zu Würzburg der Schuh drückt.
LINK. Ist der Florian Geyer zurück von Rothenburg?
TELLERMANN. Das weißt du so gut als ich, Bruder.
LINK. Was für eine stumpfe Red führest du!
TELLERMANN. Spitz gered't, Bruder. Wann der Florian Geyer im Lager wäre, solltest du mich wohl schwerlich darum fragen.
LINK. Bruder, sprich voll heraus! Es heißt, die Hauptleut des fränkischen Heeres wollten ein Sturm oder zwei wagen. Aber der schwarze Hauf verweigert's.
TELLERMANN. Kommst du mir damit — kurz und gut, kein Mann und kein Blutstropfen, bevor der Geyer nit zurück ist mit dem Geschütz. Mit meinem Willen nit. Ihr müßtet mich dann in die Eisen schlagen.
LINK, *an sich haltend.* Wem bist du meh Gehorsam schuldig, dem ganzen hellen Haufen der Bauernschaft oder dem Florian Geyer?

TELLERMANN. Dem Florian Geyer, ins Teufels Namen.
LINK. Das soll der ganze helle Hauf wohl zu wissen bekommen! *Ab mit den Seinen ins Wirtshaus.*

[SECHSTE] SZENE

TELLERMANN. Wollt Gott, der Geyer käme zurück!
GRUMBACH. Habt Ihr noch nichts nit wider das Schloß vorgenommen, Bruder?
TELLERMANN. Nichts, dann daß die Götzischen mit dem Wertheimschen Geschütz ein wenig in das Schloß hineinarbeiten, ist aber bislang nit ein Stein aus der Mauer. Leichnam! Itzt liegt mir der Jakob Kohl in den Ohren, ich soll die Schwarzen wider die Mauer führen; ich tu's nit, und wenn Gott vom Himmel mich's tun heißt!
GRUMBACH. Bruder, als ich im Barfüßerkloster nach Euch suchte, da hörte ich, wie dreie von den Schwarzen von Euch red'ten, von den drei Fähnlein, die Ihr darein gelegt habt, der Florian Geyer hätt bei Pavia wider kaiserliche Majestät gekämpft.
TELLERMANN. Potz Zäpfel, der spanische Karl ist alsowenig ein deutscher Kaiser als der türkische Sultan. — Die Schwarzen red'ten davon?
GRUMBACH. Ja, Bruder, und der eine unter ihnen sagte annoch, den schwarzen Hengst, darauf der Florian Geyer ritte, hätte ihm der Ulrich von Württemberg geschenkt.
TELLERMANN. Und warum auch nit! Der verlorne Fürst ist aus einem guten deutschen Zeug gemacht. Würd auch ein guter evangelischer Kaiser sein. Wär mir lieber als der spanische Karl.
GRUMBACH. So hast du auch bei Pavia gefochten, Bruder?
TELLERMANN. Ich denke wohl! Ich und mein Kapitän sind durch die halbe Welt, wollten auch wohl den Eselfressern bei Pavia den Pfeffer versalzen haben, hätten die Schweizer nit den Hasen im Busen gehabt. Aber sie gaben die Flucht, und so mochten wir den König Franziskus von Frankreich nit heraushauen. Ist ein tapfrer Fürst, hat uns allweg ehrlich gelohnet mit Stübern und Sonnenkrone.
GRUMBACH. Seid damals dem Frundsberg unterlegen.
TELLERMANN. Hat dreimal mehr Knechte gehabt als wir, waren umstellt wie der Wolf von der Meute, aber wir gaben

uns nit, keiner der schwarzen Knecht wollt Pardon nehmen und geben. Mein Kapitän hielt die schwarze Fahn, Bruder, und stand wie ein Löw. »Die Fahne«, schrei ich und seh ihn an. Bruder, wir verstanden uns! Da machten wir einen Ausfall... Blau! Der schwarze Geyer kann den Fausthammer schwingen — sie haben's Panier nit bekommen, Bruder!

[SIEBENTE] SZENE

Götz von Berlichingen und Georg Metzler, begleitet von gewappneten Bauern, kommen durch das Tor, im Begriff, sich ins Haus zu begeben.
ERSTER BAUER. Hoch Götz von Berlichingen!
ZWEITER BAUER. Ei, hing der Götz doch am Galgen auf dem Jüdenplatz!
STIMMEN, *durcheinander.* Er hält es mit der Besatzung! Er hat ein Verstand mit der Besatzung!
DRITTER BAUER. Er begraset sich, er hat zu Amorbach die besten Beutestück für sich behalten!
KLAUS. Was zahlt euch der Bischof, wann ihr die Burg stehenlaßt?
DER SCHÜLER. Was zahlt euch die Besatzung für den Abzug?
Götz, Metzler und Gefolge ab ins Gasthaus. Tumult und Gejohl hinter ihnen drein.
RUFE. Henket den Spitzknecht! Henket den Spitzknecht!

[ACHTE] SZENE

Jakob Kohl, gefolgt von Bubenleben, Bayer und Hasenbart, treten von der Gasse in den Hof, ebenfalls, um sich ins Haus zu begeben.
SCHNABEL. Hoch, hoch Jakob Kohl!
ALLE. Hoch, hoch Jakob Kohl!
STIMMEN. Man soll das Schloß umgraben, man soll's stürmen!
KOHL. Lieben, getreuen bäurischen Brüder, wann es nach mir ginge, so sollte von dem Schloß auf Unserer Frauen Berg nit ein Stein meh auf dem andern liegen. Ihr solltet die güldenen und silbernen Gerät mit Gäulen davonführen und die samtenen Stücke mit den langen Spießen messen.
STIMMEN. Hoch, hoch Jakob Kohl!

KOHL. Ich bin zum Obersten Hauptmann des fränkischen Haufens gewählt, aber die schwarze Schar des Florian Geyer verwägert den Gehorsam.

TELLERMANN *schreit herüber.* Du lüg[s]t, Jakob Kohl.

KOHL. Hast du nit dich geweigert, die Schwarzen zum Sturm zu führen?

TELLERMANN. Hast du nit dem Florian Geyer in die Hand gelobt, nit mit Sturm anzugreifen, bevor er zurück ist mit dem Geschütz?

KOHL. Lug ist's, was du sagst!

TELLERMANN *springt auf.* Jakob Kohl, wer einen Landsknecht oder einen von Landsknechts Art der Lüge zeiht, den holt der Teufel! Morgen bei aufgehender Sonne will ich deiner warten auf Kavaliersparole, den Schimpf sollst du mir büßen.

SCHNABEL. Brüder, was braucht's der Hauptleut, lasset uns selber der Sache ein Beschluß fassen. *An den Baum tretend, zieht er sein Brotmesser.* Wer der Meinung ist wie ich, daß keine Stunde nit verzogen werde, daß man mit Sturm anlaufe wider das Schloß, der stoße sein Messer in diesen Baum. *Er tut es.*

ERSTER SPIELER. Allen Bischöfen, ungelehrten Potzen, Meßpfaffen, Götzen, Larven und Maulaffen mitten ins Herz. *Er stößt wie alle folgenden sein Messer in den Baum und läßt es stecken.*

ZWEITER SPIELER. Dem Georgen Truchseß, bestallten Obersten Hauptmann des Bundes zu Schwaben, dem gottlosen Tyrannen und Wüterich wider die Sache des Evangeliums, mitten ins Herz.

DRITTER SPIELER. Allen römischen Juristen und Buben, Schindern und Schabern des Volks, so das recht Recht verdrucken und mit dem unrechten Recht wider die Leute wüten, mitten ins Herz!

ERSTER BIBELBAUER. Dem Truchseß Georgen von Waldburg mitten ins Herz!

ZWEITER BIBELBAUER. Allen Fuggern und Welsern mitten ins Herz!

KLAUS, *zu Grumbach.* Flugs, Junkerlein, sage du auch deinen Spruch!

EIN ABGEHETZTES WEIB. Dem Ritter Thomas von Absberg mitten ins Herz!

GRUMBACH. Ein Kaiser soll sein und ein Volk von Freien.

STIMMEN. Vivat Ulrich, Bauern von Württemberg!
GRUMBACH, *fortfahrend.* Der deutschen Zwietracht mitten ins Herz!
DRITTER BIBELBAUER. Dem Georgen Truchseß von Waldburg mitten ins Herz!
Bubenleben und Kohl waren zu Anfang der Zeremonie im Hause verschwunden. Nun treten sie hinter Link wieder vor die Tür. Der Baum ist im Nu mit Messern gespickt.

[NEUNTE] SZENE

LINK. Brüder, der Sturm auf Unserer Frauen Berg ist beschlossene Sache. *Gejohl.*
BUBENLEBEN. Liebe evangelische Brüder, die Belagerung des Frauenbergs ist beschlossene Sache. Gott hat es unseren Räten also eingegeben. Wir dürfen den Feinden des Evangeliums keine Luft lassen. Wir wollen auf die Fürsten und Pfaffen schlagen wie auf den Amboß Nimrod Binkebank. Lasset euer Schwert nit kalt werden. Alles, was hoch ist, wird sich demütigen vor dem Kleinen. Dran, dran, weil das Feuer heiß ist. Gott gehet uns für. *Tumult, Bewegung in der Masse.*
RUFE. Dran, dran! Pickel! Karst! hauen! dran, dran! Leitern! Leitern! Sturmböck! dran! dran! *Alles drängt sich zum Tor hinaus oder ins Haus, so daß der Hof nahezu leer ist. Bubenleben, Kohl, Bayer, Hasenbart, dahinter Götz, Metzler und Trabanten, kommen tiefer in den Hof. Kohl und engeres Gefolge tritt an den Tisch, daran Tellermann trotzig sitzt.*
KOHL, *in den seine Umgebung hastig hineingeflüstert.* Bruder Tellermann, verweigerst du dem hellen Haufen itzt noch den Gehorsam?
TELLERMANN. Nein!
KOHL. Willst du dann mit den Schwarzen den Sturm anlaufen?
TELLERMANN. Nein!
BUBENLEBEN. Bruder Tellermann, ist das der Gehorsam?
TELLERMANN. Ungehorsam ist oft der beste Gehorsam!
LINK. So wisse denn, Tellermann, der schwarze Hauf hat Gemein gehalten und im Ring beschlossen, in keinem Weg müßig zu bleiben, wenn die Brüder den Sturm wagen. Sie seien freie bäurische Brüder, sagen sie, und keines Edelmanns Knecht.

TELLERMANN. Judas! Büberei! Verfluchte bübische Meuterei! Aber du lügst! So sollst du erwürgen an deiner Lüg.
KOHL, *zu den Trabanten.* Faßt ihn, werft ihn nieder! *Tellermann wird im Nu gefesselt und überwältigt.*
TELLERMANN. Bugre! menteur! traistre! Judas, Judas!
STIMMEN, *aus der Volksmenge, die sich neu angefunden hat.* Zerreißt ihn, zerreißt ihn! Er hat den Franzosen gedient, er hat wider den Kaiser gefochten! Er ist des Ulrich von Württemberg heimlicher Diener! Schlagt tot, schlagt tot! Er dient dem Herzog und Henker von Württemberg!
DIE TRABANTEN. Zurück, zurück!
STIMMEN. Schlagt tot, schlagt tot! Hauen, Karst, Pickel!

[IV]

[Letzter Ansatz zu einer geplanten »Florian Geyer«-Trilogie]

Villa Carnarvon, d. 23. Dezember 1912.

Erster Teil

DER MANN VOM TWIEL

Erster Akt

[Die nachstehenden Notizen gehen im wesentlichen zurück auf: Heyd, Ludwig Friedrich — Ulrich, Herzog zu Württemberg, Bd. 2, Tübingen 1841, S. 137—171.]

Ein Saal auf der Festung Hohentwiel. Der Berg Hohentwiel besteht aus Klingstein-Porphyr. Aus den Fenstern der Burg überblickt man den Bodensee bis zur Alpenkette. Die Klippe ist vom Scheitel abwärts gespalten. Die Festung ist allein durch eine Brücke über den Spalt zugänglich. Die Burg besteht aus Vorwerken, Gewölben, Häusern, Türmen, Mauern und Toren, einer Stadt in der Luft vergleichbar.
Von der Mitte des Berges grüßten Weiden, Wälder, Äcker und Weinberge: man bezog von dort Futter, Holz, Getreide, Wein.
Die Umgegend war die fruchtbarste und bevölkertste von Schwaben.
Römerstraße zwischen Rhein und Donau.
Auf dem Hohentwiel wohnten schon die Kammerboten fränkischer Kaiser, Gebieter über Thurgau und Bodensee.
Auch alemannische Herzöge hielten hier Hof.
Hohentwiel, Hohenkrähen und Hohenhöwen widerstanden im Schwabenkrieg dem Andrang der Schweizer. 1512 zerbrachen auch diese Burgen, außer Hohentwiel.
Albrecht Klingenberg } Brüder. Besitzer des Hohentwiel.
Heinrich Klingenberg
(Heinrich übergab plötzlich, nach Zusage an Österreich, die Burg an Herzog Ulrich, dessen Dienstmann er wurde gegen 200 Florin jährliches Dienstgeld. 1515.)
(Maximilian brachte 1518 Albrecht dahin, gegen 300 Florin jährlich Öffnungsrecht zu verkaufen. Der Streit war also auf die Klippenspitze verlegt.)

Um das Schloß auszurüsten, brauchte Ulrich von Württemberg französisches Geld. Franz I. lieferte es.
Heinrich Klingenberg mußten durch Ulrich Bürgen gestellt werden: Jürgen. Georg von Hewen. Ritter Hans von Brandeck. Eberhard von Reischach. Marx Stumpf von Schweinsberg. Heinrich von Neuneck.
(Der ganze Vertrag: Ulrich H. zu Württemberg von F. Heyd, Band 2, S. 140.)
Kanzler Volland.
Truchseß von Waldburg. (Württembergischer Statthalter, also der von Ulrich meistgehaßte Mann.)
Marx Stumpf und sein Bruder befehligen das Schloß.
Hans Heinrich von Reischach, Ulrich mit seinem ganzen Hause treu, ersetzt diese beiden.
(Kein Geld zu Twiel.)
Ulrich sprengt falsche Gerüchte aus. Durch Ein- und Auswechseln wird Umgegend irregeführt. Kohlen werden gebrannt. Man stärkt sich zu Twiel. Ich kann aus dem blauen Lärmen nicht kommen.
Der Tag zu Bern wegen Bezahlung. Auch von Ulrich besucht.
Hofprediger Gayling.
Der Herzog stützt sich auf die Schweiz, lebt unter Schweizern in Zürich und Bern, stützt und erwartet Stütze von den aufrührerischen Bauern im Schwarzwald und Hegau und verkehrt mit ihnen.
Michelin (Ulrichs Bote. Mit Bittschrift [an] Kammergericht Eßlingen 1524. Man wirft ihn nieder, foltert ihn a[uf] d[em] Asberg.)
Oecolampad. (Reformator. Basel. Gleich nach Zwingli.)
Verbindung des Herzogs mit Zürich und Basel.
Schweiker von Sickingen. (Basel. Oecolampad genoß früher Schutz [auf] Ebernburg.)
Ulrich erwirbt Bürgerrecht von Basel. Will Haus kaufen. Besucht Oecolampads Predigt.
Ulrich in Zürich. Herberge Zum roten Haus.
Zwingli. (Freund des Gesangs und froher Gesellschaft. Seine Predigt, wie man Krieg führen soll.)
Ulrichs Rede vor dem großen und kleinen Zürcher Rat.
Der Zwingli ist ein Schurke. Verhindert die Bauern, mir zuzulaufen. »Nimm Geld in die Hand, so habt ihr sie.«
Die Geldverhältnisse (Heyd, Band 2, S. 153 u. 154.)
Rudolph Zum-Bühl. (Geboren Luzern. Früher Kanonikus

[zu] Münster im Aargau. Wegen Lutherei [in] Zürich, dort Arbeiter in Seilerwerkstatt. (Erinnere dich an die Züricher Seilereien, die du gesehen hast.)
(Bote zwischen Herzog u[nd] s[einen] Freunden.)
Seiler-Szene.
Ein Metzger. (Zu Schaffhausen. Leiht persönlich Herzog 200 Goldgulden.)
Hans Stockar. (Elsässer. Viele Reisen. Dient Herzog umsonst.) Werber des Herzogs im Wasgau und der Eifel.
»Sei es mit Stiefel oder Schuh, ich komme mit Ehren wieder in mein Vaterland.«
Die Bodensee-Bauern in Oberschwaben um den Hohentwiel erheben sich zuerst. Die Nachbarschaft des Landes ohne Herren.
Hans Müller von Bulgenbach. (Das Hauptquartier bei Löffingen, Amt Tuttlingen. Müller stammte aus Stühlingen, Kamerad Geyers in Frankreich. War sehr lang. Trug roten Mantel und rotes Barett. Der »Zierwagen« mit Laubwerk und Bändern, auch die Hauptfahne schwarz-weiß[rot]-gelb wie die Reichsfahne. Sein Zierherold mit Artikelbrief vor ihm her.)
Lokalen Bauernaufruhr nannte man »Bauernschrei«.
Ulrich, der vertriebene Herzog, tritt unter die Bauern im Klettgau. Auch er fordert das göttliche Recht. Von Basel beobachtend, sucht Vertrauen zu finden. Bauern auf Kirchweihe zu Hilzingen (2. Oktober [1524]) bekamen Besuch von acht Reitern vom Hohentwiel. Ulrich unter Bauern im Klettgau auf Versammlung in Neukirch. Botschaft zu den Tribergern. Hierher früher die Flüchtlinge des Armen Konrad von ihm vertrieben.
Der Sprung von der Köngener Brücke (?).
Aufenthalt in der Ulrichshöhle oder dem Hohlen Stein bei Hardt. Pfarrbezirk Ensingen.
Die Ohrfeige zu Reicheneck.
Fuchssteiner (Ulrichs Ratgeber. Ehemaliger pfälzischer Minister. Dieser schlichtete zu Kaufbeuren zwischen Ehrbarkeit und Bürgerschaft. Entwarf sogar Beschwerdeartikel den Bauern.)
Die Mitglieder des Geheimbundes, die die ganze Bewegung leiteten.
Wendel Hipler. (War ehemals Sekretär der Grafen Hohenlohe in Grafschaft Öhringen. Wollte Bund von Adel, Städten und Bauern. Geistlichkeit Feind. Hiplers Idee der Reichsreform. Der Ausschuß in Heilbronn.)

Weigand, Keller in Miltenberg. Hauptmitarbeiter der Reichsreform.
Der Truchseß von Waldburg. »Ein munterer und runder Herr«.

Villa Carnarvon, Portofino, den 2. Januar 1913.

ULRICH, Herzog von Württemberg
HADWIGA VON THUMB
HANS HEINRICH VON REISCHACH, 35
STUBENSOHL, Landsknecht bei Pavia unter Frundsberg

Ein düsterer Saal auf der Burg Hohentwiel. Winternacht. Herzog Ulrich von Württemberg sitzt bei den brennenden Kerzen eines Armleuchters allein am Tisch und stützt grüblerisch den Kopf in die Hand. Sturm pfeift und rüttelt Fenster und Türen. Aus der Tür ihm gegenüber tritt eine Frauengestalt. Es ist die vierundzwanzigjährige Hadwiga von Thumb.

ULRICH. Was soll's, Hedwig?
HADWIGA. Es ist eine so schlimme Nacht, Ulrich.
ULRICH. Was ist's für eine Nacht?
HADWIGA. Es stürmt, es heult, Ziegel poltern den Kamin herunter.
ULRICH. Laß poltern.
HADWIGA. Aber ich bin meh tot dann lebendig, Schatz.
ULRICH. Ein Herr ohne Land ist auch meh tot. Kommst recht. So passen wir gut zueinander. — Geh schlafen. Zieh den Kopf in die Decken. Und laß draußen wettern und Schnee treiben.
HADWIGA. Bist meiner überdrüssig, Ulrich?
ULRICH. Daß Gott verhüte! meiner selbst, der ganzen Welt bin ich überdrüssig. Aber deiner bin ich nit überdrüssig! — Nein! — Nein! — *Er schreitet langsam umher.*
HADWIGA. Kommst nit zu mir?
ULRICH. Warum nit. *Er tritt zu ihr und küßt sie auf die Stirn.*
HADWIGA. Was ist? Dein Mund ist trocken und heiß, Ulrich.
ULRICH. Schlüg eine Flamme draus, sollt's mich nit wundern. Hab ich doch keine Stunde bei Tag und auch bei der Nacht, daß mir der Satan nit auf dem Nacken sitzt. —

HADWIGA. Ist was Arges passiert, Ulrich?
ULRICH. Ich meine wohl. Meine wohl! Arges genug. Und daß ich hier sitz, hier hock auf dem Twiel und nit mein »Gott vergelt's« sagen kann mit Kartaunen, das frißt mir das Herz, das versengt mir den Schlund. *Es wird an eine Tür gepocht.* Bist du's, Bühl? Wer pocht? Tritt ein.
R. zum Bühl erscheint.
R. ZUM BÜHL. Ich wollte Euer Fürstliche Gnaden nit gern gestört haben.
ULRICH. Was gibt's?
R. ZUM BÜHL. Allerlei. Aber ich komme später wieder.
ULRICH. Später: daß dich die Pestilenz. Lieget mir alle Welt in den Ohren damit. Jetzt! jetzt! mitnichten später. Wär ich noch, der ich war, und nit einer, den jeder Hund bepißt, das verfluchte Wort sollt mir aufs Hochgericht. Kehr deinen Sack um, Bühl! Heran und kram aus.
HADWIGA. Ich bin etwa im Weg, so will ich gehn.
ULRICH. Wer soll hier im Weg sein? Warum?
R. ZUM BÜHL. Gewiß nit, Euer Fürstlichen Gnaden. Hier ist gewiß niemand im Weg.
ULRICH. Das müßt mir auch leid sein, Bühl, wo unsere Freundschaft sollt halten. Sonst lauf zum Truchsessen! Lauf zum Schwäbischen Bund. Kriech gen Stuttgart und balge dich mit den Hunden um die Brocken, die ein Schandbube dir hinwirft.
R. ZUM BÜHL, *sehr gelassen.* Also ist zu eröffnen, Fürstliche Gnaden, daß ein reisiger Zeug vor der Zugbrücke liegt. Haben den Elsaß durchreiset, in Meinung, Euch zu Mömpelgard anzutreffen. Hat man sie aber hierher gewiesen und ihnen gesagt, Seine Gnaden der Herzog hause itzt auf dem Hohentwiel. Sie führen auch einen mit sich, einen französischen Edelmann, Peter Buisson, soviel ich verstanden. Buisson kenne ich, wo er es ist. Und wo er es ist, so hat Euer Gnaden nun endlich Antwort von Frankreich zu gewärtigen.
ULRICH. Herunter die Brücken, laßt sie ein. *Hans Heinrich von Reischach tritt ein, fünfunddreißig Jahr, Befehlshaber der Besatzung.* Es sind Reisige vor der Brücke, Hans.
HANS VON REISCHACH. Nit mehr. Hab sie schon lassen in den inneren Hof einreiten.
ULRICH. Aber ich will hoffen, gut visitiert.
HANS VON REISCHACH. Haben sich auf das glaubhafteste als

eine Gesandtschaft vom französischen König ausgewiesen.
Führen mit sich einen gewissen Peter Buisson mit Vollmachten. Einen französischen Edelmann. Und der sie führt, ist ein fränkischer Ritter.

ULRICH. Von wes Geschlecht?

HANS VON REISCHACH. Von den Geyern, die bei Würzburg sitzen, zu Giebelstadt.

ULRICH. Doppelte Wachen, Hans, doppelte Wachen diese Nacht. Gedenke zwar selbst nit zu schlafen, und daß sie gekommen, ist mir lieb. Jedennoch: Wachen. Der lange Elsässer, der Stubensohl, soll mit zwölf Mann von der Leibwachen aufsein. Mögen würfeln und Wein trinken. Aber der wird getürnt bei Wasser und Brot, der die Wehr ablegt oder ein Auge schließt. — Und du, Hans, sorge für gutes Gemach, insonderheit, daß es dem französischen Edelmann an nichts mangele. Und sorgt für ein Nachtmahl. Und du, Bühl, heiß sie in meinem Namen willkommen, forsche sie aus und bring mir Bescheid in meine Kammer.

Der Herzog entfernt sich schnell durch eine kleine Seitentür. Hans von Reischach macht kehrt und geht durch die Haupttür ab, durch die er eingetreten ist. R. zum Bühl und Hadwiga allein.

HADWIGA. Was habt Ihr gegen mich, Herr Kanonikus?

R. ZUM BÜHL. Das sei ferne von mir. Das wolle Gott nit. Wie meinet Ihr das, gnädige Frau?

HADWIGA. Was ist da zu meinen? Ihr blickt mich scheel an, sooft Ihr mich seht.

R. ZUM BÜHL. Davon weiß ich gewiß nüt. Wollt mir auch schlecht anstehen als einen geringen und getreuen Diener Seiner Fürstlichen Gnaden, meines allergnädigsten Herzogs und Herrn.

HADWIGA. Mir wäre recht, man würfe mich von der obersten Zinnen, oder ich läge unten im See bei zwölf Klaftern tief.

R. ZUM BÜHL. Der Herzog schläft nit?

HADWIGA. Er schläft keine Nacht. Er schüttet so viel Weins in sich hinein, als er will, und find doch nie keine Ruhe nit. Kaum, daß er nur lützel nickt, daß ich denk, er will einschlafen, so fährt er auch schon empor, weiß nit, wo er ist, oder schreiet etwa laut auf, als trachte ihm einer nach dem Leben.

R. ZUM BÜHL, *achselzuckend*. Das nimmt mich nit wunder. Wißt Ihr mir etwa einen anderen Fürsten zu nennen im

ganzen Heiligen Römischen Reich Deutscher Nation, der
so von Feinden umringt ist wie er? Und dem, so wie ihm,
ein solches Gebirg von Kummer und Not die Brust zer-
drückt? Hat er nit Unmenschliches zu verwinden?

HADWIGA. Gebt mir Geleitsleut. Schicket mich fort. Schicket
mich fort und heim zu den Meinen. Ich will den Tod. Viel
lieber den schnellen Tod! Aber wo es nit sein kann um
Sünde halb, so will ich im Kloster mein Leben beschließen.

R. ZUM BÜHL. Wär wohl ein bös Ding, wo Ihr jetzt von ihm
wolltet gehen. Er müßt es auslegen als ein Verrat an ihm.

DIE VERSUNKENE GLOCKE

Editorische Bemerkung

Die hier abgedruckte frühere Fassung des dritten Aktes entstand zwischen Mai und Juni 1896.

[DRITTER AKT]

[Frühere Fassung]

Frau Magda zieht die Kinder an.
MAGDA
Da, nehmt den Ball und geht. Geht in den Garten,
versteht ihr mich! zur großen Fliederhecke.
Da spielt, bis ich euch hole.
Kinder ab.
Nun, was willst du?

GESELL
herausplatzend
Ich muß mich sehr beklagen.

MAGDA
Über wen?

GESELL
Ich weiß, Euch trifft die Schuld nicht, Meisterin!

MAGDA
Nur immer gradheraus.
GESELL
Ja, gradheraus!
Als Ihr die Suppe kochtet, war sie gut.
Seit aber sie, die stumme Küchenmagd,
am Herd hantiert, ist sie spottschlecht geworden.

MAGDA
Ja, wer das ändern könnte!

GESELL
Wer, als Ihr?

MAGDA
Wie?
GESELL
Kocht sie wieder selbst.

MAGDA
Mein guter Martin!

Kocht dir die Magd die Suppe nicht zu Dank
und ist dir deiner Meist'rin Suppe lieber,
der Meister will sie nicht. Was ist zu tun?
Hier ist ein Herd, ein Kessel, eine Glut,
wo er des Meisters Stube nicht erwärmte,
nicht für des Meisters Gaumen Essen kochte,
wozu doch wär' er nütz?

GESELL
Da soll doch gleich...!
Ein Mensch, der alles Beste haben kann
und alles Beste hat, er schiebt's beiseit
und löffelt, weiß es Gott, dies Teufelzeug
von einer Höllenschwefelkräuterbrühe,
das ihm 'ne hergelaufene Dirne kocht,
als ob es Mandelmilch mit Zucker wäre.

MAGDA
Laß, 's ist genug...

GESELL
Nein, ich begreif' es nicht!
Ich an des Meisters Stelle, großer Gott!
bei solchem Ruf und Ruhm, das schönste Haus
im ganzen Sprengel seins, Gießhütte, Werkstatt,
im schönsten Stand, Aufträge, die sich häufen,
vollauf genug für ein Jahrzehnt der Arbeit.
Die Keller eng von Fässern guten Weins,
Speckseiten, Schinken, fette[n] Räucherwürsten,
Backpflaumen, was weiß ich, auf allen Böden,
und über allem Euch, die Meisterin!
Ich an des Meisters Stelle...

MAGDA
Laß es gutsein.

GESELL
Nun, meinetwegen. Einer quält sich ab
ums trockne Brot, der andre schwelgt und wütet [?]
mit Braten, Kuchen, Wein und wirft nur immer
die Gottesgaben, Hände vollgehäuft,
durchs offne Fenster, daß sie Hunde fressen.
Armut erwirbt, Reichtum verdirbt: so ist es,
so war es, wird es stets und immer sein.

MAGDA

Bist du nun fertig?

GESELL

Fertig war ich längst,
und wenn ich schweigen soll, recht herzlich gerne.
Was geht's mich an?! ich tue meine Pflicht
ganz wie ein Stock, ein Besen, was Ihr wollt,
und hör' und sehe nichts, was hier geschieht.
Wenn aber eines Tags, sei's heut, sei's morgen,
Euch Wackersteine durch die Scheiben knallen,
so seid nur nicht erstaunt und kommt und sagt:
»Du bist ein Stock, du hast uns nicht gewarnt!«

MAGDA

Gewarnt? wovor? — Doch nein, geh, sag mir nichts,
ich will von dir nichts wissen, 's ist genug!
Wer so wie du dem Meister alles dankt,
des Handwerks A und O, das er betreibt,
wer so des Meisters Fleiß und Gaben kennt
und von ihm spricht, wie von 'nem Tagedieb,
der rede nicht zu mir. Ich will nichts hören.
Schmeckt dir das Essen nicht: hier hast du Geld;
ich rühr' es auch nicht an und lebe doch.
Geh, kaufe, was du magst. Nimm hier den Schlüssel,
steig zu den Würsten, die dir so gefallen,
und iß dich satt; doch schweig! kein Wort mehr! geh!
Gesell achselzuckend und verbissen ab.

MAGDA

*atmet heftig, beruhigt sich und macht dann eine sich er-
mannende Bewegung. Durchs Fenster*
Ihr Kinderchen! wo seid ihr?

KINDER
außen
Hier, Mama.

MAGDA

Ich komme zu euch.
Pastor kommt.

PASTOR
Ach, das ist mir lieb,

daß ich Euch doch noch finde, werte Frau!
Ich komme nämlich... doch zuvörderst sagt:
wie geht's dem Meister?

MAGDA
ruhig
Besser, immer besser.

PASTOR
Es freut mich herzlich, dies von Euch zu hören.
Es geht ihm besser, sagt Ihr, immer besser.
Nun, wie gesagt... und Ihr?... Ihr seid zufrieden?

MAGDA
Ich bin zufrieden. Ja. Wie sollt' ich nicht?

PASTOR
Erlaubt! an Eurem Ärmel... nichts, nichts weiter,
'ne graue Spinnweb' war's... gewiß natürlich.
Wie solltet Ihr wohl nicht zufrieden sein?
und in gewissem Sinne wär's ein Frevel
gen unsern Herrn und Schöpfer, dessen Güte
sich wiederum so herrlich neu bewiesen.
Wenn Ihr's nicht wärt: Euer Gatte ist gesund.
Dies Wunder ist geschehn und ganz gewiß.
Er lebt, er ißt, er trinkt, Ihr habt ihn wieder.
Jedennoch...

MAGDA
Was?

PASTOR
Nicht wahr, Frau Meisterin!
spricht man zu Freunden, gilts Aufrichtigkeit.
In dieser Tugend geht Ihr mir voran,
denn oftmals sah ich, daß Ihr still und schlicht
mit runder herber Wahrheit denen dientet,
die sich mit Zimperei Euch süßlich nahten.

MAGDA
Wenn ich dies tat — doch ist mir's nicht bewußt —,
so tat ich mehr, als ich gemeinhin kann.
Doch laßt mich, seid Ihr anders ihrer sicher,
auf diese Handlung pochend, bitten, fordern,
seid diesmal wahr mit mir.

PASTOR
Hier meine Hand.
Nun also, ohne Umschweif: seht, es schwirren
gar seltsame Gerüchte durch die Luft.

MAGDA
Was für Gerüchte?

PASTOR
Ja, wie sag' ich gleich...
Gerüchte, die — doch eh ich weitergehe,
ich fall' ein wenig mit der Tür ins Haus,
Frau Meisterin! Dies, sonst nicht meine Art,
entschuldigt sich durch ganz besondre Gründe:
die kurze Zeit vor allem, die mir bleibt,
ein Unglück, etwas Übles, Häßliches,
von Freunden, die mir lieb sind, abzuwenden.

MAGDA
Seid nur ganz frei, so kurz und knapp Ihr wollt.
Was ich zu hören habe, will ich hören.

PASTOR
Ich kenn' Euch ja, und dennoch wird mir's schwer.
Ich sprach Euch von Gerüchten. Allerlei
durchschwirrt, wie schon gesagt, die Luft. Das Volk
im Sprengel — was das schlimmste — regt sich auf.
Es ist 'ne Strömung da... ich will nichts sagen...
'ne Strömung wider Euch, das heißt den Meister.
Gewiß nicht. Nein, noch ist dies nicht in Frage:
zunächst noch nicht.

MAGDA
Dies alles sind mir Rätsel.
Was tut mein Mann? Was kann ein Mensch gleich ihm
auf eignem Grund und unter eignem Dach,
im Hause, das er sich mit eignen Händen
erbaut, geschenkt, was, frag' ich, kann er tun,
daß ihn ein Haufe aufgeregten Volkes
zu meistern irgend Recht und Fug gewänne?

PASTOR
Dies, liebe Frau! dies ist ein heikler Punkt,
'ne schwere Frage, wahrlich, nicht gemacht,

mit Euch in dieser Stunde drum zu rechten.
Ein Mann wie Euer Mann! gewiß, gewiß!
Es war bisher an seinem Ehrenkleid
kein Stäubchen, Fädchen, nichts, ich geb' es zu.

MAGDA

Bis jetzt?

PASTOR

Bis jetzt, und wer in aller Welt,
Frau Magda, kann es mehr von Herzen wünschen,
es möchte so in alle Zukunft sein.
Auch hoff' und glaub' ich es, doch sagt' ich schon:
im Kirchspiel herrscht begreifliche Erregung,
'ne Strömung macht sich geltend,

⟨MAGDA

Um wes willen?

PASTOR

Nun, frei heraus denn⟩
Frei heraus
und jenes Mädchen, das ich zu Euch brachte,
ich selbst, im guten Glauben, leider Gottes!
es ist die Ursach'.

MAGDA

Nun, was das betrifft,
dort kommt der Meister selbst.
Sie nimmt am Herd Platz und verfolgt das Gespräch.
Heinrich tritt aus der Werkstatt auf.

PASTOR

Gott grüß Euch, Meister.

HEINRICH

Schön Dank, Herr Pfarrer!

PASTOR

Ist's die Möglichkeit,
von Kräften strotzend förmlich steht er da,
gleicht einer jungen Buche, schlank und stark,
und lag doch jüngst gestreckt auf dieses Lager,
ein siecher Mann, hinfällig, matt und bleich,

schier hoffnungslos. Wißt Ihr, mir kommt es vor,
als hätte ganz im Nu des Höchsten Liebe
allmächt'gen Anhauchs Eurer sich erbarmt,
daß Ihr, vom Lager mit zwei Beinen springend,
wie David mochtet tanzen, Zimbal schlagen,
lobsingen, jauchzen Eurem Herrn und Heiland.

HEINRICH

Es ist so, wie Ihr sagt.

PASTOR

Ihr seid ein Wunder.

HEINRICH

Auch dies ist wahr! Durch alle meine Sinne
spür' ich das Wunder wirken. — Magda, geh,
der Pfarrer soll den Maienwein probieren,
den uns das stumme Kind bereitet hat.

PASTOR

Ich dank' Euch! nein. Nicht jetzt. Nicht diesen Morgen.

HEINRICH

Geh, bring ihn! ich verbürg es: er ist gut.
Doch wie Ihr wollt. Ich bitt' Euch, setzt Euch nieder.
Seit ich der Schmach der Krankheit mich entrafft,
ward uns das erste neue Frohbegegnen
auf diese Morgenstunde vorbereitet.
Laßt sie uns nützen: nehmt, ich bitt' Euch, Platz.

PASTOR

Nun, Gott sei Dank: ich fühls, Ihr seid der alte.
Die Leute lügen, die da draußen schreien,
Ihr wäret anders, als Ihr früher waret.

HEINRICH

Derselbe bin ich und ein andrer auch. —
Die Fenster auf und Licht und ⟨Glück⟩ Gott herein.

PASTOR

Ein guter Spruch.

HEINRICH

Der beste, den ich kenne.

PASTOR

Ich kenne bessre, doch auch er ist gut.

HEINRICH

Wenn Ihr nun wollt, streckt mir die Hand entgegen,
ich schwör's bei Hahn und Schwan und Pferdekopf!
so nehm' ich Euch von ganzer Seel' als Freund
und öffn' Euch zu [dem] Frühling meiner Seele
die Pforten angelweit.

PASTOR

Ihr kennt mich, Meister,
doch sagt mir doch, was ist's mit diesem Schwur?

HEINRICH

Bei Hahn und Schwan?

PASTOR

...und, deucht mir, Pferdekopf.

HEINRICH
lacht

Ich weiß nicht, wie es mir zu Sinne stieg.
Ich glaub', der Wetterhahn auf Eurer Kirche,
der ganz zuoberst sonnenfunkelnd steht,
der Pferdekopf auf Nachbar Karges Giebel,
der Schwan, der hoch im Blau verloren flog,
dies oder jenes brachte mich darauf;
am End' ist's einerlei. — Hier kommt der Wein.
Nun, in des Wortes eigenstem Bedeuten
trink' ich Gesundheit Euch und dir und mir.

MAGDA

Verzeih!
Sie hebt das Glas, trinkt aber nicht.

PASTOR
desgleichen

Verzeiht!

HEINRICH

Behagt's euch nicht, zu trinken,
so tu ich's denn für euch und alle.
Er trinkt den Becher.

Ja,
ich bin geheilt, erneut, ich spür's an allem:

an meiner Brust, die sich so freudig hebt
zu kraftvoll wonniglichem Atemzug,
wobei mir's ist, als ob der ganze Mai
in mich hinein, zu meinem Herzen drängte.
Ich spür's an meinem Arm, der eisern ist,
an meiner Hand, die wie 'nes Sperbers Klaue
in leere Luft sich spreizt und wieder schließt
voll Ungeduld und Schöpfertatendrang.
Ich spür's an meinen Augen. Freien Blicks
ermeß' ich unsrer Berge höchste Spitzen
und durstig unersättlich saug' ich ein
das grüne Meer, die Blütenflut des Frühlings.
Seht Ihr das Heiligtum in meinem Garten?

PASTOR

Was meint Ihr?

HEINRICH
Dort, dies Wunder, seht Ihr nicht!

PASTOR

Ich sehe nichts.

HEINRICH
Ich meine jenen Baum,
der einer blüh'nden Morgenwolke gleicht,
weil sich Gott Freya auf ihn niedersenkte.
Millionen Blüten! — Tretet ihr ihm nah,
hört ihr vieltausend güldne Bienen summen,
die er mit Nektar speist. — Lacht, wenn Ihr wollt:
ich fühl's, ich gleiche diesem Baume dort.
Wie in die Zweige dieses Baumes stieg
Gott Freya auch in meine Seele nieder,
daß sie in Blüten flammt mit einem Schlag.
Wo durst'ge Bienen sind, die mögen kommen.
⟨Ihr meint, ich prahle, weil Ihr meine Blüten
fürs erste nicht entdeckt: habt nur Geduld,
auch dieses Baumes Blust, so rein sie ist,
erkennt nicht jeder, der die Früchte speist.
So wartet, bis ich meine Früchte bringe,
und wenn sie Euch nicht munden... nun, genug.⟩

PASTOR
Nur weiter, weiter — gerne hör' ich zu:

Ihr und der Blütenbaum, ihr mögt schon prahlen.
Ob eure Früchte reifen, steht bei Gott.

HEINRICH
Wahr, bester Freund! was stünde nicht bei dem.
Er warf mich nieder, zwanzig Klaftern tief,
er hob mich auf, daß ich nun blühend stehe,
von ihm ist Blüt' und Frucht und alles, alles;
doch bittet ihn, daß er den Sommer segne.
Was in mir wächst, ist wert, daß es gedeihe,
wert, daß es reife, wahrlich! sag ich Euch. —
Es ist ein Werk, wie ich noch keines dachte,
ein Glockenspiel aus edelstem Metall,
das aus sich selber klingend sich bewegt.
Wenn ich die Hand wie eine Muschel lege —
so — mir ans Ohr und lausche, hör' ich's tönen,
schließ' ich die Augen, quillt mir Form um Form
der edlen Bildung greifbar deutlich auf. —
Seht, was ich jetzt als ein Geschenk empfing,
voll namenloser Marter sucht' ich es,
als Ihr mich einen Meister glücklich prieset.
Ein Meister war ich nicht, noch war ich glücklich,
nun bin ich beides: glücklich und ein Meister.

PASTOR
Ich hör' es gern, wenn man Euch Meister nennt,
doch wundert's mich, daß Ihr es selber tut.
Ihr gabt auch darin früher Gott die Ehre.
Doch möcht' ich wohl von Eurem Wunderwerk
noch dies und jenes, ging' es an, erfahren:
in vorhinein von künft'ger Herrlichkeit
ein kleines Pröbchen herzlich gern verkosten.
Für welches Kloster, Dom, Kapelle, Kirche
ist es bestimmt?

HEINRICH
Für keines.

PASTOR
Ei, ich meine:
wer gab den Auftrag? Wer bestellt' es, mein' ich.

HEINRICH
Wer gibt der Zeder auf dem Libanon
den Auftrag, sich im Riesenwuchs zu strecken.

PASTOR
Euch darauf zu erwidern wäre leicht.
Der Baum ist Gottes-, Eures Menschenwerk.

HEINRICH
Euch dies zu widerlegen ist nicht schwer,
denn selbst der Teufel, mein' ich, ist aus Gott.

PASTOR
O Meister! Meister! — doch ich will nicht rechten.
Ihr blickt so lachend in die junge Welt,
daß ich nicht gern den Raben machen möchte
und etwa Unheil drohen ohne Grund.
Vorerst, so glaub' ich, wir verstehn uns nicht...

HEINRICH
Nun wohl, das ist ein Wort!

PASTOR
...denn was ich meine, trocken ausgesagt,
ist einfach dieses: Wer bezahlt das Werk?

HEINRICH
seltsam schwärmerisch versonnen
Wer mir mein Werk bezahlt? ei, irgendwer,
in dessen Macht es liegt, mich zu bezahlen,
der eine Münze hat, die bei mir gilt,
denn seit ich von den Toten auferstanden,
ist, was wir prägen, münzen, weiterreichen,
womit wir markten, feilschen, außer Kurs
in meinem Reich und gänzlich ohne Wert.

PASTOR
Nun, wahrlich, Euer Werk muß köstlich sein,
wo eines Kaisers Schatz, es zu bezahlen,
an Kaufkraft einem Bettelpfennig gleicht.

HEINRICH
Ja, köstlich ist es — —!

PASTOR
'sist ein Glockenspiel?

HEINRICH
Nennt's, wie Ihr wollt.
PASTOR
Ihr nanntet's, dünkt mich, so.

HEINRICH
So nannt' ich, was sich selber nennen muß
und will und soll und einzig nennen kann;
doch nennt es immerhin, wenn ich es nannte,
ein Glockenspiel! Dann aber ist es eins,
wie eines Münsters Glockenstube nie
es noch umschloß: von einer Kraft des Schalles,
an Urgewalt dem Frühlingsdonner gleich,
der brünstig brüllend ob den Triften schüttert,
und so, mit wetternder Posaunen Laut,
mach' es verstummen aller Kirchen Glocken
und künde, sich in Jauchzen überschlagend,
die Neugeburt des Lichtes in die Welt.

Urmutter Sonne, dein und meine Kinder,
durch deiner Brüste Milch emporgesäugt —
und so auch dieses, brauner Krum' entlockt
durch nährend heißen Regens ew'gen Strom,
sie sollen künftig all ihr Jubeljauchzen
gen deine reine Bahn zum Himmel werfen.
Und endlich, gleich der graugedehnten Erde,
die itzund grün und weich sich dir entrollt,
hast du auch mich zur Opferlust entzündet.
Ich opfre dir mit allem, was ich bin —
o Tag des Lichtes, wo zum erstenmal
aus meines Blumentempels Marmorhallen
der Weckedonner ruft, wo aus der Wolke,
die winterlang uns drückend überlastet,
ein Schauer von Juwelen niederrauscht,
wonach Millionen starrer Hände greifen,
die gleich, durchbrannt von Steineszauberkraft,
den Reichtum heim in ihre Hütten tragen.
Dort aber fassen sie die seidnen Banner,
die ihrer harren, ach wie lange schon,

und, Sonnenpilger, pilgern sie zum Fest. —
O Pfarrer, dieses Fest! — Ihr kennt das Gleichnis
von dem verlornen Sohn: die Mutter Sonne
ist's, die es den verirrten Kindern schenkt.
Von seidnen Fahnen flüsternd überbauscht,
so ziehn die Scharen meinem Tempel zu —
und nun erklingt mein Wunderglockenspiel
in süßen, brünstig süßen Lockelauten,
daß jede Brust erschluchzt vor weher Lust:
es singt ein Lied, verloren und vergessen,
ein Heimatslied, ein Kinderliebeslied,
aus Märchenbrunnentiefen aufgeschöpft,
gekannt von jedem, dennoch unerhört,
und wie es zittert, heimlich, zehrend, hold,
bald Nachtigallenschmerz, bald Taubenlachen,
da bricht das Eis in jeder Menschenbrust,
und Haß und Groll und Wut und Qual und Pein
zerschmilzt in heißen, heißen, heißen Tränen.

So aber treten alle wir ans Kreuz,
und noch in Tränen jubeln wir hinan,
wo endlich, durch der Sonne Kraft erlöst,
der tote Heiland seine Glieder regt
und strahlend, lachend, ewiger Jugend voll,
ein Jüngling, in den Maien niedersteigt.
Magda hat sich ihm stumm genähert, legt ihre Hand leise um seinen Hals, sieht ihn an und weint.
Pause.

PASTOR
erhebt sich, sucht und ergreift Hut und Stock, um zu gehen.

HEINRICH
Ei, was ist das?

PASTOR
Ihr wißt, mich drängt die Zeit.

HEINRICH
Ihr wollt schon fort?

PASTOR
Ich muß.

HEINRICH
Ihr müßt? weshalb?

hab' ich, unwissend, Euch vielleicht beleidigt,
verletzt, gekränkt?

PASTOR
Mich, Gott bewahre! nein.

HEINRICH
Nun also, wie...?

PASTOR
Ich bitt' Euch, dringt nicht in mich.
Es ist mir so von Grund des Herzens leid...
ich möchte nicht... Drum nochmals: Gott befohlen.

HEINRICH
Wenn es Euch so beliebt, so lebt denn wohl.

PASTOR
stehenbleibend
Noch eins: die stumme Dirne, die, Ihr wißt,
Gott eines Tages mir ins Haus gesendet,
so, was unsterblich ist an ihrer Seele,
mir anvertrauend, da Ihr nun gesund,
so möcht' ich Euch mit aller Höflichkeit
ersuchen: gebt das Mädchen uns zurück.
Mein Weib ist alt, Ihr wißt! was mich betrifft,
Seelsorger bin ich und, gesteh' ich Euch,
seit langem im Gewissen arg bedrückt...

HEINRICH
Weshalb, Herr Pfarrer...?

PASTOR
Wieder sag' ich Euch,
um Friedens willen, fragt mich nicht darum.
Einstmals auch will ich Euch genübertreten,
wenn ich in allem klarer werde sehen,
als Warner, Mitchrist, Freund und zu Euch sprechen,
wie's meine Pflicht erheischt. Nur soviel heut:
um Christi willen, gebt das Mädchen frei.

HEINRICH
Frei? ich? das Mädchen? Ist sie denn gefangen?

PASTOR
Das Mädchen oder Ihr: kurz, macht ein Ende
und heißt sie gehn. Mit einem Schlage wird
das draußen drohend wachsende Gerücht,
das wider Euch anklagend sich erhoben,
ein dunkler Rauch, in klare Luft verschwinden,
so aber...

HEINRICH
Was Ihr sprecht, begreif' ich nicht,
noch will ich jetzt, es zu ergründen, forschen.
Und was das Kind betrifft, von dem Ihr sagt:
ein Vogel in den Lüften ist nicht freier.
Ruft sie! sofern sie Eurem Rufe folgt,
mag sie denn folgen, wenn sie folgen muß.
Ich halte niemand. Doch daß sie Euch folgt,
wie ich bekennen will, ich glaub' es nicht.

PASTOR
Wenn sie nicht geht und Ihr ein Mann und Christ,
Hausvater, Musterbild, so ist's an Euch,
der Dirne mit Gewalt den Weg zu weisen.

HEINRICH
Gewalt? ein Christ, Herr Pfarrer, und Gewalt ——?
Und überdies, nehmt den besondren Fall,
in allem Frieden laßt mich Euch erklären:
Ich stehe hier gesundet und erstarkt,
und Gott ist['s], der mich jung und neu gemacht,
doch wer sein Werkzeug war, das weiß nur ich;
ich aber sag' Euch: sie, das stumme Kind.

PASTOR
Dann, Meister, hab' ich nur die eine Antwort:
viel lieber tot als solcherweis genesen.

HEINRICH
Dies mögt Ihr just betrachten, wie Ihr wollt.
Ich aber nahm das neue Leben an.
Ich lebe es: wollt Ihr, daß ich mich töte?
nun seht! da schaudert Ihr. Was bleibt mir nun?
Abhaun die Hand, die mir Genesung brachte?
Wie einen Hund von meiner Schwelle stoßen

den wundervollen Geist, von dessen Hauch
sich frisches Leben durch mein Innres goß?
Nein! nimmermehr!

PASTOR

Wahr alles, alles wahr!
was ich nicht denken mochte, klar am Tag.
Verderbt, verführt — o arme Meisterin!
o armer Meister, aller Armen Ärmster!
Was ward aus dir? Noch bebt mir Herz und Hand.
Was hab' ich hören, was erfahren müssen.
Jetzt aber, kehre wieder, Festigkeit
des Herzens und der Hand. Dies ist mein Wort:
zerschnitten zwischen mir und Euch das Tuch,
solang das eine Dach euch beide deckt,
dich und die Dirne. Aber wehe dir,
wenn Ihr die Schande krönt, wie man erzählt,
und ihn, den Wechselbalg, als Maienbraut
umtragen laßt im Zuge, Heidengreueln
erneuernd, fluchenswürdig, ganz verrucht,
dann, Unheil, gehe deinen Rächergang.

HEINRICH

Herr Pfarrer, Euer Eifer rührt mich nicht.
Doch Eure Drohung — hm! — sie macht mich lachen.
Der Sprengel kennt den Glockengießer Heinrich.
Ich bin mir ein und andrer Tat bewußt,
die meine Lieb' erwies, im Volke wirkte
und Liebe wiederum mir hat gezeitigt.
Auf diesen Felsen fuß' ich mein Vertrauen.
Wo aber etwa dieser Fels versagt,
so bin ich ich, weiß, was ich will und kann,
und hab' ich manche Glockenform zerschlagen,
erheb' ich auch den Hammer wohl einmal,
'ne Glocke, welche Pöbelkunst gebacken
aus Hoffart, Bosheit, Galle, allem Schlechten,
mit einem Meisterstreich in Staub zu schmettern.

PASTOR

Bis dahin kam es! und ich lief herum
und glaubte nichts, was ehrenwerte Leute
und wackre Männer der Gemeine mir

mit sorgenvollen Herzen hinterbrachten:
voran die Mär von diesem Glockenspiel.
Ja, Meisterin, ist dies nicht heller Wahnsinn,
so ist's ein offenbares Werk des Teufels,
der sich den Meister Heinrich auserkor,
dies Zauberstück, abgründisch und verrucht,
zur Schmach der blinden Menschheit auszuhecken.
O pfui, o pfui! — Und diese Buhlerin
'ne abgefeimte Bübin, Abgesandte
Beelzebubs! — Wo hatt' ich meine Augen,
als ich in kindlich frommem Wohlvertrauen
sie bei mir aufnahm, statt mit Gottes Wort
die Teufelin von meiner Tür zu scheuchen.
Wie hat mich Gott doch gar so blind gemacht,
da ich in Christenlieb' um Euch besorgt
die Dirne über diese Schwelle führte.
O pfui, o pfui! Doch darf mich dies nicht hindern,
nun meine Pflicht zu tun. Hört also denn:
trägt man die Dirn als Maienbraut herum,
so fürchtet, sag' ich Euch, des Volkes Wut,
ja, sag' ich, fürchtet sie, obgleich Ihr lächelt.
Vox populi, vox dei. Furchtbar ist
das Volk, indem es richtet.

MAGDA
          Sagt, Herr Pfarrer,
was denn verbrach die Dirne?

PASTOR
          Fragt Ihr das?
Dann ist auch über Euch der Stab gebrochen.
Die Scham verbietet mir, Euch das zu sagen,
was Ihr schon wißt, wie alle Welt es weiß.

MAGDA
Was ich verlor, ich klagt' es nicht der Welt.
Auch kann es mir die Welt nicht wiedergeben.
Wie denn versucht die Welt, die Pöbelwelt,
denn eine andre, Pfarrer, ist es nicht,
wie denn erkühnt sich diese Gassenbraut,
wo ich nicht klage, Richterin zu spielen.
Sollt' ich in meinem Schmerz, der heilig ist,

den Richter suchen müssen, nun wohlan,
so ist es einer, welcher — keiner ist.

PASTOR

Hier ist dem bösen Feind ein Streich gelungen,
dergleichen... lebt denn wohl und helf euch Gott.
Ab.
Frau Magda achselzuckend ab.

FUHRMANN HENSCHEL

Editorische Bemerkung

Aus der ersten Fassung des »Fuhrmann Henschel«, die am 23. November 1897 unter dem Arbeitstitel »Im Rautenkranz. Schauspiel« begonnen wurde, sind hier die Akte 3 bis 5 abgedruckt.

[DRITTER AKT]

Das Zimmer, wie früher.
Neujahrsabend. Aus den Räumen des Hotels, schwach herunter-
dringend, Tanzmusik.
Frau Henschel II (Hanne) sitzt a[uf] d[er] Ofenbank und
schält Kartoffeln. Franziska tanzt nach dem Walzer, der von
oben hörbar ist, bis zur Bewußtlosigkeit um den Tisch herum.
Auf dem Tisch liegt ihre Weihnachtsbescherung in einem Korbe.

HANNE. Im Gottes wille! — hier ock bloß uuf! — dich riehrt ju d'r Schlaag!
FRANZISKA *singt zum Tanz die »Schöne blaue Donau«.*
HANNE *lacht, hört auf mit Schälen.* Madel, du werscht wull noch ieberschnoppa.
Die Musik schweigt.
FRANZISKA *fällt auf einen Stuhl.* Ich könnte mich mausetot tanzen, Frau Henscheln!
HANNE, *lachend.* Doas wiel iich gleeba. Wenn de's asu treibst. Do werd ees ju treenig bloßich beim Zusahn. — Worim giehst'n ni nuff, wenn de tanza willst? — Du koanst d'r ju o ane Lorve virhänga.
FRANZISKA. Ob ich mich raufschleiche? — — Mein Papa war doch Schauspieler, wissen Sie doch — ... da haben wir noch eine ganze große Kiste voll Sachen. Oh, feine Sachen, von Samt und Seide. Auch Sachen für Damen sind in der Kiste. Ach, und so viel Mull, noch von Mutter her. Meine Mutter, die war doch Tänzerin. Da wird man doch so ganz eingewickelt in lauter Mull: ganz kurz natürlich. Die Beine ganz frei. Ach, das muß fein sein. Sehn Sie, ich kann auf den Zehen gehen — *Die Musik beginnt wieder.* Nu fängt's wieder an. Nu tanz' ich Ballett! — Nu passen Se auf! *Sie tanzt, dabei spricht sie.* Haben Sie nie getanzt, Frau Henschel?
HANNE. Nu freilich, do ich no ledich woar. A Poar neue Schu[h]e, doas koam o vir: die tanzt' iich au durch ei enner Nacht.
FRANZISKA. Kommen Sie! tanzen Sie mal mit mir!
HANNE. Nu nee, doas war iich wull bleiba lohn. — Doas tut sich o itze fer mich schlecht poassa.
FRANZISKA *bleibt plötzlich stehen.* Ach so, weil Idchen gestorben ist.

HANNE. 's woar a schwach Dingla, se kunde nee laba. Ei enner Oart iis's besser asu. —
FRANZISKA. Hörn Sie mal, wie der Brummbaß grunzt!
HANNE. Egelganz wie a Schwein. Und die Geiga, die macha's wie junge Kotza. — Nu koanste'r denn Krom zusoammanahma. — Doas Kettla, soas du, doas iis vum Herr Neuma.
FRANZISKA. Das nicht. Hier das.
HANNE. Huste'n au woas d'rfire gegahn? A Kißla, meen' iich, oaber asu woas.
FRANZISKA. Wenn Sie so reden, lauf' ich davon. Herr Neumann, das is so ein feiner Mann, der ist viel zu stolz. So was tut der nicht.
HANNE. A tut ju siehr fein, ock's iis nischte derhinger. Wenn ich wie du wär', iich wißte woas! iich ging' zu Neuma und tät's druuf oastalln, dar gäb' euch de Schenkstube ganz imasuste.
FRANZISKA *hält sich die Ohren zu.* Wie? was? ich bin taub! ich versteh' Sie gar nicht. *Ab.*
HANNE. Du wärscht's wull verstiehn, du verstiehst schunn genung.
FRANZ, *wie ein Lohndiener gekleidet, hastig herein.* Hanne, mach zu! ich breng' wieder woas! *Hanne rennt und schließt die Tür.* Zwee Flaschla Wein und ee Flaschla Punsch.
HANNE. Stell's hinger a Ufa, mach ock flink. Iich warsch schunn wegnahma und verstecka.
FRANZ *stellt die Sachen hinter den Ofen.* Und hie iis au no woas ei Popier gewickelt. Doas hoa iich no groade asu d'rwiescht, eeb iich d'rmiit ei de Kiche ging. Hie sein au Rosinka und sisse Mandeln. —
HANNE. Luß uf de Banke! — 's iis wull Torte?
FRANZ. Iich bin ock zu langs'm miit menn dicka Fingern, suste hätt' iich no Baumkucha miitegebrucht. Ei Hoar, do koam de Madam d'rzune.
HANNE. Luß du dich ock kriecha, doas war' asu woas!
FRANZ. Dreh rim a Schlissel, kumm haar und iiß!
HANNE *dreht vorsichtig den Schlüssel herum, setz[t] sich auf die Bank und ißt die Torte a[us] d[em] Papier, derweil schleicht Franz zur Tür und horcht.*
FRANZ. Ufpassa muß ma! — — Schmeckt d'rsch, Hannla? *Mit schnellem Entschluß zu ihr hin.* Itze flink und soa m'r o an schien Dank. *Er setzt sich neben sie, umarmt und küßt sie.*

DRITTER AKT

HANNE. O luß mich, Franze, doas Zeug schmeckt gutt.

FRANZ. Nu siste, ich ducht' m'rsch. — — Doas gieht goar ni biese zu duba ein Soale. Itzt reecha m'r Koffee und Kucha rim. De mehrschta sein do und lauter Lorva. Enner, dar iis wie der Teifel gekleed. Enner leef[t] rim, dar hoot a gruß Tintafoaß uf'n Kuppe. Und schiene Madel ei oallerlei Röcka — — Henschel werd wull ni heemkumma hinte?

HANNE. A soate, nee.

FRANZ. Nu, wenn a die Fare wiel hulln vu Breslau. — A iis doch gestern murga irscht furt.

HANNE. — Verleichte brängt a se miit d'r Boane.

FRANZ. A meente doch oder, a wullt' se reita.

HANNE. Iich gleebe ju au, a hoot's ju gesoat. Jedennoch's iis halt nee fer gewiß. Mir iis bal asu, oals meßt'a heemkumma. Meinswechen kennd'a gernich blein.

FRANZ. Meinswecha o.

HANNE. Du Schofkupp, du aler.

NEUMANNS STIMME. Franz! he, Franz!

HANNE. D'r Herr! du! Franze. *Er [= Neumann] reißt in die Tür.* Versteck dich, Franze! *Franz hinter den Ofen.* War iis denn do?

NEUMANN. Ich bin's, Frau Henscheln. —

HANNE *öffnet.* Ach so, Herr Neumann!

NEUMANN. Haben Sie unsern Franz nicht gesehn?

HANNE. Iich weßte nee! — Ock vor an Weilchen, do iis a glee nundergerannt ein Gange.

NEUMANN. Hier runter den Gang? — Ich will Ihnen was sagen. Sollte er etwa zu Ihnen kommen, schmeißen Sie ihn gefälligst raus. Oder er fliegt überhaupt aus dem Hause. Man braucht den Kerl und findet ihn nirgen[d]s. *Ab.*

HANNE. Doas heeßt! — dar denkt wull, a koan sich woas rausnahma!?

FRANZ. Sieh noch, wu a hiegieht. *Er kommt vor und hastet die Treppe hinauf. Ab.*

Pferdehändler Walter kommt.

WALTER. Henscheln, dei Moan iis dessa eim Hofa. M'r hoan d'r woas Hibsches miitegebrucht.

HANNE. Iich denke, ihr wullt irschte murne heemkumma.

WALTER. 's woar mit dann Glatteis a zu schlechte Laufa fer de Fare. Se woarn o schunn miede, do m'r se keefta, se hoan se vu Westpreißen rundergerieta. Do sein m'r ni weiter wie Schmolz gekumma, durte hoam'r ins uf de

Boahne gesoatzt. Oder rot amol, woas mir dir Schiens mitbränga.

HANNE. Woas d'n do, hä?

WALTER. Eeb de wull werscht an Freide droa hoan? —

HANNE. M'r wern ju sahn! je nochdan's werd sein. — Ich hoa ock hie noch an Sache zu stiehn, die wiel iich ock wegschlissa, eeb a kimmt. *Sie schließt die Flaschen etc. in Papier gewickelt weg.*

WALTER. Do duba gieht's ju siehr lustich zu.

HANNE. Nu, zu Neujohre, do iis doas ni andersch.

WALTER. Iich wiel au noch heem hinte obend, wenn's sein koan. — Neuma prillte ju siehr ein Hofe. A sichte a Kutschen.

HANNE. O vor mir! — War' iich wie Franze, ich lief d'rvone. Asu a Geschnauze a ganza Tag. Und Floasche woascha, hessa, eim Frein, doaß'n de Hände braun und blau frirn. Doas hot a missa. Die Schinderei!

WALTER. A hoot halt suster ni viel zu tun! — 's Brusttichla iis d'r ufgeganga.

HANNE. Hand weg, Gustav, suster setzt's a Ding.

WALTER. D'r Franze hot eemol meh Glicke wie iich.

HANNE. Diich hot wull a Fard oa Kupp geschloan? —

WALTER. Wißte denn, woas a d'r miitebrengt, Henscheln?

HANNE. Woas sol[...?] miitbrenga, schwutz nee asu.

WALTER. — Nu halt deine Tuchter brengt a d'r miite.

HANNE. Woas brengt a m'r miite? iich hoa's nee gehurt.

WALTER. M'r woarn halt ei Quolsdurf und hoan se gehullt.

HANNE. Wann hoat ihr gehullt? Ihr seid wull besuffa, hä, ihr zwee beeda.

WALTER. Nee, nee, 's iis wohr.

HANNE. Wann hott ihr gehullt?

WALTER. Mir hott a ju nischte d'rvone gesoatt. Do kunnd' iich'n halt o nischte ni neirada. M'r woarn halt uf eemol dieba ei Quolsdurf und soaße eim Kratsch'm.

HANNE. Nu, und woas wetter?

WALTER. M'r soaßa halt do, und noch an klenn Weilchen, do koam halt dei Voater — und bruchte dei kleenes Madel halt miite.

HANNE. 's iis ni mei Madel.

WALTER. Doas weeß iich nu nee. Bluß asu viel wisse ich, a hot's halt dessa. A ging halt hie zu denn Voater und soate: doas Madel wär' hibsch. — Dernochert noahm a's halt uuf a Oarm und toat miit'm schiene. »Willste nu miitegiehn«, freut a's dernoch, und da wullt's halt glei.

HANNE. Nu, und d'r Voater?

WALTER. Dei Voater kannte doch Henscheln nee. Ock de Leute kannta'n.

HANNE. Nu, und woas wetter?

WALTER. Wetter woar ni viel. — A noahm's halt miit naus und soate zum Voater: »Ich will ock doas Madel amol ufs Fard setza.« De Leut lefta oalle miit naus und Hendschel soatzte sich halt uf sen Roappa. Ich mußte'n doas Madel geruhig rufreicha, dann soat'a Hadje und riet halt lus.

HANNE. Und Voater?

WALTER. Dar wußte nee, woas'n geschoag. Uf eemol prillt'a: »Wu wulltern hie mit men Madel, hä?« De Leute lachta, und Henschel, dar meente blußich: »Iich nahm' se miite. Hadje, Voater Scheufler!« — Nu macht' a Randal, do soaten 'n de Leute, wer Henschel wär'. Do fing a irscht recht zu flucha oa, oader Hendschel, dar riet ganz langsam weiter. »Hier uf zu saufa«, schrieg a 'n zuletz noch zu, »do werd o im dich bei mir noch a Rot warn.«

HANNE. Und do denkt a, ich selde se hierbehaln? Und nie und nimmer werd doas geschahn. — Woas hot a Voatern doas Madel zu nahma. Doas iis ni mei Kind. Wie sool iich itzt dostiehn vor a Leuta. Irschtlich ei Quolsdurf, dernochert hie. Hot ma sich ernt ni genung geschind miit Idlan, hä? nu kennde die Schinderei wieder oafanga. Doas wär' asu woas. — A sol sich in acht nahma.

Henschel kommt herein, führt ein kleines Mädel a[n] d[er] Hand.

HENSCHEL, *halb fröhlich.* War sool sich in acht nahma?

HANNE. O iich wiß nee!

HENSCHEL. Siech amol, Hanne, war hier kimmt. *Zu dem Mädel.* Gieh amol, Berthla, und soa: Gu'n Tag, Mutter!

HANNE, *zum Kinde.* — — Woas willst'n du hie?

BERTHLA. Iich biin gerieta, uf an schinn Farla!

Henschel lacht auf.

HANNE. — O vor mir!

HENSCHEL, *er geht näher.* Nu also! do wern m'rsche hierbehaln, Hannla! Gu'n Abend o! — Nu, biste verbust?

HANNE. Du soast doch, du welld'st irschte murga kumma. — Itze hoa iich nischt do zun Obendassa.

HENSCHEL. A Sticke Brut und Speck werd wull dosein.

HANNE *reißt an dem Mädel rum.* — Wie siste'n du aus?
HENSCHEL. — Du werscht er bald miega woas keefa zun Oaziehn. Se hot baal nischt uf'n Leibe meh. Iich hoa se mußt tichtich ei Decka eiwickeln. — Am beste nei ei a Woschtrog miid'r.
HANNE, *an ihr rumrackernd.* Oam besta, du hest se gelohn, wu se woar.
HENSCHEL. Woas soaste?
HANNE. Nischte. —
HENSCHEL. Iich duchte, du soast woas. — Immer nei ei a Woschtrog, hernochert eis Bette. A Koop, dan koanst'r o a wing oabsicha. Iich gleebe im[m]er, 's hot Einquortierung. *Berthla heult.* Woas iis denn? Zerr se ock nee asu!
HANNE. O prill ni, Madel, doas fahlte noch!
HENSCHEL. Du mußt a wing freindlich miider sein. Doas Madel iis dankboar — a goar zu siehr! Bis stille, Berthla, biis stille biis! — —
BERTHLA. Iich wiel zu Voatern!
HENSCHEL. Du bist ju bei Muttern, Mutter iis gutt. — Iich biin siehr zufriede, doaß m'rsche dohoan. 's woar hichste Zeit. Suster hätt' iich se kinn uf'n Kerchhofe sicha. —
HANNE. Doas iis ni hoalb asu schlimm, wie du's machst.
HENSCHEL, *stutzig, doch gütig.* Woas heeßt denn doas? *Zum Schwager.* Iich frei' miich, doaß iich d'rheeme biin.
WALTER. Iich hoa noch Dreivertelstunda zu troaba.
HENSCHEL *hat eine gestrickte Jacke angezogen und an Stiefelknecht die Stiefeln herunter[gezogen].* — Schwoger, woas meenste'n du? — m'r hoan glei an guda Handel gemacht.
WALTER. — Die Stutte, die iis au's Getuppelte wart.
HENSCHEL. Dar Schimmel iis a Remontefard. A iis sechsundsechzig eim Krieche gewast. 's hot'n glee a Major gerieta. An Hoalse woar a a wing blessiert, doch vurna iis a no ganz einstande. — — Na, oder au an Silvestertrunk, eeb de wieder nausmußt? Heeß Woasser, Hannla, zwee Floascha Rum hoa iich hie ei d'r Toasche. *Er nimmt sie au[s] den Taschen der Pelzjacke.*
WALTER *erhebt sich.* Willem, 's geht nee. Iich wiel lieber heem. Iich hoa keene Ruhe, eeb iich d'rheem biin. — Gu'n Abend mitnander.
HENSCHEL. Gu'n Obend, Schwoger. — Nu? hoa iich's nu recht gemacht miit dann Madel?
HANNE. Woas sol iich denn ieber de Leute soan?

DRITTER AKT

HENSCHEL, *ruhig Äpfel ins Röhr legend.* Du werscht dich doch denner Tuchter nee schama?

HANNE. War soat denn doas, hä? mir is doas eegoal — du wullst ju nee anderscher, wenn se miich schlechtmacha. Du stellst's ju druf oa. — Kumm! do iis dei Bette! — dohie, trink Milch! — dernochert furt und schlofa miit dir.
Berthla trinkt.

HENSCHEL. Werscht du doas ei Zukunft asu wetter treiba?

HANNE. Woas treib' iich denn Bieses?

HENSCHEL. Halt mit dann Madel? —

HANNE. Die war iich ne frassa, beileibe ni. *Sie bringt d[as] weinende Kind im Alkoven zur Ruh'.*

HENSCHEL. Zum Frassa iis ju doas Madel ni do. Deswegen hoa iich se nee miitegebrucht. *Hanne kommt wieder.* Wemma ock weßte, wie ma's euch recht machte. 's iis eemol kee Auskumma miit euch Frovelkern. — Da huste diich doch immer asu gestellt...

HANNE, *weinerlich.* Doas iis an Lieche, wenn de's willst wissa!

HENSCHEL. Woas wär' ane Lieche?

HANNE. Iich biin dir miit Berthlan niemols gekumma! Kaum, doaß iich dir eemol hoa von er geredt.

HENSCHEL. Doas soa iich ju nee! woas prillst'n asu. Drum ebens, weil de nischt hust gesoat, do wulld' iich d'r weghalfa iber dei Schweiga.

HANNE. Kunnste nee freun? — ma fragt doch, eeb ma asu woas oastallt. —

HENSCHEL. Nu war ich d'r woas soan, 's iis hinte Silvester! Iich hoa miich gesputt asu viel, wie iich kunde, bloß doaß iich und wullde d'rheeme sein. — Iich duchte, du werscht miich andersch empfanga. Nu, wenn's halt ni iis, do koan iich's nee ändern. Ock luß mir menn Frieda, huste gehiert!

HANNE. Dann raubt dir kee Mensch ni.

HENSCHEL. Huste gehiert? iich wiel menn Frieda und wetter nischt. Iich hoa m'r nischt Bieses d'rbeine geducht. Idla iis tut, die kimmt nimmeh wieder: die hot sich de Mutter anoochgehullt. 's Bettla iis laar; m'r sein alleene. Worim selda miir ins des Madlas ni oanahma? — Iich denke asu und biin nee sei Voater, wieviel mehr seld'st du oa doas Madel denka, do du doch Mutter bist zu dam Kinde.

HANNE. Do huste's! nu werd's een schunn virgeschmissa.

HENSCHEL *steht auf.* Wenn de nee ufhirscht, gieh' ich zu

Fitznern und kumme de ganze Nacht ni heem. — Du willst miich wull goar aus Hause treiba!

HANNE. Asu viel soa iich, bleibt se dohie und soast du a Leuta, doas wär' mei Madel...

HENSCHEL. Woas sol iich d'n suster soan a Leuta?

HANNE. Do koanst du druf recha: iich laufe furt!

HENSCHEL. Lauf, lauf, woas de koanst, je schneller, je besser. — Du sullst dich schaama, asu lang, wie de bist!

Fitzner schnell herein.

FITZNER. Gu'n Abend, Herr Henschel! — wissen Sie was?

HENSCHEL. Iich wiß woas! oaber's gefällt m'r nee siehr. *Er setzt sich.*

FITZNER. Zum April bin ich brotlos. Er hat mir gekündigt.

HENSCHEL. Ihn hot a gekindicht? Neumann duba?

FITZNER. Zum ersten April flieg' ich auf die Straße.

HENSCHEL. Woas hot's denn gegahn?

FITZNER. Ja, fragen Sie andre! Die haben den Klatsch und Tratsch gemacht. Die haben so lange gedruckst und gewühlt, mit den Augen gezwinkert und was weiß ich! bis sie das erreicht haben, was sie wollten. Nun liegen wir draußen auf der Straße. — Da haben Sie — hier — unser Todesurteil. *Er reicht ihm den Kündigungsbrief.* Was soll ich machen, ich alter Kerl!? Soll ich seiltanzen, bauchreden, durch Reifen springen? mit meinen alten kontrakten Knochen? soll ich etwa Couplets singen mit meinen Leiden? Hier hätt' ich mich noch'n paar Jahre erhalten, wo ich täglich den Brunnen trinken kann. Woanders muß ich zugrunde gehn. — Ja, ja, junge Frau! so ist die Geschichte! man weiß manchmal gar nicht, was man tut.

HANNE. Woas sahn Se denn miich asu oa d'rbeine?

FITZNER. Weshalb ich Sie ansehe, junge Frau? *Er droht mit dem Finger.* Das tu' ich mit gutem Grund, leider Gottes. *Geht auf und ab.*

HENSCHEL *reicht den Brief zurück.* Ich wiß nee, woas iis denn ei Neuma gefoahrn. Zuletzte missa mir au no räuma. — Nu ju, 's iis wohr. Doas wär' asu woas. — — Sie gleeba's ni?! — a iis schunn lange ni meh wie frieher. — Mir stoanda frieher war weeß wie gutt. Itze rada mir monatelang kee Woart. A koam frieher oalle Auchablicke, itze tutt a kenn Schritt ni meh ieber de Schwelle. Ni amol Korlchen besicht ins meh. Ich hoa doch dan Moanne nischt ni getoan.

FITZNER. Sie machen dem Mann solche Scherereien.
HENSCHEL. War? iich?
FITZNER. Sie nicht, aber andre Leute, daß es kein Wunder ist, wenn er verrückt wird. Der Mann ist klug, der Mann ist anständig, aber die andern sind eben gemein. *Zu Hanne.* Auf diese Geschichten mit der Pacht, da geht er nicht ein, das weiß ich schon. Da können die Leute noch so viel reden: ich zahlte zu wenig oder so. Da hätt' er mich ja bloß steigern brauchen. Aber 'ne andre Nichtswürdigkeit, die geht ihm allmählich über die Hutschnur — von diesem ganz hundgemeinen Verdacht. — Wissen Sie, so was ist unerhört. — Meine Tochter, ein reine[s] Kind! Laß sie meinshalben doch Sachen schwatzen! Das Mädel weiß gar nicht, was sie plappert. — Die weiß noch von gar nichts, auf Ehrenwort. Und Neumann —: man brauch' sich den Mann bloß ansehen. Er spaßt mit dem Kinde! — warum denn nicht? Herrjeses, laß er doch mit ihr spaßen, 'n bißchen Vergnügen mit ihr haben. — Aber nein, da wird was zusammengered[et], ein großer schmutziger Brei von Lügen — und das — das is ihm zu arg geworden. Er hat mir's ganz ehrlich herausgesagt — und deshalb: verdenken kann ich's ihm nicht.
HANNE. Mir hot da Neuma vu je ni gefoalln.
HENSCHEL. Wie lange kennst du da Moan denn enklich? Du koanst goar ni miitrada ieber da Moan.
HANNE. Iich wiß bloßich, doaß a a grober Kerl iis.
FITZNER. Frau Henscheln, hier lag eine kranke Frau, und die könnte Ihnen sagen, ob Neumann ein braver und guter Mann ist. Mit Ihnen freilich steht er sich nicht. Er tut mir leid, ich muß es Ihn sagen. Die Geschichte, die mich ins Elend stößt, die geht hauptsächlich auf Sie zurück.
FRAU HENSCHELN. Uf miich, do lussa Se sich nee auslacha.
FITZNER. Auf Sie, jawohl, und wohin man hört, da haben Sie Dinge ausgestreut von Küssen und Stehen auf der Treppe, kurz — Sachen, die sich nicht so verhalten. — Es tut mir leid, es ist eben die Wahrheit. — Sie haben eben erreicht, was Sie wollten — aber, aber! — 's ist noch nich aller Tage Abend! *Ab.*
HENSCHEL. A schinner Silvester!
HANNE. Etwa wegen dann Schauspieler? — Dir koan's doch bloß recht sein, wenn a nausfliegt.
HENSCHEL. Do bist du woahrhoftig schiefgewickelt. Itzte war

iich miich hitta, zu Neuma giehn und im de Schankstube
miid'n verhandeln — doas säg ju groad aus...
HANNE. Nu, mag's doch aussahn, wemmersch halt kriecha,
verdien m'r eim Johre dreimal asu viel. M'r kennda ins
langs'm fer a Gosthus virscherrn.
HENSCHEL. Hanne! mir iis a wing bange im diich.

[VIERTER AKT]

Die Schenkstube.
Ein sogenanntes Wurstessen soll stattfinden.
Der Hausierer steht am Schenksims, hinter welchem Fitzner hantiert.
Zwei arme Mädels, etwa fünfzehn Jahr, warten mit Töpfen i[n] d[en] Händen, sie sind zerlumpt und vermummt.
Mehrere Bergleute mit Lachter, Lampe und Arschlader sitzen und trinken Bier.
Haufe hockt am Tische rechts hinter einem Schnaps.

ERSTES MÄDEL. Fer'n Biehma Worschtsuppe.
FITZNER. Noch viel zu früh. Geht ins Haus und wartet solange. Was willst denn du?
ZWEITES MÄDEL. Fer'n Biehma Wurschtsuppe.
FITZNER. — Haste denn nich gehört, mein Herzeken, was ich gesagt habe? — Und überhaupt: erst kommen die Gäste, erst wenn was übrigbleibt, kann ich was außer dem Haus abgeben. *Er bringt einem der Bergleute ein Glas Bier.*
ERSTER BERGMANN, *zu den Mädeln.* Hot irscht gehurt, Madel! 's gibt itze nischt. Furt sullt'r euch macha. *Die Mädchen lachen herausplatzend sich an und gehen nicht.* Ihr seid oder Gänse, doas muß ma euch lussa. *Sie werden sofort ganz ernst, gehen aber nicht.*
Brunnenschöpfer Horand, stattlich, schön, blondvollbärtig, geputzte Langschäfter, schwarze Lederhosen, blaue Weste, schwarze kurze Jacke und Schildmütze.
HORAND. Guda Murga, ihr Herrn!
FITZNER. Sein Sie willkommen!
HORAND. An Laberwurscht und ana Kuffe Bier.
ZWEITER BERGMANN. Nu? iis euch der Born noch nee eigefrorrn?
HORAND. Bis jitze noch ni. Ock mir wern bal eifrirn bei dam Scheppa. Ich hoa gruße Frostbeuln o a Hända, und o a Fißa no viel mehr. Asu sechs Stunda eim Nossa stiehn bei dreizehn Groad Kälte, doas iis kee Vergniega.
ZWEITER BERGMANN. Euch Bornscheppern gieht's doch woahrhoftich ni schlecht. Woas sulln denn do mir soan und'r d'r Arde. Ihr fraßt euch doch dick und rund bei dar Oarbeet. —
ERSTER BERGMANN. M'r wern euch amol an Schoabernack

spieln. Da braucht ihr uf eemol kenn Born meh zu scheppa. M'r sch[l]oan vu d'r Fuchsgrube dieba an Stuklen und groaba euch euer Woaserla oab. Do gieht's euch asu wie dieba ei Altwoasser, do blieb o d'r Born uf eemol weg. Do woarsch halt oalle. Do kind er doas ale Brunnenhaus zuschlissa.

HORAND. Wemmer ock sust keene Schmerzen hoan.

FITZNER *bringt Bier*. Einstweilen das Bier. — Die Wurst ist noch nich ganz fertig, Meister!

DER HAUSIERER, *an Horands Tisch Platz suchend, seinen Schnaps mitbringend*. Mit gitt'ger Erlaubnis! — wenn Se's erlauben, do setz' ich mich o a bissel hierher. *Zu Haufe*. Gu'n Abend, Haufe! — wie gieht's denn dir?

HAUFE, *aus Stump[f]sinn aufstierend*. Woas?

HAUSIERER. Wie d'rsch gieht. Du hust ju glee's Gruße Los gewunn!

HAUFE. Mogote, verfluchter! *Lachen aller*.

HAUSIERER. Ju, ju, iich bin au enner. Biis ock sonfte — mir sein doch de besta Freinde minander.

Fitzner schiebt die beiden Mädels, die noch immer starr glotzen, zur Glastür rechts hinaus.

FRANZISKA *kommt herein*. Papa, der Meister Nentwich ist fertich. Gu'n Morgen!

HORAND. Schien Dank auch! — Wie gieht's denn, Freilein?

FRANZISKA. Danke gut.

HORAND. Wulln Se m'r nee a Potschla gahn?

FRANZISKA, *drollig*. Ich muß stricken, ich kann nicht. *Sie setz[t] sich an den Tisch neben dem Sims*.

HORAND. — Sie und stricka! *Gelächter*.

DER HAUSIERER. Freilein, wolln Se ein Amulett? — ich kann, Ihn a hibsches Anlette verehren. Wenn Se erlauben, zeig ich's Ihn gern amal.

FRANZISKA. Was hab[e]n Se denn da?

DER HAUSIERER. — Auf der Brust zu tragen, — *kommt ihr devot näher* — aber wissen Se was? auf d'r bloßen Haut. Ich sage Ihn de reine Woahrheet, mein liebes Freilein: under d'r Haut — oder, wullt' ich sagen, undern Hemd. Ohne Spaß gesprochen. Da kriegen Se niemals das kleinste Pickel, niemals de kleinste Unreenigkeit.

HORAND. Da müßt'r er's man [...?] und tichtich neischieba under a Hoals.

Nentwich, Schlachter im Arbeitskostüm, von links, eine Mulde frische Wurst tragend.

HORAND. Nein! — ohne Spaß! — es ist mein Ernst!
ERSTER BERGMANN. Na, Meester, iis doas oalles fer ins?
NENTWICH. Ohne Geld iis nischt ei d'r Welt. *Er setzt die Molle a[uf] d[en] Simstisch.* Nu muß iich oder an Kuffe Bier kriega.
Frau Fitzner, alte Hexe, kommt und bedient hastig und still. Sie fragt den Gästen die Wünsche ab und versorgt sie mit Wurst und Wellfleisch.
FITZNER. Auf der Stelle, Meister, vom frischen Faß.
Frau Henscheln, von links, kommt mit leerem Teller, um Wurst zu holen. Sie wartet.
HORAND. Na, Meester, ihr hot wull tichte geschwitzt.
NENTWICH. Asu a Schwein schlachta macht zu schoffa. Doas iis nee ock sitza und Worschtsuppe suppa. *Er holt die Kuffe.* 's werd wull's letzte Schlachta hie sein. Ich gleeb' immer, Fitzner...
FITZNER. Das is schon möglich. Na, so oder so: sollst leben, Meister! *Er trinkt ebenfalls.*
HORAND. Wu hust du d'n hinte denn Moan, Frau Henscheln?
FRAU HENSCHEL. Dunda bein Schmiede, de Fare schorf macha.
HORAND. A wullde doch au zun Worschtassa kumma.
FRAU HENSCHEL. Doas koan schunn sein, wenn a flink macht, d'r Schmied. *Sie läßt sich Würste auftun und entfernt sich flink.*
HORAND. Die hot's knippeldicke hinger a Uhrn.
NENTWICH. A ticht'ges Weib! — ock iich mecht' se nee hon.
HORAND. — Miir iis au meine lieber. Se wiel m'r ju monchmol au ni pariern. Do werd oader goar ne lange gefackelt — und suster is se a gudes Weib.
HAUFE. Die hot zahn Teifel ei ihra Knucha. Mir hoan gestanda, Henschel und iich, egelganz wie zwei Brieder. Do hot se doch keene Ruhe gelohn, biis doaß iich und mußte mei Bindla schnirn. Und wegen woas? Ich woar 'r eim Wega bei ihra Foahrta, iich soag zuviel, doas woarsch Ganze. — A Bissa hot se m'r neigezahlt eis Maul bein Assa, se ließ m'r kenn ruhiga Auchablick. Do soat' iich: Hatje! und ging menner Wege.
FITZNER. Ich könnte da auch'n Liedchen singen. Doch: Reden is Silber, Schweigen is Gold.
HORAND. Iis wohr, Herr Fitzner! Sie wulln ins verlussen?
FITZNER. Wenn Sie erlauben, bin ich so frei.

HORAND. War werd denn de Schenkstube iebernahma?
FITZNER, *achselzuckend.* Vielleicht Henschel Wilhelm, das heißt, seine Frau.
NENTWICH. Doas werd o ni andersch, die kriecht eemol oall's fertich.
HORAND. Bloßich miit Neuma hot das senn Hocka. Dar koan se ne leida —
NENTWICH. Wenn Henschel kimmt!? — die sein doch minander ufgewachsa. A gibt'n de Stube, doas kin[n]t ihr gleeba.
HAUFE. Wenn die's und se treibt's nee goar zu tulle. — Fer wan hul[l]t s' de Worscht? doch bloßich fer Franza! — Dann Kerle steckt se doch oall's ock zu —
HORAND. Iich wiß ne, wu hot ock Henschel de Auga.
HAUFE. Henschel, dar wiel irscht goar nischt meh sahn. Dar Moan iis verändert: dan kennt ma nee wieder.
HORAND. Verändert mag a meinswegen sein, oader doaß a vu dan woas wissa selde — vu dann Gestecke mit Franza dohie, doas gleeb' iich ni.
FITZNER. Er hat keine Ahnung.
NENTWICH. Asu viel soa iich: dar Moan iis gutt, ma mechte sprecha: gutt wie a Schoof. Dar koan keener Flieche a Leeds zuficha. Doas iis ju bekannt ein ganza Durfe — oader wenn dar amol d'rhingerkimmt, woas hinger senn Ricka asu oall's possiert: ⟨Gnade Gott dan Weibe — a schläd se tut.⟩
DER HAUSIERER, *welcher vor Franziska ein Beutelchen voll Sachen ausgeschüttet hat und sie ihr zeigt, blickt auf.* Oje, oje, da zweifl' ich nich dran. Der Mann is stark wie ein Anthelet.
([Notiz] Nentwich: Erzählung einer Kraftleistung.)
HAUFE. Ufklarn seld' ma'n. — No a Gloas Bier.
NENTWICH. War selde ock doas ufs Gewissa nahma?
HAUFE. Wenn's wetter nischt iis! — woas gieht denn miich doas oa. Eeb se dann Moan vunt ganz uf a Hund bringt, lieber sol a ihr doch amol's Lader grindlich verwoalka. Die ale Henscheln, die hoatte o Mucka, oder se hilt do immer zum Moane. Zun Oaffa macht' se a Willem nee. Wie stoand dar Moan do, und wie stieht a itzte. Itz lacha de Leute hinger'n har.
ERSTER BERGMANN. Doaß Hendschel Willem und selde doas miit dam Weibe nee wissa: doas gleeb' iich nee — ei men ganza Laba.

ZWEITER BERGMANN. Iich au nee. Doas iis doch oam lichta Taga. Doas muß a doch sahn.
ERSTER BERGMANN. Ich soa: a läßt se miit Fleiß alleene: a Kutscha und seine; »'s leid nischt droa! Macht, woast'r wullt! — ock wenn iich ni do biin —« *Gelächter.*
NENTWICH. Nee, nee, doas stimmt nee, a is er zu gutt. — A seld' er ni goar asu gutt sein, lieber...
FRAU FITZNER, *die nicht mehr an sich hält.* Das kann er auch gar nicht wissen, Herr Nentwich. Herr Henschel ist ein grundehrlicher Mann: das würde er nie und nimmer zugeben. Der Kutscher, der stiehlt dem Herrn Neumann den Rum aus dem Keller, und er und die Henscheln trinken ihn aus, oder sie verkauft ihn an Quolsdorfer Handelsleute.
HAUSIERER, *scheinheilig.* O nee! doas gleeb' ich nu werklich nee.
FITZNER. Mutter, mach du deinen Schnabel nicht auf. Was geht uns das an? — die Hauptsache ist, daß wir ehrlich bleiben. *Er setzt sich ans Klavier.* Immer lustig, meine Herren! trinken Sie! verzehren Sie was! ich will noch'n reicher Mann werden, bevor ich abziehe. Ich will Sie in gutem Andenken behalten, wenn ich mal beiläufig in die Tasche greife. *Er singt.* »Du bist ein rei-cher Mann!« *Er intoniert »Schier dreißig Jahre«, dann singt er.*

    Schier dreißig Jahre bist du alt,
    hast manchen Sturm erlebt!
Er springt um und spielt und singt.
    Eins, zwei, drei,
    bei der Bank vorbei,
    bei der Wirtin, bei der Magd, bei der Bank vorbei.
    Eins, zwei, drei.
Henschel, das Berthla a[uf] d[em] Arm, und der Schmiedemeister treten ein d[urch] d[ie] Glastür.
FITZNER *dreht sich um, hält inne.* Schön willkommen, Henschel Willem!
HENSCHEL. Schien Dank, Herr Fitzner! Spektakeln Se ock geruhig wetter, doas hiert sich ganz hibsch oa.
SCHMIEDEMEISTER. 's zieht au de Leute mehr ei de Stube. Mir sein bloß deswechen reigekumma.
([Notiz] Fitzner eine enthusiastische, schmeichelhafte Begrüßung.)
HENSCHEL. — Gu'n Murcha, Horand. *Reicht ihm lässig Han[d]*

usw. Nu, wie gieht's Laba? — Meester Nentwich, guda
Murcha! — wie stieht's, Meester, huste Trichina gefunda?
NENTWICH. Ich gleebe ni droa: mir iis no ni eene virgekumma,
solang ich bei dann Geschäfte biin. —
HENSCHEL, *Hand gebend.* Gu'n Murga! gu'n Murga! — Wie
iis, Meester Kernich! — Zwee Kuffa Bier und zwee Glasla
Kurn. M'r hoatta Miehe genung miit dann Farla. — Gu'n
Murga, Haufe. *Er reicht ihm die Hand.*
HAUFE. — Murga —
HENSCHEL. — — — A iis a wing brummich! Luss' mer'n zu-
friede. *Er und der Schmied setzen sich und bekommen die
Getränke.*
HORAND. Na, nu werscht wull du bale hie inse Wert sein,
Hendschel?! ni wohr?
HENSCHEL, *nachdem er ihn einen Augenblick lang befremdet
angesehen.* Dodervon iis mir nischt ni bekannt.
HORAND. Iich duchte. Iich wiß nee, war mirsch glei soate.
Pause. Sie trinken.
HENSCHEL, *nach dem Trunk, gleichmütig.* Dar dir doas soate,
dar muß getraumt hoan.
DER HAUSIERER. — Herr Henschel, koofen Se mir was ab: a
Nadelbichsel verleicht fer de Frau. A hibsch Kammla ver-
leichte, eis Hoar zu stecka. *Ein Teil der Anwesenden lacht.*
HENSCHEL. Gieh, trink an Kuffe! ich war d'rsche zoahln,
oder luß du miich mit denn Krome ei Ruh. — A putziges
Mannla! — wu is'n dar har?
HORAND. Vu Quol[s]dorf.
HENSCHEL. Iis's wohr? — do hoa iich au a klee Dingla aus
Quolsdurf. *Er streichelt Bertha das Haar.* Willste anne
Worscht hoan?
BERTHLA. Ju, Voater, ane gruße.
HENSCHEL *bestellt.* Ane recht gruße Worscht, hiert ersch,
brengt ock dam Madel!
HAUFE, *schon etwas angezecht.* Nu siste's, Henschel, asu iis
doas Ding. Frieher, ei Quolsdurf, do woar doas asu: do
mußte d'r Grußvoater giehn miit dan Dingla ei a Gast-
stuba rim, itze mußt du halt Kindermadel spieln. *Er lacht
böse.* Die Mutter wiel emol nischt von er wissa.
HENSCHEL. — Woas fallt'n dir ei? — du hust wull an Kreele? —
Biste denn oagekumma bei Reimann?
HAUFE. Woas gieht'n doas diich oa?
HENSCHEL, *lachend, wieder gleichmütig.* Nu satt ock, du wider-

borschtiga Kirl — — Itze koanst oder sitza, biste werscht schworz warn. Iich kimmre miich nimmeh asu viel im dich. —

HAUFE. Du hust o vor denner Tiere zu kehrn. Du hust Unrot genung ein eegna Hause. — —

HENSCHEL. — Haufe, iich soa d'rsch, iich tu's ni gerne. Du bist verza Johre bei mir gewast. Oader wenn de ni stille bist, schmeiß' ich dich naus.

HAUFE. Du bist hie nee Wert. Du koanst miich ni nausschmeißa.

HENSCHEL *wendet sich, kriegt Haufe bei der Brust, drückt ihn ruhig vor sich her zur Tür hinaus.*

HAUFE. Ich soa d'rsch, luß luus! Luß luus, soa iich bloßich, suster — Lus sullst du lussa. —

HENSCHEL. Glei — poaß ock uf — Kumm oder ni wieder rei, iich soa d'rsch! *Er geht zurück und setzt sich.*
Pause.

ERSTER BERGMANN. Iich mecht' zoahln! — 's iis besser, ma gieht. Oam Ende fliecht ma sust au no naus.

FITZNER. I, noch'n Glas Bier! was soll denn das heißen.

HORAND. Wenn du's asu machst, Henschel Willem, wenn [du] irscht werscht hie hingern Schenksims stiehn — uf die Oart erhalst de d'r nee viel Gäste.

HENSCHEL. Uf suchte Gäste kimmt's o ni oa.

HORAND. Dar zoahlt doch halt o ni miit folscha Gelde.

HENSCHEL. Vor mir mag a zoahln, miit woas a wiel. Oader itze soa iich d'rsch no amol: kumm m'r ni wied[er] miit dar Geschichte: iich iebernahme die Stube ni. Wenn's asu wär', ich mißt's doch wissa. Nu also. Kauf ich amol ane Wertschof[t], do war iich d'rsch soan. Hernochert, do koanste miich au berota; und wenn d'rsch ni poaßt, und du kimmst nee zu mir — nu siste, do läßt's halt bleiba, Horand!

Erster Bergmann ab, die Tür schlagend.

HORAND. Ma mechte wull au giehn.

FITZNER. — Herr Henschel, das is doch aber nicht recht. Sie treiben mir ja die Gäste fort.

HENSCHEL. Nu — oaber ihr Leute — itz soat mir amol: wenn dar itze furtleeft, woas gieht denn doas miich oa. Vor mir koan a hocka biis murne frieh.

HORAND. Du hust hie kenn Menscha nauszuschmeißa. Du bist d'r Wert nee.

HENSCHEL. — Wißte no mehr?
HORAND. Ma wiß goar monches, woas andre nee wissa.
HENSCHEL. Verleichte, doaß ihr ei eure Brunna oallerlei Sacha neischmeißa tutt — Woare dunda vum Ap'theker? doaß ock doas Zeug no a bißla Geschmack hot?
HORAND. Doas sein ganz andre Dinge sein doas.
HENSCHEL [...?]. Nu woas denn fer walche?
HORAND. Biese Geschichta — Herr Fitzner weeß doas oan oallerbesta.
FITZNER. — Wieso denn ich? —
HENSCHEL, *gesammelt und fest*. Woas wissa Sie, Fitzner, immer raus d'rmiite! — Dar eene wiß woas, und dar andre wiß woas, oam Ende wissa se beede an Dreck.
Pause.
HORAND. Wenn du ock no d'r ale werscht, do du noch deine irschte Frau hust gehoat. Itze iis goar kee Auskumma nimmeh mit dir. — Verza Johr hoat ihr euch vertraan, dar Knecht und du, nu uf eemol nimmst'n bei d'r Krawatte und schmeißt'n naus. Woas iis denn doas? Wohar kimmt denn doas? — Doas iis dei Weib, die macht dich verwerrt.
HENSCHEL. Wenn de nee stille bist jetz uuf d'r Stelle — — do nahm' iich dich au no bei d'r Krawatte —
HORAND. Meinswegen o, mir iis doas egoal. Eemol erfarscht du's au ohne miich. Iich meen's ock gutt, oader woaste dei Weib iis, die meent's ebens goar ni gutt mit dir — die meent's mit'n Kutscha Franze viel besser.
HENSCHEL, *er will einen Augenblick auf ihn los, bezähmt sich*. Woas huste du gesoat? — nischte! — 's is gutt. *Er trinkt*.
HORAND. Hadje, nischt fer ungutt.
HENSCHEL. Doblein! verschtanda. *Er hält ihn bis zum Schluß am Gelenk fest*.
HORAND. Woas sool iich d'n noch?
HENSCHEL. Doas werd sich schunn finda: du bleist, soa ich bloßich. Franziska, gieh aninger: de Hanne sol harkumma. —
FITZNER. Aber lieber Herr Henschel, ums Himmels willen. Machen Sie hier doch keinen Skandal. Ich kriege die Polizei auf'n Hals, ich...
HENSCHEL. Ehnder schloa iich euch oalle tut — oader Hanne muß kumma, hiehar, uf d'r Stelle.
HORAND. Henschel, Henschel! Mach keene Tummheita. Iich wullde ju dodermiite nischt wetter gesoat hoan, woahrhoftich nee. Und de Leute räda ju lauter Liecha.

NENTWICH. Willem, hier druf. Woas iis denn mit dir. Kumm zu Verstande. —

HENSCHEL. Weg mit da Hända, furt mit da Hända.

SCHMIED. Willem, du bist ju a guder Kerl! — Wie sisten du aus? — — Kumm ock du zu d'r — du hust ju geprillt — doas hoan se gehiert durchs ganze Haus.

HENSCHEL. Doas sool itze hiern meinswegen, war wiel. Oader du bleist hie, und Hanne kimmt har.

HORAND. Woas sool iich ock hieblein! ich wiß nee, zu woas! Deine Sacha, die giehn miich nischt oa. Iich meng' miich ni nei; iich wiel miich ni neimenga. *Er versucht die Hand loszubekommen.* Iich hoa keene Zeit! Iich muß eis Dienst, Henschel, huste gehart. Luus sullste lussa.

HENSCHEL. Nischte! du bleist. — Haster doas ehnder ieberläd, itze iis doas zu spät. —

NEUMANN *kommt.* Was gibt's denn, Herr Fitzner?

FITZNER. Ja, lieber Himmel: ich weiß gar nicht, was Herr Henschel will.

HENSCHEL. Hanne sol kumma, wetter nischt.

FITZNER, *zu Fr[anziska], Franz[iska] ab.* Da hol doch in Gottes Namen die Frau, damit der Mensch doch seinen Willen hat — und Ruhe wird. — Soll ich mir denn mein bißchen Geschäft zu guter Letzt ruinieren lassen.

NEUMANN. — Henschel, was ist Ihn denn begegnet? Sie sind doch sonst ein so ruhiger Mann.

HENSCHEL. Herr Neuma! Herr Neuma! iich koan nee d'rfire. Iich bin schunn bei Ihren Herrn Voter gewast. Iich hoa [mir] nischt lussa zuschulden kumma, die ganza Johre. Itze tut mirsch leid. Iich koan nischt d'rfire. — Sie kinn mich furtjoan, Se kinn mich nausschmeißa aus Ihrn Hause, oader oannerscher koan iich ni handeln [...?].

NEUMANN. Aber Henschel, was glauben Sie denn von mir? Wenn ein ruhiger Mann wie Sie in solche Erregung hineinkommt, dann muß er Grund haben, ohne Zweifel.

HENSCHEL. Dan hoa iich! — dan hoa iich, und dodermiite is gutt. — Dar Moan hie hot Dinge gesoat uf mei Weib — die sol a beweisa, sust: Gnade Gott!

NEUMANN. Ach, lassen Sie doch die Leute schwatzen.

HENSCHEL. Beweisa! beweisa! sust Gnade Gott!

HORAND. — Iich koan 's beweisa! iich warsch beweisa! Do wern er ni viele sein ei d'r Stube, die doas nee wissa asu gutt wie iich! — Oalle wissa's, ock du bist blind. Ock du hust a Stoar, die andern ni. Iich koan nischt d'rfire, iich hatt's nee gesoat: oader sool ich mir ernt lohn vo dir eis Gesicht schlon. Iich bin kee Liechner! iich soa reene Woahrheit. Freu doch meinswegen, wan de willst! — Freu a Herr Neuma, a werd d'rsch soan. Dei Weib iis eemol uf schlechta Wega. Wenn du halt uuf d'r Reese bist, do koanst du's nee wissa, woaste hie virgieht. Mir oader, mir wissa's, die mir hierblein.

NEUMANN. Überlegen Sie sich, was Sie reden, Horand.

HORAND. A zwingt mich d'rzune, a sool miich lusgahn. Weshoalb sool iich denn leida fer andre Menscha. A sol sich doch Kutscha Franza langa und sol a hinger de Uhrn schloan, dar hot's verdient. *Zu Neumann*. Sie hätta mit dan o a Hiehndla zu flicka. A stiehlt Ihn de Floascha Wein aus Keller und seft se aus mit da Henscheln zusoamma, wenn ar ne do iis, oaber se verkeefa'n oa Handelsleute.

HENSCHEL. — Hanne sool kumma!

HANNE *tritt ein*. Woas prillst'n asu!

HENSCHEL. 's iis gutt, doaß du dobist! — dar Moan hie soat...

HANNE *will fort*. Verknuchte Tummheet!

HENSCHEL. Hie sullste blein! —

HANNE. — Ihr seid wull besuffa olle mitnander. Woas fallt euch denn ei? — Denkt ihr, iich war euch an Oaffa oabgahn? Macht eure Händel minander aus: die giehn mich nischt oa. Verdoammte Zucht! *Sie will fort.*

HENSCHEL. — Hanne, iich rot' d'rsch — dar Moan hie soat...

HANNE. O vu mir mag a soan, waas a wiel.

HENSCHEL. — O doaß du a Sticke bist: doarf a doas o soan? — ?

HANNE. Woas? woas? woas? woas?

HENSCHEL. — O doaß du mit Kutscha Franza Wein sefst?

HANNE. Woas? woas? woas? woas?

HENSCHEL. Dann a dir zuträt aus Neumas Kaller? — und doaß du au Neumas Wein verkeefst: hä? doar[f] a doas o soan?

HANNE. Iich — — — Liecha verdoammte — *Sie verhüllt sich und stürzt fort.*

Henschel läßt Horand los, alle begeben sich still auf ihre Plätze.

HORAND. — — — Iich war mich nee lussa zun Liechner macha! — — — *Ab*.

HENSCHEL. Fitzner — no a Gloas Bier!

NEUMANN. — Partie Billard, Herr Henschel! was?

Henschel antwortet nicht. Henschel begibt sich mit einem

Gast ans Billard, kopfschüttelnd. Ziemlich entwickelte stum[m]e Szene.
NENTWICH. Horand, dar macht au halt immer suchte verknuchta Stänkereien.
ERSTER GAST. Wu dar blußich hiekimmt, do werd au Krieg.
ZWEITER GAST. — A werd o gewiß amol urntlich oalaufa.
Henschel trinkt das Bier in einem Zug aus, legt Geld auf den Tisch und geht, verstohlen von den Anwesenden beobachtet, hinaus. Sobald er die Tür geschlossen hat, treten die Anwesenden flüsternd zusammen.
NENTWICH. Itze heeßt's ufpoassa, suster poassiert woas.
ERSTER GAST. — Da iis imstande und richt a Unglicke oa.
NEUMANN. Is Henschel fort? — Franziska, geh, mach flink: Frau Henschel soll [s]ich um Gottes willen jetzt nicht blicken lassen vor ihrem Mann.
Franziska huscht fort.
ZWEITER GAST. Dar Moann soag aus—! — !
NEUMANN. Wie sah er denn aus??
ZWEITER GAST. Urntlich bluttunterlaufa!
FITZNER. Ich habe das alles kommen sehn.
NEUMANN. Jetzt heißt es nun noch das Schlimmste verhüten.

[FÜNFTER AKT]

Zimmer wie in Akt I, II, III.
Hanne sitzt und heult.

FRANZ, *eilig.* Hanne! Hanne! woas hot denn dei Moan. A prillt ju asu uf'n Hofe rim.

HANNE. — Du hust m'r keene Ruhe gelohn. Dir hoa iich's zu danka, wenn doas asu kimmt. —

FRANZ. Mir — woas denn, hä?

HANNE. Se hoan's a gesoat. Henschel weeß oall's. — Mach du, doaßte furtkimmst, suster macht a diich kaalt.
Franz ab.

FRANZISKA, *hastig.* Frau Henschel, machen Sie sich aus dem Staube, Ihr Mann komm[t] vorn in den Gang herein —

HANNE. Wu sool iich d'n hie?

FRANZISKA. Die Treppe rauf!
Hanne die Treppe hinauf, Franziska, hinter der Glastür, wartet.

HENSCHEL, *langsamen Schrittes, mit trunkenen, blutunterlaufenen Augen, herein. Die Hände zittern bei jeder Bewegung.* Ausgefleun, hä? — 's Vägerla, hä? — Nu woart ock! nu woart ock! — du warscht m'r schunn kumma. *Er zieht das Messer heraus und öffnet es.* Iich wiel m'r a wing a Nickfänger ufmacha und wiel m'r'n hielahn. — Ma koann nee wissa —

NEUMANN *kommt, klopft ihm a[uf] d[ie] Schulter.* Henschel, ich komme als Freund zu Ihnen.

HENSCHEL. Sein Se willkumma.

NEUMANN. Sie haben manch liebes Mal meine selige Mutter noch und meinen Vater um Rat gefragt in schwierigen Lebensmomenten, auch meine Frau — und haben es, glaub' ich, niemals bereut.

HENSCHEL. Ock eemol bereu' ich's.

NEUMANN. Einmal, wieso? Übrigens ist kein Mensch unfehlbar. Aber daß ich es gut mit Ihnen meine, das, denke ich, wissen Sie doch genau.

HENSCHEL. Gutt miega Se's meinethoalba gemeent hoan, oader gutt gerota hoan Se m'r nee.

NEUMANN. Was meinen Sie denn? — welchen Fall denn, Henschel?

HENSCHEL. Do Se m'r rieta, doas Sticke zu nahma. Do hoan Se m'r biese miitegespielt.

FÜNFTER AKT

NEUMANN. Haben Sie mich darum befragt?
HENSCHEL. Hoan Se's vergasse, vu dazemohl? Ich koam no vum Kerchhof, vu Muttern koam iich —
NEUMANN. Es kann schon sein. Ich bestreite das gar nicht. Aber soweit ich mich jetzt erinnere, sind Sie doch halb und halb dazu entschlossen gewesen damals.
HENSCHEL. Mutter, du hust mir besser gerota! Mutter, du woarscht mei bester Freund! — Oder mir iis schunn recht geschahn. Iich leide Strofe fer mei Verbrecha. Hätt' iich dir gefulgt! hätt' ich ock dir mei Versprecha gehaln — do wär' ni oall's asu sein gekumma. Na, nu is's oalle: 's is halt ni andersch!
NEUMANN. Nicht schwach werden, Henschel, nicht unüberlegt. Nicht ein großes Unglück noch größer machen.
HENSCHEL. Warn Se ock frieher gekumma, Herr Neuma! Itze koan m'r kee Rot ei d'r Welt meh hulfa. Warn Se gekumma und hätta gesoat: »Henschel, hal deine Auge uffe. Sieh du denn Weibe a wing uf de Finger«: verleichte wärsch ni asu gekumma. Verleichte labte mei Idla au noch. Denn hinte weeß iich's: Hanne hot se ims Laba gebrucht.
Walter tritt ein.
WALTER. Du mußt o ni zu viel uf dei Weib häufa. A wing ufpoassa, Schwoger, häste wull miega: doaß se und koam nee asu uf Obwege. Oder doas miit dann Kinde gleeb' iich nee.
HENSCHEL. Gleeb's oaber nee: iich hoa nischte derwider. Oder iich wiß! iich brauch' nischte zu gleeba. Se hot m'r mei Madel tutgemacht, se muuß'r ernoch.
WALTER. Du warscht kee Verbrecha uf dich loada.
HENSCHEL. Iich biin a Verbrecher, asu iis doas. Iich hoa aner Tuta 's Wort gebrocha. Und Sie, Sie hoan miich d'rzune verfiehrt. Heute hoa iich gerechte Strofe zu leida.
NEUMANN. Das tut mir leid, daß Ihr das von mir sagt, Henschel! Ihr müßt doch bedenken, daß ich eben auch nur nach bestem Wissen handeln kann und Gewissen. Ich bin noch heut ganz derselben Ansicht, daß Ihr dadurch wahrhaftig nichts Schlimmes auf Euch geladen habt.
HENSCHEL. Dodervone wern Sie mich nimmeh obbränga hinte. Do iis eemol jede Miehe umsuste, Herr Neuma! — Wemma's asu weeß wie iich, do weeß ma's o richtich. Do weeß ma o ganz genau, woas ma zu tun hot.
NEUMANN. Ihr werdet nichts Unüberlegtes tun, dazu kenn'

ich Euch lange genug: deshalb will ich Euch auch von gar nichts abbringen, Henschel. Vorwürfe hab' ich mir ja vielleicht zu machen in mancher Beziehung.

HENSCHEL. Stoats doaß Sie koama und soata a Wort: do zuga Se sich zuricke vor mir. Erschtlich hoatta Se mir d'rzune gerota, hernochert lissa Se mich ei d'r Potsche. Ju, ju, nee, nee, iich wiß itzt schunn! — Itze wiß ich au ganz alleene Bescheid. Hoat Ihr bis dohar zugesahn und mir ni an eenzichta Wink gegahn — biis doaß ich dostund fer oalla Leuta wie — wie... doas sol mir doas Weibsbild entgelta.

WALTER. Mach ock an Tummheet zu guder Letzt, doaß se diich no eis Zuchthaus stecka.

HENSCHEL. Do sag mich kenner: doas wär' mir recht. Iich koan miich asu wie asu nimmeh sahn lohn. Und woas seld' iich d'n au no zu guder Letzte? Woas bleit mir denn noch ei oaller Welt? Doas mecht' iich bloß wissa. Woas denn, hä? Stoats Äsel gelta vor oalla Leuta? Miich hinga und vurna berulpsa lohn? Doas fallt mir ni ei, dozu biin iich zu gutt. Und tutschloan koan iich se doch nee oalle. — Lacht! immer lacht! 's iis au zun Lacha! Iich lache salber, wenn iich droa denke. Mir iis nee zum Lacha, oder iich lache. Tutsteche kennd' ich mich salber vor Lacha.

WALTER. Henschel, gibb m'r amol doas Masser!

HENSCHEL. Hätt' ich a ock gefunda, a Kutscha: dann zum wingsta selde's Lacha vergiehn. Oader a hoatte sich furtgemacht. A woar nee ein Stoale und nee ei d'r Remise — oader dar kimmt m'r schunn au noch gelaufa. — *Er steht auf und will wieder hinaus.*

WALTER. Wu willst'n hie?

HENSCHEL. — Zu Muttern wiel iich — oaber suste wuhie? — Luß du miich ei Frieda und halt miich nee uuf. — Woas wullt ihr dohie? Satt, doaß ihr euch furtpackt vo menner Tiere! — Ihr Teifel ihr! Doas iis hie mei Haus! woas hoat ihr zu goaffa.

WALTER. Willem, lä ock doas Masser beiseite —

HENSCHEL. Iich kennd' a derwercha! Mir wär' doas egoal! oader nee! iich mag nee — wenn ersch wullt wissa —

NEUMANN. Henschel, ich habe den Franz entlassen. Er ist [...?] fort. Über Hals, über Kopp ist er rausgeflogen.

HENSCHEL. Doas hätta Sie miecha frieher tun. Itze iis doas vorbei! itz iis oalles vorbei. *Er setzt sich röchelnd.*

MICHAEL KRAMER

Editorische Bemerkung

Die im folgenden vollständig abgedruckte bruchstückhafte Vorstufe zu »Michael Kramer« unter dem Arbeitstitel »Marcus Hänel« ist nicht datiert. Sie ist von der Hand Marie Hauptmanns geschrieben und vermutlich »Mitte der neunziger Jahre« entstanden. (Behl/Voigt, Chronik von Gerhart Hauptmanns Leben und Schaffen. München 1957. S. 41)

MARCUS HÄNEL

PERSONEN

MARCUS HÄNEL, Maler, Lehrer an der Kunstakademie in einer Provinzialhauptstadt, 52 Jahre alt
CLARA HÄNEL, 41 Jahr alt
BUONAVENTURA HÄNEL, 19 Jahre, Sohn der Vorigen, Maler
ANGELIKA HÄNEL, 23 Jahre alt, Malerin
ULLRICH SCHÖN, 26 Jahre alt, Maler
EMMA PLESCHKE, 20 Jahr, Modell

ERSTER AKT

Wohnzimmer bei Hänels nach Art der sogenannten Berliner Zimmer. Die Einrichtung ist in nichts unterschieden von der bei den Mittelständen üblichen. Das Meublement ist aus weichem Holz. Inmitten des Raums steht der Ausziehtisch, die einfache Lampe hängt darüber. Rechts hinten in der Ecke vor dem Fenster der Nähtisch. Links und rechts Türen. An der Rückwand das Sofa und ein gelber Kleiderschrank. Über dem Sofa ein goldrahmiger Hängespiegel.
Am Nähtisch sitzt Frau Hänel, mit Stopfen von Strümpfen beschäftigt. Eine sichtlich ehemals schöne und zarte, jetzt aber stark gealterte und hinfällige Frau. Sie hat noch nicht Toilette gemacht. Angelika kommt von rechts, das Haar noch offen, angetan mit einem Morgenrock. Sie ist eine seltene, interessante Erscheinung; dunkel Haar und Augen, bleicher Teint, etwas Brennendes und Leidenschaftliches zuweilen im Blick, nervös und ernst.

ANGELIKA. Guten Morgen, Mutter!
FR. HÄNEL. Pst! Vater schläft noch.
ANGELIKA, *schnell*. Wann is er denn gestern nach Hause gekommen?
FR. HÄNEL. Spät. Gegen zwei.
ANGELIKA. Du lieber Gott! *Sie geht fröstelnd und den Morgenrock um sich zusammenziehend nach dem Frühstückstisch,*

wo sie sich stehend Kaffee eingießt.

FR. HÄNEL. Er wird kalt sein, Angelika!

ANGELIKA, *zwischen den Schlucken.* Sag doch mal, Mutter!

FR. HÄNEL. Ja? Was denn, Kind?

ANGELIKA. Ich habe so etwas läuten hören. Ich weiß nich... so was von dem Jubiläum. Von Vaters Lehrerjubiläum. Ich fürchte, dem Vater wird es nicht recht sein.

FR. HÄNEL, *die Nadel ruhen lassend, grüblerisch.* Ja, wenn man wüßte, wie man's ihm recht macht. *Weiterarbeitend, mit Seufzen.* Ja, wenn man das wüßte. — Nu? is wieder jemand eingetreten?

ANGELIKA. Davongelaufen sind mir zweie.

FR. HÄNEL. Davongelaufen?

ANGELIKA. Sie sollten was lernen, da liefen sie fort. Am liebsten ließ' ich die ganze Sache.

FR. HÄNEL. Na, Mädel, du bist woll.

ANGELIKA. Nee wirklich, im Ernst. Die dümmsten Gänse, die wollen malen. Da hat man so fünfzehn dumme Gänse im Atelier, den ganzen Tag, die sich aus lieber Langerweile die schönen Mussini-Farben vermanschen und die schöne teure Leinwand vollschmieren. Das sieht man sich nun ruhig an, tut, als ob man die ganze Geschichte furchtbar ernst nehme, und dafür läßt man sich Geld bezahlen. Soll das nun ein ehrlicher Verdienst sein, Mutter?

FR. HÄNEL. Na, Kind, wenn nur alle so ehrlich verdienten. Du gibst dir doch wirklich redliche Mühe. Ich weiß doch, was mir der Baurat gesagt hat, was du für Resultate erzielt hast.

ANGELIKA. Der Baurat, was versteht denn der Baurat!

FR. HÄNEL. Nu, er ist doch Direktor der Akademie. Da muß er doch schließlich etwas verstehen. Und er hat mir gesagt, wenn es überhaupt in seiner Macht läge, weibliche Kräfte anzustellen, er würde dir unbedenklich eine Klasse übergeben.

ANGELIKA, *kurz lachend.* Das is auch was Rechtes! Das will ich ihm glauben. Was hat er denn schließlich groß für Kräfte? Den verbummelten Crampton, die schwerfällige Maschine von Milius... Der einzige, der was versteht, ist Vater. Und wäre Vater nicht — dann wär' eben gar nichts.

FR. HÄNEL, *nach kurzem Stillschweigen.* Na ja, das sagst du mir nu täglich. Das sagen mir die Schüler, die früher in seiner Klasse gewesen sind, das sagt mir sogar der Direktor selber, und dabei haben se 'n noch nich e mal zum Professor gemacht.

ANGELIKA, *lachend.* Na Mutter, Mutter! das wird ja jetzt kommen. Wenn das deiner Sehnsucht Ziel ist, Mutter.

FR. HÄNEL. Ach du, meiner Sehnsucht Ziel ist gar nichts, als daß der Vater freundlich und gut zu mir ist und daß ich ihm ansehe, daß ich ihm e einziges Mal ansehe: er fühlt sich wohl in seiner Haut.

Sieh mal, wenn 's bloß e mal so weit käme, dann wär' alles gut. Dann wär' ich mit meinem Lose aber auch ganz vollkommen zufrieden. Meinswegen möchte er dann dreiundzwanzig Stunden brummig sein, wenn er nur in der vierundzwanzigsten e freundliches Gesicht macht. Aber das kommt eben nicht vor. So was kommt eben bei ihm nicht vor. Sieh mal, wenn man so wenig will, wenn man so wenig braucht und doch: das Wenige einem nicht bewilligt wird.

Sieh mal, ich bin von Natur so heiter angelegt, in meiner Familie sind wir alle so heitere Menschen. Wie gerne würd' ich mal mit Vater spazierengehen. So sonntags nachmittags. Oder man könnte mal e hübsches Konzert hören. Aber ne, den ganzen Tag steckt er in dem verdammten Atelier, und ich komme hier jahraus, jahrein nicht aus dem Hause. Sag' ich 'n Wort, brummt er mich an.
Was is das nu? Ich hab' ernstlich schon Angst, wenn ich bloß seine Schritte höre.

ANGELIKA. Ja Mutter, das is dein eigner Fehler. Du hast dich eben von vornherein einschüchtern lassen. Vater will gar nicht einschüchtern. Wenn sich jemand von Vater einschüchtern läßt, dann is er gleich mit ihm fertig.

FR. HÄNEL. Ich bin aber einmal so furchtsam. Ich bin nun mal so 'ne ängstliche Seele. Da sollte doch Vater drauf Rücksicht nehmen. Aber wenn er mich immer so barsch behandelt... Alle sind eben nicht so mutig wie du. — Und von mir läßt er sich 's auch nicht so gefallen.

ANGELIKA. Das glaubst du, Mutter. Da täuschst du dich aber. Und übrigens muß man sich eben behaupten. *Sie erhebt sich.*

FR. HÄNEL. Du, horch mal! ich glaube, Vater ist wach.

ANGELIKA. Ich höre nichts.

FR. HÄNEL. Ein Sonderling.

ANGELIKA, *sich abermals müde auf einen Stuhl niederlassend.* Um welche Zeit will denn Martin hiersein?

FR. HÄNEL. So gegen Mittag, denk' ich doch. — Na sieh mal, wie könnte man sich da freuen. Dreiviertel Jahre war er weg. Ich zittre nur so, den Jungen zu sehen, aber freuen, das gibt's bei uns gar nich. Ich glaube, ich kann mich gar nicht mehr freuen.

ANGELIKA *hat eine Zigarette in Brand gesetzt und raucht nun, beide Ellbogen aufstützend und die Mutter anblickend.* War gestern nicht Onkel Gottlieb hier?

FR. HÄNEL. Weshalb denn? Jawohl, er ist hiergewesen.

ANGELIKA. Weshalb? Nur so. — Der Onkel ist ja ein prächtiger Mann. Er hat ja auch immer die besten Absichten. Nur versteht er den Vater nicht. Aber auch gar nicht. Ich freu' mich gewiß, wenn Martin herkommt. Ob es jetzt gerade gut ist, das ist mir fraglich. Ich freu' mich gewiß, wenn sie dem Vater ein schönes Jubiläum zurechtmachen, aber ob es Vater freuen wird und ob es überhaupt gut ablaufen wird, das ist mir jedenfalls fraglich.

FR. HÄNEL. Ja sag mir bloß, wem soll man nun folgen? Der eine spricht so, der andre spricht so. Mein Bruder spricht: Du mußt nicht nachgeben. Du mußt deinen Mann in Gesellschaft bringen. Wenn dein Mann sein Licht unter den Scheffel stellt, so mußt du den Scheffel herunternehmen. Du sagst wieder: Es wird schlecht ablaufen mit dem Jubiläum. Mein Bruder sagt: Laß' ihn nur erst mal den Professor haben und womöglich 'n Orden kriegen, da wirst du schon sehen, wie er wird Sprünge machen. Das ist alles bloß geniales Getue, hinter dem herzlich wenig steckt. *Es klingelt.* Um Gottes willen, ich kann mich nicht sehen lassen. *Sie läuft fort, rechts hinaus. Das Dienstmädchen kommt und gibt eine Karte ab.*

ANGELIKA *liest, in ihr Gesicht steigt freudige Röte, sie wirft blitzschnell die Zigarette in den Kohlkasten und ruft.* Herr Schön! ach kommen Sie nur herein, Herr Schön, ich bin zwar in einem brillanten Aufzug, aber kommen Sie nur. Guten Morgen, Herr Schön. *Sie nimmt schnell noch einiges auf.* Sie dürfen mich aber nicht kritisch betrachten. Am besten, Sie sehen mich gar nicht an. Wie geht es Ihnen? Wo kommen Sie her? Gefällt es Ihnen nicht mehr in München? Wie geht es meinem Bruder? Das heißt, Sie sind wohl mit meinem Bruder gekommen?

SCHÖN, *glattgeschoren, nach Pariser Art gekleidet, blond und mit seinem ernsten Phlegma norwegischem Typus ähnelnd.*

ERSTER AKT

Er ist durch die Mitte eingetreten. Nein, Fräulein, ich bin schon acht Tage hier. Hatte Ihr Bruder auch die Absicht...

ANGELIKA. Das wird aber Vater herzlich freuen. Nun sagen Sie aber, wie geht es Ihnen?

SCHÖN. Mir geht es wie immer. Nicht besser, nicht schlechter.

ANGELIKA. So spricht man, wenn man in München lebt? Was sollen wir sagen in unserm Krähwinkel!

SCHÖN. Sie haben ja recht, es ist draußen ganz anders. Es verhält einem auch buchstäblich den Atem anfänglich, wenn man wieder zurückkommt. Aber schließlich hat man doch das Pech, in dem Krähwinkel geboren zu sein. Na, und auch sonst etc.pp. Wie geht's Ihrem Vater, Fräulein Angelika?

ANGELIKA, *stockend.* Ach wissen Sie... auch so... nicht besser, nicht schlechter. Nun also, wie ist es Ihnen ergangen? Ich meine, was haben Sie so erlebt?

SCHÖN. Erlebt? Ich habe nicht viel erlebt.

ANGELIKA. Sind Ihre Erwartungen nun erfüllt?

SCHÖN. Ich wünschte, ich hätte weniger gefunden.

ANGELIKA, *Stühle zurechtsetzend.* Ach kommen Sie her. Erzählen Sie mir! Ich bin so begierig, etwas zu hören. Man findet zuviel? Ach, ist das doch seltsam! Sie meinen doch Kunst? Zuviel Kunst findet man. Und hier darbt man, hier darbt man, es ist ein Jammer!

SCHÖN. Und da draußen wird man völlig verwirrt. Ich kann Sie versichern, ich komme als völlig konfuser Mensch. Ich weiß nicht, woran ich mich halten soll.

ANGELIKA, *die Hand auf Schöns Arm legend, unterbricht sie ihn.* Herr Schön, ach nehmen Sie mir's nicht übel! Vergessen Sie nicht, was Sie sagen wollten. Eh Vater kommt oder Mutter, Herr Schön! ich möchte Sie recht inständig bitten, Sie haben doch wohl mit Martin verkehrt, was tut er denn so? Wie ist er denn so? Er bummelt doch nicht?

SCHÖN. Ach nein. Das heißt, in der letzten Zeit, da habe ich ihn seltener gesehen, Fräulein.

ANGELIKA. Nun sagen Sie nur noch eins, Herr Schön! Sie waren doch früher mit ihm befreundet: Er hat Ihnen sicher davon gesprochen. Ist diese unglückselige Geschichte nun wenigstens endlich überwunden?

SCHÖN. Ja, Fräulein Angelika...

ANGELIKA. Offen, offen!

SCHÖN. Ich glaube nicht. Vielmehr, ich weiß nicht.

ANGELIKA. Ich dachte mir's doch. Und nun kommt er wieder. Ich dachte mir's doch. Nun läßt ihn der Onkel nach Hause kommen. Schickt ihm das Reisegeld, bloß daß es heißt: bei Vaters Ehrentag sei die Familie vollzählig beisammen gewesen. So sind diese unberufenen Freunde.

SCHÖN. Ist denn die Emma noch hier in der Stadt?

Man hört im Zimmer links von einer gepreßten Stimme laut lesen.

ANGELIKA *springt auf.* Da ist der Vater. *Mit Bezug auf das Lesen.* Das tut er täglich. Er liest Walt Whitman.

HÄNEL *steckt den Kopf durch die Tür links.* Angelika!

ANGELIKA. Ja, Vater!

HÄNEL. Ich bleibe zu Hause, sag der Mutter, ich will nicht gestört sein. Wenn Onkel Kober erscheinen sollte, ich bin nicht zu Hause, verstehst du wohl?

ANGELIKA. Ach, Vater... es ist ja Besuch da, Vater!

HÄNEL *kommt heraus, Schön entdeckend und ihn begrüßend. Hänel hat graues Haar, geht mit eingeknickten Beinen, die Schultern vorgezogen, Kopf und Brust vornübergebeugt. Seine Kleidung ist unmodisch. Schwarzer Bratenrock, schwarze Weste und Hose, unförmige Stiefel. Er trägt eine Brille. Der Mann hat eine hohe Stirn, Augen, welche, wie man sagt, durch die Bretter sehen, bleiche Hautfarbe und einen verbissenen Gesichtsausdruck.* Ä! hm-m, proh! Mojen, was Teufel, Herrr! man ist wohl der Ullrich Schön aus Brieg. Was wollen Sie denn bei mir? ä! proh! Man will wohl Tote beschwören, was?

SCHÖN. Herr Hänel, ich bin aus München gekommen...

HÄNEL. Herrr, warum kommt man aus München hierher? Wollen Sie Filzläuse kriegen? Ä, proh!

SCHÖN *lacht.* Ich habe nur meine Mutter besucht.

HÄNEL. Ä, proh! es ist ja ganz unmodern, was gehen euch Kinder die Eltern an? Ihr habt ja verfluchte Dinge im Kopf. Ihr habt ja so höllisch Wichtiges zu tun. Wer Teufel will da seine Mutter besuchen! So 'ne Mutter ist gut, solange sie säugt. Was? Hab' ich nicht recht? Wir haben den Hut voller Ananas, was is uns 'ne alte, gebackene Birne? Ä, proh! Was will man denn nun von mir?

SCHÖN. Ich wollte Sie nur besuchen, Herr Hänel.

HÄNEL. Ä, proh! Man wollte mich nur besuchen. Na ja, das ist recht, aber schließlich kommt doch nichts dabei heraus. 's is mit dem Lehrer dieselbe Geschichte. Man is wie e abgelegter Rock. Wir sind keinem Menschen mehr nütze, ä, proh! Uns fressen die Motten. — Guten Appetit. — Na ja, ich halte immer noch Reden; soweit ist's der alte Leierkasten. Nur 'n paar Zähne habe ich verloren. 'n halbdutzend Pfeifen sind ausgefallen. Auch der Blasebalg ist undicht geworden. *Schön scharf betrachtend.* Ä, proh! na, hat man sich tapfer gehalten?

SCHÖN. Mitunter tapfer, mitunter feig'. Ich habe gebummelt und habe gearbeitet. Ich sagte schon zu Ihrer Fräulein Tochter, es ist furchtbar schwer, da draußen den Kopf oben zu behalten. Es sind so viele verschiedene Richtungen. Für welche soll man sich nun entscheiden?

HÄNEL. Das ist wieder so ein schlechter Spaß von dem alten Herrn dort oben, ä, proh! hat wieder mal bißchen die Sprachen verwirrt. Is wieder mal nichts mit dem Babelturm. Na schließlich, wir können ja warten, ä, proh. Wir haben ja Zeit, wir können ja warten, paar tausend Jahr oder so, ä, proh! und inzwischen streichen wir Ziegel, nicht wahr?

SCHÖN. Ich sollte auch grüßen von Ihrem Sohn. Nun hör' ich aber, daß er auch selbst kommt.

HÄNEL, *zur Tochter gewendet.* Warum kriegt man denn das erst jetzt zu hören?

ANGELIKA. Ich glaube, der Onkel hat es veranlaßt.

HÄNEL, *auf den Kopf deutend.* Der liebe Gott hat's ihm da versagt, und in die Taschen hat er's ihm reingezählt. Wenn er damit klimpert, der liebe Onkel, Herrr, Herrr, da wächst uns der Buckel über den Kopf. Nun mag er kommen, mag er auch bleiben. Der Junge ist seiner Gönner würdig. Oder wissen Sie's vielleicht anders, Herrr, Herrr!

SCHÖN. Sechs Wochen hab' ich ihn nicht mehr gesprochen.

HÄNEL. Natürlich, was braucht er gute Gesellschaft. Er drückt sich vor Ihnen, Herrr, Herrr! das ehrt Sie. Er hat seinen eigenen verteufelten Kurs. Die Reisespesen bezieht er vom Onkel. Aber kommen Sie mal in die Akademie, da werde ich Ihnen mal Sachen zeigen. Wie der Junge so anfing, mit elf, zwölf Jahren. Dem fehlt es nicht hier, nicht hier und nicht hier. Bei seiner Uhr ist die Feder gesprungen, ä proh! Das ist schon seit langer Zeit. Als mir meine Hosen noch Mühe machten, da hatt' ich Vergnügen an solchen Uhren. Der Onkel, ä proh! ist eben noch jünger.

ANGELIKA. Ich finde das gar nicht recht von dir, Vater, daß du so schlecht über Martin denkst.

DER ROTE HAHN

Editorische Bemerkung

Die nachfolgend ausgewählten Paralipomena, die im August 1900 entstanden sind, repräsentieren zwei verschiedene Arbeitsstufen.

[I]: Zwei Akte der früheren Arbeitsstufe, die aus inhaltlichen Gründen als zweiter und dritter Akt des ursprünglich wohl dreiaktig konzipierten Dramas anzusehen sind.

[II, 1—2]: Ein dritter Akt der späteren Arbeitsstufe in zwei Fassungen.

[I]

[ZWEITER AKT]

Dorfstraße bei einer Biegung. Rechts das kleine Schmiedehäuschen mit dem weit offenen Tor der Werkstelle. Man übersieht diese fast gänzlich. Im Schmiedefeuer stehen Schmied Langheinrich und Dr. Fleischer. Der Schmied macht eine Stange glühend, Dr. Fleischer hält einen Hammer. Vor der Schmiede steht das Gestell eines Fuhrwagens. Eine Achse ist mit dem Hebebaum gestützt, ein neues Rad liegt gegen die Wand gelehnt. Ganz hinten der Amboß. Ede, der Schmiedegeselle, außen beschäftigt.

LANGHEINRICH. — Ede!
EDUARD. Meester!
LANGHEINRICH. Jibb man Dr. Fleischer den leichten Hammer. —
DR. FLEISCHER. Ja, der is wirklich wohl etwas zu schwer für mich.
LANGHEINRICH. Ede!
EDUARD. Meester!
LANGHEINRICH. Jag man die Enten weg. Det mir die Ludersch nich wieder det jlühende Eisen schlucken.
EDUARD. Alle marsch fort, ihr Ludersch! ks! ks! alla Katz! Katz! Katz! *Er tut, als ob er einen Stein aufhöbe.*
LANGHEINRICH. Det sind nämlich meine, Herr Doktor.
DR. FLEISCHER. So!
LANGHEINRICH. Und was de die Ente is, kenn Se m'r glooben: det is Ihn det allergierigste Amphibium. Denn springt so'n Stick jliehniches Eisen ab, und alle mitnander druff wie so'n Habicht und rin in Schlung. Na, denn is et alle. Denn jibt et unfreiwilligen Entenbraten. Und davon, da will meine Oalle nischt wissen. *Er nimmt das glühende Eisen mit der Zange heraus, legt es auf den Amboß und sagt.* Na, nu man los, Dokter. Los! immer kernich! *Der Dr. Fleischer schlägt abwechselnd mit dem Schmiedegesellen auf das Eisen.* I sehn Se woll! Immer jleichmäßig! jleichmäßig! Immer Ruhe, Doktor! Immer kalt Blut! kalt Blut und warm anjezogen, Doktor! Halt! — na, das hat ja janz jut jejang. — Det is allens keen Kunststick: sehn Se woll!

EDUARD. Jetzt so'n Jlas Bier all von Grabown drieben. Det kennt' ick so grade verdrachen all.
DR. FLEISCHER. Kreuzdonnerwetter, das macht aber heiß.
LANGHEINRICH. Jeh, hole drei Seidel, der Dokter zahlt.
DR. FLEISCHER. Gewiß! mit Vergnügen! das ist ja bloß Lehrgeld. *Er gibt dem Gesellen Geld, der Gesell ab.*
LANGHEINRICH. Nu missen Se lernen det Nägelschmieden, denn kennen Se bald for Jeselle jehn. *Er wischt sich den Schweiß ab und hockt sich auf einen niedrigen Werkzeugschemel.*
DR. FLEISCHER *ruht ebenfalls aus.* Man is schon zu sehr verpfuscht, Meister Kernich.
LANGHEINRICH. Na, et is ja ooch bloß so Zeitvertreib. Denn det Sie nich wern for Jeselle jehn: det kann ick mir an de fünf Finger abzähln.
DR. FLEISCHER. Nun, Zeitvertreib ist es wohl nicht allein.
LANGHEINRICH. Da wolln Se wohl ieber mir schreiben? wat?
DR. FLEISCHER. Ich will einfach das Handwerk mal kennenlernen.
LANGHEINRICH. Übern Vorsteher ham Se doch ooch jeschrieben. Det hat er Ihn eklich iebeljenomm. Und wat hat et jenützt. Janischt hat et jenützt. Nu hat er doch seinen Piepmatz im Knopploch.
DR. FLEISCHER. Wohl ihm, Meister Kernich. Wenn's ihm nur Spaß macht. Ich habe ja gar nichts gegen den Mann. Auch nicht das Geringste, wahrhaftigen Gott! — Das war ja bloß damals die Pelzgeschichte. Wie Krüger der Pelz gestohlen wurde. Der Krüger ist tot — und der Dieb ist tot — denn, müssen Sie wissen! ich kenne den Dieb —, und Wehrhahn, der is auch älter geworden. Älter und ruhiger —
LANGHEINRICH, *aufstehend.* Klüger nich! — Nu solln Se man sehn, det Rad dort, Herr Dokter! — Immer kernich, Dokter! feste zugreifen! Det schreit nich, wenn Se't ooch derbe anfassen. Ricken Se sich man zusammen 'n bißchen. Na sehn Se! — Na, schieben Se't man hier druff. *Dr. Fleischer bemüht sich, das Rad auf die gehobene Achse des Wagens zu schieben.* Det will allens jelernt sein! sehn Se woll! — Nu ziehn Se's man wieder runter, Doktor. *Er nimmt dem Doktor das Rad ab und hält es. Glockenläuten fern.* Horchen Se man. Der Piepmatz singt! — Det nenn' ick immer den Piepmatz, Dokter! Denn sag' ick immer: der Piepmatz singt: ick meene, wenn so de Glocken läuten.

DR. FLEISCHER. Sie haben doch dolle Einfälle, Meister!
LANGHEINRICH. Na, hab' ick nich recht, det der Piepmatz singt? Seit Wehrhahn den Piepmatz im Knopploch hat, denn haben de Jlocken anfangen zu läuten, und wenn de Jlocken und täten nich läuten, da hätte der ooch keenen Piepmatz nich.
DER GESELLE *kommt wieder mit Bier.* Meester Kernich! der Piepmatz singt!
LANGHEINRICH. Nu sehn Se't. Der kennt et schon gar nich anders.
DR. FLEISCHER *lacht, während er mit dem Wagenschmierpott wiederkommt.* Da will ich Ihn mal was sagen, Meister. *Er kaffert sich hin und fängt an, die Wagenachse zu schmieren.* Ich bin gar nicht gegen den Kirchenbau. Hier wohnt eine Schwefelbande zusammen, ein so ruppiges Allerweltsgesindel! daß da irgendwas Höheres wirklich not tut.
LANGHEINRICH, *ernst.* Wat Heehres muß sind. Immerzu doch! jewiß.
DER GESELLE. Meester, ick bin mal in Wald jewest. Weit drin in de Heide vor Sticker drei Jahren. Und wie ick so jeh' und an janischt denke: Uff eemal heer' ick so'n jroßen Radau. — Na, det sind Krähen, sach' ick zu mir. Und richtig waren et Krähen, Meester! De Federn flogen man so um und um. — Aber — wat nu de Hauptsache war: Et baumelte eener hoch in de Fichte. Der hatte sich oben uffgehängt. Ja, ja, et muß immer wat Höheres sind!
LANGHEINRICH. Prost, uff wat Höhres, Dokter Fleischer! *Er trinkt.*
GESELL. Ick bin ooch mal drin in de Kirche jewesen. Det heeßt, det war noch bei uns zu Hause. Und wie ick rauskomm', so wahr, wie ick hier steh' — ick denke, der ganze Turm fällt in: da saust eener runter, was haste was kannste. Und wie ick hinseh' — wat wird et sind? Die Jroßmutter is et vom Totenjräber. Die hat sich von oben runterjestürzt. Ja, ja, et muß immer wat Höheres sind!
DR. FLEISCHER. Eduard, vom Spotten bin ich kein Freund. Ich nehm's Ihnen sonst ja weiter nicht übel. Sie meinen's ja auch im Grunde nich schlimm. — Aber sehn Sie, das is der Fehler, Meister! Sie schütten das Kind mit dem Bade aus.
LANGHEINRICH. I, wat looft denn nich allens jetzt in de Kirche, det is'n scheinheiliges Wesen, det. Soll ick mir

mang die Brieder setzen. Nee, dazu kenn' ick de allzu jut. Da seh' ick det Luder sitzen, den Schmusow. Wat hat er mit seinen Sohn jemacht? Rausjeschmissen bei Nacht und Nebel. Braun und blau jeschlachen wie so'n Hund. Det war so'n verhungertes Jungchen von sechzehn, det sah Ihn nich älter wie elfe aus. Jeschunden hat er det arme Wurm, bis et in Caruz is rinjejangen. — Mein Bruder hat ihm mit rausjefischt. Was is det nu? 'n Mörder is det! Heute sitzt det Aas und verd[r]eht de Oogen.

DR. FLEISCHER. Meister, das kann ja alles sein.

LANGHEINRICH. Und denn reißt er de Fresse uff wie'n Scheuntor. Und brüllt wie so'n Schwein bei de Volksversammlung. 'ne Flotte muß sind! 'ne Lex Heinze muß sind! — Aber was de de Mächens im Hause sind: de Köchin, de Schleußern, de Schenkmamsell — wenn die nich wollen, denn setzt et Ohrfeigen. — Und denn obendrein: immer naus wie der Wind.

DR. FLEISCHER. Meister, 'ne Flotte müssen wir haben. Bei uns, da vermufft und verpufft zu viel. Sehn Se mal hier ringsrum in der Mark: das hockt und stockt und verbrennt in sich selber. Die Leute verzehren sich in sich selbst. Die Tatkraft hat kein Betätigungsfeld.

LANGHEINRICH. Det mag allens sind: ick versteh' et bloß nich.

GESELL. De Wolffen, was de de Fielitzen is: die jeht nu ooch all schon mit's Jesangbuch.

LANGHEINRICH. Na, nu man weiter [?]. Man weiterjeschafft. Det Bolitisieren, det hilft zu nischt. Denn bleibt mir de Arbeit liejen all. Ick menge mir lieber janich ersch[t] rin. —

DR. FLEISCHER. Gewiß, mit Heucheln und Augenverdrehen kommt man noch immer weit in der Welt. Das ist leider die schreckliche Wahrheit, Meister. Aber daran ist die Kirche nicht schuld. Ein Volk ohne Tempel ist zu bedauern. Ich habe einmal ein Verschen gelesen, das fing etwa so an... ich weiß nicht mehr recht — jedenfalls war der Hauptgedanke: der Tempel ist Gott. Dann ging es weiter: aber die Tempelpfaffen und den Teufel hineingeschaffen.

LANGHEINRICH. Det sachen Se man [n]ich zu laut, Dr. Fleischer.

Das Rad ist wiederum an den Wagen gesetzt. Langheinrich läßt den Hebebaum herunter. Rauchhaupt guckt über die Planke.

RAUCHHAUPT. Hast du Justaven nich jesehn?

LANGHEINRICH. Ede, mache die Deichsel rin — wat soll ich jesehn haben? Justaven? Nee!
RAUCHHAUPT. Ick hab' ihm zu Fielitzens rieberbeordert. Nu wart' ick wie Narr, det er wiederkommt und...
([Randnotiz] Wie wenig Pastoren und Agitatoren über das Volk Bescheid wissen.)
LANGHEINRICH. Ede!
GESELL. Meester?
LANGHEINRICH. Faß man hier an! — Bei Fielitzen sind se doch rin nach Berlin.
RAUCHHAUPT. Um fümfe wollten se wieder zurücksein. Denn sollt' ick Justaven rieberschicken. Nu wart' ick und wart' ick...
DR. FLEISCHER. Er wird nicht ins Haus können, wenn niemand da ist.
RAUCHHAUPT. Ick denke doch, Leontine is da.
LANGHEINRICH. Die ist zur Schwester nach Heidebruch. — Fest anziehn, anziehn! — Nu hole de Kette!
RAUCHHAUPT. Wat wird nu woll aus mein Rettichsamen. De Fielitzen wollte doch Rettichsamen. Nu hab' ick ihr Rettichsamen geschickt... nu is keener zu Hause und...
LANGHEINRICH. Ede!
GESELL. Meester!
LANGHEINRICH. Lege man hier det Dinges ins Feuer. — Det will woll dauern 'ne Weile, Rauchhaupt. Ick habe mit Schuster Fielitz jesprochen: der will all 'n Rejulator einkoofen. Wenn der man 'n letzten Zuch erreicht.
Rauchhaupt verschwindet.
DR. FLEISCHER. 'n Regulator, wie kommt er'n denn darauf.
LANGHEINRICH. Solange ick Fielitzen kennen tu', hat der'n Rejulator im Kopp. Nu soll et mal endlich kommen so weit. Ick jloobe, der ieberlebt et nich.
Gustav kommt getrabt.
DR. FLEISCHER. Da is ja Gustav.
LANGHEINRICH. Richtig! Rauchhaupt! Justav is hier!
Gustav ist sehr aufgeregt und zeigt, heftig gestikulierend, in die Gegend zurück, aus der er gekommen ist. Er will augenscheinlich etwas mitteilen, ohne daß es ihm gelingt.
DER GESELLE. Na wat denn? Raus mit den Rettigsamen!
LANGHEINRICH. Wat wist du denn, Justav? — Wat is denn los?
DR. FLEISCHER. Der Junge möchte uns irgendwas mitteilen.
Gustav gibt einen eigentümlichen Tutelaut von sich.

LANGHEINRICH. Na, wo brennt et denn nu? oller Pulverkopp! Mache man, det de zu Vattern kommst!
Gustav setz[t] die Hand trompetenförmig an den Mund, lacht und tutet und gestikuliert.
GESELLE. Ick jloobe, det Luder frißt Menschenfleesch! Det is ja 'n Kriegstanz soll woll det sind. Det hat janz 'n kannibal'sches Ansehn.
LANGHEINRICH. Ede.
GESELLE. Meester!
LANGHEINRICH. Halt'n man feste.
GESELLE. Junge, wiste woll stille sein! Dir fehlt et woll an de heechste Stelle? — *Er ist au[f] ihn zugegangen, Gustav dreht sich tutend um sich selbst und rennt tutend fort, die Straße weiter, ab.*
([Randnotiz] Zeigt Streichholzschachtel.)
LANGHEINRICH. Kinder, halt euch man ran noch'n bißken. *Er sieht nach der Uhr.* Gleich wird et Feierabend sind!
DR. FLEISCHER. Der hat irgendwo was angebahnt.
LANGHEINRICH. Laß er man anstiften, wat er will. Det is Rauchhauptens Sache, det er for uffkommt.
Hebamme Millern kommt angestürzt.
DIE MILLERN. Meester Kernig! bei Fielitzen brennt's!
LANGHEINRICH *läßt die Zange und Teile aus der Hand auf den Schemel fallen.* Wo brennt's?
MILLERN. Bei Schuster Fielitzen brennt's. Bei Schuster Fielitzen brennt's aus de Dachlucke.
LANGHEINRICH. — Bei Strombergern brennt et? Siehste woll, dat hab' ich mir doch jedacht all, Ede.
MILLERN. Bei Schuster Fielitzen. Nich bei Strombergern. Komm S[e] ooch hierher, Meester. Da könn Se's sehn. *Sie führt ihn nach hinten. Dr. Fleischer und Ede sind gefolgt.*
LANGHEINRICH. Ede, renne zu Scheiblern! loof! Hole de Ferde, geh! zu de Spritze. — Det schlägt ja schon iebern Jiebel ruff. *Er rennt ab in die Schmiede.*
DR. FLEISCHER. Wahrhaftigen Gott, das is ja bei Fielitzen.
MILLERN, *weinerlich, ängstlich.* Die Leite! nee! nee! Herr Dokter, die Leite! Ick plage mir nu tagein, tagaus.
DR. FLEISCHER. Nu is noch gar nich mal jemand zu Hause.
MILLERN. Ick renne, ick jönne mir keene Ruh' nich. Und so 'ne Leute... Nee, nee, Herr Doktor...
DR. FLEISCHER. Frau Millern, Sie sind ja ganz aufgelöst. Sie zittern ja förmlich am ganzen Körper.

MILLERN. Ick hab' mir ja so erschrocken — nee! — Nu blasen se! heern Se! nu blasen se schon. Und keen Droppen Regen an'n janzen Himmel. Nee, nee, die Leite, wat die so fern Jlück haben! ⟨Ick nehm' mir eben de Tasche, Herr Dokter! Da seh' ick... da seh' ick mit eenemmal... da riecht et so... wissen Se... so richtig brenzlich... richtig brenzlich riecht et mit eemal, und da seh' ick ooch schonn ... wie ick jehn will zu Wulckown — ick wollte zu Schiffer Wulckown jehn. Der hat doch 'ne junge Frau jeheirat. — Da kriech' ick nu um und um bei de Leute. Sie wissen et ja, wie et mir so jehn dut! Und so'n olles Weibsbild det, wie die Fielitzen... nee! nee! Herr Dokter! und hat so'n Jlück.⟩
DR. FLEISCHER. Mordsdonnerwetter, is das ein Rauch!
MILLERN. Det brennt ihn runter, det weeß ick schonn!
Schmied Langheinrich kommt wieder im Feuerwehrhelm und -gürtel.
LANGHEINRICH. Jehn Se man aus de Schußlinie, Millern, det is keene Wochenstube nich. Hier is nischt zu machen mit de Klistierspritze. Sehn Se man lieber zu Hause zu. Wenn Se nich rausholen Ihren Kram, denn kann es... uff Ehre kann et denn sind — det verbrennt Ihn zu Pulver, wenn Se nich zusehn.

([Randnotiz] Einfügung einer Szene, worin die Millern seine Hand faßt, es nicht versteht etc.)
Rauchhaupt erscheint wieder über der Planke.
RAUCHHAUPT. Meester! det brenzelt ja so in de Luft.
LANGHEINRICH. Et brenzelt jehörig. Bei Fielitzen brennt's all.
RAUCHHAUPT. Wat Teifel, da weeß ick ja janischt von.
LANGHEINRICH. Na, Menschenskind! dafor bist du doch Wachtmeester!
Ab in Richtung des Brandes.
MILLERN. Ach nee! um Jesus und Christi wille! kann et denn ieberspringen bei mich?
RAUCHHAUPT. Nu jeh man und schmeiß de Betten raus. Det is schon beinah'n Mittelfeuer. Und wenn sich der Wind bloß'n bißken drehn dut, det sind ja man kaum drei Schritt bis zu dir.
MILLERN *ringt die Hände*. Ach Jesus Maria! zu Hilfe! zu Hilfe!
Getute und gedämpfter Lärm.

RAUCHHAUPT. Det bin ick jewöhnt. So wat regt mir nich uff. Ick habe vielhundert Brände jesehen.
DR. FLEISCHER. Es is aber traurig für die Leute.
RAUCHHAUPT. Allens is traurich in de Welt: et is bloß de Frage, wie man et ansieht. Ick ziehe zum Beispiel Ananas. Und sehn Se: wo ick det Warmhaus zu stehn habe — meist is et ja in de Erde drin —, det jrenzt fast mit Fielitzens Hintermauer. Nu brauch' ick drei Tage nich heizen, sehn Se. *Ein Mann geht tutend vorbei.* Man nich so doll, August, immer langsam! — Det dir man ja nich de Hose platzt!
DER BLÄSER. Halt du de Schnauze, Urian. Verkriech dir in deine Maulwurfslecher! *Tutend ab.*
DR. FLEISCHER. Das is ja 'n ziemlich flätziger Kerl.
RAUCHHAUPT. I, lassen Se man! er meint et nich schlimm. Det is bloß allens de Rasche, sehn Se! Det is noch'n Dummer! der nimmt et ernst. Der weeß nich, wat vorjehen dut in de Welt. Ick kenne ja allens. Ick weeß Bescheid: Det is de Trompete von Jericho oder gar de Posaune vons Jingste Gericht.
DR. FLEISCHER. Jetzt raucht's ja sogar aus'm Keller raus.
RAUCHHAUPT. Ja, wenn Mutter Wolffen mal wat in de Hand nimmt. Denn wird et alles jründlich rasiert.
DR. FLEISCHER. Wie meinen Sie das?
RAUCHHAUPT. Ick meene man bloß. *Verschwindet.*
Dr. Fleischer geht in die Werkstatt, legt Schurzfell und Werkzeug weg, zieht seinen Rock an, setzt seinen Hut auf etc. Währenddem streben einzelne Männer, Weiber und Kinder über den Platz und nach dem Feuer zu. Sie verständigen einander durch Zurufe. Ein Junge stürzt in die Schmiede.
DER JUNGE. Meester! Meester!
DR. FLEISCHER. Ich bin nicht der Meester.
DER JUNGE. Se soll komm, Meester! 't brennt! bei Fielitzen brennt's all. Se solln gleich runter zur Spritze komm.
DR. FLEISCHER. Na Junge, hast du denn nich gehört? Ich bin nich der Meister! Der Meister is fort.
Die Kuchendreiern kommt.
DIE KUCHENDREIERN. Meester! Meester! Se solln gleich kommen. Ach, Meister: se warten ja alle schon. Se warten ja alle im Spritzenhause. Wissen Se schon, bei Fielitzen brennt's.
DR. FLEISCHER. Na freilich weiß ich das... freilich, Frau Dreiern.

DIE KUCHENDREIERN *erkennt ihn.* Ach, lieber Herr Doktor! nee, sagen Se bloß! Is es denn wirklich wahr, Herr Doktor? is die Fielitzen wirklich verbrannt?
DR. FLEISCHER. I, keine Spur. Die is in Berlin. Es heißt ja, es is kein Mensch zu Hause. Wie kommen Sie bloß auf so was, Frau Dreier.
RAUCHHAUPT *tritt durch ein kleines Pförtchen heraus, den Feuereimer in der Hand.* Da wer ick man ooch jehn und'n bißken so dun.
DIE DREIERN. Na, sagen Se bloß, Herr Oberschtwachtmeester! ist et denn wirklich wa[h]r, Herr Wachtmeester. 't heeßt ja, de Fielitzen is erstickt.
RAUCHHAUPT. Det mißte jrad ane Lieche sind... aber denn wer' die schon längst jestickt. *Der Gendarm kommt.* Morjen, Kolleje! *Gendarm Schulze grüßt stumm militärisch.* Wie jeht's, wie steht's?
SCHULZE, *in der Schmiede.* Is denn keen Langheinrich nich in de Schmiede?
DR. FLEISCHER. Der Meister ist längst ins Spritzenhaus.
SCHULZE, *zu Rauchhaupt.* Wie mag es denn nur jekommen sind?
RAUCHHAUPT. Det kann allens meegliche sind, Herr Kollege. Mutter Wolffen hat vielleicht Schwaben jesengt. Oder't Ofenloch schließt nich jut: oder der Schornstein kann ooch'n Riß habe[n], denn mit de Feuerversicherung muß et wat sind.
DIE DREIERN. Die Fielitzen soll ja jestickt sind, Herr Wachtmeester.
Von Wehrhahn [...?]
WEHRHAHN. Is denn noch keine Spritze da? — Was? is denn noch keine Spritze da? — Wo bleiben denn diese verdammten Schlafmützen? — Eh diese Gesellschaft sich ermannt, verbrennt ja den Leuten ihr Hab und Gut. *Ab, gefolgt vom Gendarm, von Rauchhaupt und anderen.*
Gustav kommt angetanzt.
DR. FLEISCHER. Gustav! komm doch mal hierher!
GUSTAV *kommt herangetanzt, sichtlich glücklich und befriedigt.*
DR. FLEISCHER. Gustav, setze dich mal auf den Amboß. Setzen! Gustav! verstehst du das? — Du sollst dich setzen, Gustav! verstanden?
GUSTAV *tanzt, lacht und zeigt nach dem Feuer und dann auf sich.*

DR. FLEISCHER. Na ja, ich weiß ja schon, was du meinst. Was willst du denn sagen? — Sag es mal deutlich! Ich schenk' dir auch hier eine blanke Mark.

GUSTAV *erzählt lebhaft etwas Unverständliches.*

DR. FLEISCHER. Aber freilich! Du hast ja recht! ganz gewiß! Nur mal etwas deutlicher, deutlicher, Gustav! — Da hast du die Mark. Nu bleibe mal hier. *Er zieht eine Schachtel schwedischer Streichhölzer.* He, Gustav! Gustav! wirst du wohl hierbleiben!

GUSTAV *rennt fort, dreht sich um, zeigt nach dem Feuer, schüttelt den Kopf: da hebt Dr. Fleischer seine Streichholzschachtel in die Höhe.*

DR. FLEISCHER. Halt! sieh mal hierher! weißt du, was das ist?

GUSTAV *bleibt stehen und kommt, scharf zusehend, langsam zurück.*

DR. FLEISCHER. Na also! Da siehst du! Das will ich dir schenken. Ich will dir die Schachtel mit Streichhölzern schenken. Aber erst mal ganz ordentlich hinsetzen, Gustav.

GUSTAV *langt nach der Schachtel, bettelt und bedrängt Fleischer, der ihn abwehrt.*

DR. FLEISCHER. Nein! nicht doch! nein! unter keinen Umständen! — Jetzt sag mal! wie hast du denn das gemacht? — Du hast doch das Haus dort angesteckt? wie?

GUSTAV *nickt grinsend.*

DR. FLEISCHER. Richtig, wie hast du es also gemacht? Ich wer mal die andern Hölzer erst rausnehmen. Nu zeige mal, Gustav, wie du's gemacht hast?

GUSTAV, *enthusiasmiert, grinst, stößt Laute aus, empfängt die Schachtel mit dem einen Streichholz. Wird sehr still, vergißt alles um sich her, streicht das Hölzchen sorgfältig und lacht laut und glückselig, als es aufflammt.*

DR. FLEISCHER. Da hast du das Haus also angesteckt.

GUSTAV *scheint es mit allen Mitteln zu beteuern.*

DR. FLEISCHER. Gustav! du schwindelst. Das is nich wahr! Du schwindelst mich ganz erbärmlich an.

GUSTAV *wird außer sich, beteuert, gerät in Wut.*
Gendarm Schulze tritt auf. Er macht Fleische[r]n Zeichen. Geht wie unbeteiligt seine Straße, wobei er sich Fleischer und Gustav nähert.

GENDARM SCHULZE. Dr. Fleischer!

DR. FLEISCHER. Jawohl! was gibt's denn.

GENDARM SCHULZE. Fassen Sie mal den Jungen fest.
DR. FLEISCHER. Wieso denn? was is denn los, Herr Wachtmeister!
GENDARM. Halten Se'n man recht fest, wenn's jeht. *Er faßt ihn[...?]* Ich gloobe, det wird woll der Brandstifter sind. *Die Millern kommt, trägt Pritsche[?], Handspiegel, Stuhl.*
GENDARM. Heda, Millern! meenen Se den?
FRAU MILLER. Ach nee! ach nee, ich weeß ja von nischt! ick habe doch janischt jesagt, Herr Wachtmeester.
GENDARM. Bloß, daß Sie ihn haben sehn ums Haus schleichen.
FRAU MILLERN. Ja, det ha ick jesagt, weil et wahr is, Herr Wachtmeester. Ick ha es von meinen Fenster jesehn. Ich legte[?] mir jrade zurecht mei Zeuges. Ick wollte zu Schiffer Wulckown jehn — da is doch wat Kleenes anjekomm und —
Wehrhahn.
WEHRHAHN. Wen haben Sie d'n[n] da? was is denn hier los.
GENDARM. Ich habe zu melden, Herr Amtsvorsteher: der Mensch hier hat sich verdächtig gemacht.
WEHRHAHN. Das is ja der Sohn von Rauchhaupt, was?
FRAU MILLERN. Ick hab' et von meinen Fenster jesehn. Ick legte mir jrade det Zeuges zurecht, det ick wollte zu Schiffer Wulckow jehn. Der liecht an de jroße Bricke unten. Dem seine Frau hat was Kleenes jekriecht — da konnt' ick'n sehn um Fielitzens Haus schleichen. — Det kann ick vor Jott beschwören, Herr Wachtmeester. — Erscht hat er jeklinkt an de Vorderdiere. Denn hat er sich iebern Zaun jemacht. Denn hat er int Kichenfenster jeguckt — und denn ha ick'n sehn an de Hintertiere — mehr kann ick nich sagen... Mehr weeß ick nich...
DR. FLEISCHER. Das ist aber ganz erklärlich, Frau Millern. Sein Vater hat ihn ja hingeschickt. Mit Rettichsamen zu Schuster Fielitz.
FRAU MILLERN. Mehr kann ick nich sachen! mehr weeß ick nich.
WEHRHAHN, *zu Gustav.* Mensch! Unglücksmensch! wie kommst du denn darauf? — Schämst du dich nicht in die Erde hinein! Was? hast du denn keine Schule besucht? — kennst du denn nicht die Zehn Gebote? wie? hat dir dein Lehrer nicht gesagt, daß Gott die Herzen und Nieren prüft und wie er die Sünden der Menschen heimsucht?

GENDARM SCHULZE. Der Junge is koppschwach, Herr Amts-
vorsteher.
*Drei Mann der Spritzenmannschaft rollen einen Schlauch
auf, sie wollen in die Gegend hinter der Schmiede, wo ein
Teich ist. Erster Mann Grabow, der Gastwirt. Zweiter Mann
Zinnowitz, der Barbier. Dritter Feuerwehrmann.*
GRABOW. Platz, Platz, meine Herren. Wir bitten um Platz.
ZINNOWITZ. Immer Platz! aus dem Wege, meine Herren. Wir
brauchen Wasser! wir müssen zum Wasser!
Langheinrich kommt gestürzt.
LANGHEINRICH. Zum Donnerwetter! Kreuzschockschwere-
kanon' ja! wo bleibt denn das Wasser? Immer weg da!
Platz da, zum Donnerwetter. Ick stehe ja da wie so'n Narr
mit de Spritze.
DRITTER [FEUERWEHRMANN]. Denn laß et man regnen,
heerschte, Schmied Langheinrich.
LANGHEINRICH. Keene Witze! ja! ick verbitte mir det. Du
denkst, et muß immer so jehn wie bei dir. Der Durscht
wird jelöscht, aber't Feuer nich. Lasse man anfahren,
Grabow, 'n Viertel.
GRABOW. Pst, Menschenskind. Da steht ja d'r Vorsteher.
LANGHEINRICH, *gekünstelt.* Wasser! Det brennt ja wie trocknet
Stroh... — Det brennt allens wie Zunder, Herr Amts-
vorsteher! Immer kernich, Jungs! Immer kernich, Kinder!
wat ha ick denn Beeses jesagt, oller Dämlack! Ick steh' ja
da wie so'n Affe mit de Spritze. Et fehlt an Wasser, Herr
Amtsvorsteher! Det brennt wie de Sozialdemokratie. *Ab.*
WEHRHAHN, *zu Schulze, der Gustav abführt.* Nun, ohne viel
Aufhebens, Schulze, marsch!
*Schulze führt Gustav etwa bis in die Mitte des Platzes, dort
stellt sich ihm Rauchhaupt entgegen.*
RAUCHHAUPT. Ho! wie denn? was denn? warum denn das?
WEHRHAHN. Keine Fisematenten, Rauchhaupt, bitte! Es
hilft Ihnen doch nichts. Verstehen Sie wohl!
RAUCHHAUPT. Wat heeßt dat. Da muß ick um Aufklärung
bitten. Ick muß mir erjebenst um Aufklärung bitten, det...
WEHRHAHN. Rauchhaupt! Machen Sie erst keinen Unsinn.
Sie sind ja doch selber Beamter gewesen. Da werden Sie
wissen, daß das nicht geht. Machen Sie erst kein unnützes
Aufsehen.
RAUCHHAUPT. Det ist mein Sohn hier, Herr Amtsvorsteher.
Ick mechte Sie hier janz pflichtschuldigst fragen: wat soll

hier mit meinen Sohn jeschehn. Ick will et wissen, Herr Amtsvorsteher.

WEHRHAHN. Vorwärts, Schulz! Immer kurzen Prozeß.

RAUCHHAUPT. Schulze! ick bin 'n Ehrenmann. Ick bin 'n Ehrenmann bin ick, Herr Vorsteher. Det is mein Kind. Da steh' ick for ein. Ick will wissen, wat los is, verstehste woll!

WEHRHAHN. Sie werden das seinerzeit erfahren. Und wenn Sie den Weg nicht freigeben, Rauchhaupt: das is Widerstand gegen die Staatsgewalt.

RAUCHHAUPT. Ick bitt' Sie um Jottes wille, Herr Vorsteher. Herr Vorsteher, tun Sie mir dat nich an. Ick... Jroßer Jott! wat is denn hier los? wat soll denn hier sind? Det versteh' ick janich.

WEHRHAHN. Ihr Sohn is verdächtig, verstehen Sie wohl?

RAUCHHAUPT. Wer sagt det? wer sagt det — *Er steht wie vor den Kopf geschlagen.*

WEHRHAHN. Das sage ich.

Wehrhahn geht voran, Schulz mit Gustav folgt, da kommt die Fielitzen.

WEHRHAHN. Frau Fielitz, Ihr Haus ist niedergebrannt. Es tut mir leid. Sie sind doch versichert.

FRAU FIELITZ. Ihr Leute, ihr Leute, was geht denn hier vor?

WEHRHAHN. Nehmen Sie sich's man nich zu sehr zu Herzen. Es ist ja sehr schlimm, natürlicherweise. Aber das ist mal Gottes Fügung, da dürfen wir Menschen nicht murren, Frau Fielitz.

FRAU FIELITZ. Ihr Leute, ihr Leute, was geht denn hier vor?

WEHRHAHN. Frau Fielitz! raffen Sie sich zusammen. Es ist Gottes Fügung! verstehen Sie woll. Wer weiß, wozu das noch gut ist später. Lassen Sie nur den Mut nicht sinken. Sie sind ja noch immerhin jung genug. Sie können noch alles wiedererwerben, und wenn es der Wille des Himmels ist, noch zehnmal, noch zwanzigmal mehr dazu.

FRAU FIELITZ. Ihr Leute, ihr Leute — da — brennt ja — mei Haus. *Sie heult.* Im Gottes — Jesu — und Christi wille — da brennt ja — da brennt ja — doch unser Haus.

WEHRHAHN. Durch Bubenhände in Brand gesteckt. Aber Fielitzen, bleiben Sie bei Besinnung. Ich rate es Ihnen als guter Freund. Solange Sie bei Besinnung bleiben, ist mir durchaus nicht bange um Sie. Sehen Sie sich diesen Menschen mal an!

[DRITTER AKT]

Neuer Schuhladen des Fielitz. Vorn links der Regulator, darunter ein Tischchen mit Schreiberein [?] und dem Geschäftsbuch.
Fielitz sitzt an dem Tischchen. Dr. Fleischer bei ihm.

DR. FLEISCHER. Ich bin gegen dieses Gesetz, Herr Fielitz.
FIELITZ. Herr Doktor, det is nich der richtije Standpunkt.
DR. FLEISCHER. Diese Leute sollen sich doch mal umsehen. Sie solln doch mal einen Blick auf das Volk tun. Sie sollen doch mal in das Volk hineingucken. Was haben sie denn mit dem allen erreicht. Zweitausend Jahre beinah nach Christus. Moral, das is grade zur Not so'n Lack, und ihre Religion: ebenfalls nur'n Lack — oder handeln wir etwa nach Christi Grundsätzen?
FIELITZ. Det is eben de Erbsinde, sehn Se, Herr Doktor!
DR. FLEISCHER. Herr Fielitz, nehmen Sie nun mal an: die Erbsünde fiele ab von dem Menschen. Wir würden auf einmal echte Christen. Wir glaubten, lebten und handelten so. Ich meine, so, wie's der Herr Christus gelehrt hat. — Wer würde da wohl das längste Gesicht machen? — Die Obrigkeit würde das längste Gesicht machen! Sie würde die Pfaffen zum Kuckuck jagen und alle zehntausend Teufel auf uns loslassen: damit wir schleunigst wieder zu Sündern würden. — Deshalb kann sie die eifrigen Pfaffen nicht brauchen — Leute, die durchdrücken, mag sie nicht.
FIELITZ. Herr Doktor, ick bin man 'n einfacher Mann. Aber daß Religion bloß sollte'n Lack sind und det de Moral bloß sollte 'n Lack sind — det — nehm Se's nich iebel —, det jloob' ick Ihn nich. —
DR. FLEISCHER. Herr Fielitz: geben Sie mir mal Antwort. Lieben Sie Ihren Nächsten so wie sich selbst? Ziehen Sie Ihren Rock vom Leibe und geben ihn dem, der keinen hat?
FIELITZ. Denn wär' ick ja ooch keen Sinder nich. Und sehn Se, et steht ja ooch in de Bibel: een eenziger Sinder, der Buße tut, is mehr wie neunundneunzig Gerechte.
⟨DR. FLEISCHER. Im Himmel, aber im Staate nicht. Der Staat, Herr Fielitz, der kennt kein Pardon. Und wenn er erst mal den Verbrecher gepackt hat: dann geht es ihm ganz mit Recht an den Kragen. Religion und Kunst ist das gleiche Ding: Religion und Moral sind verschiedene Dinge.

Moral ist die beste Erfindung des Staats. Die besten Bürger müssen sie haben oder, wenn sie sie nicht haben, heucheln, Herr Fielitz: und das ist eine nützliche Heuchelei, solange Kultur mit dem Staate verknüpft ist. Indessen die geistliche Heuchelei, die ist durchaus ohne Sinn und Verstand.⟩
DR. FLEISCHER. Moral ist praktisch fürs Leben, Herr Fielitz: sie kräftig[t] den Staat an Haupt und Gliedern, oder ich nenne sie nicht Moral. Ihr Satz mit dem Sünder, der Buße tut — und wenn man den Sünder wollte so himmelhoch stellen —, der würde den Staat ins Verderben stürzen. Es ist durchaus kein praktischer Satz.
FIELITZ. Herr Doktor, Sie sind noch'n junger Mensch. Ick bin ooch mal'n junger Mensch jewesen. Sie werden schon noch zur Besinnung kommen. — Sehn Se, ick war ooch so'n Sinder jewest — entschuldigen Sie mir man 'n Oochenblick, ick will bloß ma'n Rejulater uffziehn —, und sehn Se: et hat sich an mir bewahrheit. — Wat soll ick's denn leugnen. Sie wissen et ja! — Ick wa ma'n Jahr in Plötzensee! Det kam ooch von so 'ne Jaunasetze, sehn Se. Und sehn Se, nu hat Jott Segen jejeben, nu zieh' ick hier mein Rejulator uff. — Nee, nee, wat soll ick denn leugnen, sehn Se. Wat is, det ist. Ick leugne det nich. Det bekenn' ick frei offen vor jedermann.
DR. FLEISCHER. Herr Fielitz, wir kommen uns so nicht näher. Wir reden ja hier nicht von Ihnen und mir. Was ich sagen wollte, ist einfach das: ⟨Die staatserhaltende Kraft der Religion, ich meine, die überschätzt der Staat. Die Religion ist so sehr Privatsache, daß sie der ärgste Verbrecher hat — oder wenigstens haben kann. Ist es nicht so? Ein Mann, der die Gesellschaft aufs blutigste schädigt. So gibt's keinen ärgeren Gegensatz als den Kaiser, der seinen Staat vertritt — und den Papst, der den Himmel vertreten will und den Himmel gegen die Erde aufwiegelt. Der Himmel braucht keinen Nuntius: er offenbart sich in allen Geschöpfen, im Guten und auch im Bösen, Herr Fielitz.
Frau Fielitz kommt.⟩
FRAU FIELITZ. Na, Fielitz, wie lange geht das Gemähre. Weeßte denn nich, was de vorhast, hä?
FIELITZ. Na, soll ick denn nich meine Kunden bedien?
FRAU FIELITZ. Ach so, d'r Herr Dokter Fleischer is da.
DR. FLEISCHER. Wir sprechen eben von morgen, Frau Fielitz, da wird Ihr Mann ja 'ne Rede halten —

FRAU FIELITZ. Na ja, und a hat noch kee Wort nich gelernt. Wern Se denn ock zur Versammlung gehn?
DR. FLEISCHER. Das muß man ja doch. Wofür is man denn Staatsbürger. Wie stehen denn Sie zu der Frage, Frau Fielitz?
FRAU FIELITZ. Ich? gar nich. Fer Weiber schickt sich das nich.
FIELITZ. Herr Dokter, heeren Se man uff mich: ick bin für de Lex. Denn de Lex muß sind! — Hilft et nischt, na, denn schad' et ooch nischt. — Det nimmt ieberhand. Det jeht nich so weiter.
DR. FLEISCHER. Was nimmt überhand? was geht nich so weiter?
FIELITZ. Det jottlose Wesen nimmt ieberhand. Ick bin for Steckern. Det is mein Mann. De Tingeltangel und de Theatersch — und ieberall Bilder von nackte Menscher... Wat ha ick davon? ick bin for de Lex.
DR. FLEISCHER. Herr Fielitz: nu sag' ich mein letztes Wort. Solange es dem Muckertum nicht geling[t], das ganze Geschlechtsleben auszurotten, die Kinder von den Bäumen zu pflücken und Mann und Weib so gleichgiltig gegeneinander zu machen wie zwei silberne Löffel in einem Etui: so lange befördern sie nicht[s] als Gemeinheit, Seuchen und schamlose Heuchelei mit ihrer Entwürdigung des Geschlechtslebens.

([Randnotiz] Wie sind denn Nonnen und Pfaffen gemacht worden? Und wie ist denn der Papst gemacht worden? Ich denke, er hat eine Mutter gehabt.)

FIELITZ. Herr Doktor, so ha ick ooch mal jedacht. Und was ha ick von meinen Freisinn jehat. Ick hab' mir de Finger verbrannt, weiter nischt. — Was nutzt'n det, det ma Mitleid hat: ick meene, mit so'n jefallnes Mensch. Ick ha't gehat. Ick dachte bei mich: i, du wirst man nich so sein: und sehn Se, ick bin 'n bescholtener Mann. Ick bin for de Lex! Ick bin for de Lex!
DR. FLEISCHER. Na, jeder nach seinem Schagrin, Herr Fielitz. Gu'n Morgen.
FIELITZ. Moin! Moin, Herr Dokter.
FRAU FIELITZ. Gu'n Morjen! grüßen Se Ihre Frau!
Doktor ab.
FRAU FIELITZ. Fielitz! nu gib amal Obacht. Heerschte's! Das sag' ich dir jetzt zum letzten Mal. Mit Dokter Fleischern —

nu paß aber uf! — ich will ni, daß du dich mit dem einläßt.
Iich ha dirsch schon mehr wie eemal verboten. Nu merk
dirsch amal! das bitt' ich mir aus.
FIELITZ. Na? na? und wenn er mir kündigt det Geld?
FRAU FIELITZ. Scheiß d'r ock ei de Hosen ja! — Der macht
sich nischt aus'n Gelde dahier. Und eh der'n Menschen
mahnen tutt. Da schämt der sich ja ei de Erde nein. Derwegen, da schlaf ock geruhig, Fielitz. — Der Mann, denn
kenn' ich woll ernt genau. Das merkt woll'n Blinder, wo's
dem fehlt.
FIELITZ. Aber Mutter, et is doch'n Kunde. Nich? oder is et
am Ende keen Kunde, Mutter? Und soll ick'n keene
Stiebeln nich anmessen?
FRAU FIELITZ. Zuheern sollste! Keene Tummheeten labern.
Schade fer jedes Wort, das de redst. Du brauchst bloß ock's
Maul amal uftun dahier: da hat ma ock schon de Hucke
voll Tummheeten. — Stiebel anpassen, so, wie sich's geheert! und ees, zwee, drei, da kann a schon naus sein. Du
mußt ebens Kumplementieren lern.
FIELITZ. Ick weeß nich. Det is doch keen beeser Mann.
FRAU FIELITZ. Ick sach' dir: det is keen Umjang fer dich. Halt
du dir zu andre Leute, verstanden. Halt du dir an Leute
mit juten Ruf. — Und wenn de wersche immer so hart-
heerig sein: da hilft's nischt. Da muß ich wieder amal druff-
helfen. — Du weeßt, wie der Vorsteher ebens denkt! — der
steht doch schon längst uf d'r schwarzen Liste.
FIELITZ. Ick weeß nich...! det is 'ne verdrehte Welt.
FRAU FIELITZ. Du werscht se nich einrenken! — und Fleescher
erscht recht nich. M'r missen se fressen, wie se is. — Du
mechst woll ock so a Gimpel werden — 's scheint bala aso!
—, wie der Fleischer is? So, was ma so heeßt so a Gottes-
lamm: das geht ni aso, wie du dir das denkst. Dazu muß
ma schon hibsch a Kasten voll Geld haben: da kann ma
sich's leisten: sonst aber nicht. — Und ieberhaupt mit dar
alten Geschichte. Was du mit da Frauzimmern hast gehat.
Muß[t] du a Leuten das immer ufs Brot streichen?
Es klingelt.
FIELITZ. Et klingelt! halt's Maul!
Briefträger.
BRIEFTRÄGER. 'n Brief, Meister Fielitz! *Ab.*
Leontine, städtisch aufgedonnert, tritt ein.
LEONTINE. Jut'nabend.

FRAU FIELITZ. Jut'nabend!
LEONTINE. Gut'nabend, Mama! du kennst mich woll nich.
FRAU FIELITZ. Nee, Mädel!! nu sag m'r amal: bist du's?
LEONTINE. Nu freilich bin ick's — Junabend, Papa.
FIELITZ. Wat tausend! Du hast woll 'ne Erbschaft jemacht.
LEONTINE. Warum denn? — det is doch man janich so schlimm. Da hab' ick janz andere Sache[n] zu Hause. Det is doch man janich so schlimm, Mama.
FRAU FIELITZ. Nu heer ock! Du siehst ja reen aus wie 'ne Gräfen. Wie bist du denn zu dam Zeuge jekomm.
LEONTINE. — Da hab' ick janz andre Sachen zu Hause. Brauchst bloß man komm und nachschaun, Mama. — Sechs seidne Unterrecke mit Spitzen. Vier Hüte, zweee mit Straußenfedern. Ick hab' ooch'n scheenen Pelz, Mama.
FRAU FIELITZ. Nu komm ock und setz dich und ruh dich aus. Du bist ja sehr lange nich bei uns jewesen.
LEONTINE. Ick wollte nich komm, Mama, so zerlumpt. So abjerissen mocht' ick nich komm. Nu jeht et mir aber jut, Jott sei Dank!
FIELITZ *hat den Brief gelesen*. Mutter! det is wieder so'n Brief.
FRAU FIELITZ. Nu was d'n[n] fer'n Brief, hä? Zeig amal her. — Man[?] zu, Papa! mach dir bloß keene Gedanken. Nimm d'r a Zettel und lern deine Rede, und kimmer dich nich um solchen Dreck. — Papa tutt morgen 'ne Rede halten. *Sie liest.*
LEONTINE. Wat is'n det for'n Brief, Mama?
FRAU FIELITZ. Das is ebens immer noch wegen dem Brande. Da is so a Schweinhund, a anonymer: der schreibt immer Briefe an Papan. 's gibbt ebens hier zuviel schlechte Menschen.
([Randnotiz] Die sitzen alle im Glashaus.)
FIELITZ. Die jennen een nich 't Tageslicht.
FRAU FIELITZ. I, gönn oder nich gönn! was wolln se denn machen? — Da schreibt a, a wißte genau Bescheid. Nu, luß'n Bescheid wissen immerzu. Er schreibt, mir hätten's Haus angesteckt. Beweisen! Beweisen! das is de Hauptsache.
LEONTINE. Nee so wat! des is doch'n bißken zu doll.
FRAU FIELITZ. Mit Rauchhaupten is das dieselbe Geschichte. Der hat sich das ock in a Kopp gesetzt. Nu, mag er. Mir is das egal, was der schwatzt. Derwegen wär' m'r mei Essen schon schmecken. Wenn mir ock sonst täte besser sein. —

Jetze komm ock, mir gehn ei de Hinterstube. Du kannst m'r alles derzahlen, Mädel! komm, komm, mir gehn hinter, Papa muß lern.
⟨LEONTINE. Ick will mir man erscht drei Paar Stiebeln aussuchen. Ick hab' mir gedacht, wenn de die Stiebeln koofst — denn kannste doch jehn zu Papan und Maman. Warum denn zu fremde Leute tragen, det Jeld.
FRAU FIELITZ. Na, haste denn Geld?
LEONTINE. Is det etwa keens? *Sie öffnet ihr kleines Portemonnaie.*⟩
FIELITZ *sieht durchs Fenster*. Det is det Luder, der Rauchhaupt, Mutter. Der kriecht mein Leisten an Kopp.
FIELITZEN. Nu was denn? was hat's denn? da mag a doch! — Da mag a doch kommen, luß'n doch! *Ab mit Leontine.*
RAUCHHAUPT. Junabend!
FIELITZ. 'n Abend. Wie geht's, wie steht's.
RAUCHHAUPT. Wie soll et mir jehn, Fielitz. Beese, na ja! *Er seufzt.*
FIELITZ. Mir jeht et noch schlimmer wie beese, Rauchhaupt. Ick krieje det Zeuges nich rin in Kopp.
RAUCHHAUPT. I, du! Det wär' woll! Menschenskind! Du hast doch man bloß det scheenste Leben. Ick schinde mir rum, und ick komme zu nischt. Ja, wie ick noch Justav'n an der Hand hatte, aber nu ick alleene bin, fleckt et nich mehr.
FIELITZ. Ick weeß nich, wat du dir so schinden dust. Ick sollte man hab'n bloß so 'ne Versorjung. Du hast doch 'ne scheene Pension. Wat brauchst du im Sande rumbuddeln, Rauchhaupt. Verzehr du dein Jeld, und punktum, jut!
RAUCHHAUPT. Justav! wenn ick bloß Justaven hätte. Det Kind war anstellig, kann ick wohl sachen. Und Tag und Nacht willich war et. Jawoll. Und nu sitzt et in so 'ne Anstalt drin, und ick sitze ooch da [?] mit de lange Nase. Ick sitze und ha's Nachsehen. Jawoll! —
FIELITZ. Da wird et nu freilich nich jehn mit det Lern.
RAUCHHAUPT. I, lern man, Fielitz! ick störe dir nich, bloß wenn ick'n Schluck — mir frostert so! —, bloß wenn Mutter Fielitzen kennte so jut sind: 'n bißchen wat Warmes wäre sehr jut!
FIELITZ. Mutter! et soll wat zu trinken sind. — Ick weeß nich, wat du dich um Justav'n hast! Det is nu mit eene[m]mal, Menschenskind. Du wollt's[t] ihm doch los sein! hab dir doch nich.

RAUCHHAUPT. Ick? Justav'n? los sein? Justaven? ick — wat bin ick denn ohne Justaven, Fielitz?
FIELITZ. Denn haste man sollten hibsch Obacht jeben. Wat gokelt det Mistvieh de Häuser an.
RAUCHHAUPT. — Ick will dir man sachen wat, Fielitz, verstanden. Ick versteh' mir druff, uff so wat, jawoll. Ick krieje et raus. Ick wer det schon rauskriejen. Und jeht et nicht andersch, denn jeht et so. So jeht et, wenn et nich andersch geht. Wie... wie et nu jehn wird, det weeß ick schon. — Ick ha mir all schon bei die Jeister befragt: det Justav und hat et nich anjezindet, det Haus. Euer Haus, Fielitz, det steht fest. Und wenn ick und wollte mit meine Beweise — und jehe so, wie ick hier steh', vor Jericht, da haut et durch. Ick kann det beweisen. Der ist keen Brandstifter. Justav nich.
Fielitzen kommt.
FRAU FIELITZ. Ach, papperlapapp. Das ewige Gemähre. Hier trink du dein Grog, und hernachert luß guttsein. Das is ni zu ändern, was nutzt das Gemähre.
RAUCHHAUPT *trinkt*. Det is keen Brandstifter; Justav nich.
FRAU FIELITZ. Kuppdraslich is a, weiter nischt. Was soll denn der Junge sonst weiter derfier kenn. — Aber setz dich ock endlich dadriber weg.
RAUCHHAUPT. Ick — I! — nu jrade nich, Mutter Fielitz. Det wer ick beweisen Schulzen, jawoll. Ick war ooch all Wachtmeester bin ick jewest. Ick habe manch eenen jetransportiert, det Justav und is keen Verbrecher nich. Ick weeß et, ick warte man bloß noch'n bißken. Ick weeß et, wer't anjestochen hat. Jawoll, ick weeß et. Ick weeß et jenau.
FRAU FIELITZ. Nu, wenn de's weeßt, warum sagste's d'n[n] nich?
RAUCHHAUPT. I, wat denn! Ick habe Zeit, Mutter Fielitz. De Strippe reißt nich. Ick habe ihm fest. Det bißken Alibi, det kennt man doch. Na! mir kennt ihr doch beede nich dumm machen.

Notizen.
Arzt und Dr. Fleischer am Bett. Vorher Beichte — Fleischer allein. Der Arzt erzählt, wen sie gern mochte etc.etc., wie sie für ihn gewirkt und ihm lebenslang dankbar gewesen sei.
Frau Fielitz' Liebe zu ihrem Fielitz. Ihre Ratschläge etc. Ihr Mut dem Tode gegenüber.

»Ick ha mir da woll noch mal ufjerafft. Ick wollte immer vorwärts. Ick ha so Angst jehabt. Ick weeß nich, wovor. Ick jloobe, vor meine Menschenbrieder!«
⟨Dr. Fl[eischer] und Arzt haben sich unterhalten und nicht gemerkt, daß Frau F[ielitz] gestorben ist.⟩
Frau Fielitz zu Fleischer: »Sie sein d'r eenzigst gutte Mensch! Sehn Se, m'r wersch ejal jewesen. Sehn Se, ich hab' wie'n Schwein gelebt – ob ich un wär' ins Zuchthaus gekomm... Und was noch gutt im Vergangnen liegt...«
Ihre Träume.
»Gutt sein is gutt, sehn Se! ock, wie soll ma's denn machen?«

Das Verzeihen muß unendlich sein. Und deshalb ist Religion nicht Moral. Die Übertretungen der Moralgesetze werden und müssen immer geahndet werden. Kunst ist Religion.
([Am Rand] Motto?)

[II, 1—2]

[1]
DRITTER AKT

Die Amtsstube bei Wehrhahn.
Glasenapp.
An einer Bank sitzt Frau Fielitz und Schuster Fielitz (hält einen Regulator auf den Knien). Beide stieren vor sich hin.
Gendarm Schulze und ein anderer Gendarm halten Gustav, vielfach gefesselt, zwischen sich.
Langheinrich, noch als Feuerwehrmann, der Geselle, Dr. Fleischer, die Hebamme.
Von Wehrhahn hinter dem Amtstisch.

VON WEHRHAHN. Na ja. Das war etwa um welche Zeit?
LANGHEINRICH. Das kann sind so jejen halb sieben jewesen.
VON WEHRHAHN. Gut. Gegen halb sieben. Notieren Sie mal. — Und Sie waren zugegen, Herr Dr. Fleischer?
DR. FLEISCHER. Ich war zugegen. Ich hab' es gehört.
VON WEHRHAHN. Ganz unmittelbar, bevor der Brand ausbrach?
DR. FLEISCHER. Kurz ehe er ausbrach. Unbedingt.
VON WEHRHAHN. Sie, Millern, haben es auch gesehn.
MILLERN. Ick? nee, bei de Schmiede war det nich. Ick hab' ihm jesehn, aber nich bei de Schmiede. — Ick mache mir jrade mein Zeujes zurecht. Da seh' ick Justaven drieben ums Haus schleichen. Det wa... in meine Wohnung war det. So, wie ick so schleichen du', schlich er ums Haus. Und wie ick nu jehn will — mit eenemmal, da denk' ick, da riecht et so brenzlich, Herr Vorsteher!...
WEHRHAHN. Da schlich er sich also um Fielitzens Haus.
MILLERN. So wah, wie ick hier steh'. Ick hab' et jesehn. Ick hab' et sehenden Auges jesehn hab' ick't. Ick wollte doch jrade zu Wulko[w]n gehn. Der liecht bei de Bricke drie[ben] mit sein Kahn, und da hat seine Frau doch wat Kleenes gekriecht. Da wollt' ick noch jehn: denn ick bade ihm doch immer. Und wie ick nu jehn will, mit eenemmal, da denk' ick, da riecht et so brenzlich, Herr Vorsteher.
WEHRHAHN. Gut, gut, Frau Millern, das weiß ich schon. — Soviel ich die Sache bis jetzt überschaue — die Verdachts-

momente häufen sich ja —, führt alles auf diesen Jungen zurück. Das tut mir sehr leid um des Vaters willen, aber ändern, leider, kann ich es nicht. — Hat jemand den alten Rauchhaupt gesehn?

GESELLE. Ick hab' ihm sehn stehn bei't Wasserablassen, er hat ooch forsch mit an de Spritze jepumpt.

WEHRHAHN. Na ja, Mutter Fielitz, da haben wir's also. Was müssen Sie auch das Haus so allein lassen. Das sind nun die Folgen. Brennt es denn noch?

LANGHEINRICH. Det is alles janz ra[t]zenkahl runterjebrannt.

Die Fielitzen weint los. Fielitz sieht sie an, sehr blaß, denkt, daß sein Regulator rutscht und zuckt zusammen.

WEHRHAHN. Und Ihre windschiefe Arche, Millern?

LANGHEINRICH. Wa janischt zu machen, Herr Baron.

Die Millern fängt ebenfalls zu heulen an.

WEHRHAHN *steht auf. Tritt vor Gustav und hält diesem eine fulminante Moralpredigt. Er schließt:* Seid ihr denn nu versichert? was?

FRAU FIELITZ. — Nee nee, ma brauch[t] ock a Ricken wenden! Wenn mir das eener heut morgen gesagt hätte...!

WEHRHAHN. Das glaub' ich. Da wär's eben nich passiert.

FRAU FIELITZ. Da siste's, Fielitz! das haste davon. 's war reen, wie wenn eem schon was geschwant hätte. Ich wollte derheeme bleiben. Jawoll. A ließ mer doch keene Ruhe nich. —

FIELITZ. Na, du wollst doch zum Doktor wollt'st de doch hinjehn.

FRAU FIELITZ. Ja, kann ma eens denn alleene gehn lassen. Da heißt's bloß, ick muß jehn einkoofen heut. Da muß a nein und muß Leder einkoofen, und abends kommt a besoffen zurick.

WEHRHAHN. Ihre häuslichen Zwistigkeiten, Frau Fielitz, die gehn uns hier eigentlich gar nichts an.

FRAU FIELITZ. Da[s] sagen Sie so. Unsereens hat's Nasehn! — Wo solln mir jetzt hin, wenn der Winter kommt. Das Reißen sitz[t] mir in allen Knochen. Nu mechte man reenewegs betteln gehn.

VON WEHRHAHN. Millern, sind Sie versichert?

MILLERN. Ick?

VON WEHRHAHN. Ja. Waren Sie nicht versichert? wie?

MILLERN. Ach wissen Se, bester Herr Amtsvorsteher, da wer ich woll nich uff de Kosten komm. O Jott nee, det mir det noch treffen muß.

VON WEHRHAHN. Vom Inventar, is da was gerettet?
MILLERN. Jerettet? wo denn? vom Inventar? O Jott nee! nich so viel, Herr Amtsvorsteher. Außer wat ick hier bei mich haben tu'. Det alte Täschchen und wat so da drin is. 'n bißken Verbandstoff. 'n bißken Karbol. Jrade wat so de Profession verlangt. 'ne alte Kristierspritze, wat nu so is — de neie hat ooch der Deibel jeholt.
WEHRHAHN, *abwinkend.* Schon gut! schon gut! *Unterdrücktes Gelächter unter den Anwesenden.* Das genügt schon, Millern! — Der Mensch versuche die Jötter nich! Da is ja die Sache noch janich so schlimm — wenigstens wird ja deswegen die Welt noch nicht aussterben. *Alle lachen.* Psst, ernsthaft! Wir haben hier ernsthaft zu sein. *Er blättert in einem Buch, während einzelne noch ausplatzen.* Wir müssen nun also ein Protokoll aufnehmen. Glasenapp, also schreiben Sie mal. Zunächst aber hab' ich noch etwas zu sagen. Das wird mir zu bunt. Das jeht so nich mehr. Das ist nun in... meinem Amtsbezirk... — *guckt in [das] Buch* — ist das seit acht Wochen der siebente Brand: der dritte allein hier in unserm Ort. — Was diese drei letzten Brände anlangt, so wird sich die Sache vielleicht jetzt aufklären. *Zu Gustav.* Hast du da! den heutigen angelegt — und es ist ja beinahe nicht mehr zu bezweifeln —, so sind auch die übrigen zwei dein Werk. Damit dürfte dein Konto dann allerdings abschließen. Bleiben also im weiteren Umkreis noch vier. — Ich habe die Augen nicht überall. Aber soviel weiß ich: daß darin System liegt. Die Untersuchungen sind noch im Gang. Ich will also niemand direkt beschuldigen. Doch diese Verbrechen nehmen hier zu. Es ist hier, scheint's, die Gepflogenheit. Wenn die Leute gar nicht mehr aus und ein wissen, da zünden sie selbst ihre Häuser an. Der Versicherung wegen natürlich doch. Das passiert mit Häusern, mit Ställen, mit Scheunen. Aller Augenblick sieht man den Feuerschein — was bloß an Getreideschobern verbrennt, allein so im Herbst, das ist gar nicht zu zählen. Da lebt 'ne Armee einen Monat davon. Also wie gesagt: das geht so nicht mehr! *Rauchhaupt tritt ein.* Ich bin verantwortlich für den Bezirk. Und da kann ich wohl sagen: ich schäme mich. Ich schäme mich für den Bezirk, dem ich vorstehe. Es ist so. Wahrhaftig! ich schäme mich! Es ist Sünde! Gemeinheit! und Niedertracht. Wie kann man nur so zum Verbrecher werden! und wenn ihr

dem irdischen Richter entgeht. Dem himmlischen Richter entgehen sie nicht. — Nun, Rauchhaupt, treten Sie näher hierher.

RAUCHHAUPT, *zerlumpt und schwarz, tritt, gänzlich verständnislos um sich glotzend, näher.*

VON WEHRHAHN. Sie sind pensionierter preußischer Wachtmeister.

RAUCHHAUPT, *abwesend, steht mechanisch stramm.* Ick habe dem Schaden an Beine jekricht.

VON WEHRHAHN. — Ich hätte jewünscht, wie Sie nun mal hierherkommen... ein preußischer Wachtmeister außer Dienst: der sollte doch mehr auf sein Äußeres halten.

RAUCHHAUPT. Ich melde mich...

VON WEHRHAHN. Das gehört sich doch!

RAUCHHAUPT. Ich melde mich...

VON WEHRHAHN. Was?

RAUCHHAUPT. ... ganz jehorsamst zur Stelle. *Er glotzt den Sohn an.*

VON WEHRHAHN. Na ja. Das is nu 'ne schöne Bescherung! mir doppelt und dreifach unangenehm. Daß der Sohn eines königlich preußischen Wachtmeisters sich so was zuschulden kommen läßt: das ist doppelt und dreifach bejammernswert. Wie lange sind Sie schon außer Dienst?

RAUCHHAUPT. Zu befehlen! elf Jahre, Herr Amtsvorsteher. — Wat is denn mit meinen Justav passiert?

GENDARM SCHULZE. Det ha ick dir oft jenuch jepredigt. Det ha ick dir mehr wie eemal jesacht. Paß uff uff Justav'n, ha ick jesacht. Nu is et doch richtig jekommen so weit.

RAUCHHAUPT. Ick weeß janich, wat du jepredigt hast. So'n oller Ölkopp! quetsch dir doch aus!

VON WEHRHAHN. Rauchhaupt! vergessen Sie nicht, wo Sie sind.

GENDARM SCHULZE. Ich bitte zu Protokoll zu nehmen, daß Rauchhaupt mir dienstlich beleidigt hat.

RAUCHHAUPT. Wat? weil du so'n oller·Dussel bist? Da soll ick dir dienstlich beleidigt haben? So'n Ölkopp! wat jeht mir so'n Ölkopp an. Hat mir jepredigt! predige man! Vielleicht stelln se dir an bei de neue Kirche. Was biste denn preiß'scher Schandarm jeworn?!

VON WEHRHAHN. Also kurz und gut, Ihr Sohn kommt ins Loch, und nu machen Sie bitte, daß Sie hinauskommen: Sie verpesten uns bloß hier die gute Luft.

RAUCHHAUPT. Det is allens bloß Erdjeruch, Herr Baron! —

VON WEHRHAHN. Erlauben Sie. Das ist Pferdemist.
RAUCHHAUPT. Denn mißte det sein von de Ananas.
VON WEHRHAHN. Das is mir ganz gleichgiltig. Meinethalben! Sie wissen nun also, woran Sie sind. — Leute, macht mal ein Fenster auf. — Was stehn Sie noch? haben Sie mich verstanden!
RAUCHHAUPT. Det mißt'ick liechen! ick weeß von nischt.
VON WEHRHAHN. Ihr Sohn ist verdächtig — nu passen Sie auf! Ich habe nicht alles dreimal zu sagen! Ihr Sohn ist verdächtig, verstehn Sie mich: den Brand bei Fielitz verursacht zu haben. Absichtliche Brandstiftung liegt also vor.
RAUCHHAUPT. Wat? Justav? wat? — I, det jibbt et nich! *Er such[t] ganz ungeniert Gustav frei zu machen.* Laß[t] ihr mir man los meinen Justav, verstanden. Von so wat steht nischt in de Religion.
SCHULZE. Hände weg, oder...
WEHRHAHN. Hand weg! verstanden!
RAUCHHAUPT. Woso denn? Det sind ja bloß Liechen verfluchte! det Aas hat mir Sorjen jenug jemacht. Wofor hab' ick denn uff de Lauer jelejen und hab' ihm uff alle Schliche jepaßt hab' ick. Nu wer ick doch wissen, wodran ick bin.
WEHRHAHN. Das wissen Sie augenscheinlich nicht.
RAUCHHAUPT, *gehoben.* Ick nehm' et uff Diensteid, Herr Amtsvorsteher!
WEHRHAHN. Tempi passati! was tu' ich damit.
RAUCHHAUPT. Det mein Justav und hat det nich anjestochen. Ick habe schon schwere Jungs bewacht hab' ick. Aber so jenau nich, wie Justaven nich. — Manch eenen hab' ick jetransportiert —
WEHRHAHN. Das sind alles hier unerhebliche Sachen. — Wachtmeister, vorwärts! ab mit dem Kerl!
RAUCHHAUPT *fällt den Gendarmen, die Gustav abführen wollen, in den Arm.* Halt, sag' ick! halt doch! so jeht det nich! — Justav! hast du bei Fielitzen Feuer jelegt?
JUSTAV *nickt eifrig zustimmend.*
RAUCHHAUPT. I ja doch! Rindsvieh!
WEHRHAHN. Na sehn Sie woll.
RAUCHHAUPT. Wat soll ick da sehn? janischt seh' ick, Herr Vorsteher. Det det Luder verrickt is, det weeß ick all längst.
ZWEITER GENDARM. Dem mecht' ich schon seine Verrücktheit austreiben. Der stellt sich bloß so. Der is nich verrückt. Der is so gesund wie ich und — *zu Schulze* — der.

PARALIPOMENON II,1 · DRITTER AKT, I. FASSUNG   975

RAUCHHAUPT. Det weeß ick, det ihr nich jesunder in Kopp seid. —
ZWEITER GENDARM. Der hat's knüppeldick sitzen hintern Ohren.
⟨RAUCHHAUPT *tippt seinem Sohn mit dem Finger leicht auf die Stirn, und dieser macht jedesmal einen tiefen schreckhaften Knicks. Er wiederholt das schnell hintereinander etwa zehnmal.* So? sehn Se man zu, hier: wat is aber das? — Det is woll'n zurechnungsfähiger Mensch, wat? *Er faßt ihm in eine Vertiefung im Kopf.* Det hat ooch so'n saubrer Kolleje verschuldet. In Stall: mit sein Pallasch. Det war ooch so'n Spaß. Macht Spaß und haut ihm so ieber den Schädel. Et sollte nich rinjehn, jing aber doch. Nu sehn Se't, wat das for'n Verbrecher is?⟩
RAUCHHAUPT. So!? *Er tippt seinem Sohne leicht mit dem Finger auf den Scheitel, worauf dieser sogleich schreckhaft in sich zusammenknickt und wieder aufsteht. Das wiederholt er während des Folgenden etwa zehnmal.* Is det'n zurechnungsfähiger Mensch? wat? Kann so'n Mensch 'n Verbrecher sind? — Dem so wat in seine Jugend passiert is? *Das Knicken Gustavs erregt allgemeine Heiterkeit.* Ihr lacht, ihr Dussels! I, lacht immerzu! Det sind medizinische Sachen det. Det hat mir'n Jeneral jesacht. Euch hätte man sollt'n so wat uff'n Detz falln, in'n Dienststall, wie Justav'n dazumal, denn wär' et heut nischt mit de jroße Schnauze. ([Randnotiz] Rauchhaupts Philosophie. Er hat so viel gesehen und erfahren, daß er sich zurückzieht von der Welt.)
EDE. I, Rauchhauptens is ja all jroß jenuch.
Lachen.
WEHRHAHN. Schluß! Schluß! ich möchte um Ruhe bitten! — Inwieweit der Lümmel gesund ist, Rauchhaupt! das werden berufene Leute feststellen. Uns geht das heute zunächst nichts an. Meine Pflicht war einfach, ihn festzunehmen. Das andre ist Sache des Staatsanwalts. *Er macht eine befehlende Geste, daß man Gustav abführe.*
RAUCHHAUPT. Wer hat ihm denn denunxiert, Herr Vorsteher?
WEHRHAHN, *ungeduldig, heftig.* Hier. Da sind Streichhölzer, bitte jefälligst! Zwei Schachteln: die hat man ihm abgenommen. Die Millern hat ihn auch sehen ums Haus schleichen. Das Weitere sagen Sie sich wohl selbst. — Da haben Sie auch noch drei Zeugen stehn: den Dr. Fleischer

und Meister Langheinrich und schließlich auch sein Geselle noch. Dort ist er gewesen, kurz eh der Brand ausbrach, und wie er sich da benommen hat, das ist gravierend, ganz absolut! —

⟨*Er setzt sich selbst an die Spitze der Eskorte, und diese führt Gustav ab.*

RAUCHHAUPT. Nu also! jawoll doch! fiehrt ihm man ab! Denn wird woll det Falsche richtich sind!

Es entsteht nun, da die Gendarme und der Vorsteher hinaus ist, eine Bewegung und Stille.

LANGHEINRICH, *zu Fielitz.* Wo wiste dein Rejulater nu hinhäng?

FIELITZ. Ick habe woll noch nich jenuch an mein Pech. Du wist mir woll noch verspotten, Langheinrich!

EDE. 'n Schuster muß Pech haben, denk' ick mir.

FRAU FIELITZ. Schämt euch. Wer so im Unglicke is, den werd' ihr ooch noch mit Spott ibergissen. Ihr seid schonn sehr noblichte Kerle, ihr!

LANGHEINRICH *stößt sie mit dem Ellbogen.* Na, ham mir nich unsre Sache jemacht? det liecht allens so jlatt wie 'ne Tenne liecht det.

FRAU FIELITZ. Das versteh' ich nich, was du da sagen tust.

EDE. Ick habe jewurcht't wie so'n Ochse, Frau Meestern! Ick habe jewurcht't und jewurcht't und jewurcht: et wollte nich umfalln! ham Se't jesehn, Meester?

LANGHEINRICH. Det letzte Mäuerchen wollte nich ran.

EDE. Uff eemal denn kam et. Denn kam et jeprasselt. Ick hab' mir sehr dadrum anjestrengt.

FRAU FIELITZ. Was geht'n das mich an.

EDE. Ick meene man bloß. Von wejen wat Trinkbares, dacht' ick vielleicht.

Rauchhaupt zieht die Flasche und nimmt einen tiefen Schluck.

LANGHEINRICH. Det hat sich ooch Ede reichlich verdient all. Denn wenn so wat stehnbleibt, det jibbt gleich'n Abzug.

EDE. 'n Abzug von de Versicherung.

LANGHEINRICH, *dem Rauchhaupt seine Flasche gereicht hat.* Prost, Rauchhaupt. Mache dir man nischt draus! Wat heste denn sollen anfangen mit Justav? Wat Rechtes wer' det doch nie nich jeworn. Nu kommt er uff Dalldorf. Nu bist'n los!

RAUCHHAUPT, *langes Ächzen.* Det is nich so leichte, wie du dir det denkst, Meester!⟩

RAUCHHAUPT. Det kann durchaus nich gravierend sind!
VON WEHRHAHN. Mensch! — leider sind Sie nicht mehr im Dienst. — Sonst müßte man Ihnen doch Mores lehren. Was bilden Sie sich denn eigentlich ein.
MILLERN. Ick will et beeidigen Wort for Wort. So is er jekrochen um Fielitzens Haus. So wie so'n Hund sich so schleichen dut und...
RAUCHHAUPT. Wer?
MILLERN. Dein Justav. Ick hab' ihm jesehn. Det is Justav jewesen, keen andrer nich.
RAUCHHAUPT *schreit ihn [Dr.Fleischer] an.* Nu weil ick ihm habe beordert hin, mit Rettichsamen: denn muß er doch hinjehn.
DR. FLEISCHER. Er hat sich auch sonst verdächtig gemacht. Ich gebe ja zu, der Verdacht kann täuschen, aber dennoch...
RAUCHHAUPT. Jedennoch? jedennoch? wat? Jedennoch det sind alles Liechen sind det. In fimf Minuten jeht so wat nich: Da kann keen Mensch keen Jebäude nich anstecken. 'n massives Jebäude is et doch. Det jeht nich. Nu jar, wen[n]'t verschlossen is. Und offen wird't Fielitz nich haben stehn lassen.
([Am Rand] Fleischer: »In fünf Minuten, wieso denn da[s]?« Rauchhaupt: »Janz einfach. Weil er nich länger fort war.«)
FIELITZ. Verschlossen war't all. Der Schlissel is hier. *Er zeigt ihn.*
Wehrhahn winkt, abzuführen.
RAUCHHAUPT. Det schreit ja zum Himmel. Det duld' ick nich. Ick bin 'n jedienter Mann, Herr Vorsteher. Ick habe drei Feldzieche mitjemacht. Bei Dippel bin ick blessiert jeworn. Ick habe de Brust voller Ehrenzeichen. Ick bitte, det man mir jlauben tut! ick bitte umt Wort! Ick will verhört werden! Ick will mir äußern zu Protokoll —
ZWEITER GENDARM. Platz! Platz machen!
RAUCHHAUPT. Halt! hier jeh' ick nich wech.
WEHRHAHN. Was? wollen Sie mir vielleicht auch nicht Platz machen?
RAUCHHAUPT. Ick bin 'n unbescholtener Mann, Herr Amtsvorsteher. Ick bitte ums Wort. Ick will stellen Bürgschaft für mein Sohn. Ick bitte mir det zu verjünstigen bitt' ick.
WEHRHAHN. Ich frage Sie, ob Sie mir wollen jetzt Platz machen?

RAUCHHAUPT. Ick stelle Kaution. Ick? ob ick will Platz machen? Jawoll will ick Platz machen. Janz jewiß.
Wehrhahn hat die Eskorte bei Rauchhaupt vorbeigeführt, diese mit Gustav ab. Wehrhahn geht auf seinen Platz, redet kein Wort, wirft nur entrüstete Blicke und schreibt.
LANGHEINRICH. Na, Rauchhaupt, nimm et dir man nich zu Herzen. Wat heste denn sollten anfangen mit Justav? Wat Rechtet wär' det doch nie nich jeworn. Nu kommt a uff Dalldorf. Nu bist'n los.
RAUCHHAUPT, *er nimmt seine Flasche heraus*. Det is allens Dalldorf. De janze Welt! *Er nimmt einen tiefen Zug aus der Flasche und geht.*
VON WEHRHAHN. Wie? was? nu man ruhig erst hiergeblieben.
RAUCHHAUPT. Wat soll ick den[n] noch?
VON WEHRHAHN. Das werden Sie sehn. Wenn Sie glauben, daß das so geht, lieber Freund! daß man so darf umspringen mit der Behörde: dann begreif' ich das nicht — Sie müssen geträumt haben! —, daß Sie jemals Gendarm gewesen sind.
FRAU FIELITZ. Nee, Rauchhaupt, was du o fer Sachen machst!
RAUCHHAUPT, *hochspringend*. Du! Du! — Dir kenn' ick woll etwa nich?
FRAU FIELITZ. Na, meen' ick's denn etwa nich jut mit dir?
RAUCHHAUPT. Wenn du det sachst und's is wahr, denn jloob' ick't. *Trinkt.*
FIELITZ. Verbrenn dir dein Maul nich. Det jeht dir nischt an.

[2]

DRITTER AKT

Im Amtsbüro bei Wehrhahn. Dunkelheit. Lampe.
Glasenapp steht am Fenster, durch das Feuerschein hereindringt.
Feuerglocke.
Hebamme Millern kommt hereingeweint.

GLASENAPP. Na was denn, Millern! — was is denn los.
MILLERN, *heulend*. Ick bin abjebrannt, ick bin abjebrannt!
GLASENAPP. Das is kee Wunder! das wundert mich nich. — Das hat ja grade so ausgesehn, als wenn's absolut und

sollte mit mit abbrenn. So tumm hat's Langheinrich ange-
stellt.
MILLERN. Nich wahr? Na ich sag's ja! O Gott, o Gott!
GLASENAPP. So 'ne Feuerwehr! soll mich doch Gott behitten!
Erscht krichen se nuff ufs Nachbarhaus. Das is doch
Ihres, was? oder nich? — Dann kommandiert der Brand-
meester: runter! und dann, statt mit der Spritze driber zu
gehn, da lenkt a'n Strahl uf de andre Seite und besprit[z]t
de Planken und Rauchhauptens Glashaus, wo keene
Gefahr erst nich gar nich is. Na, nu natirlich, weil dazu der
Wind ging, geht's ees, zwee, drei, und da brannte schon's
Dach. — Jetz uf eemal! ja heidi! nu gibbt er an Strahl.
Jawoll doch, denn muß er hibsch zeitiger aufstehn.
*Wehrhahn, Frau Fielitzen, weinend, Fielitz, sehr blaß, einen
Regulator tragend.*
WEHRHAHN. Frau Fielitz, es hilft nichts! fassen Sie sich. *Zu
Glasenapp.* Es is richtig doch alles runterjebrannt. Frau
Fielitz! Frau Fielitz! kommen Sie zu sich! Das sind Prü-
fungen Gottes! Ermannen Sie sich! Sie sind eine Christin!
Da müssen Sie Mut fassen. Und wie der Herr Pastor neu-
lich jesacht hat: wer weiß, wozu's jut is? wer weiß denn
das? — Wie haben Sie denn Ihre Uhr da jerettet?
FIELITZ. — Die hab' ick ja erscht heut in Berlin jekooft.
FRAU FIELITZ, *losbrechend.* Die is ebens schuld, daß das alles
jetz so is: sonste wärn mer zwee Stunden frieher zu Hause,
und da wär' so a Unglicke nich passiert.
VON WEHRHAHN. Wieso nicht passiert? wie meinen Sie das?
FRAU FIELITZ. Na, a saß doch wie angebacken beim Uhr-
macher. Und a mußt's doch o gleich mitteschleppen, das
Ding. Das hat uns doch ufgehalten so lange. Sonst wärn
mir um drei statts um siebene hier. Und um sieben is's
doch ersch[t] ausgekomm.
VON WEHRHAHN. Ach so! Jawohl! allerdings! Gewiß.
FRAU FIELITZ. Ihr Leute, wie das aso iber een kommt. An
Strick und ufhängen wer' schon's beste.
VON WEHRHAHN. Frau Wolffen, versündigen Sie sich nicht!
FRAU FIELITZ. Ach nee! nu war ma zur Not aso weit! — Ma
hat sich geschunden wer weeß wie sehr! nischt wie Schin-
derei, asu alt wie man is. — Nu kann eens ja wieder von
vorne anfangen.
FIELITZ. Die Frau hat et Unglicke jebracht int Haus. Det
jeht immer Schlach uff Schlach jeht et immer.

FRAU FIELITZ. Red du ni aso damlich, ja! Wenn ich deine Schulden nicht hätte bezahlt! Kee Ziegel, kee Nagel war deine, verstehste. — Ich hab' d'r kee Unglick ins Haus nich gebracht. Häst du geheert heute mittag bein Uhrmacher, da säßen ma jetzt ei guter Ruh': nu kannste de Uhre am Birnbaume ufhäng.

VON WEHRHAHN. Das alles hilft uns jetzt wirklich nichts. Interne Zwistigkeiten, Frau Fielitz, gehören auch weiter durchaus nicht hierher. Das eine muß ich ja allerdings auch sagen: Ihre Frau, Fielitz! ist ein Segen für Sie: und undankbar dürfen Sie also nicht sein. — Da heult ja noch eine! wer is denn da[s]?

Frau Millern heult stärker.

GLASENAPP. Die Hebamme Millern, Herr Amtsvorsteher.

VON WEHRHAHN. Ja richtig. Die habe ich selbst geschickt. — Wir sind dem Kerl nämlich auf der Spur —

GLASENAPP. Dem Brandstifter?

VON WEHRHAHN. Ja. Janz unzweifelhaft. Und wissen Sie, wer es sicherlich ist? Der Rauchhaupt. Vom alten Rauchhaupt der Sohn.

FRAU FIELITZ. Nanu! Nu werd woll de Welt bald einfalln. D'r Gustav? vom alen Rauchhaupt d'r Sohn? Nee, nee! das verschlagt een doch ganz a Verstand.

DIE MILLERN, *aus dem Weinen*. Ick machte mir jrade mein Zeuges zurecht. Und wie ick so jrade mein Zeuges zurechtmache: det wa... in meine Wohnung wa det, da denk' ick — du wist ma, denk' ick bei mich, ick habe zwee Fuchsienstecke zu stehn hab' ick, du wirst'n ma Wasser jeben, die Fuchsien — und wie ick mich beimache so mit mein Teppchen, da schiel' ick durchs Fenster schiel' ick so, und da seh' ick, bei Schuster Fielitz seh' ick, det Rauchhauptens Justav und schleicht sich ums Haus.

VON WEHRHAHN. Um Fielitzens Haus.

MILLERN. So wah wie ick hier steh', Herr Amtsvorsteher. Ick hab' et hellsehenden Auges jesehn. Ick leechte mir jrade mein Zeuges zusammen, indem ick mal wollte zu Wulkown runter. Der liegt an de Bricke mit sein Kahn. Vor acht Tagen hab' ick doch'n Kind jeholt, und nu muß ick noch jehn und baden, Herr Vorsteher. Und wie ick nu jehn will, mit eenem Mal, da denk' ick, da riecht et so brenzlich, Herr Vorsteher...

VON WEHRHAHN. Gut, gut, Frau Millern, das weiß ich schon.

Soviel ich die Sache bis jetzt überschaue, führt alles auf
diesen Jungen zurück: es ist eine Reihe verdächtiger Momente, die gar nicht zu übersehen sind.
MILLERN. So'n himmelsgottverfluchtiges Aas, det.
FRAU FIELITZ. Ich weeß ni. Das gloob' ich einstweilen noch
nich [?].
VON WEHRHAHN. Das ist ja auch lediglich meine Sache.
Langheinrich, Geselle und Dr. Fleischer, alle rußgeschwärzt.
LANGHEINRICH. Nu regnet['s]. Nu fängt et zu drippeln an.
Nu, wo et runterjebrannt is, Herr Vorsteher!
VON WEHRHAHN. Herr Dr. Fleischer! ich bitte recht sehr.
Bitte nehmen Sie Platz: es dauert'n bißchen. Ich muß Sie
durchaus noch vernehmen, ja! — Sie waren zugegen, Sie
haben's gehört, das Gebaren des Lümmels, bevor der
Brand ausbrach?
DR. FLEISCHER. Er benahm sich sehr auffällig, unbedingt. —
LANGHEINRICH. Sie haben 'n schon. Er is schon jefaßt all.
WEHRHAHN. So? wo denn?
GESELLE. Ick jloobe, int Schlachthaus, bei Quant.
WEHRHAHN. Bei Schlächter Quant? was tut er denn da?
LANGHEINRICH. Zusehn beit Schlachten, Herr Amtsvorsteher.
GESELLE. Uff das Metjeh is er tolle druff.
WEHRHAHN. Der Bursche kann's ja am Ende noch weit
bringen. — Na also! vorwärts! Immer heran. *Zwei Gendarmen bringen Gustav zwischen sich herein. Wehrhahn,
fortfahrend.* Hat jemand den alten Rauchhaupt gesehn?
GESELLE. Bei de Löscharbeet hab' ick ihm nich bemerkt all,
bloß nachdem 'n bißken, beit Wasserablassen.
SCHMIED LANGHEINRICH, *zu Fleischer, leise.* Nu passen Se uff
all, nu fängt et an.
WEHRHAHN, *zur Millern.* Das is doch der nämliche, den Sie
jesehen haben.
MILLERN. Det is der nämliche, janz jenau.
WEHRHAHN. Also, Jlasenapp! protokollieren Sie mal. — Zunächst aber hab' ich noch etwas zu sagen. Das wird mir zu
bunt. Das jeht so nicht mehr. Das is seit acht Wochen der
neunte Brand: der dritte allein hier in unserm Ort. — Was
diese drei letzten Brände betrifft, so wird sich die Sache
wahrscheinlich jetzt aufklären. *Zu Gustav.* Hast du da den
heutigen angelegt — und es ist ja beinahe nicht mehr zu
bezweifeln —, so sind auch die übrigen zweie dein Werk.
Damit dürfte dein Konto dann allerdings abschließen. —

Bleiben also im weiteren Umkreis noch sechs. Ich habe die Augen nicht überall.

GESELLE. Det stimmt all, Meester.

LANGHEINRICH. Wat, Doktor, det stimmt?

WEHRHAHN. Aber soviel weiß ich, daß darin System liegt.

GESELLE. Stimm[t] wieder.

LANGHEINRICH. Stimmt ooch. *Laut.* Ja, ja, det stimmt.

WEHRHAHN. Die Untersuchungen sind noch im Gange. Ich will also niemand direkt beschuldigen. Aber diese Verbrechen nehmen hier zu. *Er steigt runter und tritt vor Gustav.* Mensch!

LANGHEINRICH. Menschenskind.

WEHRHAHN. Hast du denn gar keine Ehre im Leibe.

GESELLE. Ooch nich die Bohne: nich in de Hand!

WEHRHAHN. Hast du denn kein Gewissen, was? Bist du kein evangelischer Christ, Kerl! Hat dich kein Mensch unterwiesen, du Lümmel!

GESELLE. Det Feuerkenmachen hat er jelernt.

WEHRHAHN. Weißt du von Gott und der Hölle nichts, von höllischer Pein nichts? und Strafe, was? — Da muß ich doch wahr und wahrhaftig sagen: da juckt es mir förmlich in der Hand. So'n Früchtchen: einfach die Hosen herunter und fünfundzwanzig gehörige drauf. — Heut möchten sie alles in Watte packen. — Da sieh doch mal an, Mensch, was du gemacht hast. Die Folgen von deiner schurkischen Tat. — Was hat dir die Mutter Fielitz getan, was? *Fielitzen weint.*

LANGHEINRICH. Riechen Se Lunte?

DR. FLEISCHER. Was denn?

LANGHEINRICH. Nischt. Mit Mutter Fielitzen stimmt et nicht janz.

DR. FLEISCHER. Wieso?

LANGHEINRICH. Det hat se nich jut jemacht.

DR. FLEISCHER. Was denn?

LANGHEINRICH. Det Flennen versteht se nich, Dokter. Ick bin man jespannt, was da rauskommen dut.

FIELITZEN. Nu Gustav! du wärscht doch ni so was gemacht haben. Du warscht doch sonst immer kee beeser Kirl. *Rauchhaupt tritt ein.*

WEHRHAHN, *wieder hinterm Tisch.* Daß der Sohn eines königlich preußischen Wachtmeisters sich so was zuschulden kommen läßt, ist doppelt und dreifach unangenehm. —

Überhaupt: ich schäme mich für den Bezirk. Ich schäme mich für den Bezirk, dem ich vorstehe. Auf Ehr' und Jewissen, ich schäme mich. — Sie sind doch versichert, Fielitz, was?
FIELITZ, *verlegen, der Regulator rutscht.* Ick...
LANGHEINRICH. Halt du man det Dinges fest.
WEHRHAHN. Wie steht's denn mit Ihnen, Millern? was, sind Sie versichert?
GESELLE, *zu Dr. Fleischer.* Jewiß doch.
FRAU MILLERN. Ick...
LANGHEINRICH. Wie wer ick ihr denn sonst woll abbrenn det Häusken?
DR. FLEISCHER. Langheinrich! nehmen Sie sich in acht.
WEHRHAHN. Ja oder nein?
MILLERN. Versichert? ick? Ach, wissen Se, Herr Amtsvorsteher! da wer ick woll nich uff de Kosten komm.
WEHRHAHN. Auch gar nichts vom Inventar jerettet?
MILLERN. Jerettet? wo denn? vom Inventar? O Jott nee! nich so viel, Herr Amtsvorsteher. Außer wat ick hier bei mich haben tu': det alte Täschken und wat so da drin is. 'n bißken Verbandstoff! 'n bißken Karbol! Jrade, wat so de Prozession verlangt. Ne alte Kristierspritze. Wat nu so is! de neie hat ooch d'r Deibel jeholt.
Unterdrücktes Gelächter bei den Anwesenden.
WEHRHAHN. Schon jut! schon jut! — das genügt schon, Millern: die Welt ist jerettet, Jlasenapp! *Ausbrechendes Gelächter.* Psst! ernsthaft! wir haben hier ernsthaft zu sein. Nun, Rauchhaupt, treten Sie mal heran.
RAUCHHAUPT, *glotzend, verständnislos, tritt näher. Er ist schwarz und zerlumpt.*
VON WEHRHAHN. Sie sind pensionierter preußischer Wachtmeister?
RAUCHHAUPT. Zu befehlen! ick... ick... wat soll ick denn hier? —
VON WEHRHAHN. Ich hätte gewünscht, da Sie nun mal hier sind: ein preußischer Wachtmeister außer Dienst, der sollte doch mehr auf sein Äußeres halten.
RAUCHHAUPT. Ick melde mir...
VON WEHRHAHN. Das jehört sich doch.
RAUCHHAUPT. Ick melde mir...
VON WEHRHAHN. Was?
RAUCHHAUPT. ...janz gehorsamst zur Stelle.

Pause.

VON WEHRHAHN. Na ja, das is nun 'ne schöne Bescherung! — Wie lange sind Sie schon außer Dienst?

RAUCHHAUPT. Zu Befehl! elf Jahre, Herr Amtsvorsteher! — wat is denn mit meinen Justav passiert?

GENDARM SCHULZE. Det ha ick dir oft jenuch jepredigt, det ha ick dir mehr wie eemal jesacht: nu is et doch endlich jekomm so weit.

RAUCHHAUPT. — Ick weeß janich, wat du jepredicht hast. So'n Dussel!

VON WEHRHAHN. Vergessen Sie nicht, wo Sie sind.

SCHULZE. Ick bitte zu Protokoll zu nehmen, det Rauchhaupt mir dienstlich beleidigt hat.

RAUCHHAUPT. Wat? weil du so'n oller Dussel bist, da soll ick dir dienstlich beleidigt hebben? Jewiß doch! wat jeht mir so'n Dussel an. Hat jepredigt. Jewiß doch! predige man! Vielleicht stelln se dir an bei de neie Kirche. Wat biste den[n] preuß'scher Schandarm jeworn? —

VON WEHRHAHN, *wütend heraus.* Also kurz und gut, Ihr Sohn kommt ins Loch! und was Sie betrifft und Ihr freches Behaben: darüber reden wir auch noch 'n Wort. — Jetzt vorläufig machen Sie, daß Sie nauskommen! Sie verpesten uns bloß hier die gute Luft.

RAUCHHAUPT. Det is allens bloß Erdjeruch, Herr Baron.

VON WEHRHAHN. Erlauben Sie! das ist Pferdemist!

RAUCHHAUPT. Denn mißt' det sein von de Ananas.

VON WEHRHAHN. Das ist mir ganz gleichgiltig. Meinethalb! Sie wissen nun also, woran Sie sind.

RAUCHHAUPT. Det mißt' ick liechen, Herr Amtsvorsteher!

VON WEHRHAHN. Ihr Sohn ist verdächtig, nu passen Sie auf! ich habe nicht Lust, alles dreimal zu sagen. Ihr Sohn ist verdächtig, verstehen Sie mich! den Brand bei Fielitz verursacht zu haben.

DER ARME HEINRICH

Editorische Bemerkung

[I]: Entstanden Mai—Juni 1899 als 4. Akt der ersten Fassung; als 3. Akt umdisponiert und überarbeitet im Zusammenhang mit der Konzeption des im folgenden unter [II] abgedruckten, unvollendet gebliebenen 4. Aktes. — Teilweise veröffentlicht bei: W. A. Reichart/Ph. Diamond, Die Entstehungsgeschichte des »Armen Heinrich«. — In: Gerhart-Hauptmann-Jahrbuch Bd. 1, 1936; S. 70—74.

[II]: Entstanden März—April 1901.

[III]: Entstanden nach September 1899.

[I]

DRITTER AKT

Das Kaminzimmer, wie im zweiten Akt.
Ein junger Ritter, fertig, aufs Pferd zu steigen, und Hartmann.

RITTER
So muß ich wirklich, ohne unsern Herrn
gesehn zu haben, wieder talwärts reiten?

HARTMANN
Es tut mir leid!

RITTER
Ich aber bin gewiß,
Herr Conrad wird es Euch wie mir verübeln.

HARTMANN
Was denn verübeln, lieber Herr?

RITTER
Herr Ritter,
Ihr wißt so gut als ich, wie sich die Zukunft
gestalten muß, wenn einmal unser Herr,
Herr Heinrich, nicht mehr ist.

HARTMANN
So gut als Ihr?
Vielleicht! Ich geb es zu. Doch besser nicht.
Wir beide wissen dies: Die Zukunft wird
sich so gestalten, wie Gott will; sie wird
nach seinem Ratschluß, der uns dunkel ist,
zu ihrer Zeit sich offenbaren.

RITTER
Nun,
Ihr weicht mir aus und habt dazu wohl Ursach'.

HARTMANN
Wie? Ursach' auszuweichen? Wenn wir einstmals
uns treffen unter Helm, vielleicht. Nicht heut.

Ihr sagt: »Wenn Herzog Heinrich nicht mehr ist.« —
Was dann wird sein, weiß Gott! Ob Ihr dann lebt,
ob ich, und ob Herr Conrad dann noch atmet,
wer kann das heute wissen? Ihr nicht, ich nicht!
Das heißt, sich streiten um des Kaisers Bart.

RITTER

Gut, gut, ich fühl es wohl, Ihr seid bemüht,
aus vielen Worten, welche harmlos scheinen,
ein undurchsichtiges Geweb zu weben.
Ihr seid bemüht, doch es gelingt Euch nicht.
Man mag, was heimlich ist, wohl offenbaren;
doch Offenbares ins Geheimnis ziehn
ist ein untunlich Ding, ist offne Torheit.

HARTMANN

Mein junger Rittersmann! — vergebt mir das:
In allen Züchten drängt es mich, zu fragen:
seit wann tragt Ihr das Schwert? — Ihr seid gesandt
von Herzog Heinrichs Vatersbrudersohn
mit Briefen, und Ihr wißt auf Ritterwort:
die Briefe sind in unsres Herren Hand.
Was wollt Ihr mehr?

RITTER

Ihn sehn! Ihn selber sehn!
Ich bin ein Edelmann, mein Schild und Blut
sind unbefleckt, ich bin hierhergesandt
von Herzog Heinrichs nächsten Blutverwandten.
Warum verweigert er's, mich zu empfangen?

HARTMANN

Doch wohl, weil 's ihm beliebt.

RITTER

Ihm — oder Euch! —

HARTMANN

Vergebt, wenn ich nicht Stoß mit Hieb vergelte.
Ich bin nicht jung genug für ein Turnier
mit Worten; auch das Alter hat sein Recht:
das Recht zu schweigen, wo die Jugend sich
mit Reden übereilt. Ihr seid noch jung!

RITTER
Jung, und doch alt genug, Euch zu durchschaun.

HARTMANN
Meint Ihr, Herr Ritter, wenn Herr Conrad je
erführe, wie Ihr heute mir begegnet,
daß er gutheißen werde, was Ihr tut?

RITTER
Ich tue nichts als das, wozu Ihr mich
zwingt durch ein abgemacht Versteckenspiel,
und überschreite meinen Auftrag nicht.

HARTMANN
Mag Gott verhüten, daß dies Wahrheit wäre!
Indes Ihr irrt Euch, irrt Euch ganz gewiß!
Ihr mißverstandet Euren Herrn, wenn Ihr
in seinen Worten Wunsch und Absicht laset,
durch Euch zu kränken unser aller Herrn,
so wie Ihr jetzt zu tun im Anlauf seid. —
Ihr brachtet Briefe. Gut! Die flüchtige Antwort
tragt Ihr im Wams: Zu End' ist das Geschäft;
seid uns ein lieber Gast, geht oder bleibet,
doch laßt uns von Geschäften nicht mehr sprechen.

RITTER
Wird morgen, übermorgen, oder später
Herr Heinrich mich empfangen?

HARTMANN
Nein!

RITTER
Nicht?

HARTMANN
Nein!

RITTER
Wenn ich vier, fünf, sechs Tage bleibe?

HARTMANN
Nein!

RITTER

So könnt' ich's auf den Kopf Euch sagen, Ritter,
warum es nicht geschieht.

HARTMANN
zuckt mit den Achseln.

RITTER

Herr, seht Euch vor!
Ihr habt ein hochverwegnes Spiel begonnen!
Und wenn Euch Ehr und Leben etwas gilt,
kehrt um beizeiten.

HARTMANN
— Junger Brausekopf,
wo wollt Ihr doch hinaus? Wo treibt Ihr hin?
Ihr, der Ihr guten Rat so wohlfeil gebt
— gebt, eh man bittet, ohne daß man bittet —,
seid selber, wie mir deucht, nicht gut beraten.
Drückt ein geheimer Auftrag Euch: sollt Ihr
geheime Kundschaft bringen — irgend eine,
Gott weiß nun welche! —, ei, so seid ein Fuchs,
nicht aber, mit Verlaub, Herr!, solch ein Bär! —
Der gnäd'ge Herr empfängt seit Monden keinen,
es sei wer immer, außer mir. Ihr seid
gewiß ein Ritter ohne Furcht und Tadel;
doch wie die Dinge sind, müßt Ihr gestehn,
Vorzüge zu genießen, hätte wohl
den Anspruch mancher andre noch vor Euch.

RITTER
frech herauslachend
Wie, drängt man sich so arg zur Huldigung?
Das nimmt mich wunder!

HARTMANN
schweigt, sieht ihn groß an.

RITTER
fortfahrend
— denn ich denke mir,
was sterblich ist, das wehrt sich seiner Haut.

HARTMANN
Ich bin kein Rätselrater.
RITTER
Ich indes.
Der Herr ist krank, so krank, daß keine Macht
und Kunst der Welt ihn wieder heil kann machen.
Von einer Krankheit ist er heimgesucht,
die zu benennen kaum sich traut die Zunge,
aus Furcht, sie werde unrein von dem Namen.
Vielleicht in dieser Stunde ist der Herr
hilflos und willenlos, wie dieses Bild,
das Ihr ganz nach Belieben setzen könnt,
wohin Ihr wollt.
HARTMANN
— — Ihr kamt zu früh, Herr Ritter!
Und wollt Ihr dies Herrn Conrad wiedersagen,
Gott weiß, mir ist's genehm. — Der Herr ist krank!
— Doch wollte jemand hoffen oder wähnen,
der kranke Adler sei kein Adler mehr,
der, wahrlich, fände bitter sich betrogen:
bitter und blutig, Herr, auf Ritterwort!
Und nun — mich ruft die Pflicht. Habt gute Fahrt!
Hartmann ab.
RITTER
— — — Wir sprechen uns dereinst, vor Herzog Conrad!
Geräuschvoll ab.
*Heinrich kommt, verstört, scheu, hastig. Er springt auf eine
Bank und blickt verstohlen durchs Fenster.*

HEINRICH
für sich
Er steigt aufs Pferd, und mit den Vögeln flieht
er fort von hier.
*Er starrt dem Davonreitenden nach, dann steigt er langsam
von der Bank und setzt sich darauf.*
— Ich aber kann nicht fliehn.
Darauf stutzt er, lauscht und springt auf. Hartmann tritt ein.

HARTMANN
Ich bin es, Herr.
HEINRICH
Ach, du. Nun gut. 's ist gut.

Er sucht sich zu sammeln und geht heftig hin und her.
's ist schlechtes Wetter! —

HARTMANN

Herbst!

HEINRICH

Fast Winter schon!
Nicht Winter und nicht Herbst: 'ne schlimme Zeit.
Warum doch machen sie kein Feuer an?
Mich friert. Wo willst du hin?

HARTMANN

Es fehlt an Holz.

HEINRICH

Laß nur! — Sag mir, was ist das für ein Mensch,
der da im offnen Hof nun schon drei Tage
von früh bis spät die harten Wurzelstöcke
zerspaltet? Ob es regnet oder schneit,
ob's nebelt oder stürmt: ich seh ihn immer
mit gleichem Eifer und am gleichen Platz.

HARTMANN

Es ist ein frommer Bruder, Benedikt,
der in den Meierhöfen Arbeit sucht,
nur für geringe Kost.

HEINRICH
stutzt, horcht
Was? Wieder hier?

HARTMANN

Wer?

Heinrich
Ritt er denn nicht fort?

HARTMANN

Der Bote, Herr?

HEINRICH

Der junge Ritter, der mir Botschaft brachte.

HARTMANN
Mir schien's, daß Gottfried ihm das Tor geöffnet
und er davonritt.
HEINRICH
Er vergaß wohl was
und kehrte um.
HARTMANN
Kann sein, denn dieses Herrlein
verwickelt oft sich in sein Netz von Worten,
daß er nur schwer sich manchmal wieder löst.

HEINRICH
horchend
Er hört sich gerne krähn, der junge Hahn.

HARTMANN
Saht Ihr ihn?
HEINRICH
Durch ein Astloch! —

HARTMANN
Wie? —

HEINRICH
Im Ernst.
Er trank den Krug auf einen Anhub leer
und war noch durstig.
HARTMANN
Hörtet Ihr ihn auch?

HEINRICH
In Teufels Namen, ja: Ich hört und sah.
Wenn ich schon horch und durch ein Astloch schiele,
dann hör' und seh' ich auf ein Haar soviel
wie Küchenmagd und Koch und Eseltreiber
und alle, die das tun. — Ich hört ihn knirschen,
ihn mit den Zähnen mahlen, als er aß.
Ich hört ihn schmatzen, schlürfen und schlampampen
wie einen jungen Eber.

HARTMANN
Ja, er aß
und trank und schmatzte gut für dreie, Herr.

HEINRICH

Ich wollt, ich wär an seiner Statt, weiß Gott!
Wo ist denn Ottegebe?

HARTMANN

Sie ist krank.

HEINRICH

Ich mach euch alle krank, mein guter Hartmann,
und weiß wohl, was ihr denkt in eurem Herzen.
Ihr habt ganz recht.

HARTMANN

— Nun wahrlich, Herr, Ihr irrt,
und wißt es auch, gottlob, wie sehr.

HEINRICH

Nichts weiß ich,
als daß ich einstmals einen Traum gehabt,
der tote Worte in der Hand mir ließ,
ein Häuflein schlechter Münze. — Wo die Welt,
die krank und feindlich heute mich umstarrt,
voll Sonne war. Damals, mit allen Wonnen,
kam eine in mich, eine Zuversicht,
Gewißheit, kurz: der Wonnen innerste,
wo etwas in uns jauchzt: ja, ja und ja!
Und triumphiert und jauchzt und wieder jauchzt
und wieder triumphiert. Im Traum! Im Traum!
Denn sieh, erwacht nun, triumphier ich so. —
O wehe mir! o weh mir immer mehr!
Warum denn wacht' ich auf in meinem Kerker
mit schweren Kettenkugeln an den Füßen?
Warum denn wacht' ich auf in meinem Grabe
und muß das Grauen kosten bis zum Grund — ? —
Geschmeidig war mein Leib und makellos,
gestählt, voll edler Kraft. Ich hielt ihn wert.
Ich deckte ihn mit Zendal, Gold und Seide,
und galt's zu kämpfen, hüllt ich ihn in Stahl.
Warum denn hat der Himmel diese Schmach
in mich gesät? Daß unter allen Greueln
der Welt ich selber mir der ärgste Greu'l
nun mußte werden! Wie? Warum? Warum?
Hab' ich gesündigt? Hab' ich mich vergangen,
dieweil ich dankbar war und froh zu Gott?

Wo doch die kleinste Welle meines Blutes
ihn lobte? — Wo ich meine Arme hob —
in meinen stillen Stunden wortlos hob:
im Feld, im Schiff, zu Pferde, tief im Wald —
nichts bittend, nichts verlangend, dankbar nur!
Wie? Hab' ich mich versündigt, Hartmann, sprich,
weil ich mich liebte? mich, der Gottes ist
vom Haare seines Hauptes an gemessen
bis zu den Sohlen seiner Füße! Wie?
Sollt' ich am Ende Gottes Werk nicht lieben?
Hilf! Rate mir! Du nennst dich meinen Freund.
Ich bin verwirrt. Ich bin ein armer Narr.
Hilf mir! Errette mich von meiner Narrheit!
Ich komme mir wie ein Betrogner vor,
betrogen und gestraft, um nichts! um nichts!
   Er steht fiebernd am Fenster.

          HARTMANN

Meint Ihr, zu Unrecht hat Euch Gott geschlagen,
und nennt Euch sündlos? Seht, so kann mein Herz
nur zittern und nur bitten in sich still,
daß sich Euer Sinn mag wenden, und daß Gott
in Gnaden Euch zur Reue führen mag.

          HEINRICH
     sich gewaltsam beruhigend

Wohl, wohl, ich weiß es! — Macht ein Feuer an!
Das Feuer ist mein einziger Gesell.
Und wenn es lustig schwatzt und mir erzählt,
vergeß ich manchmal mich und euch und alles.
   Er nimmt vor dem Kamin Platz. Nach einer Weile beginnt
   er wieder sehr ruhig.
Was tun? Sag an: was tun? — Was soll ich tun?
Er will die Lasten mir erleichtern, will
Verweser aller meiner Güter werden:
mein Vetter Conrad. — Hab er seinen Willen! —
Schreib ihm, er soll mir nur sechs Bretter lassen.
Ein kleines überm Kopf, eins für die Füße.
Ich selber will dem Meister Schreiner zeigen,
wie er ein Häuslein draus zusammenfügt,
darin auch ich mag den Verweser spieln:
so wird uns beiden dann geholfen sein.

HARTMANN

Nein. Bei der Freundschaft, die uns bindet, Heinrich,
bis übers Grab: Hier weigr' ich Euch den Dienst.
Nie reich' ich meine Hand zu einem Frevel,
der Euch zum Sklaven Eurer Magschaft macht,
und wißte sie mir noch so reichen Dank.
Ihr seid der Herr, mein Herr, solang Ihr lebt.
Und lebt Ihr nicht mehr, während Gottes Wille
mich noch auf dieser Erde hält, so will
ich Dienste finden, anderswo, nicht hier
und nicht bei Eurem Vetter. — Denkt an mich:
Habt Ihr die Zügel aus der Hand gegeben,
so stößt man Euch auch alsobald vom Roß,
und der besteigt es, der die Zügel hält.
Dann bricht die Reue noch in Euer Leid.
Und ob Ihr dann geneset oder nicht,
Ihr bleibt ein armer, heimatloser Mann,
ein Reiter ohne Roß, solang Ihr lebt.

HEINRICH
in sich zusammenbrechend

Ich will genesen, Hartmann, will genesen!
Was schieren eure ird'schen Händel mich!?
Mach mich gesund! Schaff mir aus meinem Blut
den fürchterlichen Fluch — so werf ich dir
all meine Güter, alle meine Burgen
und Rechte hin wie eine Hand voll Sand.
Reich bin ich! Mach mich heil! Bring sie zum Schweigen,
die Stimme, die da »unrein! unrein!!« heult
mir Tag und Nacht ins Ohr. Nenn einen mir,
der meine goldnen, reinen Jahre mir
kann wiedergeben — und den letzten Becher,
die letzte goldne Kette reich ich ihm
aus meiner Truhe, ja die Truhe selbst
und allen meinen Reichtum soll er nehmen,
bis auf die letzte Spange meines Kleides, —
bis auf das letzte Kleid! — —

HARTMANN

— — Ihr sagtet einst
zu mir, o Herr, dies Wort, in einer Stunde,
wo ein gelaßner Geist Euch ganz durchdrang

trotz allem Eurem Leiden... Wie denn war's? —
Weltweisheit, sagtet Ihr, und Religion
hat einen tiefen Sinn gemeinsam: den,
mit Gleichmut uns zu wappnen. Eine Lehre:
die: sich in Gottes Willen zu versenken
ganz willenlos. Und selber nanntet Ihr
Euch weise damals und im Einklang ganz
mit Gott. Heut nun verzweifelt Ihr.

HEINRICH

Mag sein.
Doch merke dir: Es ist ein dunkler Kampf,
den wir zu dunklem Ende ringen müssen.
Wohl ist in meiner Seele manches Mal
der Friede aufgeblüht, wie du jetzt sagst;
doch was da blüht, das hat ein kurzes Leben,
und jener goldne Einklang sprießt zumeist
nur zwischen Schlachten auf. — Sei nur nicht unwirsch!
Es dauert wohl nicht lange mehr mit mir.
Und hätt' ich nicht den Vögeln nachgeschaut,
die hoch in dichten Schwärmen südwärts streben...
ich hätte wohl an meiner Kette dann
nicht wiederum gerissen dir zur Pein.

Er hat sich erhoben und geht langsam ab. Hartmann bemerkt
sein Fortgehn erst, als er im Verschwinden ist. Er schüttelt
den Kopf, seufzt und tut einige Schritte. Darauf tritt Gottfried
ein, blaß und verhärmt.

GOTTFRIED
Der Herr ging eben fort?

HARTMANN
Ja.

GOTTFRIED
Hörtet Ihr,
wie ungefüge mir der Ritter drohte
zu guter Letzt?

HARTMANN
Von Brennen sprach er was.

GOTTFRIED
Ausbrennen werde man das ganze Nest —

er sagte: Ketzernest! — bis auf den Grund.
Und sei mir Gott genädig, Ritter Hartmann,
es wird geschehn, wo uns nicht Hilfe kommt. —

HARTMANN
— Ein Römling ist er, und auf seine Weise
tut er's dem Wolf nach, der auf Friedrichs Fährte
tritt, gierig lauernd, daß der Wandrer falle.
Graf Conrad mein ich.

GOTTFRIED
Ja, er tut's ihm nach,
dem römischen Wolf, und hält zu ihm. — Es heißt,
die Bettelmönche zögen durch das Land
mit Wut und wilden Worten; schrien und sagten's
gen jedermann, in Hütte und Palast,
des armen Heinrichs Schmach sei wohlverdient,
Gott habe sie verhängt. Er sei ein Türk',
wie Friedrich, dem er diene, und verflucht
auf ewige Zeit wie er.

HARTMANN
Dies geht noch hin.
Das giftige Geschwirm tut, was es muß,
doch seine Freunde fallen ab. Um ihn
wie hunderttausend bunte Motten, da
er heil und ganz in seinem Glücke schritt,
sind sie verstorben heut.

GOTTFRIED
Das alte Lied! —
Was mich betrifft, wenn ihm nicht Hilfe kommt
und er uns stirbt: mir bleibt alsdann ein Stab,
ein Bettelsack, ein Weib und sieben Kinder,
und sonst nichts weiter. — Sollt' ich etwas hoffen
von Herzog Conrad? Der als Knabe schon
hochfahrend sich und herrisch mir gezeigt?
⟨mir und den Meinen? — Nein! Ich weiß gar wohl,
ich würfe mich vergeblich auf die Knie,
um seines Mantels Saum zu küssen, trüge
vergeblich jede Schmach. Ich habe alles
von ihm zu fürchten. Nichts zu hoffen. — Seht:⟩
Er kann mir's nicht vergessen, daß ich einstmals,

als er die Sense nahm und wollte mähn,
ihm sagte: »laß, denn dies verstehst du nicht.«

HARTMANN
Das träge Harren, es zermürbt uns alle.
Könnt' ich mein Rößlein aus dem Stalle ziehn:
und müßt' ich mit dem Teufel selber fechten,
o welche fröhl'che Ausfahrt wäre das!
Doch stille liegen, eingesargt in Nebel,
nicht rippeln und nicht rappeln können, recht
wie ein ins Dreierbrot gebackner Schwab',
ist schlimmer als der Tod. — Was macht das Kind?

GOTTFRIED
Geht hin und seht es selbst. — Ich bin ein Mann
und eng mit meines Herrn Geschick verknüpft.
Doch warum muß dies Kind sich so verzehren
um fremdes Leid? Denn sie kasteit sich, geißelt
sich blutig, fastet ohne Unterlaß,
wacht, betet, ringt, und wenn der böse Geist
in lauten Schreien, lästerlichen Worten
aus unserm Herrn, nächtlicherweile, wütet,
so hebt sie, bebend wie das Espenlaub,
sich auf aus ihrem Bett und will hinauf
und will zu ihm und tobt, bis daß sie selbst
gleich einer Toten uns im Arme liegt.
  Heinrich ist schnell und plötzlich wieder da.

HEINRICH
Was schweigt ihr? — Redet weiter! — Stör' ich euch? —

GOTTFRIED
Nein, Herr.

HEINRICH
Denn wenn ich störe, will ich gehn.

GOTTFRIED
Nein, Herr.

HEINRICH
Du sprachst von Ottegebe, hört' ich recht?

GOTTFRIED
schweigt

HARTMANN
Ja, Herr, Ihr hörtet recht.

HEINRICH
Was gibt's mit ihr?

GOTTFRIED
schweigt

HARTMANN
Sie macht den Eltern Sorge.

HEINRICH
Immer noch?

HARTMANN
Ja, Herr, noch immer mehr.

HEINRICH
Ruf sie herein.

GOTTFRIED
sieht Heinrich mit einem langen, seltsamen Blick an, dann geht er.

HEINRICH
ihn zurückrufend
He, Gottfried! — Warum sahst du so mich an
mit diesem eignen Blick?

GOTTFRIED
sehr betroffen
⟨Ich weiß es nicht.⟩
Ich war wohl stutzig, da Ihr nun so lange
verweigert habt, das Kind zu sehn.

HEINRICH
Wie, stutzig?

GOTTFRIED
Nicht stutzig, Herr, nur ging mir's durch den Sinn,
warum Ihr jetzt wohl sie zu sehn begehrtet,
da Ihr so lange nicht nach ihr gefragt.

HEINRICH
's ist gut, und sie mag bleiben, wo sie ist.

GOTTFRIED
Nein, gnädiger Herr! so ist es nicht gemeint...

HEINRICH
Wie sonst?

GOTTFRIED
Ich wollte nicht mein Kind um das bestehlen,
was es so sehr seit Monden hat ersehnt.
Nur ist sie anders als sie früher war.
Und wenn Ihr möchtet die Genade haben,
an die vergangne Unart nicht zu rühren,
so würden wir — Brigitte, Herr, und ich —
Euch herzlich dankbar sein.

HEINRICH
Unart? Wie das?
Ich weiß von Ottegebens Unart nichts.
Kannst du mir das erklären, Hartmann?

HARTMANN
Ja.
Was Gottfried Unart nennt, ist freilich mehr.

HEINRICH
Was ist es?

HARTMANN
Nichts und viel. 'ne Kinderlaune...

GOTTFRIED
fortsetzend
Und unaustilgbar wie die Sünde.

HEINRICH
ungeduldig
Ei,
was ist es? Was?

GOTTFRIED
sich sammelnd
Es ist das gleiche, Herr,
um das Ihr sie aus Eurem Angesicht

dereinst mit Recht verbanntet. 's ist ein Wahn,
der sie umklammert hält mit Eisenfängen.
Sie müsse sich für fremde Sünden opfern.
Und dieser Irrsinn hat sie so gepackt,
daß wir vergeblich drohn und flehn, Brigitte
und ich, vergeblich klagen, unsre Hände
vergeblich ineinanderringen: Denn
ihr Herz... Euch schlägt es zu — uns ist es Stein.

HEINRICH

Verbannt ich sie? und wie? Aus welchem Grund?

GOTTFRIED

Aus keinem andern, Herr, als den ich nannte.

HEINRICH

Sie war mein Schutzgeist, warum nahmt ihr mir,
was Gott mir gab und ließ? — Hm! Wer nichts hat,
dem wird auch das genommen, was er hat.

GOTTFRIED

Herr: wir sind Euer, alle, wie wir sind.
Ich nahm Euch nichts, und Ihr verbanntet sie.
's ist, wie ich sage, wahrlich! wahrhaft so.
Allein als unsres armen Kindes Schmerzen
sich mehrten, dacht' ich oft, ich leugn' es nicht,
trotz allem wiederum vor Euch zu treten
mit ihr und unsrer Not. Dann aber, dann...

HEINRICH

Was dann?

GOTTFRIED

Dann dacht' ich wieder, wüßtet Ihr's,
Ihr möchtet ohne Willen, nur bedacht
den Brand zu löschen, doch die Flamme nähren
und...

HEINRICH

Ruf sie her, dies war nicht recht gedacht!
Gottfried ab. Pause.

HEINRICH

Mir schwant, du warst die Ursach', Hartmann, wie?
von diesem Ärgernis.

HARTMANN
Vielleicht wohl, Herr.

HEINRICH
Du brachtest uns ein Märlein, wenn ich mich
noch recht erinnre, nicht? Wie war es doch?

HARTMANN
Es war nicht ganz ein Märlein, dennoch aber
muß ich bereuen bis auf diese Stunde,
daß ich's vor Ottegebens Kindersinn
geheim nicht hielt.
HEINRICH
Wie war es doch?

HARTMANN
Ach Herr,
es ist uns besser, nicht daran zu rühren.

HEINRICH
War nicht ein Arzt im Spiel? Ein Sarazene?

HARTMANN
Ein Sarazene, ja, der sich vermaß,
der schädlichen Dämonen Herr zu werden,
die Euren Leib mit solchem Siechtum schlagen.
Doch infernalisch schien mir seine Kunst.

HEINRICH
Ich weiß nicht, wo ich's fand, in welchem Buch:
Daß man den leidigen Teufel immerhin
austreiben solle durch den leidigen Teufel:
Ob Gott die Hilfe bringe oder er,
sei einerlei, wo nur die Hilfe kommt.

HARTMANN
Ihr seid der Sache, scheint's, heut mehr geneigt,
doch einstmals wieset Ihr sie von der Hand,
als ich, seltsam bewegt, die Mär Euch brachte.

HEINRICH
Wie? Welche Mär? Denn ich vergaß sie. Sprich.

HARTMANN
Von dem Salerner Arzt und seiner Kur.

HEINRICH
Sie sei nicht ganz ein Märlein, sagtest du?

HARTMANN
Nein, denn der Teufel ist in vielem mächtig.

HEINRICH
Wer will entscheiden, was durch Gottes Macht,
was durch des Teufels Macht geschieht? Hat nicht
Gott selber seinen Sohn für uns geopfert
und das unschuld'ge Blut für schuldiges
vergossen, Hartmann? — Irrtum ist's! Nur Irrtum!
Ein frommer Irrtum, doch nicht Teufelei!
Nun tritt es deutlich vor mein Innres mir:
er wollte mich von meiner Sucht befrein,
mich gleichsam waschen durch unschuld'ges Blut.
Dies ist nicht Teufelei, nur Irrtum, Freund!
Ein arger Irrtum, doch nicht Teufelei.
Ist nicht durch Jesu Blut, für uns vergossen,
ein Sünder, der da glaubt, von Sünden rein?
Wer glaubt, kann selig werden, und wer glaubt,
wird durch des Sarazenen blut'ge Kur
vielleicht auch heil.

HARTMANN
kopfschüttelnd
            O lieber Herr, Ihr habt
es nicht bedacht...

HEINRICH
            Was?

HARTMANN
            Daß der blut'ge Türk'
ihr zuckend Herz der Jungfrau brechen will
aus der lebend'gen Brust. Wo ist der Mann,
der zehnmal nicht das Leben von sich würfe,
eh er's erhandelte um solchen Preis.

HEINRICH
Wer hielt mich einst zurück? Wer? Dazumal,
als ich das Leben wollte von mir werfen?

Nun? Siehst du nun, du schweigst. Du weißt gar wohl,
Heinrich von Aue fürchtet nicht den Tod,
und wahrlich, er bewies es manches Mal,
wenn über ihm die Türkensäbel blitzten.
Doch, Hartmann, wo der Finger Gottes winkt...

HARTMANN

So sagt Ihr heut. Ich aber weiß die Worte,
die Ihr dereinst zu Ottegeben spracht,
und die, Herr, klangen anders.

HEINRICH

Wie?

HARTMANN

Ihr sagtet:
»Viel lieber wollt' ich auf die Straße gehn
und, wie es armen Gottesleuten ziemt,
mit Kutte, Stang' und Glöcklein betteln. Lieber
als so die Ritterschaft mit Füßen treten
und dir willfahren.«

HEINRICH
achselzuckend

Hm. — Da ist das Kind.

Brigitte führt Ottegebe herein. Ottegebe ist jungfräulicher wie früher, aber sehr blaß, sehr eingefallen, sehr abgehärmt. Sie blickt auf die Erde, ihre Lippen zittern; leise, unwillkürliche Schauer gehn durch ihren Leib. Sie ist sehr dünn, nur mit einer Art Büßerhemd, bekleidet. Brigitte schiebt sie vorwärts. Auch sie ist abgehärmt und von einer seltsamen Ergebenheit, fast Gebrochenheit. Viele Tränen fließen fortwährend über ihr Gesicht, das immer den Ausdruck des Weinens annehmen will. Ein stummes, innerliches Weinen gleichsam ist der Hauptwesensausdruck Brigittens.

BRIGITTE

Geh, gib dem Herrn die Hand.

HEINRICH
dessen rechte Hand verbunden ist

Laß, denn sie ist
zu segnen nicht gemacht.

BRIGITTE
⟨Geh, gib die Hand.⟩
Sie nestelt an Ottegebens offnem Haar
Es war nicht Zeit, das Haar ihr aufzubinden.

HEINRICH
So wie es ist, ist's gut.

OTTEGEBE
weh und halb trotzig in sich
Ich mag es nicht!

BRIGITTE
Sie will, man soll das Haupt ihr scheren.

HEINRICH
— Ei,
frierst du in dieser Kutte nicht? — Geht jetzt,
laßt mich allein mit ihr.

BRIGITTE
*zitternd und zögernd, tut einen halben Schritt auf Heinrich zu,
mit flehentlichem Aufblick zu ihm*
Ja, Herr.

HEINRICH
Ihr seid
so seltsam alle! Was denn kam euch an,
daß ihr mit wunden Augen zu mir fleht,
als wär' ich euer Arzt und nicht der Kranke.
*Brigitte ab. Eine kleine Pause entsteht, danach erhebt sich
auch Hartmann mit einem Seufzer.*

HEINRICH
Auch du willst gehn? — 's ist gut! — Ich danke dir!
So werd' ich für mich selbst allein ergründen,
ob dieses Mägdleins Sinn zu wenden ist.

OTTEGEBE
überkommt ein Ausdruck von Festigkeit.

HARTMANN
ab.

HEINRICH
geht mehrmals auf und ab, tritt ans Fenster und wendet sich dann plötzlich
Nun, Ottegebe! — ?
Er greift in seine Tasche und bringt eine Handvoll Steinchen hervor
Hier sind Steinchen. Da!
Laß uns mit Steinchen spielen.

OTTEGEBE
faucht
Nein, Herr Heinrich.

HEINRICH
Wie, nicht? — Bist du zu alt für solch ein Spiel?
Bin ich nicht älter, Kind, und tu es doch?

OTTEGEBE
Du spottest meiner.

HEINRICH
Deiner spotten? Ich?
Was bleibt mir sonst? Die Zeit ist mir zu lang
ohn' Freud' und ohne Wonne. Soll ich ewig
den Dreschern zuschaun und den Ackerknechten
und eures alten Schimmels Flanken klopfen?

OTTEGEBE
Nein, Herr!

HEINRICH
Was sonst? Die Einsamkeit erschlägt mein Herz.
Pause.

OTTEGEBE
Herr, unsre ird'sche Frist ist kurz bemessen.

HEINRICH
Ein Tag dünkt mich zu lang. Ich mag nichts tun.
Der Weise legt die Hände in den Schoß.

OTTEGEBE
Herr, deine Weisheit schützt vor Sünde nicht.

HEINRICH
Wer sagt dir das?

OTTEGEBE
Der Bruder Benedikt.
Du sollst die Hände in den Schoß nicht legen.

HEINRICH
Was soll ich dann mit meinen Händen tun? —
Kannst du mich unterweisen und belehren,
so unterweise und belehre mich.
Er setzt sich und nimmt eine abwartende Stellung ein.

OTTEGEBE
zögernd und mit vieler Überwindung
Du sollst die Hände falten, Herr, und beten.

HEINRICH
Um was? Gott mag wohl wissen, was er tut,
ich will den ewigen Ratschluß nicht durchkreuzen.
Hör mir nun zu. Mir ist in keinem Weg
zu helfen mehr. Ich bin von alledem,
was ich einst war, nur heute das Gespenst.
Und dann: das Gift, das meines Körpers Säfte
verdarb, es hat auch meinen Geist versehrt,
er ist befleckt und voller böser Makel:
Daß ich dies weiß, ist noch mein bestes Teil.
Was ist an mir zu retten? Kaum genug,
um den geringsten Troßknecht draus zu bilden,
wie ihrer Tausende mir einst gedient.
Sieh, ich ward alles das, was ich verachtet,
scheu, hinterhältig, listig, feige, leer
in Haupt und Herz. Mein Arm ist schwach, so schwach,
der Speer entsinkt ihm, wenn er danach greift.
Meinst du, ich sollte betteln um mein Leben
und mehr noch winseln lernen? Nein, mein Kind,
denn ohnedies bin ich schon reif genug
in Wahrheit für den Tod.
Mehr noch, ich bin schon tot und abgeschieden
aus meiner Welt. Ob sie, wie jüngst mir träumte,
mich schon begrub — manch armer Lazarus
trug seine Schwären manches liebe Jahr,
und ward ihm doch die Totenmesse längst
gelesen. Nun, ich weiß es nicht. Genug,
wo ich getafelt, tafeln andre nun,

wo ich turnierte und den Preis errang,
turnieren andre, und ein anderer
erringt den Preis. Es trinken andre heut
aus meinen Bechern, reiten meine Rosse,
lachen mein Lachen — und ein andrer ruht
bei einer Frauen, die mir Treue schwur. —
Du fühlst ein Mitleid, gut, du willst mir helfen.
O wißtest du, wie all dies Mitleid schmerzt!
Fast mehr noch als der Hohn des schlimmsten Feinds.
Doch gut, du willst mir helfen. Habe Dank.
Dies Wort ist alles, was ich sagen kann,
und somit sei's genug.
OTTEGEBE
Nein, gnädiger Herr.
Es ist nicht recht, verzweifeln, wie du's tust.

HEINRICH

Nimm diesen Stab und pflanz ihn in die Erde
und bitte Gott, daß er dir Trauben bringe
mitten im Winter. Sind sie dann gereift,
so komm und heiß mich hoffen, eher nicht.
Pause.
OTTEGEBE
mit inbrünstiger Entschiedenheit
Herr, laß in aller Demut dich erbitten,
daß ich mag tun das... das, was muß geschehn.
Laß mich... ich muß doch fort! Laß mich gewähren.
Was soll ich hier? Ich muß doch fort! Ich fühl's.
Und gebt Ihr mir den Segensweg nicht frei,
so überfällt der Satan mich vielleicht
und reißt mich nieder und hinab zur Hölle.

HEINRICH
— —

Du bist verändert, seit ich dich nicht sah,
bist eine Jungfrau — eine Nonne fast, —
in keinem Weg das Kind mehr, das ich kannte. —
In was, sprich, muß man dich gewähren lassen,
und wohin mußt du, wenn du fortmußt? Und
was nennst du deinen Segensweg? Mir scheint,
mit dir wuchs etwas auf und wurde groß,
mit dir und in dir, irgend solch ein Wahn,

der sich vom besten Mark des Menschen nährt.
Erkläre dich!

OTTEGEBE
Es ist kein Wahn, Herr Heinrich.

HEINRICH
Nun gut. Es hält ein Glaube dich befangen,
du müßtest dich für meine Sünden opfern,
und dann... dann würd' ich heil. — Komm, setz dich her!
Hör zu. In einer schwachen Stunde wohl,
vielleicht — ich weiß es nicht genau! — vielleicht,
wenn meine Sinne sich so ganz verwirrten,
daß ich den Strohhalm, der vorüberschwamm,
für einen Balken nahm und danach griff,
war mir die Wundermär von jenem Arzt
auch solch ein Strohhalm. — Und ich geb' es zu:
An schwachen Stunden, jämmerlichen Tagen
ward ich nicht arm seither. — Und was ich noch
vor meinem Ende darf bestimmt erhoffen:
Es ist ein langer Zug von schwachen Stunden
und jämmerlichen Tagen. Ja, vielleicht,
wenn du so starr auf deinem Irrwahn fußest,
daß mich die Wut zu leben unversehens
noch einmal packt und jählings mich die Gier
hinreißt und ich die letzte, ärgste Schmach
noch letztlich auf mich lade und hinfort
das nicht mehr wehre, was du mir willst tun.
Davor beschütze mich.

OTTEGEBE
Herr, du mußt leben!
Was liegt an mir.

HEINRICH
Nein du, nicht ich, denn du
bist jung und rein, ich nicht. Durch alle Türen
des Lebens, heute noch dir zugetan,
schritt ich, und sollte dich um das betrügen,
was Gutes hinter ihnen deiner harrt?
Geh, geh, Versucherin! Du weißt noch nicht,
was Leben ist. Geh, lern es kennen, geh,
und wenn du es genossen, wirf es weg —
wie ich. Ja, Kind, ich prophezeie dir
mehr Wonnen, als du ahnst in diesen Stunden,

die mein unseliges Leiden dir zerstört,
denn du bist schön geworden, Ottegebe,
und trätest du in einen Rittersaal,
so möcht' ich wohl das Edelfräulein sehn,
das dich noch überstrahlte.

OTTEGEBE
still und fest
Nein, Herr, nein!
Das Leben lockt mich nicht. Mich lockt der Tod.
Ich kann es dir nicht sagen, gnädiger Herr,
warum ich nicht will leben. Doch ich sehn' mich...
von ganzem Herzen sehn' ich mich zurück.
Ich mag nichts suchen gehn in dieser Welt
und will nichts finden. Herr, ich weiß ja doch,
wenn du's gewährst, wonach ich so verlange,
daß es zum Heile dir und mir geschieht.
Du öffnest mir die Pforte nur ins Leben. —
Wißt' ich das nicht — jedoch ich weiß dies ja! —
dann hättest du wohl recht, mich so zu warnen. —
Nein, Herr, heb nicht die Hand so, schüttle nicht
den Kopf. Ich bin kein Kind mehr: du hast recht.
Ich habe alles, was ich sage, mir
bedacht, und was ich tun will, manchen Tag:
im Garten! wenn ich Garben band im Feld!
Auch wenn ich einsam Vaters Ziegen trieb
und an den Lehnen hütete! Und dann
vor Gott und meinem Heiland in der Kammer.
Mit ihm und durch ihn tu ich's offnen Blicks.
Die Blinden alle haben mich gewarnt.
Umsonst! umsonst! Weil ich nicht weiter will
in dieser Welt der Sünde schreiten, sondern
heimkehren, heim zu Gott ins Paradies.
Ja, lieber Herr, das will ich! — Und du weißt nicht,
wie schön es ist, das Paradies! Du hast
es nicht gesehn, wie ich es oftmals sehe,
sonst würdest du mich wahrlich nicht beklagen,
sondern beneiden, daß ich eher es
betreten darf als du. — Und dann, Herr, Herr,
erwart ich dich! — Der Tod? Was ist der Tod?
Mein Herz lacht seiner, Herr! Ein grimmer Scherge,
der mein Gefängnis auftut, nicht verschließt.

Laß ihn nur kommen, Herr, den Arzt. Er mag
in diesem Leib nach meinem Herzen suchen,
er findet's nicht. Der liebe Herr im Himmel
verwahrt's, und seines schlägt in meiner Brust.
Sollt' ich da Tränen weinen? Wie? Warum?
Es wäre denn vor Freude...

HEINRICH
Ottegebe!

OTTEGEBE
mit leuchtenden Augen

Ja, Herr!

HEINRICH
Bist du es, die dort vor mir steht
und die ich reden höre?

OTTEGEBE
Ja, Herr, ich!

HEINRICH
Wer hat die Zunge dir gelöst? — Wer lehrte
dich reden, dich, die Schweigerin vor allen?
Ein glühend Überwallen drängt aus dir
zum Tode, wie ein Kelch, ein schöner Kelch
von heißem Weine dunkel überschäumt.
Ich will dich fragen, Kind, ich muß dich fragen,
bin ich's, der solches alles in dir weckte? — ?
Ja oder nein? Wie? — Oder tätest du
um einen Bettelmann am Straßenrain
das gleiche als um mich?

OTTEGEBE
starrt ihn an, bestürzt und errötend.

HEINRICH
Komm einmal näher,
blick auf! Verbirg dein liebes Antlitz nicht
wie eine Sünderin. — Denn dieser Purpur
macht dich zur Heiligen mehr in meinen Augen,
als irgend einer Nonne blasses Kleid.
Schüchternes Mädchen! Kleine Bauerndirne!

Was ward aus dir? — Was bist du für ein Bote?
Bist du mir deshalb nur herabgesandt
in deiner süßen Reine, daß ich mich
zehnfach verworfen nur empfinden soll —?
O müßt' ich das nicht glauben! — Komm, o komm!
Nein, bleibe! Nie berühre je den Scheitel dir,
was unrein ist. Gott lähme meine Hand,
wenn sie dies je zu tun sich unterfängt.
Doch wär' ich rein und trüg' ich eine Krone,
ich nähme sie von meiner Stirn herab
und setzte sie, mit Myrtengrün durchflochten,
dir, Jungfrau, auf dein Haupt! — Und nun gib acht:
Brigitte! Gottfried! Hartmann! Kommt herein!
Brigitte, Gottfried und Hartmann kommen.
Seht hier: Ein störrisch Kind hab' ich erwartet,
und eine Heilige kam herab zu mir.
Ich habe diese Flamme nicht geschürt,
Gott ist mein Zeuge! Doch wo sie nun brennt,
verbreitet sich's wie Ruch von Sandelholz
und Myrrhen um mich, meine Nacht wird hell,
und ich nicht kann — vor Gott und Menschen nicht! —
berufen sein, die Flamme auszulöschen.
Versucht ihr euer Heil.

OTTEGEBE
überwältigt, entzückt
Wie? Vater? Mutter?!

GOTTFRIED
fängt die Umsinkende auf
Sie stirbt.

OTTEGEBE
Nein! Nein!

BRIGITTE
Mein Kind! Mein armes Kind!

OTTEGEBE
von Gottfried und Brigitte hinausgeführt, entzückt mit geschloßnen Augen
Ach nun wird alles, alles, alles gut.
Ach nun wird alles gut.
Ottegebe mit Brigitte und Gottfried ab.

HEINRICH

— — —

Auf nach Salerne!!!
Was stutzest du und starrst ungläubig her,
als ob du Tote sähst vom Grab erstehn
und sich aus ihren dumpfen Tüchern wickeln?
So ist's beinah. Ich selbst empfind' es so.
Doch hat mich was berührt: Nenn's Gottesfinger,
nenn's wie du willst, — daß ich gesund mich fühle
wie lange nicht. Ich will die Flügel regen
und nochmals steuern in die goldne Welt.
Auf nach Salerne, sag' ich! — Denn bei Gott,
ihr Opfer nehm' ich an! Ich nehm' es an,
und stemmte sich dawider eine Welt
mit allen ihren Flüchen. — — Hartmann, Freund!
Verstehst du diesen wunderlichen Gott?
Ich liege bei den Würmern im Verlies,
im Schlamm und Unrat. Es bekreuzen sich
die Menschen draußen, wenn sie von mir sprechen,
und einer sagt zum andern: Gott behüte,
und nennen mich den armen Heinrich. Da
macht er mich reich. Er schlägt die Kerkerwand
mit seinem Aronsstab, und sieh, es stürzt
aus ihr ein heißer Labestrom des Glücks. —
Ich geb' dir Vollmacht, greif in meinen Säckel,
nun ward Gold wieder Gold und Goldeswert.
Laß Zendal schneiden, Scharlach, Hermelin!
Kauf güldne Borten, Sammet, jede Pracht
umgebe uns, wenn wir gen Süden fahren. —
Sie aber, hoch wie eine Braut geziert,
Sankt Ottegeb', die liebe Gottesbraut,
sie fahre her, wie eine Königin,
auf meinem besten Zelter. Dinge Knechte
für mich, und dinge Frau'n, die ihrer warten.
Spreng aus, ich sei gesund und wolle nun
Sankt Petern Dankesopfer tun zu Rom.
Auf nach Salerne, auf! Und diese Magd,
ich will der Welt sie zeigen und will rufen:
Wer ist so reich als ich... der trete vor!
Als ich: der arme Heinrich von der Aue.

[II]

VIERTER AKT

[Bruchstück]

In Salerno. Anfang Mai. Inneres eines maurischen Gartenhofes. Im Hintergrund sieht man das Portal, welches von der Straße aus durch das Haus hereinführt. Es ist geschlossen. An allen drei Seiten Haus mit Säulengängen und Türen. Zum ersten Stock und dem dortigen Umgang führt eine Treppe. Inmitten des Hofes liegt eine vergoldete, wasserspeiende Sphinx. Rasen, Palmen, Bananen, Lorbeer, Myrte, Magnolien, Azaleenbüsche, Goldregen, Kamelien. Rechts vorn ist eine Tür in einer hohen Mauer, rechts von der Tür eine goldregenüberhangene schwarze Marmortafel mit Inschrift. Über der Mauer Zedern, deren Zweige herüberreichen.
Man hört Maultierklingeln und Peitschenknallen auf der Straße. Hierauf wird der Torklopfer gerührt. Einmal, zweimal. Der Hof ist leer. Eine der Türen, die auf den Gang im ersten Stock münden, wird geöffnet. Ein maurischer Knabe schaut heraus. Es klopft wieder, und er eilt die Treppe hinunter und ans Tor, das er öffnet. Man gewahrt einen prächtigen Reisezug. Der Knabe stürzt die Treppe hinauf ab, um seinen Herrn zu rufen. Indessen treten Hartmann und Heinrich ein, wie sie von den Pferden gestiegen sind. Hartmann gerüstet. Heinrich fürstlich gekleidet. Panzerhemd und Schwert.

HEINRICH
Wo lief er hin?

HARTMANN
Ich weiß nicht, gnäd'ger Herr!

HEINRICH
Sind wir hier recht?

HARTMANN
Wenn anders er nicht log,
der Mönch, Herr, der mich wies.

HEINRICH
Mich schaudert's.

HARTMANN

                                            Herr,
mich nicht so sehr, nun, da die Pforte sich
geöffnet hat. Denn was sich hier erschließt,
ist mehr als draußen, in der dumpfen Gasse,
mich hoffen ließ.

HEINRICH

Mag sein.

HARTMANN

      Viel mehr! viel mehr!
Wann stand ich je vor einem finstren Tor
mit schweren, rost'gen Riegeln, diesem gleich,
und trat aus einem Gäßchen, jenem ähnlich,
aus dem wir eben erst entkommen sind,
in solch ein Paradies. Dort draußen herrschte
Gestank, Kot, Ratten, Moder, Schlamm und Pest,
feuchtkalte, ekelhafte Nacht, und hier
Licht, Blumen, Balsamdüfte.

HEINRICH

        Komm! ⟨mir ist...⟩
Ich weiß nicht, Freund! Komm! denn es legt sich mir
aufs Herz. Es schnürt mich ein. Mir dringt entgegen
wie Blutgeruch und Leichenbrodem, komm!
Und auf der Gasse will ich wieder atmen...

HARTMANN

Herr!

HEINRICH

Komm, ich bitt' dich, komm!

HARTMANN

           Herr!

HEINRICH

                  Komm!

HARTMANN

                        Ach Herr,
wie gerne tät' ich's — und ich tu es gern,
komme und gehe, kehre wieder um
und gehe wieder — doch wir sind nun hier,

und deshalb hört den Arzt! Es ist mein Rat:
hört ihn! er ist's, so wie die Sachen stehn,
der euch erlösen kann, euch und das Kind.
Bleibt, geht nicht fort, — denn wahrlich, eh ihr noch
dreimal zur Nacht gegessen, stünden wir
doch wieder hier, wie jetzt.

HEINRICH
Ich schwör's bei Gott:
wenn diese Torheit jemals wiederum
Macht über eines Mannes Geist gewinnt
— sei's auch der meine —, nun, so will ich ihn
aus seiner Hülle treiben, diesen Geist,
wie aus der faulen Nuß den faulen Kern,
— und somit sei's genug.

HARTMANN
Und Ottegebe?

HEINRICH
Da siehe du zu! Schaffe Patres her!
Ich bin kein Teufelsbanner. Meinethalb
mögen die Glatzen ihre arme Seele
zerbrechen, das Gesicht des blut'gen Wahns
mit ihm, dem Wahne selbst: was geht's mich an!
Ich aber will's nicht tun. Schleppt sie zur Messe.
Zum Beichtstuhl, in den Kerker, in die Grüfte
der Klöster, kurz, wohin ihr immer wollt, —
nur ich, ich will sie nicht zur Schlachtbank schleppen.
Um keinen Preis. Komm!

HARTMANN
Hört den Arzt!

HEINRICH
Nein, komm!
Ihn nur zu sehen widert's mich. Sieh her!
So gegen meinen Willen fast geschweißt
an dieses Schwertes Griff ist meine Hand.
So bebt mein Arm, sieh her! seit ich die Schwelle
des Schlächters überschritt. Wirst du mir bürgen,
daß Ekel, Haß und Wut, erblick' ich ihn,
mich nicht zum Morde hinreißt?

HARTMANN
Warum, Herr,
sind wir gekommen?

HEINRICH
Wie?

HARTMANN
Warum?

HEINRICH
Warum?

HARTMANN
Ja. Warum strebten wir nach diesem Ziel
seit mehr denn vierzehn Wochen?

HEINRICH
⟨Frag getrost,
doch mich nicht. Frage mich nicht. Frag dich selbst.
Denn, führt mich dieses Kind am Gängelband,
dich legte sie in Ketten. Ja, so ist's!
Behüte Gott, daß ich es so gemeint
als ich sie mit mir nahm.⟩
Weil sie uns
zu Narren machte, dich und mich: das Kind.
Dich mehr als mich. Ja, darum strebten wir,
so wie du sagst, und krochen auf dem Pfade
des Aberwitzes, auf des Unsinns Spur,
in dieses Vampirs Nest. ⟨ Doch nun zurück,
denn wie im Blitz ermess' ich jetzt miteins
den Höllenabgrund ekelhafter Schmach⟩

DER ARZT
hat abwartend tief verbeug[t] [?] gestanden
Mein Bruder!

HEINRICH
wendet sich jäh
Komm.

DER ARZT
Mein Bruder: Friede! Deines Bruders Haus
ist dein. Ruh aus. Heiß ist der Tag. Ruh aus
am Brunnen. Nehmet Platz. Und wolle mir

nicht wehren, daß ich deinem Ingesinde,
das draußen harrt, bedeute, wo es Ställe
und Futter findet für die Mäuler. Herr
und Bruder! Kranke Dünste, gift'ge Luft
sind draußen auf der Gasse, und mein Haus
hat Raum für Mensch und Tier.

HEINRICH
⟨z[u] Hartmann, da d[er] Arzt sich abgew[endet]
Sprich du mit ihm, gebärde dich als Herr!⟩
⟨auf Hartmann weisend
Dort steht der Herr!

DER ARZT
zu Hartmann
Vergib!

HARTMANN
Du heißest Durban? bist ein Arzt?

DER ARZT
achselzuckend
Gott ist der beste Arzt, und außer ihm
ist keine Macht und Kraft.
Er klatscht in die Hände.
He, Aladin!
Rück Tische an den Brunnen, trage auf!
Orangenblütenwasser und Melonen,
daß wir uns stärken. Setzt euch, ruhet aus!⟩
Du bist ein Arzt?

DER ARZT
Gott ist der beste Arzt, und außer ihm
ist keine Macht und Kraft! — He, Aladin,
rück Tische an den Brunnen. Stelle uns
auf goldbrokatne Decken syrische Äpfel,
osman'sche Quitten, Pfirsiche von Oman,
Wassermelonen, nichts erquickt so sehr,
Orangen, was du hast. Und daß du mir
die Blumen nicht vergißt. — Nehmt Platz.

HEINRICH
Noch nicht.

Und ob es jemals kann geschehn — wer weiß!
Ich zweifle sehr daran. Doch hält mich was,
da ich nun einmal deines Anblicks, Meister,
teilhaftig ward. So sage mir: Du bist
Durban, der Arzt, den Muselmann und Christ
ob seiner Kunst vor andren Meistern rühmen?

DER ARZT

Ich heiße Durban. Ob ich, wie du sagst,
etwelchen Ruhms genieße, weiß ich nicht.

HEINRICH

Sie rühmen dich und schaudern, wenn sie's tun.

DER ARZT

Wer heißt sie mich denn rühmen? Bei der Wahrheit
des, der den Himmel hochgewölbt und ihn
hält ohne Säulen, Bruder! Nichts an mir
ist rühmenswert. Doch wenn sie schaudern: Ei,
sieh her! urteile selbst. Was wäre wohl
so schaudernswürdig an dem alten Mann,
der vor dir steht?

HEINRICH
erregt umhergehend
Und kurz und gut, es drangen
Gerüchte einer finstren Wissenschaft,
wahr oder falsch, die dein Geheimnis sei,
bis in die deutschen Berge, wo wir kamen,
und zogen, zogen, widerwillig fast,
uns bis hierher zu dir. Ich schäme mich,
wie ich hier stehe — nicht vor irgendwem,
allein vor mir. Denn was ich niedertrat,
auf diesem letzten Weg, mit jedem Schritt,
in meiner eignen Brust... — Genug davon!
Komm führe zwischen enge Wände mich,
in deine Kammer, wo, was lichtscheu sein muß,
kann wuchern, ungestört durch Gottes Licht.
Dort, eh ich dieses Hauses blut'gen Staub
von meinen Füßen schüttle, will ich dir
bekennen, beichten, mir zur Strafe, mir
zur Pein und Qual! bekennen, beichten, alles,
und dir vertraun.

DER ARZT
schüttelt den Kopf
Mein Bruder, wünschest du
auf irgend jemand zu vertrauen, nun,
so sei's allein auf Gott! Komm! festige
dein Herz! stärk deine Seele! folge mir!
Er und Heinrich ab.
⟨Ottegebe, gefolgt von zwei dienenden Frauen, in prächtigen
Stoffen, aber nonnenähnlich gekleidet.
Hartmann, ihr entgegen, küßt ihr die Hand, führt sie, die
verzückt Staunende, tiefer in den Garten.

OTTEGEBE

Sind wir am Ziel?

HARTMANN
Wir sind's!

OTTEGEBE
So dank' ich dir,
du schmerzensreiche Mutter meines Heilandes,
daß wir am Ziel sind! Wo ist unser Herr?

HARTMANN
bewegt
Jungfrau! Eh sich's entscheidet, höre mich!
Denn hier wird sich's entscheiden.

OTTEGEBE
Ja, so ist es.
Ich fühl's! Ich fühle nah mir, was ich suche!
ach! nahe schon! —

HARTMANN
O Jungfrau!

OTTEGEBE
Ritter Hartmann?

HARTMANN
Gedenke deiner Eltern!

OTTEGEBE
Ja, ich will's.
Im Paradiese und vor Gottes Thron.
Wie nennst du diese Büsche?

HARTMANN
Lorbeer!

OTTEGEBE
Nein,
die blühenden.

HARTMANN
Dies hier ist Myrte! dies
ist Oleander. — Alles blüht hier.

OTTEGEBE
Ja.
Ich hatt' es nicht gedacht. Sieh, als die Gassen
sich um mich engten, Hartmann, nach und nach,
und über mir der Himmel sich verbarg,
ward mir ein wenig bange.

HARTMANN
Ottegebe!
gedenke deiner armen Eltern!

OTTEGEBE
Nie
vergaß ich ihrer, nie.

HARTMANN
So kehre um!⟩
Ottegebe, königlich gekleidet, von Frauen geleitet, herein.

OTTEGEBE
Sind wir am Ziel?

HARTMANN
Wir sind's.

OTTEGEBE
So dank' ich dir,
du schmerzensreiche Mutter meines Heilands,
daß wir am Ziel sind! — Wo ist unser Herr?

HARTMANN
Jungfrau, eh sich's entscheidet, höre mich:
denn hier muß sich's entscheiden.

OTTEGEBE
Sage mir:
wie nennst du diese Büsche?

HARTMANN
Lorbeer!

OTTEGEBE
Nein,
die blühenden.

HARTMANN
Goldregen, Oleander —
doch hier blüht alles.

OTTEGEBE
Hier blüht alles, ja!
ich hätt' es nie gedacht! O süße Wunder
des nahen Himmels!
Sie atmet tief ein.

HARTMANN
küßt ihre Hand, benetzt sie mit Tränen, spricht bewegt
Jungfrau, höre mich!

OTTEGEBE
Ja, Herr!

HARTMANN
Nein, liebe Jungfrau! meine Stimme
dringt nicht zu dir! du weilest nicht bei uns!

OTTEGEBE
verzückt flüsternd.

HARTMANN
Und dennoch, Jungfrau, mußt du jetzt mich hören!
Gedenke deiner Eltern!

OTTEGEBE
Ja, ich will's —
und bald, vor Gottes Thron.
⟨O werter Ritter,
was grämst du dich? nun führst du deinen Herrn
heimwärts in wenig Stunden — Hartmann, ja!
und bringst ihn in sein Land, nicht mehr wie einst

als armen Lazarus — geheilt von Schmach
und Leid⟩

      HARTMANN
     Wir stehen immer
vor Gottes Thron. Auch hier!

      OTTEGEBE
    Ja, Herr.

      HARTMANN
        Nun wohl:
Gedenke deiner Eltern hier und jetzt,
in diesem Augenblick.

      OTTEGEBE
* bemüht sich, ins Leben zurückzugelangen*
   ⟨Ja, du hast recht.⟩

[III]

DER ARME HEINRICH

Rittergutspächter Brand
Julie [Henriette], seine Frau
Agathe [Lucie], ihre Pflegetochter (die kl[eine] Schwarz)
Graf Heinrich (Syph[ilis])

[⟨] *Wohnzimmer bei Oberamtmann Brand. Durch die Mitteltür übersieht man den Frühstückstisch. Das Frühstück ist beendet. Der Oberamtmann hat, am Tische des Wohnzimmers sitzend, das Bibelbuch soeben zugemacht. Die Mitglieder des Hauswesens sitzen andächtig und lauschen dem Schlußgesang, den Frau* ⟨*Julie*⟩ *Henriette Brand am Harmonium singt. Zugegen sind noch Graf Heinrich, Agathe, Inspektor Hasreiter, Juliens Bruder, und zwei Hausmägde.* [⟩]
Zimmer mit Flügel und Harmonium. Durch die Mitteltür blickt man in ein Frühstückszimmer. Es ist morgens gegen acht Uhr. Frau Julie Brand sitzt am Harmonium. An einem runden Mahagonitisch mit Decke sitzt Oberamtmann Brand. Graf Heinrich sitzt am Fenster, auf dem Nähtischstuhl. Über dem Harmonium das Bild eines Knaben, von einem Kranz frischer Himmelschlüssel umgeben. Eine Schale mit Veilchen unter dem Bilde auf dem Harmonium. Zwei Dienstmädchen, die Hände gefaltet im Schoß, haben sich bescheiden auf mitgebrachten Holzschemeln niedergelassen.

FRAU JULIE *singt und begleitet sich selbst.*
>   Harre, meine Seele, harre des Herrn;
>   alles ihm befehle, hilft er doch so gern... etc.

OBERAMTMANN BRAND, *nachdem Julie geendet.* Amen!
Die Mägde erheben sich und gehen hinaus. Graf Heinrich steht langsam auf und geht zu Frau Julie, ihre Hand ergreifend und küssend.

GRAF HEINRICH. Sie haben so wunderbar gesungen.
FRAU ⟨JULIE⟩ HENRIETTE. So, Herr Graf?
[OBERAMTMANN] BRAND. Ja, ja, ⟨liebes Julchen⟩ Henriette, das war wirklich sehr schön. Hat sie nicht noch eine schöne Stimme, Herr Graf, meine Frau?
FRAU BRAND, *mit dem gleichen mildresignierten Auflachen wie oben.* Ach gutes Papachen...!

OBERAMTMANN BRAND. Aber liebes Julchen! Da lachst du nun! Deine Stimme ist immer noch glockenrein. — Nun, leb mir gesund, Kind, ich muß ins Feld. — Behüt' dich Gott, meine liebe Agathe. *Er küßt diese auf die Stirn wie vorher Frau Brand.* Behüt Sie Gott, Graf Heinrich. Grüß Gott! *Ab.*

FRAU BRAND. Komm nicht zu spät zu Mittag, Papachen!
Graf Heinrich geht langsam im Zimmer umher. Agathe räumt den Frühstückstisch ab.
Agathe! mach alle Fenster auf!

GRAF HEINRICH. Frau Julie, ich habe noch niemals so singen hören, oder wenigstens scheint es mir so.

FRAU BRAND. Es scheint Ihnen sicherlich nur, Graf Heinrich.

GRAF HEINRICH. Das glaube ich nicht. Denn ich habe wirklich schon sehr viele Sängerinnen gehört. Auch viele mit großen Namen. Aber es hat mich nichts so ergriffen. *Er geht weiter.*

FRAU JULIE *verliert sich in Betrachtung des Knabenbildes.* So? finden Sie?

GRAF HEINRICH. Ja. Denn wenn ich Ihren Gesang höre, so vergesse ich ganz, daß gesungen wird und daß ein Mensch singt. Ich weiß auch, daß Sie uns hier, uns andern nicht vorsingen: Sie sind ganz allein, wenn Sie singen. Ich möchte sagen: es ist die natürliche Aussprache Ihrer Seele, es ist gleichsam beseeltes Atmen.

FRAU JULIE. — — Jetzt, in sechs, acht Tagen, Graf Heinrich, da müssen Sie sich mal abends nach Dunkelwerden in unsern Garten hinaussetzen: da können Sie unsere Nachtigallen hören.

GRAF HEINRICH. Gibt es viele?

FRAU JULIE. Unzählige! — Mein seliges Kurtel machte sich immer kleine Pfeifchen aus Federposen. Dann verkroch er sich mit einem Glase Wasser in den dicksten Erlenbusch, und dort fing er an zu schlagen und zu flöten. — Freilich hörte man: es war keine Nachtigall. Aber die Nachtigallen glaubten es und fingen an zu wetteifern... weißt du noch, Agathe?

AGATHE. Ja, Tante. Das hab' ich auch manchmal mitgemacht. Kurtel ließ mir nicht Ruhe, ich mußte mitmachen.

GRAF. Mit einem Glas Wasser, sagten Sie?

AGATHE. Das Pfeifchen wird unten ins Wasser gesteckt.

GRAF HEINRICH. Da mag wohl manch liebes Kehlchen zersprungen sein.

FRAU JULIE. Allons, allons, Kind! Frisch vorwärts! Keine Zeit vertrödeln! Wir haben noch viel zu verrichten bis Mittag. Außerdem muß ich noch einen Gang tun.
GRAF HEINRICH. Darf ich Sie da begleiten, Frau Julie?
FRAU JULIE. Wollen Sie mich begleiten, Graf Heinrich?
GRAF HEINRICH. Ja. Wenn Sie mich mitnehmen wollten, gern.
FRAU JULIE. — — — Ich möchte zu meinem Jungen, ans Grab.
GRAF HEINRICH. Da wollte ich auch schon längst hinüber.
FRAU JULIE. Gut. Gern. Ich mache mich dann nur zurecht. *Ab.*

Agathe wischt den Staub. Graf Heinrich geht langsam umher.
GRAF HEINRICH. Die Tante ist wohl recht streng, liebes Kind? *Agathe schüttelt den Kopf.*
Nein? nicht? ich dachte, sie wäre streng. *Er setzt sich an das Klavier.* Spielt denn die Tante auch manchmal Klavier? — oder immer nur auf dem Harmonium?
AGATHE. Nein. Immer nur auf dem Harmonium.
GRAF HEINRICH. Und du?
AGATHE. Ich kann überhaupt nicht spielen.
GRAF HEINRICH. Und singen?
AGATHE. Auch nicht.
GRAF HEINRICH. Ei, das ist schlimm. — Du spielst also nur das Wasserpfeifchen: — das sollst du mich lehren, wie man das macht.
Lucie schüttelt den Kopf.
Wie? Willst du das nicht?
Lucie wie vorher.
Aber ganz im Ernst, Kind: ich muß das lernen. — Dann setze ich mich mit dir in den Busch, und wir locken und trillern die ganze Nacht. *Er macht dabei leise Läufe auf dem Klavier.* Du glaubst mir am Ende gar nicht? wie?
Sie schüttelt wieder den Kopf, er hört auf zu spielen.
Oder meinst du, das schicke sich nicht für mich? — Das Kindliche ist unser bestes Teil. Das sagt ja auch — weißt du wohl — der Herr Christus. — Hattest du denn das Kurtchen gern?
Agathe nickt zustimmend. Die Tränen kommen ihr in die Augen.
Ja, ja. Es war ein recht arger Schlag.
Frau Henriette kommt wieder. Sie hat einen einfachen Strohhut im Arm und ein dünnes, schwarzseidnes Tuch um die Schultern.

HENRIETTE. Ich wäre nun soweit fertig, Herr Graf. — Agathe, geh ins Gesindehaus und sieh, was die Mädchen beim Mangeln machen. Gib acht, daß es ordentlich alles besorgt wird. Um zehn Uhr muß alles fertig sein. Punkt zwölf Uhr kommt Papachen vom Felde, da muß auch das Essen auf den Tisch. — Aber Kind! Du weinst ja!

AGATHE. Aber nein doch, Tante. *Ab.*

GRAF HEINRICH. — Ein herzensgutes Ding, wie mir scheint. *Frau Henriette macht noch da und dort Ordnung im Zimmer, öffnet ein Fenster und sagt.*

HENRIETTE. 's ist wirklich ein himmlischer Frühlingstag. — Kennen Sie Diemsdorf überhaupt nicht? Sind Sie nie auf dem Kirchhof gewesen?

GRAF HEINRICH. Ja, einmal. Bei der Beerdigung.

HENRIETTE. Ach richtig. Da haben Sie's wieder, Herr Graf. Von Jahr zu Jahr wird mein Gedächtnis schwächer. Die einfachsten Dinge entschwinden mir! — Nun? Wollen wir aufbrechen? Ist's Ihnen recht? Wir haben gut dreiviertel Stunden zu laufen. — Oder haben Sie anders beschlossen, Graf Heinrich?

GRAF HEINRICH. Ich habe nicht anders beschlossen, Frau Brand! Vorausgesetzt, daß ich nicht lästig bin. Sie wünschen vielleicht, allein zu sein?! — Aber weil die Gelegenheit sich bietet... und ich weiß nicht, wie mir zumute ist! — da möchte ich Ihnen, noch eh' wir gehen... noch gern ein paar Worte sagen, ja?

FRAU HENRIETTE *legt ihren Hut und Tuch ab.* Aber ganz gewiß! Herzlich gerne, Graf Heinrich.

GRAF HEINRICH. Frau Brand, ich fühle mich wohl bei Ihnen!

FRAU HENRIETTE. Das ist eine große Freude für mich.

GRAF HEINRICH. Ja? Wirklich? Täuschen Sie sich auch nicht?

FRAU HENRIETTE. Soviel ich beurteilen kann, keineswegs.

GRAF HEINRICH. Ich fühle mich wohl in Ihrem Hause. Ich wundre mich selber, daß es so ist. Sie werden mich sicher nicht mißverstehen! Ich war ein anderes Leben gewöhnt. Nun aber tut mir das alles so wohl: der Friede, die Stille ringsherum. Ich kann Ihnen gar nicht sagen, wie sehr. Begreifen Sie, wie ich es meine, Frau Brand?

FRAU HENRIETTE. O ja. Ich glaube gewiß, Graf Heinrich!

GRAF HEINRICH. Bei Ihnen ist alles so festgefügt. Man sieht es dem kleinen Hause nicht an. Aber dennoch: ich fühle

mich besser geborgen, als irgendwo draußen in der Welt.
⟨Ich wünschte, das könnte so bleiben, Frau Brand.
FRAU HENRIETTE. Das hängt durchaus nur von Ihnen ab.
GRAF HEINRICH. Das macht der alte, gewisse Geist. Der hat
dies Haus hier gefügt und gerichtet. Das wußt' ich, und deshalb kam ich her. Da hat mein Instinkt mich sicher geführt.
Ich war gehetzt von dem neuen Geist: dem ungewissen,
könnte man sagen. Er gibt einem Flügel, jawohl, um zu
fliegen, aber keine Füße, um auszuruhen [?].⟩
HENRIETTE. Das kann wohl sein. Das begreif' ich sehr wohl. —
Und wissen Sie, wem wir dies Haus verdanken? Nur ganz
allein meinem guten Mann. Der hat den alten gewissen
Geist.
GRAF HEINRICH. Ja — aber auch Ihnen, Frau Henriette!
HENRIETTE. Ach nein. Ich maße mir das nicht an. Ich stehe
sehr weit hinter Joseph zurück.
GRAF HEINRICH. Gewiß. Ihr Mann hat dies Haus gefügt. Er
hat den alten gewissen Geist. Das Äußre daran ist alles
sein Werk. Aber jener Geist, der das Haus erfüllt, das ist
nicht der Geist Ihres Mannes, Frau Brand: und dieser
Geist [Text bricht hier ab.]

ROSE BERND

Editorische Bemerkung

[I]: Die in der »Chronik von Gerhart Hauptmanns Leben und Schaffen«, München 1957 (S. 55), unter dem Titel »Anna Golisch« aufgeführte Vorstufe zu »Rose Bernd«, entstanden 1900.

[II]: Ein 2. Akt und das Bruchstück eines 3. Akts, aus einer früheren Fassung der »Rose Bernd«, entstanden 1903.

[I]

[Vorstufe]

ERSTER AKT

Die Gesindestube auf dem Dominium Zaenkau. Nach Feierabend. Schöner Tag, Mitte Mai.
Der Raum ist niedrig und groß. Drei kleine Fenster in der Linkswand, eins in der Hinterwand. Eine Bank läuft längs dieser Wände. Zwei Tische, mit Schemeln daran, links: einer im Hintergrund; ähnlich wie in einer Wirtsstube. Rechts brauner Kachelofen mit großem Kochherd, davor eine Tür in den Flur, dahinter ebenfalls. Eine Schwarzwälder Uhr hängt an der Wand.
Um den Herd ist ein Gedränge.
Anna, barfuß, die Röcke heraufgenommen, hat einen eisernen Topf kochenden Wassers angefaßt.
Die alte Bachmann steht hinter ihr und wartet, um ihren Kaffeetopf auf die Platte zu bringen.
Der alte Huhndorf langt vergeblich nach etwas auf der Platte. Die Grunert ist dicht am Ofen und schöpft mit der Kelle Wasser aus einem Topf in den andern. Der Kutscher Grunert nimm[t] aus einem offenen Mehlsack Mehl und tut [es] handvollweise in einen Holzeimer.
Kleinert ([am Rand] Hauptfigur) sitzt linker Hand auf der Seitenbank und befestigt seine Grassense am Stiel. Dabei baumelt ihm die kurze Pfeife, kalt, vom Munde.

KLEINERT. Murne gieht's lus!
GRUNERT. 's iis au Zeit!
KLEINERT. Murne gieht's eis Heikutschen.
DIE GRUNERTEN. Nu do schmer d'r ock deine Knucha ei, Kleinert!
ANNA. Hie! dohie! hie hoat Ihr Euer Tippla, Huhndurf, und nu satt, doaß d' Ihr furtkummt. *Sie reicht ihm sein Töpf-[ch]en.*
HUHNDORF. Schien Dank o! *Er zieht ab und setzt sich hinter einen der Tische hinter seinen Topf, ein halbes Brot neben sich, von dem er mit einem Taschenmesser erst einen dicken Keil und von diesem dann einzelne Stücke schneidet und in den Kaffee tunkt.*

ANNA. Itze lußt oader noch, ihr Wergebänder!
DIE BACHMANN. A meschantes bißla Gemahre hot oader o die Kleenemoid!
ANNA. Iich muß fersch Viech surcha, doas iis nee fer miich.
DIE BACHMANN. Mir hoan o a ganza Tag geschoafft. Mir welda au garne a bißla assa.
ANNA. 's Viech gieht vier. Vo mir werd's verlangt.
DER KUTSCHER GRUNERT. Die ala Weiber kinn's nee derwoarta. Die kriecha ei oaller Welt nee genung. Die sein hitziger moanchmol wie a junges.
DIE BACHMANN. Nu wenn ma irscht kaalt iis, hernort iis aus. *Der Hofewächter kommt mit seinem Topf und einem Paar alter Stiefeln.*
WÄCHTER. Hee, Jes! Jes! Jes! wu sool ees ock hietrata?
GRUNERTEN. Itze kimmt irscht d'r richt'ge Jirge gelaufa!
WÄCHTER. Doas iis ju goar siehr gedrängt dohie.
GRUNERTE[N]. Du häst doch kinn dieba blein, mit denn Tippla. Ein Schlusse iis doch meh Ploatz wie bei ins.
GRUNERT. Woas brängst'n du fer a Poar Stiefaln, Wächter?
WÄCHTER. Ich hoa se vum Herrn.
GRUNERT. Geschankt?
WÄCHTER. Ju, ju. Iich hoa se geschankt kriecht, vum Herrn.
DIE GRUNERTEN. Dar kriecht meh geschankt wie mir ins derarbeita. Sat[t]'n amol eis Tippla nei. Do hot's heilig doch wieder an Bluttwurscht dinne.
KLEINERT. A heiroat doch emol de Kech'n, eim Schlusse.
DIE BACHMANN. Nu freilich, freilich, wenn doas asu iis! —
GRUNERT. Ei a Hundstage sool glee Huxt sein? gell?
WÄCHTER. O lußt mich zufriede, ihr Sakermenschta. Ihr werd' een wull noch a Oden verginn!
KLEINERT. Kutsche, woas kochst denn du fer a Sippla? Do mecht' ma ju glei an Talfels ausleffeln.
DIE BACHMANN. O noch! Ma sellt's a bloß hoan genung.
GRUNERTEN. Doas iis fer a grußa Fuchs vum Herrn.
KLEINERT. Teifel! do mecht' ma ju urntlich a Fard sein.
DIE BACHMANN. 's iis urntlich Sinde. Doas schiene Mahl. Fer asu a Viech iis doch Kleie genung.
DIE GRUNERTEN. Nee! halt! doas hoa iich mir zugesetzt.
ANNA. Nee, Grunert'n! woas denn? iich warsch doch wissa...
DIE GRUNERTEN. Doas Woasser iis meis.
ANNA. Nee, meis!
DIE GRUNERTEN. Nee, meis!

ANNA. For mir! do mag de Grußemoad beeßa. Do kriecha de Kelber halt keene Kleie. Iich hoa m'r die Tupfel zugesoatzt.
August Nerger tritt auf, ebenfalls mit einer Sense.
KLEINERT. Kutschen, gieb Obacht dohie! Itze kimmt enner.
DIE GRUNERTEN. War kimmt? wegen menner! wenn's mehr ni iis!
AUGUST. Iis woahr, Kleinert, missa mir murne frieh haun giehn?
KLEINERT. Iich troaf a Schreiber, a soat's ieber miich.
AUGUST. Do wiel ich m'r au meine Sahnse zurechtmacha.
GRUNERT. August, do niem oader Rot oa, hierschtes, und friß urntlich Kließla, eeh de zum Haun giehst.
Die Weiber lachen.
DIE BACHMANN, *lachend*. Suste koan dir o leichte der Dampf ausgiehn.
KLEINERT. Kumm, Nerger August! Kumm, kumm, luß gutt sein! Die argern dich immer. Mach du dir nischt draus. A Goliath bist du ju freilich nee. Ader deswegen machst du doch au deine Sache.
AUGUST. Oh, miega die räd'n, doas ficht mich nee oa. *Er setzt sich und bastelt wie Kleinert an seiner Sense.*
ANNA, *im Vorbeigehen, da Grunert sie an den Zöpfen gerissen hat.* Kutsche!
GRUNERT. Woas denn? woas sol denn sein?
ANNA, *halbverlegen zu August hinüber.* A reißt ein reen urntlich de Zeppe runder.
KLEINERT, *die Pfeife ausklopfend.* Du! Kutsche! iich wiel dirsch gerota hoan! Miet Augusta iis ni gutt Kirscha assa.
AUGUST. Woas gieht denn doas miich oa, woas die sich eistackt? A Madel muß wissa, wie se siich uffiehrt.
ANNA. Wie hätt' iich miich denn do ufgefiehrt?
AUGUST. Doas wiß iich ju nee. Wie sol ich doas wissa?
ANNA. Nee, August! du wirscht wull no ieberschnoappa. *Ab.*
Lautes Gelächter, an dem sich der Kutscher und die Kutschen, die Bachmann und die Hinzukommenden beteiligen.
KLEINERT. Do hoan mir doch wieder inse Fett.
Der einundzwanzigjährige Schreiber Brinke, gefolgt von den »Gärtnern« Glumm, Rother Emil und Schulz, tritt ein.
BRINKE. Woas tausend! Hier geht's ja sehr lustig zu.
DIE GRUNERTEN. Nerger August macht wieder Thiater!
BRINKE. Also morgen Grashaun. Alle Mann zum Grashaun.
GRUNERT. Ock iich nee, iich hoa noch mei Zeug zu putza.

BRINKE. Ihr ebenfalls ock, Grunert. Alle Mann. Hier steht's geschrieben. Befehl vom Herrn.

GRUNERT *reißt seinen Eimer auf, geht vor.* Meinswegen, do mag doas Gescherre verfaula. *Ab.*

ROTHER EMIL. Wo wird denn d'r Anfang gemacht, Herr Brinke?

BRINKE. Im Reuprich draußen. Der große Fleck.

DIE BACHMANN. Missa mir Weiber au eis Hei?

BRINKE. Alle Weiber. Jawohl. Zum Schwaden breitmachen.

ROTHER EMIL. Die ala Weiber kinn mer nee braucha. Die kinn geruhig derheeme blein. 's sein ju Madel genung uf'm Hofe.

DIE BACHMANN. Du bist schunn a ales Reudel, du!

ROTHER EMIL. Oalle junge Madel, aso viel wie der sein: die nahma mir oalle miit ins eis Hei.

DIE GRUNERTEN. Do vergaßt ock die Anna ni, ihr Moanne. Die kennt'r euch gut und gerne a wing oalern.

Anna kommt wieder, geschäftig.

ROTHER EMIL. Na, Anna, wie wärsch? Kimmste miete eis Hei? Wulln mir zwee beeda mitnander Heu macha?

ANNA. Ich mache, woas mir geheeßa werd.

Alle lachen.

ROTHER EMIL *gibt ihm die Schnapsflasche.* Kumm, August. Ich spreche: Spoaß muß sein. Deswegen sein mir de besta Freunde.

AUGUST. Iich mag nee! Du wißt's ju: ich trinke kenn Schnoaps.

ROTHER EMIL. Woas? willst du ernt tickscha?

AUGUST. Iich mag nee! Du hirscht's ju. Du koannst m'r dreiste a Foaß v'l schenka. Do riehr' iich dir o no kenn Truppa ni oa.

ROTHER EMIL. Doas iis goar kee Moann, dar ni trinka koann. Do iis Annla freilich a andrer Kerl. Do zeeg's 'n amol, wie's gemacht werd, Madel.

ANNA *nippt und gibt die Flasche wieder.*

ROTHER EMIL. Na, hot ihrsch gesahn? Doas recht ma sich doch. — Die iis viel zu schoade fer d'n Kerl. *Ab.*
Pause.

ANNA, *etwas verlegen hantierend.* A recht sich's an, oaber a recht sich's nee. Doas iis mir ees asu lieb wie's andre.

DER WÄCHTER. Woas mußt'n du trinka? Hä hä hä! War zwingt dich denn? hä!

ANNA. Nu wenn a mirsch herreicht, woas sol iich denn macha?

DER WÄCHTER. Vo euch Madeln, hä hä, iis ees asu tumb wie's andre, hä hä.
[DIE] BACHMANN. Weshoalb selde denn die nee mit Emiln trinka?
GRUNERTEN. Iis die ernt woas Bessersch, hä, wie mir andern?
DER WÄCHTER. Ihr seid alle Basenhexa, hä hä! Doas iis a hibsch junges Madel, hä hä. Doas wär' wull freilich, hä, hä, was andersch.
GRUNERTEN. Itze niem d'r de Beene under a Arm!
[DIE] BACHMANN. Siehch, doaß der langmachst.
DER WÄCHTER. Iich gieh schunn, hä hä! — gutt und gerne, hä hä! — Miit euch ale Krohn, hä hä, werd kee Teifel ni fertig. *Ab.*
BRINKE *hat, in einer Tabelle Bleistiftnotizen machend, sich an einem Tisch niedergelassen.* Leute, laßt das verdammte Gelärme! Ich verrechne mich hier in einem fort.
KLEINERT. Dar Emil — ma koann'n ja suster nischt nochsoan. Ock bloßich a iis halt a Scherzajäger. Do soll a jung Madel halt Obacht gahn.
AUGUST. Asu a Moann hot a Weib derheeme: die schind't sich mit Nähn a Bast von a Hände! Und dar, dar betriegt se auf alle Oarta und verjuxt er an Sache ubadruf.
BRINKE. August, jetzt halt aber Euer Maul: jetzt hab' ich mich hier schon wieder verschrieben. — Was bringst du'n da, kleiner Streckenbach!
DER KLEINE STRECKENBACH, *der schon eine Weile vor ihm gestanden hat.* Ich habe wieder Eier gefunden, Herr Brinke!
BRINKE. Was denn für welche? Zeig mal her! Das ist ein gewöhnliches Krähenei! Das sind zwei Kiebitzeier! Bon! — Das wird'n Rohrsperling, glaub' ich, sein. — Das ist'n Pirol! — Wo hast du d'nn das her?
DER KLEINE. Im Reuprich draußen hab ich's gefunden.
KLEINERT. Do sitza de Veegel knippeldicke. Sie macha sich wull ane Eiersammlung?
BRINKE. Ich habe schon an zweihundert Sorten.
DIE GOUVERNANTE *spricht durchs Fenster.* Ist die Kleinemagd hier?
BRINKE. Jawohl, Fräulein Wiesner.
FRÄULEIN WIESNER. Kann man hereinkommen?
BRINKE. Bitte recht sehr!
DIE GRUNERTEN. Mir wern se wull ni ei de Beene beißa.
KLEINERT. Hierschte, die kumma zu dir, Kleenemoid!

BRINKE. Macht doch a bissel Licht in der Stube!
ANNA, *die alte Hängelampe anzündend, dabei auf Schemel steigend.* Zu mir? Ihr hoat wull... ni recht gehiert?
DIE GRUNERTEN. Werscht sullen zum Herrn kumma, Kleenemoid!
ANNA, *halb lachend.* Sie hoan oader o a meschantes Geschwatze.
Fräulein Wiesner mit Beatrix und Lucie tritt ein.
FRÄULEIN WIESNER. Guten Abend!
MEHRERE. Gut'n Abend!
LUCIE. Herr Brinke, Papa hat nach Ihnen gerufen.
BRINKE. So! Aber ich hatte noch hier zu tun.
BEATRIX. Es ist auch gleich Abendbrot, Herr Brinke.
FRÄULEIN WIESNER. Welches ist denn nu hier die Kleinemagd?
BRINKE. — Nu, Anna —!! Da tun Sie doch mal den Mund auf!
ANNA *springt vom Stuhl, wischt sich die Hände; rot.* Iich?
BRINKE. Nu freilich.
FRÄULEIN. Sind Sie die Anna Golisch?
ANNA *sieht sich um, ist sehr verlegen, antwortet nicht.*
KLEINERT *lacht.* Du hust wull vergassa, wie du heeßt?
ANNA *lacht.* Um Gottes wille, woas iis denn lus?
BEATRIX. Anna, du sollst jetzt bei uns drüben helfen.
LUCIE. Du hast's jetzt gut, Anna, drüben bei uns.
BEATRIX. Papa hat gesagt: du wärst sehr anstellig. Du wärst auch zu schwach für die Arbeit im Kuhstall. Du solltes[t] jetzt in der Küche helfen.
ANNA. Ihr Leute, ihr Leute! Ich bin doch ni schwach!
FRÄULEIN. Ach Kinder, was redet ihr alles zusammen. Der Herr Baron hat mir aufgetragen, ich soll Ihnen ausrichten, daß Sie morgen früh in der Küche antreten. Ja, Kinder: antreten hat er gesagt. Jetzt kommt! Wir müssen zum Abendbrot. *Im Abgehen.* Leute, ihr habt eine Luft hier zum Umkommen. *Ab mit den Mädchen und Brinke.*
KLEINERT. Nu satt irsch! Do hoan m'rsch. Do muß se schunn oatrata. — Asu a hibsch Madel, wie die emol iis. —
Der Kutscher kommt wieder.
GRUNERT. Woas? War muuß oatrata? Stillgestanda! *Er steht stramm.*
DIE BACHMANN. Die Anna iis nieber ufs Schluß bestallt.
KUTSCHER. Nu Gustla, Gustla, do koanns[t] oader eipacka.
AUGUST. Kutsche, iich soa dirsch! Doas hier[t] itze uf!
Lautes Lachen.

ANNA. Iich wiß goar nee, woas ihr mit mir immer hoat. Iich tu' doch kenn Menscher nie nischt zuleide!

AUGUST, *er steht*. Ma wiß ni meh, wu ma sich hiequetscha sol! ieberoall iis ma a Leuta ein Wege.

GRUNERTEN. Du kimmst au bloß uf das Madel ufpoassa. Suster wärscht du wull ei dem Stiebla blein. Ader dieba ein Schlusse gieht doas ni mehr, do schmeißt a dich ärschlich zur Tiere naus.

AUGUST. War sol mich nausschmeißa?

GRUNERTEN. Der Herr! War d'n suste?

AUGUST. Kutschen, iich wiel [mich] mit dir ni eilohn.

DIE KUTSCHEN [= GRUNERTEN]. Doas weld' iich dir wull au gerota hoan.

AUGUST. Mit euch do vermengelier' iich mich nee!

ANNA. Nee, August! Schoade fer jedes Wort! *Sie beruhigt ihn.*

AUGUST. Iich bin kee Uufpoasser, huste verstanda! Iich war o dieba ein Schlusse nee uufpoassa — ehnder do... ehnder do... nie und nimmer!

KLEINERT. Immer poaß a wing uf, du, doas schoad wetter nischt.

ANNA. Ach Jesus, Maria und Joseph dohie! — Wer werd miich denn frassa dieba ein Schlusse? Ihr macht een ja urntlich a Kupp verwerrt!

KUTSCHER GRUNERT. Frassa? war hot denn vo frassa gered't? *Die alte Bachmann lacht schmutzig.*

KLEINERT. Ihr Leute, ihr macht's a wing goar zu schlimm. Wenn vo dan Gerede de Hälfte woahr wär'! O jemersch! Iich gleeb' oa da Schwindel nee! A iis halt a Witwer... nu Gott zu dir! — Der Schlimmste iis a no lange ni! A läßt doch zum wingsta de Madel ni sitza! A surcht doch fersche, doas iis, wie's iis. Ei dar Ort koann ma'n nischte ni nochreda. Do hoa iich ganz andre Herrn gekannt. Die nahma an Peitsche oder an Strick, und wenn a Frauzimmer kumm[t] und flennt — und soats'n: 's wär' asu und asu — do mußta se macha, doaß se nausworn: suster kriechta se Priegel ubadruf.

DIE GRUNERTEN, *einen Topf hinaustragend*. War hot denn woas ieber a Herrn gesoat? — Iich war m'r wull etwa 's Maul verbrenn!

GRUNERT. Nu nee! Wer d'n hie? — Immer sachte, sachte! *Die Grunerten gießt ihm Wasser ab in seinen Eimer, dann hinaus*. Miet sulcha Kolatzien wiß iich Bescheed. Fer woas hätt' iich denn suster ei Potsdam gestanda. Do giehn noch ganz andre Dinge vier. — Itze wird's halt knoapp miit a Arbeitsleuta. Do surcha de Herrn halt salber derfiere. Der Leutnant Stiller uf Lebskau dieba, dar hot gutt und gerne bis dreißig Kinder. Do wimmelt der ganze Hof d'rvone. Voater terfa se freilich nee ieber'n soan.

KLEINERT. Nu do! doas iis schlimmer wie ei d'r Terkei! Iich hoa ja uf dreiza Gittern gedient.

GRUNERT. Asu a Dominium braucht halt Nochwuchs. Und a richt'ger Herr, dar derhinger har iis: dar surcht au fer seine Arbeiter, sprech' iich. *Lachend ab.*

Lachen. Zugegen ist noch der alte Huhndorf, der eingeschlafen ist.

DIE BACHMANN, *welche ihr Arbeitszeug zusammenbindet und ihr Töpfchen.* Der alte Huhndorf iis eigeschlofa.

KLEINERT. Zahn Stunde arbta, dar ale Kerl: dar hot sich sei bißla Schlof verdient.

DIE BACHMANN. Nu do schloft ock gesund! Schloft gesund, Voater Kleinert!

KLEINERT. Schlof gesund, Mutter Bachmann!

DIE BACHMANN. Schlof gesund, Kleenemoid! *Ab.*

KLEINERT. Nu do soat m'r amol, ihr zwee beeda dohie: Wie weit seitern nu enklich asu mitnander?

ANNA. Iich biin ebens goar ni meh gutt genung. All'n Leut'n mach's iich ni recht uf'n Hofe. Ock August'n koan iich's goar ni meh recht machen. *Sie bringt die Schürze an die Augen und schneuzt sich.*

KLEINERT. Ihr mißt ebens sahn, doaß amol zu woas werd. Ihr gieht doch schunn ieber zwee Juhr mitnander. Uf woas wullter denn woarta ei oaller Welt?

AUGUST. Doas brennt ju goar nee asu, Poate Kleinert.

KLEINERT. Meinswegen brauchst de nee heirota, August. Beileibe ni. Iich war dich nee neitreiba. Iich hoa zu dar Sache kee Woart gesoat. Iich bin au suster kee Freind vom Heirota. Elizig laba iis besser, sprech' iich. — Ader wennt ihr nu eemol und gieht mitnander: doas muß doch amol zu an Zwecke kumma, hä. Ei Gottes Noma! wo soll denn doas naus?

AUGUST. Do werd'r wull miega Anna froin.

KLEINERT. — Nu Anna, doas werd doch oa dir ni liega? Oagesahn hust d'r 'n doch lange genung. Du mußt doch bal wissa, woas oa'n droa iis. Du werscht a doch ni zum Noarrn hoan dohie.

AUGUST, *zu Kleinert.* Iich bin doch kee liederlicher Kerl, iich hal doch o meine Sache zusoamma. —

KLEINERT. Nu freilich: doas wiß ju a jedes Kind! — Do koannsde dich ieberall imfroin, Anna. Dar hot sich a hibsch poar Biehma dersport: ei dar Ort werschte keen Bessern ni finda.

ANNA. Hoa iich ernt gesoat: ich will a ni hoan?

KLEINERT. Nu also: do foaßt euch a Herze mitnander und gieht nieber zum Foarn ei Jenke dieba und hernort zum Herrn ufs Standesomt, und do meld't eich oa und do lußt euch ufbieta. Und hernort, wenn's Zeit iis, do macha mir Huxt.

AUGUST. Doas hoa iich dar meh wie zahnmol gesoat.

ANNA. Und war surcht fer de Mutter, wenn iich ni do biin?

AUGUST. — — Mir nahma se zu ins. —

ANNA. Doas kennt ma schunn. Nee, nee, doas gieht nee asu, wie ma denkt. Doas muß oall's seine Zeit hoan, bis doas asu weit iis. Iich hoa nee ock bloß fer miich zu surcha. *Ab.*

AUGUST. Asu iis doas halt immer. Iich kumme ni wetter — und wenn erscht an andersch und iis derbeine: do is sie reen unbändig, doas Madel: da koann ma se goar nie meh wiedererkenn.

KLEINERT. Kreuzdunnerschlag, ju: doas wär' asu woas! Hot die sulcha Mucka ein Kuppe dohie. Die tät' iich m'r oader doch urntlich eispoann. Dar riss' iich de Uhrn vom Kuppe dohie. — Und wenn se und wullte goar nee pariern: do liss' iich se laufa — asu weit, wie se welde.

ZWEITER AKT

Stübchen der Golischen. Ein Fensterchen, mit Kattun verhangen, darunter ein Bett. Auf dem Fensterbrett Meerzwiebeln und Aloë in alten Scherben. Es ist gegen Abend wiederum. Die Golischen liegt angezogen im Bett.
Die Gouvernante von links mit den Mädchen Beatrix und Lucie.

LUCIE. Sie liegt im Bett und schläft, Fräulein Wiesner!
BEATRIX. Frau Golisch!

GOUVERNANTE. Frau Golisch, wir bringen Ihnen hier was.
FRAU GOLISCH *wacht auf.* Ach nee, ach nee! Iich hoa wull geschlofa! Nu sein Se willkommen! Ach nee, ach nee! — Iich bin halt a ganza Tag alleene, und do nickt ees halt manchmol a brinkla ei.
GOUVERNANTE. Hier bringen wir Ihnen ein frisches Brot. Die Lucie hat hier ein Säckchen Mehl. Und wenn Sie mal wollen ein Stückchen Speck braten: hier hat die Beatrix Speck mitgebracht.
FRAU GOLISCH. Nee woas denn...! Ihr Leute! — Iich sah' wull ni gutt! doas iis ju reen...! sulcher Reechtum, ihr Leute! Doas iis ju oaber doch reen zuviel! *Sie will Luciens Hand küssen.*
LUCIE. Eßt nur, Golischen, soviel Ihr Appetit habt. Papa hat's uns extra aufgetragen: daß ja für die Golischen gut gesorgt wird.
FRAU GOLISCHEN. Nu jemersch, wie hot ma siich doas denn verdient. Nu do! Nu do! — Nee, ihr guda Kinder! Bezoahl's euch der liebe Goot tausendmal.
GOUVERNANTE. Ihre Anna richtet sich ein, Frau Golisch: das ist 'ne wahre Freude zu sehen. Was sie anfaßt, das geht ihr auch von der Hand.
LUCIE. Sie plättet uns schon unsre feine Wäsche.
BEATRIX. Papas Oberhemden: die plättet sie auch schon. Papa sagt, sie macht's ihm viel mehr zu Dank als die alte Rosel, die Plätterin.
FRAU GOLISCH. Nee, iis denn doas wirklich wohr, Freilein Wiesner? Iich staune ock immer, wie doas oalles asu kimmt. Doaß se und find sich asu zurechte. Astellig woarsche derwegen ja immer. Oader woas die schwere Arbeet iis: do hoa iich wull moncha Truppa geflennt! — Denn do broach Ihn doas Madel hie monchmoal zusoamma. Noch Feierobend, spät obends, meen' iich. Und oam Murcha, wenn iich se sullde ufwecka. Ach Jesus, doas word m'r halt monchmol zu schwer! Und 's ging doch ni andersch. D'r Mensch muß doch arbeita.
GOUVERNANTE. Im Schlosse gibt's auch manchmal Arbeit genug.
FRAU GOLISCH. Nu wenn au! — Se hot doch ihr gudes Assa. Doas iis ju dam Madel a Kinderspiel. Ma sitt's ju, wie's er und schlat er oa. Die iis ju reen urntlich a andrer Mensch. Die iis ju reen urntlich gesund gewurn. Iich wiel ju ne

sprecha, doaß se ernt krank woar: ock halt uf der Brust
woarsche nie nee ganz richtig. Oader itze, do iis die asu
gutt ein Stande — wann hätt' iich die jemals meh husta
gehiert? —
Herr von Zaenker.
VON ZAENKER. Na Kinder, da treff' ich euch wirklich ja noch.
Gut'n Abend, Golischen! Was macht die Gesundheit?
FRAU GOLISCH. Nee oaber! Nee oaber! Herr Oberoamtmonn!
Kumma Sie au zu mir ala Frau, doas iis ju reen goar ni
meh menschenmeeglich!
ZAENKER. In Gottes Namen, warum denn nicht? Ich muß
doch mal nachschauen, was Ihr macht. *Er setzt sich.* Ja,
Kinder, seht euch die Frau mal an! die liegt seit zwanzig
Jahren im Bett. So was kann einem Menschen alles passie-
ren. Uns allen, wie wir gebacken sind.
FRAU GOLISCH. Ims Himmels und Jesu Christi wille! Doas
wulln mer nee huffa, gnäd'ger Herr!
ZAENKER. Nein. Hoffen wollen wir's freilich nicht. — Eure
gute Mutter — Gott hab' sie selig! —, die hat die Golischen
noch damals gepflegt. Das war doch, wie die Anna zur
Welt kam? da fing sich doch Euer Leiden an?
FRAU GOLISCHEN. Do fing sich's oa. Do die Anna zur Welt
koam. Iich muuß miich verhoaben hoan oder woas. Und
die Anna: die wär' itze ni uf der Welt, wenn nee de gnäd'ge
Frau wär' gewest. Die hot se genumma, de irschta vier
Wucha — und hernort's ganze irscht Johr — iich loag doch
fest, iich kunde nischt macha! Die hot [se] reen urntlich
oam Laba derhaln. — Doas woar au a richt'ger Engel vor
Frau!
ZAENKER. Da hört ihr's, Kinder, so war eure Mutter. Seht
mal, daß ihr nicht solche Gänse bleibt.
DIE MÄDCHEN. Aber nein, Papa! Du bist aber auch.
ZAENKER. Jetzt macht mal gleich, daß ihr fortkommt,
Kinder. Ich hätte heut abend noch Lust auf was Feuchtes.
Geht mal rüber zu Lehrer Wachler, hört ihr, und ladet ihn
zu 'ner Flasche Wein.
DIE MÄDCHEN. Adieu, Mutter Golisch!
GOLISCHEN. Adje, lieba Kinder, seid o vielmols bedankt.
Pause.
ZAENKER. Ja, ja, Mutter Golisch, 's geht seltsam zu. Meine
Frau war dazumal ganz gesund. Ich weiß noch genau, wie
sie zu mir kam und mir'n Krug Milch in die Kanzlei runter-

brachte. Da sagte sie: »Vater, die Golischen stirb[t]!« Sie
ist nun schon über zwölf Jahre tot, und Ihr lebt noch
immer: so geht's in der Welt.
GOLISCHEN. Iich wiß au goar nee, wuhie de Zeit iis. »Doas
haltst de kee Joahr aus«, ducht' iich zuerschte: Itze liege
iich schunn bale zwanzig Jahr. Und hoa noch derzune
menn Moann begroaba.
ZAENKER. Na, nu will [ich] nur auch wieder gehn, Mutter
Golisch. Ich hab' mir mal draußen die Wiesen besehn. Ich
will morgen anfangen lassen zu hauen. — Ich bin etwas
müde geworden vom Laufen. Laßt Euch nur alles recht
gut bekommen. — Und wie gesagt, wenn Ihr irgendwas
braucht — wenn Ihr irgendwas, mein' ich, so nötig habt...
hat Euch der Doktor nicht Wein verordnet? — da sagt's
nur der Anna oder den Mädels. Not sollt Ihr nicht leiden.
Das will ich nich.
GOLISCHEN *küßt die Hand Zaenkers.* Nee oader, ihr Leute,
doas iis ju zu viel.
ZAENKER. Laßt's gutt sein, Golischen, das versteht sich von
selbst. — Nu recht guten Abend und gute Nacht! *Ab.*
GOLISCHEN. Hoan S' ock viel hundert- und tausendmol
Dank! — — — *Sie lauscht ihm nach, lauscht wieder.* 's kimmt
ees! — *Sie stopft die Sachen in einen Wandschrank hinterm
Bett.* Mir woarsch doch, 's Tierla ging? *August kommt mit
der Sense.* Aach du bist's, August. — Iich wußte doch, 's
koam ees. —
AUGUST. Nomt, Mutter Golisch. Iis Anna nee do?
GOLISCHEN. Nee, August, se iis no nee hie gewast.
AUGUST. Eeb se werd heemkumma hinte obend?
GOLISCHEN. Nu freilich kimmt se. Heem kimmt se doch
immer. — — —
AUGUST. — 's hiß haalt, se blieb' o monchmol eim Schlusse.
GOLISCHEN. Nu wenn halt amol goar zu roasnich zu tun iis.
Do kimmt doas verleichte au schunn amol vier. Ader hinte
— iich denke halt, se muß bale kumma.
AUGUST. — — — Iich war a wing woarta, Mutter Golisch. —
GOLISCHEN. Ju, ju, woart, woart, immer woart a wing.
AUGUST. Ich war nu de Sanse a wing onhänga.
GOLISCHEN. — Ju, ju, häng se uf, dar Hoaka hält. — Und do
de nu eemol hiebist, August, do kenntste o glei a wing
Woasser zusetza. Iich hoa d'r reen goar no nischt Woarmes
eim Leibe — und kenntst m'r an Schoale Koffee ufbriehn.

AUGUST, *ohneweiters Holz spaltend, Asche ausraffend etc.*
A Vertelfund Koaffee breng' iich Euch mitte. Und a
Päckla Zichorie iis au d'rbei.
GOLISCHEN. Du bist halt au immer a guder Kerl!
AUGUST. Ma muß sich's halt eeteelen, Mutter Golischen!
— — — Wie iis denn mit Bruut? Suster hüll' ich's a rieber. 's
iis ju ock a poar Schriete zum Miller.
GOLISCHEN. Bruut —? wie denn? iich wiß nee! — Nee, 's iis
kees do!
AUGUST. — Woar d'r Baron ni bei Euch, Golischen?
GOLISCHEN. D'r Baron? ach wie denn? Ju, ju, dar woar bei
mir. Iich wiß au reen goar nee, woas dar mag gewullt hoan.
Ju, ju, a woar bei m'r, a hot miich besucht.
AUGUST. Dar woar doch schun ieber zehn Johr ni bei Euch.
GOLISCHEN. War wiß nu, woas dan uf eemol halt eifällt. Miit
sulcha Leuta, do iis halt kee Auskenn. Do wiß ees goar nee,
wudroa doaß ma iis.
AUGUST. Iich sool aus uufs Vorwerk naus, ei zwee Wucha.
Iich wiß au nee, wie'n doas asu eifällt.
GOLISCHEN. Uufs Vorbrich sullst du? Nee soa m'r amol!
Woas sullst du'n uuf'n Vorbrich macha?
AUGUST. Halt doaß ock und iis ane Wache dessa. Weel's asu
immer gang itze mit Oazinda. Do sool iich halt daussa
schlofa hauptsächlich.
GOLISCHEN. Hot's dich d'r Schreiber geheeßa, hä?
AUGUST. Nee, nee, d'r Herr salber soat's ieber miich!
GOLISCHEN. Doas iis ju gutt anderthoalb Stunda vo hie.
AUGUST. Ei enner Oart iis mirsch recht, Mutter Golischen. Do
kimmt ma doch wengst von a Leuta weg. Iich bin ni meh
garne unda a Leuta.
GOLISCHEN. Nee, August, 's tutt d'r doch kenner nischt.
AUGUST. — Miir sein do halt alle asu zuwider — doas koann
ich kenn Menscha derzahln, wie siehr.
GOLISCHEN. Nee, August, wie sool denn doas amol warn? Du
mußt diich doch eemol stelln miit a Leuta.
AUGUST. Iich koann miich stelln, wie iich wiel, Mutter Goli-
schen: und wie ich's au mache, do mach' iich's nee recht.
GOLISCHEN. Nu jemersch, August, wie kimmt ock doas
bloßich?
AUGUST. Ma soll halt oall's macha akkrat wie die andern.
Liega, schandieren, de Nuppern ausrichta, Schnoaps
saufa sol ma, Koarte spieln. Wenn der Kutscher Mähl

stiehlt, do sool ma nischt sahn, wenn der Kutscher a Hoaber verkeeft stoats verfittert, do sool [ma] de Auga feste zumacha, und wenn ma ehrlich iis und nee miitmacht: do hot ma se oalle halt uuf a Hacka. Doas wiß d'r Teifel, wie doas asu zugieht.

GOLISCHEN. O luß dich's nee oafechta, hier uf miich.

AUGUST. Doas woar mit men Voater au ni andersch. Dar kunnde kenn Menscha irscht goar ni meh sahn. Dar soate bloß immer: Lußt miich zufriede: vo dann ganza Kruppzeug iis kenner nischt wart. Dann hoatta se doch asu merbe gemacht, doaß a zuletzte ufs Saufa verfiel — und hernort da sulld' a Dinge geton hoan — do woar o noch ni a Wort wohres droa.

GOLISCHEN. Luß dich's ni oafechta! Hier uf mich.

AUGUST. Furtgiehn mecht' ma! Auswandern mecht' ich. Weit furt, Mutter Golischen! Ock immer weit furt. Ei de Neue Welt. Iebersch Woasser nieber! Doaß ma und hiert und sitt nischt meh. Wenn Anna ni wär', ich wär' längst ni meh do.

GOLISCHEN. Hust du noch immer sulche Gedanka?

AUGUST. Nu ob und wie. Ganz natierlich, Golischen. Woas sool ees denn immer derheeme hocka. Schlimmer wie's hie koann's ernt nernt sei. Iich hoa mir vierhunder[t] Mark derspoart. Do kennda mir schunn ane Reise macha. Wenn Anna ock mietgäng'. Iich fercht' mich nee.

GOLISCHEN. Ihr Leute! Ihr Leute! Woas sool denn aus mir warn.

AUGUST. Nu ebens. 's gieht nee. Doas soa iich ju. — Iich welde ju goar nischt soan, Mutter Golischen, wenn ma nu käm' wengst mit Anna wetter. Iich meene, doaß mir und kenda ins heirota. Do weld' iich oam Ende ju goar nischt meh soan. — — Iich hoa ma mei Hausla zurechtegemacht. Iich hoa m'rsch alleene miit Schindeln gedeckt. An Kuh iis ju freilich noch nee ein Stoalle. Oder suster do is doch an Sache ei Urdnung. Die Stiebla sein sauber. Nu Gott zu dir! Do hätte die Zerrerei doch a Ende.

GOLISCHEN. Luß gutt sein, August, hoa ock Geduld.

AUGUST. Die hoa iich wull ernt gehoat, Mutter Golischen. Wenn iich die nee hätte: wu wär' iich ock do!

PARALIPOMENON I · ZWEITER AKT   1047

[Andere Fassung des vorhergehenden Textes]

AUGUST. Meh wie emol. Wenn Anna ock miitgäng'. Iich hoa mir drei-, vierhundert Mark derspoart. Do kennda mir schunn an Reese waga. Woas sol ees denn hie? Woas verliert ees denn hie? Woas sool ees denn immer derheeme quetscha?
GOLISCHEN. Nee, August, woas sulde denn do aus mir warn?
AUGUST. Nu ebens, 's gieht nee. Doas wiß ich wull schun. *Pause.* Oader — mir wersch schunn lieber, 's gäng'. *Er setzt den Kaffee auf den Tisch.* Wenn ma zum wingsta ock richtig Bescheed wißte. Do mechta se doch in Gottes Noma... do mechta se hänseln immerzu. Iis doas enklich oall's asu wohr miit'n Herrn?
GOLISCHEN. Halt woas denn?
AUGUST. Nu doas miit da ewiga Liebschoafta.

[II]

[Aus einer früheren Fassung]

ZWEITER AKT

Die Kanzlei in der Scholtisei, Flamms Arbeitszimmer gleichzeitig. An der Wand seine Waffensammlung.
Flamm im schwarzen Rock.
Ländliches Brautpaar und Zeugen.

FLAMM. Und so erkläre ich Sie hiermit für rechtmäßig verbundene Eheleute! *Er reicht ihnen die Hand etc.etc., das Brautpaar und die Zeugen ab. Seufzt.*
Frau Flamm wird von einem Mädchen im Rollstuhl durch die offene Tür geschoben.
FRAU FLAMM. Das wievielte war denn das, Papa?
FLAMM. Das war Numro 122. Der Staat denkt: seid fruchtbar und mehret euch. Im übrigen seht, wie ihr durchkommt, Kinder! — Die Ehe ist nichts wie'n Gimpelfang.
FRAU FLAMM. Immer schimpf tichtich, Christel! schimpf dich aus! So was muß ma sich von d'r Leber sprechen! Das geheert schon bei dir zur Zeremonie.
FLAMM *schiebt die Bücher in den Schrank.* Äh! Abschub! die reinsten Totenregister! — Die Schose hab' ich nu auf'm Zug! Sie solln sich dazu'n andern aussuchen. — Da liegt schon der Brief ans Landratamt.
FRAU FLAMM. Wieder amal! — Nu warum denn ni? — Da tät' ich's nu endlich doch amal wahrmachen. 's zwingt dich doch weiter niemand nich! mir macht die Geschichte jedesmal Spaß!
FLAMM *schließt den Schrank.* Ich wünschte, ich wär'n Eskimo!
FRAU FLAMM. Warum denn?
FLAMM. Weil die ihre Weiber tauschen! und außerdem ging' ich auf Walroßjagd! Bei uns gibt's nichts wie Rhinozerosse!
Das Dienstmädchen platzt heraus.
FRAU FLAMM, *gutmütig belustigt.* Nu freilich, Christel, ich halt' dich nich! Meinswegen geh du zu a Eskimos! ich bleibe hier ruhig im Rollstuhle sitzen. Lies d'rsch amal von a Eskimos! Du wirscht d'r dei Wunder besehn, dort oben! De Fraunzimmer taugen dort alle nischt: da is's keene

Kunst, mit a Weibern tauschen. *Zum Mädchen.* Geh, mach deine Arbeit! ich ruff' dich dann! *Dienstmädchen ab.*
FLAMM. Ach, Mutter, davon verstehst du ja nischt. Was versteht denn d'r Hase vom Eierlegen!
FRAU FLAMM. Nu Vater, ich nehm's schun mit dir noch uff! was tu' ich'n mehr als ei a Bichern lesen? Ich weeß um die ganzen Ideen Bescheid. Aber, 's wer euch nischt nitzen. 's bleibt ebens beim alten!
FLAMM. Ich sag' dir, die Ehe is überlebt!
FRAU FLAMM. Was is ieberlebt?
FLAMM. Die Ehe, Mutter!
FRAU FLAMM. 'm, wärsch doch! — um Gottes willen, nee, nee! Da wird ma sich woll nach was umsehn missen. Das wär' woll am Ende de heechste Zeit! — Ach Christel, du bist unverbesserlich! Wenn wirklich amal alle Stränge rissen, du wierst balde »Hilfe, Herr Landrat« schrein. — Einstweilen hat das noch gute Wege. Zum Eh'stande zwingt een niemand nich; war keene Lust ni hat, braucht ni heiraten! Da mag sich's a Mannsbild ieberleg'n.
Gestern kam der alte Bernd wieder amal. Die jungen Leute wolln halt o heiraten. Se machen halt ebens oalle dan Sprung. Vorwärts iis leichter wie später zuricke! aber such d'r eenen und sag's 'n amal. Die sein wie nerrsch druf! do hut man kee Glicke!
FLAMM *setzt sich an den Schreibtisch.* Na Mutter, nu hab' ich was Wicht'ges zu tun! — — *Am Fenster.* Pauline! Du kannst mal reinkomm, Pauline! Schiebe mal die Frau Leutnant hinaus!
FRAU FLAMM. Ja, meinethalben kann se mich rausschieben! — Erst kannst amal herkomm 'n Augenblick. *Pauline guckt rein.* Halt erscht! Noch fünf Minuten, Pauline!
FLAMM. Nu was denn? laß doch das Madel nein!
FRAU FLAMM. Erscht de Frau, denn de Magd! Jetzt wirscht du erscht herkommen!
FLAMM *kommt, stellt sich neben sie.*
FRAU FLAMM, *Flamms Hand in der ihren.* Christel, ich will amal neugierig sein. Sonste meng' ich mich ja nich in deine Sachen: Was hat's denn mit dir in der letzten Zeit?
FLAMM. Mit mir? Was soll's mit mir haben, Mutter? Das kann ich nicht sagen! Tut mir leid!
FRAU FLAMM. Christel, sieh m'r amal ins Gesichte! — Ma weeß woll so ungefähr, »wie« oder »wenn«. Itze mecht' ich

amal was Genaues wissen! oder willste mir doas ernt bestreiten? wie?

FLAMM. Ich bestreite gar nichts! Ich weeß bloß nichts.

FRAU FLAMM. 'm, Christel: da will ich dirsch halt amal vorhalten. Ufs erschte zum Beispiel: dei Opp'tit! Du hast frieher dreizehn Klöße gegessen. Jetze würchste kaum anderthalb nein.

FLAMM *lacht*. Na, vielleicht hab' ich a Magenkrebs.

FRAU FLAMM. A Magenkrebs wirschte vielleicht nich haben. Dazu huste's Aussehn noch nee d'rnach. Aber sonste an andern Krebs vielleichte... Wer weeß nu, was dir an d'r Leber frißt.

FLAMM. Du meenst, weil ich soviel saufe, Mutter.

FRAU FLAMM. Du trinkst o zuviel! Aber deswegen ni! Solche Anfälle hust du o frieher gehabt. Da hatt' ich kee Haar noch nich drinne gefunden. Bloß — jetze trinkst du bloß immer fer dich. Frieher hust du ock stets ei Gesellschaft getrunken.

FLAMM. Weil de Gesellschaft ni danach is.

FRAU FLAMM. Da hust du o frieher ganz anders gesprochen! Nee, Christel, uf die Art entwisch[s]t du mir nich! — Weshalb stehst de denn murgens vor dreie schonn uf? — Du denkst woll, ma heert's ni im Vorderzimmer? — Du warst nie kee Friehufsteher nich: außern du warscht mit d'r Flinte draußen! Jetze gehste hier umher und weiter nich.

FLAMM. Mutter, laß gutt sein! Du wirscht woll nischt rauskriegen. 's geht mir halt manches im Koppe rum! Umgang! A Landrat vertrag' ich nich. Wir haben ooch andre politische Ansichten! Der Doktor red bloß noch von Abstinenz! Man soll keenen Wein, keen Schnaps un kee Bier trinken! Der Stumpfsinn kommt mir zum Halse raus! — Mit der Herrschaft steh' ich wie Katze und Hund und also auch mit dem Herrn Oberförster! Kunststück! Die Knarre vergrab' ich nich. — Siehste, da hab' ich Ärger gehabt! Aber mag doch der Graf uf'm Koppe stehn mit der ganzen Grünrock-Lakaigesellschaft. Die Gemeindejagd bleibt doch in meiner Hand!

FRAU FLAMM. Festhalten: ja! Bloß ni heftig sein, Christel!

FLAMM. Wovor is man denn Jäger, wenn's nich amal kracht! 's hat amal wieder geheerig gekracht neulich. Heute hab' ich sogar noch davon geträumt. Schockschwerebrett noch mal! richtich! jawoll! Ich hab' ja den Oberförster er-

schossen. Schimpfwort! Anschlag! Bums, wie'n Baum, großartig knickte der Kerl zusammen. 's war'n Genuß, den Kerl purzeln zu sehn!
FRAU FLAMM. Denk bloß nich amal, du träumst etwa, Christel, wenn de dam Mann gegenüberstehst! Das kennte am Ende goar iebel ablaufen. Du weechst mir aber bloß immer aus! Ich bleibe dabei, du hast andre Geschichten! —
FLAMM. Zum Donnerwetter, dann geht's dich nichts an. — Gut, Mutter! ich bin europamüde. Ich will aus dem Walfischbauche raus. Der ganze Magen ist sauer geworden! — Oder ich gehe zur Heilsarmee! oder aber: ich werde Bahnhofsinspektor! Mein bisheriges Leben befriedigt mich nicht! — oder ich geh' nach Südafrika und lasse mich à la Brüsewitz totschießen — oder ich adoptiere a Kind... *Er hat am Klavier Platz genommen und spielt einen langen Lauf aufwärts und abwärts.* Oder, Mutter, ich gebe Klavierstunden!
FRAU FLAMM *ruft.* Pauline! — Da quäl' ich dich heut weiter nich. Ich seh' ja, du willst m'rsch heut eemal nich sagen. Vielleicht ieberlegst de dirsch mit d'r Zeit!? *Pauline kommt, stellt sich hinter den Stuhl.* 's is wahr! keene Kinder ham mir nich. Wär' uns das Robertel nicht gestorben, da gäb's was zu schaffen und sorgen fer dich! Mit fremden Kindern, da kann keener guttsagen! — Pauline! putz nachher de Fenster beim Herrn!
PAULINE, *sehr verlegen.* Ach, Madam, ich mecht' Ihn heut amal bitten... ich soll heut amal in de Stadt mittegehn.
FRAU FLAMM. Um welche Zeit denn?
PAULINE, *sehr verlegen.* A Nachmittag.
FLAMM. Mit wem sollste denn gehn? was willste doa machen?
PAULINE. Nu, halt... mit Voater und August'n halt! — Ich hab' ja nich weiter viel Lust derzu, ader August...
FLAMM. Bei so was gibt's keenen Zwang. Du sorgst dich woll für die ganze Bande! wollen sie dich ooch noch tyrannisieren?
PAULINE. Nu... August sorgt woll fer siich, Herr Flamm!
FRAU FLAMM. Weshoalb soll se denn ni in de Stadt giehn, Christel? — *Zu Pauline.* 's is doch wahr, was d'r Vater sagt? daß ihr, im Juli gloob' ich, wollt heiraten. — Da missen se doch o was einschaffen, Flamm! — Immer koof d'r a bissel Gelumpe zusammen. Ich war d'r ooch noch a paar Fennige zustickeln. — Ock nah d'r amal hier da Haken an! *Sie weist au[f] eine offenstehende Stelle am Mieder*

Paulines. Pauline greift schnell nach dem Haken; schiebt sie hinaus.

FLAMM, *setzt sich am Schreibtisch nieder, versucht zu rechnen, nachdem er schwer geseufzt hat.* Also: Arbeiter Hennig! Streckenbach! Müller! Seifert! Alle Mann Heu machen! — Nu fängt das Grashauen wieder an! *Er versinnt sich.* Das Gras... ja, weiß der Teufel, das Grashauen! *Plötzlich durchs Fenster.* Die Glucke reißt ja die Zwiebeln raus! — Schweinegesellschaft! kennt ihr nich ufpassen? — Und Heinzel und... Hubrig und... — Hört mich mal an, macht eure Sensen scharf! morgen geht's Heu machen! — Weiß Joseph! knöpf deine Ohren uf!

WEISS JOSEPHS STIMME. Jawull ock, Herr Leitnann, ich hoa's wull verstanden!

FLAMM. Nu also! *Er läßt sich wieder auf den Stuhl vor dem Schreibtisch fallen.* Gerechter Strohsack, na das! Hubrig, Heinzel! zum Donnerwetter, die hab' ich ja schon... Seifert, Streckenbach! — Blödsinn, verdammter! *Er klappt das Journal zu.* Die Landwirtschaft geht sowieso kaputt. Da wird man sich ooch noch unnütz abrackern! — Herein! — — — *Tippt mit dem Finger an die Stirn.* Daß du nich noch überschnappst! — Das war 'ne sehr schlaue Idee von der Mutter! hoffentlich widerruft sie se nich! — Herrein! — Herrein, wenn's kein Schneider is! — — Es hat doch geklopft, in drei Teufels Namen! *Er reißt die Tür auf, Pauline steht da.* Na also!

PAULINE, *schüchtern.* Ich hab' nich geklopft, Herr Flamm! *Flamm setzt sich wieder an den Schreibtisch. Pauline begibt sich ohne weiteres ans Fensterputzen.*

FLAMM *liest.* Streckenbach! — *Zu Pauline.* Hörst du den Kuckuck, Pauline? — Ob du den Kuckuck heerst, frag' ich dich? *Schlägt auf den Tisch.* Kreuzmilliondonnerwetter noch mal!

PAULINE. Ims Himmels... ich heer' ju a Kuckuck, Herr Flamm!

FLAMM. Endlich! — kannst du denn das nich gleich sagen? Du bist hier im Dienst, verstehst du mich? — — Biegen oder Brechen, Pauline! Ich will wissen, was in dich gefahren is. *Stillschweigen.* Mach hier's Fenster zu! 's zieht! *Pauline schließt das Fenster an Flamms Schreibtisch. Flamm hält sie fest, sagt leise, heftig.* Pauline, biste verrückt geworden?

PAULINE. Iich hoa miich oabgefunda, Herr Flamm!
FLAMM. So!? aber ich? was wird denn aus mir werden?
PAULINE. Sie finden an andern Zeitvertreib.
FLAMM *hält sie mit eiserner Energie.* Madel, du rührst dich hier nich vom Fleck. Sonst...! Hol mich der Teufel. Du kennst mich noch nicht. — Heut is Mondschein! du wirst hinters Vorwerk kommen und wirst mir heut abend Rede stehn!
PAULINE. Und wenn Sie mich glei derwerchta, Herr Flamm...
FLAMM. Du willst ni?
PAULINE. Ich kann ni! —
FLAMM. Wer soll dich denn hindern? Ich schlage dem Kerl alle Zähne aus. *Er läßt Pauline los, diese begibt sich wieder ans Fensterputzen. Flamm erhebt sich mit Entschluß, tut, als ob er gehen wollte. Gewehr vom Nagel etc.* Macht, was ihr wollt! tut, was ihr sollt! versteht ihr mich! blast mir den Hobel aus! — Man wird sich hier lassen zum Jockel machen! Dich hat der Mensch schon verdreht gemacht. Was bist du für'n Fraunzimmer früher gewesen. Staatsweib! treuherzig, offen und brav. Ohne Furcht und Tadel, könnte man sagen: jetzt bist du scheu, hinterhältig und feig.
PAULINE. Herr Flamm, Sie solln mich in Ruhe lassen! was wissen denn Sie, was ich durchmachen tu'!
FLAMM. Deine Schuld ist alles, was du jetzt durchmachst. Das ist gänzlich, ausschließlich deine Schuld. Du quälst, völlig sinnlos, dich und andre.
PAULINE. Mag's doch! vor mir! 's is, wie's is! Do quäl' ich euch alle miteinander. Ich bin ieberhaupt bale nischt nich mehr wert. August'n quäl' ich! Voatern quäl' ich! wann quäl' ich'n eemal an Menschen nich. Nu wenn o! do koan iich's weiter ni ändern. Ich wiß, woas ich will, und domit gutt.
FLAMM. Du weeßt, woas du willst? Und was ist denn das?
PAULINE. Das braucht weiter keener als ich zu wissen. A Kind muß eemal an Vater han.
FLAMM. Hast du die Frau eben reden gehört? —
PAULINE. Das mag schunn sein, aber's kann m'r nischt nützen. Kann sein, doaß ma junga Hundla verschenkt.
FLAMM. Du! — Laß mal die Fenster ungeputzt! weg! immer weg! Immer dalli! Pauline! Der Tobak is mir denn doch zu stark.
PAULINE. Do soll ich die Fenster nich fertig putzen?

FLAMM. Mach, daß du aus der Stube kommst. *Pauline ab. Er tritt ans Fenster.* Der Friedrich soll mir den Rotschimmel satteln!
STIMME. Jawohl, Herr Leutnant!
FLAMM. ... und etwas fix! Ich muß mir das Gift aus den Knochen reiten. *Es klopft.* Eintreten!
Der alte Bernd, hinter ihm August Böhm, treten ein.
DER ALTE BERND. Scheen guden Morgen, Herr Flamm! — Mir mechten weiter nich steeren, Herr Flamm! — Sonste komm m'r vielleicht a Nachmittag wieder?
FLAMM. Was gibt's denn?
BERND. An Standesamtssache, Herr Flamm.
FLAMM. So! Standesamtsache!? — strenggenommen wollt' ich mir eben die Wiesen besehn! — Apropos, Sie könnten morgen mit Heu machen.
BERND. August, du hätt'st woll am Ende Zeit?
FLAMM. Sie sind ja doch Schneider!
AUGUST. Das bin ich! jawohl! — Ich will mir auch bald ein Geschäfte einrichten. Einstweilen bin ich noch nich aso weit. Deshalb wär ich so lange o Feldarbeit machen.
FLAMM. Sind Sie zum Grashauen nicht zu schwach?
BERND. O nich doch! der August hat Kräfte, Herr Leitnant!
AUGUST. Kräfte hätt' ich! ma is ja deswegen noch jung!
FLAMM. Schön! Also wegen der andern Sache. Wie wär' es denn gegen Abend? was?
AUGUST, *zu Bernd.* Na, wenn ich soll von d'r Leber sprechen, ich wär' balde gerne eim reenen dermit!
FLAMM, *kurzgefaßt.* Nehmen Sie Platz.
BERND. Se wolln halt doch heiraten.
Pause.
AUGUST. Erst mecht' ich amal ane Frage tun.
FLAMM. Bitte!
AUGUST. Wenn eener zu een solche Worte sagt...
FLAMM. Was denn für welche?
AUGUST. ... zum Beispiel so: Sie kenn Ihre Braut doch niemals nich heiraten!
BERND. Pauline! meine Tochter, Herr Flamm! Als sie, daß [sie] August nich kennte heiraten.
AUGUST. Is das... Herr Flamm, weil Sie doch Schiedsmann sein... zum Beispiel: das is doch ane Injurie?
FLAMM. Nich ohne weitres, das kommt drauf an.
AUGUST. Verleicht ohne weiteres ni, Herr Flamm, aber wenn

a een immerzu ärgert d'rmitte, een fermlich d'rmitte drohn tutt dahier...?
FLAMM. Wer tut das?
DER ALTE BERND. D'r Kutsche vom Oberförster.
FLAMM. Dann haut man so'm Lümmel die Jacke voll.
Pause.
August wischt sich den Schweiß.
DER ALTE BERND. Herr Flamm! mir kenn ins ja lange schonn. Ich hoa Sie noch uf a Knien geschaukelt, da Sie noch a ganz kleener Junge woarn. Das war noch zu sel'gen Herrn Vaters Zeiten. Do koam Sie ja immer zu mir rim, do ich de Keeserei noch hatte. Sie warn's wull ni wissa! denk' ich halt. Nu ebens! nu ja! Also: seit dar Zeit... Ihr Herr Voater hielt gruße Sticke uf mich! — o uf mei Weib, do mei Weib noch labte! — oft bespoaßt a sich o mit Paulinla a wing! und hernoert, wenn a doas monchmal gemacht hatte, do meent' a: die schlägt Eurem Weibe nach!
FLAMM. Freilich, Bernd, ich kann mich sehr wohl dran erinnern.
BERND. Nu, 's koam o ni andersch! Sie wissa's ju. Sie hoan ju miit'r gespielt derwegen, vu kleen uf, mecht' ma sprecha dohie: Sie wissa ju o, woas doas Madel wart iis. Asu a Madel iis Guldes wart. Nu also! nu sahn Se's! 's iis emol ni mehr! Se hot mir missa 's Weib d'rsetza und fimf kleena Geschwistern Mutter sein: zahn volle Jahre und drieber naus: doas hätte kee andre ni kenn besser ausrichten.
FLAMM. Gewiß nich, Bernd! wer bestreitet denn das?
BERND. Bestreita koan doas kee Mensch ni, Herr Flamm. Ader sahn Se, dar Kutsche vum Oberferschter, weil bei a a doch nischt ni zu macha iis, uf keene Oart ni mit schlechta Geschichta — die gieht ni zum Tanze, die treibt sich ni rum! Doas hätt' ich dar o wullt geheerig austreiba! —, do hängt a dam Madel Nochrada an!
AUGUST. Iich brenge da Kerl noch eis Zuchthaus nei! Eeb dar iis zum Oberferschter gekumma, hot dar schun biese Geschichta verfiehrt.
BERND. Nee August, luß dich ock dodruf ni wickeln!
AUGUST. Ich hoa oaber Zeuga! ich hoa a Beweis vu Potsdam! all's hot a salber d'rzahlt: wie a bei d'r Reiterei hot gestanda. Ieber wan a do hot seine Rada gefiehrt.
Pause.
FLAMM. Behm, regen Sie sich über so was nich auf. Wer wird

sich zum Denunzianten machen, außer's ist ein ganz zwingender Fall! Denn was der Kerl redet, ist ja ganz gleichgiltig. An Pauline reicht er ja doch nich ran.

BERND. Nu siehst de's: ich hoa d'r doasselbe gesoat.

AUGUST. Meinswegen: a reecht o ni oa de Pauline. Oader se labt wie ei Angst vor dam Kerl! Se iis wie verwerrt! bal wie ausgewechselt... 's mißt'n amol eens an Denkzettel gahn.

FLAMM. Wie Sie wollen! Ich kann dabei weiter nich mitsprechen, gar Grund zu 'ner Klage sehe ich nicht.

AUGUST. Außer doaß [a] gesoat hot, mir kenda ni heirata.

BERND. August! beweis'n 's Gegenteil! — — Herr Flamm, doas iis hie mei Schwiegersuhn. Mir laba schunn bei vier Johre mitsoama! A is fleißig, sparsam und ufgeweckt. Iich koan mir an bessern Menscha ni winscha: und Pauline kriegt o ni keen bessern nich. Do wullda mir ebens 's Ufgebot anmelden.

FLAMM. Ihr Leute, ich sehe den Nervus noch nicht. Des Kutsche wegen wollt ihr schnell heiraten? — habt ihr denn alle Papiere mit? — — Erst mal müßt ihr mir doch die Papiere herbeischaffen! Taufzeugnis und Geburtsattest. Bis dahin ist überhaupt gar nichts zu machen! Und dann klappt's wahrscheinlich immer noch nicht. Immer und ewig dieselben Geschichten. Ich hab' ooch noch andre Sachen im Kopf. Ich kann nich bloß immer für euch parat sitzen. Seid ihr denn einig ieberhaupt? vielleicht is de Braut gar nich einverstanden...

BERND. Ich kann ja mei Mädel gleich amal hulln. *Er geht.*

FLAMM. Ooch das noch! holt, wen ihr wollt meinswegen. *Pause.* Nu sagt mal, Behm, eilt denn die Sache so sehr? Kennt ihr euch beede ni noch was Zeit lassen?

AUGUST. Nee, Herr Leitnant, ich hoa mir's jetzt vorgesetzt. Ich hoa wull genung gewoart, itze woart' iich ni länger. Se hot mich ernt wull genung hiegezoan [?].

Bernd mit Pauline herein.

FLAMM. Ich mache euch einen Vorschlag, ihr Leute! Da ihr, wie's scheint, noch sehr unklar seid, verschont mich zunächst doch mit dieser Sache. Geht nach Hause und überlegt euch den Kram. Hier hab' ich euch alles aufgeschrieben. Alle Papiere, was notwendig ist: und die bringt ihr zu meinem Herrn Amtsnachfolger; Ökonomierat Krutke wird das wohl sein. *Er zeigt den Brief.*

PAULINE. Woas is denn? woas hot's denn?

FLAMM. Weißt du das nich?
AUGUST. Woas, Pauline, du wißt nich, was ich hier wulln selde.
DER ALTE BERND, *zu Pauline.* Itze war ich d'r woas soan: heer amol druf! Jawull! nee, nee! doas gieht hie ni andersch. Ich hoa's lange genung hoa iich's bei mir behaln. Dar Moan... dar Moan hie... ich soa wetter nischt. Nee Madel! dam Moan hie... asu gieht doas ni wetter. — Fimf Johre giehn se mitnander, Herr Flamm! Doas iis Ihn... dar Moan... dar iis Ihn goar propper. Dar hoat seine Sacha im Stande. Jawull. Fimf Johre hot har gewort ufs Madel. Nu muß oader Roat warn. Nu is doas genug.
AUGUST. Soas[t] du zu mir ni: gieh, tu's oamelda!
PAULINE. Iich wiß nee, woas ich gesoat hoa dohie. Bloß asu viel weeß iich: mir missa no woarta!
BERND. Woas?
AUGUST. Woas sprichst du?
BERND. Nu Teifel do, do! wills[t] du ins do goar an a Noasa rimzuppa. Iis doas asu deine Meenung itzund? Nu gell ock, August, do iis nee zu spoaßa. Ei diich iis d'r Teifel neigefoahrn! — Herr Flamm! nu kenn Sie a Wort miit eiflechta. Iis doas menschenmeeglich, a sulches Verhaln. Sol ees sich uf su a Weib doch an Versch macha!
FLAMM. Ja Bernd, da weiß ich selbst nicht Bescheid. Mit Pauline kann ich mich o ni mehr auskenn. Mir steht allerdings der Verstand da auch still.

DRITTER AKT

Vesper. Die Arbeiter liegen an einem Waldrand vor einer gemähten Wiese, schlafend. Einige dengeln. August und der alte Bernd liegen zusammen.
Eine Kuhmagd, vier Gärtner, Schulz (stottert), Streckenbach, Kleinert, Behm August, Bernd, Golsch Emma (Kleenemagd), die Streckenbachen.
Der Kutscher tritt aus dem Wald und einem Arbeiter auf die Hand.

SCHULZ. Au!
KUTSCHER. Prost Vasper!

SCHULZ. O.. O.. Oas, verdoamtes!
KUTSCHER. Iich biin au ees! prost Vasper!
DIE ARBEITER, *teils im Halbschlaf.* Prost Vasper!
KUTSCHER. Gell ock, 's macht woarm hinte.·
DIE ALTE STRECKENBACHEN. 's mecht' an Floasche Bier sein! Mir kennda's gebraucha!
KUTSCHER. Nu, Kleenemoad! sol ich mich zu dir län?
KLEENEMAGD. Versuch du's! wenn de willst Dresche krieg'n! Ich trät' dir de Knucha ein Leibe azwee!
KLEINERT. Kutsche, die wärscht d'r irscht miega zureita!
Gelächter.
KUTSCHER. Do kennde wull Roat warn! wenn's wetter nischt iis!
SCHULZ. Uf Trense gieht's nee, soa ich d'r bloß.
KLEINERT. An tichtche Kandare und an Sprungriema!
SCHULZ. Und a Soattelgurt quietschfeste geschnoallt.
KUTSCHER. Woas wett' mer, die gieht ohne Soattel und Zeug. Doas gieht uf'm blanka Leibe oam beste. Uf Schenkeldruck, uf a Sitz kimmt's oa! Die reit' ich freihändig uf oalle Gangoarta. Die mißt' ock asu wie an Tocke giehn!
KLEENEMAGD. O hoat ihr Battelleute zum Noarn!
Lachen.
DIE ALTE STRECKENBACHEN. Ihr seid wull o groade beim Vaspermacha.
KUTSCHER. 's stimmt, ale Kroë, stimmt uf a Punkt!
DIE ALTE STRECKENBACHEN. Doas heeßt! Iich war dir klee hulfa, Kutsche! iich schlo d'r a Rechastiel ieber a Kupp!
KLEINERT. Ihr tutt wull de grüne Brache rimschmeißa.
KUTSCHER. Jawull. Asu woas koan meeglich sein! — Nu August! wie woarsch uf'n Standesoamt?
Gelächter.
⟨Na August, wie iis? wie stieht's mit'n Huxtmacha? *Er bleibt ohne Antwort. Zu den Arbeitern.* Macht a denn nu seine Sache a wing?
DER ALTE BERND. Ma denkt's.
SCHULZ, *kräftiger Arbeiter.* Se mahn halt asu immer imseitig! An Vertelstag dar, an Vertelstag dar.
DER ALTE BERND. Wie mirsch macha, doas gieht kenn Menscha nischt oa. Hauptsache bleibt immer, doaß an Arbeit getoan werd.
KUTSCHER *setzt sich neben ihn.* Nu freilich, doas soa iich au, Voater Bernd. — Iich wiß goar nee, woas ihr vu August'n

wullt. Doas iis doch a Murdskerl, mecht' ma sprecha! Asu
an Gärtner giebt doch ni mehr.
Gelächter aller.
SCHULZE. Ver... verleichte zim ei a Groaba scheißa!
Gelächter.
DIE ALTE STRECKENBACHEN. August, wenn de werscht irschte
verheirot sein: do luß d'r ock recht viele Kließla kocha.
KLEINERT. Dernoert braucht ees getuppelte Kroaft. A Ding
wie Pauline, die braucht ernt woas!
August, ohne sich stören zu lassen, dengelt seine Sense weiter.
DER ALTE BERND. Ihr Leute, ma wiß goar nee, woas doas iis!
woas mißt ihr ock immer uf ins beeda rimrada! mir hoan
euch doch niemand'n nischt ni geton!
STRECKENBACH. Braucht dar asu stulz tun? a mag räda a
Wort.
AUGUST *unterbricht einen Augenblick Dengeln.* Wenn ich oader
nee wiel, do brauch' ich ni räda!⟩
*Der Kutscher setzt sich. Sie machen einander Zeichen etc.
Lachend und heimlich.*
DER ALTE STRECKENBACH, *breit.* Wenn ma asu woas recht
ieberlät: Flamm hot ganz recht! weshoalb denn o heirota.
's iis besser asu wie uf andre Oart.
KLEINERT. Weshalb hot ma denn suste a Standesbeomta?
SCHULZ. Mir ... mir ... ihr Leute! verpucht noch amol! Ich ...
winschte ... Teifel o! dozumoal! wie ich dozumoal ging,
meine Hux[t] oamelda ... ich winschte, a hett' mich ... an
Peitsche genumma ... und hett' mich zum Oamte naus-
gejoat: Itze hoa ich elf Madel derheeme lieja.
KLEINERT. August, du koanst o zufriede sein!
STRECKENBACH. Wär' Flamm, do ich ging mich und Muttern
oamelda ... wär' Flamm dozumol Standesbeomter gewast
— oader dozumol goab's noch keen Standesbeomta! — und
hätt' a mich ärschlich heemgeschickt, wie a's itze mit
August'n ebens gemacht hot ... gelt, Mutter, do labt' ich o
schinner wie jetzt.
KLEINERT. 's heeßt ju, Flamm hot's Oamt oabgegahn!
KUTSCHER. Ihr Leute, lußt August'n itze ei Ruh. Wegen men-
ner koan [a] itzt immer heiroata!
Gelächter der andern.
STRECKENBACH. Ei d'r Welt sein Leute ... die sein asu tumm.
Do woar amol drieba a Forr uf Leipe. Dar Forr, dar hoatte
a junges Weib. Die tot'n betriega uf oalle Oarta! A kunde's

glei sahn ... und doch gleebt' a's ni. Hernort, ver Gerichte, do mußt' a's derlaba[?].
KUTSCHER. A schmuck jung Madel, wenn's wetter nischt iis...
AUGUST, *über Dengeln heraus.* Itze soa iich euch bloßig ...
DER ALTE BERND. Nischte! — luß!
Pause.
KLEINERT. Nu, do wulln mir itz wieder oas Rackern giehn.
SCHULZ. 's fahlt noch oa anner hoalba Stunde.
DIE KLEENEMAGD, *vom Kutscher hinterrücks angefaßt.* Kutsche!
STRECKENBACHEN. A gibbt keene Ruhe, dar Moan.
Pauline kommt mit der Vesper für den Vater und August. Sie setzt alles neben beide.
DER ALTE BERND. Kimmste endlich.
PAULINE. Ich hutt's baale goar vergassa: d'rheem ieberm Bettla- und Hemdlanähn.
DIE ALTE STRECKENBACH. Woas nähst du?
PAULINE. Nischte! allerhand Sacha! — Iich hoa a poar Kerscha mitegebrucht.
KUTSCHER. Pauline, krieg' iich nischt ausgeteelt?
PAULINE. Fang uf! na! feste! *Sie wirft etwas.*
KUTSCHER *fängt es.* Dank scheen! *Öffnet die Hand, es liegt eine Kartoffel darin.* Verpucht! — Wart, Dare! — Asu is mit mir kee Auskumm. *Er steht auf, um sie zu haschen.*
DIE STRECKENBACHEN. Flamm kimmt!
KLEINERT. Siehch, doaß du Beene machst.
Alle erheben sich schnell, nehmen Sensen etc., um an die Arbeit zu gehen. Kutscher bemerkt es nicht.
Flamm kommt.
FLAMM. Was is d'n hier los?
KUTSCHER, *erschrocken, betreten, aber doch frech.* Mir spoaßen, Herr Flamm.
FLAMM. So!? — Bitte! — na Tempo!
KUTSCHER. Woas denn?
FLAMM. Abtanzen! Na? Eins! zwei! drei! soll ich helfen? was? *Kutscher ab in den Wald.* Kerl gehört auf den Gräflich Scherrerschen Misthaufen. Auf meine Wiesen gehört der Kerl nich! — Na, wie weit seid ihr?
SCHULZ, *Vorarbeiter.* M'r sein bald rim! hingern Waldla hoam mir bald olles runder!
FLAMM, *nach dem Wetter blickend.* Wird's halten?
KLEINERT. Koan sein, doaß a Watter kimmt.
FLAMM. Was hat die Kanallie denn hier zu tun? Wenn er sich

wieder hier blicken läßt, Leute, schmeißt doch dem Hunde
die Sensen nach.
FRAU STRECKENBACH. A ackert dieba bein Oberferschter!
FLAMM. Ich habe den Hundsfott auf'm Zug. Er soll mir nur
mal allein in 'n Weg laufen. Erstlich prügelt das Vieh seine
Kinder halbtot...
FRAU STRECKENBACH. Nu freilich! doas heeßt [?]! die missa
woas durchmacha!

[Text bricht hier ab.]

UND PIPPA TANZT!

Editorische Bemerkung

Die nachfolgend abgedruckten Paralipomena stellen die drei früheren, teils unvollendeten, teils abgeschlossenen Fassungen des 4. Aktes dar, für deren Entstehung der Herbst des Jahres 1905 anzusetzen ist.

[I, 1—2]: Zwei fragmentarische, inhaltlich verwandte Ansätze zur ersten Fassung.
[II]: Zweite, abgeschlossene Fassung mit Schlußvariante.
[III]: Schlußteil der dritten, ebenfalls abgeschlossenen Fassung, deren voraufgehender, hier nicht abgedruckter Teil im wesentlichen der Endfassung (vgl. CA II, S. 311—317, Zeile 36) entspricht.

[I, 1–2]

VIERTER AKT

ERSTE FASSUNG

[1]
[Erster Ansatz]

Der Marktplatz einer kleinen Stadt. Er verbreitert und vertieft sich nach dem Hintergrunde zu und wird von altertümlichen Giebelhäusern eingeschlossen. Rechts mehrere Straßeneingänge; links ist ein Teil des grünen Wagens einer Zirkusgesellschaft sichtbar und besonders ein Teil der Hinterwand mit Treppe und Eingangstürchen. Hinter dem Wagen — die linke Häuserwand des Marktes ist nicht mehr sichtbar — ist der Plan für die Schaustellung hergerichtet mit Stangen, Fähnchen und einem hohen Seil. Ein kleiner Raum um den Wagen ist mit Zeltleinwand eingeschlossen. Ein schlanker Kirchturm blickt über die Häuser herein, ein Bäcker- und ein Apothekerladen sind in der Nähe. Auf dem Bürgersteig rechts hie und da ein Fußgänger: Bürger, Arbeiter, Dienstmädchen oder Schusterjunge.

Es ist ein schneefreier, ungewöhnlich heiterer Tag im März. Auf dem Treppchen des Wagens, dessen Tür offensteht — man sieht seine Inneneinrichtung: vorn Wohnraum und eiserner Herd, alsdann großblumiger Kattunvorhang, der den Bettraum abschließt —, auf dem Treppchen sitzt ein schwammiges Mannweib in Nachtjacke und Pantoffeln. Sie schält Kartoffeln und schnupft zuweilen. Der Direktor der Gesellschaft, genannt Bellachini, hockt unweit davon auf einem Fäßchen. Er raucht eine Pfeife, ist bereits im Trikot, hat einen langen, schäbigen Paletot übergezogen und scheint sehr unruhig und mißmutig. Beide Ehegatten sind über die Fünfzig und einander ähnlich an Fettleibigkeit und an Brutalität der Gesichtszüge.

Auf der zurückgeschlagenen Wagentür sitzt, an ein Kettchen gefesselt, ein Kakadu.

BELLACHINI. Siehst du, Minka, das ist der große Begriff der Verlegenheit!
FRAU BELLACHINI. Wie spät ist es, Liebchen?

BELLACHINI. Auf fünf ist die erste Vorstellung angesetzt! *Die Turmuhr schlägt vier.* Es schlägt! das ist der große Begriff der Zeit!
[Lücke im Manuskript.]
BELLACHINI. Was soll ich machen?
FRAU BELLACHINI. Lauf hin, sieh nach!
BELLACHINI *blickt prüfend an sich hinunter und läßt seine Muskeln spielen.* Ich habe mich anderweitig entschlossen. Beruhige dich, süßes Lebkuchenherz. Positus, ich setze den Fall, daß Maja, genannt die Tochter der Luft, beim Barbier Pasicke ohnmächtig wird, so werde ich einfach Luna reiten. Die Schecke steht ihren Mann immer noch. Außerdem, wenn du mir noch'n Pfund Rindfleisch hackst, so fühle ich mich heute aufgelegt, vor den Leuten die tollsten Zicken zu machen; meinethalb stellt mir das Rathaus auf die Brust. Der große Begriff der Fatalität...
FRAU BELLACHINI. Halt's Maul, mit deinem großen Begriff! die Schecke ist lahm und hat den Keuchhusten. Deine Plauze ist keine sechs Dreier mehr wert! auf dem Zettel gedruckt steht die Tochter der Luft! das hiesige Publikum kennst du nicht! und wenn du den Rachen noch so weit aufreißt, du Bierfaß, und brüllst, daß du Maja bist, so werden sie dir's doch anders beweisen, daß du dein ganzes bißchen Latein vergißt!
BELLACHINI, *zum Papagei.* Sprich: du bist unzart, Madame, kleiner Kakadu! — wir wollen uns nicht erregen, Madame! — Ein Backenzahn mit drei bis vier Wurzeln! eine Backe wie'n bayerischer Knödel so groß! — vielleicht kann sie auftreten! warten wir ab!
FRAU BELLACHINI. Sie schwebt ja, Esel, sie braucht ja nicht auftreten!
BELLACHINI. — Süßes Lebkuchenherz: -- ich verachte dich. *Er nimmt die Pose der Verachtung ein, wobei er heftiger raucht, Frau Bellachini macht eine wegwerfende Handbewegung, erhebt sich und trampelt mit den Kartoffeln wütend ins Innere des Wagens.*
Nun werden die Laute einer Okarina hörbar, die sogleich bewirken, daß Bellachini die Ohren spitzt. Bald darauf treten aus der rechten Seitenstraße Hellriegel und Pippa. Er bläst vertieft auf seiner Okarina, während sie müde, aber andächtig lauschend an seinem Arme hängt. Beide sehen vom Wandern arg mitgenommen und abgerissen aus.

BELLACHINI, *sie bemerkend, für sich.* He, was seid ihr für Schwalben? — Konkurrenz? —

PIPPA *zu Michel.* Michel, halt einen Augenblick! wir wollen doch fragen, wo wir hinmüssen!

HELLRIEGEL, *sich kurz im Spiel unterbrechend.* Quer über den Markt, ich weiß den Weg!

PIPPA. Könnt' ich mich nur einen Augenblick, zwei Minuten nur, auf den Prellstein setzen?

HELLRIEGEL, *kurz unterbrechend.* Warum denn nicht, wenn du müde bist!

PIPPA, *erschöpft auf dem Steine ausruhend.* E vero, sono un poco stanco! — — Michel, riechst du das frische Brot? ich glaube, hier ist wo ein Bäckerladen! — Mich hungert ein bißchen.

HELLRIEGEL. So? mich nicht.

PIPPA. Gar nicht?

HELLRIEGEL. Nein, gar nicht! — du störst mich, Pippa! *Er dudelt vertieft weiter. Absetzend.* Wärest du nun vielleicht ausgeruht?

PIPPA. Ich fürchte, es geht heute nicht mehr viel weiter!

HELLRIEGEL. Kleines Liebchen, du kennst deine Kräfte nicht!

PIPPA. — Ich bin ein bißchen müde, sonst nichts! — wenn ich vielleicht einen Bissen Brot zu essen hätte... oder so etwas... oder einen Schluck Milch...! und Michel, du siehst auch recht vergänglich aus! *Michel spielt Okarina.* Ist es noch weit bis Venetia?

HELLRIEGEL. Bewahre, mein Schatz! es kann, nach meiner genauen Berechnung, keine zwölf Kilometer von hier mehr entfernt sein.

PIPPA. Michel, sagtest du das nicht gestern auch?

HELLRIEGEL. — Pippa, sage mir: glaubst du an mich?

PIPPA. Ja, weiß Gott!

HELLRIEGEL. Bloß an dies und das? oder an jedes Wort, das ich sage?

PIPPA. An alles! an jedes einzige Wort!

HELLRIEGEL. Gut! es sind zwölf Kilometer bis Venedig! — sieh mich doch an, wie heiter ich bin, meiner Sache gewiß, in jeder Hinsicht! und wann hätte ich je dein Vertrauen getäuscht? — Du siehst, wie weit wir gekommen sind! vielleicht könnten wir etwas bequemer reisen! warum? man hat etwas von der Welt, zu Fuß, auf der

Landstraße, auf Rainen und Feldwegen! man lernt Land und Leute kennen, Pippa! ihre Sorgen! die Mühsal! den Jammer der Welt! wie käme man sonst überhaupt dazu? wie hätte un[s]ereins sonst dazu Gelegenheit? — Rück mal ein Stückchen, kleine Pippa! *Er verdrängt sie ohne weiteres von dem Prellstein und setzt sich darauf. Sie hält sich an einer Laterne aufrecht.* Was habe ich nicht alles bereits gelernt auf unserer herrlichen Wanderung! was schoß mir nicht alles durch den Kopf! welche Reichtümer quollen mir aus der Seele! wer weiß: vielleicht ahnst du das alles nicht! — Diese Menschlein, wie leben sie alle dahin! auf dem Bauch wie die Kröten fressen sie Erde! sie wühlen mit Rüsseln den Unrat um! Taub wie Engerlinge, blind wie die Maulwürfe! — Und nun, süßes Mädchen, gib einmal acht, wenn meine Stunde gekommen ist! es gärt! eines Tages, des sei gewiß, werd' ich euch solch ein Wetter machen, aus Mitleid, Weisheit und Wunderkraft, daß nur eine Stimme darüber ist: der Michel hat uns Regen gebracht, Fruchtbarkeit, Sonne, frische Luft, Licht unter die Hirnschale, Adlerblick, Rausch, Tanz — ja, er macht uns tatsächlich aus Schweinen zu Göttern!
Pippa ist, von Schwäche übermannt, an dem Laternenpfahl heruntergerutscht und bleibt bewußtlos darangeklammert hocken. Michel in seiner Begeisterung bemerkt es nicht, und als er zu Ende ist, steht zu seinem Staunen Bellachini vor ihm, der sich während seines Vortrags neugierig genähert hat.

BELLACHINI, *mit Verbeugung sich vorstellend.* Bellachini!

HELLRIEGEL, *sich erhebend, mit Haltung.* Michael Lebrecht Hellriegel!

BELLACHINI. Freut mich sehr, äußerst angenehm! — Sie sind Künstler?

HELLRIEGEL. Privatim. Nicht für die Öffentlichkeit.

BELLACHINI. Dann darf ich wohl annehmen: Hungerkünstler! — Wollen Sie denn heut abend noch weit?

HELLRIEGEL. Nein! höchstens wollten wir noch bis Venedig.

BELLACHINI *stutzt, überwindet sich.* Das imponiert mir, sapperment! — Vergeben Sie mir meine Zudringlichkeit! allein, ich hörte Sie eben reden, und der große Begriff der Beredsamkeit übt auf mich stets eine magische Wirkung! — Von was sprachen Sie, wenn ich fragen darf?

HELLRIEGEL. Von etwas über jeden Begriff.

BELLACHINI. Ich muß sagen, ich hatte den Eindruck davon,

daß, wenn diese Stadt, dieses Krähwinkel hier, etwas mehr
wäre wie ein Nest Wanzen in einer Nachtmütze, so hätte
es müssen Krämpfe kriegen, kopfstehen und auf den
Händen gehen. Statt dessen hat sich kein Fenster geöffnet!
HELLRIEGEL. Wie meinen Sie das?
BELLACHINI. Wie ich es sage, mein Herr! — Wenn ich mir
ein[en] Vorschlag erlauben darf: würden Sie mir nicht
die Ehre erweisen, da Frau Gemahlin erschöpft ist, wie
es scheint, und einen kleinen Imbiß mit uns einnehmen,
bevor unsere Vorstellung beginnt? es würde mir eine
Auszeichnung sein, wenn ich womöglich Gelegenheit
hätte, vor einem Manne, der mich so sehr interessiert,
mich auch mal auf dem Trapez zu zeigen.
FRAU BELLACHINI *ruft aus dem Wagen.* Bellachini! denke an
dein Geschäft!
BELLACHINI *ruft zurück.* Ich denke daran, süßes Lebkuchenherz! — Ist die Kleine artistisch ausgebildet?
HELLRIEGEL. Mein Herr, diese Frage lächert mich!
BELLACHINI. Und Sie selbst?
HELLRIEGEL. Mein Herr, was mich betrifft, so würde es
mir ein leichtes sein, mit solchen Kunststückchen auf-
zuwarten, daß... nun, ich will nicht sagen, was... welch
ein Taumel sich müßte der Menge bemächtigen!
BELLACHINI, *händereibend.* Dürfte ich eine Frage tun: —
unter welchen Bedingungen würden Sie arbeiten?
HELLRIEGEL. Arbeiten? — der Michael Hellriegel arbeitet
nicht!
BELLACHINI. Oder wie geruhen Sie sonst Ihre Tätigkeit...
wie würden Sie es bezeichnen, Herr Doktor? Jedenfalls
läge mir viel daran, meinem sehr anspruchsvollen Publikum möglichst bald diesen hohen Genuß zu verschaffen!
— Minka, komme doch mal heraus! *Er geht auf den Wagen
zu und trifft sich mit Minka auf halbem Weg.*
*Hellriegel kraut sich hinterm Ohr und blickt nachdenklich
bald auf Pippa herunter, bald auf die Gruppe des flüsternden
Ehepaars Bellachini.*
BELLACHINI. Minka, ist die Kleine nicht wundervoll? ist sie
nicht gradezu süß? gradezu hinreißend? Ist sie nicht
gradezu ein Fund? ich will mein Leben lang keine Kutteln
mehr fressen, wenn sie nicht alles übertrifft — wenn sie
erst mal lernt, auf dem Seile zu tanzen! —, was je auf Kreide
gelaufen ist! ich wette, das Publikum rast wie wahnsinnig!

FRAU BELLACHINI. Und der Kerl?

BELLACHINI. Der geborene Hanswurst, liebes Kind!

FRAU BELLACHINI *geht sehr resolut auf Hellriegel zu, taxiert ihn von oben bis unten, steckt eine Backpflaume in den Mund und sagt mit Bezug auf Pippa.* Na, soll denn der Haufen Unglück so liegenbleiben?

HELLRIEGEL, *nun erst Pippas Zustand erkennend.* Pippa! mein alles! ist dir nicht gut, Pippa? antwortest du nicht, geliebtes Herz?

FRAU BELLACHINI. Ach was! ooch so'n Schmerzen- und Herzenreimer! — weg von de Bilder! ihr kooft doch nischt! *Sie hebt Pippa mit ihren nervigen Armen auf und führt die leise Seufzende über den Platz an den Wagen und, mit durchbohrenden und verächtlichen Blicken auf beide Männer, das Treppchen hinauf ins Innere des Wagens hinein. Dort bettet sie Pippa auf ihr Lager.*

Bellachini und Michel Hellriegel sind gefolgt. Mit offenem Munde sieht Hellriegel den verschwindenden Frauen nach, auch noch, als die Wagentür unsanft geschlossen wird. Bellachini stopft eine Pfeife.

BELLACHINI. Madame Minka ist eine vorzügliche Frau! tatkräftig! — bewunderungswürdig als Weib und Mutter! — Im Ernst, werter Herr, Sie gefallen mir! — und wenn die Kleine erst wieder zu Kräften kommt... vorausgesetzt, Sie denken wie ich!...so müßte sich — alle Teufel noch mal, ein Arrangement zwischen uns treffen lassen. — Wo haben Sie sie denn aufgespießt?

HELLRIEGEL. Mein werter Herr, Sie verwirren mich. Wir sind beide eigentlich nur auf der Durchreise! unsere Verhältnisse sind Gott sei Dank so, daß wir um Brot nicht arbeiten dürfen. Dazu würde ich mich auch niemals verstehn! — erstlich, weil meine Kunst unbezahlbar ist! und nun gar dies Kind ist mir dermaßen heilig — sakrosankt, sagt der alte Pfarrer daheim! —, kaum wag' ich dies Kleinod anzufassen. Die Gebenedeite in ihrem Schrein hat keine solche Macht über mich als das magische Licht, das ihr Antlitz ausstrahlt! — aber, mein Herr: Sie begreifen das nicht!

BELLACHINI. Aber deshalb könnte sie doch auf dem Drahtseile tanzen!

HELLRIEGEL. Ich habe Dinge von ihr gesehen — mein Herr! — ich habe Sachen erlebt — sie ist aus keinem irdischen Stoffe, das sieht man ja auf den ersten Blick! — Sachen!... man sieht, daß sie salamandrisch ist! aus Feuer geboren! — Auf dem Seil tanzen? — wenn Sie wollen, sie fliegt! wie ein Vogel! und einmal — ich will es mit Eiden erhärten! — hat sie ihr Fingerchen nur um ein Weinglas gedreht und mich — und zwar wie, Herr!? — selbst fliegen gemacht.

BELLACHINI. Donner und Doria! beim Schutzpadron aller Spielleute, Gaukler, Hühner- und Pferdediebe, Wahrsager, Zigeuner und Kesselflicker! daß sie mehr kann als Brot essen, habe ich auf den ersten Blick erkannt! Aber wenn es so übertrieben lausig und schwarzkunstmäßig obszön mit ihr ist und wir könnten das mal öffentlich mit ihr machen ... dann könnten wir morgen Rothschilds sein! — Ich möchte nur wissen, wo sie herstammt: sonst hat man vielleicht Schererein davon.

HELLRIEGEL *hält ihm seine Okarina unter die Augen.* Kennen Sie dieses Instrument?

BELLACHINI, *verdutzt.* Nein! — warum?

HELLRIEGEL. Weiß der Teufel! weil hier das Kuriosum sitzt!

BELLACHINI. Hier drin?

HELLRIEGEL. Hier mittendrin sitzt das Kuriosum! und hier zu den Löchern kommt es raus!

BELLACHINI. Wo kommt es raus?

HELLRIEGEL. Na, sehen Sie nicht? hier, hier zu den Löchern! — Sie schütteln den Kopf. Sie begreifen das nicht! — Mein Herr, Sie sind ein verständiger Mann, Sie haben Sinn für das Wunderbare — und doch erklären Sie mich vielleicht für verrückt, wenn ich Ihnen jetzt auseinandersetze, daß Pippa aus diesem Dinge stammt! — Erschrecken Sie nicht! nicht ganz, nicht ganz! ich bin noch lange nicht reif für die Zwangsjacke! — zum Teil! Pippa stammt nur zum Teil daraus! die andere Hälfte stammt aus Venedig!

BELLACHINI *röchelt, wischt sich den kalten Schweiß von der Stirn.* Ich werde verrückt, der Kerl macht mich wahnsinnig!

FRAU BELLACHINI *öffnet die Wagentür.* Ist Maja noch nicht vom Zahnarzt zurück?

BELLACHINI. Nein.

FRAU BELLACHINI. Hinten sammeln sich schon die Zuschauer!

BELLACHINI, *wie aus den Wolken gefallen, sieht nach der Uhr.* Wie spät...? Minka, du mußt an die Kasse gehn!

FRAU BELLACHINI. Einstweilen geh du, bis Maja kommt! inzwischen wird unser Essen fertig, dann ißt du, und Maja vertritt dich dann!

BELLACHINI. Ja, wenn sie uns aber sitzenläßt, Minka!

FRAU BELLACHINI. Ja, es scheint ein sehr rüdiges Publikum: dann schlagen sie alles kurz und klein, und wir müssen uns hier im Wagen verrammeln!

BELLACHINI, *zu Hellriegel.* Herr, Sie werden uns so nicht im Stiche lassen! wenn es wirklich so kommt, springen Sie vor den Riß und helfen einer braven Familie, die es wahrlich um Gott und die Welt verdient. Der große Begriff der Humanität...

HELLRIEGEL. Herzlich gern, aber wie?

BELLACHINI. Eine Kleinigkeit! es ist nichts nötig, absolut nichts, als daß Sie etwa die Weinglasgeschichte ... wo Ihre Geliebte das Weinglas reibt, oder lieber den letzten Galimathias, wo die Okarina 'ne Rolle spielt — vielleicht erfinden Sie auch in dem Stil noch was! —, daß Sie das dem geehrten Publiko vortragen. Passen Sie auf, was wir damit ausrichten! — Was macht die Kleine, geliebteste Minka?

FRAU BELLACHINI. Beim vierten Teller Heringsalat!

BELLACHINI. Bravo! dann kann noch alles gut werden! Servus! habe die Ehre! auf Wiedersehen! *Er begibt sich eilig hinter den Wagen an die Kasse; sowie er verschwunden ist, erhebt sich ein leises Volksgemurmel.*

FRAU BELLACHINI. Na, Sie Wettermacher! wird's regnen, was? — Sie stehen ja da wie die Gans, wenn's donnert! — wird uns etwa der Winterweizen verhageln?

HELLRIEGEL, *unsicher.* Meine werte Dame, das weiß ich nicht! — Könnt' ich vielleicht nun meine Pippa herauskriegen?

[2]
[Zweiter Ansatz]

FRAU BELLACHINI. Da hätten wir also noch 'ne Stunde.

BELLACHINI. Das sagst du so, kleines Lebkuchenherz. Du kennst den großen Begriff der Narkose nicht! — Narkose, das steht in allen Zeitungen! gestern stand es im hiesigen Käseblatt — sogar! mein Kind! sogar im hiesigen —: ein Arzt, Narkose, Jungfernschaft! — Caracho! das ist nämlich

ein spanischer Fluch! — da fallen mir spanische Fliegen ein!
— sollten denn spanische Fliegen nicht helfen?
FRAU BELLACHINI. Ach Gott, Agamemnon, quatsche doch
nicht! Fliege, Narkose, Jungfernschaft! was hat das mit
unserm Bojaz zu schaffen!
BELLACHINI *erhebt sich gekränkt.* Entschuldige nur, süßes
Lebkuchenherz!
FRAU BELLACHINI. Ach, friß deine Lebkuchenherzen selber!
du sitzt und gaffst und rührst dich nicht! wo mein Erster
nicht anders gewesen wär', so hätte der Zweete nichts zu
beißen.
BELLACHINI. Oho! hab' ich nicht Maja, die Tochter der Luft,
entdeckt? und haben wir nicht infolge davon für fünftausend Mark neue Pfandbriefe liegen? das ist der große
Begriff der Findigkeit! ... davon hat der Selige nichts besessen!
FRAU BELLACHINI. Ja, Maja, Maja, die Tochter der Luft!
wahrhaftig, es wird nicht mehr lange dauern, bis sie so
durchsichtig wie ein Mullschleier ist! dann bleiben uns die
Begräbniskosten, und wir haben noch Scherereien davon!
BELLACHINI. Scherereien? das stört meinen Gleichmut nicht!
Erstlich, obgleich wir die Kleine kurzhalten, hat sie sich
doch ihre Gröschchen erspart. Ein oder zwei Goldstücke
— ich rechne drauf — werden bestimmt in der Masse zurückbleiben: damit decken wir Tischler und Leichenfrau,
und es bleibt noch was für den Totengräber! Was die nicht
vorhandnen Papiere der Kleinen betrifft, gesetzt, süße
Minka, man verlangt sie mir ab! nun also: ich habe sie
einfach nicht und werde den pp. Behörden das Nötige
antworten! — oder meinst du vielleicht, daß ich strafbar
bin? weil ich dieses verschmachtete Gänseblümchen, dieses
wimmernde Häufchen Erbärmlichkeit, diese Stumme, die
einen Blinden herumschleppte ... weil ich sie wegnahm
und aus dem Elend zog, als der Vater am Straßenrande
krepierte? Der große Begriff der Humanität...
FRAU BELLACHINI. Wem erzählst du denn eigentlich diese
Geschichte?
BELLACHINI. Jedermann. Jedermann, der sie hören will.
FRAU BELLACHINI. Na, ich will sie nicht hören, also schweige
gefälligst. Ich hab' sie schon fünfhundertmal gehört, und
sie war mir jedesmal totsterbenslangweilig! Lauf und sorge
dafür, daß der Bojaz kommt!

BELLACHINI *blickt prüfend an sich hinunter und läßt seine Muskeln spielen.* Ich habe mich anderweitig entschlossen. Gesetzt, daß unser Bojaz, Fritz Rasmus, genannt Hans Wurst ... positus, daß ihm Barbier Bösicke den Kinnbacken sprengt — denn es sind drei Zähne mit acht bis zwölf Wurzeln —, nun, so wird heute Maja, die Tochter der Luft, mit Harro, dem Kettensprenger, arbeiten!

FRAU BELLACHINI. Jawoll, daß du nicht schiefgewickelt bist! die ist störrisch und bissig wie so 'ne Fledermaus, und wenn sie den wappligen Fettwanst nicht hat ... du bringst eher den Kirchturm von Bunzlau zum Tanzen.

BELLACHINI *schlägt mit der Reitpeitsche, springt auf die Treppe und ruft in den Wagen.* Maja! herauskommen! dalli! antreten! was? langt die Gelenkschmiere etwa nicht? dann kann ich ja mit Vergnügen nachhelfen!

PIPPAS STIMME. Cosa vuole, padrone?

BELLACHINI. Sprich deutsch! das Gemuschel versteh' ich nicht.

PIPPA. Non posso parlare tedesco, padrone!

BELLACHINI. Ach was: tedesco! du kommst heraus!

Er steigt die Stufen herunter, Pippa streckt den Kopf aus dem Wagen und wird plötzlich mit einem Puff von Frau Bellachini das Treppchen heruntergestoßen. Ohne das Gleichgewicht zu verlieren, füßelt sie mit großer Gewandtheit über die Stufen und steht trotzig und mit zurückgeworfenem Kopf, die Hände über der Brust gefaltet, vor Bellachini.

Hunger und Mißhandlungen haben ihre Spuren in Pippas Gesichtszüge gedrückt. Sie ist in kurzem Röckchen, geflicktem Leibchen und bloßen Armen. Ihr Gesicht ist geschminkt, ihre Augen fieberisch eingesunken. Bei alledem ist sie von einem tiefen, rührenden und jammervollen Liebreiz. Das offene rötliche Haar ist unversehrt.

BELLACHINI. So! *Er schlägt mit der Reitpeitsche drohend.* Also ... verstehst du mich ... sieh mich an! *Sie hat ihn schon vorher groß und starr angesehen, während er ihren Blick dauernd vermeidet.* Gesetzt, daß Rasmussen heute dazu nicht imstande ist, wirst du heute mit deinem Direktor auftreten! — wir sind also einig: verstanden?

PIPPA. No!

BELLACHINI. Was heißt das?

PIPPA. Nein!

BELLACHINI. Das wirst du demnach nicht noch einmal sagen, denn...

PIPPA. No! No! No! No! No! No! No! No!
BELLACHINI, *bleich.* Gut! zwei Tage Wasser und Brot! an Händen und Füßen festgebunden! — oder hast du dir's anders überlegt?
PIPPA. No!
BELLACHINI. Sprich deutsch!
PIPPA. Mai più! —
BELLACHINI. Scher dich! das andre findet sich!
Pippa schnell ab ins Innere des Wagens.
BELLACHINI, *für sich.* Wenn das Rackerchen nicht so gefährlich wär'!
Frau Bellachini blickt aus dem Wagen.
FRAU BELLACHINI, *lachend.* Na, Direktor! was haben Sie ausgerichtet?
BELLACHINI. Auf welche Zeit ist die Musik bestellt?
FRAU BELLACHINI. Auf dreiviertel fünf!
BELLACHINI. Wenn Rasmus, das Mastschwein, bis dahin nicht kommt und Maja, die Tochter der Luft, weigert sich, sich von mir auf honette Art introduzieren zu lassen, oder tanzt nicht oder besteigt das Drahtseil nicht, so will ich sie dermaßen introduzieren, daß die Leute denken, sie wäre mein Wischlappen und ich kehrte die Arena damit.
FRAU BELLACHINI. Ochse! du hast nich mal Wagenschmiere im Kopp! da könnten wir gleich unsre Bude zumachen! Wärst du wenigstens an die Anatomie verkooft! denn wenn du den Einfall uff'n Markt bringst und das Publikum merkt, daß du de Kleene was tust ... aus dir machen se Ochsenmaulsalat! aus unsere drei Schindmähren Pferdewurst, und den jrünen Wagen zerkloppen se so, daß se den ganzen Zimt mit könn abkochen.
BELLACHINI, *zum Papagei.* Sprich: du bist unzart, Madam, kleiner Kakadu! — wir wollen uns nicht erregen, Madam, sondern lieber alles in Ruhe abwarten. *Er kehrt ihr den Rücken zu, legt das Spielbein über das Standbein und kreuzt die Arme vor der Brust. Frau Bellachini zieht sich in ihren Wagen zurück.*
Nun tritt aus der Seitengasse, aus dem Markt heraus, Michel Hellriegel. Er ist sehr bleich, seine Wangen sind eingefallen und zeigen hektische Tupfen. Kleider, Schuhe, Kopfbedeckung zeigen äußerste Verwahrlosung. Mit leeren, vagierenden Blicken sieht er sich um, bleibt vor einem Bäckerladen stehen, schnüffelt den Duft, haspelt nach seiner Okarina, setzt sie an

den Mund und spielt. Eine Bäckersfrau stürzt aus dem Laden und wirft ihm ein Stück Brot zu.
DIE BÄCKERSFRAU. Ums Himmels wille, mach, daß du weiterkommst! das Gedudle is ja zum Steenerweichen. *Sie zieht sich wiederum in den Laden zurück. Michel Hellriegel sucht, nicht ohne Mühe, das Brot, von dem er sogleich im Weitergehen abbeißt.*
Bellachini hat die sonderbare Gestalt mit den langen blonden Haaren von ihrem Erscheinen an ins Auge gefaßt.
BELLACHINI. Na, Sie Regenpfeifer, wo geht's denn zu? Sie wollen uns wohl schlechtes Wetter machen?
Hellriegel horcht, sieht fragend nach irgendeiner Richtung, setzt die Okarina an den Mund und entlockt ihr wiederum eigentümliche Töne.
BELLACHINI *schüttelt sich, als wenn ihm von einer bitteren Medizin flau würde.* Brrr, assassassa — brrassassassa! das verlangt einen neuen Priem! *Er zieht ein Stück Kautabak aus der Westentasche, bricht etwas ab und steckt es in den Mund.* Hol' mich der Teufel: das muß ein verkrachter Theologe sein ... oder 'n Judenmissionar, der an seinem Beruf verzweifelt! — oder 'n Musiklehrer, den die Komtesse verführt hat und der dafür mit der Reitpeitsche traktiert worden ist! — oder 'n Naturdichter, dem die Natur so fadendünne geworden ist, daß er sich nich mal mehr dran aufhängen kann! — Der Kerl intressiert mich! *Er pfeift.* Sie! Penneberger! wo soll denn die Reise heut noch hin? *Er geht auf Michel zu, der, demütig abwartend, stehenbleibt.* Wolln Se in de christliche Herberge? oder in 'n Jünglingsverein?
HELLRIEGEL. Wo ich hinwill?
BELLACHINI. Ja, das möcht' ich gern wissen! wenn's Ihnen nämlich nicht verschlägt, junger Mann.
HELLRIEGEL. Ich will nicht mehr weit.
BELLACHINI. Nich?
HELLRIEGEL. Nein! bloß bis Venedig!
BELLACHINI *stutzt, überwindet sich.* Sapperment! — Venedig ist eine schöne Stadt! aber wenn Sie bis heute abend noch hinwollen, da müssen Sie gut noch vier Wochen gehn. Was wollen Sie denn in Venedig?
HELLRIEGEL. Nichts.
BELLACHINI. Na, da macht's ja auch nicht viel aus, wenn Sie flugs was verspätet hinkommen. Was sind Sie denn?

HELLRIEGEL. Sehen Sie nicht, was ich bin?
BELLACHINI. Nur so ziemlich!
HELLRIEGEL. Künstler!
BELLACHINI. Hungerkünstler vielleicht? *Hellriegel wendet sich ab und spielt weiter auf der Okarina.* Himmelherrgott, ein ganz entsetzliches Volk, diese Künstler! man muß sie wie rohe Eier anfassen! Tun Sie nicht gleich gekränkt, junger Mann! Sie haben ein gewisses je ne sais quoi! ganz entschieden: je ne sais quoi, mein Sohn, Ihre ganze Aufmachung spricht für sich. Ich weiß nicht! je ne sais quoi, kann ich nur sagen! Topp! reichen Sie mir zunächst Ihre Hand! Sie sehen in mir nämlich Bellachini. Ich brauche nicht sagen, wer das ist: seinen Ruhm verkünden alle fünf Erdteile! *Sich nochmals formell vorstellend.* Bellachini!
HELLRIEGEL, *mit Größe.* Michael Lebrecht Hellriegel!
BELLACHINI. Ah! ganz großartig war diese Pose, mein Sohn! von einer gradezu überwältigend kläglichen Hoheit und Lächerlichkeit! sehen Sie mich nicht so strafend an! haben Sie Mitleid, sonst krieg' ich Lachkrämpfe! — Sie haben ein riesiges Schwein, junger Mann; denn ich kann Ihnen die Versicherung geben: es bereitet sich etwas in mir vor, was beinah wie das Große Los für Sie ist! Auf Ehre, ich sehe nicht ein, mein Herr ... warum sollten wir nicht zusammenkommen? einige gleichgiltige Formalitäten abgerechnet, seh' ich durchaus kein Hindernis. Wo haben Sie denn zuletzt gearbeitet?
HELLRIEGEL, *wie vorher.* Der Michel Hellriegel arbeitet nicht!
BELLACHINI. — Ah! bravo! ganz exquisit durchgeführt ... bitte, verstehe durchaus! für was halten Sie mich? Kurz und gut: welche Bedingungen stellen Sie? — Minka! — Ich nehme es schließlich auf meine Kappe. — Minka! — Ihre Bedingungen, Durchlaucht! — bitte entscheiden Sie sich!
FRAU BELLACHINI *ruft durch das Wagenfensterchen.* Harro, denke an dein Geschäft!
BELLACHINI. Ich denke daran, süßes Lebkuchenherz! schicke mir nur eine Krone, zehn Heller Angeld heraus, und Rasmussen mag seine Sachen einpacken!
HELLRIEGEL. Was heißt das, mein Herr? ich verstehe Sie nicht!
BELLACHINI. Spaß beiseite! im Ernst, junger Kronensohn: weit entfernt davon, heiliges Ehrenwort! einer Künstler-

natur auf die Zehen zu treten. Warmherzig! großherzig! väterlich! — also, schlagen Sie ein! machen Sie keine Faxen!

HELLRIEGEL *sieht ihn groß an, seine Lippen zucken, eine Träne rollt ihm über die Wange. Mit Entschluß legt er seine Rechte in die dargebotene Bellachinis.* Ich danke Ihnen, Sie edler Mann! — Sie sehen nämlich in mir, mein Herr ... ja, Sie wissen nicht, wen Sie in mir sehen! — einen Menschen, der auf die wunderbarste Weise von den himmlischen Mächten geführt und auf eine heimliche, höchst versteckte und künstliche Art von ... von der Gottheit, um es deutlich zu sagen ... also wie? ja: begnadigt worden ist.

BELLACHINI. Ach, was Sie sagen! so so! sehr gut. Aber wissen Sie, Gott ist ein kitzliger Punkt. Wir unter uns: frei von der Leber herunter! dagegen in der Arena: Hand auf den Mund. Wie sind Sie nun also begnadigt worden? es ist immer gut, man weiß Bescheid, wo die Drüse sitzt und auf welchen Span man zu rechnen hat! — Kommen Sie! nehmen Sie hier auf dem Fäßchen Platz, und versetzen Sie mir Ihre Lebensgeschichte.

HELLRIEGEL, *geheimnisvoll.* Pst! kennen Sie dieses Instrument?

BELLACHINI. Ich glaube. Nennt man es nicht Okarina?

HELLRIEGEL. Allerdings. Und fällt Ihnen sonst nichts auf daran?

BELLACHINI Nein. Offen gestanden, zunächst noch nicht!

HELLRIEGEL. Gar nichts?

BELLACHINI. Bis jetzt leider nein. Noch nichts. Aber sagen Sie mir um Gottes willen, was sollte mir auch an dem Dinge denn auffallen, als daß es 'ne Okarina ist?

HELLRIEGEL. Recht so! die Sache ist richtig! es stimmt! und sehen Sie, dieses lumpige tönerne Ding — ich halte es in der flachen Hand, und mit der anderen kann ich es zudecken — und doch steckt die Begnadung der Gottheit darin.

BELLACHINI, *verdutzt, ermannt sich aber wieder.* Bravo! ich ahne, wo Sie hinauswollen! vorläufig geh' ich noch vollkommen mit! entwickeln Sie weiter, ganz ungestört! die Pointe, wittere ich, wird wundervoll! wo steckt die Begnadung?

HELLRIEGEL. Hier, mittendrin! und hier zu den Löchern kommt sie raus.

BELLACHINI. Wo kommt sie raus?

HELLRIEGEL. Hier! zu diesen fünf Löchern!
BELLACHINI. Bitte, pausieren Sie mal einen Augenblick! ich leide manchmal an Blutandrang. Es ist vorgekommen in letzter Zeit, daß ich beispielsweise Menschen bemerkte, die gar nicht da waren, und den Kirchturm von Bunzlau doppelt sah. Es geht schon vorüber. Reden Sie weiter! Übrigens, Ihr Genie ist gradezu riesenhaft! ob es nur auch der Philister zu würdigen weiß?
HELLRIEGEL. Sie sind ein redlicher Mann, mein Herr! aber, weiß Gott, Sie führen mich nicht hinters Licht. Es ist Ihnen nicht ganz ernst mit dem Glauben. Vielleicht halten Sie mich sogar für verrückt, wenn ich Ihnen die Versicherung gebe, daß aus diesen Tönen, die ich hervorbringe, das Fiat...
BELLACHINI. Fiat?
HELLRIEGEL. Wissen Sie nicht, was Fiat ist? — ... das Fiat des Schöpfers in das Reich des ewigen Todes bricht. Doch so etwas läßt sich mit Worten nicht ausdrücken!
BELLACHINI. Nein. Am besten, Sie machen die Sache mal vor! — ist es übrigens ein sehr schwieriger Trick, so wäre es doch vielleicht angebracht, Sie essen vorher eine Kleinigkeit.
HELLRIEGEL. Oh, danke sehr, ich bin nicht hungrig! — Geben Sie also bitte mal acht. — Ich setze das Instrument an den Mund. Ich atme! ich bilde mir einen Hauch...
BELLACHINI. Sind Ihre Lungen auch leistungsfähig?
HELLRIEGEL. ... einen Hauch, welcher der Hauch der Schöpfung ist; und nun werden Sie gleich mit Staunen bemerken, was für ein liebreizend himmlisches, goldglanzumstrahltes erstes Geschöpf gesprungen kommt!
Er spielt die Okarina, und sogleich kommt Pippa im Takt und Tanzschritt nach der Musik aus dem Wagen gewirbelt. Sie ist im Ballettkleidchen als Maja, die Tochter der Luft, und bewegt einen blauen goldbesternten Schleier in graziöser Weise. Einige Sekunden dauert der Tanz, wobei Pippa den Musikanten mit keinem Blicke streift; endlich bleibt sie, ähnlich wie im zweiten Akt, nachtwandlerisch vor ihm stehen.
HELLRIEGEL. Merken Sie jetzt, wie [der] Hase läuft?
BELLACHINI. Der Mensch macht mich verrückt, ich werde wahnsinnig! der kalte Schweiß tritt mir auf die Stirn! — Jedenfalls haben sie schon miteinander gearbeitet.
FRAU BELLACHINI, *im Innern des Wagens.* Frauenzimmer, was läufst du denn fort? komm und iß deine Bratkartoffeln!

PIPPA. Signora.
Es ist, als ob Pippa durch den Ruf erwachte, eilig leistet sie ihm Folge und verschwindet wieder in den Wagen.
BELLACHINI. Wo starren Sie denn noch hin, mein Bester?
HELLRIEGEL. Auf sie! — auf die Einzige! sehen Sie nicht?
Er starrt mit einem qualvollen, entzückten Ausdruck unverwandt auf die leere Stelle, wo Pippa gestanden hat.
BELLACHINI. Nein.
HELLRIEGEL. Sie sehen es nicht, wer vor uns steht?
BELLACHINI. Nein.
HELLRIEGEL. Stille! — pst! — sonst verscheuchen Sie ja das Wunder! versäumen Sie keinen Augenblick, eh es wieder zergeht und im Äther verschwindet!
BELLACHINI. Jetzt lassen Sie mich mal offen sein! diese Introduzion wäre etwas weitschweifig! ich gebe zu, daß der kleine Floh mir wirklich im Augenblick wie eine Art überirdisches Wesen, eine Tochter der Luft, erschienen ist. Aber bis man soweit kommt, das dauert zu lange, und der Schluß mit der Hypnotisierung ist nichts! wenn die Kleine weg ist, na — dann bleibt sie verschwunden, und kein Kuhjunge glaubt Ihnen und geht Ihnen mit, ja — keine Nähtermamsell aus dem Publikum achtet noch drauf, wenn Sie nachher die tollsten Grimassen machen und etwa behaupten, daß sie noch da ist! — Leiert Ihre Walze denn sonst noch was?
HELLRIEGEL, *noch immer starrend, verzückt wie vorher.* Ein Glas! ein venezianisches Glas! gebt mir ein Weinglas, guten Leute, dann sollt ihr das Wunder der Wunder sehen!
Um die Arena im Hintergrund hat sich eine Volksmenge angesammelt. Ein dumpfes Gemurmel wird hörbar. Der Himmel verdüstert sich gewitterartig. Bellachini springt auf.
BELLACHINI. Diese Nummer bricht unserem Verhältnis die Knochen! der Bruder ist vollkommen übergeschnappt. Sie! gehen Se mal nach der Verpflegungsstation! sonst kommt der Gendarm, und Sie müssen ins Kittchen! Sie sind ja rammdösig! hören Sie nich? Platz! in zehn Minuten beginnt unsere Vorstellung. Ich hab' mir mit Ihnen schon genug Zeit vertrödelt!
FRAU BELLACHINI, *durchs Wagenfenster.* Agamemnon, das Publikum trampelt schon!
BELLACHINI *läuft nach hinten, nachdem er sich eine Trommel umgehangen, trommelt und schreit.* Heut große Monstre-

vorstellung! erste Nummer: Harro, der Kettensprenger!
zweite Nummer: Agrippina, die Schlangenkönigin! drittens: Maja, die Tochter der Luft! *Ab.*
HELLRIEGEL, *erwachend.* Fort! sie ist nicht mehr da! sie ist fort!
FRAU BELLACHINI, *Pippa aus dem Wagen drängend.* Sieh, ob Rasmussen kommt! geh, mach deine Übung!
PIPPA *füßelt die Treppe herunter, bemerkt Hellriegel, ohne ihn zu erkennen, und sagt.* Was willst du denn? suchst du hier jemand, Fremder?
HELLRIEGEL, *kopfschüttelnd.* Nein. Alles, was ich brauche, habe ich.
PIPPA, *mit heiterem Lachen, doch einem Gran von Bitterkeit.* Da scheinst du dich nicht viel zu bedürfen!
HELLRIEGEL. Nein!
PIPPA. Wo kommst du denn her?
HELLRIEGEL. Weit her, armes Mädchen; wo die Luft voller Schnee, voller Nebel und Nacht, voller Rätsel und Wunder ist. Und du?
PIPPA. Ich weiß kaum, woher ich bin. Aber ich kann auf dem Drahtseile tanzen!
HELLRIEGEL, *grüblerisch.* Und wie nennst du dich?
PIPPA. Sie nennen mich Maja, die Tochter der Luft.
HELLRIEGEL. Ich habe dich, glaub' ich, nie gesehn.
PIPPA. Ich sah einmal jemand, der dir ein wenig glich. Aber das ist schon lange her. Ich habe es eigentlich schon vergessen.
HELLRIEGEL. Wo war das?
PIPPA, *kichernd.* Ich wurde nämlich einmal geraubt! trotzdem es wahr ist, steht es sogar auf dem Zettel! ein gräßliches menschenartiges Tier — oh, ich hör' es noch mit den Backzähnen knirschen! — *kichernd* — hatte sich's in den Kopf gesetzt: es wollte mit mir zum Tanze gehn. Und da kamst du doch damals und rettetest mich.
HELLRIEGEL. Wer?
PIPPA. Ich sage nur so. Natürlich ein anderer. Aber er glich dir doch halb und halb. Sag mal, könntest du denn nicht bei uns bleiben?
HELLRIEGEL. Kleine Maja, wir fallen von Traum zu Traum! *Er steht auf.* Ich gehe! Wer bist du? ich kenne dich nicht! — Wahrheit! — ich will nicht Irrwischen nachlaufen! — ich will nicht nochmals betrogen sein!
PIPPA. Wie kommt's denn, daß du so ängstlich bist?

HELLRIEGEL. Den Teufel selber fürchte ich nicht!
PIPPA. Pst! die Alte muß gleich mit den Schlangen hinaus, und da wollen wir noch ein Minutchen verplaudern!
Frau Bellachini, als Riesendame ausstaffiert, schleppt sich mit einem Kasten aus dem Wagen. Pippa stellt sich, als ob sie für das Drahtseil übte.
FRAU BELLACHINI *geht nach hinten und sagt im Vorbeigehen zu Hellriegel.* Platz! Platz! für Maulaffen gibt's hier nichts.
PIPPA *stürzt, nachdem Frau Bellachini weg ist, sofort auf Michel zu, umhalst ihn mit einem Arm und sagt.* Weißt du was: wenn Rasmussen nicht kommt, tanzt du mit mir!
HELLRIEGEL. Ich kann doch nicht auf dem Drahtseile tanzen!
PIPPA. Du sagst doch, du fürchtest den Teufel nicht! — Sieh mal, ich habe mal einen Schatz gehabt: mein erster! der war ganz himmelblau, aber weißt du — er machte zu viele Worte. Leider! er war nicht herzhaft genug. Er ging mit der Birne in der Hand drei Tage lang, ohne sie anzuknappern, und am vierten fraß sie ein anderer auf. *In Erinnerung, schmerzlicher.* Er hat auch immer Okarina gespielt!
HELLRIEGEL. Um eins, eh ich gehe, bitte ich dich!
PIPPA. Um was?
HELLRIEGEL. Kannst du mir nicht ein Weinglas reichen?
PIPPA, *nachdenklich stutzend.* Wie sonderbar! was willst du damit?
HELLRIEGEL. Ich muß mit dir erst ein Experiment machen!
PIPPA. Das ist ja ganz wie bei dem Sternengreise! bei dem alten verschneiten Wunderpapa! *Sie ergreift schnell ein Weinglas durchs Fenster, stellt es auf das Fäßchen und fährt fort.* Hier, was die Seele begehrt: aber erst komm einmal mit! *Sie eilt in den Wagen und trifft, mit dem Clownkostüm zurückkehrend, Hellriegel auf der Treppe und wirft es ihm schnell über. In die Hände klatschend vor Freude, sagt sie.* Herrlich, herrlich siehst du drin aus!
Vom Platz her erschallt gedämpfte Musik einiger Blasinstrumente, die etwas Tuschartiges an sich hat. Darauf erschallt gedämpftes Bravo und rauschendes Händeklatschen.
HELLRIEGEL, *mit durchbrechender Erkenntnis.* Pippa! ob du wohl Pippa bist, die zaubermächtige und schaumgeborene?
PIPPA. Meine Gliederlein sind von Fleisch und Bein,
    wie soll ich denn schaumgeboren sein? —
Jetzt kommen die Schlangen, und dann müssen wir auftreten!

[II]

VIERTER AKT

ZWEITE FASSUNG

Das Innere der verfallenen Glashütte unweit der Schenke im Rotwassergrund. Es ist Nacht. Durch den Rauchabzug auf dem Dach und durch einige hohe Fabrikfenster dringt Mondlicht. Aus dem Dämmer des Hintergrundes treten die Konturen eines runden Glasofens. Eine Estrade führt um ihn herum, auf der die Glasbläser vor den Löchern des Ofens zu stehen und zu arbeiten hatten. Der vordere Teil des Raumes ist leer, und von ihm aus führen rechts und links Türchen ins Freie.

Die Tür rechts wird geöffnet, und der alte Wende, eine brennende Laterne tragend und gefolgt von dem Direktor und der Kellnerin, tritt ein.

DIREKTOR. Wer Gespenster sehen will, Wende, vorwärts! der muß eben mutig sein.
WENDE. Heda! was is hier los! was geht hier vor! *Der alte Wende hat es laut gerufen. Das Echo antwortet vielstimmig aus allen Winkeln.*
DIREKTOR. Was soll denn in drei Deibels Namen in diesem leeren Schuppen vor sich gehen, nachts bei fünfundzwanzig Grad Kälte!
DIE KELLNERIN. Haben Se nich das Rufen geheert?
DIREKTOR. Was für'n Rufen?
DIE KELLNERIN. Ich meine die Stimmen!
DIREKTOR. Na, wie's in Wald reinschallt, so schallt's wieder raus! *Er ruft.* Oho! uhu! ihi! heihei!
DIE KELLNERIN. Um Himmels wille! ich laufe fort, Herr Direktor!
DIREKTOR. Klammre dich nur immer recht fest an mich an! recht mollig! mich verlangt endlich wieder mal sehnlichst nach so was! ich habe mit allerlei Fliegenschnappereien viel zuviel Zeit vertändelt! seit sechs Wochen immer bloß Luft umarmt. Nu mal wieder in medias res, mit Verlaub!
WENDE *ist bis in die Mitte des Raumes vorgedrungen und sucht das Dunkel ringsherum zu durchdringen.* Ich begreife die Sache nu eemal nich! erstlich hab' ich ganz deutlich durch

a Nebel de Ofentürn uf- und zuschlagen gehört. De langen eisernen Kricken haben se uf de Steine geschmissen! gepfiffen haben se, mit a Pantinen geklappert, gelacht und geschrieen wie in alter Zeit! so ist's! das lass' ich mir eemal nich nehmen! Körbe voll Glas hab' ich zerteppern gehört, und zuletzt noch, wie m'r hier riebergingen, kam ane Wolke von Funken zur Esse raus.

DIREKTOR. Wissen Se was, Wende, da hat das findige Aas, der Tagliazoni, gelegentlich seines seligen Endes durch Messerstiche wahrscheinlich die Sache wieder in Schwung gebracht!

WENDE, *in heftiger Angst.* Herr Direktor, das muß ich mir verbitten! mit solchen Sachen spaßt man nicht.

DIREKTOR. Wende, die Sache hat viel für sich. Sie kennen den Tagliazoni nicht. Der Hund war in der vierten Dimension genau so zu Hause wie in den drei andern. Wenn hier eine Aktiengesellschaft für himmlische Glasfabrikation durch Gespenster gegründet worden ist, so ist Tagliazoni Direktor geworden: dafür lege ich meinen Kopf auf den Block.

WENDE. Zum Donnerwetter, ist jemand hier?

DIREKTOR. Signore Tagliazoni natürlich. Das können Sie sich doch denken, Wende, daß der lange August, der alte Huhn, der schielige Krotterjan und der kriewatschige Pfützen-Liebig et cetera pp. die Sache für sich nicht befummeln können.

WENDE, *umkehrend.* Nee, nee, nee, ich zieh' hier fort! ei dam verwinschta Waldluche bleib' ich ni meh, un die ale Bude macht een vund unsinnig! ich wiel under Menschen ins Leben nei.

DIREKTOR, *leise zur Kellnerin.* Und ich Hals über Kopf zu dir unter die Bettdecke!

Alle drei entfernen sich, wie sie gekommen sind; bald darauf kommen durch die gegenüberliegende Tür Hellriegel und Pippa, frierend und engverschlungen.

HELLRIEGEL. Zwei Schritte noch, Pippa! Pippa, ermanne dich!

PIPPA. Ach, Michel, könnten wir nicht einen Augenblick ausruhen? mich schläfert so!

HELLRIEGEL. Halte dich nur noch ein kleines Weilchen wach! ich will dir ja nur ein warmes Plätzchen zum Schlafen aussuchen!

PIPPA. Michel!

HELLRIEGEL. Ja, Pippa!
PIPPA. Wo bist du denn?
HELLRIEGEL. Hier bei dir. Ich halte dich fest umschlungen.
PIPPA. Weißt du, es ist mir fast so zumute, als wär' ich nur noch ein einziger Funke und schwebte ganz einsam verloren hin im unendlichen Raum.
HELLRIEGEL. Ein tanzendes Sternchen am Himmel, Pippa! ein lustiges tanzendes Sternchen am Himmelsgezelt!
PIPPA, *flüsternd.* Michel, Michel, tanze mit mir!
HELLRIEGEL. Ja! aber vergiß nicht, die Füße zu setzen — einen Fuß! so! den anderen Fuß! so — oh, ich küsse dir jedes Füßchen mit tausend Küssen dafür, daß es geht! — komm! spürst du nicht schon, daß es wärmer wird?
PIPPA. Wo sind wir denn, Michel?
HELLRIEGEL. Ganz genau, wo wir sind, weiß ich eigentlich nicht. Jedenfalls unter einem Dache.
PIPPA. Ist uns der alte wilde Verfolger noch auf der Spur?
HELLRIEGEL. Niemand! Pippa, ängste dich nicht.
PIPPA. Wie lange haben wir noch bis Venedig?
HELLRIEGEL. Zwei Stunden, Pippa! höchstens drei! — wach auf, liebes Kind! Einschlummern ist gefährlich!
PIPPA, *gewaltsam die Augen aufreißend.* Ich komme... Michel, ich komme aus einem... wie aus einem abgrundtiefen, grundlosen schwarzen See, Michel, komm' ich herauf. — Ist dies nicht — die alte verwunschene Glashütte?
HELLRIEGEL. Eine alte Glashütte scheint es zu sein.
PIPPA. Oh, wie der Frost mir den Kopf umkrallt!
HELLRIEGEL. Pippa! kleine, niedliche, süße Pippa, glaube es mir: wir sind schon im Schutze von Mauern, halt aus! wir sind schon jenseit der Berge, Liebchen! und bald umsäuselt uns Frühlingsluft!
PIPPA, *mit Anstrengung.* Aber Michel, wenn das hier die alte Glashütte ist, so sind wir ja... sind wir ja — müde! ach, müde! — so sind wir ja gar nicht... gar nicht weit... ich ängste mich!... Vater!... von uns'rer Schenke im Rotwassergrund. —
HELLRIEGEL. Wo denkst du hin, Liebchen?
PIPPA. Frau Wende!... nein!...
HELLRIEGEL. O Michel, hättest du jetzt nur Zeit!... du würdest endlich mal wieder folgsam sein und schockweise Rosenkränze abbeten, wie dein einfältiges Mutterchen dir auf die Seele gebunden hat. — Jawohl ja, jaja! so kommt's,

wenn man große Rosinen im Sacke hat! viel Geschrei und wenig Wolle! wenig Wolle und viel Geschrei! ich bin ein Maulmacher, gutes Pippachen! so tu mir doch wenigstens den Gefallen und prügle mich! prügle mich, davon wird dir warm werden! komm zu dir! Kallasche mich ordentlich durch! Warum sind wir nicht bei dem Alten geblieben, der uns so gemütlich bevatert hat! Komm! du! die ich liebe, so liebe, wie man Gottesmutter und Gott nicht liebt! wie man nichts, was aus Erde gemacht ist, zu lieben vermag. Komm, sauge, trinke, wärme dich, trinke mir alles Blut aus der Brust. Stillen will ich dich, wie ein Kind. *Er reißt seinen Rock vom Leibe und hüllt sie notdürftig ein.* Nur ergib dich den finsteren Mächten nicht: den fühllosen, erbarmungslosen, furchtbaren, dem weißen, kristallenen, stummen Mord!

PIPPA. Ach nein, du bist stark! du bist wacker, Michel! solange du hier bist, tun sie mir nichts.

HELLRIEGEL. Die Augen auf! nur laß dir die Augen nicht zudrücken, wenn der mit dem eisigen Finger kommt... *Er führt die halb bewußtlose Pippa bis an eine vermeintlich geschützte Stelle, einen Winkel in der Wand. Dort kauert sie sich nieder, und er reißt sich auch noch die Weste vom Leibe, um sie zu bedecken.* Denke an etwas Herrliches, Pippa! wenn diese Nacht erst vorüber ist, schenke ich dir die Welt. Ich baue dir einen Palast aus durchwärmten Backsteinen! dann lachen wir und erzählen uns was! und erzählen uns von der tatsächlich etwas ärgerlich bösen Klemme dieser Nacht! und dann leg' ich dich in ein seid'nes Bettchen. Und dann deck' ich dich zu und erzähl' dir's noch mal. Und aus voller Kehle lachst du noch mal so süß, wie nur du es kannst, kleine Pippa. So süß, daß der Wohllaut mir Schmerzen macht. — Und dann schläfst du ein: aber schlaf jetzt nicht ein, Pippa!

PIPPA. Komm dicht neben mich, Michel, wärme mich! *Sie schrickt auf.* Ah!! —

HELLRIEGEL. Sei ruhig! es ist niemand! ich wache für dich! *In diesem Augenblick, während das Paar, ineinander verschlungen, starr und stumm geworden ist, sieht man eine glühende Kugel, in der Form ähnlich einer Seifenblase, im Kreise durch das Dunkel geschwungen. Gleich darauf wird der alte Huhn erkennbar, der auf der Estrade steht und die lange Glasbläserpfeife mit der glühenden Glasmasse daran schwingt. Der Alte, dessen Bewegungen lautlos sind, hat etwas Wildes, Großartiges und dabei Geisterhaftes. Mit einem Mal scheint der ganze Glasofen in Brand gesetzt. Auch vor den anderen Ofenlöchern erscheinen gespensterhafte Arbeiter. Sie versenken die Glaspfeifen in die Ofenlöcher, ziehen sie mit der daran haftenden glühenden Masse heraus und blasen sie zu allerhand farbigen Formen auf. Es ist ein lautloses Wirken. Gespenstische Lehrlinge huschen hin und her.*

DER ALTE HUHN, *mit einer heiseren, traumhaften Stimme.* Iich mach's! — woas dar sichte macht, mach' ich ooch! — Glasla! — mir zuga ieber de Berge nuff! ieber de Berge nieber, drieber runder. Do setzta mir ins uuf insere Schilde; mir woarn ganz nackt, und do goab's ane Koaschel ieber a Schnie. Wie der Blitz; doaß de Wulka stuba. Heidi! ei a walscha Friehling nei! — iich mache au Glasla! iich biin au enner! asu gutt wie d'r Walsche mach' ich se au!

DER LANGE AUGUST, *am nächsten Ofenloch arbeitend.* Hust du eim Walscha ni Fähle gerammt?

DER ALTE HUHN. Vielhundert Fähle gerammt eis Wasser, und do drieb'r han mir uns Hitten gebaut. Eene Hitte, zwee Hitta und nooch ane Hitte! und do han mir gefischt und Fische gefrassa und sein Schiffla gefoahrn und Hunde geschloacht, und heute iis ane Stoadt eim Wasser. Iich bin au enner! ich weeß au Bescheed!

Ein Kichern verpflanzt sich von einem der gespenstischen Arbeiter zum andern. Hellriegel, in seinem Wesen vollkommen verändert, tritt mit höflicher Grandezza unten an Huhns Arbeitsstelle heran.

DER ALTE HUHN. Woas will a hier?

HELLRIEGEL. Das Handwerk grüßen, Meister Huhn.

DER ALTE HUHN, *arbeitend.* Blau, blau, blau! meine Kugeln sein blau! und dem Direkter seine verpuchte Hundeteele, die macht imma: rrr und wau wau wau!

HELLRIEGEL. Meister Huhn, was haben Sie denn gegen mich? ich bin ein fideles Haus, glauben Sie mir! Sie lachen sich bucklig über mich! und was die Profession anbetrifft ... ich mache ooch Glasla!

DER ALTE HUHN, *zu den andern.* Dan schluck' ich mit Haut und Haarn wie nischt!

HELLRIEGEL. Aber dann kriegen Sie Magendrücken, Vater Huhn, darauf verlassen Sie sich. Ich bin ziemlich beinan-

der, sehen Sie mich an! ich sage, Sie sollen menschlich sein: und lassen Sie uns an a Ofen treten.
DER ALTE HUHN, *mit phantastischer Grobheit.* Wer will an a Ofen treten? was?
HELLRIEGEL. Jungfer Tagliazoni will an a Ofen treten!
DER ALTE HUHN. Erscht reißt se aus, satt ihrsch! un nu kriecht se zu Kreuze. — Was will se am Ofen?
HELLRIEGEL. Wärmen will sie sich!
DER ALTE HUHN. Gelt? Feuer is schien?
HELLRIEGEL. Man möchte neinkriechen!
DER ALTE HUHN. Wo liegt se?
HELLRIEGEL. Hier liegt sie und erfriert! *Er weist auf die Stelle, wo Pippa sich niedergekauert hatte. Der alte Huhn kriecht umständlich von der Estrade herab und begibt sich stieren Blickes mit Michel dorthin, wo das Häufchen Kleider im Halbdunkel noch sichtbar ist.*
DER ALTE HUHN, *mit dem Rücken gegen den Glasofen.* War hoat doas Dingla aso weit gebroacht?
In diesem Augenblick entsteht ein tolles, geisterhaftes Gelächter unter den Glasarbeitern, und um den runden Ofen herum auf der Estrade ist Pippa, im bunten Kleidchen tanzend, mit bacchantisch fliegendem Haar hervorgewirbelt und steht, toll und übermütig herauslachend, an der Arbeitsstätte Huhns; jäh wendet sich Michel und Huhn nach ihr um.
PIPPA, *als Erscheinung.* Da, ihr beiden Querköpfe, fangt! *Sie wirft ihnen eine Apfelsine zu, nach der beide greifen; Huhn aber fängt sie und verschluckt sie wie nichts.* Da, eine andere für dich, armes Michelchen! *Sie wirft eine zweite, Huhn fängt sie wieder und verschluckt sie wie nichts.* Seid verträglich, Kinderchen! zankt euch nicht!
Jetzt eilt Hellriegel, der noch nicht recht zur Besinnung gekommen war, glückstrahlend mit ausgestreckten Armen auf Pippa zu, aber Huhn hält ihn von hinten fest. Kaum anderthalb Schritte von ihr entfernt, kann er nicht weiter.
HELLRIEGEL. Ach, kleines Liebchen! Schneeliebchen, da bist du ja doch!
DER ALTE HUHN. Itze sullst du amoal merka, wie doas gieht! itze versuch's amoal und tu mit'r tanza!
PIPPA, *ihn mit gespitztem Munde lustig verspottend.* Einen Kuß, einen Kuß, kleiner Meister Hellriegel!
HELLRIEGEL. Erbarmen, Pippa! verspottest du mich?
Die Geister lachen herzlich, Pippa mit. Michel scheint der

kalte Schweiß auf die Stirn zu treten. Huhn tritt vor ihn und drängt ihn ruhig von Pippa zurück; dann läuft er und ist mit einem Satz auf der Estrade neben ihr, setzt sich auf einen Schemel, und Pippa hüpft ihm auf den Schoß.

DER ALTE HUHN, *furchtbar zu den Arbeitern*. Arbeiten, ihr Himmelhunde, nicht faulenzen! — Dalli, dalli, Madel, krau mir a Bart!

HELLRIEGEL, *ächzend wie unter einem Alp.* Erbarmen! richte mich nicht zugrunde!

PIPPA, *als Erscheinung, leichtsinnig*. Ei, du darfst doch nicht eifersüchtig sein! auf mein grausiges, zausiges Lausepeterchen! *Sie kraut Huhn den Bart, und dieser grinst selig übers ganze Gesicht.*

HELLRIEGEL, *nach Atem ringend*. Stoßt ... stoßt mir doch nicht einen Pfahl in die Brust! —
Unter dem Gelächter der Geister wie unter Peitschenhieben rafft sich Hellriegel auf und stürmt gegen Huhn. Als er die Estrade mit einem Sprung genommen hat und vor ihm steht, hat sich Pippa bereits geflüchtet und sitzt lachend auf den Knieen des nächsten Glasarbeiters.

DER ALTE HUHN. Kalt! Eefaltspinsel! weshalb denn aso hitzig! an richt'ga Salamander fängt eens ni ei!

HELLRIEGEL *faßt sich nach der Stirn*. Gesindel, ich nehm's mit euch allen auf!

DER LANGE AUGUST, *auf dessen Knien Pippa sitzt, ruft Michel zu*. Erstich mich doch mit den'n verzauberten Zahnstocher!

PFÜTZENLIEBIG. Mir hoan Hunga! Wu iis denn dei Tischladecke-dich?

HELLRIEGEL. Pippa, reiße mir nicht das Herz aus dem Leibe!
Mit ausgestreckten Händen bewegt er sich auf sie zu, aber Pippa springt von den Knien des langen August herunter, zieht sich zurück und verschwindet lachend hinter der Rundung des Glasofens.
Ein derbes Gelächter der geisterhaften Glasarbeiter erschallt als Antwort.

DER ALTE HUHN. O Juchta! doas Jingerla wiß no ni amoal, doaß doas Madl aus'm Gloasufa stammt.
Nach einem kurzen Gelächter verstummen alle und nehmen lautlos ihre Arbeit wieder auf. Sie tauchen lange Röhren in die Glashäfen im Innern des Ofens, blasen die glühende Masse auf, schwingen Formen und bearbeiten sie und fahren so eine Weile fort.

HELLRIEGEL *sucht sich zu ermannen und zu besinnen.* Wo stammt sie her? was willst du mir weismachen?
DER ALTE HUHN. Dahier! sieh amal in die Weißglut nein! — Na? — siehst d' se jetzt ei d'r Feuerluft rumtanza? — Poaß uuf: itze kimmt se! itze nahm' ich se raus! itze tu' ich doas gliehnige Leibla bearbeita!
Er zieht die Glasbläserpfeife aus dem Ofen mit einem Glutklumpen aus Glasmasse, bläst sie auf und fängt an, sie zu einem Glase zu bilden.
HELLRIEGEL. Was du kannst, alte Bestie, das kann ich auch!
Er streift hurtig und mit Entschluß seine Hemdärmel auf; gleichsam zum Wettkampf herausfordernd, ergreift er ebenfalls eine der Röhren und beginnt neben Huhn zu arbeiten.
DER ALTE HUHN. Lus! schoff du amoal um de Wette mit mir!
Er und Hellriegel geraten in einen heftigen Arbeitseifer.
Immer nei mit dam Feifla a ei Soatz! miit'm ala Huhn kimmt kenner ni miit! — Woas han mir ni oall's schunn hier aus'm Gloasufa rausgebroacht? Perln, ei olla Forba schillernd! dod'rmit han m'r de ganze Welt überschwemmt! — Karfunkelsteene han mir gemacht! die han Keenige ... Keenige han se gekeeft — die koama aus Ländern, wu de keene Sonne nich woar! — und an eenzigter Steen, rut, wie mir'n gemacht han, dan hinga se ieberm Lande uuf, und do hatta se ane blutrute Sonne!
DIE ARBEITER, *heiser flüsternd.* Doas woar ana Sonne, die woar blutrut!
HELLRIEGEL. Aufgepaßt! ihr kennt Micheln Hellriegel nicht! mit eurem falschen Karfunkelstein lockt ihr noch nich mal einen räudigen Köter vom Ofenloch! hättet ihr nur nicht eine so verwünschte zugige Bude hier, wo man vorne brät und hinten erfriert oder hinten brät und vorne vor Frost klappert! aber schließlich, einen Künstler und göttlichen Meister, wie Michael Lebrecht Hellriegel ist, geniert das ja nicht! — Paßt auf! ich tauche das Rohr in den Sud! gebt acht! paßt auf, wie ich das Rohr in den Sud tauche. Jeder von euch, ihr Lemurenpack, ahmt was nach, was ein Lebendiger erfunden hat. Paßt auf, ich bin ein Lebendiger, ich bin nicht tot, und was ich mache, paßt auf, hab' ich erfunden!
DER ALTE HUHN. Halt! uufgepoaßt! jetze giehts's um de Kleene! war woas macht, woas no kenner gesahn hoat ei d'r Welt, dam gehiert se, dar hoat das Madl gewunn'n!

dar mag miit'r mache, woas'r wiel, und kee Gott ni und kee Teifel sol'm dreinreda!

HELLRIEGEL. Ich mache mit.

DER LANGE AUGUST. Hand gan.

Hellriegel und Huhn geben einander die Hände.

DER ALTE HUHN. Durchschlon! *Der lange August trennt die Hände durch einen Schlag.*

DER ALTE HUHN. Und jetz nei eis Geschäfte! — ich sag' nischt, ich mache woas! ich zerschlag's wieder, ebenso gerne schlag' ich's wieder entzwee. Ich mache Kriege aus Kieselsteen, Eiszoppa und behänge de Beeme damiit; Schniesternla mach' iich, Million und Million; und wenn mirsch paßt, tu' ich oall's wieder einschmelz'n!

HELLRIEGEL. Bloß, was ich mache, das machst du nicht! der Michel Hellriegel ist ein Abgesandter des Königs der Paradiese des Lichts! und aus einem Funken des Urlichts, das er im Innern trägt, wird er euch, die ihr im Schein eines Brandes lungert, ihr in eine Grabeshöhle Verfluchten! eine Sonne erschaffen, die keine rauchende Fackel wie eure ist! *Der alte Wann ist eingetreten und steht nun unbeweglich beobachtend in der Mitte des vorderen Raums, nicht sehr weit von Michel entfernt.*

WANN. Hier muß ich dich wiedertreffen, Michel?

HELLRIEGEL, *arbeitend.* Warum denn nicht?

WANN. Auf solche gefährlichen Späße läßt du dich ein?

HELLRIEGEL. Wer den Spaß versteht, mag sich auf Späße einlassen!

WANN. Aber nur mit Leuten, die Spaß verstehen!

HELLRIEGEL. Warte nur noch einen Augenblick! es ist mir sehr lieb, in dieser Gesellschaft von Nachtschatten wenigstens einen meinesgleichen zu sehen, einen, der etwas versteht von der Sache und, was einer leistet, würdigen kann! *Michel zieht das Rohr mit dem Glutklumpen daran aus dem Ofen und bläst die Glasmasse auf. Die Kugel am Ende des Rohres schwillt mehr und mehr an, bis sie zerplatzt. Ein Hohngelächter der Gespenster erschallt.* Das kommt vor! — manchmal wird eben auch unsereiner vorübergehend zum Pechvogel!

DER ALTE HUHN. Oh, freilich, mir wissen's, woas du fer a Zeisig bist! nu gebt amoal Obacht, woas itze kimmt! itze wern m'r amoal ieber a Obgrund horcha! dunda de Lebensmutter pultert schunn!

WANN. Eine neue Sonne war das eben nicht!
HELLRIEGEL, *mit wachsender Angst.* Pippa!
DER ALTE HUHN, *mit wahnsinniger Heimlichkeit.* Brengt se har! se muuß uf a Opfersteen!
Die gespenstischen Arbeiter, mit Ausnahme Huhns, der mit irrsinnigem Ausdruck, einen Holzschlägel in der Hand, bestialisch-priesterlich auf sein Opfer zu warten scheint, huschen hinter den Glasofen und kommen mit Pippa wieder, deren Hände gebunden sind. Die Augen treten Micheln Hellriegel vor starrer Angst aus dem Kopfe; er ringt nach Worten.
HELLRIEGEL. Nehmt m..mich! n..nehmt m..mich! — i..ich kann nicht r..reden — die — Zunge — ist — m..mir ... d.. die Glieder ... ich bin ge...lähmt — zu — Hilfe — zu H...
WANN. Guter Michel, ich glaube, du hast verspielt!
HELLRIEGEL, *in seiner Not zu Wann hinüberwankend und dessen Hand drückend.* Meister! ich glaube an diesen ganzen verwünschten Alpdruck nicht! laß es genug sein, ich bitte dich:
      Tanzt der Bock, brüllt die Kuh,
     schlägt der Ochse den Takt dazu.
Jagt doch den Trollpöbel auseinander!
WANN. Bist du also zu Ende mit deinem Latein?
HELLRIEGEL. Einen Pelz, Meister! einen warmen Trunk! warme Decken! wir haben uns bloß ein bißchen in diesen höllenmäßig verschneiten Bergen und Tälern verirrt. Es ist schrecklich in dieser Wüste hier!
WANN. Und doch hast du sie in der Wüste gefunden!
HELLRIEGEL. Wen?
WANN. Sie, die uns allen das Süßeste ist!
HELLRIEGEL. Ja. Und wenn du sie liebhast, errette sie!
WANN. Da müßte ich ja ein Wunder tun!
HELLRIEGEL. Ja, tue ein Wunder! ein Wunder, Meister!
WANN. Versuchen soll ich, was Michel nicht kann?
HELLRIEGEL. Entreiße sie ihrem weißen Henker und führe sie in die Heimat zurück!
Der alte Wann streckt seine Hand aus; es entsteht ein zunehmendes herzliches Gekicher und Gelächter wie bei der Demaskierung auf einem Maskenball. Mit ziemlicher Schnelligkeit wird es taghell, man sieht nun die Arbeiter der Glashütte, Huhn inbegriffen, die nun nichts Geisterhaftes mehr an sich haben, um Pippa bemüht, toll wie über einen gelungenen Spaß immer wieder herauslachend. Pippa, ebenfalls voll toller

Heiterkeit, springt von der Estrade und läuft in die ausgebreiteten Arme Wanns.
PIPPA. Vater! Vater!
WANN, *sie innig an sich drückend.* Ja, du bist mein Werk! kein Karfunkelstein zwar, der Länder erleuchtet! keine Sonne, die ohne Flecken ist! zergänglich zwar wie ein goldiges Luftwölkchen, und doch schön genug... grade süß und köstlich genug für den, der nicht sein will, was er nicht ist.
HELLRIEGEL, *nach einigen sprachlosen Augenblicken.* Ich merke was! ich merke, daß ich doch schließlich nicht umsonst auf die Walze gegangen und durch die schrecklichen Ängste und Wonnen der letzten Tage geschleift worden bin! man wird doch schließlich von göttlichen Händen selbst durch die dicksten Schneewehen richtig geführt und kommt an der richt'gen Stelle zutage, ob es nu bloß aus Mutterleibe oder, wie hier, aus der dicksten Tinte ist. Aber etwas macht mich doch recht verdutzt...
WANN. Bist du immer noch nicht zufrieden, Michel?
HELLRIEGEL. Noch nicht ganz.
WANN. So stoßt doch die Türen auf!
DER ALTE HUHN. Gelt, Michel; doas han mir gutt gemacht! Nu war iich d'r oaber amoal woas soan. Itze gieht's mit dam deutscha Geschwutze ni meh! bei a Kälbern und Uchsa und Tichta und Utzeln im Walde mag das giehn. Itza missa mir richtig italjenisch missa mir sprecha! weil mir ebens doch hie und wuandersch sein.
Die Arbeiter haben die Seitenpforten und ein mächtiges Tor im Hintergrunde aufgestoßen, und man sieht nach allen Seiten die von der Morgensonne erleuchteten Wasserflächen der Lagunen. Darüber erheben sich in einiger Ferne die Kirchen, Paläste und Häuser Venedigs. Gleichzeitig wird gedämpft italienischer Gesang, Gitarren- und Mandolinenspiel hörbar. Um den Glasofen wird unter Scherzen und Geträller weitergearbeitet, als ob die eingetretene Veränderung der gewöhnliche Zustand sei.
WANN. Also was macht dich nun verdutzt, Michel?
HELLRIEGEL. Ob das nicht — da drüben — Venedig ist?
WANN. Das kann schon sein!
HELLRIEGEL. Siehst du, Pippa, wer hat nun recht gehabt? glaubst du nun doch an mich?
PIPPA *fliegt in seine Arme.* Immer, Michel!

HELLRIEGEL. Weißt du was: und nun lassen wir hier die ganze
Genossenschaft, wie sie ist, den alten wiedergefundnen
Venezianerpapa, die ganze Karnevalsbrüderschaft, und
springen mit beiden Füßen — das heißt, deine und meine
machen vier! —, und springen in eine goldene, mit Purpur
behangene Gondel hinein...
DER ALTE HUHN. Aber ock ni eis Wasser, Meester Hellriegel!
HELLRIEGEL. ...und verstecken uns und lassen uns über den
perlmutterfarbenen Himmel schaukeln und vergessen alles,
was außer uns Mücken seigt und Kamele verschluckt!
WANN. Halt! halt!
PIPPA. Addio, padre!

*Eine bunte Gondel mit Gondelführern legt an der Hütte an.
Gesang und Saitenspiel, totentanzartiges Geklapper zwischenhinein.*

DER ALTE HUHN, *zum italienischen Gondelführer.* Du! woas
bist du denn fer a Gondelmoann? hä! du kimmst wull
drieba vom Campo santo har! dir kricha ju Wärmer aus
a Auga!
HELLRIEGEL. Wir gehn auf die Hochzeitsreise!
DER ALTE HUHN. Ni aso hitzig! halt!
HELLRIEGEL. Kein Halten gibt's hier nicht!

*Er und Pippa rennen Hand in Hand lachend der Gondel zu
und springen hinein. Der Bootsmann hebt das Ruder und
stößt ab. Musik und Gesang klingt schwächer, je weiter der
Nachen sich entfernt. Das Wort »Addio« kehrt in schmelzenden Klängen des Gesanges oftmals wieder. Je weiter das Boot
sich entfernt, je schwächer die Musik erklingt, um so dunkler
wird es in der Hütte. Schließlich ist die Dunkelheit so groß,
daß die Gestalten darin untergehen. Als es im Mondschein
ein wenig heller wird, ist die Glashütte leer, die Türen sind
geschlossen und der Winterwind greint leise. Gleichzeitig tritt
Wende durch ein Pförtchen herein, gefolgt von der Magd, die
eine Laterne trägt.*

WENDE. Leuchte, Mädl!

*Die Magd mit der Laterne geht voran und stößt auf Hellriegel
und Pippa, die engverschlungen und erfroren auf der Erde
liegen. Sie stößt einen Schrei aus. Ganz leise hie und da noch
Mandolinenlaut und Gesang.*

[Andere Fassung des Textes von S. 1092, Zeile 3 bis S. 1094, Zeile 39]
[DER ALTE HUHN] *horcht und ruft in die Erde hinein.* Schmeiß
de Barga eis Meer un's Meer iebers Land! Mir brenga dir
woas!
*Die in ihr Schicksal scheinbar ergebene, leise wimmernde
Pippa wird von den gespenstischen Arbeitern herangeführt.
Über den gebeugten Kopf fällt das Haar, ihr Gesicht verdeckend, so daß der Nacken gleichsam zum Schlage freiliegt.*
DIE ARBEITER, *an die Worte des alten Huhn anknüpfend.* M'r
hoan woas fer dich!
*Es tritt eine absolute Stille ein, nachdem der leise unterirdische
Donner vorüber ist, und zwar so, daß einige Sekunden lang
sich keine der Erscheinungen irgendwie bewegt, so daß alles
starr — wie ein lebendes Bild — erscheint. Am Ende dieser
Stille erschallt plötzlich von oben eine starke Stimme.*
DIE STIMME. Michael! — Michael!! — raffe dich auf!
*Der alte Huhn, der seinen schweren Holzschlägel langsam
erhoben hatte, sowie alles andere verschwindet plötzlich, die
Feuer verlöschen, und die Glashütte liegt so verlassen da wie
am Anfang. Der Wind pfeift leise. Allmählich sieht man
Michel Hellriegel, der in dem Winkel, wo Pippa noch liegt
und neben ihr aufrecht steht, augenscheinlich soeben erwacht
und krampfhaft bemüht, sich zu besinnen.*
PIPPA, *im Traum.* Schlafe du jetzt, Michel! ich wache für
dich!
HELLRIEGEL, *sich ermannend.* — Traum! — sie ist da! — sie
ist neben mir! — komm mit, Pippa! wache jetzt auf! wir
müssen weiter! der Morgen graut! Dämonen grinsen aus
allen Winkeln!
PIPPA, *kichernd.* Laß sie doch grinsen und fauchen! fürcht
dich doch nicht!
HELLRIEGEL. Weißt du, Pippa, ich hab' eine Stimme gehört,
die hat mich gewaltig aufgerufen!
PIPPA. Ja, gegen die Mächte der Finsternis!
HELLRIEGEL. Gelt, wir sind nicht unglücklich, Liebchen?
PIPPA. Nein.
HELLRIEGEL. Ich glaube beinah, daß wir glücklich sind! —
Wer kommt? — ich glaube, die Tür hat geknarrt!
PIPPA. Das ist der Eiswind!
HELLRIEGEL. Es ist jemand anders. — Wer ist hier?
Es [ist] in der Tat jemand durch das Pförtchen rechts hereingetreten und hat sich langsam gegen die Mitte des Raumes

bewegt. Dort, im helleren Mondlicht, erkennt man den alten Wann.

WANN. Kleine Vögelchen, muß man euch suchen gehn?
HELLRIEGEL. Bist du das wahr und wahrhaftig, Alterchen?
WANN. Freilich bin ich's, Michel, warum denn nicht?
HELLRIEGEL. Oh, das war ein gescheiter Gedanke von dir! — Wir sind nämlich, glaub' ich, ein bißchen verirrt... hast du nicht Schafpelze oder so was? man könnte vielleicht ein Feuerchen machen!
WANN. Wo hast du das süße, bezaubernde Kind?
HELLRIEGEL. Ja, wenn wir ihr nicht etwas Wärmendes einflößen, so wird sie vielleicht schon gestorben sein!
WANN. Ja, du seltsamer Querkopf, was ist da zu tun?
HELLRIEGEL. Da siehe du zu, daß du Einfälle hast!
WANN. Bist du also zu Ende mit deinem Latein, Michel?
HELLRIEGEL. Oh, du Weißbart! im allergeringsten nicht! Ich müßte bloß hier aus der Tinte sein!
WANN. Ach so, du bist in der Tinte!
HELLRIEGEL. Gewiß. Wenn ich aber mal wieder raus bin, paß mal auf, dann werd' ich die Welt in Erstaunen setzen!
WANN. Hast du was gelernt?
HELLRIEGEL. Und ob! hab' ich was gelernt!
WANN. Sag mal, Michel: willst du etwas tun — oder nur leiden?
HELLRIEGEL. Offen gestanden: tun will ich eigentlich nichts! Aber wenn du einige gutgebratene Tauben weißt, die einem ins Maul fliegen, so könnt' ich das leiden!
WANN. Sag mal, weißt du denn eigentlich, ob du träumst oder wachst?
HELLRIEGEL. Nein. Das hab' ich, weiß Gott, von der Windel an bis auf diese Stunde nicht rausgekriegt. — Man kann nichts halten, alles zerfließt!
WANN. Aber du hast dich in diesen Zustand gefunden?
HELLRIEGEL. Ja, aber es zehrt immer etwas an mir! und wenn ich auch noch so heiter träume, manchmal tritt mir der Giftschweiß auf die Stirn! Warum schlugst du den alten Huhn denn nicht tot?
WANN. Weshalb denn, der Alte will doch leben!
HELLRIEGEL. Wozu muß denn die dumpfe, wilde, verruchte, gierige Bestie sein?
WANN. Er ist manchmal ganz freundlich, der alte Huhn! wenn er auf den Inseln die Ziegen weidet!

HELLRIEGEL. Weidet er Ziegen?
WANN. Natürlich doch! überm Meer, auf der kleinen Hochebene zwischen Gipfeln, wo die vielhundertjährigen riesenmächtigen Kastanien sind! Wenn du willst, trägt uns der alte Huhn Reisig zu Hirtenfeuer[n] herbei.
HELLRIEGEL. Das will ich, so wahr ich ein Eiszapfen bin!
WANN. So will ich dir einen guten Rat geben: ziehe die Okarina hervor und spiele die Weise, womit man ihn lockt!
HELLRIEGEL. Alter, ich kenne die Weise noch nicht! *Hirtenschalmeiartige Melodien, auf eine[r] Oboe gespielt, klingen fernher.* Mir scheint, meine Okarina spielt schon allein! *Er hält seine Okarina in der Hand, sie gedankenvoll betrachtend. Der alte Huhn kommt leise und demütig mit Reisig, das er aufschichtet.*
WANN. Wenn den alten Huhn etwas locken soll, so muß es süß wie der Honig der Bienen auf dem Hymettos sein! nicht wahr, alter Bär?
DER ALTE HUHN. Asu is, Meester Wann.
Das Feuerchen, von Huhn entzündet, beginnt zu glimmen.
WANN. Jetzt fehlt uns die holde Melisse noch! — Klinge! laß deine holde Okarina klingen, mein Sohn! es ist besser, als vor den Türen der Leute singen! — Und nun stellen wir Schälchen mit Blut um das Feuer herum! — Sie suchen die Wärme und suchen die Töne.
Das Feuer glimmt stärker. Wann bleibt aufrecht stehen, aus den dunklen Winkeln kriechen die gespenstischen Glasarbeiter lautlos hervor und halten ächzend ihre Hände ans Feuer.
HELLRIEGEL *unterbricht das Okarinaspiel*. Meister, das Liebchen fehlt immer noch!
WANN. Guter Junge, spiel weiter! immer spiele du zu!
Die Szene verändert sich allmählich bei leiser, seliger Musik mit Hirtenflötenklängen, die etwas Schwebendes, Schaukelndes, unendlich Beseligendes an sich hat. In unbestimmtem, sonnenartigem Licht erscheint ein Hochplateau, der Hintergrund ist blaues unendliches Meer, rechts steigen Felsen auf. Einige alte Kastanienbäume überschatten einen Teil des Platzes, und nicht weit von einem derselben, nahe am Felsrande gegen die See hin, ist das Feuer, an welchem Wann steht, Michel Hellriegel hockt und um das die zerlumpten Menschen herumliegen, aber heiter, froh und selbstbewußt. Der alte Huhn trägt weiter Reisig herzu. Eine Weile dauert die vollklingende Musik an, bis wieder nur Michels Okarina

allein hörbar ist. Blase weiter! blase weiter! — siehst du, sie kommt! *Wie eine Ziege klimmt Pippa lachend über den Felsen rechts herunter. Die um das Feuer, außer Michel, der spielt, stimmen in das Gelächter ein.*

DIE MÄNNER, *ums Feuer.* Pippa sull tanzen! Pippa sull tanzen! *Der alte Huhn trottet brummelnd Pippa entgegen. Sie springt vom Felsen, lacht und entzieht sich ihm, und der Tanz geschieht wie vorher in der Rotwasserschenke, nur lustiger und übermütiger. Die Männer klatschen dazu anfeuernd in die Hände. Michel spielt. Nun wirft er die Okarina weg, aber die einfachen Schalmeienklänge tönen weiter. Er breitet die Arme aus, und vor dem alten Huhn rettet sich Pippa hinein. Michel umschlingt sie lachend. Die Männer lachen, der alte Huhn lacht; Michel hebt Pippa auf und verschwindet mit ihr zwischen Büschen felsan. Das Lachen der Männer verstärkt sich, dann beschäftigen sie sich ums Feuer, das einfache Hirtenmahl zubereitend.*

WANN. Mischt Wein und Milch und lasset uns leben!
Die hirtliche Schalmei tönt immer sehnsüchtiger und entzückender. Mit einem Mal blicken alle nach oben, horchen, und es erklingt, vom pianissimo bis zum fortissimo kurz anschwellend, in einem musikalischen Sturm das eine Wort: Jumalaï. Die um das Feuer geben sich in demütig zitterndem Glück die Hände. Unmittelbar darauf wird es dunkel, und man sieht wieder die verlassene Glashütte. Nun aber wird es schnell lichter darin, der Tag graut.
Der alte Wende kommt, wiederum mit der Laterne, von der Kellnerin und von dem Direktor begleitet.

WENDE. I nee, unser Fußtapfen sein das nich! und ni umsonste winseln de Hunde immer ums Tierl rum.

DIE KELLNERIN. Da liegt ja was!

DIREKTOR. Was?

DIE KELLNERIN. Da liegen zwee-e und riehren sich nich!

WENDE. Die sind ja erstarrt! die sind ja erfrorn! die sind ja wie richt'ge Klumpen Eis!

DIREKTOR. Oh, Tausend noch mal! ergebenster Diener mitnander. Der Himmel is hoch, und die Liebe is heiß! aber der Winter! Kuckuck noch mal: der Winter, der Winter!

[III]

VIERTER AKT

DRITTE FASSUNG

[Schlußteil]

Michel spielt Okarina. Pippa, zu plötzlicher Wildheit hingerissen, tanzt. Unterirdisches Rollen setzt sich noch eine Weile fort. Dann dringen Geräusche von Triangeln, Becken und Pauken herauf, untermischt mit Hammerschlägen vieler Bergleute. Der alte Huhn, halbaufgerichtet, läßt Pippa nicht aus den Augen. Dabei fliegen seine Fäuste in dem gleichen krampfhaften Rhythmus. — Eine Weile hat der Tanz gedauert, als Wann wieder eintritt. Er beobachtet und hebt dann seine Hand.

WANN. Es ist genug, alter Korybant!

Der alte Huhn ist bei dem letzten Wort zurückgesunken und liegt regungslos. Pippa steht still, wankend und benommen. Okarina, unterirdische Musik und das Rollen brechen ab.

HELLRIEGEL. Es ist wirklich gut, daß du endlich kommst, bester Hexenmeister! denn wir wären sonst immerfort, wer weiß, wohin, über Stock und Stein ins Unbekannte hineingaloppiert! Hast du ihn denn nun schließlich gefunden?

WANN. Ja!

HELLRIEGEL. Wo fandst du ihn denn?

WANN. Er saß hinter einer Schneewehe und war müde! du weißt ja, er hat in Palästen, Hütten, Schiffen, Städten, Dörfern, Weilern, Höhlen und Löchern allzu unendlich viel zu tun.

HELLRIEGEL. Und kommt er nun endlich?

WANN. Saht ihr ihn nicht? er ist eben, vor mir her, eingetreten!

HELLRIEGEL *stutzt, ebenso Pippa, und er tritt auf Huhn zu.* Richtig! der alte Pferdefuß stampft nicht mehr! — ich muß sagen, ich freu' mich, daß der alte riesige Mückenjäger nun Ruhe hat.

WANN *tritt heran.* Ja, Michel! und seine Ruhe ist tief. — Zwar gibt es tiefere Tode, als seiner ist, und höhere Leben als das, was dich jetzt in seinen morgendlich bunten

Schleier hüllt, um mit dir wie ein seidenes Flockengespinst durch den Raum zu schweben. Aber wie wir nun sind: es sei uns genug. — Öffne die Läden, Jonathan! *Jonathan, der in der Flurtür erschienen war, entfernt sich sogleich wieder.* Wenn du nun noch ein bißchen, Michel, auf deiner Allerweltsokarina spielst und Pippa in die Tasche des alten gefällten Urwaldbaumes greift, so wird sie zunächst einen guten Fund machen! *Jonathan hat von außen den ersten Fensterladen geöffnet, und es dringt volles Morgenlicht herein.* Und darüber hinaus, wenn du dich in der Melodie nicht vergreifst und Jonathan den zweiten und dritten Fensterladen geöffnet hat, so wird dich ein Gruß der Freude erreichen, ein Gruß der blendenden Nacht des Glücks, die bisher nur matt hinter deinen Träumen wie die Sonne in Nebeln gelockt und geleuchtet hat.

HELLRIEGEL *betrachtet die Okarina.* Wenn es sein muß, ich bin kein Spielverderber! Auf alle Fälle habe ich einen Entschluß gefaßt: immer, wenn ich von hinten einen Puff kriege und wieder mal zur Abwechslung unfreiwillig über einen Graben oder einen Zaun oder einen toten Leichnam hüpfen muß, so werde ich immer die Leute rufen und sagen: Seht mal an, was ich für ein tollkühner, unternehmender Michel bin. Was ich mir einmal in den Kopf setze et cetera pp. und dergleichen mehr! kurz und gut: wo ich bin, da will ich auch sein! Und wenn meine Okarina, wie zum Beispiel in diesem Augenblick, ganz von selber spielt, nun, da brauch' ich die Finger nicht laufen lassen.

PIPPA, *am Fenster, während die Okarina in der Tat von selbst zu spielen scheint.* Michel, komm, sieh doch, was für ein herrliches Land dort unten ist!

WANN, *zu Michel.* Komm! von hier aus kannst du sehen, wo wir segeln; das heißt, metaphorisch ausgedrückt! *Hellriegel tritt mit weitaufgerissenen Augen zu Wann.* In Wirklichkeit wälzen wir uns auf dem Rücken eines verschneiten Steinwalls und mit allem Festland, was östlich, westlich, südlich und nördlich um ihn ist, und allen Ozeanen und Buchten darin im Äther herum.

HELLRIEGEL. Aber wirklich, obgleich ich es nicht begreifen kann, wie es möglich ist: tatsächlich kommt es mir vor, als schnitten dort unten am Fuß des Gebirges tiefe Meeresbuchten ins Land hinein.

WANN. Es ist so, Michel. Und zwar täuscht es nicht nur, wie

das hier zuweilen an klaren Tagen im Winter ist, sondern ringsherum ist wirklich das Meer.

HELLRIEGEL. Man könnte fast glauben, in einem Traume zu sein. So geheimnisvoll mutet der weiße, im Lichte des Morgens flammende Prunk der Berge und der lockende Duft der Halbinseln, Buchten und Gärten der Tiefe mich an.

WANN. Wie sollte das denn auch anders sein, Michel! Wer nicht weiß, was er träumt, nicht fühlt, daß er träumt, und wer das Geheimnis nicht spürt, ist blind.

HELLRIEGEL. Ich muß dir aber doch ehrlich sagen, mir ist wie auf einem ganz anderen Sterne zumut.

WANN. Sonst wärest du aber auch auf der alten Erde nur wie im Kerker! du wärest einem armen Schiffbrüchigen gleich, der auf einer Eisscholle, hoffnungslos verloren, durchs Weltmeer getrieben wird.

PIPPA. Michel, ach sieh doch nur! die Landzungen sind mit goldnen Kuppeln bedeckt! wie mit Goldstickerei sind die Ränder der Bucht überzogen!

WANN. Die Luft ist still. Höre zu. Aus den Türmen dringen und schweben zitternde Töne von Glocken herauf.

HELLRIEGEL. Lieber göttlicher Meister, wie heißt du denn?

WANN. Ich bin nur ein alter Einsiedelmann.

HELLRIEGEL. Warum habe ich nun in aller Welt das Gefühl, alter Einsiedelmann, als säße ich nicht mehr in einer Flasche drin, sondern es wäre ein anderes, lebendurchwärmtes Fluidum um mich rum und es müßten in jedem Augenblick gute alte Gesichter mit einem schier uferlosen Wohlwollen um mich auftauchen.

WANN. In diesem Punkte irrst du auch nicht.

HELLRIEGEL. Und als müßte die Stadt, die mit Diamantsternen unten blitzt und flimmert, hinter meiner Mutter Kachelofen entstanden sein und als könnt' ich darin tausend Jahre mit Pippa ungestört und in Freuden leben!

PIPPA. Michel, sieh doch! von der halben Höhe des Berges an siehst du schon Blütenbaum an Blütenbaum. Wenn wir uns jetzt auf den Schlitten setzen, der draußen steht, so können wir, wie im Flug aneinandergeklammert, in die Blüten hinabsausen.

WANN. Das tut, ihr Götterlieblinge! tut das nur! aber nehmt auch den goldnen Schlüssel zu meinem Palaste mit.

PIPPA. Ja, Vater! schenkt uns das goldne Schlüsselchen.

WANN. Ein Schlüsselchen ist es eigentlich nicht! er ist groß. Benvenuto Cellini hat ihn gemacht. *Er tritt, mit Pippa an der Hand, zur Leiche des alten Huhn.* Er ist schon kalt! der glühende Krater ist ganz erloschen! Kannst du die ganz unnahbare, majestätische Ruhe fassen, die nun auf einmal das Erbe des rasenden Jägers ist? Was jagt der Jäger? das Tier, das er mordet, ist es nicht! — Und sieh: schon wieder ist er weit fort von hier! man fühlt es, er ist schon wieder weit auf der Reise: mit anderen Gliedern, in anderer Sphäre, auf anderer Bahn! — Tritt weg und kehre nach einer kleinen Spanne wieder zurück, und du fühlst, er hat sich schon wieder unendlich viel weiter entfernt von dir.

HELLRIEGEL. Ich habe einmal von jemand gehört, daß die Toten unendlich lange wandern.

WANN *klopft, daß es laut hallt, dem Alten aufs Schlüsselbein.* Jawohl! das herrliche Gehäuse ist leer! — Aber suche: Er hat dir den Schlüssel zum Glück zurückgelassen!

PIPPA *betastet die Lumpen des alten Huhn und zieht einen großen goldnen Schlüssel hervor.* Sprich: Ich danke dir, Meister Ungeschlacht. — Und nun flugs voran mit der Talschlittenreise.

Es kommen nun vier schneeweiß. gekleidete Bauernmädchen herein, ohne jedwedes schwarzes Abzeichen, weiße Rosenkränze im Haar, und hüllen Pippa in einen langen weißen Hermelinmantel. Ein weißes Pelzbarett setzen sie ihr auf den Kopf, mit einem langen, silberbesternten Brautschleier. Dazu erhält sie eine weiße Muffe. Zwei Bauernburschen, nach Art der Hochzeitsbitter mit Langschäften, bunten Westen und Bändern geschmückt, hüllen Michel in eine lange weißsamtne, zobelbesetzte Schaube und drücken ihm eine Zobelmütze auf den Kopf. Dazu von außen gedämpfte Musik einer Dorfmusikantenbande. Dazwischen hört man mächtige Jodler und Juchzer.

HELLRIEGEL. So! — gib mir den Schlüssel, Pippa! denn ich weiß die Tür und steck' ihn dir, [da] kannst du dich drauf verlassen, mit geschloßnen Augen ins Loch hinein. Gib mir den Schlüssel! die Sache eilt! — ich bemerke jetzt, daß sich die ganze Sache mehr und mehr in das absolut Reelle hineinentwickelt! Bauernlümmel! Kuhmägde in Weiß! Radaumusikanten und Schlittenfahrt! Donnerwetter! heidi, ich merke die Krippe. — Also, Onkel, deinen Palast vermachst du mir?!

WANN. Das tu' ich! und mag es ihm wohl bekommen — übrigens grüß mir auch deinen Urgroßvater, den Tizian! wenn du erst mal in Venedig bist und dir den Audiat ganz genau betrachtest, so wirst du bemerken, er sieht wie der Großoheim deines Vaters, der Oberförster Hellriegel, aus!

HELLRIEGEL. Wird alles besorgt, ganz prompt und pünktlich! hoffentlich vereist du inzwischen hier oben nicht! — Oh, Kleine, wie du doch gradezu allerliebst und entzückend bist. Ich hab' dir noch gar keinen Kuß — guten Morgen! —, ich hab' dir noch gar keinen Kuß in dem wirklich recht annehmbaren guten Morgen gegeben. Mach einen Knicks, bedanke dich!

WANN. Und nun tauche ich jedem von euch noch einen Bissen der Gaben der Ceres in Wein — *er füttert Pippa wie ein Vögelchen* — und füttere euch, daß ihr bei Kräften bleibt! — So! — nun du! — genießet in Frieden das göttliche, süßeste Liebeswunder! *Er füttert Hellriegel ebenso. Zwei Schlittenführer, beschneit und in Pelzjacken, treten ein.*

ERSTER SCHLITTENFÜHRER. De Schlitten stehn vor de Tiere, Herr Hellriegel!

HELLRIEGEL, *kauend*. Wie lange brauchen wir noch, um mittendrin im venezianischen Froschparadiese zu sein?

ZWEITER SCHLITTENFÜHRER. Ei finf Minuten sein m'r aus'm Schneefriehling raus, dann geht's durch de Mandelbeeme nunder, und dann immer — woas hust de, woas kannst de — hopsa und springa mir eis Schlaraffenland mitt'n nei!

HELLRIEGEL. Los!

WANN. Und glücklichen Rutsch, liebe Herzenskinder!

Die Schlittenführer treten von der Tür zurück, um die Schlitten zurechtzumachen. Die Hochzeitsbitter postieren sich zu beiden Seiten des Ausgangs. Engverschlungen schreiten Pippa und Hellriegel; diesem trägt ein Bauernmädchen die Mantelschleppe, zwei andere tragen Schleppe und Schleier Pippas. Eh er hinausschreit[et], bleibt Michel noch einmal stehen.

HELLRIEGEL. Nun, Pippa, hab' ich's nicht gleich gesagt?

PIPPA. Und ich hab' dir doch immer geglaubt, bester Michel!

HELLRIEGEL. Wenn das meine Mutter wüßte! allmächtiger Gott nich noch mal! *Ab durch den Flur ins Freie, samt Bauernburschen und Bauernmädchen.*

Wann bleibt allein zurück. Das Jodeln und Juchzen wird stärker; dann entfernen sich die Geräusche schnell.

WANN. Sie sausen in einer Silberstaubwolke des weißen Gottes hinab ins Glück! — Fahr wohl, bester Michel, und verliere ... o verliere nur deinen göttlichen Dünkel nicht! — Er hat seine Okarina vergessen! *Er nimmt Michels Okarina, die wirklich auf dem Tische liegt.* Nun, ihm spielen die Nachtigallen des Südens viel herrlicher auf: er braucht sie nicht! komm, du gehörst zu den Schiffchen an den Balken. *Er knüpft die Okarina an einen Faden neben die Schiffsmodelle am Deckbalken fest.*

GRISELDA

Editorische Bemerkung

Die im folgenden abgedruckten Paralipomena repräsentieren zwei frühere Ansätze zu »Griselda«. Sie entstanden 1908.

[I]: Bruchstück einer Dialektfassung.
[II, 1—3]: Bruchstücke einer Versfassung.

[I]

[Dialektfassung]

[ERSTE] SZENE

den 21. Juni 1908.

Unter der Linde vor dem Mühlwiesenkretscham. Altertümliches Haus, schräg an die Bergstraße gestellt, mit hoher Treppenrampe vor der Eingangstür. Gebirgshintergrund: Wiesen, Waldabhänge, darüber die Kammlinie, noch schneefrei. Diesseits der Straße, die zwischen Linde und Gasthaus vorbeiführt, am runden Tisch unter der Linde sitzt beim Weine ein schweigender Gast. Es ist ein stattlicher Mann von etwa fünfunddreißig Jahren in schäbiger Waldhütertracht. Er blickt bleich und finster ins Glas.
Auf dem Prellstein an der Ecke des Gasthauses sitzt der alte Tiepolt, ein beinahe kahlköpfiges Bäuerlein, leicht angeheitert. Zwei Schulkinder, Knabe und Mädchen, zehn- und zwölfjährig, lauschen neugierig den lebhaften Reden, die er an sie richtet.

TIEPOLT. 's Grumt is nei! Mir hoan gearbeit da Summer: mir summa de Knucha no ei men Leibe dervone! Aber derderwegen: 's Grumt is nei! Mir sein'r dreie d'rheeme! Mit dam Weibe is freilich kee Stoat! 's is meine zweete, ihr Kinder! 's is meine zweete, ihr Kinderla! 's is meine zweete Frau! Ju, ju, kinnt ihr gleeba, ich hoa viel ei mem Labe durchgemacht. Ihr seid jung, ich bin oalt: doas is d'r Weltlauf! Nu derwegen, wenn se sterbt, ich nahm' noch eene! Ich nahm' o noch de dritte d'rzu. — Elf Kinder hoat meine Ale gehat. Elfe wärn'r, wu se labta! Elf nischtnutzige Krepper wie ihr. Fragt a Herr Lehrer, wenn ihrsch ni gleeba wullt! Fragt a Herr Lehrer Heppner d'rnach. Drei Kinder sein vo der zweeta Frau: ee Madel labt, zwee ham m'r missa nunder uf a katholischer Kerchhof troan. *Er holt gerührt sein rotes Taschentuch heraus.* Ihr lacht: oje, do gibt's nischt zu lachen, ich warsch euer Herr Lehrer Heppner soan ... ich bin ehrenwert! Ich bin ein Mann ...

Der dicke Wirt Geisler und der magere dreißigjährige Lehrer Heppner sind aus der Gasthaustür auf die Treppenrampe getreten. Der wechselnde Lärm einer Kneipgesellschaft dringt aus dem Inneren des Hauses.

HEPPNER, *mit glücklichem Gesichtsausdruck, sonst nicht merklich betrunken, schäbig, ein wenig flott gekleidet, ehemals grünes Jagdhütchen schräg auf dem Kopf.* Na, Vater Tiepelt, was is denn so schrecklich Schlimmes passiert?

TIEPOLT, *weinend.* Is doas etwa nischt, wenn ma a sulches Weib verliert?

HEPPNER. Was für a Weib denn, Vater Tiepelt?

TIEPOLT. Nu, hoab' ich etwa kee Weib verloren?

HEPPNER. Das is aber doch Gott sei Dank zwanzig Jahre her, Vater Tiepelt.

DAS KLEINE SCHULMÄDCHEN, *mit einem Knicks vor dem Lehrer.* Er hat ebens ieber uns beide gesagt: a nimmt auch noch eine dritte Frau.

TIEPOLT, *umgewandelt, indem er seinen Hut auf die Erde schleudert.* Kreuzmordsmillionen zum Dunner noch mal! Jawull! ich nahm' och noch ane dritte!

HEPPNER. Na, Euere zweite Frau lebt doch noch.

GEISLER. Geht ock am besten nach Hause, Vater Tiepelt, und schlaft Euch aus.

TIEPOLT. Soll ich etwa meine Tochter alleene lon?

HEPPNER. Ach so, Ihr wartet auf Euere Tochter.

TIEPOLT. Ich wer' mich hitta und wer' meine Tochter alleene lon! Doas kennte euch poassa, under euch Moannsvölkern! Doas gleeb' iich! Doas mechte euch poassa dahier.

DER SCHWEIGSAME GAST *ruft herüber.* Schulmeister!

HEPPNER. Jawohl! — Ach, Sie sind hier. *Er eilt mit Höflichkeit zu dem Fremden hinüber und begrüßt ihn, den Hut in der Hand, stehend.*

DER SCHWEIGSAME GAST. Setz dich, verwünschter Hungerleider.

HEPPNER. Wenn Sie erlauben, setze ich mich. Was verschafft uns denn nach so langer Zeit mal wieder die hohe Ehre, Erlaucht?

DER GAST. Hat sich was: ich bin Friedolin Schöps, der Waldhüter. Halt dein Maul und verplappere dich nicht! — *Der Lehrer hat Platz genommen.* Ihr seid mal wieder im Zuge heut.

HEPPNER, *mit seligem Lachen.* Ja, ja, wir trinken die Rester aus.

DER GAST. Wie heißt der bekneipte Blaubart, Schulmeister?

HEPPNER. I Gott, der trinkt nur alle heiligen Zeiten mal. Es ist halt der Tiepelt vom Schlingelstein.

TIEPOLT. Iich wer' mich hitta und wer' meine Tochter alleene bei sulcha Moannsbildern lon! A Madel wie die und suna Moannsbilder! Do kennt' ma sich wull a Schoada besahn!

GEISLER. Nee, Tiepelt, was märst d'nn du immerzu? 's frägt ja kee Mensch nich nach deiner Tochter. Und außerden ist se ju goar ni doa.

HEPPNER, *herzlich belustigt wie ein Vater über die unfreiwillige Komik seines Kindes.* Laßt'n geruhig labern: 's tutt'n gutt. *Zum Gaste.* Manchmal muß sich der Mensch doch aussprechen. Am Schlingelsteine ist dazu wenig Gelegenheit.

TIEPOLT, *zu Geisler.* Nach meiner Tochter fräete kein Mensch? Nu doa! Wegen menner! Mir sein zehnmal fer eemal zufriede d'rmitte. *Er versucht, ein wenig unsicher, die Stufen der Treppenrampe hinaufzusteigen. Plötzlich, auf der vierten, fünften Stufe, wendet er sich.* D'r Erzpriester will se fer Köchin hoan! D'r Revierförschter Käse will se heiraten! De Herrschaft ... d'r Graf ...

HEPPNER, *wie vorher.* Vater Tiepelt, flunkert nicht gar zu sehr.

DER GAST. Pst, Schulmeister! Weiter! Die Herrschaft! Der Graf?

TIEPOLT *platzt heraus.* Doaß der iebergeschnoappt is, doas weeß doch a jedes.

Geisler und Heppner verraten hüstelnd Verlegenheit.

DER GAST. Male du bloß den Teufel nicht an die Wand, altes Beingehäuse vom Schlingelstein. Halt's Maul, wenn du eine Tochter hast! Beiß dir eher die Zunge ab, wenn sie schön ist, als daß du einen Mauz verrätst, besonders wenn du Eigenmann eines übergeschnappten Grafen bist. — Inwiefern, meinst du denn, ist er übergeschnappt?

TIEPOLT. Nu, 's denn nich woahr, er schläft uf'n Heuboden! Hoa ich ni recht? Looft er ja nich jeder Schurze anach? Duzt a sich nich mit a Kohlenbrenna? A wäscht sich ni und a kämmt sich ni, und wu's a Schlägerei gibt, is a doabei.

Er will ins Wirtshaus. Geisler verstellt ihm die Tür.

GEISLER. Tiepelt, gieh heem, murne koannst de mehr trinka.

TIEPOLT. Woas? Kann ich ni uf mei Mädel warten? 's fängt oa zu treppeln: ich muß nei.

DER GAST. Naß wird er doch, also laß ihn eintreten.

GEISLER. Wenn's gewienscht wird: doa gieh nei. *Tiepolt, gefolgt vom Wirt, geht ins Haus.*

DER GAST. Mir scheint, ich habe einen schweinemäßigen Leumund bei den Leuten, Schulmeister.

HEPPNER. Die Leute reden halt, wie sie's verstehen.

DER GAST. Er versteht's gut, wie's scheint! — Kennt mich der Geisler?

HEPPNER. Ja. Aber der Henker unten in Hirschberg könnte ihm nicht das Geständnis entreißen, wer Ihr seid.

DER GAST. »Du«, altes Schreibzeug, verstanden? »Du« sagen!

HEPPNER. Na ja, du, aber der junge Kaplan ist drin. Er ist zwar ...

DER GAST. Nüchtern oder betrunken?

HEPPNER. Na, wie man's nimmt. Er hat gut seinen halben Liter Ebereschenschnaps.

DER GAST. Dann sagst du ihm morgen, ich bin's nicht gewesen. Und wer's nicht glaubt, na, der glaubt es nicht. *Griselda, einen mit Ebereschen gefüllten Korb auf einer sogenannten Hucke tragend, ist die Straße heraufgekommen und hat den Korb vor einer Kellertür unten abgestellt. Sie selbst ist die Treppe hinaufgestiegen, zögert aber vor der Haustür, da wüster Lärm aus der Gaststube dringt, einzutreten.*

DER GAST *ruft.* Du, Mädel, komm her: du sollst einen Schnaps trinken. — Schnaps scheint nicht nach ihrem Geschmacke zu sein! — He, du! Vielleicht muß man ihr Pfeffer reinschütten. — Wenn du Schnaps nicht magst, da! komm, trink Wein.

HEPPNER. Das ist doch Griselda Emmerenz Tiepolten.

GRISELDA. Herr Heppner, ich bringe Ebereschen. Ruffen Se doch mal a Geisler raus.

HEPPNER. Na, du kannst doch neingehen.

GRISELDA. Nee, lieber nich.

HEPPNER. Dein Vater ist aber och in d'r Gaststube.

GRISELDA. Vater is hier?

DER GAST. Jawohl, schönes Kind. Er hat sogar mehrfach ellenlange Reden über seine zwei Weiber, über eine zukünftige dritte und über seinen Ausbund von Tochter gehalten.

GRISELDA, *kühl.* Sie meegen vielleicht a Ausbund sein. *Griselda, auf der Treppenrampe, wird von den Strahlen der untergehenden Sonne beschienen. Das Mädchen ist neunzehn Jahr, stark und von großer blonder Schönheit. Weil ihre*

Schönheit außergewöhnlich ist, wirkt sie märchenhaft. Griselda trägt die Arme bloß, hat einen fußfreien blauen Rock an und geht barfuß. Ihr Kopftuch ist in den Nacken gesunken, das Brusttuch schließt.

DER GAST. Potz Schlingelstein! Ausgezeichnet geantwortet! Hole uns doch mal schnell eine neue Flasche gezerrten Oberunger heraus.

GRISELDA. Sie hoan selber Beene! Ich bin keene Schleußern.

DER GAST, *schroff.* Mach keine Redensarten: bring Wein. *Griselda wendet sich von ihm ab und würdigt ihn keiner Antwort.*

HEPPNER *springt auf mit dem Wunsche auszugleichen, läuft zu Griselda.* Na, bis ni mucksch, Grise, so a hibsch Mädel wie du hat's ni neetig, widerspenstig zu sein. Doas wär' ja och ganz neu bei dir. Bei mir hast du das ni gelernt ei d'r Schule. Bis willig! Tu, was er sagt! Hol uns a Wein.

DER GAST. Du mußt parieren wie eine Tocke! Du mußt gehorchen, so'n Mädel wie du muß gehorchen, besser wie meine Hündin auf den Pfiff. Du mußt springen und tanzen wie eine dressierte Wassermaus.

GRISELDA. Nu freilich, ich springe und tanze, wenn ich will und soviel ich will.

DER GAST. Wie alt bist du?

GRISELDA. Wie die jungen Stare ober Ihn in der Linde auskrochen, letztes Friehjahr, da war ich schon dreiza Tage uf der Welt hie drunda.

DER GAST. Du bist aber gleich, wie's scheint, mit Haaren auf den Zähnen zur Welt gekommen.

GRISELDA. Warum nich! Kann sein.

DER GAST. Und nach deinem Schopfe zu urteilen, mußt du im Juli, unten im Land, in einem reifen Kornfelde gemacht worden sein.

GRISELDA. Sie sein ein Saukerl, verstehen Sie mich.

DER GAST. Das ist mir schon von viel häßlicheren Frauenzimmern, als du eins bist, gesagt worden.

GRISELDA. Sie sein aus'n Narrenhause entsprungen.

DER GAST. Und dich hat dein Vater und deine Mutter in einem reifen Kornfelde gemacht. *Griselda ergreift eine Schaufel, die an der Tür lehnt, und geht mit dem Schaufelstiel auf den Gast los. Sowie der Stiel über seinem Kopfe schwebt, hält sie inne. Der Gast, gleichmütig.* Schlag! — Warum schlägst du nicht?

HEPPNER, *belustigt und besorgt zugleich, tritt dazwischen.* Halt! Nimm dich weiß Gott in acht, Bruder Flips. Der Revierjäger Huschner läuft heut noch mit seiner Schmarre herum, und den schwarzen böhmischen Kerl von der Geiergucke hat sie über die Steinwand heruntergesetzt: dem sind alle Rippen im Leibe zerbrochen. — Grise, halt! Leg deine Schaufel weg.

DER GAST. Ach was, scher dich beiseite, alter Buchstabierapparat! Ich möchte gerade von einem solchen Frauvolk, mit solcher Stirn, mit solcher Brust, mit solchen Hüften, mit solchen Beinen und mit einer solchen Getreidegarbe im Nacken, erschlagen werden.

GRISELDA, *einigermaßen aus der Fassung.* Oh, ich hätte wahrhaftig Besseres zu tun, als auf deine verrückten Reden zu passen. *Sie wirft den Schaufel weg und stellt sich wieder an der Türe des Wirtshauses auf.*

DER GAST *erhebt sich.* Hast du weit nach Hause?

GRISELDA. Das geht dich nichts an: weit oder nahe. Du wirst mir deswegen Pferde nicht anspannen.

DER GAST, *lachend, bereits auf der Treppe, heiß.* Man könnte dich selbst, du junge Färse, vielleicht vor den Wagen spannen. Man könnte sich die goldene[n] Zügel deines Haares um beide Fäuste wickeln. Willst du das?

GRISELDA. Ich habe auch Fäuste.

DER GAST *faßt sie am Gelenk.* Ich werde die Stränge und Stricke und Seile deiner Haare mit Knoten versehen, und du sollst zittern unter meiner Geißel, du junges Rind.

GRISELDA *packt den Gast vor der Brust und stößt ihn die Treppen hinunter.* Pack dich! So! Pack dich fort!

DER GAST, *bleich, ordnet seine Kleider.* Nicht übel! Du gefällst mir!

HEPPNER. Griselda, tu Abbitte!

GRISELDA *steht und weint und sagt trotzig.* Nein!

DER GAST. Laß sie. Warum ist sie so ungebärdig, da sie doch niemand zähmen will? Will ich fahren, so habe ich Stuten genug in meinem Stall, und läge mir daran, gerade bei diesem Teufel mein Jus zu nehmen, du weißt, so hätte ich nur vier Worte zu sagen: Schick sie aufs Schloß. — Befiehl ihr, sie soll mir einen Becher Wein reichen, das sei ihr ganzer Gehorsam. *Er nimmt wieder ruhig unter der Linde Platz. Aus den Fenstern der Gaststube blicken die Köpfe neugieriger Gäste.*

Der Wirt Geisler, ein angeheiterter Kaplan, ein Jäger und andere Trinkergestalten treten, erst lärmend, dann murmelnd, auf die Rampe heraus und werden durch Heppner über den Vorfall belehrt.

DER KAPLAN. Griselda Emmerenz Tiepolt, man darf einen Ritter der Mühlwiesenkumpanei nicht beleidigen, aber vor allen Dingen diesen, der dort sitzt, nicht. Da wäscht dich kein Regen ab, du mußt abbitten.

HEPPNER. Griselda, weißt du nicht, weißt du um Gottes willen nicht, wer er ist? Weißt du nicht, daß es unser gnädiger Herr Markgraf ist? *Zum Kaplan.* Sie soll ihm nur einen Becher Wein reichen.

DER KAPLAN. Da, Geisler, gib her: jetzt bringst du dem Herrn ohne Widerrede diesen schönen, klaren goldenen Becher voll Wein!

Geisler hat einen Glasbecher vollgeschenkt, der Kaplan zwingt ihn Griselden in die Hand, hält diese Hand am Gelenk fest und führt das Mädchen mit Gefolge zu dem verkappten Grafen hinüber.

DER GAST. So! Brav, mein Kind! Gehorsam geziemt ...

GRISELDA *gießt ihm den Wein über den Kopf.* Werdet nüchtern, Herr Markgraf, Ihr seid betrunken! *Sie läuft blitzschnell, ehe jemand noch zu[r] Besinnung gekommen ist, die Straße hinauf und davon.*

Der Bauer Tiepolt erscheint in der Wirtshaustür.

TIEPOLT. Madel! iis doas ni mei Madel gewoast?

[Andere Fassung des Textes von S. 1112, Zeile 34 bis S. 1113, Zeile 26]

DER GAST *schlägt auf den Tisch.* Wein!

GEISLER *öffnet ein Gaststubenfenster.* Zu befehlen der Herr, im Augenblick.

Ziemlich derber

GESANG DER TRINKENDEN *aus der Gaststube.*
> Ich soll und mag nicht schlafen gehn,
> will vor zu meinem Schätzchen gehn,
> zu meinem Schätzchen unter die Wand,
> da klopf' ich an mit leiser Hand.

Der Wirt Geisler ist inzwischen mit einer neuen Flasche Wein aus der Tür und so eilig als ihm möglich zu dem Gaste geeilt. Es dunkelt.

GEISLER. Wollen Sie reinkommen, meine Herrn, oder wollen Sie hier sitzen bleiben: dann bring' ich Licht.
Ein Hausknecht zündet die Wirtshauslaterne über der Tür an.
HEPPNER. Die geraten ja immer mehr außer Rand und Band.
GEISLER. D'r Herr Kaplan ist der tollste von allen.
Kaplan Posner, ein dreiunddreißigjähriger derber Bauernsohn, tritt aus der Wirtshaustür. Sein Gesicht ist vom Trinken gerötet.
POSNER, *unverhofft Griselda gegenüber.* Was Kuckuck, die tugendhafte Griselda vom Schlingelstein! Gott segne dich, du hübsche, du gottgefällige Bauernmagd! Du frisches Gewächs der schlesischen Berge! Warum gehst du denn immer zum alten Erzpriester beichten, mein flottes Kind?
DER GAST *ruft herüber.* Weil den jungen Saufkaplan doch heut oder morgen der Teufel holt.
POSNER. Ah, guten Abend, erlauchtigste[r] Bruder in Baccho Flips. Gut gesprochen! Vortrefflich gesprochen!
DER GAST. Ihr seid ja hier wieder mal eine höchst auserlesene Bruderschaft hier oben im Mühlwiesenkretscham vereinigt.
POSNER, *mit übermütigen Tanzbewegungen, gleichzeitig nach Tiroler Art mit den Fingern schnipsend.* Ja, ja, ja! Warum nicht? Die Ernte ist unter Dach gebracht! Es ist dies Jahr für drei Jahre Futter gewachsen! Komm, du blitzblanksauberer Teufelsracker von einem Mädel, und tanz mit mir.
Griselda faßt einen Entschluß, bindet ihr Tuchel fest, setzt den Ebereschenkorb von der Hucke, schnallt die Hucke auf und tritt dann zum Lehrer Heppner heran.
GRISELDA, *zu Heppner.* Sag'n Se's mein Vater, Herr Lehrer: ich gieh' heem. Dort liegen de Ebereschen, Herr Geisler: ich hole's Geld ieber acht Tage ab. *Sie eilt schnell die Straße hinauf, ab.*
DER GAST. Hat sie weit nach Hause?
HEPPNER. Gute zwei Stunden durch a Wald.
POSNER *ist an den Tisch getreten.* Also wir machen jetzt wieder unser Spielchen, Erlaucht?
DER GAST. Gott bewahre, ihr seid mir zu liederlich. *Leise zu Heppner.* Wo geht der Weg nach dem Schlingelstein?
POSNER.   Es blies ein Jäger wohl in sein Horn,
    und was er blies, das war verlorn!

DER GAST. Papperlapapp, ich hab' keine Zeit. *Er springt auf und eilt Griselda nach.*

HEPPNER. Lauf, lauf, du arme Griselda Emmerenz! *Er steigt ihr nach.*

POSNER. Sie kann einem leid tun. Wenn sie mich schon nicht will: den Teufel zum Beichtvater wünscht man doch seinen Feinden nicht.

[ZWEITE] SZENE

Ein großes Gemach im alten gräflichen Stammschlosse zu Sparre. Gegenwärtig sind: der Haushofmeister Dibiez des jetzigen regierenden Grafen Horst Sparre-Ditgenstein. Der Haushofmeister ist gegen vierzig Jahr alt und aufs sorgfältigste gekleidet und jünger gemacht. — Ferner der alte Graf Stanislaus Ruß von Rauschen, Bruder der verstorbenen Mutter des Grafen Horst, ebenso Gräfin Ruß von Rauschen, seine zweite Frau. Sie ist den Fünfzigen nahe und recht resolut. Er selbst ist hoch in den Siebzigen, sieht aber wie ein kerngesunder Sechziger aus. Ferner ist da: der junge Graf Wenzel Ruß von Rauschen, etwa achtundzwanzig Jahr alt, Sohn des alten Grafen aus erster Ehe, und Amalia von Lauchen, Stiftsfräulein und Gesellschafterin der Gräfin Ruß, etwa vierzig Jahr alt.
Wenige Tage nach der Szene vor dem Mühlwiesenkretscham. Um die Mittagszeit.

GRAF RUSS. Reden Sie ganz von der Leber weg, lieber Haushofmeister. Eigentlich ist mir ja die Lebensweise meines erlauchten Herrn Neffen längst bekannt. Ja, sie ist — leider, möchte man sagen — landkundig. Sie ist dermaßen publik, daß es einem alten, ungelenken Eisenfresser wie mir höllisch schwer wird, diese verfluchte Hydra zu entkräften, dieser tausendköpfigen Wahrheit immer wieder mit einer knüppeldicken, kernigen Lüge einen der frechen Schädel einzuschlagen. Immer weiter, weiter, Haushofmeister! Also, Sie sagen ...? Sie haben gesagt ...? Was sagen Sie? —

HAUSHOFMEISTER. Ich sage am liebsten nichts, denn es kommt einem hart an.

GRAF RUSS. Sie sagen also, daß mein erlauchter Neffe, Graf Horst Sparre-Ditgenstein, die ganze Woche hindurch meist abwesend ist und daß er, Ihrer Vermutung nach ...
HAUSHOFMEISTER. Das muß ich leider sagen, Herr Graf.
GRAF RUSS. Und daß er also ... Was müssen Sie sagen? ... Und daß er also ... Ihre weiße Krawatte sitzt schief, Haushofmeister! — Und daß er also die ganze Woche hindurch nicht zu Hause ist. Sie sagen, er ist in seinen Forsten. Sie sagen ...
HAUSHOFMEISTER. Ja, ich habe gesagt ...
GRAF RUSS. Sie haben gesagt, daß er öfters sogar mehrere Wochen lang nicht aufzufinden ist.
HAUSHOFMEISTER. Ja, ich darf die Versicherung abgeben, erlauchter Herr Graf, daß es für unsere eigene Dienerschaft, für unsere Oberförster und Förster kaum möglich wäre, ihn zu erkennen, wenn sie ihm just im Revier begegneten.
GRAF WENZEL, *lachend*. Das ist mir selbst mit dem Vetter mal auf der Jagd passiert.
GRAF RUSS. Sie haben gesagt ... — Wenzel, halt einmal jetzt deine überflüssigen Fragen zurück! Sie haben gesagt, mein lieber Haushofmeister Dibiez, es sei vorgekommen, daß Graf Horst Sparre-Ditgenstein einem seiner eigenen Unterförster unerkannt direkt als Wilddieb gegenübergetreten ist: zerlumpt, mit der Büchse in der Hand, ungewaschen und unrasiert. Sagen wir offen ... Wie sagen Sie? Wie dem Henker unter dem Galgen davongelaufen.
GRAF WENZEL. Das find' ich noch gar nicht mal so ganz dumm, Papa, bloß, daß es ein bißchen gefährlich ist, den Forstdienst auf diese Weise in eigener Person zu revidieren.
DAS STIFTSFRÄULEIN. Liebe Tante, sieh dir mal bitte diesen bezaubernden Flor von Astern unten im Garten an.
GRÄFIN RUSS. Sie deuteten also an, Haushofmeister ...
GRAF RUSS. Sie sagten, Sie haben also gesagt ...
GRÄFIN RUSS. Willst du nicht andere auch mal zu Wort kommen lassen, Stanislaus?
GRAF RUSS. Später. Erst will ich genau Bescheid wissen.
GRÄFIN RUSS. Auf diese Weise bekommst du schwerlich jemals genauen Bescheid.
GRAF RUSS, *unbeirrt*. Sie sagten, daß er eine Reihe wilder Kumpane ...
HAUSHOFMEISTER. Zeitweise, zeitweise nur, Herr Graf.

GRAF RUSS. Gut! ... zeitweise zur Gesellschaft hat. Dann trinkt er und spielt mit ihnen — zeitweise.
HAUSHOFMEISTER. Aber meistens lebt er für sich allein.
GRAF WENZEL. Ich sagte dir ja, Papa, ich hätte einige dieser Kumpane ... es kann im Mai dieses Jahres gewesen sein! — Ich glaube, es war in einem ziemlich versteckt gelegenen Wirtshaus ...
DER HAUSHOFMEISTER. ... dem sogenannten Mühlwiesenkretscham.
GRAF WENZEL. Ja also, freilich, im Mühlwiesenkretscham, da habe ich einige seiner Spießgesellen kennengelernt. Es ist sogar ein Kaplan darunter.
GRAF RUSS. Was das betrifft: das war dem Arzt am wenigsten merkwürdig. Und ich glaube, wir stimmen ihm bei, mein Kind, — *zur Gräfin* — daß hierin der liebenswürdige Zug einer gewissen Urbanität meines hochseligen Bruders wiederzufinden ist. Auch er verschmähte, wie oft auf der Jagd, eine ländliche Wirtshausbank, einen Knuppen derbes Hausbrot mit Kuhkäse und meinethalben auch hie und da eine Kuhmagd nicht.

[Andere Fassung des Textes von S. 1115, Zeile 8 bis S. 1117, Zeile 20]

SZENE

Ein großes Gemach in dem gräflichen Stammschlosse zu Sparre. Versammelt sind: die Markgräfin-Mutter, seit zwei Jahren verwitwet, Mutter des regierenden Markgrafen Horst Sparre-Ditgenstein, der Graf und die Gräfin Ruß, der junge Graf Ruß, die Äbtissin, eine Schwester der Markgräfin-Mutter, Professor Jahn, Schloßbibliothekar, von Liedel, Lehngutsbesitzer, ein Erzpriester, der Generaldirektor, der Haushofmeister, ein Dominikaner.
Diese Szene spielt zirka acht Wochen nach der ersten.

MARKGRÄFIN-MUTTER, *siebzig Jahr alt, unter einer Art Baldachin erhöht sitzend, zu einem Dominikanerbruder, der vor ihr steht.* Ihr habt also meinem erlauchten Sohn den Brief — den kummervollen Brief, sage ich: den Brief seiner kummervollen Mutter, wollte ich sagen! — richtig überantwortet, Bruder Dominikus?

DER MÖNCH. Ja.
MARKGRÄFIN-MUTTER. Wo fandet Ihr meinen Sohn?
DER MÖNCH, *nur der Markgräfin-Mutter und einigen nahe Stehenden hörbar, während die übrigen Anwesenden sich flüsternd unterhalten.* Ich beschloß, mich zunächst an jenen Herrn Kaplan, Kaplan Zapp, mit einer Anfrage zu wenden, dessen Leumund leider nicht überall ein gleich guter ist. Der Herr Kaplan sagte zu mir, Erlaucht, der regierende Graf ... oder besser, er sagte: er, der Kaplan, sei vor etwa fünf bis sechs Wochen das letzte Mal mit dem gnädigen Herrn in dem sogenannten Mühlwiesenkretscham zusammengetroffen, wüßte von ihm aber seitdem nichts. Er wies mich dagegen an einen Schulmeister, einen Mann, der im üblen Rufe steht ...
DER GENERALDIREKTOR. Es ist derselbe Schulmeister Heppner, Erlaucht, der dem hochseligen Herrn Markgrafen noch zuletzt bei den langwierigen Prozessen um die sogenannte Gemeindeaue der drei Ortschaften Radebruch, Buchhübel und Laurentiustal so arg viel zu schaffen gemacht hat. Er hetzt die Gebirgsleute gegen die Herrschaft auf, steift ihnen den Nacken zum Widerstand, ja borgt Geld, das er selbst nicht hat, damit sie gerissene Advokaten bezahlen können.
MARKGRÄFIN-MUTTER. Was erfuhrt Ihr also von diesem anrüchigen Schulmeister, Bruder Dominikus?
DER ERZPRIESTER. Ich habe von diesem Schulmeister, der ein Sektierer und heimlicher Feind unserer heiligen Kirche sein soll, auch schon mancherlei reden gehört.
MARKGRÄFIN-MUTTER. Was erfuhr[t] Ihr also von ihm über meinen Sohn?
DER MÖNCH. Eine böse und sonderbare Geschichte.
MARKGRÄFIN-MUTTER. Ich bin leider an böse und sonderbare Geschichten gewöhnt, die man von meinem Sohn erzählt: also scheut Euch nicht, Bruder Dominikus, alles wahrheitsgetreu zu berichten.

[II, 1–3]

[Versfassung]

[1]

ZWEITER AKT

Das Höfchen des alten Helmbrecht. Alles wie zu Beginn der Ereignisse. Mutter Helmbrecht, Vater Helmbrecht und Griselda arbeiten schweigend.

VATER HELMBRECHT
Und dabei bleib' ich, 's war ein Jagdhorn! Ich
bleibe dabei, 's ging übers Wickenfeld.
Es war die große Koppel Hunde, die
der lange Jäger Hubrich füttert und
die seit dem Tod des alten Grafen nicht
mehr in die Forst gekommen sind. Horch, Mutter:
Gebell! — Paß auf! Dort blitzt es rot im Wald.
Ich sage dir, 's ist niemand anders als
der junge Herr, der wieder Jagden reitet.
Es heißt ja, daß er sich verloben will.
Was fährst du denn zusammen, Mädel?

MUTTER HELMBRECHT
Die
erschrickt jetzt, wenn ein Blatt vom Baume fällt.

VATER HELMBRECHT
Da soll sie wohl im Herbste oft erschrecken.

MUTTER HELMBRECHT
Und doppelt, seit die Jagd im Forst rumort.
Griselda!

GRISELDA
Und? was hat's?

MUTTER HELMBRECHT
Ameisen! Nimm
mir die Ameisen ab, Griselda.

GRISELDA
Wo?

MUTTER HELMBRECHT
Zwischen den Schulterblättern überm Kreuz.

GRISELDA
Gleich, Mutter!

MUTTER HELMBRECHT
Ja, du sagst bloß immer: »Gleich«.
Wo hast du die Gedanken, Mädel, an
was denkst du jetzt denn immer, wenn du sprichst?

GRISELDA
Ich kann nicht zehnerlei auf einmal tun.
Ab in den Stall.

MUTTER HELMBRECHT
Hab du ein Auge auf das Mädel, Mann.

VATER HELMBRECHT
Hm!

MUTTER HELMBRECHT
Ja, mit deinem »Hm!« ist nichts getan.
Gott weiß, was da geschehen ist neulich, als
der gnädige Herr ihr auf die Wiese nachlief.

VATER HELMBRECHT
Wir werden's wissen in neun Monaten.

MUTTER HELMBRECHT
Nu, und was dann?

VATER HELMBRECHT
Du wirst Großmutter, und
wir haben einen Esser mehr im Haus.

MUTTER HELMBRECHT
Und das sagst du so ruhig?

VATER HELMBRECHT
I, das lernt sich.

MUTTER HELMBRECHT
Ist denn ein armer Mensch ganz rechtlos?

VATER HELMBRECHT
Freilich!

MUTTER HELMBRECHT
Wenn er dem Mädel aber mit Gewalt
was angetan hat.

VATER HELMBRECHT
I, nu freilich, der
wird sich wohl fürchten! Mach kein Wesens, duck dich.
Wenn Katzen auf dem Boden jungen, nu,
warum nicht unsre Tochter. — Halali!
was macht sich der draus, so ein Jäger? Gar nichts!

MUTTER HELMBRECHT
Wenn bloß das große Rad vom Wassermüller,
wenn du so sprichst, nicht noch ins Stocken kommt.

VATER HELMBRECHT
Was heißt das?

MUTTER HELMBRECHT
I, ich meine halt nichts andres,
als daß Griselda in den Mühlteich geht.

VATER HELMBRECHT
achselzuckend
Das will wohl manche, die's hernach hübsch sein läßt.
Griselda kommt wieder.
Griselda!

GRISELDA
Ja, was gibt's?

VATER HELMBRECHT
Hat dir der Herr
draußen im Busch was Böses angetan?

GRISELDA
einen Korb tragend, begibt sich zum Apfelbaum, sagt fast weinend vor Ingrimm
Treff' ich den Hund je wieder, reiß' ich ihm
hier mit dem Kälbermesser durch die Gurgel.

MUTTER HELMBRECHT
Bist du unsinnig, Mädel?

VATER HELMBRECHT
Laß sie doch!
Du wirst die Welt einrenken, freilich! du
wirst aufbegehren, das versteht sich! du
hast von dem letzten Mal noch nicht genug.
Auf der Straße hinter dem Gartenzaun erscheint das rote Feld. Damen und Herren sind abgesessen. Unter den Herren befinden sich die Grafen Ulrich, Eberhard und Heinz, unter den Damen die Baronin und Komteß Wiesengart.

GRAF HEINZ
So plötzlich, lieber Ulrich, müssen wir
absitzen? Doch der Platz ist gut gewählt
und meinem Appetit nach auch die Zeit
für ein solennes Picknick.

GRAF ULRICH
Fresser und
Säufer!

GRAF HEINZ
Ich danke für das Kompliment!
Bist du nicht hungrig und nicht durstig?

GRAF ULRICH
Nein,
ich bin ganz Auge! Sieh, wie rings der Herbst
in einem Meer von goldnen Flammen lodert,
der ganze Wald, jedweder Busch ein Brand.

GRAF EBERHARD
Die Jagd ist abgeblasen, meine Damen
und Herren?

GRAF HEINZ
Ja, Papa.

GRAF EBERHARD
Der Grund davon?

GRAF HEINZ
Ich weiß nicht.

GRAF EBERHARD
Ist Relais hierherbestellt?

GRAF HEINZ
Ich sehe eines armen Kätners Kuh
im Grasegarten, aber nirgend Pferde.
Hornsignale.

GRAF EBERHARD
Laßt ihr nur tüchtig rufen mit dem Hüfthorn,
das Feld ist weit verstreut.

DIE BARONIN
Was gibt es hier?
Warum wird denn das Jagen stillgestellt?

GRAF HEINZ
Fragt unseren Jagdherrn! 's ist kein Picknick, 's ist
auch nicht das festgesetzte Rendezvous.
Er kaut den Bart und hat uns, scheint's, vergessen.

GRAF EBERHARD
Was sieht er doch dort in dem Apfelbaum?

GRAF HEINZ
Mutmaßlich Äpfel.

DER BARON
's ist ein Apfeljahr.
Wir können heuer Schweine damit füttern.

DIE BARONIN
Wo bliebe unser bißchen Poesie,
wenn wir nicht Männer hätten, die sie pflegten?

GRAF EBERHARD
zu Ulrich
Ah! jetzt erst seh' ich, was den Blick Euch festbannt.

GRAF ULRICH
Ihr habt kein Sperberauge, lieber Onkel,
und würdet wenig Beute machen als
Stoßvogel.

GRAF EBERHARD
Welcher Habicht stößt
von unten statt von oben auf die Taube.

GRAF ULRICH
Es gibt dergleichen Habichte! — Holla!
Mädchen im Apfelbaum: wir wollen trinken!

GRAF HEINZ
Sie ist schwerhörig, wenn nicht taubstumm, oder
ich bin es.

GRAF EBERHARD
Hoffentlich bist du nicht blind,
mi fili, denn sonst müßt' ich dich bedauern.

DER BARON
Griselda, komm herunter.

GRAF ULRICH
Kennst du sie?

DER BARON
Hier ist des alten Helmbrechts Hube, und
dies ist das schönste Bauernkind der Grafschaft:
des Alten Tochter.

GRAF ULRICH
Kennst du sie wohl auch
am Ende, Heinz?

GRAF HEINZ
Bewahre Gott, ich bin
nicht für Milchmädchen, Erlaucht, Vetter, nein!

GRAF EBERHARD
Ein Bild von Bernardino Pinturicchio.

GRAF ULRICH
Reich uns doch einen Becher Wasser, Kind.

GRISELDA
Dort ist der Brunnen. Schöpft euch.

GRAF EBERHARD
Knapp und klar.

VATER HELMBRECHT
tritt an den Apfelbaum

Griselda, tu, was man von dir verlangt.
Steig auf der Stelle aus der Zwiesel runter.

GRAF EBERHARD
bricht in ein breites Gelächter aus. Die Jagdgesellschaft hat sich zahlreicher angefunden, stimmt ein und wird auf den Vorgang aufmerksam.

Klopf an den Stamm mit deinem Schaufelstiel,
Mistbäuerchen! Auf diese Weise bringt
man jedes Eichhorn vor den Flintenlauf.

GRAF ULRICH

Kommt, edlen Freunde, edle Freundinnen:
tretet heran! Ich brauche euch! Ihr sollt
Zeugen von etwas sein, das euch nichts angeht.

WIESENGART

Habt Ihr verstanden, was der Markgraf sagt?

DIE BARONIN

Ich wittre irgendeinen tollen Streich.

GRAF ULRICH

Du bist der alte Helmbrecht, der zu Lebzeit
meines erlauchten Vaters in Schönbuche
das Schwarzwild fütterte.

VATER HELMBRECHT

Jawohl, Herr Graf.

GRAF ULRICH

Ich habe Durst. Gebiete deiner Tochter
Griselda, daß sie einen Becher mir
mit einem frischen Wassertrunk kredenzt.

VATER HELMBRECHT
zu Griselda hinauf

Tu, was befohlen wird, und augenblicklich.

GRISELDA
Dort läuft die Rinne, und wer trinken will,
braucht bloß sein Maul dran halten!
Entrüstete Sensation unter der Jagdgesellschaft.

DER BARON
Weibsbild, du
hast Flöhe im Kopf! Soll man dir kommen und
mit Hundepeitschen dir vom Baume helfen?

GRISELDA
Nicht nötig.
Sie springt plötzlich und leicht vom Baume herunter und steht mit entschlossenem Ausdruck dicht vor dem Baron.
Nun? — Was wollt Ihr jetzt von mir?
Die Jagdgesellschaft hat einen lustigen Schrecken fingiert und ist unter Geschrei und Gelächter zurückgewichen.

GRAF EBERHARD
Baronin, Euer Mann ist in Gefahr.
Ich würde meine Frau bedauern, wenn ich
in seiner Lage wäre.

DER BARON
Was ich will?
Daß ich... daß du...

GRAF EBERHARD
...nicht dein Konzept vergißt!

GRAF ULRICH
Nun, Thekla, wie gefällt dir die Rivalin?

DIE BARONIN
Bis auf das Mundwerk gar nicht übel.

GRAF HEINZ
Nimm
sie doch zur Kammerjungfer.

DIE BARONIN
Ei, warum
nicht gar! Nimm du sie lieber gleich zur Frau.

GRAF ULRICH
vertritt Griselden den Weg, die sich, an der Linken den Korb voll Äpfel, in der Rechten etwas, das sie verbirgt, ruhigen Schrittes entfernen will
Griselda, weiß[t] du schon? ich muß ins Joch
der Ehe kriechen.

GRISELDA
Und ich hab' ein Messer hier
in meiner Hand! —

DIE BARONIN
Er ist von Sinnen.

WIESENGART
Er
erzählt... Was spricht er mit der Bauernmagd?

ERSTE DAME
Er kennt sie, scheint's, er macht ihr Konfidenzen.

GRAF ULRICH
Griselda.

DER BARON
Herr, gebt acht!

GRISELDA
Fünf Schritt vom Leib.

ZWEITE DAME
Will sich der Markgraf mit dem Mädchen balgen?

DRITTE DAME
Es hat wahrhaftig fast den Anschein. Still.

GRAF ULRICH
Wem unter euch, ihr jungen Herren, es
gelingt, ihr einen Kuß zu rauben, dem
verschreibe ich Schönbuche, mein Allod.

ERSTER HERR
Schönbuche, wäre nicht die Dirne, könnte
mich reizen.

ZWEITER HERR
Laßt sie gut abseifen und
bleichen und an Wäscheleinen hängen, und
wir wollen von Schönbuche weitersprechen.

GRISELDA
fast weinend vor Wut und Beschämung
Laßt mich in Ruh', Herr, tretet aus dem Weg.

DRITTER HERR
Schönbuche, Erlaucht? Platz da: ich versuch's.

GRAF EBERHARD
Das junge Volk ist heutzutag von Holz.
Ich wage für den Kuß allein mein Leben.

GRAF ULRICH
Gut! Doch sie hat in ihrer Hand
ein spitzes Messer, und das wird sie brauchen.

DRITTER HERR
rennt Griselda an. Sie haut nach ihm mit dem Messer. Er biegt aus zur Not und weicht zurück
Hoho!

GRAF EBERHARD
nachdem das Gelächter der Gesellschaft vorüber ist, zu dem Abgewiesenen
Ihr habt von Glück zu sagen, Freund. Doch jetzt —
sie weint, Erlaucht! — laßt es genug sein.

GRAF ULRICH
Weine nicht, weine nicht, schönes Mägdelein,
ich will dir alles bezahlen.
Ich will dir geben den Reitknecht mein,
dazu dreihundert Taler.
Halt, lieber Onkel: jetzt nur noch ein Wort.
Ich schenke dir Schönbuche, mein
Vorwerk, Griselda.

GRISELDA
Und ich habe Euch
nicht drum gebeten.

GRAF ULRICH
Freunde, merkt ihr nun,
aus welchem Stoffe dieses Weib gemacht ist?
Es ist der Stoff für eine Markgräfin.

DIE BARONIN
nachdem der Heiterkeitsausbruch der Jagdgesellschaft vorüber ist
Zuweilen habt Ihr doch Einfälle, Erlaucht,
die unbezahlbar sind.

GRAF ULRICH
Das denk' ich auch.
Zum Beispiel, was sagt Ihr zu diesem Einfall:
ein Markgraf tritt vor eine Bauernmagd
und sagt zu ihr ganz einfach: Sei mein Weib.

DIE BARONIN
Sagt er's im Scherz, so ist der Einfall harmlos,
sagt er's im Ernst, so ist der Einfall schlecht.

GRAF ULRICH
Mag sie Euch denn erklären, wie sie's auffaßt.

GRISELDA
Was hab' ich Euch getan, Herr? Laßt mich los.

GRAF ULRICH
Du siehst verändert aus, Griselda, bist
du krank?

VATER HELMBRECHT
Sie hat was aufgelesen, was sie nicht
gesucht hat, Herr. Wenn alles gutgeht, könnt
Ihr nächste Pfingsten zu Gevattern stehn.

GRAF ULRICH
Griselda, rede, sieh mich an und sprich.
Ich weiß von einem Kinde: dieses Kind
traf ich vor sieben Jahren einst im Wald.
Da trat es aus dem Busch im roten Kopftuch: und
am Arm ein Körbchen Pilze, trotzte es
mich mit zwei feindlich heißen Augen an.
Kennst du das Kind?

GRISELDA
Laßt mich in Frieden! Nein!

GRAF ULRICH
Nun denn, ich weiß von einem Weibe, das
ich dazu machte, dessen Trotz ich brach:
ich bin gekommen, dieses Weib zu suchen.

GRISELDA
Ihr seid gekommen, mich zu foltern. Ich
weiß nichts von Euch und kenn' Euch nicht.

GRAF ULRICH
Willst du
mein Weib sein?

GRISELDA
Nein.

DIE BARONIN
Er redet irre.

GRAF ULRICH
der die Äußerung der Baronin aufgefangen hat
So! Red' ich irre? Also will ich nun
sprechen, wie man mit Weibern sprechen muß:
klar! nüchtern! deutlich! ohne Federlesens.
Ein Mann, der nicht den Abdruck seiner Braut
in einem Haufen Korns gemacht hat, ist
kein Mann und keines rechten Weibes wert.
Ein echtes Edelweib verlangt Gewalt,
hab' ich nicht recht?
Er hebt Griselda hoch und schüttelt ihr das Messer aus der Hand.
Ergibst du dich, Griselda?

GRISELDA
Nein! Laßt mich, sag' ich! Laßt mich! Laßt mich los!

GRAF ULRICH
Ergibst du dich auf Tod und Leben?

GRISELDA
Nein.

DIE BARONIN
Dies ist ein Wahnsinnsausbruch. Helft dem Mädchen.

GRAF ULRICH
Ergibst du dich mir?

GRISELDA
Niemals! Laß mich frei.

GRAF ULRICH
Frei warst du: doch jetzt bist du mir Leibeigene.

VATER HELMBRECHT
mit Entschluß

Herr, Ihr treibt Dinge, die Gott strafen wird.
Wir sind auch Menschen! und wär's nicht so, Gott
sieht auch das Unrecht, was dem Tier geschieht.

GRAF HEINZ
Ulrich, was tust du? Laß! Sie wird ohnmächtig.

GRAF ULRICH
Sie ist nicht mein, solange sie's nicht ist.

GRAF EBERHARD
Halt! Spar dir deinen Zorn, Mistbäuerchen,
dies ist ein ander Ding, als du zu sehen meinst.
Es kann geschehen im Handumdrehn, bevor
du den Dreschflegel aufhebst, daß dein Sperling
zu einem weißen Schwan geworden ist
und deine Tochter Gräfin von Saluzza.

GRAF ULRICH
Griselda, willst du mich zum Manne?

GRISELDA
fast ohnmächtig

Nein.

GRAF ULRICH
Die Jagd ist aus, ihr Damen und Herren, und
das beste Wild in meinem Forst erlegt.
Ihr habt das Recht, zu spotten und zu kichern,
und ich, mir anzutrauen, wen ich will.
Er drückt Griselden einen Kuß auf den Mund.

[2]
ZWEITER AKT

VERWANDLUNG

Bibliothek im Schloß.

GRÄFIN EBERHARD

Mir ist's nicht heimlich hier im Schloß. Man hört
zu viele geisterhafte Laute, hört
zuweilen eine barsche Stimme und
immer den gleichen ruhelosen Schritt,
wie eines Verdammten, Gott verzeih' mir's! doch
es ist nicht anders, und mich gruselt's. Wenn
die Herren doch nur endlich kommen wollten!

HAUSHOFMEISTER

Ich habe ihnen einen Reitenden
entgegengeschickt und habe bitten lassen,
die Einfahrt lieber durchs Cäcilientor
als durchs Graf-Burckarts-Tor zu nehmen.

GRÄFIN EBERHARD

Sind
es Diebe, daß sie sich einschleichen müßten?

HAUSHOFMEISTER

Gewiß nicht, Exzellenz! Allein, es bleibt
geraten, daß wir uns behutsam halten:
gefährlich, schwer zu stillen ist sein Zorn!

GRÄFIN EBERHARD

O Bester, Ihr seid zu beneiden. Nie
hat jemand einem kuriosren Herrn
gedient! und einem so gefährlichen.
Wenn Ihr jemals in Not geratet, mögt
Ihr dreist als Wundertier ihn produzieren!
Nein, ich begreife meinen Neffen nicht!
nicht sein Betragen, eh er sich vermählte,
nicht seine Wahl... kurzum, nicht, was er war,
noch, was er wurde, geht mir in den Kopf.
   Graf Eberhard und Heinz kommen.
Mir fällt ein Stein vom Herzen, nun ihr daseid!

GRAF EBERHARD
Wie geht's der Gräfin? keine Änderung?

GRÄFIN EBERHARD
Thekla ist bei ihr. Nein! sonst wüßt' ich nichts.

GRAF HEINZ
Wir dachten schon, es wäre höchste Zeit,
Mama.

GRAF EBERHARD
Potz Kuckuck, ja, es hoben sich
wohl gut dreiviertel Dutzend Störche aus
dem Röhricht, als wir durch die Mühlen fuhren.
Wie auf Kommando stiegen allesamt
und schwenkten in der Richtung nach der Schloßuhr.
Es kam uns vor, sie hätten Zeit versäumt
und wollten durch den Augenschein am Zeiger
feststellen, wieviel, um sie noch einzuholen.
Nun klappern sie wie rasend um den Schloßturm.
Doch apropos, aus welchem Grunde haben
wir über die verfaulte Brücke müssen
mit unsren desperaten Juckern?

GRAF HEINZ
Und
aussteigen mußten wir im Entenhof!

HAUSHOFMEISTER
Wem sollte dies mehr peinlich sein als mir.
Allein, ich handle notgedrungen. Wenn
ich es erzählen sollte, wieviel Mühe
es mich gekostet hat, die Wärterin,
die Amme und den Arzt hereinzuschmuggeln,
Ihr würdet glauben, daß ich flunkere.
Seit Tagen promeniert der Markgraf — und
fast stündlich — in der langen Galerie,
wobei die Rampe und das Hauptportal
ihm unter Augen liegt, wie Euch bekannt ist.
Und immer, wenn ein Wagen vorfährt — kein
Besuch wird angenommen, wie Ihr wißt! —,
kommt etwas wie ein Anfall über ihn.

GRAF EBERHARD

Ich höre also, daß der Arzt im Schloß ist,
Amme und Wärterin, und kann nur hoffen,
daß Gott uns bald den strammen Prinzen eintut.
Dann sollt Ihr sehn, wie unser Markgraf sich
die Motten aus dem Pelze schütteln wird.

DER SCHLOSSPROPST

Seid Ihr denn sicher, daß der Markgraf den
Stammhalter so ersehnt?

GRAF EBERHARD

       Des bin ich sicher.
Wär' ich mir des Stammhalters ebenso
sicher, mein allerliebster Schloßpropst!

SCHLOSSPROPST

                  Oh,
es sind deswegen schon sehr viele Tränen
geflossen.

GRAF EBERHARD

    Wie? weswegen, sagt Ihr, sind
Tränen geflossen?

SCHLOSSPROPST

        Weil der Markgraf Ulrich,
so scheint es, keinen Leibeserben will.

GRAF EBERHARD

Erklärt Euch näher, Propst, denn bis dahin
erscheint mir, was Ihr vorbringt, unbegreiflich.
Wie, jemand täte diesen Schritt: er nimmt
ein Weib! Er ist ein Ehefeind und nimmt
trotzdem ein Weib, um Erben zu bekommen.
Und nun die Gattin hohen Leibes ist
und Weib und Mann ihr Werk beinahe ganz
vollendet haben... jetzt verkehrt er sich
und haßt womöglich seiner Mühen Frucht?
Undenkbar, Propst! es wäre denn vielleicht,
daß Skrupel, der Unebenbürtigkeit
halb, trotz der kaiserlichen Sanktion,
ihm doch post festum noch gekommen wären!? —
was — Gott bewahre! — ich nicht wünschen will!

DER PROPST
Um dessentwillen darf man ruhig sein,
Herr Graf. Griselda, unsre Herrin, wird
mit einer großen Seelenglut geliebt,
und die Gesinnung unsres Herren ist
in diesem Punkt unwandelbar. Allein...

GRAF EBERHARD
Und da macht Ihr mir weis, er sei dem Erben
im vorhinein nur gramgesinnt? Und nicht
bereit, ihn auf den Händen hochzuheben?
voll Dankbarkeit, den künft'gen Standesherrn?
Deshalb bestellt die Musikanten nur
getrost, mein lieber Hausmarschall: es braucht
deshalb kein Ständchen schweigen, nein! wahrhaftig.

GRÄFIN EBERHARD
Er ist ein Unhold!

[3]
VIERTE SZENE

Eine Gegend im Schloßpark.
Drei robuste Weiber. Später einige Herren.

ERSTE DAME
Er spielt die Syrinx schmachtend wie ein Schäfer.
Wer hätte das je glauben sollen?

ZWEITE DAME
Kein
unzartes Wort entschlüpft ihm.

DRITTE DAME
Unter uns
sind einige, die voll versteckter Wut
mit ihm die Blicke kreuzen möchten; doch
er lächelt nur und bleibt ganz heiter.

ERSTE DAME
Ja,
heiter und furchtlos, was mich wundernimmt.

ZWEITE DAME
Denn da sind Stirnen, die er fürchtete,
um derentwillen, wie die Wissenden
sich in die Ohren raunten, ihn die Angst
in Klammern hielt und ihn zurückhielt von
dem Schritt, der jetzt geschehn ist, der Vermählung.

DRITTE DAME
Er hat viel auf dem Kerbholz.

ERSTE DAME
Teufel, ja!
doch hat er mancher manches heimgezahlt.

ZWEITE DAME
Ja, und das redlich!

DRITTE DAME
Und das tüchtig.

ERSTE DAME
Ja,
gehörig: und er hat die Dreistigkeit,
den ganzen Rest der Rechnung zu durchstreichen!
Es bleibt ein Rätsel, wie die Bauernmagd
dies Unerhörte hat durchsetzen können:
daß sie jetzt Gräfin von Saluzza ist
und er, der ungezähmte Brunfthirsch, ein
Brunfthase höchstens noch! erklärt mir das!

ZWEITE DAME
Ja, Gott, die Männer schwören, daß sie schön sei.

DRITTE DAME
Sie ist wahrhaftig nicht so übel, sie
hat — nun, wie sag' ich? — rustikalen Reiz.

ERSTER HERR
tritt hinzu
Sie hat den höchsten Liebreiz, gnädige Gräfin...

DRITTE DAME
...den man von einer Kuh verlangen kann.

ERSTER HERR
Oh, Ihr seid furchtbar grausam!

DRITTE DAME
Meint Ihr?

ERSTER HERR
Ja!
und werdet damit weniger Herzen fangen,
als sie, die Gräfin, schon erobert hat.

ERSTE DAME
's ist wahr, sie ist gutartig.

DRITTE DAME
Nun, die Kuh
ist meines Wissens kein bösartiges Tier.

ERSTER HERR
Das nicht. Doch nehmt dies nicht als Axiom.
Boopis war so klug als wehrhaft, Gräfin.
*Griselda, reich, Damenhut, sommerlich; Marquis Garoffalo,
Graf Ulrich, viele Damen und Herren, darunter: Baronin,
Gräfin Eberhard, Graf Eberhard, Graf Heinz, Baron.*

GRISELDA
Ich werde manches lernen müssen, Herr
Marquis!
Sie streckt Ulrich die Hand hin.

GAROFFALO
Was wollen Sie: ich lerne und
werde nicht jünger! und Sie wissen mehr
von alledem, was Schönheit ist, als ich.
Sie sind sehr gnädig, sich herabzulassen.

GRAF ULRICH
der Griselden die dargereichte Hand geküßt hat
Sie ist sehr töricht... Seht, sie hat den Blick
immer voll Tränen. Dieser Flitterstaat
rührt sie, der nur um ihretwillen uns
ein wenig Wert gewinnt.

GRISELDA
Nein, dies ist herrlich,
du Liebster! und Gott gebe, daß du nicht
blind bist und diese Herrlichkeit nicht siehst.
Man glaubt durchs Paradies sich zu bewegen.

GRAF ULRICH
Ein Paradies ist es allein durch dich,
Geliebteste: Mit deinem Blick gesehen,
ist dies, ich geb' es zu, ein Paradies.
Doch ohne dich —? Ein kahler Bauerntisch,
gescheuert oder nicht, ist mir sonst lieber
als dieser bunte Kreis voll Schlangen, die
plappern und klappern — und wovon? — von nichts!

DRITTE DAME
Ihr sagt wie stets die Wahrheit, Erlaucht. Doch
Wahrheit ist nie ganz rein, nie unvermischt
mit Irrtum! denn wovon wir heute klappern
und plappern, ist so wenig nichts, als je
die hohe Schönheit eines Weibes nichts war.

GRAF ULRICH
Wohl euch, wenn ihr dies Thema würdigt und,
statt Gift zu spritzen, euch durch reines Lob
purgiert! Wie wollt ihr sonst euch retten vor
dem überlegnen Glanz, der auf euch einbricht,
der unter eurem niedren Strohdach sich
verbreitet und euch ängstet!

ZWEITE DAME
Ja, wir sind
geängstet, und wir retten uns durch Lob,
Erlaucht. Nehmt meine Huldigung, Frau Gräfin.

GRISELDA
Mir ist, als ob ich träumte, Liebster! wie,
ist so viel Güte wirklich in der Welt,
als ihr mir antut? Seltsam! wunderlich!
Mir ist, als sei ich eine Pflanze und
ich stünde unterm Frühlingsregen! Wenn
nur jetzt kein Schnitter kommt und mich hinwegnimmt!

Doch nein, dies ist hier nicht die harte Welt,
die ich gewohnt war. Es ist eine andre,
die keiner rauhen Schnitterfaust bedarf.
Sie macht ganz wehrlos. Meine beiden Füße,
ihr werten Herrn und Damen, stehen nicht...
brauchen nicht stehen! sie schweben! Dieser Arm
kann nichts mehr heben, hebt nichts, ist ein Nichts!
Hab' ich denn Arme? — Sieh, mir ist, ich sah
bis heut noch niemals einen Wiesenplan
mit Blumen. Es gibt Blumen, Liebster! Ich
weiß es. Ich hab' es früher nicht gewußt —
und goldne Bäume. Sieh, wie dort das Gold
aus einem goldnen Wölkchen niedertropft
vom leisen Luftzug. Dieser fremde Boden
in deinem Garten streut Reichtümer...

GRAF ULRICH

's ist
ein Eschenbaum! ein schönrer, Liebste, steht,
uralt schon, hinter deines Vaters Scheune.

GRISELDA
lacht
Ist's möglich? Helf' mir Gott, ich sah ihn nie!

ERSTE DAME
zur zweiten Dame
Das arme Ding, sie schwebt im siebenten
Himmel!

VIERTE DAME
Man sollte beinah meinen! doch
wer weiß: sie bringt es etwa fertig, sie
tut so unwissend, als sie wirklich ist!?

ZWEITE DAME
Dies war wohl das Rezept, das bei ihm anschlug.

DRITTE DAME
Ob sie ein Schaf von einer Ziege wohl
noch unterscheidet?

ZWEITE DAME
Den Handfeger vom

Stallbesen? Ruft den Gärtnerburschen her,
er soll ihr seinen Rechen zeigen oder
sein Grabscheit und sie fragen, was es vorstellt.

GRAF ULRICH
tritt gelassen vor die schandmaulende Gruppe
Ich lach' euch in die Zähne! —
Er tut es.

DRITTE DAME
Oh, Erlaucht,
Ihr freilich habt gut lachen, aber wir?
He, hübscher Gärtnerbursch, komm doch herüber!
Ihr blickt mich fragend an. Nun, überlegt doch!
Ihr macht uns brotlos, Ihr entzieht uns auch
noch überdies das Fleisch. Was bleibt uns übrig?
Wir müssen graben lernen mit dem Grabscheit,
Korn säen, schneiden, binden, müssen uns
an Bauernbursche klammern, so weit ist es!

GRAF ULRICH
Dies alles tut, und so ist Hoffnung, daß
ihr wieder Menschen werdet.
Er läßt die Gruppe stehen.

DRITTE DAME
Holla! Bursch!

ERSTE DAME
Man könnte seine neuste Krankheit gut
Heufieber nennen, meine Damen.

ZWEITE DAME
Auch
wohl falsche Unschuldsengel-Liebesstaupe!

DRITTE DAME
Tritt her! lehr uns den Spaten führen, Bursch.
*Erste, zweite, dritte, vierte Dame umringen den Gärtner-
burschen und belustigen sich mit Grabeübungen, erst ver-
schwiegen, nach und nach lauter werdend.*
*Um Griselda ist eine zahlreiche Gruppe von Herren, weniger
Damen.*

BARONIN

Du holde Heilige ohne Arme, hier!
nimm dieses Tuch um deine Schultern, denn
es weht auf einmal kühl, ein kühler Wind.

GRAF ULRICH

Wir wollen einen Reigen tanzen, kommt.
Wir wollen Sommers Abschied tanzen, Freunde.
*Eine Anzahl Herren und Damen bilden einen Reigen, ohne
erste, zweite, dritte, vierte Dame.*

DRITTE DAME

Seht doch den Reigentänzer! ist er nicht
beinah so zierlich, als er früher roh war?
Eine Gruppe junger Edelleute.

ERSTER EDELMANN

Sie ist das schönste Weib des Kaiserreichs,
ich schwör's!

ZWEITER EDELMANN

Nur schade, sie versteckt die Hände.

ERSTER EDELMANN

Sie hat die Linke in die rechte Hand
des Gatten gelegt, die Rechte in die Linke
des andren Nachbars, der im Reigen geht.

ZWEITER EDELMANN

Und halten das die beiden Nachbarn aus?

DRITTER EDELMANN

Was wollt Ihr damit sagen?

ZWEITER EDELMANN

Weiter nichts,
als daß sie Hände wie Reibeisen hat.

DRITTER EDELMANN

Ihr könnt nicht unsre Herrin meinen. Wenn
Ihr unsre Herrin wirklich meinen solltet,
so wär's für Euch und mich verhängnisvoll.

ERSTER EDELMANN
Ein jeder Lästerer muß mir vor die Klinge.

GRAF ULRICH
im Reigen, laut

Musik!

DRITTE DAME
ruft hinüber

Erlaucht, hört doch die Grillen. Nach
dem Takt der Grillen ist gut tanzen, denk' ich.

GRAF ULRICH
Nein, diese sind zu klein, Frau Gräfin.

DRITTE DAME
Oh,
es gibt auch große Grillen!

GRAF ULRICH
Freilich, und
Ihr sollt nun nach der Geige einer solchen
sehr großen Grille tanzen, mit Verlaub!

DRITTE DAME
Die größte Grille, die ich je gefunden,
fand ich im Rocke einer Bäuerin.

GRAF ULRICH
Die kleinste, der ich jemals nachlief, saß
in Eurem Unterrock.

GRISELDA
Was sagst du?

GRAF ULRICH
Nichts!

ZWEITE DAME
Ein jeglicher Gedanke Eures Herrn
Gemahls hat eine, stets nur eine Spitze.
Sie trifft sehr sicher, doch verwundet nicht.
Seid unbesorgt, das Spiel ist harmlos. Hat
der Knapp' ein Roß, geht's auch ans Ringelspiel.

GRISELDA
einfach
Ermeßt, Frau Gräfin, ob ich wünschen muß,
die Worte, die Ihr aussprecht, zu begreifen,
und hoffentlich vermag ich's mit der Zeit!
Doch jetzt bin ich ganz wirr und kann nichts fassen.
Allgemeines Gelächter.
Sag mir, warum sie lachen, Liebster!

ERSTE DAME
Wir
lachen, Frau Gräfin, weil heut Festtag ist
und Ihr uns heller als die Sonne leuchtet.

GRISELDA
Ja, Ihr habt recht, es ist ein seliger Tag.

GRAF ULRICH
Und darauf setz' ich mein Insiegel, ihr
Damen und Herren. Selig ist der Tag,
der mich als Ziel von tausend Pfeilen aufstellt
und mich dawider unverwundbar macht.
Hört zu, laßt mich ganz offen sein: ich habe
euch alle schwer beleidigt! das ist wahr.
Doch nicht absichtlich: Gott mag mir's bezeugen!
Ich hätte lachend sterben können, aber keine
von euch heiraten, auch mit Weinen nicht!
Ihr wart zu gut für mich!

PETER BRAUER

Editorische Bemerkung

Am 23. September 1942 verfaßte Hauptmann auf die Bitte von Paul Rose für dessen Inszenierung des »Peter Brauer« (Premiere 9. November 1942) einen »Neuen Schluß«, der im folgenden zum Abdruck gelangt.

[I]: Text anstelle von Centenar-Ausgabe Bd. II, S. 727, Zeile 19—21.

[II]: Text anstelle von Centenar-Ausgabe Bd. II, S. 729, Zeile 8—12.

Agnetendorf, am 23. 9. 1942.

[I]

[Text anstelle von Centenar-Ausgabe Band II, S. 727, Zeile 19—21]

Noch ein kleines Couvert hätte ich abzugeben. *Er tut es dann schnell.*
Peter Brauer steht wie vor den Kopf geschlagen und blickt dem Rittmeister nach. Das Couvert hält er gedankenlos in der Hand. Es fällt auf die Erde.

[II]

[Text anstelle von Centenar-Ausgabe Band II, S. 729, Zeile 8—12]

PETER BRAUER *wird von Weinen geschüttelt.* Keine Angst, guter Junge!
ERWIN. Hier liegt ja ein Brief auf der Erde, Papa.
PETER BRAUER. Brief auf der Erde, Erwin? Wo?
ERWIN *hat den Brief aufgehoben, liest die Adresse.* Herrn Professor Peter Brauer! — An dich adressiert.
PETER BRAUER *wischt die Augen.* Was soll das Getröpfel? Weg damit!
ERWIN. Hier ist ein Brief. So hör doch, Papa! Sag doch: willst du, daß ich ihn aufmache?
PETER BRAUER. Hinten, vorn, oben, unten, auf und zu! Ist mir alles ganz Wurscht, guter Erwin. Ich werde mich doch nicht anstellen, als wäre mir das miserable Leben erst seit heute bekannt. »Brust raus, Kopf hoch«, pflegte mein seliger Vater täglich einmal zu mir zu sagen. Also: Brust raus! Kopf hoch! Was steckt also in dem Wisch, Erwin?
ERWIN. Willst du ihn denn nicht selber aufmachen?
PETER BRAUER. Mach, was du willst. Ich bin nicht neugierig: die schäbige Trinkgelderwirtschaft kenne ich.
ERWIN *hat den Brief geöffnet und einen Tausendmarkschein herausgezogen.* Hier ist ein Tausendmarkschein, Papa!

PETER BRAUER. Ich höre ja nichts auf das rechte Ohr — schrei mir's noch einmal in das linke.
ERWIN. Hier ist der Schein, du brauchst ihn bloß ansehen.
PETER BRAUER *faßt den Schein mit zwei Fingern an einem Zipfel.* Mensch, einen solchen Fetzen Papier habe ich seit dreißig Jahren nicht in der Hand gehabt! Die Naturgeschichte treibt ja bei Gott ihren Spaß mit mir.
ERWIN. Das ist ein Glücksfall sondergleichen!
PETER BRAUER. Erwin, wieder einmal mein nie versagender guter Genius. So ist es auch bei dem großen Rembrandt gewesen: die Hilfe kam immer im letzten Augenblick. Nun: ich mache drei Kreuze. *Er tut es über dem Schein und steckt ihn in seine Brieftasche.* Und jetzt — der Wink war deutlich genug — keine Müdigkeit vorschützen! Schätzen kunstfremde Leute Peter Brauers Palette nicht, so wird er kunstverständige finden. Ich denke, Erwin, du gehst jetzt nicht fort!
ERWIN. Gewiß nicht, ich bleibe bei dir, Vater.
PETER BRAUER. Wir gehen zunächst in das allerliebste, kleine Gasthaus Zur Forelle hinüber. Dort bleiben wir heute Nacht. Und morgen: vorwärts hinein in die Welt! Wir lassen uns nicht in den Winkel drücken. Wir sind zwei fidele Malersleut'. Übrigens muß ich dir etwas mitteilen, was an ein Wunder streift: seit ich das Stück Papier auf der Brust trage, ist mein Katarrh und mein Rheumatismus weg! Eine wohlige, kräftige Wärme durchrinnt meine Glieder. Nur etwas, Erwin, befremdet mich: ich habe einen riesigen Durst!

DIE RATTEN

Editorische Bemerkung

Die nachfolgend abgedruckten Paralipomena zu »Die Ratten« entstanden 1909 und 1910.

[I, 1—2]: Der unvollständige 3. Akt einer nur fragmentarisch erhaltenen frühesten Fassung und ein späteres Bruchstück desselben Aktes.

[II, 1 a. b]: Eine vermutlich unvollständige Fassung sowie der Schluß einer weiteren fragmentarischen Fassung des 5. Aktes.

[II, 2]: Eine der endgültigen Textgestalt des 5. Aktes unmittelbar voraufgehende Fassung, die unter dem Titel »Der Storch beim Maskenverleiher. Berliner Tragikomödie« überliefert ist.

[I, 1—2]

[1]
[DRITTER AKT]

[ERSTE SZENE]
[Beginn der Szene nicht überliefert.]

[FRAU JOHN.] Jesichte is? weil et nich mal jenug Zuckerwasser zu trinken kriecht, un wenn det se mit de Pennbrieder von de Straße kommt, aus de Schnapspulle, det et nich schreit, jestillt, det ihm Heeren un Sehen verjeht? Siehste, wat det is, det weeß ick nich! det hätte man unser Herrjott janz jeruhig meegen oben im Himmel behalten.
WALPURGA. Jetzt seh' ich's ja, freilich, Mutter John. Ich wußte's ja nicht.
FRAU JOHN, *mit ihrem Kindchen dalbernd.* Det, wo sauberken is, det, wo mit det kleene Mäuliken Lacheken macht, siehste, det Pauliken, siehste, det Justavken, det, wo Papa un Mama un Mama un Papa — Jotte doch, wie det Fläschken jut schmeckt! —, un Papa un Mama ooch von Freude hat.
WALPURGA. Woher haben Sie denn den Soxhlet-Apparat, Frau John?
FRAU JOHN. Aus det Fläschken hier, wo det von strammen Mauerpolier sein strammet Jungeken draus jetrunken hat, hat frieher ... wat for'n Freilein jetrunken?
WALPURGA. Ich weiß nicht.
FRAU JOHN. Sieh dir im Spiegel, kleener Aff'.
WALPURGA. Ach so, es ist unser Milchapparat, Frau John?
FRAU JOHN. Wenn det du uff Affe heeren dust, wird's woll so sind! — Sage man, Mächen, haste verjessen, det Papa heut mit die Theaterherrn Stunde hat?
WALPURGA. Gott, aber wenn Mama mir ausdrücklich gesagt hat, daß ich bei Ihnen warten soll.
FRAU JOHN. Ick dachte man, weil det det neulich oben in't Magazin so jroßes Angst-und-Bange-Jehabe vor Papan jewesen is.
WALPURGA. — Na ja, was sollte Papa denn denken? — Und dann...
FRAU JOHN. Was denn »un dann«? Da is janischt »un dann«!

Erscht haste dir wollt mit den ieberjesch[n]appten Dr. Quidde haste dir wollten injelassen, »un dann« haste uff eemal Angst jekriecht.

WALPURGA. Frau John, wenn Sie das sagen, kriegen Sie's wirklich mit mir zu tun. Erstens ist Dr. Quidde nicht übergeschnappt! und zweitens, was heißt das: sich mit ihm einlassen? Solche Redensarten passen mir nicht.

FRAU JOHN. Na denn heßte nicht sollen... denn weeß ick nich, wo eemal jutet Jewissen is ... warum hätt'st du denn vor Himmelsangst uff'n Oberboden bei lichten Dage Jespenster jesehn?

WALPURGA. Frau John, ich schwöre — was dort oben gewesen ist, weiß ich nicht! —, aber es ist etwas oben geschehen. Ich habe gezittert! Und wenn es bis heut nicht rausgekommen ist — ich träume davon! Sie können mich auslachen! —, aber ich glaube noch heut, daß dort oben zwischen den Kleiderkisten wirklich ein Mord geschehen ist.

FRAU JOHN. Na, und was sagt denn der olle Herr Inschpicknent oder Inschpeckter, oder wie er heeßen dut, was der Herr Linneck is un jetzt wieder seit acht Dage die ollen jefärbten Lumpen durchkloppen dut? Hat er denn ooch Jespenster jesehn? oder womeeglich in eene Kiste womeeglich 'n doten Leichnam entdeckt?

WALPURGA. Sie werden sehen! — Reden Sie bloß nicht so schreckliche Sachen, Frau John.

FRAU JOHN. Un wenn det Se an Dotschlag un so wat jedacht haben, warum haben Se denn nich Papan, wo doch for Mördern ooch nich mit dicke Rhinozeroshaut ieberzogen is ... warum haste denn dem nich von affischiert?

WALPURGA. Sagen Sie, was Sie wollen, ich lass' mir's nicht ausreden.

FRAU JOHN. Meintwegen kennen det Fledermäuse jewesen sind, die kannste sehn zu Sticker dreißig, vierzig uff eemal am Balken hängen.

WALPURGA. Mich bringen Sie nicht für tausend Taler jemals wieder auf den Oberboden, Frau John. Nicht mal mehr, wenn Papa oben ist, in die unteren Kammern hinein.

FRAU JOHN. Es kann ooch'n Uhu sin jewesen.

WALPURGA. Das ist aber doch unmöglich, daß hier in der Alexanderstraße Eulen sind.

FRAU JOHN. Nu will ick dir mal wat sachen, Kindetken: sprich man von, denn kannste, denn haste den Polizeikommissar, denn kommt der Schutzmann zu Papan ... denn kriechste Termin, denn kriechste Jericht un ick weeß nich wat for'n Jeschichten iebern Hals! Un denn muß ick allens Papan un Maman sachen, ooch von die Briefeken, die durch Mutter John, wo immer zu jutmietig is, ihre Hände jejangen sin.

WALPURGA. Was in den Briefen steht, können Sie ganz getrost lesen, Frau John. *Sie wird natürlich durch die jähe Röte ihres Gesichts Lüge gestraft.* Herr Quidde und ich haben keine Geheimnisse. Herr Quidde ist ein gelehrter Mensch, und ich wünsche, Papa erlaubte es mir, dann nehm' ich bei ihm Englisch, Französisch und Literaturstunde. Mama hätte gar nichts dagegen, wie sie sagt.

Es wird an die Tür gepocht.

FRAU JOHN, *erbleichend, tieferschrocken.* Laß man! — Jeh man ... Jeh man mit det Kind ... verhalt dir man stille! pst! Ick schiebe man erst det Kindetken, tu se hinter der spanischen Wand. *Sie schiebt ihren Kinderwagen mit dem angeblich eigenen Kinde in den Verschlag.* Komm, Mächen! Pst! Kannst mal bißken bei Justavken uffpassen! Verhalt dir janz stille, wer weeß, wer et is.

Walpurga, die durch die letzten Reden der John bereits vor dem Klopfen einigermaßen beängstigt war, wird durch die nun merkbare Angst der John angesteckt und begibt sich ihr nach in den Bettverschlag. Die John kommt alsdann wieder, schließt den Vorhang sorgfältig ab, schleicht zur Tür und blickt durchs Schlüsselloch. Es klopft wieder. Frau John scheint beruhigt und öffnet vorsichtig ein wenig die Tür.

ZWEITE SZENE

FRAU JOHN. Hier is bei John. Wat winschen Se denn?
MÄNNERSTIMME. I möcht' halt gern amal 't Frau John sprechen. I heiß nämli Brunner! I bin Alois Brunner, Instrumentenmacher aus Siedtirol. Wenn holter erlaubt wär', mecht' i halt eintreten.

Frau John weicht zurück; Alois Brunner, ein fescher Tiroler, als solcher außer an der Sprache nur am Hut kenntlich. Er ist zweifellos nahe am vierzigsten Jahr, obgleich er, die Glatze und einige graue Fäden im Bart abgerechnet, als Dreißigjähriger gelten könnte.

BRUNNER. Na, alsdann! Da wär' i halt gonz einfach und treuherzi, Frau John, so a langer Kerl un a tummer Kerl, will i gonz getrost d'rzusetze, wie'r i halt bin.
FRAU JOHN. Wat'n weiter? — Na und? —
BRUNNER *hat breitaufgepflanzt dagestanden; jetzt bewegt er sich.* I hob' mir halt denkt, deeß dees immer, wann aller graddurch geht, immer treuherzi, immer graddurch als wie i, dees richtige is. Na alsdann! I hob' halt an Brief von der Pauline bekommen. *Er kramt in seinen Taschen nach dem Briefe.*
FRAU JOHN. Denn sin Se Aloisius Brunner, wo Paulinen verführt, Jeld abjenommen un sitzenjelassen hat. Machen Se, det Se jefälligst rauskommen.
BRUNNER. Deeß i Aloisius Brunner bin, na alsdann, dees mag, wie g'sagt, seine Richtigkeit haben, Frau John. Dees andere freili, dees stimmt scho nimmer. Un wonn S' mi anheeren mechten, Frau John, i mein' scho, deeß i am End' no reichli so vertrauenswurdi wie'r i aso an polnisches Frauenzimmer bin? Na alsdann! dees mecht' i! dees mecht' i bloß wissen.
FRAU JOHN. Jehn Se man! Machen Se, det Se fortkommen! Det will ick nich wissen! Det jeht mir nischt an!
BRUNNER, *mit Blick auf den Kinderwagen.* I glab's scho, deeß dees kan unbequem's Verfahren vor so an schiches, liederlich's polnisches Frauenzimmer is, dees si mit olle Welt g'mein machen tut: an Ehrenmann ausrichten und Kinder zuschieben. Dees wollt' i mir aber scheenstens verbitten! *Er tritt großspurig vor den Kinderwagen, ehrlich entrüstet.* Dees soll mei Kind sein? Teifi noch mal! Aso an Tiroler gibt's ieberhaupt weder im Himmel noch auf dera Erden. Dees is ja g'logen! dees gibt's ja nit.
FRAU JOHN. Ick bitt' Ihn sehr, det Se nich so'n Lärm machen.
BRUNNER. Dees hilft nix: da lach' ich! da muß ma jo lachen! da lacht der Aloisius Brunner gradnaus, deeß alle Welt glei mag zammenlaufen! Dees is fein g'fehlt! für die ausrangschierete Bischuterie zoahl' i nix.
FRAU JOHN. Heeren Se, ick jeb' Ihn recht, wenn Se Brunner sind. Aber jehn Se, machen Se, det Se fortkomm'n! oder wolln Se Pauline treffen? Et kann sind, det se jede Minute mit'n Herrn von de städtische Uffsicht nachsehn kommt.
BRUNNER. Da loch' i bloß, aber zoahln tu' i nix! Wird's eh nit mehr lang mach'n, dös elendige Wurm, wo bei die hoch-

feine Frau John in pikfeine Pflege is. Na alsdann! B'hüt enk Gott miteinand! Warum soll i net a für'n Totengraber was zuleg'n. *Er legt drei Mark auf den Tisch.*

FRAU JOHN *wirft das Geld vom Tisch.* Wat? Ick? Sie Hannepiepe! Merk'n sich: for so 'ne Kuren, for so 'ne Schneiderei mit Engelchen rausputzen bin ick nich.

BRUNNER. No woas, i hob' nix g'sogt vom a Rausputzen. Nocha, woan S' net meegen, is a noch so. An mir liegt's net: die Paulin' is mir nachg'laufen. I hob' g'sess'n und Zither g'spielt. Wenn i olli die Weibsbild, wo mir halt kei Ruh' geb'n, mit ihre Sehne und Techter und sämtliche liebe Verwandte von meine paar Heller Verdienst aushalten sollt', nachher kennt' i mi lieber glei ins Bett leg'n. Dees, wann sie herkommt, die Paulin', bitt' i Sie, dös von Aloisius Brunner auszuricht'n. *Er hat das Geld vom Boden aufgesucht.*

FRAU JOHN. I, quasseln Se man, ick weeß, wer Se sind.

BRUNNER. Brunner hoas i, mir kann nimt nix nachsog'n. I betreib' mei G'werb. Na alsdann! Der Hofer, wo z'Haus in Tirol Nationalheld geword'n is, woar halt a nur a Wirt. Nix für ungut, Frau John. I hab' nix wolln als mi ferkundigen hab' i mi halt g'wollt, ob die Paulin' net am End' dees Kind gar aus die Finger gesogen hat: liegt ja so, woan's de sie a Rochen aufsperrn tut. Koan Heller net zoahl' i! B'hüt Sie Gott, Frau John.

Er geht. Frau John schließt die Tür hinter ihm ab. Walpurga kommt aus dem Verschlage.

WALPURGA. Um Gottes willen, wer war denn das?

FRAU JOHN, *leise.* Det is'n Kerl, der bei eene is, die'n sojenannten Weißbierkeller in de Ackerstraße mit 'ne verrufne Hinterstube hat. Hat schon in Plötzensee gesess'n, wat ick von eene for Jeld hier aus de Etage höher weeß, wo ihm dreiviertel Jahre lang ooch, dem faulen Hunde, hat ausjehalten.

WALPURGA. Wie? Ich verstehe kein Wort, Frau John.

Frau John ist hinter den Verschlag gelaufen, und man sieht u[nd] hört sie das dort befindliche Kind beruhigen. Die Tür öffnet sich, und Dr. Quidde erscheint.

DRITTE SZENE

DR. QUIDDE, *eilig, ohne Walpurga zu bemerken.* Ist Direktor Hassenreuter schon oben im Fundus, Frau John?
WALPURGA. Ich glaube es kaum.
DR. QUIDDE. Gott, Fräulein Walpurga, Sie sind hier.
FRAU JOHN, *hinter dem Verschlage.* Der Direkter is noch nich da, Herr Quidde, aber Herr Linneck muß oben sein.
DR. QUIDDE. Danke! — Es ist ungeheuer heiß in den Straßen, Fräulein Walpurga! *Er legt Hut und Schirm ab und trocknet die Stirn.* Ich bin überrascht, Sie hier zu sehn! — Wie geht's Ihnen denn? — Ich glaubte nämlich, ich würde zu spät kommen. Ich bin vom Laufen noch ganz echauffiert.
WALPURGA. Herr Quidde, ich bin mit Mama gekommen. Mama hatte hier in der Gegend eine wichtige Kommission. Papa hat gesagt, weil Mama doch etwas asthmatisch ist, muß eins von uns Kindern sie immer begleiten. Hier aber hat sie mich doch schließlich abgesetzt und will mich in kurzer Zeit wieder abholen. Ich dachte mir, vielleicht treffe ich Sie, und da hab' ich für jeden Fall das Buch, das Sie mir geliehen haben, mitgebracht.
DR. QUIDDE. Hat Ihnen das Buch gefallen? Erstens mal diese Frage, Fräulein.
WALPURGA. Aber freilich. Ich bin ganz entzückt.
DR. QUIDDE. Es ist doch Bellamy, Fräulein Walpurga.
WALPURGA. Sicher! Bellamys Zukunftsstaat! *Sie überreicht ihm das Buch.* Famos, wie das alles so eingerichtet ist: große Planen über den Straßen, daß man bei schlimmsten Regen nicht naß werden kann! große, famose Speisehäuser, wo man ganz einfach, wenn man Hunger hat, ohne Geld zu bezahlen, essen kann.
DR. QUIDDE. Nächstens bringe ich Ihnen mal etwas von Fourier oder Bakunin. Sie müssen nach und nach in diesen neuen Geist, in diese neuen Ideen hineinwachsen.
WALPURGA. Sicher! aber wissen Sie, daß Papa ganz wütend ist? Das Buch ist ein bißchen ramponiert: so hat er es in die Ecke geworfen. Natürlich habe ich ihm nicht gesagt, daß es von Ihnen ist. Übrigens hat er mir wirklich schreckliche Angst gemacht! Das ist doch natürlich nicht wahr, Herr Quidde, daß man vor Gericht muß, wenn das Buch bei einem gefunden wird.
DR. QUIDDE. Nein. Das passiert einem höchstens bei Bebels

»Frau«, und auch nur, wenn man das Buch etwa ausleiht. Das muß ich Ihnen auch nächstens mal mitbringen.

WALPURGA. Papa sagt — das ist doch nicht recht, Herr Quidde! —, Weibsbilder sollen Nudeln walken! Bücher gehörten sich überhaupt für Weibsbilder nicht! — Papa hat wirklich oft schreckliche Ausdrücke! Nicht mal die Bibel brauchen wir lesen, sagt Papa. Da, lies das Kochbuch, mein Kind, sagt Papa, das Kochbuch ist deine wahre Bibel. — Schade, man kann sich gar nicht recht aussprechen. Wenn ich zu Hause den Mund auftue... Mutter ist ängstlich, Papa nennt mich eine alberne Schnattergans und lacht mich aus. Und ich habe doch ebenfalls meine Gedanken! — Eigentlich möcht' ich zur Bühne gehn! aber, wenn ich da nur von weitem anklopfe, da schreit Papa, da rast Papa... ach du großer Gott — und eh er das zuläßt, hat er gesagt, gibt er mich einem Portier zur Frau.

DR. QUIDDE. Lesen Sie Turgenjew: »Väter und Söhne«. Die alten Herren begreifen den neuen Zug, den neuen Hauch, den neuen Frühling, der durch die Welt geht, nicht.

WALPURGA. Das hab' ich schon ganz genau gemerkt. Papa hat keinen Sinn fürs Soziale.

DR. QUIDDE. Mein Vater, der übrigens ein alter Achtundvierziger ist, seltsamerweise ebenfalls nicht.

WALPURGA. Ist Ihr Vater auch Bismarck-Verehrer?

DR. QUIDDE. Ich muß leider sagen, daß er Bismarck-Vergötterer ist.

FRAU JOHN, *im Verschlag.* Herrje, det kocht ieber! Freilein, sehn Se doch man nach dem Milchapparat! Bloß einfach bißken von't Feuer wegricken. *Walpurga tut eiligst, wie ihr geheißen.*

DR. QUIDDE *ist ihr gefolgt, und beide stehen im Herdwinkel, der gegen die Eingangstür gedeckt ist.* Bloß nicht verbrennen, Fräulein Walpurga.

WALPURGA. Ach, das hab' ich, wie mein jüngster Bruder geboren war, oft gemacht. *Naiv.* Ich könnte als Kinderamme gehn. *Sie hat den Soxhletkessel beiseite gerückt und trocknet sich die Hände.*

DR. QUIDDE. Wissen Sie, daß ich mit einer Buchdruckerei in Verhandlung stehe und nächstens eine Zeitschrift herausgebe.

WALPURGA. Das sollten Sie lieber nicht tun, meint Papa.

DR. QUIDDE. Warum nicht?

WALPURGA. Weil das in jeder Beziehung gefährlich ist.
DR. QUIDDE. Das Sozialistengesetz wird ja aufgehoben.
WALPURGA. Wenn auch. Papa sagt, daß man in jungen Jahren
  von gewiegten Geschäftsleuten meistens betrogen wird.
  Und Sie müssen die Kosten für Druck und Papier, wie
  Papa behauptet, doch selber zahlen.
DR. QUIDDE, *mit einem Kinderfläschchen gestikulierend*. Gewiß! Hier aber sage ich nun mein »Wenn auch!« — Das
  schadet nichts! Ich will die Geschichte schon vorwärts-
  bringen! Natürlich, zu lachen gibt's dabei für die ganze
  reaktionäre Masse der Junker, Schlotbarone und des ver-
  seichteten sogenannten liberalen Bürgertums natürlich
  nichts. Für die Literaturgötzen von heute ebensowenig. In
  jedem Heft wird entweder ein Salon-Dramatiker, ein
  Schiller-Epigone oder ein Butzenscheiben-Lyriker totge-
  macht.
WALPURGA. Wenn Sie aber Ihr Geld dabei zusetzen?
DR. QUIDDE. Was macht das? Ein Idealist und Mensch von
  Gesinnung muß mit Gut und Blut auf der Bresche stehn.
  Die Sache will's, ist da einfach die Losung. Und Sie können
  mir glauben — *hingerissen, pathetisch* — : »Brich, volles Herz,
  und walle, Blut, für Wahrheit und für Licht, und du, ge-
  waltiger Kampfesmut, verlisch, verlisch uns nicht!« ...
  Sie können mir glauben, daß es eine heilige Sache ist!
WALPURGA. Ja, ich denke, Sie wollen Schauspieler werden?
DR. QUIDDE. Gewiß! Und?
WALPURGA. Schauspieler, Redakteur... dann haben Sie
  Medizin studiert... das läßt sich aber doch nicht alles
  vereinen.
DR. QUIDDE. Ich will helfen! ich möchte auf irgendeine Weise
  der Menschheit nützlich sein: meinethalben als Dorfschul-
  meister! Am liebsten würde ich in einen Krieg als Kranken-
  pfleger gehn, aber ich bin doch fest entschlossen: ich
  wandere aus, eine Anzahl Freunde und ich wandern aus
  nach Amerika und gründen dort eine kommunistische
  Kolonie, ein wirklich ideales Gemeinwesen.
WALPURGA. Da ist ja schon wieder was Neues, Herr Quidde.
DR. QUIDDE. Was Kühnes, Herrliches, Freies, Neues! Machen
  Sie mit.
FRAU JOHN *kommt aus dem Verschlage. Sie ist grau im Gesicht*.
  Jehn Se doch ma iebern Flur rieber sehn, Herr Quidde.
  Ick weeß nich, mir scheint, det de Korn bei die Kinder

drieben zu Hause jekomm'n is. Ick hätte det jern ma jewußt, Herr Quidde.

DR. QUIDDE. Aber Mutter John, wie sehen Sie denn aus.

FRAU JOHN. Ick? Nach acht Tache, wie sollt' ick denn aussehn?

DR. QUIDDE, *dienstwillig, begibt sich nach der Tür.* Also, ob die Frau Korn in die Wohnung ist.

VIERTE SZENE

Direktor Hassenreuter stößt heftig die Tür auf und rennt fast mit Quidde zusammen; gekleidet wie im zweiten Akt.

DIREKTOR HASSENREUTER. Hoho, Quidde, da hätten wir gleich mal den Versuch machen können, welcher von unseren beiden Schädeln der stärkere ist?

DR. QUIDDE. Verzeihung! Entschuldigen Sie, Herr Direktor!

DIREKTOR HASSENREUTER, *der seine Tochter vorn am Herd nicht sehen kann.* Bruthitze! Jetzt am Meer sein! Schauderhaft! — Ist die Direktorin hiergewesen?

FRAU JOHN. Bis jetzt noch nich.

DIREKTOR HASSENREUTER. Noch nicht? Übrigens, Quidde, wir kriegen Gewitter. Schreckliche Hetze in diesem Berlin. Ich bin ein gehetztes Wild, lieber Quidde. Otium cum dignitate: ich hab' ihn nicht! Sehen Sie, ich habe immer gearbeitet. Schon als Junge. Was untätig sein heißt, was ausruhen heißt, das kenne ich nicht. Aber Schätze hab' ich noch nicht gesammelt. — Ihr Junge sieht aber schlecht aus, Frau John!

FRAU JOHN. I nee, Herr Direkter, det is nich mein Junge.

DIREKTOR HASSENREUTER *bemerkt das zweite Kind hinterm Verschlage; lachend.* Haha, die Mühle ist also in Gang geraten: da haben Sie schon den Zwilling gekriegt! — Also wir werden Gewitter kriegen. Man hat's in den Knochen. Man spürt's in der Luft. Herr, die Leierkasten machen mich wahnsinnig! Regen! Über Gerechte und Ungerechte! Schmort! Unterschreiben Sie niemals Akzepte, mein Lieber! Auri sacra fames! Eigentlich gönne ich diesem Ameisen-Sündenberge Berlin die Abkühlung nicht! Hören Sie? Donner! Lieber mal höllisch reinwettern! Schlüssel schon oben? Freilich! richtig! der Inspizient! Rolle gut memoriert, lieber Quidde? Vorwärts, kommen Sie, wollen mal sehn. — Meine Frau trifft mich oben: verstanden? ausrichten! *Er zwingt Quidde voranzugehen, beide entfernen sich.*

FRAU JOHN, *gleichsam geistesabwesend, steht mitten im Zimmer, seufzt tief und qualvoll auf.* Weeß Jott ja, wenn man bloß Rejen käme! — Oder wenigstens...

WALPURGA, *ängstlich.* Was haben Sie denn, Frau John?

FRAU JOHN, *nahe, gequält, unwillkürlich.* Angst! Sorje! Da weeßt du nischt von! — — — Hast'n jerne? denn kannst'n ja heiraten!

WALPURGA. Pfui, nein aber Frau John, was sprechen Sie denn!

FRAU JOHN *setzt sich, in einem Anfall von Schwäche, faltet wie ratlos die Hände.* Wat sprech' ick denn bloß? — Was soll ick denn sachen?

WALPURGA *betrachtet Frau John befremdet und mit leisem Schreck.* Ist Ihnen etwa nicht gut, Frau John? Soll ich am Ende jemanden rufen?

FRAU JOHN *sieht sie an, geistesabwesend.* I, brauchs nich rufen, die kommen schonn.

WALPURGA, *furchtsam.* Wer denn?

FRAU JOHN. Nu, die! — Die sin ja schon mal jekomm'n.

WALPURGA. Frau John, Sie haben doch nicht damals auf der Bodenkammer etwas... etwas Schlimmes getan?

FRAU JOHN *führt Walpurga beiseite, geheimnisvoll.* Wenn... ick will mal sachen — Jott is jerecht!... Ick ha... Ick bin... brauchs dir nich jraulen, Mächen! — Laß man! — 't is jut! — 't is weiter nischl! — Wacht man, mir is, wie det Leute komm'n. *Frau John, im Begriff, hinter den Verschlag zu gehen, steht horchend still. Plötzlich schließt sie den Vorhang zum Verschlag ebenso hastig als sorgfältig. Hierauf richtet sie sich fast unwillkürlich straff empor und blickt mit funkelnden Augen, erfüllt von Haß und Trotz, nach der Tür. Man vernimmt von außen murmelnde Stimmen. Mit schnellem Entschluß schreitet Frau John auf den Eingang los, dreht den Schlüssel herum und öffnet. Man sieht die Piperkarcka, einen älteren, wohlhäbigen Bürger und eine ältere Frau von gemeinem Äußeren.*

DER BÜRGER. Die Frau Maurerpolier Emma John möcht' ich sprechen.

DIE PIPERKARCKA. Juten Tach. Jnädicher Herr, is selber Frau John.

DER BÜRGER. Sind Sie Frau John, die das Kind des Dienstmädchens Piperkarcka in Pflege hat? — Wenn ja, dann dürfen wir wohl einen Augenblick eintreten.

FRAU JOHN *hat mit zurückgeworfenem Kopf und einem schnöden Gesichtsausdruck, aber aschfahl und keines Wortes mächtig dagestanden; jetzt lacht sie höhnisch und dreht sich mit einer schlenkernden und zugleich verächtlichen Armbewegung herum.* I, det is noch so, ob Sie rinkomm'n oder nich! Bei mir kenn Se jetrost 'n jestrichen Tach suchen.

DER BÜRGER. Nein, gute Frau, deshalb kommen wir nicht. Ich bin nämlich Kommunalbeamter und habe nur meine Pflicht zu tun. Meine Pflicht, die in nichts weiter besteht, Frau John, als darin, mich zu überzeugen, daß das Kind des Dienstmädchens Piperkarcka in der gehörigen Pflege ist. Nun, und es scheint mir, hier ist das Kind. *Während dieser Rede ist der Beamte und die beiden Frauen an den Kinderwagen der Korn getreten.*

DIE PIPERKARCKA *war nach einigen leidenschaftlichen Schritten die erste am Kinderwagen; augenscheinlich wollte sie in einer Anwandlung von mütterlicher Empfindung das Kindchen mit Küssen bedecken, da reißt sie etwas wie Grauen, etwas wie Ekel beim Anblick des jämmerlichen Kindchens wieder zurück. Wiederum ermannt sie sich und schüttelt gegen Frau John in einem Ausbruch des Schmerzes die Fäuste.* Mein Kind? — Is nie un nimmer mein Kindchen, Frau John.

FRAU JOHN. Wat! Denn jeh uff de Straße, jeh uff'n Heuboden, jeh in de Mulackstraße meinswejen bei dein Tiroler Haderlump, du Fetzen! un laß dir'n neues machen, wenn det dir dein Bankert nich jefällt! Ick will dir lehrn, hier Zick'n mach'n!

DIE PIPERKARCKA, *fast weinend vor Wut.* Jetzt weiß, warum schlechtes Weib Kind erstes Mal nich hat zeijen jewollt! Hat mich mein Kindchen verhungern lassen.

FRAU JOHN, *rasend.* Stopp ihn wat rin, wenn es nischt bei sich behalten dut.

DER BÜRGER, *energisch.* Ruhe! Ich muß mir jetzt Ruhe ausbitten! Zu Frau John. Tatsache ist allerdings, gute Frau, das Kind hat ein überaus elendes Ansehen. Womit natürlich noch nicht gesagt ist, daß es durch schlechte Pflege gekommen ist. Immerhin muß ich Bericht erstatten. Damit ist meine Mission zunächst erfüllt.

DIE PIPERKARCKA. Ick lasse nich durchjehn. Ick bringe zur Anzeiche, daß mich mein Kinde zugrunde jerichtet, daß mich mein liebet Kindetken verwahrlost, daß mich mein Herzchen, mein Liebchen, mein armes, armes Aloischen verjiftet hat.

FRAU JOHN. Det mach du! det tu du! det bring du zur Anzeiche! Jans! Kann es nich ooch bei die Jlut der Kindercholera oder der Diptheritus sind, un jloobst du nich selber an Wechselbälje? Hast du mich nich von deine leibliche Mutter erzählt, wo hat neun lebendiche Kinder jehabt, un durch eene verfluchte Haushexe, Stallhexe, oder wat weeß ick, sieb'n verloren hat?

DIE PIPERKARCKA *schreit.* Denn sin Sie selber, sag' ick, Haushexe! —

DER BÜRGER, *zur Piperkarcka.* Sie dürfen sich nicht zu weit hervorwagen. Sie müssen bedenken, daß die Frau derartige Vorwürfe anzuhören vorläufig noch nicht nötig hat. Ich bitte Sie, sich im Zaune zu halten.

DIE PIPERKARCKA. Frau Schulzen, Frau Schulzen, kein weiter Fackeln, fort aus die Höhle mit das Kind. *Sie nimmt hastig Windeln, Jäckchen und Deckchen aus einer mitgebrachten Handtasche.*

DIE FRAU *hat ebenfalls Kinderzeug unterm Mantel hervorgenommen.* Det muß ick aber hier jleich in de Jejenwärtichkeit von den Herrn Stadtrat vornherein feststelln, det det Jungeken krank in meine Flege jekomm'n is un det ick Verantwortung nich iebernehme.

DIE PIPERKARCKA. Eh ick hier bei Hyäne lasse, will selber hinfallen mausetot. Soll Blitz mich erschlag'n, wo so schon donnert.

Ein kanonenschußartiger Schlag folgt draußen. Der Regen rauscht. Die Piperkarcka und die Frau nehmen das Kind sorgfältig aus dem Wagen und wickeln es ein.

DER BÜRGER. Sie haben also die Absicht, wie ich sehe, schon vorher gehabt, das Kind der Frau Schulz in Pflege zu geben.

DIE FRAU. Det macht, sie hat et schon vorher jeahnt.

FRAU JOHN, *höhnisch.* Wo zwanzig Würmer in Flege sin, da is et ooch besser uffjehob'n.

Die Frau hat das Kind wie jemand, der mit Kindern umzugehen versteht, auf den Arm genommen. Sie geht. Die Piperkarcka folgt ihr.

DIE PIPERKARCKA, *schon jenseit der Türschwelle, wendet sich und spuckt aus.* Pfui! Spucken ick auf verdammliche Türschwelle! *Die Piperkarcka und die Frau mit dem Kinde der Korn ab.*

DER BÜRGER. Adieu. Ich will hoffen, daß Sie sich nichts vorzuwerfen haben, Frau John. Die Hauptsache ist ein gutes Gewissen.

Der Bürger ebenfalls ab. Nachdem alle außer Walpurga sich entfernt haben, steht Frau John immer noch gespannt und gehässigt aufgerichtet. Plötzlich greift sie unter die Schürze, reißt ein spitzes messerartiges Handwerksgerät hervor, schreitet besinnungslos gegen die Tür und sticht es hinein, irrsinnig, als ob sie jemand erstechen wollte.

WALPURGA, *die während der letzten Ereignisse verdutzt und mit offenem Munde gestanden hat, ruft nun mit dem Ausdruck des Schrecks in der Stimme.* Frau John!!

Frau John erwacht wie eine Nachtwandelnde, faßt sich mit beiden Händen nach der Stirn, wendet sich ins Innere des Zimmers und rennt, von Walpurga keine Notiz nehmend, wimmernd gegen das Fenster, durch das sie sich weit hinauslehnt.

Frau Direktor Hassenreuter erscheint, sehr rot, sehr stark echauffiert.

WALPURGA *wirft sich in die Arme der Mutter.* Endlich! Endlich kommst du, Mama.

FRAU DIREKTOR HASSENREUTER. Ja, endlich. Und ich habe dabei dem guten Papa den gewünschten Dienst nicht einmal leisten können. Komm, wir müssen zu ihm hinauf.

WALPURGA. Komm fort! Komm bitte bloß fort, Mama.

[2]

DRITTER AKT

Der gleiche Raum wie im Vorhergehenden, ungefähr vierundzwanzig Stunden später, also zwischen vier und fünf Uhr nachmittags. Das erste Fenster links ist geöffnet, die Sonne scheint hell und warm herein. Das dumpfe Brausen der Straße dringt herauf.

Mutter John ist allein. Neben dem Kinderwagen, darin sie ihr angeblich eigenes Kind untergebracht hat, steht ein zweiter, viel

ärmlicher und geringer, als der andere ist: auch in diesem zweiten liegt ein Säugling. Beide werden von Mutter John mit je einem Milchfläschchen besorgt, das sie aus dem Soxhlet-Apparat neben dem Herde genommen hat.
Nach einiger Zeit wird die Tür von außen mittelst Schlüssel geöffnet, und John, begleitet von Dr. Spitta, erscheint.

ERSTE SZENE

JOHN. Et jeht'n Direkter immer man bißken klamm, Herr Spitta.
SPITTA. Ist Herr Direktor Hassenreuter schon oben?
JOHN. Noch nich! *Er gewahrt den zweiten Kinderwagen, stutzt, lacht gutmütig.* Nanu, Mutter, haste ja noch'n Kind jekriegt.
FRAU JOHN. Et hat mir jebarmt. De Korn is ma wieder nich zu Hause. Det hat jeschrien... Soll et ooch ma'n Fläschchen haben, det et zur Ruhe kommt.
JOHN. Mutter, dir schlag' ick nächstens vor, for 'ne Protektion von 'ne Kleenkinderbewahranstalt.
FRAU JOHN. Mußte denn nich heut abend beim Maurermeester in Potsdam sein?
JOHN. I, erst ma ha ick ma wieder oben un unten 'ne janze Weile mit Kisten zu tun. Um Uhre finf kommt'n Rollkutscher, denn wird uffjeladet. Da wird doch so'n Umzug — nich etwa mit Möbel! — nee! 'n Umzug von so 'ne Jilde jemacht! Ick weeß nich, ob Schuster-, ob Bäckerjilde! — Ick bin nich for so wat! Wat soll ick lügen, ick bin Sozialist! — De Jilde is aus de Rumpelkammer! Na, un vor dem Umzug, wat ick jleich sachen wollte, schickt der Direkter Kisten voll Maskenjarderobe hin. — Mutter, 'n Paster is bei dich jewest?
FRAU JOHN. Immerzu doch, von wejen det Taufenlassen.
JOHN, *vor dem Kinderwagen.* Na Paulicken! Justavken! Kiek mir ma an.
FRAU JOHN. Paul, paß ma'n bißken uff, ick muß oben jehn. — Wart ma! erst will ick ma unser Kind bißken hier rinschieben, det et nich so im Lichte sieht un ruhig dem Fläschchen austrinken kann. *Sie schiebt das angeblich eigene Kind hinter den Verschlag, wo sie eine Zeitlang verborgen bleibt.*

JOHN, *leise.* Ick freu' mir über det Kindetken. Janz jewiß. Aber Mutter jefällt mir nich. Muttern hat et sehr mitjenomm'n.

SPITTA. Und doch ist sie für mich der sprechende Gegenbeweis für die Behauptung der Ärzte, daß es für jede Frau in gleicher Lage notwendig ist, vierzehn Tage das Bett zu hüten.

JOHN. Pst! Ick darf man nich sagen. Mutter is zu jenau mit's Jeld. Wenn ick et wißte, Herr Spitta, wie anstelln, denn jing' ick, denn wär' mir'n Stein vom Herzen, un besorchte Pflege, det se in Bett liegt un Pflege hat.

SPITTA. Klagt Ihre Frau?

JOHN. Mutter un klagen! Det tut se nich. Die stammt aus eene Familie ab, wo det Arbeiten Mode jewesen is. Vater is hinterm Pfluge jestorben, Mutter hat unter die Kuh jelehnt, wo ihr bei't Melken der Tod ieberkomm'n is. Nee! aber pst! unter uns jesagt: Mutter is doch schon ma in 'ne Anstalt jewesen.

SPITTA. Sie übernimmt sich. Fünf oder sechs Aufwartestellen sind selbstverständlich zuviel für sie. Und Sie sagen doch selber, John, daß Ihr eigener Verdienst für Ihre Bedürfnisse mehr als ausreichend ist.

JOHN. Det is ooch. Ick ha mein scheenes Auskomm'n. Aber sagen Se't ihr, denn lacht se mir aus.

SPITTA. Und doch wird sie die Arbeit zurückstecken müssen, wo außerdem nachts noch das Kind zu besorgen is, und ganz besonders, wenn ihr Nervensystem nicht ganz sicher ist.

JOHN. Ick ha mir an Mutter jewehnt, Herr Spitta. Ick wißte wahrhaftig nich, wat ick ma sollte alleene machen, wo ick mir so an Muttern jewehnt habe, wenn ihr womeeglich wat zustoßen tut.

SPITTA. Was soll ihr denn nun auf einmal zustoßen?

JOHN. Det sag' ick ooch nich! — Un sehn Se, jedennoch jeh' ick heute, ick weeß nich mit wat for'n schlechtet Jefühl uff de Brust, nach de Arbeitsstelle. — Jeb'n Se man acht, wenn se wiederkommt, ob se Fliejen fängt.

SPITTA, *lachend.* Was soll denn das heißen? Und wennschon, Herr John.

JOHN. So hat et damals, wo se denn mußte wegtransportiert werd'n, ooch anjefangt. — Un denn hat se heut nacht de janze Nacht rumjealpt! Dem Schrank ausjeräumt mit de

Kinderwäsche, wo se seit vierzehn Jahren jespart un jesammelt hat.

Frau John kommt aus dem Verschlage. Ihr Benehmen ist zerstreut. Sie beugt sich zum Fenster hinaus und blickt auf die Straße.

JOHN. Mutter, wie viele Uffwartestellen versorgste denn noch? *Zu Spitta.* Et sin allet Stellen natierlich bei Leite, die hier in Hause sin! — Mutter! sehn Se woll, se hat de Gedank'n ma wieder ma in de Turkei oder wo det se sein meegen.

[II, 1a. b—2]

[1 a]
FÜNFTER AKT

In der Wohnung von John. Schwüler Morgen, finster, gewittrig, gegen Mittag. Quidde sitzt in der Sofaecke. Baron von Birkenstein, ihm gegenüber am Tisch, hat ein Buch aufgeschlagen.

BARON VON BIRKENSTEIN. Natierlich, wie Sie sich denken können, hab' ich die janze Nacht kein Auge jeschlossen. Macht nichts. Im russisch-türkischen Kriech ist es janz anders zujejangen.
QUIDDE. Er scheint zu schlafen.
BARON VON BIRKENSTEIN. Ja, jejen Morjen hat er endlich 'n wenig die Augen zujedrückt, was ihm weiß Jott auch zu jönnen ist.
QUIDDE. Und man hat von der Frau bis jetzt keine Spur, Herr Baron?
BARON VON BIRKENSTEIN. Man hat keine Spur, und wenn meine Schätzung richtig ist — pst, leise, im Vertrauen jesprochen, so kann Mutter und Kind seit jut zwölf Stunden und länger nicht mehr am Leben sein.
QUIDDE. Wer hätte der John das zugetraut. Als ich heut morgen davon erfuhr, habe ich wirklich einen doppelten Schreck gekriegt. Nämlich, ich hatte mit meinem Direktor, Sie wissen wohl, mit Herrn Hassenreuter, vor einiger Zeit

einen Disput gehabt, und er hatte mir, gleichsam um mir die Absurdität einer Meinung ad oculos zu beweisen, die John als Prototyp eines nicht zur Tragik geeigneten Wesens vorgeführt.

BARON VON BIRKENSTEIN. Ich habe doch recht, daß anjehender junger Schauspieler sind.

QUIDDE. Ich interessiere mich für die Bühne.

BARON VON BIRKENSTEIN. Bloß für die kleine oder auch für die jroße Bühne der janzen Welt?

QUIDDE. Für beide. Weshalb mein Direktor, der, wie er glaubt, für die Ideale ist, bei jeder Gelegenheit mit mir hadert. Was ist denn die kleine Bühne anders als ein verkleinertes individuelles Spiegelbild aus dem allgemeinen Kriege aller gegen alle der großen Welt.

BARON VON BIRKENSTEIN. Nur daß die Jewalt und Tragik des wirklichen Lebens viel zu jewaltig für Rahmen der Bühne ist.

QUIDDE. Das ist die Behauptung, die meinen Direktor am meisten aufreizt und die er mit allen Mitteln bekämpft, obgleich er selbst, wie ich weiß, in die Tragik des Lebens wie irgendeiner verwickelt ist. Er ist für das Leben ganz ohne Verständnis. — Zum Beispiel: ich komme zu ihm hinauf, und er sagt mir, daß die John, die er immer gelobt hat, jetzt auf einmal eine niederträchtige, abgefeimte Verbrecherin ist! Er ringt die Hände! keine Strafe ist hart genug! er ist fertig mit ihr! sein Urteil ist fertig.

BARON VON BIRKENSTEIN. Jeschätzter, es steht auch recht schlimm um die John. Wenn die Indizien sich bewahrheiten, so hat das jestern ermordet aufjefundene polnische Dienstmädchen Piperkarcka unter Beistand der John seinerzeit oben auf dem Kostümboden ein Kindchen zur Welt jebracht. Das Kindchen hat sie der John verkauft, und nachher ist es ihr leid jeworden. Nun hat die John, die das Kindchen als ihr eijenes jemeldet hat, den jefährlichen Trick in ihre Verzweiflung mit der Unterschiebung des dieser janz entsetzlichen Knobbe jehörigen Wurmes gemacht, und dann hat sie das Unheil weiterjetrieben, und höchstwahrscheinlich jrauenvoll bis an die Brust in den jräßlichen Sumpf des Verbrechens hinein.

QUIDDE. Aber eigentlich ohne gemeine Motive! — Wenn nämlich das unaufgeklärte Verbrechen an der Piperkarcka tatsächlich überhaupt von ihr angestiftet ist.

BARON VON BIRKENSTEIN. Jeschätzter, das ist es, leider, und sie haben sojar den Bruder der John auf dem Jörlitzer Bahnhof dingfest jemacht. Ich sprach mit dem Kriminalkommissar, und es scheint, daß die jräßliche Witwe Knobbe mit ihren Beziehungen in jewissen Kreisen sich janz besonders nitzlich bei dieser Verfolgung erwiesen hat.

QUIDDE. Wahrscheinlich zum Dank für die heiße Milch und die Butterbröte, womit Frau John alle Tage die verwahrlosten Kinder der Knobbe füttern ging.

BARON VON BIRKENSTEIN. Ja, Liebster, das kann jewiß meechlich sein. Aber danach wird nicht jefracht im Leben. — Erbarm' sich, Herr John, Sie sind aufjestanden. *Maurerpolier John, ohne Kragen, sonst aber angekleidet, aschfahl und verfallen, ist aus dem Verschlag getreten.*

JOHN *schreit, ringt die Hände.* Um Jottet willen, laß mir durchs Fenster! Det zerreißt mir den Kopp, wo det Warten keen Ende nimmt. *Er ist auf das Fenster zugelaufen. Die beiden Herren sind aufgesprungen und halten ihn fest.*

BARON VON BIRKENSTEIN. Herr John, Herr John! wir missen jeduldig sein.

JOHN. Det kann ick nich. Ick jehe zujrunde. *Er wird von den beiden Herrn auf einen Stuhl niedergezwungen, wo er trockenen Auges röchelnd sitzt.*

BARON VON BIRKENSTEIN. Was hat mir der Mann die janze Nacht durch für Mühe jemacht. Jeden Augenblick ist er aufgesprungen. 'n jedes Jeräusch auf dem Flur hat ihn aufjeschreckt. Dabei habe ich mich dem Herrn Maurerpolier als Seelsorjer, Arzt und Pflejer vom Roten Kreuz zur Verfüjung jestellt.

JOHN. Hat sich noch nischt von Muttern jezeigt, Herr Baron?

BARON VON BIRKENSTEIN. Um nich mit Liejen umzujehn: scheint bis jetzt nich jefunden zu sein.

JOHN. Wat is mit mich los? Ick ha in mein Kopp keen eenzijen richtijen Jedanken mehr. Ick bin jestern morjen von Pferdebahn uff Pferdebahn! jefracht! jesucht, in Sand jefallen vor Himmelsangst und vor Müdigkeet! Denn dacht' ick uff eemal: sollst du uff eemal for Muttern womeechlich 'n Polizeihund sind? und denn ha ick... bin ick nach Hause jejangen und ha keen Fuß nich mehr rühren gekonnt.

BARON VON BIRKENSTEIN. Ich bin mir bewußt, Herr John, daß man Menschen in solche Augenblicke mit triviale

Jedanken nich treesten kann. Dennoch sprech' ich, weil
Zunge und Lippen nu mal vorhanden un mit Schweijen
ebensowenig jeholfen is. Denken Sie, daß die Zeit verjeht
und daß alles ma wieder jestern, vorjestern, vorijes Jahr,
vor zehn Jahre jewesen is. Jarnich nachjrübeln! ruhig
stillhalten!

JOHN *erhebt sich.* Warum hat mich Muttern det anjetan? det
se mich so mit det elende Wechselbalg hinterjangen hat?
Wie soll ick mir woll jemals wieder lassen uff Arbeetstelle
sehn? Was is det alles? Ha ick denn eens mit'n Ziegelsteen
uff'n Kopp jekriegt? Ick jrübele un jrübele un wälze mir
nachts, wie uff Kohlenfeuer wälz' ick mir rum un komme
nich hinter Mutterns Jedanken.

BARON VON BIRKENSTEIN. Herr John, Sie waren doch kinder-
los. Soviel läßt sich doch mit eine jewisse jroße Wahrscheinlichkeit sicher vermuten, daß Familie zu bekommen
der leidenschaftlich jehegte Lieblingswunsch Ihrer Jattin
jewesen ist.

JOHN. Mir kann keener wat nachsachen, Herr Baron! Ick
bin 'n Ehrenmann, Herr Baron! Da is keen Meester nich,
wo ick nich jute Zeugnisse von kann vorweisen. In mein
janzes Leben, da kann 'n jeder mit Finger hinweisen, da ist
alles jerade, alles im Lot, alles jerecht in Lot und mit
Richtscheit jemacht. Da konnte 'n jeder mit Finger hinweisen! Da fand keen ärgster Feind von mich ooch noch
keen Putzer nich — un nu hat mir det Aas so zujrunde jerichtet! Nee, nee, nee, nee, wenn et wahr is, det Mutter mir
so betrogen, belogen, anjeführt, zum Popanz jemacht, vor
alle Welt hat zum Affen jestempelt, denn kehr' ick mir janz
von Muttern ab! denn will ick jar nisch mehr wissen
von.

BARON VON BIRKENSTEIN. Ihre Jattin, mit der ich früher zuweilen über Ehe und Kinder jesprochen habe, hat sicherlich ihren folgenschweren Schritt mit dem Kinderbetrug
mit im Hinblick auf Sie, Herr John, und Ihre Liebe zu
Kinder getan.

JOHN. Det is allens Unsinn, se hat mich öffentlich am Pranger
jestellt, det ha ick nich von ihr in Schlafe verlangt, Herr
Baron. Zwischen uns is et aus! da jibt et keen Jutmachen.
Ein Trupp Kinder singt hinter der Tür auf dem Flur:
»Papa, Mama, der Klapperstorch ist da.« *Die Tür wird auf-
gestoßen, man sieht, wie die Kinder davonrennen. Quidde*

schließt die Tür. John ist mit schrecklicher Wut und rotunterlaufenen Augen darauf losgegangen.
BARON VON BIRKENSTEIN. Lassen Sie sich von das Jassenjesindel nicht am Ende unnütz aufregen.
JOHN *sinkt röchelnd auf einen Stuhl.* Det verjeb' ick Muttern in Himmel nich.
QUIDDE. Wenn Sie mir einige Worte erlauben. Zugegeben, daß Ihre Frau von der geraden Straße gewichen ist. Wenn Sie die Sache richtig fassen, so werden Sie jedenfalls über die Liebe, die Ihre Frau für Sie besessen hat, nicht im Zweifel sein. Sollte sich das Verbrechen bewahrheiten, so bin ich persönlich davon durchdrungen, daß es kein gemeines Verbrechen, sondern daß ein irregeleiteter Mutterinstinkt, daß Mutterliebe die Ursache ist.
JOHN, *verändert.* Det se ins Zuchthaus kommt, kann denn det meeglich sind?
BARON VON BIRKENSTEIN. Es ist ja durchaus nicht ausgeschlossen, daß Frau John die Beeinflussung ihres Bruders nicht direkt nachzuweisen ist: falls nämlich der Bruder den Tod des Dienstmädchens Piperkarcka verschuldet hätte.
JOHN *steht auf, wischt sich den Schweiß von der Stirn.* Jott in Himmel, det war, wie ick vor siebzehn Jahre zum ersten Male det fünfjährige Balch, dem Bruno, jesehn habe, denn war et ... denn mußte ick förmlich würgen! ... denn war et, als hätt' ick et damals schon jleich in vorauf jewußt. Mutter, wo damals die Braut war, frisch und jung, brachte ihm mir, weil sie sich wollte 'n bißken uffspielen, det es woll aussehn sollte, als wenn se schonn 'n Familienmutter und ick zu det Reudel der Vater wär' ... brachte mir Brunon entjejenjetragen. Und nu knutschte se und schmatzte det Kind, det ick janz förmlich koppscheu wurde. Ick jriff ihm, Brunon, und setzte ihm bißken derb, det er schrie, uff de Erde hin. Damals hat es dem ersten jehörichen Zank jejeben, und denn dacht' ick damals zum ersten Mal: jehst uff und davon nach Amerika.
BARON VON BIRKENSTEIN. Und sehn Sie, Herr John, diese Angst, Sie könnten eines Tages verschwunden und in Amerika sein, ist Ihre Frau niemals losgeworden.
JOHN. Det verred' ick nich! Det is ooch! Warum hat se sich denn von Brunon, wo jrößer wurde, wo nachts uff jefährliche Schliche jing und wo 'n [...?] geprügelt hat, nich los-

jemacht? Ick konnte doch jejen Brunon nich ankommen!
So mußte det kommen: wat hat se nu von?! — Hätt' ick
ihr det nich immer jesacht, denn sollt' ick mir jetzt woll
drieber wundern, det se sich ihren Totenjräber, det se sich
mit de eijene Milch ihren eejenen Henker, det se sich eenen
tollen Hund jroßjehätschelt hat! — Und jedennoch ... ick
kann det jedennoch nich jlooben.

BARON VON BIRKENSTEIN. Was können Sie denn nich jlauben,
Herr John?

JOHN. Ick kann nich jlooben, det unse Kind det Kind von
een fremdet polnisches Mächen is! Det det Mächen ermordet is! Kann sind, det von de Frauenzimmer, wo Bruno
sich rumtreibt, meinswechen eens von Bruno alle jemacht
worden is! Kann Eifersucht sind! Kenn sich womeechlich
jezankt haben! Kann Raub sind! wo hätt' ick jemalen
Brunon det Allerschlimmste nich zujetraut? Aber det Jette
ihm sollte jestiftet haben! een armet Mächen, det Mutter
is! den eejenen Bruder wie so'n Wolf so'n armes Jeschöpf
an die Jurjel jehetzt ... det kann ja doch Mutter un-
menschemeechlich fähig jewesen sind! Denn wär' se ja
schlimmer, als Bruno is.
Und det sollte nich sind ihr Kindeken jewesen...? Ick
jloobe det nich! ick kann det nich wahrhaben! — Sie ist
zu'n Naturarzt hinjejangen! So'n Kissen jekooft! Keene
Seejrasmatratze! Nee: mit Roßhaar jestoppt! De Bett-
federn mußten Flaumfedern sind! Sympathiemittel!
Kreuzken jekooft und umjehangen! — Da müßte det Weib
doch wahnsinnig sind.

BARON VON BIRKENSTEIN. Und das ist vielleicht die Frage,
Herr John, deren Beantwortung Ihrer Frau bei den Richtern ein weniger hartes Urteil erwirken wird.

JOHN *öffnet einen Kommodenschub.* Na ja! det sind allens hier
Kinderlumpen! Da hat sie jestichelt monatelang und hat
de Nächte mit zujenomm! Und hat sich jefreit, als wär' et
ihr Weihnachten! Kleene Kapottken, Strümpfken, und
immer hat se nach Hamburg jede Woche jeschrieben von.
Schutzmann Schierke tritt ein.

SCHUTZMANN SCHIERKE. Maurerpolier John, Sie sollen ins
Büro zum Herrn Kriminalkommissar jefälligst antreten.

JOHN, *stramm*. Zu Befehl! ich bin zur Stelle! jawohl! *Er entfernt sich mit Schutzmann Schierke.*

QUIDDE. Ich kann mir nicht denken, daß man Frau John,

wenn man sie etwa noch am Leben findet, in unserem humanen Jahrhundert schwer bestrafen wird.

BARON VON BIRKENSTEIN. Janz jenau nach dem kleinen Katechismus. In der Justiz wird noch immer mit Schuld und Strafe jewirtschaftet wie in einem schlechten Theaterstück. Und was die Humanität anbelangt, Jeschätzter, seien wir bitte nicht hochmütig. Man soll es sich jejenwärtig halten, daß noch vor kaum fünfzig Jahren, erst im Jahre achtzehnhundertsiebenunddreißig am zweiten März in Berlin auf dem Gartenplatz eine Witwe Meyer von unten herauf geradebrecht worden ist. Wir sind keinen Auchenblick sicher vor Rickfälle.

Direktor Hassenreuter stürmt herein.

DIREKTOR HASSENREUTER *schwingt ein Zeitungsblatt.* Haben Sie dieses schandbare Elaborat schon gelesen, meine Herren? Haben Sie überhaupt schon davon gehört, wie einem Manne von meiner Provenienz mitgespielt worden ist? Bitte, lesen Sie diesen Artikel! Ein Artikel, der höchst geschmackvollerweise »Der Storch beim Maskenverleiher« betitelt ist! Ich werde diesen verfluchten Reporter ohrfeigen. Machen Sie sich einen Begriff davon: in einem Augenblick, wo das Schicksal eines vom Unglück verfolgten redlichen Menschen, der dem Wahren, Guten und Schönen dient, eine Wendung zum Besseren nimmt, verfolgt ihn das Schicksal auf diese Weise! Lesen Sie, bitte lesen Sie, Herr Baron, was sich bei einem Maskenverleiher ... sic! Maskenverleiher in der Vorstadt — ich bin Maskenverleiher in der Vorstadt! — ereignet hat und wie die Presse den Vorfall ausbeutet. In einem Käseblatt, in einem Skandalblatt, in einem Revolverblatt ist sogar mein Name genannt. Quidde, ich werde den Straßburger Posten einbüßen! Ich werde ihn einbüßen, weil ein polnisches Dienstmädchen auf den Gedanken gekommen ist, oben bei mir unter Kisten und Kasten ein Kind zu gebären, und weil ein gewisser Quidde, laut Verabredung, meine Tochter Walburga in die gleichen Räume verlockt hat und diese alberne Gans, Gott weiß wie, Zeuge des Vorgangs geworden ist. Ich werde Ihnen die Ohren abreißen.

Nun, Sie haben jedenfalls die Genugtuung, Ihrem Direktor die Suppe gründlich versalzen zu haben. Machen Sie sich gefälligst klar: der Name Walburga Hassenreuter, acht Tage lang figurierend in einem scheußlichen Kriminal-

prozeß, wo mich der Zufall bereits an den Pranger stellt und ich mit dem schlimmsten aller Flüche so schon ... dem Fluche der Lächerlichkeit, zu ringen habe.
»Der Storch beim Maskenverleiher!« Jawohl! Und nun wird geschildert, wie der Storch zum Dank für die fetten Ratten und Mäuse, die er auf meinem Boden hat schlucken dürfen, ein Kind aus dem Wannsee, glaub' ich, geholt habe. Lesen Sie, was der sinistere Wicht gefaselt hat! Bitte, »Meister Adebar!« — sic! — »hat das Neugeborene« — können Sie schwarz auf weiß gedruckt lesen — »höchst geschmackvoll in den Helm der Jungfrau von Orleans hineingelegt.« Vielleicht ist der Artikel von Ihnen, Quidde.

QUIDDE. Dann würde mir ein gewisser symbolischer Zug in dieser Tatsache nicht entgangen sein.

DIREKTOR HASSENREUTER. Sie wollen sagen, daß man mit doppelten Türen und dreifachen Schlössern sich, wenn sich die Tore der Abgründe öffnen, doch nicht genügend verrammeln kann.

QUIDDE. Und Gott sei Dank auch vor dem Leben nicht.

DIREKTOR HASSENREUTER. Der Teufel hole ein solches Leben, dessen Ursache das Verbrechen und dem das Verbrechen hart auf den Hacken ist.

QUIDDE. Das Haupt der Medusa, Herr Direktor.

DIREKTOR HASSENREUTER. Sie sind ein Narr! Sie sind ein Hanswurst! und eines Tages verbrennen Sie sich mal gehörig die Finger und sitzen dort, wo die saubere John wahrscheinlich schon sitzt.

BARON VON BIRKENSTEIN. Verjebung. Ihr Jatte ist in der Nähe. *Man hört die laute Stimme Johns sich annähern.*

JOHN, *noch unsichtbar, laut scheltend.* Mir soll det Jestecke nich unter die Finger kommen! — Wat liecht mir dran, ob ick morjen ooch hinter Schloß un Riejel bin? — Det bißken dreckiche Luft, wo de Knobbe in ihre Blasbälge hat, det drick' ick ihr mit zwee Finger ab! — Soll man komm! Det nennt sich Restaurateurswitwe! wo nisch weiter als eene alte, meschante, ausjekochte Kuppelhexe jewesen is. *John tritt ein.* Hat sich! schreit! reißt sich's Chignon vom Kopp, weil ihr Kleenes in Waisenhause mit Tod abjejangen is! hat sich! tut sich! Restaurateurswitwe! als ob nich manch een kleenet Kindchen jut und jerne unter de Erde verholfen hat. Komm man! Bei mich haste keen Glicke nich! Sehn Se an, sagt der Kriminalkommissar, wat Ihre Frau außerdem noch anjestift hat. Sehn Se an! jawoll, det soll ick woll ansehn! Wird Mutter jehängt, so heeßt et die Knobbe in Pech jesteckt, in Federn jewälzt, anjesteckt, durch die Stadt jepriejelt! Verkehrt uffjehängt! mit de Säge von oben bis unten durchjesägt!

BARON VON BIRKENSTEIN. Was ist Ihnen denn widerfahren, Herr John?

JOHN *bewegt sich mit wiegendem Gange umher, scheinbar niemand bemerkend.* Knobbe heeßt se! Restaurateurswitwe! Jeht mal rieber und sieht euch mal dem Raubtierkäfige an! soll sich der Kriminalkommissar wohl die Nase zuhalten! wo Jrind und Läuse verkommen und janz verwahrlost einjefressen durch die janze kleene abjemagerte Kindersterbejesellschaft sitzt! Scharlach! Masern! Frag ma, wer nachts uffjestanden un mit eene Schwester von de Heilsarmee abwechselnd Jeschirre jeleert, Trinken jejeben, jepflegt un jesäubert hat? Wo de Knobbe die janze Nacht in die Kaschemme mit Kerle jesoffen un durch die Schnapsbudiken un Kaffeehallen jezochen is. *Er schlägt eine Fensterscheibe ein.* Ick bin ooch noch da! ick kann ooch'n Wort mitreden! Hier bin ick! Mauerpolier Paul John! Wo is die Jerechtigkeet in die Welt? Ick sache, ick schreie ... det is nich wahr! ... ick schrei' es uff de Straße runter: det is nich wahr, det Jerechtigkeet is! Det de Welt nich voll Jauner un Liegner is! det is wert, det ick alles kurz un kleen schlage. *Er will um sich schlagen, die drei Männer halten ihn fest und beruhigen ihn. Der mehr und mehr Röchelnde wird auf einen Stuhl niedergedrückt.*

Jetzt hört man Gemurmel vor der Tür. Die Tür wird geöffnet. Frau John erscheint, von mehreren Schutzleuten und einigen Zivilisten hereingeführt. Ihr Aussehen ist bis zur Unkenntlichkeit abgerissen und bejammernswert. Sie lächelt und macht fortgesetzt kleine höfliche Knickse. Der Eintritt des Menschentrupps und der John geht wortlos und leise vor sich. Die John wird auf das Sofa niedergesetzt. Man hält sie dort mit sanfter Gewalt, obgleich sie immer aufstehen will und Knickse machen. Die drei Herren um John bemerken den Vorgang zuerst mit dem Ausdruck des Befremdens, dann begreifen sie, daß die Tragödie der Frau John in Umnachtung geendet ist. John wird aufmerksam, obgleich man ihm den Anblick der Eindringenden verstellt hat. Er beginnt zu ahnen. Er zittert. Er erhebt sich.

BARON VON BIRKENSTEIN. Nehmen Sie alle Ihre Kräfte zusammen, Herr John.

JOHN, *sehr ruhig.* Ist Mutter tot?

ERSTER SCHUTZMANN *tritt mit sympathischer Einfachheit an John heran, freundlich und gedämpft redend.* Sie sind der Mauerpolier Paul John. Wir haben Ihnen hier Ihre Frau wiedergebracht. Wir haben Ihre Frau ziemlich weit draußen bei Treptow, nicht weit vom Spreeufer, aufgefunden. Wenn sie, wie es heißt, mit einem Kinde geflohen ist — sie war allein, ein Kind hat sie jedenfalls, als wir sie fanden, nicht bei sich gehabt. Es wird sich nun fragen, und Sie werden uns jetzt zu sagen haben, ob wir es hier auch wirklich mit Ihrer Frau zu tun haben, Herr John.

JOHN, *dem man den Anblick freigegeben hat, blickt seine Frau lange und mit Entsetzen an.* Ja! — Nee! — Nee, det is doch nich Mutter?!

ERSTER SCHUTZMANN. Sie anerkennen diese Person also nicht als Ihre gesuchte Frau.

JOHN. Mutter! Nee! Mutter is det nich! — Mutter! Mutter! — Sieh mich ma an, Mutter! — Mutter, Mutter, erkennst du mich nich? *Er faßt ihre Hände und sucht ihre Augen, die sie in seine richtet. Qualvoll aufröchelnd, fährt er fort.* Wat soll det sein? Wat is det mit dir?

ERSTER SCHUTZMANN. Es ist also doch Ihre Frau, Herr John?

JOHN. Wat machste denn mit de Hände, Mutter? — Mutter, weeste denn nich, wo du bist?

FRAU JOHN, *kichernd und zugleich kindlich schmollend, in Wahnsinn und als ob sie ein saugendes Kind an der Brust hielte.* Pst, Karl, du sollst et doch trinken lassen! *Sie schlägt nach John, erotisch spaßhaft.*

ZWEITER SCHUTZMANN, *zu John.* Se werden keen Glick haben, die hat jenug, for det eene Mal! Die is woanders! Die kennt Ihnen nich!

JOHN. Wat, Mutter, du willst jar Paulen nich kennen.

ZWEITER SCHUTZMANN. I, Paul un Peter un Peter un Paul un Karl un Justav, un wenn det de janze Kompagnie meinetwechen mag antreten, denn weeß die noch nich, ob et Tag oder Nacht oder Winter un Sommer is, die sieht Ihn nich un die heert Ihn nich, da kenn Se noch dreiste 'ne Salve abschießen.

JOHN *greift seine Frau an den Schultern, qualvoll, wie um sie durch Schütteln zu wecken.* Mutter! —

ZWEITER SCHUTZMANN. Jeben sich keene verjebliche Mühe! Jreifen Se man die Frau nich erscht an! — Det is aus! det is alle! det kann weiter nisch nitzen. Det sieht ja'n Blinder, wat det hier is un wat hier de Jlocke jeschlagen hat.

FRAU JOHN, *wie oben.* Pst, du siehst ja doch, Karl, det et trinken will.

DIREKTOR HASSENREUTER. Frau John! erkennen Sie mich, Frau John.

[1b]
[FÜNFTER AKT]

[...] Die Tür geht auf, Schutzmann Schierke, Kriminalkommissar von Blohm, ein stattlicher vierzigjähriger Mann, und einige Schutzleute treten ein, andere sieht man die Tür bewachen, die von Hausbewohnern umlagert ist.

VON BLOHM. Sie sind der Maurerpolier Paul John? *Zu den Schutzleuten.* Wollen Sie bitte die Türe schließen! — Sie heißen John.

JOHN. Ick bin Paul John.

VON BLOHM. Und wo ist Ihre Ehefrau?

JOHN *zeigt auf Frau John.* Det is Mutter.

VON BLOHM. Sie sind Frau John, geborene Mechelke.

FRAU JOHN. Det is bekannt, Herr Kriminalkommissar.

VON BLOHM. Und es stimmt, daß Ihr Bruder Bruno heißt? Bruno Mechelke? Zuletzt auf Schlafstelle in der Chausseestraße?

FRAU JOHN. Det weeß ick doch nicht, wo er uff Schlafstelle ist.

VON BLOHM. Demnach ist Ihnen also der Aufenthalt Ihres Bruders in letzter Zeit nicht bekannt geworden?

FRAU JOHN. Wo Bruno sich rumtreibt, weeß ick nich.

VON BLOHM. Schön! Ich verstehe! Sie wissen es nicht, und ich brauche wohl nicht erst weiter zu fragen, ob Sie in letzter Zeit Ihrem Bruder begegnet sind! Zweifellos sind Sie ihm nicht begegnet! Natürlicherweise seit Monaten nicht.

FRAU JOHN. Ick kann ihn ja woll ma bejejnet sind, aber...

VON BLOHM. Aber wo, das können Sie nicht erinnern!?

JOHN. Ick melde mir janz jefälligst zum Wort, Herr Kriminalkommissar.

VON BLOHM. Immer Geduld! Immer eins nach dem andern! —
Jetzt sagen Sie mal zunächst, Frau John, wo Sie in den
letzten vier Tagen gewesen sind.
FRAU JOHN. In Erkner bei meine Schwägerin.
VON BLOHM. Bitte, wie heißt Ihre Schwägerin?
FRAU JOHN. Frau Schlachtermeester Hacke, jeborene John.
VON BLOHM. Da wird es Sie jedenfalls interessieren, daß der
Frau Schlächtermeister Hacke in Erkner von Ihrer An-
wesenheit bisher nichts bekannt geworden ist. Bitte, wie
wollen Sie das erklären?
FRAU JOHN. Paul, denn muß deine Schwester janz kopfdußlig
sind.
VON BLOHM. Dagegen haben wir heut Erkundigungen ein-
gezogen bei einer unverehelichten Frauensperson. Ist Ihnen
eine gewisse Minna Geisler bekannt? — Sie sollen nämlich,
wie sie behauptet, die letzten vier Tage mit dem Kinde bei
ihr in ihrer Wohnung quartiert haben! — Nun, sollen wir
Ihrem Gedächtnis nachhelfen?
FRAU JOHN. Herr Kriminalkommissar, ick verbitte mir det!
Ick kenne doch Minnan Jeisler nich.
VON BLOHM. Und Sie wissen auch nicht, in welchem Verhält-
nis Ihr Bruder Bruno zu diesem Mädchen gestanden hat?
FRAU JOHN. Herrjott nee, wat soll ick bloß allens noch wissen?
Paul, du weeßt et, det ick uff Brunon längst nich mehr
passen kann! Bruno jeht keene juten Weche! An mir liecht
et nich, det so'n Vagabund aus Brunon jeworden is.
VON BLOHM. Ihr Bruder Bruno ist hiergewesen!
FRAU JOHN *starrt Blohm mit offenem Munde an.*
JOHN *tritt vor.* Und ick weeß, det er vor kaum eene halbe
Stunde hier in de Stube jewesen is.
FRAU JOHN, *zu John.* Du bist von de Polizei jekooft! Paul, du
willst mir zujrunde richten.
JOHN. In Jejenteil: ick will, det et klar, det et spiejelklar,
ick will, det et spiejelhelle wird.
VON BLOHM, *zu Frau John.* Sie bestreiten also, was ich gesagt
habe?
FRAU JOHN. Jawoll, bis uff de Knochen bestreit' ick det!
VON BLOHM. Also Ihr Bruder war nicht hier.
FRAU JOHN. Jut! Nu will ick die Wahrheit sachen! Mein
Bruder is jestern abend um neune halb verhungert bei mich
jekomm! Soll ick ihm da von de Türe weisen?
VON BLOHM. Nein, gewiß nicht! Das sollen Sie nicht. Sehen

Sie: er ist also hiergewesen! Ich merke schon, wir verständigen uns noch. Natürlich hat nun Ihr Bruder Bruno die Nacht hier im Zimmer zugebracht.

FRAU JOHN. Det hat er! Jawoll! Det will ick beschwören.

VON BLOHM. Und kann also schlechterdings heut morgen um drei nicht im Rummelsburger Forste gewesen sein.

FRAU JOHN. Wie soll er det machen? Det kann er ooch nicht!

VON BLOHM. Und nun, denke ich, kommen wir zu der Hauptsache: nach meiner Schätzung muß Ihr Bruder Bruno auch jetzt noch bei Ihnen im Zimmer sein! *Quidde, Silberstein, der Direktor und der Baron wollen davongehen.* Bitte dableiben! Niemand hinauslassen!

Der Kommissar will durch die Tapetentür. Frau John verstellt sie ihm.

FRAU JOHN. Herr Kommissar, ick will jutwillig Rede und Antwort stehn, bloß det Se mir nich mein Jungeken uffwecken. *Bruno erscheint, in Pantoffeln, halbangezogen, vollkommen phlegmatisch, das Kind auf dem Arm.*

BRUNO. Na Jette, wat randalieren se denn?

FRAU JOHN. Bruno, sollst rauskomm, se wollen dir sprechen.

VON BLOHM. Na also: da haben wir ja die Bescherung! Immer besser friedlich als mit Gewalt! Dem Herrn ist der Bau also doch von selber zu heiß geworden. — Nu geben Sie hübsch mal das Kindchen ab. — Schierke, Sie können es in Empfang nehmen! *Es geschieht.*

BRUNO. I, um Kinderwarten reiß' ick mir nich!

VON BLOHM. Und dann immer hübsch ruhig, immer hübsch friedlich, nur keinen nutzlosen Widerstand! Was sein muß, muß sein! *Drei Schutzleute haben Bruno die Handfesseln angelegt.* So. Nun sind wir zu Rande damit.

FRAU JOHN *starrt Schutzmann Schierke an, der das Kind im Arme hält, dann will sie sich auf ihn werfen.* Wat, wat?... Ihr wollt mir ... Ihr raubt mir det Kind? — Wat? Ihr wollt mir wieder det Kind rauben? — Denn erwürche ick dir! Det dulde ick nich! Denn macht mir alle! Denn lieber jleich janz de Haut von de Seele ziehn! Mein Kind! Ich zerreiße dir, jib mich mein Kind!

VON BLOHM, *laut, entschieden.* Hände weg! Ruhe! Das ist nicht Ihr Kind!

BARON BIRKENSTEIN. Um Jottes willen, verzeihen erjebenst, Herr Kommissar, mein Name ist Baron Birkenstein. Hier muß janz entschieden Irrtum vorliejen.

FRAU JOHN. Paul, laß det nich zu! Du kannst det nich zulassen, det unser Kind...
BARON BIRKENSTEIN. Sie sehen ja, daß die arme Frau janz
besinnungslos vor Entsetzen ist! So kann man Mutter-
jefiehle nicht vorheucheln.
VON BLOHM. Bedauere, ich tue meine Pflicht! —
FRAU JOHN. Denn schlag mir doch lieber die Axt iebern Kopp,
denn...
VON BLOHM, *wild, rücksichtslos.* Haben Sie sich nicht so ent-
setzlich! Sie wissen ganz gut, daß das gar nicht Ihr Kind,
sondern das hier auf dem Oberboden geborene Söhnchen
der ermordeten unverehelichten Piperkarcka ist.
DIREKTOR HASSENREUTER. Hätte mich jetzt der Blitz ge-
troffen, ich könnte wahrhaftig nicht sprachloser sein.
JOHN, *ausbrechend.* Det is nich wah! Det is eene jottverfluchte
Lieche, wo von Deibel selber erlochen is! — Mutter...! —
Wollt ihr denn Muttern totmachen? — Du hast seit sechs
Monate Strümpfchen gestrickt! hast Hemder jenäht! hast
kleene Stitzken jehäkelt! Det weeß ick, un nu kommt so'n
Herr Kommissär — ick weeß det! ick ha det mit Oogen
betrachtet! — und nu...
VON BLOHM. Ihre Frau ist verhaftet, Maurerpolier John!
JOHN *versteht nicht.* Wat?
VON BLOHM, *zu Frau John.* Sie sind verhaftet! Sie müssen
mitkommen!
BARON BIRKENSTEIN. Mit jieticher Erlaubnis, Herr Kommis-
sar: die arme Frau wird jewißlich mitjehn! Doch mir
scheint, in diesem jejenwärtigen Augenblick bejreift die
Frau Ihre Worte nicht.
FRAU JOHN. Paul! Mein Kind! Paul, ick muß mein Kind
haben! Paul...
BRUNO, *der abgeführt wird.* Jette, schmeiß doch dem Rauling
jejen die Wand! Wat tust de dir immer mit Schreihälse
abjeben. Denn is et doch, wo et die lausige Schwefelbande
hinhaben will. *Er wird abgeführt.*
FRAU JOHN. Bruno!
*Walburga und Quidde haben aus dem Verschlage den Kinder-
wagen herangeschoben.*
⟨WALBURGA, *zu Schierke.* Legen Sie doch bitte das Kind
wenigstens in den Kinderwagen hinein.⟩ *Es geschieht.*
FRAU JOHN. Paul! Mein Kind! Paul, ick muß mein Kind
haben! Paul...

JOHN. Herr Kommissar ... wat heeßt det? ... Halt! ... Det Kind wird nicht ieber diese Schwelle jebracht! ... Halt! ... Sie sehen det mit Oogen, wat hier aus die Frau jeworden is! ... Soll ick mir Muttern erschlagen lassen? ... Wat? Denn kommt das Gesetz, un denn heeßt et herjeben? Herjeben, wat hier zujeheert? Und wat mir ins Fleesch jewachsen is?

FRAU JOHN. Paul! Mein Kind! Paul, ick muß mein Kind haben! Paul...

JOHN. Et bleibt, oder ick verjesse mir.

SCHUTZMANN SCHIERKE. Das ist Widerstand gegen die Staatsgewalt.

VON BLOHM. Maurerpolier John, machen Sie keine Dummheiten! *Zu Schierke.* Übrigens lassen Sie meinethalben das Kind noch hier einen Augenblick. — Vorwärts!

JOHN. Und Muttern nehmt ihr mir mit.

FRAU JOHN, *plötzlich hell und energisch.* Atje, Paul! Im Himmel siehst du mir wieder! *Sie stürzt unvorhergesehen blitzschnell gegen die Schutzmannkette, die sie durchbricht, ab. Einen Augenblick lang herrscht allgemeine Verblüffung. Dann begeben sich alle Schutzleute an die Verfolgung.*

VON BLOHM. Festhalten! Daß es kein Unglück gibt.

BARON BIRKENSTEIN. Die Frau ist von Sinnen, sie wird sich umbringen. *Er eilt dem Kommissar nach, beide ab.*

JOHN. Rettet Mutter. *Er eilt hinaus, man hört ihn rufen.* Mutter! — Mutter!

DIREKTOR HASSENREUTER, *mit Walburga und Quidde allein bei dem Kinderwagen zurückgeblieben.* Seht mal das ahnungslos lächelnde Kind.

QUIDDE. Sie mögen mich aufgeben, Herr Direktor, aber ich werde immer behaupten, daß die John eine tragische Märtyrerin im blinden Getriebe des Schicksals ist.

DIREKTOR HASSENREUTER. Hm! — Sie ist jedenfalls eine abgefeimte Verbrecherin.

QUIDDE. Aber das Kindchen lebt, gesund und pausbäckig. *Der Baron kommt wieder.*

BARON BIRKENSTEIN. Meine Herren, ich ahnte, ich wußte es, wir kamen zu spät, Frau John ist oben, drei Stock hoch bei der Brandleiter aus dem Fenster gesprungen. Sie liegt bei den Tischlern unten im Hof.

QUIDDE. Gott verzeih' mir's: so hat sie doch ausgelitten.

BARON BIRKENSTEIN. Und nun denk' ich, falls wir uns einig sind: das arme Jeschöpfchen hier soll keine Not leiden.

[2]
DER STORCH BEIM MASKENVERLEIHER
Berliner Tragikomödie

FÜNFTER AKT

Im Quartier des Direktors Hassenreuter, der gleiche Raum wie im ersten und dritten Akt. Nachmittag des Tages, der auf jenen gefolgt ist, an dem die Ereignisse des vierten Aktes vor sich gegangen sind.
Frau Direktor Hassenreuter und Alice Rütterbusch, beide in ähnlichen Straßenkostümen wie früher, sitzen beieinander am Mitteltisch. Im Türgange ist Frau John mit Umhängen und Nachsehen von Kostümen beschäftigt. Sie geht ab und zu in den Bibliotheksraum, dessen Tür bald mehr, bald weniger offensteht.

FRAU DIREKTOR HASSENREUTER. So sage ich nochmals ... sage ich nochmals, liebe Alice, wenn nicht immer, wo man es gar nicht vermutet, neue und neue ... neue und neue Sorgen kämen, könnte man wirklich jetzt, wo Harro ... Harro wieder für Straßburg gewählt ist ... könnte man wirklich zufrieden sein! *Sie schnaubt die Nase, der Tränen wegen.*
ALICE RÜTTERBUSCH. Schauen S', is denn der Herr Direktor gar so streng mit die Kleine?
FRAU DIREKTOR HASSENREUTER. Sie kennen ja Harro ... kennen ja Harro, wie er sein kann und wie er ... wie er doch leider manchmal ist: sagen wir lieber, wie Männer sind, liebe Alice! Er ist gut wie ein Kind, aber wenn etwas ihm nicht ... ihm nicht nach dem Willen geht, kennt er sich nicht. Sie wissen ja selbst noch, was wir in Straßburg mit unserem ältesten Sohn Otto für Zeiten durchlebt haben. Er hat den Jungen ... hat den Jungen mit einer so furchtbaren Härte angefaßt ... und heut muß ich zittern ... zittern für meine Tochter! *Sie schneuzt sich wieder und trocknet sich die Augen.*
ALICE RÜTTERBUSCH. Und wenn i net irr', war dees mit Otto auch so an Art Liebeshandel? net?
FRAU DIREKTOR HASSENREUTER. Ja, du lieber Gott ... du lieber Gott! je heller das Licht, um so tiefer ... tiefer der

Schatten! Wenn so ein Junge, wenn so ein Mädchen das heiße Blut eines solchen hochbegabten Vaters in sich hat! —? Wo bliebe man denn ohne Schweigen und Dulden?

ALICE RÜTTERBUSCH *hat einigermaßen verlegen zu Boden geblickt. Dann frisch.* Schauen S', Frau Direktor, dees kann scho wahr sein, daß der Herr Gemoahl feuri is! Aber mir auf der Prob' haben immer gesagt: er is net so arg! bloß aner muß ihm zu nehmen wissen.

FRAU DIREKTOR HASSENREUTER. Mir und den Kindern gelingt das nicht.

ALICE RÜTTERBUSCH. Wenn man ka Furcht hat und ihm gradnaus ins Auge schaut, hernach is halt doch aus! und wann i dann manchmal richtig gradnaus g'lacht hab' ... hinter die Kanonaden von die Mannsbilder steckt do doch ieberhaupt weiter nix.

FRAU DIREKTOR HASSENREUTER. Mein Mann hat ein Faible für Sie, liebe Alice! Sie nehmen eben seit lange bei ihm ... eine Ausnahmestellung ein.

ALICE RÜTTERBUSCH. Is denn der Herr Hauslehrer fesch?

FRAU DIREKTOR HASSENREUTER. Gott, er ist ein armer Student ... Student, wie ihrer hier viele herumlaufen! Recht unerfahren! recht unbeholfen! Ein Theologe! ein Pastorssohn, der, wie er sagt, seinen Kinderglauben verloren hat. Im ganzen genommen ein braver Junge! Papa übertreibt! als ob er gänzlich vergessen hätte, daß er Primaner war und ich noch nicht vierzehn, als er mir ewige Treue versprochen hat, und daß wir volle neun Jahre verlobt waren. *Walburga hat von Anfang an, mit einem Stoß Rollenhefte auf dem Arm, in der offenen Bibliothekstür zugehört.*

WALBURGA, *mit kindlichem Feuer.* Es wird noch keine zwei Jahre dauern, Mama, bis der arme unbeholfene Student die ganze Welt wird in Staunen versetzen.

FRAU DIREKTOR HASSENREUTER. Das glaubst du! und das ist, wie du für ihn fühlst, nicht zu verwundern, Kind. Im Augenblick ist er ein Habenichts! und dazu noch mit seinen Eltern zerfallen.

ALICE RÜTTERBUSCH, *zu Walburga.* Haupsache is doch immer das Gernhaben.

WALBURGA *sieht Alice mit verweinten Augen fest an.* Ich weiß eigentlich nicht, ob Sie recht haben, Fräulein Rütterbusch.

ALICE RÜTTERBUSCH. Na i denk' halt.

WALBURGA *umhalst ihre Mutter; mit Tränen in der Stimme,*

vorwurfsvoll. Es ist nicht schön, wenn man einer so guten, guten Frau, die alles für einen getan hat, Schmerzen und schlaflose Nächte macht.
FRAU DIREKTOR HASSENREUTER. Geh, rede doch keine Torheiten, Walburga. *Walburga schießt strafende Blicke auf Alice, wischt sich die Augen und läuft schnell in die Bibliothek.*
ALICE RÜTTERBUSCH, *etwas bleich.* Woas hat's denn?
FRAU DIREKTOR HASSENREUTER. Ich weiß selbst nicht, was plötzlich in sie gefahren ist. Das arme Ding weiß nicht aus noch ein. Sicher meint sie's nicht schlimm, liebe Alice! — Wünschen Sie etwas von mir, Frau John?
FRAU JOHN, *deren Augen lang und fieberhaft auf die redende Gruppe gerichtet gewesen sind, tritt lebhaft näher.* Frau Direkter, ick ha bloß jedacht, wo Kinder sind, sind ooch Sorchen! Wo keene sind, sind keene Sorchen nich, aber da is ooch for uns arme Weiber det janze bißken Dasein 'n überflüssiger Pappenstiel.
FRAU DIREKTOR HASSENREUTER. Da haben Sie allerdings recht, Frau John.
FRAU JOHN. Und wat Männer sind, die verstehen von so wat doch nischt.
FRAU DIREKTOR HASSENREUTER. Oh, mein Mann hat stets die Kinder zuerst gebadet und sie buchstäblich die ersten Jahre selbst nachts gewartet und, wenn sie kamen, trockengemacht. Ich sage offen, er ist darin musterhaft, und ich durfte da fast keine Hand anlegen.
FRAU JOHN. Det meen' ick nich. Ick meene bloß, dat'n Mann nich weeß, det 'ne Frau ohne Kind keen Leben, mit det erste Kind eens, mit det zweete zwee, mit det dritte drei Leben hat! und det jedes Kind, wenn et ooch jeboren is, immer noch in de Mutter is! Und wenn et ooch stirbt, is et immer noch bei de Mutter. Nu will ick ma wat erzählen, jetzt heeren Se ma druff. — Wo Adelbertchen det erste Ma vor sechs Jahren jeboren is, da is et mich nach vier Tage jestorben. Nu bin ick so um drei, vier Wochen hernach, bin ick ma in Keller runterjestiegen, wo ick ma muß jeträumt haben oder so, det Adelbertchen unten in Keller bejraben is. Und sehn Se, schon uff de Kellertreppe, det war det erste Mal, det ick ihn wieder ma schreien jeheert habe.
FRAU DIREKTOR HASSENREUTER. Ich verstehe nicht recht. Wie meinen Sie das?

FRAU JOHN. Na et war eben wieder da, Frau Direkter. Denn kam et immer bloß, wenn ick schlief, und an Tag kam et ville Wochen nich. Denn is et aber ooch an Tage jekomm. Det war ma, wie ick an Fenster saß, ick dachte an nischt und heerte man bloß den Lärm uff de Straße. Uff eema heer' ick et wieder schreien, und da merk' ick, wie wenn et in Kinderwachen unten vor de Haustiere is. Natierlich, wie ick runter bin, war nischt zu finden. Aber det wußt' ick nu, det et mich nochma'n Zeichen jejeben hat.

FRAU DIREKTOR HASSENREUTER. Sie verstricken sich aber ... aber, meiner Ansicht nach, wirklich recht tief in abergläubische Vorstellungen.

FRAU JOHN. I nee, Frau Direktor, passen Se bloß ma uff. — Denn sah ick 'ne janze Zeit nachdem, det unten in Hof de Kinder mit Steene wat — wie aus'n Topfkram 'n Dopp! — zertepperten. Oder war et'n Aas von 'ne dote Katze oder'n dotet Huhn oder wat. Un nu, sach' ick Ihn, hat et so kläglich jeschrien, det ick jleich wußte, det Adelbertchen als wie in Hofe bejraben und von die Rangen det Jräbchen mißhandelt wird. Det se ihn wollten ooch aus meine Erinnerung austilgen. Det merkt' ick. Denn mang Mutter und Kind is eemal immer Zusammenhang. Ich runter und mang die Jungens mang! und ha sie jebackpfeift, det man de Mitzen so flochen. Jleich is Adelbertchen zur Ruh' jekomm. Und denn war ooch d'r Herr Direkter hier oben einjezochen. Denn ha ick et jleich jewußt und hab' an liebsten von allen hier uff'n Dachboden ha ick jearbeet. Det kam, weil Adelbertchen an liebsten, wenn ick so janz alleene war, uff'n Dachboden bei Mutter jekommen is.

FRAU DIREKTOR HASSENREUTER. Sie sprechen immer nur von Adelbertchen. Das war doch Ihr erstes Kindchen, Frau John! Ihr zweites lebt doch, ist doch gesund und macht Ihnen Freude! Trauern Sie immer noch um Ihr erstes Kind?

FRAU JOHN *kichert seltsam.* Jott bewahre! jetzt nich mehr! weil ick et wiederhabe und wo mit Pauln und so alles in jute Ordnung is. In Anfange sucht' ick et immer, weil ick ihm doch wat abbitten wollte! ... sucht' ick et immer und fand et nich.

FRAU DIREKTOR HASSENREUTER. Was wollten Sie denn einem Neugeborenen groß abbitten?

FRAU JOHN. Eene Mutter ist doch verantwortlich! Nee nee

nee, da wollt' ick et um Verzeihung bitten, weil et ... weil ick bloß eene schlechte Mutter war und bloß ha kennen mit Schmerzen zur Welt bringen, wo doch nich leben jekonnt hat, und bloß jeboren, det et hat sterben jemußt.

FRAU DIREKTOR HASSENREUTER. Nein, daran ist eine Mutter, die alle guten Absichten hat, doch wahrhaftig unschuldig. Was würde sonst wohl aus den zahllosen armen Frauen, die in Ihrer Weise einmal vom Unglück heimgesucht worden sind?

Direktor Hassenreuter kommt vom Flur wie ein Sturmwind herein. Frau John schleicht auf den Oberboden. Alice und Frau Direktor erheben sich.

DIREKTOR HASSENREUTER, *aufgeräumt.* Guten Tag, meine Damen! das war ein Tag, das war eine Jagd, die mir mal einer nachmachen soll! Habt ihr mir etwas Kaffee bereitet?

WALBURGAS STIMME, *aus der Bibliothek.* Jawohl, dein Kaffee ist fertig, Papa.

DIREKTOR HASSENREUTER. Wißt ihr, wo ich, mit einem belegten Brötchen im Leibe, von heute früh neun Uhr ab bis jetzt, ohne Mittagessen, gewesen bin? Paßt mal Achtung, meine verehrten Damen: im Norden beim Zahnarzt. Am Schlesischen Bahnhof bei einem Tuchmacher, der von dem großen Gildenumzug noch hundertfünfzig Kostüme hat! Am Belle-Alliance-Platz bei meinem Wucherer, wo ich mit Hilfe meiner letzten apropos gestorbenen Tante dem Halsabschneider und Gauner meine Akzepte aus den Klauen gerissen habe. Ich bin wie ein Wettrennpferd, das eine Steeplechase hinter sich hat. Um zwölf Uhr ist der Vertrag mit Straßburg perfekt geworden. Ohne Risiko. Ich bin von den Stadtvätern angestellt. Nachher bei drei, vier Redaktionen herumgelaufen! Spediteur bestellt! Neuen Frack bestellt! In der Markthalle Spargel mitgenommen. *Er drückt seiner Frau die Spargeln in die Hand.* Allons, Mama, besorge du uns inzwischen zur Feier des Tages zu Hause ein festliches Abendbrot. *An der Bibliothekstür.* Wie weit bist du, Walburga?

WALBURGA *erscheint mit einer ungeheuren Kaffeekanne nebst Tasse.* Ich habe bisher zweihundertvierzig Rollenhefte geordnet und zusammengelegt.

FRAU DIREKTOR HASSENREUTER, *bewegt, faßt ihres Mannes Hand.* Papa, es ist doch ein wichtiger Augenblick, nicht? wo nun alles zu deinem Besten entschieden ist.

DIREKTOR HASSENREUTER. Ja, Mama! Aber wir dürfen nicht sentimental werden! Schweigen, Mama, und tätig sein. Also, au revoir, maman.

FRAU DIREKTOR HASSENREUTER. Adieu, Papa.

DIREKTOR HASSENREUTER. Du kannst uns zu Hause nützlicher sein.

Der Direktor bringt seine Gattin selbst bis zur Tür. Walburga, die sehr abgehärmt aussieht, hat den Kaffee auf den Tisch gestellt und sich sofort wieder in die Bibliothek zurückgezogen. Der Direktor kommt wieder, überzeugt sich, daß Bodentür und Bibliothekstür geschlossen sind, geht an den Tisch und stürzt mehrere Tassen Kaffee.

DIREKTOR HASSENREUTER. Alice, Straßburg! Mir fällt eine Zentnerlast von der Brust! — Der Himmel soll jeden davor bewahren, daß er jemals wie ich aus gesicherten idealen Verhältnissen mit Weib und Kind mittellos in die Subura Berlins geschleudert wird und tiefer hinunter in jene Rattenlöcher und Röhren hinein, wo das eiserne Muß, die eiserne Not zum Kampf um die nackte, verschimmelte Krume Brotes auf Tod und Leben zwingt. Bellum omnium contra omnes. Ein furchtbares Wort, das mir seit Jahren Tag und Nacht in den Ohren klingt.

Meine edlen Kostüme, gemacht, um die Träume der Dichter zu verkörpern, in welchen Tanzhöhlen, in welchen Spelunken, auf welchen schwitzenden Leibern haben sie nicht — odi profanum vulgus! — alljährlich besonders zur Faschingszeit ihre Nächte zugebracht: damit nur der Groschen Leihgebühr im Kasten klang! damit nur die hungrigen Mäuler satt wurden. Gratuliere mir, Kind! Ich bin wieder zu einem menschenwürdigen Dasein aufgewacht.

Er trinkt heftig und viel Kaffee. Ja ja ja, Teufel, wenn es nicht immer wieder Dinge gäbe, die einem Satanas in die Suppe brockt. — — Mir geht es wie Jakob! meine Kinder bringen ihren alten Vater zum Dank dafür, daß er für sie Tag und Nacht bis zur Erschöpfung tätig ist, sie bringen ihn mit Kummer und Gram in die Grube hinein.

ALICE RÜTTERBUSCH. Na schau, gar so alt bist halt do no net, Herr Direktor.

DIREKTOR HASSENREUTER. Das sagst du... das sagen Sie so, liebes Kind. Aber sieh meinen Scheitel an: da ist kein schwarzes Haar mehr, wenn ich überhaupt noch ein Haar auf dem Kopf habe.

ALICE RÜTTERBUSCH. Hoffentlich, Harro, sind sie dir net ieber Nacht grau geworden.
DIREKTOR HASSENREUTER. Ha ha ha ha! Na nun, meine Gnädige, da ich gewohnt bin, meine gewöhnliche Dosis Ärger für mich zu verdauen, reden wir jetzt nicht weiter davon! — Mein Kind, wir stehen vor großen Aufgaben! Ich bin wieder ein Mensch! Ich fühle wieder Luft unter den Flügeln! Ich segle wieder in das Reich der freien und göttlichen Kunst mitten hinein! — Also, mein Goldchen, wann willst du antreten?
ALICE RÜTTERBUSCH. Wie moanst dees, antreten, Harro?
DIREKTOR HASSENREUTER, *verdutzt.* Na wie denn? Ins Engagement, liebes Kind.
ALICE RÜTTERBUSCH. Moanst am Theater in Straßburg?
DIREKTOR HASSENREUTER. Ja, wo denn sonst? Ich denke, du brennst drauf, mit mir zu kommen.
ALICE RÜTTERBUSCH, *sehr ruhig.* I brenn' schon... I brenn' schon, aber i woaß halt net, ob Straßburg für mi im Augenblick grad das Rechte ist.
DIREKTOR HASSENREUTER *geht temperamentvoll auf sie zu und legt ihr, scheinbar erschrocken, die flache Hand fest auf die Stirn.* Hast du vielleicht mal zu kalt getrunken, Alice?
ALICE RÜTTERBUSCH, *wie vorher.* Daß i net wißt', Harro.
DIREKTOR HASSENREUTER. Dann telephonier' ich der Polizei, daß du masernverdächtig bist!
ALICE RÜTTERBUSCH, *wie vorher.* Mach koane schlechten Witze, Harro.
DIREKTOR HASSENREUTER *bricht los.* Hast du Kopfschmerzen, hast du Zahnschmerzen? Hast du Schluckbeschwerden? Hast du Kratzen im Hals? Hast du sonst Zeichen von Gedächtnisschwäche? Weißt du noch, daß dein Vater Inhaber einer Tabaktrafik und ein Mann und deine Mutter ein weibliches Wesen ist? Meine Gnädige, Sie leiden an zerebralen Störungen! Haben Sie denn nicht selber gesagt, Sie würden Knall und Fall kontraktbrüchig, bloß um wieder in Engagement bei Ihrem alten Direktor zu sein?
ALICE RÜTTERBUSCH, *wie vorher.* Schon recht! Groad ausgemacht was dagegen hab' i ja net. Bloß, sixt, Harro, dees wirst mir glauben, daß i von mir aus, wenn i net Vater und Mutter hätt'... und dees i vorwärts will, dees kannst mir a net verübeln... und was ma sagt Nebenverdienst is bei mir nich! eher tu' ich hungern! dees überlass' i die andern,

die, wo's nich lassen können! Na ja, kurz: i brauch' Geld, und hier in Berlin ham s' mir a sindhafte Gag', sieben Monate spielen, sechzehntausendfünfhundert Mark, Kostüme no gratis, angeboten.

DIREKTOR HASSENREUTER *pfeift eine Melodie, dann.* Kennst du den »Wilden Jäger« von Loewe, Kind? Brillant komponiert! Eine schöne Ballade!

ALICE RÜTTERBUSCH. Na ja, dees kenn' i. Bald man Geld will, is die hohe Direktion augenblickli gekränkte Leberwurscht.

DIREKTOR HASSENREUTER, *flehentlich.* Heben wir die Verhandlung bitte vorläufig auf, beste Alice. Vielleicht hast du Stimme! Wenn du Stimme hättest ... Du weißt vielleicht nicht, daß eine gewisse Adelina Patti in der Gage sogar immer noch etwas höher ist. *Er schlägt auf den Tisch.* Fratz! bei dir ist der Größenwahn ausgebrochen.

ALICE RÜTTERBUSCH *lacht unaufhaltsam los.* So gefällst mir, Harro, woans recht wütend bist! Hätt' i jetzt noch a rotes Tuch bei der Hand, i ... halt! i woaß, was di noch mehr wütend macht: warum tust denn ein Mädel wie deiner Walburga in Gottes Namen net ihren Schatz vergönnen?

DIREKTOR HASSENREUTER, *der mitgelacht hatte, wird unheilvoll bleich.* Das war etwas viel gewagt, Fräulein Rütterbusch. Ich habe, wie Sie wissen, bisher prinzipiell die ethisch-moralische Sphäre des Theaters von der ethisch-moralischen Sphäre der Familie ferngehalten.

ALICE RÜTTERBUSCH. Aber Harro, i woaß doch, du hast mir doch viele Male erzählt, deeß du in solche Sachen von Jugend auf net zu halten gewesen und doch an Genie un an tüchtiger Mensch geworden bist. Jetzt moanst, wegen so ane Liebschaft, dees Walburgel hätt' a todeswürdiges Verbrechen getan.

DIREKTOR HASSENREUTER. Meine Töchter heiraten keine Schauspieler. Und ehe ich diese Verlobung zugäbe, nagele ich diesen verrückten Studenten wie einen Uhu über der Eingangstür meinethalben des Straßburger Stadttheaters als abschreckendes Beispiel fest.

ALICE RÜTTERBUSCH, *trocken.* Na, du wirst wohl net grad viel Publikum reinkriegen!

DIREKTOR HASSENREUTER, *beleidigt.* Wart ab.

ALICE RÜTTERBUSCH. I kann mir net denken, deeß ein angenagelter Student der Theologie besonders zugkräftig is.

Sie lacht herzlich. Direktor Hassenreuter bricht ebenfalls in herzliches Gelächter aus.

Noch während des Lachduetts wird im Türgang Spitta sichtbar, der seinen schwarzen Anzug angezogen, einen Zylinderhut und weiße Handschuhe hat.

DIREKTOR HASSENREUTER *bemerkt Spitta plötzlich, der eine tiefe und steife Verbeugung macht.* Was? — Lupus in fabula! — Wir sprachen von Ihnen! — Womit kann ich dienen, Herr Kandidat! — Kommen Sie vom Examen oder steigen Sie ins Examen? Sie haben sich ja heute ganz höllisch fein gemacht.

SPITTA, *mit erbarmungswürdiger Blässe im Antlitz.* Kann ich Sie fünf Minuten allein sprechen?

DIREKTOR HASSENREUTER. — Sie haben doch nicht etwa ein amerikanisches Duell oder etwas Ähnliches mit mir vor, bester Freund?

SPITTA, *wie vorher.* Ich möchte Sie nur fünf Minuten allein sprechen.

DIREKTOR HASSENREUTER, *zu Alice.* Soll ich es wagen? — Nun, dann muß ich Sie bitten, mein Fräulein, begeben Sie sich doch bitte für diese fünf Minuten zu meiner in der Mauser befindlichen Tochter Walburga hinein. *Alice hat kein Auge von Spitta gewandt und mustert ihn, bis sie die Bibliothekstür hinter sich ins Schloß gezogen hat.* Nun? — Wir sind allein! *Er nimmt etwas großartig Platz.* Bitte, schießen Sie los, Herr Kandidat.

SPITTA *holt Atem.* Herr Direktor! — —

DIREKTOR HASSENREUTER. Nun?

SPITTA, *wie vorher.* Herr Direktor, ich...

DIREKTOR HASSENREUTER. Was?

SPITTA. Ich und...

DIREKTOR HASSENREUTER. Und ich! und ich und Sie haben miteinander ein Hühnchen zu pflücken! Oder täusche ich mich in dem, was Ihnen da, wie es scheint, auf der Zunge schwebt.

SPITTA. Jawohl, Sie irren sich, Herr Direktor.

DIREKTOR HASSENREUTER. Irren ist menschlich. Also fangen Sie an, bitte! Ich bin gespannt zu hören, was außer besagtem Hammel noch zwischen uns zu verhandeln ist.

SPITTA. Oh, zwischen uns ist sehr viel zu verhandeln.

DIREKTOR HASSENREUTER. Sie sagen das: aber eh Sie mir den Beweis nicht erbringen, glaub' ich das nicht.

SPITTA. Nun, ich bin allerdings bloß ein armer Student...
DIREKTOR HASSENREUTER. Das sind Sie, weiß Gott! oder waren Sie wenigstens, ehe diese Laus von wegen des Komödienspielens Ihnen über die Leber gelaufen ist.
SPITTA. Davon wollte ich jetzt nicht reden, Herr Direktor!
DIREKTOR HASSENREUTER. Aber ich, wenn Sie gestatten, rede davon! Ihr armer, würdiger, alter Vater! Haben Sie denn kein Gefühl dafür, was man seinem Erzeuger, der unter eignen Entbehrungen seinen letzten Groschen für das Studium seines Sohnes hergegeben hat, schuldig ist?
SPITTA. Mein Vater ist niemals in Not gewesen. Er selbst hat von Haus aus Vermögen, und meine Mutter hat ihm ein ebenso beträchtliches Vermögen zugebracht.
DIREKTOR HASSENREUTER. Das ändert nichts an der Sache, mein Bester!
SPITTA. O doch! Er hat mich auf einen Hungerwechsel gestellt, und doch wäre es ihm ein leichtes gewesen, wenigstens meine Mutter davon nicht zurückzuhalten, mir die genügenden Mittel zu geben zur unabhängigen Ausbildung meiner Persönlichkeit.
DIREKTOR HASSENREUTER. Das kennt man! Da heißt es Persönlichkeit ausbilden! Dutzende solcher Patrone hab' ich gekannt! Ihr Leben lang arbeiteten sie an der Ausbildung ihrer großen Persönlichkeit! sic! und brachten es schließlich zu nichts weiter als höchstens zu kleinen Schurkereien.
SPITTA. Mein Vater und ich, wir verstehen uns nicht.
DIREKTOR HASSENREUTER. Und wir beide noch weniger, sehr werter Herr Spitta. Ich glaube nicht, daß irgendein gutes Resultat von dieser Unterredung für uns beide zu hoffen ist.
SPITTA. Ich gebe die Hoffnung nicht auf, Herr Direktor.
DIREKTOR HASSENREUTER. Wenn man Sie so stehen sieht, fühlt man sich fast zu der Ansicht geneigt, Sie wären der Prototyp der Bescheidenheit! wenn man Sie näher kennt, denkt man anders.
SPITTA. Ich glaube nicht, daß jemand, auch Sie nicht, einen Menschen von noch nicht einundzwanzig Jahren richtig beurteilen wird.
DIREKTOR HASSENREUTER. Wir Schauspieldirektoren können das, sehr werter Herr Spitta. Wir sehen zu oft, wie manchem braven Sohn redlicher Eltern die Eitelkeit, der Theatertick die bürgerliche Karriere, ja das Leben verdorben hat. Was geschehen ist, ist leider geschehen. Sie sind ein

verkappter Don Juan, was ich niemals in Ihnen vermutet
hätte. Den Schmetterlingsstaub haben Sie meiner Tochter
aber ja nun einmal von den Flügeln abgestreift. Da ist nun
nichts weiter zu reparieren. Also, gehen Sie! gehen Sie ungehindert! Machen Sie Ihren Weg mit dem Vorwurf im
Herzen, so schlecht oder gut Sie können, in der Welt. Wenn
Ihnen jedoch an einem Rat was gelegen ist, machen Sie
kehrt hier im Augenblick, und gehen Sie als zerknirschter,
verlorener Sohn zu Ihrem Herrn Vater zurück. Und wenn
Sie mit ihm das gemästete Kalb essen, dann, dann — *er
steht auf und schleudert das Falzbein fort* — hoff' ich, daß Sie
bei gutem Appetite sind.

SPITTA. Haben Sie, Herr Direktor, als Sie mit siebzehn Jahren
aus dem Gymnasium Schulpforta ausbrachen, um in einer
kleinen Schmiere in Korbetha oder dortherum als Schauspieler aufzutreten ... ich meine, haben Sie nachher das,
was Sie mir raten, auch getan?

DIREKTOR HASSENREUTER. Schulpforta? Korbetha? Wieso
wissen Sie das?

SPITTA. Ich weiß das von meiner Braut, Herr Direktor.

DIREKTOR HASSENREUTER. Werden Sie hier nicht abgeschmackt! Und was meine eigene frühere Handlungsweise
betrifft, quod licet Jovi, non licet bovi, mein Bester. Mein
Vater war ein verknöcherter höherer Bürokrat! Das sind
Leute, mit denen meist über Kunst nicht zu disputieren ist.
Dafür hatten wir ein Genie von Mutter. Wir waren ein
Viergespann von Söhnen, Donnerwetter noch mal, mit
denen nicht so leicht eine andere Quadriga, geschweige
irgendein beliebiger Landgaul zu vergleichen ist.

SPITTA. Danke. Ich schätze die göttliche Grobheit hoch, Herr
Direktor.

DIREKTOR HASSENREUTER. Vier Kerls wie uns mußte natürlich die Welt zu eng werden. Mein ältester Bruder ist Zei-
tungsverleger in Buenos Aires geworden. Der Zweite ist der
Direktor der Süddeutschen Farbwerke. Der Jüngste ist
Leibarzt beim Sultan Abdul Hamid im Yldyskiosk. Wir
liefen vom Start wie die englischen Rennpferde, mit einem
Feuer, was mir an Ihnen bis jetzt nicht aufgefallen ist.

SPITTA. Es brennt vielleicht innerlich, Herr Direktor.

DIREKTOR HASSENREUTER. Und sagen Sie selbst, wo wollen
Sie hin, was soll der Angelpunkt Ihrer verfehlten Karriere
sein?

spitta. Erstlich der Glaube an mich selbst, wie mir scheint, und dann meine Liebe zu Walburga.

direktor hassenreuter. Papperlapapp! Das kennt man schon! In einem Jahr wird irgendeine Guste, Liese oder Karline an Walburgas Stelle getreten sein! Und das ist auch natürlich bei Ihrem Alter.

spitta. Das ist gar nicht natürlich. Sie irren sich.

direktor hassenreuter. Mensch, vermurksen Sie sich doch selbst durch irgendeine lächerliche Verlobung Ihr Leben nicht. Wollen Sie vielleicht acht Jahre Pfoten kauen und auf die Heirat lauern, bis meine Tochter eine alte krumme Hutzel geworden ist? Oder wollen Sie vielleicht gleich heiraten und — wovon wollen Sie leben? — Ihre Frau aus Ihrem Papierkorb sattfüttern? Soll sie vielleicht ungedruckte Romane und unaufgeführte Dramen als Mittagessen hinunterschlucken? Das geht nicht! Sie mögen sich ruhig bei mir erkundigen, was dieses Mädel für einen Appetit, was sie für eine Nahrungsaufnahme, was sie für einen Straußenmagen besitzt. Sie würden Ihr blaues Wunder erleben.

spitta. Nun, indem ich Ihnen diesen Besuch mache, genüge ich einer Anstandspflicht. Und ich glaube, diese Pflicht ist erfüllt, Herr Direktor. Im übrigen ist das Verhältnis von Walburga und mir eine Sache, über die nicht mehr zu diskutieren ist.

direktor hassenreuter. Nicht möglich! Was Sie sagen, Herr Spitta!

spitta. Ich habe nämlich auch eine Mutter, die nicht weniger genial als die Ihrige ist und die einem Sohn das Leben gegeben hat, der von einer sehr zähen Energie besessen und dem die Welt auch wie Ihnen und Ihren Brüdern zu enge ist.

direktor hassenreuter, *abwehrend*. Punktum...

spitta. Jawohl Punktum, Herr Direktor.

direktor hassenreuter. Ich sage Punktum und meine damit, von dieser jugendlich unreifen, leichtsinnig eingefädelten Eselei zwischen meiner Tochter und Ihnen darf ferner nicht mehr die Rede sein. Und nun setzen Sie sich: ich muß jetzt mal einige Briefe öffnen. *Er hat es schon getan und fährt fort, sehr gewandt mit dem Falzbein Korrespondenzen zu öffnen.* Werden Sie was! Erobern Sie einen Platz in der Welt! Und dann fragen Sie wieder nach, meinethalb! Wer da hat, dem wird gegeben. — Betrachten Sie diese Gratula-

tionsbriefe, die mir seit dem Bekanntwerden meiner Straßburger Wahl zugegangen sind! Vorher hat sich kein Hund
um mich gekümmert. Im Unglück erstaunt man, wie wenig, im Glücke dagegen, wie viele Freunde man doch besitzt. Also sorgen Sie, daß Sie vorwärtskommen. *Er durch-
forscht die geöffneten Briefe und sieht die Adressen der beiseite gelegten Umschläge nach.* Sind denn die Briefe an
meine Adresse gerichtet? — Jawohl! — Aber ... sapristi!
was bedeutet denn das? *Er springt auf, betrachtet die Briefe
von allen Seiten, nimmt mehrere Zeitungsausschnitte, die
darin enthalten sind, studiert sie, rennt zur Bibliothekstür,
pocht und ruft.* Alice, Fräulein Alice. *Alice Rütterbusch erscheint sogleich mit fragendem Gesichtsausdruck.* Sehen Sie
hier doch gefälligst mal mit mir diese Gratulationsbriefe
nach! Ich lese und lese, und mehr [sic] ich lese, je mehr
komm' ich mir vor, als ging' mir ein Mühlrad im Kopf
herum. *Er reicht ihr einen Brief.* Was steht denn hier?
ALICE RÜTTERBUSCH *liest.* »Wir gratulieren zum neuen Stammhalter. Nennen Sie ihn doch Mottenprinz, und eröffnen
Sie mit ihm einen Flohzirkus.«
DIREKTOR HASSENREUTER, *sehr ernst, zu der ebenso ernst drein-
schauenden und befremdeten Alice, indem er ihr einen zweiten
Brief reicht.* Lesen Sie hier diesen zweiten Brief.
ALICE RÜTTERBUSCH *tut, wie ihr geheißen.* Überschrift: »Der
Storch beim Maskenverleiher.«
DIREKTOR HASSENREUTER. Maskenverleiher? Nicht übel! Lies
weiter, mein Kind.
ALICE RÜTTERBUSCH *liest.*
Die Störche hatten Maskenball,
das ließ sich nicht verhindern.
Sie zogen aus, um überall
die Maskenverleiher zu plündern.
Sie hatten kein Geld, drum, Knall und Fall,
bezahlten sie mit Kindern.
Unterschrift: »Ein Schlaumeier.«
DIREKTOR HASSENREUTER. So geht es weiter. — Kann mir ein
Mensch erklären, womit ich plötzlich unschuldigerweise
zum Gegenstand dieser wilden Schmähkampagne gewor-
den bin?
ALICE RÜTTERBUSCH *zieht ein Zeitungsblatt hervor.* Haben Sie
diese Zeitungsnotiz gelesen? Ein Geschreibsel, das mich
schon heute morgen nit schlecht gegiftet hat.

DIREKTOR HASSENREUTER *setzt eine Brille auf, studiert das Blatt.* Was? Überschrift ebenfalls: »Storch beim Maskenverleiher?« *Er überfliegt die Notiz.* »Bei einem verkrachten Schmierendirektor in der Vorstadt« — sic! —, »der alte Kostüme und Theaterlappen im Dachboden einer wegen Baufälligkeit außer Dienst gestellten Reiterkaserne notdürftig untergebracht hat, wurde durch Junker Adebar und Genossen ein höchst mysteriöser Trick ausgeführt. Als nämlich der arme Jünger des Thespis und Diener Thaliens, dessen räderloser Karren leider so gründlich zum Stillstand gekommen ist« — ach wirklich? —, »sich jüngst auf den Boden begeben wollte, wahrscheinlich um sich davon zu überführen, wie hinfällig alle irdische Größe ist, fand er auf einem Berg alter Lumpen — was wohl? ein neugeborenes Kind. Ob nun dem ehemaligen Bonvivant und Liebling der Grazien zu Neutomischel eine Dame seiner Kreise« — ist der Kerl irrsinnig? — »oder womöglich die eigene Tochter dieses nette Geburtstagsgeschenk...« Mein Hut! mein Stock! Ich laufe zur Redaktion! Wie heißt dieses Blatt? Wie heißt dieser Lümmel? dieser Ehrabschneider und Schuft, durch den der Ehrenschild, der Schild meiner Ehre ... dieser Lumpenhund! Ich werde ihn finden! durch den der Schild meiner Ehre auf diese perfide Weise besudelt wird. Ich zerschlage dem Schuft alle Knochen im Leibe! *Es klingelt. Spitta geht, um die Tür zu öffnen.*

WALBURGA, *mit Entschluß vor ihren Papa tretend.* Papa, ich bin gestern gerichtlich vernommen worden ... Das Kind ... ich stehe nämlich mit der Sache in einem gewissen Zusammenhang.

DIREKTOR HASSENREUTER. Gerichtlich vernommen? Du, Walburga?

WALBURGA. Ja, Papa, weil ich ... weil ich an einem Sonntag, hinter deinem Rücken, mit Herrn Spitta, hier oben...

DIREKTOR HASSENREUTER, *entsetzt.* Schweig, wenn du nicht willst, daß über deinem alten Vater Himmel und Erde zusammenbricht.

WALBURGA. Nein, Papa, ich muß dir die Wahrheit sagen.

DIREKTOR HASSENREUTER *packt sie hart bei beiden Händen.* Die Wahrheit? Was? Hast du dir denn auch klargemacht, daß, wenn das wahr ist, und du, du, du, Walburga ... daß dann ohne Gnade! — ohne Gnade ... einstweilen aber versteh' ich dich nicht.

WALBURGA. Durch Zufall bin ich hier auf deinem Boden Zeuge von einem Ereignis geworden, das irgendwie mit diesem Zeitungsartikel in Verbindung steht. Es ist wirklich dort oben ein Kindchen geboren worden...

DIREKTOR HASSENREUTER. Kein Wort mehr! kein Wort mehr! Ich sehe rot! ... Du wirst nicht wollen, daß dein Vater womöglich zum Mörder an seiner Tochter wird.

WALBURGA. Schlag mich, Papa, wenn ich schuldig bin. Aber ich habe nicht einmal gewußt, was vorgeht, als das arme Dienstmädchen und Frau John da oben herumgekrochen sind und das Kleine zur Welt gekommen ist. Es ist bei Frau John in Pflege gewesen. Denn, denk mal, Papa: alle Leute sagen, unsere Aufwartefrau habe wirklich kein eigenes Kind.

DIREKTOR HASSENREUTER *läßt sie los.* So! — Wart mal! — Laß mir mal Zeit, Walburga! — Also du ... also du jedenfalls ...? Himmel, ich knicke ja in den Kniekehlen! der bloße Verdacht hat mich dreißig Jahr älter gemacht! — Nun sprich: warum bist du vernommen worden?

WALBURGA. Papa, es steht ja schon in den Zeitungen, daß ein Dienstmädchen Piperkarcka auf eine mysteriöse Weise verschwunden ist. Dieselbe, Papa, sagt der Herr Hausmeister, die behauptet hat, sie habe ihr Kind bei Frau John in Pflege gehabt. Es heißt allgemein, die John habe das Kind des Mädchens auf betrügerische Weise an sich gebracht und als ihr eigenes ausgegeben.

DIREKTOR HASSENREUTER. Die John? — Nimmermehr! — Diese redliche Frau? — das glaube ich nicht! *Spitta kommt mit Alma Knobbe zurück.* Wer ist denn das Mädchen? Was willst du denn?

SPITTA. Es ist Alma, die Tochter von Frau Knobbe, die neulich hier oben war, Herr Direktor. Sie sucht Frau John...

DIREKTOR HASSENREUTER. Ist Frau John auf dem Oberboden?

WALBURGA. Jawohl, Papa.

DIREKTOR HASSENREUTER, *zu Alma.* Dort ist die Tür. Also geh zu Frau John.

ALMA *eilt über die Treppe hinauf und findet die Bodentür abgeschlossen.* Et is zujeschlossen.

WALBURGA *geht und rüttelt an der Tür.* Frau John, Frau John!

DIREKTOR HASSENREUTER. Geht es nicht auf?

WALBURGA. Nein, Papa. Der Schlüssel ist innen steckengelassen.

DIREKTOR HASSENREUTER, *zu Alma.* Was willst du denn eigentlich von Frau John?

ALMA *platzt heraus.* Polizei is unten. Se wollen Adelbertchen fortschleppen.

DIREKTOR HASSENREUTER. Ist das Kind unten?

ALMA. Nee, et is uff'n Boden, bei Frau John.

DIREKTOR HASSENREUTER *zieht Alma energisch von der Treppe herunter.* Dann kommst du hierher und sagst kein Wort. Mit meiner Bewilligung wirst du der Behörde nicht in ihre Maßnahmen hineinpfuschen. Frau John und du, ihr scheint ja recht eng miteinander verbunden zu sein.

ALMA. Det is ooch! Frau John will von mich Bescheid wissen! Ick weeß nischt! Ick jeheere bei Mutter John. Hat mich Schutzmann Schierke rechts und links eene runterjelangt! Nu jrade! Det nennt so'n Ochse Koppnisse! Ick steh' bei Frau John, ick wanke und weiche nich.

DIREKTOR HASSENREUTER. Soso! Das ist ja immerhin recht bemerkenswert, daß sie mit einem solchen Früchtchen, wie du bist, auf einem so überraschend intimen Fuße ist. Die John! die John! so alt man ist, immer muß man wieder mal umlernen.

ALMA *schreit gegen die Bodentür.* Polizei will Ihr Kind abholen, Mutter John.

DIREKTOR HASSENREUTER. Wirklich? Will sie das? Ist es so weit gekommen? Dann Hand von den Rockschößen! Ich bin ohne Erbarmen, wenn ich wirklich diese Schlange am Busen genährt habe.

Maurerpolier John, entstellt von einer fast wahnsinnigen Aufregung, erscheint.

ALMA. Se lassen mir hier nich zu Ihre Frau, Herr John.

JOHN. Se solln det Mächen zu Muttern lassen.

DIREKTOR HASSENREUTER. Nur immer ruhig Blut, bester Herr John. Vergessen Sie nicht, wo Sie sich befinden, daß Sie hier in meinen und nicht in Ihren eignen vier Pfählen sind.

JOHN. Herr Direkter, Sie wissen nich, wat de Menschen hinter uns her zischeln, knurren, beißen, bellen und wie Welfe Muttern und mir uff de Fersen sind. Ick fürcht' mir nich leicht, aber ick kann nich mehr for mir einstehn! Bald weeß ick mir keenen Rat nich mehr mit. Als wie wenn ick'n doller Hund wär', und alle Welt will mir mit Knüppel dotschlagen.

DIREKTOR HASSENREUTER. Homo homini lupus, Maurerpolier John.

JOHN. Da soll an een Zimmerplatz oder een Neubau unter een jroßen Fliederstrauch 'n dotet Mächen jefunden sein, und det soll sind de Mutter von unse Kindken jewesen, wo ick doch weeß, det Jette seit dreiviertel Jahr Tag und Nacht an Kinderjäckchen, Kindermützken und Windeln jestichelt hat. Ick treibe mir rum! Ick wage mir jar nich mehr zu Hause! Nu komm' ick, drei Tage lang ha ick schon nich keen Auche mehr zujemacht, und denn heeßt et: eene Bande von Polizei will komm und bei uns inbrechen und jehn uff Kindesraub! Aber ehr ick mein Kindeken rausjeben tu', denn jiebt et'n Unglück! denn solln se sehn, det Mauerpolier John... wozu fähig ist.

DIREKTOR HASSENREUTER. Jawohl, jawohl, ich begreife Ihren Schmerz, ich begreife Ihre Erregung, wenn Sie sich so in Ihrer Hoffnung betrogen sehen, um Ihr Glück geprellt sehen sollten, lieber Herr John. Nur machen Sie sich nicht etwa durch Widerstand gegen die Staatsgewalt doppelt unglücklich.

JOHN. Wat Mutter jetan hat, weeß ick nich! Det aber weeß ick: mein Kind is mein Kind! Det kann mir keene Staatsjewalt nich antasten. Wo Mutter schlecht is, denn muß det sind! denn kehr' ick mir ab und jeh' mit mein Kind nach Amerika, wo Poliere jesucht sind und bannig Jeld machen. *Ein Polizeileutnant kommt, gefolgt von Schierke, Quaquaro und einigen Schutzleuten, die an der Türe Wache halten. John gegen die Eintretenden.* Hier steh' ick! Soll eener ma komm und mir int Jesicht mit so 'ne verfluchte Lieche ankieken.

DER POLIZEILEUTNANT. Machen Sie hier nicht wieder Ihren Skandal, Maurerpolier John.

JOHN. Bis det ick nich dot uff de Erde falle, det kenn Se jlooben, schweig' ick nich.

DER POLIZEILEUTNANT. Dann bleibt uns nichts übrig, als Sie zu sistieren. Ich hab' Sie gewarnt. Ziehen Sie sich nicht unnütz Haftstrafe oder noch mehr auf den Hals.

JOHN. Eh ick det zujebe, det von Schergen mein Kindchen aus meine Wohnung jerissen wird... denn komm' ick Zuchthaus, denn seh' ick meinswechen noch hin, wo ick hinkomme.

DER POLIZEILEUTNANT. Ich habe mit Ihnen nichts zu tun. *Er*

faßt plötzlich Alma ums Handgelenk und übergibt sie einem Beamten. Du bist verhaftet.

DIREKTOR HASSENREUTER. Darf ich fragen, Herr Leutnant, um was es sich handelt?

DER POLIZEILEUTNANT. Ich bedaure, wenn ich hier stören muß.

DIREKTOR HASSENREUTER. Ist es richtig, daß die John, meine Aufwartefrau, der Kindesunterschiebung verdächtig ist?

DER POLIZEILEUTNANT. Das ist sie. Aber das ist nicht der schwerste Verdacht, der auf ihr lastet: da, wie Sie vielleicht schon wissen, die echte Mutter auf eine noch unaufgeklärte Weise verschleppt und ermordet worden ist.

JOHN. Wat? So wat soll meine Olle verübt haben?

DER POLIZEILEUTNANT. Schweigen Sie, Mensch, und tun Sie nicht so, als ob Sie nicht ganz genau wüßten, mit welchen dunklen Elementen Ihre Frau durch ihren Bruder, den Maschinenschlosser Mechelke, in ständiger Fühlung ist.

JOHN, *Alma anfassend.* Und det Mächen? Wat soll mit det Mächen sind?

DER POLIZEILEUTNANT. Das fragen Sie sie mal! Sie wird schon Bescheid wissen.

JOHN, *unsicher.* Wat heeßt det, Alma?

ALMA. Det is nich wahr, det ick soll Ihre Frau hier behilflich jewesen sind, mit Schmierestehn und so und dergleichen, und det ick soll haben dem kleenet Kind von det polsche Mächen bei Nacht unter meine Schürze, wie'n Kerbchen Wäsche, runter in Mutter Johns Wohnung jebracht. Wer det sacht... det is allens jemeiner Schwindel jewesen.

SCHIERKE. Jewiß doch! wat soll det ooch anders jewesen sind. *Alma wird abgeführt.*

JOHN. Mutter! Mutter! Komm runter! Se wollen uns de Ehre abschneiden! Komm runter! Komm runter bei dein Mann, wo unter Räuber und Halunken jefallen is. *Er rüttelt an der Bodentür.*

DER POLIZEILEUTNANT. Zurück! *Er winkt, und die Beamten holen John von der Treppe und halten ihn fest, da er sich wehrt.*

JOHN *wird ruhig.* Jawoll! Ick will ooch verhaftet sind. Ihr könnt mir nach Plötzensee, meecht mir nach Dalldorf fortschaffen. Ick ruhe nich eher, bis det mein Kindeken, von Räuber und Mörder unjeschoren, in meine Hände is.

Frau John erscheint überraschend in der Bodentür. Sie trägt einen Holzklotz wie einen Säugling im Arm.
FRAU JOHN. Pst, nich zu verrufen! Jott segen 'n, Jott stärk'. Wat schreiste denn, Paul? Adelbertchen wird uffwachen!
JOHN. Da biste ja, Mutter! Nu sache de Leite, wo uns nachsetzen, det du keen Teifel, det du keen Bluthund, det du keen Hyäne aus'n Zooloschen Jachten bist! un det ick...
FRAU JOHN. Pst. *Sie spricht sehr schnell, ganz abwesend.*
    Des Morgens im Taun
    jingen drei Fraun.
    Die eine sucht' Blut,
    die andre fand Blut,
    die dritte sagt: »Steh still, Blut!«
DER POLIZEILEUTNANT *hat die John aufmerksam angesehen, ruhig.* Sie sind verhaftet.
FRAU JOHN. Nich zu verrufen! Jott segen', Jott stärk'! Pst! Brunochen schläft mit offene Oochen.
JOHN. Jette, sich mir ma an, wer bin ick denn?
FRAU JOHN, *mit einer Art Hofknicks, haucht.* Das Jewissen.
JOHN. Wer?
FRAU JOHN, *wie vorher.* Nee nee, Paul, det Jeld bleibt in de Familie.
JOHN. Mutter, wach uff, hier spricht keens von Jeld. Hier...
FRAU JOHN *knickst.* Ick bin kalt, Herr Jerichtsrat! Ick bin dot, Herr Jerichtsrat.
JOHN *packt seine Frau, wie um sie aufzurütteln.* Mutter! wat ham se mit dich jemacht, Mutter? Ick bin Paul, ick bin Paul, Jette, heerste denn nich?
DIREKTOR HASSENREUTER, *erschüttert, drängt ihn sanft zurück.* Es ist vergebliche Mühe, Herr John.
FRAU JOHN. Nich doch! nehmt ma dem Steen raus! Wer hat denn die Frau — wie? wat? — die Frau, wo hier in den Sarche liecht — nich verrufen! Jott segen', Jott stärk'! dem Steen uff de Brust jelecht? Pauline, bist du's? I, det is nich Pauline. *Sie hat pantomimisch sich so betragen, als ob der Sarg mit der Toten vor ihr stünde, und dabei kniend das Klotz auf die Erde gelegt. Sie läßt nun verstummend ihre Augen immer von Kopf zu Fuß und von Fuß zu Kopf der vermeintlichen Toten laufen.*
JOHN, *sich plötzlich erinnernd.* Jette, Jette, wo is unse Kind? *Auf diese Worte hin springen Spitta und Walburga die Bodentreppe hinauf und verschwinden auf den Oberboden.*

Schierke folgt ihnen. Maurerpolier John tut einige Schritte hinter ihnen drein, droht aber unterwegs umzufallen und wird von Quaquaro festgehalten.

QUAQUARO. Paul, du hast mit mich mit Zentner jeturnt und hast schwerer jehoben als wie icke...

FRAU JOHN, *wie vorher, noch auf der Erde.* Det is Mauerpolier John seine Frau! Det is nich Pauline! Nich zu verrufen! Jesus Christus jing durch's janze Land, er heilt und kühlt mit seiner Hand! Wo hier in Sarche liecht, is nich Pauline! Wer hat mich det Kind unter meine zwee dote Füße jelecht? Adelbertchen muß Mutterchen an die Brust liejen. *Sie legt das Klotz höher hinauf.* Wenn ooch armet Mutterken dot is, det trinken kann und in Ordnung is.

JOHN, *furchtbar aufröchelnd.* Det is nich wahr, det hier mit meine zwee Oochen sehe.

FRAU JOHN. Um welche Zeit war det? Nich verrufen! Der Mond hat'n jroßen Hof jehat? Wat bellste denn? Pst! Uff'n Zimmerplatz heult'n Hund! Mach man! Jiftbrocken ieber de Planke werfen! Wech mit! Weiße Bohnen, Knoblauch un Baldrian! Wat läßte mir immer alleene, Paul? Wech mit! Unter de Erde mit! *Sie hat Bewegungen gemacht, als ob sie die Erde mit den Nägeln aufkratzen wollte. Darin unterbricht sie sich und haucht dann seufzend.* Bruno, du jehst uff schlechte Weche.

DER POLIZEILEUTNANT, *zum Direktor.* Da haben wir's ja. Der Mensch wird gesucht. Es wird nahezu zur Gewißheit, daß die Piperkarcka durch ihn aus dem Wege geräumt worden ist.

FRAU JOHN *springt auf, verändert, ohne den Holzklotz.* Det bleibt, det bleibt, bis Pauliken aus'n Siebziger Kriege wiederkommt. *Sie singt.*

> Ziehet durch, ziehet durch,
> durch die joldne Brücke!
> Se is inzwei, se is inzwei,
> wir wolln se wieder flicken.
> Hier is jrün und da is jrün
> wohl unter meinen Füßen... etc.

Sie geht singend ab, von einigen Beamten begleitet und gefolgt von John, der vollständig gebrochen ist, abwechselnd »Jette« und »Mutter« sagt und von Quaquaro mühsam auf den Beinen gehalten wird.

DIREKTOR HASSENREUTER. Sie gehört vor den Arzt und nicht vor den Richter.
DER POLIZEILEUTNANT. Was in ihrem Fall für die Frau tatsächlich die Rettung ist.
DIREKTOR HASSENREUTER. Und der Mann?
DER POLIZEILEUTNANT. Der Mann steht nicht unter Anklage. Man nimmt an, daß er selbst auf das allergröblichste hintergangen ist.
DIREKTOR HASSENREUTER. Wenn nur nicht diese arme Person das schuldlose Kind in ihren Untergang mit hineingezogen hat. *Spitta bringt in einem sauberen Körbchen das Kind durch die Oberbodentür, von Walburga und Schierke geleitet.*
WALBURGA. Nein, hier ist es, Papa. Es ist am Leben.
DER POLIZEILEUTNANT. Schierke, Sie sind für das Kind verantwortlich. *Er grüßt und geht schnell ab. Spitta stellt das Körbchen mit dem Kinde mitten auf den Tisch.*
DIREKTOR HASSENREUTER, *am Tisch, bei dem Kinde.* Laßt mal sehen! Nun, Gott sei Dank, daß wenigstens dieses ahnungslose kleine Geschöpf noch erhalten geblieben ist! — So! Spitta, bringen Sie mal einen Stuhl! *Es geschieht. Er läßt sich hineinsinken.* Ich gestehe offen, daß ich ganz unvorbereitet... daß ich von dieser Tragik, diesem tragischen Aufruhr in der Mietskaserne vollständig überrumpelt worden bin.
SPITTA. Sagten Sie tragisch, Herr Direktor?
DIREKTOR HASSENREUTER. Die John ist eine Verbrecherin! Ich würde das niemals von ihr geglaubt haben! aber ich habe sie auch gute zehn bis zwanzig Sekunden, als sie oben erschien, für eine mir vollkommen fremde Frau angesehn und ganz allmählich erst wiedererkannt. Bis sie so weit gekommen ist, diese John, muß sie im Schutz ihrer Niedrigkeit Ungeheures erlebt und durchlitten haben. Ich muß mich erkundigen. Nein, nein, ich glaube nicht, daß meine Vermutung unrichtig ist.
SCHIERKE. Na ja, aber wat wird nu mit so'n Kind. Vater war jestern uff unser Bezirksbüro. Sacht, det de Pauline Piperkarcka alle Mannsbilder nachjeloofen is. Will von de Vaterschaft nischt for wahr haben. Is heute mittag sojar uff't Standesamt an de Fischerbrücke mit eene reiche Karussellbesitzerswitwe jetraut. An Ende is et nu eejentlich schade for det Wurm, det de John nich in ihre Mutterfunktion jeblieben is.

DIREKTOR HASSENREUTER. Eine Frau aus dem Volk, deren mütterliche Eignung ich als Kindernarr, der ich bin, buchstäblich bewundert habe. Wie proper, wie sauber liegt dieser Bengel im Bettchen drin! Die Themis ist blind! Schade um dich, kleiner Massenartikel.
SPITTA. Ich bin überzeugt: seine wahre Mutter hat dieses Kind mit der John eingebüßt.
SCHIERKE. Privatflege, Städtisches Waisenhaus, und nu jar, wo hätte de Kielbacken in de Mache jekricht. Staatsanwalt kann se man immer nich fassen. Hat immer sechse, achte zu liejen in Flege, wo heechstens pro forma ma eens un's andere leben jeblieben is.
DIREKTOR HASSENREUTER. Ich meinesteils hätte dich der John, dir die John gegönnt, und der Maurerpolier! dieser Prachtmensch von Vater! *Zu dem Kinde.* Du weißt nichts davon, und doch warst du reich und bist heut um wahre Krösusreichtümer an zärtlicher Sorge, Liebe und Treue ärmer geworden! auch wenn du, bei allem Unglück zu deinem Glück, nicht umsonst gerade auf dem Theaterboden des Direktors Hassenreuter gelandet bist. Freilich, die John wird dir keiner ersetzen.
SPITTA. Wäre ich Richter in Israel...
DIREKTOR HASSENREUTER. Sie würden der John ein Denkmal errichten. Das geht nicht! Der Weltlauf, mein Lieber, ist von jeher recht wunderlich. — Was ist tragische Ironie, guter Spitta?
SPITTA. Alle menschliche Ironie, weil sie ohnmächtig ist.
DIREKTOR HASSENREUTER. Und was halten Sie von der göttlichen?
SPITTA. Daß Sein ein wahrhaft grauenhaftes Bedürfnis der seligen Götter ist.
DIREKTOR HASSENREUTER, *zu Walburga.* Für seine Jugend ist dein Freund reichlich alt, gute Walburga. Was nützt das, wenn wir auch noch so fatale Gesichter schneiden? Was bleibt uns übrig, als trotz alledem gläubig, tätig, heiter und zuversichtlich zu sein? Unser Leben kann nicht anders gelebt werden! Sorge dafür, daß die Laune des Jünglings menschlicher wird.
WALBURGA *umhalst ihn.* Geliebter Papa!
DIREKTOR HASSENREUTER *streichelt ihren Kopf, bewegt.* Schlimme, schlimme Walburga.

FESTSPIEL IN DEUTSCHEN REIMEN

Editorische Bemerkung

Die im folgenden abgedruckten Paralipomena entstanden in der zweiten Hälfte des Jahres 1912.

[I, 1—2]: Erster, fragmentarischer Ansatz, der aus einem Entwurf und einem Szenenbruchstück besteht.
[II, 1—2 a. b. c.]: Einzelne Textpartien in früherer Fassung.

[ERSTER ANSATZ]

[1]
[ENTWURF]

Agnetendorf, Montag, den 22. Juli 1912.

Orgelspiel.
Auf einer erhöhten Estrade ein Thron, darauf die Germania.
Sie ist gewappnet wie Pallas Athene. Ihr blondes Haar reicht
bis zur Erde. Im Halbkreis hinter ihr stehen die Genien der
Fruchtbarkeit, der Kraft, der Frömmigkeit, der Arbeit, der
Kunst, der Wissenschaft, des Krieges, des Handels, des Verkehrs, des Friedens.
Unter Fanfaren, die von Herolden geblasen werden, betritt
unter Vorantritt des Bürgermeisters der gesamte Magistrat
der Stadt Breslau in Amtstracht den freien Platz zu Füßen
der Germania.
Die Orgel schweigt.

Der Bürgermeister:
Ansprache an die Mutter Germania. Sie ist in das Weichbild
der Stadt Breslau geladen. Es findet eine symbolische Übergabe der Torschlüssel statt.
Berücksichtige die Geschichte dieser Schlüssel!
Es soll durch große Feste der Mutter Germania gehuldigt
werden. »Wir alle sind aus dir, deine Kinder, und wollen nun
sehen, wie wir vor dir bestehen.«

Germania:
Jahrtausende durchschauern mich.
Ich horche in mich. Ich sehe in mich.
Ich bin ein Weib und blicke in den Spiegel.
Ich werde eure Feste sehen, als blickte ich
im [ins] Spiegelglas und sähe mein Spiegelbild.
Ihr alle seid meine Seele, denn eure Sprache
ist mein Seelenhauch.
Ich danke euch für das Festliche, denn
es befreit die Seelen aus ihrem Kerker.

Wo das wahre Fest ist, dort ist das wahre Licht.
Gott sprach: »Es werde Licht«, und die Welt ward festlich.
Wenn etwas im Bereich meines Körpers nicht
dem Festlichen offensteht, nicht von
den Vibrationen heiliger Freude
getroffen werden kann, so ist es
krankes Gebiet, Leidensgebiet, stockender Kreislauf
der Kräfte.
Aber das Festliche ist nicht flach, sondern hoch,
nicht seicht, sondern tief, nicht weichlich, sondern voll Kraft,
nicht feig, sondern voll Todesmut, nicht blind, sondern
[sehend,
voll Erkenntnis des Bösen und Guten, des Schmerzes und
[des Glücks.
Ich hoffe also, ihr werdet mir nicht
mit weichlichem Gesäusel schmeicheln.
Vergeßt nicht: ich bin der Acker, den der Pflug zerriß,
der die Saat hervorbrachte, bin die Ernte und die Schnitterin.
Ich habe die Schmerzen der Gebärerin durchgemacht
und sah meine Kinder unter Feindeshänden,
zahlreich wie Halme, blutend hinsinken.
Mein Körper ist mit Narben bedeckt.
Ich habe Gewalttat und Schande erduldet
und Dinge gesehen, die wohl kaum
einer von euch zu ertragen vermöchte.
Ihr wißt, ich bin nicht unsterblich,
aber älter wie ihr alle,
die ihr Eintagsfliegen vor meinem Blicke seid.
Ich bin nicht unsterblich und
war mitunter dem Tode nah.

Der Bürgermeister:
Du weißt mehr als wir, Mutter,
und wenn wir dich luden zum Fest,
so taten wir es, weil nur du
dem Feste das Leben geben kannst,
das heißt das Festliche.
Wir wissen, unsere Stadt, unser Festplatz
ist zu eng für dich.
Unser Spiel wird vor deinem Auge,
in deiner Seele sein wie ein
in der Sonne spielender Mückenschwarm.

Denen aber, die gekommen sind,
wird es mehr sein.
Wir wollen, dir gehorchend,
die Wahrheit sagen; mögen deine Kinder
der Wahrheit ins Auge sehen.
Das Festliche, das so vieles ist,
sei auch ein Sieg der Wahrhaftigkeit.
Viele deiner Kinder, Germania,
haben vergessen, daß sie deine Kinder sind.
Du hast verlorene Söhne und Töchter
in der ganzen Welt, und es ist eine Schmach,
wie leicht sie dich verleugnen.
Dies höre du, Germania, und dies hört ihr,
die ihr zu eurer Mutter Fest gekommen seid.
Vor allem aber hört ihr es,
verlorene Söhne und Töchter in der Fremde.

Germania:
Du bist ein wackrer Bürgermeister.
Du sprichst wie mein Gewissen zu mir.
Ich habe Vertrauen zu deinem Fest.
Laß es beginnen.

Ein Arbeiter, ein Deutschamerikaner, ärmlich gekleidet, dringt durch die Deputation, wirft sich der Germania zu Füßen und macht ihr dabei die kläglichsten Vorwürfe. Sie habe hart und schlecht an ihm gehandelt, sagt er.

Germania verteidigt sich. Sie sei nicht allein in der Welt und nicht allmächtig. Sie sei Irrtümern unterworfen. Sie sei auch nicht immer gesund gewesen, sondern mitunter krank. Sie sei auch nicht immer ihres tiefsten und reinsten Willens Herr gewesen, sondern oft geradezu eine Gefesselte und Gefangene. Sie habe auch schlechte Söhne und Töchter gehabt, und diese hätten auch zuweilen ihr Vertrauen getäuscht, sie betrogen, zu harten Handlungen verführt.
»Aber ich bin und bleibe eure Mutter«, ruft sie, »was auch immer geschah und geschehen mag. Ich bin auf eure Hilfe, eure Unterstützung, eure Verzeihung, eure Treue ebenso angewiesen, als ihr auf meine Hilfe, Unterstützung, Verzeihung, Treue angewiesen seid. Aber ihr fliegt von mir wie die Motten und verleugnet mich.«

Johann Sebastian Bach tritt auf.

Bach:
Stecke dir diesen Wischer ein, transatlantischer Schwächling, und bessere dich.
Und nun, Herr Bürgermeister, wollte ich fragen, ob ich jetzt mit meinem Orgelspiel endlich anfangen oder etwa wieder nach Leipzig reisen kann. Meiner Mitwirkung wegen bin ich ja eigentlich überhaupt zweifelhaft geworden. Die Menschen von heut in ihrer größten Mehrzahl lieben ja doch eine ganz andere Musik, als ich sie zu machen imstande bin. Ich bin kein Mitglied des herrschenden großen internationalen Tingeltangels. Deshalb habe ich eine Art Lampenfieber vor dieser Generation, wie ich offen gestehen kann.

Der Bürgermeister:
Herr Bach, seien Sie doch nicht ungeduldig. Ihre Musik wird gewürdigt werden. Sie sehen ja, wer zugegen ist.

Bach:
Sie haben ja recht, Mama ist zugegen. Aber schließlich kennt sie ja meine Musik. Denn ich bin ja doch mitsamt meiner Orgel aus ihrem Haupte oder Herzen, jedenfalls wenigstens doch aus ihrem Innern hervorgegangen. Ich habe mich eigentlich nur entschlossen, aus meinem Grabe aufzustehen, weil ich mir sagte, daß hier eine Jahrhunderterinnerung würdig gefeiert werden sollte. Aber ich kann Sie versichern, dahinten ist ein Gewimmel von allerhand Landfahrern und Gauklern, was mit einem Weihefest schwer zu vereinbaren ist. Das wird ein Jahrmarktsrummel, nichts weiter.

Der Bürgermeister:
Seien Sie nur ganz ruhig und beginnen gefälligst mit Ihrer Fuge, Herr Bach.

Er und der gesamte Magistrat nehmen als Zuschauer Platz.

Der Bürgermeister, mit einem Stabe aufstampfend:
Das Spiel beginnt!

Die Stadtknechte rufen:
Das Spiel beginnt!

Ein Planwagen, von einem Hunde und einem Manne gezogen, kommt auf die Bühne, eine zerlumpte Frau hinterher. Am Wagen hängt ein Käfig mit einer lebendigen Eule. Einige lebendige Affen laufen an Ketten mit. In einem zweiten Käfig sitzt ein grauer Papagei.

Die Stadtknechte:
Was wollt ihr hier? Ihr habt hier nichts zu suchen, Landstreicherpack! Hier ist eine äußerst feierliche Gelegenheit. Eine ernste Gelegenheit: denn es sollen tote Freiheitshelden gefeiert werden. Der große Meister Johann Sebastian Bach beginnt in diesem Augenblick sein Requiem.

Im Magistrat:
Frechheit! Dreistigkeit! Unerhört! Verfluchtes Gesindel, willst du dich fortmachen!

Germania:
Haltet, ihr Stadtknechte! — Meine Herren, wenn ihr mir diesen Mann von dem Festplatze jagen wollt, so gehe ich lieber gleich selber vom Festplatze. Denn ohne den möchte ich ebenso gerne Feste feiern, als ich mich mit einem Manne von Holz zum Wein setzen möchte. Ich trage die Verantwortung. Er wird keine Späße machen, wenn Herr Bach spielt, und wenn ihr eine wirkliche Feierlichkeit zu schaffen vermögt, so wird keiner zugegen sein, dessen Ernst tiefer ist. Im übrigen brauche ich seine Späße, wie die Welt und der liebe Herrgott sie braucht, wenn er leben will.

Der Gaukler:
Ich danke Ihnen, verehrte Frau Mutter.
Sie glauben wahrscheinlich, hochmögende Herren, daß ich hier eine zu lumpige Erscheinung mache und in meinem Wagen alle möglichen oder unmöglichen Dinge, nur nicht den nötigen Ernst mitbringe. Glauben Sie mir, ich habe selten anders gelacht, als wenn niemand zugegen ist. Und wenn schon gelacht werden soll, ist es sehr die Frage, ob Sie mich nicht weit mehr zum Lachen reizen als ich Sie in der kommenden Feierlichkeit. Im übrigen bin ich ein deutscher Mann und gehöre dazu, wo Jahrmarkt ist.

Der Bürgermeister:
Wer sind Sie denn?

Der Gaukler:
»Ich bin Eulenspiegel.« Er spricht ins Publikum. »Ich muß sagen, ich bin sehr erstaunt, daß man diese Eröffnung nicht mit tosendem Beifall begrüßt. Es scheint, ich bin unpopulär geworden.«

Germania:
Schwätze nicht, Bengel. Warte, bis du gefragt wirst. Deine Zeit kommt auch noch heran.

Der Zeitgeist tritt auf.

Der Zeitgeist:
Er rühmt sich. Er rühmt sich alles Neuen. Er rühmt sich noch mehr. Er rühmt sich noch mehr: Dampf, Elektrizität, Kanonen, Grammophon, der fliegende Mensch.

Bach, der weggegangen war, kommt wieder.

Bach:
Sollte ich etwa bei diesem Schwall von Selbstlob meine Musik machen? Das kann ich nicht. Da mag ein andrer den Triumphmarsch spielen.

Eulenspiegel:
Dies ist ein Allerweltsgeist, kein deutscher.

Der Zeitgeist:
»Bin ich schon international, so weiß ich doch, daß auch deutsches Blut in mir fließt.« Er fährt fort, sich zu loben.

Germania:
Gehört dies ins Programm des Festspiels, meine Herren?

Der Bürgermeister:
Ja. Es war sozusagen der Beginn. Wir wollten zuerst dem Zeitgeist das Wort erteilen.

Germania:
Nun, da Herr Kantor Bach hier Schwierigkeiten macht, den Triumphmarsch nicht spielen will, so erlauben Sie mir, daß ich mit meiner Musik aushelfe. Jedem von uns leuchtet es ein,

daß dies Lob des Allerjüngsten und Allerneuesten ohne die Musik, die alte gute Musik, zu trocken ist.

Germania winkt, und es zieht unter Gesang ein Chor auf, Sänger mit Vogelköpfen, worin die deutschen Vögel zur Darstellung kommen. Orchesterbegleitung. Die Musik unterbrochen vom Krähen des Hahns, vom Rufen des Kuckucks; die Triller der Lerche, Rufen des Spechts, der Krähe, des Hähers, der Wachtel, des Wiedehopfs et cetera. Man sieht den Storch, den Kranich, hört Schnabelklappern und das Schnarren der Wiesenschnarre.

Germania fordert Zeitgeist auf weiterzusprechen; die Vögel würden ihn musikalisch begleiten.

Der Zeitgeist spricht.

Germania, da die Vögel schweigen: Warum schweigt ihr?

Der Chorführer Nachtigall: Der Zeitgeist ist unser Feind.

Der Bürgermeister bestreitet das, bittet, den Storch zu vernehmen.

Der Storch wird verhört. Macht Umschweife. Auch er werde trotz allem verfolgt.

Der Sperling tritt vor und erklärt, mit seinen Angehörigen das Lob des Zeitgeistes begleiten zu wollen.

Der Zeitgeist ist schon fertig mit seinem Lob und verzichtet auf die Begleitung der Sperlinge.

Die Vögel fragen, ob sie wieder gehen sollen. Germania fragt den Bürgermeister. Man ist allgemein entzückt über ihren Besuch. Sie sollen bleiben.

[2]
[SZENENBRUCHSTÜCK]

Der Magistrat, an der Spitze der Bürgermeister.

DER BÜRGERMEISTER

Bürgermeister und Rat der Stadt
Vratislaviae, genannt Breslau,
treten vor dich, du liebe Frau
Germania, die uns geboren hat.
Wir heißen dich innig hier willkommen.
Wir wollen dir sagen Lob und Dank,
dich preisen den ganzen Sommer lang.
Das soll uns bleiben unbenommen,
daß wir laut sagen, was wir sind:
allesamt deine lieben Kind!
und daß du unsere Mutter treu,
so alt als ewig jung und neu,
voll Liebreiz und an Güte reich
und doch voll Kraft und Mark zugleich.
Gebenedeiet sei dein Leib,
du, unsere Mutter, Braut und Weib.

GERMANIA

Du scheinst mir ein gar deutscher Mann
und scheinst annoch ein lieber Sohn.
Nit immer hört' ich solchen Ton
und solche Worte wohlgetan.
Auch war ich selbst nit immer
ein solches Frauenzimmer,
solch eine Kaiserinne,
umstrahlt von Glanz und Minne.
Das sag' ich laut und ohne Scheu:
mein Leib ist neu, mein Kleid ist neu,
mein Stirn, mein Haupt, mein Herz sind neu,
wieder bin ich geboren
zu Licht und Kraft, zu Mark und Saft
aus tiefsten Leidens Kerkerhaft.
Mein Haar war mir geschoren,
war gar eine Wollezupferin
in nassen Kerkers Wänden,
krank war meine Seele und wirr mein Sinn.

Mein Leben wollt' sich enden.
Und knarrte meines Kerkers Tür,
der Henker trat herein zu mir,
ein Heiland ohn' Erbarmen
mit nackten Schlächtersarmen.
Dann litt ich Pein und aber Pein,
bis daß ich bin entsprungen,
gehetzt, verfolgt landaus, landein
von Schwertern und giftigen Zungen.
Bluthunde lagen auf meine[r] Spur,
als wär' ich eine verfluchte Hur',
mit Mord und Blutschuld beladen.
Verzeih' euch Gott in Gnaden,
die ihr mir das habt angetan.

DER BÜRGERMEISTER
Mutter, vergiß die Schrecken:
die Freude mag sie decken.
Jetzt bist du heilig und hochgeehrt
als starke Mutter, lieb und wert.

GERMANIA
Ah bah, vergessen! I, das wär'!
solcher Jammer vergißt sich nicht mehr.
Weil ihr ein wenig plärrt und singt
und eure großen Glocken schwingt,
so soll ich nicht mehr wissen,
wer mir mein Herz zerrissen,
wer mich mit Hunden hetzte
und mir mein Kleid zerfetzte.
Nennt ihr euch meine Kinder,
sie waren es nicht minder.

DER BÜRGERMEISTER
Vergib. Wir glaubten doch zu wissen,
der Franzmann hat dein Herz zerrissen,
der Mutter heiligen Leib entweiht
und dir zerfetzt dein Purpurkleid.

⟨GERMANIA
Der Korse war von Gott gesandt,
zu greifen mit seiner Eisenhand,
zu packen mit seiner Pranke.

Der Blitz war sein Gedanke,
der Donner seiner Stimme Hall.
Er hat auch mich gegriffen.
Mein Meister, bracht' er mich zu Fall.⟩

GERMANIA

O Weisheit, die von gestern,
'ne Mär für Kaffeeschwestern!
Der Korse hin, der Korse her,
er war ein Mann wie andre mehr,
nur mächtiger und stärker,
ein Riesen-Tagewerker.
Was jeder will und keiner kann,
das hat der Mächtige getan.
Auch mir tat er sie weisen,
die schwere Hand von Eisen.
So alt die Welt ist, war's immer gleich;
wen, Kinder, wundert's unter euch,
wenn einen Weibernacken
zwo Männerhände packen.
Allein, was sie mir angetan,
meine Kind, nicht dieser Mann,
die mich gejagt mit Spieß und Hund,
davon ist mir weit schlimmer wund.

DER BÜRGERMEISTER

Ich bin jetzt wirklich ganz erschreckt,
weil mir dein Lob nicht süße schmeckt.
Mir nicht und nicht uns allen.
Wie soll jetzt unser Schauspiel hier,
du stolze, strenge Mutter, dir
nach alledem gefallen.
Wir hielten es für dich bereit,
zu deiner Ehr' und jener Zeit,
die von dem Korsen dich befreit,
ihn niederwarf mit Kraft und Wucht,
wie Klios Griffel es gebucht.
Wir wollten dir ein Schauspiel geben
von jener Tage heiligem Leben,
wo wie ein Mann das weite Land
für deine Ehre in Waffen stand.
Wir wollten den alten Haudegen

Blücher dir zeigen, leibhaftig ganz
den Scharnhorst, den Stein in ihrem Glanz,
den Yorck und wie sie alle heißen,
die damals die Fahnen trugen in Preußen.
Du solltest hören Waffengeklirr
und schütterndes, ratterndes Kriegsgeschirr.
Wir dachten: sie richtet ihren Blick
gewißlich gern dahin zurück,
wo wie ein Tor, verschlossen lang,
die deutsche Seele weit aufsprang
und aus ihr stieg mit Adlerschwung
der Königsaar Begeisterung.

GERMANIA

Vergib, hochweiser Magistrat,
wenn ich dies ernstlich widerrat'.
Das heißt, ihr Kinder, nicht etwa gar,
ich hätt' was wider den Königsaar.
Diesen Vogel, den sollt ihr euch halten,
ihr Jungen hier gleichwie die Alten.
Auch hab' ich nichts wider die eiserne Zeit,
wo ihr getan so wackere Kriegsarbeit,
das Jahr des Heils achtzehnhundertunddreizehn.
Ich habe nichts gegen den blutigen Weizen,
den ihr noch einmal und noch einmal
mit Sensen geschnitten aus Schwerterstahl.
Solch blutige Ernte mußte geschehn,
sollte ich anders heut unter euch stehn:
nit als Weib von Erz oder Stein,
sundern als Kaiserinne von Fleisch und Bein.
Da ist viel worden gutgemacht
an mir, die bis dahin verlacht und veracht.
Mit Ehr' und Dank sei des gedacht.
Allein, itzt lieget weit und breit
deutscher Friede im Maienkleid.
Da will ich nichts hören von dem Krieg,
genug ist's, daß wir haben den Sieg!
daß ich in Ehren stehe,
rings treue Kinder sehe.

DER SENIOR DER STADTRÄTE

O Fraue, wie mich das wundernimmt,

daß du so unwirsch bist gestimmt
wider der Mannheit Kriegskartaun'
und deutscher Freiheit Triumphposaun'.
Wir wollten sie lassen erschallen,
wie Donner sollt' es hallen.

GERMANIA

Das Donnern laßt dem Herrn Herrgott.
Ruhmredigkeit schafft Kinderspott.
Wohl, daß ein jeder wacker stand
mit Gut und Blut fürs Mutterland,
denn auch in anderen Landen
hat mancher so gestanden.
Und daß ihr meine Meinung wißt:
ein jeder Zwist ist Bruderzwist.
Die Freiheit blüht nit in der Schlacht,
die Sonne strahlt nit in der Nacht.
Die Freiheit ist des Friedens Frucht,
hat nichts zu tun mit Streitsucht,
wächst langsam, langsam nur heran
im Urwalddickicht von Haß und Wahn.
Und kurz, wir wollen Rat halten,
wie wir reiner das Fest gestalten.
Besser ist's, sich nach innen kehren
als friedliche Nachbarn mit Lärmen stören,
vor aller Welt sich blähen und zeigen
und über empfangene Schläge schweigen.
Viel baß forschet nach, liebe Kinderlein,
ob wir der Freiheit würdige Gärtner sein,
die, wie ihr ja alle wißt,
noch ein recht winziges Bäumlein ist,
dessen Blüten noch immer im Frühling mehr
versprochen, als sie gehalten nachher.
Seit er verpflanzt aus dem Paradies,
trug er nur Früchtlein sauersüß,
der Freiheitsbaum, den ich jetzt mein'.
Doch warten wir der Äpfelein,
daß sie einstmals reif und rund
füllen der Menschheit hungrigen Mund.
Des Baumes Keim, wie jeder weiß,
stammet ja aus dem Paradeis
und ward herausgetragen

in Adams und Evas Magen,
weil er, wie ihr vielleicht nicht wißt,
im Sündenapfel gewesen ist.
Wer weiß nicht das Bewändtnis
vom Baume der Erkenntnis!
Kaum hatte Adam den Bissen geschlungen hinein,
sprach Gott: Er ist nun geworden wie unserein,
Erkenntnis ist nicht für jeden,
nit mal im Garten Eden.
So ward Adam, Gott gleich,
verstoßen aus dem Himmelreich.
Und auch Eva, die Männinne,
ward zur allwissenden Göttinne.
Gott und Göttin mit Stolz und Kraft
haben mit Schweiß und Mühe geschafft,
bis die Wüste in Früchten stand,
als wär's das verlassene Wunderland.
Aber Kain und Abel waren nicht mehr
als Adam und Eva gewesen vorher,
eh sie die Frucht der Erkenntnis genossen,
dazu aus dem Garten Eden verstoßen.
Und was da drinnen gut und recht,
ward draußen hilflose Unschuld und schlecht,
wo es galt, mit Dämonen ringen
und feindliche Bestien niederzwingen. —
Wie wär's, ihr laßt Adam und Eva auftreten
und lasset sie ihr Gesätzlein herbeten,
wie sie pflanzten das heilige Reis
der Erkenntnis auf welche Weis'
und wie es dann nit recht wollt' sprießen,
obgleich sie es täten gar sorgsam begießen,
wo alles andere doch munter sproß
und Früchte reich umherum schoß.
Ein nacktes Weib, ein nackter Mann,
so fing sich alles Leben an:
mag euer Fest also anheben,
wie sich einst anhub das Erdenleben.

[II, 1–2 a. b. c.]

[EINZELNE TEXTPARTIEN
IN FRÜHERER FASSUNG]

[1]

[Frühere Fassung des Textes von Bd. II, S. 961, Zeile 40 bis S. 967, Zeile 18.]

Unter Vortritt einer Schar Narren mit Schellenkappen und Peitschen wird von allerhand Masken ein Wagen hereingezogen, auf dem ein riesiger Fastnachtspopanz thront: eine mit Stroh gestopfte, lächerlich kostümierte Puppe, die den Kaiser des Römischen Reichs Deutscher Nation im vollen Ornat mit Zepter und Reichsapfel persifliert. Dem Wagen folgt ein großer Schwarm.Darsteller in Vogelmasken mit dem lärmenden Geräusch vieler durcheinanderschreiender Vogelstimmen.

SCHALKSNARR
springt vom Wagen der Puppe unter die Vögel, die er mit der Pritsche auseinandertreibt
Packt euch! Beschreit nit früh und spät
Seine Kaiserlich Römische Majestät
und Beherrscher des Römischen Reichs Deutscher Nation.
Was haben euch Ihro Gnaden geton?

SPERLINGSMASKE
Ach, sozusagen allerhand.
Die Spottgeburt verhöhnt Deutschland:
Wir machen es mit ihr ebenso,
und wir schätzen an ihr das Stroh.
Damit füttern wir unsere Nester.
Mit dem Popanz schreckst du uns nicht, mein Bester.
Wofür ist man denn Vogel und kennt die Gebräuche,
hätte man Angst vor der Vogelscheuche?
Ich habe auf ihrem Kopfe gesessen
und Körner aus ihrem Kropfe gefressen.
Ich habe ihr Nase und Augen zerpickt,
sie hat sich geduldig dreingeschickt.
Sie ist von oben bis unten beschmitzt
und hat uns nicht einmal was ausgeflitzt.

MASKE MIT BISCHOFSMÜTZE

Ich bemerke zu meinem tiefen Schmerz,
ihr Vögel habt kein deutsches Herz.
Das macht mir innerlich einen doppelten Riß
und erfüllt mich mit schwerer Bekümmernis,
denn gerade euch, ihr Bewohner deutscher Wälder,
ihr Beleber deutscher Saatfelder,
euch nahm ich für deutsch bis in Talg und Balg,
deutsch wie einen deutschen Nudelwalg.
Deutsch schienen mir eure melodischen Kehlen
und deutscher noch eure gefiederten Seelen.
Aber nun merk' ich, ihr mausert euch
und verachtet das Heilige Römische Reich.
Warum geratet ihr so in Wut?
Möchte wissen, was euch der Popanz tut.
Seid doch froh, daß er ist, wie er ist,
ein Kleiderlumpen, gestopft mit trocknem Mist.
Nistet meinetwegen in seiner Krone
und bedeckt ihn dafür mit Guano zum Lohne.
Er tut ja keinem von euch ein Leid.
Er ist ja die reinste Duldsamkeit.
Schließlich bestand er tausend Jahr,
und Gespenster wie dieses sind sehr rar.

SPOTTDROSSELMASKE

Warum denn tut sich das Pfäfflein erbosen?
wir treiben ja schließlich auch nur Possen
mit dem Gespenste Karls des Großen.
Lobsinget und preiset den alten Fetzen,
an dem sich Motten und Schaben ergötzen,
bevor wir ihn ins Museum setzen.

[2]
[SCHLUSSVARIANTEN]

[a]
[Frühere Fassung des Textes von Bd. II, S. 1001, Zeile 39 bis S. 1005, Zeile 14.]

Alle Vorhänge gehen auseinander. Man erblickt auf der obersten Bühne Blücher neben Wellington, umringt von einem Stab

*englischer und preußischer Offiziere. Mondbeleuchtung. Die
tiefere Bühne stellt eine Gegend des Schlachtfeldes dar, mit
Gruppen von Toten und Verwundeten.*

[PHILISTIADES]

Welche bleierne Stille, welch bleiernes Licht!
und welch gespenstisches Nachtgesicht!
Wahrhaftig, es sind die neuen Sieger!
jetzt weltberühmte, unsterbliche Krieger.
Das Fatum bediente sich ihrer Hände,
damit sich der Tag des Korsen vollende.
Weiß Gott, die Stille bedrückt mich fast,
mir liegt's auf der Brust wie Zentnerlast!
Dem allergewiegtesten Schwadroneur
geht dieser Passus meist contre cœur.
Man hätte ja eigentlich Grund zum Triumphe,
brütete nicht über allem der Druck, der dumpfe.
Vielleicht kommt das daher, daß die wirklichen Helden
nicht hören, nicht sehen und sich nicht melden.
In die Scholle gewühlt, auf den Rasen gestreckt,
von keiner Trompete aufgeweckt,
gebettet in schwarze Blutlachen,
gibt's für die Braven kein Erwachen.
Noch eben waren sie kühn und jung,
von Hoffnung geschwellt und Begeisterung.
Sie wollten die Freiheit, die Freiheit erkämpfen
und endeten, schmerzheulend, in Todeskrämpfen.
Meine Stimme versagt: das ist mir noch nie passiert.
Ich habe doch bestens memoriert.

BLÜCHER

Bruder, die Arbeit ist vollbracht.

WELLINGTON

Ohne euch wir hätten verloren die Schlacht.
But, my dear marshal, what is that?
*Drei übermenschliche, verschleierte Frauengestalten haben
sich aus dem Schlachtfeld erhoben und richten ihre Blicke
empor auf die Generäle. Sie halten einander bei der Hand.*

BLÜCHER

Das ist mich ein sonderbares Terzett.

Heda! Weibsbilder! Seid ihr stumm?
Auf Schlachtfeldern geht der Teufel um:
aber seit der Korse floh,
schreckt uns kein Teufel von Waterloo:
nämlich den Wellington und den Blücher! Weiß Gott,
wer nicht antwortet, ist ein Hundsfott!

DIE FRAUEN
einstimmig, laut, furchtbar
Wir sind die Stimme, die durch die Welt
nach Frieden gellt.
Man hört uns immer — wir schweigen nie! —,
auch mitten im Donner der Batterie.
Du sollst nicht töten, heißt ein Gebot:
warum schlagen die Menschen einander tot?
Wir schreien ins Leere, wir klagen! wir klagen!
daß Christenbrüder einander foltern, verbrennen, nieder-
stechen und totschlagen.

BLÜCHER
Hört Ihr das auch, Herr Bruder?

WELLINGTON
Oh, yes.

BLÜCHER
Ich wüßte mir auch etwas Besseres,
und manchmal — gerechten Krieg in Ehren! —
möchte man doch sein Handwerk abschwören,
wenn es überall ächzt, winselt, röchelt und ringt
und das sickernde Blut in der Wunde singt,
die Erde das Blut der Braven trinkt.

WELLINGTON
Dann sieht man auch immer wieder die drei
und hört ihr verzweifeltes Wehgeschrei.
*Die Orchestra füllt sich nach und nach mit Bauern, Bauers-
frauen und Kindern, ländlichen und städtischen Tagelöhnern.*
Zum Himmel ist's noch nicht gedrungen.
Doch dringt es in die Niederungen.
Dort weckt's ein Echo, will mir scheinen,
beim Ärmsten der Armen, beim Kleinsten der Kleinen.
In fruchtbaren Bodens Finsternissen
regt sich ein Keim: das Menschheitsgewissen!

Noch winzig, Herr Bruder, doch zukunftsträchtig:
vielleicht einst allgewaltig und mächtig.
Und seltsam: ich fühle mich schon jetzt
wie jemand, der den Furien des Kriegs eine Schranke setzt.
Und geschäh' es um den Frieden nicht,
ich täte nicht diese blutige Pflicht.
Entweder ich bin des Friedens Verfechter,
oder ich käme mir vor wie ein nutzloser Massenschlächter.

BLÜCHER

Ich bin Soldat und morgen wie heut
mein bißchen Blut zu verspritzen bereit.

ERSTER BAUER

Wir aber wollen
friedlich bauen deutsche Schollen.

ERSTER TAGELÖHNER

Meine Kinder müssen die Zehn Gebote hersagen.
Wo steht: Du sollst deinen Bruder totschlagen?
Ich hab' es nirgends gehört und gelesen,
und doch bin ich selber Schulkind gewesen.

ERSTE BÄUERIN

Macht ein Ende mit Rauben und Morden!
Unsere Äcker sind zur Wüste geworden.
Die Scheuern sind leer, wir fressen Treber,
unsere Kinder, Männer und Väter füllen die Massengräber.

WELLINGTON

Fühlt Ihr den Boden sich senken und heben,
beinahe wie ein leises Erdbeben?
'pon my soul! ich höre unterirdisches Rollen
von plutonischen Kräften, die zum Licht wollen.

BLÜCHER

Jawohl, das kennt man. Schließlich macht sich
ein neues Siebzehnhundertneunundachtzig,
und aus dem dumpfen Brimborium
springt höchstens ein neuer Napolium.

Die Vorhänge schließen sich.

DIE VOLKSMENGE
schreit auf

Wir wollen den Frieden! den Frieden! den Frieden!
Ein preußischer Reiteroffizier stürzt atemlos vor den Vorhang, winkt mit einem weißen Taschentuch.

DER OFFIZIER

Ich bring' ihn! Ich bring' ihn! Der Krieg ist entschieden!
Der Friede geschlossen zu Paris!
Hier sind die Depeschen! Nimm sie! Lies!
Friedensjubel der Volksmenge.

PHILISTIADES

Herr Leutnant, genug! mehr ist nicht nötig.
Das Weitere bin ich zu sagen erbötig.
Wir haben den Frieden, ganz gewiß,
denn fortgeräumt ist das Hindernis,
die napoleonische Weltmonarchie
nur noch ein Gebilde der Phantasie,
der Kaiser nur noch, ohne Reich und Thron,
ein simpler korsischer Advokatensohn.
Doch seine Bahn: wie ungeheuer!
Welcher zweite Mensch durchlebte je ein so gigantisches
    Abenteuer?
Keiner! Wer sollte es auch bestehn?
Ich möchte des Korsen Seele jetzt sehn,
wo er einsam steht, an die Reeling gelehnt,
und sich nach Rache, nach Rache sehnt.
Er hält das Modell eines Segelschiffes.
Aber sein Drohen wird verachtet.
Von seinem englischen Todfeind verfrachtet,
den er erbarmungslos bekriegt,
ist er erbarmungslos besiegt.
Hier halt' ich ein Schiffchen: heißt Bellerophon.
Klopft man daran, gibt's einen Schmerzenston.
Es trägt den großen Napoleon
als Gefangenen des mächtigen Albion.
Es hält den Kurs in die große Leere,
nach dem ödesten Felsen im öden Südmeere,
und was da schlägt gegen seine Wanten,
das ist das Herz, das wir alle kannten.
Noch ist nicht verzittert das Erdbeben

von seiner Pulse Senken und Heben.
Und der furchtbarste Wille, hier eingeengt,
hat Welten in seine Faust gezwängt.
Doch sicher wird Meile um Meile gemessen;
sie schleppen ihn fort in das große Vergessen,
wo sich auch der zäheste Wille
nutzlos zermartert in der unendlichen Stille.
Dort wird er sich vergeblich aufbäumen
in den unendlichen einsamen Räumen;
doch er wird auch ein wissender und ein weiser,
durch Schmerzen geläuterter Schmerzenskaiser. —
Allein, was red' ich? was soll das heißen?
Ich kann mich wahrhaftig von meinem toten Helden nicht
losreißen.
Requiescat in pace! Was soviel bedeutet
als: der ewige Friede ist eingeläutet.

Die obere Gardine geht auseinander, und man erblickt die Propyläen. Von dorther klingen gedämpft Glocken und Orgelspiel.

Am Portal, als Wache, steht der getreue Eckart in mittelalterlicher Rüstung, auf den Flamberg gestützt.

DER GETREUE ECKART

Das Spektakel ist aus. Das heißt soviel
als: morgen wieder Komödienspiel.
Das wollen manche anders wissen.
Dien' ihnen der Glaube als Ruhekissen.
Ich, als getreuer Eckart hier,
lugte ein wenig durch die Tür
und habe mir den Rummel betrachtet.
Man hat da Hekatomben geschlachtet,
aber hernach beim Opferfeste
fehlte leider noch immer das Beste,
fehlte die Frucht aller Opferbrände,
kam sozusagen das dicke Ende.
Da war man plötzlich doppelt weit
entfernt von deutscher Freiheit und Einigkeit.
Da kam keine einzige Steinsche Segnung,
es kam eine Opferfeuer-Verregnung,
die Rauch und Flammen niederschlug,
und danach man die deutsche Seele zu Grabe trug.
Aber sie ist wieder auferstanden,

und heute ist sie lebendig vorhanden.
Wie wir eins wurden, ist bekannt;
bis dahin ist noch mancher Tropfen Wassers den Rhein
                                              hinuntergerannt.
Heut — wir dürfen es ruhig aussprechen —
wird keiner so leicht auseinanderbrechen,
was sich im Feuer zusammengeschweißt.
Haltet nur fest an dem Steinschen Geist!
O hätten wir doch von solchen Steinen
mehrere und nicht nur einen!
Wüßt' ich den Steinbruch, den ich meine,
ich würde Steinklopfer, klopfte Steine.
Denn, Kinder, wie sähe wohl das Reichshaus,
errichtet von solchen Steinen, aus!
Die Fundamente, die Rustika,
die Fassade ohne Tatarata.
Schlicht und fest, geräumig und licht,
sozusagen ein Architekturgedicht:
mollige Zimmer, festliche Säle,
ein gesunder, starker, heiterer Leib für die starke, heitere
                                              Volksseele.
Herrgott, da steht ja schon so etwas,
allerdings vorläufig von Phidias,
aber doch Propyläen, will heißen: Vorhallen.
Möchten schon die Vorhallen euch gefallen!
Ist doch der Menschen festlichstes Wallen
sozusagen ein Wallen durch Vorhallen,
und die allerheiligsten Regungen
finden sich ein bei solchen Bewegungen.
Da werden erweckt die zartesten Schwingungen,
und man ahnet die höchsten Vollbringungen.
Da scheint das große Menschheitssinnen
Übermenschliches zu beginnen,
es entsteht das große Rufen,
das große Winken von goldnen Stufen,
das große Glauben, das große Erwarmen
und das jauchzende Menschheitsumarmen.

Aus den Propyläen tritt Ludwig van Beethoven, Hut, Schoß-
rock, Hände mit Stock auf dem Rücken, wie die bekannte
Skizze ihn zeigt.

Oho! kaum erhebt sich ein Wolkenkuckucksheim,

schon kriecht auch ein Deutscher auf den Leim. —
Oder ist es ein Fremder, ein Tourist?

BEETHOVEN
Kann Er mir sagen, was das ist?

DER GETREUE ECKART
Die Sache kommt Ihm spartanisch vor:
was weiter, das Brandenburger Tor.

BEETHOVEN
dicht vor ihm
Wen belieben Sie hierdurch zu vexieren?

DER GETREUE ECKART
Und Sie werden gefälligst zum Teufel marschieren,
denn Sie gehören bestenfalls
unters Publikum eines Maskenballs.
Er ist verrückt: so taxiert man Ihn.

BEETHOVEN
Da meint Er, gehörte ich nach Berlin
und soll diese dreimal geheiligten Propyläen
für das Brandenburger Tor ansehen.
Doch wart' Er einmal, es heißt auf Erden
überall: Was nicht ist, kann werden.
Vielleicht wird es auch mal wie dieses geheiligt
und am Triumphzug höchster Menschheit beteiligt.

DER GETREUE ECKART
Was weiß Er davon?

BEETHOVEN
Sei Er nicht bärbeißig.
Ich kann das auch: Ludwig van Beethoven heiß' ich.
Gehört von uns zweien einer hierher,
bin ich es, verstanden? und nicht Er.

DER GETREUE ECKART
Schweig' Er, sonst werde ich Ihm den Mund stopfen.

BEETHOVEN
Intonier' Er nicht falsch, sonst werde ich abklopfen.
Denn das muß Er sich merken, mein Bester,

Er ist höchstens die Pauke in meinem Orchester,
heißt das, wenn Er sich üben will
im allerfeinsten Zusammenspiel.
Sonst bekomme ich Musikanten nach Noten
unter Lebendigen oder Toten. —
Er steht da vor dem Reichshaus Wache,
an sich eine ehrenvolle Sache.
Aber Er darf nicht raunzen und kauzen
und einen unsterblichen Bürger anschnauzen.

DER GETREUE ECKART

Sehe jeder, wie er's treibe.
Aber schließlich hab' ich ja auch Musik im Leibe.

BEETHOVEN
legt den Zylinder ab, den Rock und Stock, und steht in Hemdsärmeln da
Nun also. Ich weiß ja: erst blindwütig,
im Grunde vom ganzen Herzen gutmütig.
Das ist jeden deutschen Bruders Art,
außen grob und innen zart,
außen hart, oft kannibalisch,
innen weich und musikalisch.
Nun, den Taktstock in die Rechte,
und dann vorwärts zum Gefechte.

DER GETREUE ECKART
Kennt Er denn das Schlußprogramm?

BEETHOVEN
Erst der Funke, dann der Schwamm
und zuletzt das heilige Feuer.
Liebeswogen, ungeheuer,
über Schleusen, Bord und Damm,
füllt die Stufen, fort und fort
schreitet auf zum heiligen Ort!
Seid umschlungen, Millionen!
Diesen Kuß der ganzen Welt!
Droben überm Sternenzelt
muß ein milder Vater wohnen.
Die Musik setzt ein mit der entsprechenden Stelle der Neunten Symphonie. Unter diesen Klängen naht sich der

Demonstrationszug des Weltfriedens, der zugleich ein Triumphzug wahrer Friedensarbeit ist. Auf Tafeln, Fahnen und Bannern ist das Wort »Weltfriede« zu lesen. Der Zug besteht aus deutschen Friedensarbeitern und -arbeiterinnen aller Zeiten, aus Tagelöhnern, Tagelöhnerinnen, Handwerkern aller Art, zum größten Teil aber aus großen Dichtern, Philosophen, Künstlern, Gelehrten und Ärzten, aus Naturforschern, Astronomen et cetera. Die Spitze des Zuges bilden: Goethe, Dürer, Hans Sachs, Luther, Kopernikus, Herschel, Kant, Spinoza, Alexander von Humboldt, Rembrandt et cetera et cetera. Über jedem wird von einem bekränzten Knaben eine bekränzte Namenstafel gehalten. Als der ganze, sehr lange Zug durch die Propyläen gezogen und verschwunden ist, tritt Dunkelheit ein; danach wird es hell, und vor den zugezogenen Vorhängen steht der Direktor.

[b]

[Fragmentarische Schlußvariante, anschließend, an S. 1224, Zeile 16 dieses Bandes.]

Man hört das Läuten von Kirchenglocken, gedämpft, aber deutlich. Alsbald öffnet sich die Gardine, und man erblickt die Propyläen, zu denen von unten an breite Treppen emporführen. Auf einer der Estraden bemerkt man die Gestalt eines Ritters, dessen Helm mit Lorbeer bekränzt ist, sein Schwert mit Rosen: Ulrich von Hutten, im ganzen dem verbreiteten Kupfer ähnlich.

[PHILISTIADES]

Vorhänge zu. Finis spectaculi.
Das Stück ist aus. Was soll das heißen?
Ich werde den Inspizienten rausschmeißen.
Zu! Vorhänge zu! Das ist Infamie!
Der ganze Erfolg steht auf dem Spiele.
Was will Er dort oben? Tret' Er zurück.
Er gehört in ein anderes Stück!
in eins im allerältesten Stile.
Ein deutscher Ritter: das wäre so was!
dazu ein Prospekt von Phidias,
die Burg von Athen und Glockengebimmel.
Welch Durcheinander: gerechter Himmel!

HUTTEN
Schweig still: daß dich das Fieber, du Wicht.
Dein Latein ist zu Ende: meines nicht.
Hat Hinz und Kunz sich hier dürfen herumschlagen:
nun wollen wir auch unser Wörtlein sagen.

PHILISTIADES
Elende Puppe, Marionette,
du gehörst in dein Holzwollbette.
Du minderwertiger Apparat,
ich packe dich schon: wo ist dein Draht?

HUTTEN
lacht in sich hinein
Mein Draht? mit dem ist's so bewandt:
ein Römer hatte ihn in der Hand,
als der Haken, an dem mein Schädel hing,
mit Ach und Krach zum Teufel ging.
Seitdem führ' ich mein eigenes Leben.

PHILISTIADES
Damit will Er mir zu verstehen geben,
Er sei kein beschränkter Untertan
und etwa ein ganz besonderer Hahn?
kein solcher, der nur kräht, wenn man drückt,
und extra rare Körner pickt.

HUTTEN
Kaum zeigt man sich, schon zinnt der Aff',
schon gibt's das alte Gefauch und Geklaff,
doch wer nach meinen Beinen fährt,
der gebe acht: hier steht mein Schwert.

PHILISTIADES
So muß ich den Direktor rufen.

HUTTEN
Ich stehe hier auf diesen Stufen
nicht mit dem Drahte hingestellt,
auch nicht, weil's mir so gefällt,
sondern aus ernstem, treuem Entschluß
und weil ich nit anders kann, weil ich muß.

PHILISTIADES
Und wozu stündest du hier, mein Teurer?

HUTTEN
Hoffentlich nit als Narr und als Eurer.

PHILISTIADES
Du mußt hier stehn? Kein Mensch muß müssen.

HUTTEN
Ich stehe hier als das deutsche Gewissen.

PHILISTIADES
Da hat Er einen schwierigen Stand
auf dieser lieben deutschen Erden:
kann stehen und kann schwarz werden,
unbeachtet, wie eine Wand.

HUTTEN
Oh, man muß nur alle zweitausendfünfhundert Wochen
einmal laut an die deutsche Seele anpochen.

PHILISTIADES
Das würde sie dir sehr übel vermerken,
du wärest der unbequemste Gast
und hoch und niedrig nur zur Last.

HUTTEN
Was tut das? der Ewige muß mich stärken.
Klopfe ich oft vergebens an,
wird mir etwa auch einmal aufgetan.
Immer wieder muß ich es wagen.
Gott hat mir geboten, die Wahrheit zu sagen.

PHILISTIADES
Sonach stündest du also dort,
zu verkündigen Gottes Wort?

HUTTEN
Nichts anderes ist, was in mir schwingt
und mir aus Brust und Kehle dringt.

PHILISTIADES

Wer bist du denn?

HUTTEN

Ich war, ich bin
der deutsche Freiheits- und Wahrheitssinn
und überdies ein deutscher Poet.

PHILISTIADES

Was eigentlich nicht zusammengeht.

HUTTEN

Daß ich nicht wüßte: mich schmückte der Kaiser
mit dem Kranz dieser Lorbeerreiser,
weil jede Strophe, die ich sang,
aus einer blutenden Wunde sprang,
von Schmerz und Wahrheit ganz durchtränkt,
von feiger Lüge unbeengt.
Ulrich von Hutten bin ich genannt,
ihr alle kennt mein Vaterland.

PHILISTIADES

Richtig, du bist der Humanist,
der Anno Domini fünfzehnhundertdreiundzwanzig selig
                                              gestorben ist.

HUTTEN

Selig gestorben: wie man's nimmt,
doch jedenfalls gestorben: das stimmt.
Wo nit selig, so doch treu:
mutig gestorben und ohne Reu,
daß ich gewesen ein ganzer Mann
und habe der Wahrheit ein Beistand getan.

PHILISTIADES

Das beteuerst du jetzt zum dritten Mal.

HUTTEN

Die Drei ist eine heilige Zahl.

PHILISTIADES

Dagegen ist gar nichts einzuwenden.
Man weiß es an allen vier Weltenden.
Eine bekannte Wahrheit wie die

bedarf keiner solchen Epiphanie.
Da magst du zu wohlverdientem Schweigen
ohne Sorge wieder ins Grab steigen.

HUTTEN

Sehr verbunden. Danke für die Anregung.
Doch ich bin etwas steif und brauche Bewegung.
Auch habe ich schon zu lange gelegen.
Es heißt nicht umsonst: Sich regen bringt Segen.

PHILISTIADES

Aber was in drei Teufels Namen
will Er denn hier?

HUTTEN

In Ewigkeit, Amen.

PHILISTIADES

Ist Er verrückt? Er ist ja ein Heide.

HUTTEN

Nun, dann wären wir's alle beide.
Aber ich bin es so wenig wie Er.
Ich trug mein Kreuz, weiß Gott, und schwer.
Aber dies nur so nebenbei.

PHILISTIADES

Er stand sich schlecht mit der Klerisei.

HUTTEN

Schlecht? Kotz! sage nur schlecht und recht:
der Hutten ist kein Pfaffenknecht,
ist frei geboren und frei geblieben,
hat Wahrheit gesprochen und geschrieben
wider den Fürsten Belial,
wider den römischen Sardanapal,
den glatten Wurm, der Deutschland umschlingt,
der ihm sein bestes Blut austrinkt,
mit giftigem Zahn ihm Wunden beißt
und seinen Leib in Stücke reißt.
Das hat den Drachen gar sehr verdrossen,
hat mich mit geiferndem Gift übergossen,
wollte mich haben in Banden und Ketten geschlossen.

Aber ich nahm meinen Wanderstab
und suchte mir ein frei-ehrliches Grab
und ward ein Keim und ward eine Saat,
die reichlich Früchte getragen hat.
Und siehst du mich hier wieder stehn,
so ist's, um meine Ernte zu sehn.
Jetzt schweig. Dort kommen meine Gewährsleute.

Ein Fürst, ein Edelmann, ein Bauer, ein Kaufmann, ein Arbeitsmann, ein Gelehrter, ein Künstler, ein Geistlicher, ein Soldat kommen in zwangloser Gruppe aus der Orchestra heraufgestiegen und stellen sich in einer Reihe vor Hutten auf.

Willkommen, willkommen, ihr Leute von heute.
Wir leben im achtzehnhundertunddreizehnten Jahr?

Vom Fürsten bis zum Geistlichen platzen alle heraus.

Ihr lacht?

DER FÜRST

Achtzehnhundert? warum nicht gar?
Da müßt Ihr nur noch ein Säkulum zulegen.

HUTTEN

Ganz nach Belieben. Meinetwegen.
Aber wenn ihr schon über neunzehnhundert seid,
dann sind meine Ansprüche ungeheuer,
und ich hoffe, was irgend gut und teuer,
hat erreicht eure große Zeit.

DER KAUFMANN

Ich zweifle nicht einen Augenblick,
wenn Sie sich erst ein bißchen umschauen,
Sie werden Ihren Augen nicht trauen.

HUTTEN

Ihr schwimmt also sozusagen im Glück.

DER KAUFMANN

Das wäre vielleicht zuviel gesagt.
Allein, gerade das letzte Säkulum
gereicht der Menschheit zum höchsten Ruhm,
nur davon zu berichten ist gewagt.
Ihr erstaunter Blick schon sagt zur Genüge,
Sie erwarten von mir eine fette Lüge.

Aber wenn ich gesprochen habe, ich wette,
erwarteten Sie eine nicht so fette.
Und doch bin ich in vollster Wahrhaftigkeit
mit Ihnen zu konkurrieren bereit.

HUTTEN

Also will heißen: ihr habt die Zwietracht bezwungen,
dem deutschen Lande die Einheit errungen.

DER GELEHRTE

Zum Teil. Aber das nur nebenher.
Dagegen reisen wir heute mit Dampfkraft,
Postkutschen und Gäule sind abgeschafft.
Unsere Kursbücher werden Ihnen erscheinen
wie Lügen auf hunderttausend Beinen,
denn Sie fahren Paris—Berlin
in zwei Tagen her und hin.
Rom erreichen Sie von Berlin in einem Tage.

HUTTEN

Immer wieder Rom: die ewige Plage.
Lebte dort noch Cäsar und Cicero,
sie besuchte ich etwa gern. Aber so?
Ich nehme doch an, eure Katholiken
haben sich endlich von Rom befreit.

DER BISCHOF

Bis dahin hat es noch gute Zeit.

DER GELEHRTE

Da muß man sich freilich wissen zu schicken.
Aber bis New York, dreitausend Meilen weit,
sagt man sich jetzt von Berlin good day and good night.

HUTTEN

Und wie steht's mit dem Fliegen in die Sterne?
Lieber erführe ich das Interne.

DER GELEHRTE

Mit dem Fliegen? — ich danke, steht es recht gut.
Nur — seit wir es können, regnet es Blut.

HUTTEN
Was heißt das? Ist Er nicht recht gescheit?

DER GELEHRTE
Fliegen ist heut eine Kleinigkeit.
Wir haben heut tausende kühne Ikarier.

DER ARBEITER
Und dreißig Millionen Proletarier.
Es würde sich aber noch sehr fragen,
ob unsere Flügel nicht höher tragen
als Rumpler-Tauben, Wright- und Blériot-Apparate.
Wir sind die wahren Flieger im Staate.

DER BAUER
Das kann ich von uns Bauern nicht sagen, nein.
Ich habe ein krankes und ein gebrochenes Bein,
ich kann mich nicht regen noch bewegen,
das macht das verfluchte Bauernlegen.

[c]

[Andere fragmentarische Schlußvariante, anschließend an S. 1224, Zeile 16 dieses Bandes.]

Der oberste Vorhang geht auseinander, und man erblickt das Portal des Straßburger Münsters. Orgelklang tönt aus dem Inneren des Domes, von oben her Glockengeläut. Aus dem Portal der Kirche treten hervor: Erwin von Steinbach, Ulrich von Hutten, Erasmus von Rotterdam, Albrecht Dürer, Peter Vischer, Florian Geyer, Goethe, Luther, Beethoven, Schiller, Herder, Hans Sachs, Lessing, Immanuel Kant, Wilhelm von Humboldt und Alexander von Humboldt, Grillparzer, Richard Wagner et cetera.

HANS SACHS
Die Zunft der Meister hat mich erwählt
und als ein Redner aufgestellt.
Da tu' ich nun mit schlichtem Sinn
kund unseres Harrens Zweck und Sinn.
Hier stehen wir zu selber Zeit
gebannet in die Leiblichkeit,

geschieden sonst durch Jahr und Tag,
ja Saecula ich sagen mag.
Allein, ich darf es künden dreist,
wir waren immer eins im Geist.
Item wir jetzt auch hier als Geister
und Bruderschaft der deutschen Meister.
Hier hab' ich einen an der Hand,
Johann Wolfgang Goethe genannt.
Meine Werkstatt war ihm nit zu klein,
trat eines Tages bei mir ein
und hieß mich seinen Bruder sein.
Meine Geringheit hat er angesehen,
möcht's seiner Großheit so geschehen
in unserem Vater- und Mutterland,
dem Ulrich-Hutten- und Lutherland.
Als Deutschland schlief gar taub und tot,
füllt' er des Schläfers Taschen mit Brot,
und als es morgens dann erwacht,
war's reich geworden über Nacht.
Und wenn Hans Sachs heut Leben hat,
verdankt er's seinem »Fiat!«

GOETHE

Mein lieber Bruder, nun laß das sein.
Unser Leben stammt von Gott allein.
Ein so liebes Altmeistergesicht
erschaffen irdische Hände nicht.
Und deine Reime und deine Schuh',
die sind deine Werke, die machtest du.
Allein, vergeßt nicht, wozu wir hiersind
und vor des Münsters heilige[r] Tür sind.

IMMANUEL KANT

Wozu stehen wir eigentlich vor der Türen?

FLORIAN GEYER

Um gegen den Krieg zu protestieren.

IMMANUEL KANT

Ihr mit Eurem Harnisch und Eurem Schwerte,
das wäre ja die Welt, die verkehrte.
Ich schrieb den Traktat vom ewigen Frieden,

knapp, klar, vom Licht der Vernunft durchhellt.
Mit meiner Erkenntnis bin ich zerschellt,
denn die Dummheit herrschet noch immer hienieden.

HERDER

Deswegen, ihr Meister, nicht verzagt!
Der Sieg der Vernunft ist höchstens vertagt.
Und das Beste des Lebens verdanken wir schon
der Friedens-Humanitätsreligion.

PETER VISCHER

Wofür trügen wir Schurzfelle,
Richtmaß, Hammer, Hobel und Kelle.
Damit muß es uns endlich gelingen,
die Kriegsfurien niederzuzwingen.
Künstler, Dichter und Musikanten,
wir alle sind wahre Kriegsprotestanten.
Wir protestieren mit Mörtel und Werkstücken,
mit Wohnhäusern, Domen und Basiliken,
mit Bildern aus Erz und bemalter Leinewand.
Kurz, in jeder fleißigen Hand
steckt eigentlich ein Kriegsprotestant.
Das Schwert ist ein entarteter Spaten,
entartete Bauern sind die Soldaten.
Gott ist vor allen Dingen ein Schöpfer.
Und wir nennen den keinen Töpfer,
der einen ganzen Topfkram zerschlägt
und sich befriedigt zur Ruhe legt.

LESSING

Kurz, hoffen wir auf den Sieg des Rechts
und auf die Erziehung des Menschengeschlechts.
Wir stehen auf einer hohen Warte,
doch unten, da herrschet die Not, die harte.
Deshalb ist es nicht leicht, zu sagen,
wann je der Tag der Tage wird tagen,
wo des Krieges schreckliche Pranken
weichen werden dem Friedensgedanken.
Zwar ist der Friede schon heut das Mächtige,
aber der Krieg ist das Niederträchtige. —
Da naht sich Platon, der kristallreine,
in einem olympischen Strahlenscheine.

Homeros naht sich, Philistion
und Shakespeare, das Kind von Albion,
Meister Eckhart, Boehme, der Lausitzer Schuster,
Dante, sein Höllenführer Virgil,
Petrarca, des liebenden Mannes Muster,
unendlich scheint das heilige Gewühl.
Dort naht Leonardo, dort Brunelleschi,
untermischt Italiener und Tedeschi.
Macht auf das Tor, die Tür macht weit
für den Triumphzug wahrer, wahrhaftiger Menschlichkeit.

MAGNUS GARBE

Editorische Bemerkung

[I, 1—2]: Eine Tagebuchnotiz von 1898 und ein »Entwurf« von 1909 zu einem nicht weiter ausgeführten Drama unter dem Titel »Bürgermeister Schuller«. Dieser Dramenplan kann, da seine Motive weitgehend in »Magnus Garbe« aufgingen, als eine Vorstufe des späteren Dramas angesehen werden, obwohl Hauptmann 1937 noch einmal auf den ursprünglichen Ansatz zurückkam.

[II, 1 a. b.—3 a. b.]: Drei verschiedene bruchstückhafte Ansätze unter wechselnden Titeln.

[1]: [a] »Felicia Carel«. 1. Akt, 1. Szene; entstanden 19. Juni 1914. [b] »Entwurf. Schema«; entstanden 27. Juni 1914.

[2]: »Bürgermeister Wortwein«. 1. Akt, 1. Szene; entstanden 4. Juli 1914.

[3]: »Magnus Garbe«. [a] »Entwurf«; entstanden 18.1.1915. [b] 1. Akt, 1. bis 3. Szene.

[I, 1–2]

[Vorstufe]

[1]
[Tagebuchnotiz]
Dienstag, den 19. Juli [1898]. Schreiberhau. Arbeitsbude.

Stoff

Frau Bürgermeister Schuller. Schon in Tremezzo gefunden und beschlossen. »In Bolkenhain soll durch eine schlechte Tat einmal eine Tote erweckt worden sein.«
1553 starb des Bürgermeister Sch. schöne vierundzwanzigjährige Frau im Kindbett. Er hatte sie abgöttisch geliebt. Eingesargt im weißen Sammetkleid mit allem Goldschmuck. Philipp Bendix, der Totengräber, nahm sich vor, die Leiche zu berauben. Er schlug nachts das Grabgewölbe ein und öffnete den Sarg. Die scheintote junge Frau erhob sich (Bendix riß aus) und begab sich in die Grabkapelle, wo sie, aus des Totengräbers Laterne, die Kerzen ansteckte. Dankgebet verharrend. Der Nachtwächter gewahrte die Erleuchtung. Anzeige beim Bürgermeister. Der Bürgermeister traf also seine Gattin. Schenkte dem Leichenräuber die Schmucksachen. Lange Jahre hat Frau Schuller, wenn auch mit bleicher Gesichtsfarbe, gelebt. Schlesische Sage.

[Nach: Max Klose, Führer durch die Sagen- und Märchenwelt des Riesengebirges. Schweidnitz 1887. S. 70f.]

[2]
Entwurf
Agnetendorf, den 28. November 1909.

Spielt zu Beginn des siebzehnten Jahrhunderts. Der Bürgermeister ist geringer Herkunft, ja sogar außerehelicher Geburt. Er hat Maria Felizia Amsink geheiratet, die einzige Tochter und Erbin des früheren Bürgermeisters. Die Amsinks waren eine belastete alte Familie. Im fünfzehnten Jahrhundert stellten sie viele ekstatische Mönche und Nonnen. Finstere, strenge Gemütsverfassung. Eine vierzehnjährige Magdalena Amsink sah den Heiland visionär und galt in der Bolkenhainer Gegend als Heilige. Sie starb früh. — Felizia

Amsink ist von einer heiteren Frömmigkeit. Sie ist wie ein
Sonnenstrahl aus düsterstem Gewölk. Sie hat dem begabten,
freieren Schuller ihr Herz geschenkt, schon als er unter ihrem
Vater arbeitete. Der Vater achtete ihn wegen seiner ungewöhnlichen Tüchtigkeit, hatte Kummer wegen seiner
problematischen Frömmigkeit. Als aber der Vater gestorben
war, Felizia Schuller die Hand gereicht hatte, machte ihn die
Stadt, seine Anhängerschaft, zum Bürgermeister.

Sowenig er immerhin die Priester liebt, so sehr liebt er die
Kirchen. Er ist ein kunstverständiger Mann. Mit Liebe pflegt
er die Altertümer, auch im Amsinkschen Patrizierhaus.
Durch seine Frau ist er in den Besitz großer Reichtümer gelangt. Die Amsinks besitzen eine herrliche Grabkapelle, deren
Architektur er aufs sorgfältigste renoviert und pflegt. Durch
einen Mönchsorden werden darin täglich Messen gelesen.

Der alte Bürgermeister Amsink ist nicht länger tot als ein
Jahr. Die alte Frau Amsink lebt noch, sie kommt aber, ge-
brechlich und halb erblindet wie sie ist, aus ihren Gemächern
kaum heraus. Ihr Verkehr sind Mönche und Geistliche. Sie
liebt ihre Tochter und ihren Schwiegersohn, obgleich die
heimliche Ketzerei beider ihr Kummer ist. Sie betet für
beide.

Das junge Ehepaar ist noch nicht dreiviertel Jahr verheiratet.
Nicht viel über ein halbes Jahr ist Schuller Bürgermeister.
Ende und Anfang, Schmerz und Lust, Trauerfall und Glücks-
fall, Tod und Geburt sind in dem Zeitraum von noch nicht
einem Jahre zusammengedrängt: Frau Schuller erwartet ein
Kind.

Die Liebe des Gatten zu dieser Frau ist schlechterdings abgöttisch.

Der erste Akt zeigt das Liebesglück, insbesondere das Glück
Schullers, der eine bittere Jugend genossen hat. Immerhin
durchtränkt das Trauerjahr alles. Das Ganze wird eine Art
Mysterium um Liebe und Tod. Eine Sorge ist das nahe Leiden
der Niederkunft.

Im zweiten Akt ist das Kind geboren. Die bei den Amsinks
erblichen Krämpfe haben sich eingestellt. Die Mutter, nach
drei Wochen nahezu genesen, ist wiederum ernsthaft krank
geworden. Man bringt Schuller die Nachricht, daß sie gestorben sei. Er nimmt es mit sonderbarer Ruhe entgegen. Die
strenge, aufrechte Würde der Amsinks scheint auf ihn über-

gegangen. Er bestimmt, daß man die Tote in der Kapelle aufbahre. Das Kind der toten Mutter wird lebendig hereingetragen.

Vielleicht sind auch zwei Jahre seit dem Tode des alten Amsink vergangen, und es ist bereits das zweite Kind. Die mütterlichen Eigenschaften Feliziens müssen deutlich geworden sein.

Bürgermeister Schuller spricht mit dem Arzt, spricht mit dem Geistlichen. Man erblickt sein gefaßtes und zerstörtes Innere. Er geht.

Die alte Mutter kommt. Die Hausleute erzählen sich von dem furchtbaren Schmerzensparoxysmus, der den Bürgermeister befallen habe. Er hat sich im oberen Stock eingeschlossen, und rasende Schreie entringen sich seiner Brust.

Der dritte und letzte Akt zeigt ein ehrwürdiges düsteres Zimmer und den Bürgermeister darin allein. Draußen regt sich kein Lüftchen. Es fällt und fällt ununterbrochen Schnee. Durch das gotische Fenster kann der Bürgermeister das Licht der Kerzen in der Kapelle sehen, wo Felizia aufgebahrt ist. Dunkelheit als nachmittags zwischen vier und fünf Anfang Dezember ist hereingebrochen.

Ein Freund Schullers kommt, und die Wunde des Bürgermeisters bricht auf. Hier werden alle Äußerungen des wildesten Schmerzes gezeigt. Der Schmerz ist der einzige Besitz geblieben und wird eifersüchtig bewacht. Das Haus füllt sich mit einer großen Trauergemeinde. In allen Gemächern regt sich die üppige Gasterei, die dem Bürgermeister jeden erdenklichen Ekel erregt. Er empfängt einzelne Besuche. Er geht dann, um seine Wirtspflichten zu erfüllen.

Der Freund ist zurückgeblieben. Da erscheint, mit Schlüsseln klirrend, der Schließer der Grabkapelle in höchstem Entsetzen. Das Lange und Kurze von der Sache: die aufgebahrte Tote bewege sich. Der Freund begleitet ihn. Beide kommen entsetzt zurück und ziehen andere ins Vertrauen, darunter den Arzt. Der Arzt begibt sich mit ihnen beherzt in die Kapelle zurück.

Der Bürgermeister mit Gästen erscheint, ernsthaft seinen Repräsentationspflichten obliegend. Gerüchte flattern durch die Trauergesellschaft, die aber nicht bis zum Bürgermeister dringen. Plötzlich kommt der Arzt, der Geistliche und die übrigen hereingestürzt. Sie sind fassungslos. Sie haben ein Gespenst gesehen. Sie flüchten vor jemand, der noch nicht sichtbar ist, aber nun erscheint. Es ist Felizia. Eine Lähmung bemächtigt sich aller. Hierauf allgemeine Panik und Flucht. Schuller und seine wieder zum Leben erwachte Frau sind allein. Wie sich beide nach und nach von ihrem besonderen Standpunkt aus orientieren und ins warme Leben hineindrängen, ist der tiefe Inhalt des Gesprächs. Sie weiß nicht, was mit ihr vorgegangen ist, nämlich nichts vom Tode, er hat Not, an ihr Leben zu glauben. Sie ist kalt, er erwärmt sie. Decken werden gebracht. Die Erneuerung tritt ein. Dieses Gespräch wird aus den Mysterien der menschlichen Psyche geschöpft und soll Urtümliches enthüllen.

[II, 1 a. b. — 3 a. b.]

[Verschiedene bruchstückhafte Fassungen des 1. Aktes und Entwürfe]

[1]

[a]
FELICIA CAREL

Agnetendorf, Freitag, den 19. Juni 1914.

ERSTER AKT

ERSTE SZENE

Gemach in einem vornehmen Bürgerhause. Niederländischer Geschmack, schwer, reich und düster.
In einem zweiten Gemach, dahinter gelegen, wird von der Dienerschaft lautlos die Tafel gedeckt. Silber, feines Glas, feine Leinwand.
Es ist am Vormittag eines Maitages, gegen elf Uhr.
Felizia Carel und Cordula, eine Begine, kommen in das Zimmer, wo Konrad Dorso und Johannes, der schielt und hinkt, schon gewartet haben.

FELIZIA CAREL. Ich ließ Euch sagen, Ihr Herrn, daß mein Mann auf dem Rathause ist.
DORSO. Gelobt sei Jesus Christus.
JOHANNES. In Ewigkeit, Amen.
FELIZIA CAREL. Ich werde Euch also bitten müssen, Ihr Herrn, in der Ratsstube nach ihm zu fragen.
DORSO. Wir haben von dem hochwürdigen Herrn Dominikanerpater Konrad von Marburg gewisse Empfehlungen. Es würde im Sinne unserer Aufträge sein, wenn wir den Herrn Bürgermeister zunächst geheim sprechen könnten.
FELIZIA. Eia, ich verstehe mich auf die Geschäfte meines Mannes nicht.
DORSO. Ihr habt Augustiner hier am Ort?
JOHANNES. — Die Frau Bürgermeisterin will uns nicht antworten.
FELIZIA. O ja. Warum sollte ich Euch nicht antworten. Die

Augustinerpatres haben in der Tat eine Niederlassung in unserer Stadt. Aber man darf dies wohl als bekannt voraussetzen. Übrigens sagt es Euch jedes Kind auf dem Markt.

JOHANNES. Es scheint, Bruder Konrad, wir gelten als unwillkommene Leute.

FELIZIA. Weder willkommen noch unwillkommen: ich kenne Euch nicht.

DORSO. Wollt Ihr mir eine Frage beantworten?

FELIZIA. Je nachdem wie die Frage ist.

DORSO. Gibt das gemeine Volk in Eurer Stadt den guten Katholiken viel Ärgernis?

FELIZIA. Davon ist mir durchaus nichts zu Ohren gekommen. Mein Mann lobt oft und oft den Geist des Friedens und der Duldung in unserer Bürgerschaft.

DORSO. Die Duldung in außerkirchlichen Dingen.

FELIZIA. Auch in kirchlichen wüßte ich nichts von Hader und Zwist.

DORSO. Wie soll ich das deuten, Frau Bürgermeister?

FELIZIA. Ich kann nicht verstehen, was an so klaren, einfachen Worten zu deuten wäre.

JOHANNES. Oh, das käme doch wohl darauf an.

DORSO. Man würde doch schwerer Sünde verfallen, wollte man etwa, ich wähle nur irgendein Beispiel, gegen den Geist der Häresie duldsam sein.

FELIZIA, *zu dem alten Diener Meller, der abwartend im Hintergrund steht.* Meller, du wirst den Herren den Weg zeigen. Ihr werdet vergeben, aber häusliche Arbeiten hindern mich, unser Gespräch jetzt fortzuführen.

DORSO. Mit Gottes und Jesu Christi Hilfe findet sich später hierzu Gelegenheit.

Dorso und Johannes werden vom Diener Meller hinausgeführt.

FELIZIA. Was sagst du zu diesen Leuten, Cordula?

CORDULA. Ich habe sie nie in der Stadt gesehen.

FELIZIA. Auch mir waren diese Gesichter und auch das Betragen der sonderbaren Menschen ganz neu. Beinahe hatten sie etwas Unheimliches.

Um welche Zeit wollte der Maler kommen?

CORDULA. Diese Minute. Es schlägt elf auf der Rathausuhr.

FELIZIA. Ich hatte mich auf die Sitzung gefreut. Nun ist mir beinahe die ganze gute Laune vergangen. — Der eine

hatte, weiß Gott, einen Pferdefuß und schielte dazu noch auf beiden Augen.
Der Diener Meller kommt wieder.
FELIZIA. Wie kannst du denn solche Menschen bis hier heraufführen, Meller?
MELLER. Ich dachte, es würde das beste sein.
FELIZIA. Gott verzeih' mir, die beiden mögen am Ende gute Christen sein, aber ich habe selten eine so starke Abneigung, eine Abneigung bis zum Schauder empfunden.
MELLER. Sie sagten, sie hätten geheime Aufträge. Auch schien es mir ratsam, sie nicht zu erbittern.
FELIZIA. Jedenfalls künftig, bester Meller, verständige mich. Ich wünsche die Luft meines Hauses rein zu erhalten. Muß man Leute wie diese schon über die Schwelle lassen, so mögen sie warten auf der Diele.
MELLER. Ich wollte melden, der Maler ist da.
FELIZIA. Ich glaube nicht, daß der Ärger meiner Schönheit sehr zugute gekommen ist. Was meinst du: ich möchte heut lieber nicht sitzen.
CORDULA. Dann wird das Bild am Geburtstag deines Mannes nicht fertig sein.
FELIZIA. So mag denn der brave Helst heraufkommen.
Der Diener Meller ab.
FELIZIA. Morgen ist unser erster Hochzeitstag.
CORDULA. Ich weiß, Felizia. Eure Hochzeit war ein Fest für die ganze Stadt.
FELIZIA. Wenn sie schon ein Fest für die ganze Stadt gewesen ist, was war sie dann für mich, gute Cordula? Mein Glück war so groß, ich glaubte es nicht zu überleben.
CORDULA. Ich ging bald darauf in ein Beginenhaus.
FELIZIA. Bald darauf? Du sprichst das so eigentümlich. Zwischen meiner Hochzeit, Beste, und deinem Entschluß ist wohl kein Zusammenhang.
CORDULA. Nein, es ist kein Zusammenhang. Aber ich war eben einsam geworden. — Ich meine, wenn man so von Kind auf gemeinsam erzogen, von Kind auf immer zusammengewesen ist — und dann, du hast doch jetzt etwas erhalten, was dir alles in allem ist.
FELIZIA, *ernst.* Erasmus ist mir alles in allem! — Dadurch ist aber, eigentümlicherweise, meine Liebe für alle, die ich früher geliebt hatte, eher größer als kleiner geworden: zu Vater, zu Mutter und auch zu dir.

CORDULA. Ja, aber damals brauchtest du mich, heut brauchst du außer Erasmus niemand.

FELIZIA. Gut, meine Liebe war früher selbstsüchtig. Heut kann ich die Schenkende sein und liebe euch doppelt. Und ich bin gegen Gott und gegen euch alle voll Dankbarkeit, weil ihr geholfen habt, mich so glücklich zu machen.
Der Maler Helst tritt ein.

HELST. Verzeihung, ich habe mich verspätet, Frau Bürgermeister.

FELIZIA. Ich fürchte, es wird eine kurze Sitzung sein. Mein Mann will zeitig vom Rathaus heimkommen.

HELST. Ich weiß nicht, wie mir die Zeit vergangen ist. Alle Straßen sind heut so festlich. Bis vor die offenen Kirchentüren stehen die Gläubigen. Von innen Gesang und Weihrauchduft. Auf dem Domhöfchen Duft von Jasmin und Flieder. Ach, und überall diese Farbe, diese Farbe, Frau Bürgermeister. Für mich ist die allerköstlichste Manifestation der Gottheit auf Erden die Farbe. Mein Auge der Kelch, die Monstranz, Madonna. Ich danke Gott für den Sinn des Auges wie für das heilige Sakrament des Abendmahls.

FELIZIA. Hütet Euch: zu Nüremberg hat man drei gottlosen Malern den Prozeß gemacht.

HELST. Nennt Ihr das gottlos, Frau Bürgermeister? Bin ich nicht durch und durch nur Andacht und Frömmigkeit? Ist es nicht ein Gebet, wenn ich Euer Bild male? Ja, wenn ich Euch, diese reine Schöpfung Gottes ansehe, ist es nicht eine Adoration?

FELIZIA. Man muß den Malern vieles nachsehen.

HELST. Aber nicht das, nicht das, Frau Bürgermeister. Dies ist gerade, wofür man ihn loben soll und weshalb ihn Gott zum Maler geordnet.

FELIZIA. Ich höre Euch immer gern zu, Meister Helst. Eine innere Stimme macht mich gewiß, Eure Andacht zu Eurem Gewerbe besitzt Ihr aus Gnade der Heiligen Dreifaltigkeit. Manchmal vermag ich Euch nicht zu folgen, und in einem solchen Falle habe ich Eure unsterbliche Seele schon oft in meine Fürbitte bei Maria und ihrem himmlischen Sohne eingefügt.

HELST. Oh, oh, wie wart Ihr jetzt schön. Die ganze Süße, die ganze reine himmlische Süße der Gottesmutter ist in diesem Augenblick in Euch gewesen. Verzeiht mir, wenn

meine große Altartafel für den Dom zu Utrecht allein von
dem schwachen Abglanz Eures Anblicks strahlt. Ja, bittet
für mich, und ich fühle, nie mehr kann ich auch in der
Verdammnis ganz unglücklich werden.

FELIZIA, *mit Purpur überdeckt.* Lieber Meister, Ihr ängstet
mich. Erasmus hat mir allerdings für die besonderen Bedingungen Eurer Kunst die Augen, sogar das Herz geöffnet.
Ihr seht, was gewöhnlichen Augen nicht sichtbar ist. Eure
Verzückungen sind Euch notwendig, damit sich das Einfache, was Euer äußeres Auge sieht, mit Eurem inneren
Bilde vermählen kann. Aber manchmal ist es ein peinliches Ding, als äußerer Gegenstand gleichsam herzuhalten.

HELST. Nicht so, Madonna, denn was wäret Ihr, was wäre die
ganze Schöpfung Gottes, ja Gott selbst, ohne diesen be-
trachtenden Blick.

Der Diener Meller tritt ein.

MELLER. Don Miguel. Soll ich Don Miguel hereinführen?

FELIZIA. Warum nicht? Führe Don Miguel herein. *Meller geht
hinaus.*

HELST. Ihr kennt Don Miguel wie lange, Frau Bürgermeister?

FELIZIA. Ich war dreizehn Jahr, als er zuerst bei meinem
Vater erschien. Heut hab' ich die neunzehn überschritten.
Vielleicht wäre ich tot, hätte ich seine Kunst nicht zur
Seite gehabt, als das widrige Blatternübel hier wütete. Er
hat seinesgleichen nicht als Arzt. *Zu Cordula.* Diese da und
er, sie sind nicht von meinem Bette gewichen. Ihm ver-
danke ich's, daß kaum eine Narbe an meinem ganzen
Leibe übrigblieb.

Don Miguel tritt ein.

DON MIGUEL. Ich komme zu früh, liebe Cordula?

FELIZIA. Ihr kommt immer zu spät und geht immer zu früh,
Don Miguel. Ich darf mit Euch reden, wenn ich nur still
halte. Ihr wißt, wen die Tafel an seinem Geburtstag über-
raschen soll. Eile tut not, und verratet uns nicht.

DON MIGUEL. Erasmus Carel, glückseliger Freund. — Ich habe
im Leben nichts Gutes gestiftet, aber als ich Erasmus dem
Syndikus, Eurem Vater, empfahl und die Bürgerschaft ihn
hierher berief, da war meine Hand am Ende wohl glücklich.

FELIZIA. Sie war es, Don Miguel.

DON MIGUEL. Sie war es, ja!
Ich hatte Erasmus zu Worms am Hoflager kennengelernt,

als dort der Reichstag gehalten wurde. Damals sprach ich noch wenig deutsch. Erasmus dafür um so besser spanisch. Ich erkannte sofort, welchen Schlages der Mann war, den ich vor mir hatte. Und doch sieht man erst jetzt, welche Fülle von Kräften in ihm schlummerte. Man sieht es an dem, was aus dieser kleinen Republik in den zwei Jahren, seit er an ihrer Spitze steht, geworden ist.

FELIZIA. Das macht mich so froh, daß er ein Glück ist für alle.

DON MIGUEL. Er hat Hader gestillt, er hat Eintracht verbreitet. Eine vielfach gespaltene Bürgerschaft hat er dazu gebracht, daß sie gelernt hat, die Angelegenheiten der Stadt und die Wohlfahrt des Vaterlandes höher als müßige Zänkereien zu stellen. Es ist erstaunlich, welchen Opfermut, welche Opferfreude ihm in allen Ständen hervorzurufen gelungen ist.

FELIZIA. Ob es wohl Leute gibt, die das nicht einsehen.

DON MIGUEL. Mit solchen, Felizia, ist immer zu rechnen. Die rohe Masse ist niemals einsichtig. Dennoch bleibt sie der Humus, aus dem auch der köstliche Fruchtbaum der Einsicht gewachsen ist. Und die große Masse an sich ist gut. Schlechte Menschen hingegen sind die, die das Gute zugleich erkennen und leugnen. Sie sind es allein, die dem wahren Guten, solange die Welt steht, zum Fluche gereichen. Und solche Leute gibt's überall und immer genug.

FELIZIA. Der Bischof ist meinem Mann nicht gewogen.

DON MIGUEL. Weil der Bischof nie einem Bürgermeister gewogen ist: einem schlechten nicht, einem guten noch weniger!

HELST. Feierte man nicht noch vor Amtsantritt Eures Gemahls einen blutigen Sieg, den das Domkapitel über den Magistrat und die Stadt vor einundsiebzig Jahren erfochten hat? Man feierte diesen Sieg alljährlich hier mitten in der besiegten Bürgerschaft. Im Dom wurde große Messe gelesen. Ein Dankgottesdienst wurde zelebriert. Im Dom, der der Bürgerschaft gehört, deren Munifizenz ihn errichtet hat.

CORDULA. Es wurde sogar ein Umzug gehalten.

HELST. Wer will sich wundern, wenn es bei dieser Gelegenheit manchmal Steine und andere Dinge geregnet hat. Ich habe als Junge sogar oft tapfer mitgeholfen.

DON MIGUEL. Es ist ein Riß, der in der sogenannten Ewigen Stadt und in euren kleinsten städtischen Republiken, wie

ich mich überzeugt habe, ganz der gleiche und ganz des
gleichen Ursprungs ist. Da ist eine tätige, freie, denkende
Bürgerschaft, die zugleich eine mundtote geistliche Herde
bedeutet. Die Bürgerschaft hat ihr natürliches, tätiges
Haupt und wird gleichzeitig geweidet vom geistlichen
Hirten. Während aber seine Weide nur geistlich ist und
diese weder die Herde noch auch ihn selbst leiblich satt
machen, so wendet er sich an das tätige Haupt der Bürgerschaft und legt es im Notfalle in ein Halseisen, falls es
nicht geduldig genug für das Joch eines pflügenden Stieres
ist. So macht es zu Rom der Pontifex maximus, und so
machen es hier bei euch die Bischöfe. Nun kommt's
darauf an, wer der Stärkere ist.

HELST. Bürgermeister Erasmus ist der Stärkere.

DON MIGUEL. Das walte die Heilige Dreifaltigkeit.

Der Diener Meller kommt.

MELLER. Der Herr Bürgermeister sind eben ins Haus getreten.

FELIZIA. Meister, tut mir die Liebe und räumt Eure Siebensachen weg. Ich will, daß er völlig überrascht werde.

*Durch Helst, Cordula und die Bürgermeisterin selbst werden
alle Maler-Utensilien fortgeräumt. Lachend verschwinden alle
im anstoßenden Zimmer mit den einzelnen Gegenständen.*

*Diener Meller, der mitgeholfen hat, ist ins Zimmer zurück-
gekehrt, als der Bürgermeister Erasmus Carel eintritt. Er
nimmt ihm Stock, Hut und Mantel ab.*

ERASMUS *sieht sich fragend um.* Du sagtest mir, meine Frau
sei in diesem Zimmer.

MELLER. Ich glaube, Don Miguel Cerveto ist hier.

ERASMUS. Ah, brav. — Ist sonst etwas vorgefallen?

MELLER. Es waren zwei Männer von auswärts hier. Ich habe
sie auf das Rathaus gewiesen.

ERASMUS. Ich hoffe, in aller Freundlichkeit.

Wer von den heut geladenen Gästen ist sonst schon im
Haus, Meller?

MELLER. Meister Helst. Der Herr Domdechant haben abge-
sagt.

ERASMUS. Das wundert mich. Was hat er dafür als Grund
angegeben?

MELLER. Der Bote hat nichts darüber gesagt.

Felizia kommt wieder herein.

FELIZIA. Eia, da bist du ja, mein Geliebter. *Sie geht auf den*

Gatten zu. Die Eheleute begrüßen sich mit einem langen Kuß. Meller ist hinausgegangen.

ERASMUS. So. Nun ist wieder aller Staub des Tages mit eins von der Seele gefegt.

FELIZIA. Du hast doch nicht Ärger gehabt, Erasmus?

ERASMUS. Wüßte nichts Besonderes zu melden, Felizia.

Nur daß eben auch am heiligen Pfingstfest die Welt im Geheimen an allen vier Ecken von Hader, Not und Mißverstand weiterlodert.

Mach keine so angstvollen Augen, Geliebte. Ich habe nichts Bestimmtes im Sinn.

FELIZIA. Und wenn es nun doch was Bestimmtes wäre, willst du es mir nicht lieber mitteilen?

ERASMUS. Es ist im geringsten nichts Neues, Felizia. Das alte Elend in tausend Gestalten: Kocht man sich eine noch so gute deutsche Suppe, so findet man ganz gewiß am Ende immer ein römisches Haar und die Prise spanischen Pfeffers darin.

Ist deine Mutter noch nicht gekommen?

MELLER, *der lautlos durchs Zimmer nach dem Speisesaal geht.*

Die Frau Senator sind eben durch Schwester Cordula empfangen worden und haben sich in die Hauskapelle zur Andacht verfügt. *Er entfernt sich in den Speisesaal.*

ERASMUS. Die Liebe, die Gute! Sahst du sie schon? — Immer noch ist es ihr erster Weg in die Hauskapelle.

FELIZIA. Und so wird es auch bleiben, bis die Stunde erschienen ist, wo sie Vater nachfolgen kann.

Aber Lieber, Lieber, du machst mich unruhig.

ERASMUS. Ich wurzele hier. Ich wurzele in einem Beete mit dir, in einem Garten, mein süßes Kind. Er ist von starken Mauern umgürtet. Innen ist Friede, außen die Welt. Darum, holdseligstes Leben, nichts mehr von Unruhe.

Siehe, das Schrillen der Schwalben, das liebliche Pfeifen der Stare durchdringt mit dem hundertfachen Geläute der Türme jeden Mauerstein.

Carpe diem. Laß uns dem Augenblick seine Rechte zubilligen. Gott gibt kein Glück, wie das unsre ist, er wolle denn, daß wir es voll und dankbar genießen. *Er nimmt sie abermals in die Arme und küßt sie beruhigend auf die Stirn.*

ERASMUS. Unsere Freunde versammeln sich. Laß uns hineingehen. *Sie gehen in das anstoßende Zimmer, aus dem das Geräusch lebhafter Gespräche mehr und mehr hörbar ist.*

*Aus ebendem Zimmer kommen gleich darauf der Syndikus
Dr. Johann Ummegrove und der bischöfliche Sekretär
Leonhard.*

DR. UMMEGROVE. Ist das richtig, Herr Sekretär?

SEKRETÄR LEONHARD. Warum soll es nicht richtig sein? Läßt
nicht auch Zwingli in Zürich für Andersgläubige Scheiterhaufen errichten und richtet die, so er Ketzer nennt, mit
dem Schwert?
Werden nicht zu Köln, Straßburg, zu Breslau auf dem
Ketzerberge, zu Innsbruck, kurz überall im Land diese
sanftlebenden Brüder abgewürgt? Warum sollten sich also
die Dominikaner nicht rühren?

DR. UMMEGROVE. Es ist wider Gott, es ist wider die Natur, es
ist wider die wahre katholische Religion, in Sachen des
Glaubens Gewalt zu gebrauchen. Meines Erachtens liegt
auch kein Sinn darin. Wem Gott nicht in Gnaden den
alleinseligmachenden Glauben ins Innere legt, dem kann
keine Gewalt des Menschen ihn aufzwingen.

SEKRETÄR LEONHARD. Was hilft es, Herr Syndikus, das
Rechte zu denken, wenn man in Rom das Falsche denkt?
Die Kirche beruft sich auf Augustin. Innozenz der Vierte
hat die Tortur ins Leben gerufen, um den Abtrünnigen mit
Gewalt in den Schoß der Kirche zurückzureißen. Sei es
auch erst durch seinen Tod. Seit Gregor dem Neunten ist
das Sanctum Officium den Dominikanermönchen anvertraut. Nun, da sie allerwärts köpfen, sacken und brennen
sehen, werden die Mordbrenner ungeduldig. Eine Zeitlang
hockten sie in den Schlupfwinkeln, weil eben der Wind
nicht gut für sie war. Sie haben unfreiwillig feiern müssen.
Jetzt stecken sie wieder die Köpfe hervor, weil besseres
Wetter geworden ist.

DR. UMMEGROVE. Wie konnte das Domkapitel diesen wilden
Dominikaner heute, am Pfingstfeiertage, auf die Kanzel
der Domkirche steigen lassen? In einer Stadt, die sich
durch das Festhalten am katholischen Glauben auszeichnet. Mitten in einer Republik, die dem Pfaffengezänk
bisher ganz abhold gewesen ist. Dieser blutige Eiferer wirft
die Fackel der Zwietracht gleichsam mit Wollust in die
friedliche Bürgerschaft mitten hinein.
Hätte ich Macht, ich würde ihn zwischen zwei reitenden
Gerichtsdienern haben vors Tor bringen lassen, und er
sollte bei Todesstrafe der Stadt für immer verwiesen sein.

SEKRETÄR LEONHARD. Das wäre ein arger Mißgriff gewesen. Ihr wißt, daß dieser Sache wegen das Domkapitel schon am vorigen Dienstag zusammengetreten ist. Es wurde erwogen, dem Sanctum Officium zu Marburg unter die Hand zu geben, den Dominikaner zurückzurufen. Man wollte erklären, es sei weder redlich noch nötig, in diesem Augenblick und in dieser Stadt mit den Mitteln der Glaubensgerichte hervorzutreten.
Aber der Bischof ist schwankender Meinung. Auch traten innerhalb des Kapitels Bedenken hervor.

DR. UMMEGROVE. Das nimmt mich wunder, Herr Sekretär, sowohl was die Haltung des Bischofs betrifft als auch das Bedenken des Domkapitels. Wann ich immer in Sachen der Stadt unseren gnädigen Herrn, den Bischof, in seiner Residenz aufsuchen mußte, habe ich ihn immer nur den entschiedensten Widerwillen gegen die Gepflogenheiten der Glaubensgerichte äußern gehört. Einmal sagte er, Sprenger, der Inquisitor, sei vom Fürsten der Hölle inspiriert worden, als er den Hexenhammer schrieb. Und keiner unter den Domherren ist mir bekannt, der nicht mit Ekel von den spanischen Autodafés gesprochen hätte.
Wie kommt es, daß sie nun unentschieden sind?

SEKRETÄR LEONHARD. Man könnte da mancherlei vermuten. Gerade hier aber ist wohl nicht der Ort, solchen Vermutungen Worte zu leihen. Kurz, die Herren sind etwas unruhig.

DR. UMMEGROVE. Ich bin der Meinung, Ihr würdet gerade durch eine offene Aussprache hier im Hause des Bürgermeisters unserer Republik den größten Dienst leisten.

SEKRETÄR LEONHARD. Der Bürgermeister ist allbeliebt. Man schätzt im Kapitel, man schätzt am Hof unseres gnädigen Herrn seine persönlichen Eigenschaften. Aber man vergißt doch nicht, daß er, zwar mit sanfter, aber doch drängender Hand, alte, wichtige Herkommen antastet, die eben auch verbriefte Rechte der Kirche sind.

DR. UMMEGROVE. Ich weiß. Ihr meint das Erbrecht des Bischofs. Der Bürgermeister hat es so weit gebracht, daß unser hochwürdigster, hochgeborener Bischof und Herr freiwillig darauf verzichtet hat.
Nun, dies Recht war kein Recht, es war ein Unrecht! Es war mehr als ein Unrecht: es war ein Verbrechen.
Oder kann irgendein Mensch es billigen, wenn das gesamte Eigentum jedes gemeinen Mannes in der Stadt, die Frucht

seiner Sorgen, seines Schweißes und seiner lebenslänglichen
Arbeit mit seinem Tode dem Bischof verfällt, auch wenn
hungernde Weiber und Kinder zurückbleiben?

SEKRETÄR LEONHARD. Ihr habt ganz recht, es ist nicht zu
billigen.

DR. UMMEGROVE. Der Bischof ist der geistliche Hirt. Unmöglich kann er als Priester des Reiches Christi auf Erden
durch Taten grausamster Habsucht voranleuchten. Solange die Maßregel noch bestand, wuchs das Elend in
unserer Stadt mit jedem Tage. Ganze Quartiere starben
den Hungertod, Tote und Sterbende lagen auf der Straße.

SEKRETÄR LEONHARD. Ihr habt ganz recht. Der hochwürdigste Herr hat mir selbst gesagt, dieses Erbrecht mit
seinen Folgen sei ihm gar nicht genügend bekannt gewesen und er freue sich, daß nun durch den Fortfall sein
Gewissen entlastet sei. Er wolle von unrechtem Gut nicht
fett werden.

Aber immerhin war dieses Recht doch ein Recht und war
geheiligt durch uraltes Herkommen.

Und ist es gefallen mit anderen, die in den Augen des neuen
Bürgermeisters zu Unrecht in Kraft stehen, so tastet er
wohl auch noch andere an, und weder Kapitel noch Bischof
wissen, wie weit er am Ende noch gehen wird und was er
ihnen von dem Ihrigen noch zu lassen willens ist.

DR. UMMEGROVE. Ich habe niemals einen besonneneren, einen
gerechteren Mann als Bürgermeister Carel gesehen. Ich bin
überzeugt, daß etwas Grundstürzendes niemals von ihm
zu befürchten ist.

SEKRETÄR LEONHARD. Seine Volkstümlichkeit ist ungeheuer.
Und Volkstümlichkeit birgt Gefahren in sich. Kurz und
gut, am Ende kommt alles darauf an, daß man bei uns die
Gewißheit erhält, er werde auf diesem Weg nicht fortschreiten. Ich meine die Gewißheit, vor weiteren Eingriffen in die Rechte der Diözese sicher zu sein. Man wird
dann auch ohne weiteres in Sachen der drohenden Inquisitio haereticae pravitatis mit sich reden lassen. *Die beiden
Herren schreiten weiter und verschwinden in der gegenüberliegenden Tür.*

*Doktor Staupitz, Prior der Augustiner, und Bürgermeister
Wessling kommen im Gespräch.*

PRIOR STAUPITZ. Euer Kollege im Bürgermeisteramt will mir
heute nicht recht gefallen, Herr Wessling.

BÜRGERMEISTER WESSLING. Der Grund ist eine gewisse Predigt, die ein gewisser Dominikaner gehalten hat.

PRIOR STAUPITZ. Was war das für eine Predigt, Herr Bürgermeister?

BÜRGERMEISTER WESSLING. Die Lauheit im Glauben wurde gerügt und zu tätigem Eifer im Dienste der heiligen Kirche aufgefordert. Die Gläubigen sollten wachsam sein und wider diejenigen keine Nachsicht üben, deren Reden darauf schließen ließen, daß sie Feinde des wahren Glaubens seien.

PRIOR STAUPITZ. Ei, ei! und Herrn Bürgermeister Carel gefällt diese Predigt nicht.

BÜRGERMEISTER WESSLING. Begreiflicherweise nein, Herr Prior.

PRIOR STAUPITZ. Mir gefällt sie auch nicht, Herr Bürgermeister.
So ist es also doch wahr, was mir von meinen Fratres berichtet wurde. Sie hatten bei ihren Besuchen in den Häusern allerlei von einem nahen Strafgericht munkeln gehört. Seltsame Leute sollen herumschleichen, deren eigentümliche Fragen an groß und klein den gemeinen Mann beunruhigen.

BÜRGERMEISTER WESSLING. Es sind heute morgen zwei Fremde in meine Wohnung gekommen. Sie führten gewisse Beglaubigungen. Der eine, ein hinkender, schielender Mensch, wollte von mir allerlei herausholen: wie der Bischof sei, wie das Leben der Domherren geartet wäre, wer im Hause des Bürgermeisters Carel aus und ein ginge, ob unter den hiesigen Augustinern in Eurem Kloster nicht auch der satanische Geist des Augustiners Luther zu Hause sei und ob es hier Leute gäbe, die mit niedergeschlagenen Augen und allen Zeichen der Demut umhergingen und einander mit »Gottesfreude mit Euch« guten Tag sagten.

PRIOR STAUPITZ. Ist es so, wie Ihr sagt, und finden sich keine Mittel und Wege, gemeinsam gegen diese schleichenden Vorboten einzuschreiten, wird dem Dominikaner weiter erlaubt, von der Kanzel herunter die Gemeindeglieder gegeneinanderzuhetzen, so wälzt sich in spätestens vierzehn Tagen der Qualm eines brennenden Holzstoßes über die Stadt, auf dem wahrscheinlich das erste [Opfer] einer langen Reihe einfältiger armer Leute vom Leben zum Tode befördert wird.

Aber ich hoffe zu Gott, Bürgermeister Erasmus Carel und der gesunde Sinn der Stadt wird diesen Frevel nicht aufkommen lassen. *Beide verschwinden in der gegenüberliegenden Tür.*
Stadtrichter Belholt, Bürgermeister Carel, Don Miguel und Meister Helst kommen von links.

STADTRICHTER BELHOLT. Ich würge ihn, wenn ich ihn auf der Straße treffe.

ERASMUS. Dies würde ich Euch widerraten, Herr Stadtrichter.

STADTRICHTER BELHOLT. Ich habe das nur eben so gesagt, um meiner Empörung Luft zu machen. Wenn einer kommt und Haß und Verrat zwischen Brüdern predigt, zwischen Sohn und Vater Haß und Verrat. Wenn einer mit rasender Stimme schreit, ein Mann, dessen Weib nicht bis auf den Buchstaben rechtgläubig sei, müsse sie der Tortur ausliefern, wenn einer brüllt, es sei ein gottgefälliges Werk, wenn man mit hundert, die schuldlos seien, auch nur einen Gottesleugner hinrichtet, so ist er nichts dann ein toller Hund, dessen man sich, wie man kann und will, erwehret.

ERASMUS. Ruhe, Ruhe, werter Herr Stadtrichter.

Durch die laute Stimme des Stadtrichters herbeigerufen, erscheinen wieder der Prior Dr. Staupitz, der zweite Bürgermeister Wessling, der Syndikus Dr. Ummegrove und der bischöfliche Sekretär Dr. Leonhard.

ERASMUS. Es kommt in dieser schwierigen Sache alles darauf an, daß wir, nach dem Worte des Heilands, klug wie die Schlangen und ohne Falsch wie die Tauben sind.
Der Dominikaner gibt Ärgernis, ergo muß der Senat zusammentreten, um zu befinden, wie diesem Unfug zu steuern ist.

SEKRETÄR LEONHARD. Rechnet dabei auch auf mich, Herr Bürgermeister.

ERASMUS. Ein Wort, das gerade von Euch zu hören, Herr Sekretär, mir besonders wertvoll ist.
Übrigens hatte der hochwürdige Herr Domdechant seine Gegenwart bei unserem bescheidenen Mittagbrot zugesagt. Der würdige Mann ist nun aber leider verhindert zu kommen. Ich bin deswegen ein wenig beunruhigt. Vielleicht kann mir einer der Herren sagen, daß ihm jedenfalls nichts Ernstliches zugestoßen ist.

STADTRICHTER BELHOLT. Ich für meinen Teil sah ihn vor einer halben Stunde im Kreise der Domherren aus der

Kirche treten und heiter schwatzend über den Domplatz gehen.

DR. UMMEGROVE. Ich habe deswegen bestimmte Vermutungen.

[b]
ENTWURF

Agnetendorf, Sonnabend, den 27. Juni 1914.

Schema

Neues Schema zu Akt I

Dorso, Johannes, allein.
Dorso, Johannes, Felizia, Cordula, Don Miguel. — Im Hintergrund später Meller.
Felizia, Cordula, Don Miguel. — Don Miguel macht Bemerkungen über die Gesichter. Ausgehöhlte Gesichter, vagierender Blick. Raubtiergeruch. — Felizia sagt: Öffnet die Fenster. Welch köstlicher Frühlingstag, welche köstliche Luft strömt herein. Don Miguel, Ihr werdet zu Tisch bleiben. — Wer wird erwartet? — Die Aufzählung. Der Arzt, dessen Wesen eingezogen, ja scheu ist, bittet, ihn zu entschuldigen. Er wird nicht kommen, aber immer dann kommen, wenn keine anderen Gäste zugegen sind. — Ihr lebt zu einsam. — Ich lebe mit meinen Büchern und Instrumenten. Ich lebe mit Platon und Aristoteles und meinem Traktat über die Trinität. —
Felizia und Cordula.
Felizia, Cordula und Meister van der Statte. — Die Schönheit des Tages, von der er spricht. Er hat die alte Frau Amsing in den Dom gehen sehen mit ihrer sechzigjährigen Dienerin. Er selbst war bei einer Messe, und man hörte mitten in der Kirche entweder Orgelklang oder Vogelsang. Überall lachende Gesichter. Johannestag. Die durch Blumenketten gesperrten Gassen. Man hört eine Krähe schreien. Felizia verträgt den Schrei dieser Vögel nicht. Sie haben sie seit Stunden geängstigt. Schatten der Flüge über den Markt hin und her. Die Gilde will van der Statte zum Vorsteher machen. Er wird reich, da Bürgermeister Carel so viel für Kirchen und Kunst überhaupt tut.

Meller meldet Doktor Holtmann, den Fraterherrn.
Felizia, Cordula, Meister van der Statte, Dr. Holtmann — hat den Morgen über Handschriften gemalt und Bücher gebunden. Bruder vom gemeinsamen Leben. Einer von ihnen stellt die Hostien für den Gebrauch der Kirchen her. Es ist ein sehr großer Gebrauch, sagt der Frater, in Anbetracht der vielen Kirchen und Kapellen, die namhaft gemacht werden. — Er ist alt. Er hat eine stille Verehrung für Felizia, die er von Kind auf kennt. Er spricht von ihrem verstorbenen Vater. Er nahm ihr die erste Beichte ab. — Felizia schwärmt von ihrem Gatten. Der Fraterherr hat von dem neuen Bilde in der Amsingschen, jetzt Carelschen Hauskapelle gehört. Es ist eine Verkündigung. In feiner Weise wird auf den Zustand Felizias Bezug genommen, der übrigens äußerlich unbemerklich ist.
Felizia, Cordula, Meister van der Statte.
Meller meldet den Bürgermeister. Man schafft eilig Bildtafel, Staffelei und Malutensilien fort.
Meller, Bürgermeister Carel.
Bürgermeister Carel, Felizia. Es ist ein so glücklicher Morgen für sie. Sie hat die Schatten vergessen und erzählt zutraulich von einigen Kindereinkäufen. Hat ihre eigene alte Wiege und Kinderwäsche entdeckt. Sie bemerkt eine Verstimmung. Er beruhigt sie. Er fragt nach Gästen. — Morgen wird es ein Jahr, daß du ganz mein bist, Felizia. Erst von diesem Tage an weiß ich, warum ich bis dahin lebte.
Der Lärm einer vorbeiströmenden Volksmenge zieht das Ehepaar Carel ans Fenster. Felizia sagt: Was haben die Leute? Was ist das für ein Mönch, der mit großen, hastigen Schritten, als wenn er verfolgt würde, weniger schreitet als rennt? — Wer weiß, was er hat, sagt der Bürgermeister. Gehen wir zu den Gästen hinein: dies sagt er schnell abbrechend und sich abwendend.
Der Syndikus Ummegrove und der bischöfliche Sekretär Leonhard. Es ist auch von den beiden Bürgermeistern die Rede, von Bürgermeister Wessling mit Geringschätzung. Er sucht sich zu vergewissern, woher der Wind weht. Er stellt uns nichts entgegen. Eine Null.
Syndikus Ummegrove, Sekretär Leonhard, Bürgermeister Wessling. — Die erste Frage des Sekretärs: Weiß Euer Herr Amtskollege Carel, was geschehen ist? Wessling sagt, er habe es nicht können herausbringen. Mit einer gewissen Geschwätzigkeit spricht er von dem Besuch, den Dorso und

Johannes bei ihm gemacht. Sie hätten sich besonders lebhaft nach Dr. Miguel erkundigt. Woher er stamme, wer er sei. Man fahnde in Spanien nach einem gewissen ehemaligen Leibarzt Karl des Fünften, der in einem Traktat Irrlehren verbreitet habe und sich der Hand der Gerechtigkeit durch die Flucht entzog. Es scheine, man bringe diese Person mit Dr. Miguel in Zusammenhang.

Ummegrove, Sekr. Leonhard, Wessling, Augustinerprior (Prof. Staupitz). Haben Sie von der Predigt gehört? Es ziehen sich schwere Wolken zusammen. Staupitz sagt: man müsse in dieser Sache einig gegen das Unheil zusammenstehen.

Ummegrove, Sekr. Leonhard, Wessling, Augustinerprior Prof. Staupitz, dazu Dr. Holtmann. Holtmann: man müsse das Domkapitel friedlich und herzlich beraten. Die hohen Herren etc.

Ummegrove, Sekr. Leonhard, Wessling, Augustinerprior Prof. Staupitz, Dr. Holtmann, Stadtrichter Belholt, Bürgermeister Carel.

Die Vorigen, dazu Felizia. — Sie sagt: die Herren hätten sich zu Unrecht absentiert. Es sei Zeit, die Frauen zu Tisch zu geleiten.

Schema zum zweiten Akt

Der Bürgermeister Carel in seinem Amtszimmer auf dem Rathaus. Ein Gildemeister gibt Bericht über eine große Versammlung der Zünfte, wo beschlossen worden sei, gegen den angekündigten Glaubensgerichthof vorzugehen. Die ganze Bürgerschaft stehe hinter dem Bürgermeister Carel. Bürgermeister Wessling habe wegen eines vermittelnden Wortes unter allgemeinem Hohn abtreten müssen.

Bürgermeister Carel und Bürgermeister Wessling. Dieser ist verstimmt. Man müsse wenigstens den geheimen Verhaftbefehl gegen Dr. Miguel durchführen. Carel gibt niemals seine Hand dazu. Die Inquisition dürfe nie das Weichbild der Stadt betreten. Conrad, Pater von Marburg, sei ein Bluthund. Man werde die Kanonen auf den Wällen mit Pulver laden und ihm den Eingang in die Stadt wehren, käme er gleich mit Gewalt.

Der Senat tritt zur Sitzung zusammen. Nach einigen Vorbe-

sprechungen wird der Sekretär des Bischofs vorgeführt, der
auch für das Domkapitel spricht. Der Druck von seiten
Madrids und von seiten Roms und von seiten einiger Fürsten
zwinge das Domkapitel, der Konstituierung des Gerichtes
freien Lauf zu lassen. — Der Syndikus Ummegrove tritt dagegen auf — Bürgermeister Wessling macht gegen den
Syndikus Einwände. Man bemerkt, wie der ganze Magistrat
schwankend wird. — Bürgermeister Carel rettet die Situation,
indem er den Amtskollegen nach Möglichkeit schont. Endlich fragt er, ob der Bischof, ob das Domkapitel die Predigten
der beiden Dominikaner und des lahmen Krüppels auf den
Straßen fortan hindern werde. Das Domkapitel sehe sich
nicht in der Lage. — Gut, sagte der Bürgermeister, und auf
seinen Wink werden überraschenderweise die drei Fanatiker
hereingeführt. — Der Bürgermeister verweist sie der Stadt
und übergibt sie zur Ausführung des Befehls den Gerichtsdienern. — — — — Jetzt bittet der Sekretär noch einmal ums
Wort und weist in ungemein raffinierter Rede auf die Folgen
eines solchen Verfahrens hin. — Bürgermeister Wessling
springt ihm bei. — Der Senat fällt um. — Die Maßregel wird
abgelehnt. — Man könne sich nicht gegen die heilige Kirche
und den Kaiser auflehnen. Es werde gelingen, die Richter zu
überzeugen, daß die Bevölkerung rechtgläubig sei. Nur
sollten die drei Fanatiker ihre Predigten bis zum Beginn des
ordentlichen Gerichts unterlassen. — Bürgermeister Carel
legt sein Amt nieder.

Schema zum dritten Akt

Im Hause des Bürgermeisters Carel. Drei Wochen später.
Felizia und ihre Mutter. Der alte Meller. — Alle früheren
Freunde haben sich zurückgezogen. Dr. Miguel ist es ge-
lungen, die Stadt zu verlassen. Über der Stadt lastet die
Angst. Weltuntergang, Strafgericht, Schwarzer Tod, Ko-
meten, böse Konstellationen. — Nun, wir werden ohne
Freunde leben, sagt Felizia.
Felizia, ihre Mutter, Fraterherr Holtmann. Holtmann ist von
rührender Treue. Er tröstet die Mutter, die sich endlich
weinend hinausbegibt.
Felizia. Der Fraterherr. Er stellt allerhand Fragen an sie,
Don Miguel, auch die drei Fanatiker betreffend. Ihr dämmert

eine Ahnung, aber sie beruhigt sich, da Holtmann sie tröstet. Felizia, Holtmann, der Ex-Bürgermeister Carel. Carels Ingrimm. Carels Qual. Sein Werk stürzt zusammen. Wahnsinn greife Platz. Krankheits-Paroxysmen durchheulten die Stadt. Die Buß-Wut. Jetzt läuten die Armesünderglocken, und schwarzer Rauch eines Scheiterhaufens verdunkelt den Markt. Es wird finster, finster, finster. Der Bürgermeister knirscht. Er weint vor Ingrimm. Er weint über die armen Opfer wie über hingemordete eigene Kinder.

Felizia, der Fraterherr, Carel, van der Statten. — Er hat der Prozedur beigewohnt. Was ist aus der Bürgerschaft von einst geworden. Jetzt kommt die Menge von der Prozedur zurück. Plötzlich sammelt sie sich vor Carels Haus und heult zu den Fenstern herauf. Was heult sie? Er weiß es nicht, er ahnt es nicht. Der Maler und der Fraterherr deuten die Gefahr an, in der er schwebt. Da umarmen sich Carel und die Frau. Sie werden nicht voneinandergehen. — Nun aber wird an die Tür gepocht und im Namen des Gesetzes Einlaß verlangt. Meller ist außer sich. Laß sie eintreten, sagt Carel. — Der Bürgermeister selbst veranlaßt mit Energie den Maler und den Fraterherrn, sich zu verstecken.

Felizia, der Ex-Bürgermeister, die Kommission des Sanctum Officium mit den Häschern. Es sind auch Senatoren darunter. Ich gehe mit Euch, nur laßt meine Frau ungestört. Er sagt, wie es mit seiner Frau steht etc. Wenn etwas geschehen ist, so bin ich für alles verantwortlich. — Aber sie drängt sich vor. — Die Klageakte wird verlesen. Sie lautet gegen Felizia. Die glückselige Entschlossenheit Felizias. Die Raserei des Bürgermeisters, der schließlich in Wahnsinn zusammenbricht.

Felizia wird gefesselt und abgeführt.

[2]
BÜRGERMEISTER WORTWEIN

Agnetendorf, Sonnabend, den 4. Juli 1914.

ERSTER AKT

ERSTE SZENE

Frau Amsing, Cordula, eine junge Begine.

FRAU AMSING

Wie heut die Glocken schallen, Cordula:
Sankt Lamberts Turm, Servatii Glockenspiel,
der Dom, sie alle wühlen durcheinander.
Der Fluß rauscht froh dahin. Die Vögel singen.
In unsrem Lindenbaume braust es laut
von Honigbienen, und durch die Gemächer
schwebt des Holunders Mandelduft, gemengt
mit Weihrauch. — Ach, wie weh mir ist.
Du schweigst. Du meinst, wie kann die alte Frau
an einem solchen Feiertag sich härmen:
drei Jahre sind seit ihres Gatten Tod
ihm nachgesunken in die Ewigkeit.
Sie selbst ist alt und nah dem Grabe, und
doch grämt sie sich.

CORDULA

Ihr solltet das nicht tun!
denn Gott, der Euren Gatten von Euch nahm,
hat Eure Witwenjahre reich gesegnet.

FRAU AMSING

Das leugne ich nicht und bin drob dankbar. Ja,
das Haus ist wohlbestellt in allen Dingen.
Ich weiß es. Schließ' ich meine Augen zu,
so fehlt nicht Mann noch Weib noch Kind im Hause.
Mein Tochtermann ist brav! Felizia
hat einen braven Eheherrn bekommen.
Und Johann Wortwein ist noch mehr als brav,
ist hochgelehrt, ist weitgereist und ist
in allen Händeln dieser Welt erfahren.
Doch bin ich eben müde dieser Welt.

CORDULA
Es geht mir bitter ein, Euch so zu sehn
am Sankt-Johannes-Tage, der zugleich
der Namenstag ist Eures Schwiegersohns
und seiner und Feliziens Hochzeitstag.
Macht Euch dies Glück nur anzusehn nicht glücklich?

FRAU AMSING
Wohl, doch auf Erden bin ich nicht mehr heimisch.
Mir ist sie nicht mehr Gottes Ackerfeld,
auf dem der Hauch des Höchsten Wogen treibet,
vielmehr ein geiler Sumpf voll gift'gen Unkrauts.
Die Zwietracht herrscht, die Wirrnis in der Welt.
Im vollsten Licht des Tags bleibt sie mir dunkel.

CORDULA
Das ist nicht gut zu hören, edle Frau.

FRAU AMSING
Sehr übel ist's zu hören, Cordula.
Doch wo ist meine Tochter?

CORDULA
Eine Messe
zu hören, die Eckardus zelebriert
im Augustinerkloster.

FRAU AMSING
Und wo bleibt
der Bürgermeister?

CORDULA
Feierlich empfängt,
sagt man, der Rat die Deputation
der Hohen Schule Straßburg oder Marburg.

FRAU AMSING
Darunter ist der junge Tittelmann.
Nein: nicht mehr jung jetzt, sondern alt geworden.
Dominikanerprior und Professor.
Als Junge trug er Wecken uns ins Haus.
Man sagt, er sei ein strenger Herr geworden.
Ein gnadenloser Richter Israels.
Was will er in der Stadt? Hat man's erfahren?

CORDULA

Nicht recht gewiß. Allein, man munkelt viel.
Es wird in allen Winkeln viel getuschelt.
Die einen sagen: um dem Ablaßkram,
den unser Magistrat nicht zugelassen,
den Einlaß dennoch zu erwirken! Andre:
der Pater trage Vollmacht mit von Rom
als unsres heiligen Glaubens Inquisitor.

FRAU AMSING

Das Volk ist sündhaft. Unsre Bürgerschaft
des Haders voll, in Meinungen gespalten,
auch da und dort vom rechten Weg geirrt.
Doch mag die hohe Himmelskönigin,
zu der ich stündlich ganzer Inbrunst bete,
bei ihrem süßen Sohn Fürbitte tun,
daß, wie auch immer Straf' und Richter sei
nach wohlverdientem Maße angeordnet,
er uns in Gnaden nur bewahren möge
vor den Dämonen des Dominikus,
vor seinen Mönchen, Häschern, Henkern, Richtern.

ZWEITE SZENE

Felicia Wortwein, geborene Amsing, eine herrliche Blondine von sechsundzwanzig Jahren, tritt ein. Sie hat einen großen Busch Flieder im Arm.

FELICIA

Wir waren bis vorm Horster Tore, Mutter!
Ein Tag, ein Morgen: köstlicher ist nichts
als solch ein Gang, als solch ein Glück im Mai.
Die Stunde ist so schön: man will sie halten,
wie ich den Arm voll Flieder halte, hier
an meinen Lippen und an meiner Brust.
Mein armer Eheherr! Er sitzt selbst heut
im dumpfen Rathaus, wir dagegen sprangen
durchs Gras, ich und die Kinder. Schmetterlinge
umtanzten uns. Wir brachen Weidenzweige,
und Bruder Martin schnitt den Kindern Pfeifchen.
Der liebe Bruder Martin! Bruder Martin,
sagt' ich zu ihm, wie so der Glockenklang,

wie Wein die Schale, jede Wehr und Mauer
der frohen, stolzen Reichsstadt überquoll
und wirklich einer heiligen Sintflut gleich
die offnen Ländereien überschwemmten —
oh, lieber Bruder Martin, also sagt' ich...
Was sagt' ich denn? Fast schwindelt mir: so reich,
so stark, so hell, so wonneschwer ist alles.
Gott helfe mir! — Ist dies kein Paradies,
wie werden wir das Paradies ertragen?
Ist diese Stadt, die heut im Sonnenlichte
mit allen Türmen so gewaltig dröhnt,
kein Zion, wie dereinst wird Zion sein,
und wie die Vögel musizieren, Mutter!
Sie geigen, pfeifen, schreien durcheinander,
als sei des Erzes heiliger Ton nur da,
um ihn mit lauterem Jubel zu ersticken.

FRAU AMSING

Komm, atme auf, setz dich, Felicia.
Dir pocht der Puls am Hals. Wie schon als Kind
ein roter Fleck dir unterm Ohr erschien
nach allem wilden Spiel, zeigt er sich jetzt
verräterisch. Warnt Doktor Michael
dich denn nicht immer wieder vor Ermattung.
Versprachst du nicht Erasmo, deinem Mann,
an Spiel und Arbeit nie zuviel zu tun?

FELICIA

Sei ruhig, denn der Arzt war mit mir, hat
mich vor die Stadt und bis hierher begleitet.
Ich traf ihn nach der Messe vor dem Dom.

FRAU AMSING

So? Vor die Stadt und wiederum hierher
gab Doktor Michael dir das Geleit?

FELICIA

Ja, Mutter. Siehst du so gedankenvoll
deshalb mich an?

FRAU AMSING

Mein gutes Kind,
das tu ich! Und gar mancher, der euch sah,

Don Michael und dich, den Spanier,
der Furcht und Ansehn gleicherweis' genießet,
mit Bürgermeister Wortweins junger Hausfrau,
sah euch wohl nach, wie ich, gedankenvoll.

FELICIA

Wie meinst du das?

FRAU AMSING

Laß gut sein, Michael
ist diesem Haus gewiß ein treuer Freund.
Ja, seiner Kunst verdanken wir nächst Gott,
Felicia, dein Leben. Ihrer viele
verdanken ihm das Leben in der Stadt,
seitdem die Pest durch unsre Tore eindrang.
Doch helfen, heilen, wundertätig sein —
denn Wunder tat er fast, nach aller Meinung,
macht, wie die Zeit nun ist, zweideutigen Leumund.
Ein Magus bleibt der Menge immer fremd.
Ja, keiner selbst von denen, die er einst
vom Grabesrand zurück ins Leben zog,
wird sich bedenken, bei Gelegenheit
den ersten besten Stein nach ihm zu schleudern.

FELICIA

Und darum ist es doppelt nötig, Mutter,
vor aller Welt getreu zu ihm zu stehn.

FRAU AMSING

Dies ist wohl recht, es mag auch edel sein.
So war auch meines seligen Amsing Meinung,
des härtesten Nacken in der Bürgerschaft:
doch wo es not tat, wußt' er sich zu beugen.
Dein Mann, der brave Wortwein, kann das nicht.
Gewiß: kein klügerer Mann ist in der Stadt,
und auch ist alles ihm so wohl gelungen,
was Amsings schwere Mühe nie erreicht.
Und trotzdem, trotzdem faßt mich oft Besorgnis.

FELICIA

Nichts von Besorgnis heute, liebe Mutter.
Sieh doch, wie wimmelnd voll die Gasse ist,
wie festlich alles in den Lauben wandelt.

Heut wird Erasmus einundfünfzig Jahr
und sieben Jahr alt deiner Tochter Glück.
Geburtstag, Hochzeit- und Johannistag
in einem: soll man da den Tag nicht feiern.

Bürgermeister Erasmus Wortwein und Doktor Michael treten ein.

ERASMUS

Da sind wir.

FELICIA

Seid willkommen.

ERASMUS

Braves Weib,
dein Mann ist hungrig, denn er kommt vom Rathaus,
dein Mann ist durstig, denn er kommt vom Rathaus.
Dein Mann ist klug, weil er vom Rathaus kommt.
War er im Rathaus klüger, war es besser.
Im Rathaus war er dumm, mein liebes Weib!
Im Rathaus war er töricht, gute Mutter,
verblendet gradezu, Don Michael.

DR. MICHAEL

Was gab es auf dem Rathaus, Herr Erasmus?

ERASMUS

Unfug! Unfug! Unfug wie nie zuvor.
Seit zwanzig Jahren bin ich nun Senator,
war viermal Bürgermeister, bin es noch
und hätte solchen Unfug nicht erlebt
— wenn ich die Nacht gestorben wäre —
in einundfünfzig Jahren meines Daseins.

FELICIA

Was hast du denn erlebt?

ERASMUS

Nichts! Still davon,
die Galle steigt mir, wenn ich nur dran denke.
Genug, genug, laßt uns zu Tische gehn.

FELICIA

Niemanden hast du mitgebracht, Erasmus?

ERASMUS
Beileibe nein. Heut nicht. Nicht diesmal! Denn
ein ganzer Hoher Rat war mir zuwider
am heutigen Tag. Zu Tisch! Zuwider
vor allen heute war mir mein Kollege
im Bürgermeisteramt, Jan Holtmann. Oh,
mein allerliebster Jan, mein bester Jan,
bedauernswerter Jan. Nein, lieber Schatz,
es war mir heute keiner gut genug,
mit dir am gleichen Tisch zu sitzen. Oder
es wäre denn der Pater Tittelmann,
der hochgelobte, den uns Rom verordnet
hat, ad maioris [sic!] Dei gloriam.

DR. MICHAEL
Wenn ich bedenke, was ich fürchte, und,
Herr Bürgermeister, Euren Unmut mir
durch seinen Ursprung zu erklären suche,
scheu' ich mich fast, die Frage jetzt zu tun,
die jetzt sich mit Gewalt zum Worte meldet.

ERASMUS
Spart Euch die Frage, denn Ihr habt die Antwort,
wenn Ihr Euch ohne Umschweif eingesteht:
das Schlimmste, was ich fürchte, ist geschehn.

DR. MICHAEL
Mit klaren Worten also, Tittelmann
darf hier das heilige Tribunal errichten,
das, mit des Papstes Vollmacht ausgestattet,
die Geißel aller Geißeln ist!?

ERASMUS
Er darf es!
Obgleich es jeder fürchtet, niemand will,
der Bischof nicht, auch nicht das Domkapitel,
auch weder Bürgerschaft noch Magistrat,
so ist der Magistrat heut umgefallen,
hat wider beßres Wissen zugestimmt,
daß man dem Troß der Inquisition
den Eintritt durch das Tor nicht mehr verwehre.
Und demnach mit Geleit und Sicherheit
hält das Gericht bald feierlich hier Einzug.

Gott weiß, wie diese Wendung möglich war.
Ich weiß nur eins: ich wurde blöd und alt,
zum Greis, den zu betölpeln jedem leicht ist.

DR. MICHAEL

Wann wird man es der Bürgerschaft eröffnen?

ERASMUS

Vorläufig nicht, wohlweislich. Der Beschluß
ist als geheimer vorderhand gefaßt.
Wär' er nicht so gefaßt und käm' er aus,
bekäm' die Menge in den Gassen Wind
davon, wem man sie heute ausgeliefert,
weh unsrer Ehrbarkeit, auch unsren Ratsherrn.

DR. MICHAEL
steht am Fenster und blickt auf den Markt hinunter

Du armes, ahnungsloses Volk dort unten,
das Kopf an Kopf sich fröhlich lachend drängt,
sag' ich, du dauerst mich, so ist's zu wenig.
Zu wenig, viel zu wenig jedes Wort!
Ist erst dies heilige Kollegium
inmitten eures Wohlstands eingenistet,
von dem es leider längst die Witterung fing,
dann ist das Fest, und gründlich zwar, zu Ende.

Verzeiht mir, wenn mich etwas jählings packt
bei Eurer Nachricht, bester Bürgermeister.
Allein, Ihr wißt, ich bin ein Spanier
und nenne jenes Land mein Vaterland,
wo das Gericht des Heiligen Stuhls zu Rom
am ärgsten wütete, das weiße Kleid
Dominici vor allen mächtig ist.
Ich kannte selbst den Bruder Torquemada.
Nun, laßt mich schweigen! Was ich hört' und sah
von seinem und der heiligen Richter Wirken,
empört, berichtet nur, das kühlste Blut.
Der Sanfteste beginnt mit Gott zu hadern,
der, ohne seinen Blitz hineinzuschmettern,
die schlimmste Schändung seines Namens zuläßt.

Spräch' ich dies zu Sevilla, zu Madrid
vor meinem Vater, als dem einzigen Zeugen,

Tortur und Holzstoß wären mir gewiß.
Wär' ich allein und plapperte im Traum
und zwischen leeren Wänden solche Worte,
so dächt' ich ähnliches und bliebe stumm,
der Wind verwehte meine Asche doch
nach o wie knapp bemeßner Frist vom Richtplatz.

ERASMUS

Ihr seid nicht zu Madrid, Don Michael.
Bleibt ruhig, überschleich' Euch keine Sorge.
Zu stark und zu gesund ist diese Stadt,
als daß in ihr dies Übel wuchern könnte.

DR. MICHAEL

Amen, Herr Bürgermeister, walt' es Gott.

ERASMUS

Denn nun gebt acht: noch bin ich, der ich bin,
der erste beste nicht der Republik,
vertraut mit ihrem Geist, mit ihrem Körper.
Und hat man diesmal auch mich überrumpelt,
zum zweiten Mal gelingt es ihnen nicht.
Man soll nicht krank sein. Wer ein Amt wie ich
verwaltet, darf sich nicht aufs Siechbett strecken,
denn die Versäumnis eines einz'gen Tags
am Ratstisch reißet, wie der Mutter Fluch,
die Häuser, die des Vaters Segen baute,
der Bürgerschaft, den Kindern, wieder ein!
Und ich hab' wochenlang am Stein gelegen.
Das ist nun aus, und weiter keinen Schritt
soll mir der Bock das Gartenland zertreten.

Wenn man mich reizt und wenn der Fünfte Karl
weiter dies giftige Geschwirm ermutigt,
wie er's im Lande Spanien hegt und pflegt,
und es hereintreibt über unsre Mauern,
so nennt mich einen Hansen, bin ich nicht
mitsamt der Stadt, eh noch ein Jahr herum ist,
sosehr ich mich als guter Katholik
bisher gesträubt, im Bündnis von Schmalkalden.

*Bruder Martin tritt ein. Er führt Ulrich und Seraphina
herein, die sieben- und fünfjährigen beiden Kinder des Ehe-*

paars Wortwein. Sie haben gelbe Maiblumensträuße in der freien Hand.
Sowie die Kinder den Vater sehen, machen sie sich los und laufen mit dem Ruf »Vater, Vater« lachend in seine Arme. Er hebt sie abwechselnd zu sich herauf und küßt sie auf die Stirn.

ULRICH

Wir waren in dem neuen Garten, Vater,
am Horster Tor, den du gekauft hast.

ERASMUS

Gut.
Für euch allein kauft' ich den neuen Garten
vom Metzger Hermann Buck um schweres Geld.

FELICIA

Und auch für mich ein wenig wohl, Erasmus.

ERASMUS

Natürlich. Für die Glucke und die Küchlein.
Für Mutter, liebste Kinder, und für euch.
Was habt ihr draußen angestellt? Erzählt mir.

BRUDER MARTIN

Im Garten, denk' ich, ist man Gärtner, Kinder.
Erzählt dem Vater flugs, was ihr getan habt.

ULRICH

Die Erde umgegraben.

BRUDER MARTIN

Und was mehr?

SERAPHINA

Wir steckten grüne Pflänzlein in den Boden.

BRUDER MARTIN

Was noch? Nachdem wir den Salat gepflanzt,
was, Ulrich, hab' ich euch alsdann gewiesen?

ULRICH

Schlafäpfelein an einem Rosenstock.

BRUDER MARTIN
Das wunderliche grüne Röslein, richtig,
das keineswegs ein wahres Röslein ist:
Geschwulst vielmehr von einem Wespenstich
und also eine Krankheit, eine Beule.

ERASMUS
Die Gartenkunst ist Bruder Martins Stärke,
schon vom Konvent der Augustiner her
zu Wittenberg. Doch ebenso zu Haus
als auf Gemüseland und Blumenbeet
ist unser lieber Jünger Augustins
in des Aldi Manutii Bereichen
und ein gespornter Gallus außerdem.

BRUDER MARTIN
Wär' ich's! Allein, ich bin bequem und feige.
Sonst hatt' ich wahrlich heut Gelegenheit,
in aller Frühe schon zu respondieren.

ERASMUS
Das hat man immer, Bruder Martin.

BRUDER MARTIN
                    Nein,
nicht immer so wie heut.
                    ERASMUS
                    Was widerfuhr Euch?

BRUDER MARTIN
Die Predigt hört' ich in Sankt Lamberts Dom
von einem fremden Bettelmönch gehalten.
Wenn dieser Dom gleich einer Rose ist,
der Predigermönch dagegen gleicht der Wespe,
die, in den Schoß der Rose eingeschlüpft,
mit Beulengift am Stachel sie verpestet.

ERASMUS
Wieso? Von dieser Predigt hört' ich nichts.

BRUDER MARTIN
Ich desto mehr, mit Wut und mit Entsetzen.

ERASMUS

Von wannen kommt der Mönch? Wie nennt man ihn?
Warum erlaubt ihm der Dechant die Kanzel?

BRUDER MARTIN

Vermutlich, weil ein neues Lüftlein weht
vom Wald der Pyrenäen und der Alpen.
Der Mensch nennt sich Johannes, wie man sagt,
und kam mit den gelehrten Herrn von Marburg.

ERASMUS

Was hat er denn gepredigt?

BRUDER MARTIN
Eitel Wahnwitz.

ERASMUS

Wahnwitz in welchem Sinn? Mit welcher Absicht?

BRUDER MARTIN

Wahnwitz im Sinn der Leges sacrosanctae,
in Absicht, Haß und Zwietracht auszusä'n.

DR. MICHAEL

Ich kenne das. So treiben sie's. Sind sie
so weit wie jetzt in einer Stadt gekommen,
so, darf man schwören, sind sie längst schon weiter.
Ich habe zwar die Predigt nicht gehört,
doch über sie vernimmt man allenthalben.
Es ist, als schlich' ein Frost sich durch die Stadt,
trotzdem die Luft fast sommerheiß erzittert,
und immer wieder scheint ein Wolkenschatten,
trotzdem der Himmel wolkenlos erglüht,
sich über Markt und Straßen zu verbreiten.

ERASMUS

Was war der Predigt, Bruder, kurzer Inhalt?

BRUDER MARTIN

Erspart mir, das Gemisch von Scheußlichkeit,
Unflätigkeit und Irrsinn zu erörtern,
drin Aberglauben und Verfolgungswut

wie tollgewordne Geißler rasend springen.
Ein wildes Lob des heiligen Gerichts
war alles, waren Anfang, Mitte, Ende.
Von den erschlichenen Gesetzen an,
die Kaiser Friedrich, wie sie sagen, gab,
bis zu des Papstes Innozentis Bulle
stank dieser Wust von Lug und Schmutz nach Lob.
Gott selber war der erste Inquisitor,
dann folgten Jakob, Abimelech, Saul,
dann David, Josua, Jehu und so weiter.
Der sei ein Weichling, hieß es, der den Feind
des wahren Glaubens nicht erbarmungslos
dem Henker und dem Holzstoß überliefert.

ERASMUS
Hört, geht einstweilen ohne mich zu Tisch,
ihr lieben Kinder, Ihr, Don Michael,
nun bleibt mir noch ein Weg hinauf zum Domplatz.
Man tafelt heute im Kapitelhaus,
Dechant und Domherrn treff' ich dort zusammen.
Ich kitzle sie. Man soll mir Rede stehn.

FELICIA
Verläßt du uns, Erasmus?

ERASMUS
Nicht auf lange!

Im Kapitelhause. Ein hohes Gemach, dahinter der Saal, in dem die Domherren noch tafeln. Einige Senatoren sind zu Gaste. Es geht gegen das Ende der Mahlzeit. Einige der Herren haben sich bereits erhoben und stehen im Gespräch. Leonhard Möss, bischöflicher Sekretär, Weltmann in spanischer Tracht, kommt Arm in Arm mit dem Dominikanerpater, Professor der Theologie, Tittelmann, aus dem Saal ins vordere Gemach.

TITTELMANN
Denkt, seit beinahe achtunddreißig Jahren
war ich nicht mehr in meiner Vaterstadt.
So ist sie mir beinah ganz fremd geworden,

und darum war mir jedes Wort so wert,
womit Ihr über Tisch mich unterrichtet.
Der Stand des Heiligen Offiziums,
meint Ihr, trotzdem der Weg nun offen sei,
werde allhier kein leichter sein.

LEONHARD MÖSS
So ist es.
Das hergebrachte geistliche Gericht,
von dem ich, wie Ihr wißt, die Siegel führe,
hat schon mit starker Gegnerschaft zu rechnen,
um wieviel mehr das ungewohnte, fremde.

TITTELMANN
Wo trifft die Kirche nicht auf Gegnerschaft?
Habt Ihr bisher den Gegnern standgehalten?
Uns ist wohl schlimmere Gegnerschaft gewohnt.
Wir haben's oft und oft erlebt: das gibt sich!
Vielleicht, daß Eures Bischofs Regiment
ein allzu mildes ist. Unordnung wuchert
im Staat, wo Weichlichkeit den Zügel führt.

LEONHARD MÖSS
Die Stadt ist reichsfrei. Privilegien
des Kaisers schützen ihre Freiheit, und
ein jeder Bürger weiß es, streckt sich hoch
und läßt, glaubt mir, sein Leben eher fahren
als seinen Stolz und sein verbrieftes Recht.
Ich, als der Diener meines gnäd'gen Herrn
und Fürsten, des hochwürdigsten Herrn Bischofs,
versichre Euch, er selbst ist oft genug
gezwungen, wie die Zeit nun einmal ist,
wenn er nicht alles ganz verlieren will,
die Forderung durch die Bitte zu ersetzen.

TITTELMANN
Nun, um so mehr ist's an der Zeit, mir scheint,
die Forderung statt der Bitte wiederum
unbeugsam vor der Menge aufzurichten.

LEONHARD MÖSS
Wohl, wohl! Allein, ich will Euch nicht verhalten,

daß unser gnäd'ger Herr der Sache halb
noch immer nicht ganz ohne Sorgen ist.
Ihr kommt in eine Zeit, man muß es sagen,
wo Stadt und Bistum, mehr als sonst verglichen,
fast ganz des altererbten Haders los,
sich eines recht bequemen Friedens freuten.
Die Kluft, die Bürgerschaft und Geistlichkeit
hier hergebrachterweise immer trennte,
sie schien verschüttet oder überbrückt.
Die Herrn Canonici des Domkapitels
auf einer Seite, auf der anderen
die städtischen Gewalten: einer gönnte
dem andern ohne Neid, soviel ihm zukam.
Ja, im Kapitel ging man damit um,
die Schlacht von Varlar nun nicht mehr zu feiern:
die Schlacht, in der das Heer der Geistlichkeit
aus Ursach' einer strittigen Bischofswahl
das Heer der Bürger aus dem Felde schlug
und deren ewiger Erinnerungstag
mit Prozession und kirchlichem Gepränge
der stolzen Stadt ein Pfahl im Fleische war.
Dies alles wird nunmehr von Grund aus anders.
Zerspalten wird der Staat wie nie zuvor.

TITTELMANN

Wollt Ihr das Wort dem faulen Frieden reden,
Herr Doktor, wo in träger Üppigkeit
die Sünde wie ein geiles Feld gedeiht,
Unglaube, ketzerische Bosheit wuchern:
denn davon spricht man viel, daß allerlei
fluchwürdiger Geist bei Euch sein Wesen treibt.

LEONHARD MÖSS

Ihr sagtet es bereits, hochwürdiger Pater,
und ganz und gar ist's auch nicht abzuleugnen.
Man duldet manches, was man anderwärts,
etwa in Genf, Sankt Gallen oder Zürich,
auch wohl zu Straßburg, Augsburg oder Köln,
mit Feuer und mit Schwert verfolgt. Indes
steht zu bedenken: trotzdem ist bei uns
das Gift von Wittenberg nicht eingedrungen.
Nehmt unsre Kirchen, zahllos wie sie sind,

nicht eine ist den Evangelischen
bisher anheimgefallen, alle sind
dem alten heil'gen Glauben noch erhalten.
Die städtische Gewalt, die sonst wohl duldsam ist
und nichts dawider unternimmt, wenn einer,
im stillen etwa, eigner Meinung huldigt,
unbeugsam zeigt sie sich in jedem Fall,
wo es Althergebrachtes gilt zu schützen.

TITTELMANN

Wie herrlich wenig ist damit getan!
Verzeiht, Herr Doktor, wenn ich mehr nicht sage.
Allein, die heilige Inquisition
ist tiefrer Herkunft und hat höheren Zweck,
als übertünchte Gräber zu verehren.
Schein ist nicht Sein. Die Kirche dringt auf Sein.
Die Bulle Innozenz' des Vierten sagt:
die, so vom rechten Glauben abgefallen,
sei's offen oder sei's geheim: sie werden
von uns verflucht. Ja, wir verfolgen sie
mit Strafen, nehmen ihnen ihr Vermögen,
verfluchen und berauben ihre Erben.
Wir reißen ihre Häuser nieder, machen
zu einem Ort des Kotes und Gestankes,
was von verfluchtem Schutt noch übrigblieb.
So redet Petri Schlüsselhalter, der
Statthalter Jesu Christi redet so!
Und also ist der Geist, den wir vertreten.

LEONHARD MÖSS

Es ist der unsre auch, hochwürdiger Pater.
Fern liegt es meinem gnäd'gen Herrn, dem Bischof,
und so dem Domkapitel, wie Ihr seht,
etwa dem Wunsch des Heil'gen Stuhls von Rom
und dem des Kaisers sich zu widersetzen.
Auch sind besondre Gründe zu verzeichnen,
des Bistums alte Rechte selbst betreffend,
weswegen grade jetzt dem hohen Herrn
nicht ungelegen kommt, was uns bevorsteht.

TITTELMANN

Gelegen oder ungelegen: schlimm,

wenn danach Gott und unsre heil'ge Kirche
zu fragen hätte. Die Autorität
der Leges sacrosanctae Kaiser Friedrichs
des Zweiten und der heiligen Bullen und
zudem der Auftrag des Herrn Kardinals
und höchsten Inquisitors decken uns.
Zum Überfluß des sehr katholischen
Monarchen Kaiser Karl des Fünften Vollmacht.

LEONHARD MÖSS

In aller Ehrfurcht wäre zu erwidern,
daß meinem gnäd'gen Herrn, dem Bischof Konrad,
wie ich als Doktor des kanonischen Rechts
Euch unschwer zu beweisen fähig bin,
die Machtbefugnis eines Inquisitors
höchstselbst zunächst in seinem Bistum zusteht.
Doch vorbehaltlich aller seiner Rechte
beschlossen Seine Gnaden, wie gesagt,
dem Glaubenstribunal, das Ihr vertretet,
nichts in den Weg zu legen. Doch er will
Euch die Gefahren auch nicht vorenthalten,
die mehr als anderwärts in dieser Stadt
Euch von dem starren Sinn der Bürgerschaft
und manchen ihrer besten Köpfe drohn.

Leonhard Möss und Pater Tittelmann entfernen sich im Gespräch durch eine offene Tür rechts.

Aus dem Saale kommen danach Doktor Johann Mohrmann, sogenannter Fraterherr, über sechzig Jahr alt, und die Domherren von der Recke, Melchior von Büren und mehrere andere. Überdies der zweite Bürgermeister Johann Holtmann und der Gelehrte Doktor Wessling. Alle sind heiter aufgeregt von den Genüssen eines üppigen Mahls.

VON DER RECKE

Als ich zu Padua meine Kronentaler
den Professoren in den Rachen warf —
auch wohl den einen und den andren, wie
es kam, in eines Gastwirts, eines Mägdleins Tasche,
da war ich..., heil'ger Christ, was war ich denn?
Da war ich, lieber Melchior, war ich jünger.
Doch solch ein Tag wie heut, wo Holderduft
mit Macht hereinbläst durch die offnen Fenster,

die Schwalbe durch den Saal streicht... heil'ger Christ,
dazu ein guter Bissen täglich Brot,
ein hübscher Trunk, wer spürte da sein Alter?

MELCHIOR VON BÜREN

Du bleibst ein goldnes Herz, mein Henniges.
Wir alle vierzig, wir Canonici
zusammen würden darben ohne dich.
Auch wenn wir allen Wein des Bistums söffen,
das Wildbret und das Brotgetreide fräßen
von den zweihundert Gütern des Kapitels.

JOHANN MOHRMANN

Ein fröhlich Herz, so sagt man, hat Gott lieb.

MELCHIOR VON BÜREN

Wenn du vier Ahnen hättest, bester Holtmann,
wir nähmen dich aus deiner Bruderschaft
und machten dich zum Domherrn.

JOHANN MOHRMANN

Ei, warum,
laßt mich an meinem Platz. Ich bin's zufrieden.

VON DER RECKE

Das Fraterhaus ist keine üble Wirtschaft.
Sie sind ja doch Canonici wie wir,
nur freilich gegen uns bloß arme Hunde,
Buchbinderkleisterschmierer, Pergament-
bekritzler! Nichts für meiner Mutter Sohn.
Der liebt den Fischfang, Vogelherd und Jagd
und, helf' mir Gott, statt eurer Becherlein,
von Zeit zu Zeit den großen hohlen Humpen.

JOHANN MOHRMANN

's ist wahr, wir halten's mit der Mäßigkeit,
doch auch die Mäßigkeit hat ihre Freuden. —
Sagt doch, war das der Tittelmann von Marburg,
der mit dem hochgelehrten Doktor Möss
in ein Gespräch verwickelt aus der Tür ging?

MELCHIOR VON BÜREN

Entzieht mir meinen Anteil am Getreide

zu Sankt-Jakobi-Tag! Zum Martinstag
an Geld — Ihr seid ein Arzt, Herr Doktor Wessling! —
wenn dieses Paters Leber nicht verdorrt ist.

JOHANN MOHRMANN
Es sind Gerüchte über ihn im Schwang:
kann jemand sagen, inwiefern sie wahr sind.

MELCHIOR VON BÜREN
Es ist ein leidig Ding. Ich will nichts wissen.
Hier unsern Bürgermeister fragt darum.

JOHANN HOLTMANN
Hochwürd'ge Herrn, fragt die Senatoren,
den Bischof fraget, unsern gnädigen Herrn.
Dies kommt so, wie es muß, wer will es hindern.

JOHANN MOHRMANN
Was kommt so, wie es muß?

JOHANN HOLTMANN
Vergeßt doch nicht,
wir Bürgermeister brauchen nicht zu wollen
und müssen doch zuweilen.

JOHANN MOHRMANN
Was denn müßt Ihr?

MELCHIOR VON BÜREN
Die Stadt hat heute den Beschluß gefaßt,
das päpstliche Gericht durchs Tor zu lassen.

JOHANN MOHRMANN
Ein päpstliches Gericht, wozu denn das?
Hat man denn nicht Gerichte in der Stadt,
das weltliche sowie das geistliche?

VON DER RECKE
Das sag' ich auch. Gibt's denn nicht Lärm genug
im »Paradies«? Ist unser Offizial
etwa kein gut katholischer Christ? Notarien
sind da. Ist denn ihr Schwulst nicht Schwulst genug.
Sind denn die Lungen der Prokuratores

so stark nicht wie die stärksten Blasebälge.
Will man die Taschen des gemeinen Manns
jetzt vollends ganz umkehren?

JOHANN MOHRMANN
Ei,
was sagt dazu der Bürgermeister Garbe [sic!]?

MELCHIOR VON BÜREN
Was Garbe sagt, wie, davon wißt Ihr nichts?
Der Abgott unsrer städtischen Republik,
der, fast allmächtig bis zu dieser Stunde,
das Schiff des Staates lenkte, unterlag heut.
Sein Wort verhallte heute ungehört.

JOHANN MOHRMANN
Wenn das so ist, dann gibt das viel zu denken.
Man mochte oftmals andrer Meinung sein
als unser braver Bürgermeister Garbe.
Kein Regiment noch seins war fleckenlos.
Nie aber hat ein Herz für unsre Stadt
treuer wie seins und redlicher geschlagen.

VON DER RECKE
Und wenn es anders ist, so straf' mich Gott.
Er führte manchmal eine grobe Sprache,
die manchem übel in die Ohren fuhr,
der welschen Laut dem deutschen Maule vorzieht.
Allein, ich selbst, ihr Herrn, bekenne mich
als einen ziemlich frostigen Lateiner,
und manchmal deutsch zu reden scheint mir gut.

JOHANN HOLTMANN
Was soll man tun, ihr Herrn: ich stand allein.
Seit vielen Wochen war mein Amtsgenosse
leider ans Bett gefesselt, wie ihr wißt.
Sein altes Leiden hielt ihn fest: der Stein,
nun also: wie dies alles sich gefügt hat
im stillen, seit er nicht im Rathaus war,
ist selbst, gesteh' ich offen, mir entgangen.
So daß ich selber höchst erschrocken war,
als heut zum ersten Male wiederum

Erasmus Garbe der Beratung vorstand,
ihn plötzlich ganz auf sich gestellt zu sehn
und einem solchen Ratsschluß gegenüber,
den er nicht billigte.

MELCHIOR VON BÜREN
Ein wichtiger Vorfall.
Es könnte jemand wohl der Meinung sein,
daß Seiner Gnaden, unsrem Herrn und Bischof,
die unerwartete Nachgiebigkeit
des Hohen Rats nicht ganz gelegen käme.
Er zeigte sich vielleicht den fremden Herrn
des fremden Tribunals deshalb geneigt,
weil er mit Garbes Nacken rechnete.
Irr' ich nicht, beste Herrn, dort ist er selbst.

*Erasmus Garbe kommt im Gespräch mit Leonhard Möss.
Dieser hat dem Bürgermeister gegenüber ein devotes Wesen
angenommen.*

VON DER RECKE
Willkommen, bester Bürgermeister Garbe.

ERASMUS GARBE
Trotzdem mein Arzt und Freund Don Michael
mir streng der Domherren Jahresfest verbot
und ich Euch bat, mein Fernsein zu entschuldigen,
bin ich nun dennoch im Kapitelhaus.

VON DER RECKE
Ihr seid am rechten Ort, Erasmus Garbe.
Was Arzt? Was Krankheit! Wider Stein und Schweiß
hilft nichts so gut als Rheinwein und Malvasier.
Ihr sollt von beidem haben, reichlich! Zwar
die Tafel ist so leer wie Mohrmanns Glatze.
Vom Fisch und Wildbret bis zum Brechen schwer,
glich sie dem Schiffe eines reichen Kaufherrn,
eh es die Rattenplage überkam.
Seht, Bürgermeister, seht die fetten Ratten.

ERASMUS GARBE
hebt einen vollen Humpen, den ihm ein Diener gereicht hat
's ist wider meinen Arzt und die Natur,

doch zur Gesundheit meiner Vaterstadt
und meinen lieben Freunden im Kapitel.
Er trinkt
Ein Bürgermeister soll nicht krank sein. Kaum
legt er sich auf die Seite, kehret kaum
der Wand sich zu, schon kracht der Bug des Staatsschiffs.
Erlaubt dies Bild mir, Herr Kanonikus,
auf eine kurze Zeit von Euch zu leihen.
Nicht nur die Domherrntafel, treffender
vergleicht sich unsre städtische Republik
mit dem behäbigsten Getreideschiff,
und schlimmre Ratten gibt es als die Domherrn.

MELCHIOR VON BÜREN

Ihr hattet Ärger, lieber Bürgermeister!

ERASMUS GARBE

Fragt meinen Amtsgenossen Holtmann: ja! —
Hochwürdige Herrn, wie ist dies zu erklären?

MELCHIOR VON BÜREN

Deutlich gesprochen, was, Herr Bürgermeister?

ERASMUS GARBE

Des tollen Mönches Wutgeschäum im Dom?
Die Domherrn beobachten eine Weile schweigend.

VON DER RECKE

Was mich betrifft, ich sah's von ungefähr
im Chor und hörte den Zeloten keifen.
Gesteh' ich's zu: ich fragte mich wie Ihr:
wer half dem bleichen Unhold auf die Kanzel?

LEONHARD MÖSS

Das tat der Bischof, unser gnädiger Herr.

ERASMUS GARBE

Es ist zuviel! Genug, Hochwürdigste,
des Unglücks uns und jedermann im Weichbild,
wenn der Beschluß nicht mehr zu hindern war,
der jenem Tribunal die Tore öffnet,
das soviel Städte schon entvölkert hat.

Muß man die Mauern auch noch schleifen, sagt mir?
Was tut man andres, wenn man diesen Mönch
frei in den Kirchen rasen läßt? Er peitscht
zum Bruderkrieg, zum Bürgerkrieg die Bürger,
er macht sie uneins, macht sie wehrlos, und
so reißt sich leicht der Wolf sein Lamm zum Fraß.
Ich bitt' euch, steht dawider auf, ihr Herrn.
Vergeßt nicht, daß ihr Deutsche seid. Vergeßt

[Text bricht ab.]

[3a. b]

MAGNUS GARBE

[a]
ENTWURF

den 18. Januar 1915.

Erster Akt
I. Szene: Geburtstagsfest
II. Szene: Vor dem peinlichen Gericht

Zweiter Akt
I. Szene: Die Ratssitzung
II. Szene: Heim des Bürgermeisters

Dritter Akt
I. Szene: Inquisitoren, ihr Treiben, ihre Angeber. Ihr Beschluß in bezug auf Garbe.
II. Szene: Garbes Frau verhaftet.

Vierter Akt
I. Szene: Garbe zu Haus in der Stunde des peinlichen Verhörs, dem Irrsinn nahe. Nicht einmal einen Sachwalter hatte er gefunden.
II. Szene: Felicia zum Scheiterhaufen geführt, Garbes Begegnung mit ihr.

Fünfter Akt
I Szene: Garbe verwiesen vor dem Stadttor. Zug der Nonnen. Der Scheiterhaufenqualm über der Stadt. Fluch über »Zion«.

[b]
ERSTER AKT

Im Hause des Bürgermeisters Magnus Garbe. Ein getäfeltes Zimmer, schwer, reich, ein wenig düster.
Vormittag um Pfingsten 1530.

ERSTE SZENE

Die Bürgermeisterin Felicia Garbe und der Propst Minnicke treten ein.

PROPST MINNICKE. Es duftet bei Euch wie auf den Gewürzinseln. Ihr heizet, wie mir wahrhaftig scheinet, gleich den Fuggern mit Zimmet und Nelken ein. Mein gutes Kind, wem es auch so wohl ginge.
FELICIA. Wohlriechendes Wachs, hochwürdigster Herr, weil heute meines lieben Hausherrn Geburtsfest ist.
PROPST MINNICKE. Magnus Garbe steht nun im zweiundvierzigsten Jahr. Er hat eine Ehegesponsin, die zwanzig Jahr jünger ist. Dagegen ist ihm Ehre und Ruhm so reichlich als einem dreißig Jahr Älteren zugefallen. Auch dein Vater war Bürgermeister, hat beinahe ein halbes Säkulum im Dienste der reichsfreien Stadt gestanden. Sage, ob sein Name je so in aller Munde gewesen ist.
FELICIA. So oder so. Magnus sagt, es käme doch immer nur darauf an, im Dienste der Republik seine Pflicht zu tun.
PROPST MINNICKE. Er tut sein Bestes. Jawohl, jawohl. Aber sein Bestes hat mancher getan, dem es nicht halb so gelungen ist und gelohnt worden ist. Denke, als er vierzig alt wurde: was war das nicht für ein Glockenläuten, für ein Singen, Tanzen, Bannerschwenken, Tafeln und Jubilieren in der Stadt. Wurde nicht eine Münze mit seinem Bildnis geschlagen. Sage mir nichts, sage mir nichts. Es ist ein Wunder Gottes, wenn einem so verehrten Manne, einem solchen Abgott der Bürgerschaft Hochmut und Überhebung fernbleiben.
FELICIA. Und doch will er manchmal unter der Last der Geschäfte, unter der Bürde des Amtes, zusammenbrechen, hochwürdigster Herr.
PROPST MINNICKE. Nein. Er wird nicht zusammenbrechen. Er wird es nicht, obgleich er nach und nach die einzige feste

Säule dieses Gemeinwesens, die Säule, auf der das Ganze
ruht, geworden ist. Nein, er wird nicht zusammenbrechen.
Gott läßt diesen Mann nicht zusammenbrechen. —
Freilich...

FELICIA. Freilich? — Warum stockt Ihr, hochwürdigster
Herr?

PROPST MINNICKE. Ich stocke nicht. Ich meine nur ebenso
wie du: es ist nicht gering, was Gott, was die Pflicht, was
die Bürgerschaft von ihm fordert.

FELICIA. Soll ich Euch sagen, daß ich seit Wochen in heimlicher Sorge um Magnus bin.

PROPST MINNICKE. Wie? —

FELICIA. Ich bin wirklich in heimlicher Sorge, weil irgend
etwas an Magnus, ich könnte nicht sagen, was und wie, verändert ist, auch seine Farbe ist bleicher geworden.

PROPST MINNICKE. Meinst du? Ich habe das nicht gefunden. — Magnus Garbe schont seine Kräfte nicht. Ich habe
ihn morgens in der Bauhütte des Doms, ein wenig später
bei Seiner Bischöflichen Gnaden, ein wenig später im
Pestspital, alsdann bei Gericht, alsdann im Rat und wo
sonst noch gefunden. Das ist vor kaum drei Tagen gewesen. Immer schien er mir unverwüstlich an Kraft und
Frische zu sein.

FELICIA. Seht, ein Weib wie ich, in einer Ehe, wie unsre ist,
kennt an dem Gatten, ich kann wohl sagen, jedes Wimper-
zucken und jeden Atemzug. Ja mehr noch: den unausge-
sprochenen Gedanken.

PROPST MINNICKE. Dann mußt du ja wohl die Ursache kennen, die dem Unmut oder der Veränderung im Gemüt
deines Gatten zugrunde liegt.

FELICIA. Hochwürdigster Herr, ich weiß nicht, ob ich sie
kenne. Ein Schaden oder Übel des Körpers ist sie jedenfalls nicht — wißt Ihr übrigens, daß er sich diesmal jede,
aber auch jede Beachtung seines Geburtstages auf das
allerstrengste verbeten hat.

PROPST MINNICKE. Ich meine davon gehört zu haben. Aber
ich sehe darin die weise Mäßigung, die kluge Vorsicht, die
ihm so viele Freunde von jeher gewonnen hat. Er will dem
Neid keine Nahrung geben, um so weniger, da er allem
lauten Gepränge abhold ist.

FELICIA. Ihr seid ein Kind dieser reichsfreien Stadt: Darf ich
an Euch eine Frage richten? Billiget Ihr, was neulich der

Bettelmönch von der Kanzel des Domes herunter gepredigt hat?

PROPST MINNICKE. Eine solche Frage kann ich dir nicht beantworten. Wenigstens nicht mit Ja oder Nein beantworten, weil der Gegenstand, den sie betrifft, unendlich verwickelt ist. — Eines aber will ich dir, natürlich ganz unter uns gesagt, liebes Kind! ...eines will ich dir unumwunden zugeben: daß nämlich in Rücksicht auf den religiösen Frieden der teuren Vaterstadt die Predigt des Dominikaners wohl doch zu beklagen ist.

FELICIA. Konnte denn das Kapitel sie nicht verhindern?

PROPST MINNICKE. Nein. Das konnten wir nicht, weil Seine Gnaden, der Bischof, die Predigt erlaubt hatte. Aber auch Seine Bischöflichen Gnaden selber vermochten das nicht. Er mußte dem Heiligen Stuhl, wie es einem treuen Sohne unserer Kirche geziemt, natürlich mit blindem Gehorsam willfahren.

FELICIA. Aber nun saget selbst, ob seit der Predigt des Mönchs, seit dem Eindringen des fremden, von Rom bestallten Gerichts nicht der christliche Frieden der Parteien in unsrer Stadt in Hader und Zank verkehrt worden ist. Die Bürgerschaft hat sich in Läger gespalten. Ist es nicht furchtbar, wie sich das Angesicht der Stadt verwandelt hat, seit die Qualmwolken des ersten Scheiterhaufens über den Prinzipalmarkt zogen und ihn verdunkelten.

PROPST MINNICKE. Vielleicht würde es längst heller geworden sein, hätte damals ein wahres Vivicomburium stattgefunden. So hat man nur exhumierte Gebeine verbrannt.

FELICIA. Wie wäre das zu verstehen, Hochwürden?

PROPST MINNICKE. Ein Hoher Rat hat sich bisher dem Glaubensgericht nicht gefügig gezeigt. Das heißt, liebes Kind, es will ihm den weltlichen Arm, will heißen das weltliche Schwert, das Schwert der weltlichen Gerichtbarkeit und Gerechtigkeit, nicht darleihen, ohne das — denn »ecclesia non sitit sanguinem« — die Kirche machtlos ist. Die Hände der Kirche sind rein von Blut.

FELICIA. Und so gehöret Ihr auch zu jenen, die den Widerstand des Rats gegen das Beginnen der geistlichen Herren aus Marburg mißbilligen?

PROPST MINNICKE. Kind, ich bin Priester und habe darüber nicht zu befinden, was dem Hohen Rate einer reichsfreien Stadt zu tun oder lassen anständig sein möchte. Aber ein

Feuer, in das man schlägt, verbreitet sich — und was ist denn gewonnen, wenn der Scharfrichter, anstatt eine alte Vettel einzuäschern, Leichname aus den Gräbern reißt und die Mönche sie durch die Gassen schleifen: wie es, Gott schenk' ihm die ewige Seligkeit! dem braven und sicherlich im wahren Glauben verstorbenen, fälschlich nach seinem Tode übel beleumdeten Magister Johannes Textor jetzt geschehen ist. Seine Nachkommen sind nun der Schande verfallen.

FELICIA. Sollte Magnus zugeben, daß man arme, unschuldige Leute lebendig hinrichtet?

PROPST MINNICKE. Arm sind sie wohl, in Irrtum verfallen! Aber, mein armes, gutes Kind, meine liebe Beichttochter: sie schuldlos nennen darf man, zum mindesten vor den Leuten, nicht. — Und kurz: der unermüdliche Eifer deines Gatten, der den geringsten unter den Bürgern wie ein Vater sein Kind betrachtet... dieser Eifer, diese Liebe ist dem Gemeinwesen immer bisher zum Segen gediehen. Möge das auch in alle Zukunft so und nicht anders sein! Freilich...

FELICIA. Freilich? — Wiederum stockt Ihr beim gleichen Wort.

PROPST MINNICKE. Freilich müßte er dem doch nun einmal von unserem Dominus apostolicus eingesetzten Glaubensgericht gegenüber, wenn auch nur scheinbar gehorsam, wenigstens scheinbar nachsichtig sein. Und dazu, Felicia, solltest du mitwirken.

FELICIA. Hofft nicht auf mich. Schon darum nicht, weil ich Magnus nie so unbeugsam gesehen habe. Aber ich höre ihn unten im Haus. Ihr solltet selbst Euer Heil versuchen.

[ZWEITE SZENE]

Man hört frohes Gelächter von Kindern sich annähern. Alsdann tritt der Bürgermeister Magnus Garbe, eine breite und prächtige Gestalt, lachend und von Kindern umhangen, ein. Er hat die zweijährige Tochter Agnes auf dem Arm, die vierjährige Monica hängt an seinem Halse, der sechsjährige Willibald geht an seiner Hand.

Gleichzeitig sind der alte Diener Martin Bronner und die ehrwürdige Dienerin Dorothea Moch eingetreten und bleiben respektvoll abwartend zu beiden Seiten der Tür.

PROPST MINNICKE. So sieht man ihn gern, den Herrn Bürgermeister.

MAGNUS GARBE. Und das lobt man sich, wenn man beim Eintritt in sein Haus auf das hochwürdigste, liebste Haupt eines wahren Geistlichen trifft. — Jetzt aber gebt mich los, gute Kinder.

FELICIA. Ein Eheweib beachtet man nit.

MAGNUS GARBE. Komm! *Drückt sie an sich, küßt sie auf die Stirn.* Wie man Luft, die man atmet, nicht beachtet, ohne die man doch sterben muß. — Laß uns zu Tisch gehen, liebste Hausehre — es ist heut spät! —, in der Ratsstuben ging es lebendig zu! —

WILLIBALD. Du, Vater, was wir gesehen haben! Predigermönche haben an langen, langen Stricken einen toten Leichnam über den Markt geschleift.

MAGNUS GARBE. Was du nicht noch alles sehen wirst, Kindsköpflein Willibald. Das ist ein Fastnachtsstrohmann gewesen, der Winter war's, den man, wenn der Flieder um die Stadtmauern blüht, nicht mehr leidet — mich hungert brav! — Freuet Euch lieber, mein Herr Propst, wir haben den köstlichsten Riesensalm auf dem Tisch, den der Rhein zu verschenken hat.

PROPST MINNICKE. Ich hatte mich zwar so halb und halb auf dem Kapitelhaus angemeldet, allein, nach Stand der Gelegenheit und weil des Bürgermeisters Geburtstag ist...

MAGNUS GARBE. Nichts von meinem Geburtstag, hochwürdiger Freund. Gott lässet uns jeden Morgen vom Tode zum Leben aufwachen, weshalb ein jeder neue Tag, den Gott gibt, Geburtstag ist. — Ist Güldenarm noch nicht hier, Felicia? —

FELICIA. Er ist da. Er macht sich indes in der Kammer des alten Hess zu schaffen, der, wie du weißt, seit gestern von einem Fieber befallen ist.

PROPST MINNICKE. So, so, Doktor Güldenarm ist im Hause. Ich ließ mir sagen, daß er die Stadt verlassen hat. Es hieß, er sei nach Zürich, Genf und Lyon abgegangen. Einige wollten sogar behaupten, er reise stracks nach Madrid zurück.

MAGNUS GARBE. Das verhüte Gott, denn das wäre ein unwiederbringlicher, schwerer Verlust für die Stadt. Und wem sollte wohl der gelehrte Mann das Feld räumen?

PROPST MINNICKE. Daß er irgend jemand das Feld zu räumen Ursach' habe, wüßte ich und behaupte ich nicht.

MAGNUS GARBE. Die Pest aber hat dagegen vor ihm das Feld geräumt. Sie hat seiner Kunst nicht standgehalten. Er hat sie aus allen Quartieren davon und hinaus aus der Stadt gejagt.
PROPST MINNICKE. Ich weiß! Und trotzdem ist mir, gestehe ich Euch, nie so recht wohl in seiner Gesellschaft geworden.
MAGNUS GARBE. Mit Unrecht, mit Unrecht, hochwürdigster Herr Propst.
PROPST MINNICKE. Ich weiß, wir sind hierin verschiedener Meinung. — Nun aber fällt mir doch bei, was ich in Gottes Namen beinahe vergaß. Ich kann Eure Einladung heut nicht annehmen, da ich in wichtigen Angelegenheiten des Stiftes mit dem Senator Langermann verabredet bin. Gewährt Ihr mir einen Augenblick, so möchte ich gern hierin von Euch einen Rat erbitten.
MAGNUS GARBE. Von Herzen zu Euren Diensten, Herr Propst.
Garbe und Propst Minnicke entfernen sich ins anstoßende Zimmer.

DRITTE SZENE

WILLIBALD. Mutter, mich hat ein Mensch angeschrien.
FELICIA. So? Ein Mensch hat dich angeschrien, Willibald.
WILLIBALD. Ja, ein Mensch hat mich angeschrien.
FELICIA. Was hat er geschrien, Willibald?
WILLIBALD. Schlachte ein Huhn, schlachte ein Huhn! hat er immer geschrien.
DOROTHEA. Es ist wahr, er hat so und nit anders geschrien, als ich mit den Kindern über die Straße ging, hochedelgeborene Frau Bürgermeisterin.
FELICIA. So war es ein armer von bösen Geistern Besessener.
DOROTHEA. Gott soll wissen, was in die rasenden Leute gefahren ist, die hinter den heulenden Mönchen herlaufen. Wißt Ihr auch, was in der Vorstadt von Sankt Annen heut morgen geschehen ist? Das alte Haus ist von den fremden Dominikanern mit vielem lateinischen Psalmodieren von Grund aus niedergerissen worden, das der Enkelin des Magister Textor und ihren Kindern zu eigen gehört. Den toten Magister haben Pövel und Mönche aus der geweihten Erde geworfen, den Leichnam durch die Straßen gezerrt.

BRONNER. Ein einfacher Mensch, wie unsereiner, weiß sich mit solchem grausamen Treiben nicht abzufinden.

FELICIA. Was weiß ich von alledem! Gehet hinaus! Gehet hinaus!

Dorothea und Bronner werden mit den Kindern hinausgeschoben. Magnus Garbe kommt wieder.

FELICIA *stellt Magnus, der unruhig auf und ab geht, ihn umarmend.* Magnus, sage, was ist geschehen?

MAGNUS GARBE. Ich weiß recht wohl, warum der gute alte Propst auf einmal nit mit uns zu Mittag speisen mag.

FELICIA. Und warum will er nicht mit uns speisen? War er doch schon zu meines seligen Vaters Zeiten an Sonn- und Festtagen meist unser Gast.

MAGNUS GARBE. Die Zeiten sind drauf und dran, sich zu ändern.

FELICIA. Rede! Ich merke sehr wohl, seit Wochen, daß du nicht mehr der alte bist.

MAGNUS GARBE. Die Maulwürfe wühlen! Sie wühlen und wühlen! Sie nagen die Fundamente unsrer Türme, unsrer Mauern, unsrer alten, heiligen städtischen Rechte und Freiheiten an. Sie unterwühlen und bringen zu Falle, was in Jahrzehnten mühevoller und sorgenschwerer Arbeit zahlloser unablässig fleißiger Hände erstanden ist. Bringen Sachen und Personen zu Fall. So versuchen sie es mit Güldenarm und haben es schon so weit getrieben, daß der wackere Propst schon den üblen Leumund fürchtet, der sich sogleich erheben würde, wenn man erführe, er habe mit ihm am gleichen Tische das Brot gebrochen. Und doch nenne mir einen Mann, dem die Stadt, dem die Bürgerschaft so bis ans Ende aller Tage verpflichtet ist!?

FELICIA. Ich weiß nicht, woran es liegt: seit dem Frühjahr hat die ganze Stadt ein andres Gesicht bekommen. Aber nicht nur die Stadt, jeder einzelne Bürger hat ein andres Gesicht, ja der gemeine Mann auf der Straße. Was hatte doch alles früher, selbst in schweren Jahren, einen so offenen, heiteren, ja herzlichen Blick. Nun ist er versteckt und ängstlich geworden...

MAGNUS GARBE. Soweit er nicht scheel, boshaft, ja tückisch geworden ist. — Wie schnell ist mein Wunsch in Erfüllung gegangen. Weißt du noch, wie ich heute vor einem Jahr, genau um dieselbe Stunde an ebendem Fenster stand und von unten die Menge zu mir heraufjubelte?

FELICIA. Eine solche Stunde vergißt sich nicht.
MAGNUS GARBE. Und weißt du auch, welchen Wunsch ich in meiner Verblüffung hatte und welcher mir, schneller als ich dachte, in Erfüllung ging?
FELICIA. Du lägest zu weich, diese allgemeine, unerwartete Liebe entwaffne dich, sagtest du mir. Noch lange sei der letzte Sieg nicht erfochten im Heiligen Römischen Reich Deutscher Nation. Gott möge dich wieder härter betten.
MAGNUS GARBE. Er hat es getan. Er hat mich vollauf und ohne Säumen erhört, liebes Kind.

Dr. Güldenarm tritt ein. Hohe, dunkle Gestalt in spanischer Kleidung.

MAGNUS GARBE. Mein lieber Thomas Güldenarm, unsre alte Erde geht finsteren Zeiten entgegen.
DR. GÜLDENARM. So laß uns nach der neuen auswandern. Wir wollen »el nuevo Dorado« suchen gehen.
MAGNUS GARBE. Nein! Meines Amtes ist, in der alten aushalten. Und übrigens weiß ich noch eher mit dem Staatsruder umzugehen als mit Karavellen und Brigantinen. Nein! Jetzt erst recht auf der Schanze durchhalten.
DR. GÜLDENARM. Euer Gatte, Señora Felicia, hat sich einen schweren Stand ausgesucht. Er hat sich mit seinem Leibe vor die Bresche gestellt, die jene Macht durch die Stadtmauer legte, gegen die selbst die geheiligte Majestät unseres allergnädigsten Königs, Kaisers und Herrn, Karl des Fünften, machtlos ist.
FELICIA. Ihr meinet den Orden der Dominikaner?
DR. GÜLDENARM. Ich meine die Macht, supremam iurisdictionem, der päpstlichen Inquisition.
MAGNUS GARBE. Das habt Ihr recht rundheraus gesprochen. Und ebenso sage ich Euch rundheraus, daß der Englische Schweiß, der Schwarze Tod, das geringere Übel ist. Krieg, Hunger, Pestilenz, ich sage es noch einmal, hat unsrer lieben, armen, unterdrückten deutschen Nation nit halb den Schaden getan als der wütende Baalspfaffe zu Rom, seine römischen Schergen und Henkersknechte.
FELICIA. Sprich leise, Magnus. Mir ist zumut, als wär' man umschlichen von Horchern und Angebern.
DR. GÜLDENARM. Übet Vorsicht, da tut Ihr gut.
MAGNUS GARBE. Der Mann der Vorsicht bin ich nicht. Ich bin nie ein Mann der Vorsicht gewesen. Der Gaukler übe den Eiertanz. Ich bekleide ein Amt. Ich vertrete die alten,

verbrieften Rechte und Herkommen dieser stolzen, reichsfreien Stadt. Hätte jeder so offen protestiert, hätte jeder
den Nacken so steif gehalten, wir hätten die Laus nit im
Pelze sitzen, das höllische Tribunal nicht im Weichbild der
Stadt. — Aber weiter nit einen Schritt. Niemals werde ich
dazu die Hand reichen.

FELICIA. Magnus, du weißt, ich bin nicht in dich gedrungen.
Niemand, auch Euch nicht, mein lieber Güldenarm, habe
ich bis jetzt mit Fragen gequält. Aber, wenn du so offen
bist, weshalb bist du allein gegen mich so verschlossen?
Darf ich denn gar nit wissen, wozu du die Hand nit dar-
reichen wirst?

MAGNUS GARBE. — Ich sage es nit. Genug, wenn Männern
durch das himmelschreiende Elend die Tage vergällt
werden. Übergenug! Und nichts mehr davon.
Aber eher besteige ich selber den Scheiterhaufen, als daß
ihn diese arme Begine und dieser brave Tuchmachergesell
besteigen wird.

DR. GÜLDENARM. Mit ebendem Recht nennt man die Stadt,
deren anerkanntes, unbestrittenes Haupt Ihr seid, ja
nennt man Euer Haus, Magnus Garbe, Herberge der Gerechtigkeit, als man die Burg des Sickingen einst so nannte.
Nirgend fand ich, wie hier, in der Welt einen so gesunden,
freien, deutschen Geist. Schiffahrt, Handel, blühendes
Handwerk und blühende Kunst haben diesen Geist stolz,
kräftig, ja beinahe unangreifbar gemacht, darum wird man
auch wohl jener scheußlichen Aasgeier Herr werden, die
allerdings schon recht dreist über die Mauer herein-
streichen. Aber der Kampf, der Kampf wider sie ist nicht
leicht.

FELICIA. Was ist es mit der Begine und dem Tuchmacher-
gesellen, von dem du sprichst, Magnus?

MAGNUS GARBE. Es ist der Kochus, der junge Gesell, der uns
schon manches Stück flandrisches Tuch ins Haus brachte.
Die geistlichen Herren haben ihm mit der Tortur das Geständnis erpreßt, er sei der täuferischen Lehre ergeben.
Und wenn: die Täufer sind ruhige Bürger, fleißige Handwerker, die kein Wässerlein trüben, und sind, ich sage es
freiheraus, voll Gottesfurcht. Mit der Begine haben die
fremden Herren aber erst gar einen himmelschreienden
Jammer angestellt. Irgendein hirnverbrannter, schlechter,
versteckter Lump hat sie der Hexerei beschuldigt. Drei

Tage lang standen die Leute, drängten sich Tag und Nacht um die Folterkammer herum, wo wahnwitzige Kutten, an der Spitze der Dominikanerpater Tittelmann, das nackte Opfer mit bestialischen Martern zugrunde richteten. Nun sind beide halbtot. Aber was an ihnen noch lebendig geblieben ist, das soll nun erst recht auf den Holzstoß hinauf und ad maiorem Dei gloriam zu Asche verbrannt werden.

FELICIA. Und das ist es, Garbe, das gibst du nit zu?

MAGNUS GARBE. Nein, nicht weil ich lebe, mag auch Papst und Kaiser wider mich Sturm laufen.

FELICIA. Und du hast den Magistrat, hast die Zünfte, hast den besseren Teil der Geistlichkeit hinter dir?

VOR SONNENUNTERGANG

Editorische Bemerkung

[I]:   Vollständiger Text der frühesten Arbeitsstufe, entstanden Oktober/November 1928.
[II]: Neuer Ansatz unter dem Titel »Geheimrat Bernhard Ackermann«, entstanden vom 22. Mai bis 8. Juni 1931.
[III]: Eine der Endfassung unmittelbar voraufgehende vollständige Fassung des 5. Aktes, entstanden November 1931.

Begonnen: 26. 10. 1928. Lugano, Parkhotel.
ERSTER AKT

Arbeitszimmer des Verlagsbuchhändlers Geheimen Kommerzienrats Dr. Griepenkerl.

ERSTE SZENE

Wilhelm Griepenkerl, der Vater, und Wolfgang Griepenkerl, sein zweiter Sohn.

WOLFGANG GRIEPENKERL. Die Sache hat viel Geld gekostet: aber ich habe keine Bange deshalb. Es kommt wieder herein.
WILHELM GRIEPENKERL. Es war jedenfalls notwendig. Und was wir gewollt haben, ist erreicht. Wir sind wieder da. Wir waren auch sonst vorhanden, natürlich. Aber man sprach eben doch einen Monat lang im ganzen Reich von der Hundertjahrfeier des Verlags Griepenkerl. Es gibt nicht allzuviele, die wie wir reellerweise auf ein hundertjähriges Bestehen zurückblicken können. Nun aber hab' ich genug von der Sache.
WOLFGANG GRIEPENKERL. Ich wollte dich nur noch fragen, Papa, ob du bezüglich der Jubiläumsnummer etwa noch Wünsche hast. Du weißt ja, wir möchten morgen mit Drucken anfangen.
WILHELM GRIEPENKERL. Den hübschen Artikel der kleinen Gertrud Stiller und das nette Bildchen von ihr habt ihr hineingebracht?
WOLFGANG GRIEPENKERL. Wir konnten uns nicht entschließen, Papa.
WILHELM GRIEPENKERL. Ihr konntet euch nicht entschließen? wieso?
WOLFGANG GRIEPENKERL. Wir haben geschwankt. Dann bat ich Erich, den Aufsatz durchzulesen, ich habe Gerhards Rat eingeholt. Sie konnten sich beide nicht denken, daß du den Artikel gutgeheißen hast.
WILHELM GRIEPENKERL. Ich habe ihn aber gutgeheißen:

womit die Entscheidung ein für allemal getroffen ist. Der Artikel erscheint! du hast mich verstanden?!

WOLFGANG GRIEPENKERL. Es wird noch möglich sein, hoffe ich.

WILHELM GRIEPENKERL. Darf ich mir die Frage erlauben, wer über diese Dinge zu bestimmen hat? Erich? Ich werde mich ebensowenig in die Mysterien seiner gynäkologischen Klinik einmischen. Gerhard? Er mag zusehen, wie er mit seiner eigenen Romanfabrikation fertig wird. Du? Ich sage nichts gegen deine Geschäftstüchtigkeit. Einstweilen aber bin ich noch Chef der Firma.

WOLFGANG GRIEPENKERL. Vater, darf ich ein offenes Wort sprechen?

WILHELM GRIEPENKERL. Ich habe mit dir nie Verstecken gespielt.

WOLFGANG GRIEPENKERL. Ich habe gehofft, ich habe geglaubt, ich bin siebenunddreißig Jahre alt, Vater. Die Last der Arbeit ruht auf mir. Ich habe diese Hundertjahrfeier arrangiert und durchgeführt. Du sollst selbst einmal zum Oberbürgermeister geäußert haben, ich wäre ein echter Griepenkerl, und wenn du deine Augen schlössest, was die Tradition und die Fortführung des Verlages angehe, könntest du ohne Sorgen sein. Nun ja, was ich sagen wollte, ist das: ich bin einstweilen immer noch bei dir nur als Beamter mit Gehalt angestellt. Das geht mir ein bißchen gegen die Ehre. Auch habe ich Familie, wie du weißt. Mir sind Stellen mit dreifach so hohem Gehalt angeboten. Da glaubte ich nun... auch Erich zweifelte nicht daran, von Gerhard will ich also nicht reden... du würdest mich in die Firma nun endlich hineinnehmen.

WILHELM GRIEPENKERL. Ich weiß, ich weiß, du möchtest mein gleichberechtigter Teilhaber sein. Das ist eine Sache, die ich erwogen, erwogen und wieder erwogen habe und zu der ich mich aus guten Gründen immer noch nicht entschließen kann. Am Gehalt will ich dir gerne zulegen. Im übrigen halte ich dich nicht, wenn du bessere Chancen hast. Warum sollst du dich nicht mal draußen umsehen?! Lange habe ich ja nicht mehr zu leben, und dann kommst du eben mit Erfahrungen doppelt und dreifach bereichert zurück.

WOLFGANG GRIEPENKERL *steht auf, nimmt seine Papiere zusammen, zuckt mit den Achseln.* Diesen Bescheid immer und immer wieder hinzunehmen, ist gar nicht so leicht für

mich. *Er geht. An der Tür wendet er sich noch einmal.*
Übrigens hat die kleine Gertrud Stiller schon wieder
irgendein Anliegen. Sie wartet seit einer halben Stunde im
Vorzimmer.

WILHELM GRIEPENKERL. Kannst du dir denken, was es ist? —
Meinetwegen mag sie hereinkommen. Sonst noch etwas?

WOLFGANG GRIEPENKERL. Sympathisch ist mir und ist uns
allen die kleine Gertrud Stiller eigentlich nicht.

WILHELM GRIEPENKERL. Damit sagst du mir keine Neuigkeit.

WOLFGANG GRIEPENKERL. Sie versucht es auf jede Weise...

WILHELM GRIEPENKERL. Bitte was, wenn man fragen darf?

WOLFGANG GRIEPENKERL. Erst war sie bei Erich in der
Sprechstunde — bis er deutlich geworden ist. Sie hat dann
mit Gerhard anzuknüpfen versucht — wo sie ebensowenig
Glück hatte.

WILHELM GRIEPENKERL. Und vergiß nicht, du selber hast sie
ja einmal aufgesucht. Du wolltest sie unter vier Augen
sprechen, wahrscheinlich in einer Verlagsangelegenheit.
Du platztest aber leider in eine ihrer großen Teegesell-
schaften mitten hinein.

WOLFGANG GRIEPENKERL. Woher weißt du das, Vater?

WILHELM GRIEPENKERL. Von ihr selber. — Aber nun lassen
wir das auf sich beruhen. Sie hat dem Verlag neues Blut
zugeführt, kennt die junge französische, englische und
amerikanische Literatur, am Ende ist das doch wohl die
Hauptsache, ich meine nämlich, was mich betrifft, alles
andere ist mir gleichgültig.

WOLFGANG GRIEPENKERL. Mag sein, du hast vielleicht recht,
Papa. *Ab.*

ZWEITE SZENE

Wilhelm Griepenkerl allein. Das Telefon klingelt.

WILHELM GRIEPENKERL. Was ist? — Sollen hereinkommen.
Sollen gleich hereinkommen! Fräulein ⟨Gertrud⟩ Juliane
Stiller wird sich noch gedulden, einen Augenblick.
*Frau Carla mit ihrem neunjährigen Sohn Gustav, dem Enkel
von Wilhelm Griepenkerl, tritt ein.*

CARLA. Wir wollten guten Morgen sagen, Papa, und sehen,
wie dir alles bekommen ist.

WILHELM GRIEPENKERL. Danke, gut. Ich will aber nun eine Woche, zwei ausspannen.

CARLA. Es war aber unbeschreiblich schön, wie du gefeiert worden bist. Die Kinder werden einen Eindruck fürs Leben davon behalten. Nun hast du doch einmal gesehen, Gustav, was für einen Großpapa du eigentlich hast. Über dreitausend Gratulationstelegramme.

WILHELM GRIEPENKERL. Das Schiff läuft gut, liebe Carla, nur der Kapitän fängt an wacklig zu werden.

CARLA. Aber du hast doch gerade persönlich so große Ehrungen eingeheimst. Dr. ing. und Dr. iuris und so fort.

WILHELM GRIEPENKERL. Alles ganz richtig, geliebte Carla...

CARLA. Überhaupt einen Lebensabend, wie du ihn hast — wer kann wohl auf solche Erfolge zurückblicken.

WILHELM GRIEPENKERL. Für Rückblicke interessiere ich mich nicht. — Jedenfalls ist es sehr hübsch, liebe Carla, daß du mir in der letzten Zeit fast regelmäßig mit Bubi deine Morgenvisite machst.

CARLA. Bubi ist heut schon beim Arzt gewesen. Er findet, daß sich der Zustand seit einem Jahr erheblich gebessert hat.

Gustav stützt die Ellenbogen auf die Knie des Großvaters und blickt ihn schweigend an.

WILHELM GRIEPENKERL. So sei es, Carla, ich hoffe zu Gott. — Armer Bursche, teile mir doch nun endlich mal mit, was du für Anliegen hast. Wenn du aber immer nur schweigst, Jahr um Jahr nichts sprechen willst oder wenigstens nur mit den Augen sprichst, ist es unmöglich zu ergründen. *Er gibt Carla ein Geldstück.* Da, kauf ihm, was ihm Vergnügen macht.

CARLA. Warst du mit Wolfgang zufrieden, Papa?

WILHELM GRIEPENKERL. Du meinst, was das Management des Jubiläums betrifft: oh, ich bin immer mit Wolfgang zufrieden.

Du bist mir nicht böse, beste Carla, wenn ich jetzt auf eure Gesellschaft verzichten muß, es ist noch so vieles zu erledigen.

CARLA. Darf man erfahren, wann und wohin du reisen wirst?

WILHELM GRIEPENKERL. Das wüßte ich selber noch nicht zu sagen.

CARLA. Fühlst du dich eigentlich nicht ganz wohl, Papa, oder so?

WILHELM GRIEPENKERL. Aber nein, warum sollte ich mich nicht wohl fühlen.
CARLA. Weil du irgendwie, verzeih mir, — es kommt mir vor, als wärest du irgendwie verändert.
WILHELM GRIEPENKERL. Ich weiß dir darüber nichts zu sagen.
CARLA *wird weich, wischt sich Tränen aus den Augen.* Habe ich irgend etwas dir gegenüber versehen, Papa? ich meine, weil du in neuerer Zeit manchmal plötzlich so abweisend gegen mich bist. — Wirst du heut abend mit uns essen?
WILHELM GRIEPENKERL. Wenn ich euch etwas raten dürfte, Carla, so wäre es das, euch nicht allzusehr um die Einzelheiten meines Lebens und meines Befindens zu kümmern. Es ist mir nicht ganz erfindlich, inwiefern das neuerdings bei euch gleichsam zur Mode geworden ist. Das hat keinen Sinn, und Tränen noch weniger. Gott befohlen. Heut abend auf Wiedersehen — wenn nämlich kein Schlafwagenplatz mehr zu haben ist.
Carla entfernt sich schweigend mit ihrem Sohn, ohne ihre Fassung wiedererlangt zu haben.

DRITTE SZENE

WILHELM GRIEPENKERL, *am Telefon.* Fräulein Juliane Stiller, ich lasse bitten. — Wie? wer? Ach so — der junge Arzt: das Manuskript liegt auf meinem Tisch —, dann halten Sie Fräulein Juliane Stiller noch zurück, aber keinesfalls fortgehen lassen, verstanden?! — da ich sie unbedingt sprechen muß — zunächst also den Doktor, Dr. Uphus, so heißt er ja doch. *Es wird an die Tür geklopft.* Herein!
Dr. Uphus erscheint.
DR. UPHUS. Gehorsamster Diener, Herr Geheimrat.
WILHELM GRIEPENKERL. Dr. Uphus, nicht wahr? bitte Platz zu nehmen.
DR. UPHUS. Ich habe mir gar nicht geschmeichelt, so schnell vorgelassen zu werden, Herr Geheimrat. Darf ich zunächst meinen Dank dafür aussprechen, notabene vor allem meine allerherzlichste Gratulation.
WILHELM GRIEPENKERL. Kommen wir gleich zur Sache, Herr Doktor.
Mein Lektor hat Ihr Werkchen empfohlen. Ich selber habe

nur oberflächlich hineingeblickt. Man braucht nur das
Menü überfliegen — erlauben Sie, daß ich als Kaufmann
spreche —, um zu wissen, daß das ganze Diner Anklang
finden wird: Freud, Einstein, Steinach, Kraepelin,
Schizophrenie, sexuelle Zwischenstufen, das Ganze selbst,
alle diese Dinge inbegriffen, gleichsam eine Zwischenstufe
zwischen frei waltender Phantasie und echter Wissenschaft. Das will man heut, ich zweifle nicht, daß es einschlagen wird.

DR. UPHUS. Aber verzeihen Sie, Herr Geheimrat, ein sogenannter Populärschriftsteller bin ich nicht. Ich erlaube
mir, mich selber schlechthin als Mann der Wissenschaft
aufzufassen. Vier Jahre war ich Assistent von Kraepelin,
zwei Jahre Erster Assistent bei Bleuler in Zürich, dem Vater
des Ausdrucks Schizophrenie, auf dem Burghölzli, der
weltbekannten Nervenheilanstalt.

WILHELM GRIEPENKERL. Meine Tochter hat mir davon gesprochen.

DR. UPHUS. Es freut mich, bei dieser Gelegenheit sagen zu
können: Ihr Fräulein Tochter hat für meine Ideen das
größte Verständnis gezeigt. Ich weiß keine andere Dame,
die auf meine Gedanken so gründlich einzugehen imstande
gewesen ist. Ich denke mich nicht zu täuschen, wenn ich
annehme, sie, mehr als der Herr Lektor, wird mir den Weg
zu Ihnen, Herr Geheimrat, geebnet haben.

WILHELM GRIEPENKERL. Meine jüngste Tochter Lili machte
mich in der Tat zuerst auf Sie aufmerksam, freilich eigentlich mehr als Bariton.

DR. UPHUS. Gewiß, ich besitze auch einen Bariton. Da ja
schließlich jeder Mensch, Staatsmann, Kaufmann oder
Mann der Wissenschaft, wenn er nicht stumm ist, ohne
Stimme nicht auskommen kann, was soll es meinem wissenschaftlichen Ernste Schaden tun, wenn ich durch Laune
des Schicksals Besitzer einer guten Gesangsstimme geworden bin. Ich habe sogar eine ziemliche Anzahl Jahre
auf die Ausbildung meiner Stimme verwandt, weil ich
Opernsänger zu werden gedachte, bis sich schließlich mein
Trieb zur Wissenschaft doch, und zwar endgültig, wieder
durchsetzte.

WILHELM GRIEPENKERL. Sie haben die Praxis aufgegeben?

DR. UPHUS. Ich hospitiere in Kliniken hie und da, sonst lebe
ich nur noch meinen wissenschaftlichen Arbeiten.

WILHELM GRIEPENKERL. Wir werden Ihr Werkchen natürlich drucken. Differenzen über die Bedingungen, die Sie mit meinem Sohne besprechen werden, fürchte ich nicht. Warum ich Sie zu mir gebeten habe, war eigentlich weniger der Wunsch, Ihnen das zu sagen, als der, Sie persönlich kennenzulernen.

Meine Tochter sagt mir, Sie waren schon zweimal verheiratet.

DR. UPHUS. Ich hätte mich überhaupt nicht verheiraten sollen, für die Ehe passe ich nicht.

WILHELM GRIEPENKERL. Für die Ehe passen Sie nicht — das gleiche pflegt meine Tochter von sich zu sagen.

DR. UPHUS. Und wahrscheinlich ist das der Grund, weshalb wir in ein so kameradschaftliches Verhältnis zueinander gekommen sind.

WILHELM GRIEPENKERL. Da wären wir also nun klar — oder hätten Sie sonst noch ein Anliegen?

DR. UPHUS. Ich wüßte nicht — höchstens, daß Fräulein Lili mir sagte, Sie hätten ihr angedeutet, Sie würden möglicherweise meinen ärztlichen Rat in Anspruch nehmen.

WILHELM GRIEPENKERL. Lili hat Ihnen das gesagt?

DR. UPHUS. Ich muß es annehmen, denn wie sollte ich sonst auf den Gedanken gekommen sein.

WILHELM GRIEPENKERL. Welches Leiden hat sie mir denn wohl angedichtet?

DR. UPHUS. Ich glaube, sie sprach von Depressionen. Übrigens kann es wohl sein, Herr Geheimrat, daß ich die Äußerung Ihres Fräulein Tochter mißverstanden habe. So darf ich mich also zunächst empfehlen. Ich möchte recht herzlich hoffen, der Erfolg meines Buches möge Sie nicht enttäuschen, und ich brauchte nicht fürchten, von Ihnen heute zum ersten und letzten Male empfangen zu sein. Auf Wiedersehen.

WILHELM GRIEPENKERL. Guten Tag, Herr Doktor. — Halt, bitte noch einen Augenblick. Wurden Sie nicht durch Fräulein Juliane Stiller mit meiner Tochter bekanntgemacht?

DR. UPHUS. Durch meine Freundin Juliane, jawohl.

WILHELM GRIEPENKERL. Sie sind befreundet mit ihr? soso.

DR. UPHUS. Das mußte sich wohl ergeben, da wir vielfach durch gemeinsame Arbeit — sie hat ja auch Medizin studiert — in Berührung gekommen sind. Übrigens geht

unsere Beziehung nicht tief. Sie gehört nämlich nicht zu
den Frauen, auf die ich mich sozusagen im Ernstfall verlassen würde.

WILHELM GRIEPENKERL. Guten Morgen, Herr Doktor.

DR. UPHUS. Auf Wiedersehen. *Dr. Uphus ab.*

VIERTE SZENE

Wilhelm Griepenkerl erhebt sich, geht auf und ab, holt mehrmals tief Atem.

WILHELM GRIEPENKERL, *am Telefon.* Fräulein Stiller, ich lasse
bitten.
Es klopft, die Tür öffnet sich ein wenig.
JULIANE STILLER. Darf ich eintreten?
WILHELM GRIEPENKERL. Bitte sehr. *Juliane Stiller tritt ein.*
Ich muß zunächst um Entschuldigung bitten, wenn ich Sie
habe warten lassen. Wir können so ungestörter sprechen.
Vielleicht legen Sie wenigstens Ihren Mantel ab — ich
werde sonst das Gefühl nicht los, als hätten Sie es womöglich eilig, nur wieder von hier fortzukommen. Wie geht
es Ihnen? — Hier ist ein Klubsessel. — Was haben Sie zu
der Rede des braven Professor Kleinschmidt gesagt?
JULIANE STILLER. Sie gab einen hübschen Überblick.
WILHELM GRIEPENKERL. Sie hat aber auch gezeigt, wie wir
seit hundert Jahren als Geschäftsleute vorwärts-, als
Menschen zurückgegangen sind. Dies traurige Fazit ist
nicht zu leugnen. — Zigarette? — Richtig! Sie rauchen
Zigarren. *Er reicht die Kiste, sie nimmt eine schwere Im-
porte, er gibt ihr Feuer. Dabei fährt er fort.* Unser Begründer
hat als Student die bekannte Wartburg-Feier mitgemacht.
Später war er mit Robert Blum befreundet. Gott weiß es,
wie er dem Tode, ja selbst der Festung entgangen ist. Er
war also einer der heute als Ideologen verschrienen
idealen Geister, die in der Paulskirche zusammentraten.
Nicht etwa um Geld zu machen, wurde er Buchhändler, er
wurde es, um so besser für die Idee eines einigen, großen
deutschen Reiches wirken zu können. Und nun sehen Sie
meinen Nachfolger an!
JULIANE STILLER. Herr Geheimrat, lassen wir doch den Nach-

folger. Ziehen Sie sich doch selbst in Betracht. Wenn Sie
das tun wollen, wird Ihre Meinung von der Rückläufigkeit
der letzten hundert Jahre Ihres Familienschicksals ganz
gewiß nicht aufrechtzuerhalten sein.

WILHELM GRIEPENKERL. O doch, sie ist aufrechtzuerhalten. —
Aber reden wir nicht davon. Schließlich war ich für den
Verlag niemals der rechte Mann. Dagegen mein Sohn wird
ihn weiterbringen, dem ich naiverweise zu Ehren Goethes
den Vornamen Wolfgang gegeben habe. Er handelt mit
Büchern, wie er mit Ziegeln oder Braunkohle oder Zahn-
pasta handeln würde. So und nicht anders soll es sein.

JULIANE STILLER. Gewiß ist zwischen Ihnen und Herrn
Wolfgang und überhaupt Ihren Söhnen ein großer Unterschied.

WILHELM GRIEPENKERL. Wobei, je älter wir alle werden, die
Gegensätze sich täglich verschärfen. Wieso, das fasse ich
manchmal selber nicht. In dieser Beziehung war dieser
fürchterliche Jubiläumsrummel ein geradezu beängstigen-
des Erlebnis für mich. Ich sah meine Söhne wie Fremde in
der Menschenmenge umherschreiten, und was meine
Schwiegertöchter und Töchter anbelangt, ich habe, wo ich
sie sah, nur Grauen gefühlt.

JULIANE STILLER. Das wäre also charakteristisch für den
Zustand, den Sie als Depression bezeichnet haben.

WILHELM GRIEPENKERL. Aber eine begründete Depression.
Mitten in diesem Menschengewühl dieser unzähligen persönlichen Gratulationen, dieser Reden und Ansprachen,
die mich feierten, sah ich mich plötzlich und wirklich zum
erstenmal in meinem Leben in die schauerlichste Isolierung
versetzt. Der Mann, der vierzig Jahre allein auf der Insel
Salas y Gomez verlebte, um sich Seevögel, den Himmel
über sich, ahnte nichts von dieser fürchterlichen Verlassenheit. Ich fühlte mich förmlich wie eingemauert. Was sich
abspielte um mich her, kam mir wie der Traum eines
lebendig Begrabenen vor.

In einer solchen Verfassung — verzeihen Sie mir, liebe
Juliane — kann man sich den Luxus nicht leisten, und
auch nicht bei meinem Alter, — etwa aus Taktgefühl oder
aus Angst zu verletzen — zu verschweigen, wo und wie
man eine Hoffnung, eine neue Lebensmöglichkeit, eine
Aussicht, nochmals in die Welt zu treten, gesehen hat.
Sie wissen es ja: es war, als Sie auftauchten.

JULIANE STILLER. Ja, ich weiß es, fühle, weiß es und habe schlaflose Nächte deswegen gehabt.

WILHELM GRIEPENKERL. Ich reise fort. Ich möchte, daß Sie mir in der Schweiz oder an der Riviera, wo Sie wollen, eine, zwei Wochen täglichen, freundschaftlichen Umgangs schenken. Ginge das?

JULIANE STILLER. Ich wäre nicht ungern wieder einmal in der Schweiz, es ist jedesmal eine Verjüngung auch für mich. Studienjahre und Jugendeindrücke tauchen dort immer wieder auf. Auch ist es mir klar: man darf Sie in der seltsamen Krisis, die Sie durchmachen, eigentlich nicht allein lassen.

WILHELM GRIEPENKERL. Nein, Juliane, das dürfen Sie nicht. Ich würde hierbleiben, wenn Sie mitzureisen oder nachzukommen verhindert sind. Aber auf die Gefahr hin, Ihnen mehr als wunderlich zu erscheinen — ich ertrage den Anblick meiner Familienmitglieder nicht. Ich muß fort aus diesem Netz von Beziehungen, in dem ich wie ein gefangener Fisch herumspringe.

JULIANE STILLER. Wenn ich mir nur erklären könnte, welche letzte psychische Ursache diese plötzliche Aversion gegen Ihren Familienkreis haben kann!

WILHELM GRIEPENKERL. Juliane, ich bin zu Ihnen gekommen, ich habe Vertrauen zu Ihnen gefaßt, obgleich ich Sie nur von ferne erblickt hatte. Es mag wohl mitsprechen, daß Sie eine erfahrene Ärztin sind und mich mein Zustand, ich möchte sagen hypochondrisch doch etwas beunruhigte. Warum aber konnte ich zu Ihnen von vornherein, wie zu meiner ältesten, liebsten Freundin, ohne Rückhalt offen sein, wie ich es noch zu niemand, auch nicht meiner verstorbenen Frau gegenüber gewesen bin? — Die Sache, das Leiden, die Krisis fing folgendermaßen an: ich sah im kleinsten Bruchteil eines Augenblicks in Wolfgangs Auge etwas aufblitzen. Ersparen Sie mir, es auszusprechen, welche gnadenlose Perspektive mir dieser einzige unbewachte Blick eröffnet hat. Er verfolgte mich, dieser Blick! und nun denken Sie sich meinen Schreck, Juliane, als ich diesen selben unversöhnlichen, grausam-feindlich entschlossenen Blick nacheinander im Auge meines ältesten Sohnes, des Gynäkologen, Sie wissen ja, fast lebhafter noch im Auge Carlas, seiner Frau, entdecken mußte. Meine Tochter Thekla hatte ihn, Sie wissen, verehelichte Me-

mison, sie hatte ihn auf nicht zu verkennende Weise. Aber
Sie werden sagen, daß dies alles auf einen depressiven
Irrtum, auf Gott weiß was für eine krankhafte Hyper-
empfindlichkeit und Reizbarkeit zurückzuführen ist. Wem
wäre es lieber als mir, wenn Sie mich davon überzeugen
könnten. Glauben Sie mir, Sie können das nicht.
Ich werde belauert, das ist Ihnen selbst schon aufgefallen.
Man weiß es, was für Träume ich nachts gehabt habe, wie
mir das Frühstück geschmeckt hat, wo ich um elf Uhr früh,
um ein Uhr mittags gewesen bin. Man hat von meinen Depressionen gehört, ich weiß nicht von wem. Von meinem
alten Kammerdiener Nöldechen sicherlich nicht. Sie
werden nicht annehmen, daß ich mich ihm gegenüber offen
wie zu Ihnen äußere. Sie aber sind der einzige Mensch, zu
dem ich in dieser Sache offen bin. Man ahnt das, wenn man
es schon nicht weiß. Man bedient sich, wie ich nicht einen
Augenblick zweifle, eines privaten Detektivbüros, um festzustellen, wie oft ich bei Ihnen aus- und eingehe. Ist es also
ein Wunder, wenn mir das Haus, die Stadt, die Welt, in der
ich lebe, zum Gefängnis geworden ist?
Es gibt zwei Wege, diesem Zustand ein Ende zu machen.
Man kann sich auf die bekannte Weise, die nicht mehr ganz
neu ist, mittels einer Browning-Pistole befreien oder, wenn
man noch immer dem Gedanken an das Leben etwas ab-
gewinnen kann, so läßt man die Browning bis zuletzt und
gibt sich der unsinnigen Hoffnung hin, daß Gott eine Art
Engel senden werde, um einem die Tür zur Freiheit nochmals zu öffnen. *Er legt seine Hand auf Julianes Handgelenk.*

FÜNFTE SZENE

*Im nächsten Augenblick stutzt der alte Geheimrat, blickt nach
der Tür, geht hin und öffnet sie schnell.*

WILHELM GRIEPENKERL. Was stehst du denn hier? du magst
ruhig hereinkommen, wenn du eine dringende Sache hast.
WOLFGANG *wird rot, stottert, faßt sich schnell.* Ich wollte nicht
stören. Ich hätte nur gern, bevor du gehst, noch in einigen
Sachen deine Entscheidung gehabt.

31. 10. 1928.
ZWEITER AKT

In dem alten Stadthause der Griepenkerls, das der Geheimrat Griepenkerl bewohnt, allwo ihm seine jüngste Tochter Lisa die Wirtschaft führt. Ein großer, mit schweren und gediegenen Möbeln ausgestatteter Raum, dessen Hauptschmuck zwei echte Rembrandts bilden. In der Mitte ist ein Geburtstagstisch aufgebaut.

ERSTE SZENE

Fräulein Franz, Hausdame, ist mit Ordnen beschäftigt. Dabei assistiert ihr der alte Diener Schiffmann.

FRÄULEIN FRANZ. Ich bin sehr froh, er hat es doch nicht über sich gebracht, an seinem siebzigsten Geburtstag fernzubleiben.
SCHIFFMANN. Er war sehr müde. Er ist, ich glaube von Rom aus, ohne Aufenthalt durchgereist.
FRÄULEIN FRANZ. Alle Welt glaubt, er sei in Italien. Er hat die Menschen wirklich irregeführt, kein Gratulant hat sich blicken lassen, den langen Morgen über ist es ganz still gewesen.
SCHIFFMANN. Ich habe noch gestern abend an alle Mitglieder der Familie, ohne Ausnahme, telefonieren müssen, seine Rückkehr völlig geheimzuhalten.
FRÄULEIN FRANZ. Ach, bester Schiffmann, unser guter lieber Herr gefällt mir nicht.

ZWEITE SZENE

Lisa Griepenkerl tritt ein.

LISA. Schiffmann, ist Papa denn noch immer nicht wach?
SCHIFFMANN. Der Herr Geheimrat sind, wie sie gestern abend sagten, in einer Tour von Rom bis Berlin durchgereist. Da werden sie wohl den fehlenden Schlaf nachholen, wie natürlich ist. Gemeldet haben sich der Herr Geheimrat bis jetzt noch nicht.
LISA. Dann sehe ich voraus, Fräulein Franz, es ist gegen zwölf, daß wir kaum vor halb drei, drei zum Essen kommen

werden. Ich kann dann ganz gut noch meine Stunde mit
Dr. Uphus absolvieren. Papa mag ja den Doktor übrigens
gern, Sie können gleich ein Gedeck mehr für ihn auflegen
lassen. *Sie geht weiter und durch die entgegengesetzte Tür ab.*
FRÄULEIN FRANZ. Da hat das arme Kind natürlich wieder ein
Buch von dem übergeschnappten Doktor in der Hand. Ich
will nicht selig werden, wenn ich auch nur zehn Zeilen
davon, ohne den Verstand zu verlieren, lesen kann.
SCHIFFMANN. Und ich will ebenfalls nicht selig werden, wenn
der Herr über diese Bescherung hier, die er sich wieder und
wieder streng verbeten hat, nicht — na, wie soll ich
sagen? — gelinde gesprochen, wie wir gewöhnlichen Leute
sprechen, fuchtig wird.
FRÄULEIN FRANZ. Ja, aber das ist doch alles eben nicht in der
Ordnung, wie man zugeben muß. Seit dreißig Jahren und
länger ist das im Hause Gepflogenheit, und plötzlich will
er das alles abschaffen. Ist es ein Wunder, wenn dann die
Kinder nicht wissen, was sozusagen in ihn gefahren ist?
SCHIFFMANN. Wir werden vielleicht noch Dinge erleben.
FRÄULEIN FRANZ. Reden Sie nicht so geheimnisvoll. Es riecht
hier so schon genug nach Grubenluft. Sie waren doch
bisher immer der, der ganz und gar zum Geheimrat ge-
halten hat und der alle Gerüchte, als sei etwas nicht in
Ordnung mit ihm, strikte ablehnte. Er sei so gesund wie
der Fisch im Wasser, höchstens zu gesund, sagten Sie.
SCHIFFMANN. Ich wollte auch jetzt nichts weiter gesagt haben.
Beide ab.

DRITTE SZENE

Lisa und Dr. Uphus treten ein.

DR. UPHUS. Ich höre, Ihr Vater ist eingetroffen.
LISA. Unerwartet, noch gestern abend spät. — Ich sollte mich
freuen und kann es nicht. Oder sagen Sie selber, wo soll ich
hin, wenn ich mein geliebtes Elternhaus und meinen geliebten Papa verlassen muß. *Sie weint.*
DR. UPHUS. Lisa, fassen Sie sich, so weit ist es noch nicht.
LISA. Und doch ist es erwiesen, daß er drei Wochen lang in
einem kleinen Gasthaus bei Rom, ich glaube in Tivoli, mit
Juliane Stiller zusammen gewesen ist.

DR. UPHUS. Nun ja, man hat ihn beobachten lassen. Ihr Bruder Wolfgang sprach mir im Vertrauen davon. Aber so schlimm ist das doch nicht. Lassen Sie auch dem alten Herrn seine Sonderbarkeiten. Außerdem, die erste beste ist diese Juliane sicherlich nicht. Sie hat Charakter, sie hat Qualitäten, eigentlich ist sie ein Muster von kühler Besonnenheit, eher männlich als weiblich, vollkommen selbständig, soweit die Schwiglin, Sie wissen ja, ihre Freundin, die Malerin, nicht in Frage kommt.

LISA. Sie ist auch mit in Tivoli gewesen.

DR. UPHUS. Ich weiß es, sie hat es mir selber gesagt. Aber sie ist bereits vor acht Tagen, ihre Freundin erst gestern zurückgekehrt.

LISA. Da gab es wahrscheinlich Unstimmigkeiten.

DR. UPHUS. Die Schwiglin, liebe Lisa, ist ebensowenig wie Juliane die erste beste, sondern ein ganzer Charakter und eine ganze Persönlichkeit. Beide Damen haben sich ihr Leben auf eine durchaus respektable und achtungswerte Weise aufgebaut. Jede ist tüchtig, jede ist selbständig, und doch ist es natürlich ein schmerzlicher Gedanke für die Schwiglin, daß ihr nun schon über ein Jahrzehnt geführtes Zusammenleben sich lockern könnte.

LISA. Also da geben Sie zu, die Schwiglin befürchtet das. Und doch haben Sie eben gesagt, so weit ist es noch nicht, daß nämlich Papa diese Juliane womöglich heiraten wird. Wie weit muß die Beziehung gediehen sein, wenn die Schwiglin nach Hause reist und den Abfall der alten Freundin befürchtet. Papa ist krank, Papa weiß nicht mehr, was er tut. Es muß ein schleichendes Leiden sein, es hat sich seit Monaten vorbereitet.

DR. UPHUS. Das kann sein und nicht sein. Hört man Juliane, die eine anerkannte, ernstzunehmende Ärztin ist, so wäre nicht das geringste Symptom, das auch nur auf eine mit dem Alter verknüpfte Rückbildungserscheinung schließen ließe.

LISA. Wenn sie das behauptet, ist das sehr durchsichtig. Sie sagten doch selbst, die Art, wie Papa erschrocken sei, als Sie ihm Ihren ärztlichen Rat anboten, habe Sie stutzig gemacht.

DR. UPHUS. Das sind allerheikelste Fragen und im allerhöchsten Grade verantwortungsvoll.

LISA. Papa leidet abwechselnd an Niedergeschlagenheit und

an einem Zustand, in dem er wie ein siebzehnjähriger
junger Bursche ausgelassen ist und Pläne macht. Wolfgang
hat an der Tür gelauscht, als Papa geradezu entsetzliche
Dinge von uns behauptet hat. Außerdem hat er von
Selbstmord gesprochen.

DR. UPHUS. Von diesen Behauptungen, wie Sie es nennen,
weiß ich nichts. Geschäftliche Reibungen mit Herrn
Wolfgang besagen nichts, auch wenn sie ihn gelegentlich
zu heftigen Äußerungen hinreißen. Ihr Vater hat klassische
Bildung genossen, und wenn er im Sinne der stoischen
Philosophie mit Seneca oder Marc Aurel die Möglichkeit ins
Auge faßt, aus dem Leben zu gehen, so braucht das noch
nicht als krankhaft zu gelten. Wenn Sie meinen Rat hören
wollen, liebe Lisa, übertreiben Sie diese ganze Sache nicht.
Vorläufig ist das Ganze ja wirklich noch Zukunftsmusik.
Bevor die Frage akut wird, kann noch viel Wasser die Spree
hinabfließen.

LISA. Still, um Gottes willen, ich glaube, das ist Papa.

VIERTE SZENE

Der Geheimrat tritt ein in einem pelzverbrämten Morgenrock.

GEHEIMRAT GRIEPENKERL. Kinder, was habt ihr mir da wieder
für überflüssige Sachen aufgebaut! Guten Morgen, Lisa.

LISA. Tausendmal willkommen, Papa! *Sie hängt sich an seinen
Hals.*

GEHEIMRAT GRIEPENKERL. Ich wollte euch nicht enttäuschen,
Kinder. Man ist eben schließlich immer noch ein Höriger
der alten Familientradition. Schön ist es aber um diese Zeit
in unseren nordischen Breiten nun gerade nicht. In Tivoli
war es bedeutend lustiger.

LISA. Siehst du, und ich hatte dich so sehr gebeten, mich mitzunehmen, Papa.

GEHEIMRAT GRIEPENKERL. Dir wäre ja, fern von deinem
Dr. Uphus, deinen Vorträgen, deiner Kinderbewahranstalt
trotzdem nicht wohl geworden. Wie du dich bei unserer
ersten Italienreise auf Schritt und Tritt nach Berlin heim-
gesehnt hast, ist mir noch deutlich in Erinnerung.

LISA. Damals bin ich ein dummes Mädchen gewesen. Machst

du dir einen Begriff davon, wie ich mich in der Ferne um
dich gesorgt habe? Mein gutes Papachen ist doch nun einmal mein Sorgenkind. Seit dem Tode der guten Mama bin
ich doch nun einmal für dein Wohlergehen, deine Behaglichkeit, deine gemütliche Häuslichkeit verantwortlich. Du
hast das auch immer anerkannt und hast mich mit Lob-
sprüchen täglich verwöhnt. Kannst du dir einen Begriff
machen, wie öde und tot das Haus, wie kaum erträglich
leer und ausgestorben alle diese lieben Räume, solange du
fort warst, für mich gewesen sind. Wie eine Verlassene und
Vergessene kam ich mir vor.
GEHEIMRAT GRIEPENKERL. Du hast doch wöchentlich deine
zwei Briefe erhalten.
LISA. Mamas Todestag hat sich zum fünften Male gejährt.
Das ist doch bisher gar nicht vorgekommen, daß du nicht
mit uns allen an dem Tage auf den Kirchhof gegangen bist,
um Mamachen die üblichen Blumen zu bringen.
GEHEIMRAT GRIEPENKERL. Laß gut sein, Lisa, ich werde es
nachholen. Ah, ah, was ist denn das?

FÜNFTE SZENE

*Es werden große Blumenarrangements hereingetragen. Es folgen
Professor Erich Griepenkerl und Carla, seine Frau, welche die
Kinder an der Hand führen. Es wird allgemein begrüßt und
gratuliert.*

GEHEIMRAT GRIEPENKERL, *zu Uphus.* Was sagen Sie, lieber
Doktor, sieht es nicht hier aus wie im Innern einer Fa-
miliengruft? Nun, ich denke, Lisa, du hast in der Küche
für ein ausgiebiges Frühstück mit vielen guten Dingen
sorgen lassen. Zum Begräbnis gehört nun einmal ein
Leichenschmaus.
PROFESSOR ERICH GRIEPENKERL. Aber um Gottes willen,
Papa, was hast du für sonderbare Vergleiche.
GEHEIMRAT GRIEPENKERL. Ärgere dich bitte, mein lieber
Sohn und Professor, nicht über mich. Es ist ja vielleicht
nicht so wunderbar, wenn ein Siebzigjähriger gelegentlich
an die Vergänglichkeit alles Irdischen denken muß. *Wilhelm
tritt ein.* Und nun kommt Wilhelm mit den Erstlingen

seiner Herde — zeig mal her. *Wilhelm übergibt ihm ein Ölbild im Rahmen.* Mama soll es sein?
WILHELM. Ich habe in den drei Wochen, die du auf Reisen warst, immer an Mama denken müssen. Ich habe förmlich mit ihr gelebt. Und da ist, gänzlich aus dem Kopf, dieses Bildnis entstanden.
GEHEIMRAT GRIEPENKERL. ... was deinem Fleiß und auch deinem Können, Wilhelm, ich muß gestehen, Ehre macht. Dein Geschenk freut mich doppelt: als Zeichen deiner wachsenden Tüchtigkeit und als Gegenstand. *Wolfgang mit Weib und Kind tritt ein. Die Frau, Käthe, Schlachterstochter, wirkt ziemlich gewöhnlich.* Ah, ah, Wolfgang, mein Sohn, Käthchen, Mädchen, Käthchen, er zählt die Häupter seiner Lieben — willkommen auch Herr Memison, Industriegeneral Memison, wie ich höre, Chemnitz blüht auf, es ist eine große Hausse in Strumpfwaren. Zu viel, zu viel. Blumen über Blumen. Kinder der Nacht, nicht wie unten in Italien Kinder des Lichts. Also nun werde ich mich in Wichs werfen. Habt alle Dank! wie immer: Dank! Ihr seid zu Haus. Entschuldigt mich, bis ich gesellschaftsfähig bin. *Ab.*

SECHSTE SZENE

Die acht Familienmitglieder, inbegriffen Dr. Uphus, bewegen sich leise flüsternd und schwatzend um den Geburtstagstisch. Dies sind die Gesprächsteile, die man hört.

WOLFGANG. Wie findest du Vater?
PROFESSOR ERICH GRIEPENKERL. Im Aussehen gut.
WOLFGANG. Du hast natürlich von der seltsamen Sache gehört.
PROFESSOR ERICH GRIEPENKERL. Es ist leider vieles neuerdings seltsam, Wolfgang.
CARLA. Die Schwiglin ist übrigens bei uns gewesen. Sie war schlecht zu sprechen auf ihre Freundin Juliane. Schließlich habe ich sie auf den Kopf zu gefragt, ob sie glaubt, daß die merkwürdig dicke Freundschaft mit Papa vielleicht ernster zu nehmen ist.
WOLFGANG. Na, und was sagte sie denn?
CARLA. Sie zuckte die Achseln.

WOLFGANG. Ich zucke die Achseln jedenfalls nicht, wenn etwa dieser Skandal sich bewahrheitet.
Der Diener kommt durch die Eingangstür und flüstert Lisa etwas zu, worauf ein heftiges Flüstern um den Tisch geht: Die Schwiglin ist da, die Schwiglin ist da!
CARLA. Warum nicht, die Schwiglin ist auf unserer Seite.
MEMISON. Das scheint ein grundvernünftiges Weibsbild zu sein.
LISA. Papas Porträt ist glänzend besprochen.
DR. UPHUS. Sie hat einen sensationellen Erfolg damit gehabt. *Die Malerin Schwiglin tritt ein. Sie bringt eine einzige Orchidee.*
SCHWIGLIN. Oh, welche Versammlung! die ganze berühmte Familie Griepenkerl. Ich gehe gleich wieder, ich bin ein Fremdkörper. *Alles stürmt auf sie ein.*
ALLE. Aber um Gottes willen, nein, wir freuen uns herzlich, freuen uns herzlich, Fräulein Schwiglin. Sie frühstücken mit uns, Sie müssen dableiben.
LISA. Papa ist schon einmal hiergewesen. Aber nun muß er sich erst zurechtmachen, weil er nach der langen Reise um so länger geschlafen hat.
SCHWIGLIN. Ah, zwei richtige Rembrandts! Sie gehören zu den ganz wenigen Glücklichen!
CARLA. Es gibt noch andere Kostbarkeiten, kommen Sie. *Sie wird von den Töchtern und Schwiegertöchtern umarmt, umschmeichelt und in die anstoßenden Zimmer geführt. Unter den Männern im Zimmer ist nur Käthe zurückgeblieben.*
KÄTHE. Weißt du, Wolfgang, ich könnte sie backpfeifen.
WOLFGANG. Wen denn backpfeifen, was denn backpfeifen.
KÄTHE. Ich könnte diese Juliane, mein' ich, kaltblütig immer rechts und links, rechts und links backpfeifen.
WOLFGANG. Da nimm dich nur in acht, daß du nicht die meisten Backpfeifen kriegst. Und übrigens mache dich hier nicht auffällig.
PROFESSOR ERICH. Ich rede vorläufig nicht von einer Notwendigkeit, obgleich die Notwendigkeit besteht, wenn es zum Äußersten kommen sollte. Sentimentalitäten dürfen nicht verhängnisvoll hindernd dazwischentreten, wenn es gilt, eine geistige Störung festzustellen, um deren unabsehbare, verhängnisvolle Folgen zu verhindern.
WOLFGANG. Papa ist weich. Die Firma hat in den letzten

Jahren durch Papas Weichheit und Nachgiebigkeit zwei- oder dreimal offenkundig große Verluste gehabt. Nun gut. Er hat seine Stellung als Stadtrat niedergelegt, ist nicht mehr Präsident der Handelskammer, beschränkt sich mehr und mehr auf private Studien. Das deutet auf Geschäftsmüdigkeit. Dann müssen ganz einfach die Konsequenzen gezogen werden. Da müssen eben die Jungen heran, wenn bei den Alten die Altersgrenze erreicht und überschritten ist.

DR. UPHUS. Sollte ich stören, so bitte ich, es mir ganz einfach zu sagen.

PROFESSOR ERICH GRIEPENKERL. Durchaus nicht, Kollege, wir wissen ja, daß Sie von unseren Sorgen und Nöten unterrichtet sind.

WOLFGANG. Man ist soundso alt, bald vierzig Jahr, man hat Weib und Kind, du desgleichen — in Papas Augen ist man aus den Kinderschuhen noch nicht herausgekommen. Trotzdem ich Gott sei Dank alle Arbeit leisten muß und der Firma tatsächlich vorstehe, weiß ich höchstens über den jährlichen Umsatz Bescheid, in alles andere läßt sich Papa nicht hineingucken. Wenn er die Augen schließt, hat man möglicherweise das Nachsehen. Denn wo die sehr erheblichen Summen seines baren Kapitals angelegt sind und was er, solange er lebt, mit ihnen tut und wie er sich möglicherweise betrügen und begaunern läßt, weiß man nicht.

PROFESSOR ERICH GRIEPENKERL. Kollege, Sie hatten doch eine Idee: wir Söhne sollten zusammentreten und vorstellig werden bei unserem Alten Herrn.

DR. UPHUS. Ich habe das auch Fräulein Lisa gesagt. Offenheit ist ja immer das Einfachste. Behandeln Sie die ganze Sache in Ruhe und Freundlichkeit. Ich kann mir nicht denken, daß sich ein so kluger und humaner Mann wie der Herr Geheimrat der Berechtigung Ihrer Sorgen verschließen wird.

WILHELM. Bitte, mich laßt bei der Sache aus.

DR. UPHUS. Ich fände es gut, wenn außer Ihnen beiden, Herrn Wolfgang und Ihnen, Herr Professor, die dem Papa heute doch wohl am nächsten stehende seiner Töchter, Fräulein Lisa, zugegen wäre, schon als weibliches, sozusagen ausgleichendes Element.

PROFESSOR ERICH GRIEPENKERL. Aber heute wollen wir nicht davon anfangen.

WOLFGANG. Ich werde heute nicht davon anfangen, aber ich werde Papa jedenfalls fragen, ob er uns morgen hören will, und verneinendenfalls weitere Schritte danach einrichten.

SIEBENTE SZENE

Der Geheimrat tritt ein. Cutaway.

GEHEIMRAT GRIEPENKERL. So, nun bin ich so weit. Wie hübsch, daß ihr, meine braven Söhne, hier allein beisammen seid. Und weil es so ist und ich, wenn ich einmal meinen Entschluß gefaßt hatte, ein Freund von Umschweifen niemals gewesen bin, so will ich den Stier bei den Hörnern fassen. Zu diesem Zweck, und weil die Aussprache, die ich nun zunächst mit euch dreien haben werde, einen größeren Zuhörerkreis nicht verträgt, wollen wir die drei Türen auf ein Viertelstündchen abschließen.
WOLFGANG. Du kommst unserm Wunsche entgegen, Papa. Wir waren uns gerade schlüssig geworden, dich, wenn nicht für heut, so für morgen um eine Unterredung zu bitten.
GEHEIMRAT. Ich weiß nicht, welchen Gegenständen die morgige Unterredung gelten soll. Jedenfalls stehe ich euch morgen gern zur Verfügung. Heute handelt es sich um eine Sache, die eigentlich weniger eine Unterredung als eine Mitteilung ist. Bitte wollt ihr gefälligst Platz nehmen. Ich komme mir etwas seltsam vor, jetzt, wo ich euch diese Eröffnung machen muß. Ich erinnere mich der Stunde, als du, Erich, vor mich getreten bist und mir die Mitteilung machtest, daß du eine kleine Balletteuse aus dem Zirkus Busch heiraten würdest. »Meinen Segen hast du«, sagte ich. Du warst damals Student der Medizin. »Aber mit irgendeinem Wechsel rechne gefälligst weiter nicht.« Später kamst du dann wieder als praktischer Arzt, und mit deiner zweiten Verlobten ging es glatt. Ganz so einfach lag die Sache mit Wolfgang nicht. Du erinnerst dich ganz gewiß, wie mir die Sache mit deiner jetzigen Frau nicht recht in den Kopf wollte. Meine Bedenken vermochten nichts über dich, und schließlich — warum nicht —, es ist, wie es ist. Auch Thekla saß vor mir und bekannte mir ihren Herrn Memison, nachdem sie mir vorher zwei Nieten be-

kannt hatte. In allen diesen Fällen war ich der anerkannte Richter.

Nun gibt es in meinem heutigen Fall einen Richter zwar nicht, immerhin ist es merkwürdig, wie sich durch das einfache Fortschreiten der Zeit das Blatt gewendet hat.

Ich habe mit eurer Mama sechsunddreißig Jahre in, ich kann wohl sagen, glücklicher Ehe gelebt. Vor fünf Jahren hat sie mich dann allein gelassen. Inwiefern ich allein war trotz meiner Söhne und deren Frauen und Kinder et cetera, vermögt ihr vielleicht nicht zu begreifen. Manche Männer leiden unter dieser Art von Verlassenheit, manche nicht. Ich gehöre zu den ersteren. Erst jetzt erkenne ich, in welches düstere, verdrossene, überdrüssige Wesen ich durch meine Einsamkeit verwickelt wurde. Ich sah Gespenster, ich hatte meinen Kindern, euch gegenüber, nicht mehr die alte Unbefangenheit, und es wurde mir gar nicht schwer, mich in die Seelen alter Menschen zu versetzen, die sich irgendwie aus der Welt räumen.

Das ist nun vorbei. Der barmherzige Himmel in seiner Güte schenkte mir eine Wiedergeburt, indem er mir, ich möchte sagen, das Herz eines einundvierzig Jahre jüngeren Menschen zuführte. Mit einem Wort: ich habe eine neue Genossin auf meinem Lebenswege gefunden, und ich will euch auch nicht verheimlichen, daß es Juliane Stiller ist.

Wie wir unser künftiges Leben einrichten werden, weiß ich im Augenblick noch nicht. Juliane ist klug, Juliane hat mich bereits in vielen Beziehungen zugunsten eurer Teilnahme und sozusagen Teilhaberschaft an der sogenannten Vermögensmasse umgestimmt. Ihr werdet in ihr ganz gewiß zum mindesten eine verständnisvolle Freundin finden. Ich aber besitze mehr in ihr. In wenigen Wochen hat mich Juliane jung gemacht. Ich bejahe das Leben, ich lebe mit Lust. Ich kann es kaum erwarten, meine alte Tätigkeit in allen meinen Ämtern und Geschäften wiederaufzunehmen. Auch mein Gefühlsleben steht in einer Erneuerung. Das Isolierungsgefühl, eine ausgesprochene Entfremdung, die ich euch gegenüber empfand, ist vollständig gewichen. Mein ganzes Wesen ist Steigerung, und was ebenfalls an dieser Steigerung teilgenommen hat, ist der Familiensinn.

Ihr wart um meinen Zustand besorgt. Die Veränderung, die mit mir vorging und die sich auch auf meine Beziehung zu euch bezog, mußte euch ganz gewiß beunruhigen. Ihr habt nun allen Grund, euch mit mir zu freuen, daß diese Krisis überstanden und in eine volle Genesung übergegangen ist.

Gib mir nun also deine Hand, Erich, Wolfgang, gib mir nun deine Hand, auch du, Wilhelm, und laßt mich euch die Versicherung geben, daß der Schritt, den ich getan habe, zum Segen für uns alle ausschlagen wird.

WOLFGANG, *Hand in Hand.* Du wirst es mir nicht verübeln, Papa, wenn ich diese in allerhöchstem Maße überraschende Tatsache erst sozusagen verarbeiten muß. *Er geht, seine Bewegung nach Kräften verbergend, hinaus.*

GEHEIMRAT. Nun, wie steht es mit dir? Ich habe den Eindruck, Erich, daß auch du mit der Sache nicht sozusagen im ersten Augenblick fertig wirst.

PROFESSOR ERICH GRIEPENKERL. So ist es, Papa, ich muß es zugeben.

WILHELM. Ich gratuliere dir hunderttausendmal, Papa, ich freue mich.

PROFESSOR ERICH. Mit dem Gratulieren ist leider nicht viel geschehen. Es ist eben doch eine Sache, durch die vitale Interessen der Familie in Mitleidenschaft gezogen werden.

GEHEIMRAT. Darf ich fragen, Erich, ob deine Bedenken in einem Sinne zu verstehen sind, in dem mir die Freiheit meiner Entschließung genommen wäre.

PROFESSOR ERICH GRIEPENKERL. Ich kann mich im Augenblick nicht näher ausdrücken.

GEHEIMRAT. Könnten deine Bedenken sich dahin verdichten, ich besäße meine Willensfreiheit nicht mehr. Oder der Umstand, daß ich mein siebzigstes Jahr erreicht habe, nähme mir mein Selbstbestimmungsrecht? Vielleicht bist du der Ansicht, ich sei in meiner geistigen Kapazität bis auf ein Alter von zwanzig, wo man noch nicht majorenn ist, herabgesunken. Dann hätte ich zu erwarten, von meinen Söhnen und Töchtern mehr oder weniger schnell in eine unfreiwillige Kindheit hinuntergedrängt zu werden, um dort wieder zu verschwinden, wo ich vor siebzig Jahren eingetreten bin. Ich weiß nicht, ob ich mit Recht oder Unrecht in euren Augen, in eurem Verhalten während des letzten Jahres ähnliche Pläne, ähnliche Ideen bei euch gleichsam gewittert habe. Sie waren vielleicht — ihr müßt es ja wissen — die eigentliche Ursache meiner Depression

Dann hätte ich euch nur dankbar zu sein, denn ihr hättet recht eigentlich damit zu meinem heutigen Glück beigetragen.
Ich ziehe mich jetzt ein Weilchen zurück. Juliane, denk' ich, wird bald erscheinen. Ich würde es für das richtige halten, wenn ihr inzwischen eure Frauen auf die unabänderliche Sachlage vorbereitet. *Ab.*

ACHTE SZENE

Die beiden Brüder Erich und Wilhelm sind allein zurückgeblieben. Erregt und flüsternd treten nun nacheinander Carla, Thekla und Lisa an sie heran. Nach einiger Zeit auch noch Max Memison.

CARLA. Was hat es gegeben? Ich meine, weil Wolfgang mit Käthe und den Kindern das Haus verlassen hat?
LISA. Haben Wolfgang, Käthe und die Kinder das Haus verlassen?
CARLA. Ich sah, wie er in der Garderobe stillschweigend Hut und Mantel vom Nagel nahm und Käthe, trotzdem sie heftig protestierte, gebieterisch zwang, mit ihm das Haus zu verlassen.
THEKLA. Ja, ja, Wolfgang ist fort, was ist denn los?
MEMISON. Sie sind wieder aneinandergeraten.
PROFESSOR ERICH. Laßt mich zur Ruhe, Kinder, ich weiß es nicht. Es ist aber ganz unmöglich, daß man sich so verhält wie Wolfgang, wenn er das Haus verlassen hat.
LISA. Um Christi willen, was ist denn geschehen?
PROFESSOR ERICH. Was auch immer geschehen sei, man kann eine Sache in der Art, wie Wolfgang darauf reagiert, nur verschlimmern.
WILHELM. Warte, ich hole Wolfgang zurück.
MEMISON. Das muß ja etwas wirklich ganz Ungewöhnliches sein, was da zur Sprache gekommen ist, wenn es euch so in Harnisch bringt.
PROFESSOR ERICH. Außergewöhnlich oder nicht — aber wenn ihr nun weiter in mich dringt, so muß ich in Wolfgangs Fußstapfen treten.

LISA. Um Gottes willen, ist es so schlimm, daß du schweigen mußt?

PROFESSOR ERICH. Papa erscheint es durchaus nicht schlimm. Es ist auch schließlich vielleicht nicht schlimm, und ich sage euch, wie es uns andern auch vorkommen mag, zunächst müssen wir es mit Ruhe und Fassung aufnehmen, wenn es nicht unsere Familie in alle Himmelsrichtungen zersprengen soll.

Diener Schiffmann tritt ein.

SCHIFFMANN. Fräulein Juliane Stiller legt eben in der Garderobe ihre Sachen ab. Soll ich sie hierherein oder in das Empfangszimmer führen?

CARLA. Juliane? was? Das ist eine unverschämte Herausforderung.

PROFESSOR ERICH. Da seid ihr leider nicht ganz im Bilde.

CARLA. Du willst doch nicht sagen, daß der Vorfall, der Wolfgangs Flucht verursachte, mit dieser Person zusammenhängt.

PROFESSOR ERICH. Es gibt im Leben vollendete Tatsachen.

THEKLA. So, aber nun fort, nun fort aus dem Haus, ich bleibe nicht einen Augenblick.

PROFESSOR ERICH. Thekla, wir bleiben, wir gehen nicht. Wenn erst einige Wochen ins Land gegangen sind, so können wir vielleicht noch von Glück sagen, wenn Juliane, die dann vielleicht nicht mehr Stiller heißt, uns überhaupt noch einladen wird.

THEKLA. Kampf bis aufs Messer, sage ich.

MEMISON. Aber das muß ich dann schon sagen, der alte Krauter ist vollkommen übergeschnappt. Die Familie müßte ja Tinte gesoffen haben, die sich gegen einen solchen Skandal nicht zur Wehr setzt.

PROFESSOR ERICH. Ich verbitte mir solche Redensarten. Sie reden von meinem Vater in einem Ton, der die ihm gebührende Achtung vermissen läßt.

MEMISON. Dann mag er nicht wie ein Verrückter handeln.

SCHIFFMANN. Darf ich nochmals fragen, gnädiges Fräulein Lisa, wo ich das Fräulein, das eben in der Garderobe ablegt, hinführen soll?

MEMISON. Wenn es nach mir ginge, auf die Straße hinaus.

LISA. Meinetwegen wohin Sie wollen! *Sie läuft fort.*

PROFESSOR ERICH *tupft sich die Stirn.* So alt ich bin, ich habe eine solche Situation in diesem Hause noch nicht erlebt.

Wir waren doch wohlerzogene Menschen. Fühlt ihr denn nichts mehr von dem Respekt, den wir trotz alledem Papa immer noch schuldig sind?

THEKLA. Nein! nein! Einem Manne gegenüber, der auf eine so zynische Weise unsere ganze Existenz vernichten will, spüre ich ihn nicht.

CARLA. In der Tat, was er tut, ist verbrecherisch.

Fräulein Franz kommt eilig herein.

FRÄULEIN FRANZ. Verzeihen Sie bitte, wenn ich mich einmische. Ich habe Juliane Stiller vorläufig oben in meiner Mansarde untergebracht. Sie können sich also in Ruhe einigen. Wenn Sie wollen, sage ich ihr, daß niemand zu Hause ist.

CARLA. Nach Belieben. Wir verlassen das Haus.

PROFESSOR ERICH. Carla, du bleibst! du bleibst! du wirst hierbleiben.

CARLA. Nie und nimmer! nicht unter dem gleichen Dach mit ihr. Ich werde meiner Selbstachtung, meinem Stolz eine solche Demütigung niemals zumuten.

THEKLA. Ich ebensowenig. Papa muß gleich, und zwar gleich auf der Stelle, was uns Kinder betrifft, wissen, woran er ist. Ihr Männer mögt schließlich tun, was ihr wollt. Von uns Frauen wird sich keine so wegwerfen, daß sie die Schwelle dieses Hauses je wieder betritt, solange diese Schmutzerei irgend im Gange ist. *Sie geht.*

MEMISON. Ich muß dir in jedem Worte zustimmen. *Er folgt ihr.*

CARLA. Und ich rate dir, Erich, schließe dich in diesem Falle bedingungslos uns Frauen an. Alles andere ist sträfliche Schwäche und führt zu nichts. Ich beschwöre dich, Erich, mitzukommen. Papa muß wissen, was er zu tun im Begriffe ist. Die ganze Schwere seines Unterfangens muß ihm von Anfang an aufgehen. Er muß erkennen, welche entschlossenen Mächte er gegen sich hat.

PROFESSOR ERICH. Ich begleite dich, aber ich kehre hierher zurück. Ob ihr recht handelt oder nicht, das kann ich im Augenblick nicht entscheiden. Ich bringe dich heim und schöpfe dabei ein bißchen Luft. Man muß erst ein wenig ruhig werden. *Er und Carla ebenfalls ab.*

NEUNTE SZENE

Nur Schiffmann ist zurückgeblieben.

STIMME DES GEHEIMRATS. Schiffmann!
SCHIFFMANN. Jawohl, Herr Geheimrat. *Geht ab in der Richtung des Hofes. Dr. Uphus und Wilhelm treten ein.*
WILHELM. Alle sind wie von Taranteln gestochen. Es ist ja Papa gegenüber eine unverschämte, rücksichtslose Beleidigung. So etwas ist ja bei seiner unantastbaren Autorität noch nicht vorgekommen. Warum soll sich Papa denn nicht nochmals verheiraten?! Wenn er das nicht mehr soll und das nicht mehr soll, man könnte ihm ja womöglich das Essen und Trinken verbieten. Oder man legt ihm einen Revolver ins Zimmer, und die Familie dekretiert: Du hast nun genug gelebt, schieß dich tot!
DR. UPHUS. Die Sache hat sehr verschiedene Seiten. *Beide ab.*

ZEHNTE SZENE

Juliane Stiller tritt mit einem Blumenstrauß in das leere Zimmer. Sie geht langsam um den Geburtstagstisch, sich überall umblickend. Dies tut sie einige Male, bis sie, den Strauß nicht aus den Händen lassend, sich bescheiden auf einem Stuhl niederläßt, der in einem entfernten Winkel steht.

DRITTER AKT

Wohnzimmer im Stadthaus Griepenkerl. Privatsekretär Kempner sitzt am Mitteltisch, auf dem Papiere ausgebreitet sind. Geheimrat Griepenkerl schreitet auf und ab.

GEHEIMRAT GRIEPENKERL. Das wäre nun alles erledigt, Kempner. Und nun erzählen Sie einmal in aller Ruhe, was Sie auf der Gegenseite erlebt haben und was Ihnen so besondere Sorgen macht.
KEMPNER. Meine Stellung, Herr Geheimrat, ist fest bestimmt. Ich müßte ja der größte Narr und der größte Verbrecher

sein, wenn ich einer Persönlichkeit wie Sie, Herr Geheimrat, das Verfügungsrecht und das Selbstbestimmungsrecht
in allen Vermögens- und sonstigen Sachen nicht voll und
ganz zusprechen würde.
GEHEIMRAT. Natürlicherweise. Weiter, Kempner.
KEMPNER. Natur- und pflichtgemäß habe ich den allgemeinen
Ansturm der Familie Griepenkerl auf meine Wenigkeit zu
Ihrer Kenntnis gebracht. Man wollte mich von Dingen
überzeugen, von denen man mich nicht überzeugen kann.
Als man dies Rennen aufgeben mußte, hat man mich dann
durch Drohungen ins Bockshorn zu jagen versucht, weil
ich Ihr Vertrauen besitze, und zwar in bezug auf Dinge
besitze, die Ihren Söhnen und Schwiegersöhnen, Ihren
Töchtern und Schwiegertöchtern verschlossen sind. Man
hat gesagt, mein Einfluß auf Sie, Herr Geheimrat, relata
refero, sei verhängnisvoll und familienfeindlich. Im Augenblick ist das letztere unbestreitbar wahr, weil Pflicht und
Gewissen mich an Ihre Seite stellt und Ihre werte Familie
sich mit rücksichtsloser Entschlossenheit Ihnen gegenüber-
stellt.
GEHEIMRAT. Weiter, ich bin gespannt, lieber Kempner:
meine Hochzeit wird jedenfalls im Dezember programm-
mäßig stattfinden.
KEMPNER. Das hoffe ich und das wünsche ich. Aber gerade
weil ich es hoffe und wünsche, möchte ich bei Ihnen erreichen, Herr Geheimrat, daß Sie die Widerstände innerhalb Ihrer Familie nicht so ganz auf die leichte Achsel
nehmen, als Sie es tun.
GEHEIMRAT. Sie glauben, weil mein alter Freund, Stadtrat
Hähnel, bei mir taktloserweise in meiner allerpersönlich-
sten Angelegenheit vorstellig geworden ist und weil ich ihn
hinauskomplimentiert habe? Nun gut. Sie haben auch
meinen Bruder in London gegen mich mobil gemacht, ein
Bursche von jetzt sechzig Jahren, dem ich ja, wie Sie
ebensogut als ich wissen, zweimal mit hohen Summen bei-
gesprungen bin, weil ihn sein Bankrott sonst möglicherweise mit den Schlingen des Gesetzes bekannt gemacht
hätte. Nun, wenn er schon alle Verbindungen mit mir ab-
bricht, wie er droht, falls ich eine neue Ehe eingehe, so habe
ich nur den Vorteil davon. Oder Sie denken an meinen
Schwiegersohn Memison-Strumpfwaren. Er ist mir gram,
weil er an das, warum er hauptsächlich meine Tochter

geheiratet hat, zunächst nicht herankommen kann. Auch stellt er sich vor, was ja übrigens richtig ist, und das stellen sich alle meine Kinder und Erben vor, daß mit meiner künftigen Frau eine neue, sehr erhebliche Nutznießerin meines Vermögens nach meinem Tode in die Erscheinung tritt. Das ist, wie es ist, und ist nicht zu ändern. Etwas Aussichtsreiches dagegen unternehmen können sie nicht.

KEMPNER. Sie werden kein Mittel unversucht lassen.

GEHEIMRAT. Ihre Ansicht teile ich nicht.

[II]

GEHEIMRAT BERNHARD ACKERMANN

BAUSTEINE

I. Serie

Bad Eilsen, 22. 5. 31.

DRAMATIS PERSONAE

GEHEIMRAT ⟨REIMANN⟩ BERNHARD ACKERMANN, 70 Jahre
PAULA, 35 Jahre ⎫
WERNER, 27 Jahre ⎬ seine Kinder
LORE, 30 Jahre ⎭
ALBERT SCHEURICH, Paulas Gatte, 36 Jahre
DEREN ZWEI KINDER, sechs- und achtjährige Söhne
PROFESSOR FRANZ, Architekt
GERICHTSARZT
FANNY RAABE, Stenotypistin, 17 Jahre
HAUSARZT
JUSTIZRAT NOËL
RECHTSANWALT VON A. SCHEURICH
FRÄULEIN LIESCHEN, Schreibfräulein im Büro Scheurichs
DIENER BEIM GEHEIMRAT

I, 1

Szene

Das Büro von Dr. Albert ⟨Scheurich⟩ Schäfer im Geschäftshaus der Firma ⟨Reimann⟩ Ackermann in Breslau. Dr. Albert ⟨Scheurich⟩ Schäfer hat als Verlagsdirektor die Tochter ⟨Paula⟩ Ruth des Geheimrats ⟨Reimann⟩ Ackermann geheiratet.

⟨Scheurich⟩ *Dr. Schäfer, gewöhnlicher Mann von sechsunddreißig Jahren. Typus: Geschäftstüchtigkeit. Der Betrieb ist im Gang.* ⟨Scheurich⟩ *Dr. Schäfer telefoniert, unterfertigt Schriftstücke, von Stenotypistinnen vorgelegt, etc. Es ist gegen zwölf Uhr vormittag im Oktober.* ⟨Paula⟩ *Ruth, mit sechs- und achtjährigen Söhnen, kommt herein; alle herbstlich eingemummt.*

⟨PAULA⟩ RUTH. Entschuldige, Albert, ich handle gegen das Gebot, ich weiß. Aber Friedrich mußte Benzin nehmen, außerdem fing es zu regnen an, und schließlich brauche ich etwas Geld.

⟨SCHEURICH⟩ SCHÄFER. Ich hab's nicht gern, du weißt es ja. Geschäft ist Geschäft. Aber nun ihr daseid, nehmt auf dem Sofa Platz. — Fräulein Lieschen: Professor Krause soll fünf Minuten warten. — Herrgott im Himmel, es lastet beinah zuviel auf mir.

⟨PAULA⟩ RUTH. Was will denn Professor Krause, Albert?

⟨SCHEURICH⟩ SCHÄFER. Er sorgt sich wohl um seinen Artikel in der medizinischen Monatsschrift. Diese Herren sind furchtbar wehleidig. Sie meinen, der ganze Reimann-Verlag müßte kopfstehen wegen ein paar Zeilen, die sie in Druck zu geben geruht haben.

PAULA. Ist Papa im Büro?

SCHEURICH. Papa im Büro?

PAULA. Du machst ja ein ganz entsetztes Gesicht, Albert!

SCHEURICH. Papa im Büro, Papa im Büro? Seit nahezu sieben Wochen hat dein verehrter Herr Papa mit keinem Fuß das Geschäftshaus betreten.

PAULA. Entbehrst du ihn sehr?

SCHEURICH. Ich würde ihn vielleicht gar nicht entbehren, wenn ich frei, wenn ich selbständig wäre. Aber es geht doch, wie du weißt, nichts ohne ihn. Er will doch von jedem Quark unterrichtet sein.

PAULA. Na, du hast ja das Telefon.

SCHEURICH. Man kriegt ihn ja kaum ans Telefon! Als Meier noch lebte, Meier war ein vernünftiger Mann, da konnte man noch ein vernünftiges Wort reden, ein vernünftiges Wort auch durchs Telefon. Aber was soll man mit diesem siebzehnjährigen Balg, dieser Fanny anfangen, die er jetzt, trotz meiner Bitten, trotz meiner sehr entschieden gehaltenen Bitte, als Mittelsperson benutzt?

PAULA. Wer hat ihm eigentlich Fanny empfohlen?
SCHEURICH. Ich nehme an, ihre Dreistigkeit.
PAULA. Die Veränderung, die mit dem guten Papa seit dem Tode unserer Mutter vorgegangen ist, ist eben ganz fürchterlich.
SCHEURICH. Dein Vater ist heute einundsiebzig Jahre.

23. 5. 31, vormittags.

I, 2

Szene

PAULA. Du sollst dem Professor mal auf den Zahn fühlen.
SCHEURICH. Wieso?
PAULA. Wie er im allgemeinen über Vater denkt.
SCHEURICH. Du meinst, was die Nerven anbelangt?
PAULA. Was die Nerven und das und jenes anbelangt. Er fällt so eigentümliche Urteile. Manchmal versteht man ihn wirklich nicht.
SCHEURICH. Der Professor hat mir mal etwas von einer Freudschen Behandlung angedeutet, aber wir wollen ihn doch mal hereinrufen lassen. Die Kinder können ja mittlerweile ins Nebenzimmer gehen. — Geht mal hinein, auf dem Tisch liegen Bilderbücher.
PAULA. Vater und Freudsche Behandlung! — Er drückt doch den Arzt total an die Wand. Übrigens haßt er die ganze Methode. Außerdem kann ich durchaus nicht finden, daß irgend etwas an ihm einen direkt krankhaften Eindruck macht.

2. 6. 31, vormittags.

I, 3

Szene

GEHEIMRAT. Setzen Sie mir ein kleines hübsches Haus auf den Rasenfleck an der Ohle, den Sie sich angesehen haben. Ein großer Auftrag ist das nicht.
ARCHITEKT PROFESSOR FRANZ. Groß oder klein, ich werde das nid d'amour mit allen Schikanen herrichten.

I, 4

Szene

FANNY. Guten Tag. *Sie packt ihre Aktentasche aus.* Wir haben tüchtig was aufgearbeitet. Ein alter Herr ruht und rastet nicht.
SCHEURICH. Sprechen Sie vom Geheimen Rat?
FANNY. Meinetwegen auch vom Geheimen Rat. Er läßt Sie bitten, das Feuilleton besser kontrollieren zu lassen. Der kleine Mensch, der mit D zeichnet, sagt der Papa, und hauptsächlich über das Kino schreibt, könnte vielleicht als Taxifahrer sein Glück machen, wie Ihr Schwiegerpapa es ausdrückte.
SCHEURICH. Sie meinen den Herrn Geheimen Rat.
FANNY. Ich entleere also nun diese ganze Mappe auf Ihren Tisch. Weiter wäre nichts. Ich empfehle mich bestens. *Ab.*
PAULA. Aber hör mal, Albert, ein solcher Ton geht doch nicht.
SCHEURICH. Deinem Papa scheint er Spaß zu machen.

I, 5

Szene

Eleonore, genannt Lorchen, und Werner kommen.

WERNER. Getrennt marschieren, vereint schlagen. Das ist ja ein überraschendes Familien-Rendezvous.
SCHEURICH. Eigentlich habe ich viel zu tun, liebe Kinder. Fünfzig Neuerscheinungen zu Weihnachten, Völkerbundberatung in Genf, Volksentscheid, Kabinettskrise.
WERNER. Mich wirst du im Augenblick wieder los. Ich brauche nur tausend Mark auf den hohlen Zahn. Das Leben wird stündlich teurer und teurer.
SCHEURICH *wirft ihm den Tausender hin.* Zum letzten Mal, der Alte Herr hat Ordre gegeben. Du weißt, daß du deinen Wechsel bereits um achtzehn Mille überzogen hast.
WERNER. Was man kauft, muß man leider bezahlen.
LORE. Hier ist eine Anweisung von Papa.
SCHEURICH. Aber warum wendest du dich in Gottes Namen

nicht an die Hauptkasse, verehrte Schwägerin! Solche Kleinigkeiten, die andere erledigen können, rauben mir ja meine kostbare Zeit.

LORE. Aber es sind keine Kleinigkeiten. Es sind — *sie betrachtet die Anweisung* — zwanzigtausend...

SCHEURICH. Was macht ihr um Himmels willen mit so viel Geld?

LORE. Frag den Vater. Wer will sich da einmischen?

PAULA. Habt ihr eigentlich eine Ahnung, wo Vater jeden Mittwoch, Sonnabend und Sonntag von 12 Uhr mittags bis 12 Uhr nachts seine Zeit verbringt?

WERNER. Zeit verbringt? Mysteriöse Frage.

SCHEURICH. Ihr braucht doch schließlich nur seinen Chauffeur fragen. Er fährt doch immer nach der Sybillenorter Richtung hinaus.

LORE, *Weinkrampf.*

PAULA. Aber Lore, Lore, was weinst du denn?

LORE, *schluchzend, sich sammelnd.* Papa hat keinen besseren Freund als mich. Tag und Nacht seit Mutters Tode habe ich keinen anderen Gedanken, als wie ich ihm die Verstorbene ersetzen soll. In seinem Sinn und in Mutters Sinn. Förmlich in ihrem Dienst und in ihrem Andenken. Und Vater kam mit allem zu mir. Ihr wißt ja, wie ganz und gar ich sein Vertrauen besessen habe. Und heut hält er mit allem zurück, ist schweigsam und mißtrauisch. Er sieht doch natürlich, daß ich darunter leide. Früher hätte er mir einen Kuß auf die Stirn gegeben, hätte mich gefragt und getröstet. Heut rührt sich kein Zug in seinem Gesicht.

WERNER. Ja, wie erklärt ihr euch das, lieben Leute?

23. 5. 31, nachmittags.

I, 6

Szene

Zimmer im Stadthaus des Geheimrates. Über dem Kamin Ölportrait seiner verstorbenen Frau als Braut.
Der Geheimrat und Lore.

GEHEIMRAT. Aber ich kann dich wirklich durchaus nicht verstehen, Lore.

LORE. Ich war eben verwöhnt, es ist kein Wunder, wenn ich empfindlich bin. Als Mama noch lebte...

GEHEIMRAT. Du weißt, ich rede nicht gern von Mama, liebes Kind.

LORE. Aber manchmal muß ich von Mama reden.

GEHEIMRAT. Wenn du es mußt, so weißt du doch wohl, daß du damit jedesmal unsanft meine schmerzlichste Wunde berührst.

LORE. Ein Arzt berührt ja doch auch die Wunde.

GEHEIMRAT. Arzt, Arzt. In meinem Alter ist man sein eigener Arzt. Was diese ganz natürliche Lebenswunde betrifft, so ist überhaupt ein Arzt nicht am Platze. Wenn du das nicht von dir selber weißt, so muß ich es dir, wenn auch mit einiger Überwindung, sagen. Der Schmerz, den sie mir verursacht, ist mir heilig. Ich liebe ihn, er ist mein Besitz. Ich habe damit schon zuviel gesagt. Wir wollen das Thema lieber abbrechen.

LORE. Du hast aber selbst von Mutter mit mir gesprochen. Ich sei die einzige, mit der du das könntest, hast du früher immer gesagt.

GEHEIMRAT. Du hast ganz recht, ich leugne das nicht.

LORE. Erst in der letzten Zeit ist es dir unleidlich.

GEHEIMRAT. Weil das Gebiet, auf dem wir uns berühren konnten, ich möchte sagen, durchgesprochen ist. Wie könnte denn auch ein Kind in die Beziehungen zweier Lebenskameraden, wie deine Mutter und ich gewesen sind, eindringen. Schon der Versuch dazu wäre überdies unzart und zwecklos, ja anmaßend.

LORE. Vielleicht bin ich dazu gedrängt worden, lieber Papa, weil du plötzlich so ganz anders geworden bist.

GEHEIMRAT. So genau also stehe ich unter deiner Kontrolle. Du stellst Dinge fest, die mir selber noch nicht zu Bewußtsein gekommen sind.

LORE. Wir hatten uns doch so sehr aneinander eingelebt. Du bist mit allem und jedem zu mir gekommen.

GEHEIMRAT. Mit allem und jedem: tat ich das?

LORE. »Wenn ich dich nicht hätte, Lore«, hast du mir einmal gesagt, »ich wüßte nicht, wie ich leben sollte.«

GEHEIMRAT. Vielleicht hat mich die Zeit doch wieder ein wenig, wie man sagt, auf die Beine gebracht. Aber übrigens ist es ein großes Wort, wenn du behaupten willst, ich sei mit allem und jedem zu dir gekommen. Alles und

jedes ist bei einem Manne wie mir ein großes Wort. Ich
habe aber übrigens Grund anzunehmen, dir ist ebenfalls
nicht zu Bewußtsein gekommen, wie sich dein Verhalten,
sagen wir ruhig, dein Wesen mir gegenüber verändert
hat.

LORE. Und das hat eben seine bestimmten Gründe. Wie ich
schon sagte, ich war verwöhnt. Einmal hingst du mir
Mamas große Perlen um. Ich sähe ihr zum Verwechseln
ähnlich, ihr Geist habe sich förmlich in mir reinkarniert.

GEHEIMRAT. Nun ja, und was weiter? Ich sage das noch.

LORE. Aber du schenktest mir sonst fast deine ganze freie Zeit.
Jetzt seh' ich dich meist nur mittags und selten am Abend.

GEHEIMRAT. Worauf willst du damit hinaus?

LORE. Ich weiß es wohl, und du weißt es auch. Aber ich
scheue mich, es zu sagen.

GEHEIMRAT. Hoffentlich hältst du diese dir gebührende Scheu,
in das dir unbedingt Verschlossene einzudringen, auch
weiterhin eisern fest, meine Tochter.

*Lore hält das Taschentuch vor den Mund und geht still
hinaus. Der Diener bringt eine Karte.*

GEHEIMRAT. Ich lasse bitten.

Professor Franz tritt ein.

GEHEIMRAT. Du kommst wie gerufen, lieber Franz.

PROFESSOR FRANZ. Ich komme eben nur, um dir guten Tag zu
sagen und dich zu fragen, wann du endlich mal zur Besichtigung der Entwürfe in mein Atelier kommen wirst.

24. 5. 31.

I, 7

Szene

GEHEIMRAT. Man war doch mehr damit verknüpft, als man
gemeinhin dachte. Als Elsaß-Lothringen verlorenging,
habe ich alter Mensch eine Nacht durch geweint. Dann kam
das Verbrechen des Waffenstillstands. Es war feiger Verrat.
Man hätte sollen den Mann, der die Idee dazu faßte, vor
Gericht oder besser noch an die Wand stellen. Hatte Gott
uns vergessen, daß er uns diese abgelegte Garnitur von
militärischen und politischen Führern gab? Und da bin ich
langsam zermürbt worden. Nach dem Kriege starb meine

Frau. Ich war nahe daran, wie Ballin zu handeln, als alles und etwas mehr zusammenbrach.

Ich bin selber heimlich bei meinem alten Freunde in München gewesen. Er ist Leiter der staatlichen Irrenanstalt. Meine wachsenden Depressionen mußten mir Angst machen. Damals ließ ich die Zügel schleifen. Meine eigenen Zeitungen interessierten mich nicht mehr. Unser Babelturm, unser aller Lebensarbeit war eingestürzt. Und konnte das aber geschehen, warum sollte man, und nun gar bei meinem Alter, mühsam und geduldig mit dem ersten Stein eines Neubaus anfangen?

Da hatte ich denn meinen Schwiegersohn. Er gefiel mir nicht, er war mir vom Anfang an zuwider. Er zog meine Blätter amerikanisch auf. Es geschah unter ständigen Streitereien. Alle Menschen von Geist waren ihm nur ein Ballast, der Abonnenten und Geld kostete. Und wirklich, je banaler, je platter und, sagen wir ruhig, je verschmutzter meine Blätter wurden, um so höher stieg ihre Abonnentenzahl. Ich scheffelte Geld, das mir keinen Spaß machte. Das aber ging nicht in seinen Kopf, er hielt es für schlaue Heuchelei. Seine sogenannten Erfolge, unter denen meine Erfolge, die geistigen Erfolge meines ganzen Lebens, kurz, meine eigentliche Lebensarbeit begraben wurde, deutete er mit Recht als eigene Überlegenheit. Er wollte daraus die Konsequenz ziehen. Ich sollte nur noch wie eine hübsche Attrappe vorhanden sein. Das ist es nun freilich, womit er bis jetzt noch immer nicht durchgedrungen ist. Da stößt er zu seinem Erstaunen auf etwas in mir, einen gewissen Kern in mir, an dem sich schon mancher vor ihm die Zähne ausgebissen hat.

24. 5. 31, nachmittags.

I, 8

Szene

SCHEURICH. Zuerst war er sehr ruhig, wir haben lange Zeit nichts bemerkt. Allerdings hat er die ersten drei Wochen nach dem Tode meiner Schwiegermama mit keinem Menschen, außer vielleicht mit Lore, gesprochen und ganz zurückgezogen gelebt. Aus dieser Zurückgezogenheit ist er dann allerdings nur noch zwangsweise hervorgetreten. Den ganzen Geschäftsapparat hat er natürlich im Kopf, Entscheidungen hat er telefonisch gegeben. Ich kann nicht sagen, daß sie unzweckmäßig gewesen sind. Streitpunkte hat es immer gegeben, seit ich vor acht Jahren in die Firma getreten bin.

ARZT. Wie äußerten sich die Depressionen?

SCHEURICH. Aus persönlichen Eindrücken kann ich nur von einigen Tischgesprächen berichten. Einladungen ins Familienhaus sind ja während der letzten drei Jahre eine große Seltenheit. Geradezu von Selbstmord spricht er nicht, aber er philosophiert sozusagen darüber.

ARZT. Das wäre ja schließlich noch nichts Belastendes.

SCHEURICH. Er sagte so etwas, als ob man sich im Alter und nach gewissen Erlebnissen immer weiter von der Welt ab entwickle. Und das ist bei ihm eine traurige Tatsache. Der schließlich ehemals vom stärksten Familiensinn getragene Mann, der nur glücklich war, wenn er Frau, Kinder und Kindeskinder um sich versammeln konnte, ist nun gegen uns alle, sogar gegen Lore abgekühlt. Wir sind Luft für ihn. Er kann Monate, Jahre ohne uns leben.

ARZT. Und wann trat die Sache mit der kleinen Stenotypistin ein?

SCHEURICH. Nächstens muß sich der Zeitpunkt jähren.

ARZT. Wann bemerkten Sie die Veränderung?

SCHEURICH. Man kümmert sich eigentlich um eine Stenotypistin nicht. In einem Hause wie dem unsrigen sind sie Dutzendware. Und wie der Geheimrat früher war, solche Wesen waren für ihn beinah nicht vorhanden. Unter Maschinen eine Maschine mehr. Als dann Fräulein Lore etwas argwöhnte, habe ich in der Familie ganz ernsthaft den Standpunkt vertreten: laßt ihn doch! Mag doch der Alte Herr seinen Spaß haben! Lore natürlich, die den Vater vergöttert, war außer sich.

ARZT. Er wollte Ihnen also diese Kleine aufdrängen, ich meine gesellschaftlich.

SCHEURICH. Was ja in einem Patrizier-Hauswesen und bei der Natur wie der seinen und in Anbetracht seiner Töchter eine ganz unmögliche Sache ist.

ARZT. Aber er gab durchaus nicht nach?

SCHEURICH. Nein, er gab absolut nicht nach. Wir hätten also zusehen sollen, wie ihn diese freche, nichtsnutzige Krabbe

auf skandalöse Weise behandelte. Sie mag sich betragen,
wie sie will, er schmunzelt, er ist entzückt davon.

ARZT. Das bietet noch alles keine Handhabe.

SCHEURICH. Zunächst handelt es sich ja vielleicht auch noch
nicht darum. Zum Äußersten greift man ja höchstens im
alleräußersten Notfall.

ARZT. Haben Sie es mit Geld versucht?

SCHEURICH. Das hat Lore getan, aber ohne Erfolg. Dann habe
ich mir das Mädchen kommen lassen. Es gibt einen ganz
einfachen Grund, weshalb auch ich selbst mit Nennung
einer recht großen Abstandssumme, falls sie sich zu verschwinden entschlösse, kein Glück hatte, und das ist vielleicht für alle weiteren Maßnahmen der entscheidende
Punkt. Es war dazu gar kein Detektiv nötig. Nicht weit
von Sybillenort entsteht ein Haus, was vermöge einer sehr
komplizierten Machenschaft, in der ein sehr gerissener
Advokat meinen Schwiegervater berät, auf pompöse Weise
für das Mädchen und seine Mutter errichtet wird. Ich lebe
mit meiner Frau in einer Mietswohnung. Bis nah an dreimal hunderttausend Mark ist heute, wie ich herausbekom-
men habe, das Familien-Stammvermögen schon angegrif-
fen. Und ich habe Grund anzunehmen, daß in einem halben
Jahr doppelt soviel draufgegangen, das heißt verschwendet, das heißt hinausgeworfen sein wird.

ARZT. Man könnte jemand, wenn es nichts anders ist, wegen
Verschwendung unter Kuratel stellen. Aber das geht die
Juristen an.

25. 5. 31, vormittags.

I, 9

Szene

WERNER. Guten Morgen, Fräulein Fanny.
FANNY, *an der Schreibmaschine.* Guten Morgen.
WERNER. Ist der Alte Herr in der Nähe?
FANNY. Nein. Warum?
WERNER. Weil ich in ein kleines Zerwürfnis mit ihm geraten
bin. Wissen Sie, wo der Alte Herr sich hinbegeben hat?
FANNY. Vielleicht zu Hansen, es wurde telefoniert. Es sind
frische Krebse angekommen.

WERNER. Der Alte Herr schlägt noch immer den europäischen Krebsrekord. Nun, kleine Fanny, warum sind Sie eigentlich immer so unfreundlich zu mir?
FANNY. Sagen Sie doch, weder freundlich noch unfreundlich.
WERNER. Das wäre noch schlimmer, ich bin Ihnen gleichgültig. Wir sollten doch mal einen Ausflug machen, wie?
FANNY. In drei Stunden nach Mailand mit dem neuesten Junker-Flugzeug, meinen Sie?
WERNER. Nein, aber mit meinem kleinen Horch-Wagen.
FANNY. Sie sollen sehr gut fahren, wie man sagt.
WERNER. Aber Sie, wenn Sie mit mir fahren, noch besser.
FANNY. Das ist zu tief für meinen bescheidenen Grips, Herr Werner.
WERNER. Sind Sie vielleicht eine Nonne, haben Sie vielleicht das Keuschheitsgelübde abgelegt?
FANNY. Das wäre am Ende meine Sache.
WERNER. Ich dachte, Sie wären ein hochmodernes Frauenzimmer. Umstände machen ist unmodern.
FANNY. Ist das eigentlich Ihre Methode, Beziehungen anzuknüpfen?
WERNER. Je nachdem. Bald so, bald so. Manchmal fasse ich zum Beispiel auch mein Opfer beim Ohrläppchen.
Er tut es.
FANNY *biegt aus*. Sie sollten doch vielleicht noch ein bißchen bei Ihrem Gentlemanpapa in die Lehre gehen. Aber bitte, Herr Werner, ich habe zu arbeiten.
WERNER. Vorher werden Sie mir einen Kuß geben.
FANNY. Nicht einmal eine Ohrfeige, lieber Freund.
WERNER. Sie haben noch nicht den rechten Begriff von meiner Entschlossenheit.
FANNY. Das könnte ich Wort für Wort zurückgeben.
WERNER. Mag sein, daß Sie ein eigensinniges Köpfchen haben, aber ich rate Ihnen, stellen Sie sich gut mit mir. Es sind Kräfte am Werk, denen keine Steifnackigkeit, geschweige Ihr süßer kleiner Nacken gewachsen ist. Ich habe Mittel und Wege, Sie zu schützen.
FANNY. Was Sie im Schilde führen, weiß ich nicht. Was es aber auch sein mag, es ist mir gleichgültig.
WERNER. Ich möchte, daß Sie etwas nett zu mir sind.
FANNY. Da müßte ich ehrlich zu Ihnen sein.
WERNER. So seien Sie doch mal nett und ehrlich.
FANNY. Sie sind ein Schlingel, der seinem Vater die schwer-

sten Sorgen macht. Sie sind ein Nichtsnutz, ein Nichtstuer, der seiner großen Gaben nicht würdig ist.

WERNER. Nun, das muß man sagen, konnte Jesus Wasser in Wein verwandeln, Sie verwandeln jedenfalls Wein in Bitterwasser. Entschuldigen Sie, meine Liebe ist mir vom Herzen in den Bauch gerutscht. *Er geht ab.*

25. 5. 31, nachmittags.

I, 10

Szene

LORE. Es ist ein schreckliches Unglück, das über uns gekommen ist.
WERNER. Du nimmst es zu schwer, Lore.
LORE. Soll man das leichtnehmen, soll man so etwas leichtnehmen? Kann man etwas leichtnehmen, womit der Umsturz von allem, was uns lieb und teuer war, verbunden ist? Geradezu die Zerstörung unserer Familie?
WERNER. Ach wo doch: weil Papa dieses kleine Johannistriebchen hat?
LORE. Es ist eine Krankheit, die ihn und uns alle zerstören wird.
WERNER. Es müßte nicht weit her sein mit unserem Vermögen, wenn die paarmal hunderttausend Mark uns ruinieren sollten, die Papa sich den kleinen Seitensprung kosten läßt.
LORE. Es bleibt nicht dabei, du wirst an mich denken.
WERNER. Wenn doppelt soviel, was soll es uns ausmachen.
LORE. Wir verlieren Papa, er entfremdet sich uns. Was das Geld anbelangt, magst du hundertmal recht haben. Freilich weiß man auch hier nicht, was noch geschehen kann. Heute sind wir schon gar nicht mehr vorhanden. Was das bedeutet, muß man sich vorstellen. Was für Eltern haben wir Zeit unseres Lebens gehabt. Vater hat unsere Mutter auf Händen getragen. Er hat sie beinah bis zur Abgötterei geliebt. Und nun frage dich, ob es mit Mutter ihm gegenüber anders war.

Es ist zu wenig, wenn ich sage, an diesem idealen Verhältnis nun versündigt er sich. Dieser geradezu herrliche Mann schändet das Andenken unserer lieben seligen Mutter im

Grabe. Ich weiß, was ich rede. Gott ziehe mich, wenn ich Unrecht habe, für diese Worte zur Rechenschaft.

WERNER. Gott, Mutter ist tot; Vater ist eben noch lebendig. Er ist über die Anfälligkeit gegenüber der Weiblichkeit eben noch nicht hinaus. Es scheint mir fraglich, ob man die Sache gleich so tieftragisch nehmen muß.

LORE, *fast schluchzend.* Willst du auch von der toten Mutter abfallen?

WERNER. Liebe Lore, du gehst etwas stark ins Zeug.

LORE. Hast du vergessen, wie Mutter dich geliebt, was sie für dich getan, was du ihr schuldig geworden bist?

WERNER. Ich habe das ganz gewiß nicht vergessen. Es ist fraglich, wer von uns an Mama das meiste verloren hat. Ich habe wahrscheinlich das meiste verloren.

LORE. Sicher ist jedenfalls, daß du, seitdem du in der Welt bist, immer ihre erste und letzte Sorge warst. Alles mußte sich um dich drehen, dagegen kamen wir andern nicht in Betracht. Aber schließlich war sie auch uns, Paula und mir, die beste Mutter.

WERNER. Heute dreht es sich eben nicht mehr um mich. Heute kann ich es keinem von euch, Vater inbegriffen, recht machen.

LORE. Werner, das ist ein Kapitel für sich. Hast du verloren, so hast du verloren. Heut bin ich an die Reihe gekommen. Auch Paula. Aber sie hat ihren Mann. Als Mutter nur noch Augen für dich hatte, konnten wir uns an Vater halten. Du weißt vielleicht nicht, da Vater sich eigentlich damals nur mir eröffnet hatte, in welchen bedenklichen Zustand er geriet, als sich Paula verlobt hatte. Oder wie schlimm es um ihn beschaffen war, als die Hochzeit vor der Türe stand. »Habe ich meine Töchter großgezogen«, hat er gesagt, »um sie der tierischen Brutalität eines Mannes auszuliefern?« Und als ich mich törichterweise verlobte und er einmal gesagt hatte, mit einem Blicke, wie ich ihn nie vergessen werde, gesagt hatte: »Willst du mich auch verlassen, Lore« — um wessentwillen habe ich da die Verlobung aufgelöst? Ich habe mich gern für Vater geopfert, und ich opfere für Vater jeden Blutstropfen heute noch. Mit einer Klarheit ohnegleichen glaubte ich nach Mutters Scheiden den Beruf zu erkennen, für den ich aufbehalten worden war: Vater nach Kräften die Verstorbene zu ersetzen, wenigstens an Sorge, an Hingebung, ihm in jeder Hinsicht den Lebensabend harmonisch und friedlich zu gestalten, nicht nachzustehen. Und nun tritt etwas ein, das mir den verehrtesten aller Menschen von seinem Piedestal reißt, mich selbst um mein Heiligstes betrügt und gleichsam mit einem hämischen Gelächter als in eine schlechte Farce verwandelt, was mir Inbegriff alles unantastbar Reinen und Hohen gewesen ist.

26. 5. 31, vormittags.

I, 11

Szene

GERICHTSARZT. Das genügt nicht. Was zeigen sich sonst für Symptome?
SCHEURICH. In der Jugend und im Mannesalter, wie mir seine Töchter erzählen, ist mein Schwiegervater sehr reizbar gewesen; damals hat er zum Jähzorn geneigt. Auch meine verstorbene Schwiegermama hat darunter zu leiden gehabt, obgleich die Ehe, wie man ja weiß, eine der glücklichsten war.
GERICHTSARZT. Oh, dafür ist der Geheimrat bekannt, daß mit ihm im Ernstfall nicht gerade gut Kirschen essen ist.
SCHEURICH. Mag sein, aber jäher, eigentlicher Zornausfälle oder nur Anfälle von Heftigkeit kann ich mich, seit ich ihn kenne, nicht erinnern.
GERICHTSARZT. Nun ja, wo wollen Sie aber hinaus?
SCHEURICH. Nach Schilderung seiner Tochter Lore und seines Sohnes Werner sind sie neuerdings mehrmals, und zwar in größter Stärke aufgetreten.
GERICHTSARZT. Das allein will nichts sagen. Ein Mann wie der Geheimrat, der ja den ganzen weitverzweigten Betrieb noch immer verantwortlich leitet, kein Tag, keine Stunde vielleicht ohne Ärgernis, mag wohl mitunter in Zorn geraten, ohne daß dies irgendwie pathologisch ist.
SCHEURICH. Er ist aber schließlich mit geballten Fäusten auf seinen Sohn Werner losgegangen.
GERICHTSARZT. Um über ein solches Verhalten zu urteilen, müss[t]e man das Verhältnis von Vater und Sohn genauer kennen. Auch müss[t]e man wissen, was vorgefallen ist.
SCHEURICH. Es geschah gelegentlich einer Meinungsverschiedenheit.

I, 12

Szene

GEHEIMRAT. Du wagst es, du willst es wagen, mich zu schulmeistern!

WERNER. Papa, ich bin schließlich siebenundzwanzig Jahre.

GEHEIMRAT. Du unterfängst dich, mir aufzulauern, meinen Schritten und Handlungen nachzuspüren, maßest dir eine Kontrolle über deinen Vater an?

WERNER. Ja, ich maße mir eine solche Kontrolle an, denn ich stehe unter dem Bildnis, gleichsam unter den Augen meiner Mutter.

GEHEIMRAT, *mit geballten Fäusten.* Du, du, du!!! — Wem sagst du das!

WERNER. Das ist eine Wahrheit, die ich jedermann sagen kann.

GEHEIMRAT. Du, du, du!!! — Zu wem wagst du deine Augen zu erheben? Wen wagst du zu zitieren? Welches dir unzugängliche Heiligtum speist du mit deinem ungewaschenen Maule an!

WERNER. Aber, gebrauch doch nicht solche Ausdrücke.

GEHEIMRAT. Lächelst du? Willst du die Achseln zucken? Willst du einem Manne von einundsiebzig Jahren gegenüber, dem du jeden Atemzug, jeden Faden deiner Weste schuldig bist, den überlegenen Mann herausbeißen? Ein Bursche, der noch nicht trocken hinter den Ohren ist?

WERNER. Ich könnte jeden zum Richter aufrufen und brauchte die Entscheidung nicht fürchten, wer von uns beiden in dieser Sache...

GEHEIMRAT. Welcher Sache, zum Teufel noch mal?!

WERNER. Mutter selbst könnte aus dem Bild treten und würde auf meiner Seite sein.

GEHEIMRAT. Ich will nicht wissen, worauf sich dein Gerede beziehen soll. Auch nicht von dem Drahtzieher oder den Drahtziehern hinter dir. Merke dir aber für alle Fälle, daß ein Vater nicht der Gefangene seiner Kinder ist. Ich habe mein Leben nicht dazu aufgebaut und jahrzehntelang Stein an Stein gefügt, bis das ganze respektable Gebäude, das du ja kennst, fertig geworden ist. Ich habe das nicht getan, um mir im Alter einen Kerker zu sichern, dessen Kerkermeister, Folterknechte und Nachrichter meine Kinder sind. *Er geht hinaus.*

LORE *kommt herein.* Wie war Papa?
WERNER. Such dir doch bitte künftig jemanden andern für deine Aufträge.

I, 13

Szene

PAULA. Das ist nicht so einfach, wie du denkst.
SCHEURICH. Ach was, mit eurer verdammten Zimperlichkeit kommt man nicht weiter. Tust du es nicht, muß ich es tun. Und verlaß dich drauf, ich setze dieses unverschämte Hurenbalg nicht mit Glacéhandschuhen an die Luft, sie fliegt im großen Bogen hinaus, daß sie ihre Knochen im Schnupftuch nach Hause mitnehmen kann.
PAULA. Sprich doch nicht immer so gräßlich brutal, Albert.
SCHEURICH. Bist du dir denn darüber klar, daß wir gar keine Wahl haben? Können wir anders handeln, wenn nicht das gleiche mit uns, das heißt dir und mir, unsern Kindern, deiner Schwester und deinem Bruder geschehen wird? Fliegt sie nicht raus, geschieht nicht irgend etwas, wodurch sie völlig unschädlich wird, mein Wort, mein Eid, dann wird er sie schließlich noch heiraten.
PAULA. Nie und nimmer. So weit gesunken ist er denn doch noch lange nicht.

26. 5. 31, nachmittags.

I, 14

Szene

JUSTIZRAT. Wo haben Sie die junge Dame zuerst kennengelernt?
GEHEIMRAT. Bei einem Ihrer Kollegen auf dem Lande. Eine alte Bäuerin ließ mich verwarnen, weil meine Hühner auf ihr Feld übertraten und Schaden machten. Ich ließ halten, da ich gerade am Büro ihres Advokaten vorüberfuhr. Wir besprachen die Sache, ich leistete ungebeten Schadenersatz, und alles wurde in einem ungeheuer wichtigen Schriftstück festgelegt. Fanny, die neunzehnjährige Fanny nahm es stenographisch auf, brachte nach zwei Minuten die Kopie

herein, und da sie mir in ihrem knapp anliegenden, äußerst ärmlichen Fädchen bei ihrer ungewöhnlichen Fixigkeit merkwürdig war, interessierte ich mich für sie. Ihr Brotherr war des Lobes voll, erzählte, daß sie ganz allein ihre verwitwete Mutter, einen Bruder auf der Universität und eine verwachsene Tante erhalte und nicht nur fleißig, sondern immer heiter und guter Dinge sei.

JUSTIZRAT. Jaja, sie ist immer heiter und guter Dinge. — Sie kennen das Mädchen nun anderthalb Jahre?

GEHEIMRAT. Auf eine mir selber fast befremdliche Art und Weise schlug mir der Anblick des kleinen resoluten Geschöpfes ein, und ich war sofort entschlossen, ihr ein besseres Fortkommen zu verschaffen. Denn natürlich, in dem Provinznest rackerte sie sich ab für einen Hungerlohn. Als sie dann zu mir kam und sich nochmals vorstellte — der Anwalt sagte, er wolle ihrem Glück nicht entgegenstehen — glaubte ich fast, einen Fehlgriff gemacht zu haben. Aus irgendeiner verfehlten Idee, sich wichtig zu machen, nahm sie ein schnippisches Wesen an. Dazu meldete sich mein Einsamkeitsbedürfnis, das mich nach dem Tode meiner Frau von der Welt gleichsam abtrennte, doppelt stark. Beinahe haßte ich sie wie einen Eindringling, und wenig fehlte, so hätte ich sie irgendwohin in den großen Betrieb gesteckt und für immer verschwinden lassen.

JUSTIZRAT. Verzeihung, aber Sie wollen doch meinen Rat haben: wie groß ist der Altersunterschied?

GEHEIMRAT. Fünfzig Jahre, ich bin siebzig geworden.

JUSTIZRAT. Verzeihen Sie mir eine nicht berufliche, sondern rein freundschaftliche Frage: muß es denn sein?

GEHEIMRAT. Es hat sich wohl schließlich gezeigt, daß es sein mußte.

JUSTIZRAT. Ich meine, daß Sie das Fräulein heiraten?

GEHEIMRAT. Diese Möglichkeit ist mir zunächst nur als Gedanke aufgetaucht. Nach meiner Natur und meiner Vergangenheit ist mir eben nicht wohl im Illegalen.

JUSTIZRAT. Aber ist nicht das Illegale in diesem Falle ein Gebot der Bequemlichkeit?

GEHEIMRAT. Mag sein. Es könnte sein, daß Sie recht hätten.

JUSTIZRAT. Erstens, wird ein hübsches und flottes Mädchen einem Manne treu sein können, der fünfzig Jahre älter ist?

GEHEIMRAT. Sie mögen mich einen Toren nennen, aber ich glaube, daß sie es kann.

JUSTIZRAT. Eine zwanzigjährige Mutter, die einen Stiefsohn von siebenundzwanzig, Töchter von dreißig und fünfunddreißig hat, möchte wohl in einer absonderlichen Lage sein. Ihre Töchter, mein lieber Geheimrat, sind immerhin bedeutende Frauen.

GEHEIMRAT. Ich gestehe offen, das arme Mädchen täte mir leid. Ich würde vielleicht meinen Schwiegersohn in die Leitung aller Betriebe einsetzen und mich mit meiner jungen Frau irgendwo in der Schweiz, etwa am Thuner See, ansiedeln. Erstens habe ich genügend freies Kapital, und dann könnte mich Scheurich abfinden. Ich würde natürlich auch meine Rente aus dem Geschäft beziehen.

JUSTIZRAT. Wie sagt Jesus Sirach: Mache dich nicht von der Gnade deiner Kinder abhängig. Das, bester Geheimrat, widerrate ich.

GEHEIMRAT. Man würde ja alles notariell machen. Aber der Gedanke, mit diesem klugen kleinen Geschöpf das Leben eines Landedelmanns und Gelehrten zu führen, meine Bibliothek, meine Sammlungen auszubauen, keine bloßen Geschäftsfreunde zu bewirten, ist für mich eine Lockung, der ich, wie ich fürchte, unwiderstehlich verfallen bin. Und wenn es nur sechs, sieben oder gar acht kostbare Jahre sein wollen. Ich hätte dann wenigstens in dieser Zeit, wenigstens am Abend meines Daseins mein eigenes Leben gelebt.

27. 5. 31, vormittags.

I, 15

Szene

GEHEIMRAT. Was verschafft mir die Ehre deines Besuchs?
DR. SCHÄFER. Laufende Angelegenheiten, wenn du erlaubst, die sich am leichtesten mündlich erledigen.
GEHEIMRAT. Ihr habt euch bei mir heut ein Rendezvous gegeben, wie mir scheint.
DR. SCHÄFER. Ein Rendezvous? daß ich nicht wüßte. Wieso?
GEHEIMRAT. Ruth war mit den Kindern hier. Sie sind zu Bettina hinübergegangen.
DR. SCHÄFER. Ach ja, sie wollte mit Bettina einkaufen.
GEHEIMRAT. Auch Werner hat sich bemerkbar gemacht.

DR. SCHÄFER. Ich denke, er wohnt bei Ihnen im Hause, Schwiegerpapa.

GEHEIMRAT. Das würde, bei seiner Art zu leben, ein täglicher Anlaß zu Kollisionen sein. Also, was haben Sie mit mir zu besprechen, Herr Schwiegersohn?

DR. SCHÄFER. Ich kann nicht leugnen, daß wir alle eine freimütige Aussprache mit Ihnen dankbar begrüßen würden.

GEHEIMRAT. Über herrschende Angelegenheiten, Herr Schwiegersohn?

DR. SCHÄFER. Diese würden vielleicht bis später Zeit haben.

GEHEIMRAT. Und welche belieben Sie also voranzustellen?

DR. SCHÄFER. Dafür scheue ich, offen gesagt, die alleinige Verantwortung.

GEHEIMRAT *drückt Klingelknopf, Diener erscheint.* Meine Töchter sollen hereinkommen. — Haben Sie übrigens von dem wandernden See gelesen, der Lopnor heißt? Er ist vom äußersten Norden der Wüste Gobi nach dem südlichsten Teil und dann wieder auf demselben rätselhaften Wege nach dem äußersten Norden zurückgereist.

DR. SCHÄFER. Nein, davon habe ich nichts gelesen.

GEHEIMRAT. Obgleich es in unserer eigenen Zeitung steht.

DR. SCHÄFER. Wenn ich das alles persönlich durchlesen sollte, würde der ganze Betrieb drunter und drüber gehen.

Die Töchter kommen und küssen den Papa.

GEHEIMRAT. Guten Morgen, Bettina, guten Morgen, Ruth. Wollt ihr nicht auch Jung-Werner hereinrufen? Bei dem, was euch vorschwebt, wird ja das wohl in eurem Sinne sein.

RUTH. Aber, bester Papa, was soll uns denn vorschweben?

GEHEIMRAT *drückt Klingelknopf, Diener erscheint.* Ich lasse Herrn Werner bitten hereinzukommen. — Ich werde ja nun sozusagen automatisch erfahren, was euch vorschwebt, und ob euch etwas vorschwebt oder nicht.

DR. SCHÄFER. Ich bin nur auf ausdrücklichen Wunsch Ihrer Kinder hier, die mir die Ehre erweisen, mich als vollberechtigtes Familienmitglied einzuschätzen. Ich weiß recht wohl, mein allverehrter Herr Schwiegerpapa wird dem nicht ohne weiteres zustimmen. Darum genügt ein Wink, und ich räume das Feld. Ich tue das um so lieber, als wirklich die Frage, die hier behandelt werden soll, nicht durchaus erquicklich ist.

GEHEIMRAT. Werter Herr Dr. Schäfer, Sie machen mich neugierig. *Werner erscheint.* Komm her, mein Sohn. Setz dich, nimm gefälligst am Richtertische Platz.

RUTH. Man kann jedenfalls mit Vergnügen feststellen, lieber Papa, du hast etwas von deinem alten Humor wiedererlangt.

BETTINA. Wir wollen, weiß Gott, weiter nichts, als einmal wieder in der alten Weise von früher vertraulich mit dir vereinigt sein. Da ist ja schließlich noch der alte, gemütliche runde Tisch, um den wir so oft gesessen haben, bedeutende Gäste inbegriffen, in Gespräche vertieft, an denen sich unsere Mutter nicht satt hören konnte. Wollen wir nicht einen kleinen Versuch machen, bester Papa, die Tafelrunde von damals für eine Stunde neu aufzurichten?

GEHEIMRAT. Laß mich nur getrost auf meinem Anklagebänkchen sitzen bleiben, liebes Kind. Ich gebe das Wort dem Staatsanwalt.

WERNER. Es handelt sich nicht im allerentferntesten um etwas wie einen Staatsanwalt. Wir sind ja doch Glieder einer Familie, lieber Papa.

BETTINA. Ja, lieber Papa, wir wollen nur nicht aus deinem Herzen verstoßen sein.

RUTH. Wir wollen von dir beruhigt werden. Du sollst unsere Sorge, die Sorge um meine Kinder, deine Enkel, die Sorge um unsere ganze Existenz, die in Frage steht, mit einem Wort zerstreuen, lieber Papa. Du kannst sie mit einem Wort zerstreuen.

GEHEIMRAT. Darf ich dich fragen, darf ich euch alle fragen, wer mir die Sorgen um meine Existenz zerstreut?

DR. SCHÄFER. Frauen neigen zu Übertreibungen, es fehlt ihnen naturgemäß der geschäftliche Überblick. Das ist einer der Gründe für den ganz entschiedenen, pflichtgemäßen Standpunkt, auf dem ich verwurzelt bin. Mein Denken, mein Handeln, meine Stellung im ganzen hat, darüber will ich keinen Zweifel lassen, einen pflichtgemäßen, unerschütterlichen Untergrund.

GEHEIMRAT. Ich danke Ihnen, und ich verstehe durchaus die Bedeutung dieser Erklärung, Herr Schwiegersohn.— Haben Sie eigentlich schon Ihre Anwälte?·

BETTINA. Nein, Papa, nein, Albert, nein, liebe Ruth, so geht es nicht. Das ist ganz gegen alle Abrede. Wir wollten einfach von Papa hören, ob seine Gesinnung gegen uns noch die alte ist, ob wir mit seiner väterlichen Liebe nach wie vor zu rechnen haben, wie er sich die Zukunft denkt. Das wollten wir ihn bitten, uns freimütig zu beantworten. Alles in Güte und Liebe, und so fort und so fort.

GEHEIMRAT. Da macht ihr also die Rechnung ohne meinen Herrn Schwiegersohn. Es gibt Naturen, bei denen es höchstens ein Brechen, aber kein Biegen gibt. Zu denen scheint er mir zu gehören.

Ihre Kampfansage, Herr Dr. Schäfer, registriere ich. Sie macht mir einstweilen noch keine Kopfschmerzen.

27. 5. 31, nachmittags.

DR. SCHÄFER. Von einer Kampfansage war ich noch sehr weit entfernt, Herr Geheimrat.

GEHEIMRAT. Ihr »noch« wird zu den Akten genommen.

BETTINA. Um Gottes willen, es besteht noch überhaupt kein Kampf zwischen uns, Papa. Wir sind überzeugt, du hast nach wie vor in bezug auf deine Kinder und Kindeskinder die reinsten väterlichen Absichten. Wir wollen nur einigermaßen von deinen Absichten unterrichtet, das heißt ins Vertrauen gezogen sein.

GEHEIMRAT. Das würde sicherlich längst geschehen sein, wenn ich ein Bedürfnis dazu gefühlt hätte.

WERNER. So hältst du uns also deines Vertrauens für unwürdig.

RUTH. Eine solche Kränkung hat keiner von uns verdient.

WERNER. Mit einem solchen Ausspruch verweisest du uns in die Domestikenzimmer hinaus, oder besser: du wirfst uns auf die Straße.

GEHEIMRAT. Wenn du dein Leben nicht besser einrichtest wie seit Mutters Tod, kann ich keine Gewähr dafür leisten, daß das mit Bezug auf dich nicht eintritt, wovon du sprichst.

WERNER. »Wenn du dein Leben nicht besser einrichtest«: diese Phrase hätte mir vor einem Jahre aus deinem Munde gewiß noch tieferen Eindruck gemacht.

GEHEIMRAT. Sprich deutlich, was willst du damit sagen?

WERNER. Soll ich mir mit meinen siebenundzwanzig Jahren nicht verzeihen, was du dir mit einundsiebzig erlaubst?

GEHEIMRAT. Sollte dies das Resultat eines langen erfolg- und arbeitsreichen Lebens sein, daß sich diejenigen, die uns Leben und Erziehung verdanken, die der Mittelpunkt aller elterlichen und väterlichen Sorgen durch Jahrzehnte gewesen sind, plötzlich als unsere Gebieter entpuppen, denen wir für jeden unserer Schritte Rechenschaft und Gehorsam schuldig sind? Woher nimmst du das Recht zu deinem unverschämten Verhalten und zu dem nichtsnutzigen Versuch einer schmählichen Beleidigung?

WERNER. Sollen wir etwa geduldig zusehen, wie Mutters Andenken, wie die Ehre unserer Familie durch eine ganz gemeine Tippmamsell in den Dreck gezogen wird? Wenn sie noch außerdem unsere ganze Existenz gefährdet?

GEHEIMRAT, *totenblaß, mit geballten Fäusten auf ihn zu, dann.* Hinaus! Auf der Stelle mit euch allen hinaus!

BETTINA. Aber, guter Papa...

GEHEIMRAT. Ich sage hinaus!

RUTH. Ja, tausendmal lieber ins Elend hinaus, mit Mann und Kindern ins Elend hinaus, als eine solche Behandlung noch länger aushalten.

DR. SCHÄFER. Und ich habe gewiß nicht nötig, für ein geringes Entgelt meine Kraft im Frone eines Schwiegervaters zu verbrauchen, der auf skandalöse Weise das Geld für die erste beste kleine Straßendirne aus dem Fenster wirft.

GEHEIMRAT. Das haben Sie auch nicht nötig! Hinaus, hinaus! Hiermit entziehe ich Ihnen alle Vollmachten, packen Sie Ihre Sachen! Packt eure Sachen! Hinaus! Hinaus!

I, 16

Szene

DR. SCHÄFER. Es ist eine ungeheuer kritische Lage, Herr Rechtsanwalt. Ich liege mit Frau und Kindern auf der Straße.

RECHTSANWALT. Ein Wortstreit, ein Wortstreit. Seit zwanzig Jahren kenne ich den Geheimrat. Die Noblesse des alten Herrn ist sprichwörtlich.

DR. SCHÄFER. Aber ich habe müssen die Prokura abgeben. Ich wollte das nur für einen Scherz halten. Aber Justizrat Noël bestand ganz entschieden darauf.

RECHTSANWALT. Sie erledigen doch aber die laufenden Arbeiten?

DR. SCHÄFER. Als ich wie gewöhnlich im Büro erschien, wurde mir vom Personalchef gesagt, er bitte mich im Auftrag des Geheimrats, davon abzustehen. Mein Schwiegervater durchging seit nahezu drei Jahren zum ersten Mal wiederum alle Betriebe. Daß ich mir nach sieben Jahren Tätigkeit an der Spitze des Unternehmens dies nicht bieten lassen kann, werden Sie einsehen.

RECHTSANWALT. Mußten Sie es denn so weit kommen lassen, lieber Freund?

DR. SCHÄFER. Was heißt das: Der Geheimrat ist wahnsinnig!?

RECHTSANWALT. Weil er den kleinen Sparren mit dem Mädel hat?

DR. SCHÄFER. Es ist eben weit mehr als ein kleiner Sparren. Er hat geäußert, er werde sie heiraten.

RECHTSANWALT. Was man im Grunde auch nicht verhindern kann.

DR. SCHÄFER. Unzurechnungsfähige kann man entmündigen. Leute, die dem senilen Schwachsinn verfallen sind, werden unter Kuratel gestellt.

RECHTSANWALT. Aber Sie werden niemand finden, weder Arzt noch Jurist, der sich diesem ausgezeichneten und hochintelligenten Manne gegenüber für das dazu erforderliche Verfahren hergeben wird.

DR. SCHÄFER. Das muß man sehen, das muß man abwarten.

28. 5. 31, vormittags.

I, 17

Szene

In Fannys Familie.
Fanny neben einem Diwan, auf dem der Geheimrat liegt.

GEHEIMRAT. Wer war da?

FANNY. Das muß dir ganz gleichgültig sein. Selbst wenn du es wolltest, wenn du mir den ganz bestimmten Befehl erteiltest, ich ließe niemand zu dir. Du bist jetzt drei Tage in meiner Pflege, übermorgen gebe ich dich wieder frei.

GEHEIMRAT. Fanny, du bist ein Engel vom Himmel.

FANNY. Wenn du folgst, Bernhard, ist es gut, sonst müßte ich andere Saiten aufziehen. Du mußt vergessen, wer du bist. Deine Familie, sogar dein Geschäft mußt du vergessen, ausgenommen während der möglichst kurzen Besprechung, zu der Dr. Schober dich täglich besuchen kommt.

GEHEIMRAT. Ich hatte den alten Schober fast vergessen, nun wird er mir plötzlich wertvoll wie nie. Der Schwiegersohn, der ihn nicht leiden kann, hatte ihn gegen meinen Wunsch und Willen ganz zurückgedrängt.

FANNY. Das ist im Augenblick alles ganz gleichgültig. Ich habe nun deinen Umschlag gewechselt. Dr. Fink ist zwar nur ein gewöhnlicher kleiner Kassenarzt, aber Mutter hält viel von ihm, und er hat dir bis jetzt merkbar gut getan. Also lege dich auf die Seite und versuche zu schlafen.

GEHEIMRAT. Wenn Dr. Schober aus dem Geschäft telefonieren sollte...

FANNY. Sci ganz sicher, ich verschweige dir nichts von Wichtigkeit. Was wichtig ist, kann ich schon einigermaßen beurteilen. Die Hauptsache bleibt, daß du wieder in den Vollbesitz deiner gesunden Kräfte kommst.

GEHEIMRAT. Du willst wohl sagen, ich werde sie brauchen.

FANNY. Ich sage jetzt gar nichts: bitte, schlaf.

Sie entfernt sich auf Zehenspitzen.

GEHEIMRAT. Bleibe noch einen Augenblick.

FANNY. Ich möchte nur nicht, daß gesprochen wird.

GEHEIMRAT. Bleibe noch einen Augenblick.

FANNY. Natürlich, gern. Doch es muß für dich sein, als ob niemand im Zimmer wäre.

GEHEIMRAT. Lege deine kleine fleißige Hand auf mein Herz. *Sie tut es.* So laß sie liegen. Es beruhigt. — Weißt du, wenn man die Augen schließt und nur die Hand auf dem Herzen fühlt, so weiß man, daß ein gütiger Gott im Himmel ist.

FANNY. In welchem Zusammenhang meinst du das?

GEHEIMRAT. Ich vergesse die Hand, ich vergesse dich, ich sehe von meiner kleinen Geliebten ab, liege vergraben im Dunkel und fühle nur ganz das ewige Gute. — — — —
Du hast mich vor Bettina verleugnet, Fanny.

FANNY. Schlafe, Bernhard, ich kann dir darauf nicht antworten.

GEHEIMRAT. Du hast meiner Tochter Bettina den Eintritt verwehrt, hast ihr verwehrt, den Vater zu sehen.

FANNY. Sie mag dich sehen, sooft sie will, wenn du wieder der alte bist.

GEHEIMRAT. Das ist eine schwere Prüfung für sie.

FANNY. Du sollst mir kein Mitleid mit Menschen aufzwingen, die gegen ihren Vater so vorgehen konnten wie sie gegen dich.

29. 5. 31, vormittags.

GEHEIMRAT. Zieh deine Hand nicht zurück, lege deine kleine, tapfere Hand auf mein Herz.
FANNY. Immer, solange du willst, Bernhard.
GEHEIMRAT. Der Gedanke, daß ich dich zu meiner Frau machen könnte, bringt sie außer sich.
FANNY. Denk nicht, das ist jetzt alles gleichgültig. Äußerlichkeiten, was macht uns das.
GEHEIMRAT. Es geht mir manchmal nicht in den Kopf, Fanny, daß du an einem alten Mann, wie ich es bin, Interesse hast.
FANNY. In meinen Augen bist du kein alter Mann.
GEHEIMRAT. Ich habe höchstens noch sieben Jahre zu leben.
FANNY. Glücklich gelebt, eine Ewigkeit.
GEHEIMRAT. Also heißt es, so schnell wie möglich anfangen. Da hat man zum Kranksein keine Zeit. *Er springt auf und vertritt sich die Beine.*
FANNY. Um Gottes willen, was machst du denn, Bernhard?!
GEHEIMRAT. Steh auf und schlag die Ohnmacht aus dem Feld, sagt ein guter Spruch. Nun fühl' ich mich wieder gefestigt und sicher.
Manche Menschen wollen jemand, der die Siebzig überschritten hat, nur noch das Recht auf ein halbes Leben zugestehen. Sie meinen, er darf, wenn er über noch so gesunde Säfte und Kräfte verfügt, von diesen Säften und Kräften keinen Gebrauch machen. Es sind ebendieselben Leute, die auch der Jugend vor einem gewissen Alter das Recht auf ein volles Leben absprechen. Du bist fünfzig Jahre jünger als ich, ich, gegen dich gehalten, fünfzig Jahre älter. Dieses halbe Jahrhundert — eine leere Zahl, zum grausamen Fetisch gemacht. Sie wird zu einem Moloch gemacht, dem man uns zum Zwecke des Erstickens und Verdorrens als Opfer ausliefert. Daß dies aber einen glatten Mord bedeutet, merken die Baals- und Molochpfaffen nicht.

30. 5. 31, vormittags.
I, 18

Szene

Im Hause des Geheimrats.
Geheimrat. Dr. Schober.

GEHEIMRAT. Damit hätten wir also wieder für einige Tage vorgesorgt. Man sieht, niemand ist unentbehrlich. Oder wird mein Schwiegersohn im Betriebe sehr vermißt?

DR. SCHOBER. Vorläufig kann man das nicht sagen.

GEHEIMRAT. Hören Sie übrigens etwas von ihm?

DR. SCHOBER. Ich glaube, daß er nicht untätig ist. Ein Mann wie er nimmt natürlich einen Schlag wie den, der ihn getroffen, nicht gleichmütig hin.

GEHEIMRAT. Wieso ist er denn tätig, ich wäre neugierig?

DR. SCHOBER. Er geht herum und behauptet, Sie wollten die kleine Tippdame heiraten.

GEHEIMRAT. Und wenn ich es wirklich tue, was dann?

DR. SCHOBER. Wenn Sie es tun und getan haben, ist es natürlich zu spät, Herr Geheimrat. Aber um es zu verhindern, wird er alles nur irgend Denkbare in Bewegung setzen.

GEHEIMRAT. Was könnte das sein, wenn ich fragen darf?

DR. SCHOBER. Er hat Ihre Töchter und zum Teil auch Ihre Söhne an der Seite.

GEHEIMRAT. Was könnten sie gegen die Ausführung eines festen Entschlusses, falls ich ihn fassen sollte, tun?

DR. SCHOBER. Verzeihen Sie: Ihre Zurechnungsfähigkeit anzweifeln.

GEHEIMRAT. Das wäre, weiß Gott, der aussichtsloseste Versuch, den man sich denken kann.

DR. SCHOBER. Ach Gott, es ist alles schon dagewesen. Wofür gibt es die Kautschukparagraphen und -gesetze? Wofür gibt es allesvermögende Anwälte?

GEHEIMRAT. Ich hätte ja auch meinen Anwalt, der zuverlässig und tüchtig ist.

DR. SCHOBER. Aber, man müßte auch den Druck der öffentlichen Meinung in Betracht ziehen, die ja selbstverständlich auf Seiten des Hergebrachten, auf Seiten des Herkommens und nicht auf Seiten des exzeptionellen Falles ist.

GEHEIMRAT. Mein Fall, in der Tat, ist ein bißchen exzeptionell.

DR. SCHOBER. Und man sagt sich, er schädigt gewissermaßen Ihr Ansehen und zudem die Interessen der erbberechtigten Kinder. Einem Schritt wie dem Ihren, mit siebzig Jahren getan, kann die Allgemeinheit nun einmal nicht, selbst mit dem allergeringsten Verständnis, gerecht werden.

GEHEIMRAT. Dann wird sie es bleiben lassen, und ich werde meinen Weg ganz einfach, wie übrigens immer, ohne das Plazet der Allgemeinheit gehen.

DR. SCHOBER. Ich würde mich aber beizeiten vorsehen.
GEHEIMRAT. Beizeiten vorsehen, inwiefern?
DR. SCHOBER. Ihr Schwiegersohn soll geäußert haben, daß er die bestimmte Hoffnung hege, demnächst mit absoluter Vollmacht in die Firma zurückzukehren, denn der bisherige Leiter käme wahrscheinlich unter Vormundschaft.
GEHEIMRAT. Das wäre ich, der bisherige Leiter! — ?

2. 6. 31, vormittags.

I, 19

Szene

DR. SCHÄFER. Es sind Handlungen, die bei einem normalen Menschen unmöglich sind.
ARZT. Wir müssen natürlich in unauffälliger Weise einen Nervenarzt vorschicken. Aber, bitte, erzählen Sie mir, was Ihnen unnormal an Ihrem Herrn Schwiegervater erschienen ist.
DR. SCHÄFER. Unnormal sind seine Geldausgaben.
ARZT. Aber er ist doch ein reicher Mann.
DR. SCHÄFER. Der aber früher sozusagen den Groschen zehnmal in der Hand gewendet hat, bevor er den Entschluß faßte, ihn auszugeben.
ARZT. Und jetzt?
DR. SCHÄFER. Jetzt baut er der Geliebten ein prunkhaftes Haus, verschwendet Gelder auf großen Reisen, steht in Unterhandlung einer alten Burg wegen am Thuner See, die er ausbauen will, völlig hinausgeworfenes Geld, da das Objekt nahezu wertlos ist.
ARZT. Das sind so Marotten vermögender Leute. Übrigens soll das Haus, in dem Fräulein Fanny Raabe wohnt, gar nicht prunkhaft sein, sondern ein ziemlich simples Häuschen.
DR. SCHÄFER. Dann ist es trotzdem ein Brunnen, der hunderttausende Mark verschlingt. Aber schließlich kommt vieles zusammen. Er hat mir die Führung des Riesenbetriebes genommen und ist doch selber schon seit Jahren nicht mehr in der Lage, ihm vorzustehen. Während also auf der einen Seite große Summen sozusagen freihändig vergeudet werden, schlingert der Betrieb ohne Leitung und gleichsam

steuerlos dahin und ist in Gefahr, geradezu jeden Augenblick in Gefahr, zu scheitern.

ARZT. Ich gebe zu, daß Gefahr im Verzuge ist. Der Anwalt verlangt das medizinische Gutachten. Damit befaßt sich alsdann das Obervormundschaftsgericht. Können wir dort einen Beschluß erwirken, so erfolgt zunächst die Entmündigung. Der Betroffene kann dann Berufung einlegen. Sein Anwalt ist, wie Sie wissen, der renommierteste in der Stadt. Er würde sich uns gewiß nur anschließen, wenn er von der Unzurechnungsfähigkeit oder vielleicht der nur teilweisen Zurechnungsfähigkeit des Herrn Schwiegerpapas überzeugt wäre.

DR. SCHÄFER. Die Beobachtungen meiner noch ganz gewiß ihrem Vater zugetanen Frau, die Beobachtung ihrer Schwester, des ältesten Fräulein Bettina Ackermann, sprechen leider durchaus dafür, daß er nur teilweise zurechnungsfähig ist. Bettina liebt und verehrt ihren Vater schwärmerisch. Sie würde sich mit Händen und Füßen gleichsam sträuben, ihm die Zurechnungsfähigkeit absprechen zu lassen, wenn sie nicht eben die furchtbar traurige Überzeugung hätte gewinnen müssen, daß er, geradezu gesagt, ein Geisteskranker ist.

Davon überzeugt sich mehr und mehr auch sein jüngster Sohn.

ARZT. Sind da nicht auch politische Gegensätze?

DR. SCHÄFER. Werner war allerdings eine Zeitlang Nationalsozialist. Übrigens ist das Beharren des Geheimrats auf einem überlebten politischen Standpunkt für die Zeitungen möglicherweise binnen kurzem verhängnisvoll. Aber ich will diese Seite ganz ausschließen. Es würde allein schon genügen, eine Art senilen Verfalls festzustellen, wenn das skandalöse Gerücht sich bewahrheitete, daß sich dieser alte Patrizier, der Kinder und Kindeskinder hat, über siebzigjährig, mit diesem achtzehnjährigen Fratzen aufbieten lassen will.

ARZT. Sie haben da eine nicht sehr beneidenswerte Mission, aber Sie sind wohl dazu verpflichtet. Mir tut der Geheimrat aufrichtig leid, aber ich sehe zunächst keine Rettung für ihn.

2. 6. 31, vormittags.

[DRAMATIS PERSONAE]

GEHEIMRAT ⟨BERNHARD⟩ FRANÇOIS ACKERMANN, 70 Jahre
BETTINA ACKERMANN, 35 Jahre
RUTH ACKERMANN, verehelichte Schäfer, 30 Jahre
PROFESSOR WERNER ACKERMANN, Pharmakologe, 27 Jahre
ERNA ACKERMANN, geborene von Zitversam, seine Frau
ALBRECHT ACKERMANN, 19 Jahre
DR. SCHÄFER, Ruths Mann, Leiter des Verlags
EMIL ⎫
LUDWIG ⎭ Söhne des Ehepaars Schäfer
PROFESSOR FRANZ, Architekt

3. 6. 31, vormittags.

I, 20

Szene

GEHEIMRAT. Ich habe euch rufen lassen.
PROFESSOR WERNER. Jawohl, Vater.
GEHEIMRAT. Ich habe mich zu einer vollständigen Ruhe durchgerungen, obgleich das, wie ihr euch ja wohl denken könnt, keine ganz leichte Sache gewesen ist.
PROFESSOR WERNER. Ich bin mir dessen bewußt, lieber Vater.
GEHEIMRAT. Ihr seid meine beiden Söhne, nicht wahr? — Ich wiederhole: Ihr seid meine Söhne? — Wollt ihr mir darauf gefälligst antworten?
PROFESSOR WERNER. Das ist eine Sache, die ja wohl selbstverständlich ist.
GEHEIMRAT. Um so weniger das, was ihr unternommen habt.
⟨WERNER⟩ ALBRECHT. Ich habe durchaus nichts unternommen.
GEHEIMRAT. Albrecht und Werner, das sind eure Namen, nicht wahr? Ich habe die beiden Namen eurer Großmutter gegenüber durchgesetzt und sie selber beim Standesamt etwa zwei Tage nach der Geburt eines jeden von euch angemeldet. Ihr wart damals noch sehr klein, nicht wahr?
PROFESSOR WERNER. Ich weiß nicht, wo du hinauswillst, Vater?
GEHEIMRAT. Ihr seid im Alter sehr unterschieden, ihr mögt

zehn Jahre auseinander sein. Wißt ihr vielleicht, daß ich eure Mutter während eurer Geburt nicht verlassen habe. Es dauerte bei jedem von euch etwa vierundzwanzig Stunden, bevor sie euch glücklich zur Welt brachte. Du, Werner, hattest einen ziemlich deformierten Kopf, und so konnte ich ihn zurechtmodellieren. Ich habe ja, wie ihr wißt, sechs Semester Medizin studiert und fungierte quasi als Geburtshelfer.

PROFESSOR WERNER. Das mag alles wahr sein, aber du hast uns doch deshalb nicht herzitiert?

GEHEIMRAT. Heut hast du einen recht harten Kopf. Man kann ihn nicht mehr so leicht modellieren.

PROFESSOR WERNER. Du bist heute auch anders, als du als Kind gewesen bist.

GEHEIMRAT. Jetzt red' ich von euch. Ich werde auch noch von mir reden. Zunächst laßt mich, bitte, aus dem Spiele. Also, du warst ein Würmchen, Werner, und ich habe dir deinen Kopf zurechtmodelliert. Nun bist du Professor der Pharmakologie geworden. Als Würmchen habe ich dich genommen, dich abgenabelt und persönlich gebadet, weil mir die Hebamme dazu nicht geschickt genug erschien. Es kam dann der Augenblick, wo ich dich an die Mutterbrust legte: ich persönlich wiederum.

PROFESSOR WERNER. Ist denn das alles heute nicht sehr fernliegend?

GEHEIMRAT. Ich möchte dir nur ins Bewußtsein zurückrufen, was ich bereits vor deinem ersten Atemzug für dich getan habe. Und ferner, daß du vielleicht heute überhaupt nicht existiertest, wenn ich diesen deinen ersten Atemzug nicht durch einige Schläge auf dein rotblaues Hinterteil erzwungen hätte. Und hernach haben deine Mutter und ich jahrelang für dich allein gesorgt und gelebt, dann jahrzehntelang deiner Geschwister und deine Erziehung geleitet, damit du sozusagen deinen Generaldank — *er springt auf, außer sich* — in einem physischen und moralischen Vatermord abstattest.

PROFESSOR WERNER. Es ist der furchtbarste Augenblick meines Lebens, Vater, weil ich nicht weiß, wie ich auf einen so entsetzlichen Vorwurf antworten soll.

[Notiz]
V. Akt am Schluß der Schuß.

3. 6. 31, nachmittags.
I, 21

Szene

ARZT. Es ist eine vorläufige Maßregel, Herr Geheimrat Ackermann.
GEHEIMRAT. Was nennen Sie eine vorläufige Maßregel?
ARZT. Ihre Unterbringung in einem Sanatorium.
GEHEIMRAT. Die Untersuchung, die Sie in der Maske eines medizinischen Autors, der meinen Verlag suchte, angestellt haben, hat Ihnen also die Überzeugung von meiner Geisteskrankheit beigebracht?
ARZT. Vielleicht nicht Überzeugung, sondern Vermutung.
GEHEIMRAT. Aber ich bin vielleicht weniger geisteskrank als Sie, Herr Sanitätsrat, in diesem Augenblick.
ARZT. Das steht im Augenblick nicht in Frage. Es ist das übrigens eine Wendung, die man von wirklichen Psychopathen gewöhnlich hört, eine Wendung, die fast typisch ist.
GEHEIMRAT. Was mich zu einem typischen Fall stempelt.
ARZT. Ich bitte Sie, mir zu vertrauen, Herr Geheimrat. Es handelt sich einfach darum, Ihren psychischen Zustand zu beobachten. Unsere Anstalt liegt mitten in einem schönen Park...
GEHEIMRAT. Hoffentlich ist kein See in dem Park. Ich denke an Ludwig II. von Bayern, der mit seinem Arzt, Sie wissen, zugleich in einem solchen See geendet hat.
ARZT. Nein, es ist kein See im Park. Man wird Ihre Freiheit auch nicht beschränken. Der Flächenraum unserer Anstalt ist sehr groß, unsere Räume sind komfortabel, Sie merken von den anderen Kranken nicht das geringste auf der Beobachtungsstation.
GEHEIMRAT. Wenn ich nun aber überhaupt nicht krank bin, Herr Professor?
ARZT. Die Maßnahme ist deshalb nur vorläufig. Sie werden ja Ihre Schritte tun. Sie haben die Möglichkeit, allererste Autoritäten auf dem Gebiete der Irrenheilkunde anzurufen.
GEHEIMRAT. Warum soll ich in Gottes Namen jemanden anrufen? Wem habe ich, Geheimrat François Ackermann, denn zu beweisen, daß ich meine fünf Sinne beisammen habe und kein Narr oder Trottel bin? Ich bin über siebzig Jahre, Herr Professor, mein Leben, mein Unternehmen,

meine Erfolge sprechen für mich. Wer es versucht, und zwar zwischen meinen vier Wänden versucht, meine Ehre zu beleidigen, indem er mich für einen unzurechnungsfähigen Trottel erklärt, den werfe ich die Treppe hinunter. Oder besser, ich rufe meine Leute, um eben auf die besagte Weise mein Haus von einem solchen Hausfriedensbrecher zu reinigen.

ARZT. Es geschieht ja zu Ihrem Besten, Herr Geheimrat.

BETTINA. Es geschieht ja zu deinem Besten, Papa.

RUTH. Papa, Papa, beruhige dich, es geschieht ja doch nur zu deinem Besten.

GEHEIMRAT. Was? Heult ihr, flennt ihr, quetscht ihr Krokodilstränen?

ALBRECHT. Vater, Vater, ich bin überzeugt, es wird sich binnen kurzem herausstellen, daß du so gesund wie der Gesündeste der Gesunden bist.

GEHEIMRAT. Vor meinen Augen braucht sich nichts mehr herauszustellen. Ich habe mir Füchse und Wölfe gezeugt, eure Mutter hat Füchse und Wölfe zur Welt gebracht, sie sind jahrzehntelang in Menschengestalt in meinem Hause herumgelaufen.

ALBRECHT. Aber, lieber Vater, höre nur einen Augenblick.

GEHEIMRAT. Wo ist denn Werner? Warum kommt euer feiger Pharmakologe nicht, um meiner Verhaftung beizuwohnen? Warum führt mich der Schuft nicht selbst zum Schafott? Warum macht sich der Schurke nicht selbst zum Henker? Der Gipfel der Schamlosigkeit ist erreicht. Er kann nichts mehr tun, was schamloser ist. Und wo bleibt denn dein Mann, wo bleibt denn der Drahtzieher? War nicht der Bursche ein Zeitungsausrufer? Habe ich nicht zugestimmt, daß du den Burschen aus dem Elend eines Hinterhauses hervorgezogen hast? Er hat doch kein besseres Mittel, seinen Dank abzustatten, als mir, seinem Wohltäter, die Schlinge um den Hals zu tun.

ARZT. Herr Geheimrat, fügen Sie sich.

ALBRECHT. Um Gottes willen, Vater, geh jetzt gutwillig.

GEHEIMRAT. Mörder! Mörder! Meine Frau hat einer Bande von Mördern und Dieben das Leben gegeben! Muß man siebzig Jahre alt werden, um der grausigsten aller Enthüllungen ins Antlitz zu sehen? Wenn ich euch alle mit einem Revolver niedermähen würde, würde ich in meinen Augen keine Sünde tun, sondern die Welt von Halunken

reinigen. *Er hat nach dem Revolver auf dem Schreibtisch gegriffen.*
Hinter dem Rücken des Geheimrats tritt der Prof. Werner Ackermann durch eine Tür, umfaßt den Vater von rückwärts, so daß er seine Arme nicht rühren kann. Bettina nimmt den Revolver vom Tisch. Zwei Irrenhauswärter treten ein.
ALBRECHT, *plötzlich ganz umgestimmt.* Ich dulde das nicht, ich werde das nicht mit ansehen! Vater, Vater, ich gehe mit dir, ich verlasse dich keinen Augenblick!

BAUSTEINE

II. Serie

Bad Eilsen, 4. 6. 31.
PERSONEN DER AUSGEFÜHRTEN SZENEN [DER II. SERIE]
GEHEIMRAT BERNHARD ACKERMANN
BETTINA
RUTH
WERNER, Professor der Pharmakologie
ALBRECHT
SCHEURICH, Ruths Gatte
ANWALT DER KINDER
PROFESSOR DR. REHN, Anatom, Freund der Familie
FRAU KÜRSCHNER
MAX, ihr Sohn (Kinderlähmung)
TONI, ihre Tochter
KURNIK, Diener beim Geheimrat

4. 6. 31, vormittags.
II, 1

Mutter, Sohn (Kinderlähmung), Toni (Fanny).
Im Anbau eines Gärtnerhäuschens inmitten einer Handelsgärtnerei, Nähe der Stadt.

TONI. Er wird kommen, sage ich dir.
MUTTER. Lehr mich große Herren kennen. Er wird nicht kommen.

TONI. Mama, wir müssen Ordnung machen, er kommt gewiß.
MAX. Man kann ja auch aufs Große Los warten, wenn man gar kein Los genommen hat.
TONI. Ich hätte mehr Verständnis von dir erwartet, Max.
MAX. Aber was soll so ein alter Geheimrat hier in unserem Müllwinkel?
MUTTER. Was hat er dir also gesagt, Mädel?
TONI. Du fragst immer wieder dasselbe, Mama.
MUTTER. Ich frage, weil es nun einmal nicht in meinen alten Schädel geht, daß dieser Mann, dieser alte Herr...
TONI. Aber es ist nun einmal nicht anders.
MAX. Also sage in Gottes Namen noch mal, was nun einmal nicht anders ist.
TONI. Er hat sich bei uns zu Besuch angemeldet.
MAX. Und zwar der Geheimrat Ackermann?
MUTTER. Wie hat er denn das so ausgedrückt, Toni?
TONI. »Ich habe morgen früh in der Nähe zu tun, ich werde vielleicht einen Augenblick vorsprechen.«
MAX. Es sind also ungefähr drei Wochen her, daß er dich zuerst bei dem Rechtsanwalt gesehen hat?
TONI. Es ist bereits über drei Wochen her. Es waren bereits drei Wochen her, als ich heut vor acht Tagen in den Ackermannschen Verlagsbetrieb eingetreten bin.
MAX. Du hast noch immer einen Raum für dich allein, Toni?
TONI. Meine Kollegen und Kolleginnen sagen, das hübscheste Zimmer, das sonnigste Zimmer, das im ganzen Geschäftshaus zu finden ist.
MAX. Und da kommt der olle Mann dich mal besuchen?
TONI. — Ich bin bereit, alles für dich zu tun, guter Max, aber es geht nicht an, daß du dich mit bissigen Bemerkungen in meine Angelegenheiten mischst. Und nun gar diese Sache... nämlich besonders bei dieser Sache sollst du mich in Ruhe lassen. Ich entweihe sie beinahe schon, wenn ich sage, daß sie mir heilig ist.
MAX. Hoffentlich ist sie dem Alten auch heilig.
TONI. Wie gesagt, alles das geht dich nichts an.
MAX. Hätte er lieber dein Gehalt aufgebessert. Wenn du auch in einem noch so sonnigen Zimmer sitzt. Da haben wir schließlich gar nischt von.
TONI. Sind Mutter und du bisher nicht immer noch satt geworden, und auf die Miete hat's ja zur Not auch noch gelangt.

MAX. Man soll aber an den morgigen Tag denken.

TONI. Vielleicht hast du die Güte und denkst auch ein bißchen für dich an den morgigen Tag.

MAX. Es ist nicht hübsch, mir das vorzuhalten. Und übrigens, gib mir das Geld für die Patente.

TONI. Du weißt es ganz genau, ich habe es nicht.

MAX. Dann leiste dir gefälligst nicht solche Roheiten. Wenn es mich nicht getroffen hätte mit dem Bein, so sollte Mutter wohl anders dastehen.

TONI. Das kann schon sein. Aber mehr als von morgens bis abends arbeiten kann man eben nicht.

MUTTER *erschrickt.* Beim Gärtner klingelt's. Die Gartentür.

MAX. Der Roßschlächter bringt eine Fuhre Pferdemist. Ihr fahrt ja zusammen wie von der Tarantel gestochen.

MUTTER. Toni hat mich ganz dämlich gemacht. Ich war wirklich so dumm zu glauben, daß er es sein könnte.

TONI. Würde es euch viel ausmachen, wenn ihr mich hier im Zimmer allein ließet? Ich mache euch selbstverständlich bekannt mit dem Geheimrat, wenn es so weit ist.

MAX. Ich verstehe gar nicht, wie ihr wegen eines solchen Menschen, der wie wir ißt und trinkt und seine Bedürfnisse verrichten muß, weil es ihm zufällig etwas besser geht als uns, soviel Aufhebens macht!

TONI. Ich mache nicht das geringste Aufheben. Ich will nur das Zimmer etwas aufräumen, es ist sowieso etwas muffig und dumpfig hier. Warum soll er nicht einen leidlichen Eindruck mit fortnehmen, da er doch schließlich mein Brotherr ist.

Es wird laut an die Tür gepocht. Alle verstummen.

MUTTER, *leise.* Kann er es doch am Ende gewesen sein?

MAX. Toni, hilf mir, bring mich fort. Es sieht ja hier ganz unmöglich aus, Toni. Mutter hat dir den ganzen Morgen gesagt...

MUTTER. Ja, da schneidst du Grimassen, aber Maxe hat wirklich recht, Toni.

GEHEIMRAT *öffnet die Tür.* Aber machen Sie doch wegen mir keine Umstände. Mein Auto wartet, ich muß gleich wieder fort. Es ist eben nur meine Art, mich gelegentlich über die Lebenshaltung von diesem und jenem meiner Angestellten zu unterrichten. Guten Tag, Fräulein Toni, guten Morgen, Frau Kürschner. Ich täusche mich nicht, Sie sind die Mutter. Man sieht es sofort an der Ähnlichkeit.

MUTTER. Für uns eine große Ehre, Herr Geheimrat; wollen Sie einen Augenblick Platz nehmen.
GEHEIMRAT. Der Gärtner hier hat eine wunderbare Chrysanthemenzucht, prachtvoll sind auch die Gurken und nun gar erst die Riesen-Kürbisse. Sie wohnen wirklich idyllisch, mein gutes Kind. Ist das Ihr Bruder?
MUTTER. Der leider aus seiner Karriere durch einen unglückseligen Zufall herausgeworfen worden ist. Er war Postangestellter.
GEHEIMRAT. Was fehlt Ihnen denn?
MAX. Kinderlähmung im linken Bein.
GEHEIMRAT. Können Sie stenographieren?
MAX. Nein.
GEHEIMRAT. Schreiben Sie Schreibmaschine?
MAX. Nein.
GEHEIMRAT. Können Sie mit der Feder fort?
MUTTER. Max war leider immer ein kränkliches Kind und mußte viel aus der Schule wegbleiben.
GEHEIMRAT. Nun, wir sprechen vielleicht noch später davon.
MUTTER. Mein Mann war Polizeikommissar und ist bald hier-, bald daher versetzt worden, so wurden die Kinder oft umgeschult, es gab kein regelmäßiges Fortschreiten.
GEHEIMRAT. Was aber Ihrer Tochter Toni, wie ich bezeugen kann, nicht das geringste geschadet hat. Sie ist schnell und gewandt in allen Schreibsachen.
MUTTER. Auch was Sprachen betrifft, fliegt ihr alles an.
MAX. Ich schreibe und rechne so gut wie sie, Mutter.
MUTTER. Aber natürlich, das leugne ich nicht — und er geht damit um, sich eine Reihe von Erfindungen patentieren zu lassen.
GEHEIMRAT. Wie gesagt, wir reden noch später davon.
Max geht hinaus.
MUTTER. Wie wäre es mit einem Täßchen Mokka, Herr Geheimrat? Wir sind arme Leute, aber wir halten auf guten Kaffee. Toni kann einen guten Kaffee kochen. Mein Vater war Pastor primarius in Görlitz, Herr Geheimrat, und besonders des Sonnabends brauchte er seinen guten Kaffee, wenn er die Sonntagspredigt präparierte.
GEHEIMRAT. Also bitte, es ist zwar außer der Zeit, aber ich bin nicht abgeneigt.
MUTTER. Der einzige Luxus, den wir treiben. *Glockenläuten.*

Die Predigt ist aus. Es sind die Glocken von St. Magdalenen und St. Elisabeth.

GEHEIMRAT *nimmt Platz*. Ein herrlicher Sonntag, ein herrliches Herbstwetter.

MUTTER. Der Großvaterstuhl, auf dem Sie sitzen, stammt noch vom Pastor primarius.

GEHEIMRAT *lacht*. Da müßte man sich beinah durch Käppchen und lange Pfeife vervollständigen.

MUTTER. Hier, auch der Pfeifenstand ist noch da.

Toni ab, um Kaffee zu kochen.

GEHEIMRAT, *nach Pause*. Meine liebe Frau Kürschner, ich bin gekommen, weil mir das Schicksal Ihres Fräulein Tochter am Herzen liegt. Ich habe Gefallen an ihr gefunden. Mein Interesse ist ohne alle Nebengedanken, was eigentlich überflüssig zu sagen ist. Ich liebe nämlich diese bestimmte, schnellentschlossene, sachlich mutige Wesensart, wie sie bei Ihrer Tochter so auffällig in Erscheinung tritt. Ich möchte ihr fort-, ja, ich möchte ihr aufhelfen.

MUTTER. Das hat mir meine Tochter bereits verraten, Herr Geheimrat.

GEHEIMRAT. Ist es nun richtig, was man mir sagt, daß Sie in den letzten vier Jahren beinahe nur vom Verdienst Ihres Töchterchens gelebt haben?

MUTTER. Und von dem traurigen Rest einer leider durch meinen verstorbenen Mann verpfändeten Witwenpension. *Sie beginnt zu weinen.* Dieses Kind ist wahrhaft aufopfernd.

GEHEIMRAT. Ihre Tochter ist achtzehn Jahre.

MUTTER. Toni wird neunzehn in einigen Wochen.

Die Eigenschaften des Großvaters, des Pastor primarius, kommen bei ihr wieder deutlich heraus. Er war nämlich nur ein halber Pastor. Er hat große Reisen nach Algier, nach Ägypten, nach Jerusalem, nach Konstantinopel, nach Kapstadt, ja nach Madagaskar gemacht, von wo er die große Sammlung herrlicher Schmetterlinge mitbrachte, die ich leider längst zu Geld machen mußte. Sie sammelt ebenfalls allerlei. Da liegt zum Beispiel die Botanisiertrommel. Sie unterhält ein hübsches Herbarium. Sie ist schuld daran, wenn wir in dieser Gärtnerei sitzen, in dieser etwas feuchten Wohnung, die sie allen anderen vorgezogen hat. Auch die Käfer hier unter Glas sind alle von ihr zusammengesucht. Ein botanisches und ein Handbuch für Käferkunde hat ihr ein Vetter geschenkt, der Gehilfe in einer

Buchhandlung ist. Des Sonntags streift sie durch Wiesen und Wälder, und zwar ganz allein, was mir manchmal nicht wenig Sorge macht.

GEHEIMRAT. Das wollen wir heut, mit Ihrer Erlaubnis, Frau Kürschner, zu zweien tun. Ich habe mein Auto vor der Tür.

MUTTER. Aber werden Sie sich einer schlichten Frau nicht schämen, Herr Geheimrat?

GEHEIMRAT. Eigentlich meinte ich Ihre Tochter, aber wenn Sie mit von der Partie sein wollen, wird mir das ein Vergnügen sein.

MUTTER. Nein, wo denken Sie hin, Herr Geheimrat.

Toni erscheint, um Porzellan aus dem Schrank zu nehmen.

MUTTER. Toni, du sollst mit dem Herrn Geheimrat ausfahren.

Toni wird rot.

GEHEIMRAT. Ja, wenn Sie nichts dagegen haben, fahren wir in meinem Auto nach Potsdam hinaus. Wir speisen in irgendeinem kleinen Gasthofe. Ich bin, wie Sie wissen, ein einsamer Mann, und ich bringe Sie unversehrt und hoffentlich erfrischt und befriedigt in die Arme Ihrer ausgezeichneten Mutter zurück.

MUTTER. Also fix, Toni, zieh dich an! Du hast ja das hübsche Blaue mit dem Strohhut im Schrank hängen.

5. 6. 31, vormittags.

II, 2

Szene

Die Geschwister, inbegriffen der Schwager, der Anwalt und ein Freund der Familie beraten die Entmündigung.
Bettina schwankt, der Schwager schürt, der Freund der Familie (Universitätsanatom) ist sachlich, Albrecht schließt sich aus.
Die ganze Angelegenheit wird zunächst vertagt.
Findet in der Wohnung des Schwagers statt.

ANWALT. Es käme in Frage Entmündigung, nicht wegen Geisteskrankheit, sondern Geistesschwäche, Geistesschwäche, die zu widersinnigen Handlungen und zur Verschwendung führt. Das Verfahren muß bei dem Amtsgericht, das für den zu Entmündigenden zuständig ist, beantragt werden.

ALBRECHT. Aber unser Vater ist ja nun einmal weder geisteskrank noch geistesschwach. Von Verschwendung zu reden bei seinem Vermögen geht doch ebenfalls nicht.

ANWALT. Dann werden Sie sich dem Entmündigungsantrag nicht anschließen?

SCHEURICH. Mein Herr Schwiegervater war ein exemplarischer Ehemann. Von Leuten, die Seitensprünge machten, hat er nicht nur nichts wissen wollen, sondern sie ohne Gnade verurteilt. Wo es anging und die Ehefrau ihm in den Ohren lag, pflegte er die Ehen zu leimen unter Androhung der Kündigung. Heut hat er ein kleines Verhältnis, kauft ihm Grundstücke, ja will es heiraten, will sich zurückziehen an den Thuner See und das Geschäft sich selbst überlassen, denn ich bin ja, ihr wißt, gekündigt worden.

ALBRECHT. Du hast deinen Austritt selbst erklärt.

SCHEURICH. Mein Herr Schwiegervater war so genau, daß eure Frau Mutter den größten Teil des Tages mit Führung und Kontrolle der Wirtschaftsbücher verbringen mußte. Jetzt fliegen die Tausender, ja die Hunderttausender zum Fenster hinaus. Der Geheimrat war früher der sanfteste Mann, neulich ist er im Jähzorn fast tätlich geworden. Ich kann mir nicht helfen, ich bin wenigstens für zeitweilige Entmündigung, auch zum Schutz eures Vaters, möcht' ich sagen.

ANWALT. Den Entmündigungsantrag selbst mit zu stellen, also zu unterschreiben, sind Sie, Herr Scheurich, als Schwager allerdings nicht befugt.

SCHEURICH. Ich brauch' ihn gar nicht unterschreiben. Ich vertrete nur meinen Schwägern und Schwägerinnen gegenüber die Ansicht, daß er gestellt werden muß.

PROFESSOR WERNER. Ich wüßte in der Tat nicht, was unversucht geblieben ist, um meinen guten Vater von einer Handlung des Wahnsinns zurückzuhalten. Zwischen ihm und dem Mädchen sind zweiundfünfzig Jahre Altersunterschied. Und ich schwöre, er wird sie heiraten, falls er nicht gewaltsam gehindert wird.

RUTH. Ich wehre mich mit allen Mitteln dagegen bis zum letzten Atemzug. Soll ich vielleicht diese alberne Fratze Mama nennen?

ANWALT. Darf ich fragen, wer unter Ihnen den Entmündigungsantrag gegen den Geheimrat einzubringen entschlossen ist?

RUTH. Ich zum Beispiel bin fest dazu entschlossen.
BETTINA. Ich bedingt und mit schwerstem Herzen, wie ich sagen muß.
PROFESSOR WERNER. Ich, nach reiflicher Überlegung und ernstester Rücksprache mit meinen medizinischen Freunden, bin es auch.
ANWALT. Das würde völlig genügend sein. Fehlt uns nur noch ein ärztliches Gutachten.
PROFESSOR WERNER. Mein väterlicher Freund, Schulfreund meines Vaters, Geheimrat Professor Dr. Rehn, wird so freundlich sein, uns seine Beobachtungen mitzuteilen.
PROFESSOR REHN. Ich bin Anatom. Von einem psychiatrischen Gutachten kann natürlich bei mir nicht die Rede sein. Ich saß neulich bei einem kleinen Herrenessen neben Ihrem Vater. Da bewegten sich seine Gedanken zu meinem wirklichen Befremden zwischen höchster Euphorie und tiefster Depression. Er empfahl mir zum Beispiel, den kleinen Traktat von David Hume über Selbstmord zu lesen, und nannte ihn, den Selbstmord nämlich, eine Handlung frei von Schuld und Tadel. Dann aber sagte er, man gehe im Alter gleichsam in eine neue, schönere Kindheit ein, und es komme ihm manchmal vor, als habe Gott dem Menschen das höchste Glück für das Alter, gleichsam eine Gotteskindschaft, aufbehalten. Dabei hat mein verehrter Jugendfreund den Namen Gottes früher kaum in den Mund genommen.
ANWALT. Ein ärztliches Gutachten, auch von Ihnen, könnte immerhin von einer günstigen Wirkung sein.
PROFESSOR REHN. Nein, ich würde mich so oder so dazu nicht hergeben.
ANWALT. Das Gericht kann übrigens auch beim Mangel eines ärztlichen Zeugnisses das Verfahren einleiten.
BETTINA. Eine ärztliche Untersuchung oder auch nur Begegnung mit einem Psychiater müßte Papa entsetzlich aufregen. Es könnten die ärgsten Dinge vorfallen. Sein Mißtrauen ist nun einmal geweckt, er sieht sich verfolgt, und, der Arzt mag sich stellen, wie er will, er durchschaut sofort, was man beabsichtigt.
ANWALT. Sie meinen, man kann ihm kein X für ein U machen.
BETTINA. Papa würde rasen, er würde sich nicht mehr kennen.
PROFESSOR WERNER. Ich habe leider die entsprechende Erfahrung schon einmal mit ihm gemacht.

RUTH, *zu Bettina.* Und was wäre geschehen, hättest du am Freitag nicht den Revolver vom Tisch entfernt?
ANWALT. Bedingte Gemeingefährlichkeit. Ich bin überzeugt, das Gericht wird nach dem geschilderten Tatbestand dem Antrag unbedingt Folge geben und zum mindesten das Verfahren einleiten. Natürlich werden dann die Sachen im einzelnen durchgeprüft, der zu Entmündigende hat Gelegenheit, sich zu verteidigen, aber schon nicht mehr als Partei. Es hängt ganz allein vom Richter ab, inwieweit er ihn zum Worte kommen lassen will, ihn oder ebenso seinen Bevollmächtigten. Es liegt übrigens bei dem Richter, ob er den zu Entmündigenden überhaupt noch zu sehen oder zu verhören für notwendig hält.

5. 6. 31, nachmittags.

ALBRECHT. Ihr wollt also wirklich Vater entmündigen?
RUTH. Wir wollen verhindern, daß wir zu Bettlern werden.
SCHEURICH. Wenn es noch eine Weile so weitergeht, der hörige Zustand sich steigert, in den euer Vater geraten ist, so ist es wahrhaftig nicht ausgeschlossen, daß das ganze Haus Ackermann zusammenbricht.
ALBRECHT. Also nochmals: ihr wollt unsern Vater entmündigen? Er hat von unten auf angefangen, einem Wochenblatt ist eine Tageszeitung gefolgt, der ganze große Betrieb ist durch seine überragende Intelligenz und Arbeitskraft aufgebaut, jeder Pfennig des Barvermögens ist selbst erworben. Mit der größten Geschicklichkeit, in den Grübeleien seiner schlaflosen Nächte hat er alles glücklich durch den Weltkrieg und die nachfolgende Inflation laviert. Nicht Sie, lieber Schwager Emil, sondern er. Sie waren um jene Zeit noch ein einfacher Schriftsetzer.
SCHEURICH. Es ist keine Schande, wenn man einmal Schriftsetzer gewesen ist.
ALBRECHT. Nein, aber daß man so gegen seinen Wohltäter auftritt, ist eine Schande. Adieu! Ich wünsche nichts mehr zu tun zu haben mit euch.

6. 6. 31, vormittags.

II, 3

Szene

Das Zimmer im alten Familienhaus mit dem Porträt der verstorbenen Geheimrätin über dem Kamin. Hinter der Fenstergardine stehend, blicken Bettina und Albrecht auf die Straße.

BETTINA. Bei hellem lichten Tage, im offenen Auto... Ist es die Möglichkeit!
ALBRECHT. Ist es denn wirklich so schlimm, Bettina?
BETTINA. Er bringt sie in ebendas gleiche Haus, in dem Mama gewandelt ist.
ALBRECHT. Schließlich ist sie doch keine Verfemte.
BETTINA. Kurnik (alter Diener) sogar ist außer sich, er hat nur stumm die Hände gerungen.
ALBRECHT. Sie sind zunächst in den Park und zu den Vogelvolieren gegangen, sagt Kurnik. Er wird ihr wohl auch die Kristallsammlung zeigen im Pavillon.
BETTINA. Kurnik wird uns verständigen, ehe sie zurückkommen. — Er ließ sie öffentlich rechts sitzen, sahst du das?
ALBRECHT. Eine Dame läßt man immer rechts sitzen.
BETTINA. Aber nicht eine kleine Angestellte, wenn man Chef einer Weltfirma und über siebzig ist. Papa wäre Exzellenz geworden, hätte nicht der Ausbruch des Kriegs alles zunichte gemacht.
ALBRECHT. Was kann man dagegen haben, er will ihr das alte Haus zeigen. Allerdings liegt es nahe, daß man andere Gedanken damit in Verbindung bringt.
BETTINA. Es ist ihm weit ernster, als wir annehmen. Ich wage gar nicht daran zu denken, worauf diese unbegreifliche Handlung hindeutet. Paß auf, er will sie mit uns bekannt machen.
ALBRECHT. Dann wird man ja sehen, was an ihr ist.
BETTINA. Ich werde nicht sehen, was an ihr ist, sondern mich in mein Zimmer einschließen. — Sage mir nur mal ehrlich, Albrecht, hältst du Papa, den vornehmen, zugeknöpften, distinguierten Papa, den ersten Grandseigneur der Stadt, der unsere Mutter auf Händen trug, der sie gleichsam auf einen Altar gestellt hat, in diesem schönen, nur den vornehmsten Geistern und Familien zugänglichen alten, schö-

nen Hause, das wie das Heiligtum, verzeih mir, wie um eine Gottheit war... hältst du Papa für fähig, kurz gesagt, dies ordinäre kleine Balg zu heiraten oder auch nur zu erwägen, ob dies im Bereich des Menschenmöglichen sei? — Hältst du Papa dazu für fähig, Albrecht?

ALBRECHT. Ehrlich gestanden, ich weiß es nicht.

Diener Kurnik tritt schnell ein.

KURNIK, *mit übertriebener Geste.* Der Geheimrat kommt mit der Tippmamsell.

Diener, Bettina und Albrecht schnell ab.
Geheimrat und Toni treten ein.

GEHEIMRAT. Hier hätten wir nun mein Arbeitszimmer und nebenan meine Bibliothek.

TONI. Überm Kamin, das ist deine Frau, Bernhard?

GEHEIMRAT. Meine vielgeliebte verstorbene Frau.

TONI. Aber noch als Mädchen?

GEHEIMRAT. Ja, als Braut.

TONI. Wer hat sie gemalt?

GEHEIMRAT. Wilhelm von Kaulbach. Siehst du dort den Schmetterling, das Pfauenauge, am Bande des Gainsborough-Hutes, der ihr am Arme hängt? Darin hat sich der Maler symbolisiert. Sie hat mir gestanden, er habe gesagt, daß, so wie dieser Schmetterling mit ihrem Bilde verbunden bleibe, seine Seele, solange sie lebe, um sie schweben werde. Heute nun aber sind beide tot.

TONI. Das sind wohl englische Handschuhe, die sie da bis zum Ellbogen heraufgezogen hat?

GEHEIMRAT. Ja, ich denke, es sind wohl englische.

TONI. Das Kleid ist Musselin, soviel ich sehe.

GEHEIMRAT. Sehr hell, sehr locker, sehr leicht. Als Malerei sicher ein Meisterstück.

TONI. Um Schultern und Brust, das sind echte Spitzen?

GEHEIMRAT. Echte alte Brüsseler Spitzen. Sie stammen aus einem Familienschatz. Es sind herrliche Sachen, die schon die Mutter meiner Frau getragen hat. Interessieren sie dich? Frau Müller (Kammerfrau der Verstorbenen) kann sie dir gern im Original zeigen, da der ganze Familienschatz noch vorhanden ist.

TONI *berührt seine Hand.* Bernhard, verzeih, es ist wohl genug. Es legt sich mir alles ein bißchen auf die Brust. Es ist gar nicht so leicht, sich zurechtzufinden. *Sie sucht einen Sessel und nimmt Platz.* Stammt dies Haus aus deiner Familie?

GEHEIMRAT. Nein, ich habe es selbst erst gekauft. Ich habe es gekauft, ehe ich heiratete. — Vielleicht tut dir ein Gläschen Kognak wohl, oder was sonst? Vielleicht eine Tasse Schokolade?

TONI. Nein, bitte, klingle nicht, wir wollen gehen.

GEHEIMRAT. Gefällt es dir gar nicht ein bißchen bei mir, liebes Kind?

TONI. Oh, deine Kristalle, deine Vögel, jawohl! — Du wirst verstehen, man muß das alles erst langsam verarbeiten. — Gibt es nicht übrigens irgendeine kleine Hintertür, durch die du mich ganz unauffällig auf eine kleine Nebengasse hinauslassen kannst?

GEHEIMRAT. Nein, wir verlassen gemeinsam das Haus durch das Hauptportal. *Er klingelt. Kurnik erscheint.* Bitten Sie doch meine Tochter Bettina für einen Augenblick.

KURNIK. Das gnädige Fräulein Bettina sind ausgegangen.

GEHEIMRAT. So, ausgegangen?! Das muß in den letzten Minuten gewesen sein; als wir ankamen, stand sie am Fenster.

KURNIK. Sie sagte, ich solle...

GEHEIMRAT. Wer sagte, Sie sollen?... Was sollten Sie?

KURNIK. Sie bat mich, sie beim Herrn Geheimrat zu entschuldigen.

ALBRECHT *tritt ein.* Ach, entschuldige bitte, Papa, ich störe?

GEHEIMRAT. Aber keineswegs, bitte. *Stellt vor.* Albrecht, mein jüngster Sohn — du siehst hier meine kleine Protektionstochter, deren Mama, wie sich herausgestellt hat, die Frau meines Jugendkameraden Emil Kürschner gewesen ist. Wir waren lange sehr innige Freunde. Seine Tochter ist gleichsam ein Stück von ihm. So überraschend, so in die Augen fallend ist die Ähnlichkeit. Ich bin dem Verstorbenen sehr viel Dank schuldig.

TONI *hat Albrecht groß angesehen.* Irre ich mich, oder kennen wir uns?

ALBRECHT. Erlauben Sie, ich erinnere mich nicht.

TONI. Es kann voriges Frühjahr gewesen sein, da haben Sie mich auf der Straße einmal angesprochen?

GEHEIMRAT. Du sprichst auf der Straße junge Damen an?

ALBRECHT. Wenn das Fräulein es sagt, so muß es ja wohl Wort haben.

TONI. Das erlebt man täglich, das ist weiter nicht auffällig. Es war, glaub' ich, ein Auflauf in der Nähe, und Sie boten

mir, wenn ich nicht irre, zum Schutz Ihre Begleitung an, da üble Elemente dabei waren.
ALBRECHT. Richtig, richtig! Es war wieder so ein Tumult an der Grenze der Bannmeile.
GEHEIMRAT. Albrecht, du wirst so gut sein, das Auto steht unten, du begleitest Fräulein Kürschner nun also das zweite Mal nach Haus. Ich habe leider dringend zu arbeiten.
ALBRECHT. Mit Vergnügen. Wie du befiehlst, Vater.

5. 6. 31, vormittags.
II, 4

Szene

Im Gärtnerhaus.
Kürschners sitzen beim ersten Frühstück. Etwas übernächtig kommt der Geheimrat. Toni war im Begriff, ins Geschäft zu gehen. Der Geheimrat hat nicht geschlafen. Er eröffnet der Geliebten, er könne den Verdacht nicht loswerden, man wolle etwas gegen ihn unternehmen. Seine Kinder, aufgestachelt durch den Schwager, gingen möglicherweise mit dem Gedanken um, ihn zu entmündigen.
Toni lacht hohn.
Der Geheimrat entwickelt die tatsächliche Gefahr und Bedrohung, sein Anwalt hat ihn aufgeklärt.
In diesem Augenblick ist die Lage so bei den Kürschners: die Handelsgärtnerei ist von Ackermann gekauft. Eine kleine Villa auf dem gleichen Grundstück ist von Ackermann erbaut und nahezu fertiggestellt.
Der Handelsgärtner ist angestellter Gärtner bei Frau Kürschner geworden. Alles ist Toni zugeschrieben, Frau Kürschner ist aber zum Schein Besitzerin.
Der Geheimrat hält Toni vom Geschäftsgang zurück, er schläft ein, ihre Hand auf der Stirn.
»Ich weiß nicht, was mit mir geschehen. Ich habe nie in meinem Leben an einen Strick gedacht oder an einen absurden Sprung aus dem Fenster. Ich wurde vielleicht wirklich wahnsinnig.«

5. 6. 31, vormittags.

II, 5

Szene

Bereits im neuen Häuschen der Kürschners.
Frau Kürschner und Sohn sitzen beim Frühstück. Da kommt Toni herein. Man hat ihr die Kündigung eingehändigt, man hat sie aus dem Geschäft gewiesen. Der Geheimrat soll entmündigt werden oder entmündigt worden sein wegen Verschwendung aus Geistesschwäche. Wahrscheinlich ist er bereits in einer geschlossenen Anstalt zu ärztlicher Beobachtung. Vor Verlauf von sechs Wochen wird man ihn nicht herauslassen.
Frau Kürschner sieht voraus, daß man auch die Schenkung annullieren wird, sie schimpft heftig auf den Geheimrat. Er habe Unfug mit ihnen getrieben, sie würden nun bald ärmer sein als zuvor. Dazu hätte man nun einen Schandfleck am Rock.
Toni beträgt sich sehr merkwürdig. Sie singt vor sich hin. Es ist etwas in ihr von einem düsteren Entschluß. Ihre geheimen Gedanken sind etwa so: Den Zusammenbruch dieser Illusion ertrage ich nicht. Die Trennung vom Geheimrat ertrage ich nicht. Eine Wendung zum Guten ist unwahrscheinlich. Vielleicht fällt er ab, aber das glaube ich nicht. Vielleicht sehen wir uns wieder, und wir gehen gemeinsam in den Tod, im andern Falle ich allein.
Ein wegen Krankheit, Bleivergiftung, beurlaubter Schriftsetzer kommt. Er bringt Einzelheiten. Man hat dem Geheimrat den Entmündigungsbeschluß zugestellt. Das hat Scheurich dem Dr. Schober erzählt, als er, nämlich Scheurich, wieder die Prokura des ganzen Betriebs übernommen hat. Das Gespräch ist belauscht worden.
»Dieser Schuft (Scheurich), er war immer hintertückisch und fähig, über Leichen zu schreiten (schon als er mit mir Seite an Seite am Setzkasten stand).«

NEUES SCHEMA

Bad Eilsen, 8. 6. 1931, nachmittags.

I. Akt: 1. Szene: II, 1.
  2. Szene: I, 1; I, 2; I, 4; I, 5.

II. Akt: 1. Szene: II, 3.
  2. Szene: I, 6.

III. Akt: 1. Szene: ⟨I, 10; I, 12⟩ Neu zu schreiben: Der Geheimrat im Gärtnerhaus.
  2. Szene: I, 10; I, 12; Erste Auseinandersetzung mit den Kindern; I, 15, Hinauswurf; I, 20.

IV. Akt: 1. Szene: I, 17, im Gärtnerhaus; II, 2, Geschwister beraten die Entmündigung.
  2. Szene: Überreichung des Schriftstückes an den Geheimrat, wonach gerichtliches Entmündigungsverfahren eingeleitet; der Schwiegersohn ist nicht gegenwärtig ⟨, wohl aber Toni⟩.

V. Akt: 1. Szene: II, 4, im Gärtnerhaus, der Geheimrat geflohen.

[III]

FÜNFTER AKT

Das gleiche Zimmer wie im vorigen Akt sowie Akt eins und drei.
Es ist gegen neun Uhr abends.

ERSTE SZENE

Justizrat Hanefeldt und Frau Peters sitzen unter dem Licht einer Tischlampe. Die anstoßenden Räume, soweit man sie sieht, ebenfalls nur schwach beleuchtet.

JUSTIZRAT HANEFELDT. Ich hatte schon um fünf das erstemal mit der Gärtnerei Buch telefoniert, hernach um sechs, Sie waren immer noch nicht zu Hause.
FRAU PETERS. Ich kam erst um acht Uhr aus der Stadt, ich hatte Besorgungen. Als mein Bruder mir sagte, Sie wünschten mich augenblicklich zu sprechen, Herr Administrator, bin ich natürlich erschrocken, und zwar nicht zu wenig, wie man sich denken kann, aber das Auto stand vor der Tür, und ich bin augenblicklich eingestiegen.
JUSTIZRAT HANEFELDT. Sie wissen vielleicht nicht, Frau Peters, was sich heute in diesem Hause ereignet hat. Vor Monaten hatte ich einmal Gelegenheit, Ihnen draußen in Buch einen Vorschlag zu unterbreiten. Ich riet Ihnen damals, Sie möchten ihm nähertreten, da andernfalls allerlei Unliebsames zu gewärtigen sei. Das Unliebsame ist eingetroffen, — es ist auf eine verheerende Weise hereingebrochen. Hätten Sie damals nicht abgelehnt, es würde vermieden worden sein.
FRAU PETERS. Verzeihen Sie gütigst, Herr Administrator, aber wenn Sie mir die Schuld an den Verhältnissen in der Familie Clausen aufbürden wollen, protestiere ich.
JUSTIZRAT HANEFELDT. Nun ja, was heißt Schuld?! Schuld will ich Ihnen natürlich nicht aufbürden. Ich gehe sogar Ihrer Tochter Inken gegenüber, wo es naheläge, nicht so weit. Es ist ja noch nicht mal majorenn, das Mädchen. Trotzdem würde ohne sie dieses Unglück nicht geschehen

sein, dessen höchst traurige Folgen einstweilen noch gar nicht zu überblicken sind.
FRAU PETERS. Sie spannen mich auf die Folter, Herr Administrator. Ich will doch nicht etwa annehmen, daß meiner Inken etwas zugestoßen ist?!
JUSTIZRAT HANEFELDT. Nein. Ihre Tochter ist gesund. Insofern ist ihr nichts zugestoßen. Unberührt von den Ereignissen des heutigen schwarzen Tages bleibt sie natürlich nicht. Eine Schicksalswende ist unbedingt auch für die Kleine, Frau Peters, eingetreten.
FRAU PETERS. Ich habe nicht das geringste dagegen, wenn es endlich soweit ist. Ich habe den Augenblick herbeigesehnt, an dem Inken zur Vernunft käme. Was auch immer geschehen ist, gebe Gott, daß sie sich in ihrem gesunden Sinn gefangen hat.
JUSTIZRAT HANEFELDT. Ja, das müssen wir hoffen, Frau Peters. Und darauf müssen wir hinarbeiten, wo es noch nicht bis dahin gediehen ist. Denn ihr junges Gemüt hat immerhin etwas auszuhalten.
FRAU PETERS. Darf ich denn nun endlich wissen, was geschehen ist?
JUSTIZRAT HANEFELDT. Der Geheimrat hat einen Nervenanfall gehabt. Jetzt ist er gebessert, — aber man weiß nicht, wie es ausgehen wird. Die sogenannte Prognose ist unsicher. Eine halbe Stunde und länger hat er getobt, — jaja, Frau Peters, es ist so. Er war richtig tobsüchtig. Man hat ihn mit Mühe und halber Gewalt zur Ruhe gebracht. Man kann sich so etwas gar nicht vorstellen — in diesem Hause, ein solcher Mann! Selbst wenn man es sieht und miterlebt, greift man sich an den Kopf und glaubt es nicht.
FRAU PETERS. Weshalb wurde denn der Geheimrat tobsüchtig?
JUSTIZRAT HANEFELDT. Nun, doch wohl, weil sein Nervensystem zerrüttet ist. Man hat es ja schließlich lange gewußt, weshalb ja nun auch die Gerichte sich einmischen.
FRAU PETERS. Ist der Geheimrat hier im Haus?
JUSTIZRAT HANEFELDT. Ja, morgen wird er in eine Anstalt gebracht.
FRAU PETERS. Und wo ist meine Tochter?
JUSTIZRAT HANEFELDT. Irgendwo im Hause herum. Zutritt zum Geheimrat verhindern die Ärzte.
FRAU PETERS *erhebt sich, geht auf und ab.* — Sie wird auch jetzt noch nicht auf mich hören! Und ist der Geheimrat geistes-

krank, so wird sie es immer und ewig bestreiten. Eher verliert sie selbst den Verstand und bringt sich mit ihm zusammen ins Irrenhaus.

JUSTIZRAT HANEFELDT *dreht die Bildlampe an, die das zerschnittene Bild beleuchtet.* Sehen Sie sich das Bild mal an.

FRAU PETERS. Es ist Frau Clausen als Braut, wie es heißt.

JUSTIZRAT HANEFELDT. Hier bitte, es ist zerfetzt und zerschlissen. Das hat aber nicht ein Vandale gemacht, sondern Geheimrat Clausen mit eigenen Händen.

FRAU PETERS *faßt sich mit beiden Händen an den Kopf.* Ich ahnte ja nicht, daß es so weit ist!

JUSTIZRAT HANEFELDT. Nun, Frau Peters, ich habe Sie bitten lassen, damit Ihre Inken die Mutter zur Stütze hat. Manchmal scheint sie ja hart wie Stahl — aber gerade die Härte vielleicht ist gefährlich, wenn man morgen den Geheimrat etwa wegschaffen muß. Denn daß sie ihn wirklich mit der ganzen Kraft ihrer ersten Liebe liebt, ist mir zu meinem Erstaunen klar geworden. Direktor Klamroths entgegengesetzte Ansicht beirrt mich nicht. — Nicht auszudenken, was sich ereignen könnte, und mit was für Folgen für beide Teile!

FRAU PETERS. Verschaffen Sie mir nur eine Unterredung mit ihr. Ich werde sie, unter welchem Vorwand auch immer, mit mir nach Buch nehmen, ich werde sagen, für eine Nacht, mein Bruder sei krank oder dergleichen.

JUSTIZRAT HANEFELDT. Wie mir Professor Geiger, ein Herr aus seiner Umgebung, sagt, will der Geheimrat nur immer Schach spielen. Etwas anderes, Menschen und Dinge, Inken nicht ausgenommen, interessiert ihn nicht. Da irrt sie denn einsam im Hause umher, und man dürfte sie eigentlich nicht allein lassen.

FRAU PETERS. Um Himmels willen, das darf man nicht!

JUSTIZRAT HANEFELDT. Wir denken beide an ihren Vater...

FRAU PETERS. Bitte inständigst, bringen Sie meine Tochter zu mir, oder bringen Sie mich zu meiner Tochter.

JUSTIZRAT HANEFELDT. Gut, Frau Peters, folgen Sie mir. *Sie gehen beide ab.*

ZWEITE SZENE

Inken und Diener Winter treten ein.

INKEN. Hat der Geheimrat nach mir gefragt?
WINTER. Er spielt immer noch Schach mit dem Professor. Es ist erstaunlich, wie ruhig er wieder ist.
INKEN. Er hat also nicht nach mir gefragt...
WINTER. Richtig, ja, er hat zweimal gefragt. Aber sowohl Dr. Steynitz als der Professor sind beide nicht darauf eingegangen. Es ist wohl wegen der Aufregung, sie wollen wohl warten, bis kein Rückfall mehr zu befürchten ist.
INKEN. Halten Sie den Geheimrat auch für krank, Winter?
WINTER. Heute vielleicht, nachdem ihn der Schuß aus dem Hinterhalt getroffen hat. Vorher ist er nicht krank gewesen.
INKEN. Ich fühle auch, ich weiß kaum wieso, die Veränderung.
WINTER. Ich auch, ich weiß auch nicht wieso, Fräulein Peters. Es wäre mir weniger wunderlich, wenn er sich weiter die Leber durch Schimpfen und Wüten frei machte. Aber dieses Schweigen, dieses Schachspielen, dieses so tun, als ob überhaupt nichts gewesen wäre, ängstet mich.
INKEN. Sie sprachen von einem Schuß aus dem Hinterhalt. Wer hätte ihn denn wohl abgeschossen?
WINTER. Oh, lange suchen braucht man da nicht.
INKEN. Das wäre so gut als Meuchelmord.
WINTER. Gewiß, viel anders ist es auch nicht.
INKEN. Könnten Sie mir nun einen Rat geben, was unsereiner nun tun oder lassen soll bei dieser Sachlage? Ich gestehe offen, daß man wie vor den Kopf geschlagen ist.
WINTER. Wir sind alle wie vor den Kopf geschlagen.
INKEN. Ich weiß nicht mehr, wo ich hingehöre. Wenn ich nun aus dem Hause fortginge, etwa zu meiner Mutter nach Buch ginge, würde das Ihrer Ansicht nach allzu rücksichtslos gegen den Geheimrat sein?
WINTER. Darüber könnte ich keinen Bescheid geben. Es klingelt, Fräulein Peters, entschuldigen Sie mich. *Winter geht ab.*

DRITTE SZENE

Inken ist allein. Sie öffnet die Glastür zum Balkon und tritt hinaus. Der Mond, aus Wolken tretend, beleuchtet sie. Jetzt erscheinen Justizrat Hanefeldt und Frau Peters.

JUSTIZRAT HANEFELDT. Dort ist sie, Frau Peters. Ich denke, ich verlasse Sie. *Er reicht ihr die Hand und zieht sich zurück. Frau Peters betrachtet eine Weile ihre Tochter und führt dann das Taschentuch an Mund und Augen. Mit Mühe gesammelt, nähert sie sich Inken und legt ihr die Hand auf die Schulter. Inken wendet sich langsam nach ihr um.*

INKEN. Ich ahnte, du würdest kommen, Mutter. *Sie reicht der Mutter die Hand, tritt ins Innere des Raumes zurück und schließt eigenhändig die Glastür. Als dies geschehen ist, wendet sie sich sehr ruhig zur Mutter.* Nun also, wir wollen gehen, Mutter.

FRAU PETERS. Kannst du mir wohl erklären, wie sich alles so plötzlich, auf eine so unbegreifliche Weise geändert hat?

INKEN. Nein, Mutter, ich kann dir gar nichts erklären.

FRAU PETERS. Du hast aber doch der schrecklichen Katastrophe beigewohnt, die sich hier ereignet hat.

INKEN. Für mich kam die Katastrophe erst später.

FRAU PETERS. Worin bestand denn die Katastrophe für dich?

INKEN. Darin, Mutter, daß plötzlich alles und alles, was vorher war, nicht mehr ist. Ich selber bin mir wie nie gewesen.

FRAU PETERS. Ihr seid wohl sehr hart aneinandergeraten?

INKEN. Aneinandergeraten? Matthias und ich?

FRAU PETERS. Ich dachte vielmehr an seine Kinder.

INKEN. O nein, Mutter, auch mit ihnen nicht. Da blieb, bei Gott! nichts mehr nachzuholen, als der Geheimrat gewettert hatte.

FRAU PETERS. Es heißt, der Geheimrat ist geisteskrank. Man wird ihn in eine Anstalt bringen.

INKEN. Vor dem scheußlichen Überfall dieser Meute von Seelenmördern, der eigenen Kinder, war er es nicht. Was er jetzt ist, — wer will das wissen?! *Sie erregt sich und geht schneller auf und ab.* Es ist lieb, Mutter, daß du gekommen bist. Irgendwie hat man den Drang, sich auszusprechen. Man steigt in dem schlimmen Hause umher wie sein eigener Geist und wird gemieden wie eine Pestkranke. Eben hat mich der alte Diener Winter, bei dem ich Trost suchte, abgeschüttelt. Halte du nun mal gefälligst still, Mutter!

Als das Toben über Matthias kam, wollte ich mich ihm um den Hals werfen. Beinahe hätt' ich gejauchzt, so fühlte ich mich. Die Engel im Himmel hört' ich Triumph singen! Wie mit Blitzen zerschmetterte Matthias das Geschmeiß. Dann aber war es plötzlich, als ob er an seinen eigenen Blitzen verkohlte. Und, Mutter, der Eindruck war so stark: ich tat nur noch Samariterdienste, wie ich sie jedem anderen getan hätte...

FRAU PETERS. Und so wollen wir auf der Stelle das Unglückshaus verlassen, Inken, denn das ist ja doch das Zeichen deiner Ernüchterung.

INKEN. Vielleicht ist es eine Ernüchterung. Aber so einfach sind doch die Folgen nicht, wie du dir das so zurechtmachst, Mutter. Schlichthin davongehen kann ich deswegen noch nicht. Dazu bin ich zu sehr umstellt von Gefahren.

FRAU PETERS. Es wäre ja schließlich noch kein Davongehen. Der Administrator selber sagt, man sollte nur alles ruhig abwarten. Er ist ja wohl als Vormund oder dergleichen über den Geheimrat eingesetzt.

INKEN. Du hast also Hanefeldt gesprochen. Er hat dich gerufen. Er will mich forthaben. Er stellt sich gerührt und bestürzt, als wäre er gegen seinen Willen mit dieser traurigen Sache befaßt worden, — und doch wären die Clausenschen Kinder, trotz Klamroth und der geborenen von Rübsamen, ohne ihn nie zum Ziele gelangt. Heute ist er Administrator von Buch, morgen wird er das ganze Geschäftshaus Clausen in der Hand haben.

FRAU PETERS. Kind, wenn du aber, wie du meinst, von Gefahren umlauert bist, so hast du doch erst recht allen Grund, den Staub dieser ganzen Umgebung von dir zu schütteln. Oder was suchst du hier noch? was erwartest du noch? Du sagtest doch selbst eben, daß du fortwolltest.

INKEN. Ich will auch fort — doch ich kann nicht fort.

FRAU PETERS. Also bitte, sag deiner Mutter den Grund, Inken.

INKEN. Matthias braucht mich, ich kann es nicht ... ich darf Matthias jetzt nicht allein lassen.

FRAU PETERS. Wenn er aber doch gar nicht mehr Herr seiner selber ist?! Er wird doch bewacht, und man muß ihn bewachen, wenn er nicht schließlich alles wieder zerschlagen soll. Beinahe ist er doch gar kein vernünftiger Mensch mehr, sozusagen.

INKEN. Das mag sein, wie es will: Ich verlasse ihn nicht.
FRAU PETERS. Man hält dich doch aber fern von ihm. Ob du hier bist oder bei mir, das ändert doch schließlich nichts an der Sachlage. Und hast du nicht eben zu mir gesagt, daß alles, alles, was vorher war, nicht mehr ist? Was nicht mehr ist, das ist gewesen, und dem Gewesenen nachlaufen soll man nicht.
INKEN. Warten wir noch eine Zeitlang, Mutter. Ich möchte mich nur noch ein einziges Mal, meinethalben ein letztes Mal, durch den Augenschein überzeugen, ob alles in Matthias wirklich vernichtet ist, wofür wir beide so innig verbunden gelebt haben. Wahr ist, ihn wiederzusehen fürchte ich mich. Wenn ihn der schwere Schlag umnachtet hat, und ich würde von ihm nicht einmal erkannt werden — —...
FRAU PETERS. Inken, du solltest kurzen Prozeß machen. Warum sich an einen Strohhalm klammern ... Du solltest dein Auge ins Leben richten und nicht auf einen alten Mann, dessen letzte Stunde wahrscheinlich nicht ferne ist!
INKEN. Ich sehe kein Leben mit ihm, Mutter, und ich sehe kein Leben ohne ihn — — Aber trotzdem, oder deshalb vielleicht, müßte ich, komme was wolle, solange noch der allergeringste Schimmer einer Hoffnung ist, aber auch ohne Hoffnung, wie ein Hund vor seiner Tür liegen! *Sie hält die Hände vor das Gesicht und schluchzt.*

VIERTE SZENE

Sanitätsrat Steynitz tritt ein.

SANITÄTSRAT STEYNITZ, *nicht gerade angenehm überrascht.* Ach, die Damen Peters! — Sie sind hier, meine Damen?! Ich überlege nämlich eben, was man mit dem armen zerschnittenen Porträt machen soll, um den Geheimrat nicht an seinen verzweifelten Paroxysmus zu erinnern. Er ist nämlich unterwegs hierher, weil er Luft braucht, wie er sagt, und weil er den Blick in den Garten liebt. Er will ein Weilchen am offnen Balkon sitzen.
FRAU PETERS. Dann laß uns nur eilig gehn, Inken.
SANITÄTSRAT STEYNITZ. Winter, kommen Sie doch mal rein. Da hängt ja ein richtiger Lappen herunter. Kann man die

Leinwand nicht mit Nadeln ein bißchen zusammenstecken? *Winter ist gekommen, steigt auf den Stuhl und dann auf den Kamin, an dem Bilde herumbastelnd.*

FRAU PETERS. Also, Inken, ermanne dich. *Sie will Inken fortführen.*

INKEN *steht unbeweglich, verfolgt den Sanitätsrat mit den Augen, sucht und findet dabei seinen Blick.* Heute, Mutter, plagt dich die Ungeduld, von der ich — du kannst dich vielleicht erinnern — gejagt wurde, als ich das allererste Mal hier im Zimmer war. Heut mußt du noch fünf Minuten aushalten, bis mir der Sanitätsrat ein bißchen gesagt hat, woran ich bin.

SANITÄTSRAT STEYNITZ, *achselzuckend.* Es ist wenig zu sagen, Fräulein Inken.

INKEN. Nun, das ist in der Tat nicht viel. Mutter, vielleicht gehst du ein bißchen voraus, Herr Winter führt dich vielleicht in mein Zimmerchen. Sehr lange auf mich warten brauchen wirst du wohl nicht... *Frau Peters, von Winter fortgeführt, geht still ab. Sie führt dabei mehrmals das Taschentuch an die Augen.* Herr Sanitätsrat, Sie waren bis jetzt mein Freund. Wollen Sie mir noch einmal als Freund einen Rat geben? Wie tief habe ich die Änderung auf mich zu beziehen, die im allgemeinen eingetreten ist?

SANITÄTSRAT STEYNITZ. Das weiß ich nicht. Es scheint mir aber ein Fall, in dem Sie Ihr eigenes Gefühl belehren muß.

INKEN. Wir zwei waren, der Geheimrat und ich, wie Sie wissen, sozusagen eine Zweieinigkeit. Seit heute morgen ist sie zerrissen. Können Sie mir irgendeinen Anhalt dafür geben, ob diese Trennung künstlich oder natürlich ist?

SANITÄTSRAT STEYNITZ. Die künstliche Trennung, da der Geheimrat Patient ist und in ärztlicher Behandlung steht, ist leider eine Notwendigkeit. Irgendeiner Erregungsmöglichkeit darf man ihn nicht aussetzen. Im übrigen steht er ja erst unter Beobachtung. Professor Lämmerhirt, wie Sie wissen, ist zugezogen. Der Kollege war darin mit mir einverstanden, daß die Gegenwart des Professors Geiger von beruhigender Wirkung für ihn ist. Aber...

INKEN. Meine Gegenwart also nicht?

SANITÄTSRAT STEYNITZ. Bei den Beziehungen, die zwischen Ihnen bestanden haben, wohl sicherlich nicht.

INKEN. So meinen Sie, daß sie nicht mehr bestehen, diese Beziehungen?

SANITÄTSRAT STEYNITZ. Sie fragen mich viel zuviel, Fräulein Inken. Ich bin nicht mehr als ein einfacher Arzt. Mich in Intimitäten einzumischen ist meines Amtes nicht. Sie wissen ja übrigens ebensogut als ich, was wir heute morgen erlebt haben.

INKEN. Nun, dann sagen Sie mir kurz und klar, daß der Geheimrat unzurechnungsfähig ist.

SANITÄTSRAT STEYNITZ. Die Frage mit Ja oder Nein beantworten hieße ein Resultat vorwegnehmen, das die Untersuchung erst erweisen soll. Einiges allerdings, ja sogar vieles, was ihn einst bewegte, scheint aus seinem Gedächtnis gestrichen. Ob es aber nur so scheint oder Absicht zugrunde liegt, kann wiederum wenigstens vorläufig niemand entscheiden. So hätte ich Ihnen nun, denke ich, alles, aber auch alles gesagt, was eben in diesem schmerzlichen Augenblick überhaupt zu sagen ist.

INKEN. Wenn ich also das Haus verlasse und mit meiner Mutter nach Buch gehe, übe ich keinen Verrat an ihm?

SANITÄTSRAT STEYNITZ. Verrat? an dem Patienten? Nicht daran zu denken. Wie kommen Sie bloß darauf, liebes Kind?

INKEN. Es ist mir nur so durch den Kopf gegangen. *Sie schickt sich zum Gehen an.* Also grüßen Sie den Geheimrat.

SANITÄTSRAT STEYNITZ. Ich könnte nicht einmal das übernehmen, weil es schädliche Folgen haben könnte und gegen die Vorschrift ist.

INKEN. Und Matthias selbst? — Matthias selbst? Hat er sich immer in alles gefügt, was ihm zugemutet worden ist? Ist er niemals mit geballten Fäusten, um mich zu sehen, um mich zu sprechen, gegen die Kerkertüren losgegangen, was?

SANITÄTSRAT STEYNITZ. Nein. Aber das beweist nicht, daß er Sie vergessen oder aufgegeben hat. Es kann alles ganz plötzlich wieder aufflackern...

INKEN. ... was aber dann nichts weiter als ein Rückfall in seine schwere Krankheit sein würde?

SANITÄTSRAT STEYNITZ. Wie man das gegebenenfalls zu beurteilen hätte, hängt — ich bin nicht Psychiater — von Fachleuten ab.

INKEN. Und wenn ich nun bliebe und den Geheimrat erwartete?

SANITÄTSRAT STEYNITZ. Ich müßte ganz entschieden dagegen sein und alle möglichen Mittel dagegen anwenden.

Inken geht schnell ab.

FÜNFTE SZENE

Wuttke kommt, wie immer mit der Mappe.

WUTTKE. Das ist ja das reine Kesseltreiben.
SANITÄTSRAT STEYNITZ. Wo kommen Sie denn noch her, lieber Wuttke? Was meinen Sie denn?
WUTTKE. Erstens bin ich noch gar nicht weggewesen — man hat doch schließlich sein Pflichtgefühl. Und was das Kesseltreiben betrifft, so mein' ich natürlich Inken Peters, die man um jeden Preis an die Luft setzen will.
SANITÄTSRAT STEYNITZ. Was soll man im Augenblick mit ihr anfangen?
WUTTKE. Für den Geheimrat würde es tausendmal nützlicher sein, sie wäre bei ihm, als ihr andern alle.
SANITÄTSRAT STEYNITZ. Wer sind denn die andern alle, Wuttke?
WUTTKE. Was um ihn ist und was sich versteckt in den Schlupfwinkeln eingenistet hat. Dieser Hanefeldt hat sich ja schon ein Büro eingerichtet: Klamroth schleicht bei ihm aus und ein. Er wetzt wie ein schäumender Eber die Hauer. Ich hörte ihn hinter der Türe schnauzen: er werde, erlassen Sie mir die Bezeichnungen, wenn sie nicht mache, daß sie fortkomme, sie höchstpersönlich aus dem Hause hinauswerfen! Wen er gemeint hat, wissen Sie wohl so gut als ich.
SANITÄTSRAT STEYNITZ. Das Hemd ist mir näher als der Rock. Der Zustand des Chefs ist besorgniserregend. Wer die Schuld daran hat, ist im Augenblick gleichgültig. Einen solchen Patienten unbewacht lassen wäre ärztlich nicht zu verantworten, da, exempla docent, der erste freie Augenblick eine irreparable Handlung auslösen könnte.
WUTTKE. Sie meinen, daß Selbstmordgefahr vorhanden ist?
SANITÄTSRAT STEYNITZ. In Fällen wie diesem nie von der Hand zu weisen. Damit rechnen vor allem die ziemlich strengen Verordnungen von Professor Lämmerhirt.
WUTTKE. Der Geheimrat täte mir leid, wenn er zu diesem Ausweg griffe, den er durchaus nicht nötig hat. Er soll dieser Schlange den Kopf zertreten und dann flottweg seine Inken heiraten. Wenn er nur einige Wochen besonnen und ruhig bleibt, kann er das.
SANITÄTSRAT STEYNITZ. Wollen Sie bitte gefälligst das Bild betrachten?

WUTTKE. Er ist nicht verrückt! er ist nicht verrückt! trotzdem er das Bild seiner Frau zerschnitten hat.

SANITÄTSRAT STEYNITZ. Ein vernichteter Wert von mindestens zwanzigtausend Mark, von der Roheit der Handlung ganz abgesehen. Wer weiß, vielleicht, wenn die Frau gelebt hätte, die er so über die Maßen geliebt hat, wie jeder weiß, vielleicht hätte sie selber das Schicksal getroffen. Die Tat eines zurechnungsfähigen Menschen ist das nicht.

WUTTKE. Also das, das hat ihm den Hals gebrochen?

Nun, Ihre Ansicht teile ich trotzdem nicht. Ich stehe im Dienste eines Gesunden, solange der Geheimrat Clausen noch am Leben ist. Affekt ist Affekt, ich habe meinen Spinoza im Kopf: Die Affekte des Hasses und Zornes sind natürlich und folgen aus der Macht der Natur. — Und der wäre ein Zaunpfahl, der bei dem meuchlerischen Überfall, den der Geheimrat von seinen Kindern zu erdulden hatte, nicht rasend würde.

Hören Sie mich mal an, lieber Steynitz: werden Sie auch pedantisch sein und es ablehnen, wenn ich Sie bitte, mir beim Geheimrat eine Audienz zu verschaffen, weil ich ihn als einziger für voll nehme??

SANITÄTSRAT STEYNITZ *zuckt mit den Achseln.* Der Geheimrat ist Patient, ich Arzt: dem Arzt ist das Wohl des Patienten die Hauptsache.

WUTTKE. Auch wenn ich Ihnen sage, daß ich geschäftliche Dinge, die ihm sehr am Herzen liegen, mit ihm besprechen will?

SANITÄTSRAT STEYNITZ, *nach kurzer, intensiver Überlegung und scheinbarem Kampf.* Bleiben Sie in der Nähe, Wuttke... *Wuttke geht ab.*

SECHSTE SZENE

Der Geheimrat kommt, immerhin merkbar verfallen, begleitet von Professor Geiger und Winter. Dieser trägt ein Kästchen mit Schachfiguren, der Geheimrat selbst das Schachbrett.

GEHEIMRAT CLAUSEN. Jaja, wechseln wir ein bißchen das Schlachtfeld, Geiger.

PROFESSOR GEIGER. Oh, du willst immer noch Schach spielen — gut, ich bin bereit.

GEHEIMRAT CLAUSEN. Sanitätsrat, ich darf doch Schach spielen?
SANITÄTSRAT STEYNITZ. Es legt Ihnen niemand in irgendeiner Beziehung irgendwelche Beschränkung auf.
An die Glastür der Balkons wird von Winter ein Tischchen, Stühle und dergleichen zurechtgerückt.
GEHEIMRAT CLAUSEN, *scheinbar aufgeräumt, mit Ironie.* Das ist's, was ich Gott sei Dank immer gefühlt habe. Das ist das Schöne und Angenehme des Zustandes, in den ich geraten bin. Freilich hat er auch andere Seiten.
Geiger und der Geheimrat nehmen Platz, sie stellen die Schachfiguren auf.
GEHEIMRAT CLAUSEN, *wie oben.* Ich hätte es nicht gedacht, daß man in meinem Alter noch einen neuen Herzensfreund gewinnen kann.
PROFESSOR GEIGER. Oh, ist das so? Das ist wirklich sehr merkwürdig.
GEHEIMRAT CLAUSEN. Sie brauchen ihn nicht zu rufen, Winter — ich höre nämlich, daß er irgendwo noch im Hause sitzt.
WINTER. Justizrat Hanefeldt ist noch im Hause.
GEHEIMRAT CLAUSEN. Siehst du, mein alter Hausgeist kennt mich genau. Er weiß, wer mein neuer Gespiele ist.
Übrigens, Winter, werden Sie doch mal bei meinem Freunde vorstellig, ob man hier etwas Selterswasser mit Kognak haben kann — mich plagt der Durst, und ich möchte mich anregen.
WINTER. Zu Befehl, Herr Geheimrat, Kognak und Selterswasser.
GEHEIMRAT CLAUSEN. Nein, nichts zu Befehl. Keinen Schluck ohne einen schriftlichen und gestempelten Konsens von Justizrat Hanefeldt. —
Also, Geiger, nun wollen wir anfangen.
Es wäre am Ende doch wohl richtiger schlafen zu gehen — aber, o Himmel — die Wände! die Wände! die Gitter, die Gitter! Die erste Nacht hinter Eisenstangen schläft man natürlich nicht.
PROFESSOR GEIGER *kraut seinen Bart, mühsam gefaßt.* Keine Eisenstangen, mein lieber Matthias...
SANITÄTSRAT STEYNITZ. Die ganz begreifliche Erregung hat sich bei Ihnen etwas aufs Herz gelegt: das schafft Ihnen eben leichte Beklemmungen. Ich würde Ihnen als alter

Hausarzt den schlichten Rat geben: bleiben Sie wach, wenn Ihnen so zumute ist. Gegen Morgen können Sie dann ein heißes Bad nehmen, und danach schlafen Sie sicher — dafür möchte ich bürgen — bis in den hellen Mittag hinein.
GEHEIMRAT CLAUSEN. Also, Geiger, wollen wir anfangen. — Siehst du, so von Liebe und Sorge umgeben zu sein wie ich, ist doch eigentlich überaus angenehm.
Es werden schweigend einige Schachzüge getan.
PROFESSOR GEIGER. Ich nehme dir einen Läufer, Matthias.
GEHEIMRAT CLAUSEN. Fahre wohl! ein verlorener Sohn. Apropos verlorener Sohn: gibt es vielleicht auch gefundene Söhne? Vielleicht ist der Leichtfuß Egert, der in Spanien Geld und Benzin verpufft, etwas dergleichen.
PROFESSOR GEIGER. Wenn wir sofort ein Telegramm schicken, könnte er in wenigen Tagen bei dir sein.
GEHEIMRAT CLAUSEN. Soviel Zeit, lieber Geiger, habe ich nicht. Und wie sollte ich schließlich vor ihn treten?! Als Bittsteller vor der Tür meines Jüngsten? — Nein!
PROFESSOR GEIGER. Was hieße das: soviel Zeit hättest du nicht?
GEHEIMRAT CLAUSEN. Durchaus nichts besonderes. Man muß doch, schon der Form wegen, gleich etwas in der Entmündigungssache tun, obgleich ich sie durchaus nicht mehr ernst nehme. *Mit einer Wendung zum Sanitätsrat.* Recht, Sanitätsrat, ein warmes Bad. Es hat mir nach mancher schweren Aufregung meines Lebens gut getan. Nach dem Bade werde ich gut schlafen. Man schläft manchmal schon im Bade selber ein...
Winter, der Wagen soll morgen um zwölf Uhr vorfahren. Der Mond ist voll, kein Wölkchen am Himmel — Geiger, wir fahren morgen aufs Gut hinaus. Frische Eier, Bachforellen und, ich sage dir, ein exquisiter offener Wein. Wir wollen uns da mal eine Lust machen...
PROFESSOR GEIGER. Oh, das ist vernünftig. Ich wüßte nicht, was es Besseres geben kann.
Winter war hinausgegangen und kommt wieder. Er wendet sich an den Sanitätsrat.
WINTER. Herr Sanitätsrat möchten gefälligst doch einmal herauskommen. *Sanitätsrat Steynitz geht ab.*
GEHEIMRAT CLAUSEN, *zu Winter*. Wenn ich Sie brauche, läute ich. *Winter geht ab. Geheimrat Clausen mit Geiger allein.* Da

wir gerade allein sind, verzeih mein Anliegen: kannst du
mir sagen, ob Wuttke, mein Sekretär, im Hause ist?
PROFESSOR GEIGER. Ich meine, ich habe Herrn Wuttke vorhin gesehen. Es war wohl der Herr, der im großen Korridor
auf und nieder ging.
GEHEIMRAT CLAUSEN. Sage ihm bitte, ich müßte ihn sprechen.
Aber ganz im geheimen, Geiger. Wuttke ist klug, es soll
seine Sache sein, wie er das ermöglichen will. — Pst! Da
kommt Steynitz wieder mit irgendwem. Steynitz ist ganz
zum ärztlichen Automaten geworden. *Steynitz tritt wieder
ein, begleitet vom Krankenpfleger Kadereit.*
SANITÄTSRAT STEYNITZ. Sie sagten doch vorhin, Sie hätten
gern für Massage et cetera einen geprüften Mann, Herr Ge-
heimrat. Hier ist er, ich kann ihn aufs beste empfehlen.
KADEREIT. Guten Abend, mein Name ist Kadereit.
GEHEIMRAT CLAUSEN. Schönen guten Abend, Herr Kadereit.
Was gedenken Sie mit mir vorzunehmen?
KADEREIT. Wie eben der Herr Geheimrat wünschen und je
nachdem, wie die ärztliche Vorschrift ist.
GEHEIMRAT CLAUSEN. Winter, betreuen Sie zuerst mal Herrn
Kadereit. Lassen Sie ihm einen Kaffee kochen, Kognak,
oder wie sonst sein Belieben ist. *Winter hat Kognak mit
Selterswasser auf den Tisch gestellt. Geheimrat Clausen gießt
sich ein.* Lieben Sie Kognak mit Selterswasser? *Leise zu
Winter.* Winter, schafft mir den Kerl aus den Augen, oder
ich vergesse mich! *Kadereit wird von Winter hinausgenom-
men. Beide ab. Zu Steynitz.* Können Sie mir vielleicht sagen,
von welcher Art meine Krankheit ist?
SANITÄTSRAT STEYNITZ. Sie sind so krank, als Sie selber zu
sein glauben. Es ist einfach ein Nervenschock, der ab-
klingen muß. Das geschieht eben sicherer und schneller bei
gewissen therapeutischen Maßnahmen.
Ich möchte nun Herrn Professor Geiger fragen, ob er mich
ein halbes Stündchen vertreten will, ich möchte mich etwas
restaurieren.
PROFESSOR GEIGER. Restaurieren Sie sich nach Herzenslust, —
wir beide werden uns sicher nicht langweilen.
SANITÄTSRAT STEYNITZ, *zum Geheimrat.* Ein Wort an Winter,
wenn Sie mich wünschen. *Er geht ab.*

SIEBTE SZENE

Der Geheimrat und Geiger allein.

GEHEIMRAT CLAUSEN *reicht Geiger in der alten Weise die Hand über den Tisch.* Du weißt vielleicht nicht, bis zu welchem entscheidenden Punkt mein Dasein gediehen ist.

PROFESSOR GEIGER. Ein Übergang, nur ein Übergang, wie ich es auffasse.

GEHEIMRAT CLAUSEN. Ganz richtig, nichts als ein Übergang. Diese Leute da, diese Ärzte, denen auch mein alter Steynitz Order pariert, ahnen nicht, daß ich sie durchschaue. Sie würden es als ein Zeichen eben meiner Unzurechnungsfähigkeit betrachten, wenn ich ihnen eröffnen würde, daß sie gründlich auf falschem Wege sind: sie glauben nämlich, ich werde mich selbstmorden.

Sie möchten sich einreden, daß mein Selbstgefühl, meine Eigenliebe, mein Stolz auf lebensgefährliche Weise verletzt worden ist. Das ist eine Absurdität sondergleichen. Diese Menschen kennen mich eben nicht.

Gegen den Selbstmord sage ich nichts. Sünde, Verbrechen ist er natürlich nicht. Wie wäre denn das ein Verbrechen, sagt der Philosoph, einige Unzen Blut aus ihrem natürlichen Wege abzulenken?! — Aber mir ginge es gegen den Strich! Wünschenswertes enthält mein weiteres Dasein für mich nicht, und doch denke ich es mit Entschlossenheit festzuhalten.

PROFESSOR GEIGER. Das habe ich nie anders von dir erwartet, Matthias.

GEHEIMRAT CLAUSEN. Es wäre mir lieb, wenn du unter der Hand meine Plagegeister von meinem Standpunkt und deiner Überzeugung in Kenntnis setzen würdest.

Da ist dieser furchtbare Kadereit! Diese übergeschnappten Phantasten sehen ihn schon, wie er mit mir ringt, damit ich mich nicht aus dem Fenster werfe, mir den Revolver mit der eisernen Faust aus der Rechten schlägt — Effekte, die sie im Kino gelernt haben. Bei Gott, man kann gar nicht grimmiger fehlgehen. *Beide Herren lachen gemäßigt, aber herzlich.* Von solchem Holze bin ich nun eben nicht. Vielmehr habe ich mich schon jetzt von der juridischen Sachlage einigermaßen unterrichten lassen. *Mit krampfhafter Lustigkeit.* Zunächst bin ich freilich bürgerlich tot.

Lehnt das Amtsgericht die Entmündigung ab, wie zu erwarten steht, werde ich wieder lebendig. Spricht es die Entmündigung aus, kann ich mir selbstverständlich wiederum wenigstens einen Anwalt wählen, was ich jetzt meinem einstweiligen Herrn Vormund überlassen muß. Dann prozessiere ich lustig beim Landgericht, später beim Oberlandesgericht, bis zum Reichsgericht — und da wird ein vernünftiger Mensch doch wohl durchdringen! Ich sehe diese ganze Sache nur noch von der komischen Seite an. Sie haben freilich jetzt einen neuen Stein im Brett, meine Gegner. Ich habe ihn selbst hineingesetzt. Es handelt sich um den Tobsuchtsanfall, dem ich ja wirklich wohl erlegen bin. Aber wir werden ihnen zeigen, was eine Harke ist...
Abrupt. Morgen machen wir eine Landpartie, lieber Geiger! *Eine Tür ist vorsichtig geöffnet und der Kopf Wuttkes sichtbar geworden. Beide Herren erblicken ihn.*
PROFESSOR GEIGER. Da ist ja dein Privatsekretär, den du sprechen wolltest.
GEHEIMRAT CLAUSEN, *gleichzeitig.* Wuttke, Wuttke, treten Sie näher.
PROFESSOR GEIGER *steht auf, geht hinaus.* Ich passe auf, daß euch niemand stört. *Ab.*

ACHTE SZENE

Der Geheimrat, Privatsekretär Dr. Wuttke.

WUTTKE, *plötzlich vom Schmerz überwältigt, küßt die Hand des Geheimrats.* Ach mein lieber, lieber, verehrter Herr Geheimrat — das ist ja das größte Verbrechen, das jemals an einem Manne verübt worden ist.
GEHEIMRAT CLAUSEN. Still, Wuttke, Schwäche können wir jetzt nicht brauchen, zumal ich ja, wie Sie wissen, unter anderem auch wegen Geistesschwäche entmündigt werden soll. Es muß jetzt alles Schlag auf Schlag gehen, wie es in manchem kritischen Augenblick unserer geschäftlichen Vergangenheit löblicher Usus gewesen ist.
WUTTKE. Ich verstehe durchaus. Erlauben Sie, daß ich Platz nehme. Ich brauche nicht erst zu sagen, daß ich ganz und gar zu Ihrer Verfügung stehe, und zwar bis zum letzten

Augenblick. *Er nimmt Platz, legt seine Mappe neben sich und nimmt den Füllfederhalter heraus.*

GEHEIMRAT CLAUSEN. Das wird gar nicht nötig sein, lieber Wuttke — — — Also erstens: die Verschreibung des Hauses in Arth an Fräulein Inken Peters ist in Sicherheit?

WUTTKE. Ich denke ja, sie ist hier in der Mappe.

GEHEIMRAT CLAUSEN. Auch die andre, das Vermächtnis für den Todesfall, haben Sie hier? *Wuttke nickt.* Nun also, wenn ich Sie jetzt entlasse, nehmen Sie das erste beste Auto und fahren damit nach Buch hinaus. Frau Peters ist eine kluge Frau: die Schriftstücke werden Frau Peters persönlich ausgehändigt.

WUTTKE. Wird genauestens ausgeführt.

GEHEIMRAT CLAUSEN. Ich darf es so gut wie geschehen voraussetzen?

WUTTKE. Gewiß. Es müßte mich gerade der Schlag treffen...

GEHEIMRAT CLAUSEN. Gut, Wuttke. Und jetzt: ich habe noch niemand, seit man mich unter Bewachung hält, nach Fräulein Inken Peters gefragt. Sie werden den Grund vielleicht nicht verstehen. Ich bin nicht zum erstenmal offen zu Ihnen — es ist nicht zu ändern: ich schäme mich! Ich bin dieser lieben und klaren Natur nicht wert gewesen...

WUTTKE. Den Grund, Herr Geheimrat, verstehe ich wirklich nicht.

GEHEIMRAT CLAUSEN. Wie sollte ich ihr gegenübertreten?! Welche Haltung kann jemand einnehmen, dem man die Hände auf den Rücken gebunden hat? Ich könnte ihren Blick nicht ertragen, diesen so freudig vertrauenden Blick, der, so alt ich sein mochte, eine Welt von neuen Dingen, ein geradezu glückseliges Leben von mir und mit mir erwartet hat. So war es, Wuttke, — es ist nichts übertrieben. Ich habe gekollert, das hat sie gehört. Aber ich bin doch auf eine schmachvolle Weise vor ihren Augen zur Strecke gebracht worden. Ich bin und bleibe vor ihr entehrt...

WUTTKE. Das ist gewiß nicht die Meinung von Fräulein Inken Peters, Herr Geheimrat.

GEHEIMRAT CLAUSEN. Es kann nicht anders sein, lieber Wuttke. Es ist nicht unmöglich, daß ihre edle Natur sich dawider bäumt. Aber ihr klarer und mutiger Sinn kann über den Beweis von Geistesschwäche nicht hinwegsehen, den mein ganzes Handeln gerade ihr, und nur ihr, in die Hand gegeben hat. Darum hat sie, ich bin davon überzeugt, auch den Staub dieses Unglückshauses bereits von den Schuhen geschüttelt.

WUTTKE. Das ist alles ganz unzutreffend, und ganz besonders noch die letzte Annahme, Herr Geheimrat, obgleich sie in der Tat wieder in Buch bei ihrer Mutter ist.

GEHEIMRAT CLAUSEN. Also doch ... die Ratten verlassen das Schiff.

WUTTKE. Fräulein Peters hat einen Kampf gekämpft, aber sie konnte zu Ihnen nicht durchdringen. Vergessen Sie nicht, Herr Geheimrat, welche Mächte hier unmittelbar am Werk sind.

GEHEIMRAT CLAUSEN. Und doch hätte ich das nicht geglaubt von Inken.

WUTTKE. Es ist nicht zuviel gesagt, wenn ich behaupte, daß sie schließlich nur der brutalen Gewalt gewichen ist.

GEHEIMRAT CLAUSEN. Aber sie ist eben doch gewichen! *Mit scheinbarer Scherzhaftigkeit.* Wissen Sie, Wuttke, was ich geglaubt hätte? Sie würde mit Fäusten, Nägeln und Zähnen zu mir durchbrechen oder durch verschlossene Türen, einem Boten des Himmels vergleichbar, wie durch offene gehen und mich in das Land der Freiheit davonführen...

WUTTKE. Befehlen Sie, daß ich ans Telefon gehe, Herr Geheimrat, und Fräulein Peters ist hier binnen ebender Zeit, die ein Auto im schnellsten Tempo braucht, um von Buch bis hierher zu fahren.

GEHEIMRAT CLAUSEN. So? — meinen Sie, Wuttke? Also morgen vielleicht, es hat Zeit.

Und, eh ich's vergesse, hören Sie mal, wenn ich auch nicht mehr darauf zurückkomme — es ist mir nämlich, als hätte mir doch das jüngste Erlebnis einen kleinen Knick am Herzen gemacht — der Jüngste ist man schließlich nicht mehr, Sie verstehen — es kann immerhin schnell mal was eintreten: werden Sie dann Fräulein Peters mit Rat und vor allem mit der Tat wie ein besserer Löwe zur Seite stehn?

WUTTKE. Gott ist mein Zeuge: das würde ich!

GEHEIMRAT CLAUSEN. Nun, dann ist alles im reinen, Wuttke. Dann nehmen Sie nur noch das Briefchen zu den Akten, mein alter Freund, und machen Sie einmal für mich den Postillion d'amour ... und grüßen Sie mir meine kleine Inken, und sagen Sie ihr, sie soll meinen Letzten Willen tun

und beileibe nicht etwa Dummheiten machen. Ich habe
das Leben auch siebzig Jahre ausgehalten...
WUTTKE. Und morgen? wann soll ich morgen vorsprechen?
GEHEIMRAT CLAUSEN. Ich möchte mal wirklich ausschlafen —
also spät. *Wuttke ist aufgestanden, der Geheimrat gibt ihm
die Hand. Professor Geiger tritt wieder ein.*
PROFESSOR GEIGER. Ich rate zum Abbruch, meine Herren:
In den Couloirs wird man unruhig.
*Mit sachlichem Händedruck trennen sich Wuttke und der
Geheimrat, und Wuttke geht ab.*

NEUNTE SZENE

PROFESSOR GEIGER. Deine Kinder sind sehr besorgt um dich.
Bettina hat drei- oder viermal telefoniert und sich nach
deinem Befinden erkundigt. Eben wieder Ottilie, zum zweitenmal. Dein Sohn Wolfgang ist einige Male persönlich dagewesen — es scheint, daß eine große Zerknirschung ausgebrochen ist.
GEHEIMRAT CLAUSEN. Sieh mal, der Mond hat einen gewaltigen Hof, Geiger.
PROFESSOR GEIGER. Ich sprach den Justizrat Hanefeldt. Er
meint, es sei eine Frage von wenigen Wochen, bis alles
wieder beim alten ist.
GEHEIMRAT CLAUSEN. Sieh mal, der Mond hat einen großen
Hof, Geiger — was meinst du, man sollte nun eigentlich
schlafen gehn. Was hältst du von Veronal als Schlafmittel?
PROFESSOR GEIGER. Der Pfleger Kadereit, unter Leitung von
deinem treuen Steynitz, macht dir ein schönes heißes Bad
zurecht...
GEHEIMRAT CLAUSEN. Versuchen wir es, ich bin bereit. *Sanitätsrat Steynitz tritt ein. Zu Steynitz.* Viel zuviel Mühe, viel
zuviel Umstände ... Wenn man auch mal eine Nacht nicht
schlafen kann — es ist nicht die erste Nacht, die ich durch-
wacht habe. *Er klinkt die Tür zum Balkon auf und tritt
hinaus.* Was bedeutet übrigens der große Hof um den
Mond? Es ist eine seltsame Schicksalsstunde. *Er nimmt
ruhig das Schachbrett vom Tisch und schleudert es in den
Garten hinunter.*
SANITÄTSRAT STEYNITZ. Was haben Sie da hinuntergeworfen,
Herr Geheimrat?

GEHEIMRAT CLAUSEN. Das Schachbrett: es regt einen doch nur auf. Ich werde von jetzt ab nicht mehr Schach spielen.

PROFESSOR GEIGER. Du hast eine recht resolute Form der Absage.

GEHEIMRAT CLAUSEN. Nur in Fällen, wo ich ganz sicher bin. — — Wie denken Sie über das Wetter, Steynitz? Ich plane für morgen mit Geiger eine Landpartie — dazu brauchen wir gutes Wetter.

SANITÄTSRAT STEYNITZ. Das werden Sie haben, das Barometer steigt.

GEHEIMRAT CLAUSEN. Also ich nehme nun schnell mein Bad — wie mir vorkommt, dämmert es schon. Dann will ich in den Morgen hineinschlafen. Um Punkt zwölf Uhr — keine Minute früher oder später — will ich geweckt werden, um ein Uhr steigen wir dann in den Wagen, und dann geht's — tatü-tata — *er macht die Hupe des ehemaligen Kaisers nach* — in das sonnige Land hinaus.

PROFESSOR GEIGER. Das ist wirklich ein Sack voll guter Ideen.

GEHEIMRAT CLAUSEN. Apropos, wie komm' ich darauf: das schönste Reiterstandbild der Welt mit dem besten Mann auf dem Pferderücken steht in Rom auf dem Kapitol! Die Welt ein ewiger Wechsel, das Leben ein Wahn! sagt der Kaiser Marc Aurel ... ich muß immerwährend an ihn denken. *Er geht ab, von Sanitätsrat Steynitz begleitet.*

ZEHNTE SZENE

Zu Geiger treten Justizrat Hanefeldt, Direktor Klamroth und Professor Wolfgang Clausen. Dieser im Straßenanzug, Hut, Stock und Paletot.
Diese Szenen in gedämpftem Ton durchzuführen.

PROFESSOR WOLFGANG CLAUSEN. Ich höre zu meiner unaussprechlichen Freude, daß mein Vater sich wieder beruhigt hat. Guten Morgen, verehrter Herr Professor.

PROFESSOR GEIGER. Oh, guten Morgen. *Sieht nach der Uhr.* Es geht in der Tat schon auf zwei. — Jawohl. Nun ja, er ist ziemlich ruhig geworden.

PROFESSOR WOLFGANG CLAUSEN. Sie sind alle nicht aus den

Kleidern gekommen. Ich selber bin ebenfalls in den Straßen herumgeirrt ... Wie diese Sache sich nun entwickelt hat, das konnte sich wirklich niemand vorstellen.

PROFESSOR GEIGER. So, so?! Sie hatten es sich also mehr obenhin gedacht? Ich freilich, als mir Ihr Schritt bekannt wurde, hatte sogleich gewisse Befürchtungen.

PROFESSOR WOLFGANG CLAUSEN *tupft sich den Schweiß von der Stirn.* Ich hatte eigentlich die ganze Sache mehr als eine Art Warnung aufgefaßt. Papa sollte gewarnt oder besser geweckt werden. Es war doch gewissermaßen ein Traum, in dem er befangen gewesen ist.

PROFESSOR GEIGER. Nennen wir es ein Verhängnis: was deutlicher wäre.

PROFESSOR WOLFGANG CLAUSEN. Aber es mußte doch so oder so zum Schlimmen ausschlagen.

PROFESSOR GEIGER. Daß es keinen besseren Ausweg als diesen hätte geben sollen, glaube ich nicht.

JUSTIZRAT HANEFELDT. Nun, meine Herren, über etwas Unabänderliches zu streiten führt zu nichts. Der Schritt ist hin und her überlegt worden. Wir haben in wiederholten Besprechungen, ich glaube, jeden Umstand dafür und dawider in Rechnung gestellt. Von seiten der Töchter ist der letzte Beschluß unter heißen Tränen gefaßt worden: er hat sich uns allen aufgedrängt. Ich selber konnte davon nicht abraten.

PROFESSOR GEIGER. Sie haben es alle vor Gott zu verantworten: so oder ähnlich hätte man sich früher ausgedrückt. Im übrigen stimme ich Ihnen bei: Geschehenes wird nicht ungeschehen, mag man noch so sehr darüber grübeln, ob es zu verhindern gewesen wäre oder nicht.

PROFESSOR WOLFGANG CLAUSEN. Und Papa ist tatsächlich ruhig geworden?

PROFESSOR GEIGER. Ich freue mich, daß Sie bekümmert sind.

PROFESSOR WOLFGANG CLAUSEN. Ich bin mehr als bekümmert. Ich laufe wie gehetzt herum, der kalte Schweiß tritt mir auf die Stirn, ein Schraubstock preßt mir Brust und Schläfen. Meine Nervenspannung, ich sage es offen, hat einen unerträglichen Grad erreicht, — und ebenso geht es meinen Schwestern.

KLAMROTH. Lieber Schwager, du hast es gewollt. Du hast nicht leichtsinnig, sondern nach reiflicher Überlegung den Antrag an das Gericht unterschrieben. Die Schwestern sind

dir nachgefolgt. Nun sei auch ein Mann und trage die Konsequenzen!
PROFESSOR WOLFGANG CLAUSEN. Ich will nichts sagen und niemand beschuldigen. Nach meinem Sinn, schon meinem ganzen Wesen nach, war das Ganze nicht. »Nun sei ein Mann und trage die Konsequenzen!« Es ist Wort für Wort das gleiche, was mir meine Gattin Paula immer wieder zu hören gibt, worauf ich dann antworte: »Und du nicht?« So könnte ich ja auch dich fragen: »Lieber Schwager, und du nicht?«
KLAMROTH. Was meinst du mit deinem »und du nicht«?
PROFESSOR WOLFGANG CLAUSEN. Ich meine, du trägst keine Konsequenzen?
KLAMROTH. Nein: wo ist meine Unterschrift?
PROFESSOR WOLFGANG CLAUSEN. Die konntest du schlechterdings nicht geben, weil du nicht berechtigt bist.
KLAMROTH. Ich hätte sie auch sonst nicht gegeben.
JUSTIZRAT HANEFELD. Meine Herren, das nenne ich leeres Stroh dreschen. Freuen wir uns, daß die Krisis den gefürchteten schlimmen Ausgang nicht genommen hat und sich vielleicht alles zum Besseren wendet.
PROFESSOR WOLFGANG CLAUSEN, *zu Geiger.* Ist es so, Herr Professor? Glauben Sie das?
PROFESSOR GEIGER. Ich muß es glauben aus einigen Gründen: erstlich meint der Geheimrat, es werde nicht schwer sein, das Kartenhaus Ihrer Behauptungen umzustoßen. Zweitens will er mit mir heut mittag eine Fahrt über Land machen. Er will sich in einem ländlichen Gasthaus an Forellen und offenem Wein gütlich tun, worin vielleicht mein angeborener guter Humor ansteckend gewesen ist.
JUSTIZRAT HANEFELDT. Es gibt niemand, dem ein annähernd großes Verdienst wie Ihnen, Herr Professor, am schnellen Aufkommen unseres Patienten zuzuschreiben ist.
PROFESSOR GEIGER. Hoffentlich! — wir wollen auf Holz klopfen.
KLAMROTH. Hat er die eigentliche Ursache alles Übels sehr vermißt, Herr Professor?
PROFESSOR GEIGER. Ich lasse die Frage unentschieden, ob sie es ist: er scheint mir aber auch in Bezug auf Fräulein Inken einigermaßen zur Ruhe gekommen.
KLAMROTH. Ich kann nicht leugnen, ich habe kurzen Prozeß gemacht: als ich sie unter der Haustür noch schwanken

sah, ob sie einsteigen sollte oder hierbleiben, bin ich aus dem Dunkel getreten und habe — ihre Mutter saß schon im Wagen — sie mit sanfter Gewalt ins Auto hineinbugsiert. Wenn wirklich wieder normale Verhältnisse kommen sollen, so kann das nur ohne das Mädchen sein. *Steynitz tritt ein. Zu Steynitz.* Hat der Geheimrat sein Bad absolviert, bitte?

SANITÄTSRAT STEYNITZ. Soviel ich weiß, ist er eben dabei.
Ein Telefon klingelt.

KLAMROTH, *am Telefon.* Hier ist Direktor Klamroth, wer dort? — Hier Direktor Klamroth, wer dort? — *Er hängt ab.* Nun, wenn Sie nicht wollen, dann lassen Sie's bleiben. Der Jemand hat wieder abgehängt.
Es klingelt wieder.

PROFESSOR WOLFGANG CLAUSEN. Wahrscheinlich Bettina. Erlaube doch mal... *Er nimmt den Hörer.* Bist du's, Bettina? — Nein, du nicht? — Sie wollen wen sprechen? — Wer will wen sprechen?

KLAMROTH. Häng ab. Ich kann mir schon denken, wer es ist. Es sind Ihre Klienten in Buch, Herr Administrator.

PROFESSOR WOLFGANG CLAUSEN *hat abgehängt.* Darauf wollen wir uns nun lieber nicht einlassen. Es ist gut, daß Papa überhaupt nicht telefoniert, auf diese Art kann sie ihn nicht belästigen.
Winter tritt ein. Es klingelt wieder.

JUSTIZRAT HANEFELDT *nimmt den Hörer.* Sie sind falsch verbunden, wie mir scheint. — Jetzt ist es eine männliche Stimme. — Was? wie? — Ach Sie sind's, Herr Privatsekretär. Von wo sprechen Sie denn, Herr Dr. Wuttke? — Sie sind in Buch, in der Gärtnerei? wie? —— Um Gottes willen, ich habe Sie falsch verstanden, sie hätte was? — Fräulein Inken? — wer? — Natürlich ist eine gewisse Gefahr, man darf sie jetzt nicht aus den Augen lassen. Es ist doch nicht etwas geschehen? — Nein. Nun, worauf wollen Sie denn hinaus? — Der Geheimrat? man gibt schon acht, natürlicherweise. — Ach, wirklich? ein Brief vom Geheimrat? ein Brief? ein Brief? ... Wir sind unterbrochen. Stellen Sie mal die Verbindung mit Buch, Gärtnerei, wieder her, Winter. *Winter tritt ans Telefon.*
Jetzt erscheint Kadereit.

SANITÄTSRAT STEYNITZ. Kadereit, wo ist der Geheimrat?
KADEREIT. Noch immer im Bad. Er will nicht aufmachen.

SANITÄTSRAT STEYNITZ, *heftig*. Und Sie? wo sind Sie? wo gehören Sie hin, wenn Sie in der Anstaltspraxis Wärter sind oder wenn Sie überhaupt einer sein wollen?! Wozu hat man Sie herbestellt?

KADEREIT. Mit der Faust hat der Herr mich zurückgestoßen.

SANITÄTSRAT STEYNITZ. Mit der Faust? Davon sagen Sie mir kein Wort?

KADEREIT. Herr Winter, der Diener, hat mir erklärt, daß sich der Herr von niemand im Bade bedienen lasse und daß er manchmal stundenlang in der Wanne liegt.

SANITÄTSRAT STEYNITZ. Der Geheimrat hat sich eingeschlossen?

WINTER, *vom Hörer aus*. Das tut er immer, seit zwanzig Jahren, solange ich überhaupt im Hause bin.

SANITÄTSRAT STEYNITZ. Und wo ist er jetzt?

WINTER. Na, im Bade.

SANITÄTSRAT STEYNITZ. Und eingeschlossen?

KADEREIT. Ich habe geklopft, es rührt sich nichts.

PROFESSOR WOLFGANG CLAUSEN. Sie haben geklopft? es rührt sich nichts?

WINTER. Es ist mäuschenstille hinter der Tür.

PROFESSOR WOLFGANG CLAUSEN. Um Jesu und Christi willen, es wird doch nicht etwas geschehen sein?!

SANITÄTSRAT STEYNITZ. Ruhe, wir dürfen jetzt keinen Lärm machen.

WINTER, *am Telefon*. Die Verbindung ist da, Herr Administrator.

JUSTIZRAT HANEFELDT *telefoniert unter atemloser Stille der anderen*. Wer ist dort? wer ist dort? — Hier Administrator Hanefeldt. — Ah so, Gärtner Ebisch, Sie sind es, Herr Ebisch? Ist Herr Privatsekretär Dr. Wuttke noch da? — So, nicht mehr da? — So, schon abgefahren? — So, ist mit der Nichte abgefahren? — Mit welchem Ziel, wenn ich fragen darf? — Ein Brief? also ja, ein Brief ist die Ursache. Von wem war der Brief, wenn man fragen darf? — Er war vom Geheimrat Clausen, so? vom Geheimrat Clausen an Ihre Nichte? Sie wissen wohl nicht, was darin gestanden hat? oder doch? — Was ganz Schlimmes hat drin gestanden? — Daß er, wie? — mit dem Leben abgeschlossen hat und dieser Welt, was? dieser Welt? — mit vielem Dank den Stuhl vor die Tür setzen werde...

PROFESSOR WOLFGANG CLAUSEN *drängt Hanefeldt fort, reißt*

ihm den Hörer aus der Hand. Wie? — Privatsekretär Wuttke und Ihre Nichte sind auf dem Weg hierher? — Wieso? — Sonst hätte sie sich was angetan?...

KLAMROTH. Sie soll es versuchen. Über die Schwelle kommt sie nicht.

Sanitätsrat Steynitz, Kadereit und Winter, ebenso Klamroth schnell ab.

JUSTIZRAT HANEFELDT. Wuttke hat immer, wenn er vom Geheimrat sprach, schwarze Phantasien gehabt. Das kenne ich bei Wuttke schon seit Jahren.

PROFESSOR GEIGER. Aber wenn sich mein Freund Matthias eingeschlossen hat, so ist es wahrhaftig Zeit, nach ihm zu sehen. *Er geht ebenfalls ab.*

PROFESSOR WOLFGANG CLAUSEN. Mir flirrt es vor den Augen, bei Gott, lieber Hanefeldt! Ich habe einen gräßlichen Metallgeschmack im Mund — es kann sein, daß ich das Bewußtsein verliere — du bist immer ein treuer Freund gewesen, leiste mir Hilfe, Hanefeldt!

JUSTIZRAT HANEFELDT. Was ist denn geschehen? Nichts ist geschehen! Irgendein überspannter Mensch bauscht wahrscheinlich eine Briefphrase auf, und das Mädchen ist selbstverständlich von Sinnen!

Man hört deutlich Klopfen an eine Tür und wiederholt die Worte »Herr Geheimrat, machen Sie auf!« — *worauf es still wird. Winter kommt.*

PROFESSOR WOLFGANG CLAUSEN. Ist alles vorbei? ist es wirklich geschehen?

WINTER, *gedämpft.* Geschehen ist einstweilen noch nichts — aber die Stille im Bad ist unheimlich.

PROFESSOR WOLFGANG CLAUSEN. Dann ist es geschehen, ich weiß es gewiß...

JUSTIZRAT HANEFELDT. Du bist überreizt, überwacht, Wolfgang, nimm dich zusammen!

PROFESSOR WOLFGANG CLAUSEN. Ich zweifle nicht einen Augenblick...

WINTER. Man kann durch die blinde Scheibe hineinblicken — er liegt in der Wanne und rührt sich nicht.

PROFESSOR GEIGER *kommt wieder.* Er liegt in der Wanne und rührt sich nicht. — Und nun muß ich allerdings ein Bekenntnis machen: mein Freund Matthias hat seltsame Dinge zu mir gesagt, ich habe sie leider nicht ernst genommen: Ich wüßte nicht, bis zu welchem entscheidenden

Punkt sein Dasein gediehen wäre... Und weiter: Gegen den Selbstmord sei er nicht, in dieser Hinsicht sei er Stoiker. Seneca habe die Adern im Bade geöffnet – es sei jedermanns Recht, sein Blut zu behalten oder nicht.

PROFESSOR WOLFGANG CLAUSEN *fängt an zu röcheln, kann nicht sprechen, sinkt auf ein Sofa.*

JUSTIZRAT HANEFELDT. Schnell, etwas Essig und Wasser, Winter.

Winter geht ab.

Jetzt hört man das Klirren einer zerbrochenen Glasscheibe.

PROFESSOR GEIGER. Oh, sie haben die Scheibe eingebrochen. Es wird mir nicht leicht, aber man darf nicht feige sein. *Mit Bezug auf Wolfgang.* Für diesen Helden wäre das beste eine Spritze Morphium. Ich fürchte, es geht über seine Kräfte. *Er geht.*

Winter kommt wieder mit Essigwasser und Schwamm.

JUSTIZRAT HANEFELDT. Wolfgang! — Er ist wahrhaftig ohnmächtig.

WINTER *fährt Wolfgang mit dem Schwamm über Schläfen, Stirn und Gesicht.* Da drin sieht es bös aus, Herr Administrator. Sie haben die Scheibe eingestoßen und von da aus den Riegel innen aufgemacht. Verblutet... Er gibt kein Lebenszeichen.

JUSTIZRAT HANEFELDT. Das ist eine Tragik, die vielleicht noch eine ebenso große nach sich ziehen wird.

PROFESSOR GEIGER *kommt herein.* Dazu also mußte ich herkommen?! Es wäre eine Lüge, zu sagen, ich hätte, als ich das Schiff bestieg, etwas von meiner Mission vorausgefühlt — aber Bestimmung wird es ja wohl gewesen sein!

JUSTIZRAT HANEFELDT. Wenn es wahr ist, so ist er erlöst. Aber der hier und seine Geschwister werden nicht leicht zu tragen haben.

PROFESSOR GEIGER. Er hat sich den Tod gegeben, gewiß — man kann aber auch ein Nein hinzusetzen, denn eigentlich traf ihn ein Schuß aus dem Hinterhalt.

HAMLET IN WITTENBERG

Editorische Bemerkung

[1, 1—2]: Vollständiger Abdruck der frühesterhaltenen Arbeitsstufe unter dem Titel »Hamlet in Wittenberg«.
    [1]: »Entwurf« (Szenar), entstanden am 2.11.1930.
    [2]: An den »Entwurf« anknüpfender fragmentarischer Beginn einer Ausführung, entstanden am 3.11.1930.
[II]: 2. Szene aus der »1. Niederschrift« unter dem Titel »Der schwarze Prinz in Wittenberg«, entstanden im August 1934 (Vorstufe zu 2. Akt, 1. Szene der Endfassung; vgl. Bd. 3, S. 490 ff.).

[1]

ENTWURF

Agnetendorf i. R., 2. November 1930.

[O welch ein edler Geist ist hier zerstört!]
Des Hofmanns Auge, des Gelehrten Zunge,
des Kriegers Arm, des Staates Blum' und Hoffnung,
der Sitte Spiegel und der Bildung Muster,
das Merkziel der Betrachter[: ganz, ganz hin!
(Ophelia in Shakespeares »Hamlet«, III, 1)]

»Shakespeare wollte seinen Helden in die Stadt des Wissens und der Gelehrsamkeit versetzen.«
»Es ist wohl nicht Zufall, daß Shakespeare den tiefsinnigen Dänenprinzen gerade in Wittenberg sich ausbilden ließ, in der Stadt des Luther und des Faust, und daß die Wittenberger ihm das Haus zuschreiben, das fast allein noch die mittelalterlichen Formen der Zeit um 1490 wenig verunstaltet zeigt.«
Und der seltsame Satz: »Wittenberg aber versetzte ihn (Hamlet) in die Zeit des Zögerns und der Vorbereitung zur großen Tat.«
Cornelius Gurlitt: Die Lutherstadt Wittenberg [Berlin: Julius Bard o. J. (= Die Kunst. Sammlung illustrierter Monographien. Hrsg. von R. Muther. Bd. 2) S. 3]

ERSTER AKT
ERSTER TEIL

Symposion. Etwa in einem Raum des Augustinerklosters. Der Anlaß? Verbrennung der Bulle oder dergleichen. Beteiligte sind geringe Bacchanten, Studenten, Doktoren, Hochschullehrer bis zu den obersten Leuchten Philipp

Melanchthon und Luther. Jan von Leyden unter den geringen Bacchanten.
Der Mesner Christian, verbannter König von Dänemark.
Zuletzt erscheinen die Gentlemen-Studenten, drei junge Ausländer, Horatio, Marcellus und Alexander.
Alexander ist der studentische Name des Prinzen Hamlet von Dänemark, der im übrigen inkognito zu Wittenberg weilt als irgendein dänischer Edelmann.
Horatio und Marcellus erklären dem Prinzen die Gesellschaft: Da ist ein gewisser Karlstadt, dies und das sind seine Marotten etc., ein Prophet: Thomas Münzer, ein Prophet. Ein seltsam genialer, zerlumpter Bacchant tritt die Fremden an; er nennt sich Jan und stammt aus Leyden.
Jünglingsfreundschaft.
Der Schatten über Alexander.
Nun müssen auch Luther und Melanchthon in den Vordergrund: Wer sind die Fremden?

[Notiz]
Verbrennung der Bannbulle: 1520, an einem kalten Dezembertage. [Nach Gurlitt, S. 65]

ERSTER AKT
ZWEITER TEIL

Prinz Hamlet in Haus und Werkstatt des Lucas Cranach. Cranachs Tochter hieß des Vaters Modell, etwa das Original von »Porträt eines jungen Mädchens« (London, Nationalgalerie) oder Diana in »Apollo und Diana« (Berlin). Satyriasis.
Cranach und Hamlet. Cranach, der ungekrönte König von Wittenberg; er gängelt den Herzog, Luther etc. Ist Gastwirt, hält ein Kaufmannsgewölbe für alles, hat Heilige gemalt, solange man welche brauchte, malt später die Geliebten des Herzogs, druckt die Reformationsschriften etc. etc. Es geht bei ihm vom Unflätig-Derben bis zur höchsten gemütlichen und geschmacklichen Verfeinerung.
Der Prinz versteht sich mit ihm, hat Freude an ihm, Cranach nimmt auch an ihm Interesse. Was sich zwischen ihm und der Tochter Cranachs abspielt, ist merkwürdig.

Von Beginn an steht der Prinz unter einer Leidenschaft.
Zu den Worten Huttens »Es ist eine Lust zu leben« bildet er
allerdings beinahe einen Gegensatz.

[Notiz]

Katharina.

[Gurlitt] zeichnet im Hof der Cranach-Apotheke. Hinter
einem Fenster des zweiten Stockes über Vorhängen ein Mädchenkopf. »Vielleicht der Geist einer der Töchter des liebenswürdigen Meisters«, schreibt Gurlitt [S. 15].

ZWEITER AKT
ERSTER TEIL

Eine Bacchantenspelunke. Zuhälter, Trödler, ausgelaufene
Bettelmönche, die das Betteln auf eigene Hand weiterbetreiben; Weinschläuche à la Falstaff; Würstelverkäufer, Landsknechte, Diebe, Rompilger etc. Dortchen Lackenreißer.
Mitten unter ihnen Alexander, begleitet von Horatio und
Marcellus. Horatio glaubt nicht an den Erfolg des Pazifismus; er führt Lucretius Carus an.
(Cranach: Stadtverordneter, Kämmerer des Rates, endlich
Bürgermeister; auch Apothekenbesitzer.)
Jan aus Leyden.
Liebes- und Gewissensnöte des Prinzen. Er will allen Ernstes
auf die dänische Erbfolge verzichten und der Schwiegersohn
Lucas Cranachs werden. Philosophische Begründungen für
diesen Schritt.
Im weiteren beschließt er, Luther aufzusuchen. Es zieht ihn
mehr zu Melanchthon. »Man muß sich dem stärksten Sturm
aussetzen«, sagt aber Horatio.

[Notiz]

Die Spelunke, Weinwirtschaft, ist in Cranachs Haus oder Hof.
Es gibt Prügeleien.
Der Weinschenker, vielleicht Pächter, heißt Andre.
Ist Hamlet dort, um der schönen Cranachtochter nahe zu
sein?

ZWEITER AKT
ZWEITER TEIL

Hamlet und Luther in Luthers Haus. Zwei Weltanschauungen.

DRITTER AKT
ERSTER TEIL

Landschaft mit Wäldchen und Sommerlaube an der Elbe bei Wittenberg. Cranachs Garten vor der Stadt. Katharina, die Tochter Cranachs, und der Prinz. Werbung. Das Für und Wider. Die Äußerungen zarter Liebe. Hamlets Abneigung gegen das Grob-Sinnliche. Glorifizierung. Ich werde Apotheker sein, Latwergen herstellen, Pfefferkörner im Mörser zerstoßen etc. Rosenkranz und Güldenstern tauchen in der Ferne auf. Übrigens schon ad I. Akt, 1. Teil sind sie gegenwärtig; mehr in eigenen als in Hamlets Kreisen. Sie sind ihm immer und jetzt besonders verdächtig. Was wollen sie? Hamlets Schritte ausspionieren und nach Helsingör berichten.

[Notiz]
Wittenberg hat im Norden Weinberge. [Nach Gurlitt, S. 36]

DRITTER AKT
ZWEITER TEIL

Im eigenen Quartier des Prinzen. Der Mesner, ehemaliger Dänenkönig, ist bei ihm. Hamlet hat Mitleid. — Was ist Macht? — Claudius hat mich gestürzt. Hamlets Verkehr könnte als Hochverrat gedeutet werden. Horatio kommt; er hat Nachrichten aus Dänemark. Die ganze dortige Lage wird erörtert. Der Prinz wünscht: nie mehr zurück. Herzausschüttung an Horatio, der ihm sagt, er habe allerdings den

Wunsch des Königs auszurichten, Hamlet in Helsingör zu
sehen. König Hamlet leide an Ahnungen.
Nun: Hamlet zum ersten Mal ganz Hamlet. Er will die Last
der Krone nicht auf sich nehmen.

[Notiz]
Giebelhäuschen in der Kollegienstraße von 1530—40: »Hier
wohnte, lehrte und starb Philipp Melanchthon.« Schräg
gegenüber ein gleiches Haus: Hamlets Haus nennen es die
Kinder und Unmündigen. [Nach Gurlitt, S. 2 f.]

VIERTER AKT

ERSTER TEIL

Nacht bei Katharina. Tagelied. »Es war die Nachtigall und
nicht die Lerche.«
Katharina gibt sich ihm hin, obgleich sie weiß, sie wird
morgen verlobt sein.
Machtspruch des Vaters, eigenes verständiges Denken.

VIERTER AKT

ZWEITER TEIL

Quartier des Prinzen. Seine Heimkehr im Morgendämmer.
Horatio und Marcellus werden geweckt. Wo der Prinz war,
wissen sie nicht.
⟨Sie sprechen von Katharinas Verlobung.⟩
⟨Der Prinz bricht zusammen.⟩
Rosenkranz und Güldenstern erzwingen Einlaß.
König Hamlet ist tot.
Die Situation des Prinzen.
König.
Er tritt seine große Mission an, Katharina ist vergessen.

FÜNFTER AKT
ERSTER TEIL

Fahrt Dover — Calais. Hamlet, Laertes. Laertes' Nachrichten. Der Kapitän spricht Mordverdacht naiv aus. Hamlet erhält von Laertes den zögernden Bericht, daß er nicht König sei. Große Szene.

FÜNFTER AKT
ZWEITER TEIL

König Hamlet in der Kapelle aufgebahrt. Der Hof mit dem bereits neugekrönten Claudius ist versammelt. Man erwartet den Prinzen, dieser erscheint, tritt an die Leiche.

Agnetendorf i. R., 3. November 1930.

[2]

ERSTER AKT

ERSTER TEIL

[ERSTE SZENE]

Große gewölbte Räumlichkeit, die wohl dreihundert und mehr Menschen fassen kann. Auf einer Estrade im Hintergrund eine Tafel, an der sich bereits einige Humanisten, Universitätslehrer, Augustinerpatres etc. niedergelassen haben. Unter ihnen Lucas Cranach und Philipp Melanchthon. Einige haben Efeukränze im Haar, so der Universitätsrektor und mehrere Professoren.
Der übrige untere Teil des Raums, der durch Kerzen beleuchtet ist, füllt sich mehr und mehr mit allerhand Volk, in der Hauptsache Studenten aller Art bis herunter zum abgerissenen und zerlumpten Bacchanten.
Von einem solchen wenig unterschieden ist Jan von Leyden, etwa zwanzigjährig. — Man fühlt, etwas Ungeheures ist geschehen, das die Gemüter erregt. Summen der Menge.

BETTELMÖNCH. Wird er kommen?
JAN VON LEYDEN. Wer?
BETTELMÖNCH. Der Verdammte, der Verfluchte.
JAN VON LEYDEN. Du meinst, der Prophet Gottes? Der Prophet.
PHILIPP ENGELBRECHT. Lutherum ut redimas, Hembd, Schuh, Buch, omnia vendas.
BETTELMÖNCH. Omnia vendas, und deine Seele dem Teufel!
PHILIPP ENGELBRECHT. Käsbruder, du bist in Wittenberg.
ERSTER STUDENT. Ja, vergiß nit, in Wittenberg.
BETTELMÖNCH. Kotz, ich scheiß auf Wittenberg.
ERSTER STUDENT. Scheißt du auf Wittenberg, scheiß ich auf Rom.
BETTELMÖNCH. Brennen sollt ihr, alle mitnander!
ZWEITER STUDENT. Meinst, wie die päpstliche Bull auf dem Trödelmarkt? Aber nun schweig, oder man wird dich stumm machen.
BETTELMÖNCH. Red ich nit, werden die Steine schreien. Kursachsen ist die Höll, Wittenberg des Satans Arschkissen...
Prügelei. Der Mönch wird hinausgeworfen.
PHILIPP ENGELBRECHT. Schlägt man einen tot, stehen drei wieder auf.
JAN VON LEYDEN. Sind wie Wanzen, Schwaben, Flöh und Läus.
DRITTER STUDENT. Bettelmönche sind wie die Schmeißfliegen.
VIERTER STUDENT. Wie die Franzosen: man darf ihnen nit die Hand reichen.
ERSTER STUDENT. Wer ist dort am Tisch mit dem spitzen Bart?
JAN VON LEYDEN. Philipp Melanchthon.
ERSTER STUDENT. Der mit dem Kranz?
JAN VON LEYDEN. Ja, der Rektor ist das.
ERSTER STUDENT. Und dort, der den dicken Kopf und die breiten Schultern hat?
PHILIPP ENGELBRECHT. Lucas Cranach, der Gewürzkrämer.
ERSTER STUDENT. Und wo ist der Luther?
PHILIPP ENGELBRECHT. Noch seh ich ihn nit. Bist wohl eben zum Tor herein? Jeder Hund kennt den Luther zu Wittenberg.

ZWEITE SZENE

Rosenkranz und Güldenstern tauchen im Gewühle auf.

ROSENKRANZ. Puh! daß doch der Mensch atmen muß!
GÜLDENSTERN. Das Volk riecht schlecht...
ROSENKRANZ. Die Herren Reformatoren haben keine Nase.
GÜLDENSTERN. Begreifst du den Prinzen?
ROSENKRANZ. Nein.
GÜLDENSTERN. Er wühlt, schwimmt, wälzt sich, wie es scheint, mit Behagen in diesem ekelerregenden Element: Bier, Schweiß, Knoblauch und schlimmere Düfte.
ROSENKRANZ. Weshalb ist man denn heut so aufgeregt?
GÜLDENSTERN, *zu Jan von Leyden.* Weshalb ist man denn heut so aufgeregt?
JAN VON LEYDEN. Der Papst hat Martinum Lutherum in den Bann getan. Gestern erhielt der Prophet die Bannbulle, heut hat er sie auf dem Markt verbrannt.
ROSENKRANZ. Papst? Bannbulle? Hat er nicht Angst vor dem Scheiterhaufen?
ZWEITER STUDENT. Nicht vor dem Teufel und seiner Großmutter hat er Angst.
ROSENKRANZ. Heda, Jungens, wir suchen drei Ausländer.
ERSTER STUDENT. Der Einfachheit halber: Bakkalaureus.
ZWEITER STUDENT. Ich bin Doktor humaniorum und Poet.
DRITTER STUDENT. Wir verstehen Latein. Darum nehmt euch in acht mit eurem Gerede, wenn man euch nicht an die frische Luft befördern soll.
ROSENKRANZ. Was denn, wir sind Studenten wie ihr und suchen drei Studenten, drei Ausländer.
PHILIPP ENGELBRECHT. Wie sehen sie aus?
ROSENKRANZ. Einer von ihnen wie Milch und Blut, die beiden anderen bedeutend älter.
PHILIPP ENGELBRECHT. Sind es Dänen?
ROSENKRANZ. Dänen wie wir.
Rosenkranz und Güldenstern verschwinden in der Menge.

PARALIPOMENON I, 2

DRITTE SZENE

Hamlet, hier Alexander genannt, Horatio und Marcellus werden sichtbar. Sie nehmen ruhig Aufstellung und beobachten die Tafel.

PHILIPP ENGELBRECHT. Ihr werdet gesucht.
MARCELLUS. Wer sollte uns suchen? Verzeiht, mein Herr.
PHILIPP ENGELBRECHT. Zwei Edelleute.
JAN VON LEYDEN. Zwei hochnäsig lange, Degen führende Edelleute.
ALEXANDER-HAMLET. Martinus Luther, ganz gewiß.

Aus einer Tür hinter der erhöhten Tafel tritt Martin Luther mit Gefolge. — Hamlet hält die Augen unverwandt auf den Reformator gerichtet, vor dem sich die bereits Sitzenden erheben, während alle Anwesenden eine laute, ohrenbetäubende Ovation darbringen.

[II]

[Aus]

DER SCHWARZE PRINZ IN WITTENBERG

1. Niederschrift

ZWEITE SZENE
[Vorstufe zu 2. Akt, 1. Szene; vgl. Bd. 3, S. 490ff.]
[Entstanden 18. 8.—20. 8. 1934.]

Großer Saal im Rathause zu Wittenberg.
Glänzende Festlichkeit zu Ehren der Anwesenheit Friedrichs des
Weisen in der Stadt. Kerzenglanz und Musik.
Patrizier, Bürger und deren Töchter im festlichen Gewühl,
darunter die Gestalten bekannter Universitätslehrer, so Doktor
Martin Luther, Philipp Melanchthon, Doktor Pommer.
Irgendwo steht Kurfürst Friedrich der Weise und hält Cercle.
Neben ihm die untersetzte, breite Gestalt Lucas Cranachs, des
Staatsmannes, Malers, Großkaufmanns und Druckers. Und
man erblickt Albrecht Dürer und Jacopo dei Barbari, genannt
Meister Jakob, ebenfalls Maler.
Eine der Eingangstüren mündet nahebei in den Saal.
Martin Luther und Bürgermeister Hohndorf schreiten vorn im
Gespräch vorüber.

MARTIN LUTHER
Greift wacker zu, Herr Bürgermeister. Das ungesetzliche Wesen will überall zunehmen. Jeder meinet, er darf sich exlex stellen und alles tun, was ihn nur gelüsten mag. Sein Reim ist: sic volo, sic iubeo, sit pro ratione voluntas.

BÜRGERMEISTER
Ist gestern wieder ein großes Lärmen in der Gassen gewest. Bin selbst kaum mit blauem Auge davongekommen.

MARTIN LUTHER
zu einem Magister im Talar auf der andern Seite
Wir müssen über unsere Lehre fleißig und treulich halten, Ihr habt recht. Es zürne, wer es nicht lassen kann oder will.

Christus soll stumm werden: das tut er nicht! Man köpfe, henke, ertränke, senge, verbrenne dort und da. Ich lasse mich, ob Gott will, auch köpfen und warte der Verfolgung, bis sie ihr müde werden. Und es muß doch zuletzt dahin kommen, daß man einen jeglichen lasse gläuben, wie er's in seinem Gewissen weiß zu verantworten.

DER MAGISTER
Danken wir Gott, wir haben einen weisen Herrn.
Gehen vorüber.
Melanchthon und Albrecht Dürer gehen vorüber.

DÜRER
Ein guter Herr, Euer Kurfürst. Ein wahrer Vater des Landes: Allgeliebt. Habe mehr als gerne mit ihm zu tun. Aber es gibt auch Banditen unter den Fürsten.

MELANCHTHON
Mag sein, aber in unsrem Deutschland blühen trotzdem jetzt Talente, Bildung, freies Urteil.

DÜRER
Vieles ist arg, vieles ist schlimm, und doch ist es eine Lust zu leben.
Gehen vorüber.
Hamlet, Horatio, Conrad Purr und Benvolio sowie Rosenkranz und Güldenstern treten ein.

BENVOLIO
O Proteus, Proteus, schließen wir die Augen,
denn dies ist Blendung in der Dunkelheit,
so scheint mir fast, die dein Gemüt bedrückt.

HAMLET
wie geblendet, die Hand über den Augen
Und doch — und doch! —

HORATIO
Glanzvollres sah man nie
an Pracht und Geist.

BENVOLIO
Dann mag die Blendung doch
nur vor dem Licht der wahren Sonne hergehn
und uns erleuchten, Proteus.

CONRAD PURR
Sie ist Licht, ist Licht,
ist, recht empfunden, stilles reines Licht,
ist deutscher Sternenhimmel meinethalb,
und wenig fehlt, so nenn' ich's deutsche Sonne.
Prinz, gib für eine Stunde deinem Gram
den Laufpaß. Du verlierst nichts, glaube mir,
gleichviel, ob er zurückkehrt oder nicht.

HAMLET
Bring sie mir wieder, die ich nie besaß
und doch verlor.

BENVOLIO
Erwache, Proteus, Proteus! Was dich äfft,
ist eine Spottgeburt aus Nacht und Nichts:
ein Irrwisch, Gossen- und Kloakenduft,
der sich entzündet hat und giftig züngelt
nach deinem Herzen.

ROSENKRANZ
Hoheit, gnäd'ger Prinz,
Ihr seht den Fürsten?

HAMLET
Nein.

ROSENKRANZ
Und doch, er hat
nach Eurer Hoheit ausgeschaut bereits,
als Sie den Saal betraten.

HAMLET
zu Benvolio
Wie? Du schwatzest
was her von Irrwisch und Kloakenduft?
Dann rede lieber mir von Zauberei,
die mich durch dieser Fremden Bild verwundet.
Magie heilt durch Magie. Ich sieche hin,
es wäre denn, Ihr heilt mich durch Magie.
Die Freunde Hamlets beantworten diese Äußerung mit herzlichem Lachen, ausgenommen Rosenkranz und Güldenstern.

GÜLDENSTERN
Mit gnädigster Erlaubnis, bester Prinz,
wir müssen, denk' ich, uns dem Fürsten nähern.

Es war der Wunsch und Wille Eurer Mutter,
der Königin Gertrud, Euch bei diesem Fest
zu wissen und dem hohen Landesherrn
hier wenigstens die Ehren zu erweisen,
die Ihr als Gast ihm schuldet: denn Ihr habt
an seinen Hof zu gehen abgelehnt.

HAMLET

Gut, du erinnerst mich — und ich erwache! —
an alles, was mich zog ins neue Rom.
Es war das wilde, reiche, volle Leben,
nicht das, in dem man tänzelt und sich spreizt,
sondern wo Sturm ist, Abgrund, hohe Woge,
Nacht in der Tiefe, Grauen, Wut und Tod.
Und nun will ich zum Fürsten! — Nein, noch nicht.
Zeigt mir den Mann erst, den Kyklopen, der
den Ätna heizt, Europa beben macht,
ja mehr: die Welt!

CONRAD PURR
Dort, dort!

HAMLET
Ein Bauer!

CONRAD PURR
Ja.
Ein Bauer, ja, ein Unkrautjäter. Ein
wildwüt'ger Raufer, Reißer gift'gen Unkrauts
im wüsten, übergeilten Acker Deutschlands.
Ein Karsthans, der mit seiner Hacke rast,
die Gäule, tobend, peitscht vor seinen Pflug,
so daß das schwarze Erdreich um ihn spritzt
und ihn in Wolken einhüllt.

HAMLET
Warum sah
ich diesen neuen Papst bisher noch nicht?

CONRAD PURR
Weil er aus Gründen sich im Hause hielt
und sich nicht zeigte.

HAMLET
Und der Gründe Grund?

CONRAD PURR

Der Bundschuh, den man blutig niederschlug
auf sein Geheiß.

ROSENKRANZ

Eure Hoheit, es ist Zeit.
Es naht der Aufbruch, und der Bürgermeister
steht eben untertänigst vor dem Fürsten
und lädt ihn, wie mir scheinen will, zum Mahl.

HAMLET

Sei's ihm gesegnet.

ROSENKRANZ

Prinz, Ihr seid sehr kurz
und obenhin in einer wicht'gen Sache.
Ihr könnt der Nachsicht dieses weisen Fürsten
Euch wohl entziehn, doch ihrer nicht entraten.
Belieb' es Euch, den Wunsch der Königin
nicht in den Wind zu schlagen.

GÜLDENSTERN

Auf dem Spiel
mit Ja und Nein steht Euer eignes Wohl.

HAMLET

Dort steht Melanchthon, den ich einst geliebt,
als ich noch etwas andres lieben konnte
als sie — laßt, Freunde; meine Vorstellung
bei Seiner Liebden, denk' ich, hat noch Zeit.
Ihr seht, die Festlichkeit hat kaum begonnen.
Wie selig würd' ich wühlen in dem Glanz,
wär' nicht ein andrer Glanz mir jüngst erschienen,
vor dem die Welt mit ihrem Glanz erblaßt.

BENVOLIO

O Proteus, Proteus, tu mir die Lieb und wechsle die Gestalt
auf kurze Zeit, und lege dein Idol
solange in die erste beste Truhe,
klapp zu den Deckel und verschließ das Schloß.
Und dann sieh einmal, Liebster, was sich hier begibt.
Wieviele Mädchenschönheit hielt das Städtchen
bis heut verborgen. Junge Weiber lächeln,
und Lockung blitzt aus ihren Funkelaugen,

die Nixen aber steigen aus dem Elbstrom
für diese Nacht. Und man erkennt sie leicht
am feuchten, untren Saume ihres Kleides,
sofern man blind ist. Sonst genügt ein Blick
auf Brüste, wogend wie ihr Element,
und ihren kindersüßen Saugemund,
der Blut trinkt. Proteus, komm und tu wie ich,
wir nehmen ein paar Tänze mit und gehn.

HAMLET

Ich mag nicht springen, doch, Benvolio,
wenn Ihr ein Wort mir schenktet, nur ein Wort,
so machte dies vielleicht mein Innres hell,
wo jetzt trotz allem Lichterglanze Nacht ist.

BENVOLIO

Ein Zauberwort?

HAMLET

Jawohl, ein Zauberwort.

HORATIO

Denkt nach, denkt nach, ihr Freunde!

BENVOLIO

                    Worte sind
ein Nichts.

HAMLET

Und alles.

CONRAD PURR

Ja, ein Nichts und alles.

HAMLET

Und alles ist es mir in meinem Fall.
Ich lechze nach dem Wort mit trockner Zunge.

BENVOLIO

So will ich morgen eine Angel nehmen
und darnach angeln.

HORATIO

                  Und ich meine Armbrust;
es steckt vielleicht in einer Schnepfe dann.

CONRAD PURR

Ich will mit Netzen das Gewäld umstellen,
so daß auch nicht das kleinste Wort herauskann.

BENVOLIO

Was soll's für eine Art von Wörtchen sein?

HAMLET

Ihr Name.

ROSENKRANZ

Prinz, der Kurfürst blickt nach Euch,
der Maler Lucas aber macht uns Zeichen.
's ist ein Verstoß, wenn Ihr dem Wink nicht nachkommt.

HAMLET

Ich kann nicht, wär' es Alexander selbst;
doch wüßt' ich ihren Namen, könnt' ich leben,
er gäbe Lebensluft in meinen Mund.

HORATIO

Der Schuft, der Spanier, der sie von Euch riß,
mein Prinz, mir ist, er nannte sie Lisarda.

HAMLET

Lisarda, gut, Lisarda!

CONRAD PURR

Ja, so ist's!
Auch mir liegt dieser Name noch im Ohr.

HAMLET

Wie himmlische Musik!

CONRAD PURR

Nicht allzuviel
und allzuoft begnadet mich Musik,
auch dien' ich ihr, mein Prinz, nicht so wie du
aus allen tiefen Kräften des Gemüts
und kann auf ihren Dank wie du nicht rechnen.

HAMLET

Zum Fürsten! — Halt... Zigeuner nennt Ihr sie?

CONRAD PURR

Wen?

HAMLET

Dies Volk.

CONRAD PURR

Wir Deutschen ja: Zigeuner.

HAMLET

Und woher stammen sie nach deiner Meinung?

CONRAD PURR

Es heißt, daß Julian, der Apostat,
— Mesopotamien war ihre Heimat —
sie einst von dort vertrieb.

HAMLET

Nun kommt zum Fürsten!

IPHIGENIE IN DELPHI

Editorische Bemerkung

[I]: Vollständiger Abdruck der 1. Fassung der »Iphigenie in Delphi«.
Die 1. Fassung wurde begonnen am 14. Juli 1940 auf Hiddensee.

[II, 1—2]: Paralipomena zur 2. und endgültigen Fassung der »Iphigenie in Delphi«.
Die 2. Fassung entstand in der Zeit vom 12. August bis 11. September 1940 auf Hiddensee.

[I]
[Erste Fassung]

ERSTER AKT

Inneres des Apollon-Tempels. Elektra erscheint vermummt. Sie bewegt sich und blickt scheu umher.

ELEKTRA

Wie schrecklich ist es hier! Wie hallen hier
furchtbar die Felsen! Stechend gleißt's in mir
und, schien es, stürzte schreiend seinen Glanz
in meines Sehens Sehen, das mir fast
ertaubte. Unbegreiflich ist, o Loxias,
das Grausen deiner Gottheit, schauerlich
mehr als die tückisch murrende, die Nacht
der Styx und ihre wälzenden Gewässer.
Erstarrt' ich je vor Kälte, so wie hier,
sei's selbst im Eisesgräberhauch der Mordnacht?
Und dennoch steh' ich ganz in Flammen, brenne! —
würd' ich zu Asche doch! — allein, ich stehe
in Flammenqual, die unverlöschlich ist
vom Anbeginn der Welt. Wer bin ich wohl?
Elektra, sagt man, Agamemnons Tochter,
des Tantaliden! Tantalide selbst,
ein Ding verborgen schleppend, das ich bald
küsse in Heimlichkeit und laut verfluche.
Ich werf' es von mir, doch es kehrt zurück,
der blutbeschmierte Wegwurf jedesmal.
Was ist es denn? Ein Beil! Ein kleines Beil!
Doch jedem, der es anfaßt, sträubt vor Grausen
das Haar sich. So geschah's dem Greise, der
mühsam das Reisig brach und dem ich's gab,
damit es seine Mühen ihm erleichtere.
Und nun: dort ist dein Altar, Loxias!
Der Spalte Dunst
verwirrt das schon Verwirrte. Herrscher du
im heiligen Delphi, das Parnassos krönt.
Ich biete mich dir an als Priesterin,
allein im Wahnsinn sehend und allwissend.

Schenk mir noch mehr davon: Allwissenheit
durch dich, betäube mich durch deinen Rauch
und zeige mir die Morde dieser Erde,
in der Entrückung deiner Gotteskraft,
grell und erbarmungslos: nicht einer bleibe
der Sterblichen im ewigen Augenblick
erspart. Zu viel ist einer: gib mir mehr!
Orest erschlug mir meine Mutter mit dem Beil!
Da: nimm es hin.
   Sie legt das Beil auf den Altar.
Sie war auch meine, seine Mutter, war
das Weib, in dessen Schoß er reifte und
das ihn zur Welt gebar. Er schlug sie tot!
schlug des zum Dank — und wenig fehlte, heißt's,
daß die Geburt Orestens schon das Leben
ihr nahm! — ihr mit der Axt ins Angesicht,
daß seiner, meiner Mutter Schönheit nichts
mehr war als nur ein blutiger Klumpen Fleisch.
Verfluchter Bruder! O geliebter Bruder!
verflucht, geliebt, geliebt verflucht! Du rächtest
den Vater, den sie ihrem Buhlen preisgab
zu feigem Meuchelmord: er schlachtete —
o Tantaliden! — Agamemnon, den
Heerkönig, wie im Trog den Eber: wehe!
o Tantaliden! Tantaliden!

               PRIESTER DES APOLL
            hinter dem Altar hervortretend
Wer drängt sich lärmend in den Tempel Gottes?
Was hast du hier zu suchen, widerliches,
entmenschtes Weib?
                ELEKTRA
               Entmenscht? Mag sein: vergöttert
durch die Erinnyen: ist ihr Grauen,
das gräßlich-unaussprechliche, doch nicht
im Menschlichen zu finden. Und ich bin
ganz Grausen. Wiederhole nun dein Wort,
Milchbart im Priesterkleid, und zittre bis
ins Mark vor der Entmenschten! Keinen Tropfen Blut
birgt sie in sich, der ihr noch zugehört
und nicht den Rachegöttern. Du bist blind:
hinter den Bildern deines Gottes siehst

du nicht die Schlangenhaarigen: nimm wahr
mein scheußliches, mein göttliches Gefolge.
Nenn mich ein Opfer meinethalb: so nahmen
und so zerrissen mich die Himmlischen
und können sich nicht sättigen an mir,
mit Wolfgebissen wütend. Also bin ich,
wie du mich nanntest, Milchbart, widerlich —
doch gerade darum göttlich und so: heilig!

PRIESTER DES APOLL

Sprich ruhig und sprich klar. Mag sein, daß ich
mich übereilte. Irgend etwas ist,
ich spür' es nun, im Raum des Tempels: stumm
und hörbar, das kein irdisch Auge sieht
und dennoch ist! Wo kommst du her?
Sprich reine Wahrheit in Apollons Haus.

ELEKTRA

Komm' ich von Argos oder nicht? Stieg ich
aus meines Vaters, meiner Mutter Grab?
Heißt irgendeines Herrschers Burg Mykene?
Hieß dieser Herrscher Agamemnon? Ließ
er seine Tochter schlachten, sie der Artemis
für guten Segelwind zur Fahrt nach Troja
hinwürgen als ihr Opfer? Eines nur
ist's, was ich weiß: hier meine Füße sind
zwei Klumpen Blut und Eiter. Götterwege
und -steige waren's, die ich ziellos lief,
wo spitze Steine von den Sohlen mir
das Schuhwerk wie mit Zähnen rissen. Ich
hing bald an Klippen schwindelnd, wie mir scheint,
lief barfuß, blutend, übers Eis, versank
bis an die Brust im Schnee.

PRIESTER DES APOLL
             Genug, genug!
Und was erwartest du am heiligen Orte
zu Delphi?

ELEKTRA
       Sie! Die Todesgöttin! Sie —
wen sonst als sie?

PRIESTER DES APOLL
Nun, Hilfeflehende,
Verirrte — denn als beides schätz' ich dich —,
sollen dich Tempeldienerinnen erst
ins Bad und dann zur Ruhe bringen. Du
wirst ausruhn und hernach mit klarem Sinn
uns dein Anliegen künden: ob dich Zufall
hierher verschlug ins höchste Heiligtum
von Hellas — ja, der Welt! — und was, sofern
es anders ist, du hier zu finden hoffst.

ELEKTRA
flüchtet gegen eine Tempeltür, die verschlossen ist
Mord! Mord! Ihr wollt mich morden: Bäder sind
Mordhöhlen. Blutiger Schaum! Die Göttin will
mich auf der Schlachtbank sehn wie meine Schwester.
Sie wirft sich vor dem Priester nieder.
Erbarmen! Habt Erbarmen, Mörder! Hab
Erbarmen, Priester: Priester! Mörder! Schlachte
mich nicht: sind meine Hände doch
nicht blutbesudelt! meine Hände nicht!
Ob meine Brust auch — nein, ich leugn' es nicht —
an Klytämnestras Tode, meiner Mutter,
reichlichen Teil hat.

PRIESTER DES APOLL
Fürchte nichts.

ELEKTRA
Könnt' ich
Orest entsühnen, der das blutige Amt,
das heil'ge, zu vollziehen auserwählt war —
Orest, den Herrscher von Mykene —, könnt' ich's,
wie gerne stürb' ich meiner Schwester Tod:
denn ohne ihn ist Atreus' Stamm dahin.
Nein, nein! Er darf nicht sterben oder gar
gestorben sein: es stirbt mit ihm Apoll:
Allein, der lebt, denn noch umgibt sein Licht,
ob qualvoll auch, dich, Priester, und auch mich.

PRIESTER DES APOLL
Ich will den Oberpriester rufen, Fremde,

die Namen, die du nanntest, schrecken mich.
Mit halbem Ohr war ich dabei, als jüngst —
entschwanden Wochen seither oder Monde?
ich weiß es nicht — ein Rasender erschien.
War es ein Jüngling oder nur ein Schatten,
entflohn der Nacht des Hades? Offen stand
sein Mund, und zwischen seinen blauen Lippen
drang, wie mir's vorkam, schwarzer Rauch hervor.
Die Worte spie der Schreckliche mit Grauen,
so schien mir, von sich, so als wär' es Unflat,
die Augen drangen ihm aus seinem Kopf,
es pfiff aus seinem Halse: niemals, sprach
hernach der Oberpriester, habe er
je einen Sterblichen so unterm Fluch
der gnadenlosen Götter leiden sehn.

ELEKTRA
Das war Orest, mein Bruder.

PRIESTER DES APOLL
Doch ein anderer
war mit ihm.

ELEKTRA
Pylades!

PRIESTER DES APOLL
Ich las den Namen
im Tempelbuch: es war dazu bemerkt,
daß König Strophios sein Vater sei
und seine Mutter Anaxibia,
des Königs Agamemnon Schwester.

ELEKTRA
O
ruchloser Vater, ganz entmenschter, der
die lieblichste von allen Hellas-Töchtern,
die eigene Tochter Iphigenia,
zum Holzstoß schleppen und von Kalchas sie
hinwürgen ließ. O Todesgöttin, o
du grausam gnadenlose Artemis!
wie ließ es deine Gottheit zu, den Vater,
er war auch meiner, also zu entmenschen?

den Heros, dessen Wort die Erde lauschte,
wenn sie erbebte unter seinem Schritt.
Nun sprich mir mehr, sprich mehr mir von Orestes,
der unseren Vater rächte an der Mutter,
den mordbefleckten Tochtermörder, pfui!
Betäubt mich, denn Betäubung ist allein
Errettung aus der Wirrsal dieser Welt.

*Elektra sinkt um, der Priester winkt Tempeldiener herbei,
die Elektra auf eine Marmorbank betten. Hier liegt sie
während des folgenden bewußtlos. Ein Oberpriester erscheint.*

OBERPRIESTER (OLEN)

Ich lauschte. Mit Bestimmtheit kann ich dir
nun sagen, wer sie ist, die dorten schlummert —
ich weiß es von dem Allessehenden:
es ist Elektra! Daß sie kommen würde,
hat Pythia geweissagt. Ja, sie ist's.

PRIESTER DES APOLL

Furchtbare Hand zieht einen Vorhang mir
von meinen Augen nicht nur, nein, er gibt mich ganz
und ohne Schutz den grausen Mächten preis.
Ein Vater, der die Tochter schlachtete,
sein Weib, das ihn im Bad erschlagen ließ,
ein Sohn, der seine Mutter, dieses Weib,
dann hingerichtet und den Vater rächte.
An Großen und von Großen ausgeübt,
liegt diese schwarze Schicksalsballung nun,
gleich einer Hadessonne, über Hellas.
Mit düstrer Angst preßt sie der Griechen Herz.

OBERPRIESTER (OLEN)

Sie ist's! Man sagt: sie liebe ihren Bruder
Orest mehr als sich selbst, die Erde samt
den Göttern! Und so frevelt sie an ihnen,
an sich und an der Welt. Komm, Simmias, laß
sie schlummern! Ist sie doch befreit
von einem Etwas, diesem eklem Beil,
das nur Apollens Strahl rein brennen kann,
des Gottes, dessen Altar nun es trägt.
Das wird die Traumlast ihr erleichtern. Höre,
was ich dir nun eröffnen will. Der Gott

gab dem Gehetzten, der das Rechte tat
und so zugleich das Unrecht: unrecht Recht!
und rechtes Unrecht, durch der Pythia Spruch
den Auftrag, sich nach Tauris zu begeben
und den Barbaren dort aus ihrem Tempel
zurückzurauben das geraubte und
entehrte Bild der Schwester:
seltsam sind die Götter nun
einmal versippt! Die Herrscherin der Nacht
löst Pythios, den Tagesherrscher, ab,
bis er dann wieder in den Reigen tritt.
Und Artemis, so scheint es fast, verschwind't.
Wer mag der Götter Weise sich erklären?
ein Ungeborener, der noch kommen soll?
Ich schweige. Scheues Schweigen ist allein
am Platz im Heiligtum der Gottheit. Das
Orakel kündete dem jungen Herrscher
Mykenes, ihm, Orest: »Apollens Tag
wird jeden Fluch der Nacht in dir vertilgen,
wenn du der Artemis entweihtes Bild
zurück nach Hellas bringst. Ein neuer Tag
harrt deiner dann. An seinem Rande wirst
du aufgerichtet als ein Beter stehn,
um dessen Fuß des Lichtes Welle quillt
wie eines Freudenmeeres leise Brandung.
Des Äthers Gold ist dann so über dir
wie in dir, und das süßeste Vergessen
im bloßen Sein ist dann dein ganzes Sein.«

PRIESTER DES APOLL
Oh, welche Allmacht liegt in unserem Gott,
der dies vermag! — Doch nun, Ehrwürdiger:
ein Wort von ihr, von Iphigenien,
der Jungfrau aller Jungfraun, ihr,
von der man sagt, sie lebt, obschon sie tot ist, überall
fern und zugegen. Ohne Kultbild zwar
und ohne Tempel, heben sich die Herzen
der Griechen zu ihr und der Griechinnen,
der halberblühten und erblühten Jungfraun.
Es scheint, daß sie, die holde Königstochter,
die sich zum Hochzeitsfest getragen glaubte
und als ein blutig Opfer endete,

mit ihrer unsichtbaren Gegenwart —
halbgöttlich, göttlich — nun nicht fehlen darf
bei irgendeiner Hochzeit.

OBERPRIESTER

Ja, so ist's.
Bei den Olympiern geht sie aus und ein
nun als Unsterbliche, wie Artemis
dem Tod nicht unterworfen, den sie bringt: —
denn hie und da geschieht's bei einer Hochzeit.

PRIESTER DES APOLL

Daß einer stirbt?

OBERPRIESTER

So sagt' ich. Allzu nah
stand sie und steht sie noch der Todesgöttin.
Doch ruft uns nun der Dienst, komm. — Dieser wird
verdiente Ruh'. Wir werden ihrer nicht
vergessen, Simmias. Denn irgendwie,
wenn ich die drückende, die heilige Stille
recht deute, will sich hier ein Knoten lösen,
ein blutiger, und, die er würgend band,
vielleicht entlassen aus der grausen Haft.

Beide Priester gehen ab.
Theron tritt auf. Er ist ein Schiffer. Etwa vierzig Jahre alt.
Ziemlich roh, verwildert und aufgeregt. Er trägt ein Ruder.

THERON

Seit Wochen umgetrieben auf der Flut,
von wildern Ufern, griechenfeindlichen,
ward ich — die Götter mögen wissen, wie's
geschah — hier angetrieben, an das Land gespült.
Wie fand mein Nachen wohl nach Kirrha und
mein Fuß den Berg hinan, hierher nach Delphi,
des Griechenvolkes höchstem Heiligtum?
Ich floh zur Not vom Land der Taurier,
des Pontos Woge warf mich hin und her,
am Athos machte ich den Zimmermann,
kroch da und dort an Land, um einen Trunk
und einen Mundvoll Nahrung mir zu stehlen.
Mir schien einmal, ich wäre in Athen,
wo meines Vaters jüngerer Bruder lebt

als Hafenmeister, doch da war's Kyllene.
Und als ich wiederum hernach erwachte,
mehr tot als lebend, war nur noch dies Ruder
in meiner Hand. Den Paian singen sei
den Sängern dieser Tempel überlassen.
Ich weihe dem, der mich hierhergeführt,
gleichsam an seine Brust, Pythonios,
dies Steuerruder: hätt' er's nicht gelenkt,
wär' ich nicht hier.
Er legt sein Ruder auf den Altar und kniet vor ihm nieder.
Elektra stößt einen langen und tiefen Seufzer aus.
So seufzt die Welt! Ist hier noch außer mir
ein Mensch? und will er seine Torheit messen
mit meinem Unglück? Ist die Küste doch
von Hellas' Volk mir minder feindlich nicht,
als jene Griechenmordende von Taurien:
ein Tempel nur, ein Altar gibt mir Schutz.

ELEKTRA

Auch mir! Komm näher, Fremder! Nein, nicht Fremder —
das Unglück selbst nennt seinen Bruder ihn:
komm, Bruder, denn ich bin's, ich bin das Unglück.
Sie erhebt sich langsam in sitzende Stellung, von Theron gestützt.

THERON

Bist du verflucht, bist du geächtet, sei
gesegnet mir, Geschenk des Himmels, Schwester!

ELEKTRA

Ja, ich erkenn's: du bist vom rechten Schlag,
ein wahrer Mensch, die andern sind nur Puppen,
mit Puppen aber hab' ich nie gespielt:
ich war nie Kind.

THERON

Sprich, nagelneue Schwester:
nicht nur wie ich vom Unglück unterwiesen,
sondern vom schwarzen Zeus und Kore selbst,
du weißt von unserem Schicksal mehr als ich:
denn sieh, ich war ein schuldlos-heitrer Knabe,
die Freude aller Menschen, die mich sahn,
ich wollte allen wohl, so wie sie mir.

ELEKTRA

Ich nicht! ich haßte alle.

THERON

Und wer war
dein Vater?

ELEKTRA

Wenn er mit der Braue mir
nur winkte, schwand ich hin wie in der Sonne
ein brennend Wachslicht: Licht und Wachs zugleich.
War es die Braue des olympischen
Allvaters, die dem Blitz den Donner nachdröhnt:
Allvaters Donner hätt' ich nicht gehört.

THERON

Stammst du von Göttern?

ELEKTRA

Schwere Antwort: nein!
Mein Vater herrschte über Tod und Leben.
Er winkte mit der Braue, und sofort
bohrten sich Schwerter in der Tochter Brust:
hierin ein Gott, doch war er nicht unsterblich.

THERON

Er lebt nicht mehr?

ELEKTRA

Den Tochtermörder traf —
er starb durch Meuchelmord — ein gleich Geschick.
Weh ihm, daß er kein Gott war, und weh mir,
die sagen muß: Er hat den Tod verdient.

THERON

Erlag er der Blutrache?

ELEKTRA

Rächt die Mutter
den Tod der Tochter, wie dann nennst du das?

THERON

Was sagst du da? Ich habe falsch gehört.
Blutschuld ist leider meiner Brust vertraut
wie Atem. Doch für eine solche Tat

gibt es kein menschlich Wort: selbst das Gebell
des Höllenhundes muß vor ihr verstummen.

ELEKTRA

Du bist ein Lehrling nur im Land der Schrecken,
armseliger Schwächling. Eher beiß' ich mir
die Zunge ab, als meinen Bruder dich
noch fernerhin zu nennen. Nein, mein Bruder
schlug seine Mutter mit dem Beile tot:
ein ganzer Mann, der seinen Vater rächte,
im Dienst der Götter rächend, selbst ein Gott,
Gerechtigkeit vollstreckend. Pack dich, räudiger,
getretener Hund! Du Eiterbeule, fort!
Die Sohle einer Heiligen sei verflucht,
die auch nur nach dir tritt — und wisse jetzt:
ich bin Elektra, Agamemnons Tochter!

THERON

Elektra bist du? Ei, so hör mir zu —
plötzlich ergießt sich böses Licht um mich! —
Wer wüßte nicht vom blutigen Untergang
in Hellas der Atriden? Also spitz
die Ohren, beide Ohren, freches Weib,
damit das Gift, das ich hinein dir träufle,
auch wirksam sei.

ELEKTRA

Armseliger!
hinzutun willst du etwas meinem Gram?
Laß ab von einem solchen Unterfangen:
Ohnmacht! Hat sich doch alles Gift der Welt
in mir gesammelt und mich nicht getötet.

THERON

Nun gut: was reizest du den Bruder, Frau,
als solchen eben erst von dir erküret?
Behalt ihn, denn er ist es wert; mach ihn
zu mehr als deinem Bruder, denn du machtest
den Mann in mir zum Knecht beim ersten Blick.
Steht Eros doch am Anfang aller Leiden,
so auch am Ende. Deine Schenkel springen
in gleichsam göttermächtiger Wölbung dir
hervor — und schon ergreift mich jene Wut,

der niemals das entging, was sie begehrt.
Ich weiß, du lügst! Du bist Elektra nicht.
Du bist ein schlechter Lumpen, wie man sie
am Straßenrande wegwirft.

ELEKTRA
Schlechtes Vieh,
laß ab! Hier ist das Heiligtum Apolls,
und, Mensch, es gibt Erinnyen auch für Hunde.
Sie stößt ihn von sich.
Der Priester Simmias tritt ein.

SIMMIAS
Was geht hier vor? Was für ein Lärm?
Zu Theron

Wer bist du?

THERON
kriechend
Ein Armer, ein Verfolgter bin ich! Ein
Schutzsuchender.

SIMMIAS
Sprich, Fürstin, trat er dir
zu nah?

ELEKTRA
Ich weiß nicht. Ist er Fleisch und Blut
oder ein Schatten, den mein Geist gebar,
wie sich der Schaum gebiert auf faulem Wasser?

SIMMIAS
Von wannen kommst du her, Mensch? Und was ist's
mit diesem Ruder?

THERON
Dieses Ruder weih' ich
dem Gott: er half mir wunderbarlich, durch
dies Ruder, zwischen allen bösen Mächten
der Rache fort: vom Land der Taurier
bis hierher.

SIMMIAS
Schiffsmann, sagtest du
vom Land der Taurier?

THERON
Nicht anders, ja!

Wo man das heilige Bild der Artemis
verehrt und ihr Schiffbrüchige, vorab
gefangene Griechen, schlachtet.

SIMMIAS

      Und du selbst
entgingst dem Opfertod?

THERON

      Ja, ich entging ihm.
Als Priesterin der Todesgöttin waltet
im Tempel eine Griechin, wo sie irgend
vermag, so wendet sie die Augen weg,
sofern ein Grieche flüchtig wird.
Thoas, der König, ist ihr zugetan,
und auch aus Furcht vor ihrer Priesterschaft
läßt er ihr manches hingehn.

SIMMIAS

      Diese Frau,
ob namenlos auch, in ganz Hellas ist
sie unsichtbar zugegen: wo nur immer
der Griechen Laut erklingt, spricht man von ihr —
insonderheit wo eine Tochter sich
aus gutem Haus vermählt: doch manchmal, heißt es,
wirkt sie den Tod der Braut.

ELEKTRA
aufhorchend

      Mir hat von ihr,
der Priesterin von Tauris, oft geträumt.
Doch schlaf' ich oder wach' ich? Mensch, du sprichst
von Tauris? von dem fürchterlichen Schlachthaus,
das Tempel heißt? drin eine Griechin blutig
den Tempeldienst versieht der Artemis
und ihr gefangene Hellenen opfert?
Sie sei verflucht! Allein, sie lebt nicht mehr,
sofern die Schiffe meines Bruders mit
den Tempelschätzen und dem Götterbild,
die er geraubt, nach Delphi unterwegs sind.
Er strafte dieses Weib, wie sie's verdient.
Und darum bin ich hier: der Sühnegott —
du weißt es, Priester —, der dem Bruder einst

den Mord gebot an seiner, unserer Mutter,
hat ihm den Raub, von dem ich eben sprach,
als Sühne auferlegt. Seltsamer Gott:
der, was er selbst tut, indem er's vom Gehorsam sich erzwingt,
menschliche Ohnmacht dann am Menschen straft
und Sühnungen ihm auferlegt. Ich bin,
gerufen und gehetzt, hierher geeilt,
und nicht umsonst, wie dieser Mann beweist.
Nah ist der Gott, sein Haus voll heil'gen Rauchs,
der mir die Blindheit von den Augen nimmt
und mich allsehend macht. So wisset denn:
die Tat der Sühne ist vollbracht: Orest,
von Pylades begleitet und von einer,
die ich nicht kenne — welche Dreiheit! — sie
betrat soeben Delphis heiligen Boden
und nahen sich dem Orte, wo wir sind.

THERON
Wahnsinnige, wenn du Elektra bist
und dich mit Fug der Priester Fürstin nennt,
so nimm es für gewiß: dich hat dein Rauch
nicht sehend, sondern blind gemacht. Du kamst
hierher, um deines Hauses Untergang,
den Fall der letzten einzigen Säule, die
es noch notdürftig stützte, zu erfahren.
Befiehl mir, Priester, so erstatte ich
und stelle unter Schwur ihn, den Bericht,
wie Fürst Orestes, von der Priesterin
zu Tauris hingeopfert, elend starb
und Pylades, sein Freund, im Tod ihm folgte.

ELEKTRA
Du lügst!

THERON
Und das warum?

ELEKTRA
Um dich zu rächen
dafür, daß ich als Wegwurf dich erkannt.

THERON
Wie aber, Fürstin, wenn ich dir berichte,

daß Fürst Orestes hoffte, Pylades
zu retten, und ihm auftrug, heimgekehrt
nach Argos, dich als Weib zu nehmen?

ELEKTRA

Mensch,
du lügst, du lügst!

THERON
Nur Seher lügen, und
noch ärger Seherinnen: Kalchas log,
als er beschwor, die Todesgöttin sei
lüstern nach deiner schönen Schwester Fleisch.
Und diesem Trug ward Iphigenie
vom Vater selbst geopfert. Doch es scheint,
die blonden Atreuskinder scheun sich vor
Wahrheit wie tolle Rüden vor dem Wasser.

ELEKTRA
Dann könnt' es sein, weil Wahrheit tötet: sprich.
Ich beiße mir die Zunge eher ab,
als daß ich spreche! eh' ersticke ich,
als daß ein Schrei sich aus der Brust mir reißt.
Sofern ich dann veratme, sterb' ich nicht
der Fackelträgerin als Opfer hin —
nein: ihm, nur ihm! dem Lügengott Apoll!

SIMMIAS
Nicht lästre, Fürstin, lästre nicht den Gott,
des Gastfreundschaft du atmest!

THERON
So vernimm,
was du vernehmen mußt, wenn du in Wahrheit
Elektra bist — ich wiederhol' es dir —:
es starb Orest und so auch Pylades
unter dem fürchterlichen Beil jener
Barbaren-Priesterin, denn ob sie sich
Griechin auch nennt, in Griechenlauten spricht,
ist sie blutgieriger als die Göttin selbst.
Eher kommt den Barbarenkönig wohl —
er nennt sich Thoas — weibisch Mitleid an
als dieses Bild von Stein. Ich ward als dritter

zum Opfer ausersehen, und ich sah
Orest zuerst und nach ihm Pylades
hinsinken unterm Beil.

ELEKTRA
Verruchte Priester,
voran du, Pythia, auf dem goldnen Dreifuß:
hier lag mein armer Bruder hingestreckt,
Orestes, vor dem Altar eures Gottes.
Er nahm nicht Trank noch Speise zu sich. Freigesprochen zwar vom Blutgericht Athens
und einer Anzahl der Erinnyen,
doch von den andern um so heftiger
verfolgt: ihn brannte weiter Wahnsinn aus!
Zu sterben war sein Vorsatz, wenn Apoll
sich seiner nicht erinnern würde und
zurück den Schritt nicht täte zur Gerechtigkeit. —
Da fiel der Spruch vom Mund der Pythia:
»Raube das Bild der Göttin Artemis
zu Tauris, das dereinst vom Himmel fiel,
und bring es nach Athen: von dir genommen
ist dann jedwede Blutschuld. Der Erinnyen Macht
gebrochen. Du gesund an Leib und Seele.
Du gründest neu und siehst es neu erblühn
zu Argos, Tantals Haus!« — Und nun Orest,
er hat gehorsam den Befehl befolgt
und starb wie Iphigenie, seine Schwester,
ein Fraß der Artemis: säh' ich ihr Bild,
mit diesem Beile würd' ich es zerschmettern.
*Sie hat das Beil wieder vom Altar genommen und spricht,
indem sie hinausstürmt*
Fort, fort! Hier wohnt nur Lügenbrut, hinaus!
Elektra geht ab.

SIMMIAS
zu Tempeldienern, die ihn umgeben
Furchtbare Frevlerin! Eilt, geht ihr nach.
Zuviel brach über diese Frau herein.
Bringt sie zu Pflegerinnen und zu Ärzten.
Die Tempeldiener gehen ab, in Befolgung des Befehls.

SIMMIAS
Und wie wardst du errettet, Fremder?

THERON

Wüßt' ich
das selbst! Das Beil war über mir,
als Lärm entstand im Tempel selbst und rings
um ihn herum. Mir schien's ein Überfall,
denn alles griff, und so auch ich, zur Waffe.
Allein, ich muß ihr nach! sie ist von Sinnen!
Er stürmt ab.
Der Oberpriester erscheint.

OBERPRIESTER

Ah, Simmias, da bist du: vor den Toren
harrt eine wundersame Prozession,
sie ward von Krisa mir bereits gemeldet.
Ihr schritten zwanzig Tempeldienerinnen
fremdartiger Tracht voraus, und andere Frauen,
die von der Bucht herauf ein Holzbild trugen
auf einer Bahre, stehn nun feierlich
harrend daneben: unten in der Bucht
ankern Trieren: wohlbemannt. Ein Halbteil gut
der Mannschaft ist an Land gegangen, sagt
das Volk, doch wie's versichert: unbewaffnet.
Sie stehn nun vor dem Tore, diese Schiffer,
wohin sie ehrfurchtsvoll das Bild geleitet.
Bevor wir sie empfangen, scheint mir nötig,
daß man genau um ihr Begehren weiß:
versuch es zu ergründen.
Ein Prytane erscheint.

PRYTANE
begleitet von Pyrkon, einem werdenden Jüngling
Allbereits
ergründet scheint es mir zu sein, Ehrwürdiger!
Zum mindesten ein friedliches Begehren,
kein kriegerisches, liegt dem wundersamen
Besuch zugrunde, den der heilige Ort —
dergleichen Überraschung ja gewöhnt —
nun wiederum erfährt. Allein, da ist
doch Seltsamliches, scheint mir, mehr als sonst:
vier weiße Stuten ziehen einen Wagen,
die Leute wollen wissen, ganz von Gold.
Er trägt in Purpur ganz verhüllt ein Weib.
Wenn sie das Haupt von der Verhüllung etwa

einmal befreit, so bricht die Menschenmenge,
die still und immer wachsend um sie strömt,
in Rufe aus, die, sagt man, bis ins Mark
des Lebens schmerzhaft dringen, aber auch
voll Bittens, Bettelns, ja voll Weinens sind.

⟨OBERPRIESTER
Wer aber sind die Herren dieses Aufzugs?

PRYTANE
Ein schöner Jüngling sitzt auf schwarzem Hengst,
nicht minder schön ein zweiter geht zu Fuß
und hat die Hand in dessen, der da reitet.
Sie haben ein Gelübde, sagen sie,
getan und bringen nun, was sie gelobt,
im vollen Licht des Tags dem Sonnengott.
Ich öffnete die Tore, und sie sind
nun auf dem Weg hierher.
Ende des ersten Aktes⟩

OBERPRIESTER
Und das warum?

PRYTANE
Dies Weib in seiner Art
scheint allen fremd, ja übermenschlich: starr
sitzt ihr ein seltsam Lächeln um den Mund.
Dabei ist sie gefesselt, wie man glaubt.
An ihren Hand- und Fußgelenken will
man Ketten rasseln hören.

OBERPRIESTER
Und wer sind
die Herren dieses seltsamlichen Aufzugs?

PRYTANE
Von ihnen sind Gerüchte eigner Art
im Schwange. Mag dir dieser Knabe hier,
Pyrkon, berichten, was er selbst erblickt.

PYRKON
Vom Schiffe, das zuerst den Anker warf,
stiegen, so war mir, zwei Unsterbliche!

Und kaum, daß ich dies dachte, ging ein Raunen
im Volk, das sich gesammelt hatte: »Was
kommt über uns? Unsterbliche sind hier
gelandet.« — Frei und mächtig war ihr Schritt,
die unter uns den Größten überragten,
mehr als um Haupteslänge. Was geschieht —
ich traue meinen Blicken nicht — denn nun:
von beiden Fürsten der Gewaltigste
steht still und zittert, jählings fliegt sein Haupt,
gleichwie von fremder Hand geschüttelt, zwischen
den Schultern hin und her, als sollt' es ihm
vom Rumpfe fliegen,
umpeitscht von blondem Lockenhaar. Es quillt
vor des Gewaltigen Mund ein weißer Schaum
und träuft ins Gras. Stier tritt des Mannes Blick
hervor, und glotzend brechen aus den Höhlen
die Augen. Plötzlich greift er nach dem Schwert
und stürzt sich brüllend in die Rinderherde,
die friedlich unter den Oliven grast.
Er stößt den Stahl und macht ihn unsichtbar
in eines schwarzen Stieres Eingeweide,
reißt ihn heraus und wählt ein anderes Tier
zum Opfer und so fort, bis ihn der Freund,
den Wütenden, am Ende mühsam bändigt
mit Hilfe vieler Mannen. Was alsdann
er tobend schrie, ich hab' es mir gemerkt:
»Des Hades Schlange will mich morden, die
im Feuerrachen meine Mutter trägt
und einen Felsen in den Klauen, der
Apollens Licht erschlägt und, meine Brust
zerschmetternd, mich begraben soll. O laßt!«
klang noch sein übermenschlich Heulen mir
nach! — lange nach! auf meiner wilden Flucht.

OBERPRIESTER

Hört, tieferschüttert läßt mich der Bericht.
Gen Osten blickend, sah ich morgens schon
Gewölk, getürmt am Himmel, sich zerreißen,
und miteinander kämpfen Hirsche, Wölfe,
Kentauren, wilde Rosse und so fort
am düstren Himmel. Und der herophile
gotttrunkne Sehergeist, so schien es mir,

warf auf Elektra sich. Mir ist's, sie sagte:
»Nah ist der Gott, sein Haus voll heiligen Rauchs,
der mir die Binde von den Augen nimmt
und mich allsehend macht!« So wisset denn,
das rief sie, und es traf mich bis ins Mark —:
»Die Tat der Sühne ist vollbracht. Orest,
von Pylades begleitet und von einer,
die ich nicht kenne — welche Dreiheit! — sie
betrat soeben Delphis heiligen Boden
und nahen sich dem Orte, wo wir sind.«

ZWEITER AKT

*Marktplatz in Delphi, in rote Felsmassen gebettet. Giebelseite
des Apollon-Tempels, dorische Säulen: er hat eine breite
Terrasse, zu der Marmorstufen emporführen.
Schweres Gewitter, Dunkelheit, Donner und Blitz.
Erster, zweiter und dritter Greis laufen geängstigt umher und
suchen Schutz.*

ERSTER GREIS
Es kam urplötzlich, und vergeblich hättest
du eben noch den Himmel abgesucht
nach einem Wölkchen.

ZWEITER GREIS
Hundertfach erdröhnt
der Donner hier in unseren Felsenklippen.
Mir scheint es, daß die Götter Schweigen uns
gebieten und allein den heiligen Ort
besitzen wollen, etwas zu beginnen,
auch wohl zu enden, dessen Endschaft reif ist:
wenn dies der Fall ist, brauchen sie uns nicht.

DRITTER GREIS
O schrecklich, wenn die Götter unter sich
allein sind, sich nicht mehr der Kreatur
erinnern, nicht der Tempel noch der Priester.
Dann fegen jählings alles sie hinweg,
der Boden bebt, die Felsentürme wanken
und bröckeln, furchtbar polternd, in den Abgrund —
und Weihgeschenke stürzen ihnen nach,
wie nichtiges Geröll.

VIERTER GREIS
Ein Ziegenhirt,
berauscht, kam mir entgegen: nicht von Wein,
sein Seherauge war vom Gott berührt,
denn aus der Spalte unterm Dreifuß quillt
der Dunst heut, alles um sich her betäubend,
so Mensch als Tier. Er schwor: die Todesgöttin,
die Fackelträgerin, die Jägerin,
kurz, eine gnadenlose Artemis
stehe vor Delphis Tor und heische Einlaß.

ERSTER GREIS

Schütz uns, Apoll! Nimm aus der Schwester Händen
die Waffen. Ihrer sind ja Legion,
allein du hast die Macht, sie abzustumpfen.

ZWEITER GREIS

Nacht rauscht empor aus der kastalischen Schlucht
der Phädriaden: schwarze Wasser ahnen
der Engverwandten gnadenlose Nähe,
der Nächtlich-Schönen, die den Tod regiert.
Wir sind nicht mehr: wir brauchen sie, die Götter,
doch sie nicht uns. Was sie verhängen, sind
grausame Martern, denen sie mit Lust
zuschauen: Martern über Mensch und Tier!

ERSTER GREIS

Versündige dich nicht. Hört, was ich weiß:
die Boio, die im Gästehause dient
beim großen Tempel, hörte, wie Olen
dem jungen Priester Simmias anbefahl,
der seine rechte Hand ist, laut ins Horn
zu stoßen und im ersten Tempelhof
den Altar für ein Opfer herzurichten.
Es heißt, wir hätten himmlischen Besuch,
doch keineswegs verderblicher Natur,
ob es auch anders scheinen möchte: denn
die Artemis der fernen Taurier
beehrt den Brudergott und Delphis Götterkreis.
Geschlachtet und als Opfer dargebracht
wird ihr der große schwarze Stier, den uns
Korinth erst jüngst verehrt hat.
Man hört das Tempelhorn.
Hab' ich recht,
ihr Männer, oder nicht?
Oberpriester Olen und Simmias, dieser mit einem Muschelhorn, erscheinen auf der Tempelterrasse.

OLEN

Bürger von Delphi,
erschreckt nicht! Ob der Gottheit Donner auch
den heiligen Grund erschüttert und die Blitze
einander jagen: Blitz und Donner sind

nur Huldigungen! Schon der Morgen war
voll Ahnung. Hergeweht von Argos, fiel
ein finstrer Hadesvogel bei uns ein, der Graun
verbreitet, doch des Glücks Vorbote war
wenn mich nicht alles trügt, setz' ich hinzu.
Allein, auf meiner Vorsicht zu beharren,
habe ich noch diesen Grund: der Genius
des Bromios erschien im Halbschlaf mir
kurz vorm Erwachen heut, der Ampelos —
ihr wißt — genannt wird, lächelte und sprach:
»Der Gott hält viele Schläuche euch bereit,
voll Weins, für das Sühnopfer und dazu
in dichten Büschen Lorbeer!« Greise, geht
nach Haus und kehrt festlich gewandet wieder,
damit der Chor nicht fehle bei dem Fest.
Die Götter sind beflügelt, doch der Mensch
erhebt sich von der Erde durch Gesang.

DIE GREISE

Wir tun, wie du geboten. — Seht, o seht,
ein farbigbunter Bogen steht am Himmel!

OLEN

So heitert ihre Waffe Artemis
zu buntem Friedensglanze, ohne Pfeil.
*Die Greise entfernen sich über den Marktplatz. Die Priester
treten zurück in den Tempel.*
Elektra, geführt von Theron, erscheint auf dem Markt.

ELEKTRA

Nimm weg, Mensch, deine widerliche Faust
von meinem Handgelenk.

THERON

Nicht eher, bis
ich ins Gewahrsam dich gebracht des Tempels.

ELEKTRA

Du gabst den Tod mir, Bube: sei verflucht!

THERON

Vom Felsen hab' ich dich zurückgerissen

im letzten Augenblick, bevor der Abgrund,
in den du springen wolltest, dich verschlang.

ELEKTRA

Nichts ist in mir noch lebend, so wie so.
Allein, fort, fort! Bin ich nun einmal hier
verfallen deinem Räuberarm aus Erz,
so schleppe mich von diesem Markte fort,
aus Menschennähe, jenem dauernden
Gewimmel von Geschmeiß des platten Alltags,
das stets in seiner Selbstgefälligkeit,
ekler als Kot, mich ankommt. Heulten auch
Gewitterstürme einen Augenblick
und machten Donner beßre Musik
als Schinderkarren und Abdeckerflüche,
so drängt der alte Spülicht wieder zu
mit allentweihender Besudelung.

THERON

So lange nur Geduld, bis ich erkannt,
was dorten sich ereignet — was sich zuträgt!
Denn nie ward ich so irre an mir selbst!

Unter Vortritt einer delphischen Tempelwache erscheint eine Prozession. Der Wache folgen priesterlich gekleidete Frauen im Alter von achtzehn bis dreißig Jahren. Ihnen nach wird auf einer goldenen Bahre ein mittelgroßes, rohgeschnitztes Holzbild mitgeführt, ebenfalls von Frauen.
Hinter dem Bilde, es ist das der taurischen Artemis, schreitet die halbgöttlich-hohe Gestalt der Opferpriesterin, in Purpur gekleidet. Sie trägt um beide Gelenke Fesseln. Es ist Iphigenie. Den Schluß bilden wiederum Tempelfrauen, hernach Volk.
In gemessenem Abstand, zur Seite Iphigeniens, schreitet der Prytane.

Theron fährt fort.

Was du dir zuschreibst, das geschieht nun mir,
du Unglückselige: mein Verstand erlischt!
Nicht weiß ich mehr, wo meine Füße haften:
bei den Barbaren am Euxinus oder
in des Parnassos heiligem Bezirk,
dem zukunftskündenden.

Elektra erscheint erstarrt, blickt, mit ausgestrecktem Arm auf Iphigenien zeigend, auf sie hin.

ELEKTRA
Was geht hier vor?
Und dieses Weibsbild mit dem starren Lächeln,
wer ist sie?
THERON
Sag es mir, wenn du es weißt.
Die Antwort, die mir auf der Zunge sitzt,
bewiese eins mir nur: ich sei von Sinnen.

ELEKTRA
Sie schielt! Ich würde denken: dieser Blick
kann töten.
THERON
Ist sie, was mein Wahnwitz will,
so kann er's und bewies' es grauenvoll
durch mörderische Jahre.

ELEKTRA
Was geschieht dir,
Schwächling? du läßt den Arm mir frei, du zitterst.

THERON
Wer einmal dieser dort ins Auge sah
wie ich, von ihrem Götterblick durchstochen,
trägt mit sich eine Wunde, die nicht heilt.

ELEKTRA
Nun höre auf mit Irrereden, Freund,
sonst gibst du mir die Geistesklarheit wieder,
die, dank den gnädigen Göttern, ich verlor.

THERON
Die Göttin selber sei so grausam nicht,
so sagt' ich schon, wenn die Gefesselte
ist, was sie meinem armen Irrwahn scheint.

ELEKTRA
Und wenn sie's wäre?
THERON
Nun, dann hätte sie
Griechen gemordet bei den Tauriern,
selbst Griechin: zehnfach schändlich drum ihr Tun!

Und ihre letzte Bluttat wäre dann
der Mord des Pylades und deines Bruders.

ELEKTRA

Sprich nicht mehr! Der Verdacht allein erweckt
das fluchbedeckte Beil in meiner Hand
und macht es lechzend nach der Fremden Blut.
Allein, auch mir will scheinen, Mensch, du träumst.

THERON

Wie sollt' es anders sein: wer brächte sie,
die hundertfache Mörderin von Tauris,
hierher? Und doch: ich meine selbst das Bild,
das Holzbild, auf der Trage zu erkennen
als das der taurischen, blutdürstigen Göttin.

EIN GRIECHE
aus der sich mehr und mehr ansammelnden Volksmenge

Und keine Täuschung ist es, guter Mann.
Es haben Griechenhelden, wie man sagt,
aus Argos, dieses heilige Bild geraubt
mitsamt den Tempeldienerinnen und
der griechenblutbefleckten Priesterin.
Die Göttin selber hat darein gewilligt,
bewogen von dem delphischen Apoll,
den Wohnsitz nunmehr in Athenens Stadt
zu nehmen und des Menschenopfers sich
im Kreis des Tempeldienstes zu entschlagen.

Elektra stürzt vor, schwingt gegen Iphigenie das Beil.

ELEKTRA

Mach meinen Bruder mir lebendig — sonst,
Verruchte, stirb!

*Der Prytane und einige Tempeldienerinnen fallen ihr in den
Arm.*

PRYTANE

Unsinnige, was wagst du? Artemis,
die Göttin selbst, und diese hier sind eins:
dich nur zermalmt der Schlag, wenn du ihn führst.

ELEKTRA

Gebt mir den Arm frei, daß ich dieses Weib

strafe, wie sie's verdient. Hat Agamemnon,
der Heros, der mein Vater war, die Griechen
nicht wider Ilion geführt, weil Paris
die Helena, ein Griechenweib, geschändet
und fortgeschleppt? Um so geringen Fehl
ward Priams Stadt und ganzes Haus zu Asche.
Und diese, die doch Griechin, wie man sagt,
hat ihres Volkes Hunderte geschlachtet.
Ist dies Verleumdung, so erklär dich.

PRYTANE (PROROS)

Vergib ihr, heilige Frau. Das schwerste Schicksal
hat dieses Weibs gesunden Geist zerstört.
Allein, sie ist aus nicht gemeinem Haus,
denn was sie sagt, ist wahr. Der Atreus-Sohn,
der Heros Agamemnon, ist ihr Vater —
die Mutter Klytämnestra: Beide liegen
erwürgt in ihren Gräbern zu Mykene.
Sonst ist der Herrschersitz heut wüst und leer.

*Iphigenie fährt sich langsam mit der einen Hand, wie wenn
sie sich auf etwas besinnen wollte, von unten nach oben über
Augen und Stirn.*

IPHIGENIE

Bring uns zum Gotte, bringt zum Altar uns!
Wir sind des Opferdunsts zu sehr gewöhnt,
und an der frischen Luft ergreift uns Schwindel.

ELEKTRA

Barbarendämon, denkst du hier mit Blut
von Griechen des Parnassos Felsenwelt
röter zu malen noch, als sie schon ist?
Hinweg mit dir, so oder so! Hinab
mit dir zum Hades: seiner Folterkammern
ärgste — dich nach Gebühr zu strafen — reicht
nicht hin. Mit diesem Beil erschlug
Orest die Mutter: gibt es dir den Tod,
so ist Orest und seine Tat gesühnt!

IPHIGENIE
wie vorher

Wer ist sie? Laute schlagen an mein Ohr,
die mich verwirren! Irgend etwas wie

aus fernen Kinderträumen kommt mich an.
Sagt mir nun endlich, was mit mir geschehen ist
oder geschehen soll. Man überfiel
den Tempel, drin ich mit der Göttin hauste
und, von ihr streng gehalten, strengen Dienst,
solang' ich irgend denken kann, versah.
Ich habe keinen Vater, oder aber
er wäre denn ein unbekannter Gott.
Nur eine Mutter: das ist Artemis!
und, armes Menschlein, wenn du mich verletzt,
so gibt die Todesgöttin dir die Antwort.
Ruft mir den ersten Mann im heiligen
Bereich — sofern dies Delphi wirklich ist —,
den auserwählten Heiligen Apolls,
daß ich ihm meine Priesterschaft erweise.
Mit diesem Bild und wie dies Bild kam ich
vom Himmel: so bewußt und unbewußt
beinahe wie hierher.
Die Volksmenge kniet unwillkürlich nieder.
Aus dem Tempel treten Olen, Simmias, nachdem der Chor
der Greise sich unter den Säulen der Vorhalle aufgestellt hat.

OLEN

Du bist erwartet, bist willkommen, hohe Frau!
Es wird sich keine Hand hier so entehren,
dich, ernste Dienerin von Apollens Schwester,
von fern nur zu beleidigen.

ELEKTRA
Rache will ich
für meinen Bruder!

OLEN
Fürst Orestes lebt!
Für wen denn also willst du Rache nehmen?
Und dann, wer an der Gottheit Priesterin
sündigt, der sündiget am Gotte selbst
und wird von diesem dann auch so bestraft.
Die Tempelpforten öffnen sich.
Der Herr des Tages öffnet seinen Tempel
der Herrin, die am dunklen Himmel thront
des Nachts — und dir, ehrwürdige Priesterin.
So zögert nicht, Erhabene, tretet ein.

*Der Zug setzt sich in Bewegung, langsam über die Stufen
herauf durch die Vorhalle. Olen und Simmias nehmen oben
die Spitze, und langsam verschwindet die Prozession im
Inneren des Hauses. Dann werden die Pforten geschlossen.
Während der ganzen Bewegung singt der Greisen Chor.*

DER CHOR

Was geschieht dir
Rätselvolles, o heiliger Ort,
dir, der das größte der Rätsel in sich schließt:
die Orakelspenderin, sie,
des allsehenden Gottes Stimme?
Wer nicht alles hat dich besucht,
seit Koretas die Spalte entdeckt,
die begeisternden Rauch
ausströmt
in obere Welt —
von den Besiegern Ilions
wahrlich nicht der kleinste:
Achill!
Und es siegten hier
im musischen Spiel
Orpheus,
Musaios,
und nicht zu vergessen der letzte,
er,
des trojanischen Krieges Sänger:
der blinde Homeros.

ELEKTRA
wie aus Betäubung erwachend
Orestes lebt? Die Luft verdunkelt sich
als wie von schwarzen Vögeln um mich, nur
von Lügen! immer wieder Lügen! Lügen!
Pylades, als einfacher Landmann verkleidet, tritt zu ihr.

PYLADES
Man kann begreifen, daß dir so erscheint,
was jetzt in Wahrheit sich verwandeln will;
schon jetzt indessen leidet keinen Zweifel,
daß er, Orestes, lebt.

ELEKTRA
Wo lebt Orest?

PYLADES

Er harrt — bewacht von seinen Pflegern, unten
in Krisa bei den Schiffen — auf das Wort,
das der Erinnyen Macht vernichtet und
die schauerliche Krankheit von ihm nimmt,
die ihn nicht leben und nicht sterben läßt.

THERON

Orestes lebt dort unten bei den Schatten:
hier in der Welt des Lichtes ist er tot.

ELEKTRA

Wem soll ich glauben? und wo hätte Glaube
noch einen Anhalt? Dieser war dabei,
als hingeschlachtet von der Priesterin
zu Tauris lag — sein Schwur bezeugt's: er sah
die Leiche des Orestes.

PYLADES
　　　　Falscher Schwur
ruft allen Zorn der Götter über sich.

ELEKTRA

Wer aber bist du, dem ich wahrlich lieber
als diesem Faun und Halbtier Glauben schenkte?

PYLADES

Ein Bauer aus Phokäa, hierherum.

ELEKTRA

Ein Bauer bist du, ein Phokäer? Nun,
ein König der Phokäer war mein Oheim,
mit Namen Strophios, und Anaxibia,
die Schwester meines Vaters Agamemnon,
war Königin.

PYLADES
　　　　Mir aber scheint es nun
wie dir vorhin, die Luft sei schwarz von Lüge:
ein Bettelweib lügt sich deshalb Gotts Tochter.

ELEKTRA

So tu wie ich: wisch dir den Traum hinweg
von deiner Stirn und den Entschwundenen,

den sicherlich ein Schlimmerer ersetzt,
desgleichen — an nichts anderes glaube je
als an der Menschen und der Götter Wahnwitz.

PYLADES
Ich habe Grund, an einen Tag zu glauben
nach einer langen, grauenvollen Nacht.

ELEKTRA
Wer bist du, der du so gewichtig sprichst?
Ich frage wieder.
PYLADES
Engbefreundet war
mir Pylades.
ELEKTRA
Auch mir und meinem Bruder.
Willst du auch diesem Hingemordeten
das Leben etwa wiederschenken?

PYLADES
Ja!

ELEKTRA
Er war des Phokerkönigs Sohn...

PYLADES
Er ist's!

ELEKTRA
...und meiner Vatersschwester.

PYLADES
Was er war,
das ist er. Pylades steht neben dir.

ELEKTRA
Der aberwitzigen Sprünge meines Hirns
bin ich gewöhnt: so komm denn, Pylades,
und drücke fest als Braut mich an dein Herz.

PYLADES
Man sagt, es treibe ein verkommnes Weib

seit Tagen in den Felsen Delphis sich
herum, und steinerweichendes Geschrei
erwecke endlos tausendfaches Echo.
Um sie zu finden, schleich' ich unerkannt
seit Stunden mich herum. Allein, so weit
als du kann sich Elektra nicht erniedrigen.

ELEKTRA

Sie kann's.

PYLADES

So hebt sie Pylades empor
aus ihrer Schmach.

ELEKTRA

Schmach ist die Luft,
darin jetzt Götter und Halbgötter atmen —
besonders nach der ruhmgekrönten Heimkehr
von Ilion nach Argos — die Atriden.

PYLADES
mit entsprechender Gebärde zu Theron

Hinweg! — Geliebte, komm nun zu dir selbst.

ELEKTRA
Pylades umarmend, weich

Unmögliches geschieht! Wie konnt' ich je
beim ersten Laute deiner Zunge dich
verkennen?

PYLADES

Und ich dich, o Königin?

ELEKTRA

Nun aber kläre mir das Unerklärliche.

PYLADES

Wir haben Loxias' Gebot, sein Hauptgebot,
vollbracht und sind gewärtig seines Spruchs:
der letzten Sühne. Noch verfiel Orest
den Schlangenhaarigen zu Krisa, doch
zum letztenmal: ich weiß, er wird gesund,
ich weiß! Geliebte Schwester, traue mir.

ELEKTRA

Wie gerne möcht' ich trauen: oh, könnt' ich's doch.

PYLADES

Ich war nie selbstgerecht! Ich habe nie
der Treue mich gerühmt. Das erste Mal
frag' ich dich, mir Geliebteste auf Erden:
ist Pylades — war er ein treuer Freund?

ELEKTRA

Ging' es nach mir, du würdest in die Sterne
unsterblich, treuer Pylades, erhöht.

PYLADES

Zuviel! denn selig war mir dieser Dienst
an euch Geschwistern und an eurem Hause:
denn nichts auf dieser Erde kommt ihm gleich.
Und das Verhängnis macht es kleiner nicht,
dies Haus, das herrschet über allen Herrschern,
so heut wie einst. Denn wem war auferlegt
im Angesicht der Götter solch ein Schicksal,
das mit dem Opfer Iphigeniens
zu Aulis anfing, dargebracht von einem
Vater in seiner vielgeliebten Tochter!
Zum Wohl des Griechenvolkes dargebracht,
des Vater mehr er war als seiner Kinder.
Und nun sein Sohn. Die Tat Orestens ist
furchtbarer als die seine: war Orest
geliebter Nestling Klytämnestras doch,
der Mutter, die von seinem Anblick lebte.
Und er, er selbst, wie hat er sie geliebt!
Orest ist zarten Sinns, zum Mitleid neigend,
sein Arm ist für die Leier mehr geboren
als für das Schwert. Doch als der Gott ihn rief,
des Hauses Heros an der Mörderin,
die seine Mutter war, zu rächen, so
geschah's.

ELEKTRA

Oh, wehe mir, die ich den Dämon
der Rache gleichsam für ihn großgenährt
an meines Hasses, meines Grames Brüsten,
fluchwürdig mütterlich: ich ließ nicht nach,
bis er in Gärung und in Fieberglut
des Bruders friedeseliges Blut gebracht.

O Pylades, ich bin die Mörderin
der Mutter, nicht Orest!
PYLADES
Genug, genug!
Die Zeit selbstquälerischen Vorwurfs ist
vorüber.
ELEKTRA
Wird sie je vorüber sein?
Die Mutter haßte meinen Vater, weil
er ihre Tochter grausam töten ließ.
Sie fluchte ihm, und so dem Seher Kalchas.
Was war ihr Troja und die Griechen? Nichts!
Und konnt' es anders sein? War je ein Preis
wie dieser, einer Mutter zugemutet
für einen räuberischen Männer-Kriegszug,
kein Widersinn und keine ekle Schmach?
Und doch, als sie das Netz geworfen über
den Heros, meinen Vater Agamemnon,
und den Gewaltigen ermordet hatte,
erstrebte ich nur eins: der Mutter Tod!

PYLADES
Brich ab, Elektra.
ELEKTRA
Doch ich selbst war feig,
bediente des geliebten Bruders mich
und stieß ihn ohne Gnade in die Blutschuld.

PYLADES
Brich ab. Wir alle sterben jeden Tag.
Die Göttin aber mit der nächtigen Fackel
läßt zu, daß jeder neue Morgen uns
vom Tod erweckt. Des Lebens wahrer Herrscher —
vor dessen Tempel wir, Elektra, stehen —
macht uns vergessen alles, was geschehen ist
und eben darum nicht mehr ist! Geliebte,
fühle mein Herz, das fortan dir gehört,
wie's dir und deinem Bruder stets gehörte.
Vertrau! Ich schenk' ihn dir geheilt zurück!

ELEKTRA
Wenn eines Morgens Hoffnungsschimmer je

aufsteigen kann, so mir, mein Pylades,
nur über deinem Haupte: denn nur jener
Gott, mir so wie den Göttern unbekannt,
der dich dem Atreus-Hause zugesellt
und mir, er will uns wahrhaft immer wohl.
Wo stammst du her, o Pylades, der, frei
von Schuld durchaus, als Trost der Schuldigen
sich überall und unentwegt erweist?
Nicht aus der bitterbösen, unserer Welt,
sondern aus einer beßren, Pylades,
kamst du zu uns: als erster, einziger,
hineingeboren in das Griechenvolk —
als erster, einziger der Kommenden.
Wer kann uns sänftigen, die jähe Wildheit
der Atreussöhne und der Atreustöchter,
die jedes Zügels immer wieder spottet
und jedes Zaums, beschwichtigen wie du.
Ein jeder Gott hat seinen Genius,
seinen guten Dämon, der dienend um ihn ist
mit Leib und Seele, aus Liebe, nicht aus Zwang:
das bist du uns, den zügellosen Atreuskindern.

PYLADES

Nun, man legt den Toten keine Zügel an
und auch den Lämmern nicht, obwohl sie leben –
doch um so mehr dem feurig-edlen Roß. —
Genug von alledem, und sei gebeten,
insoweit deinen Worten treu zu sein,
daß du nun deines guten Dämons Bitte
vertrauensvoll erfüllst: Belieb' es dir,
ins Heiligtum Apolls ihn zu begleiten!

ELEKTRA

Mein Freund, mir schaudert's vor der Priesterin.
Ich fürchte, ihr am Altar zu begegnen.

PYLADES

Auch mich, Geliebte, fröstelt, wenn ich sie
anblicke, doch zu fürchten hast du nichts.
Wo bist du ihr begegnet?

ELEKTRA

Hier, wo du

und ich uns wiederfanden. Doch verschweig ich,
wozu bei ihrem Anblick Trug und Irrtum
mich hinriß. Glaubt' ich doch, sie habe dich
und meinen Bruder in dem taurischen,
verfluchten Tempelschlachthaus hingemordet.
Es fehlte wenig, und ich hätte sie
mit diesem Beile in den Tod geschickt.

PYLADES
Gib her das Beil!
Er nimmt es ihr weg und schleudert es weit von sich.

ELEKTRA
Ein fürchterliches Glied
des Hauses — das, ich fürchte fast,
nur schwer sich von der Atreustochter trennt —,
von niedrer Arbeit in der Sklavin Händen
schwang sich's zu unsrer aller Herrn empor:
und jenes Schicksal ward von ihm gezimmert,
das wir nun tragen. — Nein, erspare mir
zunächst den Schritt zum ekelsüßlichen,
den Göttern so genehmen Opferblutdunst.
Und wenn du kannst, so zeige mir Orest,
daß er mir alles vollends aufklärt, was
geschehen ist.

PYLADES
Gern bring' ich zu den Schiffen,
Geliebte, dich. Doch freilich, wenig mehr
wirst du von ihm erfahren als von mir.

ELEKTRA
Wie kamt ihr zu der Priesterin? Warum
habt ihr das Blutweib mit hierhergeführt
nach Hellas? Starr und grausam ist ihr Blick
und scheint allein an Martern sich zu letzen.
Was soll sie hier?

PYLADES
So dachten auch dein Bruder
Orest und ich. Das Mordnest hatten wir
gestürmt, das bei den Taurern Tempel hieß.
Mit Opferschädeln war das Mauerwerk
benagelt: Griechenschädeln. Unsre Wut

war ohne Maß. Allein, da sahen wir
das heilige Holzbild und die Priesterin
aufrecht dabei — fast wie die Göttin selbst,
herabgestiegen und ihr Bild bewachend.
Nie war ein Weib ihr ähnlich oder gar
ihr gleich, dem wir begegnet in der Welt.
Da schien es uns, Elektra, scheint uns noch,
als wäre ohne sie das Götterbildnis
nur ein Stück Holz wie andere, und nicht mehr.
Der Spruch Apollons sei nur dann erfüllt,
wenn wir dies Rätselwesen — denn als das
sahn wir sie an — Apollon zugeführt.
Ich meine, daß wir recht daran getan:
du, so dein edler Bruder und auch ich,
ich weiß es, werden es noch heut erfahren.

DRITTER AKT

Innenraum des Apollon-Tempels wie im ersten Akt. Das Allerheiligste — mit Altar, Empore und darüber dem Dreifuß — ist durch einen den ganzen Raum teilenden schweren Vorhang verdeckt. Im sichtbaren Teil kleine Seitenaltäre. Olen, Simmias und Pteras im Priesterornat.

OLEN

Dies ist es, was Phemonoe geweissagt.
Der Augenblick ist da: nach dem Beschluß
der ewigen Götter soll der Atreuskinder
Geschick sich wenden. Was zuvor geschieht,
für Sterbliche ist's freilich schwer zu tragen,
da sich in dem Geschehen Irdisches
mit Überirdischem untrennbar mengt,
gewalt'gen Wehens! Nicht ersichtlich ist
im Spruch des Gottes, wer die Gegenwart
des Ungeheuren zu ertragen Kraft hat,
wer nicht. Denn dies tut not, daß man's erträgt
und fähig ist, es hinzunehmen mit
gesundem Geist. Insoweit kann ich selbst
nicht sagen, jetzt noch nicht, ob alles sich
durchaus zum Guten wenden wird. Der Dreifuß
nennt eine Dreizahl Atreuskinder, doch
ich weiß nur von Orestes und Elektra
als Lebenden! längst ist das dritte tot:
es ward — und davon weiß nicht nur die Welt
der Griechen, sondern weiß der ganze Erdkreis —
der Artemis als Opfer dargebracht,
um gute Fahrt der Griechenflotte zu
erwirken. Groß war freilich diese Tat
des Vaters, der, dem Wort des Sehers Kalchas
sich ohne Zögern beugend, seine Tochter
dem Wohle seines Volkes opferte:
sie, Iphigenien, die bräutlich-hold
Erblühte! Doch die Tat ging über Menschenmaß!
Und Agamemnon, der Zyklopenburg
und aller Griechen Herrscher dazumal,
der das gewaltige Troja überwand,
verfiel durch sie dem schrecklichsten Verhängnis,
er und sein ganzes Haus. Die Götter nicht

und auch die Menschen haben diese Tat
ihm je vergessen: zahllos sind die Flüche,
die rings um ihn die Luft verfinsterten,
geboren in der Griechenmütter Herzen;
und diesem süßen Mägdlein, das der Tod
unsterblich machte, fließen heut wie je
Ströme von Tränen. — Pteras! Simmias!
seid euch bewußt, nie standet ihr wie heut
so nah dem Kreise der Olympier,
so nah den Parzen, den drei Schicksalsschwestern,
und nie so nahe den Erinnyen
wie heut, am Ufer jener Stunde, die
Phemonoe, vom Gott berührt, geweissagt.

SIMMIAS

Wir wissen es, soweit man wissen kann,
was nur die Götter ganz und klar erkennen.
Der Morgen schon hob einen chthonischen Schatten
zu uns herauf: Elektren! die in sich
zumeist Zerrissene von dem fluch-
beladenen Geschlecht. Es ist ein Ruf
an sie ergangen aus der Höhe, mir
erscheint dies ganz gewiß.
Dann kam der Seemann, der dies Ruder brachte,
und schwur: Orestes und sein Freund sei tot.
Er tat es fast im gleichen Augenblick,
als sie in Kirrha Anker warfen, mit dem Bild
der Artemis an Bord — der Schrecklichsten,
Bluttrinkenden von Tauris — überdies
der Rätselhaften: ihrer Priesterin.

PTERAS

Wir haben uns, Hochwürdigster, um sie
bemüht: umsonst. Sie ist unnahbar. Trank
und Speise lehnt sie ab. Um ihren Mund
ist regungslos ein Lächeln eingeprägt,
das über unser Wissen Wissen scheint,
doch weder bös noch gut. Mit ihr zu reden,
sind wir der Nächtigen — denn nächtig scheint sie —
wohl zu gering. Nie sah ich solche Augen:
wie Mandeln quellend, schräggeschlitzt und zwischen
den halbgeschlossenen Lidern wie erblindet

oder wie schlafend. Ob sie unsre Sprache
auch mit den Dienerinnen heimlich spricht
und draußen auf dem Markt gesprochen hat,
sie tut es widerwillig, wie es scheint,
als rolle taurisch Blut in ihren Adern.

OLEN

Die Wurzeln ihrer Macht, Pteras, sind dort,
wo ihrer Göttin Wurzeln sind: in Tauris.
Es brach ein Wetter los, als Artemis
vor unsern Toren harrte, und ihr saht
den weiten, grellen Hof jetzt um den Vollmond
am nächtigen Himmel. Mir begegnete
noch keine Priesterin, so furchtbar eins
mit ihrer Gottheit, der sie eisern dient. —
Doch wartet schon Orest im Gästehaus.
Wie das Orakel sagt, wird zwischen ihm
und ihr sich das Entscheidende ereignen,
wodurch der Fluch von seinen Schultern fällt.

PTERAS

Eh' scheint sie eine Abgesandte mir
derer, die man nicht nennt, ihn zu verdoppeln.

SIMMIAS

Einstweilen, Hochehrwürd'ger, hat es fast
den Anschein. Von den Schiffen bis herauf
zum heiligen Bezirk ward Fürst Orest —
der kranke Mann zu Pferd — und sein Gefolge
teils frostig von dem Landvolk nur begrüßt,
teils durch Gemurmel bitterlich erregt.
Noch, scheint es, geben die Erinnyen
die Hatz nicht auf: »Der Muttermörder«, klang's
von überallher halblaut, dennoch deutlich
genug: »Den Muttermörder, Muttermörder, seht!«
Die Männer schwiegen, sagt man, doch die Weiber
bedienten sich des Wortes um so mehr,
das Muttermörder heißt und mehr vermag
als töten. Und Megären gab es, die
auf den gebrochnen Mann mit Fingern wiesen.

OLEN

Stets sind der Götter Sprüche doppelsinnig,

doch laßt uns hoffen. Geht nun und bereitet
das Hochamt vor, indes ich Fürst Orestes
empfange. Glaubt mir, ich erbebe fast
vor dem Gezeichneten, als wär's ein Gott!
*Simmias und Pteras entfernen sich. Orestes, groß, königlich,
bleich, im Mantel halbverhüllt, tritt ein.*

ORESTES
*blickt sich um, tut einige Schritte auf Olen zu, blickt ihn eine
Weile schweigend an und spricht dann*
Du bist Olen, der erste Rätseldeuter
der Sprüche, die vom Dreifuß des Apoll
herniederfallen.

OLEN
Ja, ich bin Olen.

ORESTES
Und ich Orestes, Agamemnons Sohn
und Erbe: nicht nur Erbe seines Reichs,
sondern auch seiner Schuld. Dem Vater, der
die Tochter, Iphigenien, ermordet,
folgte der Muttermörder, ich, sein Sohn.
Nun also: was Apollon anbefahl
durch seinen Mund, es ist geschehn. — Was nun?
Wer hätte ähnliches gewagt als ich
und diese fürchterlichste Todesgottheit
aus dem erwählten Taurerland gerissen,
wo sie im Blut geschwelgt nach Herzenslust?
Wer wird mich vor der Göttin Rache schützen?

OLEN
Das tut, sei dessen sicher, Fürst. Apoll!

ORESTES
Du sagst es, Priester: lüstern aber ist
nach Blut des Atreushauses Artemis,
ja, wie mir vorkommt, lechzend-unersättlich.
Wer sonst als sie hat meinen Arm benützt,
die Mutter, Klytämnestra, umzubringen —
und wohl nicht als der Kette letztes Glied.

OLEN
Du irrst. Doch scheint dein Irrtum mir verzeihlich,

da er von Kalchas, jenem Seher, ausgeht,
der einem bösen Dämon unterlag,
als er das Opfer Iphigeniens
an dem Altar der Artemis verlangte.
Die Göttin selber hat es nie verlangt.
Und darum geht die Sage um im Land,
daß Iphigenie noch lebt, weil
die Göttin dieses Opfer abgelehnt.

ORESTES

Zu Unrecht hätte meine Mutter dann
des Vaters Blut vergossen: und somit,
da sie auch für die Tochter Rache übte,
zwiefach gesteigert wäre ihre Schuld.

OLEN

So und nicht anders ist es. Artemis,
die keusche, männerfeindliche, sie duldet
kein weiblich Opfertier, und ärgste Greul
wär's ihr, ein menschlich Weib zu opfern: und
zu Aulis tat der Seher, tat dein Vater —
mit Iphigenien auf dem Altar
die Göttin bitter treffend — diese Schmach
ihr an. Zu Tauris tobte ihre Rache.

ORESTES

Wenn Iphigenie nun lebt, wo lebt sie?

OLEN

Ob sie am Leben ist, ob nicht: wir hoffen,
es noch in dieser Stunde zu erfahren,
und dann auch, wo die Göttin sie bewahrt.

ORESTES

Dann, Priester, schnell ans Werk!
Denn ohne Wunder gibt es, wo ich stehe,
gibt es für mich kein Vor mehr noch Zurück.
Und so zum Reißen ist mein Herz gespannt:
den Tod kann jeder Augenblick ihm bringen.

OLEN

Viellösende Dämonen sind am Werk,

heilbringende! Durch alle Tempelgänge
und Säle schreiten Geister der Versöhnung.
So setze ich den Kranz nun dir aufs Haupt
von Sühnelorbeer, sprenge ins Gesicht
und übers Haupt dir heilige Tropfen des
kastalischen Quells! Die letzte Läuterung
vom Fluch der Schandtat ist dir nahe, Fürst,
und...

ORESTES

ergreift den Lorbeerkranz, den ihm der Priester aufs Haupt gesetzt hat, und schleudert ihn von sich

Niemals, niemals! Meiner Mutter Stimme
schweigt nicht. Sie, die mich einst gebar,
gebiert sich wieder nun in meinem Haupt
und meiner Brust in jedem Augenblick.
Ich seh' dich, Mutter: und ich fühle dich,
wie du ans Herz uns weinend, schreiend drücktest,
die Schwester, Iphigenien, und mich.
Und als man doch die Tochter von dir riß --
wen mag es wundern —, war dein Herz versteint.
Nur ich — kein Mensch, kein Gott — kann Richter sein
über mich selbst, und wüßt' ich, daß der Tod
die Tat zunichte macht, die doch geschehn ist,
ich schenkt' ihn mir im gleichen Augenblick.

Pylades und Elektra stürzen herein. Sie werfen sich auf Orestes, bei dem ein Wahnsinnsanfall zu befürchten ist.

ELEKTRA

Orest, Orest! hör deiner Schwester Wort,
die, halberlöst, an dem Erlösungswerk
der Reinigung nun gläubig-tätig mitwirkt.
Du weißt, wie furchtbar die Erinnyen
auch mich gepeinigt. Hier steht Pylades,
uns von den guten Göttern zugesellt
als Zeichen des, was doch ihr Wille ist:
daß wir an ihm genesen, dessen Güte,
Reinheit und Treue aufgerichtet steht
als unantastbar-heiliges Ehrenmal.
Komm zu dir, Bruder, sieh an mir und ihm
vollendet einen Teil des Wunders schon,
das uns bevorsteht. Pylades und ich:
wir stehen durch der Liebe Bande eng-

verbunden vor dir. Nichts im Himmel kann,
noch auch im Höllengrunde, je sie trennen.
Erkenn ihn: traue diesem festen Grund,
der, ob er neu erscheint, doch ewig ist.

OLEN

Und nun zur Feier, wie der Gott befahl,
in der sein Licht euch völlig läutern soll,
euch in gesunder Klarheit badend.

ORESTES

Wer,
wer seid ihr? denn ich sah euch beide nie.
Ihr schafft um euch die andre, neue Welt,
in der ihr wohnt und die zu ahnen mir,
doch nimmer zu betreten möglich ist.
Es weht aus ihr der Schatten eines Dufts
von jener süßen Blumenweide, wo
Europa sich im Spiel mit ihren Mägden
jauchzend bekränzte und dem schönen Flußgott,
in Stiergestalt, allzu vertraulich sich
genähert: und so trug er sie ins Meer
und mit sich fort, um ihrer zu genießen.
Ein Stier nicht war es und auch nicht der Flußgott,
es war der Vater aller Götter selbst,
der Macht hat, sich und alles zu verwandeln.
Ich aber bin die Ohnmacht, bin ein Mensch:
steht von mir ab, denn ich vermag es nicht.

Der Vorhang geht auseinander. Man erblickt den Hochaltar. Auf den unteren Stufen, die zu ihm emporführen, steht Iphigenie als Priesterin im Purpurgewand hinter einem Dreifuß mit Räucherwerk: sie hält eine brennende Fackel hoch.

Vor der untersten Stufe steht die geschmückte Bahre mit dem Holzbild der Artemis.

Olen besteigt den Altar bis zur obersten Stufe, wo Simmias und Pteras ihn erwarten.

OLEN

Vernimm nun, o Barbarenpriesterin,
und du, Orest, Fürst der Hellenen: ihr
seid auf Beschluß des Gottes hier vereint.

Das heilige Bild der Göttin, namenlose
Vollstreckerin ihres blutig-schweren Dienstes!
ist hier auf Ruf Apollos, ihres Bruders.
So spreche niemand von Gefangenen
in diesem Tempel, und auch nicht von Raub!
Apoll ist Gastfreund, und ihr seid die Gäste.
Allein, es geht um mehr! Es haben sich
der Gott und seine Schwester Artemis
geeinigt, schwarze Rätsel aufzulichten
und, in der Tageshelle dieser Stunde,
die giftigen Fackeln der Erinnyen
mit jenen dunklen Flecken auszulöschen,
die Atreus' ruhmbedecktes Haus entstellten.
Doch ein Geheimnis ungeheurer Art
wird sich enthüllen vor dem ganzen Erdkreis
zum Ruhm der Götter und vor allem des,
der hier zu Delphi herrscht, und seiner Schwester.
Doch auch Athenens werde hier gedacht,
die weisen Ratschlag auch den Göttern spendet.
Erfahrt nun auch noch dies, auf welche Art
sich heut das Tiefverborgene öffnen soll.
Der Spruch besagt: im Bild der Göttin, das
vom Himmel fiel, im heiligen Holze der
Olive sei versteckt ein kleiner Schrein,
darin verborgen eine Rolle Schrift.
Weißt du von dieser Schrift nun, Priesterin?

IPHIGENIE

Ja, denn es ist das einzige, was ich
weiß von mir selbst.

OLEN

Du weißt nur von der Schrift,
doch kennst den Inhalt nicht?

IPHIGENIE

Ja: also ist's.

OLEN

So weißt du also mehr nicht von der Schrift,
als daß sie unbekannte Dinge weiß von dir?

IPHIGENIE

So ist es. Und soviel hat mir — nicht mehr —

die Göttin, der ich diene, offenbart
im Traum.

OLEN

Weißt du, wie du nach Tauris kamst?

IPHIGENIE

Nein, kein Erinnern lebt davon in mir.

OLEN

Nicht das geringste?

IPHIGENIE

Nein, mir war, ich sei
erweckt aus einem bleiern-tiefen Schlaf,
als ich zuerst den Dienst der Artemis
als Priesterin versah in ihrem Tempel.

OLEN

Und hast du nie darüber nachgedacht,
daß niemand lebt, der nicht geboren ward
von einer Mutter?

IPHIGENIE

Nein, ich lebte nur
von meiner Göttin Gnaden, und was sie
mir schenkte, war nicht Leben, war der Tod!

OLEN

Wie soll man dieses Rätselwort erklären?

IPHIGENIE

Wer nicht der Todesgöttin engsten Dienst
versteht, wird sich vergeblich drum bemühen.

ORESTES

Hat deine Göttin eine solche Kraft,
so nehme sie auch mich in ihren Dienst
und schenke, Priesterin, mir das Vergessen.

IPHIGENIE

Mir war, als ich zuerst, o Fürst, dich sah,
als sollte ich die Allgewaltige
bewegen, dies an dir zu tun.

ORESTES
         Dein Lächeln,
das fürchterliche, spricht es deutlich aus,
wie du es meinst: wer in der Tempelgrube —
Leichnam bei Leichnam — liegt, hat kein Erinnern.

IPHIGENIE
Du irrst, die Göttin legte zwar in mich
ein immer wütend-brennendes Gefühl,
das freilich dem der Rache ähnlich ist,
und es verlangte nach dem Tod von Griechen:
allein, zu meinem Staunen — ja vielleicht
zu meinem Schrecken — blieb es aus bei dir.

ORESTES
Das ist kein Ruhm für mich, Fluchwürdige!
Was tat ich dir? Bin ich vielleicht kein Grieche?

IPHIGENIE
Die Frage, Fremder, sie bewegt auch mich.
Doch irgend etwas meldet sich bei mir,
das über Tauris, über Hellas geht
und uns betrifft. Es ist, als hätte uns —
in einer Zeit vor aller Zeit — ein Etwas
gemeinsam angerührt.

ORESTES
streicht sich über die Stirn
O Mutter! Mutter!

IPHIGENIE
auch sie streicht sich über die Stirn
Was für ein Laut ist dies?

ORESTES
wie vorher
O meine Mutter!

ELEKTRA
unwillkürlich
O Mutter, Mutter, Mutter!

IPHIGENIE
Haltet ein!

Denn wie vor einer Mauer steht mein Geist —
die einmal nicht war — eines dunklen Kerkers.

ELEKTRA

Will mich der alte Wahnsinn wiederum
anfallen wie ein reißend Tier? Denn was
von Ahnungen um mich drängen will —
womit vergleich' ich's?

ORESTES

Und so geht's auch mir:
es flüstern um mich und berühren mich
koboldisch-neckend oder dringlich-mahnend —
nur weiß ich nicht zu was — Verstorbene.
Mag sein, das Leben überfällt den Geist
mit der allmächtigen Vielfalt seiner Wunder,
und wer begreifend standzuhalten sucht,
muß bitter kämpfen oder schnell verlöschen.
Noch einmal also! Wählen wir den Kampf!
Ich frage dich: Wer bist du, Priesterin?
Denn jetzt erfass' ich, daß kein Zufall dich
so eng und nah mit uns vereint: bereits
stehst du als etwas hier, das immer dawar —
und so auch mir.

ELEKTRA

Wer bist du, Fremde? sprich.

IPHIGENIE

Ich bin ein Tod, ich bin ein Tod, der wandelt.

PYLADES

Wer aber, Fremde, weckt vom Tod dich auf?

OLEN

Wer anders als der Gott!

ORESTES

Du Mörderin
so vieler Griechen im Barbarenschlachthaus:
warum denn hast du so gewütet?

IPHIGENIE

Weil
um ihres Raubzugs willen Griechenmänner

ein Weib geopfert auf der Artemis
geheiligtem Altar: die ärgste Greul,
die je an ihr verübt ward, denn sie haßt
das Räuberschiff und hätte lieber alle
Trieren, die für Ilion bestimmt,
am Strand gesehn zu Aulis und verbrannt,
als daß sie Priams herrliches Geschlecht —
wie sie getan — vernichtet.

ORESTES
Meine Schwester —
daß du es weißt — war die Geopferte.
Sie hieß mit Namen: Iphigenie!

IPHIGENIE
Hab' ich von ihr vernommen oder nicht?

ORESTES
Unglaublich fast, wenn dir's verborgen blieb.
Der jammervolle Tod der herrlichsten
von allen Bräuten und der lieblichsten
ist dir an sich ja, scheint's, nicht unbekannt.
Ihr Name aber ist in aller Munde:
und Iphigenien hält man Totenfeiern
alljährlich und im ganzen Hellas.

IPHIGENIE
Wer
war Iphigeniens erwählter Bräut'gam?

ORESTES
Der Sohn der Göttin Thetis war's: Achill!
Noch ehe der Unüberwindliche
mit Heldentaten ohnegleichen sich
bewährte und mit Schrift, die nie verlöscht,
mit Feuerschrift sich an den Himmel schrieb.

IPHIGENIE
Nie las ich Blindgeborene diese Schrift,
noch hörte ich Ertaubte je den Namen —
selbst meinen eigenen Namen kenn' ich nicht.

ORESTES
Warst du nie Kind, hast nie als Kind gelallt:
Vater und Mutter?

IPHIGENIE
Nein!

ORESTES
Und hat dich nie
ein starker Männerarm emporgehoben,
ein bärtiger Mund ins Antlitz dich geküßt?

IPHIGENIE
Nein!

ORESTES
Auch nie einer Amme Hand geschaukelt,
ein Schlummerlied dich in den Schlaf gelullt?

IPHIGENIE
Nein!

ORESTES
Und an was erinnert sich somit
die Priesterin aus jener Vorzeit, eh
sie am Altar der Göttin Artemis
als reine Jungfrau plötzlich, atmend, stand?

IPHIGENIE
mit einem halbunterdrückten, qualvollen Schrei
An einen Blutstrahl!

ORESTES
ähnlich wie sie
Dann bin ich dein Bruder.
Denn mein Erinnern ist wie deines: nur allein
ein Blutstrahl!

PYLADES
Freund, Geliebter, fasse dich.
Der Götter Nähe preßt auch mir die Brust,
als läg' auf ihr ein Fels. Sei stark, sei stark!
Unsterbliche, zum Beistand willig, gut
dem Sterblichen gesinnt und hilfreich,
sie denken oft zu hoch von seiner Kraft:
ihr Wissen scheitert oft an unserer Schwäche.

ELEKTRA

Komm zu dir, Bruder! Nein! Es sollen dich
die Schlangen der Erinnyen nicht mehr
umringeln! Nein! Genug hast du gebüßt.
Und nun, Ehrwürdiger, rufe
den Python-Töter auf zu unsrer Hilfe
und alle, die im reinen Äther wohnen,
die lichten Geister, jene, welche wohltun.
Was noch im Dunkeln ringt, das mache hell,
und fasse Mut, der Göttin Schrein zu öffnen,
damit uns Klarheit kommt und endlich wir
erfahren, was zu wissen uns bestimmt ist:
das Rettungswort!

OLEN

Nur sie hat zu gebieten,
die Hohepriesterin der Artemis.

IPHIGENIE

Mein Wort ist das der Göttin: Jünglinge,
entnehmt dem Bilde die geheime Schrift.

Simmias und Pteras tun es mit kultischer Feierlichkeit und übergeben die Schriftrolle kniend der Priesterin.

Es wird hier ein Chor eingeführt. Es antworten sich die Tempeljungfrauen der Artemis und die Apolls. Inhalt der Chöre ist Aulis mit seinen Vorgängen, der Trojanische Krieg und die Mykeneische Tragödie.

Iphigenie, nach dem Verstummen des Chors, sinkt in sich zusammen, wird bewußtlos. Der Priester, Orestes, Pylades stehen ihr bei, halten sie aufrecht. Auch Elektra ist um sie bemüht. Olen hat die Schrift übernommen, steigt bis zur höchsten Stufe des Altars, ja auf den Altar hinauf. Ein Vorhang hinter dem Altar geht — nicht viel breiter als dieser ist — auseinander, und man sieht einen großen goldenen Dreifuß, der stark zu qualmen beginnt, während sich auch in dem unteren kleinen auf den Stufen Feuer und stärkerer Rauch entwickelt.

OLEN

steht mit dem Gesicht nach vorn und hebt die Schrift über seinen Kopf so, als ob hinter ihm auf dem Dreifuß jemand sei, der sie sehen und lesen müsse

Die Weihen, deren ich teilhaftig bin,
vermögen doch mich nicht zu würdigen,

das zu verkünden, was die Schrift bewahrt.
Das aber wird des Gottes Stimme tun,
die seiner Priesterin er anvertraut.

STIMME

Der Tag ist da, an dem zu sprechen ich
berufen bin. Mich hat der Artemis
erhabener Sinn geschrieben und bewahrt.
Das Menschenopfer: Iphigenien
wies sie im Sinn der Opfernden zurück,
in einem anderen Sinn nahm sie es hin.
Blut, das gen Himmel spritzte vor der Menge
des Kriegsvolks, war nicht Iphigeniens,
die sie in Schlaf versenkte und nach Tauris
lebend entführte. Die Erinnerung
nahm sie der Jungfrau, da sie leben sollte,
und machte sie zur Dienerin ihres Zorns
wider die Altarschänder. Dieser Zorn,
der auch, erbitterter, der ihre war,
weil sie, behaftet mit dem Menschenlos,
an Grausamkeit so Übermenschliches
von ihrem Vater, ihrem Volk erfuhr,
er blieb das einzige, was sie ihr ließ,
ja als ein Rachefeuer in ihr schürte.
Sie kannte kein Warum und auch kein Weil,
sich einzig nährend von der dunklen Glut,
die noch so vieler Griechen Blut zu löschen
nicht fähig war. — Indes geschah, was sich
mit ihrem Vater in Mykene zutrug:
die Mutter Iphigeniens erschlug,
gemeinsam mit Aigisth, den Mann,
der ihre Tochter schlachten ließ: so, wie
sie meinte. Rache forderten
für diese Schandtat nun die Götter, und
die Pflicht der Sühnung fiel auf ihren Sohn
Orestes, der zum Muttermörder wurde.
Dies alles war vorausbestimmt im Rat
der Schicksalsgöttinnen. Nun aber hat
Orest den Zorn der Artemis versöhnt
und sie nach Hellas heimgeführt. Und mehr:
gehoben hat er Iphigenien
aus der Umnachtung und auch sie nach Hellas

zu neuem Sein im Licht zurückgeführt.
Auch Götter haben Lieblinge, und so
auch Artemis. Ihr schöner Liebling aber
war aller Götter heimlicher Verzug:
und dies hat sie, hat Iphigenien,
zur Göttin unter Göttern fast gemacht.
Nun, ihrer harret also der Olymp —
allein, nicht ehe sie geraubte Jahre
auf irdischen Blumenauen nachgeholt.
Geschehn ist bei den seligen Göttern, was
geschieht und was geschehen muß: so hat
der Göttin Vorsicht diese Schrift geprägt.
Ihr Menschen, die ihr sie zuletzt erfüllt,
vollendet sie getrost und ehrt die Zwölf!
Es ertönt Musik von Saiteninstrumenten.

OLEN

Geduld, ihr Lieben! Schweige Herzensangst!
Gebt euch des Sonnengottes Leier hin
und dem Beruf, den ihren Saiten er geschenkt.
Ihr Tönen ist voll Segen. Bittres Leid:
umgehen kann der Mensch, der lebt, es nicht.
Doch die Dämonen, welche Finsternis
ernährt als Mutter, aber dann auch ebenso
ernährt wird von den Kindern: dieser Auswurf
der Urnacht, diese häßlich-marternden
Qualgeister, sind aus allerhellstem Licht
nicht gänzlich zu verscheuchen zwar, allein,
Gehorsam bindet sie daselbst dem Gott.
So ist's mit den Erinnyen, und so
für Geister, welche keinen Charon brauchen,
um in den Hades und von dort zurückzukommen und den Ort zu wechseln zwischen
der unteren und oberen Welt: ihr Tun,
das vielfach böse, kann der Himmlische.
sogar in Segen wandeln. Orpheus, einst
vom Gott begnadet mit den höchsten Weihen,
im Raum der Götter heimisch, hochgeehrt
in des Parnassos heiligem Gipfelglanz —
er, sterblich damals noch, stieg ohne Furcht
hinab, hinab und tiefer immer in
die Abgrundhöllen, wo sich jede Qual

mit Qual umkrallt und Marter geilend sich
fortpflanzt an Marter, wütend sich vermehrt.
Und dort am inneren Ufer jenes Stroms,
bei dem die Götter schwören, im Bereich
des grauenbrütenden, des schwarzen Zeus:
was tat er dort? Der Sänger schlug die Leier!
Ich sag' es frei: wenn Hermes auf und ab
im Fluge zwischen Hades und Olymp
verkehrt, bedeutet's für uns Menschen nichts.
Die Tat des Orpheus, da er nur ein Mensch war,
ist darum für uns Menschen übergöttlich:
Und seine chthonisch-himmlische Musik,
sie brachte für die Toten und für uns,
die Lebenden, dieselbe neue Hoffnung —:
und wer von uns nun in den Äther lauscht,
hört diese Hoffnung rauschen, ebenso
er, der gespannten Ohrs hinunterhorcht
ins Erdreich. Lauter wird des Orpheus Ton
bei heiteren Festen und an frischen Gräbern,
und wo des Eros hohe Weihen sich
ergießen über menschliches Geschick.
Und ihr, in deren Traum ich so Musik
wie Lehre senke: ich beschwöre euch
mit Macht der Wahrheit. Wenn ihr nun erwacht,
erblickt die Jungfrau-Göttin Pallas, sie,
die erzgeschiente, schild- und speerbewehrte,
von deren stahlbehelmter Weisheit Kraft
und Stärke in euch dringen soll. Ihr Wort
behause sich in euch für ewige Zeit:
es endet Tod im Kampf und Kampf im Tod!
Das Leben ist ein Kampfspiel — Totenfeier
heißt Kampf — und streitbereit sein heißt: ein Mensch sein.
Dem größeren Menschen ist der größere Kampf
beschieden, und er steigt zum Heros auf,
mag seine Straße noch so blutig sein,
wenn Nike ihn mit ihren Kränzen krönt.
⟨*Theron stürmt herein.*⟩

THERON
ruft
Ein Muttermörder aber nimmermehr!
Er bricht zusammen und stirbt.

OLEN
Der Gott hat ihn gerichtet!⟩

PYLADES
Nicht zu begreifen ist dies alles, doch
es ist! Es ist!

ORESTES
Von woher aber kommt
zuletzt uns die Erleuchtung?

SIMMIAS
Vom Parnaß.

PTERAS
Und dann von dort, wo Zeus den Altar hat,
der rein den Musen glüht, und Hippokrene,
Heilung verbreitend und beseligend,
zu Tale fließt — wobei die Gipfel grüßen! —,
sprießt überall die Saat der Hoffnung auf.

IPHIGENIE
erhebt sich, wie erwachend, bis zu voller Größe
Wenn Tote sich in Gräbern regen und
Erweckung ihnen Kraft gibt, dumpfes Erdreich
von sich zu stoßen und sich aufzurecken
ins Licht, an ihnen niederbröckelnd Staub,
so brennt und schmerzt an ihnen alles wohl
im ersten Augenblick. Nun hat in Wahrheit
niemand ergründet, wie und wo er lebt,
doch jeden macht des Wunders Ankunft zittern
bis tief ins Mark. Wenn Wolkenfinsternis
krachend ein Blitz durchschlägt, wer würde da
nicht blind und taub? Und ähnlich geht es mir.
Und doch auch ist's, als riesele um mich
bereits ein linder Regen und erwecke
den Blumenanger meiner Jugend auf.

ELEKTRA
Sprich, Iphigenie, erkennst du mich?

IPHIGENIE
Mag sein, mag nicht sein. Etwa bist du wohl
das Mägdlein, das ich im vergangenen Leben

zuweilen, wie mir vorkommt, auf den Arm nahm,
es selig lachen machte und es küßte.

ELEKTRA

Stoß mich für immer von dir, süße Schwester!
So fremd erhaben du auch vor mir stehst,
so lieblich mir dein Auge dringt ins Herz:
ich habe trotzdem gegen dich das Beil
erhoben, jenes schandbar blutbefleckte,
und wenig fehlte, daß mein blinder Arm
das an dir tat, was unser Vater nur
zu tun geglaubt. Nicht einer Göttin aber
wärst du als Opfer dann gefallen: nein!
sondern dem schmutzigen Dämon der Atriden.

IPHIGENIE

Wenn Blindheit sich von unseren Augen hebt,
geschieht's, damit wir wissen: wir sind blind!
Ich sah das Blinken deiner Axt und seh'
es doppelt scharf in diesem Augenblick,
gleichsam in einer Abgrundssonne Blutschein:
doch meine neue Blindheit löscht das Bild.
Zunächst entbindet mich nun von dem Joch
der Priesterin, ihr Priester!

OLEN

Es geschah:
aus ihrem Dienst entließ dich Artemis,
sagt das Orakel. Sie, die zornentbrannt
das Land der Griechen mied und seine Söhne
verfolgte, kehrte selbst besänftigt heim
nach Hellas. Und so schenkt sie denn auch dir
dein Mutterland zurück und so dich ihm.

IPHIGENIE

Nahm mir die Göttin, was ich durch sie bin:
was bin ich dann?

ELEKTRA

Wach auf, geliebte Schwester!

IPHIGENIE

So laßt mir Zeit. Wir steigen täglich ja
aus Schlaf wie aus dem Grab. Allein, zuviel
des grellen Morgens dringt nun auf mich ein.

ORESTES
Trau diesem Morgen! traue diesem Tag!
Trau mir, der ich, erneut und fest, nun spreche,
geliebte Schwester: denn uns ist bestimmt,
auf neuem, festen Grunde unser Haus,
das Haus der Pelopiden, zu errichten.
Ich sage dieses: wissend durch den Gott.

IPHIGENIE
Du bist mein Bruder! Aber sind wir auch
ein Paar, geschickt, das Herrscherhaus von Argos
neu aufzubauen, wenn's in Trümmern liegt —
wie's mir dein bloßer Anblick, ahnend, sagt?
lebt unser Vater?

ORESTES
Er ist tot! Erschlagen —
erschlagen von der Mutter und Aigisth.

IPHIGENIE
Lebt unsere Mutter?

ORESTES
Nein, sie starb durch mich!

IPHIGENIE
Dies alles sah ich eines Nachts im Traum,
so als geschäh' es unter meinen Augen.

ELEKTRA
Die Schuld an allem, Schwester, fällt auf mich.
Es hat der Gram, die Wut in mir gewühlt,
seit ich von deiner Opferung erfuhr.
Von da hab' ich gehadert mit mir selbst,
mit meinem Vater, meiner Mutter und
vor allem mit den Göttern: heilig war
mir nichts mehr, und das hat sich fürchterlich
an unserem Haus gerächt. Verbrecherischer
Gedanken Seuche griff verheerend um sich
mit nie erhörter, grauenvoller Tat.

PYLADES
Laßt mich ein Wort in eure Reden flechten,
mich, dessen Weg ein unbekannter Gott

bestimmte, welcher gleichsam ohne Schicksal
mich ließ, damit ich denen meinen Beistand
in Treue leisten könne, die es wütend
gepackt, mit Geierfängen blutig hielt.
Nichts mehr von Schuld: der Sturm in deinem Blut,
Elektra, ist nicht mehr. Es hat der Friede
des unbekannten Gottes ihn beschwichtigt
durch meines, das nun ganz in deinem fließt.
Auf mich, auf mich wirf alle deine Schuld:
ich will sie, dankbar duldend, für dich tragen.
Und Iphigenie, meines Weibes Schwester
nunmehr: was du als Priesterin getan,
es ist — sofern hier Götter menschlich richten —
Vergehn der Himmlischen an deiner Unschuld.

IPHIGENIE

So gib auch mir, o Freund, von deinem Blut.
Es spüle mir die Nacht, die, eingebissen,
an meiner Adern Wänden hängt, hinweg.

ORESTES

Weis auch mein Blut, o Schwester, nicht zurück!
Was unvorstellbar mir: es ist geschehen.
Es wuchs in mir und steht ein neuer Mensch,
dem Tote heiter aus der Ferne winken,
lebendig in Mykenes Trümmern. Und
die Toten, Schwester, winken dir wie mir.
Sei, was du scheinst: Athene! scheine so
auch wieder, was du bist: Athene! Denn
im Schein, wie er dich schmückt, liegt auch das Sein.
Und so, mit Helm und Schild und Speer bewehrt,
tritt neben mich und laß uns furchtlos, so
gewappnet, den Erinnyen begegnen.
Wer von den ewigen Göttern weiß wie wir,
den nenn' ich Halbgott! Heilig ist die Straße
von hier aus zum thessalischen Olymp,
wo des Peneios lautere Woge flutet:
in seinen Wellen baden wir uns jung.
Dort finden wir wohl auch das Lachen wieder,
das langvergessene, und wir brechen uns,
im leuchtend güldenen Gnadenlicht der Zwölf,
nah dem Homolion, den heiligen Lorbeer.

[II, 1–2]

[Paralipomena zur 2. und endgültigen Fassung]

[1]

[Ausgeschiedene Textpartie, einzuordnen Bd. 3, S. 1055, nach Zeile 25]

PYRKON

Nur weiter, weiter: dies erschüttert mich.
Traf ihn ein Unfall? Ward er meuchlings etwa
von Feinden überfallen, rächenden
Verwandten Klytämnestras? Rede! Sprich!

PYLADES

Nein, die Umnachtung fiel ihn wieder an:
Er spricht mit euch und ist mit einem Mal
nicht mehr Orest: so wenig weiß er noch
von diesem als der fremdeste Barbar.
Ganz frei von dieser Krankheit war der Fürst,
seit des Gelübdes Dienst uns tätig band:
mit einem Male sprang sie wieder auf
im Hafen unten, und der Rasende,
er glaubte die Erinnyen zu sehn,
die ihm den Sieg doch noch entreißen wollten,
und stürmte mit dem Schwerte auf sie ein.
Auf Krisas Weiden, wo er einst, verfemt,
heimlich als Hirte diente, schütten Stiere —
teils tot, teils tödlich durch sein Schwert verletzt —
ihr Blut aus.

PYRKON
Jetzt, wo ist der Rasende?

PYLADES
Von dort entschwand er spurlos in die Berge.

PYRKON

Wo Zeus gesprochen, durch Apollos Mund
die Priesterin: dort gibt es Zweifel nicht.
Sei dessen sicher, Fürst, und tröste dich,
der Herr in Argos wird noch heut gesunden —

[Fortsetzung Bd. 3, S. 1055, Zeile 29]

[2]

[Ausgeschiedene Textpartie, einzuordnen Bd. 3, S. 1067, nach Zeile 17]

OBERPRIESTERIN

Ich sah's!

ORESTES

Und also: woher kennst du mich?

OBERPRIESTERIN

Ich weiß es nicht — doch wenn du willst: aus Gräbern!

ORESTES

Den Gräbern nahe war mein Wandel zwar,
allein, noch leb' ich!

OBERPRIESTERIN

Frage mich nicht mehr,
denn meiner Seele Blick dringt weiter nicht
als bis zum Grunde eines schwarzen Brunnens,
und dieser Grund ist undurchdringlich Erz.

ORESTES

Erinnerst du dich, was du sonst gesagt?

OBERPRIESTERIN

Nein!

ORESTES

Daß ich kommen würde, hättest du
gewußt.

OBERPRIESTERIN

Ich weiß nicht, wer es aus mir sprach.

ORESTES

Weißt du sonst, Rätseldüstre, wer ich bin?

OBERPRIESTERIN

Nein! Und ich will's nicht wissen! Es zu ahnen
nur, fürcht' ich mehr als martervollen Tod.

ORESTES

Ich bin Orestes, Agamemnons Sohn!
Und wenn du Abscheu vor dem Namen fühlst,
so fühlst du das nur, was ganz Hellas fühlt,
und ich, Orestes, selbst. Allein, ich weiß,
die Reinigung ist nah, bald wird die Schmach

[Fortsetzung Bd. 3, S. 1067, Zeile 19]

IPHIGENIE IN AULIS

Editorische Bemerkung

Die im folgenden abgedruckte Fassung der »Iphigenie in Aulis« entstand in der Zeit von Oktober 1940 bis Februar 1941. Der vorliegende Text repräsentiert diejenige Arbeitsstufe des Dramas, auf der zum ersten Mal eine in sich geschlossene, vollständige Folge von 5 Akten vorliegt. Dabei hat Hauptmann den ersten und zweiten Akt aus dem Textbestand zweier Vorstufen übernommen, die trotz ihres Fragmentcharakters als »erste« und »zweite« Fassung der Tragödie bezeichnet sind; nach dieser Zählung stellen der dritte, vierte und fünfte Akt des hier im Druck vorliegenden Textes eine »dritte Fassung« dar. Das Typoskript dieser »dritten« beziehungsweise ersten abgeschlossenen Fassung von »Iphigenie in Aulis« enthält folgende eigenhändigen Vermerke des Dichters:

[a]: Nachdem gestern die hier vereinigten 5 Akte vollendet wurden, muß eine neue Niederschrift das Artemis-Mysterium suggestiver und tiefer in den Mittelpunkt des Werkes bringen, ja seine Atmosphäre schaffen. 15. Februar 1941. Agnetendorf.

[b]: »Iphigenie in Aulis« am 15. Februar soweit abgerundet.

[c]: Etwas Vorläufiges, aber doch der endgültigen Form nahe.
Gerhart Hauptmann, Agnetendorf, den 17. Februar 1941.

ERSTER AKT

Nacht. Vor dem Zelt des Agamemnon in Aulis. Die Lage ist gebirgig. Auf höherer Ebene ein frühdorischer Tempel. Aus dem Zelt dringt Lichtschein.

ERSTE SZENE
Krisolaos, ein alter Sklave, ist auf einem Steinsessel eingeschlafen. Agamemnon, im Hausgewand, tritt aus dem Zelt.

AGAMEMNON
He, Krisolaos! Kannst du schlafen? O
Glückseliger!

KRISOLAOS
Ich schlief nicht, träumte nur
so vor mich hin.

AGAMEMNON
Glücklicher Sklave du,
der Träumereien sich ergeben kann,
indes sein Herr mit schrecklichen Gesichten
des Hades sich herumschlägt.

KRISOLAOS
Herr, vergib!

AGAMEMNON
Ich wüßte nicht, Freund, was ich deiner Treue
nachtragen könnte. Höre nun mich an.
Ein Auftrag blüht dir — schweigend, wie nur du
es kannst, mein Krisolaos, führ ihn aus:
Spann Rosse ins Geschirr, besteig den Wagen
und schone weder Wagen noch Gespann,
bis du dem Reisezug begegnest, der
nach Aulis von Mykene unterwegs ist —
und wenn du ihn erreicht hast, kehr ihn um!

KRISOLAOS
ganz wach, erregt, küßt Agamemnon die Hände
O Herr, dies auszuführen macht mich wach
wie nie! und jung wie nie! und froh,
so froh wie nie in meinem ganzen Leben!

AGAMEMNON

Nicht anders wird es mir ergehn als dir,
ist diese Sache nur erst durchgeführt
und Weib und Kinder wieder auf dem Heimweg.
Der Fürstin übergibst du diesen Brief.
Nicht eine halbe Stadie darf sie noch
nach vorwärts reisen, wenn sie ihn erhielt.
In nichts laß, Krisolaos, mit dir handeln.
Auch Iphigeniens Bitten achte nicht.
Den Stuten aber schlag ins Angesicht,
reiß ihre Lefzen mit den Trensen blutig.
Denn lieber ist es mir, daß sie die Wägen
zertrümmern, als nach vorwärts sich bewegen.
Um dies zu hindern, geht es anders nicht,
pfeif dir Heloten, Gräben mögen sie,
unüberbrückliche, im Weg nach Aulis
dir graben, meinethalb Schlagbäume zimmern
und was noch sonst; nur daß kein Weg und Steg
sich für die Meinen öffne bis hierher.

KRISOLAOS

Leb wohl!

AGAMEMNON

Ja, eile, denn 's ist höchste Zeit.
Nimm mir die größte Qual von meiner Seele!
Komm mit ins Zelt, komm mit, und nimm den Brief.
Beide gehen ins Zelt ab.

ZWEITE SZENE

Aus dem Tempel schleicht Kalchas, nähert sich und lauert hinter einem Baum vor dem Zelteingang.
Krisolaos kommt eilig aus dem Zelt. Als er an dem Baum vorüber will, tritt Kalchas dahinter hervor und stellt ihn.

KALCHAS

Wo willst du hin?

KRISOLAOS

Ich? Nirgendhin für dich.

KALCHAS
Vergiß nicht, Sklave, wen du vor dir hast!

KRISOLAOS
Und wärst du Ajax und Achill zugleich,
ja selbst der Götterbote oder mehr,
Pythonios, auch wohl der Kronide selbst,
ich könnte andere Antwort dir nicht geben.

KALCHAS
Wir kennen dich! Dein Name und dein Tun
ist dem geheimen Dienste nicht verborgen.
Ein schrecklich Los schwebt, wisse, über dir,
dem Götterlästerer, dem Götterfeinde.
Dort, wo im Bauch der Erde Unrat kocht,
wird deine arme Seele schrecklich zwitschern
in eklen Qualen des Ertrinkens, die
nie enden: also sprich, wo willst du hin?

KRISOLAOS
Dorthin, wohin dein Wort mich hat verflucht,
sonst nirgendhin für dich, wie ich dir sagte.

KALCHAS
Du trägst von Agamemnon einen Brief.

KRISOLAOS
Nein! Aber wäre Wahrheit, was du sagst:
was ginge meines Fürsten Brief dich an?!

KALCHAS
Mehr als du meinst.

KRISOLAOS
Ich habe nicht zu meinen,
nur zu gehorchen ziemt mir. Lebet wohl!

KALCHAS
Bleib! ich gebiet' es dir.

KRISOLAOS
Der Atrione
ist mein Gebieter, niemand sonst.

KALCHAS

Du irrst:
er, so wie wir, ist untertan den Göttern.
Der Götter Stimme aber, Mensch, bin ich!
Ein Wink von mir, und Feuer fällt vom Himmel.

KRISOLAOS

Um solche Kleinigkeit bemühst du Zeus?

KALCHAS

Auch anderen Göttern ist der Blitz verliehn.
Und was in diesem Briefe sich verbirgt,
ist keine Kleinigkeit: wenn das geschieht,
was er bestimmt, so schlägt dein Herr
Apollon selbst ins Angesicht —
ganz Hellas aber muß den Frevel büßen.

KRISOLAOS

Ich aber halte meinem Herrn die Treue,
sonst nichts.

KALCHAS

Die Treue hältst du deinem Herrn —
elender taurischer Barbarenhund —
und an ganz Hellas übst du drum Verrat.
Gib her den Brief.

KRISOLAOS

Niemals!

KALCHAS

Wer bin ich? Sprich!

KRISOLAOS

Sollt' ich den Sohn des Thestor aus Mykene,
der Stadt, in der ich fünfzig Jahr und mehr
schon dem Atriden diene, wohl nicht kennen?

KALCHAS

Ich bin der Sohn des Thestor nicht allein,
sondern bin Kalchas, den die Götter
über das Wohl und Wehe von ganz Hellas
gesetzt: der Oberen Ratschluß zu verkünden
und zu vollstrecken.

KRISOLAOS
Manche meinen ja,
daß Kalchas diesen Kriegszug ausgedacht.
O hätt' er Agamemnons Ohr doch nie
betört! wär' ihm noch weniger gelungen,
den längst verkohlten Schmerz des Menelaos,
gleichwie mit Blasebälgen, aufzuzünden
zum Rachefeuer wilder Eifersucht!

KALCHAS
schlägt Krisolaos
Was wagst du, wagst du, niedrer Sklav' und Schuft?!

DRITTE SZENE

Agamemnon tritt aus dem Zelt.

AGAMEMNON
Was für ein Lärm? Wer hat die Dreistigkeit,
vor Agamemnons Zelt, des Griechenheeres
oberstem Lenker, sich der Ungebühr
so hemmungslos zu überlassen?

KALCHAS
Ungebühr —
ist sie vorhanden — liegt bei deinem Sklaven:
der Schurke hat sie gegen mich geübt.

AGAMEMNON
Wer bist du?

KALCHAS
Kalchas!

AGAMEMNON
zu Krisolaos
Du? Du bist noch hier?

KRISOLAOS
Weil dieser Mann mich jählings überfiel,
und deinen Brief, o Herr, mir rauben wollte.

KALCHAS
Der Himmel wolle, daß in deinem Dienst
kein zweiter Lügner lügt so frech wie er.

AGAMEMNON
Du hast vernommen, was der Priester sagt:
rechtfertige dich!

KRISOLAOS
Herr, mir verschlägt's das Wort.
Knüpft mich nur gleich am nächsten Baumast fest.
Wahrheit ist überall ein zärtlich Ding
und schwindet kläglich hin vom Hauch des Starken.

AGAMEMNON
Wie, Krisolaos, kam dich eine Torheit
wie diese an, den Seher aller Seher
gemeinen Briefsraubs zu beschuldigen,
da es für ihn doch keine Siegel gibt?

KRISOLAOS
Auch große Weise fallen wohl in Torheit.
Er wußte wohl, was in dem Briefe steht:
und weil er's wußte, deshalb wollt' er's wissen.

AGAMEMNON
Erkläre mit zwei Worten, heiliger Mann,
die kleine Wirrung, die sich hier getan hat.
Zu Krisolaos.
Und du, geh eilig deinem Auftrag nach.
Krisolaos geht schnell ab.

KALCHAS
Ich habe nicht gezögert, selbst so früh
dich aufzusuchen, weil der Dinge Lauf
es eben heischt. Vielleicht, daß ich trotzdem
um deiner Ruhe willen umgekehrt
und wieder heimgegangen wäre, wenn dein Sklave
mich nicht beleidigt hätte, wie er tat.

AGAMEMNON
Er überfiel dich mit gemeinen Worten,
weil ihm das Dunkel deinen Rang verbarg?
Oder was hat ihn wohl an dir geärgert?

KALCHAS
Was sich der Bube dachte, weiß ich nicht.

AGAMEMNON
Vielleicht, daß ihn Erinnerung überfiel
und er im Ton von eurer beider Jugend
daheim, wo ihr ja einst Gespielen wart,
des heutigen Abstands zwischen euch vergaß?

KALCHAS
Mag sein, mag nicht sein: wenn die Gosse mich
dereinst bespritzt hat, blieb — den Göttern Dank —
kein Fleck davon auf meinem Kleid zurück.

AGAMEMNON
Es sei denn hie und da ein kleiner Blutfleck!

KALCHAS
Oh, wieder dieser Ton? Er ist, so scheint's,
beim Herrscher aller Griechen sehr beliebt!
Nun ja, ein jeder steht in seinem Amt,
und jedes Amt hat anderes zu ertragen.
Auf eines kommt es doch vor allem an:
daß wir des Amtes Pflichten treu erfüllen.

AGAMEMNON
Was bringst du mir?

KALCHAS
Nicht weniger und nicht mehr
als Delphis unabänderlichen Wahrspruch.

AGAMEMNON
Es ward davon gemunkelt.

KALCHAS
Das Gemunkel
ersetzt ein alles überdröhnend Wort.

AGAMEMNON
Laß mir ein wenig Muße, mich zu fassen.
Und dann vernimm, bevor du weitersprichst —
wir sind allein —: Im Lager schläft das Heer

zwischen den Schiffen, die am Strand vertrocknen,
untätig liegt es nun seit Monden still,
weil sich kein noch so kleiner Luftzug regt,
den Seglern Fahrt zu geben. — Hab Geduld!
In uns — wer Weib, wer Mann war, steht dahin —
entstand der Keim für einen Baum, der wuchs,
bis er, wie jetzt, dem Welken nahgerückt,
weil ihm das Wasser fehlt': im wahren Wortsinn.
Der Buchten und der Meere Wasserspiegel
verweigern zähe ihren alten Dienst,
der Menschen schwimmende Gehäuse zu
bewegen: und sie liegen in der Glut,
nicht minder festgefroren wie im Eis.
Nun, Sohn der heiligen Zyklopenstadt
Mykene so wie ich: die Stunde ist
gekommen, Aug in Aug uns auszusprechen.
Wie schon gesagt, die Planung dieses Kriegszugs
gen Troja ward dereinst von dir und mir
mit gleicher Leidenschaft ins Werk gesetzt,
nachdem wir insgeheim ihn lang gehegt
und im verborgenen endlos durchgesprochen.
Schon damals hast du einen Götterschwur
uns auferlegt, ihm treu zu bleiben.

KALCHAS

Und
wir schwuren beide ihn, Atrid', auch du!

AGAMEMNON

Nun ja, der Grund dazu besteht noch heut.
Denn unerträglich ist der Phryger Hochmut
nicht nur in Ilion, der Phrygerstadt,
in der sich aller Küsten Reichtum sammelt:
nein, überall im ganzen Griechenmeer
führt dies Barbarenvolk das große Wort,
in allen Häfen gibt es heut den Ausschlag —
sie alle nennen, wo sie Herren sind,
Inseln und alle Buchten bis zu des
Herakles Säulen, ist beinah ein Unding.
Sie lächeln über jede andere Macht!
Das Haus des Priamos, des Weltenherrschers,
ist dem Olymp der Zwölf selbst überlegen.

Und es bedarf nur eines kleinen Winks
von seiner Söhne frechem Übermut —
Äneas, Hektor, Paris, wie sie heißen —,
die gottentstammte Fürstin der Hellenen
zu rauben und zur Sklavin zu erniedern.

KALCHAS

Was schlimmer ist: zur Hündin wird das Weib,
dem der allmächtige Trojaner pfeift.

AGAMEMNON

Dies alles muß ein Ende haben, und
wir malmen dieses Troja in den Staub:
denn fällt das Haupt, ist auch der Rumpf ein Leichnam. —
Doch nun zu dem, was auf dem Spiele steht,
selbst dann, wenn Segelwind die Götter schenken.
Insoweit ist uns alles wohlgediehn:
in tausend Schiffen wartet unter uns
Hellas, zu dem Vernichtungsschlag geeint,
nun dem Seeräubervolke überlegen
an Seemacht, die ihm alles unterwarf.
Allein, doch plötzlich stehen meine hundert Schiffe
und fünfzig meines Bruders einer Felswand
nah gegenüber: wollen sie nicht scheitern,
so heißt es wenden und nach rückwärts steuern,
es sei denn, daß die Wand ins Nichts sich löst.

KALCHAS

Atrid', so fest steht nicht der Kaukasus,
als was Apoll durch die Sibylle spricht!

AGAMEMNON

Vielleicht, von dir durch Bitten angefleht,
läßt sich der Helfergott trotzdem erweichen.

KALCHAS

Das hindert seine Schwester Artemis,
die du, du weißt es, allzu schwer beleidigt.

AGAMEMNON

Und weil ich eine Hirschkuh ihr durchstach,
so fordert zum Ersatz sie meine Tochter?

KALCHAS
Zur Antwort hab' ich nur ein erzenes Ja!

AGAMEMNON
Laß uns versuchen, ob wir menschlich nicht
noch einmal uns begegnen können: ich
lege mein gottgegebnes Königszepter
und du dein Priestertum solange ab.

KALCHAS
Niemals! Denn grade das vermag ich nicht;
denn nur die Götter können Troja stürzen,
nicht du und ich!

AGAMEMNON
Für eine Hirschkuh, die ich tötete,
opfr' ich der Göttin hundert Hirsche hin,
und ist's ihr lieber, setz' ich lebend sie
in ihren heiligen Hain.

KALCHAS
Ein Sterblicher
erfährt Verzeihn von einer Sterblichen,
doch Gotteslästerung ist unverzeihlich
von einer Gottheit: denn verziehe sie,
sie würde selbst an aller Gottheit sünd'gen.

AGAMEMNON
Unmöglich! seit undenklich langer Zeit
ward Menschenopfer im Bereich von Hellas
von keinem seiner Götter mehr gefordert.
Es schlachtet Menschen wohl der Taurer noch,
Gefangene etwa schlachtet der Barbar;
vor seinesgleichen schreckt auch er zurück.

KALCHAS
Du irrst, auch Hellas hat in seinen Grenzen
noch Heiligtümer, drin der Mensch sich selbst
als Opfer darbringt. Aber wär's nicht so:
ein Gott beschränkt sich oder läßt sich frei,
kein Menschenwunsch noch -wille mag ihn binden.

AGAMEMNON
Wer sagt mir, ob der Göttin grausenvoller,

blutgieriger Wunsch nicht nur in deinem Haupt
allein besteht?
Man hört Schmerzensschreie einer Männerstimme.

KALCHAS
Hör diesen Schrei: du weißt,
daß Philoktetes, Poias' Sohn, den Fürsten
von Malis, in Selenens Heiligtum — dem
gleichen, das du jüngst so schwer entheiligt —
die Tempelschlange stach. Des Fürsten Wut,
mit seinem Schmerz vereint, kennt keine Grenzen.
Vor allem aber rast er wider dich:
er sei nicht da, Verbrechen anderer
schuldlos zu büßen.

AGAMEMNON
Da von Göttern nun
einmal geredet werden muß mit Priestern,
so geb' ich zu bedenken, daß Selene
Apollons Schwester ist, und dieser Gott
gemeinsam mit Poseidon Trojas Mauern
errichtet hat: es lieben Ilion die heiligen Drei
und hassen darum bitter unseren Feldzug.

KALCHAS
Ich leugn' es nicht, Atrid', das kommt hinzu,
um deinen Fehl noch schwerer zu belasten.
Ein Seher könnte mit gewissem Recht
vermuten, daß dies ungeheure Opfer
darum genannt ward, daß man's nicht erfüllt
und lieber kläglich-ruhmlos heimwärts kehre
mit allen Schiffen: jeder Danaer,
wie es nun sei, zurück zu Karst und Pflug.

AGAMEMNON
Heil deiner Sehergabe! selten hat
sie mir so Angenehmes klar enthüllt.
Erkenn in mir nun jenen Danaer,
der gegen die Dreieinigkeit von Göttern,
die du genannt, zu kämpfen keine Lust hat,
und somit brech' ich diesen Kriegszug ab.
Verkehrt und aberwitzig aufgebaut,
Frucht einer Jugendnarrheit ohnegleichen,

ist er ein tolles Unding sowieso.
Und somit leg' ich meine Würden ab,
und du verkündest's, heiliger Mann, dem Heer!
Zu allem nimm, mit meinem letzten Wort,
die Hände deines Jugendfreunds zum Abschied.

KALCHAS

Du wirst in dieser Sache nicht so leicht
verstummen, wie du meinst.

AGAMEMNON
Und weshalb nicht?

KALCHAS

Wir sind nicht Knaben mehr noch Jünglinge
und woben, als wir's waren, ahnungslos
ein unzerreißlich Netz, in das wir nun,
so ich wie du, verstrickt sind.

AGAMEMNON
Nein, du irrst:
es ist zerrissen, ist zermorscht.
Der Kämpfergeist des Heers ist längst verpufft.
Die Fürsten erlustieren sich beim Brettspiel,
der Sorgenbrecher, dem sie dienen, heißt
Dionysos; er ist ihr einziger Gott,
vom Morgen bis zum Abend kreist der Becher.
Das Tun der Herren ahmt das Schiffsvolk nach
auf seine Art und reibt darin sich auf.
In Haufen liegen Trunkene in den Gassen
zwischen den Schiffen, jedes Laster blüht,
Krankheiten, Seuchen fordern täglich Opfer.
Auch ohne unser Zutun löst sich auf,
was anfangs wie ein Leib zusammenhielt:
ein Leib aus Erz mit einem erznen Willen.

KALCHAS

Vielleicht vor wenig Tagen war es so,
heut nicht mehr! Nicht mehr, seit die Göttin sprach:
die Todesgöttin hat mit ihrem Wort
das Heer aus seinem Grabe aufgeweckt.
Einstimmig ruft es nach der großen Tat,
die Fahrt und Sieg des Zugs begründen soll.

AGAMEMNON

Geschehe dann, was muß: doch ohne mich.

KALCHAS

Du glaubst es selbst nicht, was du sagst, Atrid'!

AGAMEMNON

Dann glaubst auch du an deine Worte nicht!
Denn daß ich Iphigenien, mein Kind,
das heißgeliebte, auf den Altar gebe
und von euch schlachten lasse wie ein Tier,
kann niemand glauben, der noch menschlich fühlt.

KALCHAS

Noch weniger aber, daß der mächtigste
von allen Herrschern unter den Achäern —
schon heute der Hellenen erster Mann —
sich und sein Haus so ganz vergessen könnte,
daß er, an dem der Glaube aller hängt,
anstatt den Schritt zum höchsten Ruhm zu tun,
sich in den Abgrund der Verachtung wirft.

AGAMEMNON

Kalchas, mag sein, daß du den Gott durchschaust,
doch dich durchschaun mag für die Götter selbst
so leicht nicht sein: dem Menschen ist's unmöglich.
Denn sieh: selbst ich, ich selbst, würd' ich gefragt,
ob du mich stärken wollest oder stürzen,
ich wüßt' es nicht.

KALCHAS

Dich stärken ist mein Ziel:
allein, den Zwölfen bist du unterworfen.

AGAMEMNON

Das heißt soviel als: du willst Herrscher sein
in Wahrheit, mich erniedrigst du zum Werkzeug.

KALCHAS

Nein, doch vertret' ich Delphis Bundesmacht.
Wir leben von dem Wort der Amphiktyonen:
ein Wink von dort, und unsere Macht verlischt,
das Heer um uns verstäubt in alle Winde.

AGAMEMNON
So geh zu dem Peliden, zu Achill!
Er wäscht die Hände, eh er Wein ausgießt
des Morgens, wendet sich, wenn er sein Wasser
abläßt, nicht in die Sonne und vermeidet
sogar des Nachts in Richtung es zu tun,
wo sie erwartet wird. Nicht einen Bach
durchschreitet er, er habe denn gebetet.
Geweihtes Wasser nur berührt der Held,
sei es beim Baden, oder sei's beim Mischkrug:
und nie setzt er des Schenken Kanne etwa
auf diesen, weil dies, heißt es, Unglück bringt.
Nein, Freund, von solchem Schlage bin ich nicht —
und Priesterherrschaft ist mir unerträglich.

KALCHAS
Und dennoch hast du des Peliden Namen
mißbraucht! Du fabeltest in deinem Brief
an Klytämnestra, unsre hohe Fürstin,
sie möge sich ins Lager herbemühn
mitsamt den Kindern, weil du Iphigenien
mit Thetis' Sohn Achill vermählen würdest.
Du weißt, wie wenig der Pelid' dich liebt
und wie dein Mißbrauch ihn erzürnen würde,
erführ' er ihn.

AGAMEMNON
Ich schäme mich darum.
War's Schwäche, die mich dir gefügig machte
nach langem Grübeln einen Augenblick?
In diese Schwäche schließt die andre sich,
die mich zum läppischen Märchendichter machte:
doch heut besteht von beiden keine mehr,
weil ich von Grund aus beide jetzt verfluchte.
Geht, laßt mit eurem Wahnwitz mich in Ruh',
du selber biete deine Gurgel dar,
damit Selenens Priester sie durchschneide!
Es ist dafür gesorgt, daß euer Opfer
den Boden dieses Lagers nie betritt.
Man hört das Geschrei Philoktets.

KALCHAS
Der Schrei des Philoktetes gibt dir Antwort.
Er geht schnell ab.

VIERTE SZENE

Krisolaos kommt in Eile.

KRISOLAOS
Zu spät, o Herr: ich traf den Wagenzug
kaum eine Stadie von hier entfernt
und hab' ihn selber bis ans Zelt geleitet.

AGAMEMNON
verwirrt
Ein Wagenzug? Ich weiß nicht, was du meinst.
Iphigenie kommt durch das Zelt gestürmt und fällt dem Vater um den Hals.

IPHIGENIE
Da sind wir, Vater, o geliebter Vater!

AGAMEMNON
stößt sie von sich
Gespenst du einer Toten, hebe dich
hinweg!
Iphigenie, unsanft beiseite geschreckt, steht wie erstarrt. Nun kommt Klytämnestra mit schnellem, kraftvollen Schritt. Sie hält die siebenjährige Elektra an der Hand. Hinter ihr erscheinen: eine würdige Amme, die den Orest trägt, die Sklavin Glauke und der Sklave und Majordomus Olen.

KLYTÄMNESTRA
Wir haben keine Ruhe uns
gegönnt bei Tag und Nacht, und früher, als
wir irgend glauben konnten, sind wir hier.
Doch herrlich war, wie keine, unsre Reise.

AGAMEMNON
Ob herrlich oder nicht, steht nicht bei dir,
doch Übereilung tut nur selten gut:
in deinem Falle war sie nicht vonnöten.

KLYTÄMNESTRA
Ich kann dich nicht begreifen, mein Gemahl!
Was haben wir getan? Was ist geschehn,
daß ein Empfang wie dieser uns zuteil wird?

AGAMEMNON
Man spannt euch frische Stuten an die Wagen,
und nach Mykene kehrt ihr stracks zurück.

KLYTÄMNESTRA
So war dein Ruf, der uns hierherbeschied,
dein Brief und, was dein Bote sprach, erlogen?

IPHIGENIE
legt sich weinend an den Hals der Mutter
O Mutter!

KLYTÄMNESTRA
Warum weinst du, armes Kind?
Komm zu dir, wie ich zu mir selbst zu kommen
versuchen muß und will. Laßt uns allein.
Ich wollte deinen ersten Sohn dir zeigen,
Stammhalter des Geschlechts, den du noch nicht
mit Augen sahst: du nanntest ihn Orest!
Doch das hat Zeit. Bring, Amme, ihn hinweg
und nimm Elektra zur Herberge mit,
die uns bestimmt ist. Iphigenie,
nimm Glauke, deine Herzensfreundin, mit.
Olen wird euch behüten und euch weisen.
Laßt mit dem Herrn und König mich allein.

FÜNFTE SZENE

Alle bis auf Agamemnon und Klytämnestra haben sich entfernt.

KLYTÄMNESTRA
Wir sind allein. Nun rede, mein Gemahl,
damit sich klärt, sofern sich's klären kann,
was dein befremdlicher Empfang bedeutet.

AGAMEMNON
geht erregt auf und ab
Frag nicht! Kehr um, kehr heim im Augenblick.
Selbst wenn ich dir das Gegenteil befehle:
kehr mit den Unsren heim, gehorche nicht!

KLYTÄMNESTRA
Wo liegt des Wahnsinns Ballung, schwärt das Dunkel,
das es zu lichten gilt? Was wir erwartet
und was wir fanden, so verschieden ist's
alswie ein Purpurteppich, hingebreitet
auf glatten Estrich, und ein scharfer Fels,
auf dem wir stolpern und das Haupt zerschmettern.
Bist du der Fels?

AGAMEMNON
Ich bin's, ich muß es sein!

KLYTÄMNESTRA
Auf Flügeln gleichsam kamen wir hierher:
wie immer folgsam, folgt' ich deinem Ruf.
Dein Brief besagte ja nicht allzuviel,
allein, der treue, altbewährte Bote
ließ dies und das Erfreuliche mich ahnen.
Ich glaubte fast an einen Jubelruf,
der bei der Ankunft uns begrüßen würde,
denn was der Bote Rätselhaftes sprach:
wir deuteten es heiteren Sinns auf Hochzeit.
Und dann, fast schäm' ich mich, es auszusprechen:
als einmal des Peliden Name fiel,
Achillens, trat uns kaum noch Zweifel an,
daß die Vermählung Iphigeniens
mit ihm beschlossen wäre. Unterwegs,
gesteh' ich, scheint es nun auch lächerlich:
wir haben jedes Blinken in der Ferne
als einen Wagenzug des Bräutigams
und seiner Myrmidonen umgedeutet.
Und Iphigenie ist viele Male
erblaßt in einem solchen Augenblick.

AGAMEMNON
hält sich die Ohren zu
Genug, genug! denn du vernichtest mich!
Wohin geriet ich, wohin hat die Qual
schlafloser Nächte mich zuletzt geführt?
Zu niedrigem Betrug, der mich entwürdigt,
denn was ihr glaubtet, ist ein Hirngespinst,
das ich erfunden und euch glauben machte.

Achilles aber ist mein ärgster Feind,
ein Laffe, dessen Schmähsucht ich verachte.

KLYTÄMNESTRA

Vergib, wenn ich verstumme. Meine Brust
verweigert mir das Atmen und mein Hirn
das Denken! Ja, beinahe — wenn ich dich
mit meinen Augen zu erkennen suche,
du Allgewaltiger — leugnet dich mein Auge:
versuche denn, o mein Gemahl, in mir
den wiederherzustellen, der du bist.

AGAMEMNON

Es lohnt nicht. Doch befehl' ich: kehre heim!

KLYTÄMNESTRA

Warum?

AGAMEMNON

Hier herrscht der Krieg, das Weib gehört
ins friedlich-schaffende Bereich der Laren,
nicht unter Völker, die dem blutigen
Handwerk des Ares sich verschworen haben.

KLYTÄMNESTRA

Und dies ist alle Weisheit und nicht mehr,
um derentwillen du uns hergerufen,
und die du uns auf unsrem Heimweg mitgibst?

AGAMEMNON

Ja! Wer wie ich geplündert und verarmt,
hat wenig oder gar nichts mehr zu geben.
Doch wenn du das, was ich befehle, tust,
wird sich der Sinn davon dir einst erschließen.

KLYTÄMNESTRA

So stößt der Mann ein schuldlos Weib zurück?
nicht etwa so, als wär' sie seine Sklavin,
nein, sondern nur ein toter Gegenstand.
Er, der vertrauend mit ihr durchberaten
bisher, was irgend ihm das Herz bewegt:
er hält sie plötzlich dessen nicht mehr wert.
Wach auf, wach auf! Mißhandle nicht dein Weib,

das dir mit Leib und Seele sich ergab,
reich deinem Weibe wenigstens die Hand,
laß sie den Arm um deinen Nacken legen,
und fühle — sei's nur einen Augenblick —,
daß dir, nur dir ihr klopfend Herz gehört.
Sie umarmt ihn und schluchzt an seinem Halse.

AGAMEMNON
drückt sie an sich
So komm und wein dich aus. Ja, sieh: auch mir —
du hast dazu mir, scheint es, Mut gemacht —
tropfen die Tränen.

KLYTÄMNESTRA
Dann ist alles gut.
Nach diesem glücklichen Aufschrei gehen beide, innig verschlungen, ins Zelt ab.

SECHSTE SZENE

Menelaos tritt auf. Er blickt sich suchend um. Es ist inzwischen Tag geworden.

MENELAOS
ruft ins Zelt
Hör, Krisolaos!
Krisolaos tritt schnell auf.

KRISOLAOS
Ganz zu Diensten, Herr.

MENELAOS
Man sagte mir, es sei Besuch herein
aus Pelops' Landen.

KRISOLAOS
Und so ist es, Herr:
Zu unsrem Leide, nicht zu unsrem Glück.

MENELAOS
Wer ist es, der die weite Reise tat?

KRISOLAOS
Die Fürstin Klytämnestra und die Kinder.

MENELAOS

Soll ich Unmögliches dir glauben, Freund:
wenn Lämmer in des Löwen Höhle flüchten,
hat sie ein schwarzer Gott dazu verführt.

KRISOLAOS

Der König sandte mich zu spät von hier,
noch unterwegs die Reise aufzuhalten,
denn unsre Fürstin hat die weite Fahrt
im Flug zurückgelegt.

MENELAOS

Wer ihr die Flügel
zu diesem Fluge gab, es war vielleicht
Aidoneus, der Schattenherrscher, selbst.
Doch was sogleich geschehn muß, ist die Rückkehr
gedankenschnell und mit Athenens Schutz.
Weiß Klytämnestra, was der Tochter droht?

KRISOLAOS

Sie weiß es nicht und ahnt es nicht.

MENELAOS

Und sie?
ich meine Iphigenien.

KRISOLAOS

Sie glaubt,
man werde mit Achilleus sie vermählen.

MENELAOS

Mein Bruder schließt sich ab: Unwürdige
genießen sein Vertraun, mir entzieht
er es seit Monden! Und doch hat das Heer
zu seinen Führern mich wie ihn gesetzt.
Und so verstand ich mich in all der Zeit
und hielt für mich allein die Augen offen.
Ich muß ihn sprechen, melde mich sogleich.

KRISOLAOS

Er und die Fürstin sind im Schlafgemach.

MENELAOS

Zu Liebesspielen ist jetzt keine Zeit,

noch weniger zu Schlaf und faulem Nichtstun.
Die Berge wanken, und jetzt gilt's zu retten,
was irgend etwa noch zu retten ist.

SIEBENTE SZENE

Agamemnon erscheint.

AGAMEMNON

Ich denke anders nicht als du, mein Bruder.
Laß uns beraten und gemeinsam wie
in alter Zeit dem Unheil trotzen.
Krisolaos geht ab.

MENELAOS

Dies Wort mag gelten, denn es ist nicht Zeit,
mit Kleinigkeiten unsres Bruderzwists
kostbare Augenblicke zu vergeuden. —
Das Lager ist mit einem Mal, so scheint's,
vom Schlaf erwacht. Es muß sich das Gerücht
von irgend etwas drin verbreitet haben,
was alle mehr als irgendeines aufregt
von denen, die bis nun im Umlauf sind.

AGAMEMNON

Es ist ein Spruch von Delphi in der Hand
des Kalchas, der ein blutiges Menschenopfer
unweigerlich verlangt: das meiner Tochter!
Bald wird ihm Kalchas selber dies Gerücht —
dem ganzen Heere, mein' ich — übermitteln.

MENELAOS

Dies muß verhindert werden.

AGAMEMNON

Sage, wie?·

MENELAOS

Kalchas gelobe Schweigen, oder aber
es sterbe sein Geheimnis mit dem Priester!

AGAMEMNON

Das ist des Knotens Lösung, keine sonst:

Er sterbe! Und der Mörder übe so
Selbstmord! Er werde seines tückischen,
geheimen Anschlags blutiges Opfer selbst.
Ich hob in blöder Knabentorheit einst
das Bettelkind aus seiner Niedrigkeit,
schloß ihm die Pforten unsres Hauses auf,
daß es sich wärmen und sich mästen konnte
an der Atriden Herd. Und dafür wuchs in ihm
ein heimlich Pestgeschwür von Haß und Herrschsucht
als Dank: es brach nun auf, nicht nur das Heer,
mich! dich! die Unsren! tödlich zu vergiften,
sondern ganz Hellas: wenig Tage nur,
so glüht's im Fieber. Und dann wälzt sich bald
wie eine See von Feuer über uns
der allgemeine Wahnwitz, der nicht ruht,
bis Iphigeniens süßer Mädchenleib
zu Kalchas' Ehren — nicht der Artemis —
geschlachtet und zerstückelt, schauerlich
verkohlt.

ACHTE SZENE

Krisolaos kommt in höchster Eile.

KRISOLAOS
Ihr Herrscher, hört mich! Eignem Dünken folgend,
hab' ich der Königin und ihrer Kinder
Gefährte frisch bespannt, in wilder Eile
davongejagt: der ganze Reisezug
ist jetzt schon nicht mehr in des Lagers Grenzen.
Ziel ist ein weltentlegenes Gasthaus im
Kithairon, wo sie sicher sind und eurer
Befehle warten.
AGAMEMNON
Warum tatst du das?

KRISOLAOS
Weil eine wilde Gärung sich im Lager
verbreitet hat. Man hat erfahren, daß
die Deinen, Iphigenie voran,
im Lager sind, und fordert sie zu sehen.

Das Ärgste aber
ist, was der Seher Kalchas jetzt den Völkern
eröffnet hat: daß sich der delphische
Gott hat vernehmen lassen, fürchterlich
sich windend, in Beängstigungen schwer
nur atmend, lautet sein Bericht:
wenn Trojas Mauern fallen sollen, müsse
auf dem Altar der Artemis zu Aulis
sich eine Jungfrau opfern. — Keine andere
jedoch als Iphigenie, deine Tochter.

MENELAOS
Dann ist's für meinen Rat zu spät.

ZWEITER AKT

Herberge im Gebirge auf der Straße zwischen Aulis nach [sic!]
*dem Isthmus. Eine weite offene Terrasse, dahinter eine Halle.
Ringsumher grüne Matten. Überragend ein schneebedeckter
Gipfel.*

ERSTE SZENE

*Es ist gegen Abend. Iphigenie bewegt sich mit leise merkbarer
Unruhe auf der Terrasse hin und her. An ihr hängt, zärtlich
untergefaßt, Glauke.*

GLAUKE

Sei ruhig, fasse dich, Geliebteste
von allen Sterblichen und — da ich nur
Sterbliches fasse — auch von allen Göttern!
Was red' ich: hab' ich an den Göttern nicht
mich allbereits versündigt, da ich dich
sterblich genannt, in deren Adern Blut
des Göttervaters rollt? Vergib mir! O
vergib mir täglich, stündlich alles, was
ich niedre Sklavin Niedres zu dir rede.
Daß ich dich Götterkind berühren darf,
ist schon zu viel der Huld, die du mir schenkst —
und weniger nicht, o Fürstin, schenkst du mir
damit nicht, Hohe, als das Leben selbst.
Und so, du weißt es, bin ich dein Geschöpf,
daß zehnfach mich ein jeder Schmerz berührt,
der je an deiner Himmelsschönheit frevelt.
Und dennoch ring' ich flehend meine Hände
und bitte dich: wirf allen Schmerz auf mich!
so innig wie nur je ein Mensch gefühlt,
laß dich beschwören, Liebling, es zu tun.
Denn selbst den Tod, den ich dabei erlitte,
des Lebens seliger Gipfel wär' er mir.

IPHIGENIE

Nicht so, nicht so! Du bist, geliebte Glauke,
ich weiß es so wie du, ein Teil von mir.
Doch eine Last, wie ich sie augenblicks
zu tragen habe samt dem Schmerzensdruck,

der auf mir lastet, ist unteilbar. Nur
der Tod — ein Pfeil der nächtigen Artemis —,
sofern Tod Tod ist, kann davon befreien!
Mädchen, du weißt es, was mir widerfuhr.
Ich rede von der Schmach nicht, die man mir
damit erwies. Mein Vater rief mich, und
ich reiste mit der Mutter wochenlang,
beseligt, von Tiryns herauf gen Aulis:
denn, hieß es, der Pelide warb um mich
und hatte meines hohen Vaters Jawort.
Und so bedenk — ich war die Braut Achills,
des schönsten und stärksten unter allen
Männern von Hellas, der freiwillig nur
sich Mensch nennt und in Wahrheit ganz ein Gott ist,
denn ihn gebar ja einer Göttin Schoß
vom höchsten Gott Kronion! Sieh mich an:
was bin ich nun? Des Vaters Stuten rissen
rastlos durch Tag und Nacht den Wagenzug
zurück den Weg, den wir gen Aulis machten,
als wäre ein Gedanke nur in ihm:
die Abgelehnte, Abgewiesene,
Entehrte und Beschmutzte zu verstecken.
Und also nur ein ekler Brocken noch,
ein ausgespiener, jedem widerlich,
bin ich nunmehr. Und somit lass' ich mir
die Nägel wachsen und entstelle mir
mit blutigen Striemen das Gesicht, und dann
verhüll' ich's schwarz für immer: ist es doch
nicht wert, daß es der reine Tag bescheint.
Doch fort! dort kommt die Mutter.
Iphigenie und Glauke ab.

ZWEITE SZENE

Klytämnestra und Olen, in Reisekleidung, kommen aus dem Haus.
KLYTÄMNESTRA
In welche Wirren stürzt der König mich!
Er jagt uns jählings fort — mich und die Kinder —
und nennt das Gasthaus im Kithairon hier,
von ihm die weitere Nachricht zu erwarten.

Du weißt es, welch ein Zwiespalt mich erfüllt:
soll ich gehorchen? oder ungehorsam
den Aufenthalt in dieser Ödenei
abbrechen und, so schnell der Rosse Hufe
es nur vermögen, mit den Meinen weiter,
der Heimat zu, von Aulis mich entfernen?
In Ungewißheit liegen wir nun still
bereits den fünften Tag. Kein Schlaf berührt
seitdem mir meine Augenlider. Und
gespannt zum Bersten, qualvoll angefesselt,
verwünsch' ich diese fürchterliche Reise,
zu der man uns leichtfertig, frevelhaft,
unsäglich unverzeihlich hat mißbraucht.

OLEN

Mein Rat ist: zögert keinen Augenblick!
Flieht, Königin, als würdet ihr gehetzt
von einer gnadenlosen Meute.

KLYTÄMNESTRA

Wiederholst
du immer wieder dieses Wort, Olen?
Warum? Allein, nach dem Warum gefragt,
schweigst du dich aus. Soll ich die Treue brechen,
Verrat am Vater meiner Kinder üben,
den ich zurückließ auf einsamem Gipfel,
den nie ein Grieche, kaum ein Mensch erstieg?
Es hat ihn die Moira dorthin gestellt.
Wozu? damit ein Schritt von dort ihn unter
die Sterne trage oder niederstürze
zum finstren Abgrund?

OLEN

Der Moira Beschluß
ist allen — Mensch und Göttern — unabwendbar.

KLYTÄMNESTRA

Man birgt trotzdem die Hände nicht im Schoße.
Und als sein Weib gehör' ich neben ihn:
sei's Flug, sei's Sturz, was immer ihm begegne.

OLEN

Vergib: ich habe dich als Kind betreut

im Hause deiner Eltern. Deine Mutter
gab mich dir in die Atreus-Ehe mit,
dich wie ein treuer Rüde zu beschützen.
So sag' ich dir: dein Gatte wollte nicht
von dir getan sehn, was dir deine Treue
nun eingibt — und so, Herrin, sag' ich dir:
Gehorsam ist der Gattin erste Pflicht.

KLYTÄMNESTRA

Was brütet über uns? Sag mir's, Olen.

OLEN

Was bin ich denn? ein taurischer Barbar —
vielleicht, daß sich ein Tröpflein und nicht mehr
Danaerblut in mich verirrt. Ich wittere
von Ferne Schweiß und Blut alswie ein Hund,
doch bin kein Kalchas wahrlich, bin kein Seher,
allwissend und Kronions rechte Hand.

KLYTÄMNESTRA

War je ein Priester so gebieterisch
allein von Ansehn? Seinem Blick allein,
der durch und durch erdolcht, wenn man ihm trotzt,
standhalten ist den wenigsten gegeben.
Der rauhe Krieger, der im Lager tobt,
fällt wie zerbrochen hin, wenn er ihn sieht,
und küßt die schmutzige Schleppe seines Kleides.
Weh dem, der seinem Wort nicht kriechend folgt:
es ist Gesetz! Wenn er des Opfertiers
Haupt rückwärts beugt, fällt ihn ein Grinsen an,
und lächelnd zieht er langsam seinen Stahl
durch eines Widders Gurgel! Schauerlich,
wie er alsdann in Eingeweide sich
verwühlt und sich am Sturz des heißen Bluts
erlabt, im Purpur seine Hände badet,
zurückgeworfenen Haupts, wie blind-verzückt,
entrückt, so scheint es, zu den seligen Göttern.

OLEN

Ich kenne ihn, du weißt, von Jugend auf,
o Herrin: in des Knaben Augen schon
nistete schielend Haß auf jedes Ding,

das lebte. Martern sann er jedem aus.
Maikäfer köpfen war sein Lieblingsspiel,
der kleinen Stubenfliege beide Flügel
abreißen sein glückseliges Geschäft.
Er zwang uns, in versteckten Winkeln die
Gebräuche blutiger Opfer nachzuäffen,
wobei er Katzen, Hunde, Hühner, Tauben
grinsend verbluten ließ. Ein Säugling ward
von seiner Mutter einst vermißt, unfern
der Stadt in einem Bauernhof: dabei
geriet der Sohn des Thestor in Verdacht —
man fand im Wald verborgen einen Steinherd,
von Kinderhand gestaltet, altargleich,
und in der schwarzen Asche eines Feuers
des Säuglings Knochenreste. Kalchas hat
in der Vertrautheit einer heißen Nacht
mir anvertraut: es habe Artemis
am Himmel, ihre volle Scheibe rollend,
von ihm das Kind gebieterisch verlangt.

KLYTÄMNESTRA

Olen, was sprichst du?!

OLEN

Reine Wahrheit!

KLYTÄMNESTRA

Gräßlich
ist, was du sagst: doch wen der Götter Zwang
und Nähe so wie diesen Mann beherrscht,
er ist mit Menschenmaßen nicht zu messen:
eins ist gewiß, daß Götter ihn belehren!

OLEN

So denkt dein Gatte nicht.

KLYTÄMNESTRA

Das ist der Grund,
warum ich schon seit Jahren für ihn zittre ⇁
und augenblicklich zittre mehr als sonst.

OLEN

Dazu ist Ursach', ich bestreit' es nicht.

War schon des Knaben Herrschsucht grenzenlos,
der Priester Kalchas sieht tief unter sich
so Volk als Fürsten. Seine Sehergabe
ist unter allen Priestern anerkannt,
ja selbst in Delphi als untrüglich und
von keines anderen Sehers Kraft erreicht.
Und darum — zürne nicht, o Fürstin — gilt
sein Wort im Heer allein. Es gilt allein,
sosehr es dich auch schmerzen mag: er ist —
nicht Agamemnon! —, ist des Heeres Führer!!!
Sein Wink: das Heer zerstreut sich — wiederum
ein Wink: es zieht gen Troja festgeeint.
Kein Wunder, wenn ihn Agamemnon haßt
und ihn auf jede Art zu stürzen sucht.

KLYTÄMNESTRA

Nicht — leider — auf die rechte Art, Olen.
Ein Fehl, den man bei Starken meistens trifft
im Kampfe mit der Schlauheit: die Verstellung
verschmäht der Starke, pocht auf seine Kraft,
merkt nicht den Fallensteller noch den Angler,
den Haken in dem leckren Köder nicht —
am wenigsten das feine Maschennetz,
an dem der Schlaue unermüdlich strickt,
zuletzt ihn tödlich sicher zu bestatten.

OLEN

Wie klar du siehst!

KLYTÄMNESTRA

Statt Frömmigkeit zu heucheln —
wer wüßte nicht, es ist ein leichtes Ding —,
pocht er auf seine Kraft und schmäht die Götter.
In Wahrheit treffen will er nur den Mann,
der es sich anmaßt, dieser Götter Willen
zu kennen, ihn unfehlbar auszusprechen.
Ich liebe zwar am König diesen Trotz,
umarm' ihn doppelt heiß dafür des Nachts,
allein, des Netzes unsichtbare Masche
verbirgt auch dann sich meiner Sorge nicht.

OLEN

Der unsichtbare Zweikampf spielt sich ab,

o Königin, in diesem Augenblick.
Der Götterkraft des Atreussohnes steht
ein Götterwort des Kalchas gegenüber:
befolgt es sklavisch der Atride nicht —
so ist's das jähe Ende seiner Macht,
wie Kalchas meint. Ihm stünde dann es frei,
den neuen Heereskönig auszuwählen:
den Herrscher aller Griechen! — wär's Achill,
er bliebe sein gefügiges Geschöpf.

KLYTÄMNESTRA

Hellseher scheinst du mir von Kalchas' Rang,
mein alter, treuer Diener! — Doch was tun!?

OLEN

Flieh! sag' ich, Königin, nur immer wieder.

KLYTÄMNESTRA

Was hätt' ich zu befürchten? Weshalb fliehn?

OLEN

O Königin, nichts sprach in meinem Leben
so schwer sich aus als eine Antwort auf
das, was du fragst. Flieh: sag' ich wiederum
deshalb — und sonst nichts mehr.

KLYTÄMNESTRA
                       Du machst dir's leicht,
Olen, und läßt das Schwere mir.

OLEN
           Vernimm!
Noch nenn' ich dir das Grauenvolle nicht,
das deinem Haus bevorsteht: ausgesprochen,
ist's Muttermord und Vatermord zugleich.
Was ist uns Ilion? Was ist es dir?
Gönn den Trojanern deine schöne Schwester —
und deines Mannes Bruder, Menelaos,
bedenkt mit einem andern schönen Weib.
Der schlichte Mann ist gern damit zufrieden.
Was dir verschleiert, ja verborgen scheint,
dir preiszugeben, hieße Nacht und Schrecken
um dich verbreiten. Es ein wenig nur

aufhellen, hieße von der Gorgo Haupt,
dem fürchterlichen auf Kronions Schild,
den Schleier reißen, der Medusa Blick,
den allversteinend-grausigen, befrein.
Wenn es im Götterrat beschlossen ist,
was dieser blutbegierige Priester plant —
plant mehr als nicht plant —, ob er gleich noch zaudert:
dann ist im Kreis der Uranionen neu
der alte Menschenhaß hervorgebrochen,
der einst Prometheus in den Abgrund warf:
und jenes Hasses, jenes Fluches Macht
wird aller Schrecken Schrecken wiederum
herniederschleudern auf die Sterblichen —
obgleich sie wahrlich nicht Titanen sind —,
Barbaren wie Hellenen gleichermaßen!

KLYTÄMNESTRA
Komm zu dir selbst, Olen, du bist verwirrt.

OLEN
fällt vor Klytämnestra weinend nieder
Flieh! Rette Iphigenien, deine Tochter!

KLYTÄMNESTRA
Seltsam — dein unbeherrschtes Wesen gibt
mir plötzlich Macht zur Herrschaft über mich.
Erfahre denn zunächst: worauf du zielst,
das ist im vollen Sinne mir bewußt.
Allein, du widersprichst dir, wie mir scheint:
du weißt, daß Agamemnons Macht zerbricht,
sofern der Priester siegt. Und dieser siegt,
wenn Agamemnon Delphis Schreckensspruch
und seinem harten Willen sich nicht fügt.
Ich, die des Königs Weib ist: durch die Flucht
mit meiner Tochter, seiner Tochter, nähme
den Sieg ihm über Kalchas aus der Hand.
Und sieh: nun fühl' ich plötzlich auch in mir
der Uranionen Blut. Die Götter hassen
den Weichling. Krieg ist Krieg! Mir scheint es nicht
wie dir, der doch nun einmal ein Barbar,
daß Delphis Siegverheißung Lug und Trug.
Du weißt: ich diene gläubig unseren Göttern.

OLEN

Mag sein! Doch fliehe jetzt mit deiner Tochter:
verstecke sie, bring sie in Sicherheit
und laß dem Atrionen die Entscheidung.
Denn nun erkenn' ich, daß ich ihn geschmäht,
wenn ich ihn minder gottgewaltig nannte,
als diesen Kalchas: gottgewaltig ist
in Wahrheit Agamemnon und nicht er.
Ich zögere nicht, dir furchtlos zu verkünden —
Verzückung regt sich wissend nun in mir,
und so vernimm denn, was ich weiß und sehe —:
Es schreitet unter allen Griechen heut
der Atrione her mit erznem Schritt,
die Erde zittert unter seinen Sohlen.
Den Gatten kennst du, doch den Herrscher nicht,
des finstres Haupt Gewölk des Zeus umlockt
und auf der Schultern Felsen niederbricht.
Glaub mir, die Erde bebt, wo er erscheint,
die Fürsten beben, der Pelide mit,
selbst Kalchas zittert. Seine breite Brust
bestaunt der Kriegsmann, und der Schiffer denkt,
daß Aufbegehren gegen diesen Mann
hieße, an steiler Felsenküste scheitern.
Wen willst du nennen, der in Hellas sich
an gottverwandter Bildung messen könnte
mit Agamemnon? Es umwittert ihn
wie keinen sonst der Uranionen Luft,
Zeus' Ratschluß blitzt aus seinen schwarzen Augen,
der Wort und Tat unwidersprechlich eint.
Donner ist's, wenn er spricht: urmächtiger
Hall seiner Worte! — Wo stammt dieser her,
fragt man, wo irgend er erscheint in Hellas.
Es rollt vielleicht von Zeus vergessenes
Titanenblut in ihm, und seine Sippe
schenkte dem Göttervater seinen Thron
und mit Urdonner-Lauten seinen Blitz.
So mag es kommen, daß er lästert wie
am Kaukasus der große Dulder, weil
er sich den Zwölfen ebenbürtig fühlt
und jeder giftigen Spinne überlegen,
wie dieser Sohn des Thestor eine ist.
Und also glaube mir: er tut nur, was

er will, nie aber, was er nicht will! Und
so heult das ganze Heer vergebens ihm,
mit Hunderachen, das Verlangen zu:
er möge Trojas Untergang erkaufen
durch Iphigeniens, eurer Tochter, Tod.

KLYTÄMNESTRA
Auf — und so laß uns fliehn!

OLEN
Dem Mächtigen
sein Tun erleichtern ist des Schwachen Pflicht,
der seine Hilfe braucht. So schaffen wir
Helenens Ebenbild vom Schauplatz fort
des wüsten Kriegszugs, wo sich darbende,
tollwütige Kriegeraugen schauerlich
mit der Entbehrung Gier an alles saugen,
was Weib heißt, und der Liebeswahnsinn sich
mit Mordgelüsten allzuleicht vermengt.

DRITTE SZENE

Iphigenie kommt eilig und umarmt die Mutter. Wie ein treuer Hund folgt ihr Glauke.

IPHIGENIE
O Mutter, Mutter, aus der Ferne klingt
Knallen von Peitschen. Wie die Leute sagen,
die in den Feldern graben, hört man Rollen
von Rädern. Furchtsam kamen sie gerannt,
weil einige in weiter Ferne etwas
wie einen Kriegszug zu erkennen glaubten.
Ich weiß, es ist der Vater, ist der König:
er holt uns, wie ich sicher weiß, zurück.

KLYTÄMNESTRA
Ich wünsch' es nicht — und du?

IPHIGENIE
O Mutter, soll
ich es nicht wünschen? Jede Stadie,

die ich von Aulis mich entferne, läßt
mich schwerer atmen — und es kommt mir vor,
als müßte ich ersticken, eh wir noch,
Mutter, den Isthmus von Korinth erreichen.

KLYTÄMNESTRA

Wüßt' ich nur, was dich so nach Aulis zieht,
wo doch kein Platz für Frauen ist, wie wir sind.

IPHIGENIE

Du hast nicht immer so gesprochen, Mutter.

KLYTÄMNESTRA

Nun denn, so sprech' ich heute so, mein Kind.

IPHIGENIE

Wie rätselhaft ihr seid: der Vater sprach
so fremd und rätselhaft wie du beim Abschied.
Allein, er gab mir einen stillen Wink,
als ob sich's doch noch anders fügen könne —
so wie ich's ausgelegt — mit dem Peliden.

KLYTÄMNESTRA

Kind, schlag dir diesen Jüngling aus dem Kopf.
Er weiß nicht, was er will — und will doch alles.
Und so — man sagt: wer alles will, will nichts!
Doch was der Vater will, wir werden's hören.

VIERTE SZENE

*Agamemnon kommt in vollem Kriegsschmuck. Hinter ihm zwei
Waffenträger. Eine Abteilung Bewaffneter in erheblichem Abstand hinter ihm.*
*Iphigenie eilt ihm hemmungslos entgegen, umarmt ihn und liegt
an seiner Brust.*

IPHIGENIE

Vater!

AGAMEMNON

Mein liebes Kind!

IPHIGENIE
Oh, daß du kommst —
so heißersehnt —, wie glücklich machst du mich!
Ich ahne selig, daß du uns zurückrufst.

AGAMEMNON
nicht ohne Rührung
Geduld, mein Kind! Mein liebes Kind: Geduld!
Doch dort ist deine Mutter.

KLYTÄMNESTRA
So wie immer
willkommen deiner Gattin, mein Gemahl
und allzeit königlicher Herr! Allein,
vergib, wenn mich des Kindes Freudensturm
nicht ganz im gleichen Sinne zu dir hinreißt.
Zu sehr umwittert dich der Ernst des Schicksals.
Geht, Mädchen! Geh, Olen! Und du, mein Herr
und mein Gebieter, winke dein Gefolge
hinweg, daß wir allein uns unterreden.
*Die Waffenträger nehmen Agamemnon Speer und Schild ab
und verschwinden damit und dem übrigen Gefolge.*

AGAMEMNON
Die Stuten, meine Rappen, wurden Schimmel,
so überzog im Lauf sie weißer Schaum.
Sie rannten nicht, sie jagten nicht: sie flogen —
schnellfüßiger sind Poseidons Rosse nicht!
Durch des Kithairons Schluchten hinzurasen,
begleitet von der Echo nimmermüden,
schlaflosen Rufen, die des herrlichen
Geschirrs Hufschläge, mit der Bäche Brausen
vermischt, mir wiedergaben: alles das
erfrischte mich und stählte meine Kraft. —
Je ferner Menschen, um so näher Götter! —
von ihnen trennt kein Fels, kein Wald, kein Sturz
von Wasser, das zu Tale schäumend rennt,
kein Tier! und nenn' ich gar den Äther mit,
wenn er sein funkelndes Geheimnis aus
dem Abenddämmer spielend treten läßt,
so wird der Mensch im Menschen selbst zum Gott!
Und wisse, Klytämnestra, die man mir

zur Feindin lügt, ihr schwebt' ich immer zu
über dem Donner meiner Wagenräder.
Sie rollte ihren goldnen Diskus sanft
und still, wie nur ein liebreich Weib. Du bist
nicht grausam, süße Fackelträgerin —
so sprach's in mir —, du bist die Güte, die
erlösend-lockende, o Artemis!
Und solches denkend, schienen Flügelrosse
die schnellen Stuten aus Mykenes Zucht
nur noch und jene stille Totenwelt
des Mondgestirns mein unvermeidlich Ziel.

KLYTÄMNESTRA

Mag sein! Der Schicksalswagen Agamemnons
kennt keinen Stillstand: unter seinen Rädern
gibt es ein Funkenstäuben jederzeit,
und seiner Pferde Hufe sind hierin
Hephästens Schmiedehämmern zu vergleichen.
Und wenn ich euren Zug gen Ilion
bedenke, rast er wirklich in den Tod!

AGAMEMNON

Doch nun zu dem, was mich hierher geführt.

KLYTÄMNESTRA

Dies ist's, worauf ein jeder Nerv in mir —
schmerzlicher Spannung und mit Zittern — wartet.

AGAMEMNON
klatscht in die Hände. Ein Pferdewärter kommt
Die Stuten reibt ihr eine Stunde lang
mit trocknem Heu, und dann erst laßt sie trinken!
doch abgeschrecktes Wasser, nicht am Quell.
Wärter ab.
Hör zu: das Heer der Griechenstämme ist
im Aufstand. Wenn die Fürsten der Danaer
noch etwa ihrer Völker Herren sind,
so ist die Masse doch ein wüst Gemisch,
das übel dünstet, häßlich brüllt und gärt,
schwarzwüster Flut vergleichbar, die Gewölk
ausbrütet, ganz voll Haß und Drohn und Fluch.
Was alles sich an mörderischer Lust

zurückgedrängt, in diesem Höllenpfuhl
gesammelt, heult nach Blut und schreit nach Mord. —
Es war des Abgrunds übelduftiger Sturm,
der diese Jauchenfluten heulend peitschte.
Da drang zu mir der Ruf, sie zu beschwören.
Ein Kalchas, ein Achill vermocht' es nicht —
und das zu tun gab mir ein Gott die Kraft. —
Er gab sie mir, nachdem er mir zuvor
noch eine andere Kraft in Herz und Haupt
untrennbar eingesenkt: ich nenne sie
die Kraft, das Unvermeidliche zu sehn
und auch zu tun.

KLYTÄMNESTRA
Ich Unglückselige — Oh!

AGAMEMNON
's ist wahr: die Räder, die mich gen die Scheibe
Selenens rollten, trugen mich zugleich
der Heimat zu. Mykenes helle Gassen
und Weiden, Rosse nährend, Rinder, Ziegen
und was noch sonst, hinwogend goldner Lohe
mit Flut von Ähren, strotzend von dem Brot
der Mutter Erde — ja, dies alles lockt'
auf seine Art. Warum, so fragt' ich mich,
vertraust du dich der tückischen Woge an,
um Ilion dem Boden gleichzumachen?
dein Bruder sitzt in Sparta, reich wie du,
du selber überblickst kaum deinen Reichtum!
Und doch: da spricht ein ehernes Gebot
in uns, das einen Widerspruch nicht duldet.

KLYTÄMNESTRA
Es ist der alte Tantalidenfluch,
der zu dir spricht.

AGAMEMNON
Warum, o Klytämnestra,
nennst du Gebot der Moira einen Fluch?
Nur Große stellt sie vor die große Tat,
die Kleinen nicht. Und wenn du es vermagst,
erkenne dies: den Großen würdigt sie,
des sie bedarf, im großen Augenblick
sie leibhaft nahe anzuschauen, ja
in ihrer ganzen Gottheit zu erkennen.

KLYTÄMNESTRA
Das tatest du? Du sahst sie, mein Gemahl?

AGAMEMNON
nickt bejahend mit dem Kopf
Und so gewaltig traf mich dies Gesicht,
daß meine Mannheit fast daran verging
und ich erschüttert schwankte wie ein Baum
im wälderknickenden, urmächtigen Bergsturm.
Trotzdem zerspellt' ich nicht: der Probe hielt
ich stand! und fester rag' ich wie zuvor.

KLYTÄMNESTRA
wirft sich weinend an seinen Hals
Ich aber, Fürchterlicher, ich zerbreche!

AGAMEMNON
Es ist nicht deines Amtes, Klytämnestra,
im Schlachtenlärm dich tummeln, Speere schleudern
und ihnen dich entgegenwerfen! Schädel
zerschmettern, daß dich Hirn und Blut bespritzt,
desgleichen nicht. Bist du dazu gemacht,
mit Schwertesschärfe, sausend-wilden Schwungs,
der Feinde Lockenhäupter von den Schultern
hüpfen zu machen, widerlich beschmutzt
von rauchend-heißen Brunnen ihres Bluts?

KLYTÄMNESTRA
Nein, dazu wahrlich bin ich nicht bestimmt.

AGAMEMNON
Doch ich, doch ich! Und Männer ohne Zahl
führ' ich als Heeresfürst zu solchem Dienst,
zu solchem wütend-gnadenlosen Schlachten —
nicht einem Lämmerwürgen freilich, nein! —,
da steht Mann gegen Mann, Feind gegen Feind,
entbrannten Wütens, höllenglutgespeist,
mit nie erlöschender, von Ares! ihm,
dem Würgergotte! selbst dem Zeus verhaßt.
Was hilft's? Er ist unsterblich! seine Söhne —
sie heißen Furcht und Schrecken — sind's wie er.

KLYTÄMNESTRA
Und weshalb sagst du dieses alles?

AGAMEMNON
Weil
ein Führer solcher Scharen, wie das Kriegsheer
der Danaer, drin jeder Mann bereit ist,
sein Blut mit seinem Leben auszuschütten,
nicht geizig sein darf mit dem eigenen Blut —
nicht eine Memme sein darf, sag' ich kurz,
auch wenn es gilt, ein Liebstes für das Wohl
des opferfreudigen Ganzen hinzuopfern.

KLYTÄMNESTRA
Genug! Der Wahnsinn pocht an meine Stirn.
Nicht weiter!

AGAMEMNON
Auch an meine Stirne hat
der Wahnsinn schon gepocht. Doch dein »Nicht weiter«:
es gleicht der Daunenfeder eines Finks,
der einen wilden Sturzbach aufzuhalten
mit solchem Flöckchen sich vermessen würde.
Nein: weiter! weiter! weiter! dröhnt es rings
und überall — und darum: kein Erbarmen!
am wenigsten mit mir noch auch mit dir.
Warum bist du mein Weib: aus anderm Grund
nicht, als mein Los sowohl in Glück und Sieg
sowie in Not und Tod mit mir zu teilen.
Ich darf nicht brechen unter meiner Last:
so werf' ich, ob du drunter wankst und stöhnst,
den halben Teil davon auf deinen Rücken:
trag — trag wie ich! — Die Menge heulte, schrie,
die Luft erfüllte unserer Tochter Name,
es stand allein bei mir, bei niemand sonst —
so sagt' ich dir bereits —, mit einem Wort
das tödlich-wilde Rasen zu beschwören.
Ich wollte schwanken, einen Augenblick
hab' ich — zu dir gesprochen wie ins Grab! —
ein furchtsam Zögern ganz nicht unterdrückt:
da sah ich Kalchas nahe in der Menge.
Sein düstres Antlitz, grinsend, war Triumph.
In seinem Inneren stand es fest, ich würde

niemals die Tochter für den Sieg des Heers
hingeben dem Altar der Artemis:
und dies würd' ich bekennen, so besiegelnd
mein ruhmlos Ende, meinen jähen Sturz. —
Wenn mich die Masse dann zerrissen hätte,
blieb' Kalchas, dieser blut'ge Zauberer,
allein zurück als Herr des Griechenheers
und so von Hellas. Mit Gewalt alsdann
ward unsere Tochter doch gezerrt zum Altar:
und er genoß die Früchte ihres Tods.

KLYTÄMNESTRA
wie verzückt

Und da nun winktest du und machtest plötzlich
die Menge stumm: kein noch so leises Klirren
von Waffen war noch ferner zu vernehmen.
»Nehmt meine Tochter hin!« so sagtest du
mit deiner weithin hallend-klaren Stimme.
»Ich schenke Iphigenien dem Altar
der Göttin, die ich absichtslos gekränkt.
Doch mehr, weit mehr noch schenk' ich meine Tochter
dem allgemeinen Wohl des Griechenlands.
Sie sterbe, als die erste unter uns,
dahin im Kampf und Sieg für Ilion —!«
Und da erbrauste alles um dich her,
du schwammst auf einem allgemeinen Jauchzen
der Überraschung, dann der Huldigung
und wardst zum ersten Mann auf Hellas' Erde.
Sie wird ohnmächtig.

AGAMEMNON
die bewußtlose Klytämnestra im Arm haltend

Man meint: die Kere, wenn sie zu uns kommt,
macht uns hellsehend. Sag' ich, stirb mir nicht?
mir fehlt der Atemzug, um dies zu wünschen.

FÜNFTE SZENE

Olen kommt.

OLEN

Ihr rieft mich, Herr!

AGAMEMNON

Ich rief dich nicht, Olen.
Doch kommst du wie gerufen mir trotzdem.
Was alle Kraft von uns im Augenblick
verlangt, hat deine Fürstin überwältigt.

OLEN

Ich ahne, was es ist.

AGAMEMNON

Es ist das Schicksal!

OLEN

Nur die Vollendung kann es zeigen, ob
du recht hast, Fürst! Mein Rat ist immer noch,
mit Iphigenien eilig heimzureisen.

AGAMEMNON

Kein Wort mehr! Iphigenie geht mit mir.
Vor allem aber sorge für die Fürstin.

OLEN

Ich rief die Frauen, und schon sind sie hier.
*Einige Hausdienerinnen, geführt von einer Älteren, kommen.
Sie führen und tragen Klytämnestra ins Innere des Hauses.*

AGAMEMNON
plötzlich wie zu sich kommend

Olen, bring Wein! Und rufe mir die Kinder! —
Halt! Nein! Mir ist im Augenblick nicht
danach, ihr kindliches Geschwätz zu hören. — Sag,
Olen, du bist ein alleskundiger Mann:
ist hierherum nicht irgendwo des Iacchos
Geburtsort?

OLEN

Ja, am Südrand des Gebirgs.

AGAMEMNON

Und das Gebirg': wie heißt es?

OLEN

Der Kithairon.

AGAMEMNON
Wie lange standen die Gebirge schon,
eh wir ins Leben traten?

OLEN
Ewig, Herr!

AGAMEMNON
Und werden ewig stehn nach unserem Tod.
Nun sprich: wie siehst du unsere Sache an,
was hältst du von der Fahrt gen Ilion
und dem, was sie ganz Hellas bringen kann?

OLEN
Ich bin kein Seher, noch versteh' ich mich
auf Vogelflug und seine Deutung, kann
auch in der Opfertiere Eingeweiden
nicht lesen und die Zukunft draus verkünden.

AGAMEMNON
Hol Wein! Sorgt für die Fürstin, denn sie tritt
morgen die Heimfahrt an! — Da fällt mir ein,
daß ich mit meiner Tochter Iphigenie
beim Becher Wein ein wenig plaudern könnte.
Sag's ihr! Bring Iphigenien mit her.
   Es ist allmählich dunkel geworden. Olen geht ab.

SECHSTE SZENE

Selenens Scheibe steht in voller Rundung über der Terrasse und macht die stille und warme Nacht taghell.
Agamemnon geht langsam, sinnend, hin und her, steht dann still und starrt Selenens Scheibe an. Alsdann findet er einen rohgezimmerten Tisch, dabei einen Stuhl. Er bleibt stehn und starrt nach unten. Ein Gedanke kommt ihm, sich zu setzen, und er tut es. Langsam sinkt er nach vorn über den Tisch und schläft ein.
Iphigenie, geleitet von Olen, wird sichtbar. Olen weist mit der Hand auf Agamemnon und zieht sich zurück.
Iphigenie, einen Weinkrug und Becher tragend, schreitet mehr und mehr zögernd auf ihren Vater zu. Neben ihm stehend, erkennt sie, er ist eingeschlafen. Leise, wie sie gekommen, zieht sie sich zurück.

Bevor sie verschwindet, erwacht Agamemnon.

AGAMEMNON
Wo bin ich und wer war in meiner Nähe?
Wer hat mein Haar berührt?

IPHIGENIE
nähert sich ihm zögernd
Ich tat es, Vater.
Vergib, ich tat es unwillkürlich, dann
erst merkt' ich tieferschrocken, daß du schliefst.

AGAMEMNON
Warum erschrocken, meine Tochter?

IPHIGENIE
Weil
den heiligen Schlaf, den wohlverdienten, dir
auch im geringsten nur zu stören Frevel
sein würde.

AGAMEMNON
Oh, wie zart du fühlst, mein Kind —
zu sehr fast, denn du weißt, ich bin ein Kriegsmann.
Doch immerhin hab Dank.

IPHIGENIE
Ich bringe Wein!

AGAMEMNON
So nimm den zweiten Dank gleich nach dem ersten.
Ich kenne niemand in der ganzen Welt
der Götter und Titanen, den ich lieber
hätte als Schenkin, liebstes Kind, als dich.
So labe mich: gieß ein!
Iphigenie tut es mit edler Gebärde. Agamemnon hält sich plötzlich erschrocken die Augen zu.
Nicht so, nicht so!

IPHIGENIE
Wie anders, Herr? befiehl!

AGAMEMNON
Es rann der Wein

schwarz nieder durch Selenens Silber wie
ein Blutstrahl. Doch vergib! Mich narren oft
Dämonen, wenn die Müdigkeit mich anfällt.

IPHIGENIE

Wer hat — mein armer Vater — wohl ein Recht,
müde zu sein gleich dir?

AGAMEMNON

Das sagt ein Kind?
Wohnt denn die Altersweisheit heut in Kindern?
Kein Wunder, wenn das Alter kindisch macht!

IPHIGENIE

Ich weiß mir nicht zu deuten, was du sagst.

AGAMEMNON

So geht es gleichermaßen mir wie dir.

IPHIGENIE

Du bist die Weisheit, bist die Stärke selbst!

AGAMEMNON

Du irrst: ich bin die Torheit, bin die Schwäche.

IPHIGENIE

Die Stärke, gleich der Schwäche, braucht den Schlaf.
Die Müdigkeit — der Schlaf des Starken — ist
nicht Schwäche, ist die Hälfte seiner Kraft.
Doch komm und nimm den Trank vom guten Dämon!
Sie kredenzt Agamemnon den Becher, er nimmt ihn in die Hand.

AGAMEMNON

den Rand des Bechers am Munde, im Begriff zu trinken, stockt er. Er starrt Iphigenien an und zittert. Plötzlich schleudert er den Becher von sich
Fort! Niemals! Selbst im Wüstensand verdurstend —
ein Vater trinkt nicht seiner Tochter Blut!

IPHIGENIE

Ruh aus, mein Vater! Sorgenüberlast,
soviel begreif' ich, übermüdet selbst
den Unermüdlichen.

AGAMEMNON
Und Wahnsinn pocht —
spricht weiter — an des einstmals Starken Stirn.
Reich deinen Wein zum andern Male her!
Nun bin ich stark, ihn bis zum Grund zu trinken.
*Iphigenie kredenzt abermals den Becher, und Agamemnon
tut, was er gesagt. Iphigenie will gehen.*
Wenn dir's nicht graut, bleib bei mir, meine Tochter.
Ein sanftes Wesen, so wie deines, hab'
ich lang entbehrt und bitter oft vermißt.

IPHIGENIE
Du sagst: wenn dich nicht graut, geliebter Vater.
Wo hätt' ich besseren Schutz wohl als bei dir?
Und ach, wie gerne bin und bleib' ich bei dir.

AGAMEMNON
Du kämst zurück mit mir auf meinem Wagen
ins Kriegsgewühl gen Aulis?

IPHIGENIE
Hätt' ich Flügel
und lenktest du Poseidons Roßgespann,
ich würde schneller noch dies Ziel erreichen,
wenn du mich riefst.

AGAMEMNON
Ich nicht! Dich ruft ein Gott!

IPHIGENIE
kniet nieder und küßt dem Vater leidenschaftlich die Hände
Ich weiß es, Vater, weiß, daß er ein Gott ist!
Glückseliges Wort, das du, nicht anders wie der Götterbote
den Gruß der Himmlischen, in mich gesät:
sorg, Vater, daß ich nicht vor Glück vergehe.

AGAMEMNON
Doch deine Mutter reist in Pelops' Lande
zurück: lockt, Arme, dich die Heimat nicht?

IPHIGENIE
Arm nennst du, Vater, jetzt die Überreiche?

AGAMEMNON
Was ist's, was macht dich denn so überreich?

IPHIGENIE
Du wirst mit dem Peliden mich vermählen.

AGAMEMNON
erhebt sich, blickt gegen die Mondscheibe
Selene, Todesfreundin, siehst du das?
und hörst du, was sie spricht? Mir scheint, du lächelst,
anstatt uns beiden mit barmherzigem
Anhauch den süßen Schlaf zu schenken, der
ein ewiger genannt wird. — Flieh, o flieh!
was dich die Füße tragen können, Tochter.
Vor Göttern wie vor Menschen: flieh, nur flieh.
Wir sind der Götter, sind der Menschen Wild.
Des Höllenhundes Meuten, überall
bellen sie hinter uns. Mein Urahn ist
der Götterliebling Tantalos: er hat
Pelops geschlachtet, seinen eigenen Sohn,
und ihn zum Mahl den Göttern vorgesetzt —
die Heuchler haben ihn dafür gestraft
und sind nach gleicher Speise heut noch lüstern.
Trau niemand unter Göttern, unter Menschen:
sei's Vater, Mutter, Bruder, Mann und Weib!
Die Gattin mordet ihren Gatten, und
dein Vater ist von Tantals Mordgeschlecht: —
hier ist der weiße Schulterflecken, der's
dir klar beweist — und mordet seine Tochter!
  Er ist bewußtlos hingesunken. Im gleichen Augenblick erscheint Olen.

OLEN
Bleib ruhig, Fürstin Iphigenie,
auf solche Männer muß man sich verstehn.
Sie wissen nur von Waffenlärm und Krieg,
von blutig-wildem Ringen, Kampf und Tod:
da brennt ihr Hirn von schrecklichen Gesichten,
doch jeder neue Tag macht sie gesund.

DRITTER AKT

Vor dem Zelt des Achilleus: ein Rasenplatz, in dessen Mitte ein kleiner Altar mit Spezereien raucht. Man erblickt von hier aus eine andere Seite des Artemistempels als von dem Zelt Agamemnons. Die volle Mondscheibe steht am Himmel und verbreitet Tageshelle in der Nacht.
Eine gewaltige Ulme überschattet den Rand des Platzes. Unter ihr ist ein in Stein gefaßtes Wasserbecken mit dem kleinen Figürchen einer fischschwänzigen Najade: ein Fisch, den sie unterm Arm hält, sprudelt einen dünnen, plätschernden Wasserstrahl.
Bevor die Szene enthüllt wird, hört man den Gesang einer herrlichen Tenorstimme, begleitet von den Klängen einer Harfe.

ERSTE SZENE

Achilleus, ungewappnet, aber nicht unköniglich gekleidet, sitzt auf einer Rasenbank. Er ist, die Kithara im Arm, eingeschlafen. Patroklos, behelmt, tritt aus dem Zelt.

PATROKLOS
Noch immer drückend schwül, wie Tag für Tag.
Die Sterne funkeln, und die Grillen geigen.
Der neue Orpheus aber ist verstummt,
ganz plötzlich.
   Er nähert sich, vorsichtig forschend, dem Schlummernden.
          Still! Ein süßer Schlummer nahm
dem Göttersohn die Laute aus der Hand.
Wohl ihm!
   Man hört vom Tempel her wiederum den tubaartigen Ton.
          O gönnt dem Knaben seinen Schlaf,
erwähltem Liebling der Uranionen,
dem Kinde, das mit Schönheit, Macht und Schicksal
begabt: ein Gott, doch aber sterblich ist.
Mich hat die Parze neben ihn gestellt
und leider auch hellsehend mich gemacht,
kein Leichtes ist's, so bei ihm auszuharren:
bald von Bewunderung überfüllt und fast,
ein viel zu eng Gefäß, davon zersprengt — und bald,
grausamen Wissens Opfer, jäh verzweifelnd!

Geliebter! Kind Thessaliens! Pelid'!
Wie Aphrodite stammend aus dem Meer,
in König Peleus' enges Bett gelegt:
du zwingst die Sterblichen, Altäre dir
zu baun, der annoch Sterbliche! Weh mir!
Oft wein' ich Blut bei einem Jubelruf
und bebe, wenn — Spielzeug der Götter — dich
die Ewigen noch zu erhöhen scheinen
über sich selbst.
Rufe erschallen.
                    Die Wächter auf der Burg
machen die Runde: schweigt! Wer diesen weckt,
bestiehlt ihn schwer — und dieser Tubaton
des Tempels, der nur alle hundert Jahre
ertönt, so wie es heißt, dringt ihm wie Gift
ins Mark, sofern er ihn bewußt vernimmt.

ACHILLEUS
erwacht

Ach, du bist's, du bist hier! Nun gut. Ich hab'
nur so ein bißchen vor mich hingeträumt.
Jenseit der Bucht, in Chalkis, seh' ich Licht.
Allein, was ist's? Es wird bald hell, bald dunkel.

PATROKLOS

O daß es Böen wären! Etwas hat
mich heut, ein Hauch wie Segelwind, gestreift.

ACHILLEUS

Was meinst du wohl damit?

PATROKLOS
           Ich denke mir,
es wäre doch nun endlich an der Zeit,
daß unsre tausend Segler Fahrt bekämen.

ACHILLEUS

Man soll von Göttern nichts erzwingen wollen:
gewähren sie's, so schlägt es übel aus.
Was geht mich dieser Menelaos an,
den keiner liebt und alle still belächeln.
Paris hat recht, der schöne Idahirt,

mag er doch seine weißen Rinder weiden
auf grüner Alm — und in Helenens Schoß,
selig zurückgelehnt, die Flöte blasen.
Mißgönnt dem schönen Paar doch nicht sein Glück!

PATROKLOS

Du bist sehr mild gestimmt mit einem Mal.

ACHILLEUS

Nein: Traurig! Dies mein altes Übel fällt
mich wieder einmal an: die Traurigkeit!
Ich werde alt! Um alt zu werden leben,
warum das? Heimweh nach der Jugend quält mich,
wo ich auf heiligen Höhn des Pelion
mit Cheiron tollte, Laute schlug und sang.
Der Götter Lachen glaubten wir zu hören,
hochher — beseligend — vom Gipfelschnee,
das fühlbar mehr als hörbar in uns drang,
die Ziege wie den Bergbach hüpfen machte,
im duftigen Hauch der Blumen uns umgab:
Land meiner Jugend, o Pierien!
wo Zeus die Neun gezeugt, die heiligen:
wir haben ihren Tanz, wie oft, belauscht,
den Ringelreihen, den sie sorglos drehten.
Und kurz und gut, Patroklos: Ilion
lockt mich nicht mehr! Mich lockt nur noch die Heimat!

PATROKLOS

Sing deine Schwermut dir vom Herzen, Held,
und laß die Saiten rauschen! Sing Adonis,
den schönen Jüngling, der zur Unterwelt —
in Kores Brautbett — immer wieder sinkt
und dann sich neu zur Oberwelt erhebt
in Pythons Tag und glühende Umarmung.
Sing deiner Göttermutter, Thetis', Hochzeit:
und so dir allen Gram vom Herzen, wenn
du wirklich grämlich bist. Ich freue mich,
wenn du — du hast es lange nicht getan —
dich des Gesangs und Saitenspiels erinnerst.

ACHILLEUS

Weißt du, was für ein seltsam Wesen sich
in jenem Tempel über uns begibt?

PATROKLOS
Ich weiß es nicht.

ACHILLEUS
Ein grausenvoller Ton,
der seinesgleichen sonst im Licht nicht hat,
erhebt seit Tagen sich von Zeit zu Zeit.
Wenn eine stygische Muschel Charon an
den Mund sich hielte, fauligen Gräberatem
in sie wie einen tödlich-schwarzen Fluch
einbliese, bis ein hündisch Heulen sich
aus ihr vernehmbar machte, wär's der Ton
des eklen Tempelhorns.

PATROKLOS
Sie haben es,
so will man wissen, ein Jahrhundert lang
nicht mehr ertönen lassen, weil so lange
die Artemis von Aulis, mildgesinnt,
zusamt dem Brauch von Hellas Menschenopfer
nicht mehr begehrt.

ACHILLEUS
Und jetzt?

PATROKLOS
Ein Augenblick
der höchsten Not hat wieder es gefordert.

ACHILLEUS
Ich weiß! Ich weiß, was ich nicht wissen will —
und darum sitz' ich hier, entfernt vom Heer,
und stopfe Bienenwachs mir in die Ohren,
um nichts zu hören: nichts von dem Gelärm
und durcheinanderwirbelnden Geschrei:
Artemis! Agamemnon! Kalchas! Delphoi!
Sühnopfer, blutig, aus Helenens Blut
und dem des Atreus: für den Untergang
des Phrygiernests die heilige Gewähr.
Nun gut, mag Kalchas schlachten doch und beten!
Was braucht's der Waffen, Schilde, Schiffe noch
der Danaer, um Ilion zu stürzen?
und meiner gar?! Ich lasse meinen Speer,
vom Ätnaschmied mit Feuer hartgehämmert,

von ihm zur Pflugschar formen, die ich selber dann
durch des Spercheiostales fette Krume
mit diesen meinen beiden Fäusten führe.
Schmach wär's für mich, sollt' ich durch Trojas Tore
einziehen, die ein schuld- und wehrlos Mägdlein
durch ihren Tod — und nicht mein Schwert — geöffnet.

PATROKLOS

Pelide, Thetis' Sohn, mach deinen Zorn
doch nicht zum starren Herrscher über dich!
Betrachte klar und kühl, was sich begibt.
Niemals war Hellas so wie jetzt geeint,
das Räubervolk von Troja zu vernichten,
das unsre Küsten, unsre Häfen brandschatzt,
Inseln verwüstet, unsre Handelsschiffe
aufbringt und ihrer Frachten Reichtum stiehlt.
Der Phrygier Frechheit hat zu lang gedauert —
und jener Tropfen war Helenens Raub,
der die Geduld des ganzen Griechenlands
zum Überlaufen brachte. Nicht vergiß,
o Held, was du in guten Stunden weißt:
es ist ein heiliger Krieg, in dem wir stehen!

ACHILLEUS
hat, während Patroklos sprach, mehr und mehr die Saiten gerührt, singt halblaut vor sich hin und scheint dann gleichsam aufzuwachen
Ach so, du sprachst! Ich war nicht bei mir und
auch nicht bei dir. Was du von mir verlangst,
vermag ich nicht zu sein! Ich kann nicht klar
und kühl betrachten. Allenthalben treiben
mich unsichtbare Mächte: Hypata,
die Stadt der Zaubereien in Thessalien,
scheint's, ist in meiner Seele aufgebaut.
So war ich eben bei Persephoneien,
so wie Adonis, lag in ihrem Bett,
gleichwie der untre Zeus, der aus dem Lichte
des oberen sie geraubt und sie im Hades dann
umarmt in Liebe: und so tat auch ich.
Patroklos, hör mir zu:
ich sah ein Weib von einem Feigenbaum
sich Früchte brechen. Hab' ich nicht geträumt,

so war's kaum eine Stadie weit von hier.
Ich habe hübsche Frauen da und dort
bebend erblickt, doch die Erinnerung
an sie, im Anblick dieser einen, nahm
den einstigen ohne Gnade jede Zier
und jeden Strahl von Schönheit. Nein, Patroklos!
Ich habe nie vorher ein Weib gesehn,
und stellt' ich selbst mir Aphrodite vor
im Geist, auch keine Göttin bis dahin
War es Persephoneia vor dem Raub,
der Erdenmutter liebstes, schönstes Kind,
das seinesgleichen nicht mehr haben wird
im Himmel noch auf Erden in der Zeit
und in der Ewigkeit?

PATROKLOS
Hast du Persephoneien
erblickt, so kenn' ich eine Sterbliche:
so schön wie sie und nah dem Hades auch
wie sie kurz vor dem Raub.

ACHILLEUS
Du schweigst, nachdem du mehr
gesagt, als was dein Freund begreifen kann.

PATROKLOS
Und darum schon zu viel!

ACHILLEUS
Wo wird das Opfer
für jene Kannibalenmahlzeit — sprich —
am nahen Fest Selenens aufbewahrt?

PATROKLOS
Ich weiß es nicht.

ACHILLEUS
Persephoneien selbst:
ist ihr der nahe Hadessturz bekannt?

PATROKLOS
Nein! Doch, Pelide, laß die Hand von dem,
was zu berühren doch nur Unheil bringt.

ERSTE ABGESCHLOSSENE FASSUNG · DRITTER AKT 1537

ACHILLEUS
Dir hierin folgen hieße beide Hände
vom Rumpf sich trennen lassen, denn in allem,
was du berührst, schläft Unheil.

PATROKLOS
So viel mag
an deinem krassen Worte Wahrheit sein,
daß die Ballung waffenstarrender,
so mord- als raubbegieriger Griechenvölker —
von welcher Seite immer — zu berühren
verderblich sein kann. Wer den Tiger reitet,
der fürchte nicht Gefahr und jähen Tod!

ACHILLEUS
springt auf
Thessalien ist das Land der Zauberei —
und unsere Artemis heißt Hekate.
Sie träufelt Gift vom nächtlichen Gestirn
und zeugt den Wahnsinn. Fremd und seltsam ist
seit Tagen schon mir Haupt und Brust beschwert,
als sollte sich Unnennbares ereignen,
das unentrinnbar Leib und Seele mir
und meinen Willen ganz entziehen könnte.
Nicht Leukotheas silbernes Gesprüh
noch meiner Mutter Thetis goldner Atem
ist's, der gesunder Frische mich erquickt.
Eher ist's Dunstgewölk der schwarzen Styx,
des bange Last die Brust mir fast erstickt.
Man hört wieder das Horn des Tempels.
Verfluchter Hornruf, schweig! — Doch was ist das?

ZWEITE SZENE

Zwei vermummte Gestalten sind am Rande des Platzes erschienen: eine weibliche und ein Mann. Es sind Klytämnestra und Olen. Sie knien beide nieder.

ACHILLEUS
Man denkt an sie und spricht von Zauberei,

und schon erscheinen Lamien und Empusen.
Hinweg, verwünschtes Menschenfresserpack
mit Eselshufen und mit steifen Ohren.

PATROKLOS
begibt sich zu den Knienden

Seid ihr Schutzflehende, wie es mir scheint,
so seid ihr hier nicht ganz am rechten Ort.
Dort aber ist er: sucht ihr doch den Tempel.

KLYTÄMNESTRA
bricht in ein unaufhaltsames Schluchzen aus

PATROKLOS
Was schluchzest du? Komm zu dir, armes Weib!
Wahrlich, das Unglück muß ein großes sein,
das solcher Macht dein ganzes Sein durchschüttert.

OLEN
Darf ich für diese ganz zerbrochene Frau —
ich selbst zerbrochen fast wie sie, doch noch
als Mann der Worte mächtig — zu euch sprechen?

PATROKLOS
Du darfst: doch mach es kurz.

ACHILLEUS
               Jawohl, recht kurz!
Wir sind im Männerland, im Männerheer:
hier ist kein Ort für ekle Klageweiber.

OLEN
Gönn mir für wenig Worte nur Gehör,
Pelide, Thetis' Sohn! Zwar ist gewiß:
so elend, wie sie ist und wie ich bin
mit ihr, als meiner Herrin treuer Diener,
ist niemand, der auf dieser Erde wohnt.
Stoß sie nicht von dir! Reiß den Strohhalm nicht,
an den sich diese Sterbende noch klammert,
ihr aus den Händen. Ungeheuer ist,
was du nicht weißt und was du wissen mußt
von Leiden, ganz unfaßbar, einer Mutter.

ACHILLEUS
Muß ich das wissen, Fremder, und warum?
Erzähl es einem doch, der helfen kann:
ich bin ein schlichter Kriegsmann und nichts weiter!

OLEN
Und du allein kannst helfen!

ACHILLEUS
Hier: nimm hin
die Hand voll Gold und, rat' ich, trollt euch fort
aus diesen aufgeregten Schiffergassen,
wo ihr vielleicht an einem Bugspriet hängt,
eh ihr's vermutet.

OLEN
zu Patroklos
Stimmt den Recken um:
er weiß, er ahnt nicht, wen er vor sich sieht.

KLYTÄMNESTRA
stürzt mit einem Schrei Achilleus zu Füßen, seine Knie umfassend
Wie soll er ahnen, ein zertretener Wurm,
sich selbst verächtlich und zum Ekel ganz
in jedem Sinne ehrlos und erniedrigt,
sei Klytämnestra, Agamemnons Weib,
des Herrschers aller Stämme der Hellenen?

ACHILLEUS
zu Patroklos
Ich sagte dir: Hekates Wahnsinn kreist
in dieser Nacht besonders.

OLEN
Dies mag sein:
doch daß hier Klytämnestra kniet, ist Wahrheit!

KLYTÄMNESTRA
Ich kann nicht mehr! Verzweiflung bringt mich um.
Sie wird ohnmächtig.

ACHILLEUS
Ich sah kein Licht, auch hört' ich Donner nicht:
und dennoch fiel ein Blitz, der mich betäubt!
Hilf mir, Patroklos.

PATROKLOS
Das Unmögliche,
fast rückt's mir ins Bereich der Möglichkeit:
als mich der Bartflaum des Epheben kaum
noch zierte, hört' ich, in Mykenens Burg
zu Gast, ich wollte schwören, diese Stimme.
Sie ist verschmachtet, und wir wollen sie
im Zelt aufs Lager betten und erquicken.
Patroklos trägt Klytämnestra ins Zelt.

OLEN
Und du, Pelid', vergönne, daß ich dir
erkläre, wie dies Unwahrscheinliche
sich doch ereignen konnte und geschah.
Du hast, ich zweifle nicht, vernommen, was
bevorsteht: daß die Tochter dieser Frau
und Fürstin, durch der Götter heiligen Willen,
in einem Spruch von Delphoi kundgetan —
unfaßbar jedem wirklichen Hellenen! —
auf Artemis' Altar verbluten soll:
was, als es ruchbar ward, ganz Griechenland,
soweit es reicht, mit Schauder von sich wies
als grause Kannibalenschmach für Hellas,
das hat allmählich eines Priesters Machtgier
in der unmündigen Masse Sinn gepreßt,
die seitdem rast und alles übertönt,
was diesen Hochverrat am Griechengeist
und Rückfall in die Barbarei verwirft.

ACHILLEUS
Sprich kurz, weshalb ihr hierseid und wieso
dies Klytämnestra sein kann.
*Klytämnestra kommt hocherregt wieder aus dem Zelt. Sie hat
sich von Patroklos frei gemacht, der ihr folgt.*

KLYTÄMNESTRA
Laß es dir von mir
erzählen, o Pelid'! Ein böser Dämon,
der mich ins Haus der Tantaliden riß,
verwickelt mich von Tag zu Tage mehr
in seine blut'gen Netze: alle Tücken
und Schrecken dieses Hauses wickelt er

wie eine ruhelose, gift'ge Spinne
um mich, hilfloser Qual mich übergebend.
Und so geschah's auch jetzt. Als mich mein Gatte
nach Aulis rief mit meiner süßen Tochter —
er log, daß du, Pelide, sie zum Weibe
begehrtest und er sie dir zugesagt!!! —,
so schleppt' ich ahnungslos die Ahnungslose
nach Aulis — doch zur Hochzeit mit dem Tod!

ACHILLEUS

Spricht diese Frau nur irre, oder ist's
die Wahrheit? Ist sie's — hab' ich die Gewähr —
so ist mein eigenes Tun schon jetzt bestimmt.
Ist etwas dir davon bekannt, Patroklos?

PATROKLOS

Gern sagt' ich: nein! Wozu mit etwas dich
befassen, was dir Ärgernisse nur
bereiten und den Gleichmut stören kann?

ACHILLEUS

Soll dies bedeuten, daß der Völkerhirt
zum Helfer mich bei seinem Kindesmord
mißbraucht hat?

OLEN

Nicht so ganz bewußt vielleicht;
ein leises Hoffen lag wohl auch in ihm,
es könne Iphigeniens Geschick
zuletzt nur einer — du, Pelide! — wenden.

ACHILLEUS

Weiß Agamemnon, daß du bei mir bist?

KLYTÄMNESTRA

Um aller Himmel willen, Held, o nein!
Er glaubt, ich sei daheim, sei in Mykene,
spönne am Wocken oder säß' am Webstuhl.
Wüßt' er in Aulis mich: es wär' mein Tod!

ACHILLEUS

Allein, es hieß vor kurzem, du seist hier
im Feldherrnzelt mit allen deinen Kindern.

KLYTÄMNESTRA

So war's, doch schickt' er gleich uns wieder fort.
Wir sollten im Kithairon seiner warten.

ACHILLEUS

Und habt ihr sein gewartet? Kam er zu euch?

KLYTÄMNESTRA

Er kam — und nahm die Tochter mit zurück.
Mich aber stieß er von sich mit dem Wort:
Gehorche! hieß im gleichen Augenblick
mich, ohne meine Tochter, heimzureisen.
Wenn so der Ingrimm ihm das Haupt erblaßt,
bedeutet Widerspruch, von wem auch immer,
für den, der widerspricht, Gefahr des Lebens.

ACHILLEUS

So stehst du, Fürstin, jetzt in der Gefahr?

KLYTÄMNESTRA

Ja, doch was tut's! Auf halbem Weg nach Haus
schon, hatte meine Seele sich dem Spruch
der Moiren und dem Delphischen gebeugt,
wie meines Gatten Tantalidengeist.
Da kehrte plötzlich sich mein Inneres um,
und der Entschluß erhob sich felsenfest,
das Opfer meines Kindes nicht zu dulden.
Und so gepanzert Agamemnons Brust
auch sein mag: Pallas' Rüstung deckt nun mich!
Und wär' es nicht, er wird die Hirschkuh nicht,
die er der Artemis erstochen, finden —
sondern die Löwin, die ihr Kleines schützt.

OLEN

Zur Milde rat' ich. Denn im Herrscher selbst
lebt noch und kämpft ein Vater für sein Kind.
Ich hab' es in Kithairon selbst erlebt
und weiß es außerdem von Krisolaos,
der seinem Herrn nicht von der Seite weicht:·
der Mann, des Seele erzgepanzert scheint,
hat weinend Nächte durch mit sich gerungen,
eh er dem Wort des Kalchas sich gefügt.

Und heut noch hört ihn Krisolaos schluchzen
fast jede Nacht und sieht ihn in die Kissen
verzweifelt sich verbeißen, um den Strom
der Tränen und den Angstschrei zu ersticken.

KLYTÄMNESTRA

Der Tantalide mordet kalten Bluts,
nachdem er, einer Memme gleich, zuvor
ohnmächt'ge Tränenströme ausgoß, sei's
über den Tod des Opfers, das noch lebt,
oder sich selbst, den Mörder, dessen Streich
im nächsten Augenblick es fällen soll.
Nichts ist von ihm in dieser Sache mehr
zu hoffen, wie in jedem Falle, wo
er die Entschließung hinter sich gelegt:
und nur dein Wort kann Iphigenie retten!

ACHILLEUS

Du überschätzest, Fürstin, meine Kraft.
Ich bin umgeben von Danaerherrschern,
von denen jeder mächtiger ist als ich.
Und wider Kalchas darf sich keiner kehren,
der einen Urteilsspruch der Amphiktyonen
nicht über sich heraufbeschwören will.

KLYTÄMNESTRA

Wie du jetzt denkst, so dachte jüngst auch ich.
Doch etwas anderes stand nun auf in mir,
dem nichts sich widersetzen kann: die Mutter! —
Die Erdenmutter hörte meinen Schrei
und gab mir Kraft zu einem neuen Handeln:
sei's wider Artemis! Erniedrigung,
wie sie der Wahnsinn einer Welt mir auflegt,
erschreckt mich, um des Zieles willen, nicht.
Wir sind auf einem schmutzigen Karren her-
geholpert, nur des Nachts, Olen und ich.
Des Schiffervolkes zügelloses Reden
spie mich als schlechte Lagerdirne an:
mich, Tochter Tyndars und Helenens Schwester!
Was tut's? Ich weiß und wußte, was ich tat.
Der Schritt war jäh, fast wie ein Sturz.
Fast gleichgesinnt im hohen Opfersinn für Griechenland,

schwamm ich im Machtrausch neben Agamemnon,
noch im Kithairon auf der nächt'gen Alm,
riß — blutend zwar, doch hart und königlich —
die schwache Seele von der Tochter los.
Doch plötzlich auf der Heimfahrt — ohne sie! —
rief eine Stimme aus dem Himmel mir:
»Sei Mutter! nichts als Mutter!« — Und ich bin's,
Pelide.

Sie fällt vor ihm nieder und umschließt seine Knie.

Um der Tochter willen bricht
noch einmal hier mein Fürstenstolz zusammen,
dazu mein Mutterstolz. Die Bettlerin,
die ich geworden aus der Königin,
sie bettelt: nimm die Königstochter an,
mach sie zu deinem Weibe, deiner Fürstin —
sei's insgeheim —: die Fackel trage ich,
nächtlich, dem stillen Hochzeitszug voran.
Ist Iphigenie dein Weib, wer wird
noch irgend wagen, Hand an sie zu legen?

ACHILLEUS

Wo ist sie jetzt?

OLEN

Im Wahn erhalten, daß
der festliche Vermählungstag ihr nah sei
mit dir, Pelid' — in Wahrheit ist's der Tag,
an dem das Opfermesser sie erwartet —,
lebt sie in heiterer Sicherheit dahin.

ACHILLEUS

An welchem Ort?

OLEN

In einem Zelt,
wo junge Tempelfrauen sie bedienen.

ACHILLEUS

Dem Vater fern?

OLEN

Der Vater sah sie nicht,
seit er von Kithairon wieder eingetroffen.

PATROKLOS

Wir andern Menschen sind von Fleisch und Blut:

er nicht! Er ist aus einem andern Stoff,
der fühllos wie ein Erz ist, das nie schmilzt.
Er lebt dahin, wie jeder Krieger weiß,
seit er die Tochter Kalchas übergab,
als sei sie schon geopfert, ja, als habe
er eine solche Tochter nie gehabt.
Dagegen denkt er jetzt nur noch den Krieg!
Von seines Dorervolkes Oberen
umgeben, schreitet er die Gassen ab,
rastlos, bald hier, bald da, so tags wie nachts.
Kein Schiffsdeck ist zu hoch, daß er es nicht —
gleichwie im Sprung — erstiege, kein Verschlag
im Rumpf des Fahrzeugs ist versteckt genug,
daß er es nicht entdeckte und beträte
mit tiefgebeugtem Helmbusch: und der Faulheit,
die sich darin verkrochen, geht es schlimm.
Selbst vor den Stammesfürsten schreckt er nicht
zurück, stößt mit dem Fuß ihr Brettspiel um,
und mancher bildgezierte Mischkrug geht
dabei in Scherben! Müdigkeit, ja Schlaf
sind unbekannte Dinge ihm geworden.

ACHILLEUS

Und doch sind Meer und Himmel regungslos,
die Lüfte tot wie je.

PATROKLOS

Trotz allem glaubt
das Heer — nicht einer ist, der es bezweifelt —:
ein Wink von ihm, der gleiche, der das Opfer
am Hochaltar der Artemis befiehlt,
und alle günstigen Winde wehn zur Abfahrt.

ACHILLEUS

Und wird er winken? Wird er es befehlen?

PATROKLOS

Er wird!

ACHILLEUS

Und alle Griechenfürsten, meinst du, wenn
er dann den Wink zur Fahrt ins Weite gibt,
werden ihm folgen?

PATROKLOS

Ja!

ACHILLEUS

Doch ohne mich! —
Wenn der Atride, dieser Völkerhirt,
ein solcher ist, der seine Lämmer mordet
und Messer wetzt für seines Kindes Brust,
so folg' ihm in die Troas, wer da will!
Und wären dort die Regentropfen Gold
und häuften sich zu Bergen in den Triften:
mich lüstet's nicht danach! Ich kehre um
mit meinen Völkern, um im alten Gau
die altgewohnte Scholle umzuwenden.

PATROKLOS

Unüberwindlich ist Achilleus' Speer
und Schwert! Es möchte sein, er schlüge wohl
das ganze Heer der Griechen in die Flucht,
so wie's der Wolf mit Lämmerherden tut.
Doch unerreichbar mächtig steht am Himmel
die Göttin und im Tempel dort ihr Bild.

ACHILLEUS

Willst du noch fürder meinen Freund dich nennen,
Patroklos, schweig! Du aber, Königin,
erhebe dich und nimm die Huldigung
vom Sohn des Peleus, wie sie dir gebührt.

KLYTÄMNESTRA

Ich folge dir. Allein, mit Beben nur
vernahm ich euren Wortstreit. Hoffnung zwar
erweckte, was du machtvoll sagtest, mir:
doch ehe nicht Gewißheit mir geworden,
umklammr' ich lieber meine Niedrigkeit,
als mich zu größerem Jammer zu erheben.
Wirst du es retten, mein geliebtes Kind?

ACHILLEUS

Das steht, erhabene Fürstin, bei den Göttern!

PATROKLOS

Schwester Helenens, Göttliche, vergib!

Ganz Hellas feiert morgen mit dem Heer
das Fest der Artemis, um Mitternacht.
Das ungeheure Opfer, das man bringt,
bedeutet für den Kriegeszug den Sieg.
Und ahnst du, was dein Gatte heute ist,
o Fürstin? Nun: er ist das Vaterland!
Ins Riesenhafte ging nunmehr sein Wachstum
an Höh' und Breite, seinen Worten schüttert
die Erde, und des Göttervaters Strahl
zermalmt nicht schneller als ein Blick des Zorns
unter den finsteren Brauen des Atriden.
Durchkreuze seinen grausamen Entschluß:
er achtet dich, wer du auch seist, als Todfeind!
Und eh er seine Tochter dir vermählt,
Achill, erschlägt er sie mit eigner Hand
und stößt den Opferstahl ihr in die Kehle.

ACHILLEUS
bleich, furchtbar verändert
Nun wohl, so ist mir selber der Atrid'
schon jetzt der Todfeind! Macht ihn Grausamkeit,
unmenschlicher Beschluß zum Gotte — gut,
so will ich's auf die gleiche Art versuchen.
Allein, es tut nicht not — auch ohne dies
spür' ich in mir der Göttermutter Blut:
ich habe dies vor meinem Feind voraus
und darf beim Styx nun den Entschluß beschwören:
den Vater, meinen Todfeind, in den Hades
zu schicken kurzerhand, bevor sein Griff
blutschänderisch die eigene Tochter würgt.
Und so ist niemand anders in der Welt,
nicht Phrygier, nicht Hellene, Kriegsmann nicht
noch Tempelpfaff, nicht Tier, nicht Mensch, nicht Gott:
nur er und ich, sein und mein Speer und Schwert
und unser beider gnadenloser Haß!
Nun geh, Patroklos, diese Botschaft ist
mein ein und alles. Ausgeleeret ist
mein Haupt von allem, was es sonst enthielt.
Betrogen bist du, willst du anderes erben.

KLYTÄMNESTRA
O Held Patroklos, warum blickst du scheel

auf einer Mutter namenlose Qual —?
und warst doch einst in ihrer Burg zu Gast
und wohlgepflegt von ihr im Lande Argos.

PATROKLOS

Nichts, was ich bin, steht hier in Frage noch
an mir, dem Teilchen nur vom großen Ganzen,
das über mich in seinem Sinn verfügt.

ACHILLEUS

Trotz alledem, ich weiß, gehorchst du mir:
wenn nicht dem Freunde, dann dem Herrn, Patroklos!
Du bringst die hohe Frau und ihren Diener nun
mit der gebotenen Sorgfalt auf mein Schiff.
Dort mag sie ungestört und sicher wohnen.

KLYTÄMNESTRA

Dank, Dank, von allen Müttern dieser Welt!
du Halbgott mit den meeresgrünen Augen.
Mein Schicksal liegt nunmehr in deiner Hand.
Und eine Hoffnung, wie ein weiches Tuch,
wird heut zum ersten Male mich seit Tagen
bedecken und den Schlaf mir wieder schenken,
den ich seit manchem Tage nicht gekannt.
Patroklos mit Klytämnestra und Olen ab.

DRITTE SZENE

*Achilleus, allein geblieben, steht lange nachdenklich. Dann
streicht er sich über die Stirn und begibt sich zu dem kleinen,
rauchenden Altar, auf den er ein Pulver schüttet, das ihn hell
aufsprühen und dann gleichmäßig heller brennen macht.
Er kniet nunmehr vor dem Altärchen, den Rücken gegen die
Ulme mit dem Brunnen darunter gerichtet.*

ACHILLEUS
betet
O Mutter! Nereus' Tochter! Thetis du!
Erste und mächtigste der Nereiden
durch Mutterliebe. Mutter, Allversöhnende,

geliebt von allen und gehaßt von nichts,
was in und auf und über dieser Erde
nur irgend atmet. Meine Mutter du,
die meine, deren goldne Milch ich sog
und deren weicher Götterarm mich wiegte
am lieblichen Gewoge ihrer Brust.
Dir gegenüber bin ich stets dein Kind,
nicht mehr, das greint und weint und hilflos bettelt
mit Kindertränen. Deine Seele ist
noch immer um mich, wie der Mutterschoß,
der dunkel mich, mit warmer Lebensflut
schützend umhüllt, getragen. Mutter, du
gabst mich dem Leben und das Leben mir
und überwachtest zärtlich jeden Schritt,
den ich mit nackten Füßchen auf den Steinen
des fremden Lebenspfades kindlich tat,
aufweinend fiel, doch stets von dir getröstet.
Kraft gab mir stets dein mütterlicher Kuß.
Ich wuchs! Du kennst des Männerkampfes Not
und wolltest lieber edle Weiblichkeit,
friedliches Tun und Adel stillen Wirkens
mir zugemessen wissen. Kerkesyra:
so hieß ich unter Lykomedes' Töchtern.
O Mutterliebe! Meine Kniee wühl'
ich in die Erde, betend sie verehrend,
auch wenn sie einer Göttin Auge blind
zu machen droht und hohe Weisheit, scheint's,
und Kraft in Schwäche, ja in Torheit wandelt.
Hab Dank, o Göttin-Mutter, du allein
gabst alles, was elysisch in mir ist:
das Glück, den Schatten mit dem Licht vermählt
und solcher Zeugung Wunder überall
zu sehn. — Genug! Nun, Mutter, höre mich:
du warst nie taub, wenn ich dich rief, die Bitte,
selbst nur geflüstert, ward von dir gehört,
die zweite drauf, die dritte, ins Unendliche,
unendlicher Geduld, hast du gewährt!
Du weißt, daß eine Mutter bei mir war
in allerhöchster Not: man will der Mutter
die Tochter in der Jugendblüte Schmelz —
das holde Kind hat Götterblut wie ich —
hinschlachten! Mutter, und ich duld' es nicht.

Wofür bin ich dein Sohn? Ich schwur bei Styx
und band mich so, es nimmermehr zu dulden.
Nun, meine Göttermutter, steh mir bei!
    *Hinter Achilleus erhebt sich wie ein silbernes Gewölk aus dem
    Brunnen die Göttin Thetis.*

THETIS

Nie hast du Schwereres auf deine Schultern —
wie heut — geladen, o geliebter Sohn!
Und meiner Liebe Macht, so fürcht' ich fast,
verdammt die Moira dieses Mal zur Ohnmacht.

ACHILLEUS

Und gerade diesmal, Mutter, mehr als je,
bedarf ich ihrer.

THETIS

Kind, ich weiß, ich weiß!
Ein Schwur, bei Styx geschworen, wird sogleich
im Reich der oberen und untren Götter
und tiefer, selbst im Tartarus, gefühlt:
entbinden kann von ihm allein der Tod,
sonst nichts! Und darum fließen meine Tränen.

ACHILLEUS

Auch meine, Mutter!

THETIS

O geliebter Sohn,
wie leicht scheint mir Gebären und wie schwer,
Geborenes im Leben recht zu leiten,
drin Eris übermächtig sich erweist:
nichts ist darin wie sie allgegenwärtig.
Wenn alle Götter auch vom ewigen Krieg
ausruhn bei Nektar und Ambrosia
einmal: nie tut dies Eris! Heute, riesenhaft,
wird sie zum winzig-goldnen Apfel, der —
genossen — Unheil, ja Verderben bringt.
Ich höre das Getümmel eures Lagers
am Strande unten: Eris heult darin,
kreischt, lacht und flucht und lärmt mit tausend Stimmen,
poltert mit Rudern, klirrt mit Waffenerz
und hat auch dich unrettbar nun gepackt.
Was tun? Denn mit der Geißel deines Schwurs

gepeitscht, ist Erd' und Himmel für und wider dich
nunmehr im Aufruhr.

ACHILLEUS
Mutter, hilf der Mutter!

THETIS
Ist's das allein, was dir das Herz bewegt?

ACHILLEUS
Was soll, o süße Göttin, diese Frage?

THETIS
Erstanden ist ein anderer Gott in dir,
der älter ist als Götter und Giganten —
und mächtiger als alle.

ACHILLEUS
Welchen meinst du?

THETIS
Er ist dein Vater, mehr als Peleus war,
und bindet unauflöslich mich an dich:
und dich, Achill, an Agamemnons Tochter.

ACHILLEUS
Wie weißt du das?

THETIS
Der Göttin Auge hemmt
kein Mauerwerk des Leibes noch der Seele:
sie kennt um sich nur weiten, hellen Raum.
Und wenn du, junger Halbgott, nun mich siehst,
so ist's dein göttlich Teil, wodurch sich's fügt.

ACHILLEUS
Träum' oder wach' ich, o geliebte Mutter?

THETIS
Was sind hier Worte: wachen? träumen? Geist
mit Geistern bist du, Gott mit Gott,
mein Menschensohn! Nun wende dich zu mir
und höre, was ich schon für dich getan
und noch zu tun vermag.

ACHILLEUS
Es ist ein Nichts:
du schenkst mir Iphigenien denn zum Weib!

THETIS
Ich weiß, ich weiß!

ACHILLEUS
Knie vor dem Göttervater,
wie du es oft schon tatest, er versagt
dir nichts! bitt ihn um Iphigenien für mich.

THETIS
Der Göttervater hat sich seiner Allmacht
begeben, darf nicht wollen, wie er kann:
das ist der Uranionen heilige Satzung.
Was ich dir, liebstes Kind, versprechen kann
bis jetzt, ist deines stygischen Schwurs Erfüllung:
daß Klytämnestras Kind nicht sterben soll!

VIERTER AKT

Vor dem Zelt Agamemnons, wie im ersten Akt: Nacht, Vollmond. Im Artemistempel und davor Fackeln, die hin und her schweben, und sonstige Unruhe.

ERSTE SZENE

Agamemnon und Menelaos, behelmt, das Schwert an der Seite, schreiten im Gespräch hin und her.

AGAMEMNON
Rastlos war dieser Tage Arbeit, mühevoll
und rastlos! Doch nun ist das ganze Heer,
herunter bis zum letzten Ruderknecht,
fertig zum Aufbruch. Bruder Menelaos,
du hast mit mir in meinem Sinn gewirkt:
hab Dank! Auch ferner soll uns nichts entzweien.
Wir sind ein Blut, ein Wille, eine Tat!

MENELAOS
Das sind wir,
Die Brüder drücken einander die Hand.
doch ich darf dir nicht verhehlen,
ich fühle mich als Schwächling gegen dich.

AGAMEMNON
Ein bißchen mehr, ein bißchen weniger
Entschlossenheit: was tut's? Ist doch das Ziel,
das wir uns beide steckten, nun erreicht.
Ein günstiger Südwest hat sich sogar
erhoben, wie man mir berichtete,
ja, fünfzehn Schiffe der Athener sind
schon ausgelaufen.
Das seltsame Tempelhorn ertönt.

MENELAOS
Dort oben aber in dem heiligen
Bezirke hat sich das noch nicht vollendet,
was sich vollenden muß, wenn dieser Zug
nach Ilion zum Siege führen soll.

AGAMEMNON

Laß, dies ist Priestersorge, unsere nicht.
Sie haben's mit den Göttern auszumachen —
auf ihre Weise —, was uns dienlich ist,
und wir in zäher Mühsal mit den Menschen.
Auf ihr Geschäft verstehen wir uns nicht,
in unsrem bleiben sie ohnmächtige Kinder.
Blick nicht mehr dort hinauf, mach es wie ich.

MENELAOS

Und doch geht dieses Tempelhornes Ruf,
der schreckliche, mir durch Gebein und Mark!

AGAMEMNON

Mir nicht! Mir ist's ein Ton wie alle andren.
Wenn irgend etwas mir zu Ohren dringt,
so ist's der Schlachtenlärm vor Ilion:
Rollen der Wagen, Pferdewiehern, Schreie
der Stürmenden und Sterbenden zugleich.

MENELAOS

Ich mag nicht in dich dringen. Meine Schwachheit
soll nicht mit Sorgen deine Tatkraft schwächen.
So will ich denn nur eine Frage tun:
wirst du dem Fest der Fackelträgerin,
der Artemis von Aulis, morgen nacht
beiwohnen?

AGAMEMNON

Wie denn? Gibt es solch ein Fest?

MENELAOS

Wie deut' ich diese Frage mir als Antwort?

AGAMEMNON

Im Dienst der Götter bin ich nicht geschult,
er ist nicht meines Amts, wie ich schon sagte.
Die Priester tun, was unumgänglich ist
für sie — ich aber wiederum das Meine.

MENELAOS

Schwer ist's, zu schweigen, Bruder, vor der Tat,
die unauslöschlich in der Ewigkeit
das Haus der Atrionen schänden wird!

AGAMEMNON

Viel Blut wird fließen, ehe Ilion
mit seinen Türmen und Palästen wir
in Staub gerungen, doch es wird geschehn.
Und Trojas Fall wird unseres Hauses Ruhm
aufleuchten lassen und auch diese Tat,
von der du sprechen willst: nur Sternenschrift
wird in der Ewigkeit davon berichten.
Und so begeb' ich mich noch diese Nacht
an des bereiten Feldherrnschiffes Bord
und schaue vorwärts, scharfen Blicks, nicht rückwärts.

MENELAOS

Wie ist das Schweigen, Bruder, doch so schwer:
wo alles tags und nachts zum Worte drängt
in mir, dem Atrionen und dem Bruder!
Je näher das Unwiderrufliche
heranrückt, um so weniger vermag ich es
mir als geschehn zu denken,
was möglich schien, so obenhin gedacht,
von fern: das wächst zum Unding in der Nähe,
und es zu wollen oder gar zu tun,
ist nur noch Sache eines Ungeheuers,
nicht eines Griechen.

AGAMEMNON
Wovon sprichst du?

MENELAOS
Gut,
ich würge jede Antwort in mich ein,
damit du das nicht hörst, was deine Taubheit —
und mit ihr auch dich selbst — vernichten könnte
wie mich.

Er sinkt auf einen Sessel und hält die Hände vor die Augen.

ZWEITE SZENE

Kalchas kommt aus dem Tempel, blickt sich um, entdeckt die Heerführer, steigt die Stufen herunter und tritt zu ihnen.

KALCHAS

Treff' ich die Könige
von Hellas hier vereint: der seltne Umstand
ist mir, vielleicht wie nie zuvor, willkommen.

MENELAOS

Nicht gleichermaßen, Priester, mir der deine.

AGAMEMNON

Auch mir ist nichts daran gelegen, mich,
unwissend wie ich bin, in das Bereich
des Alleswissenden hineinzudrängen.
Du weißt, ich beugte stumm mich deiner Macht.

KALCHAS

Du beugtest dich: damit allein indes
ist nichts getan. Soll dich der Göttin Auge
versöhnt betrachten, Fürst, so darfst du ihr
das heilige Opfer nicht, wie einen Brocken
dem Hund, hinwerfen — darfst den Frevel nicht,
den einstigen, vergrößern durch den neuen,
indem du schmählich ihr den Rücken zukehrst.
Dein armes Kind, Atrid', verlangt nach dir
noch überdies.

AGAMEMNON

Ich habe nur zwei Kinder:
Elektra und Orest! Sie sind daheim,
im sicheren Schutze der Zyklopenburg.
Und so bescheide dich, Sohn Thestors! Bis
zum Rande ist der Becher angefüllt,
er faßt nicht mehr: und drum laß ab davon,
aus deinem Schlauch noch mehr in ihn zu schütten.
Auch deshalb, weil der Wein, den er enthält,
mein Becher, nur noch schwarze Galle ist.
Er geht ins Zelt ab.

DRITTE SZENE

KALCHAS

Ich rufe: wehe über diesen Mann,
den fürchterlichen! Als er den Entschluß,

Unmenschliches zu tun, sich abgerungen,
scheint's, war er selbst ein Unmensch.

MENELAOS

Ja, so ist's!
Doch Thestors Sohn hat den Entschluß bewirkt
und ihn dazu gemacht.

KALCHAS

Dem widerstreit' ich:
ich habe nichts getan, als Delphis Spruch,
wie meine Pflicht, dem Heere zu verkünden.

MENELAOS

Aus deinem Kopf allein stammt dieser Spruch.

KALCHAS

Feindschaft bis auf den Tod jedwedem, der
dies todeswürdige Verbrechen mir
im Ernste zuschreibt, mir des Opfers Tod
aufbürdet als verruchten Menschenmord!
Noch jetzt: ich lasse meine Hand davon
und von dem ganzen Abenteuer der
Atridenbrüder.

MENELAOS

Ei, stich zu, stich zu!
Du bist ein Meister ja in dem Geschäft:
und ein so edles Wild wie diese zweite
Helene hast du niemals noch erlegt.

KALCHAS

Verruchter Lästerer! also nenn' ich dich
trotz deines Zepters. Wie geweihtes Wasser,
so rein ist meine Seele und so frei
von Schuld! — Doch ist Unwiderrufliches
noch nicht geschehen; wenn ihr — du und er,
der Unversöhnliche — durch Heroldsruf
den Rachekriegszug nach der Troas preisgebt,
bedarf es nicht des ungeheuren Opfers.

MENELAOS

Woher auf einmal dieser neue Ton?

KALCHAS
Deshalb mit euch zu reden, bin ich hier.

MENELAOS
So rede!

KALCHAS
Zwecklos ist's mit dir allein.
Dein Bruder aber, ganz verstockt und starr,
verweigert jede Zwiesprach'.

MENELAOS
Dies zu leugnen
vermag ich nicht, und also nimm vorlieb
mit mir indes, bevor er sich erweicht.

KALCHAS
Nun denn: die Saat springt auf, die er gesät,
und ein Gestrüpp von Lügen ist im Aufgehn,
ein undurchdringliches, rings um uns her.
Die Lüge von der Hochzeit mit Achill
ward ruchbar, drang zu dem Peliden selbst,
der nun, darüber wütend, knirscht und schäumt.

MENELAOS
Auch ich erfuhr davon.

KALCHAS
Er hat geschworen,
und zwar bei Styx: solang er Leben habe
und fähig sei, des Schwertes Griff zu halten,
werd' er damit um Iphigeniens Leben
zu streiten wissen, stürbe sie indes,
er ginge in den Hades ihr voran.

MENELAOS
Auch dies Gerücht drang zu mir.

KALCHAS
Ein Gerücht
ist es für mich nicht mehr: Stirn gegen Stirn,
hab' ich's aus des Peliden Mund erfahren,
und furchtbar übermenschlich war sein Zorn,
und dieser Zorn schreckt nicht vor dem zurück,

der dieses Kriegszugs höchster Führer ist.
Der aber muß es unbedingt erfahren!

MENELAOS

Versuch's! Es ist vergeblich: Agamemnon
ist, außer für das Kriegsgetümmel, ganz
ertaubt. Und sprichst du von dem Thetissohn,
ist's höchstens ihm ein ungezogner Knabe,
den er mit einem Wink zur Ruhe weist.

KALCHAS

O wüßte der Atrid', wie sehr er irrt!
Ich muß ihn sprechen. Immer näher kommt
der Opfertag und mit ihm das Verhängnis.
Von allen Seiten dringt es auf mich ein
und treibt mich armen Priester in die Enge. —
Die Flotte steht zur Hälfte schon in Fahrt
nach Ilion. Die andere Hälfte ist,
wie eingefroren, unbeweglich und
erwartet stündlich den Befehl zur Heimfahrt,
der ihr von dem Peliden kommen soll:
denn dieser schwört den ganzen Kriegszug ab —
er will nur noch an Iphigenien
sein Rettungswerk vollbringen und sonst nichts.
Und Iphigenie, das schöne Kind,
ist zwar bereits im heiligen Bezirk,
doch immer noch in den Betrug verstrickt,
man werde mit Achilleus sie vermählen:
unschuldige Fragen stellt sie, glücklich lächelnd.
Zuviel traut' ich mir zu. Dies anzusehn,
mit trockenem Aug', geht über Menschenkraft,
so lieg' ich denn in Tränen lange Nächte.
Und wenn ich denke, dieses Götterbild
in menschlicher Gestalt, wie ich doch soll,
als Tier zu packen und zu metzgen: nein,
ich kann es nicht!
Er sitzt nieder, die Hände vor den Augen, und schluchzt.
             Mit einem Male scheint
es leichter mir, das Opfermesser in
die eigne Brust zu stoßen! Überdies
besuchte mich vergangne Nacht ein Traum:
des Kindes Mutter, Klytämnestra, saß

an meinem Bett, auf mich herabgebeugt —
ich könnte schwören fast: sie war es selbst.
Wie aber käme sie hierher ins Lager?
Sie sprach: »Laß ab! Die Götter wollen nicht,
was du vermeint, und Delphis heiliges Wort,
du hast es falsch gedeutet.«

MENELAOS

Thestors Sohn,
neigst du dahin, so ist es jetzt zu spät!
Dies Feuer, das du angeschürt, es brennt
und rast und will sein Opfer haben:
nun ja, sie ist Helenens Schwesterkind,
und so wird sie in ihm voraus bestraft.

KALCHAS

Doch eine Spaltung, heißt's, griff Platz im Heer!?

MENELAOS

Ohnmächtige sind es, die das Rechte sagen:
Barbarengötter liebten Menschenblut! —
doch die der Griechen kehrten schaudernd sich
vom Menschenopfer der Barbaren ab.

KALCHAS
fällt vor Menelaos nieder und umfaßt sein Knie
Was soll ich tun, Atrid', was soll ich tun?

MENELAOS

Was Delphis Wahrspruch, Priester, dir geboten
und was ganz Hellas nun von dir verlangt!

KALCHAS

Dann trete Agamemnon neben mich
und führe seinen Stahl mit mir zugleich!

MENELAOS

Du flennst und heckst zugleich Gedanken aus,
die einer Tigerseele würdig sind.

KALCHAS
Ich bin ein schlichter Mann, ein friedlicher,

und diene still in meinem Sinn den Göttern.
Des frommen Opfers Brauch vollzieh' ich am
Altar, wie jeder Grieche, doch nicht mehr.
Barbarenbräuchen aber folg' ich nicht.

MENELAOS

Wenn dein Gedächtnis so an Kraft verlor,
so mußt du Gründe haben, tiefere,
die mir noch nicht bekannt sind.

KALCHAS

Soll ich büßen
für Agamemnons Frevel an Achill?
Er, der so streng bis jetzt in Gottes Dienst,
fromm und gehorsam jederzeit sich fand
auch meinem schlichten Worte gegenüber:
nur wenig fehlte, und ich läge tot,
von seinem Schwert durchbohrt! Kein Augenblick
der Sicherheit vor seines Zornes Wut,
ist mir auch jetzt und fernerhin beschieden.

MENELAOS
Im Tempel selber drang er auf dich ein?

KALCHAS
Im Tempel selbst! von auserlesnen Kriegern
gefolgt.

MENELAOS
Patroklos unter ihnen?

KALCHAS
Nein!

MENELAOS
Und was denn, meinst du, ist sein letzter Zweck?
Das Opfer Iphigeniens verhüten —
oder das wahr zu machen, was mein Bruder,
um sie ins Lager herzulocken, log?

KALCHAS
Ich weiß es nicht.

MENELAOS
Will er sie sich vermählen?

KALCHAS

Ich weiß es nicht! Allein, macht euch gefaßt
auf einen schrecklichen Achill, ihr Brüder,
der bald genug vor euch erscheinen wird.
Er hat Hephaistos' Rüstung angelegt
und tritt, dem Kriegsgott selber gleich, einher,
als könn' er Troja ganz allein zertrümmern.
Und nieder wirft sich alles, was ihn sieht.
Er hat des Heeres Meinung umgekehrt,
und wetterwendig, wie die Völker sind,
nennt man den Vater nun unmenschlich, der
sein Kind zum blut'gen Opferdienste hinschenkt —
und mich noch mehr: den grausigen Vollstrecker!

MENELAOS

Und das mit Recht. Was du erzwungen, Mann,
du hast es nun erreicht. Jetzt sieh du zu,
wie du's hinausführst. Agamemnon steht
nur noch wie eine erzne Säule da
bei all dem Schrecklichen, die nichts mehr fühlt.
Er merkt nicht, daß auch ohne Opfer schon
ein guter Fahrtwind sich erhoben hat,
auch was sich sonst in Luft und Meer begibt,
das alle Starrheit lösende Bewegen:
er nimmt es hin, sinnt nicht darüber nach.
Auch all dies wunderliche Wesen, was
mit tausend Ahnungen sich um uns drängt,
als ein nichtwissend Wissen gleichsam und
auch wohl verdichtet zu Gerüchten, spürt
er nicht: die Säule läßt nicht mit sich sprechen:
es ist die Säule von ganz Griechenland,
das mag uns reichlich über alles trösten.
Doch, wie gesagt, zu übersehen ist
es nicht, was sich begibt. Die Götter blitzen,
und Donner schweigt, dann wieder grollet fern
der Aigis Laut: die Lamien und Empusen,
Jungfrauen, früh verstorben, scheint es, schleichen
im Dunkel, grauser Gier, nach Kindermord.
Seevögel lärmen in Gewölken, scheuchen
des Nachts den Schlaf, und tags verhüllen sie
das Licht Apolls. Gerüchte schweben her,
wortlos: so, heißt es, sei die Königin,

das Weib des Bruders, Klytämnestra, wieder
im Lager. Denn Achill verstünde sich,
thessalischen Blutes, auf thessalischen Zauber.
Vor allem aber: draußen in der Bucht,
entfernt von unseren Schiffen, soll ein fremdes
vor Anker liegen. Stimmen raunen, daß
es schwarze Segel, schwarze Wanten habe,
von dunklem Volk gerudert werde und
mit schwarzen Rudern. Hinten auf dem Heck
erhebe sich ein Bild der Hekate,
dreiköpfig — zeigend Löwe, Hund und Pferd —
mit Schlangenhaaren und mit Schlangenfüßen,
und ganz mit Schlangen sei das Schiff bemalt.

KALCHAS

O König, wenn du dies erfuhrst, so schweig.
Uneingeweihten es verraten bringt
Verderben! Denn es heißt: auf solchem Fahrzeug
schwimmt eine fürchterliche Göttin, die
zu Tauris blutig haushält, durch die Nacht,
Lebendige tötend und die Toten rings
um sich versammelnd. — Wie ich sagte, sieh:
der schreckliche Pelid' schnaubt schon heran.

VIERTE SZENE

*Achilleus in voller Kriegsrüstung, gefolgt von Patroklos und
einigen Auserlesnen seiner Myrmidonen.*

ACHILLEUS

Wo find' ich hier den Feldherrn der Achaier?
Geh' einer hin und sag ihm, daß Achill
ihn vor dem Zelt erwartet.

MENELAOS
steht auf

Sklaven, die
man schicken, denen man befehlen kann,
o Sohn des Peleus, sind nicht unter uns.
Hast du vergessen, wer ich bin, so nimm

zur Kenntnis: immer noch des Feldherrn Bruder
und selber, so wie er, der Griechen Feldherr.

ACHILLEUS

Vergib, ich sehe dich zum ersten Mal,
o König Menelaos. Wie man sagt,
bist von zwei Brüdern du der gütige,
der milde, und in Agamemnons Tyrannei
verstrickt nur wider Willen, so wie wir.

MENELAOS

Du irrst, wir beide sind untrennbar eins!

ACHILLEUS

Das wäre schlimm für dich und arg für mich!
Statt eines Willkürherrschers hätt' ich dann
zwei zu bekämpfen. Dennoch bitt' ich dich,
gib mir den Weg zu Agamemnon frei,
da ich euch beide sehe in dem einen.

MENELAOS

Du führst sehr freie Rede!

ACHILLEUS

Ja, so ist's,
dafür bin ich bekannt: ganz Hellas weiß davon —
auch daß mir eure Führung nicht gefällt,
die schuld an unsrem Zeitvertrödeln ist
und uns dabei erniedrigt und versklavt.

MENELAOS

Die Meinung ist, Pelid', nicht allgemein.
Nur wenn du rasest, wie du manchmal tust,
tritt der und jener solchem Ratschluß bei.
Und daß du meinen Bruder nie geliebt
und stets geschmäht, ist leider allbekannt.

ACHILLEUS

Gewiß, ich halte hinterm Berge nicht!
Das war nie meine Art. Ich hasse ihn,
der sich mit einem alten Stecken brüstet,
als sei's das heilige Zepter über Hellas.

Wann sprach er je zu mir ein freundlich Wort
und schenkte einen Blick mir anders denn
voll Gift und Galle? Finster bleibt sein Herz,
sei's auch im hellsten Strahlenlicht Apolls.
In seinem Lächeln paart Verachtung sich
mit Hochmut! Doch genug. Ich nahm mir vor,
von alledem zu schweigen, denn mich führt
diesmal ein Span besonderer Art hierher.
Und also kurz und gut: ich muß ihn sprechen.

MENELAOS

Du gibst die Absicht besser auf, Pelid'.
Auch mir gelingt es kaum, den Bruder — selbst
für einen kurzen Augenblick — zu sehen,
und meine Fragen bleiben ohne Antwort.

ACHILLEUS

Doch sei versichert, König, meine nicht!
Geh, zeig ihm an, wer da ist.

MENELAOS
            Nein, Pelid'!
Er hat befohlen, niemand vorzulassen,
und sein Befehl ist eisernes Gesetz:
wer immer es durchbricht, der wagt sein Leben.

ACHILLEUS

So will, mir scheint, der üble Trunkenbold,
der drin im Zelte überm Mischkrug hockt
im Rausch, mich meiner Schande überlassen.
Ich bin nicht mehr Achill, der Göttin Sohn,
wenn es ein Sterblicher vermag, den Weg
in des verkrochnen Wolfes Höhle mir
zu wehren! Dies Gesetz, von dem du sprichst,
zertret' ich wie ein stinkend Häuflein Kot.
Und nun gebt frei die Bahn mir, oder ruft
den Weltenherrscher unverweilt vors Tor.

KALCHAS

Bezähme dich noch einen Augenblick,
Pelid', ich will versuchen, es zu tun,

FÜNFTE SZENE

Agamemnon, ganz unbewaffnet, tritt vor das Zelt.

AGAMEMNON

Wie, du, Pelid', erweisest mir die Ehre,
nach meinem Anblick dich zu sehnen? Sprich:
was hat den Haß in Liebe so verwandelt?

ACHILLEUS

Nun, da ich doch nunmehr dein Eidam bin...

AGAMEMNON

Nicht leicht ist's, Göttersöhne zu verstehn.

ACHILLEUS

Noch weniger, Tantalidenenkel zu
verstehn, ist leicht. Doch ohne Umschweif nun —
was braucht's der Worte —: Hellas ist erfüllt
von dem, was morgen hier geschehen soll.
Den Brauch erneuernd der Barbarenzeit,
will man zu Aulis eine Griechin schlachten
auf dem Altar der Artemis. Es kam
von Delphi der Befehl, und Kalchas war
der Übermittler, bot auch überdies
die Hand, das blut'ge Opfer zu erfüllen.
Du schenktest, unnatürlich wie du bist,
mir fremd und hassenswert in jedem Zug,
der Göttin für ein Hirschkalb, das du ihr
getötet, Iphigenien, deine Tochter!
Und um sie herzulocken samt der Mutter,
hieß es, du wollest sie mit mir vermählen.
Hier steh' ich nun, Atride, gib sie mir.

AGAMEMNON

Du hassest mich, und Hymens Bande sollen
mit meinem Blute dich vermählen?

ACHILLEUS

Ja!
wenn anders Iphigenie nicht zu retten ist.

AGAMEMNON

Nur dann?

ACHILLEUS

Ich rette sie in jedem Fall,
so oder so, da ich bei Styx geschworen —
und Thetis, meine Mutter, steht mir bei.

AGAMEMNON

Kennst du mein Kind?

ACHILLEUS

Noch sprach ich nicht mit ihr.

AGAMEMNON

Und was denn wolltest du, mit ihr vermählet,
tun, junger Brausewind?

ACHILLEUS

Ich würde mich
mit ihr nach Phthia, in die Heimat flüchten.

AGAMEMNON

Zu spät!

ACHILLEUS

Warum zu spät?

AGAMEMNON

Der Spruch von Delphi
läßt sich nicht ungeschehen machen, und
was dich betrifft: auch dir gilt Delphis Spruch.
Sprich, Kalchas!

KALCHAS

Ohne den Peliden, ohne
Achill und seine Myrmidonen ist
Sieg über Ilion nicht zu erringen.

AGAMEMNON

Du hörst, Pelide!

ACHILLEUS

Ja, ich höre, doch
Delphi macht hier die Rechnung ohne Wirt.
Eh ich nach Troja schiffe, muß ich leben:
das kann ich nicht, mit einer Schmach bedeckt,

wie du sie leichten Sinns mir aufgehalst.
Ich gelte für den Köder, der dein Kind
in eures Planes blutige Falle lockte,
mit meinem Willen, wie ein jeder glaubt.
Denn daß ich ahnungslos durch dich mißbraucht:
wer traute wohl dir dies Verbrechen zu?
So gelt' ich als der ärgste Helfershelfer
zu Iphigeniens blut'gem Untergang.
Und weil sich's so verhält, darf sie nicht sterben!

AGAMEMNON

Es zu verhindern: was nun willst du tun?

ACHILLEUS

Wenn Hymens Bande mich mit ihr verbinden,
wer würde wohl, die Gattin mir zu nehmen,
sich unterfangen in der weiten Welt?
Gibst du indes mir deine Tochter nicht,
so werd' ich trotzdem ihren Tod verhindern,
und zwar, wenn anders nicht, so mit Gewalt.

AGAMEMNON

Man schlägt den Göttern nicht ins Angesicht,
und überdies kommt alles das zu spät.
Du wirst nicht wollen, daß der Aufruhr sich
im Augenblick der Abfahrt neu entflamme:
daß Eris unter Griechenstämmen rast
und Hellas so, statt Ilion, zerstört.

SECHSTE SZENE

Aus dem Tempel, in völlig aufgelösten Zustand, kommt Iphigenie. Sie ist barfuß, wenig bekleidet, ihr Haar flattert wirr um sie her. Glauke ist bei ihr und versucht vergeblich, sie zu beruhigen.

KALCHAS
bemerkt die Kommenden zuerst

O weh! was ich gefürchtet, ist geschehn.
Die Wahrheit, plötzlich wie ein heller Blitz
hereingebrochen über dieses Kind,
hat ihren, ach, so heiteren Geist zerstört.

Immer mit dem Versuch, sie zurückzuhalten, ist Glauke nun neben Iphigenie, zwischen den drei Fürsten und Kalchas.

IPHIGENIE
sich Agamemnon um den Hals werfend
Achill, Achill! Nimm mich doch hin, Achill!

MENELAOS
Was ist's mit ihr?

GLAUKE
Sie, die des Glaubens war,
Achill vermählt zu werden, schon befremdet,
daß man sie in den Tempel überführt
und dort nichts, was auf Hochzeit deutete,
geschah, sprang plötzlich auf vom Bette, wo
sie schlaflos lag, und riß auch mich vom Lager —
auch ich war schlaflos, wie sich denken läßt —
und zog mich mit an eine Tempeltür,
die einen Raum verschloß, wo man die Messer
für der Altäre blut'ge Dienste schärfte.
Auch ich vernahm hier deutlich ein Gespräch
von Männern, die, gelaßnen Geistes, sich
vom Opfer Iphigeniens unterhielten.
Sie sprachen langsam, wogen ruhig ab,
was für und gegen Menschenopfer spricht,
doch lobten Agamemnons hohe Tat
für Hellas, die ihn nicht hat zögern lassen,
um seinem Vaterlande treu zu dienen,
an Kalchas' Stahl die Tochter auszuliefern.

IPHIGENIE
hat sich von Agamemnon frei gemacht
Hier, Mutter, ist die Fackel! Trag die Fackel
voran, so will's der Brauch bei jeder Hochzeit.
Doch ihr, wer seid ihr? Grausige Lemuren,
ihr wollt mich fassen, würgen, töten, mir
die Leber reißen aus dem Leib, mich schleifen
an meinen Haaren unters Opfermesser
des fürchterlichen Tempelschlächters Kalchas!
Sie führt einen seltsamen Tanz aus, begleitet von leisem Geflüster.

AGAMEMNON
zu Kalchas
Nun freue dich, genieße deinen Ruhm!

GLAUKE
Ich weiß nicht, wie ich so zu reden wage
vor euch, ihr Könige. Allein: es spricht
aus mir mehr, als ich spreche. —
Ich wollte meine Herrin von der Tür
fortdrängen, wandte alle Mittel an,
doch widerstand sie allen gleicherweise:
als dürfe sie kein Wort von dem verlieren,
wodurch ihr schreckliches Geschick sich klar
enthüllte.

IPHIGENIE
Vater, Mutter — o der Qual in mir! —
Steine, weißglühend, beiß' ich fest im Mund,
weißglühend würg' ich sie durch meine Kehle:
weh, sie verbrennen meine Eingeweide.
Weh, Mutter! Vater! Vipern gibt es nicht,
so giftig fürchterlich wie diese Worte.

MENELAOS
Nun, Kalchas, rede! Richte dich empor
in deiner Gottesmacht, du Seher, du!
Sahst du auch diese Wendung wohl voraus? —
Wirst du zu Stein, Achill?

GLAUKE
Iphigenie umschlingend und so ihre unbewußten Bewegungen hemmend
Errettet sie!
Es war zuviel, dies plötzliche Erkennen,
welch ein Verhängnis furchtbar sie bedroht.
Doch führt sie weit hinweg, sie wird genesen.
Wieso denn sprech' ich, wo den Krieger selbst,
mir scheint, ein schweigendes Entsetzen lähmt?
Weil mir's ein Gott gebietet! Hört mich an:
gebt mich, die Sklavin, für die Herrin hin.
Die Göttin, glaubt mir, nimmt mein Opfer an:
nicht nur im Traume hat sie mir's versichert.
Nicht nur, daß sie es mir ins Ohr geraunt
am lichten, wachen Tag, nein, sie erschien

mir auch als gnädige Jägerin im Wald.
Sie ließ mich ihres Bogens Senne fühlen
und diesen Bogen selbst, mit mildem Blick
verheißend einen schmerzlos-leichten Tod.

ACHILLEUS

Wie heißt du?

GLAUKE

Glauke!

ACHILLEUS

Mutter, sprachst du das,
du Schönste, Gütigste der Nereiden?
und hast du eine deiner Götterschwestern,
Glauke, mit dieser Glauke hier vereint?

IPHIGENIE

*reißt sich von Glauke los, flieht und rennt blind in die Arme
Achills*

Nein, nein! Nur das nicht, nein! Reißt mich nicht fort
an meinem schönen, safrangelben Haar,
schlagt meinen Körper nicht, den blühenden,
mit roher Faust! Zerrt die G[e]wänder nicht,
die serischen, die königlichen nicht,
die prunkvoll-herrlichen von meinen Gliedern!
Freiwillig sterb' ich, herrlich, wenn ich soll!

ACHILLEUS

Solang ich lebe, Fürstin, stirbst du nicht!

IPHIGENIE

Schwörst du mir das, o Vater, süßer Mann,
umklammr' ich dich dafür, wie Efeu sich
um eine kalte Säule legt. O nein,
viel Eisen hast du, Vater, zwar an dir,
doch bist ein Mensch und bist von Fleisch und Blut.
Du opferst deines Kindes Blüte nicht!
Du stößt es nicht in ewig finstre Nacht.
Weißt du noch, als ich auf dem Knie dir saß
und mit dir Küsse tauschte? Und du sprachst:
»Wird den inbrünstigen Wunsch die Hüterin
der Ehe in den Himmeln mir gewähren
und dir den ersten Helden Griechenlands
als Gatten schenken?« Und nun willst du mich

statt dessen wie ein widerlich Gewürm
zerstampfen.

ACHILLEUS

Armes Kind, das will ich nicht!
Auch bin ich nicht dein unnatürlicher Vater.

IPHIGENIE
reißt sich von Achill los und flieht in die Arme des Kalchas
O rettet, rettet mich vor Thestors Sohn!
Versteckt mich in die kleinste Hütte, laßt
mich Schafe weiden, Ziegen melken auf
Thessaliens entlegnen Almen, die
kaum noch ein Hirte oder Jäger kennt.
Dort will ich dankbar jeden Tag die Arme
im Lichte breiten. Dort, als schlechte Magd,
beneid' ich fürder keine Königin.
Drum, Vater, Vater, rette mich vor ihm,
vor Kalchas: leben will ich nur! Nur leben!

KALCHAS
Es ist mein Wort nicht, das den Tod dir droht,
es ist allein der Wille deines Vaters.

AGAMEMNON
Du lügst! Es schweigt der Mensch, wo Python spricht:
du hast zum Mund des Gottes dich gemacht,
der dieses Todesurteil ausgesprochen.

KALCHAS
Ruft einen Arzt, sie stirbt!

AGAMEMNON
Wohl ihr und mir
und ihrer fernen Mutter! Milder als
das Messer ihres gnadenlosen Priesters
erlöset sie der Göttin eigner Pfeil.
Olen taucht an der Grenze des Lichtkreises auf.

IPHIGENIE
erwacht, reißt sich von Kalchas los
Weh, weh! Ihr wollt mich würgen! laßt mich frei!
Ich bin im Lauf geschwinder als Achill,
gebt acht, ich rette mich! Geschwinder ist

kein Reh im Bergwald: Ja, ich bin ein Reh!
Wer nannte je mich Iphigenie?
Ein flüchtiges Reh! Ein Springinsfeld! Gebt acht:
ich rette, rette mich! Ich bin geborgen.
*Mit flüchtigen Sprüngen hat sie Olen erreicht, und er fängt
sie mit seinen Armen auf.*

OLEN

Zuviel! Der Wahnsinn hat das Kind berührt.
Und wenn ihr, würdige Männer, hoffen wollt,
daß sie den fürchterlichen Dämon meistre,
so überlaßt mir ihre Pflege nun.

AGAMEMNON

Zwar kommst du wie gerufen mir, Olen,
allein, ich glaubte dich weit fort von hier,
als Wächter des Palastes in Mykene?

OLEN

O Hirt der Völker, Agamemnon, laß
mich erst ein wenig selber Hirte sein
und dies verstörte Kind und Lamm betreuen,
dann gerne steh' ich Red' und Antwort dir.

AGAMEMNON

Du triffst uns hier — wie sag' ich? — ungefähr
wie eine Ratsversammlung, die ein Gott
wortlos berief, um ratlos sie zu lassen.
Vielleicht hat dich derselbe Gott gesandt,
um uns, die ohne Rat und Hilfe sind,
mit diesen beiden Gütern zu beschenken.

OLEN

Es könnte sein! Ich will es selbst nicht leugnen.

AGAMEMNON

Es ist, als habe irgendeine Macht
sich eingemischt in das, was uns bewegt
und nun seit Monden knechtet. Abgesetzt
alswie von neuen Lenkern schein' ich mir:
die Zügel fielen ganz mir aus der Hand.
Sieh Kalchas an, den Seher, der dort steht,
erschlafft, er hat kein Mark mehr in den Knochen.

Dort der Pelid': das gleiche sag' ich nicht
von ihm. Zwar sah ich ihn die Lippen oft
bewegen, seit das Neue fühlbar ward
und durch mein Kind so furchtbar zu uns sprach:
doch blieb der einst so Sprachgewalt'ge kleinlaut.
Mein Bruder Menelaos aber ist
die Ohnmacht selber, die nur weint und weint.

*Aus Agamemnons Zelt haben einige Sklaven, von Krisolaos
geführt, eine Tragbahre gebracht, auf die nun Iphigenie
sorgfältig gebettet wird.*

OLEN

Ihr Herrn, wollt ihr das wenige wissen, was
ich sagen kann? Ich kenne andres nicht,
als daß sich Woge über Woge drängt
und Woge hinter Woge, so im Leben
alswie im Meer. Ein jeder Wellenberg,
je nach des Himmels grenzenloser Laune,
ist silbern oder hadesschwarzer Schaum
und geht in seinem Wellentale unter,
sein Schäumen aber ist ein Augenblick.
Blickt um euch: was so schwer auf uns gelastet
wie greller, glühendheißer Tod im Licht —
es ist nicht mehr. Wie losgebunden sind
die Lüfte! Frische Brisen regen sich
und scheinen übermütig miteinander
zu spielen. Aus dem Abgrund steigt auch wohl
ein Stürmen hie und da: es ist, als ob
ein heitrer Windhauch, einem Falken gleich,
die Krallen zeigte. An den Fichtenmasten
klatschen die Segel, und ein guter Teil
der Griechenflotte ist bereits in Fahrt
und furcht das offne Meer. Wo alles sich
bewegt, fast gibt es dann mehr keinen Stillstand,
und wenig Liebe bleibt dem alten Ort.
Was alles mit sich fortreißt, ist das Neue!
Genug hiermit, ihr Herrn. Doch was ist das?
Ein Windstoß, irr' ich nicht, hat eben jetzt
ein Teil des Tempeldaches abgedeckt,
und Ziegelscherben gibt es auf der Erde.
Die Götter haben Launen, sie und auch
wir Menschen, und sie leiden so wie wir
der Launen wegen an Vergeßlichkeit.

FÜNFTER AKT

Der Schauplatz ist der des ersten und des vierten Aktes. Nacht, Vollmond, mehr oder weniger heftiger Wind. In und vor dem Artemistempel Bewegung, huschende Fackeln und dergleichen.

ERSTE SZENE

Auf Sesseln vor dem Zelt: Agamemnon und sein Bruder Menelaos, von einer Fackel beleuchtet.

AGAMEMNON

O diese fürchterliche Nacht, wo sich
der Götterwahnsinn unzertrennlich mischt
mit dem der Sterblichen! An einen Tag,
der ihr noch folgen könnte, glaub' ich nicht.
Und stiege Python auf mit hundert Sonnen,
die Schwärze wiche doch mir nicht vom Auge:
so wenig wie ein Felsen würd' ich sehend.

MENELAOS

Geduld! Die Nacht ist da, in der die Last
in jedem Fall von unsren Schultern fällt:
sei's, daß uns dieser ganze Trojazug
nur noch ein blut'ger Wahnsinn scheint, den wir
mit Abscheu von uns stoßen, um daheim
uns sicher zu verschanzen, Kohl zu bauen
und zu genießen, was uns Herd und Herde
und Erde reichlich geben — oder sei's,
daß unser Plan gelingt und meine Schiffe
wie deine morgen ihre Anker lichten.

AGAMEMNON

Gelingen hin, Gelingen her, und so
Mißlingen auch! Die dritte Möglichkeit
ruht immer noch in meiner Brust verschlossen,
wie in des Göttervaters Brust der Blitz.
Im Zelt versteckt, ruht Iphigenie,
die Mutter beugt sich sorgend über sie.
Olen, der weise Jünger Äskulaps,
braut Tränke, die des Fiebers Raserei

ihr stillen. Spricht sie doch schon manchmal klar,
weiß, wer sie ist und wo, erkennt die Mutter
und fängt die Lügen neu zu glauben an,
mit denen man sie früher eingelullt.

MENELAOS

Und diese Lüge ist vielleicht nicht mehr
so ganz nur Lüge. Wenn auch der Pelid',
erschreckt durch Iphigeniens wirres Tun,
nicht mehr wie vorher an Vermählung denkt,
so haben seine Myrmidonen doch
sich unseren Argivern angeschlossen
und bilden so, mit unsrem Volk vereint,
um unsre Zelte und Achillens Zelt,
vor allem aber um Selenens Tempel,
den, scheint mir, undurchbrechlich-festen Ring.

AGAMEMNON

Mag sein: doch ich, ich stehe in dem Ring
und brauche diesen Ring nicht zu durchbrechen,
wenn ich von Weibern und von Kindern mich
nicht gängeln lassen will.

MENELAOS

Wie meinst du das?

AGAMEMNON

Hier gilt kein Meinen mehr! Die Erde bebt
und rückt — ein tausendjähriges Gebirg' —
von seinem Platz. Die mächtigste Platane
fällt nach und nach die Axt. Das Unsichtbare,
das über Menschen, über Göttern west,
ist nicht zu fällen und nicht zu bewegen
in Ewigkeit von irgendwo und -wie,
von irgendwem und -was: versucht es wer,
ihm gibt der Eumeniden Hohn die Antwort.

MENELAOS

Ich zittre, wenn du solche Worte sprichst.

AGAMEMNON

Für was?

MENELAOS

Erneut für Iphigeniens Leben,
das sowieso noch rings der Tod umdräut.

AGAMEMNON

Durchkreuzt hat Klytämnestra meinen Willen.
Sie ist ein Weib, ich bin ein Mann — und mehr:
der unbestrittne Oberherr von Hellas,
des bloßer Wunsch Befehl ist überall.
Fest stand mein Wille! Gradaus ging mein Weg!
Und so nur bringt ein mauerbrechendes
Geschoß selbst die Zyklopenburg ins Wanken.
Wieviele Tode hab' ich schon verhängt,
nicht nur in diesem ungeheuren Heer,
im ganzen Hellas, und zahllose Mütter
weinen gemacht um ihrer Kinder Tod.
Sollt' ich mit ihnen flennen, einer jeden
die salzigen Tränen von den Wangen lecken?
Will Klytämnestra, Hellas' erste Frau,
an Opfermut und herber Stärke sich
von jeder Wäscherin beschämen lassen?
Erniedrigt hat sie sich zum Bettelweib,
Achill umwinselnd, meinen Ruf nicht achtend,
den dieser Bursche hundertmal bespie.
Und Agamemnons göttliche Gemahlin,
Helenens hohe Schwester, Ledas Kind,
und so ein Kind des Zeus, scheut nicht zurück,
sich, einer schlechten Lagerdirne gleich,
unter dem Schiffervolk herumzutreiben.
Nun wohl, so tret' ich ihr mein Zepter ab:
mag sie die Danaer gen Troja führen
und sie mit Kindsbrei füttern unterwegs.

MENELAOS

O Bruder, denk, sie hat ein Mutterherz!

AGAMEMNON

Und dieses, Bruder, wühlte gegen mich!
Sie hätte nicht davor zurückgeschreckt,
wo ihrer Absicht sie damit gedient,
die ganze Griechenflotte aufzuwiegeln

und gegen mich, der doch ihr Gatte ist,
Verrat und Meuterei ins Feld zu führen.
*Klytämnestra kommt aus dem Zelt. Sie hat die letzten Worte
Agamemnons gehört und fällt ihm zu Füßen.*

KLYTÄMNESTRA

Niemals! Niemals!

AGAMEMNON

Und meuterst du nicht selbst
bereits und untergräbst im ganzen Griechenheer
mein Ansehn?

KLYTÄMNESTRA

Wiederum: niemals! Niemals!
Dein fürchterlicher Wille, hart wie Erz,
unbeugsam wie der Wille des Kroniden,
starrt, allen sichtbar: und ich bet' ihn an.
Mein Sinnen war es nicht, als ich zurückkam,
die Göttin um ihr Opfer zu betrügen,
nur an der Tochter Seite wollt' ich stehn
in ihrem letzten, schwersten Augenblick.
Allein — o hör mich an, leih mir dein Ohr,
laß böse Ungeduld dich nicht bemeistern,
die hohe Göttin Peitho steh' mir bei —:
allein, mir ward ein heiliges Gesicht,
nicht fern Korinth, als wir den Isthmos querten,
denn dort erschien mir Hera, unsre Mutter,
die über Argos, Sparta und Mykene
seit je die gütig-treuen Hände hält.
Ihr heiliger Vogel Kuckuck rief uns der Tochter Jahre,
rief sechzehn: doch soviel sind's noch nicht ganz.
Zwei Äpfel der Granate lagen plötzlich
im Schoße mir, die Göttin aber stand
mit beiden goldnen Füßen auf der Erde,
indes ihr Haupt im Äther gleichsam schwand:
Für diese Dirne — leider deine Schwester,
Helenen! — wollt ihr Iphigenien opfern,
das reine Kind, aus dessen reinem Schoß
der Thetissohn ein herrliches Geschlecht
von Göttermenschen euch gebären könnte —
sie sprach nicht, und doch hört' ich, was sie sprach,
des Kronos Tochter: Thetis habe sich —
die Mutterstelle einst an ihr vertrat —

mit ihr geeint und mit Selenen; unnütz
sei Iphigeniens Opfer nun geworden,
beschlossen sei der Fall von Ilion,
das sie, die höchste Herrin des Olymps,
gern fallen sähe, weil sie's bitter hasse.

AGAMEMNON

Des Paris Apfel ward ihr nicht zuteil.
Doch weiter, rede weiter.

KLYTÄMNESTRA

Spürst du denn
das Walten unsrer Mutter Hera nicht
allüberall? Sie hat des Kalchas Arm
gelähmt — verhängte über unsre Tochter
rettenden Wahnsinn! — den Peliden ließ
bei Styx sie schwören, unser Kind zu retten —
das Mägdlein Glauke aber rief sie auf,
an Iphigeniens Stelle sich zu opfern.

AGAMEMNON

Doch hier bin ich's, der dies nicht zuläßt.

KLYTÄMNESTRA

Nun,
ob sie auch jetzt als Iphigenie
verschleiert ist und als das Opfer gilt,
ist vorgesorgt, daß sie trotzdem nicht sterbe:
die im geheimen Bund vereinigt sind,
verbürgen's insgeheim nach sichrem Plan.

AGAMEMNON

Reißt die Verkleidung von den Schultern ihr
im Augenblick! Geh, Bruder Menelaos,
und bring dies edle Sklavenkind zu uns
in Sicherheit. Oh, wie beschämt sie uns,
mich, dich und Iphigenien nicht zuletzt.
Sie werde Hellas' erste Bürgerin,
und augenblicklich geb' ich ihr die Freiheit.
  Krisolaos kommt in Eile.
Was bringst du, Krisolaos?

KRISOLAOS
Gutes nicht!
Die tausende Achäer, die in See
noch nicht gegangen sind, wohl um des Festes willen,
das Aulis als des Jahres höchstes feiert:
sie schreien plötzlich wütend durcheinander.
Man hört den wüsten Lärm bis hierherauf.

KLYTÄMNESTRA
Es ist der schlechte Abhub, wie mir scheint,
man sollte dies Geschmeiß vom Strande kehren
mit erznen Besen!

AGAMEMNON
Still, sprich weiter.

KRISOLAOS
Das
ist schwer, dieweil sie selbst bewaffnet sind.

KLYTÄMNESTRA
Betrunknes Pack!

KRISOLAOS
Auch dies ist wahr, sie sind's.
Doch leider sind auch Fürsten unter ihnen,
die ihre Wut nicht dämpfen, sondern schüren.

AGAMEMNON
Ich könnte sie mit Namen nennen! Und
was ist für ihre Unzufriedenheit
der Grund?

KRISOLAOS
Laß mich zu Atem kommen, Fürst und Herr!
Ich lief von Zelt zu Zelt, lief durch die Gassen
des Lagers: fürchterlich ist das Geschrei,
du hörst es, und bald wälzen Massen sich,
rasender Männer, auch zu dir herauf.
Es heißt, daß ein Betrug im Gange sei:
statt Iphigenien, deiner hehren Tochter,
ein Sklavenkind der Artemis zu opfern.

AGAMEMNON
Nur weiter, weiter, weiter!

KRISOLAOS
Schwerer ward,
ja, nichts so schwer mir je als diese Botschaft.
Ruft Kalchas, laßt es euch von ihm erzählen.

MENELAOS
Nun ja, das Volk ist aufgeregt: nun gut,
das ist zuweilen so, drum laß es gut sein.
Was wäre sonst noch zu berichten?

KRISOLAOS
Nichts!

AGAMEMNON
Du lügst!

KRISOLAOS
Das darf ich nicht vor meinem König.
So müßt ihr denn erfahren, was ich sah.
Ein Haufe Volks stieß wütend zwischen sich
ein Mägdlein hin und her. Es hatte einer,
ein wüster Kerl, ihr überlanges Haar
sich um die Faust gewickelt, gräßlich war
der Unfug, den sie sonst noch mit ihm trieben,
bis es, nur zuckend noch, am Boden lag.
Dort ward es mit Gejauchz' und Wutgebrüll
ermordet: alles hob sich Steine auf
im blinden Eifer, heulend, lachend, kreischend:
bis dann die Steine selber gnädig sie,
das arme Opfer, deckten und verbargen.

AGAMEMNON
wie erstarrt
Nun ja, auch dies geschieht, wenn Mars regiert,
wohl auch einmal. Wer aber war das Mägdlein?
Kalchas kommt und läßt sich auf einen Sessel fallen.

KRISOLAOS
Das Schreckliche, was ich nur ahnen kann:
vielleicht weiß es der Seher.

KALCHAS
Nun, es mag

wohl eine Stunde geben, von den Moiren
uns auferlegt, an der Zeus selbst zerbricht.

AGAMEMNON

Zerbrich, du schon Zerbrochner! Memme du,
die sich des Übermenschlichen vermißt,
um kläglich Schwäche nur zu offenbaren.

KALCHAS

An diesem Vorfall hab' ich keine Schuld!
Auf einem Felspfad, nah dem Zelt Achills,
drangen vermummte Krieger in die Aue
des Tempels, warfen ihre Mäntel ab
und stürzten heulend sich ins Heiligtum.
Dort stand, umgeben von Melissen, Glauke,
verschleiert — kurz: und Glauke raubten sie!
Sie war verschwunden, ohne daß ein Mensch
begriff, wie es geschehen, denn ringsum
stand regungslos die Wache des Peliden
und auch die deine, König Agamemnon.

AGAMEMNON

Und so: was nun? Das Mädchen hat verblutet.
Für unsre Schwäche hat die Starke sich
freiwillig hingegeben.

MENELAOS

Und wer waren
die Räuber?

KALCHAS

Schwerlich klärt es je sich auf.
Mir schien, als wüßten sie von Glauke nichts
und glaubten, Iphigenien fortzuschleppen
zum Strand, zur Bucht, zu irgendeinem Schiff,
weit draußen, abseits ankernd.

KRISOLAOS

Es gelang nicht.
Denn jetzt besinn' ich mich: das Mädchen ward
von Schiffervolk den Männern abgejagt —
Gott weiß, warum: vielleicht, weil die Vermummten
in fremden Lauten miteinander sich
verständigten und an Gestalt und Tracht
und wüstem Bartwuchs als Barbaren bald

verrieten. Welcher Wirbel dann das Volk
und auch sie selbst ergriff, ich weiß es nicht.
Sie schienen die Geraubte wegzuwerfen
als wertlos, auszuspeien als ein Ding,
womit sie [sich] aufs gröblichste getäuscht.

KLYTÄMNESTRA

O weh! Was ahnt mir? Sollte dieser Schlag
als Fehlschlag eines Plans sich offenbaren,
den mit Olen sich der Pelide aussann?
Olen! wo ist Olen?
Olen tritt aus dem Zelt.

OLEN

Hier, Königin!

KLYTÄMNESTRA

Laß dir zuvor berichten, was sich zutrug.

OLEN

Ich weiß es, hab' es Wort für Wort gehört.

KLYTÄMNESTRA

Wie kannst du diese Wirrnis dir erklären?

AGAMEMNON

Mir! Mir! nicht aber ihr und dir!
Wir sind des Weibes Sklaven alle wohl —
in einem solchen Sinne bin auch ich's —,
allein, ich bin dein Herr, nicht Klytämnestra.
Sprich also, Sklav', als stündst du vor Gericht.
Zunächst gib Antwort: bist du Taurier?

OLEN

Von meiner Mutter Blut her bin ich's, ja.
Doch stand am Parnon meines Vaters Wiege.

AGAMEMNON

Er hat das Weib in Tauris sich geholt?
Sie stammt aus dem Geschlecht barbarischer Priester?

OLEN

Sie selbst war Priesterin der Artemis,
in Taurien als Hekate bezeichnet.

AGAMEMNON
Sie galt noch in Arkadien, man sagt,
als Zauberin.
OLEN
Ich leugne nicht, ein übermenschlich Wissen
stand ihrem hohen Geiste zu Gebot.

AGAMEMNON
Nun ist von einem Schiff die Rede — sprich —,
das irgendwo im Golfe draußen wartet
und Drachenbilder an den Wanten hat.

OLEN
Ich weiß es wohl: es ist ein taurisch Schiff.

AGAMEMNON
Von einem Bild der Hekate, aus Holz
geschnitzt, am Bug geziert.

OLEN
Ganz, wie du sagst.

AGAMEMNON
Auf diesem Fahrzeug walten Anverwandte
von dir, barbarische: der Steuermann
und andere.

OLEN
So ist's.

AGAMEMNON
Und sie sind hier
als Festgesandtschaft, um das höchste Fest
der Artemis zu Aulis mitzufeiern.

OLEN
Gewiß!

AGAMEMNON
Du bist's, der alledem von Anfang an
entgegen war, was meine Tochter angeht,
und alledem, was Delphi auf sie lud —:
und willst sie nun auf die Theore retten.

OLEN
Nur dies ist für die Fürstin Sicherheit.

ERSTE ABGESCHLOSSENE FASSUNG · FÜNFTER AKT 1585

AGAMEMNON

Nur so? und nicht als des Peliden Weib?

OLEN

Oh, der Pelid' ist jung, und Wankelmut
das Kleid der Jugend, und er hat die Luft,
die lockend-kitzelnde des Ruhms, bereits
geatmet. Phthias Herd: er hält ihn nicht.
Er sieht nur Ilion, hört des Kriegs Fanfaren,
sich kämpfend auszurasen ist sein Ziel.
Und außerdem: der Göttin vom Altar
das Opfer reißen wär' sein sichrer Tod.

AGAMEMNON

Und deine Taurier haben also nun
die falsche Iphigenie ergriffen —
und in den Tod gerettet.

OLEN

In Bereitschaft steht
nun der Pelide mit den Myrmidonen,
die echte Iphigenie zu retten
an der Theore einzig sichren Bord,
wo sie der Todesgöttin dienen soll,
lebendig, bis die Zeit sich dann erfüllt,
wo sie gesund in ihrer Eltern Arme —
im Frieden, nach dem Siege — wiederkehrt.

AGAMEMNON

Was aber wird nunmehr an ihrer Statt
geschlachtet auf dem Altar?

OLEN

Eine Hirschkuh,
die ihr ein Wunder auf den Altar legt.

AGAMEMNON

Wenn man dich hört, man möchte glauben, daß
die Luft um uns voll seligen Hoffens sei
und nicht voll Schrecken: stürmend sind die Götter,
die unteren, durchgebrochen, brechen fast
die Masten, werden unsre Zelte bald
in Fetzen, Vögeln gleich, gen Himmel tragen.

Die Massen aber, die empörten, dringen
zu uns empor — wer hört es nicht? — mit Fluchen.
Nein, solchen Stürmen heißt es anders stehn:
und Tantals Sprosse ist dazu entschlossen!

IPHIGENIE
dringt aus dem Zelt, umarmt den Vater
Ja, Vater, ja! Auch ich, auch ich, auch ich!
Hinweg die Schwächen! Kalchas, nimm mich hin.
Ich bin die Tochter meines Vaters: will,
was sein unbeugsam-fester Wille will.
Nein, Mutter, laß mich los. Heraus den Stahl —
ich fühl's, ich lache sein —, er kann nicht töten:
auslöschend bin ich die geflügelte
Nike und fliege, Vater, dir voran
gen Ilion!

AGAMEMNON
schlägt die Hände vor die Augen
Mein Kind! was tust du, Kind?!
Ich halte diesem unerwarteten
Schlag, den du führst — das Schicksal mehr als du —
nicht stand. Der harten Speeresspitze Stoß
kann ich den Eisenharnisch meiner Brust,
der undurchdringlich ist, entgegenstellen,
doch einem Hauch, wie er aus deinem Mund
und deiner Seele heilig-furchtbar schlägt,
hält er nicht stand: er schmilzt dahin wie Wachs,
und ich mit ihm. Du willst mit deinem Tod
den höchsten Siegeslorbeer aller Zeiten
mir, deinem Vater, schenken: doch du hast
mit diesem Gottgedanken deiner Seele
ihn selbst besiegt.
Er hat bis hierher mit den Tränen gekämpft.
Nie wirst du sterben, nein!
Nun nicht mehr! Denn das Opfer ist gebracht,
von dir gebracht, in diesem Augenblick.
Nimm deine Hirschkuh, Kalchas, schlachte sie:
genügt dem Brauchtum! Und der blöden Menge —
mit der gewalt'gen Stimme, die du hast —
predige das, was geschehen ist: das Wunder!
Er schluchzt und schreit
So hat es kommen müssen, ja, ich fühl's:

zerbrochen und im Zaubersud gesiedet,
mußt' ich erneuert werden. Doch nun steigt
mein Körper, weiß wie nie, daraus empor,
und fest wie nie und stark wie nie: ein Gott
in mir bestätigt dieses Wort!
> Es kommen von allen Seiten Rufe der andringenden Volks-
> mengen. Man unterscheidet immer wieder den Namen
> Iphigeneia und Iphianassa!
> Kalchas hat sich in den Tempel begeben, von dort erklingt
> leise Musik. In den Vorhallen werden Tänze bei Fackel-
> schein ausgeführt. Der Schein eines entzündeten Holzstoßes
> wächst hinter dem Tempel.

MENELAOS

Dies ist der allgemeine Aufstand, Bruder!
Das einzige, was uns bleibt, ist, scheint mir, Flucht.

AGAMEMNON

Mir scheint es nicht so. Niemals fühlt' ich mich
so mit mir selber eins und meiner Macht.
Olen, du bürgst für sie! Es dienen zur
Bedeckung dir fünfhundert meiner Wachen.
Du schlägst mit ihr dich bis zum Strande durch
und bringst sie auf die taurische Theore.
> Achill und Patroklos, gewappnet, treten ein.

ACHILLEUS

Du kannst mich nicht entbehren, Atrione,
denn allenthalben ist die Meuterei
und wächst, mit deinen Feinden an der Spitze,
und alles lechzt nach deiner Tochter Blut:
doch für ihr Leben nimm auch meine Bürgschaft.
> Olen wirft Iphigenien ein schwarzes Tuch über. Die Ver-
> hüllte hebt Patroklos empor und trägt sie dann, flankiert von
> Olen und Achill, mit gezogenem Schwert davon.

AGAMEMNON

Nun, Krisolaos, führe deine Herrin
ins Tempelinnre, noch ist frei der Weg.
> Es geschieht.
Und nun, mit Schwert und Schild, tritt neben mich,
mein Bruder.

Es geschieht. Agamemnon und Menelaos stehen, jeder den Speer schwingend, nebeneinander. Klytämnestra ist, von Krisolaos gestützt, im Tempel verschwunden. Die Krieger des Agamemnon nehmen in dichter Formation hinter den Fürstenbrüdern Aufstellung.

Hätt' ich für solchen Fall nicht vorgesorgt,
nun wohl, man müßte mir mein Grab verweigern,
den Hunden meinen Leichnam überlassen.
Wer uns entgegentritt — sei's Ruderknecht,
sei's Fürst —, werft nieder ohne Unterschied!
Denn diese Meuterer im heiligen Zug
gen Ilion sind keine Griechen mehr,
nur schlechtes Unflat sind sie und Verräter.

Agamemnon und Menelaos, gefolgt von einem größeren Kontingent ihrer Krieger, stürmen gegen die vom Strand her wachsende Menge. Es folgt Geschrei, Heulen, Kreischen: die Zeichen allgemeiner Flucht. Nach einigen Augenblicken ist die ganze Gegend um den Tempel menschenleer. Kalchas tritt in die Vorhalle. Er hält am Nackenfell ein geschlachtetes Hirschkalb. Tempeldienerinnen mit Fackeln umgeben ihn.

KALCHAS

Ins Leere send' ich dankbar meinen Spruch,
o Göttin, die du Ärgstes mir erspart:
denn daß der Götterrat und du hier mehr
gewaltet, als es Menschen möglich ist —
wer möchte das bezweifeln? O Selene,
die ihre Scheibe voll am Himmel rollt,
du nahmst das Opfer, Iphigenien,
lebendig an dein Herz! — Zerstäubt ist zwar
die sonst so andachtsvolle Menge, doch
ich rufe hier als Geist den Geistern zu,
daß statt des Mägdleins diese junge Hirschkuh
dem Messer deines Priesters blutete.
Du tat'st ein Wunder, Göttin, doch es mag
kein Wunder noch den Wissenden erstaunen,
da doch von Wunder nur zu Wunder führt,
Meer, Land, schneeigte Gipfel, Tal und Abgrund:
der schmale Pfad, den wir nur schwindelnd schreiten —
er endet mit dem Tode! — durch die Welt.

Die Deutsche Bibliothek – CIP-Einheitsaufnahme

Hauptmann, Gerhart:
Sämtliche Werke / Gerhart Hauptmann. Hrsg. von Hans-Egon Hass.
Fortgef. von Martin Machatzke. – Sonderausg. – Berlin: Propyläen.
ISBN 3 549 05743 1
NE: Hass, Hans-Egon [Hrsg.]; Hauptmann, Gerhart: [Sammlung]

Sonderausg.
Bd. 9. Nachgelassene Werke, Fragmente. – 1996
ISBN 3 549 05740 7

Der Text dieser Sonderausgabe ist identisch mit der 1962 bis 1974 in elf Bänden
erschienenen, von Hans-Egon Hass herausgegebenen
und von Martin Machatzke und Wolfgang Bungies fortgeführten
CENTENAR-AUSGABE.
Für diese Ausgabe stellte Benvenuto Hauptmann
das Gerhart Hauptmann-Archiv, Ronco, zur Verfügung.
Die Verwertung des Textes, auch auszugsweise, ist ohne Zustimmung des
Verlags urheberrechtswidrig und strafbar. Dies gilt
auch für Vervielfältigungen, Übersetzungen, Mikroverfilmungen
und für die Verarbeitung mit elektronischen Systemen.
© 1969 Verlag Ullstein GmbH, Frankfurt/M – Berlin
Ausstattung: Hans Peter Willberg
Gesamtherstellung: Clausen & Bosse GmbH, Leck
Printed in Germany 1996
ISBN 3 549 05740 7

Gedruckt auf alterungsbeständigem Papier
mit chlorfrei gebleichtem Zellstoff